# 中国造纸年鉴

**ALMANAC OF CHINA PAPER INDUSTRY**

# 2013

中国造纸学会　编

Edited by China Technical Association of Paper Industry

中国轻工业出版社

**图书在版编目（CIP）数据**

中国造纸年鉴. 2013/中国造纸学会编. —北京：中国轻工业出版社，2013. 8

ISBN 978－7－5019－9426－7

Ⅰ. ①中… Ⅱ. ①中… Ⅲ. ①造纸工业－中国－2013－年鉴 Ⅳ. ①F426. 83－54

中国版本图书馆 CIP 数据核字（2013）第 189916 号

责任编辑：古　倩　　责任终审：滕炎福
策划编辑：林　媛　　版式设计：东方信邦　　责任监印：张　可

出版发行：中国轻工业出版社（北京东长安街 6 号，邮编：100740）
印　　刷：三河市万龙印装有限公司
经　　销：各地新华书店
版　　次：2013 年 8 月第 1 版第 1 次印刷
开　　本：787×1092　1/16　　印张：50
字　　数：1600 千字　插页：40
书　　号：ISBN 978－7－5019－9426－7　　定价：300. 00 元
读者服务部邮购热线电话：010－65241695，85111729　传真：010－85111730
发行部电话：010－85119845 65128898，传真：010－85113293
网　　址：www. chlip. com. cn　www. ctapi. org. cn
邮　　箱：club@ chlip. com. cn，acpi2008@ 126. com
如发现图书残缺请直接与我社读者服务部联系调换
130386K4X101HBW

# 《中国造纸年鉴2013》编辑委员会

# 《中国造纸年鉴 2013》编辑部




对本书有关的各项业务与意见均请与编辑部直接联系
地址：北京市朝阳区望京启阳路 4 号中轻大厦 B 座
邮编：100102
电话：010－64778756，64778761，64778766，64778752
传真：010－64778769
网址：www.ctapi.org.cn
邮箱：acpi2008@126.com

Any business refers to this book, please contact editorial board
Address: Block B, Sino-light Plaza, No.4 Qiyang Rd., Wangjing, Chaoyang District, Beijing 100102, China
Tel: 010－64778756, 64778761, 64778766, 64778752
Fax: 010－64778769
Http: //www.ctapi.org.cn
E－mail: acpi2008@126.com

# 编 辑 说 明

《中国造纸年鉴》是由中国造纸学会编纂的专业性年鉴，是目前我国唯一逐年辑录的有关中国造纸工业的资料性工具书。自1986年创刊以来，伴随着中国造纸工业的发展，《中国造纸年鉴》已陆续出版发行16卷，本卷《中国造纸年鉴2013》为第17卷。

《中国造纸年鉴2013》的13个栏目分别是：1. 综述；2. 发展与建设；3. 产品与市场；4. 纤维原料；5. 节能减排　环境保护；6. 装备与器材　造纸化学品；7. 科技　教育　出版；8. 大事记；9. 地方造纸工业；10. 重点企业介绍；11. 社团工作；12. 附录；13. 单位名录。

本卷年鉴把原有“企业”栏目更改为“重点企业介绍”，还新增了“国外主要造纸期刊介绍”和“国外制浆造纸团体及研究机构”名录，并对部分单位名录内容进行了修改和更新，以供读者朋友们查阅。

本卷年鉴在编写过程中，得到各有关部门、企事业单位和有关人士的大力支持、指导和积极配合，在此谨表谢意。并诚请广大读者对本卷年鉴编辑、出版中的不足之处给予批评指正。

《中国造纸年鉴》编辑部

2013年8月

# 彩色广告目录



## 前插彩页



## 正文彩页

# 近十年来的中国造纸工业

（2000年–2012年）

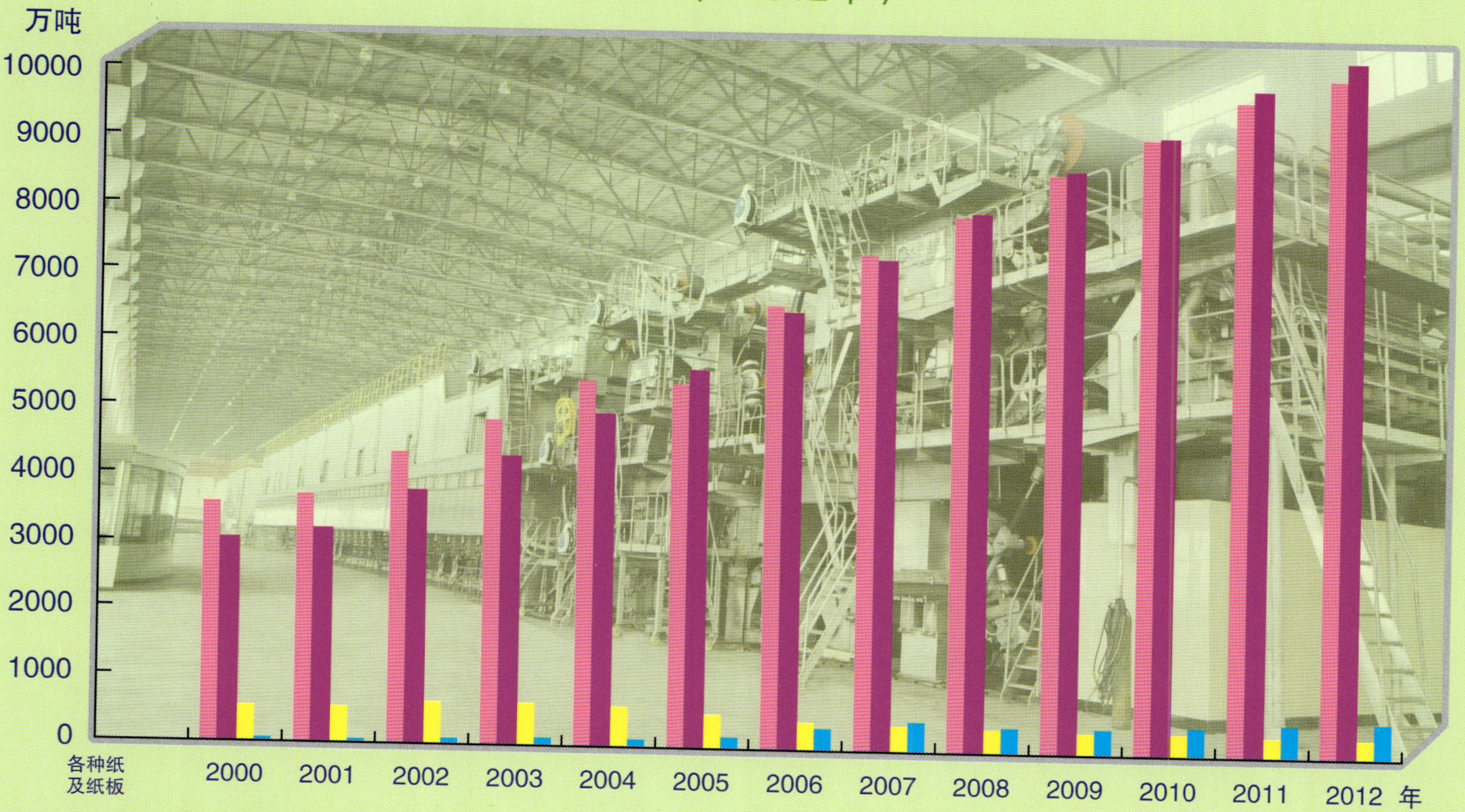


| 各种纸及纸板 | 2000 | 2001 | 2002 | 2003 | 2004 | 2005 | 2006 | 2007 | 2008 | 2009 | 2010 | 2011 | 2012 年 |
|---|---|---|---|---|---|---|---|---|---|---|---|---|---|
| 消费量 | 3575 | 3683 | 4332 | 4806 | 5439 | 5390 | 6600 | 7350 | 7935 | 8569 | 9173 | 9752 | 10048 |
| 生产量 | 3050 | 3200 | 3780 | 4300 | 4950 | 5600 | 6500 | 7290 | 7980 | 8640 | 9270 | 9930 | 10250 |
| 进口量 | 559 | 559 | 637 | 635 | 614 | 524 | 441 | 401 | 358 | 334 | 336 | 331 | 311 |
| 出口量 | 72 | 76 | 85 | 129 | 124 | 194 | 341 | 461 | 403 | 405 | 433 | 509 | 513 |

注：数据来源中国造纸工业历年年报统计
背景为国产大纸机

# 河南江河纸业股份有限公司
# HENAN JIANGHE PAPER CO.,LTD.

## 公司简介

www.jianghe.com

河南江河纸业股份有限公司属国家高新技术企业，位于河南省武陟县，占地面积近70公顷，固定资产20亿元，年生产能力45万吨，产值38亿元。现有造纸机6台，涂布加工生产线多条。另有：河南大指造纸装备集成工程有限公司、河南南北纸业有限公司、河南江河生物质能热电有限公司等兄弟公司。

该公司是技术主导型企业，技术创新是公司的核心优势，所使用的纸机及相关设备均由公司创新改造、自主创新和研究开发而成。特别是1500米/分文化纸成套造纸设备持续领先于国内技术水平，并跻身于国际先进水平，同时多项单体装置达到国际先进水平。

该公司力求产品质量最好，质价比最优。产品原料主要以进口漂白商品木浆为主。主导产品有：无碳复写纸、热敏传真纸、离型原纸、格拉辛原纸、证券纸、超压纸、道林纸、微涂双胶纸等中低定量特种纸。品牌有：“木”牌、“水”牌、“水木清华”牌、“开源”牌、“木之源”牌等。其中“水”牌产品被评为：河南省国际知名品牌、河南省著名商标。

该公司通过ISO9001:2008质量管理体系、GB/T28001-2011职业健康安全管理体系、ISO14001环境管理体系认证，目前拥有省级企业技术中心、省级特种纸及关键设备工程技术研究中心、省造纸装备院士工作站，并拥有70余项国家专利，8项河南省科技成果。公司先后被评为“国家级高新技术企业”、“中国造纸装备科技创新示范基地”、“中国造纸工业环境良好企业”、“河南省创新型企业”。

其公司未来的发展道路就是延长产业链，走造纸和造纸机械装备并驾齐驱的道路，并逐步进入规模化经营的大型造纸企业，为推动我国造纸工业的发展做出应有的贡献。

## 主导产品：

无碳复写纸 Carbonless Paper | 热敏纸 Thermal Paper | 离型原纸 Release Liner Base Paper | 证券纸 Bond Paper | 微涂双胶纸 HiBulk Publication Paper | 圣经纸 Bible Paper

## 公司设备：

2640毫米车速800米/分顶网多缸纸机
产品定量范围35-120克/米²纸张

3180毫米车速1000米/分顶网多缸纸机
产品定量范围38-120克/米²纸张

5790毫米车速1500米/分夹网多缸纸机
产品定量范围28-150克/米²纸张

地址：河南省焦作市武陟县文化路555号　邮编：454950　电话：0391—7268982 7268578
传真：0391—7268991 7268812　Http:// www.jianghe.com www.jianghe—paper.com

太陽紙業
SUN PAPER

# 国际化的太陽紙業

THE INTERNATIONALIZATION OF SUN PAPER

太阳纸业成立于 1982 年，公司总部位于山东省兖州市，公司业务涉及造纸、化工、外贸、电力、科研、林纸、酒店、投资等多个领域，拥有资产总额 235 亿元，年浆纸产能 400 万吨，员工 1 万余人。

经过 30 年的发展，太阳纸业已发展成为一家全球先进的跨国造纸集团和林浆纸一体化企业，是中国较大的民营造纸企业、中国 500 强企业之一，并位列世界造纸百强行列。2006 年，太阳纸业在深圳证券交易所成功上市。

太阳纸业坚持用高新技术改造提升传统产业，推动造纸产业的转型升级，在行业内率先通过了质量管理、环境管理、能源管理、职业健康、食品安全、森林监管链六大体系认证。主导产品有高档涂布包装纸板、高级美术铜版纸、高级文化办公用纸、特种纤维溶解浆四大系列。集团拥有金太阳、华夏太阳、天阳、威尔、乐考、酷印等主要品牌，其中，“金太阳”商标为中国驰名商标。

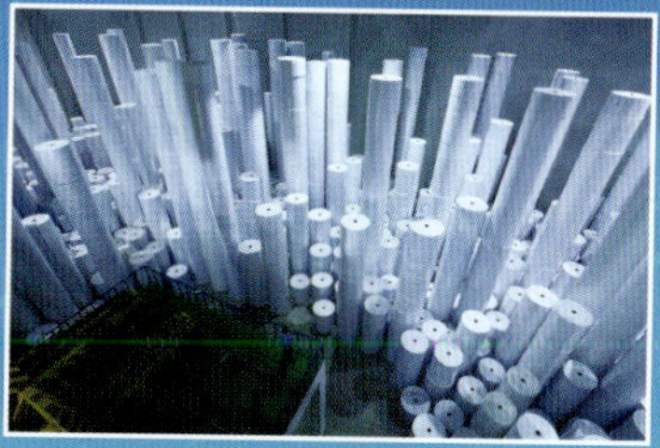

打造资源节约型和环境友好型企业，追求企业、环境、社会的和谐统一与互惠共赢是太阳人不懈的努力方向。太阳纸业累计投入22亿多元人民币用于污染治理，实施循环经济，使综合废水COD达到60毫克/升以下，BOD达到10毫克/升以下，出境水质达到30毫克/升左右，实现了废水的区域循环再利用。目前，太阳纸业的化机浆废水已经实现零排放，平均吨纸耗水降到6米$^3$，达到国际先进水平，建设了生物质发电项目，实现了企业固体废弃物的资源化利用，取得了经济效益、环境效益和社会效益的多赢。

放眼未来，太阳纸业将立足中国，布局全球，在世界范围内进行新一轮的战略规划，形成主业突出、多元发展、绿色环保、管理规范的持续发展态势，实现与上下游合作伙伴的共同成长，让相关利益方分享企业发展成果，将太阳纸业打造成为极具成长性的、受人尊敬的世界先进造纸企业。

# 目　　录

## 1　综　述



## 2　发展与建设



## 3　产品与市场



## 4　纤维原料



## 5　节能减排　环境保护

## 6 装备与器材 造纸化学品



## 7 科技 教育 出版



## 8 大事记



## 9 地方造纸工业



## 10 重点企业介绍

## 11　社团工作



## 12　附　录



## 13　单位名录

# CONTENTS

## 1. GENERAL TOPICS



## 2. DEVELOPMENT AND CONSTRUCTION



## 3. PRODUCTS AND MARKET

## 4. FIBROUS MATERIALS



## 5. ENERGY SAVING, DISCHARGE REDUCING AND ENVIRONMENTAL PROTECTION



## 6. EQUIPMENT & ACCESSORIES, CHEMICALS USED IN PAPER INDUSTRY

# 7. SCIENCE TECHNOLOGY, EDUCATION AND PUBLICATION



# 8. EVENTS



# 9. LOCAL PAPER INDUSTRY



# 10. KEY ENTERPRISES

## 11. ASSOCIATION AFFAIRS



## 12. APPENDIXES

## 13. LIST OF UNITS

# 中国造纸学会活动纪实

2012年4月15-16日在江苏省镇江召开
全国制浆造纸节能减排国产制浆装备推广会

2012年5月29-31日在北京召开
中国造纸学会第十五届学术年会

2012年8月6-10日在山东省青岛召开
造纸行业清洁生产技术高级研修班

2010年9月10日在上海召开
中国造纸学会六届九次常务理事会

2012年9月11日在上海召开
China Paper 2012国际造纸技术报告会

2012年10月25-26日在北京举办
中国科协第65期新观点新学说学术沙龙

# 上海新江南纸业

### 邮票纸

绢邮票纸，新型防伪邮票纸，14克/米$^2$背胶、防伪特种邮票纸曾先后用于2008北京奥运、香港、澳门回归等重大事件的邮票印制，其质量达到国际先进水平。

**产品品种**——绢邮票纸、新型防伪邮票纸、防伪特种邮票纸（A、F、F）、10~14克/米$^2$背胶高级邮票纸、普通邮票纸等。

**产品特点**——白度高、匀度好、不易返黄、自然保质期长。洁净度、不透明度和表面强度均高。制造过程中不添加荧光增白剂，所施背胶符合食品添加剂的卫生要求，背胶量高可达14克/米$^2$以上，可满足高标准邮品、凹版影写、凹版影雕与胶版等各种印刷要求。

### 铜版纸

福鹿牌铜版纸于1992年6月通过国家轻工业部鉴定，质量达到国家A等水平。

**产品特点**——比一般涂布纸更为平滑细腻，白度高，表面强度高。有良好的印刷适性，印品色泽鲜艳、立体感强、网点清晰、画面真实感强、可与同类进口产品媲美。

**产品用途**——出版、印刷及包装装潢行业印刷高级精美图片、图册、挂历、商标和产品说明书等。

**产品规格**——定量为70~157克/米$^2$的各种规格尺寸的平张、卷筒、单、双面铜版纸，可满足不同类型的胶版、凹版印刷要求。

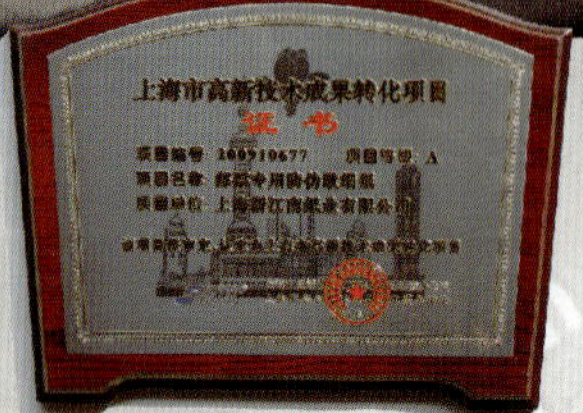

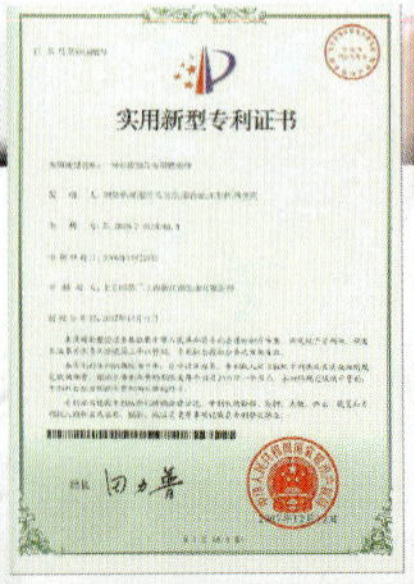

# 有限公司

### CCK纸

CCK纸是一种高岭土涂布纸，与PE淋膜纸相比较，具有能回收循环使用等优点，符合资源再生的环保要求，目前在欧美市场很受欢迎。

**主要用途**——制作高档的自粘标签、自粘装饰薄膜、自粘胶带、层合产品防粘纸等。

**产品特点**——高定量（105克/米$^3$以上）高平滑度（600秒以上），可适合各种硅酮涂布。表面吸收性、渗透性非常低，湿强度大，并适合溶剂涂布工艺，无溶剂涂布工艺。

可直接进行硅酮涂布，涂布后剥离力小，耐高温，固化稳定。

使用后可回收利用或自然降解。

**产品规格**——90~105克/米$^2$双面，门幅可由用户自定。

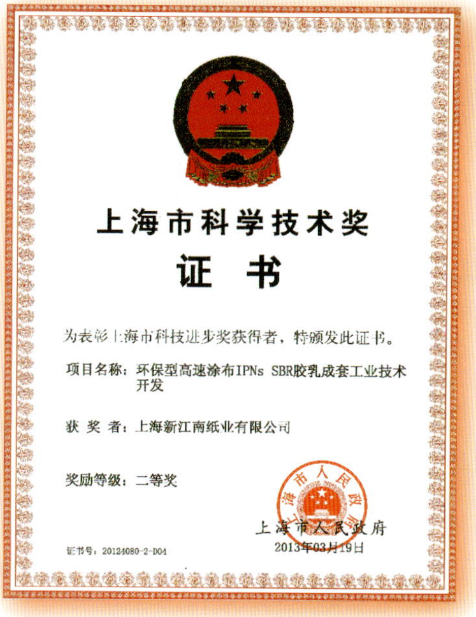

上海市科学技术奖

证　书

为表彰上海市科技进步奖获得者，特颁发此证书。

项目名称：环保型高速涂布IPNs SBR胶乳成套工业技术开发

获 奖 者：上海新江南纸业有限公司

奖励等级：二等奖

上海市人民政府

2013年03月19日

证书号：20124080-2-D04

**上海新江南纸业有限公司**成立于2002年，以崭新的现代企业面貌面向广大的新老客户。其主要产品是“福鹿”牌铜版纸、新产品绢防伪邮票纸、宣防伪邮票纸等、邮票纸系列产品。产品均先后被评为上海市名牌产品，拥有多项专利。其中绢防伪邮票纸用于北京奥运“祥云火炬”巨型纪念邮票的印制，并被列为上海市2009年高新技术成果转化项目、2010上海市重点新产品。企业去年又通过ISO9000-2008质量体系认证。

全体员工正大力弘扬“先一步，高一格”的企业精神，以雄厚的技术力量，严谨的现代企业管理，一流的产品质量良好的商业信誉，在激烈的市场竞争中谱写新的篇章。

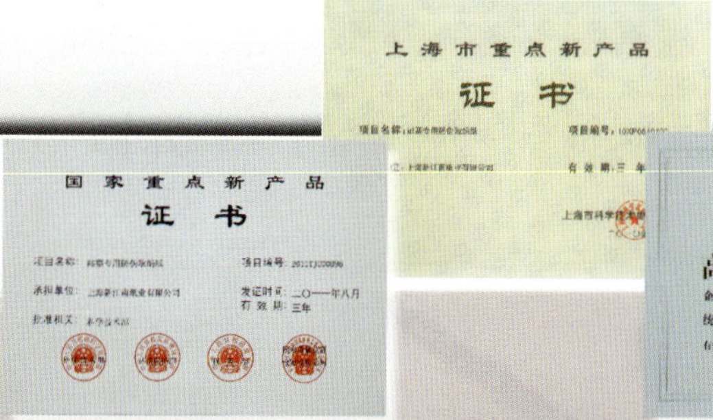

董事长兼总经理：姜海斌
地址：上海市武宁路1500号南楼407–409室
电话/传真：（021）62543871
邮编：200063
E-mail：shapapers@163.com

# 芬欧汇川
## ——立足本土、创新发展

芬欧汇川以创新为动力，引领全新生物森林工业走向可持续发展的未来。集团生产的产品采用可再生原料，且是可回收的。芬欧汇川由三大事业部组成，即能源和纸浆事业部、纸张事业部以及复合材料事业部。芬欧汇川全球拥有员工22000人，生产企业位于17个国家和地区。集团年销售额超过100亿欧元，股票在赫尔辛基证券交易所上市。

1998年，芬欧汇川落户江苏常熟，在长江沿岸近200公顷的常熟厂区内开始描绘集团中国践行的蓝图。从1998年落户江苏常熟到2005年的7年间，芬欧汇川在中国主要从事纸张以及标签材料的生产和销售等业务。在此期间，芬欧汇川逐步实施了本土化经营战略，培养了大批技术熟练的一线工人，更扶持了一批年轻有为的中高层管理员工。此举保证了这家百年芬兰纸业巨头扎根常熟，也让芬欧汇川在本土制造上迈出了坚实的步伐。

2005年芬欧汇川常熟纸厂的1号纸机投产不久，便相继刷新了世界最新的纸机车速。芬欧汇川常熟纸厂的产品，也凭借良好的品质和出色的环境表现，得到了市场的广泛认可。本土制造，让芬欧汇川在中国和亚太区收获了稳定的市场占有率，以及稳定的中高端客户群。

在享受着本土制造所带来的良好的经济效益的同时，芬欧汇川并没有就此而满足。集团清醒地看到，科技研发将是引领企业向前发展的高速引擎，集团每年在全球研发的投入也均高达4500万至5000万欧元。为了更好地在华发展，在常熟投资建设亚洲研发中心，向中国生产企业提供技术支持，同时建立针对国内市场的专项研发实力势在必行。

2007年4月，芬欧汇川全球第四大研发中心，芬欧汇川亚洲研发中心，落成并投入使用。芬欧汇川在中国迈出了本土制造向本土创造的第一步。本土化研发战略的实施收效迅速，可谓立竿见影。成立不久，亚洲研发中心就研发出以国产高岭土替代进口原料的纸张改进工艺，仅2008年这一年，芬欧汇川常熟纸厂便使用了超过5万吨国产高岭土原料，额外创造出可观的经济收益。而在随后的几年中，通过与集团其它生产企业，以及本地高校院所的通力合作，亚洲研发中心相继开发出多项适合中国和亚太地区的产品，取得丰硕的研发成果，创造出巨大的经济效益。

2008年，中国政府出台了新的高新技术企业认定办法，通过认定的企业可以享受15%的所得税税率。但申报高新技术企业的公司，必须具备自己的研发能力。而芬欧汇川常熟纸厂和亚洲研发中心在成立之初都是独立注册的经营实体，这样的经营模式限制了芬欧汇川申报高新技术企业。

通过架构调整，芬欧汇川（常熟）纸业有限公司于2011年9月1日升级为芬欧汇川（中国）有限公司，统领中国和亚太区的生产、销售业务，并逐步吸收合并芬欧汇川亚洲研发中心。2012年12月，芬欧汇川（中国）有限公司荣获高新技术企业证书。该证书以江苏省科技厅为主，会同江苏省财政厅、江苏省国家税务局和江苏省地方税务局审核颁发，印证了中国各级政府对芬欧汇川利用科技创新提升企业竞争实力，推动转型升级所做出的努力的认可。

芬欧汇川集团坚信拥有丰富研发经验的跨国公司应积极利用本土创造，为江苏省的科技进步和经济发展做贡献。芬欧汇川也将继续加大研发投入，发挥科技先导作用，将更多符合中国市场需求的领先的技术和产品引入中国。

Where
water
meets
chemistry™
kemira

凯米拉是一家全球化学品公司，服务于水密集型行业客户。
我们提供专业的技术与化学品，帮助客户提升水资源、
能源及原材料的使用效率。

凯米拉化学品兖州生产基地

**我们提供：**

- 高纯度 AKD 蜡粉
- 不同应用等级的 AKD 乳液
- AKD 施胶应用解决方案

凯米拉化学品南京生产基地

**产品范围：**

- ASA 施胶剂
- SAE 型表面施胶剂
- 消泡剂
- 脱墨剂
- 聚合物
- 干强剂
- 分散剂
- 杀菌剂
- 保洁和清洗剂
- 制浆氧漂稳定剂

APP 亚龙纸制品(昆山)有限公司
YALONG PAPER PRODUCTS(KUNSHAN)CO.,LTD

亚龙纸制品（昆山）有限公司位于昆山市高新技术产业开发区，于1996年成立，占地67公顷，投资总额1.25亿美元，现有员工1500人，年产纸制品20万吨，拥有“中国驰名商标”和“中国名牌”的殊荣，是目前中国较大的纸制品深加工企业。

公司主要产品有：静电复印纸、电脑报表纸、高光相纸、工程复印纸、彩色喷墨打印纸、各类簿本、手提袋、特种纸制品、办公用品，并承接各种彩盒、公司型录、产品说明书、纸制陈列架等印刷业务。

## 我们能为您做些什么？

**原料及工艺：**
100% 纯木浆、AKD 中性施胶工艺、GCC、PCC 高档填料保证品质。

**专业设备：**
从德国、美国、日本及荷兰等国全线引进世界先进的生产流水线。

**技术团队：**
多达 258 位技术人才和 6 位国家级技术专家给予技术支持。

**先进管理：**
运用 MBOS、CTR、SDA、KPI、6Sigma、5S 等高效先进的管理方法和改善措施不断提高管理水平，提升产品品质。

**国际标准：**
取得 ISO9002 及 ISO9001：2000 国际质量体系认证。

APP

金华盛纸业

GOLD HUASHENG PAPER

◎亚洲大型的无碳复写纸供应商

◎亚洲大型的多元文化纸品供应商

金华盛纸业（苏州工业园区）有限公司是世界纸业十强之一的金光集团APP于1996年投资建设的现代化大型造纸企业。公司投资总额13.8652亿美元，员工2700余人。金华盛纸业年产文化用纸60余万吨，是目前中国大型的多元文化纸品供应商，连续多年被侨务办公室评选为江苏省乃至全国明星侨资企业，2009年被中国造纸协会授予“全国制浆造纸企业30强”荣誉称号，2005年至今一直被认定为“国家高新技术企业”。

金华盛纸业装备4台大型纸机以及多台涂布机，自备热电厂以及日供5万吨的废水处理厂，专业生产无碳复写纸（包括热敏纸）、双胶纸、铜版卡和办公用纸等系列产品。“立可得”、“金球”、“金彩蝶”、“金环”等产品已经成为公司的主打品牌，“金彩蝶”、“立可得”等被评为江苏省著名商标，“立可得”、“金球”、“金彩蝶”系列文化用纸被评选为江苏省名牌产品。公司产品在国内外具有较高评价，曾被评为第四届亚太经合组织技术展示交易会指定用纸。依托APP贸易公司，目前金华盛纸业的产品远销全球各地。

在追求经济效益的同时，金华盛纸业始终贯彻“保护环境、珍惜资源、防止污染、持续改善”的环境方针，环保投入已累计达到5.3亿元，其中新建的7000吨中水回用工程已达到国内行业领先水平。在同行业中率先通过ISO9001质量体系、ISO14001环保体系以及OHSAS18001职业健康安全体系等权威认证，2008年顺利通过PEFC认证。

金华盛纸业在环保和循环经济方面的大力投入，得到了各级政府的肯定。2003年通过苏州市经贸委组织的清洁生产审核；2001、2002、2003年连续三年被评为“苏州市环境保护先进企业”，曾荣获“江苏省环境保护工程十佳单位”、“江苏省环境保护先进企业”、“苏州工业园区2006年度循环经济示范奖”、“江苏省循环经济试点单位”以及“江苏省环境友好企业”等称号。2007-2008年度公司大力推进节能减排工作，被苏州园区管委会授予“节能成效奖”。2008年度被江苏省经贸委以及质监局联合评定为“计量管理工作先进单位”。2010年被苏州市经信委授予“能效之星”四星等级。

经过十多年的发展，金华盛纸业在中国已能生产出越来越多的成熟产品，为越来越多的客户提供周到的服务，同时我们将积极参与到保护环境和绿色可持续发展活动中，做中国绿色纸业的倡导者和实践者。

地址：苏州工业园区胜浦镇金胜路2号　　邮编：215126

电话：0512-62836666　　传真：0512-62832674

免费服务热线：800-8282009　　Http://www.goldhs.com.cn

清风®
百分百爱家人
我选清风®
知名主持人：李静
100%精选原生木浆
不含可迁移性荧光增白剂
实验证明皮肤刺激性0
我是李静，是主持人也是妈妈，
我坚持给家人百分百好品质，
就像清风®坚持100%原生木浆，温和不刺激。
原木纯品

东方纸业
ORIENT PAPER INC.

- 成立于 1996 年
- 中国华北地区大型造纸企业
- 致力于包装用纸、 文化用纸、 生活用纸和特种纸的研发、 生产和销售
- 亚洲地区当前在美国纽交所上市的造纸企业

开拓创新
超越领先
河北省保定市东方造纸有限公司
地址： 河北省保定市徐水县巨力路
电话： 0312-8698215 传真： 0312-8698212
电邮： info@orientpaperinc.com
网址： www.orientpaperinc.com

# 山东群星纸业有限公司
## SHANDONG QUNXING PAPER CO.,LTD

山东群星纸业有限公司坐落于山东省邹平县长山镇驻地，东依美丽的孝妇河，南依济青高速公路，西距济南国际机场70公里，风景优美，交通便利。

本公司已于2007年10月2日在香港成功上市，是国内较大的高档装饰原纸生产基地。公司拥有员工4000多人，现有造纸生产线14条，年生产能力逾55万吨。

公司生产的各类高档装饰原纸，采用先进技术，有近百个花色品种，质量达到德国、意大利等进口同类产品水平。此原纸经印刷、浸胶等深加工，与胶合板、刨花板、中密度纤维板结合，制成各种装饰板材，广泛应用于装饰装修、交通运输工具（如飞机、轮船等），市场前景广阔。

公司生产的静电复印纸，科技含量高。由于采取特殊工艺，产品质量达到国内领先水平，并达到国外同类产品质量标准，市场独占性强。

公司一直将清洁生产摆在主要位置，坚持环境友好理念。采取特殊工艺，从原材料选用到工艺流程都独具特色，生产过程无任何污染，为环保事业做出了巨大的贡献，受到社会各界的广泛好评。

我们将继续以先进的技术、高质量的产品、优质的服务，满足客户需求，发展企业，奉献社会。

山东群星纸业有限公司董事长朱玉国先生，总经理朱墨群先生愿与社会各界同仁携手共谋发展！

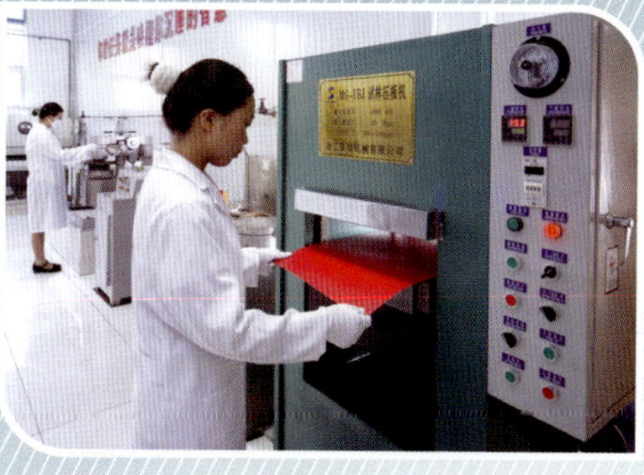

# 温州巨顺机械有限公司

JUSHUN 巨顺

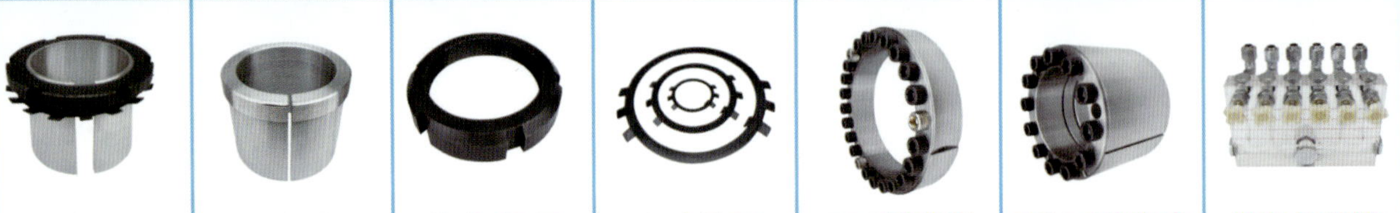

紧定套 | 退卸套 | 锁紧螺母 | 止动垫圈 | ZT2型胀套 | ZT12型胀套 | 给油分配器

## 造纸机专用螺栓〈材料：A3、45、不锈钢〉

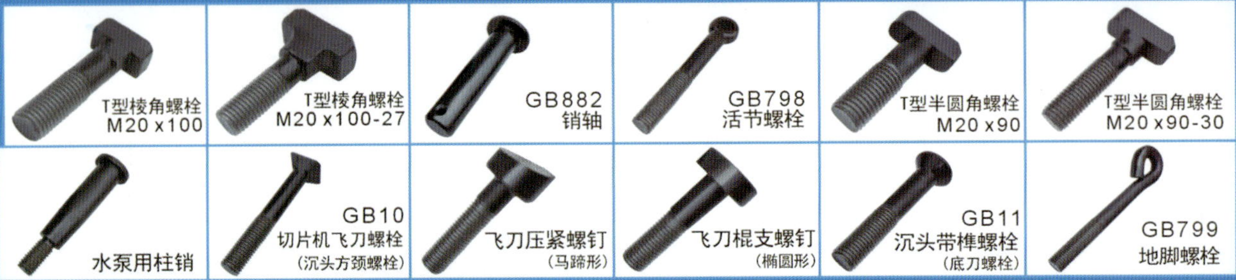

T型棱角螺栓 M20 x100
T型棱角螺栓 M20 x100-27
GB882 销轴
GB798 活节螺栓
T型半圆角螺栓 M20 x90
T型半圆角螺栓 M20 x90-30
水泵用柱销
GB10 切片机飞刀螺栓（沉头方颈螺栓）
飞刀压紧螺钉（马蹄形）
飞刀棍支螺钉（椭圆形）
GB11 沉头带榫螺栓（底刀螺栓）
GB799 地脚螺栓

## 巨顺喷淋设备

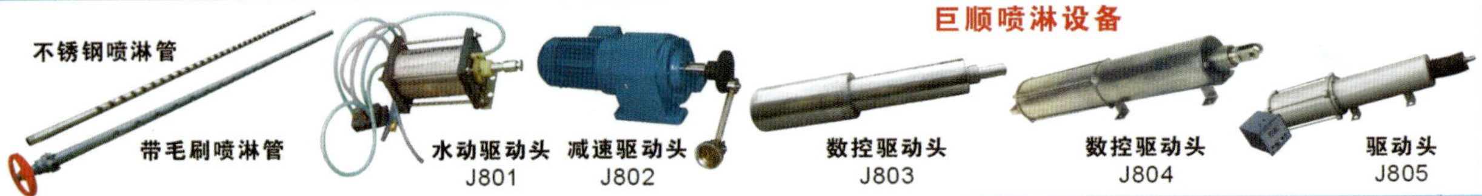

不锈钢喷淋管
带毛刷喷淋管
水动驱动头 J801
减速驱动头 J802
数控驱动头 J803
数控驱动头 J804
驱动头 J805

## 针形喷嘴 用途：网毯冲洗、水印辊、真空辊清洗（陶瓷，红宝石）

Z101 Z102 Z103 Z104 Z105 Z106 Z107 Z109 Z110 Z111 Z112 Z113 Z115 Z119 Z122

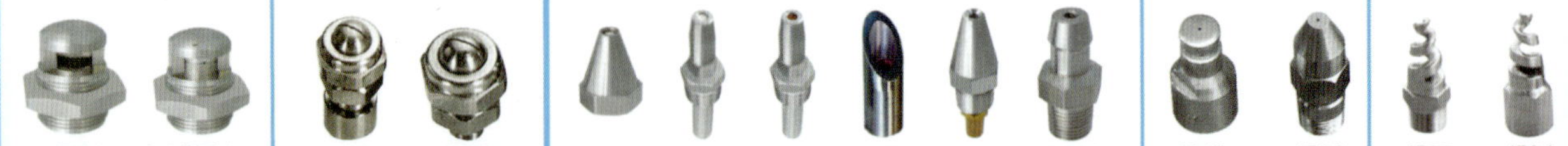

## 自清洗喷嘴

（扇型） （针型）

## 蒸气喷嘴

J531 J532

## 裁纸边水针（陶瓷，红宝石，含金）

JL302 JL304 JL305 JL306 JL307 JL310

## 管道喷嘴

J515 J516

## 螺旋喷嘴

J533 J534

## 扇形喷嘴

S202 S204 S205 S206 S207 S208 S209 S210 S211 S213 S215 S216 S224

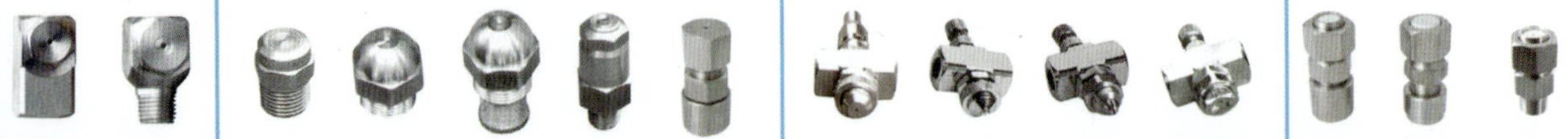

## 消泡喷嘴

J501 J503

## 微细雾化喷嘴

J507 J508 J509 J510 J511

## 空气雾化喷嘴

J517 J518 J519 J520

## 淀粉喷嘴

18-1 18-2 18-5

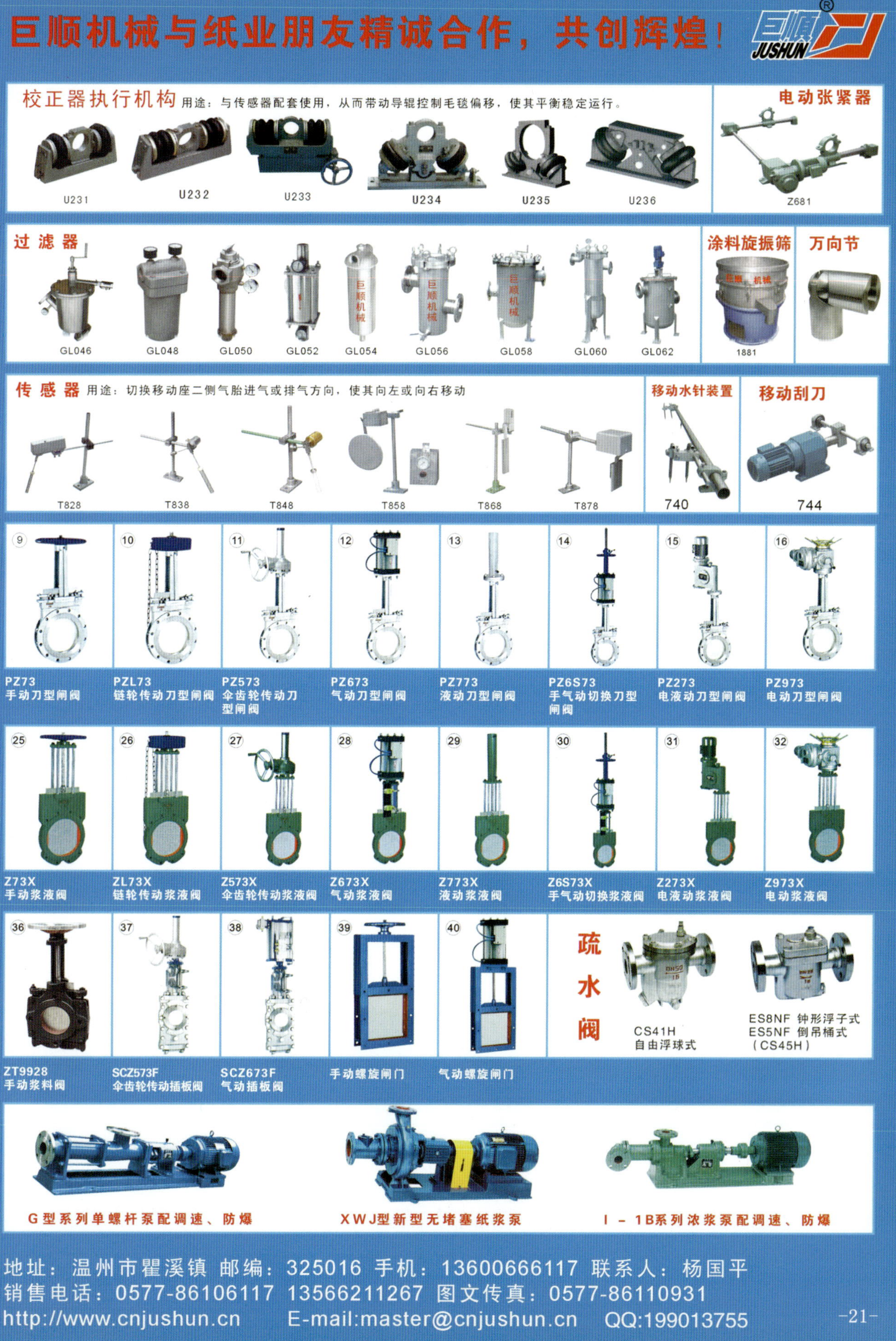
巨顺机械与纸业朋友精诚合作，共创辉煌！
巨顺 JUSHUN
校正器执行机构 用途：与传感器配套使用，从而带动导辊控制毛毯偏移，使其平衡稳定运行。
U231
U232
U233
U234
U235
U236
电动张紧器
Z681
过滤器
GL046
GL048
GL050
GL052
GL054
GL056
GL058
GL060
GL062
涂料旋振筛
1881
万向节
传感器 用途：切换移动座二侧气胎进气或排气方向，使其向左或向右移动
T828
T838
T848
T858
T868
T878
移动水针装置
740
移动刮刀
744
PZ73 手动刀型闸阀
PZL73 链轮传动刀型闸阀
PZ573 伞齿轮传动刀型闸阀
PZ673 气动刀型闸阀
PZ773 液动刀型闸阀
PZ6S73 手气动切换刀型闸阀
PZ273 电液动刀型闸阀
PZ973 电动刀型闸阀
Z73X 手动浆液阀
ZL73X 链轮传动浆液阀
Z573X 伞齿轮传动浆液阀
Z673X 气动浆液阀
Z773X 液动浆液阀
Z6S73X 手气动切换浆液阀
Z273X 电液动浆液阀
Z973X 电动浆液阀
ZT9928 手动浆料阀
SCZ573F 伞齿轮传动插板阀
SCZ673F 气动插板阀
手动螺旋闸门
气动螺旋闸门
疏水阀
CS41H 自由浮球式
ES8NF 钟形浮子式
ES5NF 倒吊桶式
（CS45H）
G型系列单螺杆泵配调速、防爆
XWJ型新型无堵塞纸浆泵
I－1B系列浓浆泵配调速、防爆
地址：温州市瞿溪镇 邮编：325016 手机：13600666117 联系人：杨国平
销售电话：0577-86106117 13566211267 图文传真：0577-86110931
http://www.cnjushun.cn E-mail:master@cnjushun.cn QQ:199013755

# 苏州嫦娥造纸网毯有限公司

嫦娥®

你我之间嫦娥相伴

## 企业简介

苏州嫦娥造纸网毯有限公司由太仓嫦娥工业用呢有限公司和应城市恒达工业用呢有限公司共同组建而成，以集团化管理模式持续经营。

公司始建于1987年，是以生产造纸毛毯为主、特种化纤为辅的集团化公司，下辖三个分公司、拥有三个生产基地，是国内重要的造纸毛毯生产基地之一。

公司拥有的“嫦娥”品牌在用户和行业内拥有较大的知名度和影响力，是江苏省著名商标。本着互利共赢之原则，公司与许多国内知名客户有着长期稳定的合作关系。

主要产品有：BOB造纸毛毯、BOM造纸毛毯、特种造纸毛毯、干毯及浆板毯等十几大系列100多个产品，产品覆盖全国并远销东南亚等国家和地区。

进口重型织机

高速多头梳理机

宽幅针刺机

油热定型机

下属企业及联系方式：

名称：苏州嫦娥造纸网毯有限公司
　　　太仓嫦娥工业用呢有限公司
地址：江苏省太仓市沙溪镇新北西路132号
邮编：215421
电话：0512-53212049 53213490
传真：0512-53214871
Http: www.tcce.cn www.chang-e.net.cn
E-mail: change@vip.163.com

名称：应城市恒达工业用呢有限公司
　　　湖北恒丰化纤有限公司
　　　湖北省应城市民营经济园
邮编：432400
电话：0712-3251880
传真：0712-3251880
Http: www.tcce.cn www.chang-e.net.cn
E-mail: hbychd@163.com

# 北京恒捷科技有限公司
BEIJING HENGJIE TECHNOLOGY LTD.

**因为专业，所以优秀；因为诚信，所以长久。**

自1998年成立以来，恒捷科技始终专注于纸浆净化和水净化设备的生产与研发，承蒙业界同仁厚爱，成为业内知名的除渣器和弧形筛的专业制造商。近一年来，在汲取多年以来经验的基础上，我们着重在产品细节上加强改进和完善，使我们的产品在使用过程中更可靠、更人性化。

## 主要产品

### HDC高浓除渣器／MDC中浓除渣器

采取单锥体的设计，相比于国内传统的同类型产品，净化效率更高、纤维流失更小。

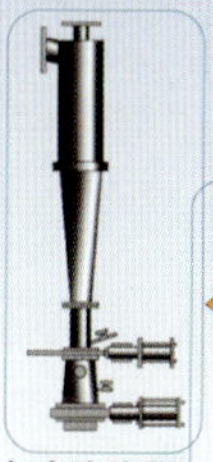
MDC中浓除渣器

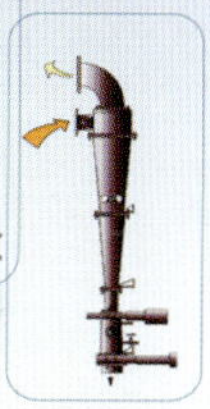
HDC高浓除渣器

### ZCF／220中低浓除渣器

为废纸制浆造纸企业专业打造的高净化率、无堵塞的除渣器。

### ZCF／160低浓除渣器

专业用于要求高净化率的生产文化用纸、特种纸等纸品的制浆造纸企业。

ZCF／160低浓除渣器

ZCF／220中低浓除渣器

### HSY压力式弧形筛／HSC溢流式弧形筛

一种成熟的已广泛应用于制浆造纸企业的固液分离设备

HSY压力式弧形筛

HSC溢流式弧形筛

### QCF轻质除渣器

专业用于去除泡沫塑料及塑料片的废纸制浆造纸净化设备。

QCF轻质除渣器

### 立式微浮选气浮机

以“就近处理，就近回用”为理念的可以灵活安装于制浆造纸过程中不同位置的高效气浮设备。

立式微浮选气浮机

### 保温材料

一种新型环保的节能产品，已广泛应用于制浆造纸过程中蒸汽管路和烘缸端面的保温。投资少，见效快。

保温材料

地址：北京市昌平区立汤路188号北方明珠大厦1－1520－22室
网址：www.hengjietech.com　　邮编：102218
电话：010－58607441　58607442　传真：010－58607440
销售热线：13501036546　13701007040

# 西安祺沣造纸网有限公司

QIFENG(XIAN)PAPERMAKING NET CO.,LTD

**西安祺沣造纸网有限公司成功收购凯德（西安）造纸机械织物有限公司（原西安造纸网厂）的资产，并于2012年10月成立的新的造纸网生产企业。**

西安造纸网厂组建于1965年隶属于原轻工业部。其生产的造纸网产品在市场的认知度高，在国内造纸行业拥有众多的合作伙伴和良好的口碑。

几十年来，公司的产品曾获得十几项省、部、国家级奖项。企业重组后，我公司继续从事设计，生产，销售聚酯网、铜网、不锈钢网、金属线材及其他脱水器材，并提供技术服务，同时从事工业用毛毯及纸张销售。

做为有近五十年历史的老企业，祺沣公司也是国内现在还在为生产人民币纸的企业提供造纸专用铜网的生产单位。同时也是国内三大造币公司钞票纸专用水印铜网行业国家标准制定的单位。在国内造币铜网的生产上处于引领地位。是一家拥有国内铜网、不锈钢网、聚酯网三大系列造纸网产品的企业，各系列品种齐全，质量稳定。也是目前国内铜网生产品种较全、产量较大、质量很好的企业，在国内铜网生产上占有领先优势。

公司年产现有生产能力为各类造纸聚酯网8万米$^2$，造纸铜网6万米$^2$，还可生产各种规格目数的不锈钢丝斜焊网的年产能力为1万米$^2$。

公司专业技术力量雄厚，职工队伍思想稳定，拥有一批经过多年实践锻炼的优秀员工和技术团队。同时秉承诚信、共赢、发展的经营理念，用完美的技术、优良的品质和用心的服务为广大用户提供优质的产品和全面的技术支持。

## 公司产品

铜网系列：
12目、14目、16目、18目、20目、32目、36目、40目、方孔网26目、方孔网60目等

聚酯网：
2B602、2B603516、2B563516、CJW27254、CJW23408、GW4106、GW24504、CJW09603、LGW3.8×6.8等

不锈钢网系列：
4.8目、5.5目、14目、16目、32目、36目等。

铜网

铜网方孔网

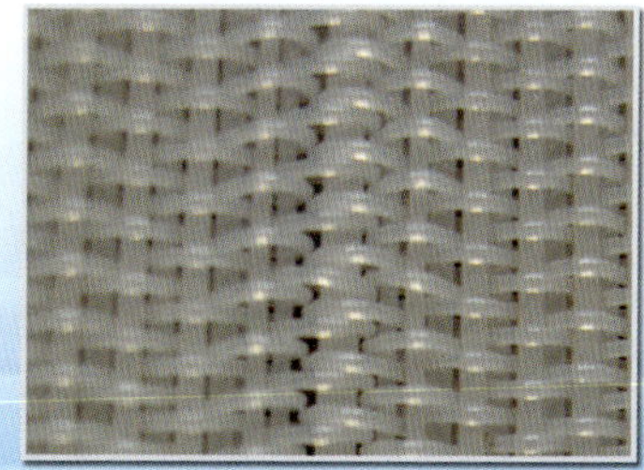

聚酯网GW

聚酯网成型网

地 址：西安市长安区马王街办沣京中路9号　邮 编：710115
电 话：029-85850723　传 真：029-85851477　邮 箱：qifengwangye@163.com

**PAPER AND PAPER MAKING,** the most popular and authoritative paper magazine in Chinese pulp and paper industries, with knowledge, practical, leading and scientific for feature, is sponsored by China Technical Association of Paper Industry, Sichuan Technical Association of Paper Industry and Sichuan Technology & Business College. Since established in 1982, it has consistently insisted on popularizing and introducing advanced and applicable manufacturing technology, advanced equipment and administration experiences in the world for promoting the technical advancement and sustained development of Chinese paper industry. It also helps the paper stuff and paper users to improve their diathesis, and to exchange the technical and economical information between paper industry to related trade, manufacture, research, design and education. It is an excellent periodical rated by Former Ministry of Light Industry and China Science & Technology Association, and selected for the Core Chinese Journals, the Source Journals of China Academic Journal Comprehensive Evaluation Database in the past years.

**PAPER AND PAPER MAKING** comprehensively covers new knowledge, new technology, new material, new product, new equipment of pulping and paper making, and reports guidelines and policies, technology and economy information, market dynamics of China Paper Industry.

**ISSN 1001-6309 CN 11-2709/TS 邮发代码：62-111**

**·《中国学术期刊综合评价数据库》来源期刊**

# 中华纸业杂志社刊网结合

## China Pulp & Paper Industry (CPPI Magazine)

### 构建现代造纸产业传媒服务平台

To Construct a Media Service Platform for Pulp and Paper Industry

传承华夏文明 服务中华纸业

- 编辑出版中国造纸协会会刊《中华纸业》（半月刊）
- 运营维护中国造纸行业综合门户网站“中华纸业网 www.cppi.cn”
- 举办“中华纸业造纸产业高层峰会”
- 组织“中国制浆造纸装备国家展团”参加国际纸展
- 举办“中华纸业浆纸技术论坛”
- 编写发布《中国纸业发展月度报告》
- 开展年度“中国造纸企业20强巡礼”专题宣传
- 组织全国造纸产业报刊协会的相关活动

- Publishing the Journal of China Paper Association— China Pulp & Paper Industry (semimonthly)
- Managing the comprehensive portal website of China's paper industry— www.cppi.cn
- Organizing “CPPI China Pulp & Paper Industry High-level Summit”
- Organizing “China Pulp & Paper Equipment Pavilion”
- Founding “CPPI Pulp and Paper Technology Forum”
- Publishing “Monthly Development Report on China Pulp & Paper Industry”
- Publishing annual special report “Top 20 Papermaking Enterprises in China”
- Organizing the activities of China Paper Enterprise Newspaper and Periodical Association

地址：山东济南市工业南路101号（邮编：250100） Add：101，Gongyenan Road，Jinan250100，Shandong，China
电话/Tel：0531—88522949 传真/Fax：0531—88926310 E—mail：adv@cppi.cn
《中华纸业》国内统一刊号：CN 37—1281/TS 国际标准刊号：ISSN 1007—9211 邮发代号：24—136

CPPI 中华纸业 China Pulp & Paper Industry

# 安徽华辰造纸网股份有限公司

安徽华辰造纸网股份有限公司，位于国家级开放城市芜湖经济技术开发区内，是全国造纸工业用脱水器材行业规模较大的专业生产厂家。

公司于2001年3月，由芜湖造纸网总厂改制成立，总资产2.2亿元，注册资本5400万元，占地面积5.3公顷。现有职工260人，其中各类专业技术人员120人。

公司拥有国际先进的织网机、定型机、全自动插接机等生产线，以及完善的检测检验体系。为不断增强科技创新能力，公司又成功引进了德国生产的具有世界领先水平的织网机，成为行业内一家引进世界高尖端造纸网设备的厂家。

公司建立省级技术中心，主要从事聚酯单层网、聚酯多层网、聚酯干网的开发、研制、生产和销售。拥有产品自营进出口权和聚酯网高新技术产品证书。获得安徽省质量管理奖、国家科技部科研奖，通过了ISO9001质量体系认证，是安徽省百家专、精、特、新重点扶持企业和安徽省高新技术企业。

2002年10月，广东新的科技集团收购重组华辰公司，把全新的管理理念融入华辰。一路风雨兼程，数载春华秋实，凭借雄厚的技术开发实力和在业内的广泛影响，公司已成为名副其实的造纸脱水器材行业的排头兵。

*先进的织网机*

*先进的定型机*

## *一流的产品*

单层网

双层网

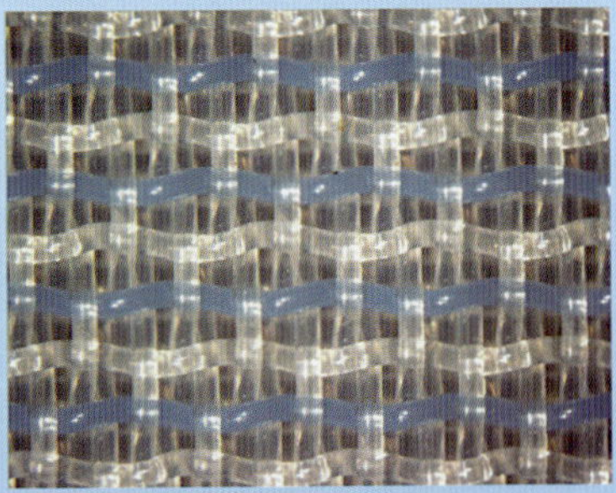

二层半网

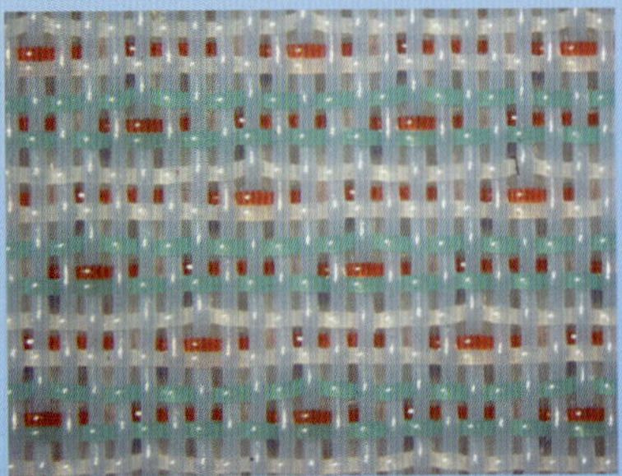

三层网

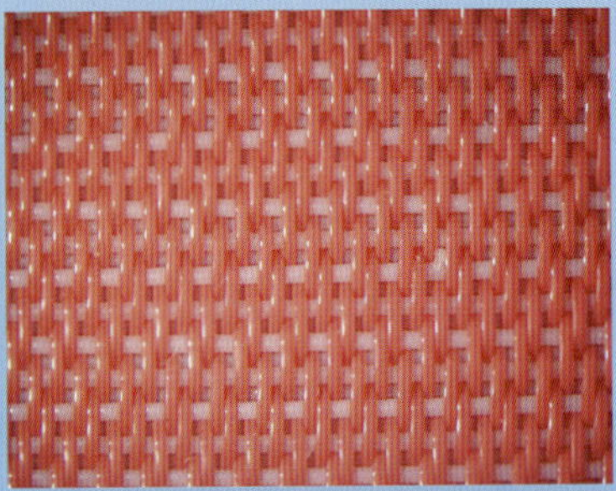

异型网

公司市场部电话：0553-5848297　技术部电话：0553-5848292　公司传真：0553-5848237
地址：安徽芜湖经济技术开发区港湾路33号　邮编：241009

# 综　述

## GENERAL TOPICS

造纸工业技术进步“十二五”指导意见
我国造纸工业的现状与发展趋势
部分省市造纸工业“十二五”规划节选

# 1

# 造纸工业技术进步“十二五”指导意见

# Guideline of Technology Progress of China's Paper Industry in the 12th Five - Year Plan Period

“十二五”时期是我国全面建设小康社会的关键时期，是提高自主创新能力、建设创新型国家、深化改革开放、加快转变经济发展方式的攻坚时期，工业化、信息化、城镇化、市场化、国际化深入发展，建设资源节约型、环境友好型社会成为加快转变经济发展方式的重要着力点。我国造纸工业面临纸及纸板供求基本平衡、产略大于销，但纸浆供需矛盾突出，国内供给缺口大的供求格局，亟需转变发展方式，加快产业结构调整，走绿色可持续发展之路。要充分发挥技术进步对造纸工业发展的支撑引领作用。要把技术进步作为提升造纸工业整体水平，培育新的经济增长点，实现转型升级常抓不懈的重要手段。按照《国民经济和社会发展第十二个五年规划纲要》战略部署的要求，深入实施《国家中长期科学和技术发展规划纲要（2006—2020 年)》、《国家“十二五”科学和技术发展规划》和《造纸工业发展“十二五”规划》，提出《造纸工业技术进步“十二五”指导意见》。

## 一、现状与发展趋势

### （一）科技发展现状

1. 主要成绩

“十一五”以来，造纸工业全面落实科学发展观，不断加强创新体系建设，引进与创新相结合，着力自主创新，以科技进步推动行业发展，取得了显著成绩。

（1）产学研相结合，取得了多项科技成果　行业十分重视加强创新体系建设及搭建创新平台。目前已建立 22 所设置制浆造纸专业的院校、8 个造纸研究院、13 个设计院、1 个制浆造纸工程国家重点实验室、1 个制浆造纸国家工程实验室、1 个造纸与污染控制国家工程研究中心、1 个国家造纸化学品工程技术研究中心、7 家国家认定企业技术中心以及一批地方认定的企业技术中心。拥有博士、硕士、本科生、专科生共 26600 余名，分布在行业的生产、设计、科研、教学和管理部门，初步形成了一支产学研相结合的自主创新研发团队，基本建立起行业自主创新体系。

制浆造纸技术作为国家重点制造业技术领域之一，近年来重点针对纤维资源利用、节能减排和装备国产化 3 个方面开展了多项科技计划重点项目实施，据不完全统计，“十一五”期间，通过产学研相结合，完成国家科技支撑计划项目、国家“863”计划项目、国家自然基金项目等 40 余个，以及一批省部级科研项目。发表学术论文 13000 余篇，申报和公开的发明专利 5400 余项，实用新型专利 1000 余项，获国家级科技进步奖 4 项，省部级科技进步奖 69 项。“草浆的生物预漂白和酶法改性技术”、“废纸生产低定量高级彩印新闻纸”、“废纸造纸废水资源化利用关键技术研发与应用”和“中高浓度纸浆清洁漂白技术”均荣获国家科学技术进步二等奖。另外，“林纸一体化运行模式研究与示范”和“造纸工艺关键技术研究”等国家重点科技项目在理论研究和工程应用方面取得了较突出的成果。“十一五”时期取得的多项科技成果，促进了我国制浆造纸技术与装备水平的提高，对产业结构调整和优化升级起到一定的支撑和推动作用。

（2）引进与创新相结合，提高了技术装备水平　“十一五”期间，造纸工业采取了引进与自主创新并举的措施，以年均增长 20% 以上的固定资产投资，建成了一批技术起点高、装备先进、单机规模大的制浆造纸项目，并开发出一批引进技术消化吸收再创新的国产制浆造纸装备。目前，林纸一体化工程建设在我国已获成功实践，“十一五”全国已建成30余个项目，新增木（竹）浆生产能力680万吨，配套林业基地86万公顷。同时，新增年产10万吨及以上各类先进纸机和纸板机140余台，新增先进产能3400余万吨，一批优秀的骨干企业已拥有世界领先的制浆造纸技术与装备，率先完成由传统造纸向现代造纸的转变，步入了世界先进行列，大幅度地提高了我国造纸工业整体技术装备水平。

（3）节能减排成效显著，资源消耗大幅降低 “十一五”期间，我国造纸工业积极采用先进适用的清洁生产和节能降耗技术与装备，加大环境治理力度，扎实推进节能减排，重点对草浆生产企业、较大污染源点和重点流域造纸企业进行了综合治理，淘汰落后产能1000余万吨。2010年，废水中主要污染物化学需氧量（$COD_{Cr}$）排放95.2万吨，比2005年的159.6万吨降低40.4%，排放强度由万元产值0.069吨降至0.018吨，降幅为73.9%，实现了增产减污。“十一五”期间，吨纸浆平均综合能耗（标准煤）由0.55吨降至0.45吨，降低18.2%。吨纸及纸板平均综合能耗（标准煤）由0.83吨降至0.68吨，降低18.1%。吨纸浆、纸及纸板平均取水量由103米$^3$降至85米$^3$，降低17.5%。吨纸及纸板平均消耗原生纸浆由427千克降至340千克，降低20.4%。

2. 存在的主要问题

（1）技术创新能力比较薄弱 研发资金投入不足，行业整体自主创新能力建设和应用基础研究比较薄弱。目前尚未形成产学研创新体系的有机整体，在协同攻关当代造纸科技方面尚存在未能充分发挥造纸科技资源的问题，有待进一步解决。

（2）产业工程化科技成果少 面对企业需求，在新工艺、新设备和新产品的研发方面尚缺少自主创新的产业化、工程化重大成果，对企业改造升级支撑动力不足，有待提升科技创新能力，重点突破，创新发展，加大自主创新技术与装备应用的比例。

（3）高端装备和关键部件依赖进口 国内造纸装备制造业技术创新能力不足，缺乏跨学科多专业配套的创新团队，缺乏实验装备与手段，缺乏对基础理论研究以及从工艺到装备和控制等系统性、成套性研究，难以掌控产品核心技术，致使高端大型制浆造纸设备及关键部件基本依赖进口。

**（二）科技发展趋势**

1. 制浆造纸工程发展特征

制浆造纸工程是以化学、化工、植物化学为理论基础，集化工、物理、机械、电子、生物、环保等技术为一体的多学科交叉的应用技术工程。其发展的主要特征表现为，一是技术装备大型化、自动化、信息化、高效率，以实现更高经济规模效益。二是优化和简化工艺系统，过程控制向集成化、智能化方向发展，以减少投资，节能降耗，提高产品质量，降低生产成本。三是开发新产品，增加产品加工深度，提高产品附加值，使企业获得更多的利润。四是更加致力于循环经济、清洁生产，更有效利用资源，减少环境污染，推进可持续发展。

2. 行业科技发展趋势

面对资源短缺、能源紧张、环境压力大等世界性难题，造纸工业科技总体发展趋势将会把节约资源、实现循环发展；提高能源利用率、实现低碳发展；实施清洁生产、实现污染物有效控制及开发未来新产品等战略课题，作为研发的重点方向。

（1）注重新一代清洁制浆造纸技术的研发与应用 针对速生材、非木材和废纸原料的纤维特征和品质缺陷，将进一步注重研发减量化、再利用和资源化技术，包括高效节能的深度脱木素改良蒸煮技术、速生材高得率浆高值化利用技术、非木材原料的清洁制浆和漂白技术、废纸高效再生利用和品质改善技术、抄纸湿部化学技术、表面施胶和涂布技术以及制浆造纸过程清洁生产集成技术等。

（2）注重开发应用新型高效制浆造纸装备 研发的新型装备将进一步注重向节能、降耗、减排、高效，适应纸及纸板新产品开发和提高纸浆、纸张质量方向发展。

（3）注重创新与集成制浆造纸节能减排技术 以“资源开发与节约并重、把节约放在首位”为原则，将注重把节能、节水、降耗、减排技术渗透到包括备料、蒸煮、磨浆、洗涤、筛选、漂白、碱回收等制浆过程的各个环节。蒸煮过程节能与热能回收技术、高得率制浆过程节能技术与热能回收以及洗筛漂过程节能的新工艺、新技术将得到进一步开发，降污减排的新方法新技术将得到进一步发展，高效的制浆造纸化学品的开发和应用，从而实现以最少资源消耗创造最大经济效益的目的。

（4）注重开发造纸行业循环和低碳经济新技术 应对全球气候变暖、发展低碳经济是全球的共同行动，造纸工业是采用可再生物质为原料规模最大的加工业，在生物质循环利用和低碳生产技术的开发利用方面，具有独特的优势。行业将进一步注重制浆造纸过程水循环利用的工艺与技术、过程废弃物资源化利用技术的开发。科学技术的发展将使制浆造纸产业实现资源－产品－再生资源的循环利用，实现制浆造纸过程的低碳化。

（5）注重开发高性能纸基功能材料　高性能纸基功能材料是现代包装、信息、建筑、电器、航空航天、军工、生物医药、食品、环保、海洋等领域所需要的高技术新材料，其生产过程中需加入特种功能性材料如无机及有机纳米材料、生物质化工材料、有机高分子复合材料、无机合成纤维、新型高分子填料以及具有热、电、光、磁及力学性能的高分子助剂等，研制生产具有多种复合功能的纸基材料，如防锈型、防变色型、防虫型、防霉型、保险型、防伪型、纳米型等高性能纸基功能材料，满足潜力市场的需求，是调整纸产品结构的方向。

（6）注重研发产业化的生物技术　注重研发产业化的生物技术在制浆造纸工业中的应用，在推动行业低能耗、低污染、低排放的低碳经济发展方面具有广阔前景。主要包括基因重组改良造纸原料、生物预处理制浆、生物化学制浆、生物高得率制浆、纸浆生物漂白、废纸的酶法脱墨与纤维酶法改性、废纸回用过程胶黏物的生物控制、废液生物处理等方面的技术研发。

（7）注重研发高效利用纤维资源的复合型生物质提炼技术　日益加剧的行业竞争使传统造纸工业面临巨大的压力，把传统造纸厂转化为能够同时生产纸浆和纸、高分子材料、化学品和生物质能源的复合型生物质提炼厂，达到充分合理高值化利用植物纤维原料中的纤维素、半纤维素和木素三大组分，是制浆科学研究的新发展趋势。

## 二、指导思想、基本原则和发展目标

### （一）指导思想

贯彻和落实《国民经济和社会发展第十二个五年计划》的战略部署，深入实施《国家中长期科学和技术发展规划纲要（2006—2020）》、《国家“十二五”科学和技术发展规划》和《造纸工业发展“十二五”规划》，遵循“坚持自主创新、重点跨越、支撑发展、引领未来”的方针，实施技术进步强纸战略：以企业为主体加强产学研结合，增强自主创新能力建设；夯实基础，提升能力，优化技术结构，优化人力资源结构，发挥科技领军人才在科技创新中的重要作用；着力突破行业重大核心技术，关键共性技术，重点解决实用技术，加快科技成果转化与推广应用，提升我国造纸工业工艺技术和装备研发与应用水平，提高产业竞争力；促进科技创新型、资源节约型、环境友好型绿色纸业可持续发展，为推进我国造纸工业由造纸大国向造纸强国迈进，提供强有力的技术支撑。

### （二）基本原则

1. 坚持以创新促转型，提高产业竞争能力

以创新促转型，以转型促升级，推进造纸工业实施创新发展战略。切实把科技进步与产业升级紧密结合，加快技术成果转化和先进技术的推广应用，提高产业竞争能力。

2. 研发关键共性技术，突破行业发展瓶颈

着力解决关系造纸工业发展的关键共性技术问题，增强共性、核心技术突破能力，解决瓶颈，促进行业创新发展。

3. 加快技术改造步伐，提升产业发展质量

以市场为导向，企业为主体，坚持质量、效益、速度协调发展，加快新技术、新工艺、新材料、新装备在造纸行业中的应用，实施技术改造，促进产业优化升级。

4. 加强节能减排工作，促进产业绿色发展

采用先进适用技术实施造纸工业的结构减排、工程减排和管理减排，促进产业实现绿色、低碳、循环发展。

5. 发挥产学研结合作用，完善技术创新体系

强化企业在技术创新决策、研发投入、科研组织和成果转化中的主体作用，引导资源、人才、技术等创新资源向企业聚集。进一步完善产学研结合创新体系，推进技术创新战略联盟等创新服务平台的建设。

### （三）发展目标

到2015年，在制浆造纸科技开发及技术创新领域力争实现以下目标：

1. 自主创新能力明显提高

统筹科技资源，重点突破制约行业发展的“资源、环境、结构”三大瓶颈中的重大关键、共性技术，提高行业整体技术装备水平。

2. 创新体系得到进一步完善

建设国家级企业技术中心10家以上。培育2～3个国家级产业技术创新战略联盟。

3. 开发一批纸及纸板新产品

满足市场低定量、功能化、绿色环保需求，形

成行业发展新的增长点。

4. 提升造纸装备研发能力

制浆造纸装备自主化比重由30%提高至50%。

5. 节能减排取得显著成效

实现"十二五"吨纸及纸板平均综合能耗（吨标准煤）降低20%；吨纸浆平均综合能耗降低18%；吨纸浆、纸及纸板平均取水量（$米^3$）降低18%；水污染物化学需氧量排放总量降低10% ~ 12%；氨氮排放总量降低10%。

6. 加强人才的培养

培养和造就一支科研、技能和经营管理结构合理协调发展的人才队伍，为实现造纸强国目标提供强大智力库支撑。

## 三、重点技术方向

为推进"十二五"造纸工业技术进步和行业的可持续发展，结合行业科技发展趋势，现提出5个方面的重点技术方向。

一是造纸工业基础理论；二是造纸工业前沿技术；三是造纸工业共性关键技术；四是制浆造纸装备研发；五是造纸工业新技术、新工艺应用与新产品研发。

**（一）造纸工业基础理论**

主要研究内容：

1. 植物纤维化学与资源高效利用

（1）植物原料形态特征、化学组分、性质和结构及原料品种培育及优化；

（2）植物原料组分的分离技术及机理；

（3）纤维性能及改性途径及机理；

（4）天然高分子材料功能化；

（5）生物质能源转化技术。

2. 制浆清洁生产技术

（1）制浆、漂白新技术及理论；

（2）置换蒸煮及脱木素动力学；

（3）黑液提取、蒸发和碱回收技术及理论；

（4）生物酶技术及机理；

（5）废纸资源的高效利用及基础理论。

3. 造纸工艺过程基础研究

（1）纤维分级、打浆、混合技术及机理；

（2）纸浆流送与纸页成形机理与技术；

（3）新型高效功能性造纸助剂的研发和反应机理；

（4）涂料与涂布技术；

（5）造纸过程节水、节能技术研发及传质、传热基础理论；

（6）纸及纸板特殊功能；

（7）纸基复合材料及功能材料成型技术及机理。

4. 节能减排技术

（1）污染物组分分析、综合利用途径及机理；

（2）制浆造纸废水处理技术和反应机理；

（3）制浆造纸废水中不可生化的有机物对环境的影响和去除方法；

（4）能源效率相关理论。

**（二）造纸工业前沿技术**

主要研究内容：

（1）纳米纤维素等多功能材料制备及应用技术；

（2）非木材原料的化学机械法制浆生产关键技术；

（3）废水深度处理技术；

（4）废水脱盐及浓液处理技术；

（5）高效低毒环保化学品制备及应用技术；

（6）高效生物酶技术；

（7）纸机在线检测和传感器技术；

（8）固体废弃物的高效分离、减量化、无害化和资源化利用。

**（三）造纸工业共性关键技术**

主要研究内容：

（1）高硅含量的非木原料的除硅型、留硅型蒸煮技术；

（2）非木材原料低能耗蒸煮技术及其蒸煮设备研发；

（3）非木材原料氧脱木素技术；

（4）非木原料无氯或无元素氯短序漂白应用技术；

（5）非木浆高效洗涤技术及设备的研发；

（6）非木材原料碱回收过程硅干扰控制技术；

（7）白泥等固体废弃物的综合利用技术；

（8）废纸制浆造纸过程胶黏物去除与控制技术；

（9）高得率制浆工艺优化及应用技术提升；

（10）改善造纸化学品对抄纸系统的阴离子干扰技术；

（11）低浓废液浓缩技术；

（12）低能耗耐用磨片的研发与应用；

（13）提高纸机烘缸干燥效率应用技术；

（14）高性能纸基功能性新材料及特种纸开发与产业化技术；

（15）高速纸机网毯制造技术；

（16）靴形压榨靴套的制造技术；

（17）污泥干化与资源化利用技术；

（18）生产过程污染物中央控制系统研发与应用；

（19）企业能源系统智能控制技术研究与应用；

（20）造纸化学品添加专用设备研发；

（21）生产过程有害气体的减量和处理技术；

（22）纸浆速生林培育及科学育苇技术。

**（四）制浆造纸装备研发**

主要研发内容：

（1）年产10万～15万吨废纸脱墨制浆成套生产线；

（2）年产10万～20万吨非木纤维原料制浆成套生产线；

（3）年产10万～15万吨化机浆关键设备；

（4）车速1000米/分以上高速卫生纸机；

（5）中高速造纸机流浆箱、宽区压榨、全封闭式气罩和热回收、涂布、压光、整饰等关键技术与装备；

（6）中高浓浆料漂白浓缩、混合设备；

（7）造纸污泥干化、固废物处理及生物质资源化利用新装备；

（8）高速造纸机系统的故障诊断与智能维护技术；

（9）制浆造纸测控系统；

（10）新型造纸脱水器材的制造技术。

**（五）造纸工业新技术、新工艺应用与新产品**

主要研发内容：

1. 化学法制浆

（1）禾草类纤维干湿法备料及连续蒸煮技术；

（2）非木纤维置换蒸煮技术；

（3）低卡伯值蒸煮工艺；

（4）蒸煮废液高效提取设备的应用及废液资源化利用技术；

（5）浆料封闭筛选及压力筛的应用；

（6）氧脱木素技术；

（7）先进的漂白工艺；

（8）碱回收系统先进工艺技术。

2. 化学机械法制浆（高得率制浆）

（1）磨浆系统热回收技术；

（2）二段低浓磨浆技术；

（3）化学机械浆制浆废液与化学浆蒸煮黑液综合处理技术；

（4）过氧化氢漂白非硅稳定剂的开发与应用。

3. 废纸制浆

（1）废纸干法散包、筛选及分拣系统；

（2）鼓式碎浆技术；

（3）废纸脱墨技术；

（4）纤维分级技术；

（5）脱墨浆固废的资源化利用技术；

（6）高效除砂除杂技术；

（7）分质用水及循环利用技术。

4. 纸张抄造

（1）纸机流送系统的浓浆筛选工艺；

（2）浆料除气技术；

（3）造纸机的干燥部烘缸供热技术；

（4）高速膜转移施涂技术；

（5）帘式涂布技术；

（6）靴式压榨技术；

（7）透平式真空泵的应用；

（8）非接触干燥技术；

（9）干燥部热回收技术；

（10）可生物降解造纸助剂的应用；

（11）超滤机处理涂布废水技术。

5. 末端治理及资源再利用

（1）废水处理技术集成；

（2）生物质资源化利用；

（3）厌氧沼气利用技术。

6. 新产品研发全面推进

新产品研发全面推进，纸及纸板各类产品向差异化、系列化、轻量化、功能化、环保化方向发展。

（1）信息用纸；

（2）食品包装用纸及纸板；

（3）低定量包装用纸及纸板；

（4）特种纸及纸板；

（5）低白度或未漂白系列纸产品。

## 四、政策措施

**（一）鼓励自主研发、发展国产装备**

认真实施《造纸工业发展“十二五”规划》提出的“鼓励自主研发、发展国产装备”的政策措施：“支持大型、先进成套造纸装备以及关键零部件、系统等技术开发和产业化；将国内自主化已成熟的制浆造纸关键设备和成套装备列入《国家支持发展的重大技术装备和产品目录》，对列入目录的设备确需进口的关键零部件、系统、原材料等，免征进口关税和进口环节增值税，同时取消相应的整机进口税收优惠政策；将造纸成套装备研发设计和关键零部件、系统的设计制造技术列入《鼓励进口技术和产品目录》；鼓励造纸企业与装备制造企业联合攻关，研发使用自主创新的首台（套）重大技术装备。”

**（二）加快企业技术改造步伐**

充分利用国家现有优惠政策，积极推进技术创新和先进技术产业化应用；加快应用新技术、新材料、新工艺、新装备，优化生产流程，提高企业技术装备水平，促进先进技术的推广应用；引导企业实施技术改造，加快淘汰落后工艺技术和设备，提高能源资源综合利用水平，改造提升传统造纸产业。

**（三）制定修订标准，完善标准体系**

强化造纸工业产品标准、测试方法标准、技术标准等各种标准的制定与修订工作，加快对新产品、新技术等标准的制定。加强节能、节水、节材等方面的标准化工作，适时修订和完善现有相关标准，如纸产品的白度标准，与食品直接接触的包装纸及纸板标准等。提高造纸工业标准的国际竞争力和有效性，促进我国造纸工业标准化工作提高到一个新水平。

**（四）整合科技力量，加大技术创新能力建设**

加强行业科技基础能力和创新能力服务支撑体系建设，培育产、学、研、设计技术创新联盟等行业技术创新公共服务平台发展，提高关键共性技术与装备研发和集成能力；充分发挥高等院校、研究院所和企业培养专业人才的优势，依托重大科技专项重点项目建设，进一步优化人力资源结构，建设高素质创新人才团队；大力推进信息化和工业化融合，支持企业技术中心建设与升级，全面实施和提升企业生产指标智能化，生产过程自动化和管理信息化水平。

**（五）实施开放政策，加强科技国际合作**

鼓励造纸业外商投资企业与内资企业、科研机构优势互补、共同研发、共享成果，扩大技术溢出效应；鼓励中外企业加强研发合作，支持符合条件的外资企业和内资企业、研究机构合作申请国家科技开发项目、创新能力建设项目；鼓励国内企业参与国外技术研发、接受技术转让，提升我国造纸工业技术研发水平和创新能力。

**（六）发挥中介组织作用，推进行业科技进步**

各级造纸行业协会、学会等相关行业中介组织和机构，要积极参与国家和地方有关产业政策、法规的制定，反映企业诉求，全面推进《造纸工业技术进步“十二五”指导意见》的实施和国家关于发展造纸工业各项政策措施的落实，并及时掌握和分析实施科技进步方面的新情况、新问题，动态反映企业和行业要求，提出解决问题的意见和建议，推进行业的科技进步。

（中国造纸协会）

# 我国造纸工业的现状与发展趋势

## The Current Status and Development Trends of China's Paper Industry

中国造纸协会理事长　钱桂敬

造纸工业在国民经济中具有极其重要的地位，是与国民经济发展、社会文明进步息息相关的重要产业，是衡量一个国家现代化、文明程度的重要标志。造纸工业不仅是重要的基础原材料工业，而且是重要的生活必需品。造纸工业是最具绿色、低碳、循环特点的工业，造纸原料作为再生资源，可以通过大规模生产实现永续的利用，纸及纸板、纸制品通过回收实现再利用。同时，造纸行业拥有化学药品回收、水循环利用等方面成熟的技术。造纸工业可以实现对资源的高效利用、循环利用，是可持续发展的绿色产业；造纸产业同时是最具有低碳发展条件的产业；原料生产过程固碳作用非常明显。在生产过程中，利用废液、废气、废渣大量生产生物质能源。同时，造纸产业是在林业和农业生产产业链中增值作用最大、增值效果最明显的产业，是产业链中最具价值的一环。造纸产业具有资金密集，技术含量高，产业关联度大，对国民经济其他产业具有明显的拉动作用。

改革开放以来，在国民经济快速发展的带动下，造纸产业取得了长足的发展。2007 年，造纸行业实现产需基本平衡的历史性突破，一举解决了长期以来依赖进口的难题。目前，我国已成为全球纸及纸板最大生产国。与此同时，造纸工业也开始由数量主导型进入上质量、上档次、上水平的新的发展阶段。新阶段有两个显著的标志。一是我国已经进入世界造纸先进大国的行列。我国造纸行业纸及纸板产量已连续多年位居世界首位。经过“十五”、“十一五”10 年发展，新增产能 6000 万吨左右，已具有国际先进水平的 150 万吨/年化学木浆生产线、20 万吨/年竹浆生产线、30 万吨/年化机浆生产线、50 万吨/年 OCC 废纸浆生产线、20 万吨/年废纸脱墨浆生产线，以及具有世界先进水平的新闻纸机、文化用纸机、铜版纸机等。目前在技术装备水平上，具有世界先进水平的达 40%，国际一般、国内先进水平的达 30%。新闻纸、高档文化用纸、包装用纸等产品质量已达世界先进水平。虽然我们进入了世界造纸先进大国行列，但发展还不平衡，与国外造纸强国相比还有较大差距。二是造纸行业已经进入到低消耗、低污染、低排放的快车道。“十一五”期间，我国造纸行业已实现了增产减污的目标。造纸行业污染大户的负面影响得到较大改善。进入“十二五”造纸工业正大力推进绿色、低碳、循环发展，为实现环境友好型战略目标而努力。同时努力降低水耗、实施污染控制，确保 $COD_{Cr}$、$BOD_5$、氨氮等全面达标，绿色纸业的战略目标正稳步推进。

为了更好地引导造纸工业健康、持续、稳定发展，中国造纸协会通过认真凝聚行业意见，编制了《造纸工业发展“十二五”规划》建议稿，已由国家发展和改革委等有关部门正式发布了。《规划》明确了“资源节约型、环境友好型、科技创新型”现代绿色造纸工业战略目标；确立了绿色发展、低碳发展和清洁生产的可持续发展的思路。把资源、环境、结构作为工作主线。把转变发展方式、优化结构调整、依靠技术进步、全面提升造纸行业产业素质、实现创新驱动发展作为主要任务。

当前，在金融危机的影响下，造纸工业正面临着严峻的挑战。生产经营出现较大的困难，产品销售价格有较大幅度的下降。从全国来看，2012 年前 3 个季度，纸及纸板产量增长 4.5%，为“十五”以来生产增速最低的一年。而“十五”和“十一五”期间平均增速为10% ~13%。由此看出造纸行业增速出现较大回落。与此同时经济效益大幅下降。2012年上半年，纸及纸板的利润同比下降11.5%，造纸和纸制品业亏损总额增加50%，纸及纸板应收账款上升将近10%，产品库存上升13.8%，应该说，造纸行业正经历着严峻的考验。出现这种情况，原因是多方面的。除全球金融危机的影响外，造纸工业产需双重失衡是一个重要原因。产能过剩、饱和及需求不足是造纸行业面临的突出问题。2012年1—9月，我国外贸出口增速为7.4%，增幅同比下降15%以上，外贸出口的下降导致对纸包装制品的需求大幅下降，这对作为间接出口产品的纸及纸板带来较大影响。初步测算出口包装中纸及纸板用量每年超过2000万吨。1—9月，全国纸制品产量中，包装纸箱的产量同比下降0.8%。这是造纸行业需求下降的重要原因。另一方面，经过10多年的快速发展，造纸行业在成功解决市场供应短缺这一历史难题后，多个纸种又出现了产能饱和与过剩，在市场需求下降时，出现竞相降价和过度竞争，初步了解平均吨纸降价600~1200元，这是效益下降的重要原因。此外企业负债率高、财务费用高以及能源、人工成本上升，导致效益大幅下降。

国际金融危机已进入第五个年头，目前全球经济需求不足、增长乏力。受此影响，我国经济下行压力加大、出口大幅下降，比较经济优势不断弱化，潜在经济增长预期下降，资源、环境、能源约束日趋增强。这些问题的出现，除国际金融危机这一诱发因素外，更重要的是要看到我国经济面临的深层次问题，迫切要求加快宏观经济面的深刻调整。当前我国制造业普遍存在产能饱和与过剩，存在供需双重失衡的风险。一方面低水平供给能力严重过剩，大大压缩了规模扩张的空间。另一方面有效供给和有效需求不足问题突出，而技术进步和创新能力不强又制约了这一问题的解决。国际金融危机加快了我国经济由高速增长期向中速缓行期转变的进程。我国经济进入中速增长转型期，这是我国成为世界第二大经济体、人均国民收入超过5000美元进入中等收入国家行列后，是跨越中等收入“陷阱”必然要经历的阶段。也是我国经济在经历快速发展后进行经济大调整的必然。

在由高速增长期进入中速增长缓行期的战略转型中，需要在以下几个方面实现转型，并取得突破。

第一是由速度效益型向质量效益型的转变。在进入增长转型期后，迫切要求加快实现由速度效益型向质量效益型的转型。在造纸行业增长速度降为4.51%之后，行业效益大幅度下降，充分说明这个转型的重要。也充分说明靠量的增加和扩能发展的老路已难以持续。这个转变，实质是从量到质的转变，要从数量主导型，转到上质量、上水平、上档次上来。第二是由低端化向高端化转变。在造纸行业中，应该说，产品结构不合理的现象还是比较严重的。从比例上看，中低档产品的比例过高，而亟需的一些高端产品现在还不能提供。特别是作为新材料的各种新型特种功能用纸，现在基本上还大量依赖进口。在未来材料革命中，通过技术手段，可以赋予纸张更多功能化作用，其发展前景广，技术含量高，是造纸行业一个重要的发展领域，是产品高端化的重要方向。第三是从主要依赖引进、招商、模仿为主的发展模式向创新驱动发展转变。从富阳造纸产业集群和特色区域发展可以看到，模仿、借鉴、互相学习是推动产业不断发展进步的重要力量。这是产业技术扩张的一个重要的手段。也可以说模仿包括花钱引进设备技术来生产产品。当前富阳造纸和全国造纸行业正面临转型升级、优化结构的新形势，正面对日益增强的资源、环境、能源约束。因此必须依靠技术进步，坚定不移地走科技创新驱动发展之路。造纸企业已进入以创新为核心的发展阶段。第四是从传统生产型模式向生产服务型转变。也可以说是工业经济向服务经济转型，这是一个渐进的过程。这个转型要求我们要加快从单纯生产型企业向生产服务型企业转变，实现双轮驱动发展，进一步延伸产业链。第五是由外需经济向内需经济转变。我国作为经济大国，不可能走亚洲四小龙外向型经济发展的路子，必须立足内需，发挥经济内生动力作用，这样才能确保健康、持续发展。

以上这5个方面的转型是我国经济进入增速转型期的必然要求，也是转变发展方式，优化结构调整的重要内容，是必须引起我们高度重视并认真努力去实现的重大而艰巨的任务。

当前，我国造纸工业正进入承上启下、创新驱动发展的历史阶段，也是加快转变发展方式、加快结构调整、加快产业升级、提升发展质量和效益、推进现代产业体系建设的关键时期。在认真克服当前造纸工业面临的困难和挑战，确保2012年造纸工作实现稳中求进的目标外，要下大力气认真研究和解决造纸行业面临的一些深层次问题。

造纸工业面对生产要素成本不断上升，资源、能源、环境约束不断增强和经济发展进入中速增长缓行期，各种深层次问题日益突出，加快转变发展方式的要求越来越迫切。要充分认识到过去长期依靠高投入、高耗能、低成本的增长模式已不可持续。要加快从资源消耗型转向要素集约型，要从依靠扩大投资和规模扩张转向依靠技术进步、创新和要素升级上来，培育新的竞争优势，这是造纸行业转变发展方式的核心和关键。我想从以下 3 个方面讲一点意见。

一是，面对高成本时代的到来，造纸工业必须进一步提升产业链价值，提高产出水平。当前生产要素成本不断增加，特别是人力资本大幅上升，导致造纸行业盈利水平不断下降。为避免陷入微利和低利困境，必须把提高全要素生产效率和提升产业链价值作为主攻方向。全要素生产率包括劳动生产率、资金利用率、资本利用率、资源利用率、投入产出率、“人才红利”等。过去我们比较重视劳动生产率的提高，更多的是通过引进先进大型设备，通过扩大产量来提高劳动生产率，提高竞争力。这被实践证明是一条成功的路子。但随着产能饱和与过剩，规模扩张空间已被大大压缩，简单扩能的路子已经行不通了。受消费需求不足的影响，成本增加通过涨价转移出去的路子也行不通了。因此必须下功夫全面提升全要素生产率，通过技术进步和精心管理，提升传统造纸工业产出水平，进一步提高增加值。从造纸工业实际看，应抓好资源高效利用，开发高附加值产品，高效利用水、汽、废弃物等。大力推进循环发展，提升产业链价值，提高产出水平，提高附加值。美国 2010 年林纸产业技术路线图提出要将纸厂变成生物精炼厂，产品从传统的纸浆、纸、纸制品到生物质化学品和生物质能源。其核心是原料的增值，塑造生物质向产品转换的产业增值链。我国制浆造纸企业因原料等原因产业链较短，但我国造纸工业在高效利用原料、废弃物、废气等方面潜力巨大，因此要下大力气依靠技术进步、精心管理、全面提高全要素效率，不断提高纸厂的产出水平，提高“非纸”产出，以此来化解高成本压力。

二是，面对资源、能源、环境日益增强的约束，必须大力依靠技术进步，降低单位产品投入，提高投入产出率。要抓好节能减排，降低消耗水平，从源头做好减量化工作，使消耗尽快达到世界先进水平。特别要大力降低水耗。不少纸厂吨纸耗水量很大，而造纸污染排放标准是刚性、约束性的，为实现达标，不得不在落后装备耗水量大的情况下，也就是污染负荷大的情况下进行环保设施投资，造成废水处理设施投资巨大，同时加大了运行成本。因此降低水耗既是降低成本的重要措施，更是减轻废水处理负荷的有效办法。既可大大节约废水处理设施的投资，也可大大降低成本。同时要充分利用黑液、废渣、污泥厌氧发酵产生的沼气，大力发展生物质能源，提高能源自给率，降低化石能源消耗，以保护环境及降低能源成本支出。

三是，面对造纸行业资金密集、企业负债率高、财务成本过高的现状，要大力优化资本结构、化解财务成本压力。目前不少造纸企业财务成本占总成本比例已上升到 20% 左右，已严重影响企业盈利水平，很多企业难以为继。除大力实施资产重组外，还应从传统单纯产品生产模式向生产服务型转变，实现双轮驱动。使资本密集型传统制造业与生产服务型产业相配套，延伸产业链，这是我国进入工业化中后期和城市化进入高速发展阶段面对传统制造业的必然要求。

为推动造纸行业技术进步，指导企业不断开发新产品，中国造纸协会提出了《造纸工业技术进步“十二五”指导意见》，提出了未来技术进步的重点：力争在低消耗、高得率清洁制浆技术，高浓技术、生物质能源、节能减排、污染治理等方面取得突破；加快非木纤维低能耗置换蒸煮、无元素氯漂白等技术取得进展；围绕低定量、功能化的目标加强纤维改性的研究；加强分离技术、生物技术、涂布技术、废纸回收及其应用的研究；加快造纸企业能源智能管理系统的研究。

以上是造纸行业所面临的形势和未来发展趋势，介绍这些是想使大家对造纸工业全局有一个较全面的了解，供大家在实际工作中做些参考。富阳，是重要的造纸产业集群城市。现在的生产能力大概是在 600 万～900 万吨/年之间，有大概 300 家企业。我个人想，富阳处于我国经济发达地区，富春江穿城而过又是杭州水源地的上游。整个浙江省工业比较发达，杭州周边工业比较密集。杭州在我国所有省会城市里的经济总量排在第 2 位，仅次于广州。环境容量是有限的，富阳再想大规模扩张发展，我想基本上是不现实的。富阳接下来应该努力关闭、关停一些落后生产线，把环境容量腾出来，用于发展新的先进产能。我们应该争取用“容量”换“产能”，以此来拓展发展空间，这需要在富阳市委、市政府统筹规划下整体推进。江苏苏南地区在淘汰落后产能，腾出环境容量，建设先进产能方面做了一些尝试，取得了一定成效，是可以借鉴的。

当前造纸工业生产经营遇到一些困难，既有一些外部的影响因素，也有行业自身发展中必须大力解决的问题。但造纸工业在国民经济中重要地位并没有也不会改变，造纸行业特有的较高需求弹性系数将会使其与国民经济继续保持长期、稳定、同步增长的趋势。造纸行业一定要坚定信心，在进入中速增长缓行期后，要以提高发展质量和效益为中心，深化改革，加快转方式、调结构，大力依靠技术进步和科技创新，攻坚克难，促进造纸工业持续健康发展，为实现造纸强国目标而努力奋斗。

（2012年12月8日中国造纸协会理事长钱桂敬在浙江富阳造纸产业集群转型升级研讨会上的讲话）

# 部分省市造纸工业“十二五”规划节选

# Excepts of the 12th Five – Year Development Plans of Paper Industry of Several Provinces

## 《山东省造纸工业“十二五”发展规划》（节选）

### 一、发展目标

1. 原料结构

到2015年，全省原生纸浆产能达到600万吨/年，比2010年增长62%，年均增长10.2%。纸浆结构：木浆45%、废纸浆45%、非木浆10%。

2. 造纸产量

到2015年，全省造纸产能达到2300万吨/年，中高档纸及纸板产能比例达到80%～85%。实际产量达到1900万吨，比2010年增长25.8%，年均增长4.7%，继续保持全国领先地位。

3. 经济指标

到2015年，全行业实现产品销售收入达到1430亿元、利税140亿元，分别比2010年增长40.2%、35.9%，年均增长7.0%、6.3%。综合实力前20名企业的产品销售收入占全行业75%～80%，利税占全行业80%～85%。“十二五”期间，山东省造纸行业主要经济指标继续保持全国领先地位。

4. 企业规模

到2015年，全行业平均生产规模8万吨/年，综合实力前20名企业的省内纸及纸板产量占全行业80%～85%。10万吨/年以上企业数量达到35家，比2010年增加7家，其中1家500万吨/年，7家100万～300万吨/年，3家50万～100万吨/年。

5. 节能减排

到2015年，省内重点企业达到国家发展和改革委发布的《制浆造纸行业清洁生产评价指标体系（试行）》要求。全行业单位产品平均综合能耗和单位产品平均取水量分别比2010年降低8%和10%，污染物$COD_{Cr}$排放总量降低12%。“十二五”期间，节能减排工作继续走在全国前列。

### 二、发展重点

1. 优化行业布局

发挥山东省造纸基础好和区位优势，继续优化产业布局，加快提升产业素质和综合竞争力。

2. 调整原料结构

发挥山东省交通便利和港口密集优势，使用进口或国产木片、省内杨木加工剩余物生产木浆，提高木浆自给率。加大国内外废纸资源利用，提高回收率和利用率。充分利用山东省农作物秸秆资源优势，鼓励采用清洁生产工艺、以非木纤维为原料、单条10万吨/年及以上的纸浆生产线建设。

3. 提升产品层次

发挥山东省制浆造纸先进技术装备多的优势，进一步巩固新闻纸、印刷书写纸、涂布纸及纸板、特种纸及纸板等优势品种的市场地位；重点发展技术含量高和附加值高的功能型纸及纸板，研发低定量纸及纸板新品种；促进本色或低白度印刷书写纸的发展。大力发展纸质包装、装潢、制盒、印刷制本等纸制品深加工产业，提高产地消费比例。

4. 实施品牌战略

做大做强做优骨干企业，积极培育国际化大型企业集团。支持晨鸣、华泰、太阳、博汇、泉林、中冶银河、华金、恒联、世纪阳光、齐峰特纸、亚太森博等大型骨干企业壮大实力，建设以纸业为主、多业并举的大型企业集团，到2015年有5～6家企业进入世界造纸百强。扶持一批（15～20家）

原料或产品有特色（专、精、特、新）、市场有竞争优势的重点企业做强做优，培育品牌产品。

5. 推进技术进步

积极采用高新技术和先进适用技术改造和提升产业，加强自主创新、集成创新和引进消化吸收再创新，提升行业整体发展水平。

6. 淘汰落后产能

加快淘汰资源消耗高、效率低的制浆造纸生产线，淘汰落后制浆（含废纸浆）产能 50 万吨、造纸产能 150 万吨。

7. 强化节能环保

进一步增强资源节约和环境保护意识，加大投入，继续大力推广和应用节水、节能、降耗和环保新技术、新工艺、新材料和新设备，推行清洁生产工艺，抓好“三废”治理和资源化综合利用，推动产业持续健康发展。

表 1 “十二五”期间山东省各区域发展重点

| 区域名称 | 区域发展重点 |
| --- | --- |
| 东部沿海地区（主要包括青岛、烟台、威海、滨州、日照等） | 充分利用港口优势，现有骨干企业以进口木片和废纸为主要原料，重点发展漂白木浆及非木材制浆、中高档包装纸板、特种纸及纸板 |
| 鲁中地区（主要包括淄博、潍坊、东营、济南等） | 现有骨干企业发挥规模和技术装备优势，以木浆和废纸为主要原料，生产优质涂布纸和新闻纸，重点发展中高档白纸板、生活用纸、特种纸及纸板等，增加出口，走国际化发展战略 |
| 鲁西北地区（主要包括德州、聊城等） | 现有骨干企业依靠地产资源优势，重点发展非木材制浆和杨木化机浆，生产中高档印刷书写纸、办公用纸、生活用纸和纸制品深加工 |
| 鲁西南地区（主要包括济宁、泰安、枣庄、临沂、莱芜、菏泽等） | 现有骨干企业以木浆和废纸为主要原料，重点发展中高档涂布白纸板、涂布纸、印刷书写纸、特种纸及纸板 |

表 2 “十二五”期间山东省技术研发重点

| 项目 | 主要内容 |
| --- | --- |
| 1. 新型纸及纸板 | 重点研发低定量、功能化、环保型纸及纸板新产品，增加花色品种 |
| 2. 制浆技术装备 | 研发 30 万吨/年及以上低能耗、低污染漂白化学木浆成套技术及设备，10 万吨/年及以上高得率、低能耗化学机械木浆成套技术及设备，10 万吨/年及以上废纸制浆（含废纸脱墨）成套技术及设备，非木材制浆大型碱回收、新型蒸煮工艺、中高浓筛选技术及设备，无元素氯或全无氯漂白新技术及装备 |
| 3. 造纸技术装备 | 研发造纸成套技术和设备主要包括：幅宽 6000 毫米、车速 600 米/分、30 万吨/年及以上纸板机，幅宽 5000 毫米、车速 1200 米/分、10 万吨/年及以上文化用纸机，幅宽 3000 毫米、车速 600 米/分以上卫生纸机。加强配套技术研发，包括适应宽幅、高速纸机的浆料流送系统、稀释水流浆箱、顶网成形器、靴式压榨、膜转移施胶机、软压光机、高速切纸机、高速复卷机、自动包装线等关键部件或设备的设计研发 |
| 4. 相关技术研究 | 加强适应高速纸机的化学助剂、脱水器材、毛毯、成形网、密闭式烘缸气罩、润滑、DCS 和 QCS 等控制系统的国产化研究 |
| 5. 生产过程系统研究 | 主要包括制浆造纸生产过程降耗、节能、节水、节电、环保减排及生产成本控制的系统研究 |
| 6. 国产废纸资源回收利用优化研究 | 加强国产废纸分类、回收、销售、质量保障及利用体系的社会分工研究，提高回收率和利用率，实现废纸资源的高效利用 |
| 7. 两化融合研究 | 积极推进信息化建设，使其在优化管理流程、加快资金周转、拓展市场、降低成本、提高效益等方面取得显著成效。树立两化融合标杆企业，争取有一批大中型企业完成由信息孤岛向 ERP、MES 系统的转化 |
| 8. 前沿技术研究 | 积极推进生物质精炼、生物能源和生物原料技术发展，加强非木材纤维清洁制浆及其他制浆造纸前沿技术研究及产业化应用 |

表3　"十二五"期间山东省淘汰落后产能主要内容

| 项目 | 主要内容 |
| --- | --- |
| 制浆 | 淘汰 5.1 万吨/年以下的化学木浆生产线、单条 3.4 万吨/年以下的非木浆生产线和单条 1 万吨/年及以下废纸制浆生产线，逐步淘汰元素氯漂白工艺 |
| 造纸 | 淘汰幅宽 1760 毫米以下并且车速 150 米/分以下的文化用纸生产线，幅宽 2000 毫米以下并且车速 100 米/分及以下的白纸板、箱纸板及瓦楞原纸生产线，幅宽 1092 毫米及以下生活用纸生产线 |

# 《广东省造纸工业"十二五"发展指导意见（节选）

2011 年 8 月 31 日，广东省经济和信息化委员会发布《关于印发广东省纺织、造纸、家电工业"十二五"发展指导意见的通知》（粤经信消费〔2011〕708 号）。

造纸工业是广东省工业九大支柱产业之一，与国民经济和社会事业发展关系密切，是拉动林业、农业、化工、印刷、包装、机械制造等产业发展的重要力量，在我国国民经济可持续发展的过程中发挥着重要作用。

经过多年的发展，我国造纸行业生产量和消费量均居世界第 2 位，已成为世界造纸工业生产、消费和贸易大国，正向着世界造纸强国逐步迈进。广东省造纸行业生产量居全国第 3 位，需求量在全国排第 1 位，正在逐步发展壮大。在广东省造纸行业迅速发展的过程中，也面临着资源、环境等方面的约束。"十二五"期间，是广东省造纸行业蓬勃发展的关键时期，面对新形势的发展需要，广东省造纸行业还需要积极调整产业结构、加强自主创新能力、推进清洁生产和节能降耗、环境保护、坚持循环经济和可持续发展。

## 一、发展目标

1. 发展速度预测和产业规模

到 2015 年，预计广东省纸及纸板产量年均增长率 10%，达到 2300 万吨，造纸及纸制品业销售产值年均增长率 13%，带动物流、林业、包装、印刷、机械、化工等上下游产业，产业链延伸产值可达 4900 亿元。

2. 节能减排和淘汰落后产能

到 2015 年，全省造纸行业纸及纸板企业综合能耗下降到 400 千克标准煤/吨，达到国内先进水平。广东省造纸企业还要切实执行 2008 年国家发布的《制浆造纸工业水污染物排放标准》，尤其是要严格控制近年来强调的二氧化硫、氨氮、氮氧化物的排放浓度。到 2015 年，文化用纸生产企业的吨产品平均取水量降到 15 吨，生活用纸生产企业的吨产品平均取水量降到 18 吨，大型先进的生活用纸生产企业的吨产品平均取水量降到 15 吨，包装用纸生产企业的吨产品平均取水量达到 15 吨，大型先进的包装用纸生产企业的吨产品平均取水量要达到 12 吨，化学制浆企业取水量要达到 40 吨/吨浆。广东省造纸行业吨产品污染物排放量要小于《GB 3544—2008 制浆造纸工业水污染物排放标准》吨产品污染物排放限额的 80%，逐步建立资源节约、环境友好、发展和谐的造纸环境。

"十二五"期间，要大力发展循环经济，坚决实施"减量化、再利用、资源化"并举减量化优先的原则，贯彻林浆纸一体化，大力发展废纸制浆，健全废纸、污泥的分类收集系统和综合利用处理系统，创建循环经济示范企业，建立造纸行业循环产业链。在规划的造纸基地内，以高档纸产生的浆渣和高档纸生产车间排出的轻污染废水回收利用为核心，以造纸生产和用水为纽带，连接造纸行业与加工业，通过造纸加工企业进行耦合连接，形成造纸行业产品及用水的循环产业链。

造纸企业要大力推行清洁生产，积极采用先进的新技术、新设备，改造提升旧的落后的设备，积极进行清洁生产审核，大型先进的造纸企业积极改造锅炉，采用循环流化床等先进设备，落实热电联产项目，废弃物实行资源化循环利用，能源回收再利用，逐步改造提升造纸行业。到 2015 年，造纸行业通过省、市级清洁生产企业要达到 50 家以上。产能 10 万吨以上的包装用纸企业、5 万吨以上的文化用纸企业、2 万吨以上的生活用纸企业要主动开展自愿清洁生产审核。

造纸行业要严格按照国家的产业政策要求，积极淘汰落后的造纸产能。淘汰单条年产 3.4 万吨以下非木浆生产线、年生产能力 5.1 万吨以下的化学木浆生产线、单条年产 1 万吨及以下以废纸为原料的制浆生产线、幅宽在 1760 毫米及以下并且车速为 120 米/分以下的文化用纸生产线、幅宽在 2000 毫米及以下并且车速为 80 米/分以下的白纸板、箱纸板和瓦楞原纸生产线、石灰法地池制浆设备，淘汰落后的二手制浆造纸设备。2011 年全省将淘汰落后造纸产能 51 万吨。

3. 技术进步及企业规模目标

到 2015 年，广东省造纸行业年产 100 万吨以上的企业达到 4 个，30 万吨以上 100 万吨以下的企业达到 15 个，10 万吨以上 30 万吨以下的企业达到 30 个，年产 2 万吨以上的生活用纸企业达到 9 个，造纸企业或企业的直接母公司上市数达到 10 个。此外，全省造纸行业要有 7 个省级企业技术中心，2 个国家级技术中心，30 个广东省著名商标，30 个广东省名牌产品，3 个中国名牌或中国驰名商标。

## 二、发展的方向和产业规划布局

以科学发展观和循环经济为原则，创新发展模式，加强产业结构调整，优化产品结构，提高产品质量，培育品牌，加强产业集群和纸业基地的发展，抓好重点项目建设，把“节能、降耗、减污、增效”作为主要目标，实施清洁生产，使资源高效循环利用，促进广东省造纸工业的可持续发展。

1. 区域布局

鼓励造纸及纸制品企业向周边省市或国家发展，积极发展总部经济，鼓励广东省大型企业在省外、国外设厂，拓展国际国内市场。珠三角地区适度发展造纸工业，主要通过技改提升造纸工业的整体水平和竞争力，大力发展无污染、低耗能纸品。支持粤东、粤西、粤北等地区发展林浆纸一体化。全省造纸工业将重点建设三大基地。

（1）东莞包装用纸产业基地　东莞基地以高档、环保包装用纸为主，年产能要达到 1500 万吨，并根据印刷业的需要适当生产文化印刷用纸和特种纸。

（2）湛江林浆纸产业基地　湛江基地以制浆为主，适当发展高档纸品和特种纸，成为广东省最大的以制浆为主的制浆造纸基地，年产能可达 200 万吨。

（3）江门银洲湖纸业基地　江门银洲湖纸业基地主要以高档文化用纸、生活用纸、特种纸等附加值高的纸种为主，最终年产能将达到 1000 万吨，配套制浆 200 万吨，其中，纸产品产量 485 万吨，纸板产量 515 万吨，分 3 个“五年规划”分期实施。到 2015 年，年产能达到 810 万吨，纸业基地通过发展循环经济，突出体现“七个集中，三个一体化”，即“集中供热、供电、供冷、供水、治污、物流、废弃物综合利用”及“公用工程一体化、管理服务一体化、环境保护一体化”。

（4）其他地区　粤西广宁地区以特种纸生产为主，逐渐发展壮大。引导佛山、中山等中小型包装用纸企业进行产业转型，或整合成产能较大企业，或改产各类工业用特种纸。

2. 主要产品发展方向

（1）包装用纸　鼓励发展低定量、高强度的包装用纸，限制普通包装用纸的发展。用优质纸淘汰低质纸，以低定量和高强度包装为发展重点，高度重视开发低定量高强度包装用纸。

（2）文化用纸和办公用纸　鼓励开发中高档环保型文化用纸，大力研发用废纸生产高档文化用纸的技术。鼓励发展办公用纸、信息用纸纸品，例如热敏涂布纸、纳米涂层改性静电复印纸、环保型静电纸等。支持这些无污染、低能耗的纸品出口，延长产业链。

（3）生活用纸（含一次性卫生用品）　鼓励发展高档生活用纸，发展各类厨房用纸和擦手纸等新纸种，鼓励发展高质量、卫生性能良好、无污染、低能耗的妇女、婴儿、老人用的生活用纸制品（一次性卫生用品），如纸尿裤等。

（4）特种纸　鼓励发展特种纸　大力开发各类特种纸，尤其是工业用功能纸，小型纸厂可考虑转产开发适销对路的产品，个别中型纸厂也可集中研发、开发系列工业用功能纸。

（5）造纸机械　鼓励国内外知名造纸机械设备生产及服务企业在广东省设立制浆造纸机械设备维修服务中心，为广东省制浆造纸企业服务，并为广东省发展制浆造纸机械设备奠定基础，提高省内制浆造纸设备的研发能力。

3. 技术设备发展方向

（1）加强技术改造力度，淘汰落后机械设备　各造纸企业必须加快技改或淘汰能耗较高的设备。现有使用时间较长的大型设备，已不适应节能减排和生产优质产品的需要，企业应有计划地对该类设备进行技术改造，提高产品质量。对于中、小型造纸设备，各造纸企业必须根据企业实际情况坚持淘汰落后产能，以新的较大型设备代替落后的小型设备。

（2）积极发展环保、节能的制浆造纸技术和设备　环保仍是造纸行业的生命线，节能为造纸开辟康庄大道，企业必须采用新技术，从源头减少污染物的生成，提高水资源、能源等使用效率，建设资源节约型造纸产业。鼓励发展生物质精炼、纳米技术等新材料和先进技术，淘汰旧的高耗能的制浆造纸设备，提升整个行业的能耗水平。

（3）鼓励装备大型文化用纸机（新闻纸除外）鼓励企业建设具有规模效益的文化用纸机，鼓励装备年产 10 万吨以上的文化用纸机及相应的生产技术及设备。

（4）促进造纸行业的工业化和信息化融合　鼓励造纸企业向工业化和信息化融合发展，提高自动化水平，推动造纸企业普遍应用数字化、智能化生产设备，建立生产过程信息化管理系统、环境监测和污染源监控信息系统。

（5）鼓励发展造纸化学品　造纸化学品是改变纸品质量的重要因素，也是造纸工艺改造的强有力助手，鼓励造纸行业与精细化工行业合作，建立造纸化学品基地，提升造纸化学品工业，开发出新型、高效、适用范围合适、纯度高、污染少的造纸化学品。

## 《福建省造纸工业发展“十二五”规划（2011—2015）》（节选）

2012 年 12 月 19 日，福建省发展和改革委员会、福建省经济贸易委员会发布《关于印发“福建省造纸工业发展‘十二五’规划（2011—2015）”的通知》，并发布了《福建省造纸工业发展“十二五”规划（2011—2015）》。

《福建省造纸工业发展“十二五”规划（2011—2015）》根据国家《造纸工业发展“十二五”规划》（发改产业〔2011〕3101 号）和《福建省国民经济和社会发展第十二个五年规划纲要》制定，将指导福建省“十二五”造纸工业健康发展。

### 一、发展目标

1. 规模目标

发展品牌化、多样化、深加工和高附加值产品，重点发展文化办公用纸、生活用纸和纸品及高档包装用纸和纸板、特种纸和纸板等品种。转产或淘汰部分过剩的新闻纸和落后的包装用纸和纸板的产能。到 2015 年，规模以上企业的原生纸浆年产能增长到 170 万吨，纸和纸板年产能增长到 1200 万吨，全省规模以上造纸工业总产值达到 800 亿元，增长速度预计在 9% 左右。

2. 产业集中度目标

培育 2~3 个年产百万吨以上的大型造纸企业，发展若干个年产 30 万吨以上重点造纸企业或企业集团，形成一批在国内外有影响的龙头企业。到 2015 年底，福建省前 30 名企业的纸和纸板产量占全省产量的 85% 以上。

3. 节能减排目标

不断降低造纸工业单位资源消耗和污染排放，到 2015 年，全部制浆企业的综合能耗达到国家清洁生产标准 2 级以上的要求，水污染物排放达到国家标准。吨纸浆、纸及纸板的平均取水量由 2010 年的 85 米$^3$ 降至 70 米$^3$，减少 18%；造纸及纸制品单位工业增加值用水量≤104 米$^3$，下降 20%；造纸及纸制品单位工业增加值能耗 0.81 吨标准煤，下降 20%；机制纸和纸板单位产品能耗 333 千克标准煤，下降 10%。纸和纸板单位产品综合能耗要达到福建省地方标准的要求。通过管理减排、工程减排、结构减排 3 项措施，2015 年，主要污染物化学需氧量（$COD_{Cr}$）排放总量比 2010 年降低 10%~12%，氨氮排放总量比 2010 年降低 10%，实现增产减排。造纸企业全面建立和完善能耗和污染在线监测和联网装置。

### 二、主要任务

1. 调整资本结构，提高产业集中度

一是支持大型优势企业扩张发展。加大引进资金、技术力度，积极支持现有大型强势企业整合资源，通过兼并重组、规模扩张、技术进步、品牌提升等措施做大做优做强。促进生产要素向重点大型企业流动，实现规模化、集约化和现代化生产。

二是加快整合中小企业。除薄页纸、特种纸及纸板等特殊品种外，对新建、改扩建项目要严格按照造纸产业发展政策要求突出起始规模限制。要引导福建省中小造纸企业向专、精、特、新方向发展。通过实施横向联合和企业退出机制，推进淘汰落后产能工作深入开展。关停污染物不能达标排放的制浆造纸企业，彻底改变福建省造纸行业企业数量多、平均规模小、布局分散的局面。

2. 调整原料结构，保障产业发展需求

通过原料结构调整，增加国内供给，保障产业发展对原料的需求。

一是提高木材制浆比例。从福建省的实际情况出发，“十二五”期间，木浆比例将由 21% 提高至 30% 以上。

二是加大废纸回收利用力度，提高废纸利用率。“十二五”末废纸使用量估计为570万吨，“十二五”使用废纸的增量200万吨以上，所以须加快建立健全废纸回收系统，制定和完善相关的法规、标准和管理办法，培育大型废纸回收企业，探索废纸回收利用发展模式，规范废纸回收行为，提高废纸回收的质量和数量，提高国内废纸有效供给水平。同时提高废纸利用率。

三是科学合理利用非木材纤维，主要是竹材资源，尤其是绿竹、麻竹等丛生竹和散生竹及竹加工厂下脚料。实施清洁生产新工艺，提高节能减排和综合利用水平。

3. 调整产品结构，提高产品质量

“十二五”期间重点发展的浆、纸品种：

(1) 文化书写办公用纸　重点是：静电复印纸、轻型印刷纸、临摹纸、电子打印原纸、无碳复写原纸、传真纸（含原纸）、激光多功能一体化机专用纸（含原纸）、防伪纸等。

(2) 生活用纸和纸品　重点是：中高档生活用纸原纸、各种擦拭纸（含厨房用纸、擦镜纸、擦手纸等）、中高档纸巾纸、湿巾纸、卫生巾、纸尿裤、医疗用垫和卫生衬纸等。

(3) 各种产业专用的特种纸和纸板　重点是：薄页包装用纸、拷贝纸、半透明纸、鞋头纸、卷烟纸、烟嘴棒纸、彩色皱纹装饰纸、炊蒸原纸、乳胶纸（含原纸）、密胺纸、奶面纸、镭射纸、食品包装用纸、鞭炮包装用纸、炸药卷纸、医疗用纸、转移印花原纸、麦架纸、浸渍纸（含原纸）、覆膜纸（含原纸）、淋膜纸（含原纸）、激光环境装饰纸（含原纸）、墙面与木材装饰纸（含原纸）、扑克牌卡纸、黑卡纸、彩卡纸、彩印相纸及原纸、空投包装纸板、纺筒纸板、液体食品包装纸板等工农业、科技、国防等产业专用的具有特殊功能要求的或特殊原材料制造的纸和纸板。

(4) 原生纸浆　重点发展：硫酸盐木浆和竹浆（含漂白浆）及人造纤维浆粕等。

4. 加快技术进步，推动产业升级

一是突破关键技术。重点研发制浆造纸纤维资源综合利用和循环利用技术；生产过程节能、节水、减排、清洁生产技术；废水、废气、固体废物减量化、资源化利用技术；高性能纸基功能性新材料；特种纸及纸板制造新技术；高效造纸化学品开发及应用技术；微生物在制浆造纸中的应用技术；全自动控制技术（含废水处理厂中控系统）及产业信息化技术等。

二是加大技术创新能力建设。推进以企业为主体、市场为导向、产学研相结合的创新体系的形成。充分发挥行业技术开发基地、大型骨干制浆造纸、装备制造企业技术中心的作用。鼓励以企业技术中心为载体，联合有关高校、科研机构及上下游关联企业，围绕产业共性关键性技术突破和前瞻性产品开发，组建产学研用技术创新战略联盟，构建产学研用联合平台，支持有条件的省级企业技术中心拓展服务功能，积极向行业中心发展，形成引领造纸产业创新发展的核心力量，增强产业的核心竞争力。

三是促进国产造纸装备业现代化。大力扶持福建省造纸机械装备企业的发展，尤其是支持大型造纸机械设备制造企业的发展，使之做大做优做强，鼓励高等院校、科研单位、造纸企业与装备制造企业联合攻关，鼓励福建省造纸企业研发使用自主创新的重大技术装备。

四是大力推进信息化和工业化融合。加大利用信息技术提升传统造纸业的力度。要坚持以信息化带动工业化，以工业化促进信息化的原则，进一步推进企业全面实施和提升生产装备智能化、生产过程自动化和企业管理信息化的水平。通过采用信息技术，系统整合企业内部的产品研发设计、生产管理、质量管理、财务管理、营销管理、物流配送、节能减排、项目管理及人力资源等环节的信息资源，最大限度降低各单元体的经营成本，提高管理效率。有条件的企业在此基础上，可加强企业内部资源全面管理（ERP）、供应链管理（SCM）、客户资源管理（CRM）及电子商务阶段的信息化建设，全面提升企业信息化管理水平。

五是建设高素质人才队伍。积极发挥高等院校、科研院所、企业在专业人才队伍培养方面的作用，共同承担行业人才培养的责任。以提高自主创新能力为核心，加大对高水平研发人才、高技能工程人才和高层次管理人才的培养和引进。以适应现代化造纸生产为基本要求，加强中等教育和职工培训，培养基层一线高水平的操作技工和一线技术管理人员。进一步优化人才知识结构，逐渐形成由高中低不同水平科学搭配的技术和管理人员队伍。

5. 推进清洁生产，保护生态环境

一是大力推进节能降耗，实现资源的高效利用。坚持“资源开发与节约并重，把节约放在首位”的原则，在生产、流通和消费的各个领域大力节约资源，最大限度地对各环节产生的废弃物进行回收利用，实现以最少的资源消耗创造最大的经济效益。严格执行国家相关法律、法规和标准，新建、扩建及技术改造项目要采用节约资源、能源和土地的技术工艺与装备及相应的保障措施。在生产过程中要推行资源循环利用和污染物排放减量化。增强全行业节约和保护水资源意识，严格执行《中华人民共和国水法》，全面推行总量控制和定额管理，大力开发和推广应用节水新技术、新工艺、新设备，加强水资源的合理开发和利用。推进制浆造纸企业在生产过程中使用串联逆流用水系统和封闭循环用水系统，提高水的重复利用率，减少新鲜水用量。推进制浆造纸企业采用先进成熟适用的回收利用技术，对生产过程中产生的废气（余压、余热）、废渣、废液进行综合处理，最大限度地实现资源化利用。鼓励发展废纸浆造纸，节约纤维资源。在有条件的企业实施造纸循环经济示范工程，促进资源综合利用、循环利用。

二是推广清洁生产和污染防治技术。推广应用先进、成熟、适用的制浆造纸环保新技术、新工艺、新设备。推进低能耗蒸煮、碱回收、封闭筛选洗涤、氧脱木素、无元素氯漂白、全无氯漂白、低白度纸浆及其纸产品生产、未漂白纸浆及其纸产品生产等技术的广泛应用。以水污染物防治为重点，兼顾废气、废渣处理，采用封闭循环用水、白水回收、中段废水多级生化处理、烟气高效净化、废渣资源化处理等技术，提高综合防治水平，减少“三废”的排放。鼓励现有企业通过技术改造，加快技术装备更新，降低单位产品资源能源消耗和污染物排放量，提高清洁生产水平。

三是严格环境监管。加大对国家有关法律、法规、标准与政策的宣传和执行力度，增强全行业的环保意识和社会责任感。推进政府为主导、企业为责任主体、社会监督协调的监督管理体系建设。加强监督管理，积极推行环境认证和环境标识制度。福建省造纸企业都要认真实行强制性清洁生产审核和验收并达到清洁生产 2 级水平以上，实施环境质量公告和企业环保信息公开制度，促进社会公众参与并监督企业环境保护措施的落实。严格造纸行业准入条件，落实项目建设环境影响评价及水土保持方案报告制度，严格执行“三同时”制度和目标责任制，从源头防止环境污染和生态破坏。

四是加快淘汰落后产能。现有制浆造纸企业要进一步加大力度淘汰污染严重的落后工艺与设备，抓紧技术改造，坚决淘汰年产 5.1 万吨以下的化学木浆生产线、单条年产 3.4 万吨非木浆生产线和单条年产 1 万吨及以下废纸制浆生产线，以及窄幅、低车速、高消耗、低水平纸机。禁止采用石灰法地池制浆（连史纸类的传统手工造纸除外）、限制新上项目采用元素氯漂白工艺（现有企业的元素氯漂白工艺限期 2014 年底前淘汰），禁止进口国外落后的二手制浆造纸设备。量化淘汰指标，加快淘汰落后产能。

五是严控污染物排放。巩固福建省造纸工业已经实现的符合 GB 3544—2008 标准表 2 指标要求的排放成果，制定适合于福建省省情的更加严格的福建省造纸工业水污染物排放地方标准，以进一步减少水污染物排放。新上项目要力求在本地区本行业内通过淘汰落后产能，解决污染物排放总量问题。所有制浆造纸企业都要升级改造废水处理设施，进行废水三级深度处理，并强化脱氮除磷功能，推进氨氮等污染物减排。企业要抓紧在清洁生产的基础上，加强废水处理厂建设，全面推行造纸废水三级深度处理和废水处理厂中控系统建设。完善“三废”治理设施，对经限期治理仍不能达标的企业或生产线要依法整顿或关停。

6. 倡导科学消费，建设节约型社会

按照建设节约型社会的要求，积极倡导纸及纸板产品的科学合理消费，培育“节约用纸、适度消费、循环利用、绿色低碳”的纸张消费观，改变目前过度追求高白度等指标的纸产品消费倾向，节约资源，减少污染。倡导以绿色低碳的纸品包装替代部分化石原料制品包装，引导绿色消费。政府采购要根据实际用途，在满足基本需求的前提下，不把高白度作为产品质量要求，并优先采购使用掺有一定比例废纸生产的纸产品，积极推进数字化办公，减少办公环节纸制品的消耗。新闻出版业要根据实际需要，加大力度整顿纸质出版物和纸质广告过滥问题，促进节约用纸。包装业要积极倡导节约型模式，鼓励适度纸包装，采取有效措施制止过度包装。

## 《四川省“十二五”轻工产业发展规划》制浆造纸部分节选

轻工产业是国民经济传统支柱产业和重要的民生产业，承担着繁荣市场、吸纳就业、服务“三农”、促进城镇化建设的重要任务。为加快四川省轻工业结构调整和产业升级，促进行业绿色、健康、可持续发展，根据国家《轻工业“十二五”发展规划》和《四川省“十二五”工业发展规划》精神，特制定本规划。规划期为2011—2015年。

1. 制浆造纸发展重点及方向

重点发展四川省优势的高白度商品漂白竹浆、竹浆生活用纸和低定量、高强度的高档文化用纸、办公用纸、特种工业用纸、包装用纸。化学制浆采用深度脱木素、低能耗快速置换蒸煮或连续蒸煮、氧脱木素、无元素氯漂白和全无氯漂白、高效碱回收和白泥资源化利用等技术与装备。推广采用高浓筛浆、高效精浆技术和设备，发展制浆、造纸工艺过程及管理系统计算机控制等技术。依托四川省优势、优质的竹材资源，加快竹、浆、纸一体化工程建设步伐，做大做强竹浆产业。提高生活用纸生产企业的产业聚集度，培育产业园区，打造竹浆生活用纸品牌。提高废纸和纤维回收利用率，建立科学合理的多元化非木材纤维原料结构。淘汰年产5.1万吨以下的污染物排放不达标的化学木浆生产线和年产3.4万吨以下的非木浆生产线等落后产能。加快制浆造纸技术与装备向节水、节能、节约资源方向的调整。

力争到2015年，全行业工业总产值达到1000亿元，年均递增20%。实现单位产品能耗下降15%，单位产品污染负荷降低15%。其中，高白度商品漂白竹浆产量达到200万吨，市场占有率78%以上，产量和市场占有率稳居全国第1，产值力争突破150亿元；竹浆生活用纸产量达到160万吨，全国市场份额达到8%以上。

2. 区域布局

加快泸州、宜宾、雅安、乐山资源带和广安、达州、德阳、绵阳等市造纸产业集聚发展。

3. 技术创新与产业化重点

提倡纤维高效利用技术、织基复合新材料开发与产业化，重点推广超级间歇蒸煮，中高浓洗选漂、高效碱回收等技术装备。

4. 轻工行业淘汰落后产能政策要求

淘汰石灰法地池制浆设备（宣纸除外）；淘汰年产3.4万吨以下的非木浆生产线，年产5.1万吨以下化学木浆生产线；淘汰以废纸为原料、年产1万吨以下的造纸生产线，幅宽在1.76米及以下并且车速为120米/分以下的文化用纸生产线，幅宽在2米及以下并车速为80米/分以下的白纸板、箱纸板及瓦楞原纸生产线。

# 发展与建设

# DEVELOPMENT AND CONSTRUCTION



# 2

# 中国造纸工业 2012 年度报告

## 2012 Annual Report of China's Paper Industry

## 一、全国纸及纸板生产和消费情况

### （一）纸及纸板生产量和消费量

据中国造纸协会调查资料，2012 年全国纸及纸板生产企业约 3500 家，全国纸及纸板生产量 10250 万吨，同比增长 3.22%。消费量 10048 万吨，同比增长 3.04%，人均年消费量为 74 千克（13.54 亿人），比 2011 年增加 1 千克。2003—2012 年，纸及纸板生产量年均增长 10.13%，消费量年均增长 8.54%（见图 1）。

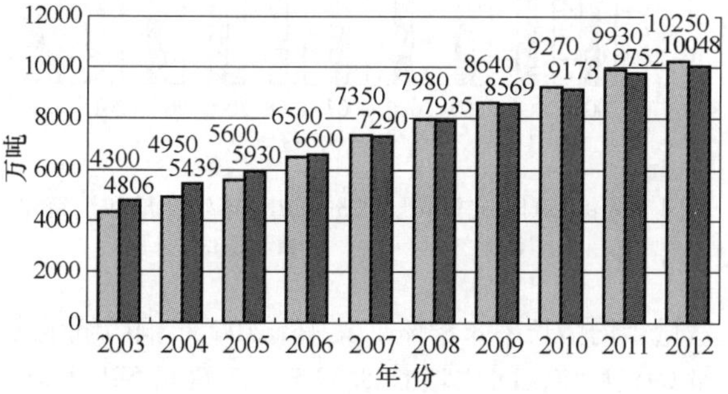


图 1　2003—2012 年纸及纸板生产和消费情况

□生产量　■消费量

主要产品中：新闻纸生产量 380 万吨，占纸及纸板总产量的 3.71%，同比增长 -2.56%；消费量 393 万吨，占纸及纸板总消费量的 3.91%，同比增长 1.03%。未涂布印刷书写纸生产量的 1750 万吨，占纸及纸板总产量的 17.07%，同比增长 1.16%；消费量 1684 万吨，占纸及纸板总消费量的 16.76%，同比增长 -0.18%。涂布印刷纸生产量 780 万吨，占纸及纸板总产量的 7.61%，同比增长 7.59%；消费量 638 万吨，占纸及纸板总消费量的 6.35%，同比增长 6.51%。其中，铜版纸生产量 695 万吨，占纸及纸板总产量的 6.78%，同比增长 8.59%；消费量 581 万吨，占纸及纸板总消费量的 5.78%，同比增长 9.21%。生活用纸生产量 780 万吨，占纸及纸板总产量 7.61%，同比增长 6.85%；消费量 731 万吨，占纸及纸板总消费量的 7.28%，同比增长 8.46%。包装用纸生产量 640 万吨，占纸及纸板总产量的 6.24%，同比增长 3.23%；消费量 655 万吨，占纸及纸板总消费量的 6.52%，同比增长 3.64%。白纸板生产量 1390 万吨，占纸及纸板总产量的 13.56%，同比增长 3.73%；消费量 1379 万吨，占纸及纸板总消费量的 13.72%，同比增长 4.31%。其中，涂布白纸板生产量 1340 万吨，占纸及纸板总产量的 13.07%，同比增长 3.88%；消费量 1329 万吨，占纸及纸板总消费量的 13.23%，同比增长 4.48%。箱纸板生产量 2080 万吨，占纸及纸板总产量的 20.29%，同比增长 4.52%；消费量 2157 万吨，占纸及纸板总消费量的 21.47%，同比增长 4.05%。瓦楞原纸生产量 2020 万吨，占纸及纸板总产量的 19.71%，同比增长 2.02%；消费量 2027 万吨，占纸及纸板总消费量的 20.17%，同比增长 1.81%。特种纸及纸板生产量 220 万吨，占纸及纸板总产量的 2.15%，同比增长 4.76%；消费量 183 万吨，占纸及纸板总消费量的 1.82%，同比增长 2.23%（见表 1、图 2）。

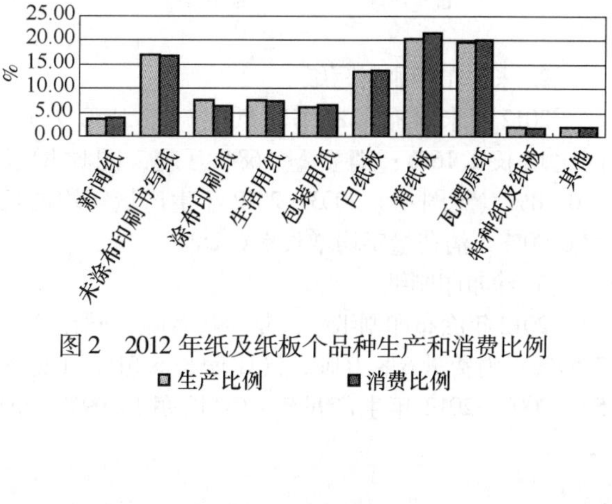


图 2　2012 年纸及纸板个品种生产和消费比例

□生产比例　■消费比例

表 1　　2012 年纸及纸板生产和消费情况　　单位：万吨

| 品种 | 生产量 | | | 消费量 | | |
|---|---|---|---|---|---|---|
| | 2011 年 | 2012 年 | 同比增长/% | 2011 年 | 2012 年 | 同比增长/% |
| 总量 | 9930 | 10250 | 3.22 | 9752 | 10048 | 3.04 |
| 1. 新闻纸 | 390 | 380 | -2.56 | 389 | 393 | 1.03 |
| 2. 未涂布印刷书写纸 | 1730 | 1750 | 1.16 | 1687 | 1684 | -0.18 |
| 3. 涂布印刷纸 | 725 | 780 | 7.59 | 599 | 638 | 6.51 |
| 其中：铜版纸 | 640 | 695 | 8.59 | 532 | 581 | 9.21 |
| 4. 生活用纸 | 730 | 780 | 6.85 | 674 | 731 | 8.46 |
| 5. 包装用纸 | 620 | 640 | 3.23 | 632 | 655 | 3.64 |
| 6. 白纸板 | 1340 | 1390 | 3.73 | 1322 | 1379 | 4.31 |
| 其中：涂布白纸板 | 1290 | 1340 | 3.88 | 1272 | 1329 | 4.48 |
| 7. 箱纸板 | 1990 | 2080 | 4.52 | 2073 | 2157 | 4.05 |
| 8. 瓦楞原纸 | 1980 | 2020 | 2.02 | 1991 | 2027 | 1.81 |
| 9. 特种纸及纸板 | 210 | 220 | 4.76 | 179 | 183 | 2.23 |
| 10. 其他纸及纸板 | 215 | 210 | -2.33 | 206 | 201 | -2.43 |

**（二）纸及纸板主要产品 2003—2012 年生产和消费情况**

1. 新闻纸

2012 年新闻纸生产量 380 万吨，同比增长 -2.56%；消费量 393 万吨，同比增长 1.03%（见图 3）。2003—2012 年生产量年均增长率 6.98%，消费量年均增长率 5.58%。

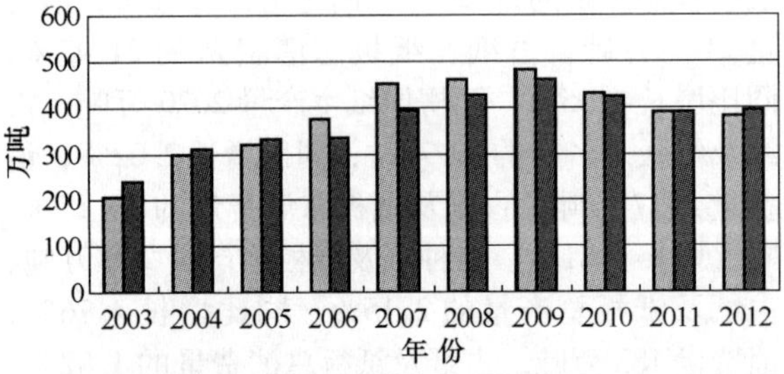


图 3　新闻纸 2003—3012 年生产量和消费量
□生产量　■消费量

2. 未涂布印刷书写纸

2012 年未涂布印刷书写纸生产量 1750 万吨，同比增长 1.16%；消费量 1684 万吨，同比增长 -0.18%（见图 4）。2003—2012 年生产量年均增长率 6.90%，消费量年均增长率 6.28%。

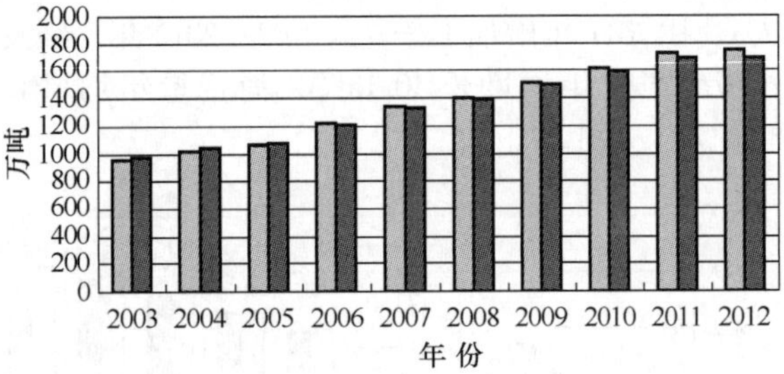


图 4　未涂布印刷书写纸 2003—2012 年生产量和消费量
□生产量　■消费量

3. 涂布印刷纸

2012 年涂布印刷纸生产量 780 万吨，同比增长 7.59%；消费量 638 万吨，同比增长 6.51%（见图 5）。2003—2012 年生产量年均增长率 13.99%，消费量年均增长率 8.83%。其中，2012 年铜版纸生产量 695 万吨，同比增长 8.59%；消费量 581 万吨，同比增长 9.21%（见图 6）。2003—2012 年生产量年均增长率 14.22%，消费量年均增长率 11.01%。

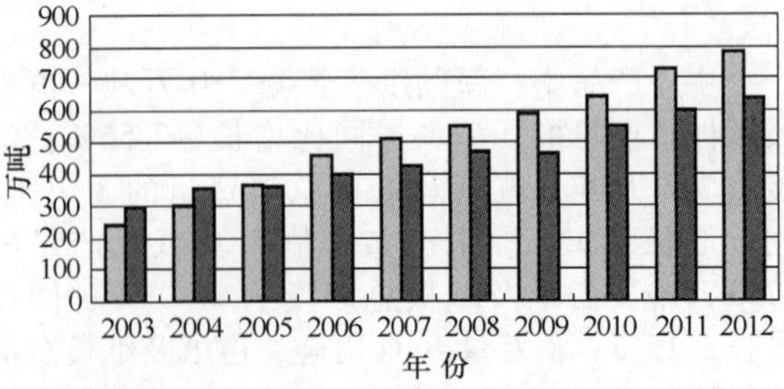


图 5　涂布印刷纸 2003—2012 年生产量和消费量
□生产量　■消费量

4. 生活用纸

2012 年生活用纸生产量 780 万吨，同比增长

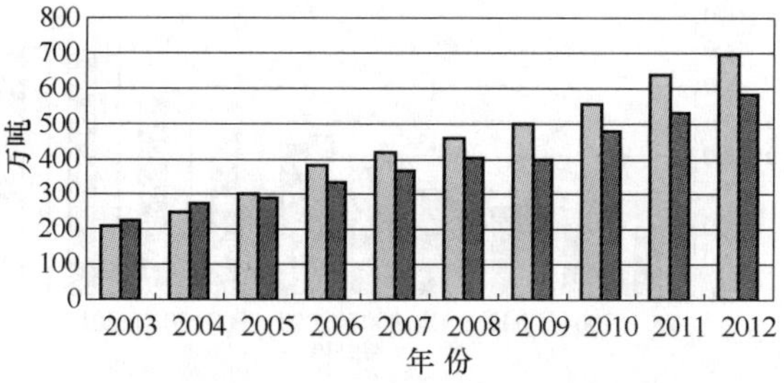


图 6　铜版纸 2003—2012 年生产量和消费量

□生产量　■消费量

6.85%；消费量 731 万吨，同比增长 8.46%（见图 7）。2003—2012 年生产量年均增长率 9.42%，消费量年均增长率 9.31%。

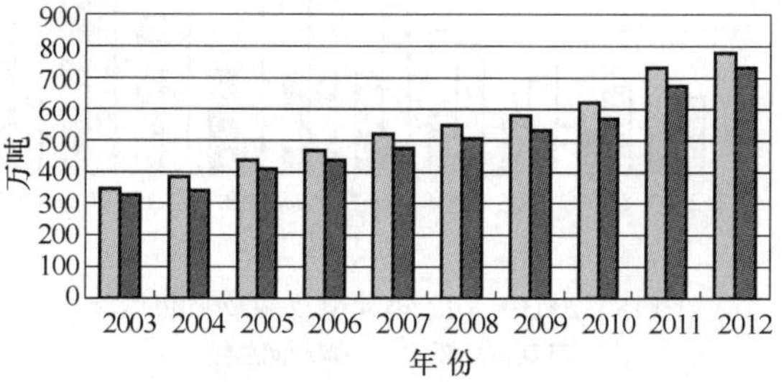


图 7　生活用纸 2003—2012 年生产量和消费量

□生产量　■消费量

5. 包装用纸

2012 年包装用纸生产量 640 万吨，同比增长 3.23%；消费量 655 万吨，同比增长 3.64%（见图 8）。2003—2012 年生产量年均增长率 3.25%，消费量年均增长率 2.95%。

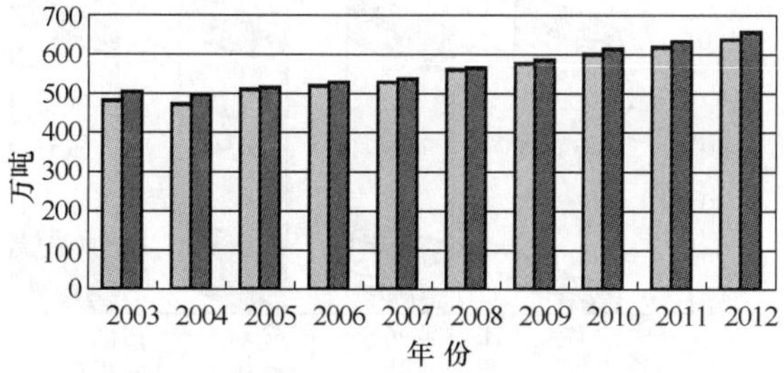


图 8　包装用纸 2003—2012 年生产量和消费量

□生产量　■消费量

6. 白纸板

2012 年白纸板生产量 1390 万吨，同比增长 3.73%；消费量 1379 万吨，同比增长 4.31%（见图 9）。2003—2012 年生产量年均增长率 10.85%，消费量年均增长率 8.81%。其中，2012 年涂布白纸板生产量 1340 万吨，同比增长 3.88%；消费量 1329 万吨，同比增长 4.48%（见图 10）。2003—2012 年生产量年均增长率 11.33%，消费量年均增长率 9.18%。

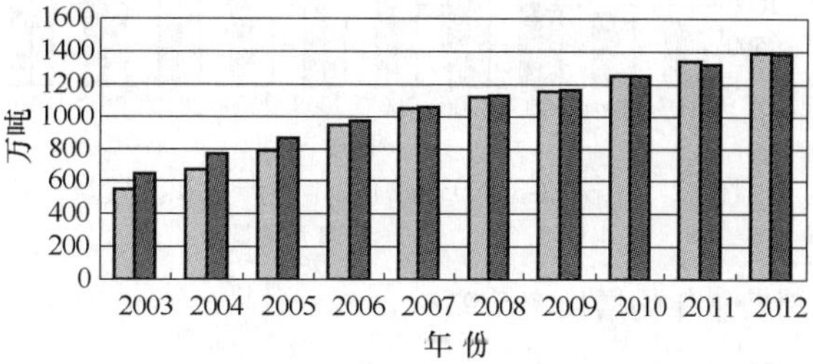


图 9　白纸板 2003—2012 年生产量和消费量

□生产量　■消费量

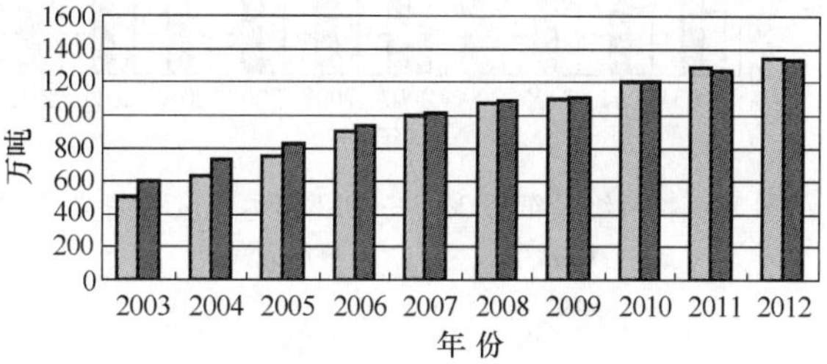


图 10　涂布白纸板 2003—2012 年生产量和消费量

□生产量　■消费量

7. 箱纸板

2012 年箱纸板生产量 2080 万吨，同比增长 4.52%；消费量 2157 万吨，同比增长 4.05%（见图 11）。2003—2012 年生产量年均增长率 13.23%，消费量年均增长率 11.71%。

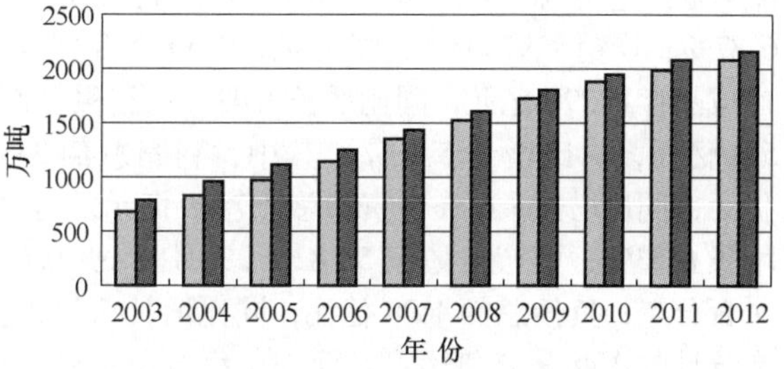


图 11　箱纸板 2003—2012 年生产量和消费量

□生产量　■消费量

8. 瓦楞原纸

2012 年瓦楞原纸生产量 2020 万吨，同比增长 2.02%；消费量 2027 万吨，同比增长 1.81%（见图 12）。2003—2012 年生产量年均增长率 13.05%，消费量年均增长率 10.85%。

9. 特种纸及纸板

2012 年特种纸及纸板生产量 220 万吨，同比增长 4.76%；消费量 183 万吨，同比增长 2.23%（见图 13）。2003—2012 年生产量年均增长率 11.90%，

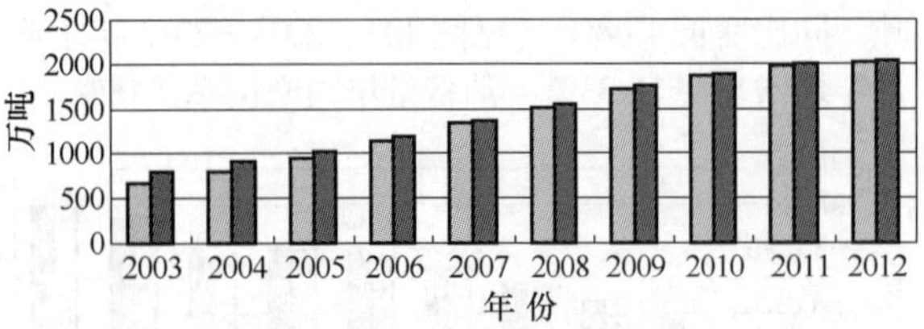


图 12 瓦楞原纸 2003—2012 年生产量和消费量



消费量年均增长率 5.93%。

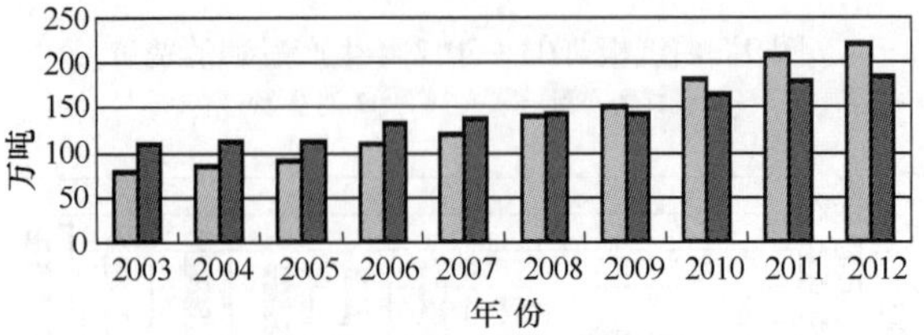


图 13 特种纸及纸板 2003—2012 年生产量和消费量



## 二、纸及纸板生产企业经济指标完成情况

据国家统计局统计，2012 年 1—12 月规模以上造纸生产企业 2748 家；从业人员 70.38 万人；工业总产值（当年价）7075 亿元，同比增长 8.80%；工业销售产值（当年价）6926 亿元，同比增长 8.30%；主营业务收入 6888 亿元，同比增长 6.87%；产销率 97.00%，同比下降 0.50 个百分点；产成品存货 296 亿元，同比增长 1.42%；利税总额 554 亿元，同比增长 5.29%，其中，利润总额 343 亿元，同比增长 3.61%；资产总计 7868 亿元，同比增长 6.83%；资产负债率 58.82%，同比减少 0.61 个百分点；负债总额 4628 亿元，同比增长 5.71%；在统计的 2748 家造纸生产企业中，亏损企业有 354 家，占 12.88%。2003—2012 年造纸企业经济指标完成情况见图 14、图 15。

## 三、纸及纸板生产企业经济类型与规模结构

根据国家统计局提供的 2012 年 1—12 月规模以上造纸生产企业的相关数据分析，国有及国有控股企业有 72 家，占 2.62%；“三资”企业有 336 家，占 12.23%；集体及其他企业有 2340 家，占 85.15%。在造纸企业主营业务收入总额中，国有及国有控股企业占 10.72%；“三资”企业占 27.79%；集体及其他企业占 61.49%。在利税总额中，国有及国有控股企业占 6.35%；“三资”企业占 26.67%；集体及其他企业占 66.98%。在利润总额中，国有及国有控股企业占 3.35%；“三资”企业占 27.08%；集体及其他企业占 69.57%（见图 16）。

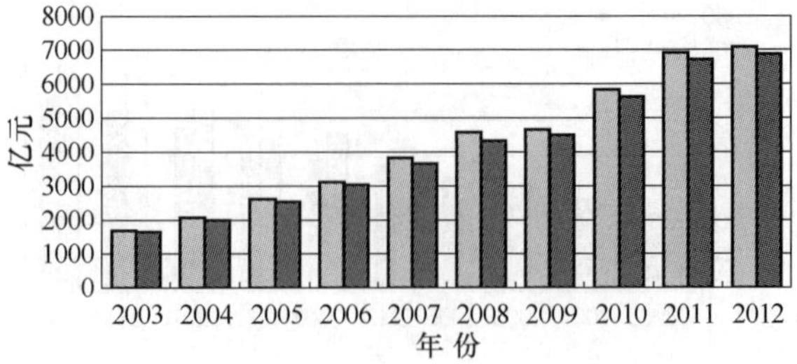


图 14 2003—2012 年工业总产值（当年价）及主营业务收入



注：2007—2010 年主营业务收入数据为中国造纸协会数据。

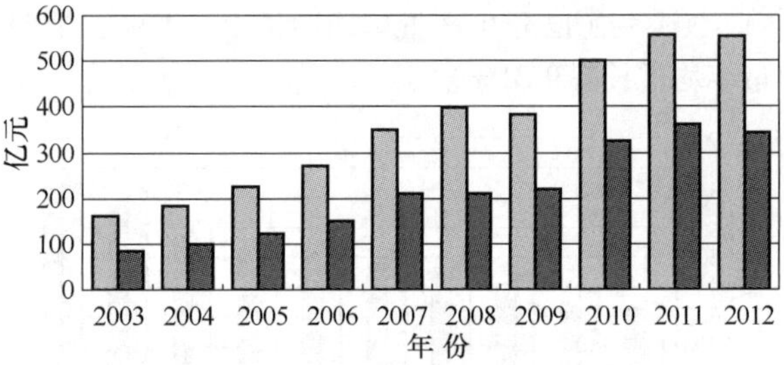


图 15 2003—2012 年利税总额及利润总额



注：2007—2010 年利税总额和利润总额数据为中国造纸协会数据。

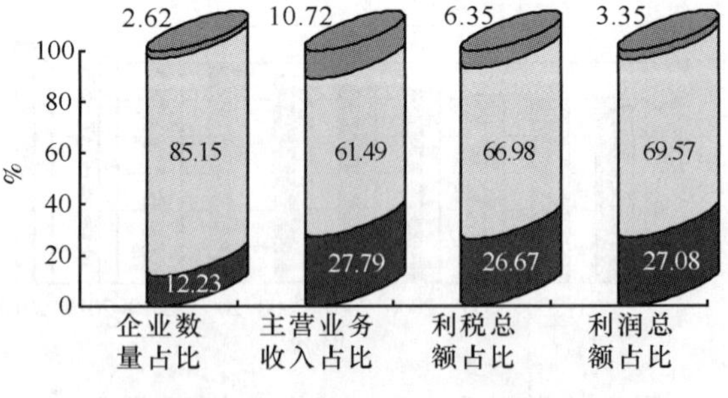


图 16 造纸生产企业经济类型与规模结构



注：数据来源于国家统计局（规模以上工业企业统计）。

按照我国大、中、小型企业划分标准，2012 年在 2748 家规模以上造纸生产企业中，大中型造纸企业 504 家占 18.34%，小型企业 2244 家占 81.66%；在纸及纸板产品主营业务收入中，大中型企业占 65.28%，小型企业占 34.72%；在利税总额中，大

中型企业占 62.82%，小型企业占 37.18%；在利润总额中，大中型企业占 62.14%，小型企业占 37.86%（见图 17）。

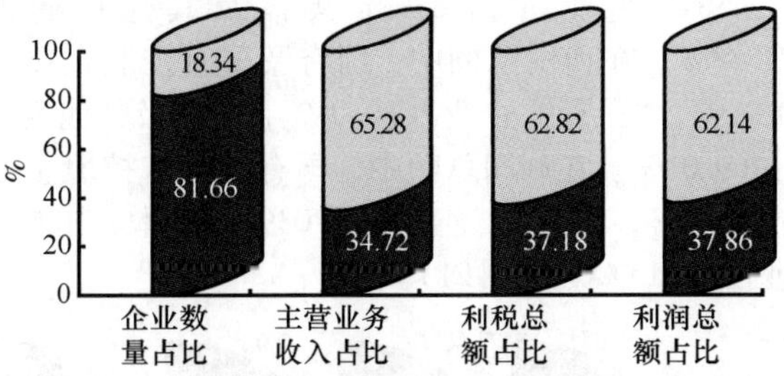


图 17　纸及纸板生产企业主要经济指标情况

■小型企业　□大中型企业

注：数据来源于国家统计局（规模以上工业企业统计）。

2012 年纸及纸板生产量超过 100 万吨的生产企业有：玖龙纸业（控股）有限公司年产 1045 万吨，理文造纸有限公司年产 414 万吨，山东晨鸣纸业集团股份有限公司年产 398 万吨，华泰集团有限公司年产 270 万吨，山东太阳纸业股份有限公司年产 269 万吨，金东纸业（江苏）股份有限公司年产 204 万吨，中国纸业投资总公司年产 195 万吨，宁波中华纸业有限公司（含宁波亚洲浆纸业有限公司）年产 156 万吨，吉安集团股份有限公司年产 131 万吨，荣成纸业（中国）控股有限公司年产 111 万吨，山东博汇纸业股份有限公司年产 110 万吨，山东世纪阳光纸业集团有限公司年产 107 万吨，海南金海浆纸业有限公司年产 102 万吨，安徽山鹰纸业股份有限公司年产 101 万吨。

2012 年纸浆产量超过 100 万吨的生产企业有：亚太森博（山东）浆纸有限公司 177 万吨，海南金海浆纸业有限公司年产 126 万吨。

## 四、纸浆生产和消耗情况

### （一）2012 年纸浆生产情况

据中国造纸协会调查资料，2012 年全国纸浆生产量 7867 万吨，同比增长 1.86%。其中，木浆 810 万吨，同比增长 -1.58%；废纸浆 5983 万吨，同比增长 5.71%；非木浆 1074 万吨，同比增长 -13.39%（见表 2）。

表 2　　2003—2012 年纸浆生产情况　　单位：万吨

| 品种 | 2003 年 | 2004 年 | 2005 年 | 2006 年 | 2007 年 | 2008 年 | 2009 年 | 2010 年 | 2011 年 | 2012 年 |
|---|---|---|---|---|---|---|---|---|---|---|
| 纸浆合计 | 3307 | 3723 | 4441 | 5196 | 5924 | 6415 | 6733 | 7318 | 7723 | 7867 |
| 1. 木浆 | 217 | 238 | 371 | 526 | 605 | 679 | 560 | 716 | 823 | 810 |
| 2. 废纸浆 | 1920 | 2305 | 2810 | 3380 | 4017 | 4439 | 4997 | 5305 | 5660 | 5983 |
| 3. 非木浆 | 1170 | 1180 | 1260 | 1290 | 1302 | 1297 | 1176 | 1297 | 1240 | 1074 |
| 苇浆 | 115 | 120 | 138 | 144 | 144 | 150 | 144 | 156 | 158 | 143 |
| 蔗渣浆 | 50 | 40 | 63 | 74 | 90 | 97 | 98 | 117 | 121 | 90 |
| 竹浆 | 60 | 70 | 86 | 95 | 120 | 146 | 161 | 194 | 192 | 175 |
| 稻麦草浆 | 845 | 900 | 929 | 908 | 849 | 808 | 676 | 719 | 660 | 592 |
| 4. 其他浆 | 100 | 50 | 44 | 69 | 99 | 97 | 97 | 111 | 109 | 74 |

### （二）2012 年纸浆消耗情况

2012 年全国纸浆消耗量 9348 万吨，同比增长 3.36%。木浆 2291 万吨，占纸浆消耗总量的 25%。其中，进口木浆占 16%，国产木浆占 9%；废纸浆 5983 万吨，占纸浆消耗量的 64%。其中，进口废纸浆占 26%，国产废纸浆占 38%；非木浆 1074 万吨，占纸浆消耗总量的 11%。其中，稻麦草浆占 6%，竹浆占 2%，苇（荻）浆占 2%，蔗渣浆占 1%（见表 3、图 18、图 19）。

表 3　　2012 年纸浆消耗情况　　单位：万吨，%

| 品种 | 2011 年 | 占比例 | 2012 年 | 占比例 | 同比增长 | 品种 | 2011 年 | 占比例 | 2012 年 | 占比例 | 同比增长 |
|---|---|---|---|---|---|---|---|---|---|---|---|
| 总量 | 9044 | 100 | 9348 | 100 | 3.36 | 废纸浆[1] | 5660 | 62 | 5983 | 64 | 5.71 |
| 木浆 | 2144 | 24 | 2291 | 25 | 6.86 | 其中：进口废纸浆 | 2182 | 24 | 2405 | 26 | 10.22 |
| 其中：进口木浆 | 1330[2] | 15 | 1489[3] | 16 | 11.95 | 非木浆 | 1240 | 14 | 1074 | 11 | -13.39 |

注：1. 废纸浆 = 废纸量 ×0.8。

2. 2011 年进口木浆 1445 万吨，扣除溶解浆 115 万吨，实际消耗量 1330 万吨。

3. 2012 年进口木浆 1647 万吨，扣除溶解浆 158 万吨，实际消耗量 1489 万吨。

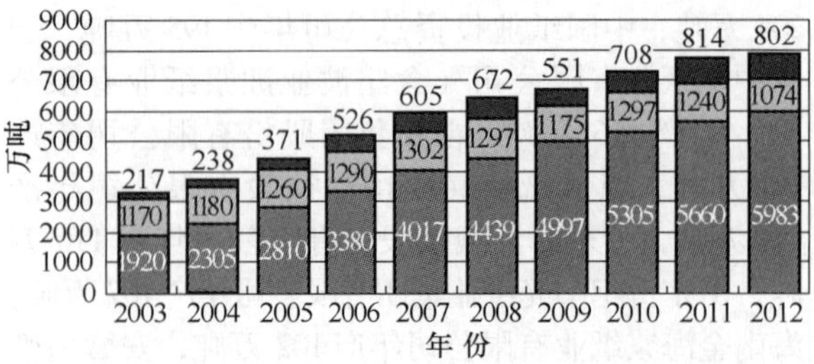


图 18 2003—2012 年国产纸浆消耗情况

■废纸浆 ■非木浆 ■木浆

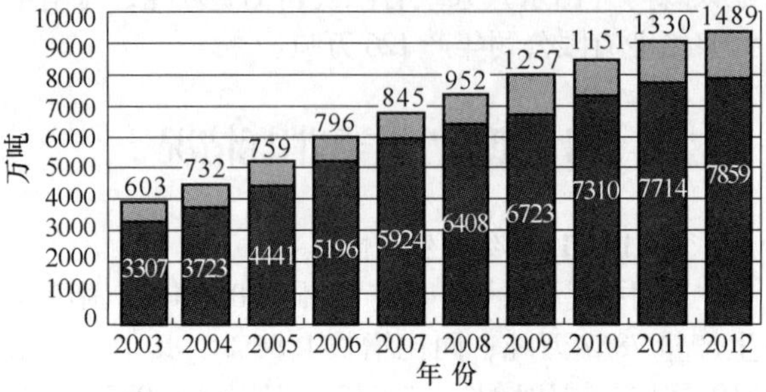


图 19 2003—2012 年纸浆消耗情况

■国产纸浆消耗量 ■进口纸浆消耗量

## 五、纸制品生产和消费情况

### （一）纸制品生产量和消费量

根据国家统计局数据，2012 年全国规模以上纸制品生产企业 4382 家，生产量 4804 万吨，同比增长 6.43%；消费量 4573 万吨，同比增长 6.65%；进口量 14 万吨，出口量 245 万吨。2005—2012 年，纸制品生产量年均增长 14.41%，消费量年均增长 14.58%（见图 20）。

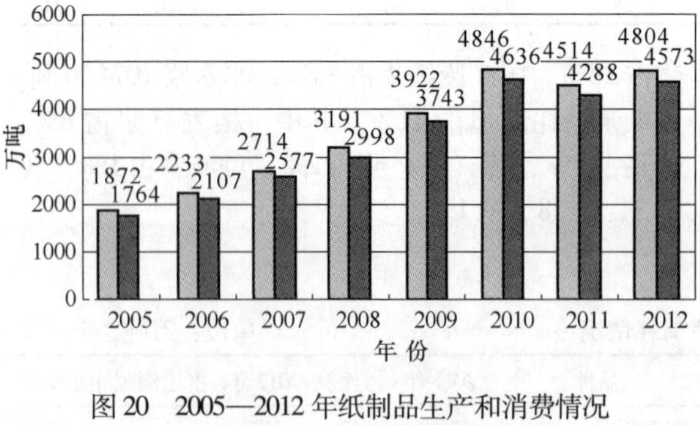


图 20 2005—2012 年纸制品生产和消费情况

■生产量 ■消费量

注：数据来源于国家统计局（规模以上企业统计）。

### （二）纸制品生产企业经济类型与规模结构

2012 年全国规模以上纸制品生产企业 4382 家，其中国有及国有控股企业有 46 家，占 1.05%；“三资”企业有 822 家，占 18.76%；集体及其他企业有 3514 家，占 80.19%。在纸制品生产企业主营业务收入总额中，国有及国有控股企业占 0.79%，“三资”企业占 27.83%，集体及其他企业占 71.38%。在利税总额中，国有及国有控股企业占 0.95%，“三资”企业占 30.04%，集体及其他企业占 69.01%。在利润总额中，国有及国有控股企业占 0.84%，“三资”企业占 31.03%，集体及其他企业占 68.13%（见图 21）。

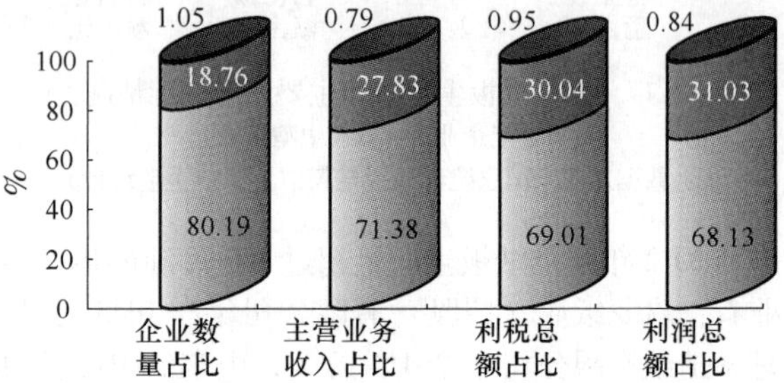


图 21 纸制品生产企业经济类型与规模结构

■集体及其他企业 ■“三资”企业 ■国有及国有控股企业

注：数据来源于国家统计局（规模以上工业企业统计）。

按照我国大、中、小型企业划分标准，2012 年在 4382 家规模以上纸制品生产企业中，大中型纸制品生产企业 455 家，占 10.38%；小型企业 3927 家，占 89.62%。在纸制品生产企业主营业务收入中，大中型企业占 29.65%，小型企业占 70.35%；在利税总额中，大中型企业占 34.84%，小型企业占 65.16%；在利润总额中，大中型企业占 35.74%，小型企业占 64.26%（见图 22）。

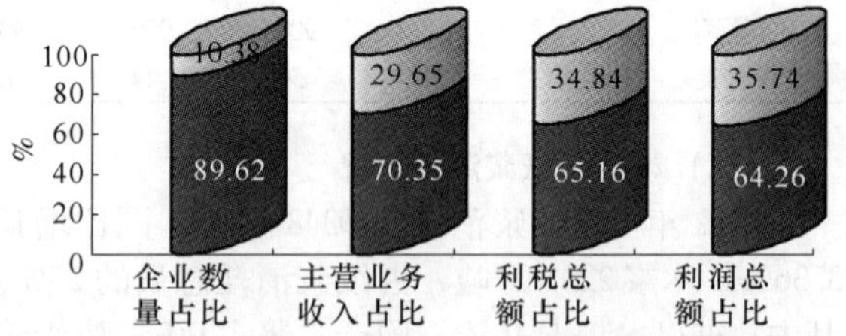


图 22 纸制品生产企业主要经济指标情况

■小型企业 ■大中型企业

注：数据来源于国家统计局（规模以上工业企业统计）。

## 六、纸及纸板、纸浆、废纸及纸制品进出口情况

### （一）纸及纸板、纸浆、废纸及纸制品进口情况

2012 年纸及纸板进口 311 万吨，同比增长 -6.04%；纸浆进口 1647 万吨，同比增长 13.98%；

废纸进口 3007 万吨，同比增长 10.23%；纸制品进口 14 万吨，同比增长 -17.65%。

2012 年进口纸及纸板、纸浆、废纸、纸制品合计 4979 万吨，同比增长 10.13%，用汇 220 亿美元，同比增长 -8.33%。进口纸及纸板平均价格为 1218.14 美元/吨，同比平均价格增长 -3.44%；进口纸浆平均价格为 674.64 美元/吨，同比平均价格增长 -18.31%；进口废纸平均价格为 208.57 美元/吨，同比平均价格增长 -18.33%（见表 4）。

**表 4　2012 年全国纸浆、废纸、纸及纸板、纸制品进口情况**　单位：万吨

| 品种 | 2011 年进口量 | 2012 年进口量 | 同比增长/% |
|---|---|---|---|
| 一、纸浆 | 1445 | 1647 | 13.98 |
| 二、废纸 | 2728 | 3007 | 10.23 |
| 三、纸及纸板 | 331 | 311 | -6.04 |
| 1. 新闻纸 | 1 | 13 | 1200.00 |
| 2. 未涂布印刷书写纸 | 40 | 35 | -12.50 |
| 3. 涂布印刷纸 | 37 | 35 | -5.41 |
| 其中：铜版纸 | 30 | 27 | -10.00 |
| 4. 包装用纸 | 18 | 20 | 11.11 |
| 5. 箱纸板 | 93 | 84 | -9.68 |
| 6. 白纸板 | 79 | 72 | -8.86 |
| 其中：涂布白纸板 | 79 | 72 | -8.86 |
| 7. 生活用纸 | 9 | 4 | -55.56 |
| 8. 瓦楞原纸 | 17 | 14 | -17.65 |
| 9. 特种纸及纸板 | 30 | 28 | -6.67 |
| 10. 其他纸及纸板 | 7 | 6 | -14.29 |
| 四、纸制品 | 17 | 14 | -17.65 |
| 总　计 | 4521 | 4979 | 10.13 |

注：数据来源于海关总署。

**（二）纸及纸板、纸浆、废纸及纸制品出口情况**

2012 年纸及纸板出口 513 万吨，较 2011 年增长 0.79%；纸浆出口 7.99 万吨，同比增长 -19.37%；废纸出口 0.24 万吨，同比增长 -33.33%；纸制品出口 245 万吨，同比增长 0.82%。

2012 年出口纸及纸板、纸浆、废纸、纸制品合计 766 万吨，同比增长 0.52%，创汇 138 亿美元，同比增长 4.55%。出口纸及纸板平均价格为 1226.39 美元/吨，同比平均价格增长 -2.75%；出口纸浆（以棉短绒纸浆为主）平均价格为 1588.88 美元/吨，同比平均价格增长 -31.63%；出口废纸平均价格为 334.17 美元/吨，同比平均价格增长 54.86%（见表 5）。

**表 5　2012 年全国纸浆、废纸、纸及纸板、纸制品出口情况**　单位：万吨

| 品种 | 2011 年出口量 | 2012 年出口量 | 同比增长/% |
|---|---|---|---|
| 一、纸浆 | 9.91 | 7.99 | -19.37 |
| 二、废纸 | 0.36 | 0.24 | -33.33 |
| 三、纸及纸板 | 509 | 513 | 0.79 |
| 1. 新闻纸 | 2 | 0 | |
| 2. 未涂布印刷书写纸 | 83 | 101 | 21.69 |
| 3. 涂布印刷纸 | 163 | 177 | 8.59 |
| 其中：铜版纸 | 138 | 141 | 2.17 |
| 4. 包装用纸 | 6 | 5 | -16.67 |
| 5. 箱纸板 | 10 | 7 | -30.00 |
| 6. 白纸板 | 97 | 83 | -14.43 |
| 其中：涂布白纸板 | 97 | 83 | -14.43 |
| 7. 生活用纸 | 65 | 53 | -18.46 |
| 8. 瓦楞原纸 | 6 | 7 | 16.67 |
| 9. 特种纸及纸板 | 61 | 65 | 6.56 |
| 10. 其他纸及纸板 | 16 | 15 | -6.25 |
| 四、纸制品 | 243 | 245 | 0.82 |
| 总　计 | 762.27 | 766.23 | 0.52 |

注：数据来源于海关总署。

**（三）纸及纸板各品种进出口量比例**

纸及纸板各品种进出口量所占比例见图 23 和图 24。

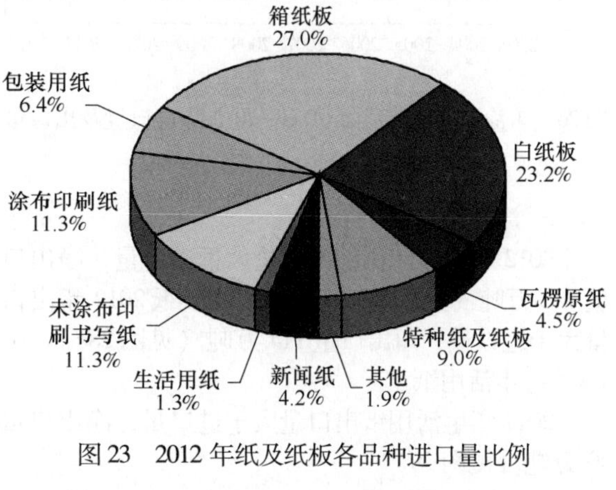


图 23　2012 年纸及纸板各品种进口量比例

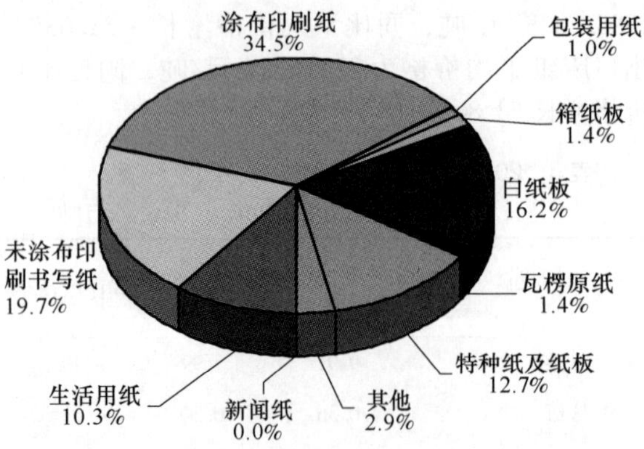


图 24 2012 年纸及纸板各品种出口量比例

**（四）纸及纸板主要产品 2003—2012 年进出口情况**

1. 新闻纸

2012 年新闻纸进口量大于出口量，净进口量 13 万吨（见图 25）。

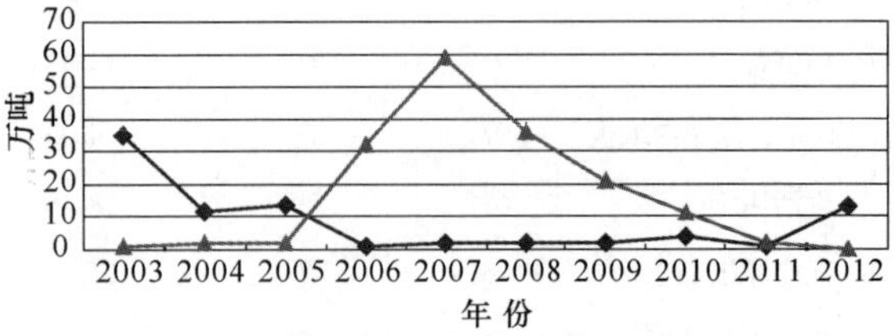


图 25 新闻纸 2003—2012 年进口量及出口量

—◆—进口量 —▲—出口量

2. 未涂布印刷书写纸

2012 年未涂布印刷书写纸出口量大于进口量，净出口量 66 万吨（见图 26）。

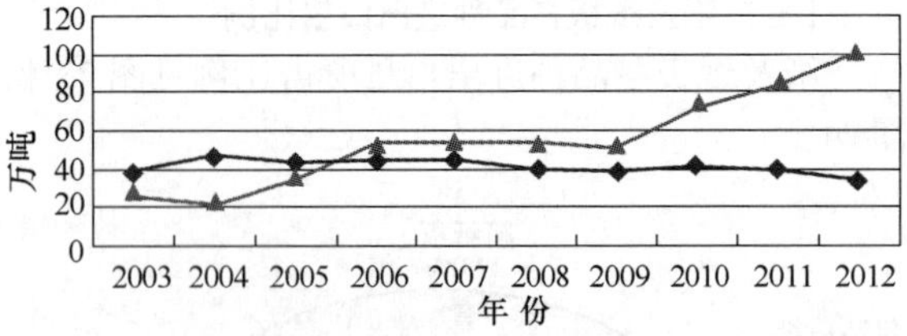


图 26 未涂布印刷书写纸 2003—2012 年进口量及出口量

—◆—进口量 —▲—出口量

3. 涂布印刷纸

2012 年涂布印刷纸出口量大于进口量，净出口量 142 万吨（见图 27）。其中，铜版纸 2012 年出口量大于进口量，净出口量 114 万吨（见图 28）。

4. 生活用纸

2012 年生活用纸出口量大于进口量，净出口量 49 万吨（见图 29）。

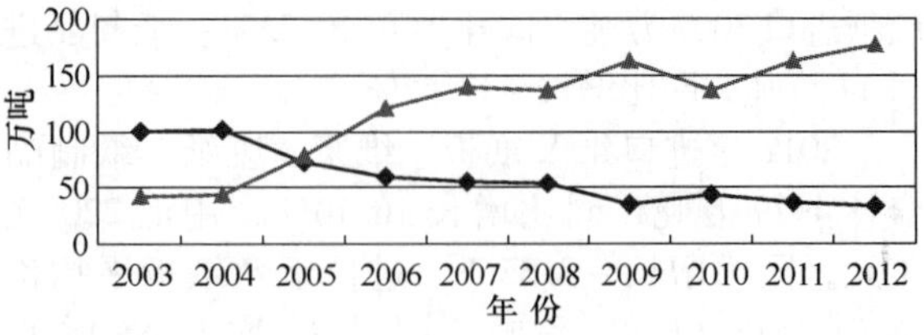


图 27 涂布印刷纸 2003—2012 年进口量及出口量

—◆—进口量 —▲—出口量

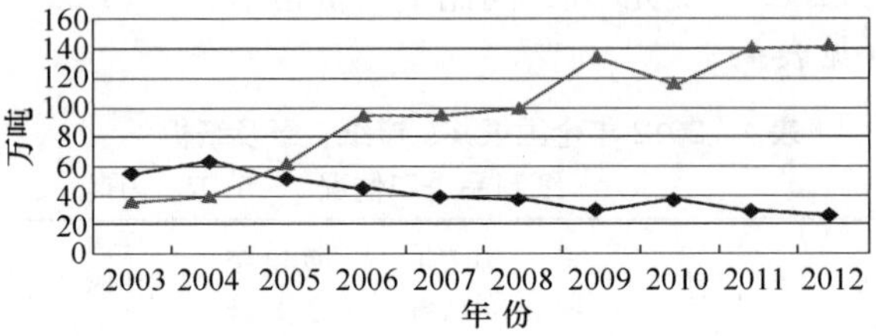


图 28 铜版纸 2003—2012 年进口量及出口量

—◆—进口量 —▲—出口量

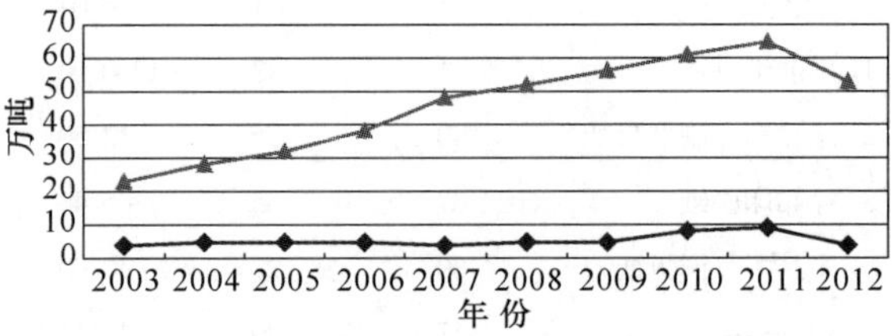


图 29 生活用纸 2003—2012 年进口量及出口量

—◆—进口量 —▲—出口量

5. 包装用纸

2012 年包装用纸进口量大于出口量，净进口量 15 万吨（见图 30）。

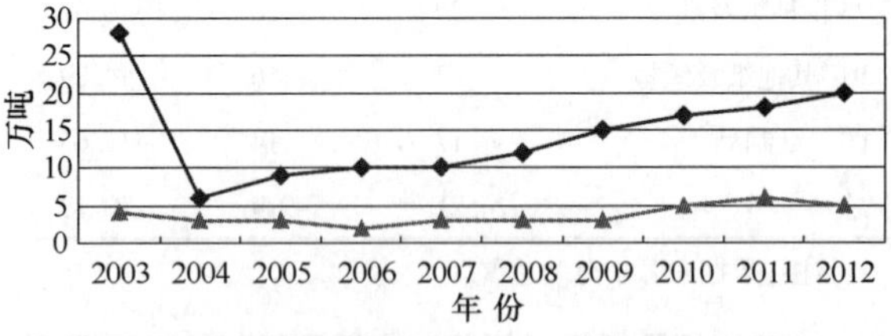


图 30 包装用纸 2003—2012 年进口量及出口量

—◆—进口量 —▲—出口量

6. 白纸板

2012 年白纸板出口量大于进口量，净出口量 11 万吨（见图 31）。其中，涂布白纸板 2012 年出口量大于进口量，净出口量 11 万吨（见图 32）。

7. 箱纸板

2012 年箱纸板进口量大于出口量，净进口量 77 万吨（见图 33）。

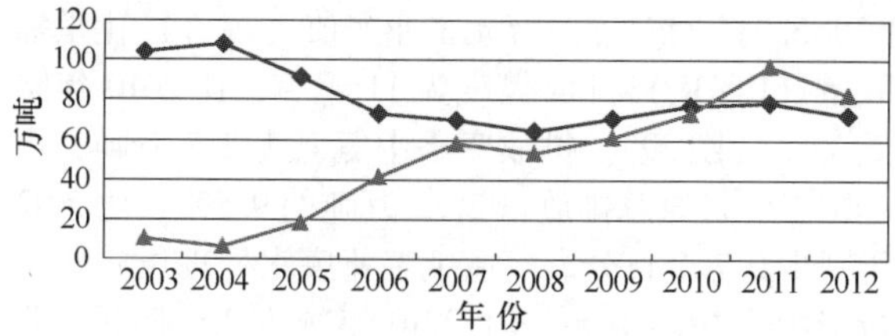


图 31　白纸板 2003—2012 年进口量及出口量

—◆—进口量　　—▲—出口量

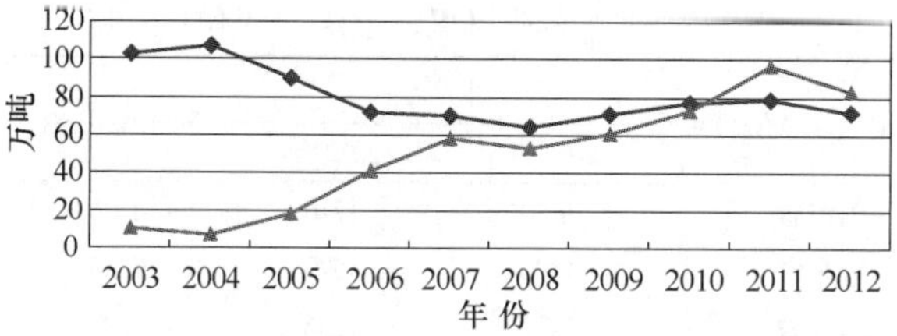


图 32　涂布白纸板 2003—2012 年进口量及出口量

—◆—进口量　　—▲—出口量

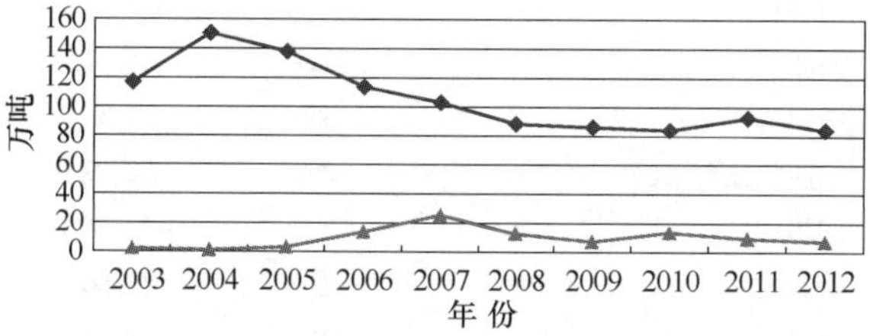


图 33　箱纸板 2003—2012 年进口量及出口量

—◆—进口量　　—▲—出口量

8. 瓦楞原纸

2012 年瓦楞原纸进口量大于出口量，净进口量 7 万吨（见图 34）。

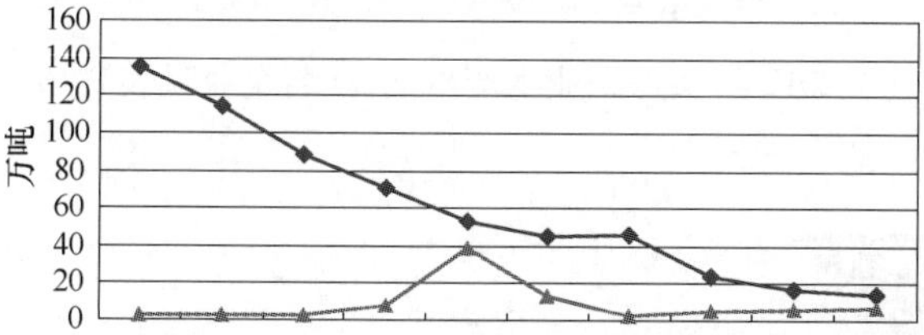


图 34　瓦楞原纸 2003—2012 年进口量及出口量

—◆—进口量　　—▲—出口量

9. 特种纸及纸板

2012 年特种纸及纸板出口量大于进口量，净出口量 37 万吨（见图 35）。

**（五）纸制品进出口情况**

1. 纸制品进口情况

2012 年纸制品进口量 14 万吨，较 2011 年减少 3 万吨，同比增长 -18%（见图 36）。

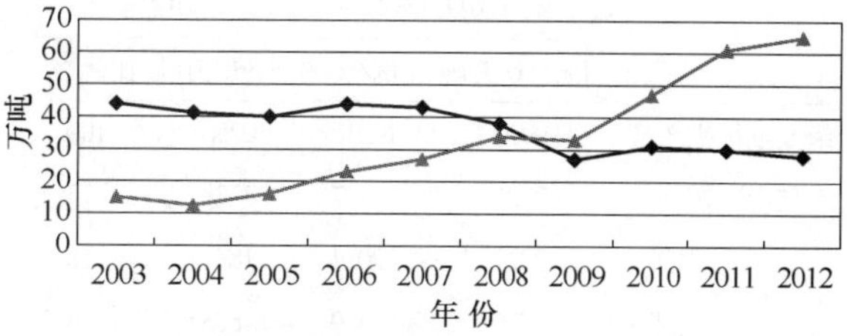


图 35　特种纸及纸板 2003—2012 年进口量及出口量

—◆—进口量　　—▲—出口量

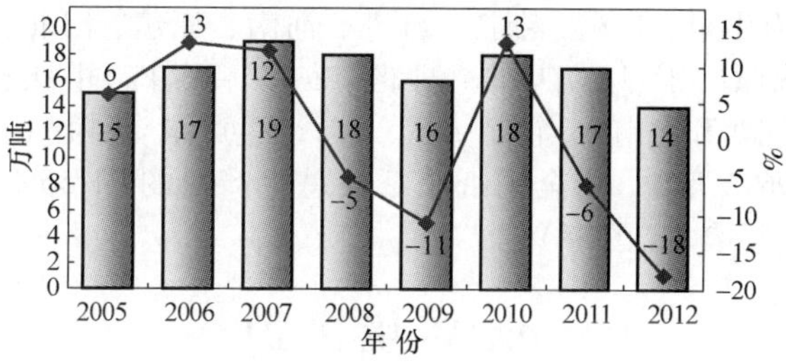


图 36　2005—2012 年纸制品进口情况

▭进口量　　—◆—同比增长

2. 纸制品出口量情况

2012 年纸制品出口量 245 万吨，比 2011 年增加 2 万吨，同比增长 1%（见图 37）。

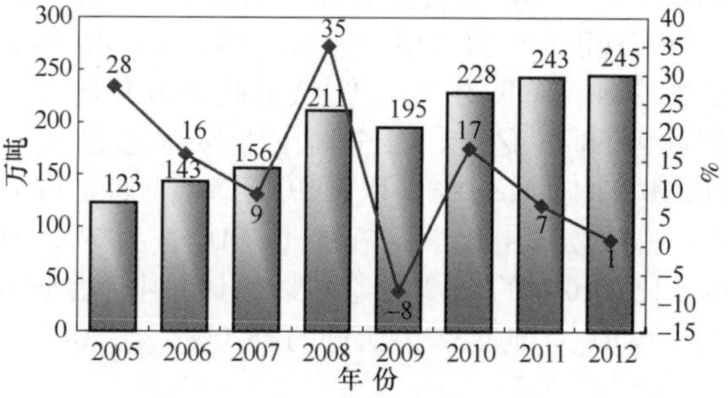


图 37　2005—2012 年纸制品出口情况

▭出口量　　—◆—同比增长

## 七、纸及纸板生产布局与集中度

根据中国造纸协会调查资料，2012 年我国东部地区 12 个省（区、市）纸及纸板产量占全国纸及纸板产量的比例为 75.4%，比 2011 年提高 3.7 个百分点；中部地区 9 个省（区）比例占 18.4%，比 2011 年降低 2.0 个百分点；西部地区 10 个省（区、市）比例占 6.2%，比 2011 年降低 1.7 个百分点（见表 6）。

表6 2012年纸及纸板生产量区域布局变化

| | 2011年 | | 2012年 | |
|---|---|---|---|---|
| | 生产量/万吨 | 比例/% | 生产量/万吨 | 比例/% |
| 纸及纸板生产量 | 9930 | 100 | 10250 | 100 |
| 其中：东部 | 7121 | 71.7 | 7728 | 75.4 |
| 中部 | 2023 | 20.4 | 1887 | 18.4 |
| 西部 | 786 | 7.9 | 635 | 6.2 |

注：据中国造纸协会调查资料。

2012年纸及纸板生产量超过100万吨的省份有山东、广东、浙江、江苏、河南、福建、河北、湖南、广西、四川、湖北、安徽、天津、重庆、江西和海南16个省（区、市），生产量合计已达9692万吨，占全国纸及纸板总生产量的94.56%（见表7、图38）。

## 八、环境保护

根据环境保护部统计，2011年制浆造纸及纸制品业（统计企业5871家，比2010年增加301家）用水总量为128.77亿吨，其中，新鲜水量为45.59亿吨，占工业总耗新鲜水量627.97亿吨的7.26%；重复用水量为83.18亿吨，水重复利用率为64.60%，比2010年提高2.01个百分点。万元工业产值（现价）新鲜水用量为67.4吨，比2010年减少22.2吨，降低24.8%。造纸工业2010年废水排放量为38.23亿吨，占全国工业废水总排放量212.90亿吨的18.0%，比2010年降低0.6个百分点。排放废水中化学需氧量（$COD_{Cr}$）为74.2万吨，比2010年的95.2万吨减少21.0万吨，占全国工业$COD_{Cr}$总排放322.0万吨的23.0%，比2010年减少3.0个百分点。万元工业产值（现价）化学需氧量（$COD_{Cr}$）排放强度为11千克，比2010年降低39%（图39）。排放废水中氨氮为2.5万吨，占全国工业氨氮总排放量26.2万吨的9.5%，比2010年减少0.7个百分点。造纸工业废水处理设施年运行费用为61.0亿元，比2010年减少3.9亿元，降低6.0%。

表7 2012年纸及纸板生产量100万吨以上的省（区、市） 单位：万吨

| 省份 | 生产量 | | 同比增长/% |
|---|---|---|---|
| | 2011年 | 2012年 | |
| 山东省 | 1630 | 1710 | 4.91 |
| 广东省 | 1496 | 1579 | 5.55 |
| 浙江省 | 1477 | 1536 | 3.99 |
| 江苏省 | 1051 | 1206 | 14.75 |
| 河南省 | 828 | 780 | -5.80 |
| 福建省 | 480 | 539 | 12.29 |
| 河北省 | 401 | 424 | 5.74 |
| 湖南省 | 372 | 355 | -4.57 |
| 广西壮族自治区 | 194 | 258 | 32.99 |
| 四川省 | 340 | 232 | -31.76 |
| 湖北省 | 199 | 224 | 12.56 |
| 安徽省 | 235 | 213 | -9.36 |
| 天津市 | 126 | 196 | 55.56 |
| 重庆市 | 178 | 171 | -3.93 |
| 江西省 | 185 | 155 | -16.22 |
| 海南省 | 113 | 114 | 0.88 |
| 合计 | 9305 | 9692 | 4.16 |

注：中国造纸协会调查资料。

2012年重点企业生产量前30名企业见表8。

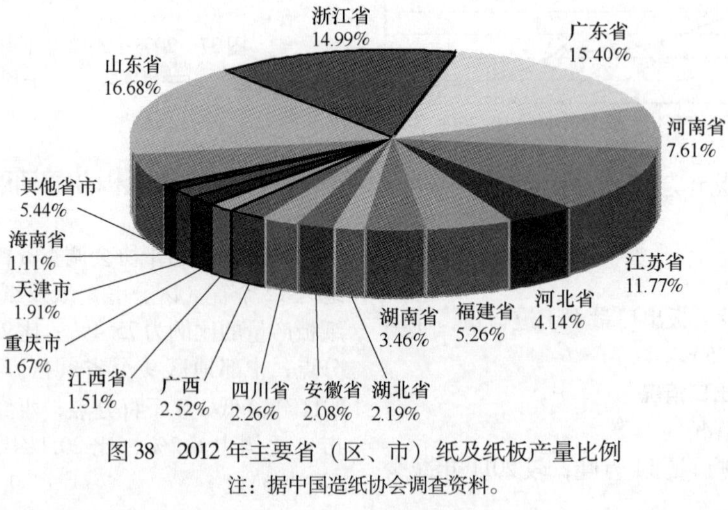


图38 2012年主要省（区、市）纸及纸板产量比例
注：据中国造纸协会调查资料。

**表 8　2012 年重点造纸企业产量前 30 名企业**

| 序号 | 单位名称 | 产量/万吨 | | |
|---|---|---|---|---|
| | | 2011 年 | 2012 年 | 同比增长/% |
| 1 | 玖龙纸业（控股）有限公司 | 835.00 | 1045.00 | 25.15 |
| 2 | 理文造纸有限公司 | 353.98 | 414.13 | 16.99 |
| 3 | 山东晨鸣纸业集团股份有限公司 | 348.82 | 397.73 | 14.02 |
| 4 | 华泰集团有限公司 | 254.70 | 270.00 | 6.01 |
| 5 | 山东太阳纸业股份有限公司 | 242.26 | 268.78 | 10.95 |
| 6 | 金东纸业（江苏）股份有限公司 | 220.12 | 204.00 | -7.32 |
| 7 | 中国纸业投资总公司 | 210.00 | 195.00 | -7.14 |
| 8 | 宁波中华纸业有限公司（含宁波亚洲浆纸业有限公司） | 152.65 | 156.00 | 2.19 |
| 9 | 吉安集团股份有限公司 | 69.62 | 131.00 | 88.16 |
| 10 | 荣成纸业（中国）控股有限公司 | 115.80 | 111.00 | -4.15 |
| 11 | 山东博汇纸业股份有限公司 | 116.36 | 109.76 | -5.67 |
| 12 | 山东世纪阳光纸业集团有限公司 | 96.13 | 106.75 | 11.05 |
| 13 | 海南金海浆纸业有限公司 | 86.97 | 102.28 | 17.60 |
| 14 | 安徽山鹰纸业股份有限公司 | 89.36 | 100.87 | 12.88 |
| 15 | 浙江景兴纸业股份有限公司 | 94.61 | 92.55 | -2.18 |
| 16 | 芬欧汇川（中国）有限公司 | 88.00 | 90.00 | 2.27 |
| 17 | 福建联盛纸业有限公司 | 79.77 | 87.73 | 9.98 |
| 18 | 中冶纸业银河有限公司 | 79.65 | 79.39 | -0.33 |
| 19 | 漯河银鸽实业集团有限公司 | 84.40 | 75.92 | -10.05 |
| 20 | 山东泉林纸业有限责任公司 | 76.23 | 73.57 | -3.49 |
| 21 | 山东华金集团有限公司 | 55.94 | 68.30 | 22.10 |
| 22 | 山东贵和显星纸业有限公司 | 55.68 | 65.65 | 17.91 |
| 23 | 金华盛纸业（苏州工业园区）有限公司 | 63.29 | 64.96 | 2.64 |
| 24 | 大河纸业有限公司 | 52.05 | 58.65 | 12.68 |
| 25 | 东莞建晖纸业有限公司 | 75.74 | 57.94 | -23.50 |
| 26 | 徐州建平纸业有限公司 | 41.19 | 56.08 | 36.15 |
| 27 | 广州造纸集团有限公司 | 49.31 | 51.87 | 5.19 |
| 28 | 浙江永泰纸业集团股份有限公司 | 34.60 | 49.58 | 43.29 |
| 29 | 江苏长丰科技集团有限公司 | 46.46 | 45.82 | -1.38 |
| 30 | 金红叶纸业集团有限公司 | 35.23 | 42.85 | 21.63 |

注：按已收集到的数据排列。

2011 年造纸及纸制品业二氧化硫排放量 54.3 万吨，比 2010 年增加 3.5 万吨，增长 6.9%；氮氧化物排放量 22.1 万吨，比 2010 年减少 1.5 万吨，降低 6.4%；烟（粉）尘排放量 20.7 万吨，与 2010 年基本持平。废气治理设施年运行费用 24.7 亿元，比 2010 年增加 10.5 亿元，增长 73.9%。

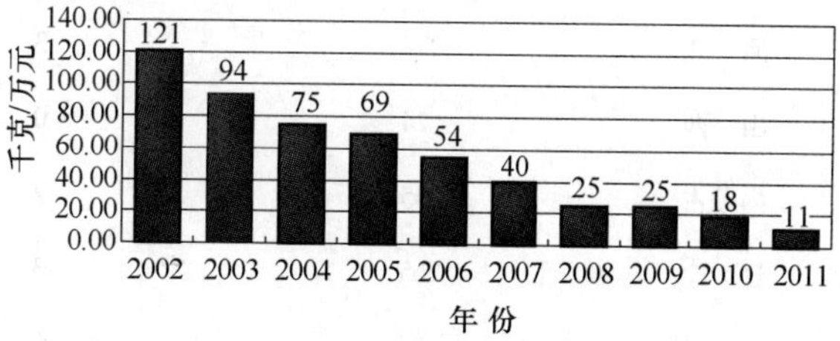


图 39　2002—2011 年造纸行业万元工业产值化学需氧量排放强度

## 九、综　　述

2012 年我国造纸工业整体保持了适度增长，产销基本平衡，但受国内外经济环境复杂多变及产能提高的影响，市场竞争加剧，原有竞争优势和增长动力减弱，市场信心和预期不稳，企业生产与经济运行困难增大，总体经济效益下滑。另外，节能减排政策和管理力度加大，企业环保投资和运行成本增加，淘汰落后产能任务艰巨，造纸行业正处于调整结构、转型升级和寻求新的平衡过程中。

我国造纸工业已步入转型期，由数量主导型向质量效益型转变势在必行。随着我国新型工业化、信息化、城镇化、农业现代化的发展，内需将进一步增长，必将给造纸工业发展带来新的机遇与挑战。

（中国造纸协会）

# 2012 年全国各省（区、市）规模以上制浆、造纸、纸制品企业分布情况

# Pulp, Paper and Paper Products Enterprises above Designated Scale Distribution in China in 2012

2012 年全国各省（区、市）规模以上制浆、造纸、纸制品企业分布情况 单位：个

| 地　区 | 制浆、造纸及纸制品企业 | 1. 纸浆制造企业 | 2. 造纸企业 | 3. 纸制品制造企业 |
|---|---|---|---|---|
| 全　国 | 7207 | 77 | 2748 | 4382 |
| 北　京 | 44 | 1 | 11 | 32 |
| 天　津 | 135 | 1 | 45 | 89 |
| 河　北 | 274 | 3 | 140 | 131 |
| 山　西 | 24 | 0 | 13 | 11 |
| 内蒙古 | 45 | 2 | 14 | 29 |
| 辽　宁 | 265 | 3 | 72 | 190 |
| 吉　林 | 86 | 0 | 35 | 51 |
| 黑龙江 | 45 | 0 | 23 | 22 |
| 上　海 | 200 | 0 | 31 | 169 |
| 江　苏 | 633 | 2 | 223 | 408 |
| 浙　江 | 892 | 2 | 437 | 453 |
| 安　徽 | 213 | 1 | 74 | 138 |
| 福　建 | 459 | 4 | 142 | 313 |
| 江　西 | 143 | 0 | 67 | 76 |
| 山　东 | 789 | 11 | 268 | 510 |
| 河　南 | 387 | 7 | 190 | 190 |
| 湖　北 | 215 | 2 | 76 | 137 |
| 湖　南 | 348 | 6 | 195 | 147 |
| 广　东 | 1203 | 7 | 329 | 867 |
| 广　西 | 181 | 11 | 101 | 69 |

续表

| 地　区 | 制浆、造纸及纸制品企业 | 1. 纸浆制造企业 | 2. 造纸企业 | 3. 纸制品制造企业 |
|---|---|---|---|---|
| 海　南 | 8 | 0 | 5 | 3 |
| 重　庆 | 95 | 0 | 32 | 63 |
| 四　川 | 317 | 6 | 136 | 175 |
| 贵　州 | 29 | 1 | 7 | 21 |
| 云　南 | 59 | 3 | 28 | 28 |
| 西　藏 | 0 | 0 | 0 | 0 |
| 陕　西 | 64 | 0 | 29 | 35 |
| 甘　肃 | 17 | 1 | 5 | 11 |
| 青　海 | 0 | 0 | 0 | 0 |
| 宁　夏 | 14 | 0 | 10 | 4 |
| 新　疆 | 23 | 3 | 10 | 10 |

数据来源：国家统计局规模以上企业。

（孙　刚）

# 2012 年我国纸及纸板年产量 30 万吨及以上造纸企业名单

## Enterprises List of Paper and Paperboard Manufacture with an Annual Production of 3000,000 tons and above in China in 2012

中国纸业投资总公司
中冶纸业集团有限公司
上海中隆纸业有限公司
金东纸业（江苏）股份有限公司
荣成纸业（中国）控股有限公司
芬欧汇川（中国）有限公司
金华盛纸业（苏州工业园区）有限公司
金红叶纸业集团有限公司
江苏长丰科技集团
徐州建平纸业有限公司
永丰余造纸（扬州）有限公司
宁波中华纸业有限公司
宁波亚洲浆纸业有限公司
吉安集团股份有限公司
浙江景兴纸业股份有限公司
浙江永泰纸业集团股份有限公司
安徽山鹰纸业股份有限公司
福建联盛纸业有限责任公司
福建优兰发集团实业有限公司
福建省南纸股份有限公司
恒安（中国）纸业有限公司
山东晨鸣纸业集团股份有限公司
华泰集团有限公司
山东太阳纸业股份有限公司
山东博汇纸业股份有限公司
山东世纪阳光纸业集团有限公司
山东泉林纸业有限责任公司
山东华金集团有限公司
山东贵和显星纸业有限公司
山东恒联投资有限公司
山东群星纸业有限公司
汇胜集团股份有限公司
漯河银鸽实业集团有限公司
大河纸业有限公司
河南新乡鸿泰纸业有限公司
玖龙纸业（控股）有限公司
理文造纸有限公司
东莞建晖纸业有限公司
广州造纸集团有限公司
东莞市潢涌银洲纸业有限公司
东莞金洲纸业有限公司
东莞市金田纸业有限公司
海南金海浆纸业有限公司

数据来源：国家统计局规模以上企业数据，中国造纸协会整理（排名不分先后）。

（孙　刚）

# 2012 年我国造纸工业投产项目介绍

## Introduction to the Projects which have been Finished and Put into Operation in 2012

1. 四川华侨凤凰集团股份有限公司高档涂布白纸板项目

2012 年 3 月 21 日，四川华侨凤凰集团股份有限公司投资 10 亿元的年产 30 万吨高档涂布白纸板项目举行竣工投产庆典。项目由乐山市成发造纸机械有限公司供货幅宽 3600 毫米五叠网纸机，由沙市轻工机械有限公司供货四涂布白纸板生产线，引进美国 KBC 公司废纸制浆系统、Rockwell 公司和 Siemens 公司传动系统、安德里茨公司上浆系统等，还包括了纳西姆公司、Honewell 公司、台湾川佳机械集团股份有限公司等供货商的设备。同时，对 15 兆瓦余热发电机组配套改造，采用瑞典普拉克公司先进成熟的生化系统工艺进行废水处理，保证污染物排放指标达到或高于国家标准要求。该项目据称是四川省第一家远程在线监测达标单位。

2. 东莞金洲纸业有限公司箱纸板项目

2012 年 3 月，东莞金洲纸业有限公司年产 40 万吨高档牛皮箱纸板生产线投产。项目采用上海轻良实业有限公司生产的 2 台幅宽 4600 毫米、车速 800 米/分的包装用纸机，配套美国、芬兰、瑞典、德国等辅助系统以及 3 台 240 吨/时循环流化床锅炉、2 台抽凝式汽轮发电机组，装机容量为 12 万千瓦的金洲热电厂，为东莞金洲纸业有限公司、东莞市潢涌银洲纸业有限公司供热供电，实现节能、降耗、增效。

3. 云南云景林纸股份有限公司年产 9 万吨纸浆技改项目

2012 年 5 月 28 日，云南云景林纸股份有限公司在景谷傣族彝族自治县举行年产 9 万吨纸浆技改项目全线联动投料试车庆典仪式。该项目的主要设备从芬兰、美国、加拿大等国引进。其中，SuperBatch 蒸煮、筛选、原浆洗涤、氧脱木素、再洗涤与漂白系统由美卓公司供货，粗浆洗涤采用 Twin-Roll 压榨式洗浆设备，漂白段后的洗涤则采用真空洗浆机。技改完成后，单位综合能耗从吨浆 0.7 吨标准煤下降到 0.4 吨；吨耗水量从 70 米$^3$ 下降到 60 米$^3$。能耗指标和水耗指标远优于行业标准，水循环利用率从 55% 上升到 85% 以上。从新加坡引进的废水处理设备达到国内一流水平，处理后的废水水质也高于国内标准。

4. 安徽华泰林浆纸有限公司溶解浆项目

2012 年 6 月 22 日，安徽华泰林浆纸有限公司林浆纸一体化项目举行投产庆典。

2012 年 8 月，安徽华泰林浆纸有限公司利用原有的木浆生产线开始生产溶解浆。该项目在原有纸浆生产线（包括：备料工段、制浆工段、220 吨 $H_2O$/时蒸发工段、燃烧工段、2200 米$^3$/日苛化工段、160 吨/日石灰窑工段、废水处理等）基础上，新增间歇预水解硫酸盐法蒸煮工艺及设备，配套国产双网压榨带气垫干燥浆板机，溶解浆生产能力 10 万吨/年。

5. 玖龙纸业（控股）有限公司包装用纸项目

截至 2012 年 6 月 30 日，玖龙纸业（控股）有限公司设计生产能力已经达到 1145 万吨，预计 2013 年总生产能力可达 1320 万吨，2014 年可达 1385 万吨，2015 年可达 1420 万吨，比 2012 年 6 月底增加近 21%。

玖龙纸业（控股）有限公司近两年内将共有 5 台纸机陆续建成投产，预计到 2014 年全部完成。其中包括：重庆基地于 2012 年 10 月 6 日建成的 1 台生产能力为 55 万吨/年的 PM33 纸机；泉州基地预计 2013 年二季度投产的 PM35、PM36 纸机；沈阳基地计划 2014 年投产，生产卡纸类产品的 PM37 纸机；乐山基地 1 台生产高强瓦楞原纸的 PM39 纸机，设计生产能力为 30 万吨/年。此外，天津基地 PM34 纸机已经在 2012 年 7 月投产，目前正在进行系统优化。

6. 亚太纸业（广东）有限公司 11 号文化用纸生产线

2012 年 7 月，亚太纸业（广东）有限公司的 11 号机投产。该纸机幅宽 8650 毫米，设计车速 1800 米/分，设计生产能力 45 万吨/年未涂布纸（不含磨木浆）。主机由美卓公司供货，包括 1 套备浆系统、1 台 OptiConcept 纸机、2 台 WinDrum L 复卷机和 1 整套自动化系统和整台纸机所用的网毯。项目于 2009 年 9 月开始填土动工，总投资 6.8 亿美元。

分切和包装整理车间建筑面积达到 14 万$米^2$，是亚洲最大的整理裁切车间；德国的复印纸切纸机裁切速度 450 米/分，复印纸产量 180 令/分，是世界速度最快、产能最大的切纸机之一；西班牙提供的平纸板切纸机生产速度达 350 米/分。

随着一期项目的顺利投产，亚太纸业（广东）有限公司与当地政府签订了增资扩产二期项目的协议，增加 1 条年产 45 万吨的 PM12 高档文化用纸生产线，实现产量翻番。年产值将会达到 70 亿元，税收也将超过 5 亿元。

7. 理文造纸有限公司建设项目

2012 年 7 月 17 日，理文造纸有限公司年产 60 万吨的 PM17 涂布白纸板生产线在江苏常熟投产，纸机幅宽 7250 毫米，设计车速 800 米/分，生产定量 170～450 克/$米^2$ 的纸盒纸板。

江西基地年产 55 万吨箱纸板的 PM18 生产线预期于 2013 年 5 月投产。年产 45 万吨瓦楞原纸的 PM19 造纸车间也正加紧建设，预期在 2013 年底投产。

位于重庆工业园的 PM20 生产线也正在建设之中，PM20 纸板机幅宽 7250 毫米，美卓公司提供 1 条完整的从流浆箱到卷纸机及空气系统的 OptiConcept M 优化概念模块化纸板生产线及自动化综合包，包括全工厂设备和过程控制的 Metso DNA 自动化解决方案，1 套 Metso IQ 质量控制系统及 Metso IQ 稀释水横幅执行控制系统。生产线采用废纸为原料，生产定量在 70～160 克/$米^2$ 之间的高强耐破纸板，设计车速 1100 米/分，日产量约为 1160 吨，计划 2014 年 6 月投产。

8. 寿光美伦纸业有限责任公司高档涂布白牛卡纸项目

2012 年 7 月 29 日，寿光美伦纸业有限责任公司高档涂布白牛卡纸项目试车成功。该项目纸机净纸宽 9600 毫米，设计车速 1100 米/分，采用世界先进的喷射式流浆箱、叠网成形、双靴式压榨、光压、烘缸干燥机内膜转移、刮刀涂布和机内软压光等技术设备，配套先进的 DCS、QCS 等控制系统，是当今世界纸幅最宽、车速最高、单机生产能力最大的高档涂布白牛卡纸生产线之一。

9. 山东贵和显星纸业有限公司年产 30 万吨纱管原纸项目

2012 年 8 月，山东贵和显星纸业有限公司年产 30 万吨纱管原纸项目（PM5）正式投产。该项目是山东省 2009—2011 年轻工业调整振兴规划的重点项目，是企业加快产品结构调整，促进企业有序发展的重点技改项目。项目总投资 5.1 亿元，占地 8.7 公顷，建筑面积 54180 $米^2$，购置设备 160 台（套），建设生产能力 30 万吨/年的高档纱管原纸生产线。纸机由韩国金星造纸技术有限公司提供，车速 900 米/分，生产的高档原纸最大幅宽 5650 毫米，将成为山东省配置最高、车速最快、产量最大的单条高档原纸生产线。该生产线采用废纸为原料，制浆线由福伊特公司提供。

10. 中顺洁柔纸业股份有限公司卫生纸项目

2012 年 9 月 25 日，中顺洁柔纸业股份有限公司唐山分公司二期工程竣工投产。该工程包括备浆车间、造纸车间和后加工车间。备浆车间安装有 2 台 25 $米^3$ 的碎浆机，合计碎浆能力 150 吨/日，以及碎纸机、盘磨机、纤维疏解机等设备。备浆控制系统采用意大利西维公司最先进的 MCC 系统。水处理采用盘式气浮水处理设备，可处理废水 315 吨/时，处理后废水排放量为 6 $米^3$ 水/吨纸，废水 $COD_{Cr}$ 指标完全达到国家规定排放标准。

刚投产的造纸车间，由特斯克公司提供的 AHEAD 1.5 新月形卫生纸机目前运行车速为 1050 米/分，并将逐渐提高至 1400 米/分。纸机采用 DCS 控制系统，以及安德里茨公司、意大利西维电气公司的压力筛、真空泵等附属设备，并采用德昌誉机械制造有限公司幅宽 3600 毫米的 ZQ－III－H 型卫生纸复卷机。造纸车间按左右手机布置，已预留出另一台同型纸机的安装位置。

加工车间包括一期投产的 1 台韩国东洋机械公司的手帕纸包装机、1 台广州欧科机械制造有限公司的手帕纸中包机、1 台常德烟草机械有限责任公司 TH20 型手帕纸包装机及中包机、2 台德昌誉机械制造有限公司 CJ－200/7 型盒装/软抽面巾纸机、2 台宝索机械制造有限公司 YH1500－200 型软抽面巾纸机，以及二期投产的德昌誉机械制造有限公司的 1 台三通道大回旋卫生卷纸分切机、3 台卫生卷纸单包机等加工设备，合计加工能力 2.2 万吨/年。

11. 福建省联盛纸业有限公司箱纸板项目

2012 年 10 月 28 日，福建联盛纸业（龙海）有限公司 PM5 箱纸板生产线成功投入运行。PM5 生产线由凯登公司供货日产 1250 吨 OCC 处理生产线成套设备，采用美卓公司幅宽 7250 毫米的纸板机，设计车速 1200 米/分，定量 100 ~ 140 克/米$^2$，箱纸板生产能力 35 万吨/年。PM5 的独特之处在于 1 套混合型成形器中实施两层成形，成形器与全新的 OptiFlo 分层流浆箱配套使用。采用这种创新技术，只需 1 台流浆箱，就可生产出两层结构的纸板。由于流浆箱配有独特的稀释水与流体控制系统，纸张的横向分布性能和匀度都非常好。

2012 年 12 月 12 日，福建联盛纸业（龙海）有限公司 PM6 顺利投产，PM6 由美卓公司供货，幅宽 7250 毫米，设计车速 1200 米/分，以废纸为原料，定量 65 ~ 100 克/米$^2$，瓦楞原纸生产能力 30 万吨/年。PM6 备浆系统由凯登公司提供日产 1100 吨 OCC 处理生产线成套设备及面浆处理系统。

2012 年初，福建联盛纸业（龙海）有限公司还与福伊特公司签订了 1 台年产 60 万吨的灰底白纸板生产线整线合同，除了纸机本身外，福伊特公司还将提供 QCS 自动化系统。这台新 BM8 纸板机生产能力 60 万吨/年，用于生产灰底白纸板和涂布白牛卡纸。这台纸机成纸幅宽 6600 毫米，设计车速 1100 米/分，采用了福伊特公司最先进的流浆箱、非接触干燥、帘式涂布和水刀换卷等设备。同时，福伊特公司提供的造纸整线设备还包括了纸机气罩、纸机通风系统及复卷机。该生产线在保证产品质量的同时还将大幅度降低原料成本和能源消耗，保障了最高的产品质量和最低的生产成本。按计划，这台纸机将于 2013 年年底开机投产。

（靳福明）

# 2012 年造纸上市公司概况

# General Situation of China's Papermaking Companies Listed on China's Stock Market in 2012

## 一、上市公司总体概况

2012 年度*ST 金城股份复牌，至此截至 2012 年底在深沪两市正常运作的含有纸业业务的上市公司 30 家，总股本数 1702853 万股（其中，无限售流通股 1509264 万股）；30 家上市公司总资产 1794 亿元，比 2011 年净增 82 亿元，增长 4.8%，但净资产达 676 亿元，比调整后的 2011 年净增 28 亿元，增长 4.3%；主营业务收入 909 亿元，比 2011 年净增 15 亿元，增长 1.6%；实现净利润 16.52 亿元，比 2011 年净增 4.28 亿元，扭转了 2011 年的颓势，恢复到 2010 年的水平；每股经营活动的净现金流量出现负数的公司有 8 家，比 2011 年减少 2 家，现金流总体有改善。多年来业绩较稳定的大公司如晨鸣纸业、华泰纸业、博汇纸业、太阳纸业、岳阳纸业等，经营业绩锐减，其中，岳阳纸业出现巨亏，再加上青山纸业、南宁糖业也出现巨亏，拖累造纸板块整体业绩，备受投资者关注；经过债务和资产重组，初步取得较好的效应，ST 公司有摘帽的转机，但总体上行业整体财务经营状况仍处于亚健康态势。随着证监会正式实施《公开发行证券公司信息披露内容与格式准则第 2 号——年度报告的内容与格式（2012 年修订）》，年报披露内容和格式更加规范，提高了可读性和真实性，只有 1 家公司的财务审计被出具带强调事项段的无保留意见审计报告。其整体表现有以下几个特点：

1. 行业发展态势相对稳定，特种纸和纸品加工表现强劲

总体上各公司都非常重视财务杠杆的作用，2012 年平均资产负债率 62.28%，连续 2 年突破 60% 大关，并比 2011 年提高 0.17 个百分点。受固定资产投资惯性增长的拉动，业务收入和总资产有一定增长。虽然 2012 年下半年，市场稍有复苏，但整体盈利能力仍处于低迷状态。2012 年平均销售净利润 1.84%，比 2011 年微增 0.45 个百分点，已连续 2 年不足 2%；平均总资产收益率仅 0.94%，比 2011 年微增 0.21 个百分点，已连续 2 年不足 1%。2012 年继续响应证监会规定，有 14 家企业进行了现金配发，比 2011 年减少 3 家，还有部分公司实施公积金转增新股。以特种纸、纸制品和生活用纸为主的上市公司，业绩继续保持较好态势，在总计约 16 亿元的净利润中特种纸、纸制品和生活用纸公司净利润合计 12 亿元，占 80%，成为造纸板块受益的主要来源，再加上盘小、成长性好，是投资者关注的热点。

2. 多家公司成功实施融资债券发行和资产重组，积极推进产业升级

2012 年获准发行的山鹰纸业、景兴纸业、民丰特纸、岳阳纸业、恒丰纸业、冠豪高新、南宁糖业和合兴包装等 8 家上市公司都如期发行了融资债券，筹措了宝贵资金，缓解资金流动性的压力，推进工程建设和产业优化升级。

2012 年有 16 家公司实施了分红，年报披露信息 2013 年有 14 家拟实施分红，虽然公司个数、分红力度有所下降，但近 1/2 公司具备分红条件，也说明整体业绩仍有改善的空间和提升的潜力。

2012 年债务和资产重组取得突破，泰盛实业重组山鹰纸业，中国诚通收购美利纸业，自然人一致行动收购金城纸业（净利润高达 6 亿元，占总利润的 37%），*ST 天宏实施了资产置换及多家企业实施了股权转让等重组方式，提高了核心竞争力，获得生存和发展机会。

3. 加大研发投入，增强企业自主创新能力

各公司积极增加研发费用，研发资金所占主营收入的比例逐年提高，个别公司已达到 2% 以上，

完成了技术研发平台的搭建工作。积极建立技术创新体系，通过产学研相结合，培养了一大批高素质的科研队伍，推进了公司新产品的研发、传统产品的提档升级进程。实施“创新型企业”，建立创新激励机制鼓励自主创新，获得技术专利和科技进步奖个数大幅增加，提升了公司自主创新和产品研发的水平。尤其是特种纸企业，新产品不断涌现，拓展了产品市场的宽度和深度。通过几年的不懈努力，各公司已基本形成独有的主打产品和核心竞争体系，获得更多的政府支持，凸显公司向核心化、专业化、特色化转变的竞争战略。

4. 加快推进节能减排的进程，构建循环经济发展模式

制浆造纸新排放标准实施得到全行业的积极响应，各公司把节能减排工作纳入考核责任范围，积极构建“资源－产品－再生资源”闭环式循环生态链，节能减排取得较大进展，缓解了环保压力，并取得很好效益，争做资源节约型和环境友好型的表率。各企业均能以节能减排为抓手，大力发展循环经济，加强资源的综合利用，全力打造低碳、绿色生态纸业。近日，造纸行业已公布《清洁生产指标体系（2013 年征求意见稿）》，今后企业运行指标必须符合清洁生产指标体系要求，为造纸企业的发展奠定了基本标准。

## 二、存在问题

目前我国造纸工业正处于“转方式、调结构”的发展阶段，受原料对外依存度高、环保压力增加、市场低迷、技术创新不强、资金短缺及国际贸易摩擦等原因影响，行业整体竞争力还不高。存在的问题主要表现在以下几个方面。

1. 产品分化加剧，凸显大宗产品过度竞争的后果

2012 年受机制糖供大于求等因素影响，食糖价格总体下行，加上原料蔗价格上升，使多年来业绩较好的南宁糖业有限公司发生巨亏，南部地区以糖纸联合体为主的上市公司受到前所未有的冲击，很可能出现 * ST 甘化这样的结局；多年来以包装用纸和文化用纸为主的公司因生产能力过剩日趋严重，太阳纸业、晨鸣纸业、山鹰纸业等多年业绩良好的公司出现经营性困境，效益锐减，已不再是造纸板块的主要效益来源。新闻纸因宏观政策调控和压产报价，业绩复苏较快，毛利润处于近年来最高水平（20% 以上），新闻纸企业生产均有盈利，这是近年来所没有的。而近年以特种纸、纸制品和生活用纸为主的新上市公司业绩良好，效益猛增，弥补了总体萎靡的表现。北部和西部纸业公司由于受历史包袱较重和地理环境等多种因素影响，除恒丰纸业外，其余都陷入巨大的困境。美利纸业在连续 2 年发生巨亏后，已被中国诚通重组；*ST 石岘、*ST 天宏、ST 宜纸仍处于退市边缘，经营风险较大。

2. 国际贸易频遭双反，市场风险预期增大

受欧债危机和国内经济增速减缓的影响，使市场需求刚刚得到恢复的态势受到严峻考验，市场需求不足凸显，供求矛盾尖锐增大投资和运行风险。2012 年存货、应收款和在建工程投资，居高不下，这 3 项资金占用约 500 亿元，比 2011 年净增近 100 亿元。全行业普遍存在资金流动性减弱（或固化）问题，好不容易从企业融资债券获得的宝贵资金很大一部分用于流动资金，平均资产负债率微升，尤其是一些多年业绩较好的公司，资产负债率大幅提高，应引起高度重视。我国纸品出口量约 400 万吨，比 2011 年增长 4.5%，其比例仅占总产量的 1%，仍面临贸易保护主义的风险。尤其是发达国家，大举“双反”大棒，对我国产品出口进行各种贸易壁垒，所以，今后几年“中国制造”产品如何化解国际贸易摩擦，融入全球竞争已成为行业稳定发展的关键因素。

3. 预期投资欲望减缓，但供需失衡负面影响仍很强烈

2012 年我国造纸行业固定资产投资欲望减缓很多，但今明 2 年仍有部分新生产能力陆续投放，加剧纸品市场的供需失衡。新闻纸刚性较强，但集中度较高，2012 年没有新增生产能力，但由于部分生产能力的退出，需求稳中有升，还有少量进口，主营业务利润率上升，但后市情况仍不容乐观；文化用纸和包装纸板虽受益于淘汰落后生产能力的带动，但近年新增生产能力较大，以书写纸、胶版纸、轻涂纸、铜版纸等为主的文化用纸和以白卡纸、高强瓦楞原纸为主的企业主营业务利润率普遍下滑幅度较大，已不再是盈利的主要纸种；特种纸品种不断推陈出新，拓宽了特种纸市场空间，使特种纸保持较稳定盈利水平，已成为纸业盈利的最大来源，成为多年经久不衰的投资热点；生活用纸近几年发展快速，业绩不菲，成为最受关注的投资热点之一；由于受国内外棉花价格下跌和纺织品市场持续低迷的冲击，溶解浆价格不断下滑，使一些企业通过转产溶解浆以提高盈利的愿望没有实现。

4. 国家补助资金增多，投资观望心理较强

近年国家加大对产业结构调整、自主创新、节能减排等方面专项项目支持，几乎所有公司都获得了一部分国家补助资金的支持，2012 年 30 家上市公司共获得政府补助近 10 亿元（占总盈利的 60%），比 2011 年净增 1 亿元，弥补了部分亏损，或成为一些企业扭转亏损的主要手段。但受股市低迷、市场供需失衡、国家经济增速减缓及国际形势变幻莫测的多因素影响，投资观望心理较强，盈利能力存在诸多不确定因素，应引起高度重视。

## 三、总　评

2011 年是“十二五”的开局之年，受国内外诸多因素影响，市场需求持续下行，国内纸品市场在 2011 年下半年出现逆转。全年造纸行业（含造纸板块）业绩大幅度下滑，投资观望心理较强，盈利能力存在诸多不确定因素，应引起高度重视。

各项信息显示，2012 年欧债问题持续恶化，给全球造纸工业增长带来巨大压力，我国造纸工业发展有继续下行的强烈趋势。其原因在于一方面目前在建的部分生产能力仍将陆续下线，全行业生产能力过剩加重，供需矛盾增大；另一方面，国家将继续实行谨慎稳健的财政货币政策，调低经济增速，继续冲击纸品市场的供需关系。所以，我国造纸工业一方面要加大淘汰落后生产能力的力度，着力提高集中度；另一方面抑制固定资产投资欲望，逆势扩张须更谨慎，应积极通过兼并重组，走内涵式发展，提高企业整体素质和竞争力。预计通过压产、淘汰和整合等一系列措施，纸品市场将在 2013 年后有望获得回升。

**2012 年造纸板块个股一览表（1）**

| 序号 | 代码 | 上市公司 | 生产量/万吨 | 总资产/万元 | | 总股本/万股 | | 主营业务收入/万元 | | 净利润/万元 | | 所有者权益/万元 | |
|---|---|---|---|---|---|---|---|---|---|---|---|---|---|
| | | | | 2011 年 | 2012 年 | 总股本 | 其中：无限售流通股 | 2011 年 | 2012 年 | 2011 年 | 2012 年 | 2011 年 | 2012 年 |
| 一、包装用纸和纸板 | | | | 3763152 | 3816292 | 525205 | 469763 | 2223986 | 2302232 | 95426 | 9475 | 1540382 | 1517974 |
| 1 | 600103 | 青山纸业 | | 365853 | 352141 | 106184 | 106184 | 201586 | 171949 | 1887 | -31578 | 176036 | 147441 |
| 2 | 600567 | 山鹰纸业 | 101<br>瓦楞纸箱<br>5.34 亿米$^2$ | 675113 | 783090 | 158602 | 149852 | 398375 | 414345 | 3815 | -2687 | 300875 | 298188 |
| 3 | 200986 | 粤华包 B | 60 | 657189 | 642908 | 50543 | 17193 | 402652 | 364670 | 19548 | 20630 | 314590 | 327452 |
| 4 | 002067 | 景兴纸业 | 92.56 | 546221 | 520883 | 109395 | 96053 | 345139 | 310404 | 13898 | 1180 | 296113 | 299293 |
| 5 | 002078 | 太阳纸业 | 168 | 1518776 | 1517270 | 100481 | 100481 | 876234 | 1040864 | 56278 | 21930 | 452768 | 445600 |
| 二、新闻纸 | | | | 2323723 | 2189360 | 252806 | 230788 | 1267241 | 1135646 | -104249 | 19068 | 711640 | 823566 |
| 6 | 600163 | 福建南纸 | 31.05<br>（浆纸） | 412592 | 357394 | 72142 | 72142 | 211631 | 146699 | -30467 | 2211 | 150246 | 143592 |
| 7 | 600793 | ST 宜纸 | 10.5 | 86962 | 82045 | 10530 | 10530 | 56842 | 1861 | -4519 | 5606 | -3048 | 2528 |
| 8 | 600462 | *ST 石岘 | | 60774 | 50007 | 53378 | 31360 | 37904 | 30346 | -76023 | 6035 | -82774 | 31110 |
| 9 | 600308 | 华泰纸业 | 171.24 | 1763395 | 1699914 | 116756 | 116756 | 960864 | 956740 | 6760 | 5216 | 647216 | 646336 |
| 三、文化用纸系列 | | | | 8145671 | 8533802 | 511969 | 490912 | 3543990 | 3640842 | 53322 | 47162 | 2483081 | 2587553 |
| 10 | 000488 | 晨鸣纸业 | 393 | 4563083 | 4772542 | 206205 | 205271 | 1774749 | 1976168 | 58873 | 5669 | 1498777 | 1434542 |
| 11 | 600069 | 银鸽投资 | 82.72 | 562612 | 642354 | 82537 | 82537 | 362861 | 339259 | -22546 | 1060 | 182299 | 183306 |
| 12 | 000815 | 美利纸业 | 16.58 | 390533 | 313461 | 31680 | 31558 | 114147 | 136275 | -19047 | 2517 | 66191 | 68708 |
| 13 | 600419 | ST 天宏 | | 29501 | 22703 | 8016 | 8016 | 40251 | 16093 | 392 | -3833 | 14192 | 10358 |
| 14 | 000820 | *ST 金城 | 5.3 | 115034 | 65758 | 28753 | 28752 | 22448 | 18848 | 3143 | 60481 | -69520 | 15343 |
| 15 | 600966 | 博汇纸业 | 110 | 807801 | 1057159 | 50462 | 50462 | 533033 | 499951 | 17131 | 3037 | 336816 | 339876 |

续表

| 序号 | 代码 | 上市公司 | 生产量/万吨 | 总资产/万元 | | 总股本/万股 | | 主营业务收入/万元 | | 净利润/万元 | | 所有者权益/万元 | |
|---|---|---|---|---|---|---|---|---|---|---|---|---|---|
| | | | | 2011 年 | 2012 年 | 总股本 | 其中：无限售流通股 | 2011 年 | 2012 年 | 2011 年 | 2012 年 | 2011 年 | 2012 年 |
| 16 | 600963 | 岳阳纸业 | 26（浆板）105（纸） | 1677107 | 1659825 | 104316 | 84316 | 696501 | 654248 | 15376 | −21769 | 454326 | 535420 |
| 四、特种纸 | | | | 1442000 | 1733204 | 229386 | 170224 | 790471 | 935928 | 60547 | 82219 | 971001 | 1061707 |
| 17 | 600235 | 民丰特纸 | | 225697 | 204985 | 26340 | 26340 | 140054 | 126806 | 914 | 1827 | 103496 | 97900 |
| 18 | 600356 | 恒丰纸业 | 11.7 | 233116 | 277127 | 23160 | 23160 | 132731 | 145033 | 8874 | 9145 | 124077 | 139386 |
| 19 | 600433 | 冠豪高新 | | 214417 | 220918 | 59514 | 55314 | 93388 | 93119 | 8531 | 20219 | 141492 | 159203 |
| 20 | 002012 | 凯恩股份 | 4.5 | 165753 | 161139 | 23381 | 19479 | 96175 | 86392 | 13198 | 9813 | 113109 | 119450 |
| 21 | 300057 | 万顺股份 | | 160743 | 329535 | 42200 | 15305 | 63049 | 170440 | 8234 | 15220 | 134571 | 163921 |
| 22 | 002521 | 齐峰股份 | 18 | 256021 | 289712 | 20615 | 12322 | 157831 | 177000 | 7820 | 14411 | 203331 | 211557 |
| 23 | 002565 | 上海绿新 | | 186253 | 249788 | 34176 | 18304 | 107243 | 137138 | 12976 | 11584 | 150925 | 170290 |
| 五、纸制品 | | | | 462762 | 502878 | 72130 | 54301 | 338634 | 372334 | 18947 | 18307 | 307795 | 322788 |
| 24 | 002235 | 安妮股份 | | 81667 | 72351 | 19500 | 10547 | 62781 | 57495 | 740 | 1047 | 48719 | 49807 |
| 25 | 002228 | 合兴包装 | | 181430 | 214165 | 34750 | 34750 | 191842 | 211489 | 7615 | 6541 | 88938 | 92122 |
| 26 | 002303 | 美盈森 | | 199665 | 216362 | 17880 | 9004 | 84011 | 103350 | 10592 | 10719 | 170138 | 180859 |
| 六、卫生用纸 | | | | 282099 | 342575 | 20800 | 9451 | 185626 | 233945 | 8070 | 15888 | 207752 | 220557 |
| 27 | 002511 | 中顺洁柔 | | 282099 | 342575 | 20800 | 9451 | 185626 | 233945 | 8070 | 15888 | 207752 | 220557 |
| 七、糖纸类 | | | | 693107 | 816958 | 90557 | 83825 | 593242 | 469794 | −9666 | −26917 | 262236 | 230380 |
| 28 | 000833 | 贵糖股份 | | 130765 | 138228 | 29607 | 29606 | 132139 | 109518 | 5371 | 1402 | 94228 | 92670 |
| 29 | 000576 | ST 甘化 | | 91189 | 91991 | 32286 | 25555 | 38738 | 46905 | −19581 | 4712 | 12730 | 18342 |
| 30 | 000911 | 南宁糖业 | 50.57（糖） | 471153 | 586739 | 28664 | 28664 | 422365 | 313371 | 4544 | −33031 | 155278 | 119368 |
| 总计 | | | | 17112514 | 17935069 | 1702853 | 1509264 | 8943190 | 9090721 | 122397 | 165202 | 6483887 | 6764525 |

## 2012 年造纸板块个股一览表（2）

| 序号 | 代码 | 上市公司 | 每股收益/(元/股) | | 每股净资产/(元/股)(归属上市公司股东) | | 加权平均净资产收益率/% | | 每股经营活动净现金流量/(元/股) | |
|---|---|---|---|---|---|---|---|---|---|---|
| | | | 2011 | 2012 年 | 2011 年 | 2012 年 | 2011 年 | 2012 年 | 2011 年 | 2012 年 |
| 一、包装用纸和纸板 | | | | | | | | | | |
| 1 | 600103 | 青山纸业 | 0.01 | -0.30 | 1.57 | 1.30 | 0.72 | -21.26 | 0.034 | -0.12 |
| 2 | 600567 | 山鹰纸业 | 0.05 | -0.02 | 3.94 | 1.86 | 0.01 | -0.95 | -0.27 | 0.003 |
| 3 | 200986 | 粤华包 B | 0.22 | 0.53 | 3.04 | 3.38 | 7.55 | 16.55 | -0.41 | 0.10 |
| 4 | 002067 | 景兴纸业 | 0.27 | 0.01 | 5.22 | 2.62 | 5.53 | 0.52 | 0.21 | 0.08 |
| 5 | 002078 | 太阳纸业 | 0.500 | 0.18 | 3.860 | 3.93 | 13.39 | 4.50 | 1.06 | 1.38 |
| 二、新闻纸 | | | | | | | | | | |
| 6 | 600163 | 福建南纸 | -0.42 | 0.03 | 2.017 | 1.98 | -18.5 | 1.543 | 0.127 | 0.46 |
| 7 | 600793 | ST 宜纸 | -0.43 | 0.53 | -0.29 | 0.14 | | 98.51 | -0.11 | 0.24 |
| 8 | 600462 | *ST 石岘 | -1.85 | 1.13 | -2.02 | 0.58 | 169.84 | -122.66 | 0.027 | -0.18 |
| 9 | 600308 | 华泰纸业 | 0.07 | 0.05 | 5.33 | 5.33 | 1.35 | 0.98 | 0.94 | 1.22 |
| 三、文化用纸系列 | | | | | | | | | | |
| 10 | 000488 | 晨鸣纸业 | 0.29 | 0.11 | 6.56 | 6.67 | 4.5 | 1.63 | -0.21 | 0.95 |
| 11 | 600069 | 银鸽投资 | 0.26 | 0.02 | 2.21 | 2.23 | -11.16 | 0.90 | -0.56 | 0.13 |
| 12 | 000815 | 美利纸业 | -0.6 | 0.08 | 2.02 | 2.10 | -25.79 | 3.79 | 0.25 | -0.16 |
| 13 | 600419 | ST 天宏 | 0.05 | -0.47 | 1.77 | 1.29 | 2.68 | -31.03 | 0.32 | 0.003 |
| 14 | 000820 | *ST 金城 | 0.11 | 2.100 | -2.42 | 0.53 | -4.68 | 394.19 | 0.01 | -1.29 |
| 15 | 600966 | 博汇纸业 | 0.25 | 0.01 | 6.09 | 6.10 | 4.250 | 0.230 | 0.64 | -0.09 |
| 16 | 600963 | 岳阳纸业 | 0.18 | -0.26 | 5.39 | 5.13 | 3.46 | -4.93 | 0.41 | 0.02 |

续表

| 序号 | 代码 | 上市公司 | 每股收益/(元/股) | | 每股净资产/(元/股)(归属上市公司股东) | | 加权平均净资产收益率/% | | 每股经营活动净现金流量/(元/股) | |
|---|---|---|---|---|---|---|---|---|---|---|
| | | | 2011 | 2012 年 | 2011 年 | 2012 年 | 2011 年 | 2012 年 | 2011 年 | 2012 年 |
| 四、特种纸 | | | | | | | | | | |
| 17 | 600235 | 民丰特纸 | 0.03 | 0.06 | 3.75 | 3.61 | 0.75 | 1.06 | -0.25 | 0.85 |
| 18 | 600356 | 恒丰纸业 | 0.38 | 0.39 | 5.26 | 5.92 | 7.46 | 7.25 | 0.29 | 0.31 |
| 19 | 600433 | 冠豪高新 | 0.24 | 0.34 | 3.33 | 4.79 | 11.21 | 13.45 | 0.146 | 0.13 |
| 20 | 002012 | 凯恩股份 | 0.6 | 0.18 | 4.57 | 2.47 | 20.61 | 7.90 | 0.58 | 0.62 |
| 21 | 300057 | 万顺股份 | 0.20 | 0.31 | 3.17 | 3.44 | 6.25 | 9.23 | 0.1 | 0.58 |
| 22 | 002521 | 齐峰股份 | 0.7 | 0.95 | 9.86 | 10.26 | 3.91 | 6.98 | -0.73 | -0.86 |
| 23 | 002565 | 上海绿新 | 0.43 | 0.48 | 6.99 | 4.75 | 11.26 | 10.53 | 0.69 | 0.58 |
| 五、纸制品 | | | | | | | | | | |
| 24 | 002235 | 安妮股份 | 0.02 | 0.05 | 2.43 | 2.49 | 0.88 | 2.11 | 0.42 | 0.91 |
| 25 | 002228 | 合兴包装 | 0.21 | 0.17 | 2.52 | 2.55 | 8.8 | 6.17 | -0.05 | 0.16 |
| 26 | 002303 | 美盈森 | 0.59 | 0.6 | 9.52 | 10.12 | 6.35 | 6.11 | 0.20 | 0.74 |
| 六、卫生用纸 | | | | | | | | | | |
| 27 | 002511 | 中顺洁柔 | 0.5 | 0.76 | 12.96 | 10.59 | 3.96 | 7.43 | -0.23 | 1.41 |
| 七、糖纸类 | | | | | | | | | | |
| 28 | 000833 | 贵糖股份 | 0.18 | 0.05 | 3.18 | 3.13 | 6.6 | 1.31 | 0.25 | 0.22 |
| 29 | 000576 | ST 甘化 | -0.61 | 0.15 | 0.39 | 0.54 | -87.14 | 31.27 | -0.11 | -0.29 |
| 30 | 000911 | 南宁糖业 | 0.3 | -1.08 | 4.94 | 3.75 | 6.05 | -24.91 | 1.18 | -0.32 |

## 2012 年造纸板块个股一览表（3）

| 序号 | 代码 | 上市公司 | 2013 年拟分红计划 | 2012 年已分红 | 主要投资情况 | 主要信息披露 | 备注 |
|---|---|---|---|---|---|---|---|
| 一、包装纸和纸板 | | | | | | | |
| 1 | 600103 | 青山纸业 | 不分配不转增 | 不分配不转增 | 制浆系统改造工程（年产 9.6 万吨浆粕项目）投产、惠州闽环新厂在建 | | 标准无保留意见的审计报告 |
| 2 | 600567 | 山鹰纸业 | 不分配不转增 | 不配发现金，每 10 股转增 11 股 | 污泥焚烧综合利用投产、年产 80 万吨造纸项目等工程仍在建 | 公司非公开发行人民币普通股 22000 万股，募集资金约 10 亿元 | 标准无保留意见的审计报告 |
| 3 | 200986 | 粤华包 B | 每 10 股派现 1 元（含税） | 每 10 股派现 2 元（含税） | | 公开挂牌转让所持有的参股公司利乐华新 25% 股权，受让方利乐包亚洲有限公司，交易额约 4 亿元 | 标准无保留意见的审计报告 |
| 4 | 002067 | 景兴纸业 | 不分配不转增 | 10 股转增 10 股 | 年产 6.8 万吨生活用纸、制浆系统技改、中水回用等工程在建 | 2012 年公司获准向社会公开发行面值不超过 10 亿元（含 10 亿元）的公司债券 | 标准无保留意见的审计报告 |
| 5 | 002078 | 太阳纸业 | 每 10 股派现 1 元（含税） | 每 10 股派现 1 元（含税） | 26 号机高档食品包装卡纸生产线试产、与公司制浆项目配套的 900 吨/日碱回收项目和造纸白泥回用项目进入试运行 | 设立了全资子公司山东圣浩生物科技有限公司 | 标准无保留意见的审计报告 |
| 二、新闻纸 | | | | | | | |
| 6 | 600163 | 福建南纸 | 不分配不转增 | 不分配不转增 | 热电站 130 吨/时锅炉改循环流化床节能改造完成 | 减持或出售青山、兴业股份；公司将持有的龙岩南纸有限公司 68% 股权出售 | 标准无保留意见的审计报告 |
| 7 | 600793 | ST 宜纸 | 不分配不转增 | 不分配不转增 | 主要是停产搬迁无生产 | 整体搬迁约 15 亿元，由于土地拆迁进度的影响，整体搬迁投产时间预计将推迟到 2014 年一季度 | 标准无保留意见的审计报告 |
| 8 | 600462 | * ST 石岘 | 不分配不转增 | 每 10 股转增 3 股 | 二氧化氯制备工程、年产 2.5 万吨木质素干粉喷塔工程投产 | 获得巨额的债务重组收益 | 标准无保留意见的审计报告 |
| 9 | 600308 | 华泰纸业 | 每 10 股派发现金 0.2 元（含税） | 每 10 股派发现金 0.5 元（含税） | | | 标准无保留意见的审计报告 |

续表

| 序号 | 代码 | 上市公司 | 2013 年拟分红计划 | 2012 年已分红 | 主要投资情况 | 主要信息披露 | 备注 |
|---|---|---|---|---|---|---|---|
| 三、文化用纸系列 | | | | | | | |
| 10 | 000488 | 晨鸣纸业 | 每 10 股 0.6 元现金（含税） | 每 10 股 1.5 元现金（含税） | 年产 60 万吨高档涂布白牛卡纸进入试车、吉林晨鸣迁建、镁矿开采等 2011 公司获准向社会公开发行面值总额不超过 20 亿元的公司债券，于 2012 年 6 月实施 2012 年底公司获准向社会公开发行面值总额不超过 38 亿元的公司债券；公司之子公司晨鸣（香港）有限公司于 2011 年 4 月 13 日发行人民币票据 5 亿元 | 公司收购江西晨鸣 49% 股权；与辽宁北海实业（集团）有限公司共同出资成立海城海鸣矿业；与湛江华森投资签订了《股权转让协议》，受让湛江华森持有的湛江慧锐投资有限公司 51% 的股权；在日本成立全资子公司晨鸣纸业日本株式会社；向江河纸业转让公司所持齐河晨鸣 100% 的股权；向山东全福元商业集团转让其所持齐河晨鸣板材有限公司 100% 的股权；公司吸收合并全资子公司寿光丽奔制纸对海拉尔晨鸣进行关停实际担保 53 亿元，占净资产 38% | 标准无保留意见的审计报告 |
| 11 | 600069 | 银鸽投资 | 不分配不转增 | 不分配不转增 | 年产 7.5 万吨生活用纸投产、环保治理技改完成、年产 6 万吨生活用纸和年产 5 万吨溶解浆等项目在建 | | 标准无保留意见的审计报告 |
| 12 | 000815 | 美利纸业 | 不分配不转增 | 不分配不转增 | 75 吨/时循环流化床锅炉、年产 5 万吨涂布特种纸技改等工程在建 | 通过资产置换取得宁夏兴中矿业有限公司 100% 股权；有重大诉讼仲裁事项；实际担保总额占公司净资产的 51% 公司原实际控制人“中冶集团”中国诚通于 2013 年初签订了《国有股权无偿划转协议》，中冶集团将其持有的中冶纸业 100% 的国有股权整体并入中国诚通 | 标准无保留意见的审计报告 |
| 13 | 600419 | ST 天宏 | 不分配不转增 | 不分配不转增 | | 拟将拥有的全部资产及负债置换农十二师国资公司持有的“天润科技”89.22% 的股权 | 带强调事项段的无保留意见的审计报告 |

续表

| 序号 | 代码 | 上市公司 | 2013 年拟分红计划 | 2012 年已分红 | 主要投资情况 | 主要信息披露 | 备注 |
|---|---|---|---|---|---|---|---|
| 14 | 000820 | * ST 金城 | 不分配不转增 | 不分配不转增 | 建设年产 5 万吨木质素磺酸镁干粉 | 2012 年公司完成重整工作，股票将于 2013 年 4 月 26 日恢复上市；宝地集团成为实际控制人，重组方朱祖国将其持有的恒鑫矿业公司 10% 股权无偿赠予公司，宝地集团将其持有的锦州金地纸业有限公司 100% 的股权赠予本公司；截至 2012 年 10 月 30 日，锦州市土地收储开发中心根据《土地收储补偿协议》应向金城股份支付的收储补偿 32995 万元全额支付完毕 | 标准无保留意见的审计报告 |
| 15 | 600966 | 博汇纸业 | 每 10 股 0.05 元现金（含税） | 每 10 股 0.5 元现金（含税） | 年产 75 万吨高档包装纸板进入试车 | 2012 年本公司发行的"博汇转债"有 260000 元转成公司发行的股票，本次转股形成的股份数量为 41555 股 | 标准无保留意见的审计报告 |
| 16 | 600963 | 岳阳纸业 | 不分配不转增 | 每 10 股派发现金 0.2 元（含税） | 骏泰浆纸漂白硫酸盐木浆产品升级技改（溶解浆）项目投产（生产能力降至 30 万吨/年） | 完成非公开发行 2 亿股新股，变更注册资本；成功完成 11 亿元短期融资券的分期发行、非公开发行股票募集资金 10.64 亿元；拟向社会公开发行面值不超过 17 亿元的公司债券 | 标准无保留意见的审计报告 |
| 四、特种纸 | | | | | | | |
| 17 | 600235 | 民丰特纸 | 不分配不转增 | 每 10 股分配现金 2 元（含税） | 17 号机格拉辛纸技改完成 | 本次发行共发行股份 8790 万股，募集资金总额为 4.5 亿元；在海盐成立全资子公司浙江民丰高新材料有限公司；对外担保额 6.25 亿元，占总净资产额 66% | 标准无保留意见的审计报告 |
| 18 | 600356 | 恒丰纸业 | 每 10 股派 1.18 元（含税） | 每 10 股分配现金 1.01 元（含税） | 年产 6 万吨特种涂布加工纸在建 | 发行可转换公司债券的方式融资 4.5 亿元；截至 2012 年 12 月 31 日共有 17000 元"恒丰转债"已转换成公司股票，转股股数为 2470 股 | 标准无保留意见的审计报告 |

续表

| 序号 | 代码 | 上市公司 | 2013 年拟分红计划 | 2012 年已分红 | 主要投资情况 | 主要信息披露 | 备注 |
|---|---|---|---|---|---|---|---|
| 19 | 600433 | 冠豪高新 | 每10股派1.2元（含税），转增10股 | 每10股派现金0.6元（含税） | 湛江东海岛特种纸产业基地项目在建 | 募集资金净额为67002.62万元；购买浙江茉织华印刷有限公司持有的天津中钞24.93%股权；挂牌转让了冠通投资65%股权 | 标准无保留意见的审计报告 |
| 20 | 002012 | 凯恩股份 | 以每10股派发现金0.3元（含税） | 10股派发现金2元（含税）、转10股 | 年产1.1万吨电气用纸生产线、年产1.4万吨滤纸系列特种纸技改在建 | 公司向9名特定对象公开发行3902万股人民币普通股（A股） | 标准无保留意见的审计报告 |
| 21 | 300057 | 万顺股份 | 每10股派发0.5元现金（含税） | 每10股派发0.5元现金（含税） | 环保生态型包装材料生产线扩建项目投产，公司启动了导电膜二期扩建项目，计划新增年产能300万米$^2$电容式导电膜 | 公司以75000万元收购上海亚洲所持有的江苏中基75%股权、江阴中基75%股权的重大资产重组成功实施完成 | 标准无保留意见的审计报告 |
| 22 | 002521 | 齐峰股份 | 每10股派发3元现金（含税），转增10股 | 每10股派发3元现金（含税） | 年产1.5万吨高清晰度耐磨纸、5万吨新型装饰原纸等项目投产、年产10万吨三聚氰胺浸渍装饰原纸在建 | | 标准无保留意见的审计报告 |
| 23 | 002565 | 上海绿新 | 每10股派现金1元（含税） | 每10股派现金1.3元（含税）转增6股 | 年产4万吨新型生态包装材料、研发中心项目在建 | 收购优思吉德实业（上海）有限公司50%股权、受让新光控股所持有的江阴特锐达75%股权；出售云南德新纸业有限公司45%股权 | 标准无保留意见的审计报告 |
| 五、纸制品 | | | | | | | |
| 24 | 002235 | 安妮股份 | 每10股2.5元现金（含税） | 不分配不转增 | 终止“项目开发中心扩建项目”和“多渠道营销配送网络扩建项目” | 收购上海超级标贴系统有限公司100%股权；将所持有“北京安妮”100%股权转让给深圳市齐心文具股份有限公司；注销青岛安妮 | 无保留意见的审计报告 |
| 25 | 002228 | 合兴包装 | 每10股派现金1元（含税） | 每10股派现金1元（含税） | 天津年产1000万米$^2$、海宁年产1000万米$^2$工程部分交付使用 | 2012年12月公司向社会公开发行公司债券募集资金总额为30000万元 | 标准无保留意见的审计报告 |
| 26 | 002303 | 美盈森 | 每10股派现金1元（含税） | 不分配不转增 | 环保轻型包装生产线技术改造项目建成 | 已决定终止“包装物流一体化项目”的继续实施 | 标准无保留意见的审计报告 |

续表

| 序号 | 代码 | 上市公司 | 2013 年拟分红计划 | 2012 年已分红 | 主要投资情况 | 主要信息披露 | 备注 |
|---|---|---|---|---|---|---|---|
| 六、卫生用纸 | | | | | | | |
| 27 | 002511 | 中顺洁柔 | 每 10 股派现金 1.5 元（含税）转增 5 股 | 每 10 股派现金 2 元（含税）转增 3 股 | 唐山 2.5 万吨、成都 2.5 万吨、江门 5 万吨投产、江门 7 万吨在建 | 2012 年 8 月公司出资设立云浮纸业 | 标准无保留意见的审计报告 |
| 七、综合类 | | | | | | | |
| 28 | 000833 | 贵糖股份 | 不分配不转增 | 每 10 股派发现金 1.0 元（含税） | | | 标准无保留意见的审计报告 |
| 29 | 000576 | 广东甘化 | 不分配不转增 | 不分配不转增 | | 2011 年底，公司停止了浆纸、酒精和木质素磺酸盐生产，2012 年从事纸张贸易及生化产品的生产经营 | 标准无保留意见的审计报告 |
| 30 | 000911 | 南宁糖业 | 不分配不转增 | 每 10 股派现金 1 元（含税） | | 公司未能按期发行不超过 3200 万股的人民币普通股；获准发行了规模 5.4 亿元的 7 年期固定利率债券 | 标准无保留意见的审计报告 |

（陈奇志）

# 统 计 数 据

Statistical Data

## 国家统计局数据：2012 年 1—11 月全国造纸及纸制品行业主要经济指标

Data from National Statistics Bureau: Key Economical Indexes of Paper and Paper Products Industry from Jan. to Nov. in China in 2012

2012 年 1—11 月全国造纸及纸制品行业主要经济指标

| 指标名称 | 汇总企业个数/个 | 其中：亏损企业数 | | 亏损企业亏损额 | | 全部从业人员平均人数 | | 主营业务收入 | | 利润总额 | |
|---|---|---|---|---|---|---|---|---|---|---|---|
| | | 本月止累计/个 | 累计同比/% | 本月止累计/千元 | 累计同比/% | 本月止累计/人 | 累计同比/% | 本月止累计/千元 | 累计同比/% | 本月止累计/千元 | 累计同比/% |
| **造纸及纸制品业** | **7207** | **945** | **16.38** | **7669500** | **40.80** | **1423442** | **1.39** | **1127908235** | **9.87** | **55275192** | **8.42** |
| 1. 纸浆制造 | 77 | 27 | 17.39 | 1175500 | 90.50 | 28672 | -12.47 | 18095929 | 15.26 | -132632 | -176.44 |
| 木竹浆制造 | 53 | 16 | 23.08 | 674449 | 94.80 | 21812 | -13.30 | 15008822 | 17.93 | 287826 | -22.16 |
| 非木竹浆制造 | 24 | 11 | 10.00 | 501051 | 85.00 | 6860 | -9.70 | 3087107 | 3.84 | -420458 | 115.90 |
| 2. 造纸 | 2748 | 412 | 18.39 | 5298790 | 46.61 | 697773 | -0.91 | 627736557 | 7.58 | 27044485 | -2.52 |
| 机制纸及纸板制造 | 2400 | 372 | 16.98 | 5211639 | 45.93 | 647073 | -1.07 | 591011188 | 7.72 | 24743103 | -2.86 |
| 手工纸制造 | 20 | 1 | | 78 | | 3336 | -11.98 | 1767002 | 3.08 | 176943 | 68.57 |
| 加工纸制造 | 328 | 39 | 30.00 | 87073 | 103.43 | 47364 | 2.29 | 34958367 | 5.46 | 2124439 | -1.94 |
| 3. 纸制品制造 | 4382 | 506 | 14.74 | 1195210 | -1.71 | 696997 | 4.50 | 482075749 | 12.81 | 28363339 | 23.01 |
| 纸和纸板容器 | 2844 | 318 | 10.03 | 625363 | 11.97 | 457343 | 4.05 | 313156211 | 12.09 | 17891721 | 20.29 |
| 其他纸制品制造 | 1538 | 188 | 23.68 | 569847 | -13.34 | 239654 | 5.37 | 168919538 | 14.17 | 10471618 | 27.97 |

注：1. 资料来源：国家统计局。

2.“规模以上”是指年主营业务收入 2000 万元及以上全部工业法人企业。

（郭永新）

# 历年我国纸浆、纸和纸板产量（1949—2012）

# Outputs of Pulp, Paper and Paperboard in the Country（1949—2012）

历年我国纸浆、纸和纸板产量 单位：万吨

| 年份 | 机制纸浆 | | 纸和纸板 | | | |
|---|---|---|---|---|---|---|
| | | | 机制纸和纸板 | | 手工纸产量 | 产量合计 |
| | 生产能力 | 产量 | 生产能力 | 产量 | | |
| 1949 | | 3.5 | | 10.8 | 12.0 | 22.8 |
| 1952 | | 24.3 | | 37.2 | 23.1 | 60.3 |
| 1957 | | 80.1 | | 91.3 | 31.4 | 122.7 |
| 1978 | 452.8 | 345.5 | 499.4 | 438.7 | 27.5 | 466.2 |
| 1979 | 489.5 | 392.9 | 541.6 | 492.8 | 25.7 | 518.5 |
| 1980 | 533.1 | 426.3 | 593.8 | 543.6 | 28.0 | 562.6 |
| 1981 | 563.9 | 406.3 | 563.9 | 540.2 | 29.1 | 569.3 |
| 1982 | 579.3 | 421.1 | 685.7 | 589.0 | 24.8 | 613.8 |
| 1983 | 619.7 | 458.9 | 728.9 | 661.3 | 22.6 | 683.9 |
| 1984 | 664.8 | 514.6 | 780.5 | 755.9 | 20.6 | 776.5 |
| 1985 | 720.4 | 615.3 | 886.8 | 911.2 | 19.6 | 930.8 |
| 1986 | 875.15 | 679.15 | 805.87 | 998.57 | 17.8 | 1016.4 |
| 1987 | 969.51 | 694.5 | 1225.76 | 1141.05 | 23.4 | 1164.5 |
| 1988 | 1097.85 | 872.59 | 1396.34 | 1270 | 20.0 | 1290 |
| 1989 | 1198.08 | 868.56 | 1493.99 | 1333 | 20.0 | 1353 |
| 1990 | 1240.17 | 834.96 | 1595.62 | 1371.87 | 20.0 | 1391.87 |
| 1991 | 1345.02 | 1075 | 1688.34 | 1478.69 | 20.0 | 1498.69 |
| 1992 | 1448.59 | 1199 | 1847.51 | 1725.07 | 20.0 | 1745.07 |
| 1993 | 1362.24 | 1529 | 2001.05 | 1867.87 | | 1867.87 |
| 1994 | 1534.94 | 1705 | 2269.9 | 2138.27 | | 2138.27 |
| 1995 | 1425.11 | 1862 | 4420.35 | 2812.30 | | 2812.30 |
| 1996 | 1896.94 | 1900 | 3335.06 | 2643.94 | 24.76 | 2668.70 |
| 1997 | 1874.60 | 1738 | 3509.87 | 2733.19 | 23.98 | 2757.17 |

续表

| 年份 | 机制纸浆 | | 纸和纸板 | | | |
|---|---|---|---|---|---|---|
| | | | 机制纸和纸板 | | 手工纸产量 | 产量合计 |
| | 生产能力 | 产量 | 生产能力 | 产量 | | |
| 1998 | | 2384 | | 2800 | 24.00 | 2824.00 |
| 1999 | | 2443 | | 2900 | | 2900 |
| 2000 | | 2501 | | 3050 | | 3050 |
| 2001 | | 2490 | | 3200 | | 3200 |
| 2002 | | 2944 | | 3780 | | 3780 |
| 2003 | | 3309 | | 4300 | | 4300 |
| 2004 | | 3723 | | 4950 | | 4950 |
| 2005 | | 4446 | | 5600 | | 5600 |
| 2006 | | 5204 | | 6500 | | 6500 |
| 2007 | | 5935 | | 7350 | | 7350 |
| 2008 | | 6415 | | 7980 | | 7980 |
| 2009 | | 6732 | | 8640 | | 8640 |
| 2010 | | 7318 | | 9270 | | 9270 |
| 2011 | | 7723 | | 9930 | | 9930 |
| 2012 | | 7867 | | 10250 | | 10250 |

注：1. 各年纸浆产量及生产能力统计数据，估计统计不全，仅供参考（此数据均未包括生打纸浆）。

2. 1998 年以后纸浆产量数据均包括生打纸浆。

3. 1985—1986 年纸及纸板实际产量大于生产能力是由于前者是全国产量而后者仅指轻工系统内企业的统计数据。

4. 1995 年数据系依据 1995 年全国工业普查统计资料，包括了乡镇、村及私人等各类造纸企业。比一般年度数据偏高。

5. 1998 年产量按 1997 年统计口径估计机制纸板为 2800 万吨、手工纸为 24 万吨。

6. 1999 年以后纸及纸板年产量为全部国有和年产品销售收入 500 万元及以上非国有工业企业生产的产品产量，手工纸未统计。

7. 2009 年机制纸浆产量为中国造纸协会 2010 年修正数据。

（杜荣荣）

# 历年我国纸和纸板、纸浆及废纸进出口概况（1996—2012）

# Imports and Exports of Paper and Paperboard, Pulp and Waste Paper in China（1996—2012）

表1　历年我国纸和纸板进出口量（1996—2012）　单位：万吨

| 年份 | 纸和纸板 | | 纸制品 | |
|---|---|---|---|---|
| | 进口量 | 出口量 | 进口量 | 出口量 |
| 1996 | 499.49 | 23.31 | 66.15 | 58.20 |
| 1997 | 552.43 | 28.27 | 67.14 | 70.50 |
| 1998 | 577.20 | 30.35 | 50.74 | 64.58 |
| 1999 | 652.30 | 13.44 | 39.01 | 62.63 |
| 2000 | 597.14 | 71.83 | 34.04 | 74.47 |
| 2001 | 562.24 | 79.95 | 24.50 | 73.32 |
| 2002 | 636.94 | 85.47 | 23.89 | 88.28 |
| 2003 | 634.71 | 129.09 | 22.61 | 106.65 |
| 2004 | 614 | 124.78 | 16 | 95.97 |
| 2005 | 524 | 193.90 | 15 | 123.76 |
| 2006 | 441 | 341 | 17 | 143 |
| 2007 | 401 | 461 | 19 | 156 |
| 2008 | 358 | 403 | 18 | 211 |
| 2009 | 334 | 405 | 16 | 195 |
| 2010 | 336 | 433 | 18 | 228 |
| 2011 | 331 | 509 | 17 | 243 |
| 2012 | 311 | 513 | 14 | 245 |

表2　历年我国纸浆及废纸进口量（1996—2012）

| 年份 | 纸浆 | | 废纸 | |
|---|---|---|---|---|
| | 进口量/万吨 | 金额/亿美元 | 进口量/万吨 | 金额/亿美元 |
| 1996 | 146.80 | 7.75 | 137.18 | 1.93 |
| 1997 | 154.16 | 7.47 | 161.82 | 1.76 |
| 1998 | 219.93 | 9.23 | 191.47 | 1.71 |
| 1999 | 309.7 | | 251.6 | 2.45 |

续表

| 年份 | 纸浆 | | 废纸 | |
|---|---|---|---|---|
| | 进口量/万吨 | 金额/亿美元 | 进口量/万吨 | 金额/亿美元 |
| 2000 | 334. 51 | 21. 21 | 371. 36 | 5. 57 |
| 2001 | 490. 38 | 20. 76 | 641. 91 | 6. 59 |
| 2002 | 526. 49 | 21. 68 | 678. 26 | 7. 32 |
| 2003 | 603. 40 | 26. 60 | 938. 18 | 12. 3 |
| 2004 | 732 | 35. 67 | 1230 | 17. 26 |
| 2005 | 759 | 37. 25 | 1703 | |
| 2006 | 796 | 43. 92 | 1962 | |
| 2007 | 845 | | 2256 | |
| 2008 | 952 | | 2421 | |
| 2009 | 1367 | | 2750 | |
| 2010 | 1137 | | 2435 | |
| 2011 | 1445 | | 2728 | |
| 2012 | 1647 | | 3007 | |

**表 3　历年纸浆及废纸出口量（1996—2012）**

| 年份 | 纸浆 | | 废纸 | |
|---|---|---|---|---|
| | 出口量/万吨 | 金额/亿美元 | 出口量/万吨 | 金额/亿美元 |
| 1996 | 1. 68 | | 0. 53 | |
| 1997 | 2. 20 | | 0. 35 | |
| 1998 | 1. 98 | 0. 09 | 0. 08 | 0. 01 |
| 1999 | | | | |
| 2000 | 2. 55 | 0. 1 | 0. 46 | 0. 004 |
| 2001 | 1. 26 | 0. 083 | 0. 09 | 0. 0008 |
| 2002 | 1. 92 | 0. 16 | 0. 07 | 0. 0007 |
| 2003 | 2. 51 | 0. 21 | 0. 11 | 0. 0018 |
| 2004 | 1. 75 | | 0. 07 | |
| 2005 | 4. 70 | | 0. 01 | |
| 2006 | 7. 47 | | 0. 01 | |
| 2007 | 11. 16 | | 0. 05 | |
| 2008 | 7. 23 | | 0. 002 | |
| 2009 | 8. 70 | | 0. 03 | |
| 2010 | 8. 10 | | 0. 08 | |
| 2011 | 9. 91 | | 0. 36 | |
| 2012 | 7. 99 | | 0. 24 | |

资料来源：历年《中国造纸协会年度报告》，历年《中国造纸年鉴》。

（杜荣荣）

# 历年我国与世界纸浆、纸和纸板的产量与消费量（1996—2012）

## Productions and Consumptions of Pulp, Paper and Paperboard in China and World (1996—2012)

历年我国与世界纸浆、纸和纸板的产量与消费量　　单位：万吨

| 年份 | 全世界 | | | | | 中国 | | | | |
|---|---|---|---|---|---|---|---|---|---|---|
| | 纸浆总产量 | 纸浆总消费量 | 纸和纸板总产量 | 纸和纸板总消费量 | 纸和纸板人均年消费量/千克 | 纸浆总产量 | 纸浆总消费量 | 纸和纸板总产量 | 纸和纸板总消费量 | 纸和纸板人均年消费量/千克 |
| 1996 | 17404 | 17294 | 28197 | 27940 | 48.5 | 1900 | 2045 | 2600 | 3028 | 24.7 |
| 1997 | 17820 | 17900 | 29904 | 29690 | 50.8 | 1738 | 1890 | 2744 | 3270 | 26.5 |
| 1998 | 17553 | 17511 | 30101 | 29852 | 50.4 | 2384 | 2604 | 2800 | 3347 | 26.8 |
| 1999 | 17913 | 18007 | 31571 | 31439 | 52.8 | 2443 | 2752 | 2900 | 3525 | 27.8 |
| 2000 | 18868 | 18901 | 32329 | 32338 | 53.8 | 2501 | 2834 | 3050 | 3575 | 28.0 |
| 2001 | 17937 | 18257 | 31815 | 31802 | 51.8 | 2490 | 2980 | 3200 | 3683 | 29 |
| 2002 | 18200 | 18265 | 33070 | 33076 | 53.7 | 2944 | 3470 | 3780 | 4332 | 33 |
| 2003 | 18516.5 | 18442.3 | 33881.5 | 33912.5 | 51.7 | 3309 | 3910 | 4300 | 4806 | 37 |
| 2004 | 18849.6 | 18775.4 | 35959.9 | 35752.7 | 55.6 | 3723 | 4455 | 4950 | 5439 | 42.0 |
| 2005 | 18320 | 18843.9 | 36702.5 | 36639.8 | 56.3 | 4446 | 5200 | 5600 | 5930 | 45.0 |
| 2006 | 18660 | 19230 | 38200 | 38176 | 70.8 | 5204 | 5992 | 6500 | 6600 | 50.0 |
| 2007 | 18835 | 19619 | 39430 | 39418 | 59.2 | 5935 | 6769 | 7350 | 7290 | 55 |
| 2008 | 19240 | 19302 | 39090 | 39133 | 57.8 | 6415 | 7360 | 7980 | 7935 | 60 |
| 2009 | 17796 | 17900 | 37069 | 37074 | 57.5 | 6732 | 7980 | 8640 | 8569 | 64 |
| 2010 | 18560 | 18500 | 39390 | 39500 | 57.0 | 7318 | 8461 | 9270 | 9173 | 68 |
| 2011 | 18380 | 18380 | 39898 | 39900 | 56.8 | 7723 | 9044 | 9930 | 9752 | 73 |
| 2012 | | | | | | 7867 | 9348 | 10250 | 10048 | 74 |

注：2009 年中国纸浆总产量为中国造纸协会 2010 年修正数据。

（杜荣荣）

# 历年我国纸和纸板生产量、进出口量、消费量及消费结构（2002—2012）

## Productions, Imports and Exports, Consumptions and Consumption Structures of Paper and Paperboard in China（2002—2012）

历年纸和纸板生产量、进出口量、消费量及消费结构（2002—2012）

单位：万吨、%

| | | 总量 | 新闻纸 | 未涂布印刷书写纸 | 其中：书刊印刷纸 | 书写纸 | 涂布纸 | 其中：铜版纸 | 生活用纸 | 包装用纸 | 白纸板 | 其中：涂布白纸板 | 箱纸板 | 瓦楞原纸 | 其中：高强瓦楞原纸 | 特种纸和纸板 | 其他纸和纸板 |
|---|---|---|---|---|---|---|---|---|---|---|---|---|---|---|---|---|---|
| 2002 年 | 生产量 | 3780 | 185 | 920 | 420 | 180 | 180 | 160 | 310 | 400 | 460 | 430 | 600 | 600 | 190 | 70 | 55 |
| | 进口量 | 636.94 | 19.92 | 36.50 | | | 121.77 | 61.48 | 3.32 | 31.37 | 81.48 | 79.58 | 125.44 | 133.48 | | 48.07 | 34.51 |
| | 出口量 | 85.47 | 0.60 | 19.51 | | | 25.18 | 18.67 | 15.88 | 2.63 | 5.51 | 5.51 | 0.67 | 3.26 | | 9.60 | 1.94 |
| | 消费量 | 4332 | 204 | 937 | 436 | 180 | 276 | 203 | 297 | 429 | 536 | 504 | 725 | 730 | 320 | 108 | 90 |
| | 消费比例 | 100.00 | 4.71 | 21.63 | 10.06 | 4.16 | 6.37 | 4.69 | 6.86 | 9.90 | 12.37 | 11.63 | 16.74 | 16.85 | 7.39 | 2.49 | 2.08 |
| 2003 年 | 生产量 | 4300 | 207 | 960 | 520 | 250 | 240 | 210 | 347 | 480 | 550 | 510 | 680 | 670 | 230 | 80 | 86 |
| | 进口量 | 635 | 35 | 40 | | | 101 | 52 | 4 | 28 | 104 | 103 | 117.2 | 135 | | 44 | 26 |
| | 出口量 | 129.09 | 1.19 | 25.93 | | | 43.31 | 35.30 | 22.98 | 3.80 | 9.95 | 9.94 | 1.71 | 3.02 | | 14.92 | 1.31 |
| | 消费量 | 4806 | 241 | 973 | 534 | 250 | 298 | 227 | 328 | 504 | 645 | 603 | 796 | 802 | 362 | 109 | 110 |
| | 消费比例 | 100.00 | 5.01 | 20.25 | 11.11 | 5.20 | 6.20 | 4.72 | 6.82 | 10.49 | 13.42 | 12.55 | 16.56 | 16.69 | 7.53 | 2.27 | 2.29 |

续表

| | | 总量 | 新闻纸 | 未涂布印刷书写纸 | 其中：书刊印刷纸 | 书写纸 | 涂布纸 | 其中：铜版纸 | 生活用纸 | 包装用纸 | 白纸板 | 其中：涂布白纸板 | 箱纸板 | 瓦楞原纸 | 其中：高强瓦楞原纸 | 特种纸和纸板 | 其他纸和纸板 |
|---|---|---|---|---|---|---|---|---|---|---|---|---|---|---|---|---|---|
| 2004 年 | 生产量 | 4950 | 300 | 1020 | 550 | 280 | 300 | 250 | 384 | 470 | 670 | 630 | 830 | 810 | 270 | 85 | 81 |
| | 进口量 | 614 | 12 | 47 | | | 102 | 63 | 5 | 8 | 108 | 107 | 150 | 114 | | 41 | 27 |
| | 出口量 | 124.78 | 1.74 | 21.73 | | | 44.24 | 38.40 | 27.58 | 3.93 | 6.44 | 6.43 | 1.53 | 2.76 | | 12.41 | 2.42 |
| | 消费量 | 5439 | 310 | 1045 | 575 | 280 | 358 | 274 | 361 | 474 | 772 | 931 | 978 | 921 | 381 | 114 | 106 |
| | 消费比例 | 100.00 | 5.70 | 19.21 | 10.57 | 5.15 | 6.58 | 5.04 | 6.64 | 8.71 | 14.19 | 13.44 | 17.98 | 16.93 | 7.00 | 2.10 | 1.95 |
| 2005 年 | 生产量 | 5600 | 319 | 1070 | 570 | 300 | 365 | 300 | 436 | 510 | 790 | 755 | 980 | 950 | 410 | 90 | 90 |
| | 进口量 | 524 | 14 | 43 | | | 73 | 52 | 5 | 9 | 91 | 90 | 138 | 88 | | 40 | 23 |
| | 出口量 | 193.90 | 1.98 | 34.38 | | | 78.66 | 62.85 | 31.41 | 2.89 | 18.27 | 18.27 | 2.71 | 3.31 | | 16.02 | 4.27 |
| | 消费量 | 5930 | 331 | 1079 | 579 | 300 | 359 | 289 | 409 | 516 | 863 | 827 | 1115 | 1035 | 495 | 114 | 109 |
| | 消费比例 | 100.00 | 5.58 | 18.20 | 9.76 | 5.06 | 6.05 | 4.87 | 6.90 | 8.70 | 14.55 | 13.95 | 18.80 | 17.45 | 8.35 | 1.92 | 1.84 |
| 2006 年 | 生产量 | 6500 | 375 | 1220 | | | 460 | 380 | 470 | 520 | 940 | 900 | 1150 | 1130 | | 110 | 125 |
| | 进口量 | 441 | 1 | 45 | | | 61 | 45 | 5 | 10 | 73 | 72 | 114 | 71 | | 44 | 17 |
| | 出口量 | 341 | 32 | 54 | | | 121 | 93 | 38 | 2 | 41 | 41 | 14 | 8 | | 23 | 8 |
| | 消费量 | 6600 | 344 | 1211 | | | 400 | 332 | 436 | 528 | 972 | 931 | 1250 | 1193 | | 131 | 135 |
| | 消费比例 | 100.00 | 5.21 | 18.35 | | | 6.06 | 5.03 | 6.61 | 8.00 | 14.73 | 14.11 | 18.94 | 18.08 | | 1.98 | 2.05 |
| 2007 年 | 生产量 | 7350 | 450 | 1340 | | | 510 | 420 | 520 | 530 | 1050 | 1000 | 1360 | 1340 | | 120 | 130 |
| | 进口量 | 401 | 2 | 45 | | | 56 | 40 | 4 | 10 | 70 | 70 | 103 | 53 | | 43 | 15 |
| | 出口量 | 461 | 59 | 53 | | | 140 | 93 | 48 | 3 | 58 | 58 | 25 | 39 | | 27 | 9 |
| | 消费量 | 7290 | 393 | 1332 | | | 426 | 367 | 476 | 537 | 1062 | 1012 | 1438 | 1352 | | 136 | 136 |
| | 消费比例 | 100.0 | 5.4 | 18.3 | | | 5.8 | 5.0 | 6.5 | 7.4 | 14.5 | 13.9 | 19.7 | 18.6 | | 1.9 | 1.9 |

续表

| | | 总量 | 新闻纸 | 未涂布印刷书写纸 | 其中：书刊印刷纸 | 书写纸 | 涂布纸 | 其中：铜版纸 | 生活用纸 | 包装用纸 | 白纸板 | 其中：涂布白纸板 | 箱纸板 | 瓦楞原纸 | 其中：高强瓦楞原纸 | 特种纸和纸板 | 其他纸和纸板 |
|---|---|---|---|---|---|---|---|---|---|---|---|---|---|---|---|---|---|
| 2008年 | 生产量 | 7980 | 460 | 1400 | | | 550 | 460 | 550 | 560 | 1120 | 1070 | 1530 | 1520 | | 140 | 150 |
| | 进口量 | 358 | 2 | 39 | | | 54 | 38 | 5 | 12 | 64 | 64 | 88 | 45 | | 38 | 11 |
| | 出口量 | 403 | 36 | 54 | | | 137 | 97 | 52 | 3 | 53 | 53 | 13 | 13 | | 34 | 8 |
| | 消费量 | 7935 | 426 | 1385 | | | 467 | 401 | 503 | 569 | 1131 | 1081 | 1605 | 1552 | | 144 | 153 |
| | 消费比例 | 100.0 | 5.4 | 17.5 | | | 5.9 | 5.0 | 6.3 | 7.2 | 14.3 | | 20.2 | 19.6 | | 1.8 | 1.9 |
| 2009年 | 生产量 | 8640 | 480 | 1510 | | | 590 | 500 | 580 | 575 | 1150 | 1100 | 1730 | 1715 | | 150 | 160 |
| | 进口量 | 334 | 2 | 38 | | | 36 | 31 | 5 | 15 | 71 | 71 | 86 | 46 | | 27 | 8 |
| | 出口量 | 405 | 21 | 51 | | | 163 | 132 | 56 | 3 | 61 | 61 | 7 | 3 | | 33 | 7 |
| | 消费量 | 8569 | 461 | 1497 | | | 463 | 399 | 529 | 587 | 1160 | 1110 | 1809 | 1758 | | 144 | 161 |
| | 消费比例 | 100.0 | 5.4 | 17.5 | | | 5.4 | 4.6 | 6.2 | 6.9 | 13.5 | 13.0 | 21.1 | 20.5 | | 1.7 | 1.9 |
| 2010年 | 生产量 | 9270 | 430 | 1620 | | | 640 | 555 | 620 | 600 | 1250 | 1200 | 1880 | 1870 | | 180 | 180 |
| | 进口量 | 336 | 4 | 41 | | | 45 | 38 | 8 | 17 | 77 | 77 | 80 | 24 | | 31 | 9 |
| | 出口量 | 433 | 11 | 71 | | | 136 | 113 | 61 | 5 | 73 | 73 | 14 | 5 | | 47 | 10 |
| | 消费量 | 9173 | 423 | 1590 | | | 549 | 480 | 567 | 612 | 1254 | 1204 | 1946 | 1889 | | 164 | 179 |
| | 消费比例 | 100.0 | 4.6 | 17.3 | | | 6.0 | 5.2 | 6.2 | 6.7 | 13.7 | 13.1 | 21.2 | 20.6 | | 1.8 | 1.9 |
| 2011年 | 生产量 | 9930 | 390 | 1730 | | | 725 | 640 | 730 | 620 | 1340 | 1290 | 1990 | 1980 | | 210 | 215 |
| | 进口量 | 331 | 1 | 40 | | | 37 | 30 | 9 | 18 | 79 | 79 | 93 | 17 | | 30 | 7 |
| | 出口量 | 509 | 2 | 83 | | | 163 | 138 | 65 | 6 | 97 | 97 | 10 | 6 | | 61 | 16 |
| | 消费量 | 9752 | 389 | 1687 | | | 599 | 532 | 674 | 632 | 1322 | 1272 | 2073 | 1991 | | 179 | 206 |
| | 消费比例 | 100.0 | 3.99 | 17.3 | | | 6.1 | 5.5 | 6.9 | 6.5 | 13.6 | 13.0 | 21.3 | 20.4 | | 1.8 | 2.1 |
| 2012年 | 生产量 | 10250 | 380 | 1750 | | | 780 | 695 | 780 | 640 | 1390 | 1340 | 2080 | 2020 | | 220 | 210 |
| | 进口量 | 311 | 13 | 35 | | | 35 | 27 | 4 | 20 | 72 | 72 | 84 | 14 | | 28 | 6 |
| | 出口量 | 513 | 0 | 101 | | | 177 | 141 | 53 | 5 | 83 | 83 | 7 | 7 | | 65 | 15 |
| | 消费量 | 10048 | 393 | 1684 | | | 638 | 581 | 731 | 655 | 1379 | 1329 | 2157 | 2027 | | 183 | 201 |
| | 消费比例 | 100.00 | 3.91 | 16.76 | | | 6.35 | 5.78 | 7.28 | 6.52 | 13.72 | 13.23 | 21.47 | 20.17 | | 1.82 | 2.00 |

（杜荣荣）

# 国家统计局数据：2012 年全国造纸及纸制品行业分地区产品产量

## Data from National Statistics Bureau：Outputs of Paper and Paper Products by Region in China in 2012

2012 年造纸及纸制品行业分地区产品产量

单位：吨、%

| 地区 | 纸浆（原生浆及废纸浆） | 同比增长 | 机制纸及纸板（外购原纸加工纸除外） | 同比增长 | 其中：1. 未涂布印刷书写用纸 | 同比增长 | 其中：新闻纸 | 同比增长 | 2. 涂布类印刷用纸 | 同比增长 | 3. 生活用纸原纸 | 同比增长 | 4. 箱纸板 | 同比增长 |
|---|---|---|---|---|---|---|---|---|---|---|---|---|---|---|
| 全国 | 17043132 | -4.91 | 113753348 | 4.65 | 8416780 | -4.38 | 3896019 | 6.88 | 7680185 | -2.27 | 3502954 | 12.07 | 13295407 | -10.01 |
| 北京 | 8851 | -22.97 | 113281 | -11.88 | 0 | 0.00 | 0 | 0.00 | 6426 | -32.73 | 48826 | 5.97 | 26287 | -30.97 |
| 天津 | 0 | 0.00 | 2227967 | 59.13 | 0 | 0.00 | 0 | 0.00 | 0 | 0.00 | 0 | 0.00 | 45162 | -3.87 |
| 河北 | 507212 | 21.90 | 5652563 | 5.08 | 418683 | -19.13 | 373972 | -0.31 | 173454 | 32.37 | 17475 | -4.20 | 1866919 | -9.69 |
| 山西 | 72223 | -2.72 | 312279 | 34.28 | 41409 | 1.40 | 6289 | 1.80 | 0 | 0.00 | 29929 | 45.12 | 34970 | 20.20 |
| 内蒙古 | 40697 | -48.59 | 149731 | -48.59 | 1860 | -90.76 | 0 | 0.00 | 0 | 0.00 | 654 | -56.05 | 82482 | -54.39 |
| 辽宁 | 47641 | -41.23 | 718309 | 22.66 | 89500 | 17.07 | 2035 | 44.12 | 0 | 0.00 | 183630 | 20.40 | 211570 | -1.31 |
| 吉林 | 32819 | -76.36 | 666509 | -11.36 | 0 | 0.00 | 0 | 0.00 | 97526 | -61.05 | 15785 | 4.05 | 55302 | 1.26 |
| 黑龙江 | 57518 | 0.10 | 615934 | 5.89 | 0 | 0.00 | 0 | 0.00 | 73520 | -10.53 | 13657 | -3.86 | 70555 | 7.28 |
| 上海 | 0 | 0.00 | 930546 | 3.27 | 132186 | -3.69 | 132186 | -3.69 | 18256 | -8.60 | 127696 | 15.04 | 486746 | -0.63 |
| 江苏 | 0 | 0.00 | 12839133 | 11.91 | 374587 | 2.64 | 0 | 0.00 | 3163203 | 1.41 | 273333 | 5.60 | 714452 | 30.57 |

续表

| 地区 | 纸浆（原生浆及废纸浆） | 同比增长 | 机制纸及纸板（外购原纸加工纸除外） | 同比增长 | 其中：1. 未涂布印刷书写用纸 | 同比增长 | 其中：新闻纸 | 同比增长 | 2. 涂布类印刷用纸 | 同比增长 | 3. 生活用纸原纸 | 同比增长 | 4. 箱纸板 | 同比增长 |
|---|---|---|---|---|---|---|---|---|---|---|---|---|---|---|
| 浙江 | 24115 | 4.02 | 16279471 | 3.24 | 44657 | -27.64 | 41019 | 9.32 | 456673 | -2.06 | 34157 | -27.76 | 1678688 | -2.77 |
| 安徽 | 18825 | -5.49 | 2226726 | 0.40 | 182357 | 3.31 | 172657 | 10.05 | 0 | 0.00 | 68361 | 55.96 | 1048203 | 9.65 |
| 福建 | 398781 | -8.60 | 6438644 | 11.29 | 329542 | -0.34 | 165968 | -5.29 | 139913 | 5.41 | 414521 | 26.59 | 731009 | 14.29 |
| 江西 | 295726 | -2.89 | 1613943 | -31.52 | 59700 | 2.31 | 18923 | 8.37 | 61776 | -21.14 | 3496 | 32.42 | 264692 | -49.46 |
| 山东 | 5546868 | -2.04 | 20249703 | 6.96 | 2890581 | -2.55 | 1712255 | -2.07 | 563032 | -17.57 | 150011 | 7.78 | 1663823 | -4.40 |
| 河南 | 2643516 | -28.89 | 9057678 | -6.97 | 1087981 | -2.69 | 248335 | 18.41 | 0 | 0.00 | 513965 | 0.97 | 1989177 | -24.29 |
| 湖北 | 76200 | 16.08 | 2256797 | -15.73 | 824130 | 3.62 | 61431 | 126.48 | 0 | 0.00 | 87308 | 16.78 | 290237 | -37.13 |
| 湖南 | 1075408 | -11.07 | 4215424 | -0.87 | 552667 | -33.60 | 98891 | -6.39 | 1108388 | 5.39 | 188266 | -17.35 | 502009 | -15.83 |
| 广东 | 1671885 | 18.63 | 16368354 | 7.89 | 735694 | 44.66 | 655898 | 53.62 | 565090 | -26.58 | 164000 | 9.59 | 497911 | -10.10 |
| 广西 | 1972737 | 27.97 | 3043047 | 28.29 | 258998 | -10.00 | 194935 | -1.94 | 389 | -79.45 | 573727 | 44.06 | 146840 | 24.42 |
| 海南 | 1256772 | 1.61 | 1281897 | 13.68 | 0 | 0.00 | 0 | 0.00 | 1022760 | 17.60 | 232175 | -0.83 | 0 | 0.00 |
| 重庆 | 120380 | -16.06 | 1727969 | 24.50 | 3798 | 41.54 | 0 | 0.00 | 0 | 0.00 | 32124 | 62.69 | 96006 | -15.70 |
| 四川 | 360615 | -17.94 | 2370922 | -11.95 | 115800 | -46.86 | 0 | 0.00 | 206074 | 8.24 | 133935 | -2.36 | 331449 | -30.95 |
| 贵州 | 102444 | -25.18 | 134480 | 23.92 | 0 | 0.00 | 0 | 0.00 | 0 | 0.00 | 8498 | -11.02 | 0 | 0.00 |
| 云南 | 297590 | 29.44 | 514559 | 22.45 | 26161 | 601.74 | 0 | 0.00 | 0 | 0.00 | 15106 | 54.38 | 69606 | 28.79 |
| 西藏 | 0 | 0.00 | 0 | 0.00 | 0 | 0.00 | 0 | 0.00 | 0 | 0.00 | 0 | 0.00 | 0 | 0.00 |
| 陕西 | 0 | 0.00 | 803464 | -5.91 | 0 | 0.00 | 0 | 0.00 | 0 | 0.00 | 31664 | -21.59 | 178487 | -5.74 |
| 甘肃 | 6446 | -2.10 | 48648 | -2.28 | 0 | 0.00 | 0 | 0.00 | 0 | 0.00 | 48648 | 39.31 | 0 | 0.00 |
| 青海 | 0 | 0.00 | 0 | 0.00 | 0 | 0.00 | 0 | 0.00 | 0 | 0.00 | 0 | 0.00 | 0 | 0.00 |
| 宁夏 | 202535 | -23.85 | 570573 | -21.13 | 167096 | -12.84 | 0 | 0.00 | 0 | 0.00 | 86718 | 11.17 | 21943 | -38.02 |
| 新疆 | 205328 | -4.40 | 324799 | -4.31 | 79394 | -14.41 | 11226 | -28.65 | 23705 | 769.27 | 5288 | 35.82 | 190883 | -8.60 |

（郭永新）

# 2003—2012 年我国废纸分类别进口情况

## Imports of Waste Paper by Grade in China from 2003 to 2012

2003—2012 年我国废纸分类别进口情况量　　单位：吨

| 废纸种类 | 2003 年 | 2004 年 | 2005 年 | 2006 年 | 2007 年 | 2008 年 | 2009 年 | 2010 年 | 2011 年 | 2012 年 |
|---|---|---|---|---|---|---|---|---|---|---|
| 废瓦楞箱纸板（OCC） | 4009840 | 5776791 | 8921371 | 10420298 | 11998970 | 13663977 | 16243783 | 14167672 | 15447918 | 17243777 |
| 化学浆废纸及纸板 | 322179 | 246612 | 170783 | 223219 | 193711 | 270573 | 275685 | 490919 | 699381 | 836348 |
| 废报纸（ONP） | 3453468 | 3871290 | 4724380 | 5027301 | 5774745 | 6490778 | 7170639 | 5927197 | 6651315 | 6832711 |
| 其他废纸 | 1596307 | 2405989 | 3219636 | 3952535 | 4594733 | 3777901 | 3811329 | 3766223 | 4481549 | 5153339 |
| 总计 | 9381794 | 12300682 | 17036170 | 19623353 | 22562159 | 24203229 | 27501436 | 24352011 | 27280163 | 30066175 |

（梁　川）

# 2012 年国际废纸价格

## International Price of Waste Paper in 2012

2012 年美国部分地区的废纸价格（卖方离岸价）

单位：美元/短吨

| 品种 | 1 月 | 2 月 | 3 月 | 4 月 | 5 月 | 6 月 | 7 月 | 8 月 | 9 月 | 10 月 | 11 月 | 12 月 |
|---|---|---|---|---|---|---|---|---|---|---|---|---|
| **纽约** | | | | | | | | | | | | |
| 混合废纸（2） | 50 ~ 70 | 70 ~ 90 | 80 ~ 90 | 70 ~ 90 | 70 ~ 80 | 70 ~ 80 | 65 ~ 75 | 60 ~ 65 | 40 ~ 45 | 45 ~ 50 | 50 ~ 55 | 50 ~ 55 |
| 制盒纸板边角料（4） | 90 ~ 110 | 100 ~ 110 | 100 ~ 110 | 100 ~ 110 | 90 ~ 110 | 80 ~ 100 | 90 ~ 100 | 80 ~ 90 | 70 ~ 75 | 60 ~ 65 | 60 ~ 65 | 60 ~ 65 |
| 废报纸（6） | 40 ~ 60 | 60 ~ 70 | 70 ~ 80 | 70 ~ 80 | 60 ~ 70 | 60 ~ 70 | 60 ~ 70 | 50 ~ 55 | 40 ~ 45 | 40 ~ 45 | 40 ~ 45 | 40 ~ 45 |
| 特级供脱墨用旧报纸（8） | 70 ~ 85 | 80 ~ 95 | 90 ~ 95 | 90 ~ 95 | 90 ~ 95 | 85 ~ 95 | 80 ~ 90 | 65 ~ 70 | 55 ~ 60 | 55 ~ 60 | 60 ~ 65 | 70 ~ 75 |
| 废杂志（10） | 90 ~ 100 | 100 ~ 110 | 100 ~ 110 | 100 ~ 110 | 100 ~ 110 | 100 ~ 110 | 95 ~ 110 | 85 ~ 90 | 65 ~ 70 | 60 ~ 65 | 60 ~ 65 | 70 ~ 75 |
| 废瓦楞纸箱（11） | 110 ~ 120 | 130 ~ 150 | 130 ~ 150 | 130 ~ 140 | 120 ~ 135 | 115 ~ 125 | 115 ~ 125 | 95 ~ 100 | 75 ~ 80 | 75 ~ 80 | 85 ~ 90 | 90 ~ 95 |
| 双挂面牛皮瓦楞原纸新边角料（13） | 140 ~ 150 | 150 ~ 160 | 145 ~ 160 | 145 ~ 155 | 130 ~ 150 | 125 ~ 135 | 125 ~ 135 | 100 ~ 110 | 90 ~ 95 | 90 ~ 95 | 100 ~ 105 | 105 ~ 110 |
| 空白报纸（24） | 225 ~ 230 | 225 ~ 230 | 220 ~ 240 | 220 ~ 230 | 220 ~ 230 | 220 ~ 230 | 220 ~ 230 | 215 ~ 220 | 215 ~ 220 | 215 ~ 220 | 215 ~ 220 | 215 ~ 220 |
| 硬质白纸边（30） | 330 ~ 340 | 330 ~ 340 | 340 ~ 350 | 330 ~ 340 | 330 ~ 340 | 330 ~ 340 | 320 ~ 330 | 310 ~ 320 | 280 ~ 290 | 270 ~ 280 | 270 ~ 280 | 270 ~ 280 |
| 硬质白信封边角料（31） | 350 ~ 370 | 370 ~ 390 | 380 ~ 390 | 370 ~ 380 | 370 ~ 380 | 360 ~ 380 | 350 ~ 370 | 330 ~ 340 | 310 ~ 320 | 300 ~ 310 | 300 ~ 310 | 300 ~ 310 |
| 经拣选的办公室废杂纸（37） | 140 ~ 150 | 150 ~ 165 | 150 ~ 165 | 140 ~ 155 | 140 ~ 155 | 155 ~ 175 | 170 ~ 185 | 175 ~ 185 | 170 ~ 175 | 170 ~ 175 | 170 ~ 175 | 160 ~ 165 |
| 彩色账簿打印纸（39） | 150 ~ 165 | 160 ~ 175 | 160 ~ 170 | 145 ~ 155 | 145 ~ 155 | 145 ~ 155 | 160 ~ 180 | 170 ~ 180 | 160 ~ 170 | 160 ~ 170 | 160 ~ 170 | 160 ~ 170 |
| 拣选的白账簿纸（40） | 240 ~ 260 | 260 ~ 280 | 270 ~ 280 | 265 ~ 270 | 250 ~ 265 | 240 ~ 255 | 245 ~ 255 | 240 ~ 250 | 220 ~ 230 | 210 ~ 220 | 210 ~ 220 | 210 ~ 220 |
| 白色账簿打印纸（41） | 240 ~ 260 | 260 ~ 280 | 270 ~ 280 | 265 ~ 270 | 250 ~ 265 | 240 ~ 255 | 245 ~ 255 | 240 ~ 250 | 220 ~ 230 | 210 ~ 220 | 210 ~ 220 | 210 ~ 220 |
| 涂布书籍纸（43） | 140 ~ 150 | 150 ~ 165 | 150 ~ 165 | 140 ~ 155 | 140 ~ 155 | 155 ~ 175 | 170 ~ 185 | 175 ~ 185 | 160 ~ 170 | 165 ~ 170 | 160 ~ 165 | 160 ~ 165 |
| 含磨木浆的涂布纸（44） | 105 ~ 110 | 105 ~ 125 | 115 ~ 125 | 110 ~ 125 | 110 ~ 120 | 100 ~ 110 | 95 ~ 110 | 90 ~ 95 | 65 ~ 70 | 60 ~ 65 | 60 ~ 65 | 70 ~ 75 |

续表

| 品种 | 1月 | 2月 | 3月 | 4月 | 5月 | 6月 | 7月 | 8月 | 9月 | 10月 | 11月 | 12月 |
|---|---|---|---|---|---|---|---|---|---|---|---|---|
| 漂白纸板边角料（45） | | | | | | | | | | | | |
| 轻印刷的 | 250～260 | 250～270 | 270～280 | 255～265 | 255～265 | 250～260 | 250～260 | 240～260 | 230～240 | 220～230 | 215～225 | 215～225 |
| 重印刷的 | 155～165 | 165～170 | 160～170 | 150～160 | 150～160 | 155～175 | 180～190 | 180～190 | 170～180 | 170～180 | 170～180 | 170～180 |
| 不带印刷油墨的漂白纸板（47） | 320～330 | 320～330 | 330～340 | 330～340 | 330～340 | 330～340 | 320～330 | 310～320 | 280～290 | 270～280 | 270～280 | 270～280 |
| **芝加哥** | | | | | | | | | | | | |
| 混合废纸（2） | 70～75 | 70～80 | 75～80 | 75～80 | 70～75 | 70～75 | 65～70 | 55～60 | 30～45 | 30～45 | 30～45 | 40～45 |
| 制盒纸板边角料（4） | 90～100 | 90～95 | 90～95 | 90～95 | 90～95 | 90～95 | 90～95 | 80～85 | 65～70 | 55～60 | 55～60 | 55～60 |
| 废报纸（6） | 70～75 | 70～75 | 70～75 | 70～75 | 70～75 | 70～75 | 60～65 | 45～50 | 30～45 | 30～45 | 30～45 | 30～45 |
| 特级供脱墨用旧报纸（8） | 80～85 | 80～85 | 85～90 | 85～90 | 85～90 | 85～90 | 80～85 | 70～75 | 55～65 | 45～55 | 50～60 | 60～70 |
| 废杂志（10） | 110～115 | 115～125 | 115～125 | 115～125 | 105～115 | 105～115 | 105～110 | 95～100 | 75～80 | 60～65 | 60～65 | 70～75 |
| 废瓦楞纸箱（11） | 100～110 | 110～115 | 120～125 | 120～125 | 105～115 | 100～105 | 100～105 | 85～90 | 65～75 | 65～75 | 75～85 | 80～90 |
| 双挂面牛皮瓦楞原纸新边角料（13） | 120～130 | 125～135 | 125～135 | 125～135 | 120～130 | 110～120 | 110～120 | 95～100 | 75～80 | 75～80 | 85～90 | 90～95 |
| 空白报纸（24） | 210～220 | 210～220 | 210～220 | 210～220 | 210～220 | 210～220 | 210～220 | 210～220 | 210～220 | 210～220 | 210～220 | 210～220 |
| 硬质白纸边（30） | 330～340 | 330～340 | 320～330 | 320～330 | 320～330 | 320～330 | 310～320 | 295～300 | 270～280 | 260～270 | 260～270 | 260～270 |
| 硬质白信封边角料（31） | 350～370 | 380～390 | 360～370 | 350～360 | 350～360 | 350～360 | 345～355 | 320～330 | 290～300 | 280～290 | 280～290 | 280～290 |
| 经拣选的办公室废杂纸（37） | 120～125 | 140～150 | 140～150 | 140～150 | 140～150 | 150～165 | 165～175 | 165～175 | 150～155 | 130～135 | 130～135 | 130～135 |
| 彩色账簿打印纸（39） | 135～140 | 145～150 | 145～150 | 145～150 | 145～150 | 145～150 | 155～160 | 155～160 | 145～150 | 125～130 | 125～130 | 125～130 |
| 拣选的白账簿纸（40） | 240～250 | 260～270 | 250～260 | 250～260 | 250～260 | 245～255 | 240～250 | 235～240 | 210～220 | 200～210 | 190～200 | 190～200 |
| 白色账簿打印纸（41） | 240～250 | 260～270 | 250～260 | 250～260 | 250～260 | 245～255 | 240～250 | 235～240 | 210～220 | 200～210 | 190～200 | 190～200 |
| 涂布书籍纸（43） | 110～120 | 135～150 | 130～150 | 135～145 | 135～145 | 145～160 | 165～175 | 165～175 | 145～155 | 130～135 | 120～125 | 120～125 |
| 含磨木浆的涂布纸（44） | 110～115 | 115～130 | 115～130 | 115～130 | 110～125 | 110～125 | 110～120 | 100～110 | 80～85 | 65～70 | 65～70 | 75～80 |
| 漂白纸板边角料（45） | | | | | | | | | | | | |
| 轻印刷的 | 235～240 | 255～270 | 255～270 | 250～260 | 250～260 | 250～260 | 245～255 | 235～240 | 200～210 | 190～200 | 180～200 | 180～200 |
| 重印刷的 | 135～145 | 150～160 | 150～160 | 150～160 | 150～160 | 165～175 | 170～180 | 170～180 | 150～160 | 140～150 | 140～150 | 140～150 |
| 不带印刷油墨的漂白纸板（47） | 320～330 | 320～330 | 320～330 | 320～330 | 320～330 | 320～330 | 310～320 | 295～300 | 270～280 | 260～270 | 260～270 | 260～270 |
| **亚特兰大** | | | | | | | | | | | | |
| 混合废纸（2） | 70～75 | 80～95 | 90～95 | 90～95 | 90～95 | 85～95 | 85～95 | 65～70 | 50～55 | 60～65 | 60～65 | 70～75 |
| 制盒纸板边角料（4） | 95～100 | 100～110 | 100～110 | 100～110 | 100～110 | 90～100 | 90～100 | 80～90 | 60～65 | 60～65 | 50～55 | 50～55 |

续表

| 品种 | 1月 | 2月 | 3月 | 4月 | 5月 | 6月 | 7月 | 8月 | 9月 | 10月 | 11月 | 12月 |
|---|---|---|---|---|---|---|---|---|---|---|---|---|
| 废报纸（6） | 50～60 | 70～75 | 70～75 | 70～75 | 70～75 | 70～75 | 70～75 | 55～60 | 50～55 | 50～55 | 50～55 | 50～55 |
| 特级供脱墨用旧报纸（8） | 80～85 | 85～90 | 90～95 | 90～95 | 90～95 | 90～100 | 90～95 | 65～70 | 55～60 | 55～60 | 65～70 | 75～80 |
| 废杂志（10） | 100～105 | 125～130 | 125～130 | 125～130 | 115～120 | 115～120 | 115～120 | 90～95 | 80～85 | 70～75 | 70～75 | 80～85 |
| 废瓦楞纸箱（11） | 120～125 | 120～130 | 125～140 | 125～140 | 125～130 | 115～125 | 110～120 | 90～100 | 75～85 | 80～90 | 95～105 | 110～120 |
| 双挂面牛皮瓦楞原纸新边角料（13） | 135～145 | 135～145 | 135～145 | 135～145 | 135～145 | 125～135 | 120～130 | 95～105 | 85～90 | 90～95 | 105～110 | 120～125 |
| 空白报纸（24） | 210～220 | 210～230 | 220～230 | 220～230 | 220～230 | 220～230 | 220～230 | 220～230 | 220～230 | 220～230 | 220～230 | 220～230 |
| 硬质白纸边（30） | 330～340 | 340～350 | 340～350 | 340～350 | 340～350 | 320～340 | 320～330 | 300～310 | 280～290 | 270～280 | 270～280 | 270～280 |
| 硬质白信封边角料（31） | 360～370 | 380～390 | 380～390 | 370～380 | 370～380 | 360～380 | 365～370 | 320～340 | 310～320 | 300～310 | 300～310 | 300～310 |
| 经拣选的办公室废杂纸（37） | 120～130 | 140～150 | 160～170 | 140～160 | 140～160 | 160～175 | 165～180 | 170～180 | 160～170 | 140～150 | 135～145 | 135～145 |
| 彩色账簿打印纸（39） | 135～145 | 145～150 | 150～175 | 150～160 | 150～160 | 150～160 | 170～175 | 170～175 | 160～165 | 140～145 | 140～145 | 140～145 |
| 拣选的白账簿纸（40） | 250～260 | 270～280 | 260～280 | 260～275 | 260～275 | 250～270 | 250～260 | 240～250 | 210～230 | 200～220 | 190～210 | 190～210 |
| 白色账簿打印纸（41） | 250～260 | 270～280 | 260～280 | 260～275 | 260～275 | 250～270 | 250～260 | 240～250 | 210～230 | 200～220 | 190～210 | 190～210 |
| 涂布书籍纸（43） | 115～125 | 140～155 | 150～170 | 140～160 | 140～160 | 160～175 | 170～180 | 170～180 | 160～170 | 140～150 | 135～145 | 135～145 |
| 含磨木浆的涂布纸（44） | 115～125 | 130～135 | 130～135 | 130～135 | 125～130 | 120～130 | 120～130 | 105～110 | 85～90 | 75～80 | 75～80 | 85～90 |
| 漂白纸板边角料（45） | | | | | | | | | | | | |
| 轻印刷的 | 245～255 | 250～275 | 270～280 | 270～275 | 260～275 | 250～260 | 250～260 | 240～260 | 220～230 | 205～215 | 205～215 | 205～215 |
| 重印刷的 | 125～135 | 150～160 | 165～175 | 150～160 | 150～160 | 160～180 | 170～185 | 175～185 | 165～175 | 155～165 | 150～160 | 150～160 |
| 不带印刷油墨的漂白纸板（47） | 310～320 | 320～330 | 320～330 | 320～330 | 320～330 | 310～330 | 310～330 | 300～310 | 280～290 | 270～280 | 270～280 | 270～280 |
| **达拉斯/休斯顿** | | | | | | | | | | | | |
| 混合废纸（2） | 65～75 | 90～100 | 95～105 | 95～105 | 95～100 | 85～90 | 75～80 | 55～60 | 45～50 | 55～60 | 60～65 | 65～70 |
| 制盒纸板边角料（4） | 95～100 | 95～110 | 110～115 | 110～115 | 110～115 | 100～105 | 100～105 | 80～85 | 60～65 | 55～60 | 55～60 | 55～60 |
| 废报纸（6） | 60～70 | 70～80 | 90～95 | 90～95 | 90～95 | 80～85 | 60～65 | 45～50 | 45～50 | 45～50 | 45～50 | 45～50 |
| 特级供脱墨用废报纸（8） | 80～85 | 90～95 | 95～105 | 95～105 | 90～100 | 90～100 | 75～85 | 60～70 | 60～65 | 60～65 | 60～65 | 75～80 |
| 废杂志（10） | 110～115 | 120～130 | 120～130 | 120～130 | 115～120 | 115～120 | 115～120 | 95～100 | 80～85 | 70～75 | 70～75 | 75～80 |
| 废瓦楞纸箱（11） | 115～120 | 130～140 | 135～140 | 130～140 | 130～135 | 115～120 | 105～110 | 80～90 | 70～75 | 75～80 | 90～95 | 110～115 |
| 双挂面牛皮瓦楞原纸新边角料（13） | 130～140 | 145～155 | 150～160 | 150～160 | 150～160 | 130～140 | 110～120 | 95～100 | 80～85 | 80～85 | 95～100 | 115～120 |
| 空白报纸（24） | 210～220 | 210～220 | 210～220 | 210～220 | 210～220 | 210～220 | 210～220 | 210～220 | 210～220 | 210～220 | 210～220 | 210～220 |

续表

| 品种 | 1月 | 2月 | 3月 | 4月 | 5月 | 6月 | 7月 | 8月 | 9月 | 10月 | 11月 | 12月 |
|---|---|---|---|---|---|---|---|---|---|---|---|---|
| 硬质白纸边（30） | 340～350 | 350～360 | 350～360 | 350～360 | 350～360 | 350～360 | 330～340 | 330～340 | 300～310 | 290～300 | 290～300 | 290～300 |
| 硬质白信封边角料（31） | 385～390 | 390～405 | 390～405 | 390～405 | 380～400 | 380～400 | 380～395 | 350～360 | 330～340 | 320～330 | 320～330 | 320～330 |
| 经拣选的办公室废杂纸（37） | 130～140 | 150～160 | 150～170 | 150～165 | 150～165 | 160～175 | 170～185 | 180～190 | 170～175 | 150～155 | 140～145 | 140～145 |
| 彩色账簿打印纸（39） | 150～155 | 160～165 | 170～175 | 170～175 | 170～175 | 170～175 | 175～180 | 175～180 | 165～170 | 145～150 | 145～150 | 145～150 |
| 拣选的白账簿纸（40） | 255～265 | 270～275 | 265～275 | 265～275 | 265～275 | 255～270 | 255～270 | 255～265 | 225～235 | 215～225 | 205～215 | 205～215 |
| 白色账簿打印纸（41） | 255～265 | 270～275 | 265～275 | 265～275 | 265～275 | 255～270 | 255～270 | 255～265 | 225～235 | 215～225 | 205～215 | 205～215 |
| 涂布书籍纸（43） | 130～140 | 155～165 | 155～165 | 155～165 | 155～165 | 165～175 | 180～185 | 180～190 | 170～175 | 150～155 | 140～145 | 140～145 |
| 含磨木浆的涂布纸（44） | 120～130 | 130～140 | 130～140 | 130～135 | 120～130 | 120～130 | 120～125 | 105～115 | 85～90 | 75～80 | 75～80 | 80～85 |
| 漂白纸板边角料（45） | | | | | | | | | | | | |
| 轻印刷的 | 250～260 | 250～270 | 265～270 | 265～270 | 260～270 | 250～260 | 250～260 | 250～255 | 210～220 | 200～210 | 200～210 | 200～210 |
| 重印刷的 | — | — | — | — | — | — | — | — | — | — | — | — |
| 不带印刷油墨的漂白纸板（47） | 320～330 | 320～340 | 320～340 | 320～340 | 320～340 | 320～340 | 320～330 | 310～320 | 290～300 | 280～290 | 280～290 | 280～290 |
| **旧金山/洛杉矶** | | | | | | | | | | | | |
| 混合废纸（2） | 100～110 | 105～115 | 125～135 | 125～135 | 105～125 | 115～120 | 105～115 | 80～90 | 70～80 | 85～95 | 95～105 | 90～100 |
| 制盒纸板边角料（4） | 125～135 | 125～135 | 135～145 | 135～145 | 120～130 | 120～130 | 110～120 | 85～95 | 85～95 | 95～105 | 105～115 | 90～100 |
| 废报纸（6） | 100～110 | 100～110 | 115～125 | 115～125 | 105～115 | 105～115 | 90～100 | 70～80 | 70～80 | 85～95 | 95～105 | 85～95 |
| 特级供脱墨用旧报纸（8） | 115～125 | 125～135 | 130～140 | 130～140 | 125～135 | 125～135 | 120～130 | 100～110 | 80～90 | 90～100 | 100～110 | 95～105 |
| 废杂志（10） | 120～130 | 135～145 | 145～150 | 140～145 | 135～145 | 135～140 | 135～140 | 95～105 | 85～95 | 85～105 | 105～115 | 100～110 |
| 废瓦楞纸箱（11） | 155～160 | 155～165 | 160～170 | 155～165 | 150～160 | 145～155 | 140～150 | 120～130 | 105～115 | 120～130 | 135～145 | 125～135 |
| 双挂面牛皮瓦楞原纸新边角料（13） | 165～180 | 175～185 | 175～185 | 170～180 | 160～170 | 160～170 | 150～160 | 125～135 | 115～125 | 130～140 | 145～155 | 135～145 |
| 空白报纸（24） | 230～240 | 230～240 | 230～240 | 230～240 | 230～240 | 230～240 | 230～240 | 225～235 | 215～225 | 215～225 | 215～225 | 215～225 |
| 硬质白纸边（30） | 325～335 | 325～335 | 325～335 | 325～335 | 325～335 | 315～325 | 315～325 | 310～320 | 290～300 | 290～300 | 290～300 | 280～290 |
| 硬质白信封边角料（31） | 355～365 | 355～365 | 355～365 | 355～365 | 355～365 | 345～355 | 345～355 | 335～345 | 310～320 | 320～330 | 310～320 | 300～310 |
| 经拣选的办公室废杂纸（37） | 155～165 | 165～175 | 175～180 | 170～180 | 175～185 | 175～185 | 180～190 | 170～180 | 160～170 | 165～175 | 165～175 | 165～175 |
| 彩色账簿打印纸（39） | 155～175 | 175～185 | 175～180 | 175～180 | 180～190 | 175～180 | 185～195 | 175～185 | 165～175 | 170～180 | 170～180 | 170～180 |
| 拣选的白账簿纸（40） | 275～285 | 285～295 | 295～300 | 280～290 | 270～280 | 265～275 | 250～260 | 240～250 | 235～245 | 230～240 | 230～240 | 230～240 |
| 白色账簿打印纸（41） | 275～285 | 285～295 | 295～300 | 280～290 | 270～280 | 265～275 | 250～260 | 240～250 | 235～245 | 230～240 | 230～240 | 230～240 |
| 涂布书籍纸（43） | 155～165 | 165～175 | 175～180 | 175～180 | 175～185 | 175～185 | 180～190 | 170～180 | 160～170 | 160～170 | 160～170 | 160～170 |

续表

| 品种 | 1月 | 2月 | 3月 | 4月 | 5月 | 6月 | 7月 | 8月 | 9月 | 10月 | 11月 | 12月 |
|---|---|---|---|---|---|---|---|---|---|---|---|---|
| 含磨木浆的涂布纸（44） | 130～140 | 145～150 | 150～155 | 145～150 | 140～150 | 135～140 | 135～140 | 95～105 | 85～95 | 95～105 | 105～115 | 100～110 |
| 漂白纸板边角料（45） | | | | | | | | | | | | |
| 轻印刷的 | 260～270 | 265～275 | 275～285 | 275～285 | 270～275 | 255～265 | 240～250 | 230～240 | 215～225 | 210～220 | 210～220 | 210～220 |
| 重印刷的 | 160～170 | 170～180 | 180～190 | 180～190 | 185～195 | 185～195 | 185～195 | 175～185 | 170～180 | 180～190 | 180～190 | 180～190 |
| 不带印刷油墨的漂白纸板（47） | 310～320 | 310～320 | 310～320 | 310～320 | 310～320 | 300～310 | 300～310 | 300～310 | 280～290 | 280～290 | 280～290 | 260～270 |
| **西雅图/波特兰** | | | | | | | | | | | | |
| 混合废纸（2） | 75～85 | 95～100 | 100～110 | 100～110 | 95～100 | 90～95 | 80～85 | 60～65 | 45～55 | 60～70 | 70～80 | 70～80 |
| 制盒纸板边角料（4） | 100～105 | 105～110 | 115～120 | 115～120 | 105～110 | 105～110 | 95～100 | 75～80 | 55～65 | 70～80 | 70～80 | 70～80 |
| 废报纸（6） | — | — | — | — | — | — | — | — | — | — | — | — |
| 特级供脱墨用废报纸（8） | 110～115 | 110～115 | 110～115 | 110～115 | 105～110 | 100～105 | 95～105 | 85～95 | 75～85 | 75～85 | 85～95 | 85～95 |
| 废杂志（10） | 110～115 | 110～115 | 110～115 | 115～125 | 115～120 | 115～120 | 110～120 | 95～100 | 85～90 | 85～90 | 95～100 | 95～100 |
| 废瓦楞纸箱（11） | 115～120 | 130～135 | 130～135 | 125～130 | 120～125 | 115～120 | 110～115 | 90～95 | 105～115 | 85～95 | 115～125 | 115～125 |
| 双挂面牛皮瓦楞原纸新边角料（13） | 140～150 | 150～160 | 150～160 | 150～160 | 140～150 | 130～140 | 130～135 | 110～120 | 95～100 | 105～110 | 125～130 | 125～130 |
| 空白报纸（24） | 180～185 | 180～185 | 200～210 | 210～220 | 205～215 | 205～215 | 205～215 | 205～215 | 205～215 | 205～215 | 205～215 | 205～215 |
| 硬质白纸边（30） | — | — | — | — | — | — | — | — | — | — | — | — |
| 硬质白信封边角料（31） | 330～335 | 330～335 | 330～335 | 325～335 | 320～330 | 320～330 | 320～330 | 300～310 | 280～285 | 280～285 | 280～285 | 280～285 |
| 经拣选的办公室废杂纸（37） | 135～145 | 155～160 | 160～170 | 165～175 | 165～175 | 160～165 | 155～160 | 140～150 | 130～150 | 135～155 | 140～160 | 150～160 |
| 彩色账簿打印纸（39） | — | — | — | — | — | — | — | — | — | — | — | — |
| 拣选的白账簿纸（40） | 230～235 | 230～235 | 230～240 | 230～240 | 230～240 | 230～240 | 230～240 | 200～210 | 190～195 | 195～200 | 195～200 | 195～200 |
| 白色账簿打印纸（41） | 230～235 | 230～235 | 230～240 | 230～240 | 230～240 | 230～240 | 230～240 | 200～210 | 190～195 | 195～200 | 195～200 | 195～200 |
| 涂布书籍纸（43） | 110～120 | 110～120 | 135～140 | 135～145 | 135～145 | 135～145 | 135～145 | 130～140 | 130～140 | 135～145 | 135～145 | 135～145 |
| 含磨木浆的涂布纸（44） | 110～115 | 120～130 | 130～140 | 130～140 | 120～130 | 120～125 | 120～125 | 100～105 | 90～95 | 90～95 | 100～105 | 100～105 |
| 漂白纸板边角料（45） | | | | | | | | | | | | |
| 轻印刷的 | — | — | — | — | — | — | — | — | — | — | — | — |
| 重印刷的 | — | — | — | — | — | — | — | — | — | — | — | — |
| 不带印刷油墨的漂白纸板（47） | — | — | — | — | — | — | — | — | — | — | — | — |

注：1 短吨 =0.908 吨。

（章玉华）

# 2003—2012 年我国纸浆分国别（地区）进口情况

## Imports of Market Pulp from Different Countries (Regions) from 2003 to 2012

**2003—2012 年我国纸浆分国别（地区）进口量**　　单位：吨

| 国家或地区 | 2003 年 | 2004 年 | 2005 年 | 2006 年 | 2007 年 | 2008 年 | 2009 年 | 2010 年 | 2011 年 | 2012 年 |
|---|---|---|---|---|---|---|---|---|---|---|
| **漂白硫酸盐针叶木浆** | **1963619** | **2440625** | **2893762** | **2751639** | **3074579** | **3552555** | **4765426** | **3995085** | **5827316** | **6590558** |
| 其中：加拿大 | 730791 | 846975 | 1009050 | 983316 | 1015869 | 1131740 | 1285510 | 1384799 | 2287440 | 2305442 |
| 美国 | 230433 | 337165 | 359899 | 390641 | 515202 | 703184 | 895251 | 780040 | 948342 | 1179423 |
| 智利 | 293006 | 433567 | 500736 | 385656 | 550167 | 649543 | 1083180 | 666062 | 819896 | 1090107 |
| 俄罗斯 | 422756 | 430829 | 537099 | 507031 | 488362 | 550714 | 593574 | 527691 | 603835 | 593054 |
| 芬兰 | 91892 | 81871 | 72412 | 179499 | 178069 | 231752 | 325702 | 330999 | 577814 | 778661 |
| 新西兰 | 56964 | 116885 | 143789 | 92572 | 136556 | 86320 | 88724 | 93052 | 133787 | 114265 |
| 德国 | 2274 | 14710 | 87343 | 67296 | 72888 | 67990 | 120078 | 27743 | 74648 | 137090 |
| 瑞典 | 68881 | 79793 | 113012 | 105914 | 66527 | 66698 | 173077 | 60029 | 125974 | 249724 |
| 日本 | 10716 | 23317 | 11861 | 7991 | 23733 | 21969 | — | — | 34360 | — |
| 阿根廷 | 37832 | 50057 | 52199 | 9424 | 5018 | 21410 | 85322 | 24812 | 52377 | 13585 |
| 法国 | — | — | — | — | 10834 | 3883 | — | 38126 | 53340 | 23463 |
| 巴西 | 4173 | 9760 | 1998 | — | — | — | 25499 | — | — | — |
| 乌拉圭 | — | — | — | — | — | — | 30245 | — | — | — |
| 印度尼西亚 | 4039 | 5907 | — | — | — | — | — | — | — | — |
| 葡萄牙 | — | — | — | — | — | — | — | — | 48895 | 5120 |
| 挪威 | — | — | — | — | — | — | — | — | — | 59200 |
| 澳大利亚 | — | — | — | — | — | — | — | — | — | 10606 |
| 其他国家 | 9862 | 9788 | 4364 | 22299 | 11354 | 17351 | 59264 | 61732 | 66608 | 30818 |
| **漂白硫酸盐阔叶木浆** | **2313249** | **2969063** | **2598185** | **2937726** | **2965080** | **3725206** | **5931295** | **4412147** | **5254978** | **6077833** |
| 其中：印度尼西亚 | 1176313 | 1358917 | 1342763 | 1172225 | 1037772 | 1208920 | 1227586 | 987384 | 1331786 | 1575807 |
| 巴西 | 591865 | 782318 | 635660 | 905696 | 796956 | 1177741 | 2432765 | 1764630 | 1884770 | 2306892 |
| 智利 | 42758 | 83173 | 141750 | 153962 | 409279 | 432481 | 653000 | 210751 | 316701 | 315650 |
| 乌拉圭 | — | — | — | — | — | 235588 | 510448 | 409715 | 391338 | 473799 |
| 俄罗斯 | 167117 | 224995 | 150723 | 159769 | 192874 | 197504 | 220798 | 189193 | 211448 | 235004 |

续表

| 国家或地区 | 2003 年 | 2004 年 | 2005 年 | 2006 年 | 2007 年 | 2008 年 | 2009 年 | 2010 年 | 2011 年 | 2012 年 |
|---|---|---|---|---|---|---|---|---|---|---|
| 加拿大 | 87841 | 215449 | 164343 | 232429 | 180768 | 175936 | 241589 | 181363 | 375083 | 325924 |
| 美国 | 82356 | 148484 | 72931 | 123567 | 120571 | 126106 | 314845 | 366168 | 382287 | 429661 |
| 泰国 | 119026 | 66863 | 46492 | 91312 | 124296 | 67518 | 68810 | 30696 | 35775 | 23850 |
| 葡萄牙 | 1707 | 28273 | — | — | 9490 | — | 57635 | — | 25068 | 15534 |
| 日本 | 16290 | 24646 | 14248 | 34335 | 41134 | 42152 | 15605 | 133447 | 145494 | 148544 |
| 芬兰 | 11480 | 15124 | 11729 | 21903 | 24765 | 25527 | 13320 | — | — | 7218 |
| 南非 | — | — | — | — | 12814 | 11073 | 45874 | 23013 | 75854 | 76890 |
| 法国 | — | — | — | — | — | 8451 | — | — | — | — |
| 新西兰 | — | — | 8622 | 9585 | 5016 | — | — | — | — | — |
| 比利时 | — | — | — | — | — | 4717 | — | — | — | — |
| 德国 | — | — | 5009 | 5693 |  | 4214 | — | — | — | — |
| 瑞典 | 5908 | 5738 | 712 | — | — | — | — | — | — | — |
| 新加坡 |  | 3785 | — | — | — | — | — | — | — | — |
| 韩国 | — | — | — | — | — | — | 80144 | 63894 | — | — |
| 中国台湾 | — | — | — | — | — | — | — | 23661 | — | — |
| 西班牙 | — | — | — | — | — | — | — | — | 36266 | 100619 |
| 荷兰 | — | — | — | — | — | — | — | — | — | 5907 |
| 其他国家 | 10588 | 11298 | 3203 | 27250 | 9345 | 7277 | 48876 | 28232 | 43108 | 36534 |
| **未漂硫酸盐针叶木浆** | **656638** | **620558** | **762073** | **700771** | **714148** | **532090** | **633230** | **464698** | **598515** | **673784** |
| 其中：俄罗斯 | 265694 | 193841 | 204015 | 214762 | 214348 | 204038 | 149744 | 152001 | 198608 | 199543 |
| 美国 | 122182 | 141037 | 228905 | 207362 | 269808 | 105188 | 101606 | 63105 | 114960 | 146240 |
| 智利 | 149985 | 150180 | 134456 | 97789 | 82879 | 92833 | 168064 | 90217 | 120749 | 170666 |
| 日本 | 40523 | 51824 | 60609 | 88113 | 86589 | 79955 | 87456 | 117121 | 120161 | 105993 |
| 加拿大 | 21280 | 21113 | 49275 | 34137 | 25942 | 27345 | 50070 | 30312 | 31803 | 30723 |
| 斯威士兰 | 38825 | 35290 | 50799 | 49024 | 21339 | 14098 | 34384 | 3877 | — | — |
| 瑞士 | — | — | 5577 | — | — | — | — | — | — | — |
| 罗马尼亚 | 7075 | 5614 | 3608 | — | — | — | — | — | — | — |
| 新西兰 | — | 9927 | 3492 | — | — | — | — | — | — | — |
| 德国 | — | — | 1163 | — | — | — | — | — | — | — |
| 南非 | — | 4220 | 9909 | — | — | — | — | — | — | — |
| 葡萄牙 | — | — | 6729 | 5519 | — | — | — | — | — | — |
| 其他国家 | 11074 | 7512 | 3536 | 4065 | 13243 | 8633 | 41906 | 8065 | 12234 | 20619 |
| **未漂硫酸盐阔叶木浆** | **3449** | **4298** | **3763** | **6500** | **16168** | **4046** | **—** | **—** | **25831** | **4941** |
| **机械浆和半化学浆** | **732927** | **827128** | **927612** | **1037943** | **1043705** | **1065896** | **1336683** | **1426471** | **1401406** | **1416971** |
| **机械浆** | **89420** | **75700** | **59659** | **70802** | **61776** | **25916** | **48353** | **61345** | **58442** | **10767** |
| 其中：加拿大 | 38821 | 48433 | 48652 | 65252 | 59418 | 22688 | 44834 | 52034 | 55418 | 8372 |
| 新西兰 | 40776 | 20837 | 7190 | — | — | — | — | — | — | — |

续表

| 国家或地区 | 2003 年 | 2004 年 | 2005 年 | 2006 年 | 2007 年 | 2008 年 | 2009 年 | 2010 年 | 2011 年 | 2012 年 |
|---|---|---|---|---|---|---|---|---|---|---|
| 瑞典 | 4878 | — | — | — | — | — | — | — | — | — |
| 挪威 | 1494 | — | — | — | — | 2559 | — | — | — | — |
| 俄罗斯 | 2023 | — | 2025 | — | — | — | — | — | — | — |
| 美国 | 1195 | — | — | — | — | — | — | — | — | — |
| 德国 | 135 | — | — | — | — | — | — | — | — | — |
| 其他国家 | 98 | 6430 | 1792 | 5550 | 2358 | 669 | 3519 | 9311 | 3024 | 2395 |
| **半化学浆** | **643507** | **751428** | **867950** | **967141** | **981929** | **1039980** | **1288330** | **1365126** | **1342964** | **1406204** |
| 其中：加拿大 | — | — | 718027 | 815713 | 840547 | 826167 | 1053856 | 1114135 | 1121487 | 1128497 |
| 新西兰 | — | — | 99523 | 81713 | 87377 | 89579 | 84019 | 90407 | 106172 | 120911 |
| 芬兰 | — | — | — | — | — | — | — | 36143 | 22835 | 58080 |
| 瑞典 | — | — | 34090 | 36937 | 34669 | 35992 | 57362 | 36582 | 25475 | 47705 |
| 挪威 | — | — | 10268 | 5484 | 4463 | 17650 | 18479 | 25084 | 9973 | 7575 |
| 俄罗斯 | — | — | — | — | — | 57122 | 29440 | 33677 | 44039 | 30322 |
| 爱沙尼亚 | — | — | — | — | 8465 | 5759 | 31068 | 18157 | — | — |
| 印度尼西亚 | — | — | — | 9834 | 1500 | — | — | — | — | — |
| 德国 | — | — | 2015 | — | — | — | — | — | — | — |
| 其他国家 | — | — | 4027 | 17460 | 4908 | 7710 | 14106 | 10941 | 12983 | 13114 |
| **溶解浆** | **268626** | **289892** | **293699** | **396147** | **527147** | **498791** | **851688** | **963999** | **1146314** | **1578485** |
| **亚硫酸盐针叶木浆** | **25621** | **47498** | **24096** | **38683** | **35601** | **28502** | **55775** | **24117** | **92843** | **34421** |
| **亚硫酸盐阔叶木浆** | **24525** | **19049** | **16535** | **11884** | **9290** | **3337** | **3997** | **6860** | **9675** | **5919** |
| **其他浆** | **45349** | **101629** | **71784** | **76673** | **63410** | **44817** | **76955** | **66484** | **81692** | **78929** |
| **总计** | **6034003** | **7319740** | **7591509** | **7957966** | **8449128** | **9455238** | **13655049** | **11359861** | **14438570** | **16461841** |

（梁　川）

# 2012 年国际不同地区纸浆价格

## Prices of Market Pulp in Different International Regions in 2012

1. 2012 年美洲市场商品浆价格（美国东部交货）

单位：美元/吨

| 浆　种 | 1月 | 2月 | 3月 | 4月 | 5月 | 6月 | 7月 | 8月 | 9月 | 10月 | 11月 | 12月 |
|---|---|---|---|---|---|---|---|---|---|---|---|---|
| 漂白针叶木硫酸盐浆 | | | | | | | | | | | | |
| 北方（加拿大） | 870 | 870 | 870 | 900 | 900 | 900 | 880 | 850 | 830 | 850 | 870 | 870 |
| 南方（美国） | 830 | 830 | 830 | 860 | 860 | 860 | 840 | 810 | 790 ~ 800 | 810 | 830 | 830 |
| 漂白阔叶木硫酸盐浆 | | | | | | | | | | | | |
| 北方混合木（加拿大/美国） | 695 ~ 715 | 695 ~ 715 | 730 ~ 735 | 730 ~ 760 | 785 ~ 790 | 785 ~ 790 | 785 ~ 790 | 760 ~ 770 | 730 ~ 740 | 730 ~ 740 | 730 ~ 755 | 755 |
| 南方混合木（美国） | 695 ~ 715 | 695 ~ 715 | 730 | 730 ~ 750 | 785 ~ 790 | 785 ~ 790 | 785 ~ 790 | 760 ~ 770 | 730 ~ 740 | 730 ~ 740 | 730 ~ 740 | 730 ~ 755 |
| 桉木 | 730 ~ 760 | 730 ~ 760 | 780 ~ 820 | 820 | 840 ~ 860 | 840 ~ 860 | 840 ~ 860 | 820 ~ 850 | 790 ~ 810 | 810 ~ 830 | 810 ~ 830 | 820 ~ 830 |
| 特种浆 | | | | | | | | | | | | |
| 未漂针叶木硫酸盐浆（加拿大/美国） | 790 ~ 840 | 790 ~ 840 | 790 ~ 840 | 820 ~ 870 | 820 ~ 870 | 820 ~ 870 | 800 ~ 850 | 770 ~ 820 | 770 ~ 820 | 770 ~ 820 | 790 ~ 840 | 790 ~ 840 |
| 绒毛浆（美国南部硫酸盐未处理针叶木卷筒浆板） | 900 ~ 940 | 900 ~ 920 | 900 ~ 920 | 930 | 950 ~ 960 | 950 ~ 960 | 930 ~ 950 | 920 ~ 940 | 920 | 920 | 920 | 920 |
| 脱墨浆（美国风干，100%废纸，用于印刷书写纸，离岸价） | 640 ~ 690 | 630 ~ 680 | 645 ~ 695 | 650 ~ 700 | 650 ~ 700 | 650 ~ 700 | 675 ~ 725 | 695 ~ 745 | 695 ~ 745 | 670 ~ 720 | 690 ~ 740 | 710 ~ 760 |

2. 2012 年北欧市场纸浆价格（到岸价）

单位：美元/吨

| 浆　种 | 1 月 | 2 月 | 3 月 | 4 月 | 5 月 | 6 月 | 7 月 | 8 月 | 9 月 | 10 月 | 11 月 | 12 月 |
|---|---|---|---|---|---|---|---|---|---|---|---|---|
| 漂白针叶木硫酸盐浆 | | | | | | | | | | | | |
| 北方（加拿大/北欧） | 830 | 830 | 840～850 | 860～870 | 840～850 | 820～830 | 800～810 | 780 | 750～760 | 780～790 | 810～820 | 820 |
| 南方（美国） | 790 | 790 | 790～800 | 810～820 | 800～810 | 780～790 | 760～770 | 730～740 | 710～720 | 740～750 | 770～780 | 770～780 |
| 漂白阔叶木硫酸盐浆 | | | | | | | | | | | | |
| 北欧桦木/（欧元/吨） | 494～517 | 528～550 | 564～575 | 580 | 613～629 | 620～630 | 630～638 | 608～616 | 562～570 | 590～605 | 604～612 | 596 |
| 桉木（巴西）/（欧元/吨） | 494～517 | 528～550 | 564～575 | 580 | 613～629 | 620～630 | 630～638 | 608～616 | 562～570 | 590～605 | 604～612 | 596 |
| 北方混合木（加拿大/美国） | 620～650 | 650～680 | 740 | 740 | 760～770 | 760～770 | 750～760 | 720～730 | 700～720 | 720～740 | 730～740 | 730～740 |
| 南方混合木（美国） | 610～640 | 630～650 | 730 | 730 | 750～760 | 750～760 | 740～750 | 710～720 | 690～710 | 710～730 | 720～730 | 720～730 |
| 特种浆 | | | | | | | | | | | | |
| 绒毛浆（美国南部硫酸盐未处理针叶木卷筒浆板） | 900～940 | 900～920 | 900～920 | 930 | 950～960 | 950～960 | 930～950 | 920～940 | 920 | 920 | 920 | 920 |
| 漂白化学热磨机械浆 BCTMP（加拿大白杨，白度 85%） | 590～620 | 600～620 | 650～680 | 660～680 | 680～700 | 680～700 | 670～690 | 640～660 | 620～640 | 640～660 | 650～670 | 660～670 |

3. 2012 年日本及亚洲市场纸浆价格（到岸价）

单位：美元/吨

| 浆　种 | 1 月 | 2 月 | 3 月 | 4 月 | 5 月 | 6 月 | 7 月 | 8 月 | 9 月 | 10 月 | 11 月 | 12 月 |
|---|---|---|---|---|---|---|---|---|---|---|---|---|
| **日本** | | | | | | | | | | | | |
| 漂白针叶木硫酸盐浆 | | | | | | | | | | | | |
| 北方（加拿大） | 850～860 | 860～870 | 710～720 | 730～740 | 760～770 | 710～720 | 710～720 | 690～700 | 680 | 680 | 710 | 700 |
| 南方（美国） | 800～810 | 810～820 | 660～670 | 680～690 | 710～720 | 660～670 | 660～670 | 640～650 | 620～630 | 620～630 | 640 | 650 |
| 漂白阔叶木硫酸盐浆 | | | | | | | | | | | | |
| 南方混合木（美国） | 730 | 730～740 | 620 | 620～640 | 650 | 650～660 | 650 | 630 | 610 | 600 | 610 | 610 |
| **亚洲** | | | | | | | | | | | | |
| 北方漂白针叶木硫酸盐浆（韩国） | 885 | 895 | 745 | 765 | 795 | 745 | 735 | 715 | 695 | 715 | 735 | 745 |
| 北方漂白针叶木硫酸盐浆（中国） | 830～840 | 840～850 | 680～690 | 700～710 | 720～740 | 670～690 | 650～670 | 620～650 | 620～630 | 640～650 | 660～670 | 660～680 |

（章玉华）

# 2012 年国际纸及纸板价格

## International Prices of Paper and Paperboard in 2012

2012 年美国纸和纸板售价（无特殊说明均为美国东部价格）

单位：美元/短吨

| 纸和纸板种类 | 1 月 | 2 月 | 3 月 | 4 月 | 5 月 | 6 月 | 7 月 | 8 月 | 9 月 | 10 月 | 11 月 | 12 月 |
|---|---|---|---|---|---|---|---|---|---|---|---|---|
| 新闻纸 | | | | | | | | | | | | |
| 30 磅东海岸/吨 | 640 | 640 | 640 | 640 | 640 | 640 | 640 | 640 | 640 | 640 | 640 | 640 |
| 30 磅西海岸/吨 | 620 | 620 | 620 | 620 | 620 | 610 | 605 | 605 | 605 | 615 | 625 | 620 |
| 27.7 磅东海岸/吨 | 680 | 680 | 680 | 680 | 680 | 680 | 680 | 680 | 680 | 680 | 680 | 680 |
| 27.7 磅西海岸/吨 | 660 | 660 | 660 | 660 | 660 | 650 | 645 | 645 | 645 | 655 | 665 | 660 |
| 未涂布机械木浆纸 | | | | | | | | | | | | |
| 22.1 磅白色记录簿纸 | 790～810 | 790～810 | 790～810 | 790～810 | 790～810 | 790～810 | 790～810 | 790～810 | 790～810 | 790～810 | 790～810 | 790～810 |
| 35 磅纸机压光胶印纸 亮度 65% | 680～710 | 680～710 | 680～710 | 680～710 | 680～710 | 650～680 | 650～700 | 650～700 | 650～700 | 650～700 | 650～700 | 650～700 |
| 35 磅超级压光纸（SC－A） | 820～860 | 820～860 | 820～860 | 820～860 | 820～860 | 820～860 | 820～860 | 820～860 | 820～860 | 820～860 | 820～860 | 820～860 |
| 35 磅超级压光纸（SC－B） | 825～845 | 825～845 | 825～845 | 825～845 | 825～845 | 825～845 | 825～845 | 825～845 | 825～845 | 825～845 | 825～845 | 825～845 |
| 45 磅胶版印刷替代纸 白度 83/84 | 775～805 | 765～795 | 765～795 | 765～795 | 765～795 | 765～795 | 765～795 | 765～795 | 765～795 | 755～785 | 755～785 | 755～785 |
| 涂布纸 | | | | | | | | | | | | |
| 80 磅优质平板 | 1250～1350 | 1250～1350 | 1250～1350 | 1250～1350 | 1250～1350 | 1250～1350 | 1250～1350 | 1250～1350 | 1250～1350 | 1250～1350 | 1250～1350 | 1250～1350 |
| 80 磅经济型平板 | 955～978 | 955～978 | 955～975 | 955～975 | 955～975 | 955～975 | 955～975 | 955～975 | 955～975 | 955～975 | 955～975 | 955～975 |
| 3 号 50 磅卷筒 | 995～1025 | 995～1025 | 995～1025 | 975～1005 | 975～1005 | 975～1005 | 975～1005 | 975～1005 | 975～1005 | 975～1005 | 975～1005 | 975～1005 |

续表

| 纸和纸板种类 | 1月 | 2月 | 3月 | 4月 | 5月 | 6月 | 7月 | 8月 | 9月 | 10月 | 11月 | 12月 |
|---|---|---|---|---|---|---|---|---|---|---|---|---|
| 3号60磅卷筒 | 985~1005 | 985~1005 | 985~1005 | 965~985 | 965~985 | 965~985 | 965~985 | 965~985 | 965~985 | 965~985 | 965~985 | 965~985 |
| 4号50磅磨木浆印刷纸 卷筒 亮度79% | 955~985 | 955~985 | 955~985 | 955~985 | 955~985 | 955~985 | 930~955 | 945~970 | 945~970 | 960~985 | 965~990 | 965~990 |
| 5号34磅轮转印刷纸 卷筒 | 980~1020 | 980~1020 | 980~1020 | 980~1020 | 980~1020 | 980~1020 | 955~995 | 975~1015 | 980~1020 | 1000~1040 | 1010~1050 | 1010~1050 |
| 5号40磅胶印纸 卷筒 | 860~900 | 860~900 | 860~900 | 860~900 | 860~900 | 860~900 | 835~875 | 850~890 | 855~895 | 875~915 | 880~920 | 880~920 |
| 未涂布不含磨木浆纸 | | | | | | | | | | | | |
| 20磅再生证券纸亮度92%（小裁纸） | 1045~1095 | 1035~1085 | 1035~1085 | 1035~1085 | 1035~1085 | 1035~1085 | 1035~1085 | 1035~1085 | 1025~1075 | 1015~1065 | 1015~1065 | 1010~1060 |
| 20磅30% PCW再生证券纸 亮度92%（小裁纸） | 1090~1145 | 1080~1135 | 1080~1135 | 1080~1135 | 1080~1135 | 1080~1135 | 1080~1135 | 1080~1135 | 1070~1125 | 1060~1115 | 1060~1115 | 1055~1110 |
| 50磅胶印纸 卷筒 | 920~940 | 910~930 | 910~930 | 910~930 | 910~930 | 910~930 | 910~930 | 910~930 | 910~930 | 900~920 | 900~920 | 890~910 |
| 24磅布纹白封套纸 亮度92% 卷筒 | 1065~1110 | 1065~1110 | 1065~1110 | 1065~1110 | 1085~1130 | 1085~1130 | 1085~1130 | 1085~1130 | 1085~1130 | 1085~1130 | 1085~1130 | 1085~1130 |
| 20磅证券表格用纸 | 1035~1055 | 1025~1045 | 1025~1045 | 1045~1065 | 1055~1075 | 1055~1075 | 1055~1075 | 1055~1075 | 1055~1075 | 1055~1075 | 1055~1075 | 1055~1075 |
| 50磅书本胶印纸 卷筒 | 1020~1045 | 1010~1035 | 1010~1035 | 1010~1035 | 1010~1035 | 1010~1035 | 1010~1035 | 1010~1035 | 1010~1035 | 1010~1035 | 1010~1035 | 1010~1035 |
| 特种纸 | | | | | | | | | | | | |
| 55克/米$^2$ POS热敏打印纸/千英尺$^2$ | 11.69 | 11.69 | 11.86 | 12.14 | 12.14 | 12.14 | 12.14 | 12.14 | 12.14 | 12.14 | 12.38 | 12.38 |
| 40磅SCK离型标签纸/千英尺$^2$ | 8.50 | 8.50 | 8.50 | 8.50 | 8.50 | 8.50 | 8.50 | 8.50 | 8.50 | 8.50 | 8.50 | 8.50 |
| 20/24磅MOCR激光打印字符阅读纸 卷筒 | 1030~1070 | 1030~1070 | 1030~1070 | 1050~1090 | 1060~1100 | 1060~1100 | 1060~1100 | 1060~1100 | 1060~1100 | 1060~1100 | 1060~1100 | 1060~1100 |
| 10点漂白光泽纸单面涂布 卷筒 | 1295~1315 | 1295~1315 | 1295~1315 | 1275~1295 | 1255~1275 | 1235~1255 | 1235~1255 | 1215~1235 | 1215~1235 | 1215~1235 | 1215~1235 | 1215~1235 |
| 挂面纸板（42磅） | | | | | | | | | | | | |
| 未漂白硫酸盐浆 东海岸 | 635~645 | 635~645 | 635~645 | 635~645 | 635~645 | 635~645 | 635~645 | 635~645 | 685~695 | 685~695 | 685~695 | 685~695 |
| 西海岸 | 655~665 | 655~665 | 655~665 | 655~665 | 655~665 | 655~665 | 655~665 | 655~665 | 705~715 | 705~715 | 705~715 | 705~715 |
| 35~36磅高性能挂面纸板 | 645~655 | 645~655 | 645~655 | 645~655 | 645~655 | 645~655 | 645~655 | 645~655 | 695~705 | 695~705 | 695~705 | 695~705 |
| 白色面层 东海岸 | 835~845 | 835~845 | 835~845 | 835~845 | 835~845 | 835~845 | 835~845 | 835~845 | 885~895 | 885~895 | 885~895 | 885~895 |
| 西海岸 | 855~865 | 855~865 | 855~865 | 855~865 | 855~865 | 855~865 | 855~865 | 855~865 | 905~915 | 905~915 | 905~915 | 905~915 |

续表

| 纸和纸板种类 | 1月 | 2月 | 3月 | 4月 | 5月 | 6月 | 7月 | 8月 | 9月 | 10月 | 11月 | 12月 |
|---|---|---|---|---|---|---|---|---|---|---|---|---|
| 出口挂面纸板 | | | | | | | | | | | | |
| 175克/米$^2$ 出口到南欧的挂面纸板到岸价（欧元/吨） | 390~410 | 390~410 | 410~430 | 420~440 | 420~440 | 420~440 | 470~480 | 480~490 | 490~500 | 490~500 | 490~500 | 490~500 |
| 175克/米$^2$ 出口到香港的挂面纸板离岸价 加运费（吨） | 590~610 | 590~610 | 590~610 | 600~620 | 600~620 | 600~620 | 600~620 | 600~620 | 600~620 | 600~620 | 600~620 | 600~620 |
| 42磅出口到墨西哥的未漂硫酸盐浆挂面纸板（吨） | 560~580 | 560~580 | 560~580 | 560~580 | 560~580 | 560~580 | 560~580 | 560~580 | 570~590 | 590~610 | 600~620 | 610~630 |
| 瓦楞纸芯（26磅） | | | | | | | | | | | | |
| 半化学浆法　东海岸 | 605~615 | 605~615 | 605~615 | 605~615 | 605~615 | 605~615 | 605~615 | 605~615 | 655~665 | 655~665 | 655~665 | 655~665 |
| 西海岸 | 625~635 | 625~635 | 625~635 | 625~635 | 625~635 | 640~650 | 655~665 | 655~665 | 705~715 | 705~715 | 705~715 | 705~715 |
| 未漂白牛皮纸 | | | | | | | | | | | | |
| 50磅伸性多层货用袋纸 | 1090~1110 | 1090~1110 | 1090~1110 | 1090~1110 | 1090~1110 | 1090~1110 | 1140~1160 | 1140~1160 | 1140~1160 | 1140~1160 | 1140~1160 | 1140~1160 |
| 50磅多层货用袋纸 | 1010~1020 | 995~1005 | 985~995 | 985~995 | 985~995 | 985~995 | 985~995 | 985~995 | 985~995 | 985~995 | 985~995 | 985~995 |
| 70磅食品杂货袋纸 | 910~920 | 910~920 | 910~920 | 910~920 | 910~920 | 910~920 | 910~920 | 910~920 | 910~920 | 910~920 | 910~920 | 910~920 |
| 30磅食品杂货袋纸 | 1100~1120 | 1100~1120 | 1100~1120 | 1100~1120 | 1100~1120 | 1100~1120 | 1100~1120 | 1100~1120 | 1100~1120 | 1100~1120 | 1100~1120 | 1100~1120 |
| 漂白牛皮纸 | | | | | | | | | | | | |
| 30磅食品杂货袋纸 | 1335~1345 | 1335~1345 | 1335~1345 | 1335~1345 | 1335~1345 | 1335~1345 | 1335~1345 | 1335~1345 | 1335~1345 | 1335~1345 | 1335~1345 | 1335~1345 |
| 全漂白硫酸盐纸板 | | | | | | | | | | | | |
| 16点折叠纸板 单面涂布 | 1110~1160 | 1110~1160 | 1110~1160 | 1110~1160 | 1110~1160 | 1110~1160 | 1110~1160 | 1090~1140 | 1090~1140 | 1090~1140 | 1090~1140 | 1090~1140 |
| 14点纸杯纸板 双面淋膜（PE膜） | 1390~1445 | 1390~1445 | 1390~1445 | 1370~1425 | 1350~1405 | 1350~1405 | 1350~1405 | 1350~1405 | 1350~1405 | 1350~1405 | 1350~1405 | 1350~1405 |
| 涂布未漂白硫酸盐纸板 | | | | | | | | | | | | |
| 20点折叠纸板 单面涂布 | 1000~1060 | 1000~1060 | 1000~1060 | 1000~1060 | 1000~1060 | 1000~1060 | 1000~1060 | 1000~1060 | 1000~1060 | 1000~1060 | 1000~1060 | 1000~1060 |
| 再生折叠箱纸板 | | | | | | | | | | | | |
| 20点白土涂布 | 910~930 | 910~930 | 910~930 | 910~930 | 910~930 | 890~910 | 890~910 | 870~890 | 890~910 | 870~890 | 870~890 | 870~890 |
| 20点耐折叠纸板 | 655~685 | 655~685 | 655~685 | 655~685 | 655~685 | 655~685 | 655~685 | 635~665 | 635~665 | 635~665 | 635~665 | 635~665 |

（章玉华）

# 2012 年国内市场部分纸张价格

## Domestic Prices of Part of Paper and Paperboard Grades in 2012

2012 年国内市场部分纸张价格（仅供参考，以供应商实际报价为准）

| 产品名称 | 品牌/厂家 | 定量/(克/米$^2$) | 价格/(元/吨) | | | | | | | | | | | |
|---|---|---|---|---|---|---|---|---|---|---|---|---|---|---|
| | | | 1月 | 2月 | 3月 | 4月 | 5月 | 6月 | 7月 | 8月 | 9月 | 10月 | 11月 | 12月 |
| 铜版纸 | 华夏太阳 | 64 | 7000 | 7100 | 7300 | 7300 | 7300 | 7200 | 7200 | 6900 | 7000 | 7000 | 7000 | 7000 |
| | | 70 | 6800 | 6900 | 7100 | 7100 | 7100 | 7000 | 7000 | 6700 | 6800 | 6800 | 6800 | 6800 |
| | | 80 | 6500 | 6600 | 6800 | 6900 | 6800 | 6800 | 6800 | 6500 | 6600 | 6600 | 6600 | 6600 |
| | | 90 | 6300 | 6400 | 6600 | 6700 | 6600 | 6600 | 6600 | 6300 | 6400 | 6400 | 6400 | 6400 |
| | | 100～105 | 6000 | 6100 | 6300 | 6400 | 6300 | 6400 | 6400 | 6500 | 6200 | 6200 | 6200 | 6200 |
| | | 120～250 | 5800 | 5900 | 6100 | 6200 | 6100 | 6200 | 6200 | 6300 | 6000 | 6000 | 6000 | 6000 |
| | 天阳 | 128～230 | 5600 | 5700 | 5900 | 6000 | 5900 | 6000 | 6000 | 6100 | 5800 | 5800 | 5800 | 5800 |
| | 东帆 | 120～200（双铜） | 5600 | 5900 | 6200 | 6210 | — | 5820 | 5700 | 5610 | 5610 | 5610 | 5610 | 5610 |
| | | 105（双铜） | 5800 | 5700 | 6410 | 6410 | — | 6020 | 5900 | 5810 | 5810 | 5810 | 5810 | 5810 |
| | 长鹤 | 120～200（双铜） | 5400 | 5700 | 6010 | 6010 | 5800 | 5620 | 5500 | 5310 | 5410 | 5410 | 5410 | 5410 |
| | | 105（双铜） | 5600 | 5900 | 6210 | 6210 | 6000 | 5820 | 5700 | 5510 | 5610 | 5610 | 5610 | 5610 |
| | 神盾 | 120～157 | — | — | 5810 | 5610 | — | 5100 | — | — | 5610 | — | — | — |
| | | 105 | — | — | 6010 | 5810 | — | 5300 | — | — | 5810 | — | — | — |
| | | 150（双铜） | — | — | — | — | — | — | 5300 | 5010 | 5210 | 5210 | — | 5210 |
| | | 157（双铜） | — | — | — | — | — | — | 5300 | 5010 | 5210 | 5210 | — | 5210 |
| | 太空梭 | 128～200（哑光） | — | — | 6210 | 6310 | — | 5820 | 5800 | 5610 | 5610 | — | — | 5610 |
| | | 105（哑光） | — | — | 6410 | 6510 | — | 6020 | 6000 | 5810 | 5810 | — | — | 5810 |
| | 华泰牡丹 | 120～200（双铜） | — | — | — | 5300 | 5300 | 5200 | 5100 | 5110 | 4910 | 5010 | 4810 | 4910 |
| | 金海鲸王 | 140～250（双铜） | 5000 | 5300 | 5400 | 5500 | 5300 | 5000 | 5000 | 5010 | 4860 | 4960 | 4810 | 5010 |

续表

| 产品名称 | 品牌/厂家 | 定量/(克/米²) | 价格/(元/吨) 1月 | 2月 | 3月 | 4月 | 5月 | 6月 | 7月 | 8月 | 9月 | 10月 | 11月 | 12月 |
|---|---|---|---|---|---|---|---|---|---|---|---|---|---|---|
| 食品卡纸 | 金太阳 | 250（白芯） | 8110 | 8110 | 7910 | 8110 | 8210 | 8110 | 8110 | 8110 | 8110 | 8110 | 8110 | 8110 |
| 胶版纸 | 华夏太阳 | 60 | 6400 | 6500 | 6700 | 6900 | 6700 | 6800 | 6800 | 6800 | 6600 | 6500 | 6500 | 6600 |
| | | 70～120 | 6200 | 6300 | 6500 | 6700 | 6500 | 6600 | 6600 | 6600 | 6400 | 6300 | 6300 | 6400 |
| | 金太阳 | 60 | 6700 | 6800 | 7000 | 7100 | 7000 | 7100 | 7100 | 7100 | 6800 | 6700 | 6700 | 6800 |
| | | 70～120 | 6500 | 6600 | 6800 | 6900 | 6800 | 6900 | 6900 | 6900 | 6600 | 6500 | 6500 | 6600 |
| | 劲达兴 | 70～100 | — | — | — | — | — | — | 5550 | 5410 | — | 5410 | 5410 | 5410 |
| 涂布白卡纸 | 华夏太阳 | 190～400 | 6410～6510 | 6510～6610 | 6710～6910 | 6910～7110 | 6610～6710 | 6710～6910 | 6610～6810 | 6510～6710 | 6610～6810 | 6510～6710 | 6510～6710 | 6510～6710 |
| | 万国光芒 | 190～400 | 6110～6210 | 6210～6310 | 6310～6510 | 6510～6710 | 6310～6510 | 6310～6510 | 6210～6410 | 6110～6310 | 6110～6310 | 5810～6010 | 6010～6210 | 6010～6210 |
| | 万国骄阳 | 190～400 | — | — | — | — | — | — | — | — | — | — | 5410～5610 | 5410～5610 |
| | 红梅 | 190～230 | 6200～6500 | 6200～6500 | 6300～6500 | 6300～6500 | 6300～6400 | 6200 | 6300～6500 | 6000～6200 | 6000～6100 | 5800～6000 | 5900～6100 | 5900～6000 |
| | 亚洲酋长 | 230～400 | 5600 | 5800 | 6160 | 6110 | 5850 | 5720 | 5800 | 5510 | 5410 | 5410 | 5210 | 5510 |
| | 博汇 | 230～365（高松） | 5400 | 5600 | 5710 | 6100 | 5800 | 5600 | 5700 | 5610 | 5560 | 5510 | 5210 | 5510 |
| | 中华 | 205～270（高松） | — | — | — | — | — | — | — | 6310 | 6310 | 6410 | 6010 | 6310 |
| | 金太阳 | 190～400 | 7310～7510 | 7410～7610 | 7410～7610 | 7610～7810 | 7510～7710 | 7510～7710 | 7310～7510 | 7210～7410 | 7310～7510 | 6910～7210 | 7310～7510 | 7310～7510 |
| 涂布白纸板 | 海龙 | 250 | — | — | 4410 | 4610 | — | 3920 | 4070 | 4000 | 4110 | 4200 | 4100 | 4160 |
| | | 300 | — | — | 4260 | 4460 | — | 3770 | 3920 | 3850 | 3960 | 4050 | 3950 | 4010 |
| | | 350～450 | — | — | 4110 | 4310 | — | 3620 | 3770 | 3700 | 3810 | 3900 | 3800 | 3860 |
| | 地龙 | 250 | 3950 | 4000 | 4060 | 4160 | 4100 | 3920 | 3720 | 3700 | 3810 | 3900 | 3800 | 3860 |
| | | 300 | 3850 | 3920 | 3960 | 4110 | 4000 | 3820 | 3620 | 3600 | 3710 | 3800 | 3700 | 3760 |
| | | 350～400 | — | — | — | 3960 | — | 3720 | 3520 | 3500 | 3610 | 3700 | 3600 | 3660 |

（田风洲）

# 产品与市场

## PRODUCTS AND MARKET



3

# 2012年我国造纸工业产销情况分析

# Analysis on Production and Sale Situation of China's Paper Industry in 2012

## 一、我国造纸工业2011年生产及消费情况回顾

1. 2011年生产和消费情况

根据中国造纸协会2011年对全国制浆造纸生产企业统计：纸及纸板生产企业3500多家；纸及纸板生产量9930万吨，同比增长7.12%；纸及纸板进口量331万吨，同比减少1.49%；纸及纸板出口量509万吨，同比增长17.55%；消费量9752万吨，同比增长6.31%；人均年消费量为73千克，比2010年增加5千克。

2. 2011年主要产品生产及消费情况

新闻纸生产量390万吨，消费量389万吨；未涂布印刷书写纸生产量1730万吨，消费量1687万吨；涂布纸生产量725万吨，消费量599万吨；其中，铜版纸生产量640万吨，消费量532万吨；生活用纸生产量730万吨，消费量674万吨；包装用纸生产量620万吨，消费量632万吨；白纸板生产量1340万吨，消费量1322万吨；箱纸板生产量1990万吨，消费量2073万吨；瓦楞原纸生产量1980万吨，消费量1991万吨；特种纸及纸板生产量210万吨，消费量179万吨；其他纸及纸板生产量215万吨，消费量206万吨。

3. 纸浆生产和消耗情况

2011年全国各类纸浆生产量7723万吨，同比增长5.53%。各类纸浆进口量1445万吨，同比增长27.09%；各类纸浆出口量9.91万吨，同比增长22.35%。2011年纸浆消耗量9044万吨，同比增长6.89%。其中，木浆2144万吨，同比增长15.33%；非木浆1240万吨，同比减少4.39%；废纸浆5660万吨，同比增长6.69%。

从上述数据可以看出，2011年全国纸及纸板、纸浆生产和消费情况整体呈稳步增长态势。

## 二、我国造纸工业2012年生产情况

1. 生产完成情况

据中国造纸协会调查资料，2012年全国纸及纸板生产企业约3500家。全国纸及纸板生产量10250万吨，同比增长3.22%；消费量10048万吨，同比增长3.04%；人均年消费量74千克（13.54亿人），比2011年增加1千克。

2. 经济指标完成情况

据国家统计局统计，2012年全国制浆造纸及纸制品业规模以上企业共完成工业总产值12860亿元，同比增长12.00%；主营业务收入12459亿元，同比增长9.55%；利税总额为1084亿元，同比增长11.81%；利润总额为692亿元，同比增长12.34%。2012年制浆企业完成工业总产值237亿元，同比增长30.50%；主营业务收入201亿元，同比增长18.40%；利税总额3.63亿元，同比减少57.03%；利润总额－1.28亿元，同比减少185.56%。2012年纸及纸板生产企业完成工业总产值7075亿元，同比增长8.80%；主营业务收入6888亿元，同比增长6.87%；利税总额554亿元，同比增长5.29%；利润总额343亿元，同比增长3.61%。2012年纸制品生产企业实现工业总产值5548亿元，同比增长15.50%；主营业务收入5370亿元，同比增长12.85%；利税总额527亿元，同比增长21.02%；利润总额350亿元，同比增长23.58%。

从数据中可以看出以下几个问题。

（1）纸及纸板生产增速明显减缓　从月度生产情况看，4月、5月、7月、8月、10月、12月这6个月出现了环比下降的局面，分别下降5.1%、1.4%、6.3%、0.1%、1.3%和0.3%，这一现象是

多年来未发生过的。

(2) 制浆企业生产经营仍处困境　快报统计，2012年纸浆产量同比减少25.13%，产销率93.0%，比2011年同期下降约6个百分点。利润总额同比负增长185.56%，产成品库存同比增长7.68%，亏损企业亏损额同比增长126.78%。

(3) 应收账款净额有所增加　快报统计，2012年制浆造纸及纸制品企业的应收账款净额合计1198亿元，同比增长10.06%。其中，制浆企业应收账款净额10.62亿元，同比下降43.89%；纸及纸板生产企业应收账款净额618亿元，同比增长9.46%；纸制品企业应收账款净额569亿元，同比增长12.77%。

(4) 企业亏损数量和亏损额增加　快报统计，2012年国内制浆造纸及纸制品企业7207家，亏损企业821家，占企业总数的11.39%，累计亏损76亿元，同比增长36.19%。其中，制浆企业77家，亏损企业24家，占企业总数的31.17%，累计亏损13亿元，同比增长126.78%；造纸企业2748家，亏损企业354家，占企业总数的12.88%，累计亏损50亿元，同比增长33.44%；纸制品企业4382家，亏损企业443家，占企业总数的10.11%，累计亏损12亿元，同比增长1.25%。

以上数据可以看出，制浆企业和造纸企业亏损额大幅增加，反映出制浆造纸产业的困难。

3. 纸及纸板的进出口情况

2012年纸及纸板进口量311万吨，比2011年同期331万吨减少20万吨，下降6.04%。其中，新闻纸和包装用纸的进口量比2011年同期分别增长1200.00%和11.11%，其他品种均比2011年有不同程度下降。降幅较大的有：生活用纸同比下降55.56%，瓦楞原纸同比下降17.65%，未涂布印刷书写纸同比下降12.50%。

2012年纸及纸板出口量513万吨，比2011年同期509万吨增加4万吨，同比增长0.79%。出口量增幅较大的品种有：未涂布印刷书写纸同比增长21.69%，瓦楞原纸同比增长16.67%。按月度出口情况看，月平均出口量43万吨，其中，5月和9月出口量最多为47万吨，1月出口量最少为34万吨。

4. 商品纸浆和废纸的进出口情况

2012年各类商品纸浆进口量1647万吨，同比增长13.98%，月平均进口量137万吨，比2011年月平均进口量多17万吨。

2012年各类废纸进口量3007万吨，同比增长10.23%，月平均进口量251万吨，比2011年月平均进口量多24万吨。

2012年各类商品浆出口量7.99万吨，同比减少19.37%；出口各类废纸0.24万吨，同比减少33.33%。

## 三、纸及纸板主要品种的生产与消费

1. 新闻纸

2012年国内新闻纸生产量380万吨，同比减少2.56%；从海关的数据得知，2012年进口新闻纸13万吨，同比增长1200%，进口量较大，而且价格也较2011年同期有所下降，2012年进口新闻纸到岸价格平均为622美元/吨，比2011年同期652美元/吨，每吨下降了30美元。同期出口新闻纸仅4000多吨，同比减少73.62%。

随着互联网及多媒体的发展，直接影响了报纸发行量和新闻纸用量的提高，同时国外新闻纸生产企业又加大了对我国新闻纸的低价销售，使国内新闻纸生产企业面临了总用量下降和进口量增多两大困境。

2. 书刊用纸

2012年国内书刊用纸生产量1750万吨，同比增长1.16%；进口量35万吨，同比减少12.50%；出口量101万吨，同比增长21.69%；全年消费量1684万吨，同比减少0.18%。

近年来，国内新建机台和改造文化用纸生产线带来的增量，使得未涂布印刷书写用纸产能增长过快，这些新增产能释放过于集中，给市场带来负面信号和竞争压力，主要表现为产量增幅趋弱，产品价格波动加大，盈利能力下降。

3. 铜版纸

2012年国内铜版纸生产量695万吨，同比增长8.59%；进口量27万吨，同比减少10.0%；出口量141万吨，同比增长2.17%；全年消费量581万吨，同比增长9.21%。

由于几大铜版纸生产企业新建生产线相继投产和产能逐步释放，给国内铜版纸生产带来较大增量，使得铜版纸市场竞争激烈，价格也在低位徘徊。

4. 生活用纸

2012年生活用纸国内生产量780万吨，同比增长6.85%；进口量4万吨，同比减少55.56%；出口量53万吨，同比减少18.46%；全年消费量731万吨，同比增长8.46%。

近 2 年，生活用纸生产量增长较快，市场销售及盈利水平方面也都较好，但它的品牌效应和销售区域半径也很明显，如果企业不能够发挥各自的优势，只是盲目跟风，将会造成生产量不断扩大，甚至出现区域性过剩，从而改变当前市场格局、加剧竞争（目前有的企业只能给别人贴牌加工）。

另外，由于我国原生纸浆生产量较低，每年尚需进口 1000 多万吨商品纸浆来满足国内生产需要。如果不可回收的厕用卫生纸、厨房擦拭纸、擦手纸等产品都用原生纸浆生产将是对原生纸浆的浪费，所以应鼓励使用回收废纸来生产上述这些一次性且使用废纸浆即能满足卫生要求的产品。而餐面巾纸、医护用纸等产品，因有卫生安全要求，则要求必须使用原生纸浆生产。

5. 白纸板

2012 年国内白纸板生产量 1390 万吨，同比增长 3.73%，其中，涂布白纸板生产量 1340 万吨，同比增长 3.88%；白纸板进口量 72 万吨，同比减少 8.86%；出口量 83 万吨，同比减少 14.43%；全年消费量 1379 万吨，其中，涂布白纸板消费量 1329 万吨。

根据新建产能释放、中小型企业因市场因素减产情况，以及白纸板和白卡纸进出口情况来看，2012 年国内白纸板产品市场产销基本平稳。但从山东博汇集团有限公司、玖龙纸业（控股）有限公司、理文造纸有限公司、万国纸业太阳白卡纸有限公司、宁波亚洲浆纸业有限公司、广西金桂浆纸业有限公司等公司已知的在建项目来看，预计 2013 年国内白纸板生产能力还会有增长，届时市场竞争将会加剧。

6. 箱纸板和瓦楞原纸

2012 年国内箱纸板生产量 2080 万吨，同比增长 4.52%；进口量 84 万吨，同比减少 9.68%；出口量 7 万吨，同比减少 30.00%；全年消费量 2157 万吨，同比增长 4.05%。

2012 年瓦楞原纸生产量 2020 万吨，同比增长 2.02%；进口量 14 万吨，同比减少 17.65%；出口量 7 万吨，同比增长 16.67%；全年消费量 2027 万吨，同比增长 1.81%。

国内经济发展的需求和各类商品出口量的不断增加，拉动包装纸板需求量的不断增长，因此，箱纸板和瓦楞原纸仍然是这 2 年我国生产量最大、增量最多的产品。但随着经济增长趋缓和出口量的下降，包装纸板的需求量也有所减少，主要表现就是产品价格波动加大，企业盈利有所下降。

7. 商品纸浆进口情况

2012 年国内共生产各类纸浆 7867 万吨，同比增长 1.86%。其中，木浆 810 万吨，非木浆 1074 万吨，废纸浆 5983 万吨。

2012 年我国进口各类商品纸浆 1647 万吨，同比增长 13.98%；每月平均进口 137 万吨，比 2011 年每月进口增加 17 万吨；进口纸浆平均价格为 674.64 美元/吨，比 2011 年同期平均价格 825.86 美元/吨减少 151.22 美元/吨。出口纸浆 7.99 万吨，同比减少 19.37%。

从进口的商品木浆种类上看，2012 年漂白硫酸盐针叶木浆进口 658.90 万吨，比 2011 年同期增加 76.23 万吨，平均价格 659 美元/吨，比 2011 年同期下降 182 美元/吨；漂白硫酸盐阔叶木浆进口 607.67 万吨，比 2011 年同期增加 82.05 万吨，平均价格 599 美元/吨，比 2011 年同期下降 87 美元/吨；本色硫酸盐木浆进口 68.86 万吨，比 2011 年增加 5.77 万吨，平均价格 552 美元/吨，比 2011 年同期下降 116 美元/吨；化机浆进口 140.58 万吨，比 2011 年增加 6.34 万吨，平均价格为 540 美元/吨，比 2011 年同期下降 6 美元/吨。

从以上数据中可以看出，2012 年商品纸浆进口量增长的同时，价格有较大幅度下降。

8. 废纸进口情况

2012 年全国造纸生产用浆中废纸浆已达 5983 万吨，比例已占到总用浆量的 64%，折合废纸量约 7479 万吨。其中，国内回收的各类废纸 4473 万吨。

2012 年各类废纸进口量 3007 万吨，同比增长 10.23%，月平均进口 251 万吨，进口平均价格为 208.57 美元/吨，比 2011 年同期平均价格下降 46.82 美元/吨。

从进口废纸的品种看，全年废瓦楞箱纸板进口量 1724.38 万吨，同比增长 11.63%，平均价格 216 美元/吨，较 2011 年同期进口价格下降 44 美元/吨；废报纸和废杂志纸进口量 683.25 万吨，同比增长 2.73%，平均价格 203 美元/吨，比 2011 年同期进口价格下降 50 美元/吨；混合废纸进口量 515.10 万吨，同比增长 14.93%，平均价格 186 美元/吨，比 2011 年同期进口价格下降 48 美元/吨；办公废纸进口量 83.98 万吨，同比增长 20.07%，平均价格 256 美元/吨，比 2011 年同期进口价格下降 59 美元/吨。

从以上各废纸品种进口情况来看，全年各类废纸进口量都比 2011 年有所增长，进口价格降幅较大。废瓦楞箱纸板、废报纸和废杂志纸这 2 个类别依然是主要品种，占废纸进口总量的 80%

以上。

## 四、2012年及2013年国内造纸生产和市场走势

2012年我国经济发展环境较为复杂，在全球经济增长明显放缓情况下，国内经济增长也面临较大下行压力。党中央、国务院坚持稳中求进的总基调，把稳增长放在更加重要的地位，使经济运行逐步企稳，全年经济增长达到7.8%。而造纸工业在此大背景下，2012年行业整体仍然保持了增长态势，并且达到产销基本平衡，但行业经济效益整体下滑较大，部分造纸企业生产经营困难加大。

展望2013年，国际环境充满复杂性和不确定性，国内经济运行处在寻求新平衡的过程中。国家在继续实施积极财政政策和稳健货币政策的同时，将注重需求政策与供给政策结合，短期政策与中长期政策结合，增强政策弹性和有效性，着力破解企业生产经营中的困难，加快结构调整步伐，培育新竞争优势，推动增长动力转换和发展方式的实质性转变，促进国民经济平稳运行，这将给造纸工业带来较好的经济运行环境。

根据国内造纸工业生产和造纸原料供应以及国内外纸张市场走势，2012年及2013年国内造纸工业生产和市场总体态势为：

1. 纸张生产和消费整体将呈现增长，但增速降低

随着国内经济逐步企稳和经济总量的增长，将继续拉动国内市场对纸张总量需求的增加，而需求的增长也为我国造纸工业提供了发展空间，从而必将推动国内纸及纸板生产量和消费量继续增长，但增长速度将会逐步减缓。

2. 市场竞争加剧，企业经济效益下滑

2012年造纸行业整体运行基本平稳，产销基本平衡。但由于经济大环境不好，需求增长放缓，加上生产要素上涨等因素，致使企业开工率不足，生产成本上升。另外，受产能扩张和市场需求减少的挤压，多数产品市场价格下滑，盈利空间收窄，利润下降，生产经营困难的企业增多。

3. 转型升级，淘汰落后，企业整合速度加快

受产能扩张、生产成本增加、市场变化和竞争压力加剧等因素影响，将促使企业加快转型升级，由过去的依靠投资增量发展转向练好内功、提高生产效率和产品质量、降低生产成本的质量效益型方向发展，同时也会加快落后装备的淘汰速度和企业间并购重组、整合资源的速度。

4. 新技术应用和新产品开发将加快

产能增加过快，市场竞争加剧，生产成本上升压力加大，将促使企业加快对新技术的应用，尤其是节能减排方面的技术，以降低生产成本；同时也会加大开发新产品力度，以应对市场变化，增强竞争力。

5. 国际贸易摩擦增多，纸张产品出口受阻

随着我国生产总量的增长和产品品质提高及品种的增多，多数产品生产量已基本能够满足国内市场需求，使得纸及纸板产品进口量在逐年减少，出口总量在逐年增加，尤其是国内近年来产能增量较大的涂布和未涂布印刷用纸。

由于全球经济低迷，贸易保护主义抬头，世界各国对我国纸张出口量增长都十分关注，纷纷采取制约措施来限制我国纸张产品出口。目前已有美国、欧盟、阿根廷、泰国、巴基斯坦和我国台湾地区等分别就我国涂布纸或未涂布纸出口提起了“单反”或“双反”调查，有的已经作出了裁定，这就给我国纸和纸板产品进入国际市场设置了障碍，将对今后一段时间内国内生产企业的出口带来影响。这一问题应引起企业重视。

6. 商品纸浆和废纸进口量继续增加

全球经济低迷，纸浆纸张市场也难以独善其身。从掌握的信息看，经济发达体中各国纸张生产和需求均有不同程度下降，因此，对商品纸浆和废纸也就没有更多增量需求。由于商品纸浆全球生产能力还在增加（尤其是漂白阔叶木浆），所以各国供应商都把眼睛盯上了有增量需求的中国，加上2012年国际浆价比2011年走低，国内各主要造纸企业和贸易商也就加大了商品纸浆和废纸采购量，使得当年进口商品纸浆和废纸量增长较大，同时挤压了国内原生纸浆生产和国内废纸回收量。

7. 减排政策和管理力度加大

随着制浆造纸工业水污染物排放新标准的实施，对$COD_{Cr}$、$BOD_5$、氨氮排放总量及浓度指标管理将更加严格，尤其是标准中对废水排放量限制，致使生产企业在废水治理方面的投入和运行成本增加。

2012年环境保护部制定了“十二五”期间污染物总量控制方案，对造纸工业污染物排放量实施了更加严格和细致的管理（包括中控管理、全口径统计、污染物总量交易管理措施等），此方案实施将对造纸工业后续发展带来影响。

纵观2012年制浆造纸工业经济运行状况，增

长阶段转换的征兆更趋明显。2013 年，全球经济仍处危机后的调整期，国际环境充满复杂性和不确定性；国内原有的竞争优势、增长动力逐渐减弱，而新优势尚未形成，市场信心和预期不稳，造纸工业经济运行正处在转型和寻求新平衡的过程中。所以按国家“十二五”计划提出的战略目标和任务，通过优化结构，提升改造，淘汰落后产能，增强新产品开发能力，在技术、管理、成本控制等方面练好内功，尽早实现造纸工业由数量主导型向质量、效益主导型转变，全面提升造纸行业的整体水平和竞争力，真正做到由大变强。

（赵　伟）

# 商品浆市场概况

## Market Survey of Market Pulp

## 一、国际商品浆市场概况

2011年全球纸浆总产量为1.838亿吨，比2010年（1.829亿吨）增长了0.5%。其中，化学浆产量1.311亿吨，比2010年增长1.5%；机械浆3139万吨，比2010年下降2.1%。从地区分布上看，世界机械浆生产集中在北美洲和欧洲，它们的产量分别为1200万吨和1267万吨。这2个地区机械浆产量总和占全球机械浆总产量的78.6%。

世界纸浆产业布局总的来说近几十年来有从北向南转移，从成熟市场地区向新兴市场地区转移的趋势。图1是2004—2011年北美、欧洲、亚洲和拉美地区纸浆产量占全球纸浆总产量比例的变化。2011年北美地区纸浆总产量为6805万吨，占全球纸浆总产量的37.0%，比2010年增长了0.3%；欧洲和亚洲纸浆总产量分别为4659万吨和4234万吨，分别占全球总产量的25.3%和23.0%。纵向来看，北美地区从2004年占42.4%下降至2011年仅占37.0%，下降了5.4个百分点；欧洲同一时期从26.8%下降至25.3%，降低了1.5个百分点。相反，亚洲地区纸浆产量从2004年占全球纸浆产量的19.7%增长至2011年的23.0%，增加了3.3个百分点。

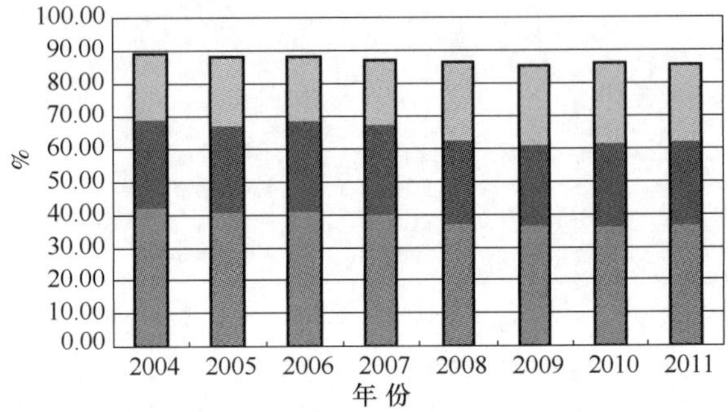


图1　2004—2011年世界主要地区纸浆产量占全球产量的比例

■北美　■欧洲　■亚洲

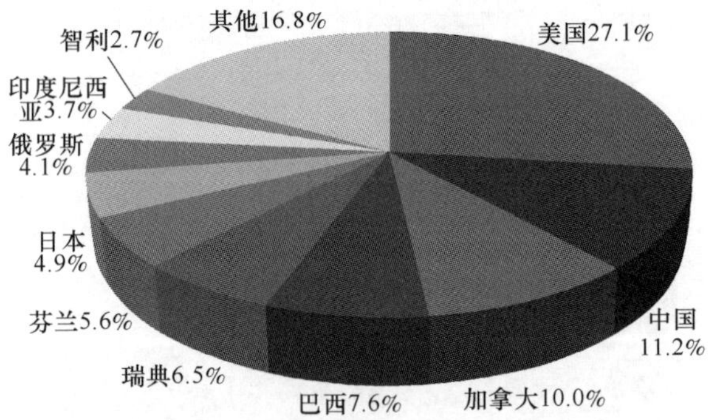


图2　2011年主要纸浆生产国及所占份额

2011年纸浆主要生产国及所占份额见图2。美国、中国和加拿大是纸浆产量最多的3个国家，2011年纸浆总产量分别是4974万吨、2063万吨和1831万吨。3国纸浆产量分别增长了0.9%、2.9%和-1.2%。从表1可见，十大产浆国及其排名与2010年相比没有变化。10个国家中有半数是负增长，智利则以18.5%的增幅增长最快，但年产量和震前水平仍有差距。

表2是2011年世界纸浆主要进口国和出口国。2011年纸浆净进口量较多的国家有中国、德国、意大利、韩国、日本5个国家，它们的净进口总量为2515万吨，除德国进口量有较大减少（-8.9%）外，其余4国净进口量均有所增长。纸浆净出口量较多的国家是加拿大、巴西、智利、瑞典和印度尼西亚，它们的净出口总量为2568万吨。此外，芬兰、俄罗斯、乌拉圭、葡萄牙和新西兰也有较多纸浆净出口，分别为200万吨、177万吨、103万吨、89万吨和84万吨。

从世界范围来看，商品浆的产量约占纸浆总产量的25%左右。全球商品浆产量和净出口量最大的国家是加拿大，2011年净出口量达900万吨。其次是巴西，2011年净出口量为808万吨。

**表 1　2011 年纸浆产量前 10 名的国家**

| 排序 | 国家 | 产量/万吨 | 份额/% | 同比增长/% |
|---|---|---|---|---|
| 1 | 美国 | 4974 | 27.1 | 0.9 |
| 2 | 中国 | 2063 | 11.2 | 2.9 |
| 3 | 加拿大 | 1831 | 10.0 | -1.2 |
| 4 | 巴西 | 1389 | 7.6 | -2.1 |
| 5 | 瑞典 | 1186 | 6.5 | -0.2 |
| 6 | 芬兰 | 1036 | 5.6 | -1.4 |
| 7 | 日本 | 902 | 4.9 | -4.0 |
| 8 | 俄罗斯 | 745 | 4.1 | 0.4 |
| 9 | 印度尼西亚 | 681 | 3.7 | 4.3 |
| 10 | 智利 | 488 | 2.7 | 18.5 |

全球商品浆通常根据产地、材种、制浆方法和白度来分类。主要有：北/南方漂白针叶木硫酸盐浆（NBSK/SBSK）、北/南方漂白阔叶木硫酸盐浆（NBHK/SBHK）、漂白桉木硫酸盐浆（BEK）、混合热带阔叶木和相思树浆、漂白热磨机械浆（BCT-MP）。加拿大、瑞典、芬兰的商品浆主要是漂白硫酸盐针叶木浆（NBSK）；巴西、智利的商品纸浆主要是漂白硫酸盐阔叶木浆（NBHK）。巴西的漂白硫酸盐桉木浆是世界著名的阔叶木浆。

2011 年全球木浆总产量 1.681 亿吨，总出口量 4514 万吨，占总产量的 26.9%。其中漂白硫酸盐针叶木浆总出口量 1883 万吨，漂白硫酸盐阔叶木浆总出口量 2061 万吨；漂白硫酸盐针叶木浆的出口量占其产量的 53.6%，而漂白硫酸盐阔叶木浆的出口量占其产量的 34.7%。

全球商品浆价格 2011 年二季度木浆价格到达年内高点后，于下半年逐步回落，并渐趋平稳。2012 年以来，木浆价格于低位波动，三季度开始企稳。2013 年初，受成本驱动影响，木浆价格小幅上涨。

**表 2　2011 年主要纸浆净进口国和净出口国**

| 排名 | 国家 | 净进口量/万吨 | 排名 | 国家 | 净出口量/万吨 |
|---|---|---|---|---|---|
| 1 | 中国 | 1435 | 1 | 加拿大 | 906 |
| 2 | 德国 | 375 | 2 | 巴西 | 808 |
| 3 | 意大利 | 326 | 3 | 智利 | 401 |
| 4 | 韩国 | 245 | 4 | 瑞典 | 242 |
| 5 | 日本 | 134 | 5 | 印度尼西亚 | 211 |

## 二、国内商品浆市场概况

根据国家统计局相关数据，2012 年我国纸浆产量为 1704 万吨（包括木浆和部分非木浆），同比下降 25%。在下游需求低迷的情况下，纸浆行业整体处于“去库存”的状态，浆厂生产积极性不高。2012 年全年进口纸浆价格处于近 3 年低位，纸浆进口 1646 万吨，同比增长 14%。1999—2012 年国产纸浆产量见图 3。

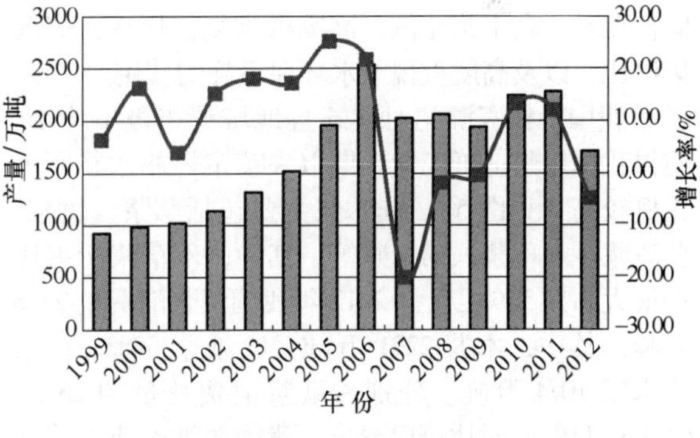


图 3　国产纸浆产量（1999—2012 年）

纸及纸板生产量的增长，将拉动造纸企业对原料需求的增加。同时，我国纸产品呈现高档化和多元化趋势，国内对生产高档纸的木浆原料需求大增。但是由于我国林业资源贫乏，林纸一体化项目刚刚起步，国产木浆产量还很有限。因此，在未来几年，原料结构的调整主要依靠进口木浆和废纸。2012 年我国木浆和废纸进口量分别达 1646 万吨和 3007 万吨，连续多年高居世界首位。无疑我国造纸工业原料很大程度上依赖于国际市场。同时，我国对木浆和废纸等纤维原料的巨大需求，将对国际纤维原料市场有举足轻重的影响。

据不完全统计，国内生产的木浆除自产自用外，进入销售领域的商品浆大约 300 万吨，相对于 2000 多万吨的纸浆总产量来说，商品浆的生产量很少。而商品浆市场需求在1000万吨以上，因此，国产商品浆在我国还没有形成优势地位，造纸企业需要的商品浆目前绝大多数还是依赖进口解决。这也是现在商品浆进口量年年增加的原因。由于国内商品浆产量较少，因此国内商品浆价格的波动基本上跟随国际商品浆市场的波动而波动。2002—2012年进口木浆及进口依存度见图4。

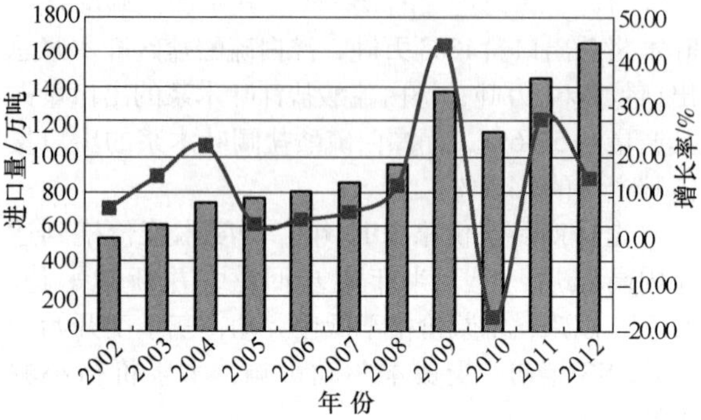


图4 2002—2012年我国进口木浆量

## 三、我国造纸原料结构变化趋势

以木材为主要原料是现代制浆造纸工业的基本特征，也是当今世界制浆造纸工业发展的潮流。国际造纸工业纸浆结构为木浆占62.6%，废纸浆34%，非木浆3.4%。国际先进国家的造纸工业发展特点是，高木浆比例，高废纸重复使用率，高度集约化，以及高度重视节水环保设施的使用。

我国森林资源相对贫乏且地域分布极不均衡，使得我国制浆造纸工业长期以来草浆等非木浆所占比例较高（见图5）。非木浆主要包括苇浆、竹浆、蔗渣浆、禾草浆、棉麻浆等。其中，禾草浆所占比例最大，在50%以上。2012年我国纸浆消费量9348万吨，其中，木浆2291万吨，废纸浆5983万吨，非木浆1074万吨，分别占纸浆消费总量的25%、64%和11%。对比可以看出，我国造纸工业纸浆结构和国际先进造纸工业相比仍有较大差距。非木浆的比例过高直接影响了我国纸类产品的档次和竞争力，而且污染严重，环保成本较高。

2002—2012年，我国纸浆结构进一步优化，非木浆的比例大幅下降，从35.4%下降到13.6%，

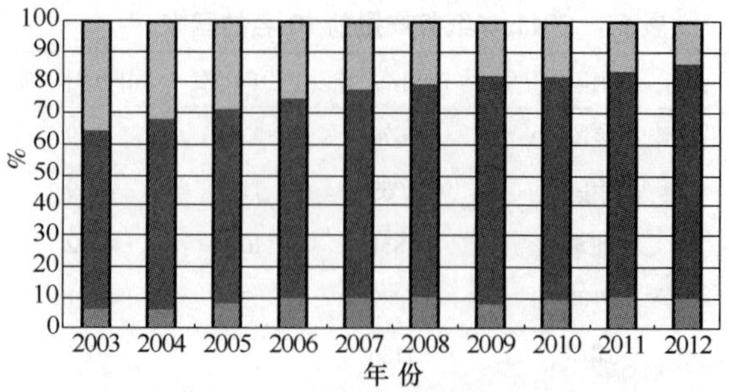


图5 2003—2012年我国纸浆原料结构变化情况

但木浆的比例提高有限，仅从21%提高至24%。为了进一步提高我国纸及纸板产品档次和质量，减少环境污染，2007年出台的《造纸产业发展政策》明确指出逐步形成以木纤维、废纸为主，非木纤维为辅的造纸原料结构。

从图6可以发现进入2012年，纸业固定资产投资增长率逐月下降，从而未来的供给增速将有明显的下降趋势。2008—2009年金融危机之际，造纸设备价格大幅下跌，加之我国4万亿元投资计划的刺激，各大造纸企业进行低成本扩张，大规模扩大产能，并于2010年进入产能释放期。2012年至今，行业大多数企业盈利能力位于低点，企业继续投资的意愿大幅减弱，未来行业供过于求的压力将得到很好的缓解。预计未来造纸企业对于原料的需求将会减弱，造纸产业链也将进入利润重分配过程，即利润不再是集中于纸浆环节，会有部分利润缓慢地向造纸环节转移。

图6 我国造纸企业固定资产投资（2004—2013年）

（朱 佳）

# 2012 年我国浆纸市场分析

## Analysis of China's Pulp and Paper Market in 2012

2012 年是我国造纸行业最困难、市场最疲软的一年。表现在市场需求不旺，纸厂赢利水平降低，大部分纸厂亏损严重，库存高企，造纸产能严重过剩等。究其原因，一方面是全球经济持续低迷，欧债危机漫延，北美、欧洲需求下滑；另一方面是我国经济增速放缓，国内需求下降，消费量降低。虽然我国浆纸行业 2012 年整体保持了产能增长，但赢利水平大大降低，竞争空前激烈。2012 年全国纸及纸板生产量 1.025 亿吨，同比增长 3.22%。这是我国造纸行业近年来（包括金融危机在内）的年度产量增速最低的一年，也是近 20 年来增速最慢的一年。造纸行业出现严重亏损，在 2748 家规模以上造纸企业中，有 354 家出现亏损；纸浆生产商亏损更为严重，在 53 家木浆生产企业中，有 16 家出现亏损，在 24 家非木浆生产企业中，有 11 家出现亏损。可以说 2012 年的我国造纸行业陷入了前所未有的困境。

同样，2012 年我国纸浆市场也经历了严峻的考验。全年浆纸市场低迷，需求不旺，价格一直在低位徘徊，供应商赢利水平降低，部分供应商出现严重亏损。2012 年全国商品浆进口量为 1648.09 万吨，同比增长 14.15%，其中，漂白硫酸盐针叶木浆 659.05 万吨，占商品浆总进口量的 39.99%，同比增长 13.11%；漂白硫酸盐阔叶木浆 607.79 万吨，占商品浆总进口量的 36.88%，同比增长 15.66%；溶解浆 157.8 万吨，占商品浆总进口量的 9.58%，同比增长 37.73%；半化学浆 140.62 万吨，占商品浆总进口量的 8.53%，同比增长 4.71%。2012 年我国商品浆进口情况见表 1。

溶解浆是纸浆进口量同比增长最大的浆种，为 37.73%。其次是漂白硫酸盐阔叶木浆和漂白硫酸盐针叶木浆，分别为 15.66% 和 13.11%。究其原因主要是 2012 年造纸行业新增生产能力 375 万吨/年，增加了对纸浆的需求量。另外，关闭落后产能，减少非木浆生产，增加了对商品浆的需求。2012 年淘汰落后生产能力约 880 万吨，涉及全国 588 家纸厂。此外，还存在一些贸易商低价囤货的情况等。机械浆进口量大幅度减少的主要原因是白卡纸供需严重失衡，产品积压，企业停产、减产现象普遍，导致对机械浆的需求减少。

**表 1　2012 年我国商品浆进口情况**

| 木浆种类 | 进口量/吨 | 占总进口量/% | 同比增长/% |
|---|---|---|---|
| 机械浆 | 10767 | 0.07 | -81.58 |
| 溶解浆 | 1578482 | 9.58 | 37.73 |
| 未漂白硫酸盐针叶木浆 | 673782 | 4.09 | 12.58 |
| 未漂白硫酸盐阔叶木浆 | 2905 | 0.02 | -88.75 |
| 漂白硫酸盐针叶木浆 | 6590541 | 39.99 | 13.11 |
| 漂白硫酸盐阔叶木浆 | 6077855 | 36.88 | 15.66 |
| 漂白亚硫酸盐针叶木浆 | 43895 | 0.27 | -48.74 |
| 漂白亚硫酸盐阔叶木浆 | 5797 | 0.04 | -36.10 |
| 未漂白亚硫酸盐针叶木浆 | 9704 | 0.06 | 34.68 |
| 未漂白亚硫酸盐阔叶木浆 | 120 | 0.00 | -63.67 |
| 半化学浆 | 1406205 | 8.53 | 4.71 |
| 棉短绒纸浆 | 3527 | 0.02 | -57.04 |
| 脱墨浆 | 19567 | 0.12 | 47.77 |
| 其他（化学、机械、半化学浆） | 57729 | 0.35 | -4.17 |
| 合计 | 16480875 | | 14.15 |

## 一、2012 年我国浆纸市场分析

### （一）主要纸浆品种分析

1. 针叶木浆

受我国经济增速放缓，国内纸张需求下滑，针叶木浆库存较高的影响，2012 年针叶木浆价格低迷，需求不旺，美元价格从1月的650美元/吨上调到3月的680美元/吨，4月700美元/吨，尔后下行降到5月650美元/吨，7月620美元/吨，8月滑到底部600美元/吨后，逐渐上调到12月640美元/吨。涨幅最高为50美元/吨，跌幅最高为100美元/吨。

从价格走势来看，一季度是逐渐上扬的态势，从650美元/吨上调到680美元/吨；二季度是下滑的态势，从700美元/吨下降到650美元/吨；三季度下滑最为严重，触及底部600美元/吨；四季度触底反弹，逐步上调到640美元/吨，与年初持平。全年平均售价为644美元/吨，低于大部分供应商的生产成本，尤其加拿大供应商损失惨重。从现货市场来看，情况与期货市场不尽相同。受贸易商库存较高的影响，针叶木浆现货市场疲软，价格低迷，略低于期货价格，现货与期货价格呈倒挂的态势。一季度现货价格从4850元/吨逐渐上调到5050元/吨，现货价格略低于期货价格，倒挂并不明显；但从二季度起，现货市场出现严重倒挂，从4800元/吨下调到4600元/吨，跌幅为200元/吨，现货价格平均低于期货价格302元/吨；三季度现货市场较为平稳，基本保持在4500元/吨左右，与期货价格基本一致；但四季度倒挂加剧，从4650元/吨下滑到4550元/吨，现货平均低于期货价格171元/吨。2012年漂白针叶木浆价格走势见图1。

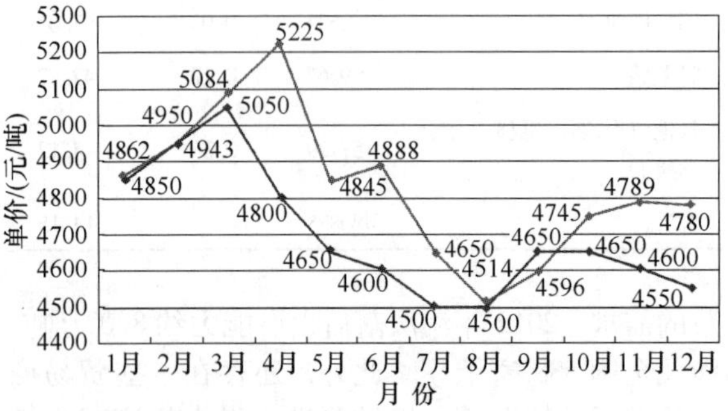


图1　2012年漂白针叶木浆价格走势

—◆—期货价格　—◆—现货价格

导致针叶木浆现货市场不景气的主要原因，一是我国经济增速放缓，内需不旺；二是针叶木浆库存较高致使纸厂购买力减弱，价格难以上扬；三是纸厂开工不足，减少了用浆量，需求减少。

2. 阔叶木浆

阔叶木浆的最大供应渠道主要有两个，一个是巴西的桉木浆，另一个则是我国本土亚太森博（山东）浆纸有限公司生产的日照森博浆。

（1）巴西的桉木浆　2012年全年桉木浆受国内新投产纸张项目的拉动和国内库存较低的影响，需求增加，价格波动相对小于针叶木浆。一季度桉木浆价格从580美元/吨逐渐上调到640美元/吨，涨幅为60美元/吨。从二季度起一直到12月，桉木浆的价格一直稳定在640美元/吨。现货市场受纸张市场不景气、价格低迷的影响，与期货价格形成倒挂。一季度现货市场价格平均低于期货价格74美元/吨，相对较小，但二季度倒挂加剧，现货价格低于平均期货价格510美元/吨，市场疲软。三季度平均倒挂364美元/吨，四季度为351美元/吨。虽然全年桉木浆的进口量与2011年同期相比有所上升，但全年平均价格远远低于2011年同期。2012年全年进口价格平均为655美元/吨，现货销售价格平均为4579元/吨，现货与期货倒挂平均为325元/吨。由于巴西的汇率损失和浆厂的巨大融资成本等致使巴西供应商生产成本增高，655美元/吨的平均售价使供应商成本基本处于持平的状态。2012年巴西漂白阔叶木浆价格走势见图2。

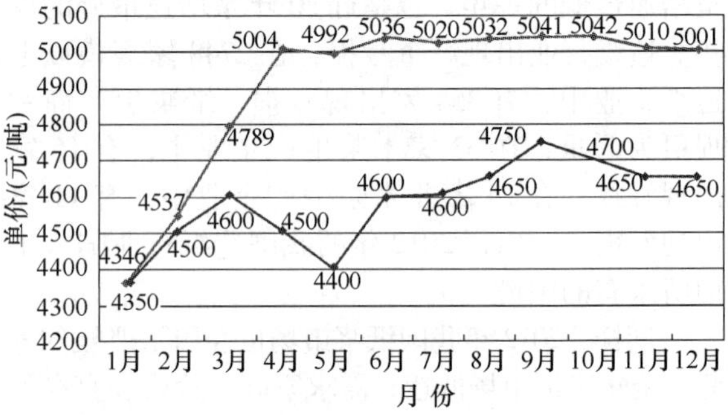


图2　2012年巴西漂白阔叶木浆价格走势

—◆—期货价格　—◆—现货价格

（2）日照森博阔叶木浆　与巴西的桉木浆相比，日照森博浆价格波动相对较小。一季度的价格从4300元/吨上调到4750元/吨，涨幅为450元/吨；二季度开始下滑，从4700元/吨下滑到4500元/吨，跌幅为250元/吨；三季度从4500元/吨下滑到4350元/吨，跌幅为150元/吨；四季度维持在4350元/吨。从价格来看，日照森博浆在价格上比巴西桉木浆有优势，全年售价平均低于巴西桉木浆价格441元/吨，有较强的竞争力。此外，由于日照森博浆厂在国内，减少了工厂的库存费用，运输距离短，付款方式灵活，故得到广大客户的青睐。2012年日照森博浆与巴西桉木浆期货价格走势对比见图3。

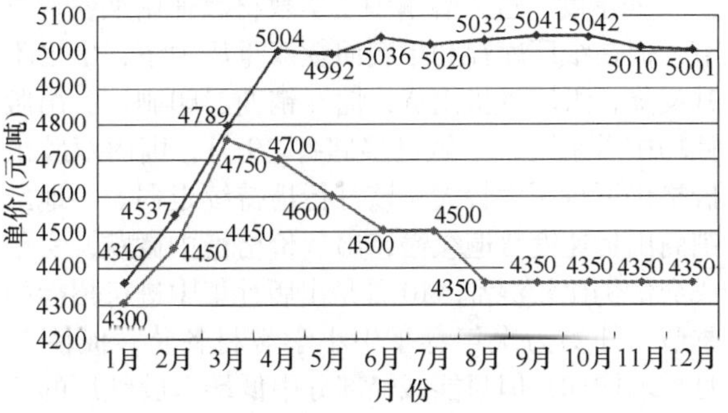


图3 2012 年日照森博浆与巴西桉木浆期货价格走势对比

—◆— 日照森博浆价格 —◆— 巴西桉木浆价格

2012 年阔叶木浆进口量增加的原因主要是新增产能的释放导致阔叶木浆需求增加，加上前期贸易商和工厂的库存较低，采购相对较稳定。价格低迷的原因主要是纸厂效益不好，纸张市场需求不旺造成阔叶木浆价格难以大幅度上调到供应商相对赢利水平。

与巴西桉木浆现货市场相比，日照森博浆与巴西桉木浆的价格较为接近，价差较小。一季度日照森博浆价格平均低于巴西桉木浆 50 元/吨，二季度 100 元/吨，三季度 266 元/吨，四季度 316 元/吨。全年平均低于巴西桉木浆售价 183 元/吨，远远低于期货的价差。这证明日照森博浆的价格在国内的竞争力较强，一则因为其便捷的提货和付款方式，二则是交货期短，物流成本低，从长远来看，是纸厂不错的选择。2012 年日照森博浆与巴西桉木浆现货价格走势对比见图 4。

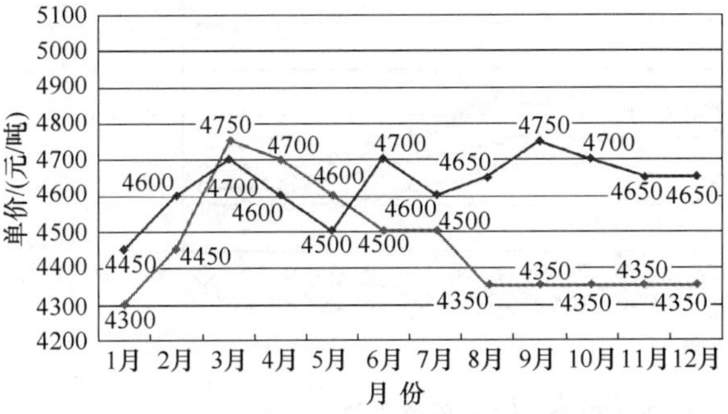


图4 2012 年日照森博浆与巴西桉木浆现货价格走势对比

—◆— 日照森博浆价格 —◆— 巴西桉木浆价格

3. 针叶木化机浆

受针叶木浆市场不景气、白卡纸产能过剩和销售受阻的影响，针叶木化机浆市场价格低迷，需求不旺，进口量大幅度减少，同比降低 81.55%。全年期货价格涨幅最高为 60 美元/吨，跌幅最大为 50 美元/吨。一季度，期货价格从 530 美元/吨上调到 570 美元/吨，涨幅为 40 美元/吨；二季度开始下跌，从 590 美元/吨下跌到 550 美元/吨，跌幅为 40 美元/吨；三季度价格持平，维持在 530 美元/吨；四季度上调，在 550 美元/吨徘徊。相对于期货市场，现货市场疲软，市场价格除一季度和三季度高于期货价格以外（平均 56 元/吨），二季度低于期货平均价格 106 元/吨，四季度为 157 元/吨。市场整体需求不旺。2012 年针叶木化机浆价格走势见图 5。

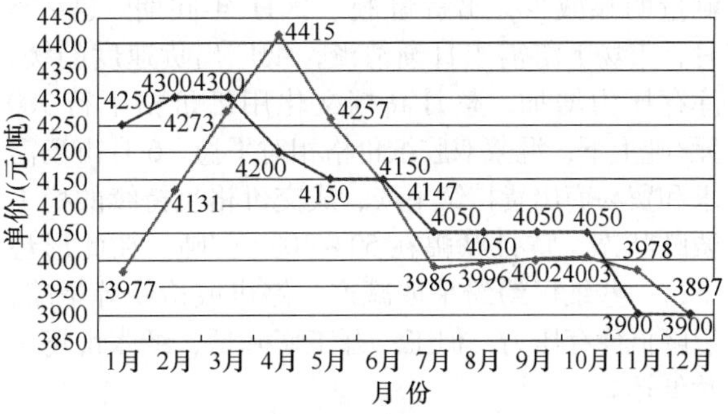


图 5 2012 年针叶木化机浆价格走势

—◆— 期货价格 —◆— 现货价格

**（二）2012 年我国纸张市场主要品种分析**

2012 年我国经济环境较为复杂，全球经济增长明显放缓，国内经济增长面临下行压力。国家继续维持稳中求进的策略，把稳增长放在更加重要的地位，使经济运行逐步企稳。造纸企业在此大背景下，产销依然保持增长态势，但行业整体经济效益下滑较大，部分造纸企业生产经营困难加大。同时，纸及纸板生产增速明显减缓；产成品库存增加，产能过剩；应收账款净额增加；企业亏损数量和亏损额增加，行业利润率降低；造纸企业呈现出增产不增收的局面。

1. 胶版印刷纸

2012 年国内未涂布印刷书写纸生产量 1750 万吨，同比增长 1.16%，全年消耗量 1684 万吨，同比减少 0.18%。2012 年上半年胶版印刷纸价格起起落落，胶版印刷纸的价格走出了倒 V 行情，使得一季度的涨价功亏一篑；下半年胶版印刷纸价格在需求清淡、新产能增加等影响下一路下滑。

一季度，胶版印刷纸市场整体表现较为平稳。1 月全木浆及混浆纸价格基本与上年 12 月持平，但成交方面受春节假期影响，较为清淡。进入 2 月，市场总体基本趋于稳定，由于纸浆价格的持续上行，高成本压力下，部分厂家价格开始小幅上调，但下游的需求并未有明显好转。3 月胶版印刷纸需求有所恢复，贸易商出货量较 2 月有所增加，因上游木浆原料成本上涨，加上 4 月下游出版系统需求增加，纸价稳中上涨 100～200 元/吨，贸易商在稳定出货的情况下进行试探性上涨。文化用纸消费旺季的临近，使得纸厂成本上涨压力得到部分转移。

二季度，胶版印刷纸市场出现旺季不旺，需求清淡，价格下滑。4 月本是双胶纸传统旺季，然而受政策、教辅订单削减和经济增速放缓的影响，商业快印订单减少，出版社改制又使得社科类书籍印刷量明显减少，出货量逊于 2011 年同期。进入 5 月，市场下游需求日渐清淡，纸厂出货速度趋缓，库存压力增加，整月高档文化用纸价格下行 100 元/吨上下，混浆双胶纸价格相对平稳。6 月市场需求和贸易商出货持续平淡，成交价格呈持续的稳中微跌状态，整月跌幅在 50～100 元/吨。在此形势下，一些纸厂纷纷采取减产、停机或检修等策略，以降低库存压力，但工厂开工率降低，纸张市场一片低迷。

三季度进入胶版印刷纸的传统淡季，价格持续下滑，市场需求未见好转，新产能投放使得市场雪上加霜。7—8 月进入市场淡季，纸厂成品纸库存有待降低。而 7 月亚太纸业（广东）有限公司江门项目的投产更是对需求清淡的华南市场雪上加霜。整个季度文化用纸价格出现了 300 元/吨的跌幅。由于市场明显处于供大于求的状态，经销商、出版社、印厂多随用随买，备纸量少，导致纸厂库存持续偏高。

四季度，进入春季中小学教材教辅用纸备货季节，但在纸厂库存和年底回款双重压力下，价格不升反降，纸厂趁机出货，但经销商、印刷厂、出版社均按需采购，不做过多储备。9 月，国内双胶纸价格仍下行压力较大，该月行情持续走弱。各地经销商出货速度普遍缓慢，出货价格稳中微跌，实单成交价仍比较混乱。10 月是出版社集中进行招标的季节，开始为次年春季中小学教材备货，促使 11 月需求增加，但只能减轻部分中低端双胶纸厂的库存压力，难以推动市场价格上涨，更无法缓解目前文化用纸工厂利润微薄的现状。11—12 月国内双胶纸行情仍相对较弱。除金华盛纸业（苏州工业园区）有限公司、芬欧汇川（中国）有限公司等高档双胶纸厂对外报价基本持稳外；山东省、河南省部分中低档双胶纸厂家的出厂价格下滑，降幅普遍在 100 元/吨。由于市场处在次年春季教材、教辅用纸备货的扫尾期，纸厂希望借机加紧出货，降低前期累积下来的高位库存，力求在年底前回笼资金，故而价格出现松动。由于 1、2 月是传统淡季，加上不看好后市，经销商方面继续保持低位库存，基本没有备货意愿。受北京图书订购会将在 2013 年 1 月中旬举行的利好消息影响，从 11 月中下旬开始，出版社双胶纸用量环比提升。北京经销商反映出货速度加快，但由于下游压价力度很大，实际成交价格略显混乱，当地市场主要双胶纸品牌的主流价格基本维持 10 月底的水平。2011—2012 年主要企业双胶纸价格走势见图 6。

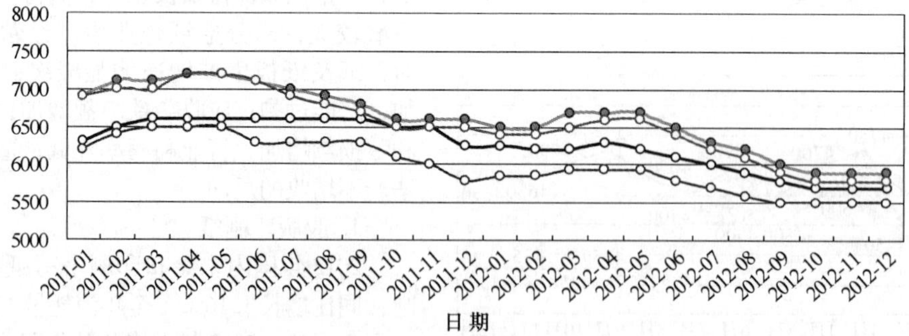


图 6　2011—2012 年主要造纸厂家双胶纸（70 克/米²）价格走势



2. 涂布白卡纸

受市场整体环境和白卡纸产能严重过剩的影响，上半年涂布白卡纸价格同比降低 1000 元/吨左右，市场惨淡，价格上涨缓慢。下半年涂布白卡纸价格一路下跌，在各厂家陆续采取停产、限产等一系列措施后，年底价格有所企稳。但整年市场需求持续低迷，厂家、经销商、终端用户均不看好后市。

一季度价格整体呈现上升趋势，纸厂出货量逐步增大。1月受春节假期提前的影响，终端需求清淡，鲜有进货；经销商以清收账款为主，少数大盘经销商为了预防纸厂节后提价开始备货；纸厂方面出货动力不足，价格维持稳定，均在酝酿节后提价。进入2月，在木浆价格持续上涨、终端印厂需求回升的状况下，白卡纸厂家纷纷上调出货价200元/吨，经销商被动接受调价的同时部分经销商开始大量进货以防价格多次上调，但因印厂开工率不高，市场整体成交并不旺盛，多持观望态度，随用随买，不做过多备货。进入3月，各大白卡纸厂家宣布了新一轮的提涨计划，再次上调价格200元/吨，但由于终端需求不足导致经销商方面出货较慢，尽管经销商努力提涨，但仍未执行到位。

二季度价格稳中略升但同比降低，各大纸厂出货尚可，但经销商、终端需求平淡。4月白卡纸市场较为稳定，从月初一直持续推涨气氛，价格整体微幅上调，几大白卡纸厂家再次提价200元/吨，但经销商方面出货速度依旧平平，对于新单报价也基本实单实谈。5月几大白卡纸厂家报价均基本维持平稳，部分厂家执行“喊涨策略，但维持原价，以出货为主”。主要是下游需求确实疲软，涨价已显乏力，再度上涨的底气不足。6月虽部分白卡纸厂对外报价仍维持平稳，但实际给予经销商的价格有200~400元/吨的不同程度优惠，纸厂库存上升，经销商对于后市均不看好，谨慎操作，少量补货，终端需求的清淡使得白卡纸厂家陷入困境。一些工厂迫于市场压力开始停产或限产，大部分工厂亏损严重。

三季度，价格整体表现为下行趋势，出货平淡。7—8月价格持续下滑，但由于需求有限，价格的下滑并未能改善成交清淡的现状，厂家库存压力逐渐凸显；而经销商为了减少自身风险，不敢过多备货，库存维持在较低水平；下游订单亦无增多迹象，多随买随用。8月底宁波中华纸业有限公司、万国太阳纸业有限公司等纸厂宣布9月提价100元/吨接单，但喊涨策略并未奏效，订单并未因双节的到来而有明显的改善，经销商、终端客户仍是随用随买，不做过多的备货，但本月降价明显放缓。与此同时，万国太阳纸业有限公司26号白卡纸机于9月18日开机，给原本已过剩的市场带来更大的压力。

四季度，价格下降速度减缓，后两个月价格暂稳，出货平淡。10—11月白卡纸持续出现冷清局面，市场未有一丝回暖迹象，加上厂家销售压力较大，万国太阳白卡纸试机纸普遍销往各地，对本就冷清的市场形成了又一轮的冲击。12月市场需求有一定好转，但总体仍不景气，厂家出货量虽然略有增大，但整体需求亦无较大改观。2011—2012年主要厂家白卡纸价格走势见图7。

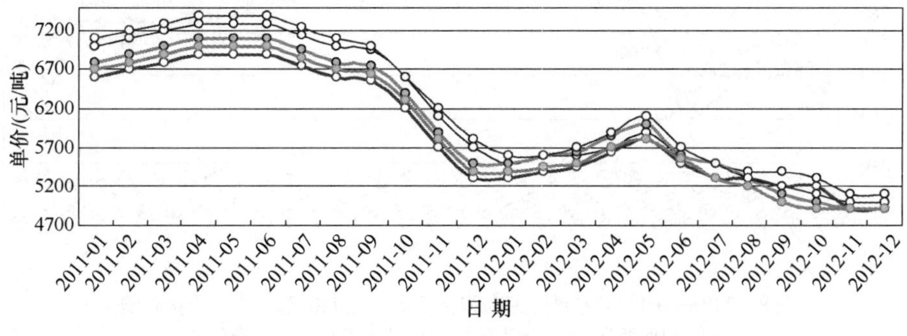


图7　2011—2012年主要厂家白卡纸（250克/米$^2$）价格走势

美利浆纸　太阳光芒　晨鸣白杨　中华酋长　博汇纸业

3. 瓦楞原纸

2012年国内瓦楞原纸生产量2020万吨，同比增长2.02%，全年消耗量2027万吨，同比增长1.81%。全年瓦楞原纸市场整体低迷，需求下降，上半年市场表现较差，市场需求量减少，纸厂开工率普遍较低，亦有大部分厂家陆续停机，不少中小型企业停产。年中包装用纸市场整体交投不佳，下游经销商也处于低迷状态，主要以消化库存为主，由此导致纸厂库存增加，销售受阻。下半年市场依旧低位运行，下游需求亦无明显改观，虽然在“双节”期间成品纸出现阶段性小幅增长，但对市场整体回暖未起到较大作用。纸厂及下游经销商方面库存处于高位，但成品纸价格已接近底线，市场交投稳定，整体处于僵持状态。在圣诞节前期，纸价稍显回暖，但价格依旧稳中存有微幅让利，年底由于回笼资金的压力，价格表现较为混乱。

一季度，瓦楞原纸市场整体需求不旺，价格持续下滑，季度末在成本压力推动下价格开始回升，呈现出先抑后扬的走势。1 月市场整体成交清淡，主流价格以稳为主，部分纸厂陆续开始停机检修，市场整体开工率有所下降。进入 2 月，市场整体成交依旧清淡，各地瓦楞原纸价格整体呈现下滑趋势，山东地区市场相对平稳，成交良好。3 月市场整体成交不乐观，各地瓦楞原纸价格整体呈现先抑后稳趋势，山东地区市场相对稳定，当地纸厂对市场提价持观望态度。

二季度，4 月市场需求一般，华南地区市场相对较好，华东地区成交一般，其他区域较为冷清，山东地区瓦楞原纸价格整体维持平稳。5 月纸厂整体出货情况不乐观，市场整体进入下行通道，山东地区瓦楞原纸价格 5 月前期维持平稳，月中开始下滑，纸厂接单较少。6 月纸厂整体出货情况依旧不乐观，月末有好转迹象。山东地区瓦楞原纸市场均基本维持平稳，虽当地纸厂亦有接到玖龙纸业（控股）有限公司涨价信息，但终端需求不佳，在没有确认新价格成交之前，纸厂没有调高价格。

三季度，7 月瓦楞原纸逐渐进入需求旺季，销售出现回暖的局面，价格虽未能上涨，但基本做到了喊涨止跌。山东地区由于当地水果箱需求尚好，厂家出货稳定，库存压力不大，出现 50 ~ 100 元/吨的涨幅。8 月市场整体稳定，华北地区在农业箱订单尚可的情况下，出货维稳，下游纸箱厂多根据自身订单进行备货。山东地区市场稳定，8 月喊涨气氛消退，但出货一般，价格以稳定为主。进入 9 月，受市场需求影响，各地表现不一，华北地区个别品牌瓦楞原纸价格提涨 50 元/吨，山东地区瓦楞原纸市场稳定，出货一般，价格以稳定为主。

四季度，进入 10 月各地市场反映有所不同，华北地区在下游订单缺乏的情况下，出货冷清，厂家库存有所增加。山东地区瓦楞原纸市场清淡，出货减少，多数厂家库存增加，虽厂家报价不做调整，但部分实单出现微幅松动。11 月市场波动不大，山东地区下游需求持续不佳，厂家库存增加，虽报价尚稳，但部分实单价格出现 50 ~ 100 元/吨的浮动。12 月国内各地瓦楞原纸市场情况不一，山东地区市场持续不佳，当地厂家库存压力较大，部分实单价格阴跌。2010—2012 年主要厂家高强瓦楞原纸价格走势见图 8。

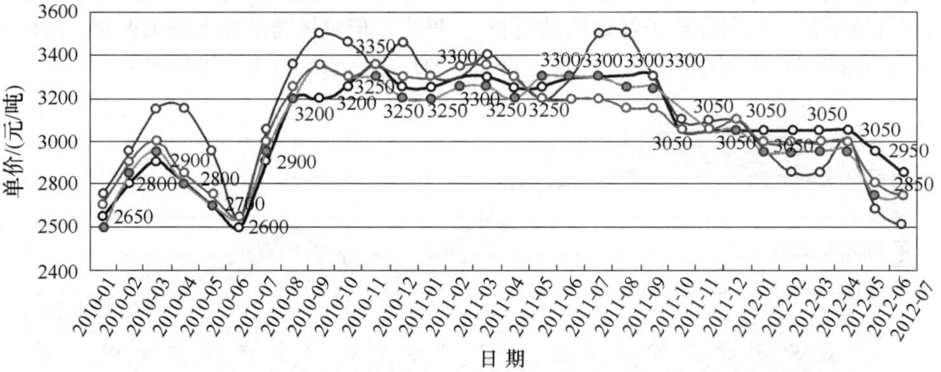


图 8　2010—2012 年主要厂家高强瓦楞原纸（110 克/米$^2$）价格走势

4. 新闻纸

2012 年国内新闻纸总生产量 380 万吨。据中国报协对全国 65 家用纸量大的报社 2011—2012 年用纸量的统计数据推算，2012 年报业新闻纸消耗量 393 万吨，比 2011 年的 389 万吨用纸量同比增长 1.03%；全年新闻纸进口量约 12 万吨，国内新闻纸采购量约为 370 万吨。2012 年新闻纸市场价格一直呈现单边下行趋势，全年没有反弹机会出现。主要是受国际金融危机影响，国内整体经济形势放缓，新兴媒体迅速崛起，报纸的广告量、发行量下降，导致新闻纸产品消费量有所减少；其次，由于文化用纸产能供大于求，下游需求疲软，前期转产文化用纸的新闻纸企业转回生产新闻纸，导致新闻纸产量有所增加；同时，新闻纸进口量大增；几方面因素导致国内市场供大于求。

一季度，一方面恰逢我国传统春节长假，另一方面是下游客户备货充足，采购速度有所放缓，导致个别中小型新闻纸厂进行了短暂停机检修外，也使得各大新闻纸厂销售情况不乐观，但依然保持高速开机生产状态，导致各厂家成品纸库存有较大幅度回升。售价方面，1 月各厂家依旧维持上年 12 月价格 5500 元/吨（48 克/米$^2$）；进入 3 月售价下跌 200 元/吨，主要原因是市场需求的清淡；另一个值得关注的现象是来自国外（主要是韩国）新闻纸的进口量增多，1 月进口总量接近 7000 吨。

二季度，国内新闻纸厂家开工情况基本正常，开工率依然处于较高水平，但受到当前整个经济大环境和纸业市场较为低迷等因素影响，成品纸销售情况不甚理想，下游订单不足、工厂成品纸滞销、库存高企局面日益突出。报业方面，面对价格仍处较高位的新闻纸，采购逐步放缓，观望情绪加重，一方面由于前期不断备货，报社成品纸库存充足，另一方面报社成本上升，利润率下降，融资负债压力加大，从而提高报纸的终端销售价格，但随着报纸价格的调涨，发行量普遍有一定幅度的下滑。在双重压力下，进入 6 月，各纸厂不得不再次下调 100 元/吨，价格跌至 5200 元/吨。

三季度，7 月国内各厂家迫于库存压力而略有减产，单月产量与 2011 年同期相比首次出现下滑；同时，7 月进口量接近 1.5 万吨，再创新高。进入 8 月，各厂家开工率依旧很高，除了武汉晨鸣汉阳纸业股份有限公司转产、吉林晨鸣有限责任公司搬迁停产外，其他各厂家开工率基本正常，个别厂家如广州造纸集团有限公司、安徽山鹰纸业股份有限公司还加大了生产力度。销售方面，受伦敦奥运会相关新闻热度的刺激，各大报刊发行量和版面有所增长，加之中国共产党第十八次全国代表大会即将召开，带动报社备库工作有所跟进，但采购的谨慎态度依旧。厂家因库存压力不得不在 9 月再次下调价格至 5100 元/吨。

四季度，从 9 月开始美废的价格逐步上扬，到国庆节后直接上调至 175 ~ 180 美元/吨，截止到 11 月初美废甚至暴涨至 195 美元/吨。日废 8 号报价已经上涨至 225 美元/吨，韩废上涨到 220 美元/吨。原材料的上涨一定程度上缓解了销售压力，国内新闻纸售价略显平稳，但南北市场供需形势略显差异，华北市场成品纸销售较为困难，纸厂库存依然高企；华南市场、报社需求变现良好，订单较为充足，当地新闻纸厂开工率基本正常。由于纸厂提前备货采购原材料，进入 12 月，原材料的需求减弱，加之下游报社备库充足，新闻纸价格再次下调 200 元至 4900 元/吨。2010—2012 年 48 克/米$^2$ 新闻纸价格情况见图 9。

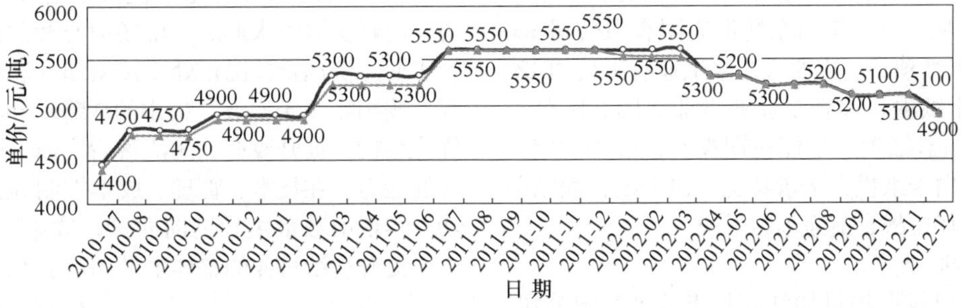


图 9　2010—2012 年新闻纸（48 克/米$^2$）价格走势

—o—山东华泰　—— 寿光晨鸣　—▲— 上海泛亚

## 二、2013 年我国浆纸市场展望

### （一）纸浆市场展望

2013 年虽然国际环境仍然有较多的不确定性和复杂性，我国经济运行也在寻求新的平衡，但总体来讲，国家实施的积极的财政政策、稳健的货币政策和需求与供应政策等，将促进国民经济平稳运行，为造纸工业带来较好的经济运行环境。2013 年，受我国新增卫生纸、白卡纸项目投产的拉动，我国进口商品浆的数量将会增加。预计 2013 年新增卫生纸生产能力 150 万吨/年，白卡纸生产能力 200 万吨/年。而国外预计新增阔叶木浆生产能力 220 万吨/年，主要为巴西 Eldorado 公司的 150 万吨/年阔叶木浆，Aranw/Stara 公司的 130 万吨/年生产线将在 2013 年三季度投产，Suzomo 公司的 150 万吨/年阔叶木浆生产线将在四季度开工。针叶木浆为 Ilim 公司的 40 万吨/年针叶木浆生产线。此外，短期内还有浆厂减产、停产、转产生产溶解浆的情况出现，加上我国实施关停落后产能政策的进一步推进，预计 2013 年关闭落后产能为 1000 万吨。2013 年针叶木浆和阔叶木浆的供需基本处于一个平衡的状态。预计全年纸浆价格将在一个合理的经济区间震荡，针叶木浆和阔叶木浆全年平均价格将在 700～750 美元/吨，针叶木磨木浆在 520～550 美元/吨。

**（二）纸张市场展望**

1. 胶版印刷纸

2012 年国内投产的双胶纸项目生产能力 100 万吨/年。该部分产能将在 2013 年释放，势必导致市场供应量增加。而市场需求方面却没有重大利好消息出现，供大于求的现象在一些地区已经越来越明显，尤其是在近两年新增产能较为集中的华南地区，价格下行风险还将延续。由于 1—2 月是双胶纸传统销售淡季，短期内市场需求回暖的可能性不大。此外，由于普通双胶纸竞争激烈，利润微薄，据悉部分纸厂有意拓展静电复印纸、热敏纸、标签纸、染色原纸等利润空间较宽阔的市场，届时或可为双胶纸市场减轻些压力。

2. 涂布白卡纸

进入 2013 年，由于万国太阳纸业股份有限公司新产品“万国骄阳”开始销往各地，广西金桂浆纸业有限公司 120 万吨/年白卡纸项目开始调试，这使得本已供大于求的市场环境更加恶化，价格的提涨仍不乐观。2013 年山东博汇集团有限公司 100 万吨/年白卡纸项目、广西金桂浆纸业有限公司 120 万吨/年白卡纸项目和新乡新亚纸业集团有限公司 40 万吨/年白卡纸项目如能按期投产，市场供应的增加将加剧白卡纸供大于求状况。白卡纸将面临前所未有的市场挑战，前途不容乐观。

3. 瓦楞原纸

伴随着已投产项目如江苏长丰造纸有限公司、漳州盈晟纸业有限公司、山东天地缘纸业有限公司等产能的释放，以及玖龙浆纸（乐山）有限公司年产 30 万吨、福建利树浆纸有限公司年产 20 万吨、徐州天元纸业有限公司年产 17 万吨和山东贵和显星纸业集团有限公司年产 8 万吨瓦楞原纸项目在 2013 年的逐步投产，使得价格进一步提涨出现困难。同时，因供应量增多，需求下降，价格暂时无法回升，预计节后部分厂家将以停机检修等进行应对。考虑到国废原料价格下跌困难，目前山东地区成品纸价格已处低位，且预计后期市场以稳定为主。

4. 新闻纸

2013 年报业新闻纸的用量将伴随着整个经济的复苏而略有增长，但不会有大幅度提升。而造纸工业也都将基本保持满负荷生产，预计 2013 年总产量将维持在 2012 年的水平，供大于求的形势将持续。2012 年国内报社采购了约 12 万吨进口新闻纸，2013 年这种情况还有可能继续。当然，在生产成本和库存的压力下，不排除国内纸厂还会采取一些措施调整供需状况来减产保价等。

纵观 2012 年造纸工业生产和经济运行状况，增长阶段转换的征兆更趋明显。2013 年全球经济仍处经济危机后的调整期，国际环境充满着复杂和不确定性。国内原有的竞争优势、增长动力逐渐减弱，而新优势尚未形成，市场信心和预期不稳。造纸工业经济运行情况正处于转型和寻求新平衡的过程。按国家“十二五”提出的战略目标和任务，要优化结构，提升改造，淘汰落后产能，增强新产品开发能力。在技术、管理、成本控制等方面练好内功，实现由数量主导型向质量、效益主导型转变，全面提升造纸行业的整体水平和竞争力。

（黄显淑　范计刚）

# 溶解浆市场概况

## Market Situation of Dissolving Pulp

溶解浆是用作生产再生纤维素（黏胶纤维、玻璃纸等）、纤维素酯（醋酸纤维素、硝化纤维素等）、纤维素醚（羧甲基纤维素等）、纳米纤维素等产品的原料，是一种特种浆。

### 一、溶解浆的技术发展

第二次世界大战期间，出现了高纤维素含量的溶解浆，也称精制浆，成为纤维素工业的主要原材料，第一家溶解浆厂在 Koliningrad 市建立。当时生产溶解浆的原料全部是棉短绒，生产工艺为酸性亚硫酸盐法，即在较高的温度和酸性条件下，并延长蒸煮时间以尽可能多地去除半纤维素。常规硫酸盐法工艺不能有效去除半纤维素，残余的聚戊糖会阻碍纤维素转化为纤维素酯、纤维素醚的化学反应，而目前的棉短绒一般采用烧碱法制浆。二战期间，在德国出现了预水解硫酸盐工艺，但 20 世纪 50 年代以前，溶解浆普遍以木材为原料采用亚硫酸盐法生产，一般来说，半纤维素含量低的原料可采用酸性亚硫酸盐法，其成浆 α－纤维素的含量一般在 88%～90%。自 1950 年起，在美国和南美建立了多条预水解硫酸盐法及多种形式的改进法溶解浆生产线，预水解硫酸盐法的特点是对绝大多数木材原料均适用，而亚硫酸盐法工艺仅限于云杉、冷杉及一些阔叶木，而不适合树脂含量高的针叶木。预水解硫酸盐最新发展为 Visbatch 和 Viscbc 工艺，该工艺有机结合了蒸汽预水解和置换蒸煮技术的优点。

国际上预水解硫酸盐法制备溶解浆的技术已经相当成熟，但由于该技术所采用的预水解工艺要求在高温酸性条件下进行，存在的一些弊端也应引起科研工作者的重视。一方面由于预水解温度通常会超过木素的玻璃化转移温度（120～135℃），软化后的木素附着在纤维表面，冷却后形成玻璃状的木素覆盖层，在后续蒸煮中较原木素更难溶出，增加了去除木素的难度；另一方面相对碱性条件而言，更易腐蚀设备，因此对蒸煮锅及附属设备的材质要求较高。预水解主要目的是溶出原料中的半纤维素，分为酸预水解、水预水解和蒸汽预水解，目前实际生产中是采用蒸汽预水解。酸预水解设备投资大，操作复杂；水预水解升温时间长，汽耗高，产生的废液量比较大；蒸汽预水解容易产生水解不均匀和局部焦化等问题。

目前溶解浆约 60% 为亚硫酸盐木浆，25% 为预水解硫酸盐浆，15% 的溶解浆是采用棉短绒为原料。木材原料逐步由针叶木转向阔叶木。这主要是为了降低生产成本，扩大原料可用范围。作为溶解浆的原料，理论上说应该是使用棉短绒比较合理，因为棉短绒的 α－纤维素含量高，但棉短绒存在原料的收集、价格的波动、小型制浆企业的废水处理、与木浆染色方面的差别等问题。近年来，由于竹溶解浆制造的黏胶纤维具有一些特殊的物理性能，引起了人们的兴趣，特别是国内以吉林化纤厂为代表的一些企业先后推出了竹黏胶纤维，促进了竹溶解浆的发展，我国一些企业纷纷转产和新建竹溶解浆厂。

溶解浆根据用途不同，α－纤维素含量为 90%～98%，半纤维素和木素基本完全去除（≤2%），α－纤维素含量较低的溶解浆可用来生产黏胶短纤维，α－纤维素含量较高的溶解浆用来制成黏胶长丝，生产帘子布、高纯度纤维素醚和醋酸纤维素及其他多种特殊产品。溶解浆除了 α－纤维素含量高外，出于反应性能、纺丝工艺、纤维强度等方面的考虑，还对灰分含量、纤维素聚合度等有一定的要求。

### 二、溶解浆市场概况

溶解浆，顾名思义是从其应用过程中加工处理时被溶解来定义的。因此，严格意义来看，无论是木浆、棉浆、竹浆等，只要是后续加工处理中被溶解都应称为溶解浆，而现在化纤行业为了区分一般把溶解木浆称为溶解浆或木浆粕，而把棉浆称为棉浆粕。

1. 国际溶解浆市场的概况

全球溶解浆的产能主要集中在北美（美国、加拿大）、巴西、欧洲、南非、亚洲（中国、印度尼西亚、印度）等国家和地区。从近 10 年全球溶解浆的需求来看，2010 年世界溶解浆需求量恢复增长，达到 1990 年危机前的 450 万吨。此前溶解浆需求量在 1975 年最高，达到 530 万吨，随后近 30 年间，需求量持续下降，到 20 世纪 90 年代初，随着东欧社会剧变出现剧烈萎缩，2000 年需求量仅为 320 万吨；而 2000—2010 年，需求量又呈快速上涨趋势。2012 年，全球浆粕的消费量大约为 570 万吨，而同期全球浆粕的产能为 795 万吨，过剩产能为 225 万吨；2013 年全球浆粕的消费量预计将增加到 590 万吨，而同期全球浆粕的产能将进一步增加到 907 万吨，过剩产能将进一步扩大到 317 万吨。2012 年及 2013 年预计全球浆粕产能的分布如表 1。预计 2015 年全球溶解浆产能将达到 1000 万吨。表 2 为世界主要溶解木浆制造公司产能统计。

**表 1　全球溶解浆产能分布情况**

单位：万吨/年

| 地区 | 国家 | 2012 年产能 | 2013 年预计产能 |
|---|---|---|---|
| 北美 | 美国 | 145.5 | 192.5 |
| | 加拿大 | 89 | 91 |
| 南美 | 巴西 | 48.5 | 48.5 |
| 非洲 | 南非 | 84 | 105 |
| 欧洲 | 瑞典、法国、奥地利、挪威、捷克、芬兰等 | 98 | 130 |
| 亚洲 | 印度尼西亚、印度等 | 34 | 34 |
| | 中国 | 290 | 300 |
| 全球合计 | – | 789 | 901 |

**表 2　世界主要溶解木浆制造公司产能**

单位：万吨/年

| | 公司名称 | 工厂所在地 | 品种 | 产能 | 备注 |
|---|---|---|---|---|---|
| 日本 | 日本造纸化学品有限公司 | 江津 | DSP | 10 | |
| 印尼 | Toba Pulp Leatali | Porsea | DKP | 17 | 兼营纤维 |
| | Grasim Industries Ltd. | Harihar | DKP | 7 | 兼营纤维 |
| 印度 | Century Pulp and Paper | Nainital | DSP | 4 | |
| | APR Ltd. | Andhra Pradesh | DSP | 4.3 | |
| 孟加拉 | Kalnaphuli Paper | Chandraghona | DKP | 3.5 | |
| | Rayonier Inc. | Fernandina | DSP | 15 | |
| 美国 | Rayonier Inc. | Jeaup | DKP | 59 | |
| | Buckeye Cellulose Co. | Foley | DKP | 45.5 | |
| | Neucel Specially Cellulose | Port Alice | DSP | 16.5 | |
| 加拿大 | Tembec Inc. | Temiscaming | DSP | 16 | |
| | A V Nackawic Inc. | Nackawic | DSP | 18 | 与 Biria ~ Tembec 合作 |
| | A V Cell Inc. | Atholville | DSP | 18 | 与 Biria ~ Tembec 合作 |
| 巴西 | Bahia Pulp Mill | Camacari | DKP | 52 | |
| 瑞典 | Doms jo Fabriker | Doms jo | DSP | 22 | |
| 挪威 | Borregaard Industries Ltd. | Sarpsborg | DSP | 15 | |
| 奥地利 | Lenzing Zellulose und Papierfabriker A. G. | Lenzing | DSP | 14 | Lenzing 子公司，兼营纤维 |
| 瑞士 | Borregaard Attishols | Solothurn | DSP | — | 2008 年关闭 |

续表

| | 公司名称 | 工厂所在地 | 品种 | 产能 | 备注 |
|---|---|---|---|---|---|
| 法国 | Tembec Inc. | Tartas | DSP | 15.5 | |
| 西班牙 | Sniace S. A | Torrelavega | DSP | 6.5 | 兼营纤维 |
| 俄罗斯 | Baikalsk | Baikalsk | DKP | 20 | |
| | Kotlas | Kotlas | DKP | 10 | |
| | Vyborg | Vyborg | DSP | 28 | |
| 捷克 | Biocel | Paskov | DSP | 28 | |
| 南非 | Sappi Saiccor (Proprietary) Ltd. | Umkomas | DSP | 81 | |
| 合计 | | | | 503.6 | |

2. 我国溶解浆市场概况

在国内市场，溶解浆主要是用于生产黏胶纤维（如黏胶短纤、黏胶长丝）、醋酸纤维、硝化纤维素、纤维素醚等，其中黏胶纤维用量占溶解浆总需求量的90%左右，醋酸纤维用量占7%，其他占约3%。

我国黏胶行业起步较晚，最初主要是原纺织部的吉林开山屯化学纤维浆厂的亚硫酸盐法溶解浆，其他主要使用棉浆粕和进口木浆。很多黏胶纤维厂都有自建的棉浆粕厂，我国以棉短绒为原料的棉浆粕在20世纪50年代就投入了工业化生产，到60年代末棉浆粕的生产已初具规模，在70年代末我国各省市又兴建和扩建了一批年产5000~10000吨的棉浆粕工厂。

改革开放以后我国的经济快速发展，特别是90年代以后，我国的纺织行业对纤维的需求大幅增长，发达国家因劳动力成本和环境问题逐步淘汰黏胶纤维的产能，我国黏胶纤维行业迎来了快速发展时期。尤其是进入21世纪后，黏胶行业更是以2位数的速度大幅增长，导致对溶解浆的需求量迅速攀升。2012年的需求量高达256万吨，占同期全球浆粕总消费量的比例达到45%左右，为全球最大且增长最快的浆粕消费市场。预计2013年我国浆粕的需求量将达到270万吨，占同期全球浆粕总消费量的比例将上升至46%。我国黏胶行业多年来一直习惯于以棉浆粕作为主要原料，添加一定比例的国产或进口的溶解浆作为配料。如此大的需求量，国产棉浆粕已不能满足下游需求，为此，以木材或木片、竹材为原料的木浆粕和竹浆粕也逐步开发出来，与棉浆粕一起成为目前我国生产黏胶纤维的重要原料。

棉浆粕的原料棉短绒（二道绒和三道绒）作为农副产品，与棉花的丰收和减产密切相关。如棉花减产，棉短绒的价格就可能会提高，而棉花减产后涨价又导致纺织企业对黏胶纤维的需求量增长，进一步刺激棉短绒的价格上涨，致使棉浆粕（化纤浆）的价格多年来一直起伏不定，波动较大。从图1、图2和表3的数据也可以看出，棉短绒的价格波动较大。2008年棉短绒从1月的6150元/吨下降至11月的2730元/吨，每吨下降了3420元，降幅达55.6%；2009年棉短绒由年初的2800元/吨上涨至11月的6330元/吨，每吨上涨3530元，涨幅126.1%。2009年木浆粕由年初的860美元/吨上涨至11月的1263美元/吨，每吨上涨403美元，涨幅46.9%。2009年棉浆粕由年初的5800元/吨上涨至11月的10580元/吨，每吨上涨4780元，涨幅82.4%。2010年和2011年棉浆粕同样受短绒价格的影响剧烈波动。

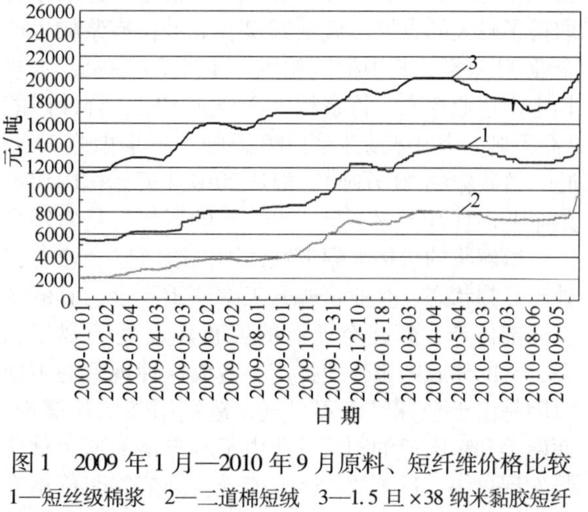


图1　2009年1月—2010年9月原料、短纤维价格比较

1—短丝级棉浆　2—二道棉短绒　3—1.5旦×38纳米黏胶短纤

注：1特=9旦。

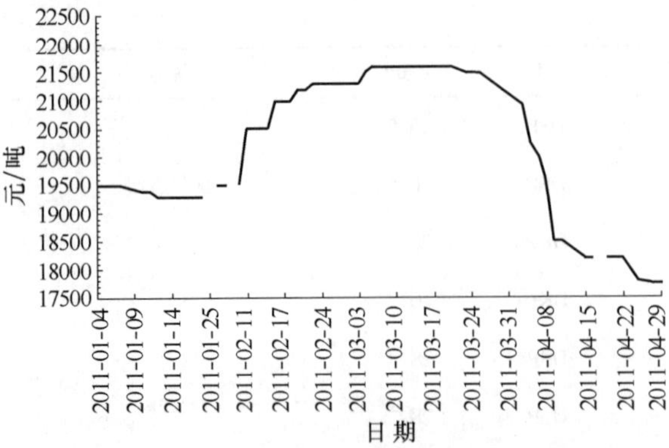


图 2　2011 年 1—4 月棉浆粕价格比较

溶解浆的需求量攀升、价格剧烈波动，引起了多家制浆企业的关注，每逢价格高峰期，不少黏胶纤维和制浆企业甚至采用造纸木浆进行进一步处理制成溶解浆，俗称“纸改浆”，一度曾导致造纸针叶木浆的供应趋紧。这也刺激了一些造纸企业跃跃欲试转产或新建溶解浆厂，再加上新疆新建的大量棉浆粕生产企业，使我国的溶解浆生产能力在短时间内大幅攀升。以延边石岘白麓纸业股份有限公司、吉林开山屯化学纤维浆厂、福建省南纸股份有限公司、福建省青山纸业股份有限公司、山东太阳纸业股份有限公司、湖南省骏泰浆纸有限责任公司等为主的木浆粕企业相继投产。同时，重庆理文造纸有限公司、贵州赤天化纸业股份有限公司等也进行了竹浆粕的开发和生产，加上之前已有的宜宾长毅浆粕有限责任公司等竹浆粕生产企业，竹浆粕也取得了较大的发展。截至 2012 年，我国有浆粕生产企业 30 余家，其中棉浆粕生产企业 20 余家，木浆粕生产企业 6 家，竹浆粕生产企业 4 家，合计产能 290 万吨（其中棉浆粕约 180 万吨，木浆粕约 70 万吨，竹浆粕约 40 万吨）。但从 2010 年开始国内溶解浆企业出现开工率不足，2011 年的形势更是急转直下，溶解浆的价格大幅下跌，国内溶解浆企业普遍处于亏损状态，企业普遍开工率严重不足，有的甚至全部停产，新建企业有的停止建设处于观望状态，有的建成的也暂缓投产。造成这种现象的主要原因是由于全球经济不景气，造纸用浆增长缓慢，而南美和东南亚的制浆行业由于有丰富的速生林优势发展过快，过剩的制浆产能受我国溶解浆价格高峰期的影响纷纷转产溶解浆，而且，主要是黏胶级溶解浆。

**表 3　2008 年和 2009 年棉短绒溶解浆的价格变化**

单位：国内元/吨、国外美元/吨

| 名称 | 价格 | 1 月 | 2 月 | 3 月 | 4 月 | 5 月 | 6 月 | 7 月 | 8 月 | 9 月 | 10 月 | 11 月 |
|---|---|---|---|---|---|---|---|---|---|---|---|---|
| 2008 年棉短绒（短纤级） | 国内 | 6150 | 5500 | 5700 | 5320 | 4200 | 3600 | 3600 | 3980 | 3700 | 3200 | 2730 |
| 2009 年棉短绒（短纤级） | 国内 | 2800 | 2650 | 2800 | 2950 | 3300 | 3740 | 3630 | 3780 | 4180 | 5030 | 6330 |
| 2008 年木浆粕（短纤级） | 国外 | 1500 | 1500 | 500 | 1460 | 1400 | 1075 | 964 | 961 | 970 | 965 | 950 |
| 2009 年木浆粕（短纤级） | 国外 | 860 | 740 | 685 | 686 | 795 | 900 | 960 | 1040 | 1160 | 1200 | 1263 |
| 2008 年棉浆粕（短纤级） | 国内 | 113100 | 13050 | 12130 | 11380 | 8730 | 7880 | 7900 | 8200 | 8380 | 7800 | 6500 |
| 2009 年棉浆粕（短纤级） | 国内 | 5800 | 5900 | 6030 | 6280 | 7000 | 7860 | 8050 | 8280 | 8580 | 95300 | 10580 |

2012 年 1—10 月，国内溶解浆制造行业制造行营业务收入 189. 14 亿元，同比减少 12. 03%，利润总额 4. 19 亿元，同比下降 0. 17 亿元；2012 年 1—11 月，溶解浆制造行业完成投资约 28. 8 亿元，同比下降 20. 29%。表 4 是近 3 年来我国溶解浆消费量、产量和进口量的变化情况。

**表 4　近 3 年来我国溶解浆消费量、产量和进口量的变化情况**

| | 2010 年 | 2011 年 | 2012 年 | 平均增长率/% |
|---|---|---|---|---|
| 表观消费量/吨 | 1783459 | 2191217 | 2564513 | 22 |
| 国内浆粕总产量/吨 | 880000 | 1110000 | 1040000 | 9 |
| 价格/（元/吨） | 8800 | 8700 | 6900 | 11 |
| 进口量/吨 | 970046 | 1163099 | 1584874 | 31 |
| 进口价格/（美元/吨） | 1400 | 1800 | 1200 | 7 |

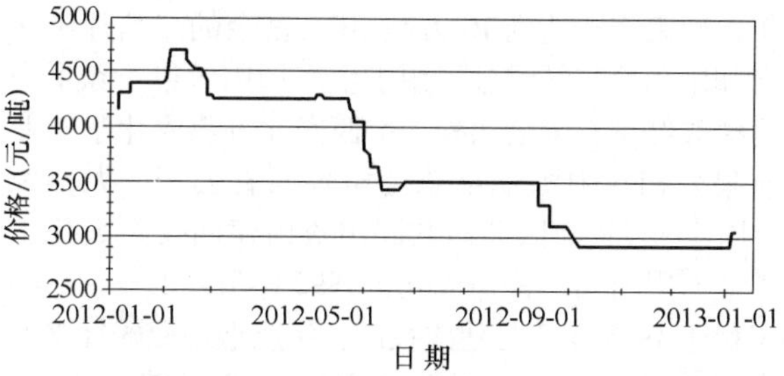


图3　2012 年 1—12 月棉短绒（山东）价格

由于棉短绒的主要用途就是用来制造棉浆粕，棉浆粕企业开工不足使棉短绒失去了主要市场。图 3 所示，2012 年棉短绒的价格曲线从年初平均价格 4150 元/吨，开始持续走高，2 月初涨至 4700 元/吨，但价格持续一周左右开始呈阶梯形下滑，至年底虽有小幅回升，但基本处于 2900 元/吨的价位，是棉短绒的临界保本线的水平。图 4 所示，2012 年进口溶解浆价格曲线从年初平均价格 1100 美元/吨，开始持续走高，上涨至 2 月初的 1260 美元/吨后，开始震荡下滑，至年底价格降至约 800 美元/吨。进口的醋化级木浆粕价格相对稳定，在 1700～2100 美元/吨。图 5 所示，2012 年棉浆粕（短丝级）价格从年初平均价格 8700 元/吨，开始持续走高，2 月初涨至 9500 元/吨，至年底价格下降至 6700 元/吨左右。长丝级价格走势基本相同，价差约 1000 元/吨。到了 2013 年 4 月，山东棉浆粕市场短丝级棉浆粕厂家出厂报价 6700 元/吨，主流走货维持在 6600 元/吨左右，厂家库存量较少。溶解级木浆市场主流到厂价 6500～6600 元/吨。

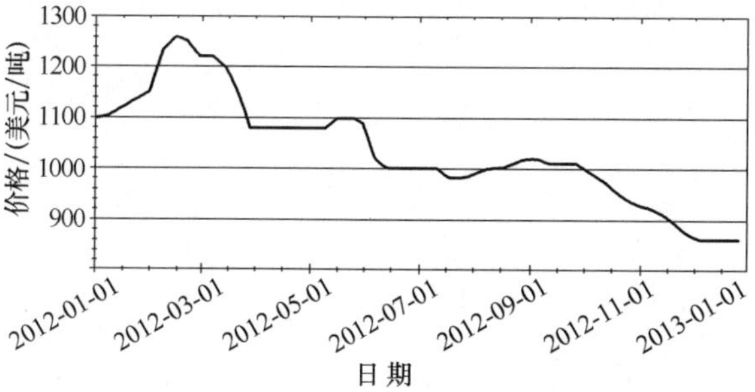


图4　2012 年 1—12 月进口溶解木浆价格

据海关数据统计，2013 年 4 月溶解浆进口总量 150448.424 吨，总金额 153442361 美元。进口量环比增加 9641.375 吨（7.86%），金额环比增加 9676.021 美元（7.84%）。进口量同比增加 11481.397 吨

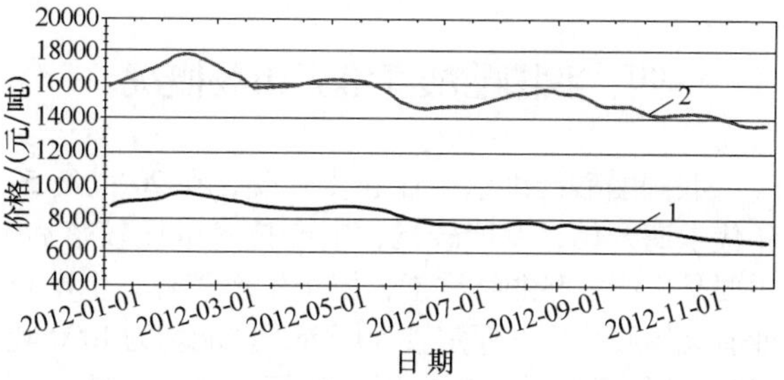


图5　2012 年 1－12 月棉浆粕价格比较
1—棉浆粕（短纤级）　2—黏胶短纤（1.5 旦/38 毫米）

（9.5%），金额同比减少 9552875 美元（6.7%）。2013 年 1—4 月累计进口量 552444.171 吨，金额 567166852 美元。

国内溶解浆企业面对生存困境，向商务部提出了反倾销诉讼申请，自 2013 年 2 月 6 日起，商务部对原产于美国、加拿大和巴西的进口浆粕进行反倾销调查。预计会对市场产生一定的影响。

## 三、我国黏胶纤维市场概况

2012 年黏胶短纤维产量约 246.75 万吨，较 2011 年同期增产 27.19%；黏胶长丝产量 19.79 万吨，较 2011 年同期增长 5.78%，合计同比增长 25.3%。黏胶长丝一季度价格基本保持稳定，3 月中旬起开始下滑，比年初下降 4000～7000 元/吨。从价格曲线看（见图5），各档产品价差收窄。黏胶短纤维从年初 15900 元/吨开始上涨，2 月上旬涨至最高点 17800 元/吨后，开始逐渐振荡下滑。年底稍有翘尾，基本维持在 14000 元/吨水平。2012 年黏胶短纤净出口约 13 万吨，同比大增 275%；2012 年黏胶长丝出口约 7.5 万吨，同比下降 15.8%。从库存和生产情况看，短纤维产销率约 104%，长丝产销率约为 95%。2012 年 1—10 月，人造纤维（纤维素纤维）制造行业主营业务收入 1159 亿元，同比增长 8.43%，利润总额 34.06 亿元，同比下降 4.1 亿元；从原料与产品价差看，长丝产品（120den*）有 32000～35000 元的差价，平均加工成本约在 32000 元以上。由此可见，目前长丝产品有盈利空间；短纤产品价差约在 7000～7500 元之间，在平均加工成本以下，短纤产品全面亏损；可见行业实际状况不容乐观。2012 年 1—11 月，人造纤维制造完成投资约 142.2 亿元，同比增长 44.76%，增长幅度主要表现在黏胶短纤维新增产能的投资。

* 1tex＝9den

## 四、我国醋酸纤维素市场概况

我国醋酸纤维素工业起步较晚，在 20 世纪 50 年代末期开始，发展较慢，生产技术也比较落后，主要是生产三醋酸纤维素，用于生产胶片，生产企业有无锡胶片厂、保定胶片厂等，产能均为 1000 吨/年，其他还有无锡化工研究院等少量生产特殊用途的醋酸纤维素。我国纺织用醋酸纤维素的需求量约在 1 万吨以上，主要从美国塞拉尼斯公司、日本三菱公司、英国的考陶尔兹公司等进口，每年进口量约 2000 吨。另外，还有直接进口面料 700 多万米及相当数量的醋酸长丝织物。

我国醋酸纤维行业的真正起步是在 80 年代，江苏省烟草公司采用技贸结合的方式，与美国 Celanese 公司合资成立了南通醋酸纤维有限公司，由美国 Celanese 公司提供技术，在江苏省南通市建成了年产 1.25 万吨烟用醋纤丝束装置，填补了国内空白。1987 年，二期工程投产，醋纤丝束产量增至 3.75 万吨/年。1990 年南通醋酸纤维有限公司引进的 2.5 万吨/年二醋片项目投产，1994 年将其拥有的 69.32% 的股权全部转让给中国烟草总公司。南通醋酸纤维有限公司通过五期大型工程建设，总投资达 7.59 亿美元，二醋片的产能达到 17.5 万吨/年，丝束产能达到 10 万吨/年，富余的二醋片供珠海和昆明醋酸纤维公司用于生产烟用丝束。除了南通醋酸纤维有限公司外，由西安北方惠安化学工业有限公司、中国烟草总公司陕西省公司、大赛璐（中国）投资有限公司共同出资组建西安惠大化学工业有限公司，公司成立于 1992 年 7 月 1 日，一期工程于 1995 年 9 月建成投产，年产烟用醋酸纤维丝束约 9000 吨。二期工程于 2006 年 9 月建成投产，年产丝束约 16000 吨。一、二期合计可产丝束约 24000 吨/年，其二醋片由宁波大安工业公司供应。我国烟用丝束年需求量约 30 万吨，国产烟用丝束合计约 20 万吨，2012 年我国还进口了约 10 万吨的烟用丝束。

四川五粮液集团与意大利 M&G 公司合资成立了四川普什醋酸纤维素有限责任公司，一期工程 2010 年初建成投产，年产 2.5 万～3.0 万吨塑料级二醋酸酯和液晶级三醋酸酯，二期工程 2012 年开工建设，新增产能 1.5 万～2.0 万吨/年。中国烟草总公司与伊士曼公司合资在安徽合肥建设年产 3 万吨醋酸纤维丝束项目，预计 2013 年投产。

在建项目全部投产后我国醋酸纤维素产品的产量将达到近 30 万吨/年，以每吨需要消耗 0.7 吨溶解浆计，每年需要 20 万吨。

（刘　文　黄小雷）

# 2012年国内外废纸市场概况

# Market Situation of Waste Paper in China & World in 2012

## 一、2012年我国废纸回收和利用情况

### 1. 废纸回收率与废纸利用率

2012年，我国在废纸回收和利用方面继续保持平稳增长态势。从表1可以看出，我国废纸回收量由2002年的1338万吨增加到了2012年的4473万吨；废纸回收率从2002年的30.9%提高到了2011年的44.6%，2012年为44.5%，与2011年基本持平。废纸消耗量从2002年的2025万吨上升到2012年的7479万吨；废纸利用率从2002年的53.6%提高到2012年的73.0%。目前，我国的废纸利用率增长较快，已达到世界较高水平；而废纸回收率增长较慢，仍在世界较低水平徘徊。

表1　近年来我国废纸回收与利用情况

| 年份 | 纸和纸板消费量/万吨 | 废纸回收量/万吨 | 废纸回收率/% | 纸和纸板生产量/万吨 | 废纸消费量/万吨 | 废纸利用率/% |
|---|---|---|---|---|---|---|
| 2002 | 4332 | 1338 | 30.9 | 3780 | 2025 | 53.6 |
| 2003 | 4806 | 1462 | 30.4 | 4300 | 2400 | 55.8 |
| 2004 | 5439 | 1651 | 30.4 | 4950 | 2881 | 58.2 |
| 2005 | 5930 | 1809 | 30.5 | 5600 | 3513 | 62.7 |
| 2006 | 6600 | 2263 | 34.3 | 6500 | 4225 | 65.0 |
| 2007 | 7290 | 2765 | 37.9 | 7350 | 5021 | 68.3 |
| 2008 | 7935 | 3128 | 39.4 | 7980 | 5549 | 69.5 |
| 2009 | 8569 | 3424 | 40.0 | 8640 | 6246 | 72.3 |
| 2010 | 9173 | 4016 | 43.8 | 9270 | 6631 | 71.5 |
| 2011 | 9752 | 4348 | 44.6 | 9930 | 7075 | 71.2 |
| 2012 | 10048 | 4473 | 44.5 | 10250 | 7479 | 73.0 |

注：废纸回收率＝废纸回收量/国内纸和纸板消费总量；
废纸利用率＝废纸消费量/国内纸和纸板生产总量。

### 2. 废纸浆利用率

近年来，我国废纸浆占纤维原料消耗总量的比例历经连年增长后，目前已成为占最大比例的造纸原料，近5年来废纸浆利用率一直维持在60%以上的水平，见表2。

表2　近年来我国废纸浆利用率

| | 2002年 | 2003年 | 2004年 | 2005年 | 2006年 | 2007年 | 2008年 | 2009年 | 2010年 | 2011年 | 2012年 |
|---|---|---|---|---|---|---|---|---|---|---|---|
| 纸浆总消耗量/万吨 | 3470 | 3910 | 4455 | 5200 | 5992 | 6769 | 7360 | 7980 | 8461 | 9044 | 9348 |
| 废纸浆消耗量/万吨 | 1620 | 1920 | 2305 | 2810 | 3380 | 4017 | 4439 | 4997 | 5305 | 5660 | 5983 |
| 废纸浆利用率/% | 46.7 | 49.1 | 51.7 | 54.0 | 56.4 | 59.3 | 60.3 | 62.6 | 62.7 | 62.6 | 64.0 |

注：废纸浆利用率＝废纸浆消耗量/国内纸浆总消耗量。

3. 以废纸为主要原料纸种的产量与消费量

2012 年全国纸和纸板生产量 10250 万吨，同比增长 3.22%；消费量 10048 万吨，同比增长 3.04%。其中，以废纸为主要原料的新闻纸、包装用纸、白纸板、箱纸板和瓦楞原纸 5 个品种生产量合计为 6510 万吨，占纸和纸板总生产量的 63.5%，比 2011 年生产量增加 3.01%。这 5 种产品的消费量合计为 6611 万吨，占纸和纸板年总消费量的 65.8%，比 2011 年消费量增加 3.18%，见表 3。

从表 3 可以看出，我国以废纸为主要原料的 5 个品种生产量和消费量增长幅度与全国纸和纸板生产量和消费量增长幅度相当，占总生产量和消费量的比例基本保持稳定。

**表 3　以废纸为主要原料纸种生产量与消费量**

| 纸种 | 生产量/万吨 | | | 消费量/万吨 | | |
|---|---|---|---|---|---|---|
| | 2011 年 | 2012 年 | 同比增长/% | 2011 年 | 2012 年 | 同比增长/% |
| 新闻纸 | 390 | 380 | -2.56 | 389 | 393 | 1.03 |
| 包装用纸 | 620 | 640 | 3.23 | 632 | 655 | 3.64 |
| 白纸板 | 1340 | 1390 | 3.73 | 1322 | 1379 | 4.31 |
| 箱纸板 | 1990 | 2080 | 4.52 | 2073 | 2157 | 4.05 |
| 瓦楞原纸 | 1980 | 2020 | 2.02 | 1991 | 2027 | 1.81 |
| 合计 | 6320 | 6510 | 3.01 | 6407 | 6611 | 3.18 |
| 纸及纸板总产量 | 9930 | 10250 | | 9752 | 10048 | |
| 占比例/% | 63.6 | 63.5 | | 65.7 | 65.8 | |

4. 近年部分废纸相关项目建设情况

由于国内经济增长和各类商品包装及出口的需要，市场对各类包装用纸和纸板的需求在不断增加，以废纸为主要原料的新上项目和计划新上项目较多，规模也较大。其中，瓦楞原纸、箱纸板、白纸板等成为这几年我国生产量较大，增量较多的产品。

由于经济形势等原因，一些计划新上项目可能会出现延期或更改等情况，表 4 列出了废纸相关新建项目跟踪情况。

**表 4　近年我国部分废纸相关新建项目**

| 企业名称 | 项目内容 | 生产能力/(万吨/年) | 建设地点 | 投产时间 |
|---|---|---|---|---|
| 山东泉林纸业有限责任公司 | 涂布牛卡纸 | 10 | 山东德州 | 2010-06 |
| 宜宾蓝天纸业股份有限公司 | 涂布白纸板 | 18 | 四川宜宾 | 2010-07 |
| 浙江景兴纸业股份有限公司 | 白面牛卡纸 | 20 | 浙江平湖 | 2010-09 |
| 武汉金凤凰纸业有限公司 | 高强瓦楞原纸 | 15 | 湖北武汉 | 2010-12 |
| 淄博仁丰纸业有限公司 | 高强瓦楞原纸 | 10 | 山东淄博 | 2011-05 |
| 广东华泰纸业有限公司 | 彩色胶印新闻纸 | 20 | 广东江门 | 2011-06 |
| 河北保定东方造纸有限公司 | 瓦楞原纸 | 36 | 河北保定 | 2011-06 |
| 安徽华泰林浆纸有限公司 | 文化用纸 | 15 | 安徽安庆 | 2011-09 |
| 浙江吉安纸容器有限公司 | 高强瓦楞原纸 | 25 | 浙江海盐 | 2011-09 |
| | 白面牛卡纸 | 60 | | 2011-10 |
| 江苏长丰造纸有限公司 | 箱纸板 | 30 | 江苏丹阳 | 2011-10 |
| 白山市琦祥纸业股份有限公司 | 高强瓦楞原纸 | 20 | 吉林白山 | 2011 年底 |
| 南京华伦君泽纸业有限公司 | 新闻纸 | 20 | 江苏南京 | 2012-08 |
| 山东贵和显星纸业有限公司 | 高强瓦楞原纸 | 30 | 山东桓台 | 2012 |

续表

| 企业名称 | 项目内容 | 生产能力/(万吨/年) | 建设地点 | 投产时间 |
|---|---|---|---|---|
| 玖龙纸业（控股）有限公司 | 牛卡纸 | 40 | 江苏太仓 | 2010－12 |
| | 高强瓦楞原纸 | 30 | | 2010－12 |
| | 涂布灰底白纸板 | 55 | 天津 | 2012－07 |
| | 涂布灰底白纸板 | 55 | 重庆 | 2012－11 |
| | 牛卡纸 | 50 | 福建泉州 | 2013－06 |
| | | 35 | | 2013－07 |
| | 牛卡纸 | 35 | 辽宁沈阳 | 2013 年底前 |
| | | 35 | | |
| 东莞建晖纸业有限公司 | 箱纸板 | 40 | 广东东莞 | 2012 |
| 广州佛山金盛联合纸业有限公司 | 高强瓦楞原纸 | 10 | 广东广州 | 2011－03 |
| | 箱纸板 | 40 | 福建龙海 | 2012 年一季度 |
| | 瓦楞原纸 | 40 | | |
| 理文造纸有限公司 | 箱纸板 | 40 | 重庆 | 2011－11 |
| | 箱纸板 | 50 | 东莞洪梅 | 2011－08 |
| | 涂布白纸板 | 60 | 东莞洪梅 | 2012－06 |
| | 箱纸板 | 90 | 江西九江 | 计划中 |
| 湖北宏发再生资源科技发展有限公司 | 牛皮箱纸板 | 20 | 湖北宜都 | 2011－09 |
| | | 30 | | 2014 |
| 寿光美伦纸业有限责任公司 | 涂布白牛卡纸 | 60 | 山东寿光 | 2012－05 |
| 四川金田纸业有限公司 | 灰纸板 | 60 | 四川合江 | 2014－01 |
| 安徽山鹰纸业股份有限公司 | 低定量箱纸板 | 46 | 安徽马鞍山 | 2012 |
| | | 38 | | 2013 年底 |
| 江苏绿城纸业有限公司 | 工业包装纸板 | 50 | 江苏溧阳 | 2012 年底 |
| 江苏正大联合纸业股份有限公司 | 包装纸板 | 200 | 江苏灌云 | 2015 |
| 杭州长岗纸业有限公司 | 白面牛卡纸 | 30 | 江苏射阳 | 2013 |
| 宿迁市天成纸业有限公司 | 瓦楞原纸 | 20 | 江苏宿迁 | 2013 年底 |
| 江苏隆亨纸业有限公司 | 涂布白纸板 | 30 | 江苏陈家港 | 2011－11 |
| | 涂布纸板 | 60 | | 2012 年底 |
| 山东菏泽恒立纸业有限公司 | 高强瓦楞原纸 | 25 | 山东菏泽 | 2013－12 |
| 江苏富星纸业有限公司 | 白纸板 | 30 | 江苏响水 | 2014 |
| 中国胜达包装集团有限公司 | 箱纸板 | 30 | 浙江黄沙港 | 2013－03 |
| 亚太森博（山东）浆纸有限公司 | 液体包装纸板 | 30 | 山东日照 | 2014－06 |
| 河北永新纸业有限公司 | 高档箱纸板 | 30 | 河北唐山 | 2013－04 |
| 河北昌泰纸业有限公司 | 高强瓦楞原纸 | 40 | 河北玉田 | 2013 |
| | 石膏板护面纸 | 40 | | |
| 福建联盛纸业有限责任公司 | 箱纸板 | 40 | 福建陇海 | 2012－08 |
| | 瓦楞原纸 | 40 | | 2012－10 |

续表

| 企业名称 | 项目内容 | 年生产能力/万吨 | 建设地点 | 投产时间 |
|---|---|---|---|---|
| | 白纸板 | 30 | | 2012 年底 |
| | 白纸板 | 60 | | 2013 |
| 浙江龙游金龙纸业有限公司 | 白面牛卡纸 | 30 | 浙江龙游 | 建设之中 |
| 广东振隆纸业有限公司 | 牛皮箱纸板 | 30 | 广东江门 | 完成科研报告 |
| 东莞市金田纸业有限公司 | 灰纸板 | 30 | 广东东莞 | 已购国产纸机 |
| 江门星辉造纸有限公司 | 涂布白纸板 | 30 | 广东江门 | 2012－12 动工 |
| 浙江永泰纸业集团股份有限公司 | 牛皮箱纸板 | 20 | 浙江富阳 | 开始基建工程 |
| 抚矿集团琥珀纸业有限公司 | 箱纸板 | 30 | 辽宁抚顺 | 主体设备安装 |

## 二、2012 年我国废纸进出口情况

1. 废纸进出口量与金额

2012 年我国废纸进口量为 3007 万吨，比 2011 年的 2728 万吨增长 10.23%；出口量为 0.24 万吨，比 2011 年的 0.36 万吨减少 33.33%。2012 年进口废纸平均价格为 208.57 美元/吨，比 2011 年的平均价格 255.39 美元/吨降低 18.33%；出口废纸平均价格为 334.17 美元/吨，比 2011 年的平均价格 215.79 美元/吨上涨 54.86%。2012 年进口废纸用汇总金额为 62.6 亿美元，比 2011 年的 69.7 亿美元减少 10.19%。

由表 5 可见，2012 年废纸进口量有较大幅度增长，而进口用汇金额出现较大幅度下降；废纸出口量大幅下降，而出口创汇金额却有所增加。

众所周知，废纸市场和宏观经济密切相关，近两年全球经济低迷，欧洲、美国、日本等废纸主要出口地区和国家经济下滑，可供回收的废纸数量有所下降。目前，我国仍然是全球最大的废纸进口国，但随着东南亚地区造纸生产能力的扩大，印度、泰国等地的废纸需求也在逐步增加，已成为我国买家在海外进行废纸采购时不能忽视的竞争对手。

表 5 近年来我国废纸进出口情况

| | 2002 年 | 2003 年 | 2004 年 | 2005 年 | 2006 年 | 2007 年 | 2008 年 | 2009 年 | 2010 年 | 2011 年 | 2012 年 |
|---|---|---|---|---|---|---|---|---|---|---|---|
| 进口量/万吨 | 678 | 938 | 1230 | 1703 | 1962 | 2256 | 2421 | 2750 | 2435 | 2728 | 3007 |
| 金额/亿美元 | 7.3 | 12.3 | 17.3 | 24.6 | 27.5 | 40.4 | 55.6 | 38.0 | 53.5 | 69.7 | 62.6 |
| 进口均价/(美元/吨) | 107.7 | 131.2 | 140.3 | 144.2 | 140.1 | 179.2 | 229.6 | 138.0 | 219.8 | 255.4 | 208.6 |
| 出口量/吨 | 680 | 1100 | 740 | 100 | 100 | 500 | 20 | 270 | 796 | 3600 | 2432 |
| 金额/万美元 | 7.3 | 18.0 | 10.9 | 2.8 | 2.0 | 8.4 | 0.4 | 5.9 | 15.3 | 77.7 | 81.2 |
| 出口均价/(美元/吨) | 107.5 | 163.6 | 147.3 | 277.8 | 203.5 | 168.3 | 203.0 | 218.8 | 191.8 | 215.8 | 334.2 |

2. 进口废纸浆占原料比例变化

2012 年我国废纸浆消耗量为 5983 万吨，其中，进口废纸浆 2405 万吨，占废纸浆总消耗量的 40.2%，占纸浆总消耗量的 25.7%。由表 6 可以看出，我国国产废纸浆消耗量在废纸浆消耗总量中仍占有主要地位。

3. 进出口废纸种类及数量

2012 年，我国废纸进口总量 3007 万吨，同比增长 10.22%。其中，废箱纸板类进口量 1724.4 万吨，占废纸总进口量的 57.35%，同比增长 11.63%，进口用汇金额却同比下降 7.71%；办公室废杂纸类合计进口量 83.9 万吨，占废纸总进口量的 2.79%，同比增长 20.03%，进口用汇金额下降 4.55%；废报纸类进口量 683.2 万吨，占废纸总进口量的 22.72%，同比增长 2.72%，进口用汇金额下降 17.86%；其他混杂废纸进口量 515.3 万吨，占废纸总进口量的 17.14%，同比增长 14.97%，进口用汇金额下降 8.57%。

2012 年废纸进口主要品种与数量见表 7。2012 年废纸出口主要品种与数量见表 8。

表 6　　近年来我国进口废纸浆消耗量占原料比例变化情况

| | 2002 年 | 2003 年 | 2004 年 | 2005 年 | 2006 年 | 2007 年 | 2008 年 | 2009 年 | 2010 年 | 2011 年 | 2012 年 |
|---|---|---|---|---|---|---|---|---|---|---|---|
| 纸浆总消费量/万吨 | 3470 | 3910 | 4455 | 5200 | 5992 | 6769 | 7360 | 7980 | 8461 | 9044 | 9348 |
| 废纸浆消费量/万吨 | 1620 | 1920 | 2305 | 2810 | 3380 | 4017 | 4439 | 4997 | 5305 | 5660 | 5983 |
| 废纸浆进口量/万吨 | 500 | 750 | 773 | 1360 | 1570 | 1805 | 1936 | 2056 | 2092 | 2182 | 2405 |
| 占废纸浆比例/% | 30.9 | 39.1 | 33.5 | 48.4 | 46.4 | 44.9 | 43.6 | 41.1 | 39.4 | 38.6 | 40.2 |
| 占总浆量比例/% | 14.4 | 19.2 | 17.4 | 26.2 | 26.2 | 26.7 | 26.3 | 25.8 | 24.7 | 24.1 | 25.7 |
| 废纸浆国产量/万吨 | 1120 | 1170 | 1532 | 1450 | 1810 | 2212 | 2503 | 2941 | 3213 | 3478 | 3578 |
| 占废纸浆比例/% | 69.1 | 60.9 | 66.5 | 51.6 | 53.6 | 55.1 | 56.4 | 58.9 | 60.6 | 61.4 | 59.8 |
| 占总浆量比例/% | 32.3 | 29.9 | 34.4 | 27.9 | 30.2 | 32.7 | 34.0 | 36.9 | 38.0 | 38.5 | 38.3 |

表 7　　2012 年废纸进口主要品种与数量

| 废纸类别 | 海关商品税号 | 进口量 | | | 用汇金额 | |
|---|---|---|---|---|---|---|
| | | 数量/万吨 | 占比/% | 同比增长/% | 金额/亿美元 | 同比增长/% |
| 进口总量 | | 3007 | 100 | 10.22 | 62.6 | -10.19 |
| 废箱纸板类 | 47071000 | 1724.4 | 57.35 | 11.63 | 37.1 | -7.71 |
| 办公室废杂纸类 | 47072000 | 83.9 | 2.79 | 20.03 | 2.1 | -4.55 |
| 废报纸类 | 47073000 | 683.2 | 22.72 | 2.72 | 13.8 | -17.86 |
| 其他混杂废纸 | 47079000 | 515.3 | 17.14 | 14.97 | 9.6 | -8.57 |

表 8　　2012 年废纸出口主要品种与数量

| 废纸类别 | 海关商品税号 | 出口量/吨 | | 创汇金额/万美元 | |
|---|---|---|---|---|---|
| | | 2011 年 | 2012 年 | 2011 年 | 2012 年 |
| 出口总量 | | 3600 | 2432 | 77.7 | 81.2 |
| 废箱纸板类 | 47071000 | 482.5 | 2230.7 | 13.1 | 71.4 |
| 办公室废杂纸类 | 47072000 | 1495.4 | 56.6 | 31.2 | 2.0 |
| 废报纸类 | 47073000 | 34.1 | — | 0.8 | — |
| 其他混杂废纸 | 47079000 | 1588.0 | 144.9 | 32.6 | 7.8 |

4. 废纸主要来源国家、进口地区及口岸

表 9 为 2012 年我国废纸主要来源国家、进口地区及口岸情况（均取前 10 位）。从表 9 可以看出，美国依然为我国废纸的最大进口来源国，2012 年进口数量为 1301.6 万吨，占我国废纸进口总量的 43.29%。进口地区则主要以广东省、浙江省、江苏省和山东省 4 省为主，重庆市进口数量有较大增加。

**表 9 不同废纸种类主要来源国家或地区、进口地区及口岸（按贸易金额排序）**

| 序号 | 主要来源国家或地区 | | | 主要进口地区 | | | 主要进口口岸 | | |
|---|---|---|---|---|---|---|---|---|---|
| | 国家或地区 | 进口量/吨 | 金额/万美元 | 地区 | 进口量/吨 | 金额/万美元 | 口岸 | 进口量/吨 | 金额/万美元 |
| 47071000 废箱纸板类（包括废纸箱、OCC、废瓦楞纸箱，废纸袋、废褐色牛皮纸等） | | | | | | | | | |
| 1 | 美国 | 7525861 | 168973 | 广东省 | 6840575 | 145561 | 深圳海关 | 3356949 | 72029 |
| 2 | 日本 | 1922149 | 41435 | 江苏省 | 3200137 | 70112 | 南京海关 | 2984326 | 65246 |
| 3 | 英国 | 1832349 | 37390 | 浙江省 | 2236942 | 47290 | 杭州海关 | 2058172 | 43231 |
| 4 | 荷兰 | 1162642 | 23559 | 山东省 | 1394112 | 30929 | 广州海关 | 1772281 | 36704 |
| 5 | 意大利 | 690428 | 13976 | 福建省 | 803853 | 16593 | 青岛海关 | 1396948 | 31000 |
| 6 | 中国香港 | 528462 | 12136 | 天津市 | 756544 | 16270 | 天津海关 | 1303840 | 28760 |
| 7 | 比利时 | 467859 | 9451 | 重庆市 | 529461 | 11387 | 黄埔海关 | 1271650 | 27657 |
| 8 | 西班牙 | 469198 | 9365 | 河北省 | 477338 | 10790 | 上海海关 | 695384 | 15820 |
| 9 | 法国 | 447194 | 9017 | 安徽省 | 449632 | 9714 | 厦门海关 | 753186 | 15548 |
| 10 | 澳大利亚 | 428163 | 8745 | 上海市 | 324271 | 7407 | 重庆海关 | 529461 | 11387 |
| 47072000 办公室废杂纸类（包括办公室废杂纸，白纸板、铜版纸、白卡纸、书纸等的边角料） | | | | | | | | | |
| 1 | 美国 | 290075 | 7775 | 广东省 | 357937 | 9166 | 深圳海关 | 255620 | 6382 |
| 2 | 日本 | 175013 | 4285 | 浙江省 | 185851 | 4538 | 南京海关 | 122709 | 3143 |
| 3 | 澳大利亚 | 81930 | 1961 | 江苏省 | 132182 | 3355 | 杭州海关 | 92924 | 2236 |
| 4 | 中国香港 | 77684 | 1920 | 安徽省 | 47841 | 1104 | 宁波海关 | 77010 | 1906 |
| 5 | 荷兰 | 47179 | 1218 | 天津市 | 31655 | 888 | 广州海关 | 61246 | 1558 |
| 6 | 英国 | 45957 | 1120 | 山东省 | 28631 | 884 | 天津海关 | 41441 | 1217 |
| 7 | 中国台湾 | 19618 | 862 | 湖南省 | 22394 | 585 | 合肥海关 | 47496 | 1128 |
| 8 | 法国 | 21203 | 543 | 河南省 | 12271 | 361 | 青岛海关 | 33779 | 1096 |
| 9 | 加拿大 | 20137 | 529 | 重庆市 | 7128 | 194 | 江门海关 | 30210 | 862 |
| 10 | 比利时 | 20366 | 509 | 河北省 | 3561 | 130 | 上海海关 | 26037 | 669 |
| 47073000 废报纸类（包括废报纸、废杂志纸、8 号美废等） | | | | | | | | | |
| 1 | 美国 | 3754328 | 74051 | 广东省 | 2045933 | 41327 | 青岛海关 | 1888003 | 38553 |
| 2 | 日本 | 614589 | 14030 | 山东省 | 1742798 | 35650 | 广州海关 | 1082436 | 21107 |
| 3 | 加拿大 | 635784 | 12407 | 浙江省 | 1466670 | 29124 | 杭州海关 | 1039803 | 19934 |
| 4 | 中国香港 | 499504 | 11640 | 江苏省 | 334243 | 7080 | 上海海关 | 640979 | 13550 |
| 5 | 英国 | 552162 | 10662 | 福建省 | 293230 | 5783 | 黄埔海关 | 492531 | 10896 |
| 6 | 澳大利亚 | 259842 | 4944 | 上海市 | 172131 | 3371 | 深圳海关 | 467583 | 9353 |
| 7 | 荷兰 | 139105 | 2895 | 湖南省 | 138914 | 3166 | 南京海关 | 251249 | 5221 |
| 8 | 意大利 | 78280 | 1620 | 河北省 | 156867 | 3116 | 福州海关 | 242202 | 4691 |
| 9 | 比利时 | 77096 | 1533 | 安徽省 | 134676 | 2630 | 江门海关 | 152456 | 2929 |
| 10 | 法国 | 63665 | 1312 | 广西区 | 127656 | 2493 | 长沙海关 | 126609 | 2904 |

续表

| 序号 | 主要来源国家或地区 | | | 主要进口地区 | | | 主要进口口岸 | | |
|---|---|---|---|---|---|---|---|---|---|
| | 国家或地区 | 进口量/吨 | 金额/万美元 | 地区 | 进口量/吨 | 金额/万美元 | 口岸 | 进口量/吨 | 金额/万美元 |
| 47079000 其他混杂废纸（包括混合废杂纸、混合包装废纸、3号日废混合废纸等） | | | | | | | | | |
| 1 | 美国 | 1445719 | 25645 | 浙江省 | 2342578 | 43815 | 杭州海关 | 1672284 | 29709 |
| 2 | 日本 | 1164802 | 24657 | 广东省 | 1768630 | 32419 | 深圳海关 | 1148564 | 21498 |
| 3 | 英国 | 800259 | 14210 | 天津市 | 383290 | 7041 | 天津海关 | 498574 | 9278 |
| 4 | 荷兰 | 525831 | 9374 | 江苏省 | 374776 | 7041 | 宁波海关 | 429908 | 9039 |
| 5 | 加拿大 | 297444 | 5231 | 河北省 | 114355 | 2130 | 南京海关 | 363549 | 6816 |
| 6 | 澳大利亚 | 269270 | 4872 | 安徽省 | 47599 | 961 | 黄埔海关 | 343267 | 6217 |
| 7 | 意大利 | 226725 | 4168 | 福建省 | 42445 | 909 | 上海海关 | 269107 | 5669 |
| 8 | 比利时 | 140918 | 2636 | 重庆市 | 38175 | 667 | 广州海关 | 276799 | 4704 |
| 9 | 新西兰 | 55151 | 995 | 山东省 | 20553 | 408 | 合肥海关 | 47959 | 961 |
| 10 | 德国 | 47036 | 913 | 上海市 | 14992 | 32 | 厦门海关 | 42445 | 909 |

## 三、2012 年废纸市场价格变化情况

1. 国际废纸价格走势

近几年，国际废纸市场波动较大，价格波动周期由长变短，波动加速，幅度加大。

2012 年国际废纸价格明显低于 2011 年价格水平，这说明由于欧美一些经济发达国家经济复苏缓慢，造成国际市场对木浆、废纸及纸板的需求疲软、萎靡，国际木浆、废纸及纸板市场行情走弱的势头明显。

表 10 为主要废纸种类在美国主要城市 2012 年典型月份的价格，与 2011 年同期相比有较大幅度下降，而且价格波动幅度也比较大。

**表 10　　主要废纸种类在美国主要城市 2012 年典型月份的价格**

单位：美元/短吨（卖方离岸价）

| 品种（标号） | 月份 | 纽约城 | 芝加哥 | 亚特兰大 | 达拉斯/休斯敦 | 旧金山/洛杉矶 | 西雅图/波特兰 |
|---|---|---|---|---|---|---|---|
| 混合废纸（2） | 2 | 70～90 | 70～80 | 80～95 | 90～100 | 105～115 | 95～100 |
| | 5 | 70～80 | 70～75 | 90～95 | 95～100 | 105～125 | 95～100 |
| | 8 | 60～65 | 55～60 | 65～70 | 55～60 | 80～90 | 60～65 |
| | 12 | 50～55 | 40～45 | 70～75 | 65～70 | 90～100 | 70～80 |
| 特级供脱墨用废报纸（8） | 2 | 80～95 | 80～85 | 85～90 | 90～95 | 125～135 | 110～115 |
| | 5 | 90～95 | 85～90 | 90～95 | 90～100 | 125～135 | 105～110 |
| | 8 | 65～70 | 70～75 | 65～70 | 60～70 | 100～110 | 85～95 |
| | 12 | 70～75 | 60～70 | 75～80 | 75～80 | 95～105 | 85～95 |
| 废杂志（10） | 2 | 100～110 | 115～125 | 125～130 | 120～130 | 135～145 | 110～115 |
| | 5 | 100～110 | 105～115 | 115～120 | 115～120 | 135～145 | 115～120 |
| | 8 | 85～90 | 95～100 | 90～95 | 95～100 | 95～105 | 95～100 |
| | 12 | 70～75 | 70～75 | 80～85 | 75～80 | 100～110 | 95～100 |

续表

| 品种（标号） | 月份 | 纽约城 | 芝加哥 | 亚特兰大 | 达拉斯/休斯敦 | 旧金山/洛杉矶 | 西雅图/波特兰 |
|---|---|---|---|---|---|---|---|
| 废瓦楞纸箱（11） | 2 | 130～150 | 110～115 | 110～115 | 130～140 | 155～165 | 130～135 |
| | 5 | 120～135 | 105～115 | 125～130 | 130～135 | 150～160 | 120～125 |
| | 8 | 95～100 | 85～90 | 90～100 | 80～90 | 120～130 | 90～95 |
| | 12 | 90～95 | 80～90 | 110～120 | 110～115 | 125～135 | 115～125 |
| 经拣选的办公室废杂纸（37） | 2 | 150～165 | 140～150 | 140～150 | 150～160 | 165～175 | 155～160 |
| | 5 | 140～155 | 140～150 | 140～160 | 150～165 | 175～185 | 165～175 |
| | 8 | 175～185 | 165～175 | 170～180 | 180～190 | 170～180 | 140～150 |
| | 12 | 160～165 | 130～135 | 135～145 | 140～145 | 165～175 | 150～160 |

2. 国内主要废纸品种市场价格水平

表 11 为 2012 年国内主要废纸品种市场价格水平情况，表中数据由各地区公布的价格综合统计得来。

表 11　**2012 年国内市场主要废纸品种价格水平**　单位：元/吨

| 月份 | 废箱纸板 | 废书本纸 | 废报纸 | 废黄纸板 |
|---|---|---|---|---|
| 1 | 1300 | 1250 | 1300～1600 | 1300－1400 |
| 2 | 1350～1520 | 1300～1500 | | |
| 3 | 1300～1530 | 1600～1800 | 1400～1750 | 1150～1480 |
| 4 | 1280 | 1250～1880 | 1650～1800 | 1300～1450 |
| 5 | 1100～1300 | 1280～1750 | 1480～1880 | 1150～1250 |
| 6 | 1080～1500 | 1400～1600 | 1430～1800 | 1100～1410 |
| 7 | | 1200～1600. | 1600～1780 | 1170～1300 |
| 8 | 1200～1330 | 1300～1630 | 1350～1600 | 1120～1500 |
| 9 | 1500～1800 | 1400～1500 | 1580～1700 | 1100～1400 |
| 10 | 950～1000 | 1350 | 1550～1700 | 950～1100 |
| 11 | 1000～2000 | 1250～1550 | 1550～1750 | 1000～1300 |
| 12 | 1300 | 1250～1400 | 1520～1700 | 1180～1400 |

影响国内废纸市场价格的主要因素与影响进口废纸价格最大的不同是，造纸企业决定国内的废纸价格。通常采用的模式是造纸厂对外公布自己当前的废纸采购价格，而废纸回收商根据这些价格决定是否向这些纸厂送货。这个价格周期较短，经常几天或 1 周就有变更。纸厂提价或降价的依据，一方面是根据自身需求而定，另外也会参考周边纸厂价格或者进口废纸价格走势，这也是国内废纸价格范围分布比较大的原因之一。大型回收商的出现，可以与纸厂签订长期供货合同，将会起到稳定国内废纸市场价格的作用。

从不同区域来看，通常是南方沿海地区国产废纸价格较高，特别是珠三角、长三角地区的价格高于北方市场或内陆市场。

（章玉华）

# 2011 年我国出版印刷用纸市场概述

## Market Review of Newsprint and Publication Paper in China in 2011

在经历了2008年到2009年的国际经济危机影响和2010年的经济快速回升之后，2011年出版印刷行业进入缓步增长通道，印刷业发展较为平稳，印刷总量继续增长。在2010年之前的10年，我国印刷行业年平均增长率在10%以上，有些印刷设备器材产品平均年增长率甚至超过20%。而2011年印刷行业年增长率只有10%左右，较前10年增长速度已明显放缓，这反映出我国印刷业发展进入了转型期。近2年，宏观经济政策转向注重经济结构调整、弱化对GDP增长率的追求，通过采取多种调控增长率的措施，实现了稳中求进的目标。

### 一、2011 年新闻出版行业概况

截至2011年底，全国共有出版社580家，其中，中央级出版社220家，地方出版社360家。2009—2011年各种出版物总印张及折合用纸量见表1。

表1　　2009—2011 年全国出版物总印张及折合用纸量

| 出版物名称 | 总印张/亿印张 | | | | 折合用纸量/万吨 | | | |
|---|---|---|---|---|---|---|---|---|
| | 2009 年 | 2010 年 | 2011 年 | 同比增长/% | 2009 年 | 2010 年 | 2011 年 | 同比增长/% |
| 图书 | 565.50 | 604.74 | 634.51 | 4.92 | 132.90 | 142.15 | 149.11 | 4.90 |
| 期刊 | 166.24 | 181.06 | 192.73 | 6.45 | 39.06 | 42.54 | 45.28 | 6.44 |
| 报纸 | 1969.40 | 2148.03 | 2271.99 | 5.77 | 452.96 | 494.05 | 522.56 | 5.77 |
| 总计 | 2701.14 | 2933.83 | 3099.23 | 5.64 | 624.92 | 678.74 | 716.95 | 5.63 |

1. 图书

2011年全国共出版图书369523种，总印数77.05亿册（张），总印张634.51亿印张，折合用纸量149.11万吨，定价总金额1063.06亿元。与2010年相比，图书品种增长12.53%，总印数增长7.46%，总印张增长4.92%，定价总金额增长13.57%。图书出版实现营业收入664.4亿元，比2010年增长19.8%；增加值225.3亿元，比2010年增长4.8%；利润总额94.2亿元，比2010年增长22.2%。

2. 期刊

2011年全国共出版期刊9849种，平均期印数16880万册，总印数32.85亿册，总印张192.73亿印张，定价总金额238.43亿元，折合用纸量45.28万吨。与2010年相比，种数下降0.35%，平均期印数增长3.25%，总印数增长2.17%，总印张增长6.44%，定价总金额增长9.53%。期刊出版实现营业收入162.6亿元，比2010年增长8%；实现增加值152.4亿元，比2010年增长114.2%；利润总额22.9亿元，比2010年增长23.8%。各类期刊总印数、总印张数的分类统计情况见表2。

3. 报纸

2011年全国共出版报纸1928种，平均期印数21517.05万份，总印数467.43亿份，总印张2271.99亿印张，定价总金额400.44亿元，折合用纸量522.56万吨。与2010年相比，种数降低了0.57%，平均期印数增长0.37%，总印数增长3.38%，总印张增长5.77%，定价总金额增长8.91%。报纸出版实现营业收入818.9亿元，比2010年增长12.3%；实现增加值320.2亿元，比2010年增长1%；利润总额98.6亿元，比2010年降低了2.2%。

表2 2010—2011 年全国各类期刊出版情况

| 分类 | 2010 年 | | | 2011 年 | | | 同比增长/% | |
|---|---|---|---|---|---|---|---|---|
| | 种数/个 | 总印数/万册 | 总印张/亿印张 | 种数/个 | 总印数/万册 | 总印张/亿印张 | 总印数 | 总印张 |
| 综合 | 495 | 40565 | 19.15 | 435 | 25358 | 12.66 | -37.49 | -33.89 |
| 社科 | 2466 | 119565 | 70.36 | 2516 | 138842 | 71.81 | 16.12 | 2.06 |
| 科技 | 4936 | 47068 | 33.16 | 4920 | 48717 | 37.97 | 3.50 | 14.51 |
| 文教 | 1207 | 61027 | 33.54 | 1349 | 78539 | 43.34 | 28.70 | 29.22 |
| 艺术 | 631 | 26965 | 14.29 | 629 | 37066 | 20.94 | 37.46 | 46.54 |
| 少儿 | 98 | 23683 | 7.31 | 118 | 36454 | 9.45 | 53.92 | 29.27 |
| 画刊 | 51 | 2662 | 3.25 | 58 | 2070 | 1.76 | -22.24 | -45.85 |

表3 2010—2011 年全国报纸出版数量和用纸量

| | 2010 年 | | | 2011 年 | | | 同比增长/% | |
|---|---|---|---|---|---|---|---|---|
| | 种数/个 | 总印数/亿份 | 用纸量/万吨 | 种数/个 | 总印数/亿份 | 用纸量/万吨 | 总印数 | 用纸量 |
| 全国及省级 | 1052 | 368.94 | | 1042 | 315.35 | | 2.07 | |
| 地市县级 | 887 | 143.2 | | 886 | 152.08 | | 6.20 | |
| 合计 | 1939 | 452.14 | 494.05 | 1928 | 467.43 | 522.56 | 3.38 | 5.77 |

全国报业中，全国性和省级报纸1042种，平均期印数16003.40万份，总印数315.35亿份，总印张1510.78亿印张，占报纸总品种的54.05%，占总印数的67.46%，占总印张的66.50%。与2010年相比种数下降0.96%，平均期印数增长1.38%，总印数增长2.07%，总印张增长3.70%。

地市级报纸869种，平均期印数5480.06万份，总印数151.15亿份，总印张759.45亿印张；占报纸总品种的45.01%，占总印数的32.34%，占总印张的33.43%。与2010年相比，种数下降0.23%，平均期印数下降2.44%，总印数增长6.28%，总印张增长10.23%。

县级报纸17种，平均期印数33.59万份，总印数0.94亿份，总印张1.76亿印张；占报纸总品种的0.88%，占总印数的0.20%，占总印张的0.08%。与2010年相比，种数增长了6.25%，平均期印数下降2.44%，总印数下降4.08%，总印张下降16.19%。

近年来，国内报纸印刷行业加强了对先进技术的引进和对生产质量管理的改进，装备水平有了很大提高。广泛采用计算机直接制版、数码打样、色彩管理、数字化工作流程、数字墨控等新技术，报纸质量有了很大提高。如CTP制版量占总制版量的比例由2010年的38%上升到2011年的55%，发展速度极快，有力地推进了报纸印刷数字化的进展。据分析，到2014年，全国报纸印刷CTP制版量将占总制版量的80%左右。其次，报纸印刷行业的胶印轮转机中多数为较先进的设备，这使得报纸印刷的色彩和高质成为现实。印刷设备的现代化，对于新闻纸的要求也越来越高，无疑对造纸企业也是不小的挑战。

## 二、2011年印刷行业基本概况

至2011年底，我国印刷业共有各类企业102484家，从业人员356万人。2011年国内印刷工业总产值8677亿元，增加值2325亿元，与2010年相比增长9%以上；资产总额超过1.14万亿元，利润总额700多亿元，与2010年相比增长8%以上。其中，出版物印刷企业6821家，印刷总产值1313.94亿元，占行业总产值的15%；包装装潢印刷企业47377家，印刷总产值6318.77亿元，占行业总产值的73%；其他印刷品印刷企业44868家，印刷总产值708.51亿元，占行业总产值的8%；专项排版、制版、装订企业2676家，印刷总产值77.32亿元，占行业总产值的0.8%；专营和兼营数字印刷企业 799 家，印刷总产值 39.74 亿元，占行业总产值的 0.5%。

从我国印刷业的整体规模看，2011 年我国印刷业在总产值、固定资产规模和利润总额保持同步增长的同时，企业数量和从业人员却在减少（分别减少 1.8% 和 2.7%）。这表明，我国印刷业的集约化程度在不断提升。2011 年规模以上印刷企业（年工业总产值 5000 万元以上印刷企业）有 2439 家，工业总产值为 4396.89 亿元。这些印刷企业数量只占全国印刷企业总数的 2.4%，但其所产生的印刷总产值占全国印刷业年工业总产值的 50.7%。与 2010 年相比，2011 年规模以上印刷企业数量增加了 292 家（年增长速度 13.6%），年工业总产值增加了 805 亿元（年增长速度 22.4%），远高于全国印刷业整体的增长速度。我国印刷业的产业集中度在逐步提高。

中国印刷及设备器材工业协会对全国 119 家重点书刊印刷企业 2011 年的经济运行情况进行了调查统计，见表 4。

表 4　2009—2011 年部分书刊印刷企业经济指标调查统计

| | 2009 年 | 2010 年 | 2011 年 | 同比增长/% |
|---|---|---|---|---|
| 总产值/亿元 | 87.7 | 107.2 | 107 | -0.19 |
| 销售产值/亿元 | 87.8 | 107.3 | 110 | 2.52 |
| 实现利税/亿元 | 7.9 | 10.1 | 10.6 | 4.95 |
| 实现利润/亿元 | 2.2 | 4.1 | 3.8 | -7.32 |
| 书刊印刷/万令 | 2623.0 | 2768 | 2904 | 4.91 |
| 胶印/对开色令 | 10723.0 | 13837 | 14390 | 4.00 |

以上调查统计涉及 119 家企业。在这 119 家企业中，盈利 100 万元以上有 45 家，200 万元以上有 37 家，300 万元以上有 30 家，500 万元以上有 23 家，1000 万元以上有 13 家。

由表 4 中的数据可以看出，2011 年书刊印刷企业的总印刷量仍处在增长之中，但增幅较 2010 年有了较大下降，总产值和销售产值与 2010 年相比变化不大。可以肯定书刊印刷的总量仍在增长与发展中，值得注意的是企业的总体利税虽然有一定增长，但部分企业利润总额却有一定幅度下降，被调查的企业中盈利企业数量也在下降，82 家盈利企业占企业总数的 71%，有近 3 成的企业处于亏损状态。整个书刊印刷企业的发展在网络和电子出版的影响下确实受到了一定冲击。不仅是书刊印刷，整个纸质媒体在电子媒体的影响之下如何发展，也是印刷行业如何面对的一个现实问题。当然，造纸行业也应密切关注对印刷用纸的影响。

目前，国内包装印刷业发展迅速。在 10 万家印刷企业中包装璜企业有 4.7 万多家，占印刷企业总数的 46%，占全部印刷总产值的 7 成以上，成为推动我国印刷业保持高速发展的主要因素。从人均占有包装用纸量来分析，目前我国瓦楞原纸人均年消耗量为 55 千克左右，仅是美国的 1/6、日本的 1/5、欧洲的 1/4 和印度的 1/2。从这个角度也可以说明包装印刷业在未来发展中仍有巨大潜力。造纸行业对此应有积极的调整预判。

## 三、图书、报纸、期刊出口情况

2011 年全国累计出口（包括全国出版物进出口经营单位的出口和部分出版单位、发行单位的出口，系不完全统计）图书、报纸、期刊 1549.17 万册（份），出口金额 5894.12 万美元。其中，全国出版物进出口经营单位累计出口 1144.18 万册（份），同比增长 21.00%；出口金额 3905.51 万美元，同比增长 5.24%。其中，图书出口 855.76 万册，同比增长 21.00%；出口金额 3276.61 万美元，同比增长 1.38%。期刊出口 252.89 万册，同比增长 29.83%；出口金额 573.44 万美元，同比增长 35.25%。报纸出口 35.52 万份，同比下降 18.56%；出口金额 55.46 万美元，同比增长 1.01%。

## 四、我国印刷业未来的发展前景

在我国宏观经济增长模式从追求速度转到提高质量的大环境条件下，我国印刷业仍将保持一个比全国 GDP 略高的增长幅度。

根据新闻出版总署《印刷业“十二五”时期发展规划》设定的“十二五”我国印刷业的发展目标，假设我国印刷业 2011—2030 年的年增长速度与我国经济 GDP 年增长速度相同（年平均增长速度 6.5%），2015 年我国印刷业的规模将达到 11000 亿元，2020 年达到 15700 亿元，2030 年达到 29000 亿元。如我国印刷业 2011—2030 年的年增长速度比我国经济 GDP 年增长速度高 3 个百分点（年平均增长速度 9.5%），2015 年我国印刷业的规模将达到 12000 亿元，2020 年达到 20000 亿元，2030 年达到 48000 亿元。

我国印刷业仍将保持旺盛的增长需求，图书、期刊、报纸也将长期保持一定的规模。自动化、智能化、机械化、缩短辅助时间及多功能的印刷设备将会受到市场欢迎。为满足短板印刷、个性化需求以及出版业转型升级的需要，数字化、绿色环保的印刷技术将会有较快的发展。随着网络技术的发展，印刷业务以互联网为平台，以服务为中心的新型印刷经营模式将会获得快速发展。印刷业服务领域将向电子、功能材料印刷领域扩展，如快速成型的3D打印等。以纸张为载体的传统印刷在一个较长时期内在印刷总量上仍将占有统治地位，对于纸张的需求也会持续地稳步增长。

## 五、印刷与造纸共同发展所面对的若干问题

（1）近几年来，国内印刷企业不断进行设备和技术改造，管理方法进一步完善，引进和更新了许多先进设备，以满足消费者对出版物质量不断提高的要求。尤其是国家大力推进绿色印刷战略，对于出版物印刷企业要求进行绿色认证，其中对印刷用纸也提出了更高的环保要求，需要造纸企业根据印刷要求生产出合格、多样、符合绿色印刷认证要求的纸张，特别是在2015年前所有学生课本都要达到绿色环保的要求。绿色印刷在提高印刷用纸环保要求的同时，对于造纸工业的升级换代、淘汰落后产能也提供了一定的推动力。

（2）我国印刷市场存在多元化的需求，价廉物美的纸品依然还占有较大份额。客观现实存在的情况是有一部分技术落后的陈旧印刷设备仍在生产，一些印刷品为追求廉价也在使用低档纸，也不能否认还有一些不法书商印刷一些盗版书籍，这就使得低档印刷用纸依然有一定市场。这些低档纸的生产企业规模小、污染得不到治理，是环保的巨大隐患，需要引起相关部门的注意。

（3）随着科学技术的不断进步，许多电子出版物已经大量上市，对于传统的出版业来说具体表现在常规的大印量的图书不断减少，而具个性化、出版速度快、印量少的所谓“按需出版”的印刷品会逐步增加。这些印刷品对于印刷用纸会有多样化的要求，造纸企业应该对此类产品有前瞻性的研究开发。

（4）印刷工业的发展带动和促进了造纸工业的发展。国际主流媒体公认我国印刷业规模位居世界第3，造纸工业规模位居世界第1。造纸工业的快速发展基本满足了我国印刷发展的需求，印刷用纸的进口已经大幅减少，不仅中低档纸进口减少，高档纸如铜版纸等国内也能大量生产，且质量、价格都具有较强竞争力。在造纸工业规模快速扩张的情况下，一些纸种也出现了产能过剩，低价竞争的情况不利于造纸行业的健康发展。恶性竞争不仅对本行业造成损害，长期看对上下游行业也会带来不利影响。

未来10年，我国印刷业将是调整、变革、发展的10年。在这一重要时期出版印刷市场需求会日益增长并越来越多样化，现代传媒技术改造传统出版产业，发展电子出版业是大势所趋，纸媒体和数字网络媒体将长期共存，协调发展。纸媒体在文化领域依然具有很大的发展空间，那么纸张的系列化、高档化、多样化就成为基本要求。造纸业应当抓住机遇，开发新产品，提高产品质量和稳定性，积极开拓国际市场，开辟印刷用纸市场稳步发展，不断壮大的新局面。

（袁建湘）

# 包装纸板市场概况与发展趋势

# Market Situation and Development Trend of Packaging Paperboard

包装纸板是造纸产品中的一大类，可做成性能良好、耐用、可回收的包装产品。纸板包装产品具有环保性和可回收性，这些特点使其在许多其他包装材料中具有竞争优势。随着我国经济的持续发展，国内各类包装需求的增长、对外贸易的繁荣、出口商品不断增多，用于产品的包装纸板近年都呈现出持续增长的趋势。

## 一、包装纸板分类

纸板分为 3 类：盒用纸板（白纸板），瓦楞箱纸板和特种纸板，详细的分类见图 1 所示。

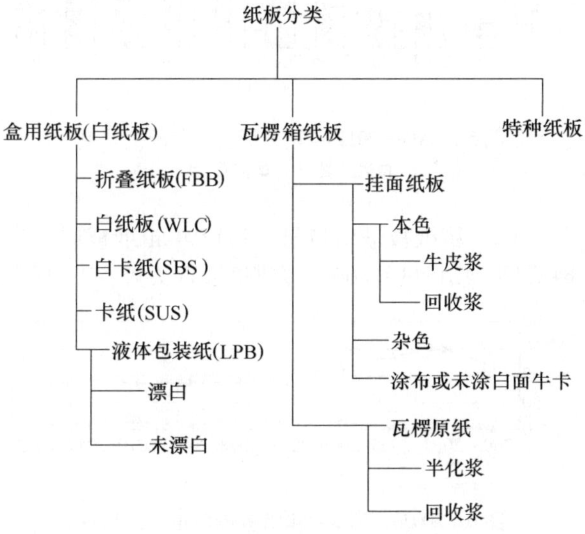


图 1　包装纸板分类

盒用纸板（白纸板）主要用于消费产品的包装如食品、香烟、牛奶和药品的包装。从图 1 可以看出，盒用纸板分为不同等级。图中的缩写表示不同的纸板类别。瓦楞箱纸板在纸板行业是一个巨大的市场，广泛应用于许多种包装行业中。

## 二、包装纸板市场情况

近年，我国纸和纸板消费增量最大的纸种是箱纸板、白纸板和瓦楞原纸，三大纸种的总和占纸及纸板总产量和总消费量的比例已经超过 55%。纸及纸板包装制品一直占包装工业材料的 50% 以上。纸制品以良好的环保性能、循环利用的优势，将随包装业的不断发展占据更多的产业市场，包装纸板也将在造纸行业中占据更大的份额。

1. 包装纸板的生产量、消费量和进出口量

2001—2012 年包装纸板的生产量、消费量和进出口量见表 1。

2. 盒用纸板

多年来，我国盒用纸板消费量和生产量中的 95% 以上为涂布白纸板。涂布白纸板可分为含废纸浆的白纸板和不含废纸浆的白纸板，通常不含废纸浆的白纸板称为白卡纸。据相关统计，目前白纸板消费中的 1/3 强为白卡纸。近几年，由于食品包装需求的增长，未涂布的纸杯纸及食品包装纸板的消费和产量的比例呈现上升趋势。

自 20 世纪 80 年代，从宁波中华纸业有限公司年产 5 万吨涂布灰底/白底白纸板和 90 年代初福斯达（烟台）纸业有限公司年产 10 万吨涂布白卡纸起，到 2012 年我国涂布白纸板年产 1390 万吨，产量全球第 1，我国白纸板生产发展十分迅速。

（1）白纸板生产量和消费量　2012 年白纸板生产量 1390 万吨，同比增长 3.73%；消费量 1379 万吨，同比增长 4.31%。2003—2012 年生产量年均增长率 10.85%，消费量年均增长率 8.81%，见图 2。其中，2012 年涂布白纸板生产量 1340 万吨，同比增长 3.88%；消费量 1329 万吨，同比增长 4.48%。2003—2012 年生产量年均增长率 11.33%，消费量年均增长率 9.18%，见图 3。

**表 1　　2001—2012 年包装纸板的生产量、消费量及进出口量　　单位：万吨**

| | | 2001 年 | 2002 年 | 2003 年 | 2004 年 | 2005 年 | 2006 年 | 2007 年 | 2008 年 | 2009 年 | 2010 年 | 2011 年 | 2012 年 |
|---|---|---|---|---|---|---|---|---|---|---|---|---|---|
| 生产量 | 箱纸板 | 460 | 600 | 680 | 830 | 980 | 1150 | 1360 | 1530 | 1730 | 1880 | 1990 | 2080 |
| | 瓦楞原纸 | 600 | 600 | 670 | 810 | 950 | 1130 | 1340 | 1520 | 1715 | 1870 | 1980 | 2020 |
| | 白纸板及白卡纸 | 300 | 460 | 550 | 670 | 790 | 940 | 1050 | 1120 | 1150 | 1250 | 1340 | 1390 |
| 消费量 | 箱纸板 | 545 | 725 | 796 | 978 | 1115 | 1250 | 1438 | 1605 | 1809 | 1946 | 2073 | 2157 |
| | 瓦楞原纸 | 714. 8 | 730 | 802 | 921. 2 | 1035 | 1193 | 1354 | 1552 | 1758 | 1889 | 1991 | 2027 |
| | 白纸板及白卡纸 | 396. 1 | 536 | 645 | 772 | 863 | 972 | 1062 | 1131 | 1160 | 1254 | 1322 | 1379 |
| 进口量 | 箱纸板 | 126. 48 | 125. 44 | 117. 2 | 150 | 138 | 114 | 103 | 88 | 85. 76 | 80 | 93 | 84 |
| | 瓦楞原纸 | 117. 87 | 133. 48 | 134. 9 | 114 | 88 | 71 | 53 | 45 | 45. 46 | 24 | 17 | 14 |
| | 白纸板及白卡纸 | 97. 78 | 81. 48 | 104 | 108 | 91 | 73 | 70 | 64 | 71. 32 | 77 | 79 | 72 |
| 出口量 | 箱纸板 | 1. 25 | 0. 67 | 1. 71 | 1. 53 | 2. 71 | 14 | 25 | 13 | 7. 13 | 14 | 10 | 7 |
| | 瓦楞原纸 | 3. 14 | 3. 26 | 3. 02 | 2. 76 | 3. 31 | 8 | 39 | 13 | 3. 18 | 5 | 6 | 7 |
| | 白纸板及白卡纸 | 2. 50 | 5. 51 | 9. 95 | 6. 44 | 18. 27 | 41 | 58 | 53 | 61. 02 | 73 | 97 | 83 |

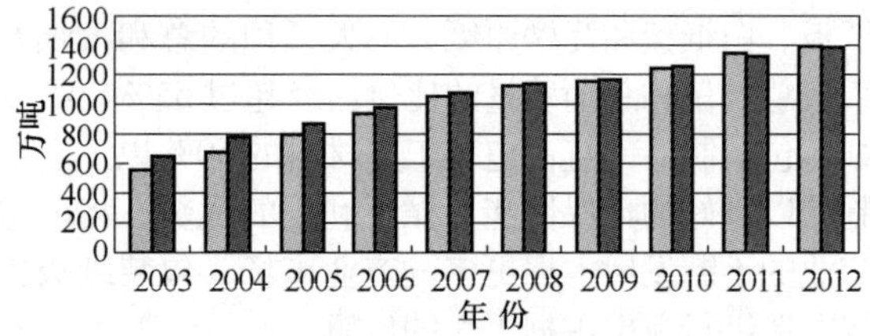


图 2　2003—2012 年白纸板生产量及消费量

生产量　消费量

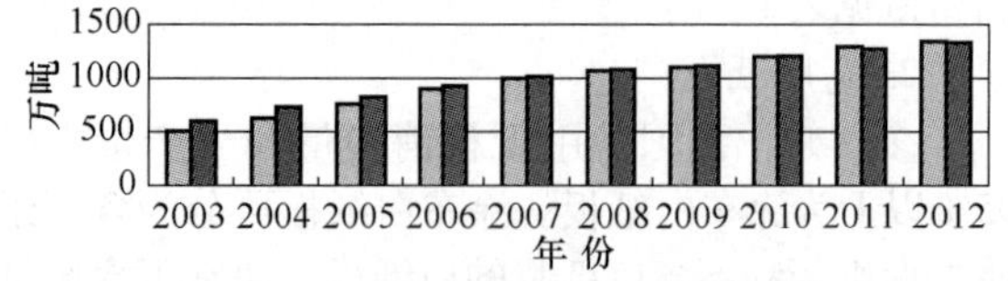


图 3　2003—2012 年涂布白纸板生产量及消费量

生产量　消费量

（2）白纸板进出口量　2012 年白纸板（主要是涂布白纸板）出口量 83 万吨，进口量 72 万吨，净出口量 11 万吨，见图 4。

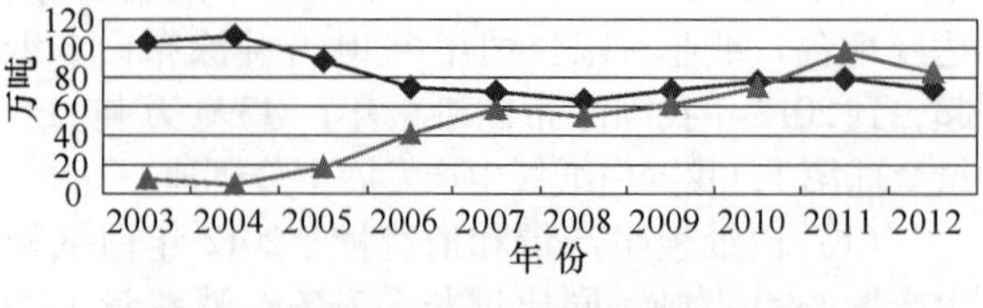


图 4　2003—2012 年白纸板进口量及出口量

进口量　出口量

3. 瓦楞箱纸板

瓦楞箱纸板包括箱纸板和瓦楞原纸。箱纸板、瓦楞原纸消费量一直增速较高，近 10 年的年均增长率保持在 10% 以上，近几年其消费比例占全部纸及纸板消费量的 40% 以上；消费拉动产能增长，产能年均增长率也保持在 10% 以上。

（1）箱纸板生产量和消费量　2012 年箱纸板生产量 2080 万吨，同比增长 4. 52%；消费量 2157 万吨，同比增长 4. 05%。2003—2012 年生产量年均增长率 13. 23%，消费量年均增长率 11. 71%，见图 5。

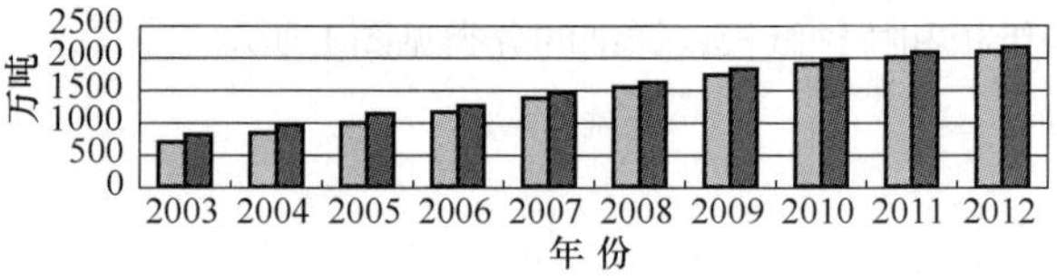


图 5　2003—2012 年箱纸板生产量及消费量

生产量　消费量

（2）箱纸板进出口量　2012 年箱纸板进口量 84 万吨，出口量 7 万吨，净进口量 77 万吨，见图 6。

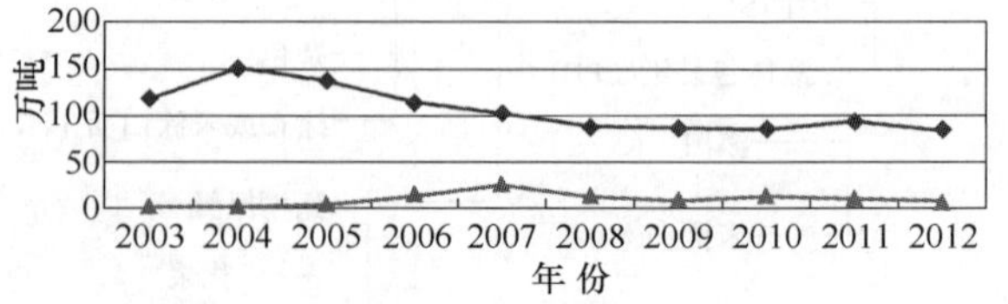


图 6　2003—2012 年箱纸板进口量及出口量

进口量　出口量

（3）涂布牛卡纸市场需求现状　高强涂布牛卡纸既具有牛皮箱纸板的强度（如挺度、耐破度、环压强度和环保等特性），同时又具有涂布白纸板和涂布白卡纸的表面性能（如优良印刷适应性和印后加工适应性）。因此，涂布牛卡纸在这一细分市场中将具有广阔的市场空间，也可替代部分灰底涂布白纸板，未来主要用于高档消费品包装纸箱的面层。

随着社会经济水平的提高和消费结构的升级，产品包装呈现出由运输型包装向销售型包装发展的趋势，对产品强度高、质量轻、外观精美兼具广告功能的高档产品包装纸箱需求呈现出快速增长趋势。

涂布牛卡纸以其低定量，良好的平滑度、光泽度和柔韧性及适应水墨印刷的优良特性，比传统牛皮箱纸板和白纸板能更好地适应包装制品对纸张性能的新要求，而其单位包装成本则比涂布白纸板低16%以上。目前国内外市场上，纸板产品均按质量计量销售，在同样的产品质量下，涂布牛卡纸产品的可用面积更大。

最近几年，涂布牛卡纸产能呈逐年增长趋势，2011年，涂布牛卡纸总产能达到205万吨(见图7)，市场容量191万吨（见图8），市场容量较产能低14万吨。

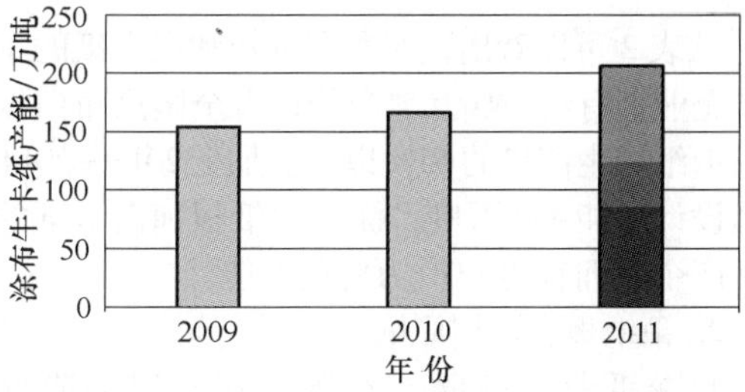


图7　2009—2011年我国涂布牛卡纸产能



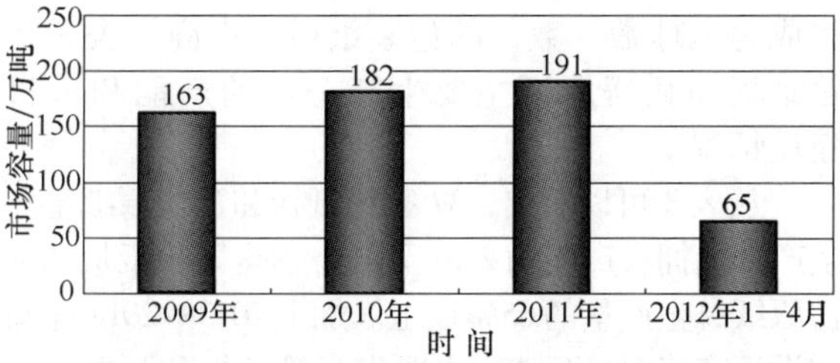


图8　2009—2012年4月我国涂布牛卡纸市场容量分析

（4）瓦楞原纸生产量和消费量　2012年瓦楞原纸生产量2020万吨，同比增长2.02%；消费量2027万吨，同比增长1.81%。2003—2012年生产量年均增长率13.05%，消费量年均增长率10.85%(见图9)。

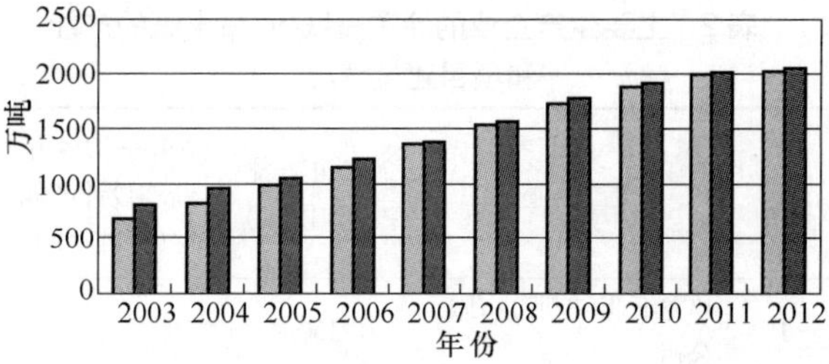


图9　2003—2012年瓦楞原纸生产量及消费量



（5）瓦楞原纸进出口量　2012年瓦楞原纸进口量14万吨，出口量7万吨，净进口量7万吨，见图10。

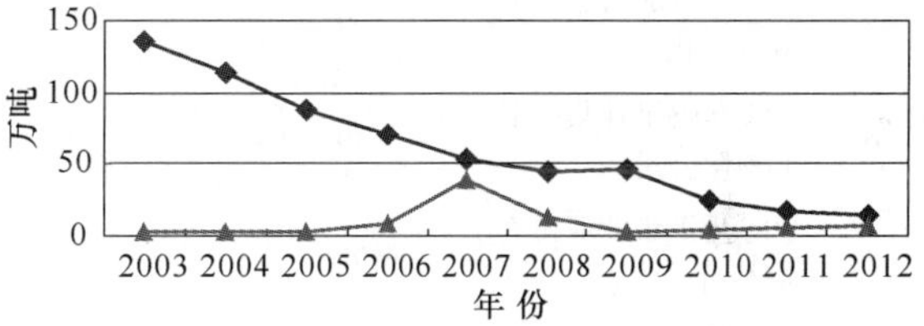


图10　2003—2012年瓦楞原纸进口量及出口量



箱纸板和瓦楞原纸虽然不是自2000年以来生产量增速最快的纸种之一，但是目前我国年生产量最大的2个纸种。尽管在近10年玖龙纸业（控股）有限公司、理文造纸有限公司、永丰余投资控股股份有限公司、荣成纸业股份有限公司、浙江景兴纸业股份有限公司、安徽山鹰纸业股份有限公司、吉安集团股份有限公司等企业投资建设了大约1000万吨的产能，但从图中可以看出，这2个纸种也是进口量大于出口量，生产量低于消费量的2个纸种。

## 三、包装纸板主要生产企业产能和集中度

1. 白纸板

目前APP（中国）集团仍是涂布白纸板的龙头企业，其旗下的宁波中华纸业有限公司和宁波亚洲浆纸业有限公司合计产能为130万吨，山东博汇集团有限公司、山东晨鸣纸业集团股份有限公司、东莞建晖纸业有限公司等年生产量也将达到80万～100万吨，玖龙纸业（控股）有限公司在新的一轮投资结束后，涂布白纸板的总产能将接近300万吨。表2是主要生产企业的产能和项目建设情况。

**表2 主要生产企业的涂布白纸板/白卡纸的产能和项目建设情况**

| 序号 | 生产企业 | 2012 年产能/(万吨/年) | 2013—2014 年新增设计产能/(万吨/年) |
|---|---|---|---|
| 1 | 玖龙纸业(控股)有限公司 | 150 | |
| 2 | 玖龙纸业（重庆）有限公司 | 60 | |
| 3 | 玖龙纸业(天津)有限公司 | 60 | |
| 4 | 东莞建晖纸业有限公司 | 60 | |
| 5 | 理文造纸股份有限公司（洪梅） | 60 | |
| 6 | 山东晨鸣纸业集团股份有限公司 | 40 | |
| 7 | 山东博汇纸业股份有限公司 | 65 | |
| 8 | 江苏博汇纸业股份有限公司 | | 80 |
| 9 | 佛山华丰纸业有限公司 | 30 | |
| 10 | 太阳万国纸业有限公司 | 90 | |
| 11 | 中冶美利纸业股份有限公司 | 30 | |
| 12 | 宁波亚洲浆纸业有限公司 | 80 | 75 |
| 13 | 广西金桂浆纸业有限公司 | | 80 |
| 14 | 宁波中华纸业有限公司 | 50 | |
| 15 | 珠海红塔仁恒纸业有限公司 | 20 | |
| 16 | 广州威达高实业有限公司 | 15 | |
| 17 | 新乡新亚纸业集团股份有限公司 | 15 | |
| 18 | 金田纸业有限公司 | 10 | 30 |
| 19 | 河南睢县新世纪纸业有限公司 | 10 | |
| 20 | 浙江五星纸业有限公司 | 10 | |
| 21 | 浙江永泰纸业股份有限公司 | 50 | |
| 22 | 四川华侨凤凰纸业有限公司 | 15 | |
| 23 | 四川宜宾纸业股份有限公司 | | 30 |
| 24 | 联盛纸业有限公司 | | 30 |
| 25 | 亚太森博（山东）浆纸有限公司 | 20 | |
| 26 | 富阳板桥纸业有限公司 | | 30 |
| 27 | 江门星辉造纸有限公司 | | 30 |
| 28 | 富阳其他纸厂 | 300 | |
| 29 | 斯道拉恩索集团北海林浆纸一体化项目 | | 45 |
| | 合计 | 1240 | 430 |

从表2可以看出，涂布白纸板和白卡纸的主要生产企业拥有约940万吨产能，占全国涂布白纸板和白卡纸总生产量的65%以上。加上2013—2014年新增设计产能430万吨，涂布白纸板和白卡纸的主要生产企业拥有约1370万吨的产能。

2. 箱纸板和瓦楞原纸

玖龙纸业（控股）有限公司、理文造纸有限公司、浙江景兴纸业股份有限公司、吉安集团股份有限公司和荣成纸业股份有限公司无疑是箱纸板和瓦楞原纸的主要生产企业，特别是玖龙纸业（控股）有限公司和理文造纸有限公司其总产能将分别超过1000万吨/年和500万吨/年，将成为全球数一数二的包装纸板生产商。表3是箱纸板和瓦楞原纸主要生产企业的产能和项目建设情况。

从表3可以看出，37家箱纸板和瓦楞原纸主要生产企业拥有产能约2761万吨，占全国箱纸板和瓦楞原纸总生产量的65%以上。加上2013—2014年新增设计产能560万吨，主要生产箱纸板和瓦楞原纸的企业拥有产能约3321万吨。

3. 包装纸板的生产量和消费量占纸和纸板生产量及消费量的比例

2003—2012年包装纸板占纸及纸板生产量及消费量的比例见表4和图11。

**表 3　主要生产企业的箱纸板和瓦楞原纸产能和项目建设情况**

| 序号 | 生产企业 | 2012 年产能 /（万吨/年） | 2013—2014 年新增设计产能 /（万吨/年） |
|---|---|---|---|
| 1 | 玖龙纸业（控股）有限公司 | 290 | |
| 2 | 玖龙纸业（重庆）有限公司 | 80 | 30 |
| 3 | 玖龙纸业（太仓）有限公司 | 325 | 50 |
| 4 | 玖龙纸业（天津）有限公司 | 150 | |
| 5 | 玖龙纸业（泉州）有限公司 | | 75 |
| 6 | 玖龙浆纸（乐山）有限公司 | | 30 |
| 7 | 山东世纪阳光纸业集团有限公司 | 85 | |
| 8 | 东莞金洲纸业有限公司 | 70 | |
| 9 | 东莞建晖纸业有限公司 | 40 | |
| 10 | 安徽山鹰纸业集团股份有限公司 | 50 | 80 |
| 11 | 东莞银州纸业有限公司 | 50 | |
| 12 | 浙江景兴纸业股份有限公司 | 100 | |
| 13 | 湖南和泰纸业有限公司 | 15 | |
| 14 | 江苏长丰造纸有限公司 | 30 | |
| 15 | 吉安集团股份有限公司 | 230 | 30 |
| 16 | 荣成纸业股份有限公司（平湖/无锡） | 120 | |
| 17 | 福建省青山纸业股份有限公司 | 30 | |
| 18 | 永丰余扬州纸业有限公司 | 20 | 40 |
| 19 | 漯河银鸽实业集团有限公司 | 15 | |
| 20 | 山东晨鸣纸业集团股份有限公司 | 80 | |
| 21 | 东莞理文造纸有限公司（黄涌） | 60 | |
| 22 | 东莞理文造纸有限公司（洪梅） | 205 | |
| 23 | 江苏理文造纸有限公司 | 130 | |
| 24 | 重庆理文造纸有限公司 | 60 | |
| 25 | 江西理文造纸有限公司 | | 45 |
| 26 | 金田纸业有限公司（东莞） | 70 | |
| 27 | 金田纸业有限公司（泸州） | | 120 |
| 28 | 联盛纸业有限公司 | 160 | |
| 29 | 河北冀腾纸业公司 | 50 | |
| 30 | 新乡新亚纸业集团股份有限公司 | 40 | |
| 31 | 山东晨鸣纸业集团齐河板纸有限责任公司 | 30 | |
| 32 | 上海中隆纸业有限公司 | 39 | |
| 33 | 河南省龙源纸业股份有限公司 | 35 | |
| 34 | 广东万利达纸业有限公司 | 50 | |
| 35 | 山东博汇纸业股份有限公司 | 15 | 60 |
| 36 | 中山联合鸿兴造纸有限公司 | 20 | |
| 37 | 芜湖东泰实业有限公司 | 17 | |
| | 合计 | 2761 | 560 |

表 4　　2003—2012 年包装纸板占纸及纸板生产量及消费量的比例

| 年份 | 纸和纸板生产量 /万吨 | 包装纸板生产量 /万吨 | 占比 /% | 纸和纸板消费量 /万吨 | 包装纸板消费量 /万吨 | 占比 /% |
|---|---|---|---|---|---|---|
| 2003 | 4300 | 1900 | 44.19 | 4806 | 2243 | 46.67 |
| 2004 | 4950 | 2310 | 46.67 | 5439 | 2671 | 49.11 |
| 2005 | 5600 | 2720 | 48.57 | 5930 | 3013 | 50.80 |
| 2006 | 6500 | 3220 | 49.54 | 6600 | 3415 | 51.74 |
| 2007 | 7350 | 3750 | 51.02 | 7290 | 3854 | 52.87 |
| 2008 | 7980 | 4170 | 52.26 | 7935 | 4288 | 54.04 |
| 2009 | 8640 | 4595 | 53.18 | 8569 | 4727 | 55.16 |
| 2010 | 9270 | 5000 | 53.94 | 9173 | 5089 | 55.48 |
| 2011 | 9930 | 5310 | 53.47 | 9752 | 5386 | 55.23 |
| 2012 | 10250 | 5490 | 53.56 | 10048 | 5563 | 55.36 |

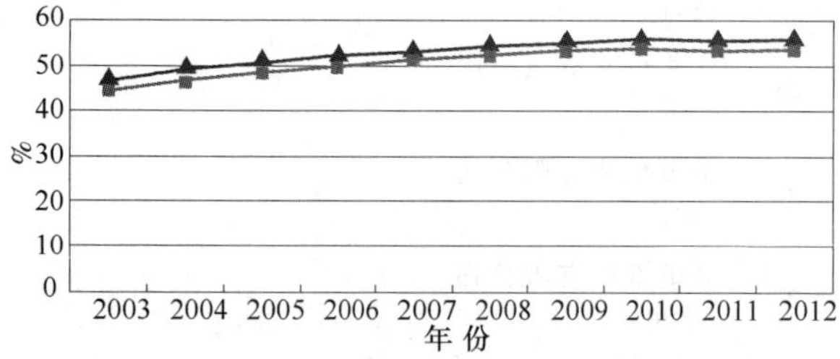


图 11　2003—2012 年包装纸板占纸和纸板生产量及消费量的比例

包装纸板占纸和纸板消费量的比例
包装纸板占纸和纸板生产量的比例

从表 4 和图 11 可以看出，包装纸板占纸和纸板生产量及消费量的比例在逐年增长，已超过总量的 50%。随着国内包装业的不断发展，其纸包装制品将会占据更多包装产业市场，包装纸板也将在造纸工业中占据更大的份额。

## 四、市场需求预测

造纸工业是国民经济重要基础原材料产业之一，纸及纸板的消费水平已成为衡量一个国家现代化水平和文明程度的一个重要标志。纸及纸板市场的长期发展驱动力是经济和人口的增长及生活习惯等因素。如图 12 所示，从 2006 年到 2025 年，预期世界经济年均增长率 3.6%。在北美和西欧这一增长率分别是 2.7% 和 1.8%，然而中国、日本之外的亚洲其余地区和东欧将会达到 4.5% ~8.0%。20 世纪 90 年代，全球纸的需求增长是 GDP 增长的 1.2 倍，但到了最近的 10 年估计收入弹性（需求增长/GDP 增长）是 0.8 ~0.9，预计从 2007 到 2025 年将是 0.6，1985—2010 年我国纸和纸板需求与 GDP 增长的关系，见图 13。

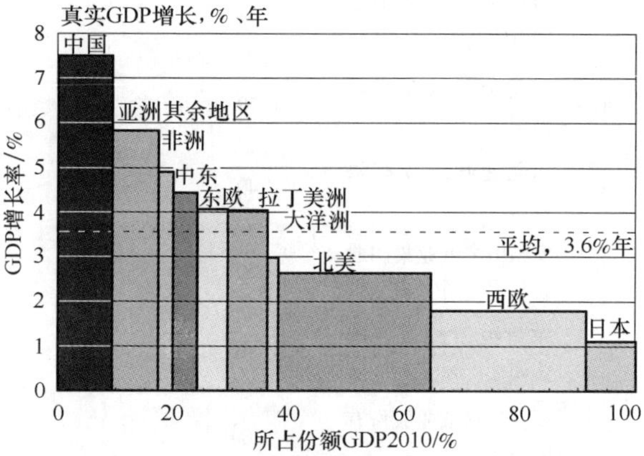


图 12　GDP 增长率

资料来源：贝利

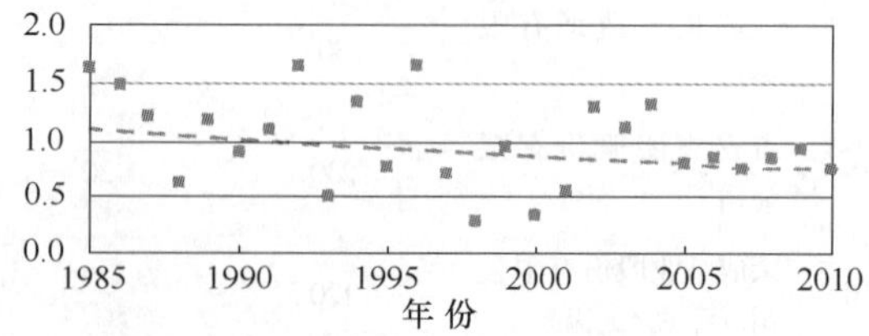


图 13　1985—2010 年我国纸和纸板需求与 GDP 增长的关系

收入弹性

资料来源：贝利

在经济发达国家，造纸工业一直被列为国民经济支柱制造业之一，其纸及纸板消费量增长速度大体上与国内生产总值增长速度相当。而在发展中国家则高于国内生产总值增长速度，有着巨大人口的中低收入地区，如太平洋和拉丁美洲造纸工业的长期增长潜力最大。1995—2010 年全球不同地区和国家纸及纸板人均消费量和人均 GDP 见图 14 所示。

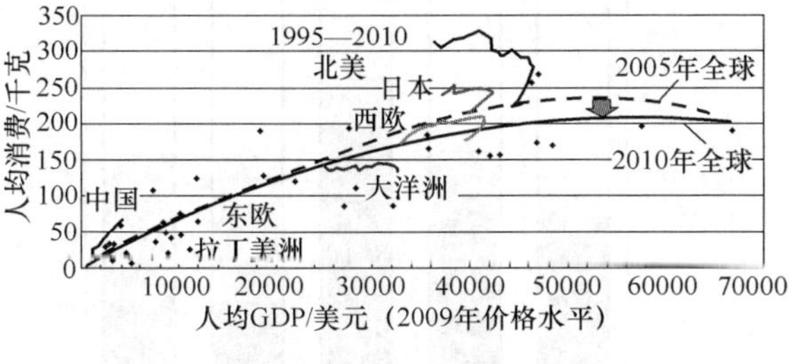


图 14　纸和纸板人均消费量和人均 GDP

资料来源：贝利

纸产品需求的收入弹性（纸产品需求增长/GDP 增长）已呈现下降趋势，但人均纸产品的消耗和 GDP 之间的相关性仍是很明显的。以我国为例，我国 GDP 指数与纸及纸板生产量及消费指数增长情况，见图 15。

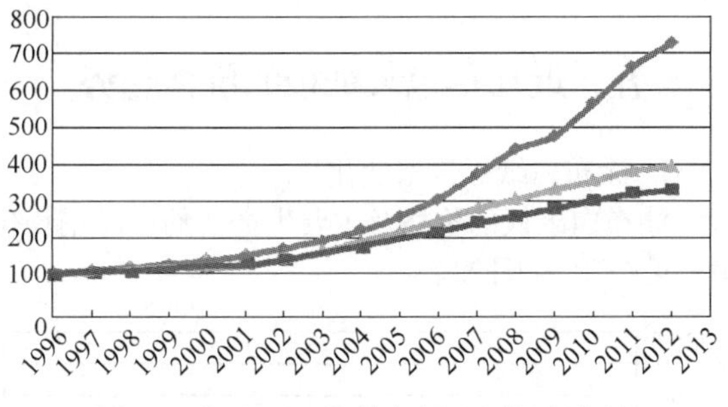

图 15　我国 GDP 指数与纸和纸板生产量

及消费指数增长情况（指数以 1996 年为 100）

—◆—GDP指数 —■—纸和纸板消费量指数 —▲—纸和纸板生产量指数

近年来，随着社会经济的发展和消费水平的提高，工业、民用等各个领域对纸及纸制品的消费需求日益增加，为造纸工业及与之相关联的林业提供了更加广阔的发展空间。

目前，我国造纸工业生产量和消费量居世界第 1 位，已成为世界造纸工业生产、消费和贸易大国。近 10 年我国造纸工业进入快速发展期，而且对质量档次的要求越来越高。

贝利预测，长期来看世界纸及纸板的需求预计年均增长 1.6%，新兴市场，尤其是我国和印度的纸及纸板增长将对世界纸及纸板需求增长作出较大的贡献。世界包装纸板和卫生纸将是快速增长的产品领域（2.4% ~3.2%）；含机械浆的印刷纸和新闻纸的需求将下降；新兴市场尤其是我国和印度对不含机械浆纸张需求的增长将使世界对此类纸张的平均需求保持在增长的通道上，尽管一些发达成熟市场对此类纸张的需求将下降。

未来 15 年，包装纸板市场的恢复更直接地与制造业产出联系在一起，制造业产出将继续驱动包装纸板需求的增长。为了满足整个供应链及相关行业对功能、包装成本和环境影响的要求，包装纸板的需求将不断地变化。工业生产指数和包装纸板的需求增长有着密切的关系。1995—2010 年，我国工业生产指数每年增长 10% ~22%，包装纸板每年增长 5% ~15%（见图 16）。

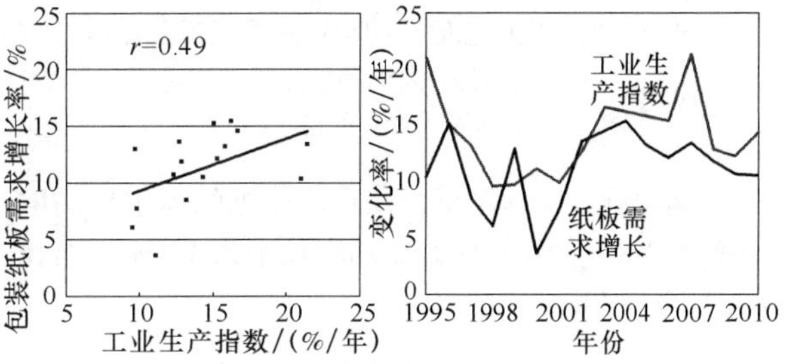


图 16　1995—2010 年包装纸板需求量与工业生产指数关系

资料来源：贝利

1. 涂布白纸板发展趋势

面对快速发展的市场，各生产企业都想有所作为，力争在未来的市场竞争中占据主动地位，特别是在高档纸板市场的争夺上。随着市场繁荣，对外贸易的增加，商品档次的提高，必将对包装用纸的质量要求越来越高，表面印刷正向胶印转化，低中档包装用纸将逐步被高档包装用纸代替，涂布白纸板是这类高档商品的最佳选择，已成为我国消费量较大的纸种之一，见图 17。

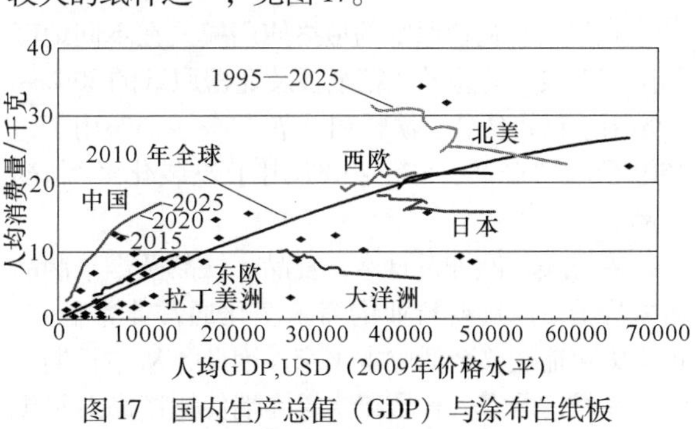


图 17　国内生产总值（GDP）与涂布白纸板

的人均消费量

资料来源：贝利

2. 箱纸板及瓦楞原纸市场发展趋势

箱纸板及瓦楞原纸的消费与国民收入密切相关，我国国内生产总值（GDP）和箱纸板人均消费量关系如图 18 所示，市场仍处于增长期。

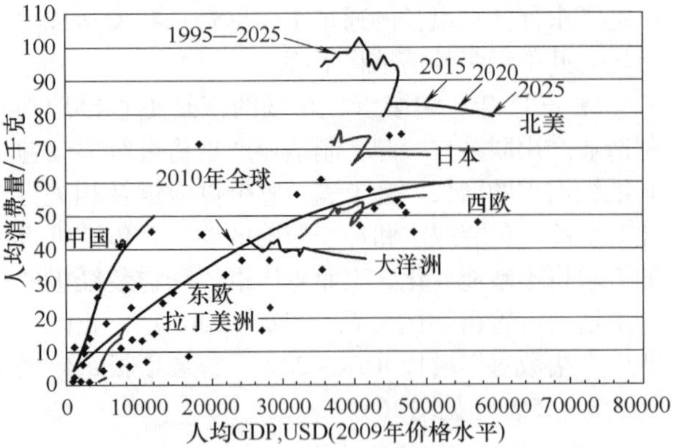


图 18　国内生产总值（GDP）和箱纸板及瓦楞原纸的人均消费量

资料来源：贝利

据预测，全球箱纸板及瓦楞原纸的需求年均增长率为 2.8%，新兴地区年均增长率为 4.1%。而我国为 3% ~4%，见图 19。

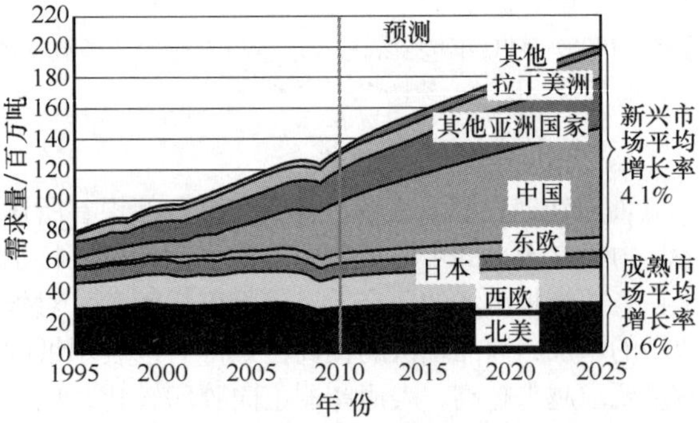


图 19　2010—2025 年箱纸板及瓦楞原纸的全球需求量

资料来源：贝利

箱纸板及瓦楞原纸的最终使用模式在不同地区和国家有很大的差异。箱纸板及瓦楞原纸的 30% ~55% 用于包装食品、饮料和烟草，5% ~25% 用于包装电子电器产品，5% ~10% 用于包装化学/制药产品。

在北美、欧洲及日本，食品、饮品及烟草制品占主导消费。这些行业的需求变化通常非常稳定，也不太可能迁移至低成本国家。因此，从中长期来看，在发达国家，食品和饮料终端使用产品对箱纸板消费有望继续稳定增长。

出口产品包装仍然是箱纸板及瓦楞原纸包装在亚洲新兴市场的主要驱动力，因此，电子、玩具、纺织、鞋类和其他消费品包装对箱纸板及瓦楞原纸需求的增长在亚洲构成了强大的市场基础。从长远来看，国内包装行业的需求也越来越大，它将推动亚洲发展中国家和地区对箱纸板的需求。2010 年箱纸板最终使用结构见图 20。

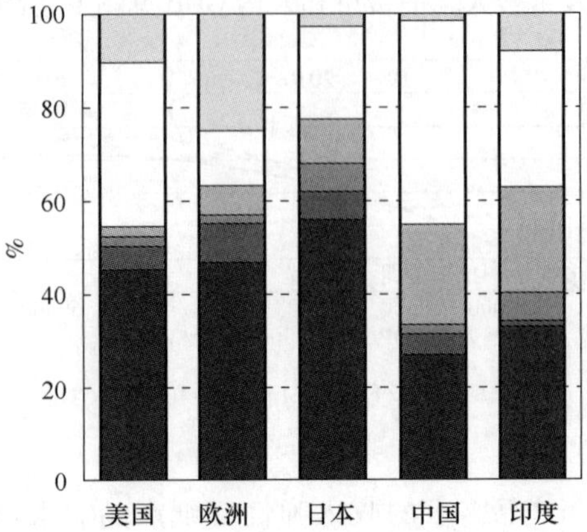


图 20　2010 年箱纸板最终使用结构

■ 食物，啤，烟草　■ 化学品，药品
■ 陶瓷，玻璃器皿　■ 电气，电子
□ 其他制造　□ 其他产品

资料来源：贝利

## 五、近几年包装纸板的价格趋势

1. 涂布白纸板价格变化

涂布白纸板的价格及主要生产商的产品销售价格，见图 21 和图 22。

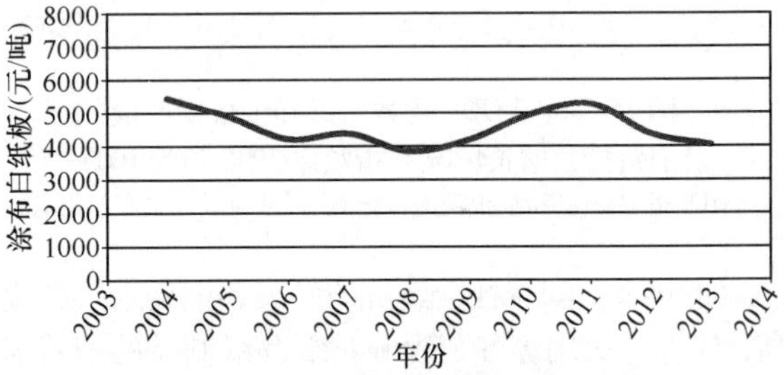


图 21　涂布白纸板价格趋势

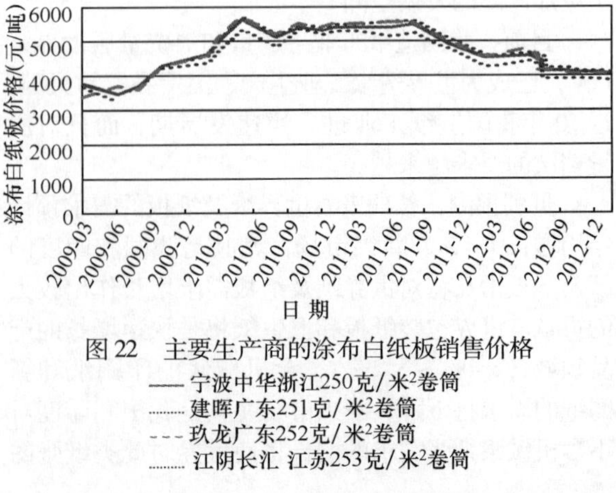


图 22　主要生产商的涂布白纸板销售价格

—— 宁波中华浙江250克/米²卷筒
…… 建晖广东251克/米²卷筒
- - - 玖龙广东252克/米²卷筒
…… 江阴长汇 江苏253克/米²卷筒

2. 白卡纸价格

涂布白卡纸价格及主要生产商的产品销售价格，见图23和图24。

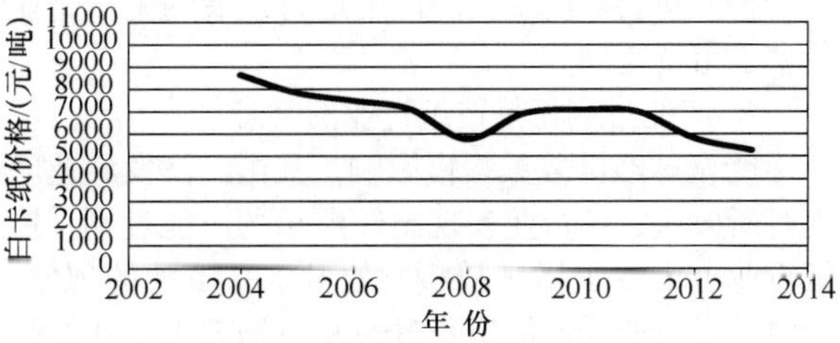


图23　涂布白卡纸价格趋势

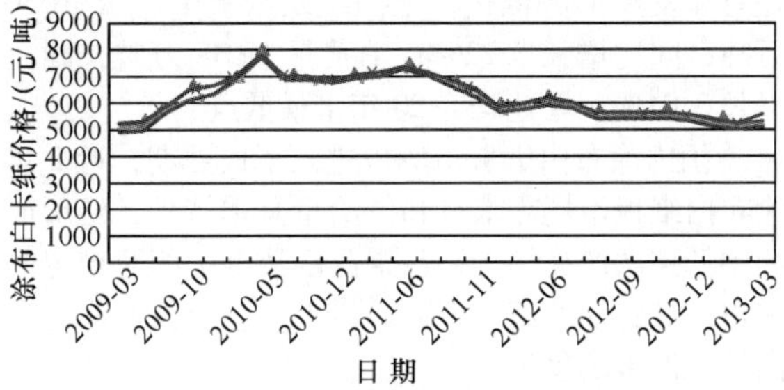


图24　涂布白卡纸板主要生产商的产品销售价格

博汇纸业山东250克/米²(卷筒)
宁波中华浙江250克/米²(卷筒)
恒兴纸业河南250克/米²(卷筒)
宁夏美利宁夏250克/米²(卷筒)

3. 箱纸板价格变化

箱纸板的价格及主要生产商的产品销售价格，见图25和图26。

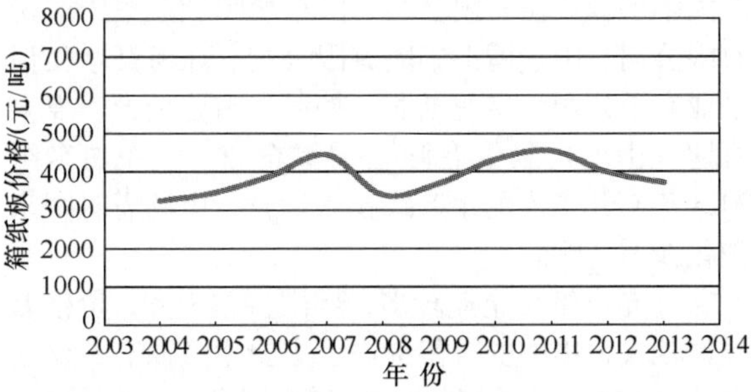


图25　箱纸板价格

4. 白牛卡纸价格变化

根据纸业商情的报价，对近几年牛卡纸价格进行了统计。2009—2011年，白牛卡纸价格呈上涨趋势。目前，由于整体经济状况不好，价格开始回落，近几年的价格变化趋势见图27。

从以上表和图可以看出，包装纸板近几年由于原料、市场等多种因素的影响价格波动大，因此，包装纸板市场竞争更为激烈。

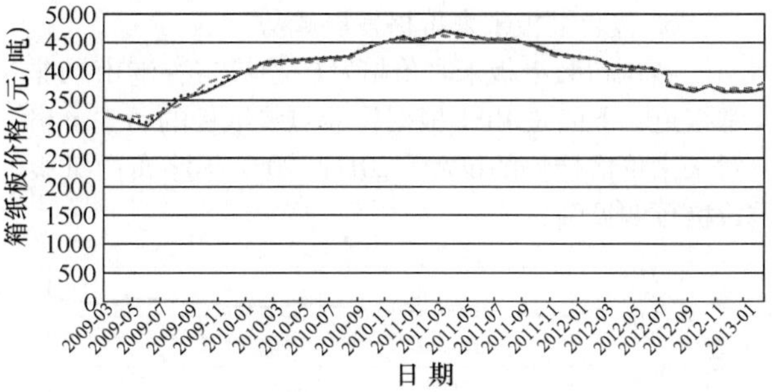


图26　箱纸板主要生产商的产品销售价格

玖龙广东A(优质)150克/米²
理文广东A(优质)160克/米²
景兴浙江A(优质)150克/米²

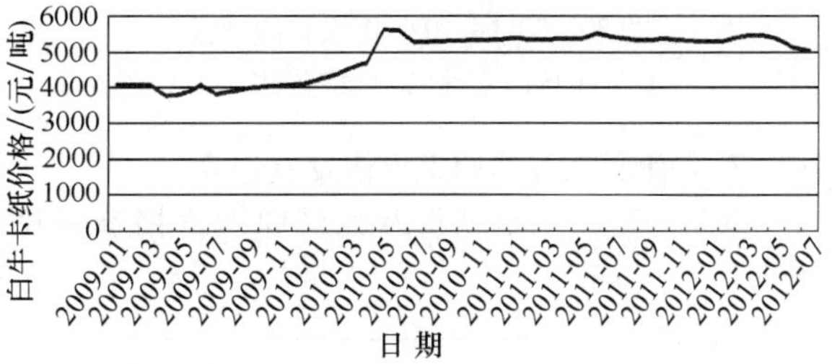


图27　白牛卡纸价格

5. 瓦楞原纸价格变化

瓦楞原纸的价格及主要生产商的产品销售价格，见图28和图29。

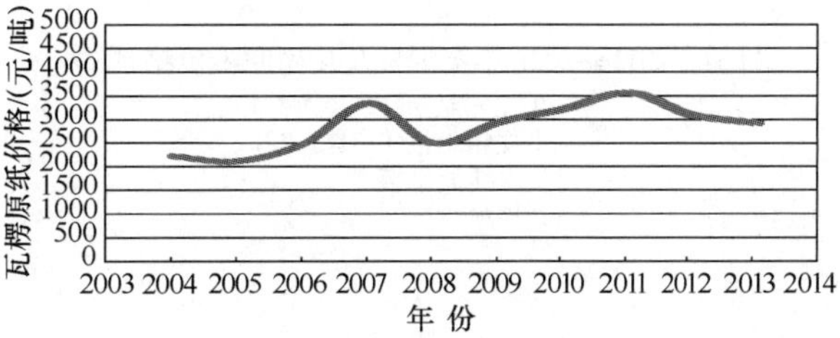


图28　瓦楞原纸价格趋势

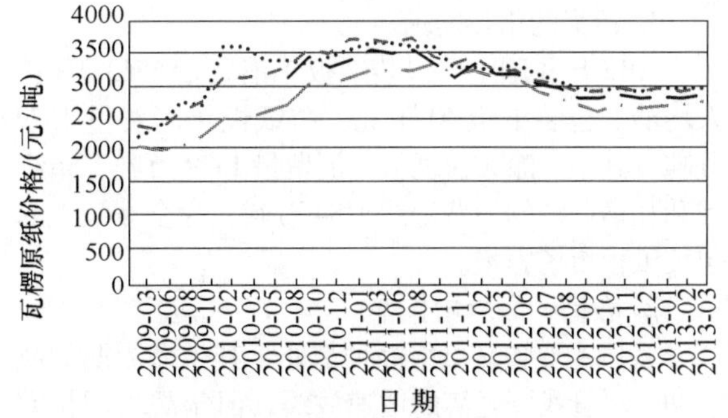


图29　主要生产商的瓦楞原纸销售价格

东莞顺裕 广东100克/米²
常熟理文 江苏100克/米²
山东贵和 山东170克/米²
江苏长丰 江苏120克/米²

6. 包装纸板未来价格发展趋势

我国包装纸板未来价格发展趋势与香港市场非常接近，下面是 RISI 根据香港包装纸板的历史价格对未来价格趋势的推测。2011—2027 年涂布白纸板价格预测见图 30。

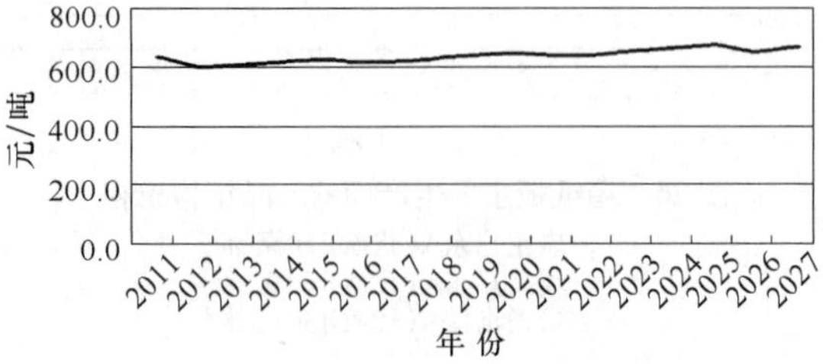


图 30 2011—2027 年涂布白纸板（350 克/米$^2$）价格预测

7. 箱纸板及瓦楞原纸价格发展趋势

2011—2027 年箱纸板及瓦楞原纸价格预测见图 31。

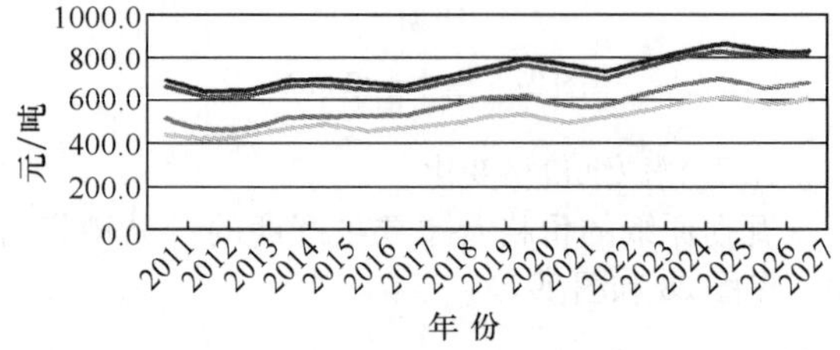


图 31 2011—2027 年箱纸板及瓦楞原纸价格预测

——牛皮箱纸板(125克/米$^2$)
——牛皮箱纸板(175克/米$^2$)
——牛皮挂面纸板
——瓦楞原纸

## 六、包装纸板市场的主要特点

1. 巨大的市场需求

2012 年我国主要包装纸板年消费量 5563 万吨，人均消费包装纸板 40 千克。白纸板年消费量 1379 万吨，其中，涂布白纸板年消费量 1329 万吨，箱纸板和瓦楞原纸的消费量约 4184 万吨，为全球最大的包装纸板市场容量。

2. 较高的需求增长率

我国主要包装纸板品种都处于其生命周期的成熟期，尽管我国经济的增速放缓，但年需求增长率仍达 4% 左右。涂布牛卡纸处于其生命的发展初中期，未来需求的增长更快可达 6% ~10%。

3. 发展机遇

随着我国造纸产业发展政策出台和国家实施节能减排和淘汰落后产能工作力度的加大，以及造纸生产企业新的污染物排放标准实施，一些经济规模不合理，能耗、水耗较高，排放不达标的包装纸板生产企业将会被淘汰，因此给适合发展的生产企业带来了市场空间。

4. 产能过剩将是造纸行业的常态

受全球经济复苏缓慢影响，我国经济发展速度也有所放缓，各行业表现出较严重的产能过剩，造纸行业也出现了增长放缓，效益水平下滑的现象。国内造纸行业受产能增长过快及市场需求不旺的影响，造纸行业大多数纸种产能过剩。2012 年造纸行业总体发展形势低迷，全国纸及纸板生产量 10250 万吨，同比增长 3.22%；消费量 10048 万吨，同比增长 3.04%；增速均为 20 年来最低点。

国内涂布白纸板市场也进入了成熟期，近 2 年涂布白纸板市场需求量和供给量基本持平，已形成高中低档次产品细分，各企业已经有了相对稳定的客户、品牌和渠道。产品质量上，整个行业都有向高档化发展的趋势。

箱纸板和瓦楞原纸的供需基本持平，需求量稍大于供给量，但未来几年由于产能增长加快也存在产能过剩的可能。

5. 生产企业集中度提高

目前国内主要生产涂布白纸板和涂布白卡纸的企业已有产能 1200 万吨以上，其中涂布白卡纸的行业相对集中，其生产量占到国内市场容量的 80% 左右。主要生产商有：宁波亚洲浆纸业有限公司、山东太阳纸业股份有限公司、山东晨鸣纸业集团股份有限公司、山东博汇集团有限公司、珠海红塔仁恒纸业有限公司、玖龙纸业（控股）有限公司、亚太森博（山东）浆纸有限公司等企业。涂布白卡纸 2013 年有几条大的生产线投入运营，市场需时间来消化新增产能。

涂布白纸板企业较多，档次参差不齐，价格差异也较大，集中度有待提高。主要生产商有：玖龙纸业（控股）有限公司、东莞建晖纸业有限公司、佛山华丰纸业有限公司、理文造纸有限公司、浙江永泰纸业集团股份有限公司等。

主要生产箱纸板和瓦楞原纸的企业已有产能 2700 万吨以上，几大生产企业有玖龙纸业（控股）有限公司、理文造纸股份有限公司、浙江景兴纸业股份有限公司和浙江吉安纸容器有限公司等。

近 10 年，我国主要生产包装纸板的企业相对集中，我国规模企业差距还较大，使未来几年行业的整合成为可能。同时加快淘汰落后产能，加快行业结构调整，使行业发展更具规模效应。而行业集中度提高后有利于增强企业对上下游的话语权，有利于平衡供求关系，以及避免众多企业恶性竞争，有利于加大环境保护力度，对于我国造纸行业的健康发展意义重大。

6. 包装纸板占纸和纸板生产量及消费量的比例在逐年增长

2012 年包装纸板占纸和纸板总产量的比例已超过总量的 53%，消费量的比例已超过总量的 55%；纸包装制品一直占包装工业材料的 50% 以上，并逐年递增。纸包装制品以其良好的环保性能，循环利用的优势，将随包装业的不断发展占据更多包装产业市场，包装纸板也将在造纸业中占据更大的份额。

7. 包装纸板的消费和生产区域分布有向中西部地区转移的趋势

使用涂布白纸板的印刷工厂多集中在华南和华东地区，2 个地区合计使用量占全国的 60% 以上。华南地区以外向型包装为主，华东地区以综合性包装为主。华中地区包装印刷产业也在迅速发展，主要集中在湖南、湖北 2 省，但是目前仍然比较分散，还没有形成较具规模的印刷基地，而且大部分印刷设备较其他地区稍落后，使用的涂布白纸板等级档次较低。但是随着如湖南怀化工业园、宜昌的三峡科技包装工业园、合新包装的汉川工业园的不断扩大或增加，知名品牌如娃哈哈、康师傅、汇源等也在两湖设立生产基地，相关配套的包装印刷产业也将随之迅速发展。

8. 废纸原料的依赖度仍会较高

我国每年进口大量废纸，2012 年全国废纸进口量 3006 万吨，同比增长 10.22%。我国包装纸板所采用的主要原料基本以各类废纸为主，约占 80% ~ 90%，虽然国产废纸的比例也在逐年增加，但仍需进口大量各类废纸。

原料中废纸的比例、进口废纸量、进口废纸价格见图 32 ~ 图 34。

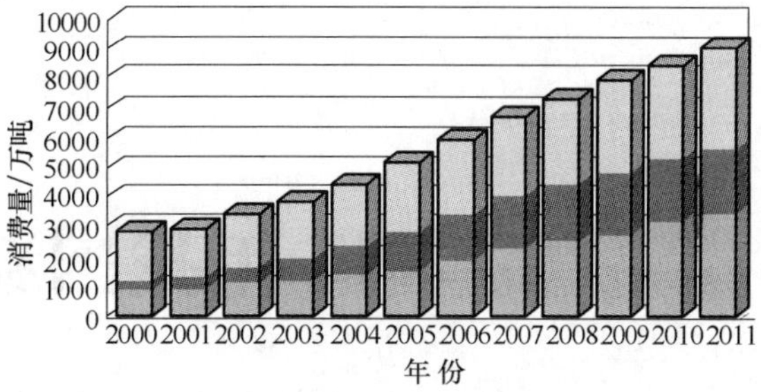


图 32　原料中废纸浆的比例

其他纸浆　进口废纸浆　国产废纸浆

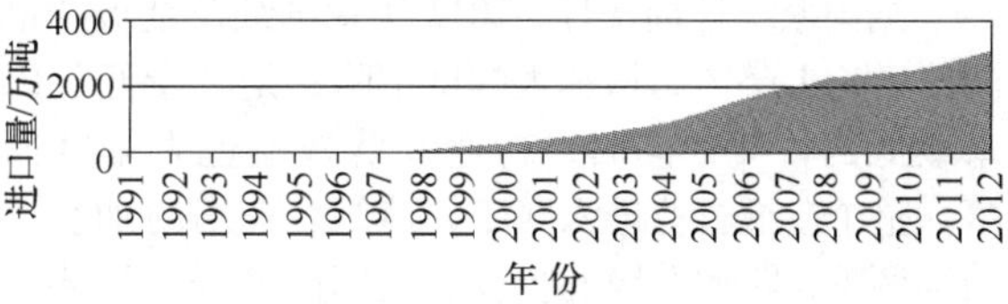


图 33　1991—2012 年我国进口废纸量

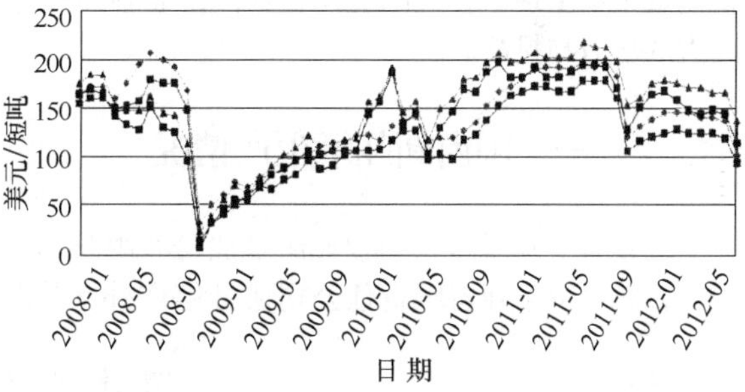


图 34　2008—2012 年美国东、西岸废纸市场价格的变化

美国西岸8号废纸ONP　美国东岸8号废纸ONP
美国西岸11号废纸OCC　美国东岸11号废纸OCC

从图中可见废纸进口量逐年递增幅度很大，以美国、欧洲及日本进口为主，其各类废纸价格取决于市场的需求。包装纸板使用废纸为主要原料符合循环经济的理念，是资源的再利用。目前国产废纸的回收量和质量都有所提高，但进口废纸仍占废纸使用量的 40% 以上，使进口废纸的价格对包装纸板的价格影响很大。

9. 包装纸板的生产装备及工艺技术水平不断提高

自 2002 年以来，我国大中型企业加快了包装纸板的建设规模，形成了一批规模较大的包装纸板生产企业，使我国部分包装纸板生产线的装备技术在规模、高速、能耗、工艺技术及自动控制等方面均已达到国际先进水平。从“十二五”期间我国将新增的包装纸板生产线来看，新建箱纸板和白纸板工程规模基本在年产 30 万 ~ 80 万吨，瓦楞原纸工程规模基本在年产 20 万 ~ 50 万吨，使包装纸板生产线装备更趋优化、规模更趋合理、生产工艺技术更趋先进、清洁生产更趋完善、水电气消耗更低、产品质量及规格更适合市场的需求，同时环保各项指标达到或高于国家新的排放标准。

总之，我国包装纸板的技术发展已经在机器性能、原料质量优化和纤维经济方面取得了非常令人瞩目的成绩。减少包装材料体积要求进一步降低纸板的克重，并保持其性能，进一步提高包装纸板的适应性，使我国造纸行业的发展持续健康。

（樊　燕　邓继泽）

# 2012 年我国新闻纸市场概况

## Market Situation of Newsprint in China in 2012

据国家统计局统计，2012 年我国纸及纸板产量同比增长 4.65%，增速大幅度下降，是“十五”以来最低的一年；同时，行业经济效益也大幅度回落。整个造纸行业进入寒冬，造纸企业纷纷加快了结构调整，转型升级的步伐。受国内外经济形势复杂的影响和需求不旺与产能过剩的叠加效应，我国新闻纸市场出现了较大的震动，新闻纸企业承受了巨大的压力与挑战。

### 一、国内新闻纸生产情况

2012 年，除武汉晨鸣汉阳纸业股份有限公司转产，吉林晨鸣纸业有限责任公司搬迁停产外，其余各大中小型新闻纸厂开工基本维持正常，而广州造纸集团有限公司、安徽山鹰纸业股份有限公司等新闻纸产量还有较为明显的环比增长（见表 1）。据国家统计局公布，2012 年国内新闻纸总产量 389.6 万吨，同比增长 6.88%。其中，山东省产量 171.2 万吨，占全国产量的 43.95%，同比减少 2.07%；广东省产量 65.59 万吨，占全国产量的 16.84%，同比增长 53.62%；河北省产量 37.4 万吨，占全国产量的 9.6%，同比减少 0.31%。在进口方面，2012 年我国新闻纸进口量 13 多万吨；在出口方面，我国新闻纸出口量 3885 吨，与 2011 年的 15321 吨出口量相比，同比下降了 75%。

**表 1　国内新闻纸企业现有产能情况**

| 企业 | 地理位置 | 生产能力/(万吨/年) | 投产（改造）年份 | 预计新闻纸产量/万吨 |
|---|---|---|---|---|
| 华泰集团有限公司 | 山东省东营 | 16 | 2000 | 0 |
| | | 25 | 2002 | 11.5 |
| | | 40 | 2005 | 36.0 |
| | | 40 | 2006 | 36.0 |
| | 河北省赵县 | 30 | 2005 | 33.0 |
| | 广东省新会 | 20 | 2011 | 16.0 |
| 广州造纸集团有限公司 | 广东省广州 | 58 | 2007/2011 | 58.0 |
| 山东晨鸣纸业集团股份有限公司 | 山东省寿光 | 40 | 2006 | 38.0 |
| | 湖北省汉阳 | 15 | 2002 | 0（待产） |
| | 吉林省 | 41 | 2005 | 0（搬迁） |
| 福建省南纸股份有限公司 | 福建省南平 | 18 | 1998 | 18.0 |
| | | 8 | 1998 | 0 |
| 岳阳林纸股份有限公司 | 湖南省岳阳 | 8 | 1997 | 0 |
| | | 16 | 2003 | 0 |
| 安徽山鹰纸业股份有限公司 | 安徽省马鞍山 | 38 | 2008/2011 | 19.0 |
| 上海股泰纸业有限公司 | 上海市 | 12 | 1999 | 12.0 |

续表

| 企业 | 地理位置 | 生产能力/(万吨/年) | 投产（改造）年份 | 预计新闻纸产量/万吨 |
|---|---|---|---|---|
| 山东辰龙纸业股份有限公司 | 山东省淄博 | 18 | 2010 | 18.0 |
| 杭州锦江纸业有限公司 | 浙江省杭州 | 12 | 2008 | 12.0 |
| 广西劲达兴纸业有限公司 | 广西省百色 | 11 | 2001 | 11.0 |
| 其他小型纸厂 | | 60 | | 60.0 |
| 合计 | | 495 | | 378.5 |

## 二、国内新闻纸需求情况

由于报业广告经营的下滑导致版面的减少以及都市报发行量下降等因素，致使报业新闻纸采购量下降。根据世纪华文全国60个城市监测数据，2012年全国报纸总销量下滑3.09%，三线城市降幅较大。从具体城市来看，报纸销量下降的城市有西安、郑州、重庆、长春、长沙、北京、福州、合肥、昆明等，销量相对稳定甚至出现上升的城市有广州、沈阳、杭州、武汉、贵阳、哈尔滨、石家庄等。据中国报协最近对全国65家用纸量大的报社2011年、2012年用纸量的统计数据来看，2012年比2011年用纸量增加的报社有25家，增加的幅度为38.5%，减少的有36家，减少的幅度为55.4%，其中4家持平。这65家报社2011年总用纸量为169.9万吨，2012年总用纸量为158万吨，2012年比2011年用纸量下降了7%。以此数据推算，2012年报业用纸量为344万吨，比2011年的370万吨用纸量减少了26万吨。因2012年新闻纸有13万吨的进口量，故报业国内新闻纸采购量约331万吨。国内新闻纸市场供大于求。2012年全国报纸单位零售总量对比见图1。

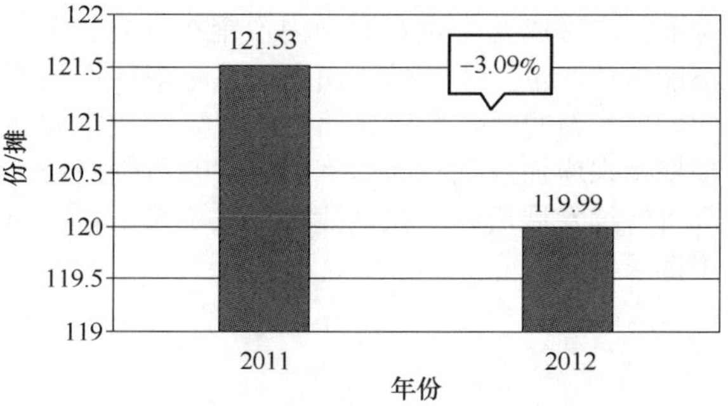


图1　2012年全国报纸单位零售总量对比

注：所有报纸平均每城市每摊平均销量；数据来源于中国报业。

## 三、2012年国内新闻纸市场的波动情况

2012年欧洲经济继续陷于债务危机泥潭、美日经济复苏乏力，加上受房地产市场和汽车市场调控影响，我国整体经济增长速度持续放缓，导致企业销售收入减少，广告投放减少，影响了报社广告收入，降低了新闻纸需求，加上产能释放和进口新闻纸的冲击，我国新闻纸市场充满挑战。

**（一）我国新闻纸市场转入供大于求时期，价格进入下行通道**

2011—2012年初，由于废纸价格保持高位运行，部分新闻纸生产企业采取降低开机率、改换产品品种等措施使新闻纸产量在一段时期内趋于紧俏，国内48克/米$^2$新闻纸价格从4765元/吨涨到2012年初5316元/吨。进入到2012年以来，一方面，文化用纸市场需求量逐步下滑，市场进一步萎缩，纸厂及下游市场库存均较大，导致转产文化用纸的企业转回生产新闻纸，新闻纸产量增加。此外，新闻纸生产企业为了抢占2012年的市场及在一些其他因素影响下，都在增加新闻纸的开机率；另一方面，受房地产市场和汽车市场调控等因素影响，下游广告投放量减少，新闻纸消费量下降。因此，新闻纸市场供大于求的形势逐渐扩大，降价预期日趋强烈，报社采购的观望情绪愈加浓厚，新闻纸厂库存出现上升，在以上种种因素影响下，从2012年3月开始，新闻纸价格一直处于下降的态势。国内48克/米$^2$新闻纸价格从年初5316元/吨下降到2012年底4900元/吨(图2)。

**（二）新闻纸市场受到进口新闻纸的冲击**

据海关数据显示，2009年我国进口新闻纸2.1万吨；2010年新闻纸进口增加到3.7万吨，同比增长76%；2011年进口量1.4万吨，同比减少

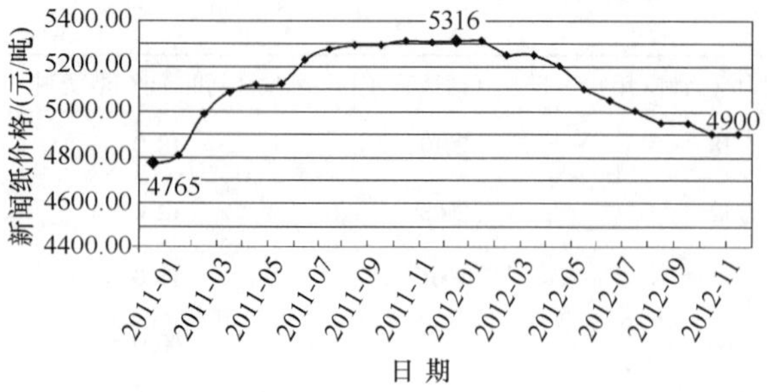


图2 国内48克/米$^2$新闻纸价格走势

注：此价格为十大新闻纸制造企业出厂含税平均价格（本价格仅供参考）。

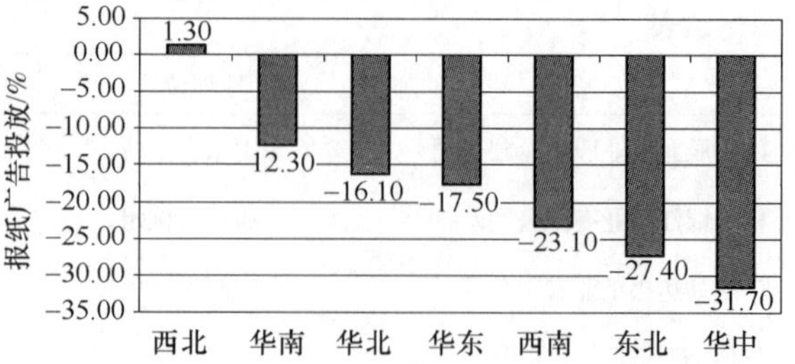


图3 2012年报纸广告投放区域增长趋势

62%；2012年我国新闻纸进口量13.5万吨，同比增加约10倍，其中以韩国新闻纸为主，占总进口量的80%左右。主要原因是国际新闻纸价格自2011年以来一直在低位运行，国际新闻纸每吨价格比国内价格低200~300元，国际新闻纸代理商抓住2011年我国新闻纸价格水平高、供货紧张的时机，与我国华北、华东部分客户签订了一些较大的供货合同，导致2012年我国新闻纸进口量大增，从而对国内新闻纸市场形成了冲击。

**（三）报纸广告投放出现负增长，大大拉低新闻纸需求量**

在国际经济形式扑朔迷离，国内经济增速放缓，广电总局“多限令”政策及新媒体分流等多重因素影响下，报纸广告投入出现负增长。据梅花网数据显示，2012年，中国报刊广告投放整体市场规模约685.5亿元，同比跌幅12.6%。纵观近10年针对中国报刊广告市场的统计数据，首次出现年度负增长。2012年，报纸媒体广告投放同比跌幅19.2%。其中，华东、华北、华南地区的报纸跌幅分别为17.5%、16.1%、12.3%。西南、华中及东北地区较发达地区跌幅更大，分别为23.1%、31.7%、27.4%（图3）。三大支柱行业（房地产、零售及服务、汽车）格局异动，汽车行业跌出前3名，家电行业跌幅最大（38.2%）。不少大型报社在不断地进行整合，已从报纸跨到了广播、电视、网络、户外、DM直投等其他媒体。由于报社向新媒体加速转型，报纸印刷量减少，新闻纸需求量下降。

## 四、新闻纸市场走势

2013年一季度经济复苏缓慢，造纸行业仍存在较大的压力。生产方面，新闻纸厂家库存压力大，部分新闻纸企业已经考虑安排减产改善供需平衡，新闻纸产量有所减少。据国家统计局数据，2013年1—2月新闻纸产量为62.1万吨，同比减少4.8%。需求方面，从报社了解到的信息，报纸征订数量较2012年有所下降，一季度报社用纸量同比减少10%~20%。CTR数据显示，报纸广告投放1—2月同比增长1.4%，新闻纸需求量有望增加。2013年人民币汇率中间价屡次创新高，人民币的升值也增加了新闻纸企业的盈利空间。预计二季度开始，新闻纸市场供需关系有所改善，新闻纸价格逐步见底站稳。

## 五、在挑战中谋求突破，在改革中谋求发展

在2012年的纸业寒冬中，新闻纸企业努力在挑战中谋求突破。2013年，在经济形势依旧复杂，市场竞争依然激烈的情况下，国内单一纸种的新闻纸企业要考虑向多品种方向发展，形成以新闻纸为主其他纸种为辅的产品结构。在我国新闻纸企业基本形成龙头企业和国内产销布点后，企业不能单从产量上争高低，而是应该考虑往产值方向发展。新闻纸企业还要通过降低生产成本和各项费用来增加盈利空间，不断增强改革创新能力和可持续发展后劲，在挑战中谋求突破，在改革中谋求发展。

（周 耘）

# 2012 年我国生活用纸行业的概况和展望

# Market Situation and Prospect of Tissue Grades in China in 2012

2012 年我国生活用纸市场供需两旺，出口贸易继续增长。在文化印刷用纸等其他纸种市场低迷的情况下，生活用纸行业继续保持快速增长势头，投资项目成倍增长。2012 年投产的现代化产能比 2011 年大幅增长 121.1%，已宣布在 2013 年及之后投产的现代化产能更是高达 390 万吨/年，成为全球关注的焦点。

得益于 2012 年国际商品纸浆价格处于低位的利好因素，生活用纸企业的利润空间上升，加上国家节能减排政策的实施，企业通过改进管理，降低原料、能源消耗等措施，经营情况普遍良好。2012 年国内市场生活用纸产品出厂价和市场零售价整体回落，除了原料成本降低外，随着年内大量新增产能的陆续投产，市场竞争更加激烈，价格战初显。

## 一、产量和消费量继续增长

2012 年生活用纸消费量同比增长 7.1%，市场规模（市场总销售额）约 689.4 亿元，人均年消费量从 2011 年的 3.9 千克提高到 4.2 千克，已接近 2011 年的世界人均消费量水平（4.4 千克）。2012 年生活用纸的产量和消费量见表 1。

表 1　2012 年我国生活用纸产量和消费量

| | 2011 年 | 2012 年 | 同比增长/% |
|---|---|---|---|
| 产量/万吨 | 582.1 | 627.3 | 7.8 |
| 出口量/万吨 | 46.2 | 52.8 | 14.3 |
| 消费量/万吨 | 525.4 | 562.8 | 7.1 |
| 人均年消费量/千克 | 3.9 | 4.2 | 7.7 |
| 国内市场规模/亿元 | 689.4 | 662.0 | 4.1 |

注：根据国家统计局资料，2011 年底总人口 13.47 亿人，2012 年底总人口 13.54 亿人。

由于年内大量新增产能中 60% 是在下半年投产的，且根据生活用纸委员会调查的情况，年内被市场自然淘汰的关停产能近 40 万吨，比往年明显增加，这两个因素使行业整体设备利用率相应下降至 80%（2011 年为 85%）。同时，由于产量的连年快速增长，基数变大，虽然 2012 年产量增长的绝对值提高较大，但增长率较上年有所下降。

2012 年排名前 15 位生产商的产量占总产量的 45.0%，销售额合计占总销售额的 48.3%。行业集中度比 2011 年有较大提高。

恒安纸业有限公司、金红叶纸业集团有限公司、维达纸业集团有限公司、中顺洁柔纸业股份有限公司是我国领先的 4 家生活用纸企业，2010 年在全球分别排在第 7 位、第 4 位（包括在印度尼西亚的产能）、第 17 位和第 20 位，在亚洲分别排在第 3 位、第 1 位（包括在印度尼西亚的产能）、第 6 位和第 9 位。随着这 2 年的继续扩产，排位还在前移。

2012 年这 4 家企业卫生纸原纸的生产能力合计达到 261.5 万吨，比 2011 年增长 37.2%，占行业总产能的 33.3%。产量合计 174.09 万吨，比 2011 年增长 23.9%，占行业总产量的 27.8%。销售额合计 201.2 亿元，比 2011 年增长 15.3%，占行业总销售额的 32.3%。4 家企业产量和销售额的合计增长均高于行业平均水平。

## 二、产业结构变化和投资过热

近年来，我国生活用纸行业迅速从以国内市场为主转型为具有国际竞争力的产业。由于国家实施节能减排和淘汰落后产能政策，以及市场竞争的结果，现代化产能的比例持续提高。产能增加在全球经济衰退中表现突出，但投资过热，阶段性产能过剩也日益突显。

根据生活用纸委员会统计，2011—2012 年，我国新增产能达 184.3 万吨，约占全球新增产能的 1/2 以上，成为全球翘楚。

由于生活用纸市场容量的持续增加、淘汰落后产能和文化印刷用纸市场疲软等原因，2010—2015年，国内中高档产品的新增产能项目集中。大企业的扩张有利于提高行业的集中度、装备水平、产品质量和档次，降低能耗和原材料消耗，减少污染。从企业公布的发展规划来看，金红叶纸业集团有限公司（2013 年产量达到 128 万吨/年、2015 年产量达到225 万吨/年）、恒安纸业有限公司（2015 年产量达到 138 万吨/年）、维达纸业集团有限公司（2013 年产量达到76 万吨、2015 年产量达到 100 万吨/年）、中顺洁柔纸业股份有限公司（目标产量100 万吨/年）都将跻身全球最大的卫生纸生产商行列。除了现有大企业迅速扩产以外，生产其他纸种的造纸企业或新的市场参与者也在投资大型、现代化纸机，如山东晨鸣纸业集团股份有限公司、福建省南纸股份有限公司、漯河银鸽实业集团有限公司、抚顺矿业集团有限责任公司、亚太森博（山东）浆纸有限公司、香港理文造纸有限公司、太阳纸业集团股份有限公司等。

大量投资项目使新增产能逐年递增：2009 年新增产能 33.3 万吨/年，2010 年新增产能 41.5 万吨/年，2011 年新增产能 57.4 万吨/年，2012 年新增产能 126.9 万吨/年，2013 年已投产和计划投产的新增产能 135.05 万吨/年，已宣布的规划在 2014 年及之后投产的项目的新增产能 255.8 万吨/年。

引进先进卫生纸机生产线使我国生活用纸行业的产业结构发生了巨大的变化，截至2012 年底，我国已投产的进口新月形卫生纸机累计 67 台，产能合计 261.7 万吨/年；BF 型卫生纸机累计 76 台，产能合计 99.35 万吨/年；斜网卫生纸机 1 台，产能 1万吨/年。以上进口卫生纸机产能总计为 362.05 万吨/年，占 2012 年生活用纸总产能的 46.2%。

装备现代化的趋势还表现在新月形纸机逐步成为引进纸机的主导机型，而且单条纸机生产能力达6 万吨/年及以上的项目明显增加，2009 年 2 条，2010 年 3 条，2011 年 4 条，2012 年 12 条。

2013 年计划投产的项目中有不少是本应在 2011年和2012 年投产而由于各种原因推迟下来的。虽然《造纸工业发展“十二五”规划》中提出了淘汰落后产能的目标，但对卫生纸机的淘汰机型并没有明确规定，具体能够关闭多少落后产能也还是未知数，而按照 10% 左右的年增长率，年新增的市场容量为 50 万 ~60 万吨，所以依靠市场增长和小厂关闭在 2013 年内吸纳 135 万吨的产能实在是太多了。估计有些项目还会后延，或不能达产。由于投资过热，产能增长超过了市场的增长，所以阶段性的产能过剩将不可避免，市场竞争将更加激烈，特别是新进入的生产商，释放和消化产能将遭遇更大的困难。中小型企业抗风险能力差，也将会被加速挤出市场，行业将进入新一轮洗牌期。

## 三、主要竞争者

恒安纸业有限公司是我国目前最大的生活用纸生产商。根据恒安纸业有限公司年报，2012 年，恒安生活用纸业务销售额为 91.47 亿港元，同比增长 14.1%，生活用纸业务占集团总销售额的 49.4%（2011 年 47.0%）。生活用纸业务的毛利率回升至35.4%（2011 年 31.4%），主要由于生产成本随着主要原材料木浆价格回落而下降，以及 2012 年上半年因原纸产能不足而调整产品结构，减少毛利率较低的产品比例。虽然下半年随着原纸新产能的陆续投产，产品结构已逐渐恢复正常，但卫生纸产品 2012年的销售额占生活用纸业务收入仍轻微下降至30.5%（2011 年 31.7%）。

恒安纸业有限公司 2012 年生产能力增加到 90万吨/年。包括湖南恒安纸业有限公司 4 台新月形纸机，合计产能 18 万吨/年；山东恒安纸业有限公司 3 台新月形纸机，合计产能 18 万吨/年；恒安（中国）纸业有限公司 5 台新月形纸机（其中，2台 2012 年投产，每台产能 6 万吨/年），合计产能30 万吨/年；重庆恒安纸业有限公司 2 台新月形纸机（其中，1 台 2012 年投产，产能 6 万吨/年），合计产能 12 万吨/年；2012 年，恒安纸业有限公司还在安徽省芜湖投产了 2 台新月形纸机，合计产能 12 万吨/年，使总产能达到 90 万吨/年。2014年，恒安纸业有限公司计划在山东省潍坊、湖南省常德和重庆各增加产能 12 万吨/年，使总产能达到 126 万吨/年。2015 年恒安纸业有限公司计划在安徽省芜湖增加产能 12 万吨/年，使总产能达到 138 万吨/年。

金红叶纸业集团有限公司是 APP 在我国的生活用纸集团，目前在我国是居第 2 位的生活用纸生产商，2012 年金红叶纸业集团有限公司的产能与恒安纸业有限公司接近，达到 88 万吨/年。

金红叶纸业集团有限公司 2012 年产能增加到88 万吨。包括苏州的 4 台新月形纸机（其中，1 台于 2012 年投产，产能 7 万吨/年）和 6 台国产短长网纸机，合计产能 31 万吨/年；海南的 6 台新月形纸机和 6 台 APP 下属机械厂金顺重机（江苏）有限公司的新月形纸机，合计产能 30 万吨/年；湖北孝感的2台新月形纸机（其中，1台于2012年投产，产能6万吨/年），合计产能12万吨/年；2012年，金红叶纸业集团有限公司还在辽宁沈阳投产了1台新月形纸机，产能6万吨/年；并投产5台金顺重机（江苏）有限公司的新月形纸机，使总产能达到88万吨/年。2013年及之后，金红叶纸业集团有限公司还计划安装若干台亚赛利公司的新月形纸机，每台产能6万吨/年，以及金顺重机（江苏）有限公司的新月形纸机，使2013年总产能达到128万吨/年，2014年总产能达到200万吨/年，2015年总产能达到225万吨/年，届时将成为我国最大的生活用纸生产商。

维达纸业集团有限公司是我国最早的生活用纸专业生产商，多年来保持平稳发展的领先地位，目前是居第3位的生活用纸生产商。根据维达国际年报，其2012年的业绩亮丽，生活用纸（含少量湿巾、婴儿纸尿裤）销售额达到60.24亿港元，同比增长26.4%；毛利润18.55亿港元，同比增长43.1%。纸巾纸等高毛利产品在总销售额中的比例继续提高，其中软抽面巾纸的销售额增长高达70.1%。2012年维达纸业集团有限公司坚持走品牌道路，开展全方位的产品市场推广策略，加之2012年主要原料木浆价格走势有所缓和，维达纸业集团有限公司成功采取灵活主动的采购策略，于木浆价格波动前调整采购量，使毛利率从2011年的27.2%上升至30.8%。

维达纸业集团有限公司2012年生产能力增加到54万吨/年。包括广东江门新会会城的2台BF型纸机和1台新月形纸机，合计产能6万吨/年；四川德阳的4台BF型纸机，合计产能4.5万吨/年；湖北孝感的9台BF型纸机，合计产能10万吨/年；北京的3台BF型纸机，合计产能3万吨/年；广东江门新会双水的6台BF型纸机，合计产能12万吨/年；浙江龙游的6台BF型纸机，合计产能9万吨/年。辽宁鞍山的4台BF型纸机（其中，2台于2012年投产，每台产能1.5万吨/年），合计产能5.5万吨/年；2012年，维达纸业集团有限公司在位于广东江门新会三江的新生产基地投产2台新月形纸机，合计产能4万吨/年，使总产能达到54万吨/年。2013年，维达纸业集团有限公司已于1月分别在广东江门新会三江和湖北孝感各投产2台新月形纸机，合计产能8万吨/年，使总产能达到62万吨/年，并计划在山东莱芜、广东江门和湖北孝感再分别新增产能5万吨/年、5万吨/年、4万吨/年，使总产能达到76万吨/年。维达纸业集团有限公司在山东莱芜的新厂于2013年投产后，将使生产基地达到9个，在全国形成覆盖面更大的米字形布局。维达纸业集团有限公司计划2015年总产能达到100万吨/年。

中顺洁柔纸业股份有限公司目前是居第4位的生活用纸企业。根据中顺洁柔纸业股份有限公司年报，2012年公司业绩提高很快，生活用纸业务销售额达23.17亿元，比2011年增长25.92%；毛利率为31.62%，比2011年增长5.57%。纸巾纸等高毛利产品在总销售额中的比例由2011年的38.41%提高至40.45%。卫生纸产品在总销售额中的比例由2011年的60.41%下降至58.05%。

中顺洁柔纸业股份有限公司2012年产能增加到29.5万吨/年。包括分布在广东中山、广东江门、湖北孝感、四川成都、浙江嘉兴和河北唐山6个生产基地的11台BF型纸机、8台新月形纸机和25台国产纸机。2012年，中顺洁柔纸业股份有限公司共投产5台新月形纸机，合计产能14.5万吨/年，分别安装在江门4台（合计产能12万吨/年），唐山1台（产能2.5万吨/年），并淘汰了部分国产小纸机，使总产能达到29.5万吨/年。2013年，中顺洁柔纸业股份有限公司已于2月在四川成都投产了1台新月形纸机，产能3万吨/年，使总产能达到32.5万吨/年。2014年，中顺洁柔纸业股份有限公司计划分别在四川成都和新建基地广东罗定新增产能6万吨/年和12万吨/年，使总产能达到50.5万吨/年。中顺洁柔纸业股份有限公司的发展目标为总产能达到100万吨/年。

上海东冠集团、东顺集团股份有限公司、永丰余家品（昆山）有限公司和金佰利（中国）有限公司目前分别位居第5~8位。上海东冠集团经过数年来的平稳发展，“洁云”牌产品在上海和华东地区占有重要的市场份额，2012年投产1台产能4万吨/年的新月形卫生纸机；东顺集团股份有限公司是我国北方区域最大的综合性生活用纸生产商（未计入作为恒安纸业有限公司分公司的山东恒安纸业有限公司），2012年投产了2台BF纸机，近几年产能提升很快；永丰余集团是我国台湾省最大的生活用纸生产商，在亚洲排名第10位，目前在大陆居第7位，“五月花”牌产品知名度较高，2012年在扬州厂投产了2台新月形卫生纸机；金佰利公司是全球最大的生活用纸生产商，但目前在我国的业务重点是纸尿裤，生活用纸原纸产量很少，而且没有扩产计划，但“舒洁”牌产品以优质著称，金佰利公司采取与其他企业合作，贴牌生产高品质、差异化产品的策略。

2012 年 12 月，新加坡金鹰集团旗下的亚太资源集团规划 4 条年产 6 万吨的高档生活用纸生产线的首台卫生纸机项目在山东日照开工建设。这是继 APP（金红叶纸业集团有限公司）、金佰利（中国）有限公司、王子制纸妮飘（苏州）有限公司、潜利工业有限公司（已于 2012 年 11 月宣布退出生活用纸行业）之后，进入我国生活用纸领域的又一家外资企业。

## 四、产品结构

根据生活用纸委员会 2012 年对企业样本调查推算，国内消费的生活用纸产品中，卫生纸占主导地位，约占 62.0% 的市场份额，其他品类依次是面巾纸 22.0%、手帕纸 7.1%、餐巾纸 3.1%、厨房用纸 0.6%、擦手纸 2.8%、衬纸 1.3% 等（见表 2）。

表 2 2012 年生活用纸的产品结构

| 产品 | 消费量/万吨 | 市场份额/% |
|---|---|---|
| 卫生纸 | 348.8 | 62.0 |
| 面巾纸 | 124.0 | 22.0 |
| 手帕纸 | 40.0 | 7.1 |
| 餐巾纸 | 17.4 | 3.1 |
| 厨房纸巾 | 3.3 | 0.6 |
| 擦手纸 | 15.7 | 2.8 |
| 衬纸 | 7.2 | 1.3 |
| 其他 | 6.4 | 1.1 |
| 生活用纸合计 | 562.8 | 100 |

在西欧、北美和日本等发达国家，卫生纸在生活用纸产品中的份额（销售量）在 55% 左右，2012 年我国卫生纸所占份额虽然比 2011 年有所下降，但仍高于发达国家，主要是由于擦拭纸类产品（厨房纸巾和擦手纸）的消费量，特别是厨房纸巾的消费量仍然远低于发达国家水平（发达国家擦拭纸份额占 30%）。从各类生产商的产品结构来看，一般大企业的产品结构中，卫生纸的份额低于平均水平，如按产量计，2012 年恒安纸业有限公司低于 40%，金红叶纸业集团有限公司为 52%、中顺洁柔纸业股份有限公司为 58%，金佰利（中国）有限公司和王子制纸妮飘（苏州）有限公司仅为 15%～25%；而小企业，或使用非木浆、废纸原料的企业，卫生纸的份额则高于平均水平，有些甚至达 90% 以上。

2012 年面巾纸在生活用纸中的份额有所提高，这是由于面巾纸产品进一步向三、四线城市普及，销售量有较大的提高，但由于软抽面巾纸所占比例越来越高，中低价产品的份额增加，所以销售额的增长主要依靠销售量的提高。此外，2012 年公共场所卫生间配备擦手纸的情况进一步普及，但厨房纸巾的普及率还远未达到发达国家水平，是需要进行消费引导的品类。

## 五、原料结构

2012 年，生活用纸委员会对 94 家卫生纸原纸生产企业所使用的纤维原料种类进行了调查，产量覆盖率约 80%，由调查结果推算出生活用纸行业使用纤维原料的结构情况见图 1。

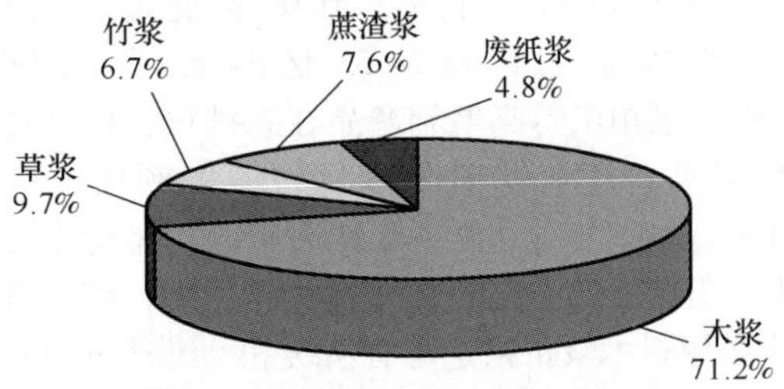


图 1 2012 年我国生活用纸的纤维原料结构

生活用纸使用木浆原料的比例远高于造纸行业平均水平（22%）。2012 年与 2011 年相比，生活用纸使用木浆原料的比例提高较多（2011 年 58.8%），分析原因是因为 2012 年下半年商品木浆价格较低，许多原来使用非木浆的企业或降低非木浆生活用纸产能或停产观望或转向使用木浆原料，使木浆比例提高；此外，由于各地废水排放要求趋于严格，非木浆企业转向使用木浆原料的情况也不断增加。

## 六、技术进展

1. 继续引进先进纸机和加工设备

随着生活用纸新项目的设备引进和投产，我国生活用纸行业的技术装备水平大大提高。新建大项目和部分企业新增产能引进高速宽幅卫生纸机生产线及产成品加工和包装设备，技术起点与世界先进水平同步，生产出高质量的产品。卫生纸机单机最大年产能达到 7 万吨/年，最大车速达到 2400 米/

分。采用的最新技术包括双层流浆箱、靴式压榨、钢质烘缸、新型起皱刮刀等。引进的产成品加工和包装设备具有世界最新技术水平。

2. 引进设备的国产化

2012年国内有关研究单位和机械制造企业继续加紧高速卫生纸机的研发工作，包括：①上海轻良实业有限公司与韩国三养重型机械有限公司合作生产的3台新月形卫生纸机，分别于2012年6月在河南奥博纸业有限公司投产2台，8月在山东含羞草卫生科技股份有限公司投产1台，均为幅宽2850毫米，车速1200米/分，产能1.5万~1.6万吨/年；②佛山市南海区宝拓造纸设备有限与日本佐佐木公司合作开发的1台真空圆网型卫生纸机，于2012年底在广东新会宝达纸业有限公司投产，幅宽2660毫米，车速800米/分，产能1万吨/年。③山东华林机械有限公司自主研发的1台新月形卫生纸机，于2012年3月在广西华怡纸业有限公司投产，幅宽2700毫米，车速900米/分，产能1万吨/年；④潍坊凯信机械有限公司自主研发的1台真空圆网型卫生纸机，于2012年2月在东莞市中桥纸业有限公司投产，幅宽2820毫米，车速900米/分，产能1万吨/年。

另外，为降低成本和应对国家2008年1月1日起对幅宽小于3000毫米的纸机取消进口免税的政策，国外纸机生产商陆续在国内建厂。美卓公司在上海嘉定的工厂从事机架制造、烘缸铸造、设备预安装等业务，并已成功地铸造出第1台国产的DCT40扬克缸。安德里茨公司在佛山的工厂从事生产除关键部件外的纸机构件及组装业务，今后还计划生产卫生纸机流浆箱，逐步扩大卫生纸机关键构件的国产化比例。福伊特公司正在进行昆山工厂的升级扩建项目，昆山工厂扩建完成后可使福伊特公司设备国产化率从目前的50%提升到70%以上。PMP集团在江苏常州的工厂，为集团配套制造新月形卫生纸机（关键部件从PMP集团进口）。亚赛利公司在上海的工厂，也已实现卫生纸机非关键部件的国产化。川之江造机株式会社在浙江嘉兴的工厂，从事BF纸机和相关设备的生产、组装等业务。

3. 加工和包装设备追赶世界先进水平

根据国家统计局数据，2012年大陆地区15~59岁劳动年龄人口绝对数减少了345万人，这是相当长时期以来的首次下降，意味着劳动力成本将继续上升，使用自动化代替人工也将成为国内企业发展的大势所趋。

我国在生活用纸产品加工设备方面进步较快，不但满足了国内中小型纸厂的需求，而且出口量不断增长。由于企业招工难和劳动力成本不断增加，企业对全自动化加工设备和包装设备的需求增加。2012年表现比较突出的如佛山市宝索机械制造有限公司自行研制的全自动高速有芯/无芯集成复卷加工生产线、全自动面巾纸折叠生产线；海松川远亿机械设备有限公司的自动软抽包装机、卫生卷纸中包机；佛山市南海区德昌誉机械制造有限公司的高速复卷打孔生产线、3.7米超大幅宽高速复卷分切机；常德烟草机械有限责任公司的每分钟200包手帕纸自动包装机；新力的抽取式面巾纸生产线等。

4. 龙头企业率先引进世界领先的立体仓库，节约空间意识增强

2013年3月，维达纸业集团有限公司新会新原纸生产基地一期年产8万吨工程项目全自动化生产线－包装线－自动化立体式仓库连线成功，实现生产和仓储全自动化运作，成为全国首个最先使用该物流系统的造纸企业，也是全球最早应用自动化立体式仓库的造纸企业之一。该自动化物流系统分三期配套全部（年产能26万吨）工程建设，一期占地面积为1.8万米$^2$，建筑高度12米。整套自动化系统包括输送线、全自动码堆机械手、裹膜机、AGV无人小车等设备。据测算，使用自动仓储系统，一份订单从确认到装车，可比传统方式速度提高20多倍。三期工程全部建成后，自动化立体式仓库占地总面积将达5万米$^2$，仓库建筑高度最高将达24米，进一步提高空间利用率。

2013年下半年，恒安纸业有限公司即将启动的芜湖原纸基地二期项目中也将建设立体化仓库，预计于2015年投产。此外，芜湖基地于2012年投产的一期项目已建成多层厂房，通过改善工艺实现设备立体布局，使占地面积减少了1/2。

5. 产品创新

2012年生活用纸产品的创新质量主要表现在两个方面：一是通过推出差异化产品寻求高利润的利基市场，如添加香精和乳霜、芦荟、维生素等表面处理剂，使产品气味清香或具有更好的护肤性，或推出染色/印花的彩色产品，如金红叶纸业集团有限公司推出的唯洁雅“唯柔”系列面巾纸产品；中顺洁柔纸业股份有限公司推出的洁柔“LOTION柔滑”系列面巾纸、手帕纸产品；金佰利（中国）有限公司推出的舒洁“臻宠”系列手帕纸、面巾纸，“可可小熊家族”系列手帕纸、面巾纸和“明信

片”系列手帕纸产品等。此外，针对学生和年轻白领人群推出包装上有时尚风格的产品也被证明是成功的策略。如恒安纸业有限公司推出的“冬己”系列面巾纸、手帕纸产品；维达纸业集团有限公司推出的“Ultra Strong 超韧”系列面巾纸、手帕纸产品；金红叶纸业集团有限公司推出的清风“原木纯品”系列面巾纸、手帕纸产品；中顺洁柔纸业股份有限公司推出的洁柔“愤怒的小鸟”系列面巾纸、手帕纸产品等，都在市场销售方面取得了很好的效果。二是推广绿色、环保概念，如维达纸业集团有限公司推出的“绿活”系列蔗渣浆生活用纸产品；上海东冠集团推出的以回收牛奶饮料包装盒为主要原料的“自由森林”系列卫生纸、擦手纸产品；山东泉林纸业有限责任公司推出的麦草浆本色生活用纸产品；胜达集团江苏双灯纸业有限公司的草浆、废纸混合浆卫生卷纸等产品，也受到市场的欢迎。

## 七、市场展望

2012 年 1 月 9 日，国家发展和改革委、工业和信息化部和国家林业局联合发布《造纸工业发展“十二五”规划》（简称《规划》）。《规划》提出的发展目标包括：生产消费平稳增长、原料结构持续改善、产品结构不断优化、产业集中度不断提升、装备水平逐步提高、资源消耗不断降低、污染排放明显下降、淘汰落后取得实效等 8 个方面。此外，规划还包括新的行业扶持政策，这将使得行业中的优势企业受益。

《规划》中有关生活用纸行业的内容如下：

《规划》在提高造纸工业装备水平的发展目标中，提出“提升造纸工业生产工艺技术和装备总体研发水平，制浆造纸装备自主化比例由 30% 提高至 50%，重点骨干造纸企业主体制浆造纸技术与装备达到国际先进水平，部分自主研发的制浆造纸装备接近国际先进水平。”

车速 1000 米/分以上的高速卫生纸机列为装备自主化研发重点。

在重点工程之一“产品升级换代及装备自主化工程”中列入了“高档生活用纸项目”，项目的实施内容及采用的关键技术是“宽幅、高速纸机，热风气罩等技术”，目标是新增与技改高档生活用纸项目 210 万吨。

资源消耗降低。吨纸浆、纸及纸板的平均取水量由 2010 年的 85 米$^3$ 降至 70 米$^3$，减少 18%；吨纸浆平均综合能耗（标准煤）由 2010 年的 0.45 吨降至 0.37 吨，比 2010 年降低 18%；吨纸及纸板平均综合能耗（标准煤）由 2010 年的 0.68 吨降至 0.53 吨，比 2010 年降低 22%。

污染排放明显下降。主要污染物化学需氧量（$COD_{Cr}$）排放总量比 2010 年降低 10% ~12%。氨氮排放总量比 2010 年降低 10%。

淘汰落后产能。“十二五”期间，全国淘汰落后造纸产能 1000 万吨以上。

作为能耗较高的行业，国家要求吨纸平均综合能耗降至 0.53 吨，各地也将出台更加严格的吨纸产品和万元产值的能耗指标，企业必须认真面对。

作为我国造纸工业的一个长期执行的政策，林浆纸一体化对推动纸业可持续发展，有着十分重要的作用。林浆纸一体化，即将原来分离的林、浆、纸 3 个环节整合在一起，由造纸企业负担起造林的责任，自己解决木材原料问题，发展生态造纸，形成“以纸养林、以林促纸”的产业格局，促进造纸企业永续经营和造纸工业可持续发展。而且，从降低成本的角度，直接利用液体浆造纸，减少抄成浆板的流程，每吨纸可以节约 500 ~700 元。

虽然我国目前的生活用纸消费量仅次于北美和西欧地区，位居世界第 3 位，但由于人口众多，2012 年我国生活用纸的人均消费量为 4.2 千克，尚未达到世界平均水平 4.4 千克，但相比北美 25 千克、日本和西欧 15 千克、中国香港/澳门/台湾 10 千克以上都还有相当大的差距，市场的长期增长潜力仍非常大。随着我国经济的发展和城市化、国际化进程的加快，市场需求潜力将不断释放，将为生活用纸这一朝阳行业带来巨大的发展空间。

2013 年我国经济增长放缓，预计 GDP 增长率为 7.5%。虽然欧债危机及美国经济放缓继续困扰全球经济，但生活用纸产品属于快速消费品，受国际经济环境影响较小，加上 2013—2014 年期间新项目产能的大量释放，预计生活用纸将继续以高于世界平均水平的速度稳步增长，并逐渐呈现小康型消费特征。消费层次出现多样化且向中高档过渡，消费领域不断扩展，市场竞争更加激烈。此外，也应清醒地认识到，短期内市场消费量增速很难满足今后两年预期新增产能的井喷式增长，产能增速有必要轻踩“刹车”，谨防投资过热，以利于行业长期、健康、稳定、高效的发展。由于目前生活用纸消费量的基数已经较高，估计生活用纸市场在今后几十年内将以与我国 GDP 增长率同步或略低的速度发展。

（周　杨　江曼霞　张玉兰）

# 2012 年我国一次性卫生用品市场概况

# Market Situation of Disposable Hygienic Paper Grades in China in 2012

2012 年，国内一次性卫生用品（包括吸收性卫生用品和湿巾）市场继续保持增长势头，外贸市场虽然受到美国经济复苏缓慢和欧债危机的持续影响，但随着全球经济的复苏，也表现出较快的增长。各类产品的国内消费量都比 2011 年有较大的增长，特别是婴儿纸尿布和成人失禁用品。2012 年吸收性卫生用品的市场规模（市场总销售额）约 551.0 亿元，比 2011 年增长 18.8%（见图 1）。

在吸收性卫生用品市场总销售额中，女性卫生用品占 51.8%，婴儿纸尿布占 39.9%，成人失禁用品占 4.0%。与 2011 年相比，2012 年女性卫生用品的占比下降，婴儿纸尿布占比略有增长，成人失禁用品的占比提高，显示产品结构向成熟市场方向发展的趋势。

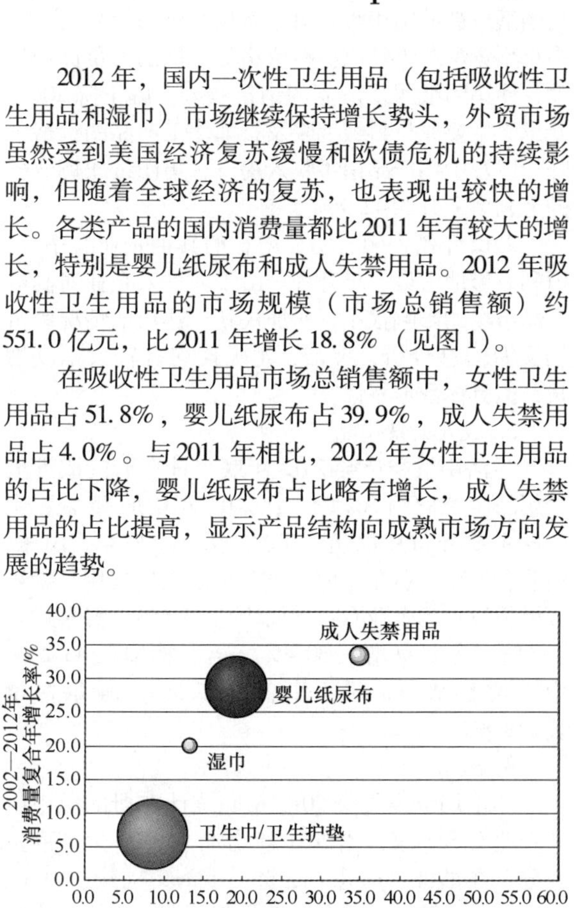


图 1　2012 年我国一次性卫生用品的市场规模和增长率

## 一、市场规模

1. 女性卫生用品

2012 年我国女性卫生用品的市场继续保持较快增长。根据中国造纸协会生活用纸专业委员会（以下简称生活用纸委员会）的统计，卫生巾的产量约 758.1 亿片，消费量 614.1 亿片，市场渗透率 91.3%。2012 年卫生巾和卫生护垫合计的市场规模约 285.5 亿元（按零售加价率 40% 计），比 2011 年增长 8.6%。

2. 婴儿纸尿布

2012 年我国婴儿纸尿布的市场继续保持高速增长。根据生活用纸委员会的统计，婴儿纸尿布总产量为 225.5 亿片，消费量约 204.1 亿片，市场规模达到 220.0 亿元（按零售加价率 40% 计），比 2011 年增长 19.2%。

婴儿纸尿布的消费量比 2011 年增长 14.2%，其中婴儿纸尿裤增长 17.9%，婴儿纸尿片/垫增长 2.8%。市场渗透率由 2011 年的 39.1% 上升到 44.3%。

3. 成人失禁用品

成人失禁用品主要包括成人纸尿布（成人纸尿裤/片）和护理垫。由于成人失禁用品的出口和外贸加工比例很大，受国际经济形势和社会因素的影响较大，出口贸易波动明显。2012 年，成人纸尿裤和成人纸尿片的出口量比 2011 年大幅增长，护理垫的出口量明显下降，成人纸尿裤和成人纸尿片的国内消费量均有大幅增长。

根据生活用纸委员会的统计，2012 年成人纸尿布产量约 12.78 亿片，出口量约 3.69 亿片，消费量约 7.97 亿片。护理垫的产量约 7.26 亿片，出口量约 2.33 亿片，消费量约 4.14 亿片。成人失禁用品合计的市场规模约 22.05 亿元，比 2011 年增长 34.8%。

2012 年我国成人失禁用品的消费量比 2011 年增长 20.1%，其中成人纸尿布消费量增长 26.3%，护理垫消费量增长 9.8%。在按片计的总消费量中，纸尿裤占 45.7%，纸尿片占 20.1%，护理垫占 34.2%。外销市场方面，成人纸尿裤出口量增长 22.1%，纸尿片出口量增长 73.9%，但护理垫的出口量下降21.3%。

4. 湿巾

与成人失禁用品情况类似，湿巾的出口和外贸加工比例也比较大。根据生活用纸委员会的统计，2012年我国湿巾的产量约295.2亿片，出口量约131.3亿片，消费量约151.1亿片，市场规模（市场销售额）约15.4亿元，比2011年增长13.2%。

## 二、主要生产商和品牌

1. 女性卫生用品

2012年全国综合排名前15位的女性卫生用品生产商的销售额合计约占全国总销售额的86.2%，行业集中度比2011年有较大提高；全国性品牌主要有：安尔乐、护舒宝、苏菲、高洁丝、娇爽、乐而雅、ABC等，领先生产商主要集中在上海、广东、福建等地。表现比较好的区域性品牌有好舒爽、洁婷、妮爽、洁伶等。

恒安集团作为国内领先的大型个人卫生用品生产商，2012年继续投放资源开发新产品，优化产品组合，提高品牌知名度。女性卫生用品业务继续获得理想增长，卫生巾/卫生护垫的销售额增长约19.5%，占集团整体销售额约26.5%，远高于市场平均增长率。2012年，受惠于主要原材料石油化工产品和绒毛浆价格明显回落，舒缓了生产成本压力，加上集团实行严格的成本控制措施及继续提高中高端产品的销售比例，于2012年6月底推出“七度空间公主系列”，使集团卫生巾/卫生护垫业务的毛利率达到约65.8%。

2012年女性卫生用品销售额增长显著的其他企业主要有：景兴增长42%，恒利增长37%，护理佳增长19.5%，可悦增长11.2%，百亚增长56%，花王增长11%。此外，从加快新厂建设的情况推测宝洁、尤妮佳等外资企业也均有较大增长，但具体数据不详。

2. 婴儿纸尿布

我国的婴儿纸尿布市场由多个生产商组成。生活用纸委员会2012年底统计在册的婴儿纸尿布的生产企业640家，比2011年增加了131家，生产商主要分布在福建、广东、山东、浙江、上海等地。全国性品牌数量不多，品牌集中度较高。知名品牌有帮宝适、妈咪宝贝、好奇、安儿乐、嘘嘘乐等。根据生活用纸委员会的统计调查，2012年排名前10位生产企业的婴儿纸尿布的销售额合计约占所有企业总销售额的81.4%，比2011年下降2个百分点，主要是受近几年新进入企业对中低端产品市场的冲击所致。

宝洁、尤妮佳和恒安是目前我国最大的婴儿纸尿裤制造商。据尼尔森市场研究有限公司资料，帮宝适、妈咪宝贝和安儿乐是整体市场前3位的品牌。

2012年，恒安集团纸尿布销售额轻微下降1.4%，约占集团整体收入的14.5%。年内，集团纸尿裤业务增长不够理想，主要原因是：一方面国际竞争对手继续向二、三线地区发展，导致集团中高档纸尿裤的销售收入只上升约8.0%；另一方面，中小型竞争对手趁原材料价格低，推出大量促销活动，使集团纸尿片产品的销售收入大幅下降20%。受惠于主要原材料绒毛浆及石油化工产品的价格下降，以及中档产品销售收入提升，集团纸尿裤业务的毛利率上升约42.9%。

2012年销售额有明显增长的其他企业有中天、恒利、爹地宝贝、昱升等。由于新进入企业对高端产品市场的影响很小，从加快新厂建设的情况和市场反馈信息分析，宝洁、尤妮佳均有较大幅度增长，但具体数据不详。

3. 成人失禁用品

生活用纸委员会2012年底统计在册的成人失禁用品生产商约362家，比2011年增加65家，生产商主要分布在福建、江苏、天津、广东、山东、河北、上海、浙江等地。2012年成人失禁用品销售额增长较多的企业有：珍琦增长15.6%，舒泰增长13.6%，含羞草增长30.4%，倍舒特增长43.2%，中天增长95.3%，昱升增长25.5%，唯尔福增长118.8%。

4. 湿巾

生活用纸委员会2012年底统计在册的湿巾生产企业有566家，比2011年增加53家，生产商主要分布在浙江、广东、江苏、上海、福建、山东、辽宁、北京等地，但全国性品牌不多，市场集中度相对较高。有很多企业是给其他国内企业或零售商做贴牌或给国外生产OEM产品。

2012年销售额增长较多的湿巾企业有：美馨增长23.1%，铜陵洁雅增长20%，景兴增长47%，安柔增长17.3%。

## 三、出口贸易活跃

我国一次性卫生用品行业出口贸易继续保持活跃。2012年，我国调整了海关编码，吸收性卫生用品（包括卫生巾、婴儿纸尿布、成人纸尿布、护理垫、卫生棉条、宠物垫、干法纸等）的编码为48189000，96190010，96190020 和 96190090。

据海关统计数据，2012 年吸收性卫生用品的出口量比 2011 年增长 11.78%。其中，婴儿纸尿布出口量增长较大的企业有：爹地宝贝增长 18.2%，安柔增长 10.1%，杭州舒泰增长 30%，杭州可靠增长 38.1%，泰州远东增长 10%，汕头集诚增长 10%。成人失禁用品出口量增长较大的企业有：福建中天（集团）妇幼用品有限公司的成人纸尿裤增长 2 倍多，北京倍舒特妇幼有限公司的护理垫增长 89.7%。另外，天津依依卫生用品有限公司和杭州豪悦实业有限公司的宠物卫生用品出口量也有较快增长。

## 四、市场变化和发展特征

1. 女性卫生用品

跨国公司的品牌在高端市场继续占主导地位；市场销售额继续稳步增长；产品创新，薄型化趋势明显；销售渠道变革。

2. 婴儿纸尿布

市场继续快速增长，投资项目增加，市场竞争加剧，产品创新，拉拉裤市场启动，母婴渠道和网店崛起。

3. 成人失禁用品

2012 年成人失禁用品市场在市场渗透率仍然很低的基础上继续迅速发展，出口贸易迅速增长，国内消费市场大幅增长，成人失禁用品的投资项目也在悄然升温。目前市场需求还局限于经济型、具有基本功能的产品，消费还是以价格为导向。

4. 湿巾

湿巾品种主要有普通型、婴儿专用、女性卫生专用、卸妆用、居家清洁用及其他用途型 6 种。市场快速增长。

## 五、卫生用品生产设备的供应

1. 国产设备制造业日趋成熟，继续拉近与国际先进水平的距离

近年来，我国一次性卫生用品设备制造水平迅速提高，采用模块化设计，全伺服电动控制，开发一机多用的生产设备满足不同类型企业的需求，同时在车速、稳定性、噪声控制等方面不断改进。

国内具有先进技术的设备供应商已经可以制造车速分别为 1200 片/分和 600 片/分的卫生巾生产线和婴儿纸尿裤生产线，训练裤、成人纸尿裤生产线也已试制成功。2012 年，安庆市恒昌机械制造有限责任公司推出 T 型婴儿纸尿裤生产线及包装设备，用于生产“大耳朵纸尿裤”。该机稳定运行速度为 500 片/分，并计划于 2013 年 6 月推出速度达到 800 片/分的婴儿纸尿裤生产线。

随着国内成人失禁用品市场的升温，成人纸尿裤生产线的销售量逐年增加。性价比较好的卫生用品设备不但满足了国内市场的需要，而且利用参加相关国际展览等方式走向国际市场，出口到日本、欧洲、美国、中东、东南亚等国家和地区。目前，国内主要的设备供应商有：安庆市恒昌机械制造有限责任公司、泉州市汉威机械制造有限公司、杭州新余宏机械有限公司、江苏金卫机械设备有限公司、杭州珂瑞特机械制造有限公司、上海智联精工机械有限公司、福建培新机械制造实业有限公司、广州市兴世机械制造有限公司、晋江东南机械制造有限公司等。

湿巾设备基本国产化，国内主要湿巾设备供应商有：陆丰机械（郑州）有限公司、泉州大昌纸品机械制造有限公司、泉州市创达机械制造有限公司、泉州（福建）东湖轻工机械厂等，美国 PCMC 公司是进口湿巾设备的主要供应商。

2. 进口设备重获青睐

目前，卫生用品生产商需要高效、稳定的设备；刚入门的企业或者小型企业需要多功能的灵活性设备，而成熟的、规模较大的企业追求单一品种高速化的设备；虽然近年来国产设备在技术和性能方面有了很大进步，但是与进口设备之间仍然存在较大的差距，主要体现在金属材质、加工精度、装配精度等方面，而这些因素又制约了车速的提高；卫生用品加工机配堆垛包装机成套供应已经是一种普遍的现象，并成为今后的趋势。

意大利法麦凯尼柯机械（上海）有限公司、日本瑞光（上海）电气设备有限公司、意大利吉地美公司都已在我国建厂，以满足我国及亚洲地区客户对高端设备的需求，同时降低设备的生产和运输成本。

为了满足消费者对高档婴儿纸尿裤产品的需求，近两年进口设备重获生产商的青睐，采购进口设备的企业增多。

## 六、市场展望

1. 女性卫生用品

女性卫生用品行业集中度和品牌集中度不断提高，预计2013年国民经济将继续保持平稳较快增长，女性卫生用品将继续以高于世界平均水平的速度稳步增长，但不论是国内市场还是出口市场竞争将更加激烈。

2. 婴儿纸尿布

随着政府生育政策的松动以及80后陆续结婚生子，我国正迎来新一波生育高峰期。根据国家统计局的数据，20世纪80年代，我国新生人口数量一直处于较高水平，其中1990年是出生人口最多的一年，此后开始大幅下降。数量庞大的80后们陆续进入婚育阶段，这将使中国大陆在2015年前后迎来一次婴儿潮。我国新生儿数量有望从当前的每年1600万人上升到1800万人左右，甚至可能达到2000万。虽然我国近几年婴儿纸尿布的生产和市场有很大的发展，但市场渗透率及婴儿人均年消耗纸尿裤的费用与发达国家相比仍有很大差距，市场发展空间巨大。

一方面是婴儿潮的出现，另一方面是我国经济持续快速发展，预计今后10年婴儿纸尿裤还会有较高的增长率。但也应该注意到目前行业整体开工率较低，有阶段性产能过剩的趋势。2010—2012年，新进入行业的企业较多，激烈的市场竞争将会加速落后产能的淘汰和行业整合，高端产品和拉拉裤产品的市场将得到进一步发展。

3. 成人失禁用品

统计公报显示，2012年，我国60岁及以上人口达到19390万人，占总人口的14.3%，比2011年提高了0.59个百分点。我国人口正在变得越来越老龄化。2013年2月，中国社会科学院发布的报告预测，今后老人新增量将达到每年1000万人左右的速度，到2033年左右，老人将达到4亿人。同时报告显示，2012年，我国的空巢老人为3600万人，失能老人则高达0.99亿人。老年人口的剧增让老年人的生活照料问题日益凸显。

虽然老年人口多的特征是推动失禁用品需求增长的动力，但是，通常认为形成相当规模的失禁用品消费群体的必要条件是人均GDP达到8000～10000美元，从总体上看我国的人均GDP仍然较低，2012年约为6100美元，距此还有一定差距。但是从长远来看，经济的进一步发展、城市人口的老龄化和中部地区的崛起都将为失禁用品提供相当大的增长机会。

我国成人失禁用品市场处于发展初期，由于基数低，所以增长率很高，随着我国经济的发展、社会进入老龄化以及老年消费者可支配收入的提高、观念的转变，这一市场将持续高速增长，具有很大的发展潜力。

4. 湿巾

目前，国内市场湿巾的普及率总体相对较低，但婴儿湿巾还是比较普及的，越来越多的妈妈们都为宝宝购买和使用婴儿湿巾。女性专用和卸妆用湿巾也越来越受到年轻一族的青睐，很多白领们的手袋里都会放一包湿巾。

非典疫情以后，卫生部建立了流感疫情报告机制，人们对后来发生的H1N1、H5N1、H7N9等一系列流感疫情给予了足够的关注，也养成了勤洗手等良好个人卫生习惯。在外出不方便洗手时，湿巾就成为必不可少的用品。

便利性和易用性是湿巾吸引消费者和健康护理市场的首要因素。由于工作压力、家务琐事形成的忙碌的生活方式以及全面加快的生活节奏使许多人倍感时间紧迫，湿巾可为人们的日常清理工作节省大量的时间。家庭清洁类擦拭巾在发达国家已经过多年的发展，但在我国市场，这类产品还处于起步阶段，随着居民可支配收入的提高和对高品质生活的追求，家庭清洁用擦拭巾市场将得到发展。

根据国外的发展经验，宠物湿巾也是一个很大的市场，可以细分为擦眼睛、擦耳朵、擦牙齿、擦粪便等，需求量很大。

另外，在医用市场中，酒精单片也很受欢迎，尤其是一些糖尿病患者，可以完全替代酒精棉蘸取酒精的原始方式。

随着环保问题得到越来越多人们的重视，关于湿巾的可降解和可冲散性也逐渐引起人们的关注。INDA和EDANA一直致力于为湿巾行业制订一套全面的可冲散性指南，并于2012年秋季发布了第3版可冲散性指南。目前国内市场现有的湿巾产品并不具有可冲散性，随着生活水平的提高，厕用湿巾非常有发展潜力，开发可冲散的厕用湿巾将是不错的选择，但是还应该考虑产品的功能和成本效益，必须在具有可冲散性、可生物降解性与使用性能之间达到平衡，产品价格在关注环保消费者可接受的范围内。

（江曼霞　孙　静　张玉兰）

# 国内特种纸行业概况

## General Situation of China's Specialty Paper Industry

特种纸被誉为造纸工业领域的高新技术产品，由于具有特殊功能，可应用于国民经济各个领域，已成为现代包装、印刷、电力、电子、汽车、建材、医疗、农业、航空航天工业等相关行业不可缺少的功能性基础材料。自 20 世纪中叶以来，美国、日本及法国、德国、意大利、芬兰等经济发达国家全力研发特种纸领域的新技术、新产品、新装备，整体水平处世界前列。据不完全统计，目前全球有特种纸品种 1000 多种，而且还以每年上百个品种在增长。我国特种纸产业起步较晚，发展时间相对较短，产品品种、新产品开发能力、应用领域等方面均落后于发达国家，目前全国仅有特种纸品种 600 多种。日本的特种纸产量占纸及纸板的总产量已经超过 7%，美国及德国、法国等国家也在 5% 以上，而且发达国家特种纸产量每年以 10% 以上的速度递增。而我国特种纸产量占纸张总产量的比例仅为 3.5% 左右，市场潜力很大。表 1 数据显示，2008—2012 年特种纸产量年均增量约 46.6 万吨，但总体仍呈现供不应求的局面。《造纸工业发展“十二五”规划》中提出“鼓励发展特种纸及纸板，形成造纸工业新的增长点，重点研发功能各异、技术含量高的特种纸及纸板”，具体要求“十二五”期间新增及技改特种纸及纸板 90 万吨。综上所述，我国特种纸有极大的发展空间和市场需求。

**表 1　近几年我国特种纸产量统计表**

| | 2008 年 | 2009 年 | 2010 年 | 2011 年 | 2012 年 |
|---|---|---|---|---|---|
| 全国特种纸及纸板产量/万吨 | 140 | 180 | 230 | 298 | 400 |
| 全国纸及纸板产量/万吨 | 7980 | 8640 | 9270 | 9930 | 10250 |
| 特种纸和纸板占纸及纸板总产量的比/% | 1.8 | 2.1 | 2.5 | 3.0 | 3.5 |

注：表中特种纸及纸板数据为中国造纸学会特种纸专业委员会统计信息。

## 一、国内特种纸行业发展现状

特种纸在造纸工业中占据着十分重要的位置，随着我国社会经济的发展和经济的全球化，特别是我国加入 WTO 以来，市场竞争的激烈和造纸企业产品结构的调整，业界人士普遍认为，我国特种纸在今后亦将有良好的发展前景。一方面是不少基础好、技术力量强的企业纷纷加入特种纸的生产行列。另一方面是原有的特种纸企业优化整合，使我国特种纸发展呈现出良好的发展势头。

通过近几年的调整发展、引进消化吸收再创新，我国涌现出一批品种比较齐全、竞争力强、企业实力雄厚的特种纸生产企业，其生产产品已经占据国内市场的主导地位，部分产品已经开始出口。特种纸生产企业分布全国，但主要集中在浙江、山东、江苏、广东、河南等地。特种纸龙头企业有：浙江省主要有：民丰特种纸股份有限公司、杭州新华纸业有限公司、浙江凯恩特种材料股份有限公司、浙江万邦浆纸集团有限公司、浙江仙鹤特种纸有限公司、浙江恒达纸业有限公司等；山东省主要有：山东齐峰特种纸业股份有限公司、山东鲁南纸业集团、山东凯丽特种纸股份有限公司、山东华金集团有限公司等；其他省市的主要企业有：河南江河纸业股份有限公司、黑龙江省牡丹江恒丰纸业股份有限公司、广东冠豪高新技术股份有限公司等。主要产品有：卷烟系列用纸（卷烟纸、成型纸、铝箔衬纸、接装纸、嘴棒填充纸等）、电气系列用纸（电缆纸、变压器匝间绝缘纸、绝缘纸板、电解纸、电容器纸、电池隔膜纸、覆铜箔纸板等）、过滤系列用纸（汽车三滤纸、气水分离纸、油水分离纸、玻纤空气滤纸、咖啡滤纸、食用油滤纸、啤酒过滤板等）、建材系列用纸（装饰纸、耐磨纸、平衡纸、墙壁纸等）、印刷打印系列用纸（无碳复写纸、热敏纸、心电图纸、描图纸、彩色喷墨打印纸、啤酒标签纸、证券纸、圣经字典纸、防伪纸、转移印花纸、刚古纸等）、包装系列用纸（食品包装用纸、礼品包装用纸、色卡纸、医疗包装用纸、干燥剂包装用纸、防虫剂包装用纸等）、胶带原纸、格拉辛纸、不锈钢隔离纸、皮革离型原纸等。

一些品种从无到有，并逐步取代进口产品。由于我国相关行业的迅速发展，需求量的增长推动了企业开发和生产的热情，一直以来依赖进口的一些产品品种已在我国开始生产，呈现出良好的发展势头，并逐步取代进口产品。如过去我国主要依赖欧美国家进口的美纹纸，已有少数企业掌握了关键技术，产品质量也能与同类进口产品媲美；虽然国产芳纶纤维与杜邦公司的产品相比还有一定差距，但也取得了较大的进步，烟台美士达特种纸业股份有限公司、上海圣欧集团（中国）有限公司等已开始大量生产。高端的水转印纸，多层涂布技术也被国内企业攻克，产品逐步取代进口同类产品。国内企业生产高湿强的啤酒标签纸，也得到认可。富含氧化铝的耐磨纸国内企业生产的产品基本取代了同类进口产品，不干胶行业需求量较大的格拉辛纸，国内企业也实现相当规模的生产。具有三防功能的热敏纸，也有企业进行了小批量生产。

近期国内新上的扩建或技改的项目有：民丰特种纸股份有限公司决定在浙江省海盐县投资 60 亿元设立嘉兴民丰高新材料有限责任公司，主要生产和销售高新材料、高档纸制品。山东世纪阳光纸业集团有限公司和日本王子制纸株式会社已合资成立阳光王子（寿光）特种纸有限公司，预计建成年产 3.5 万吨装饰纸等特种纸生产销售项目；山东仁丰纸业股份有限公司正在新建化纤壁纸和汽车滤纸生产线各 1 条；山东齐峰特种纸业股份有限公司 10 万吨装饰原纸项目也已经奠基；浙江华邦特种纸业有限公司薄页纸的生产线也已建成投产；湖南正佳特种材料有限公司正在建 2 条年产 4000 吨滤纸生产线；牡丹江恒丰纸业股份有限公司近年来先后兴建了多条生产线，推动其在特种纸领域跨越式的发展，最近又有 1.7 万吨圣经纸项目已经正式投产，还有投资 3.7 亿元的“一机多能”纸机也已投产，为牡丹江恒丰纸业股份有限公司新增产能 1.5 万吨/年。

国内特种纸总产量基本满足市场需求，一部分技术含量高、生产难度大的品种仍然依赖进口。特种纸应用范围广泛，国内中小型生产特种纸的纸厂在技术方面还不能完全满足日益增长的市场需要，国内特种纸的供应有一定缺口，特别是一些技术含量高、性能独特的特种纸品种我国仍然依赖进口，如皮革行业使用的皮革离型纸、高性能（汽车、环境）过滤纸、高性能电池隔膜、飞机蜂窝结构材料用芳纶纸、无尘（擦拭、打印、隔离）纸等。

## 二、国内特种纸行业的发展趋势

低水平重复建设使特种纸企业面临经营困难，将会出现互相整合的趋势。在造纸工业中，特种纸一直以批量小、附加值高、投资少的特点引人关注。近年来，由于可供选择发展的行业越来越少，一些资金开始流入特种纸领域，但这些新投资并无技术、市场等的优势，只能简单重复模仿现有企业的产品，通过低价策略进行竞争，现有的造纸企业或特种纸企业新建和扩建项目也存在这种现象，导致特种纸产品价格逐步下滑，利润也逐年下降。这样竞争的结果使企业为了降低成本，有时就会牺牲产品的质量，由于缺乏开发高技术含量和高附加值特种纸的经费，导致我国特种纸产品国际竞争力下降，发展后劲不足。

未来特种纸国内市场和出口市场都将扩大，特种纸是中小企业转型的方向。特种纸不属于规模效益的纸种，相对普通纸而言，它是多品种、小批量、窄用途的纸种，但因其技术含量高、附加值高，供应特种需求的客户，因此适合中小企业来生产。随着造纸工业走向规模化和结构合理化，很多中小型企业在市场竞争中面临淘汰的境地，转向特种纸的开发和生产是不少造纸企业转型的方向之一。随着国内经济的迅速发展，对特种纸的需求不断扩大，这是特种纸产业发展的机遇。国内特种纸产品质量和结构的不断调整和提高，增强其在国际贸易优势，因此特种纸企业除巩固国内市场外，加强出口市场的培育，是当前的一项重要任务和目标。

国内特种纸企业开始重视新产品的开发，通过产品上下游延伸及市场的内扩外延，进一步提高产品附加值。考虑到市场竞争的激烈和产品优势周期的缩短，国内特种纸企业一方面加强企业内部研发力量的投入，积极寻找多方技术合作，以进一步提高产品质量和确保技术领先；另一方面也在建立自己的后加工生产线（如涂布、浸渍、印刷等），提高产品附加值和技术含量，提高竞争力。

## 三、与特种纸相关行业的发展概况

1. 国内特种纤维原料产业发展概况

从特种纸所需的纤维原料来看，普通的植物纤维原料国内外没什么差别，都采用市场上的商品浆，但对于特殊的纤维原料来讲，与发达国家相比还是有差别的。国内棉浆产能在180万吨/年左右，由于受到木浆溶解浆的冲击，国内产能大量过剩，急需开发新的用途，棉浆业界寄希望能在特种纸领域开发出广阔的市场。韧皮纤维国内主要是生产亚麻浆和剑麻浆，亚麻浆主要生产企业是河北丰源特种纸业有限公司和牡丹江恒丰纸业股份有限公司；剑麻浆的生产企业主要是鸡西的一家小型公司和衢州八达纸业有限公司；而马尼拉麻浆则主要依靠从菲律宾进口，但用于电解电容器纸的进口马尼拉麻浆性能不佳，主要是因为高质量的马尼拉麻浆已被日本企业垄断，国内采购的灰分含量相对高。化学合成纤维抄纸常用的水溶纤维，国内有四川维尼纶厂生产，但其质量相比日本可乐丽公司等的产品还有差距，主要是冷水溶解比例偏高。过滤纸用丝光化纤维和绝缘纸用绝缘浆，国内目前没有企业进行商品化生产。国内专门生产用于造纸的普通黏胶纤维、化学纤维的企业较少，市场上有一定规模的只有中国石化上海石油化工股份有限公司供应涤纶纤维，其他需要只能造纸企业自己专门联系，并进行切断分散处理；高性能的纤维如芳纶纤维国内虽有生产，但距离杜邦公司的产品质量还有差距，SWP、PBO、四氟乙烯、金属纤维国内还没有生产。碳纤维国内有多家企业生产，但以丙烯氰基居多，沥青基只有鞍山有生产，黏胶基碳纤维还没有生产，相比日本东丽公司和东邦公司的产品还有很大差距；国内生产碳纤维发热纸的企业多从日本东丽公司购买，这2家公司的部分碳纤维产品属于《日本出口贸易管理条例》附表1的限制出口产品。从日本出口时必须到日本经济产业省申请出口许可。而且，使用该产品的制品亦有可能属于限制出口物品。国内特种纸用纤维原料主要供应商见表2。

**表2　特种纸用纤维原料国内主要供应商一览表**

| 纤维原料 | | 主要供应商 |
|---|---|---|
| 植物纤维 | 棉浆 | 山东银鹰化纤有限公司<br>安徽雪龙纤维科技股份有限公司<br>湖北明丰特种纸业有限公司等 |
| | 韧皮浆 | 丰源（邢台）特种纸业有限公司<br>衢州八达纸业有限公司等 |
| 无机纤维 | 玻璃纤维 | 重庆世成保温材料有限公司 |
| | 陶瓷纤维 | 洛阳耐研陶瓷纤维有限公司<br>河间铁龙陶瓷纤维保温材料有限公司<br>济南盛阳高温材料有限公司 |
| | 碳纤维 | 中复神鹰碳纤维有限公司<br>大连兴科碳纤维有限公司<br>吉林市吉研高科技纤维有限责任公司 |
| 合成纤维 | 涤纶 | 中国石化上海石油化工股份有限公司<br>江苏省仪征市中兴涤纶纤维厂<br>中石化华中分公司<br>辽阳天利海岛纤维有限公司<br>新疆涤纶纤维厂 |
| | 维尼纶 | 中国石化集团四川维尼纶厂 |
| | 氨纶 | 烟台泰和新材料股份有限公司 |
| | 芳纶 | 烟台泰和新材料股份有限公司<br>四川晨光化工研究院<br>广东彩艳实业有限公司 |
| | 聚乙烯醇水溶纤维 | 四川维尼纶厂 |

特种纤维行业的发展，助推了特种纸行业的不断进步。以陶瓷纤维为例，目前我国陶瓷纤维正处于持续调整发展的阶段，陶瓷纤维的生产工艺与设备，尤其是干法的生产工艺与设备具有世界先进水平。含铬、含锆硅酸铝纤维板，多晶氧化铝纤维，多晶莫来石纤维及混配纤维制品等新型陶瓷纤维与制品相继开发成功，并投放了工业化生产，使纤维状轻质耐火材料构成了完整的系列产品。陶瓷纤维纸在各类工业窑炉、加热装置和高温管道上推广应用将是近期的发展方向。总体而言，随着我国特种纸行业的发展，对多种特种纤维原料需求量会进一步增加的同时，对其质量水平的要求也会进一步提高，造纸企业应加强与纤维企业联系，宣传特种纸用特种纤维的特殊性能要求，以便获得性能合格的产品。

化学纤维市场与服装行业瞬息万变紧密相连，差别化率有待提高。化学纤维作为重要的纺织纤维，其地位已经超过天然纤维，广泛应用于各个行业。近年来，我国合成纤维行业工业总产值更是高达2000多亿元，且有较快增长势头。但是化学纤维面临原油价格的过度波动、原料国产能力严重不足、相对薄弱的研发能力、行业政策变化带来的风险、对外开放的冲击等问题。所以我国必须加强合成纤维产业规划、加大产业链的优化整合力度、实行差别化发展、提升产品的竞争力、建立和完善反倾销预警机制，促进合成纤维持续健康发展。

2. 特种纸造纸装备概况

（1）特种纸专用设备发展概况

专业技术装备是制浆造纸工艺的载体，其质量档次、生产能力、售价高低均对造纸工业的生产建设规模、产品档次、生产成本及经济效益发挥着决定性作用。作为世界最迅速和可持续发展的造纸生产大国，迫切需要加速建设自身强大的造纸装备制造业以促进由造纸大国向造纸强国的转化。据统计，目前全国共有造纸装备制造企业约500家，但大多规模很小，年营业额超过亿元的企业不过10余家。

斜网纸机是最近几年发展较快的一种特种纸专用纸机，主要用于长纤维或混合纤维特种纸的生产，采用斜网、超低浓度分散成形，最大幅宽3500毫米，车速200米/分，但绝大部分斜网纸机的车速60～120米/分，幅宽在1260～1575毫米之间。目前单层和双层成形斜网纸机已成功运行投产，三层成形复合的纸机也已经在某滤纸企业建成。适应的产品多是过滤纸、表层纸、电池纸、高透成型纸、玻璃纤维纸及电容器纸等系列高透气度纸张。随着合成纤维与无纺布工业的发展，斜网纸机的应用领域更广。表3为适合斜网纸机抄造的纤维。

**表3　斜网纸机适合抄造的纤维**

| 合成纤维 | 天然纤维 | 无机纤维 |
|---|---|---|
| 人造丝纤维 | 木浆 | 玻璃纤维 |
| 聚丙烯纤维、聚乙烯纤维、聚酯纤维 | 棉短绒 | 无机氧化物纤维 |
| 聚酰胺纤维、聚乙烯醇纤维 | 麻 | 碳纤维 |
| 复合材纤维 | — | — |

除了斜网纸机外，适合长纤维输送、筛选的设备也已有企业生产。另外，还有天然气加热温度250℃以上的烘缸、膜转移施胶机、印刷机等都已用于特种纸的生产。

（2）特种纸专用毛毯

国内能够为满足生产某些特种纸而专门设计开发的专用造纸毛毯品种很少，还没有形成系列化的成熟的生产技术和工艺，只有极个别造纸毛毯生产厂家利用自身的技术开发优势和对产品开发理念的深度理解，能够开发出一些可满足生产部分特种纸的造纸毛毯，如无毯痕造纸毛毯、防脱毛造纸毛毯、高细造纸毛毯、高粗造纸毛毯、针刺型纹理造纸毛毯、抗静电干毯、底网复合干毯、针刺植绒干网等特种纸专用造纸毛毯（干网）。但是，品种还需要进一步丰富和完善，形成系列化产品，毛毯脱水效率还不够高，还不能完全满足有些特种纸在生产过程中对毛毯的特殊需求。

3. 特种纸用化学品

特种纸的特殊功能很多是由特殊的功能化学品赋予的，虽然近年来我国造纸化学品取得了长足的进步，但一些特殊化学品还有待开发。如皮革离型纸用涂布化学品，乳胶纸用增强、防渗化学品，提高纸张耐温性的化学品，环保型无碳纸用显色微胶囊，化学纤维分散剂，高效增强剂等，这都给特种纸生产企业和化学品研究生产单位提供了广阔的发展空间。

## 四、我国特种纸行业主要区域发展现状及前景

1. 山东省特种纸行业发展现状与前景

根据山东省造纸学会提供的信息，2012年山东省纸及纸板产量1710万吨，其中，特种纸及薄页纸75万吨，占纸及纸板产量的4.39%，与全国同期数据，特种纸占纸及纸板产量的2.43%相比，高于全国水平近2个百分点，特种纸产量占全国特种纸产量近20%。这说明，山东省特种纸行业规模比较大。

特种纸的发展得到了一些地方政府的高度重视，淄博市朱台镇立足产业及区位优势，坚持抓规划、培龙头、树品牌、建协会，特种纸产业实现快速发展，力争通过几年努力，着力打造百亿产业集群，建设全国最大的特种纸产业基地。目前，全镇特种纸生产、配套、深加工企业21家，从业人员2100余人，年销售收入30亿元，初步形成了包括特种纸生产、印刷、浸胶、压板等门类齐全的工业体系。2010年被评为山东省特色产业镇。临淄国际装饰特种纸制造集群主要分布于齐峰造纸工业园，

依托装饰特种纸制造龙头企业齐峰集团。山东齐峰特种纸业股份有限公司是国家高新技术企业和科技部的国家新材料产业化基地骨干企业，是装饰原纸国家标准的第一起草人，目前国内市场占有率达到58%。2012年4月，山东齐峰特种纸业股份有限公司新建的年产5万吨三聚氰胺浸渍装饰原纸项目投产，其装饰原纸生产能力一跃达到16万吨/年，将进一步扩大山东齐峰特种纸业股份有限公司装饰原纸的市场占有率。

除了淄博市高度重视特种纸的发展外，威海、烟台、滨州、临沂、兖州、济南、泰安、潍坊等地均建有特种纸厂。随着我国造纸工业竞争加剧，近几年山东省的一些大型造纸企业，也转向生产特种纸，山东省特种纸行业已进入快速、健康、可持续发展的良性轨道。从表4可以看出，山东省特种纸产量逐年增加，占纸张总产量的比例也逐年上升。按《山东省造纸工业“十二五”规划》的设计，到2015年，山东省纸及纸板产量将达到2300万吨，按特种纸产量占总产量的同比增长率计算，山东省特种纸的产量将突破百吨，达到115吨左右。

**表4　2010—2012年山东省特种纸和纸及纸板产量**

| | 2010年 | 2011年 | 2012年 |
|---|---|---|---|
| 特种纸及纸板产量/万吨 | 50 | 65 | 75 |
| 纸及纸板产量/万吨 | 1510 | 1630 | 1710 |
| 特种纸及纸板占纸及纸板产量的比例/% | 3.31 | 3.99 | 4.39 |

2. 浙江省特种纸行业发展现状及前景

浙江省特种纸企业主要集中在衢州市的衢江区和龙游县。衢州市高度重视特种纸产业发展，将高档特种纸产业列入“410”产业之一，2006年制订了《衢州市高档特种纸基地建设规划》并通过专家论证，又以各项优惠政策加大招商引资力度，特种纸产业招商和企业技改积极性被大大激发，特种纸产业呈现蓬勃发展生机。在龙头企业带动下，衢州市特种纸产业发展迅猛，形成了创新型产业结构，实现了跨越式发展。衢州市衢江区和龙游县均先后被授予了“浙江省特种纸产业基地”和“中国特种纸产业基地”的称号。

2011年，衢州市年产值超过10亿元的特种纸企业有2家，分别为浙江仙鹤特种纸有限公司和浙江夏王纸业有限公司，年产值分别为13.4亿元和11.1亿元。年产值在1亿~5亿之间的特种纸企业有16家，产值34.63亿元，占规模以上企业总产值的比例为41.0%。

衢州市衢江区和龙游县近几年特种纸产业发展势头良好，形成了一定的产业集群，在国内也有较大的影响力。全市特种纸生产企业总产量94.7万吨，是2007年产量的3倍以上，占全国特种纸总产量的25.5%。

该市市属企业共5家，其中浙江美鑫特种纸业有限公司正在筹建中，拥有3条长网造纸机生产线和1条圆网造纸机生产线，预计投产后将实现汽车三滤纸产量4800吨，皱纹医用包装用纸9000吨，皮革离型原纸8800吨，热转移印花纸21000吨，无纺壁纸原纸6400吨，预计可实现总销售收入约6亿元。浙江五星纸业有限公司主要产品为液体包装用纸，年产量13万吨，总销售收入约6亿元。

特种纸产业已成为衢州市衢江区第一大主导产业。浙江仙鹤特种纸有限公司、浙江鑫丰特种纸股份有限公司、衢州五洲特种纸业有限公司、浙江琅素实业有限公司、衢州市东大特种纸有限公司、浙江金达纸业有限公司等一批内资企业纷纷落地。良好的发展环境和企业潜质赢得德国夏特公司、英国史密斯公司、新加坡希科资本公司等外国企业“择木而栖”，分别与衢江区企业合资成立浙江夏王纸业有限公司、浙江晶鑫特种纸业有限公司和浙江仙鹿纸制品有限公司。

近2年通过技改和产能扩张，浙江仙鹤特种纸有限公司2012年建成1条电气用纸生产线，计划年产量1200吨，产品平均售价22830元/吨；浙江夏王纸业有限公司建成2条装饰原纸生产线；衢州五洲特种纸业有限公司二期工程1条壁纸原纸生产线和1条格拉辛纸生产线；浙江晶鑫特种纸业有限公司建成3条美纹纸生产线；浙江民德纸业有限公司已建成1条医用包装用纸生产线，另1条食品包装用纸生产线在建；浙江琅素实业有限公司壁纸原纸生产线及加工项目建成投产；衢州市东大特种纸有限公司装饰原纸生产线在2012年建成投产。众多项目的建成投产在2012年释放产能。衢州五洲特种纸业有限公司于2012年1月开始生产并销售描图纸，1—11月生产描图纸2000吨。衢州东大特种纸有限公司2012年开始投产，1—11月生产食品包装用纸原纸2390吨，转移印花纸360吨。

衢州市龙游县众多新特种纸企业竞相进驻，老企业扩张，新建项目和技改项目紧锣密鼓，抓紧建设，成为龙游县特种纸产业发展的重要推动力量。龙游工业园是全县特种纸产业集群主要区块，目前已经有35家特种纸企业签约入园，协议总投资43.87亿元，完成投资21.48亿元，18家企业建成投产；在建特种纸项目高达8个，协议投资额超10亿元。浙江华邦特种纸有限公司在2010年无纺壁纸原纸项目完成后，又投资1.2亿元上马年产1.5万吨薄型接装原纸项目。近年新引进的浙江金文纸业有限公司年产2万吨经纬线纸和医用包装用纸、总投资2.3亿元的浙江佳纬康纸业有限公司、总投资3.6亿元的浙江凯伦特种纸业有限公司年产5万吨高档建筑级装饰纸项目，均在2011年底建成投产。还有一批企业在2012年相继投产。浙江凯伦特种纸业有限公司于2012年开始生产，主要产品为口杯纸和面碗纸，1—11月产品产量为17412吨。浙江佳维康特种纸有限公司于2012年投产，主要产品为转移印花原纸和食品包装原纸，1—11月转移印花原纸总产量为6000吨。浙江龙游海阔特种纸有限公司于2011年正式开始生产，拥有1条长网造纸机生产线，主要产品为烟用接装原纸和不锈钢衬纸，总产量124吨；2012年在原有基础上，新增产品淋膜纸原纸和铝箔衬纸，总产量超过2000吨。浙江大盛纸业有限公司于2012年正式开始生产，主要产品为装饰原纸，产品平均售价12000元/吨。

2012年，龙游县拥有特种纸规模企业20家，其中，亿元以上企业15家，10亿元以上企业1家，拥有60多个品种，400多个规格的特种纸生产能力，形成高、精、专的发展格局。目前，龙游县已有特种纸高新技术企业3家，省级企业技术中心1个，市级企业技术中心5个，自主研发和引进新产品20多个。

进入“十二五”期间，浙江省特种纸产业将调整产品结构，瞄准多元化消费市场需求，形成多元化的纸及纸板产品结构，在特种纸和包装用纸领域继续保持全国领先地位。“十二五”期间，龙游工业园区将投入基础设施建设资金10亿元，平均每年投入2亿元。到“十二五”末，衢江区特种纸产业要实现产值突破百亿元的目标。衢江区将在对现有特种纸企业挖掘提升的基础上，衢江经济开发区东扩范围66.67公顷的特种纸及深加工区块用于高档特种纸产业招商。

2010—2012年浙江省特种纸和纸及纸板产量见表5。到2015年，浙江省纸及纸板产量将达到1800万吨，特种纸产量将达到110吨左右。

**表5 2010—2012年浙江省特种纸和纸及纸板产量**

| | 2010年 | 2011年 | 2012年 |
|---|---|---|---|
| 特种纸及纸板产量/万吨 | 71 | 80 | 90 |
| 纸及纸板产量/万吨 | 1412.31 | 1531.63 | 1627.95 |
| 特种纸及纸板占纸及纸板产量的比例/% | 5.02 | 5.22 | 5.53 |

3. 广东省特种纸行业发展概况

2012年11月，世界最大的特种纸产业基地项目——广东冠豪高新技术股份有限公司特种纸及涂布纸产业基地项目在湛江东海岛开工。广东冠豪高新技术股份有限公司特种纸及涂布纸产业基地项目是湛江开发区规划建设的重点建设项目之一，也是广东省、市产业结构调整升级重点支持的项目。项目计划总投资76亿元，引进世界最先进的纸机和涂布机，建成投产后年造纸生产能力可达75万吨，涂布能力35.5万吨，预计可实现工业产值80亿元、利润7亿元、税收超过4亿元，具有良好的经济效益和社会效益。项目的开工上马，将为广州（湛江）产业转移工业园的建设注入强劲活力，为广东省特种纸行业发展注入新鲜血液，也进一步巩固广东冠豪高新技术股份有限公司在广东省的特种纸行业中的龙头骨干作用，继续保持其在国内特种纸行业的领先地位，促进世界特种纸产业的进一步发展。

2010—2012年广东省特种纸和纸及纸板产量见表6。

**表6 2010—2012年广东省特种纸和纸及纸板的产量**

| | 2010年 | 2011年 | 2012年 |
|---|---|---|---|
| 特种纸及纸板产量/万吨 | 38 | 41 | 46 |
| 纸及纸板产量/万吨 | 1434.7 | 1495.8 | 1636.8 |
| 特种纸及纸板占纸及纸板产量的比例/% | 2.64 | 2.74 | 2.81 |

广东省特种纸产量虽然也在逐年增加，但是增长比较缓慢，后续发展仍有很大的空间。

4. 江苏省特种纸行业发展概况

除山东省、浙江省和广东省外，江苏省已成为我国纸张年产量超千万吨的4强省份之一。江苏省造纸工业已成为江苏省国民经济的重要产业，并开始筹划向我国造纸强省迈进。江苏省特种纸企业虽然比起其他造纸大省还有很大差距，但也不乏有些亮点。这些中小型企业经过近几年的发展优化创新，已形成了一批江苏省独特的特种纸行业。主要厂家有昆山钞票纸厂、镇江大东纸业有限公司、金华盛纸业（苏州工业园区）有限公司、苏州新业造纸有限公司、苏州三威纸业科技有限公司、泰州魏德曼高压绝缘纸有限公司、江阴比图特种纸板有限公司、江苏海安滤油纸厂和中材料科技南京玻纤院等。主要产品有：钞票纸、税务发票专用纸、防伪无碳复写纸、热敏纸、空气滤纸、电气绝缘纸、静电复印纸、鞋用中底纸板、电热蚊香原纸、玻璃纤维隔板、滤油纸等。这些行业总体特点是产品各有特色，近年来规模均不断扩大，产量大幅提升，利润利税稳定增长。

江苏省“十二五”期间的规划是，积极鼓励内资企业招商引资、兼并重组、上市融资，实现企业大型化、现代化。继续支持外资企业扩建大型、特大型具有世界先进水平的现代化制浆造纸企业。大力发展特种纸和低定量纸种，满足市场需求。

发展特种纸行业符合国家产业发展政策，受政府扶持，前景看好。2010—2012年江苏省特种纸及纸和纸板产量见表7。预测到“十二五”末，江苏省机制纸及纸板总产能将达到2000万吨，特种纸产量有望到达100万吨左右。

**表7　2010—2012年江苏省特种纸和纸及纸板的产量**

| | 2010年 | 2011年 | 2012年 |
|---|---|---|---|
| 特种纸及纸板产量/万吨 | 53 | 57 | 59 |
| 纸及纸板产量/万吨 | 1101 | 1180 | 1228 |
| 特种纸及纸板占纸及纸板产量的比例/% | 4.81 | 4.83 | 4.82 |

5. 河北张家口宣化区打造北方最大特种纸生产基地

2011年，河北张家口市宣化区继续重点推进总投资12亿元的工业特种纸项目，年内将投资1.6亿元进行二期工程建设，全力打造我国北方最大特种纸生产基地。

该区在项目建设中注重产业升级和节能减排，区造纸厂2010年4月与天津一轻集团和唐山包装实业有限公司合作，建设总投资12亿元的产品结构调整与废水处理项目，通过扩规模技改优化产品结构，淘汰落后产能。项目一期投资2.5亿元，采用国外先进配置的2640/550长网多缸造纸生产线，同时建成日处理生产废水10000吨的废水处理厂，年产工业特种纸5万吨。2011年，重点实施投资1.6亿元的二期工程，引进天津证券纸和铜版纸生产线各1条，达到年产各种特种纸25万吨，年可实现产值18亿元，实现利税1亿元。据悉，该项目还将实施三期工程，全部完工后将成为河北造纸业龙头企业和我国北方最大特种纸生产基地。

## 五、我国特种纸行业领先企业的概况

1. 山东齐峰特种纸业股份有限公司

山东齐峰特种纸业股份有限公司是国内外知名的特种纸生产企业，成立于1976年，2010年在深交所成功上市，现有员工1600余人，总资产26亿元。企业拥有中国驰名商标、山东省装饰原纸工程技术研究中心、院士工作站和15条国际先进的特种纸生产线。多年来，山东齐峰特种纸业股份有限公司坚持走特种纸之路，先后研发成功了装饰原纸、表层耐磨纸和无纺壁纸原纸三大系列400多个花色品种，汇集了世界著名造纸机械制造商德国福伊特、法国ABK等公司最先进的设备和技术工艺，已成为无纺壁纸原纸我国领先，装饰原纸亚洲第一，耐磨纸世界第一的特种纸生产基地。

近年来，由于市场需求持续快速增长，公司连年投资建设纸机生产线，年生产能力快速扩张到16万吨。目前公司的产能已经充分发挥，但仍满足不了旺盛的市场需求，需尽快扩大产能。因此公司将借助上市的东风，募集资金投向“年产15000吨高清晰耐磨纸项目”和“年产10万吨三聚氰胺浸渍装饰原纸清洁生产示范项目”2个项目。预计项目达产后，年生产能力将增加到27.5万吨。这2个项目使用的是该公司自主开发的“表层耐磨纸”、“人造板贴面的彩色贴面原纸”和“人造板贴面的印刷原纸”3项国家核心专利技术。

2012年该公司实现产量18.3万吨，同比增长15.74%；实现销量18.2万吨，同比增长16.85%，销售收入17.7亿元，同比增长12.15%；实现净利润1.44亿元，同比增长84.29%。2012年全年壁纸原纸销量达到3217吨，是2011年的10倍多，以壁纸原纸为主的新产品市场推广给公司带来了较大的利润增长。

2012年该公司开发新品种60个，新产品投放市场25个，3个新产品通过鉴定，2项新产品被鉴定为国际先进，1项被鉴定为国内领先。

2012年是该公司历年来项目建设最多的一年。新上或正在建设的有9个项目：①15号生产线3月15日投产；②17号生产线2月7日开工，9月21日单机试车；③18 号生产线 11 月 22 日投料试车；④后整理二车间 7 月 2 日投产；⑤配套的基础设施 1.5 万吨废水处理厂进行土建条件设计；⑥130 吨锅炉完成了招标，正在办理相关手续；⑦新建的 11 万伏变电站正在准备线路验收；⑧16 号车间 10 月 28 日奠基；⑨大仓库建设正在紧张进行。这些基础设施的陆续建成投产，将为公司的大发展打下坚实的基础。

2013 年该公司计划充分发挥现有 15 条生产线的产能，实现销售 20 万吨。同时抓好项目建设：16 号机确保 9 月底安装完毕，10 月试机，11 月投入生产；130 吨锅炉 9 月安装完成；水处理项目 6 月底建成投用；变电站项目 3 月底投用。

2. 鲁南纸业集团

鲁南纸业集团以山东鲁南纸业有限公司为核心企业，下辖 6 家合资及控股公司，是我国造纸 50 强企业和山东省造纸 10 强企业之一，连续 4 年利润排名全国造纸 20 强之列。集团现有资产 10 亿元，员工近 2000 人，占地面积 60 万米$^2$，年综合生产能力 20 万吨。多年来，集团立足国际特种纸行业发展的最前沿，靠对科技创新的重视和雄厚的资金投入，不断研制出世界级高精尖产品，产品均达到国内领先水平，部分产品达到世界先进水平。其中石膏板护面纸 1994 年被评为“国家级新产品”，荣获国家“科技进步三等奖”；化妆板原纸填补国内空白，替代进口；耐磨纸的开发成功一举使集团成为世界四大耐磨纸生产厂家之一；新近研制开发的电解电容器纸，使集团成为世界上第 5 家能生产该产品的厂家，成为集团强劲的经济增长点。目前集团主导产品有：“飞超”牌电解电容器纸、化妆板原纸、耐磨纸、平衡纸、壁纸等 10 余个不同行业系列 500 多个品种，已发展成为以开发建筑装饰和电子新材料用纸为主要方向的世界知名企业，成为全国最大的建筑装饰新材料用纸生产基地。集团已通过 ISO 9001:2000 质量管理体系认证，拥有自营进出口权，产品不但在国内拥有较高的市场占有率，而且已出口到世界 40 多个国家和地区。

3. 山东华金集团

山东华金集团是以造纸及纸制品加工为主，集科研、贸易为一体，跨行业、跨地区的国家大型现代化企业集团。现有特种纸加工生产线 9 条，年产能 85 万吨。特种纸主要产品有：无碳复写纸、热敏纸等，产品远销海内外。

“十二五”期间，山东华金集团计划总投资近 50 亿元，新增制浆能力 40 万吨/年并配套建设治污工程，新增造纸、纸板及涂布加工纸能力 110 万吨/年；年新增发电机组 2×50 兆瓦，同时配套建设企业生产需要的各种化工原料、纸张深加工、治污配套设施，使配套产业达到新的平衡点。5 年规划项目全部实施完成后，集团公司纸及纸制品的生产能力将达到 160 万吨/年，制浆能力 50 万吨/年，年可实现销售收入近 148 亿元，利税 22 亿元，上缴税金超过 5 亿元，使经营生产运行质量保持良好状态，成为全国最具有发展潜力的民营企业之一。

据统计，2013 年 3 月山东华金集团公司出口纸销售出库达 5139.1155 吨，首次突破 5000 吨大关，刷新了公司出口纸发货量的历史记录。

4. 山东凯丽特种纸股份有限公司

山东凯丽特种纸股份有限公司始建于 1998 年，是在原有老国有企业基础上按照新的企业制度改造而成的股份制公司；企业拥有职工 700 多人，其中工程技术人员 158 名；占地面积 7.6 万米$^2$，其中建筑面积 4.56 万米$^2$；拥有固定资产 8532 万元，其中机器设备 4500 万元；公司拥有生产流水线 6 条，其中机制纸生产线 3 条，加工纸生产线 3 条；年生产能力 5 万吨，其中机制纸 3.5 万吨、加工纸 1.5 万吨。近年来，山东凯丽特种纸股份有限公司靠持续创新，实现了由单一的普通文化用纸向特种专业用纸的转型，产品分为高档防伪纸和高档艺术纸 2 类。主要有保密文书、防伪证件、有价票据和证券用纸、替代进口的字典纸和圣经纸、各种水印纸和美纹纸、艺术封面纸和热熔纸、特殊涂布纸、医疗包装和面粉袋纸、标牌和名片纸、环保艺术充皮纸、仪表记录、电子业用无尘纸等五大系列 100 多个品种。产品主要销往国内核心城市北京、上海、广东、西安、哈尔滨、香港、台湾等，同时还远销美国、印度尼西亚、日本、韩国、南非等国家。公司 2011—2012 年生产经营情况见表 8。

**表 8 山东凯丽特种纸股份有限公司 2011—2012 年生产经营情况**

| | 2011 年 | 2012 年 | 同比增长/% |
|---|---|---|---|
| 特种纸产量/吨 | 31653 | 29621 | -6.42 |
| 销售收入/万元 | 32008 | 30485 | -4.76 |
| 利税/万元 | 5680 | 5404 | -4.86 |
| 利润/万元 | 3305 | 3328 | 0.70 |

公司设有省级产品研发中心一个，研发能力强大，主要产品拥有多项自主知识产权，在艺术纸及充皮纸国内市场占据技术与市场领先；防伪纸系列

占据国内民用市场的重要地位。

5. 民丰特种纸股份有限公司

民丰特种纸股份有限公司创始于1923年，总股本26340万元，在职员工约1600人。拥有世界先进水平的造纸装备，特种纸生产能力达15万吨/年。

公司主要产品有：卷烟纸及与卷烟配套用纸、描图纸、电容器纸、格拉辛纸、涂布纸等。公司在继续保持产品质量、销量、技术领先地位的同时，致力于技术含量高的特种纸研发。2012年，公司实现营业总收入126805.69万元，同比下降9.46%；受益于公司产品结构调整及生产经营管理的优化，实现净利润1827.32万元，同比增长99.92%；归属于母公司所有者的净利润1597.31万元，同比增长112.88%。

2012年4月15日，公司与海盐沈荡镇人民政府初步达成合作意向，计划在海盐新区投资60亿元，总用地规模45.33公顷；7月28日，在海盐成立全资子公司浙江民丰高新材料有限公司；12月12日，浙江民丰高新材料有限公司在海盐县国土资源局成功摘牌，获得一期工业用地12.0公顷，并办理了相关手续，民丰百年复兴战略规划迈出重要一步。

17号机技改项目成功卷纸。17号机格拉辛纸技改项目建设按照预定计划顺利推进，于12月23日实现成功卷纸。17机技改项目投产之后，将大幅优化公司的涂布纸生产能力和生产效率，并将成为公司一个新的经济增长点。

6. 浙江仙鹤特种纸有限公司

浙江仙鹤特种纸有限公司成立于1997年，是目前我国规模最大、设备最先进的特种纸生产企业之一。公司坐落于历史文化名城——浙江省衢州市，占地73.33公顷。衢州地处闽、浙、赣、皖4省交界中心，以南宗孔庙、围棋发源地闻名于世，交通便利，水质优良，儒家文化积淀厚重，是发展造纸生产的理想之地。公司注册资本1.5亿元，固定资产10亿元，下设8个造纸分厂，拥有17条造纸生产线，1500多名员工。主要生产卷烟配套用纸、绝缘材料用纸、裱璜装饰用纸、高档薄型印刷用纸、食品包装用纸、防伪票据用纸、不锈钢隔离纸等七大系列高档特种纸，年产量15万吨，产值15亿元。

2004年，浙江仙鹤特种纸有限公司与德国夏特公司合资合作成立浙江夏王纸业有限公司，注册资本1000万欧元，专业生产和销售高档装饰原纸。2006年，浙江仙鹤特种纸有限公司凭借自身雄厚的资金实力和先进的生产技术，筹集巨资投资河南省内乡，成立了河南仙鹤特种浆纸有限公司，注册资金1亿元。主要生产麦草浆和文化用纸。

2007年，浙江仙鹤特种纸有限公司在衢州东港经济开发区征地51.33公顷，建设仙鹤造纸工业园，开始该公司的第二次创业。一期工程PM16造纸机和配套涂布项目已建成投产，PM17纸机项目也已正常生产。

2012年2月与新加坡希科资木公司合资成立浙江仙鹿纸制品有限公司，建造4条先进的纸制品生产线，生产高端纸制品，已于当年8月投产，5年内产值达到6亿元。

7. 浙江凯恩特种材料股份有限公司

浙江凯恩特种材料股份有限公司原名“浙江凯恩纸业股份有限公司”，2004年7月，公司在深圳证券交易所中小企业板成功上市，成为丽水首家上市公司。公司（含控股子公司）现有员工1645人，大专本科以上学历占总人数的24.07%。公司以特种纸为起点，坚持不懈地增加内涵和推动外延扩展。目前逐步形成了以母公司为主导，浙江凯丰纸业有限公司和浙江凯恩电池有限公司为有力补充的经营格局。目前公司有5家控股子公司，分别为浙江凯恩纸业销售有限公司、浙江凯丰纸业有限公司、浙江凯恩电池有限公司、衢州八达纸业有限公司、浙江凯晟锂电有限公司。公司通过了ISO 9001质量体系、ISO 14001环境体系、ISO 22000食品安全体系认证。

公司主要产品有电解电容器纸、茶叶滤纸、无纺壁纸、吸尘带纸、成型纸和水松纸等。是国内能够系列化生产电解电容器纸唯一厂家，也是全球范围内仅有的2家能够系列化生产电解电容器纸的厂家之一。

2012年受宏观经济的影响，公司经营业绩跟2011年同期相比有所下滑。实现营业收入86391.87万元，同比减少10.17%，实现营业利润10529.41万元，同比减少29.04%，实现归属于母公司的净利润8598.15万元，同比减少27.22%。其中造纸收入70219.7万元，同比减少9.04%。

公司在特殊长纤维纸和电气用纸上拥有非常丰富的生产经验，是通过科学技术部和中国科学院“双高”认证的高新技术企业，在电气用纸和特殊长纤维纸领域已形成了独有的核心技术，拥有独特的技术理论、产品配方和生产工艺。公司在电解电容器纸生产方面拥有的高纯化、低损耗、高压低阻抗、长纤维整理、超低定量成型、化纤湿法成型等技术已达到世界先进水平。公司研制开发的多种电解电容器纸填补了国内空白，为国内首创并独家生产。公司还主持起草了电解电容器纸的国家行业标准。

8. 杭州新华纸业有限公司

杭州新华纸业有限公司是一家生产、经营纸浆、纸加工及纸制品的长纤维特种纸企业。其前身——杭州新华造纸厂始建于 1952 年，1992 年进行了国有体制改革，与香港富春有限公司合资成立杭州新华纸业有限公司。2004 年，合作方香港富春有限公司更换为香港中泰投资有限公司。在市政府的要求下，公司于 2011 年 4 月 15 日从杭州市湖墅南路 186 号迁移至杭州桐庐县桐君街道春江东路 1518 号，新厂房占地 17.7 万$米^2$，总建筑面积 14.46 万$米^2$，厂房及配套用房 8.97 万$米^2$。

1982 年公司从日本引进了第 1 条茶叶滤纸斜网生产线，并开始投入生产，填补了国内茶叶滤纸的空白，并首次制定了国内第 1 个茶叶滤纸生产标准 QXHJ3024—1998，一直沿用到 2003 年。2004 年再次独立制定国内茶叶滤纸行业标准 QB/T2592—2003，一直使用到 2010 年。公司专业生产长纤维特种纸，长期致力于“名、优、特”新产品的研发、生产，在我国特种纸行业中享有较高的声誉。新华“双圈”产品曾多次荣获国家银质奖、部优证书，其畅销产品——热封型滤纸、内燃机工业滤纸、长纤维纸、打字蜡纸等四大系列 30 多个品种，受到国内外客户的欢迎。

9. 广东冠豪高新技术股份有限公司

广东冠豪高新技术股份有限公司是国家级重点高新技术企业，于 1993 年筹建，1995 年初建成投产，是国内首家大规模生产热敏纸的专业公司和国内目前生产设备及工艺最先进的大型无碳复写纸、不干胶标签材料生产基地。公司于 2003 年公开发行 A 股，在上海证券交易所挂牌上市。

广东冠豪高新技术股份有限公司从欧洲相继引进代表世界先进水平的生产线，现拥有 1 条原纸生产线、6 条涂布生产线，年原纸生产能力 6 万吨，年涂布生产能力 15 万吨。公司拥有湛江冠龙纸业有限公司和广东冠豪新港印务有限公司 2 家全资子公司，湛江冠龙纸业有限公司为广东冠豪高新技术股份有限公司配套生产优质无碳复写纸原纸、热敏原纸、CF 纸、防伪原纸等特种纸原纸；广东冠豪新港印务有限公司是商业表格印刷品、彩色印刷品、特种印刷品及办公用纸、仪器仪表记录纸的生产基地，为华南地区品种最齐全的大型票据印刷企业之一。

公司拥有“冠豪”、“豪正”、“豪印”、“豪新”牌系列产品，其中“冠豪”商标荣获“广东省著名商标”和“中国驰名商标”称号，“冠豪”牌无碳复写纸获“广东省名牌产品”称号。

2009 年 12 月，广东冠豪高新技术股份有限公司成功向中国纸业投资总公司非公开发行 6000 万股 A 股，引入央企控股，并于 2011 年 11 月再次成功非公开发行 8190 万股 A 股，迎来了企业发展新的历史时期。公司迅速启动了东海岛特种纸及涂布纸产业基地项目，新建特种纸原纸生产线及涂布纸加工生产线，并将迁建现厂区的 6 条涂布生产线。2011 年 11 月 18 日，东海岛特种纸项目正式开工，目前项目建设顺利，项目一期将于 2013 年内投产。

2012 年，受欧债危机的影响，世界经济及多个主要经济体的经济增速继续放缓。造纸行业整体产销基本平衡，但行业整体经济效益下滑较大，市场竞争加剧，很多造纸企业生产经营困难。在此大环境下，面对严峻的国内及国际经济形势，公司始终坚定特种纸战略目标不动摇，公司实现营业收入 93119.39 万元，同比减少 0.29%；实现营业利润 21266.61 万元，同比增长 231.23%；实现净利润 20219.42 万元，同比增长 137.02%。公司坚持做好无碳纸、热敏纸和不干胶三大优势业务，主营业务收入 92966.13 万元，占公司营业收入的 99.84%，其中，无碳纸营业收入 45903.15 万元，热敏纸营业收入 19213.79 万元，不干胶营业收入为 19070.74 万元。

广东冠豪高新技术股份有限公司始终坚持对技术创新和产品开发的高投入，拥有目前广东省唯一的省级特种纸工程技术研究开发中心，多项技术填补了国内空白，先后获得 5 项无碳纸产品技术发明专利，科研与技术开发能力在同行业处于领先水平。作为央企控股的上市公司，公司具有一定的融资优势，分别在 2009 年和 2011 年通过定向增发进行了再融资，在做大做强特种纸业务板块上能够得到集团和中国纸业公司的大力支持。

2013 年，“营改增”税制改革为增值税发票用纸市场带来巨大机遇，公司募投项目湛江东海岛项目预计在 2013 年 7 月左右投产，公司的无碳复写纸产能将获得进一步提升。在坚持做好主营业务的基础上，公司将采取并购整合的战略，积极延伸公司下游产业链，不断提升公司的综合竞争力，在激烈的市场竞争中占据更多的市场份额。同时通过资本运营和系统创新，逐步发展高附加值、前景较好的新兴产业，实施增长型战略，把公司打造成为综合实力最强的特种纸企业。

10. 河南江河纸业股份有限公司

河南江河纸业股份有限公司属民营高科技造纸企业，公司前身为2002年成立的“河南省江河纸业有限责任公司”，经股份改制后于2012年6月更名为“河南江河纸业股份有限公司”。公司位于河南省武陟县，占地面积66.67公顷、固定资产20亿元；年生产能力40万吨，产值35亿元；现有纸机6台，涂布加工生产线多条。2008年被评为河南省50户高成长型高新技术企业之一。公司另有河南南北纸业有限公司、河南江河生物质能热电有限公司、河南大指造纸装备集成工程有限公司3家兄弟公司。

公司年生产特种纸25万吨，现扩建年产20万吨高档文化用纸，预计近期投产。主导产品有：无碳复写纸、热敏纸、离型纸、水印纸、证券纸、防伪纸等。产品原料主要以进口漂白商品木浆为主，产品国内外市场占有率20%以上，并远销50多个国家和地区。生产的造纸设备主要产品有：中高速宽幅文化用纸造纸成套设备，稀释水流浆箱、膜转移涂布机等单体设备，技术水平国内领先。

公司是技术主导型企业，技术创新是公司的核心优势。公司现有纸机为创新改造、自主创新研制，具备现代化进口纸机的性能和效率。目前公司拥有省级企业技术中心、省级工程技术研究中心、省造纸装备院士工作站。通过技术创新，公司完成研发项目100余项，拥有47项国家专利，7项河南省科技成果，荣获省部级科技进步一等奖1项、二等奖2项、三等奖1项。并先后被评为“中国造纸装备科技创新示范基地”、“河南省民营百强企业”、“河南省高成长型民营企业”、“河南省创新性试点企业”、“河南省节能减排科技创新示范企业”。

2012年12月6日，山东晨鸣纸业集团股份有限公司将山东晨鸣纸业集团齐河板纸有限责任公司以3.72亿元转让给河南江河纸业股份有限公司；山东晨鸣纸业集团齐河板纸有限责任公司现有纸品生产能力40万吨/年，主要产品为箱纸板、口杯原纸等。

11. 牡丹江恒丰纸业股份有限公司

牡丹江恒丰纸业股份有限公司是牡丹江恒丰纸业集团有限责任公司的控股子公司，2001年4月19日在上海证交所正式上市交易，2005年10月完成股权分置改革，同年11月，牡丹江恒丰纸业股份有限公司的湖北恒丰纸业股份有限责任公司成立，实现了企业地域多元化发展格局。

公司主要生产卷烟纸、滤嘴棒纸、接装纸原纸、铝箔衬纸和其他特种工业用纸，是我国最大的卷烟配套用纸生产基地，在国内特种纸行业占有重要地位。卷烟配套系列用纸产品及下游卷烟行业均属于特许经营行业，产量受国家烟草专卖局政策控制，行业准入壁垒较高。卷烟纸的需求量与我国烟草产量保持相同变化趋势，在近年来稳中有升。卷烟技术的发展使卷烟纸的需求结构发生变化，高端卷烟纸的需求逐年提高。

近年来，牡丹江恒丰纸业股份有限公司为适应烟草行业的快速发展，先后全套引进了4条国际上最先进的卷烟配套用纸生产线，还自行设计、安装了1条连续漂白亚麻制浆生产线，为产品提供了专业化的品质保障。目前，公司拥有13条机制纸生产线和1条制浆生产线，年生产机制纸8万吨，漂白亚麻浆3000吨。牡丹江恒丰纸业股份有限公司是国内领先的向烟草行业提供卷烟配套用纸供应商，是国内首家通过科技部和中国科学院认定的造纸行业重点高新技术企业。

公司是我国北方特种薄型纸生产基地，现已成为国内最大的卷烟配套系列用纸制造商。近几年来，公司卷烟配套系列用纸的综合市场占有率一直保持全国第一。2012年，公司卷烟配套系列用纸产品市场综合占有率为32.11%。企业多年来在特种纸领域特别是卷烟配套用纸上积累了丰富经验和专有技术，对企业保持竞争优势，仍然具有突出的作用。“恒丰”牌和“天鹅”商标已被近百家卷烟生产厂商和包装材料生产厂商所充分认可。

公司拥有独立的省级造纸技术中心，专门负责研究新工艺，开发新产品。同时，公司还注重同国内外科研机构的合作，与中国制浆造纸研究院、东北林业大学、天津科技大学、华南理工大学、大连工业大学等大专院校、科研院（所）建立了长期稳固的产学研合作关系。2003年12月公司建立了博士后科研工作站，主要研发方向为卷烟配套系列用纸、特种工业用纸、新型漂白工艺技术、造纸工艺和湿部化学、新型化学材料等，承担并完成了3个国家火炬计划项目和50余项省科技攻关项目，研制出大量的新产品、新原料和新工艺。公司开发的海洋生物卷烟纸是深受用户青睐的产品，它从海洋甲壳类中提取了天然海洋生物添加剂，该助剂既具有多糖链状结构，提高纸张强度，同时具有比普通填料高几倍的比表面积，增加了纸对焦油的吸附能力，可有效降低烟气的烟碱、焦油量。由于该海洋生物助剂中含有一定量的聚糖物质，卷烟燃烧后具有比单纯使用助燃剂而具更好的粘结包灰能力，呈灰色白，并且由于燃烧充分，减少了烟气中一氧化碳的含量。快燃卷烟纸是牡丹江恒丰纸业股份有限公司于2001年为适应降焦需要而开发的新型卷烟纸，经燃烧测试完全超过了法国同类产品水平。在该产品不仅优化了卷烟纸的生产工艺，而且找到了一种特殊的无毒无害的功能助剂，使烟支燃烧、包灰效果优良，并对降低焦油颇有成效。卷烟纸本身燃烧速度并不快，卷烟后比普通烟快2分钟左右。这些新技术的开发，为企业发展提供了强大的技术支撑。

卷烟配套用纸行业竞争日趋激烈，供大于求竞争格局加剧。新产能陆续释放，增加了市场压力和经营难度；人民币汇率持续上升对出口产品销量、利润带来新的压力；在公司新项目投入方面，公司生产能力翻番新项目投入带来了产能释放的压力；地域劣势对公司经营成本、市场营销和人力资源及外部资源整合形成战略性制约。与此相对的也有一些有利的因素，下游行业的整合重组也为公司产品营销带来了新的市场机遇；公司特种纸新项目投入有利于公司经营领域的拓展和规模效益的提升；烟草行业减害降焦的深入实施，使公司高透产品的需求量进一步增大；经过新一轮的项目建设，公司装备水平进一步提升，供货能力进一步得到保障，有利于长期积淀的技术实力的更有效地发挥，对产品国际化将产生积极的影响。

## 六、主要特种纸企业年产量调查情况

最近，特种纸委员会对特种纸的主要生产企业做了一次调查，表9是这些单位近2年主要特种纸产品的产量及进出口量情况，这些企业的产量占特种纸的总产量近25%。与2011年相比，这些企业2012年产量增加10.14%，远高于造纸工业3.09%的平均水平，出口量则增加了13.2%，高于产量的增幅，这说明今后出口市场将成为特种纸企业应该关注的主要市场方向之一。

表9 2011—2012年主要特种纸企业生产情况

| | 特种纸企业名称 | 主要产品 | 2011年 | | 2012年 | | 产量同比增长/% |
|---|---|---|---|---|---|---|---|
| | | | 产量/吨 | 出口量/吨 | 产量/吨 | 出口量/吨 | |
| 山东省 | 山东齐峰特种纸业股份有限公司 | 装饰原纸、耐磨纸 | 158691 | 7207 | 183648 | 6545 | 15.72 |
| 山东省 | 鲁南纸业集团 | 装饰原纸、耐磨纸、平衡纸、无纺壁纸原纸、电解电容器纸 | 67410 | 2600 | 75458 | 3120 | 11.93 |
| 山东省 | 山东华金集团有限公司 | 无碳复写纸、热敏纸 | 80145 | 46975 | 87792 | 54343 | 9.54 |
| 山东省 | 山东凯丽特种纸股份有限公司 | 防伪纸、高档艺术纸、充皮纸、大地纸、字典、圣经纸 | 31653 | | 29621 | | -6.42 |
| 山东省 | 民丰特种纸股份有限公司 | 卷烟纸、成型纸、描图纸、电容器纸 | 39789 | 1852 | 36782 | 893 | -7.56 |
| 浙江省 | 浙江仙鹤特种纸有限公司 | 水松原纸、圣经纸、铝箔衬纸、装饰原纸、镀铝原纸、复写原纸 | 137302 | 10368 | 140762 | 12317 | 2.52 |
| 浙江省 | 浙江夏王纸业有限公司 | 装饰原纸 | 81691 | | 105000 | | 28.53 |
| 浙江省 | 浙江凯恩特种材料股份有限公司 | 绝缘纸、电解纸、茶叶袋滤纸、吸尘袋纸、墙纸原纸、成型纸、水松纸 | 47000 | | 45000 | | -4.25 |
| 浙江省 | 杭州新华纸业有限公司 | 汽车工业滤纸、热封型茶叶滤纸 | 2800 | 500 | 2950 | 600 | 5.36 |

续表

| | 特种纸企业名称 | 主要产品 | 2011年 | | 2012年 | | 产量同比增长/% |
|---|---|---|---|---|---|---|---|
| | | | 产量/吨 | 出口量/吨 | 产量/吨 | 出口量/吨 | |
| 广东省 | 广东冠豪高新技术股份有限公司 | 热敏纸、无碳复写纸 | 66608 | 5228 | 57884 | 7969 | -13.10 |
| 河南省 | 河南江河纸业股份有限公司 | 热敏纸、无碳复写纸、离型原纸、工业原纸 | 156000 | 37800 | 188500 | 41600 | 20.83 |
| 黑龙江省 | 牡丹江恒丰纸业股份有限公司 | 卷烟纸、成型纸、高透成型纸、铝箔衬纸、烟用接装纸原纸 | 85377 | 4950 | 97885 | 5689 | 14.65 |
| | 合计 | | 954466 | 117480 | 1051282 | 133076 | 10.14 |

（刘　文　曾慧均）

# 全球造纸行业的现状与分析

## The Status and Analysis of Global Paper Industry

## 一、全球浆纸市场供需情况

### （一）全球纸及纸板消费量情况

全球纸及纸板生产量和消费量基本呈上升的趋势，2011 年达到历史最高，生产量和消费量分别为 39888 万吨和 39897 万吨。除 2001 年略降之外，1999—2007 年的 9 年间，纸及纸板生产量和消费量一直呈增长态势。受全球金融风暴影响，2009 年全球纸及纸板消费量为 37069 万吨，比 2007 年有明显下降，但仍然超过了 2005 年。2008 年和 2009 年的生产量分别比 2007 年减少 0.86% 和 5.99%。可以看出金融风暴对造纸行业有较大影响。

2010 年全球纸及纸板的生产量和消费量有了恢复性增长，2011 年生产量增长 1.24%，消费量增长 1.16%，达到历史最高点，其生产量和消费量比 2000 年增长 26.34% 和 26.90%，年均增长分别达到 1.97% 和 2.01%。

从 2010 年恢复性增长的情况看，纸及纸板的生产和消费与经济形势的关系仍很密切，工业和流通领域的发展是制浆造纸工业最为重要的驱动力。此外，2009 年的低迷虽然暂时对纸及纸板的消费有较大的影响，但 2010 年的强力反弹，特别是发达国家和地区的大幅回增，说明纸及纸板的消费仍有增长的前景。由于 2011 年全球经济回暖乏力，2011 年比 2010 年虽略有增长，但其增长动力主要源于中国等发展中国家，而发达国家和地区比 2010 年略有下降。

2011 年全球人均纸及纸板消费量为 56.8 千克，其中，以北美人均消费水平最高，为 225.5 千克，其次为西欧 179.6 千克，大洋洲 135.9 千克，东欧 58.4 千克，远东地区 44.5 千克，中东地区 36.1 千克，拉丁美洲 45.9 千克，非洲 7.6 千克（见表 1）。总体来说，经济和文化发达地区纸及纸板生产量和消费量远远大于落后地区。与 2009 年的低潮相比，北美、西欧和大洋洲人均消费量有所下降，但其他地区均有不同程度的增长，说明全球纸及纸板的消费正从发达国家和地区向发展中国家转移。2007—2011 年各洲纸及纸板生产和消费份额见表 2 和表 3。

**表 1　2009 年和 2011 年按区域人均消费量情况**

单位：千克

| 序号 | 地区 | 2009 年 | 2011 年 | 变化/% |
|---|---|---|---|---|
| 1 | 全球 | 54.3 | 56.8 | 4.60 |
| 2 | 北美 | 227.2 | 225.5 | -0.75 |
| 3 | 西欧 | 179.8 | 179.6 | -0.11 |
| 4 | 东欧 | 51.4 | 58.4 | 13.62 |
| 5 | 远东 | 40.8 | 44.5 | 9.07 |
| 6 | 大洋洲 | 140.5 | 135.9 | -3.27 |
| 7 | 拉丁美洲 | 41.4 | 45.9 | 10.87 |
| 8 | 中东 | 33.4 | 36.1 | 8.08 |
| 9 | 非洲 | 7.5 | 7.6 | 1.33 |

**表 2　2007—2011 年各洲纸及纸板生产量所占份额**

单位:%

| | 2007 年 | 2008 年 | 2009 年 | 2010 年 | 2011 年 |
|---|---|---|---|---|---|
| 北美 | 25.95 | 24.66 | 22.95 | 22.66 | 22.03 |
| 西欧 | 25.14 | 24.15 | 22.70 | 23.10 | 22.38 |
| 东欧 | 4.22 | 4.75 | 4.86 | 4.85 | 4.91 |
| 远东 | 37.61 | 39.19 | 42.00 | 42.02 | 43.34 |
| 大洋洲 | 1.03 | 1.02 | 1.09 | 1.05 | 1.04 |
| 拉丁美洲 | 4.93 | 5.04 | 5.27 | 5.21 | 5.26 |
| 非洲 | 1.13 | 1.18 | 1.14 | 1.11 | 1.04 |
| 合计 | 100.00 | 100.00 | 100.00 | 100.00 | 100.00 |

**表 3　2007—2011 年各洲纸及纸板消费量所占份额**

单位:%

| | 2007 年 | 2008 年 | 2009 年 | 2010 年 | 2011 年 |
|---|---|---|---|---|---|
| 北美 | 24.86 | 23.03 | 21.47 | 20.85 | 20.07 |
| 西欧 | 21.99 | 20.98 | 19.75 | 19.64 | 18.95 |
| 东欧 | 4.91 | 6.10 | 5.92 | 6.27 | 6.32 |
| 远东 | 38.49 | 39.92 | 42.77 | 42.90 | 44.40 |
| 大洋洲 | 1.30 | 1.28 | 1.29 | 1.26 | 1.19 |
| 拉丁美洲 | 6.54 | 6.71 | 6.73 | 7.02 | 7.01 |
| 非洲 | 1.92 | 1.98 | 2.07 | 2.06 | 2.07 |
| 合计 | 100.00 | 100.00 | 100.00 | 100.00 | 100.00 |

因金融风暴，2009 年全球造纸工业受到了很大影响，2009 年全球纸及纸板消费量比 2008 年消费量降低 5.60%，并且越是发达的地区影响越大，北美 2009 年比 2008 年消费量降低 12%，西欧降低 11.2%，东欧 8.3%，大洋洲 5.0%，拉丁美洲 5.4%，中东 3.4%，非洲 1.6%。受中国消费量增长的强力拉动，远东地区的消费量 2009 年比 2008 年有所增加，但也仅增加了 1.1%。其主要原因是其中的发达国家和地区的消费量大幅度下降，如日本降低了 11.1%，韩国降低了 5.6%，中国台湾 12%，中国香港 10.1%。

从纸种影响看，新闻纸受到的冲击最大，降低 12.6%；印刷书写纸次之，降低 9.2%；包装用纸及纸板降低 2.7%；其他纸及纸板降低 3.1%；生活用纸从全球数据看影响不大，2009 年同比增长了 1.3%。但在发达国家也受到了一定程度的影响，如北美降低了 1.8%，西欧降低了 1.1%。由此看来，与生活质量最为相关的纸种受金融风暴的影响较低；与制造业相关的纸种，受到的影响较大，如包装用纸及纸板，2009 年北美和西欧分别降低了 8.9% 和 9.2%；而新闻纸和印刷书写纸受到了金融风暴和现代化媒体载体及传播方式改变的双重打击，与 2007 年相比，2009 年北美和西欧新闻纸的消费量分别降低了 33.71% 和 18.35%，印刷书写纸的消费量分别降低了 25.12% 和 18.74%。虽然 2010 年和 2011 年纸及纸板消费量有所回升，但这 2 种纸种 2011 年的消费量比 2009 年最低值还低，可以预见新闻纸和印刷书写纸在发达国家及地区的生产量和消费量要到达 2007 年的最高值将极为困难（见表 4）。

2010 年全球制浆造纸工业回暖，生产量和消费量回到比 2007 年略高的水平，其纸及纸板生产量和消费量均比 2009 年增长 6.4%。从生产量增长的情况看，发达国家和地区除加拿大之外，均有较大恢复性增长，而消费量的增长主要来自于发展中国家和次发达国家及地区（见表 5）。

**表 4　新闻纸与印刷书写纸消费量减量状况**　　单位:%

| 纸种 | 2009 年与 2007 年相比 | | 2011 年与 2007 年相比 | |
|---|---|---|---|---|
| | 北美 | 西欧 | 北美 | 西欧 |
| 新闻纸 | -33.71 | -18.35 | -42.65 | -20.61 |
| 印刷书写纸 | -25.12 | -18.74 | -27.63 | -18.51 |
| 其中：未涂布纯化学浆纸 | -19.39 | -16.65 | -24.20 | -15.97 |
| 涂布纯化学浆纸 | -33.49 | -21.32 | -25.16 | -25.45 |
| 未涂布纯含机械浆纸 | -20.44 | -10.53 | -25.77 | -8.72 |
| 涂布含机械浆纸 | -33.30 | -24.05 | -39.12 | -20.73 |

**表 5　2010 年全球纸及纸板生产量与消费量前 30 名及其增长情况**

| 序号 | 国家或地区 | 生产量/万吨 | 同比增长/% | 国家或地区 | 消费量/万吨 | 同比增长/% |
|---|---|---|---|---|---|---|
| 1 | 中国 | 9259.9 | 7.3 | 中国 | 91655 | 7.1 |
| 2 | 美国 | 7584.9 | 5.9 | 美国 | 75246 | 4.9 |
| 3 | 日本 | 2728.8 | 3.9 | 日本 | 27872 | 2.2 |
| 4 | 德国 | 2312.2 | 10.8 | 德国 | 19763 | 7.1 |
| 5 | 加拿大 | 1278.7 | -1.2 | 意大利 | 10829 | 9.4 |
| 6 | 芬兰 | 1178.9 | 11.2 | 印度 | 10776 | 9.2 |

续表

| 序号 | 国家或地区 | 生产量/万吨 | 同比增长/% | 国家或地区 | 消费量/万吨 | 同比增长/% |
|---|---|---|---|---|---|---|
| 7 | 瑞典 | 1141.0 | 4.4 | 英国 | 10515 | 1.5 |
| 8 | 韩国 | 1112.0 | 6.2 | 法国 | 9924 | 4.1 |
| 9 | 印度尼西亚 | 995.1 | 6.3 | 巴西 | 9507 | 9.0 |
| 10 | 巴西 | 979.6 | 3.9 | 韩国 | 9426 | 12.1 |
| 11 | 印度 | 922.3 | 6.1 | 墨西哥 | 7267 | 10.0 |
| 12 | 意大利 | 914.6 | 8.2 | 俄罗斯 | 6562 | 11.3 |
| 13 | 法国 | 883.0 | 6.0 | 西班牙 | 6506 | 4.8 |
| 14 | 俄罗斯 | 760.1 | 2.8 | 加拿大 | 6291 | -3.1 |
| 15 | 西班牙 | 619.3 | 9.1 | 印度尼西亚 | 6097 | 5.5 |
| 16 | 奥地利 | 500.9 | 8.7 | 土耳其 | 5049 | 17.4 |
| 17 | 墨西哥 | 475.4 | 3.4 | 波兰 | 4539 | 10.6 |
| 18 | 泰国 | 456.0 | 4.9 | 泰国 | 4273 | 9.6 |
| 19 | 英国 | 430.0 | 0.2 | 中国台湾 | 4024 | 13.9 |
| 20 | 中国台湾 | 395.6 | 2.2 | 澳大利亚 | 3707 | 3.2 |
| 21 | 波兰 | 366.2 | 11.8 | 比利时 | 3445 | 2.9 |
| 22 | 澳大利亚 | 300.6 | -0.1 | 荷兰 | 3292 | 5.3 |
| 23 | 荷兰 | 285.9 | 9.6 | 马来西亚 | 3034 | 6.1 |
| 24 | 土耳其 | 254.9 | 11.1 | 阿根廷 | 2560 | 11.9 |
| 25 | 南非 | 249.8 | 11.8 | 南非 | 2411 | 16.5 |
| 26 | 葡萄牙 | 202.9 | 23.2 | 越南 | 2406 | 10.6 |
| 27 | 比利时 | 197.4 | 9.9 | 奥地利 | 2166 | 12.9 |
| 28 | 阿根廷 | 183.5 | 2.2 | 埃及 | 2028 | 2.7 |
| 29 | 马来西亚 | 169.8 | 3.5 | 瑞典 | 2011 | 7.9 |
| 30 | 挪威 | 169.5 | 7.5 | 菲律宾 | 1734 | 5.7 |

2011年纸及纸板生产量位居前10位的国家是中国、美国、日本、德国、加拿大、芬兰、瑞典、韩国、巴西和印度尼西亚，生产量合计占全球总生产量的72.74%，比2009年略增，排名次序未变，但与2010年相比，巴西超过印尼排在第9位。

2011年纸及纸板消费量位居前10位的国家是中国、美国、日本、德国、印度、意大利、英国、巴西、法国和韩国，消费量合计占全球总产量的69.90%。与2009年和2011年相比，2011年印度和巴西排名持续上升，表明金砖国家发展的动力强劲。

2011年纸及纸板人均消费量位居前10位的国家是比利时、奥地利、德国、美国、阿拉伯联合酋长国、日本、瑞典、丹麦、荷兰和芬兰，前8个国家人均消费量超过200千克，而芬兰2009年人均消费量曾经达到282.4千克（见表6）。总体看来，发达国家纸及纸板人均和总消费量增长趋势不明显。

**（二）全球纸浆生产和消费情况**

2011年全球纸浆生产量为18382.7万吨，比2000年增长2.62%，年均增长0.22%，其中，化学浆生产量13667.8万吨，机械浆3139.3万吨，非木浆1575.6万吨。纸浆生产量与2009年最低值相比虽然增加了3.3%，但比2007年最高值下降了5.86%，仅与2002年的18200万吨基本相当。

2011年全球纸浆消耗量为18375.7万吨，其中，化学浆消费量为13645.9万吨，机械浆为3154.2万吨，非木浆1575.6万吨。与2009年相比，全球纸浆消耗量增加2.65%。但与2007年最高值相比仍下降了5.87%。纸浆消耗量下降的主要原因是废纸消耗量相对增加，在2011年纸及纸板生产量比2007年仅增长1.32%的情况下，废纸消耗量比2007年增长14.48%。

**表6　全球纸及纸板人均消费量排名**

| 排名 | 2009年 | | 2011年 | |
|---|---|---|---|---|
| | 国家 | 人均消费量/千克 | 国家 | 人均消费量/千克 |
| 1 | 比利时 | 316.8 | 比利时 | 317.4 |
| 2 | 芬兰 | 282.4 | 奥地利 | 260.7 |
| 3 | 奥地利 | 231.7 | 德国 | 243.2 |
| 4 | 美国 | 231.2 | 美国 | 230.6 |
| 5 | 瑞典 | 220.7 | 阿拉伯联合酋长国 | 224.8 |
| 6 | 德国 | 215.3 | 日本 | 220.1 |
| 7 | 日本 | 209.7 | 瑞典 | 218.0 |
| 8 | 丹麦 | 205.4 | 丹麦 | 207.4 |
| 9 | 新西兰 | 200.9 | 荷兰 | 196.8 |
| 10 | 瑞士 | 193.7 | 芬兰 | 195.7 |

2011年按地区划分生产量情况如下：北美地区纸浆生产量为6804.8万吨，比2009年增长4.04%，占全球纸浆生产量的37.02%。欧洲纸浆生产量为4618万吨，占全球纸浆生产量的25.12%。亚洲纸浆生产量为4275.8万吨，占全球纸浆生产量的23.26%。拉丁美洲纸浆生产量为2151.2万吨，占全球纸浆生产量的11.70%。2011年全球机械浆生产集中在北美洲和欧洲，生产量分别为1200万吨和1267万吨，这2个地区机械浆生产量总和占全球机械浆生产量的78.58%，但比2010年产量减少3.62%。而中国同比增长8.93%。

从总体来看，1999—2009年11年间的纸浆需求量呈缓慢增长趋势，受金融风暴的影响，2009年比2007年最高消耗量降低8.33%，废纸消耗量降低0.36%。

2011年全球纸浆生产量位居前10位的国家有美国4974万吨、中国1954.2万吨、加拿大1803.8万吨、巴西1388.5万吨、瑞典1185.9万吨、芬兰1036.3万吨、日本902.0万吨、俄罗斯745.3万吨、印尼680.5万吨和智利487.6万吨，生产量合计15158.1万吨，占全球生产量的82.46%。

**（三）全球造纸工业进出口贸易概况**

2007年以前，全球国与国之间的纸及纸板贸易量占生产量/消费量的比例超过30%，2008年以后逐年下降，2011年仅为28%（见表7）。

**表7　全球纸及纸板进出口与生产量/消费量的比例**　　单位:%

| | 2007年 | 2008年 | 2009年 | 2010年 | 2011年 |
|---|---|---|---|---|---|
| 进口占纸及纸板消费量 | 30.36 | 29.76 | 28.35 | 28.65 | 28.07 |
| 出口占纸及纸板生产量 | 30.34 | 29.49 | 28.34 | 28.58 | 28.06 |

北美的加拿大是传统的纸及纸板的生产和输出国家之一，2007年出口各类纸及纸板1300.2万吨，扣除进口的343.8万吨，净出口976.4万吨。近年来，由于经济等原因，加拿大生产量和出口量一路下跌，2011年净出口降低到596.8万吨，比2009年金融风暴影响最重时还减少了48.3万吨。出口数量最大的是新闻纸，2007年达到最高值560.1万吨，2009年下降为360.2万吨，2010年和2011年虽有回升，但2011年的出口量仅比2009年略高6.3万吨。受北美市场特别是美国市场萎缩的影响，2009年加拿大纸及纸板生产量下降19.1%，其中，新闻纸下降27.7%。在全球大部分国家和地区造纸工业回暖的形势下，加拿大纸及纸板的生产量和消费量仍持续下跌，2010年和2011年生产量分别比上年下跌1.1%和5.3%，消费量下跌2.7%和2.6%，比2007年最高值分别下降29.93%和18.33%，是全球降低幅度最大的国家。

芬兰是全球另一个最大的纸及纸板出口国，2007年出口各类纸及纸板1282.9万吨，扣除进口的47.8万吨，净出口1235.1万吨；2009年净出口降低到911.8万吨；2010年比2009年回升15.36%；2011年虽略降但仍比2009年高12.95%；但比2007年最高值仍低16.62%。出口数量最大的是各类印刷书写纸，2007年达到890.4万吨，2009年最低下降到650.9万吨。

2007年瑞典排名纸及纸板净出口国第3，年出口各类纸及纸板1046.2万吨，扣除进口92.5万吨，净出口953.7万吨；2009年净出口降低到903万吨；2010年和2011年略有回升，分别达到932.9万吨和931.3万吨，同比增长3.31%和-0.17%。比2007年最高值分别降低2.19%和2.31%。出口数量最大的是各类包装用纸及纸板，2008年达到479.3万吨，2009年下降到477.4万吨。

从2007年起，中国纸及纸板从进口量大于出口量变为进出口基本平衡、出口略多于进口态势，由于外资企业和国资大型集团企业连续10多年的投入，引进国外最先进的装备和技术，从而彻底改变了纸及纸板特别是高档纸种大量进口的情况。但从进口量看仍是全球最大之一，2011年进口量排名全球第7。2011年进口量303.7万吨，2007年374.4万吨，年均下降5.37%，与生产量相比，呈缓慢下降的趋势。进口量最大的是各类包装用纸及纸板，2011年进口187.9万吨。2011年中国出口各类纸及纸板503.6万吨，成为全球第六大纸及纸板出口国，与2007年相比年均增长3.3%，上升的趋势亦不快。出口量最大的是各类印刷书写纸，2011年达278.3万吨，其中，涂布纯化学浆纸158.7万吨，与2007年相比增长88.06%，年均增长17.1%，相比总量增速明显较快。

从进出口总体情况看，发达国家的进出口交换量很大，2011年德国排名全球纸及纸板进出口量第1，2007年出口量为1478万吨，2011年虽然减少，但仍然达到1378.9万吨。2011年德国进口各类纸及纸板1086.1万吨。美国目前进出口量在全球均排名第2，2011年进口量989.5万吨，比2007年降低33.4%，出口量1260.8万吨，比2007年增长15.58%，排名从2007年的全球第4上升至第2。法国、意大利的进出口量均排名全球前10位，表明欧洲经济一体化程度较高。英国、比利时、荷兰等国，由于基本不制浆，造纸工业也逐渐衰退，故成为进口大国。

由于印度尼西亚资源丰富及金光APP集团和金鹰集团等华侨集团的投资，印度尼西亚纸及纸板的出口也进入了全球前10名，2011年印度尼西亚出口量403.8万吨，名列全球第8，出口量最大的品种为未涂布纯化学浆纸，达到236万吨，比例达到58.44%，占其生产量的67.04%。

全球纸浆贸易基本以木浆为主，非木浆未见统计数据。商品纸浆净出口量位居前列的国家是加拿大、巴西、智利、瑞典、芬兰、印度尼西亚、俄罗斯。2011年上述7国纸浆净出口量约占全球商品纸浆出口量的63.24%。自2007年起，全球纸浆出口中漂白针叶木浆与漂白阔叶木浆的比例由各占42%逐渐变化到漂白针叶木浆41.7%、漂白阔叶木浆45.7%，形成漂白阔叶木浆比例增加的局面。由于造纸装备和工艺技术的提高，阔叶木浆的使用量逐年增加，使得阔叶木浆生产国和输出国巴西、印度尼西亚、智利等国制浆工业发展迅速，出口量增加很快。2011年巴西出口纸浆847.6万吨，比2007年增长30.58%，年均增长6.9%；印度尼西亚2011年出口291.2万吨，比2007年增长25.43%，年均增长5.8%；智利由于严重的地震灾害，制浆造纸工业也受到一定的影响，但仍比2007年增长8.81%。美国是纸浆进口和出口均位居全球前列的国家，2011年出口量546万吨，位居第3，以漂白针叶木浆为主，占全部木浆出口量的79.6%；进口量479万吨，位居中国之后的第2位，漂白针、阔叶木浆各占45%。而加拿大、瑞典和芬兰等北方国家，是全球出口产品漂白针叶木浆的主力，2011年漂白针叶木浆出口所占的比例分别为58.6%、78.8%和85.5%。

2011年纸浆进口较多的国家有中国、德国、美国、意大利和韩国，净进口量约占全球商品纸浆生产量的61.35%。加上日本、英国、西班牙、荷兰和中国台湾，全球纸浆进口量位居前10名的国家和地区纸浆进口量合计占全球进口量的72.22%。中国进口量最大，2011年中国纸浆进口量约占全球商品纸浆进口量的28.75%，全球木浆生产量的7.86%。

在废纸贸易中，2011年全球废纸进口量5670万吨，出口量5848.9万吨。分别比2007年增长14.48%和17.11%，表明全球废纸资源化的趋势明显。美国是全球最大的废纸供应国，2011年美国净出口量2092.9万吨，占全球废纸进口量的36.91%，比2007年增长15.53%，仍呈增长趋势。2011年中国进口废纸2764.7万吨，为全球第1，占全球废纸出口量的47.26%，占亚洲废纸进口量的75.00%，比2007年增长22.53%。

由中国、日本和韩国构成的东亚主要经济大国已成为全球最大的造纸纤维原料包括商品纸浆和废纸的输入地区。

从大区域看，北美与西欧是纸及纸板的输出地区，远东地区供需基本平衡，东欧、中东、大洋洲、拉丁美洲及非洲的生产量不足以满足本地区的消费需求，其以中东的60%以上及非洲的40%左右的进口量比例最大（见表8）。

从原料看，亚洲是最大的进口地区，欧美是最大的出口地区，全球区域性纸浆进出口情况分析表和全球区域性废纸进出口情况分析表见表9、表10。

**表 8　　全球区域性纸及纸板进出口情况分析表**

| 地区 | 生产量与消费量之差/万吨 | | | 输出率（+）与输入率（-）/% | | |
|---|---|---|---|---|---|---|
| | 2009 年 | 2010 年 | 2011 年 | 2009 年 | 2010 年 | 2011 年 |
| 北美 | 6331 | 7965 | 8681 | 8.10 | 9.87 | 11.06 |
| 西欧 | 11665 | 14349 | 14462 | 13.96 | 15.88 | 16.32 |
| 东欧 | -3681 | -5303 | -5258 | -17.07 | -21.84 | -21.28 |
| 远东 | -1051 | -1648 | -2088 | -0.68 | -0.99 | -1.20 |
| 大洋洲 | -707 | -775 | -555 | -15.02 | -15.92 | -11.92 |
| 拉丁美洲 | -5091 | -6772 | -6595 | -20.79 | -24.92 | -24.07 |
| 中东 | -4188 | -4595 | -4785 | -62.10 | -62.33 | -61.30 |
| 非洲 | -3327 | -3622 | -3955 | -44.26 | -45.52 | -48.96 |

注：输出率指生产量与消费量之差为正值时，其值与生产量之百分比，输入率为生产量与消费量之差为负值时，其值与消费量之百分比。

**表 9　　全球区域性纸浆进出口情况分析表**

| 地区 | 生产量与消费量之差/万吨 | | | 输出率（+）与输入率（-）/% | | |
|---|---|---|---|---|---|---|
| | 2009 年 | 2010 年 | 2011 年 | 2009 年 | 2010 年 | 2011 年 |
| 北美 | 9701 | 9965 | 9996 | 14.83 | 14.69 | 14.69 |
| 西欧 | -5552 | -6021 | -4833 | -14.33 | -14.36 | -11.88 |
| 东欧 | 197 | 467 | 365 | 1.97 | 4.49 | 3.54 |
| 远东 | -16849 | -14580 | -16980 | -39.03 | -35.27 | -37.86 |
| 大洋洲 | 571 | 557 | 614 | 20.37 | 19.25 | 21.01 |
| 拉丁美洲 | 11500 | 11313 | 11753 | 54.76 | 54.67 | 55.83 |
| 中东 | -620 | -703 | -698 | -64.91 | -67.72 | -67.57 |
| 非洲 | 2 | -183 | -146 | 0.12 | -9.23 | -8.06 |

注：同表 8。

**表 10　　全球区域性废纸进出口情况分析表**

| 地区 | 生产量与消费量之差/万吨 | | | 输出率（+）与输入率（-）/% | | |
|---|---|---|---|---|---|---|
| | 2009 年 | 2010 年 | 2011 年 | 2009 年 | 2010 年 | 2011 年 |
| 北美 | 20182 | 19676 | 22005 | 40.48 | 38.49 | 42.01 |
| 西欧 | 15065 | 11795 | 12989 | 28.00 | 21.96 | 24.20 |
| 东欧 | 737 | 394 | 746 | 8.20 | 4.07 | 7.17 |
| 远东 | -28472 | -27346 | -29447 | -26.44 | -23.73 | -24.36 |
| 大洋洲 | 1478 | 1631 | 1575 | 41.66 | 44.68 | 43.63 |
| 拉丁美洲 | -1570 | -1444 | -1208 | -13.53 | -11.67 | -9.53 |
| 中东 | 284 | 414 | 479 | 13.68 | 17.13 | 17.41 |
| 非洲 | -33 | 70 | 113 | -1.52 | 2.86 | 4.61 |

注：同表 8。

**（四）全球造纸产品和纸浆需求趋势**

相关数据表明，无论是世界还是中国，制浆造纸工业发展到现在，一直与经济发展密切相关。根据 RISI 数据库数据表明，全球纸浆、纸及纸板需求总体呈增长趋势，在经济发展的正常年份，纸及纸板生产量和消费量年均增长一般为 3% ~4%，按 5 年划分，1996—2000 年 5 年年均增长 3.53%，2001—2005 年 5 年年均增长 3.64%，由于金融风暴，2006—2010 年 5 年年均增长仅为 0.78%，但 2007 年是全球纸及纸板消费量和生产力在全球金融风暴前的最高点，如扣除 2008 年和 2009 年的金融风暴因素，2006—2007 年 2 年的年均增长也达到了 3.65%。总体看全球纸及纸板消费量和生产力仍呈上升趋势（见图 1）。但各区域发展不均衡，欧美及其他发达国家基本呈停滞状态，新兴发展国家发展迅速，而中国目前处于调整状态而增长速度放缓。如果从 1996—2011 年 15 年的整体情况看，生产量和消费量年均增长率分别为 2.34% 和 2.40%，如扣除金融风暴，1996—2007 年 11 年间的年均增长率分别为 3.10% 和 3.18%。

而从纸及纸板品种供应趋势来看，在国际贸易中需求增长较快的主要品种将是未涂布化学浆纸、涂布与未涂布的含机械浆纸及特种纸。

从区域性看，北美、西欧等发达地区的消费量已达到纸及纸板消费水平的高点。2007 年以后受到

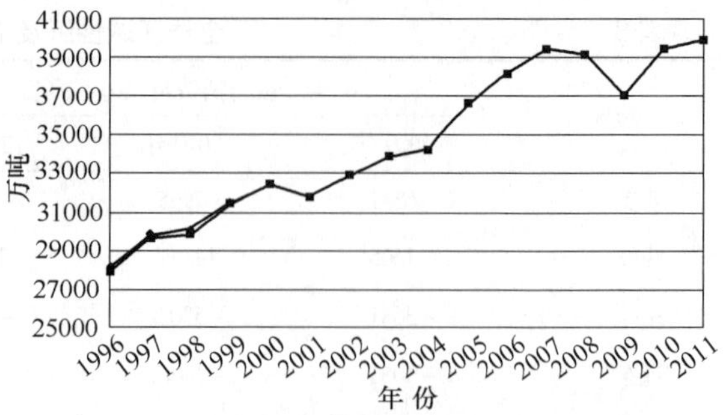


图 1 1996—2011 年全球纸及纸板生产量和消费量

—◆—生产量 —■—消费量

经济不景气及电子媒体的双重冲击，纸及纸板的消费有较大幅度的降低。随着这些地区对信息和文化接受来源的不断改变，未来作为知识和信息载体的新闻纸和印刷书写纸的用量可能会减少，但作为可再生和可分解的包装用纸及纸板将会随着经济的变化而起伏。虽然 2010 年全球纸及纸板的消费量和生产力已恢复并略超 2007 年的水平，部分受金融风暴影响较小的发达国家相比 2009 年有较为强劲的反弹，但部分发达国家仍处于下降状态，如加拿大等国。而 2011 年由于主要发达国家经济回升乏力，大部分发达国家和地区相比 2010 年均有不同程度的下降（见表 11）。因此，未来发达国家纸及纸板的消费走势可能还需观察，但相信在 3 ~5 年内，不可能有太大的变化。

**表 11　　2011 年全球纸及纸板生产量与消费量前 30 名及其增长情况**

| 序号 | 国家和地区 | 生产量/万吨 | 同比增长/% | 国家和地区 | 消费量/万吨 | 同比增长/% |
|---|---|---|---|---|---|---|
| 1 | 中国 | 9930.0 | 7.1 | 中国 | 9752 | 6.3 |
| 2 | 美国 | 7508.3 | -1.0 | 美国 | 7237.0 | -2.7 |
| 3 | 日本 | 2662.7 | -2.7 | 日本 | 2803.8 | 0.5 |
| 4 | 德国 | 2269.8 | -1.6 | 德国 | 1977.0 | -0.1 |
| 5 | 加拿大 | 1211.2 | -5.3 | 印度 | 1148.1 | 5.9 |
| 6 | 韩国 | 1149.2 | 3.5 | 意大利 | 1059.9 | -2.1 |
| 7 | 芬兰 | 1132.9 | -3.7 | 英国 | 1027.4 | -3.4 |
| 8 | 瑞典 | 1129.8 | -0.9 | 巴西 | 982.3 | 1.4 |
| 9 | 印度尼西亚 | 1015.9 | 1.8 | 法国 | 965.8 | -2.7 |
| 10 | 巴西 | 1003.5 | 1.2 | 韩国 | 955.2 | 1.6 |
| 11 | 印度 | 965.5 | 4.7 | 墨西哥 | 707.9 | -1.7 |
| 12 | 意大利 | 913.0 | -0.1 | 俄罗斯 | 686.1 | 2.9 |
| 13 | 法国 | 852.7 | -3.4 | 印度尼西亚 | 659.9 | 5.5 |
| 14 | 俄罗斯 | 760.4 | 0.3 | 西班牙 | 643.0 | -0.9 |
| 15 | 西班牙 | 620.3 | 0.2 | 加拿大 | 614.4 | -2.6 |

续表

| 序号 | 国家和地区 | 生产量/万吨 | 同比增长/% | 国家和地区 | 消费量/万吨 | 同比增长/% |
|---|---|---|---|---|---|---|
| 16 | 奥地利 | 490.1 | -2.2 | 土耳其 | 523.6 | 3.9 |
| 17 | 墨西哥 | 470.1 | 0.2 | 波兰 | 471.1 | 1.6 |
| 18 | 泰国 | 442.6 | -0.5 | 泰国 | 427.6 | 1.3 |
| 19 | 英国 | 434.1 | 1.0 | 中国台湾 | 410.5 | 1.4 |
| 20 | 中国台湾 | 402.6 | 1.8 | 澳大利亚 | 375.2 | -5.7 |
| 21 | 波兰 | 372.4 | 0.9 | 比利时 | 331.3 | -1.6 |
| 22 | 澳大利亚 | 319.3 | 0.9 | 荷兰 | 329.3 | -4.5 |
| 23 | 荷兰 | 284.8 | 12.2 | 马来西亚 | 269.5 | -8.2 |
| 24 | 土耳其 | 274.8 | -3.9 | 越南 | 269.0 | 12.5 |
| 25 | 南非 | 223.3 | -10.6 | 阿根廷 | 258.0 | 3.6 |
| 26 | 葡萄牙 | 210.8 | 4.7 | 南非 | 232.8 | -3.2 |
| 27 | 比利时 | 196.1 | -0.7 | 奥地利 | 214.2 | -2.4 |
| 28 | 阿根廷 | 179.1 | 1.4 | 埃及 | 198.8 | -1.1 |
| 29 | 马来西亚 | 175.0 | 18.3 | 瑞典 | 198.5 | -4.0 |
| 30 | 挪威 | 171.5 | 1.0 | 伊朗 | 187.2 | 8.7 |

新兴国家中的中国、印度及俄罗斯，在去除金融风暴影响因素的情况下，其近10年内消费量的增长在10%左右，显示了强劲的增长态势。由于印度人均年用纸量不到9千克，生活用纸等产品的人均消耗量极低，未来的增长空间很大。

由于纸浆原料大部分是速生或人工种植的木材，因此作为资源性原料，商品纸浆供应在国际贸易中将仍然是短线产品。从近年来发展看，2007年全球原生纸浆的消耗量达到顶峰，2010年和2011年纸及纸板的消费量和生产量尽管已恢复到并略超2007年的水平，但纸浆的消耗量由于保护生态节约资源等理念的不断加强和废纸回收利用不断增长，纸浆的消耗量比2007年分别低7.2%和6.4%，仅相当于2003年的水平（图2）。

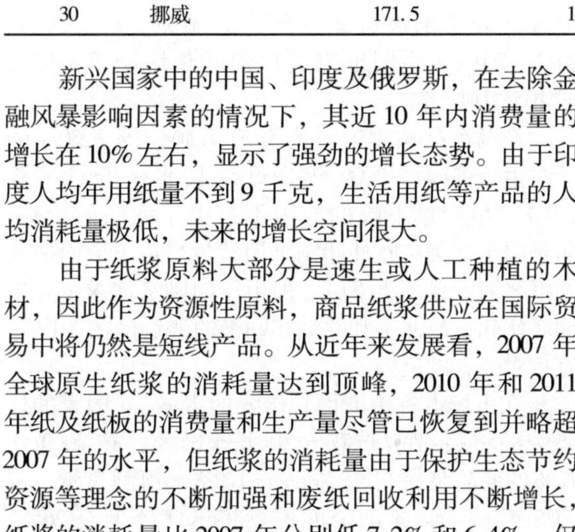


图2　1996—2011年全球纸浆生产量和消费量
—◆—纸浆生产量　—■—纸浆消费量

从区域发展前景看，欧美发达国家和地区纸浆生产量和消耗量将会逐渐减少；南美和东南亚等热带、亚热带地区的国家，如巴西、智利、印度尼西亚等国家将会生产并提供市场需求量逐渐增加的纸浆。从产品看，漂白针叶木浆的需求量和消耗量将会逐渐减少，漂白阔叶木浆和漂白化学机械浆的需求量和消耗量将会增加。

**（五）全球纸浆、废纸价格分析**

从国际市场纸浆、废纸的整体发展历程看，其价格走势呈波浪形，自2008年初开始到2012年8月，漂白硫酸盐针叶木浆的价格总体在800美元/吨运行，而漂白硫酸盐阔叶木浆的价格总体在600～700美元/吨运行；加拿大生产的漂白硫酸盐（北方）针叶木浆在2011年6月北美市场达到最高价1040美元/吨，最低价出现在2009年的中国市场，其价格触底到480美元/吨；漂白硫酸盐阔叶木浆中，最高价出现在2010年6月的北美市场，其漂白（北方混合/美国或加拿大产）硫酸盐阔叶木浆价格为950美元/吨，最低价出现在2009年的日本市场价，为440美元/吨；详见图3、图4和图5。

全球商品浆价格走势由供求关系决定，2004年以前，全球制浆企业和咨询机构主要参考Norscan（加拿大、美国、瑞典、芬兰和挪威5国）库存指标来预测未来浆价走势。2005年以后参考蒙特利尔浆纸产品理事会（PPPC）公布的全球库存指标。

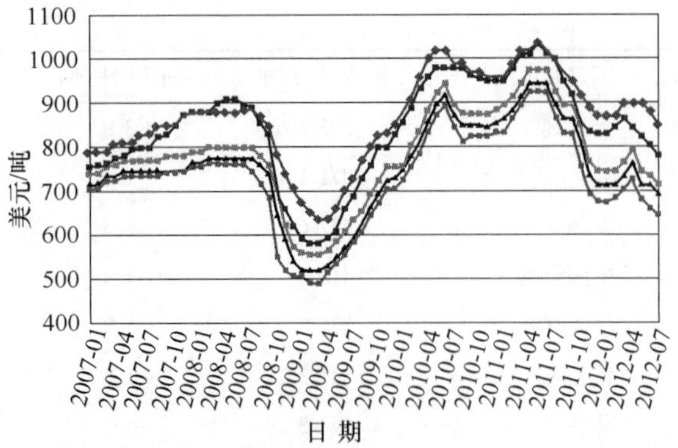


图 3　2007—2012 年北方漂白硫酸盐针叶木浆市场价格变化情况

美洲市场（加拿大NBKP）　北欧市场（加拿大NBKP）
日本市场（加拿大NBKP）　韩国市场（北方NBKP）
中国市场（北方NBKP）

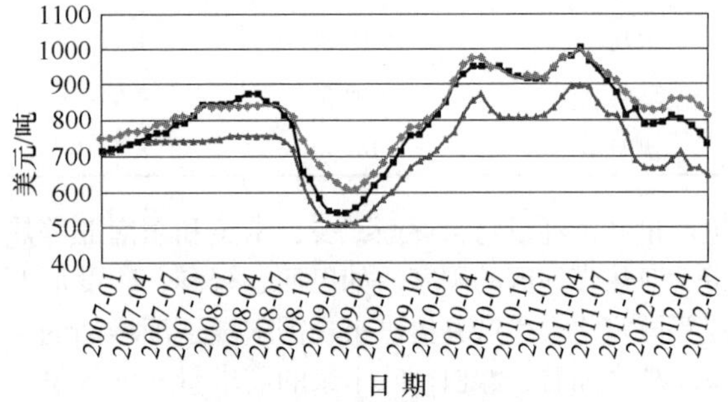


图 4　2007—2012 年南方漂白硫酸盐针叶木浆市场价格变化情况

美洲市场（美国南方NBKP）　北欧市场（美国南方NBKP）
日本市场（美国南方NBKP）

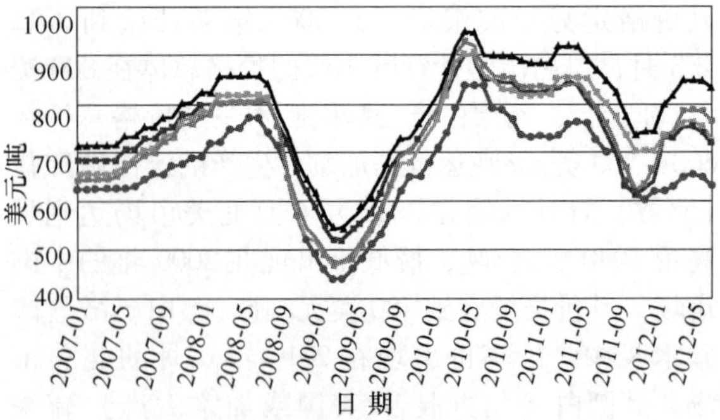


图 5　2007—2012 年漂白硫酸盐阔叶木浆市场价格变化情况

美洲市场（北方LBKP）　北欧市场（南方LBKP）
北欧市场（北方LBKP）　美洲市场（桉木LBKP）
美洲市场（南方LBKP）　日本市场（南方LBKP）

由于中国商品浆进口占全球商品浆进口量的 30%，因此，中国单月进口的数量亦对国际浆价有着极大的影响力，但从根本上讲，全球浆价还是由经济走势起决定性作用。

根据《PPI》（Pulp & Paper International）2011 年 1 月述评，由于发达国家和地区的经济严重衰退和电子传媒对印刷纸消耗量的负面影响，木浆的消耗从 2007 年的 1.76 亿吨下降了 7.5% 至 2009 年的 1.628 亿吨。2010 年预计达到 1.67 亿吨。RISI 经济学家预测显示，在未来 5 年可能不会出现衰退的迹象，因此，期望直到 2015 年每年全球纸浆消耗量都有增长。

全球商品浆需求量在 2009 年下降了 2.1%，远低于同期经济环境下给出的预测值。基于 RISI 微观经济学家的观点，下一经济循环的最低点在 2016 年，因此，期望至少在连续 5 年内商品浆的需求量有一个实质性的增长。

全球未来制浆工业增长的主驱动力源于中国，2009 年中国商品浆进口量飙升了 43%。这个激增是由于国际低浆价的刺激造成的，因此 2010 年下降了 19.13%。这是 2010 年中期纸浆进口量疲软的根源，但 2011 年中国进口又回升了 27.81%。从长远看，2011—2015 年中国纸浆进口预计年均增长 8.9%，或 105 万吨/年。

全球商品浆生产量为 5970 万吨，等于 30% 的纸浆生产能力。2009 年全球商品浆生产量下降 2.2%。生产量下降的原因不是由于疲软的价格，而是源于北美和欧洲印刷纸消费量严重下滑而造成的纸浆消耗量严重下跌。但由于印刷纸需求量并未彻底疲软，故北美和欧洲印刷纸的消费量在 2010 年有相对强劲的反弹。

在市场占有率方面，传统的 Norscan 国家的优势份额将持续被转移至南半球国家，在 2009 年 42% 的商品浆来自于 Norscan 国家，预测显示，到 2025 年，Norscan 国家的份额将迅速降低至 26%。这是由于全球商品浆新增生产能力全部是在这些国家之外的国家和地区。在这 10 年内大型新建的制浆生产线大多数将建设在拉丁美洲。

从浆种价格看，北方针叶木浆的价格高于南非针叶木浆；阔叶木浆中，南北阔叶木浆价格相差无几，但桉木浆在北美价格高出这两种浆较多。在北欧市场，巴西和西班牙出产的桉木浆与北欧出产的桦木浆价格一致。

从区域价格看，同一种浆的价格北美市场的价格最高，其次是北欧市场，而亚洲市场价格低于北欧市场，其次序由高到低依次为韩国、日本和中国，同一时期同一浆种差价可能高达 200 多美元/吨。

目前废纸已是最主要的造纸原料，2011 年全球造纸产品中的 1/2 是利用废纸为原料制造的。因此国际市场的废纸价格对全球制浆造纸工业的影响至关重要，而美国是全球最大的废纸回收和出口国，其价格的变化引领全球市场。

与商品木浆一样，国际废纸价格也呈周期性波浪形变化，市场需求是影响其价格高低的主要因素，与商品浆不同的是，废纸价格变化的周期比较频繁，其幅度比商品浆价格大很多，见图 6。

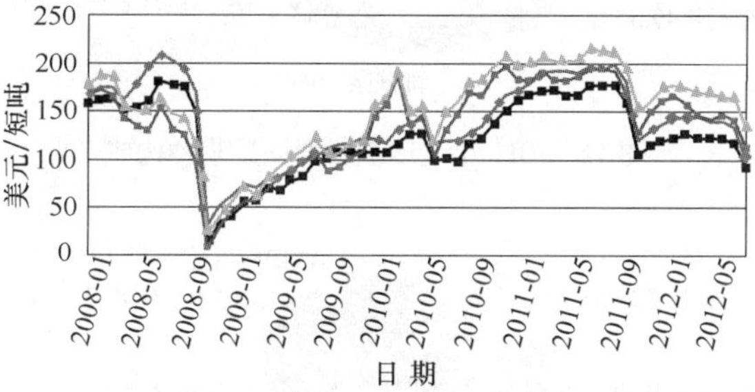


图 6　2008—2012 年美国东、西岸废纸市场价格变化情况

—◆— 美国西岸8号废纸ONP　—■— 美国东岸8号废纸ONP
—▲— 美国西岸11号废纸OCC　—■— 美国东岸11号废纸OCC

美国金融风暴是将废纸价格推向零点的主要动力，而其价格缓慢的爬升，显示出全球经济回暖的乏力。因此废纸市场价格的决定性因素也是经济发展。

根据《PPI》2011 年 1 月述评，在下一个 15 年废纸在纸及纸板生产中将占有更多的纤维份额，生产商和各国政府通过购买更多的回收纸箱和纸板，其努力支持环境保护的行动将推动废纸消耗量的上升。未来的废纸脱墨和其他工艺技术也将允许更广泛的品种运用于纸及纸板的生产中。但是，废纸消耗量也会被供应量的极限和全球服务价格因素束缚。预计 2025 年全球废纸利用率将达到 65%，高于目前的 56%。在经历了 2009 年 2% 的下降和 2010 年 7% 的增长之后，预计在 2011—2025 年间废纸消耗量年均增长率为 4%。相对于 2009 年消耗量 2.06 亿吨和预计 2010 年的 2.2 亿吨的消耗量，预计 2025 年其消耗量将达到 4 亿吨。

《PPI》的分析表明，并不是所有发展中国家和地区将占有其中的大部分消耗量，中国是需求量的最大占有者。预计中国将占有 2011—2025 年消耗量增长中的 60%；除日本和中国之外的远东将是第二大消耗量增长者。另外的发展中区域，如拉丁美洲和东欧消耗量也会有明显的增长。而北美和欧洲的发达国家和地区在此期间的增长量大约是 300 万 ~ 500 万吨。日本的消耗量将决定于其纸及纸板的产量。

由于本地废纸回收量不能满足快速的增长，发展中区域废纸消耗量爆发性的增长将导致进口量进一步的膨胀，除日本以外的远东地区，特别是中国，将引领以废纸制造纸及纸板的生产能力的增长。北美和欧洲将持续供应回收纤维以支撑安装在远东地区的世界级的纸及纸板机，中国仍旧是最大的废纸进口国。预计，2025 年中国废纸的进口量将达到 4500 万吨，高于 2009 年的 2800 万吨和 2010 年的 3000 万吨。北美仍将是最大的净出口国，出口量将从 2010 年的 2000 万吨增加到 2025 年的 2400 万吨，西欧的出口量预计将从 2010 年的 1100 万吨增长到 2025 年的 1400 万吨。而日本和大洋洲将维持不变。

尽管预测可见未来废纸的贸易量在今后的 15 年将增长，但在全部废纸需求量的贸易份额将减少。这是由于更高价格的限制和发达国家和地区推动发展中国家和地区更多的回收废纸。

**（六）全球纸及纸板近期价格情况**

与纸浆相比，国际上主要纸及纸板品种价格的波动相对较小，受经济形势的影响也相对较小。从 2007 年至 2012 年 8 月，国际上主要纸及纸板的价格除在 2009 年有所下降之外，基本保持平稳（见图 7）。

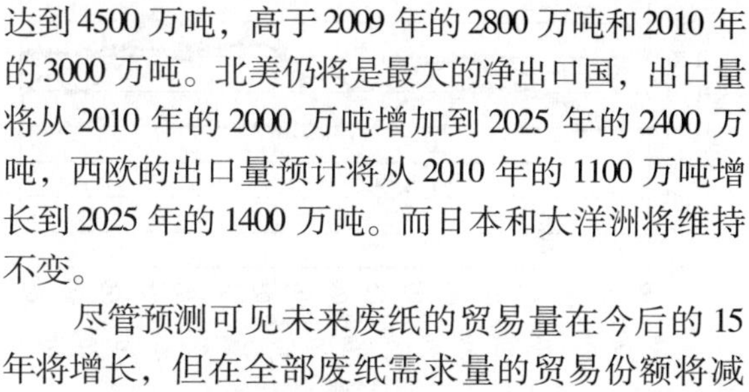


图 7　2007—2012 年各类纸及纸板美国东海岸价格情况

—◆— 新闻纸　—■— 超级压光纸(SC-A)　—▲— 铜版纸
—×— 低定量涂布纸　—✱— 印刷书写纸　—●— 挂面箱纸板(1)
—■— 挂面箱纸板(2)　—— 瓦楞原纸　—— 食品包装纸板
—◆— 涂布白纸板

除新闻纸价格比 2007 年初略低之外，2012 年 8 月纸及纸板的价格均高于或等于 2007 年初的水平，而金融风暴对纸价的影响，与纸浆和废纸相比要小得多（见图 8、图 9、图 10）。

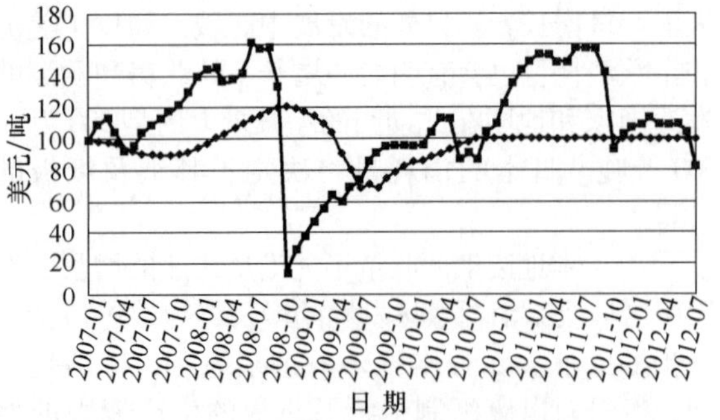


图 8　2007—2012 年新闻纸与废报纸价格指数比较

—◆— 新闻纸　—■— 美国东岸8号废纸ONP

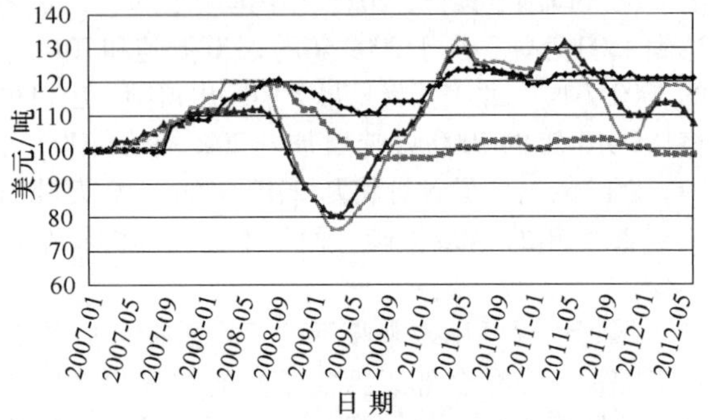


图 9　2007—2012 年印刷书写纸与漂白化学浆价格指数比较

—◆— 印刷书写纸 —■— 铜版纸 —▲— 加拿大NBKP —— 桉木LBKP

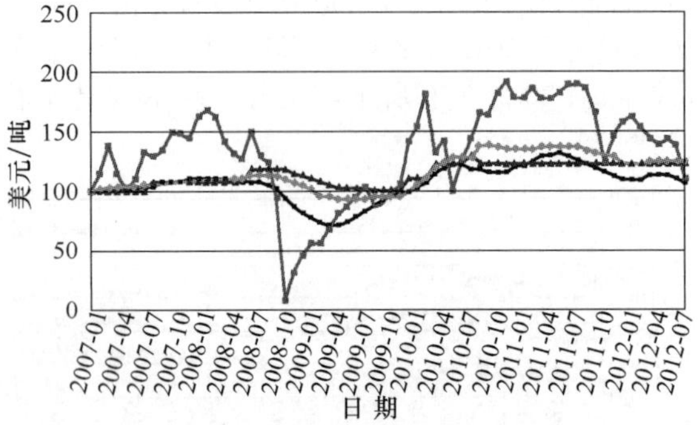


图 10　2007—2012 年瓦楞原纸和箱纸板与 AOCC 和 UKP 价格指数比较

—◆— 挂面箱纸板 —■— 美国11号废纸 —▲— 瓦楞原纸 —●— UKP

## 二、全球造纸工业原料结构

从纸浆消耗种类看，废纸已成为全球最大的造纸资源，若以 80% 折算成纸浆，2011 年废纸占造纸原料的近 1/2（49.55%）；按区域分，以亚洲的中东和远东地区为最大，分别占 62.04% 和 61.98%，显示出该地区造纸木材资源的匮乏；北美废纸用量最低，为 29.51%，拉丁美洲与全球水平接近，为 50.95%；2011 年全球漂白木浆占整个纸浆消耗的 25.79%，本色化学浆占 9.21%，其余 10.18% 为高得率的半化学浆和机械浆；非木浆的比例不到 5%，主要集中在亚洲的中国和印度。见图 11、图 12、图 13。

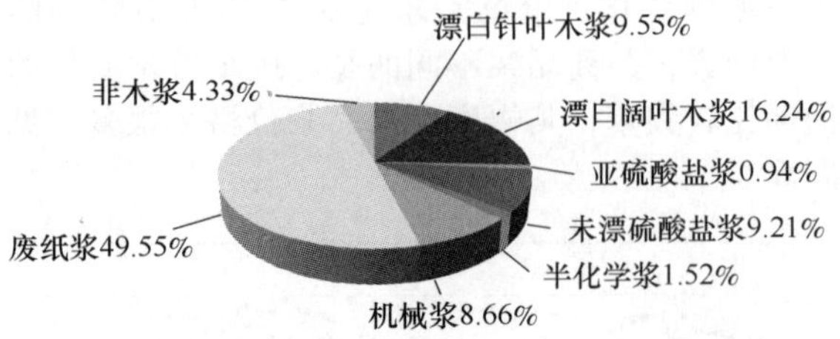


图 11　2011 年全球纸浆消耗量浆种构成

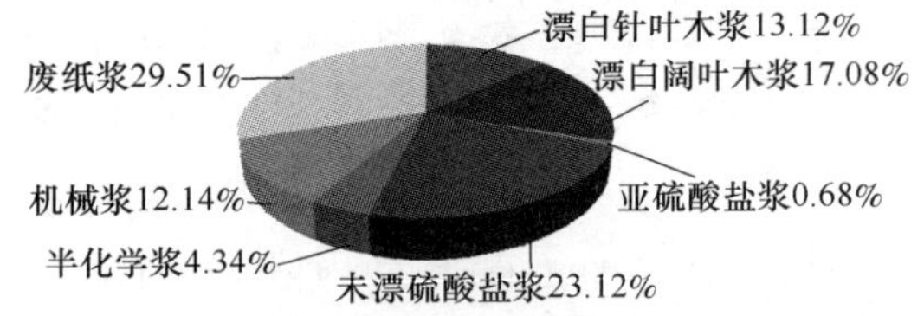


图 12　2011 年北美纸浆消耗量浆种构成

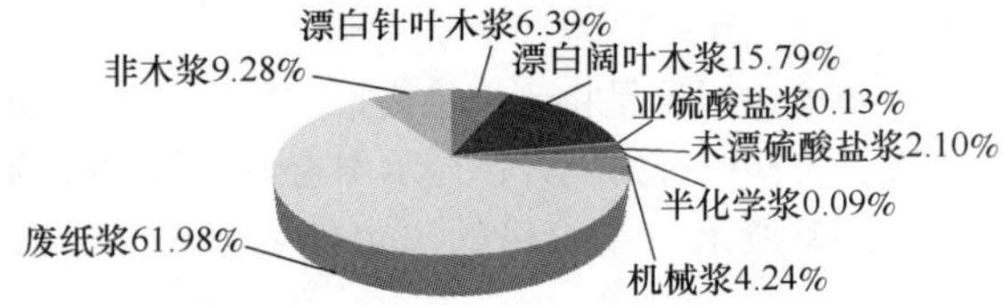


图 13　2011 年远东纸浆消耗量浆种构成

## 三、欧美等发达国家造纸工业现状

从图 14 看出，2002—2007 年，除美国之外，其他国家纸及纸板的消费量呈缓慢增长，受金融风暴的影响 2008—2009 年略有下降，2010 年大部分国家有不同程度的回升，2011 年又有所下降，除德国高于 2002 年的水平外，日本、法国、意大利和西班牙能达到 2002 年的水平。美国、英国和加拿大仅达到 2002 年 80% 的水平。美国从 2007 年开始其消费量呈快速下滑的趋势，人均消费量从 300 千克以上，下降到 2009 年的 231 千克，受到重创的是与快速发展的电子传媒相关的新闻纸和印刷书写纸，2008 年新闻纸消费量下降 11.7%，印刷书写纸下降 9.7%；2009 年新闻纸消费量下降 26.9%，印刷书写纸下降

17.3%。而与之消费紧密相关的加拿大造纸工业，受到美国消费市场的影响，亦受到重创。2008 年纸及纸板生产量减少 8.1%，2009 年减少 19.1%，其中，2008 年新闻纸消费量下降 8.1%，印刷书写纸下降 11.0%；2009 年新闻纸消费量下降 27.7%，印刷书写纸下降 14.9%。而部分欧洲国家新闻纸消费的降速甚至高于北美，如法国 2009 年新闻纸消费量降幅为 36.1%，德国的印刷书写纸降幅为 15.6%，显示出除金融风暴影响之外，电子媒体对传统文化载体的强烈冲击。

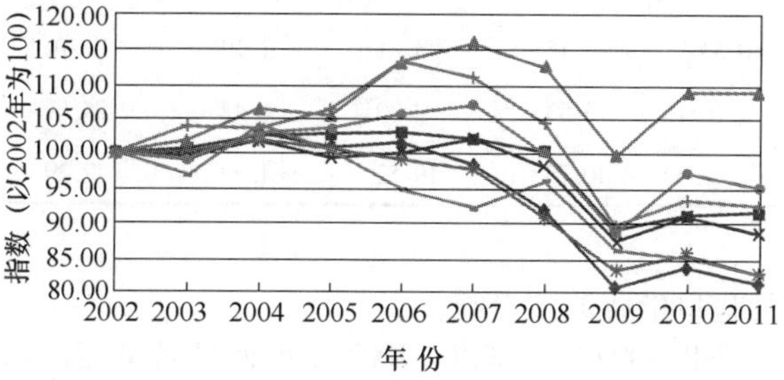


图 14　2002—2011 年欧美及日本纸张消费指数状况



## 四、巴西、智利、印度、俄罗斯等新兴市场对全球造纸工业的影响分析

与发达国家不同的是巴西、智利、印度、俄罗斯等新兴经济市场在 2008 年之前，纸及纸板的消费量和生产量一直处于增长状态（见图 15）。

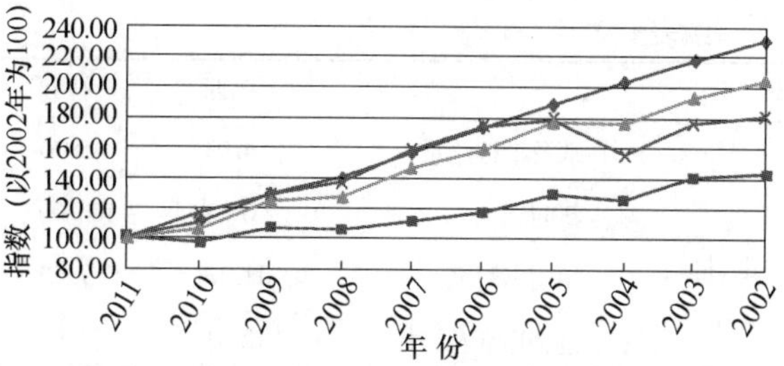


图 15　2002—2011 年金砖 4 国纸张消费指数状况



从图 15 可以看出，2007 年金融风暴以前，俄罗斯纸及纸板的消费量增长率与中国基本相同，印度虽然比中国略低，但其受金融风暴的影响也是除中国之外最低的。2009 年印度消费量仅比 2008 年减少 0.4%。表 12 为 1999—2011 年 12 年间巴西等 6 国与中国纸及纸板生产量、消费量及进出口量增减情况。

从年均增长率表 12 可以看出，表现最好的是中国、印度和俄罗斯。由于印度起点较低，尽管 2009 年基本未增长，但消费量的增量还是超过了中国。印度 1999—2008 年 10 年的年均增长率可达 10.54%；俄罗斯如果不是 2009 年消费量比上年减少了 13.2%，其 10 年的年均增长率亦可达 10.7%，而我国同时期的年均增长率为 9.26%。这表明新兴经济市场与我国经济发展初期一样，纸及纸板的消费量增速迅猛。与我国经济发展初期不一样的是，新兴经济市场的废纸利用增加迅速，而由于市场的开放程度较高，因此受到金融风暴的影响较大。

表 12　1999—2011 年巴西等 6 国与中国纸及纸板生产量、消费量及进出口量增减情况　单位:%

| | | 巴西 | 智利 | 印度 | 印度尼西亚 | 俄罗斯 | 南非 | 中国 |
|---|---|---|---|---|---|---|---|---|
| 生产量 | 纸及纸板总量 | 3.15 | 4.57 | 8.09 | 2.80 | 4.39 | 0.75 | 10.42 |
| | 新闻纸 | -5.14 | 1.62 | 6.04 | 1.21 | 1.43 | -0.28 | 12.03 |
| | 印刷书写纸 | 2.17 | -7.00 | 7.60 | 3.67 | 4.84 | -0.54 | 11.34 |
| | 包装用纸及纸板 | 3.74 | 8.46 | 9.33 | 1.95 | 7.46 | 0.41 | 11.14 |
| | 生活用纸 | 4.43 | 3.62 | 10.01 | 9.00 | 10.25 | 3.50 | 7.44 |
| 表观消费量 | 纸及纸板总量 | 3.60 | 3.87 | 9.14 | 4.05 | 8.05 | 2.38 | 8.86 |
| | 新闻纸 | -0.98 | -1.73 | 10.13 | 5.53 | 2.06 | 1.61 | 9.99 |
| | 印刷书写纸 | 3.72 | 2.99 | 8.25 | 5.33 | 10.82 | 2.50 | 10.39 |
| | 包装用纸及纸板 | 3.76 | 4.61 | 9.89 | 1.92 | 10.32 | 0.95 | 8.67 |
| | 生活用纸 | 7.94 | 4.89 | 8.63 | 6.84 | 12.09 | 4.74 | 8.31 |

续表

| | | 巴西 | 智利 | 印度 | 印度尼西亚 | 俄罗斯 | 南非 | 中国 |
|---|---|---|---|---|---|---|---|---|
| 进口量 | 纸及纸板总量 | 4.93 | 5.70 | 16.82 | 9.83 | 15.62 | 6.89 | -6.17 |
| | 新闻纸 | 0.58 | -100.00 | 14.64 | 11.59 | -3.32 | 8.96 | -21.23 |
| | 印刷书写纸 | 11.13 | 7.95 | 19.91 | 12.92 | 16.03 | 9.24 | -5.10 |
| | 包装用纸及纸板 | 12.41 | 3.98 | 41.53 | 8.78 | 17.65 | 3.03 | -6.56 |
| | 生活用纸 | 16.88 | 23.56 | 3.99 | 12.25 | 33.48 | 8.20 | 1.83 |
| 出口量 | 纸及纸板总量 | 1.92 | 7.36 | 9.81 | 3.20 | 0.84 | -0.25 | 27.61 |
| | 新闻纸 | -100.00 | 2.20 | | -2.75 | 1.14 | -5.18 | 18.49 |
| | 印刷书写纸 | 2.64 | -10.12 | 10.33 | 3.15 | -3.31 | 1.19 | 32.16 |
| | 包装用纸及纸板 | 4.91 | 14.82 | 9.76 | 3.93 | 2.30 | 0.42 | 25.69 |
| | 生活用纸 | -9.91 | -2.68 | | 10.75 | 19.52 | -1.29 | 17.29 |

注：此表为1999—2011年13年的年均增长率。

巴西、智利、印度尼西亚是全球较大的木浆原产地和出口国，2011年3国合计生产木浆2446万吨，占全球生产量的14.55%；合计木浆出口量1485.7万吨，占全球出口量的32.92%，其中，漂白化学阔叶木浆合计出口量为1262.6万吨，占全球出口量的61.25%。

南非是非洲制浆造纸生产量和消费量最大的国家，也是全球木片离岸量最大的国家。为全面了解这些国家的制浆造纸工业现状及将来对全球制浆造纸工业生产及消费市场的影响，对以上国家的制浆造纸工业的分析如下。

**(一) 巴西**

2011年巴西纸及纸板消费量982.3万吨，超过法国，排名全球第8；人均消费量49.3千克，低于全球平均56.8千克的水平。2011年巴西纸及纸板生产量1015.9万吨，从2010年的第10上升到全球排名第9。从数据上看，巴西纸及纸板出口大于进口。但出口量不到生产量的20%。2011年出口量仅比进口量高33.6万吨。

以1999年为基准，2009年巴西纸及纸板的消费量年均增长3.03%，生产量增长2.95%，两者增长几乎同步。2009—2011年巴西纸及纸板的消费结构如表13所示。

从消费量比例构成看与中国有几分相似。但生活用纸的比例比中国高得多。除2009年外，巴西纸及纸板的消费量持续增长。1999—2008年10年的年均增长率3.75%，2009年比上年降低3.2%。

巴西纸及纸板消费量最大的纸种是箱纸板和瓦楞原纸，占42%，2009年纸盒纸板及其他纸板增长7.81%，生活用纸消费量增长2.3%，似乎未受金融风暴的影响，同时表明巴西的国民生活质量正在持续提高。2010年巴西纸及纸板的消费量增长11.1%，是历年增幅最大的。尽管2011年全球经济回暖乏力，多数发达国家纸及纸板的消费量回落，但巴西是为数不多的增长国家之一。

**表13　2009—2011年巴西各类纸及纸板消费量及其比例构成**

| | 表观消费量/千吨 | | | | | 比例/% | | | | |
|---|---|---|---|---|---|---|---|---|---|---|
| | 2007年 | 2008年 | 2009年 | 2010年 | 2011年 | 2007年 | 2008年 | 2009年 | 2010年 | 2011年 |
| 纸及纸板总量 | 8222 | 8947 | 8664 | 9687 | 9823 | 100 | 100 | 100 | 100 | 100 |
| 新闻纸 | 542 | 652 | 495 | 586 | 533 | 6.59 | 7.29 | 5.71 | 6.05 | 5.43 |
| 印刷书写纸 | 2113 | 2207 | 2071 | 2348 | 2345 | 25.70 | 24.67 | 23.90 | 24.24 | 23.87 |
| 包装用纸及纸板 | 4565 | 5034 | 5029 | 5551 | 5681 | 55.52 | 56.26 | 58.05 | 57.30 | 57.84 |
| 生活用纸 | 819 | 852 | 872 | 908 | 966 | 9.96 | 9.52 | 10.06 | 9.37 | 9.83 |
| 其他纸及纸板 | 184 | 202 | 197 | 294 | 298 | 2.23 | 2.26 | 2.27 | 3.04 | 3.03 |

从1999—2008年新闻纸消费量数据看，几乎没有变化，2008年新闻纸消费量达到最高，为65.2万吨，1999年为60万吨，2000年为64万吨，但在2009年降低到13年的最低点49.5万吨。巴西虽然是纸浆生产大国，但机械浆的生产量却不高，因此与机械浆相关的纸种的生产量不能满足国内需求，含机械浆的纸种的进口量均较高，如新闻纸年进口量达到40万吨左右，最高的2008年达到51.1万吨。此外，涂布纸的生产量目前不能满足消费需求，2010年进口量最大的涂布纯化学浆和含机械浆的纸张产品达到51.1万吨。而由于漂白针叶木浆生产的优势，未涂布纯化学浆印刷纸是巴西出口最大的品种，2010年达到历史最高的105.3万吨。

2009年巴西纸浆生产量1370.5万吨，2010年1416万吨，2011年1385.5万吨，均列全球纸浆生产量的第4位。2011年巴西纸浆生产量比1999年增加近1倍（693.4万吨），年均增长5.94%。其中漂白化学阔叶木浆生产量1131.8万吨，已成为全球第2（美国2011年漂白针叶木浆产量为1212.9万吨），占全球漂白针叶木浆的23.35%。2011年巴西纸浆消耗量为607万吨，为1999年的1.43倍，年均增长3.0%，略低于纸及纸板的增长率。与纸及纸板的生产量和消费量不同，巴西纸浆的生产似乎未受到金融风暴的影响，2008年为1277.2万吨，比上年增长6.6%，而2009年生产量同比增长达到了7.3%，2010年继续增长了6.7%，但由于2011年全球经济和制浆造纸工业增长乏力，2011年巴西纸浆生产量下滑2.2%，但仍比2009年产量高1.1%。借助于优越的地理、气候及其他自然条件，巴西人工林的种植和利用在全球处于领先地位，因此，巴西成为全球最大的漂白硫酸盐阔叶木浆出口国顺理成章。2011年巴西出口漂白硫酸盐阔叶木浆847.6万吨，占全球的41.09%，其中188.48万吨出口到了中国，占其出口总量的22.24%，占2011年中国进口漂白硫酸盐阔叶木浆的35.87%，可以说，巴西已逐渐成为中国造纸原料的主要供应来源之一。

2011年巴西废纸回收量和消耗量均在410多万吨，回收率和使用率均在42%左右，废纸回收后基本自用，进出口量均很少。

**（二）智利**

2011年智利纸及纸板消费量128.6万吨，人均消费量75.3千克，尚未回升到2007年83千克的水平，但高于全球平均56.8千克的水平。2009年智利纸及纸板生产量136.1万吨，消费量低于生产量7.5万吨，纸及纸板生产和消费基本平衡。但进出口量相对较大，2011年智利进口各类纸及纸板58.3万吨，占消费量的45.38%；出口量65.9万吨，占生产量的48.41%。

以1999年为基准，到2011年的13年间智利纸及纸板的消费量年均增长3.87%，生产量增长4.57%，说明这些年智利纸及纸板的生产有了长足的进步。2009—2011年智利纸及纸板的消费结构见表14。

**表14　2009—2011年智利各类纸及纸板消费量及其比例构成**

| | 表观消费量/千吨 | | | 比例/% | | |
|---|---|---|---|---|---|---|
| | 2009年 | 2010年 | 2011年 | 2009年 | 2010年 | 2011年 |
| 纸及纸板总量 | 1165 | 1284 | 1286 | 100 | 100 | 100 |
| 新闻纸 | 58 | 55 | 60 | 5.00 | 4.28 | 4.67 |
| 印刷书写纸 | 260 | 324 | 302 | 22.31 | 25.20 | 23.49 |
| 包装用纸及纸板 | 622 | 713 | 709 | 53.40 | 55.53 | 55.14 |
| 生活用纸 | 155 | 152 | 189 | 13.30 | 11.84 | 14.70 |
| 其他纸及纸板 | 70 | 40 | 26 | 5.99 | 3.15 | 1.99 |

从消费量比例构成看，智利新闻纸比巴西略低。印刷书写纸和包装用纸及纸板比例基本相同，生活用纸比例略高。2007年智利纸及纸板达到消费量最高点，2008年略有下降，2009年比上年降低14.1%。显示金融风暴对智利纸及纸板消费市场的冲击与发达国家基本相同。

智利纸及纸板消费量最大的纸种是箱纸板和瓦楞原纸，大约占43%～45%。2009年受金融风暴的影响最大的是新闻纸的消费，下降37.3%，其次是包装用纸及纸板，下降17.1%，生活用纸受影响最小，下降3.1%。

2011年智利进口量最大的是未涂布纯化学浆印

刷纸和箱纸板及瓦楞原纸，分别达到25.3万吨和20.9万吨，出口量最大的是新闻纸及纸盒纸板，分别达21.3万吨和32.3万吨。未涂布纯化学浆印刷纸也是智利进口较大的品种，显示与巴西造纸工业的互动性较强。

2009年智利纸浆生产量500万吨，因受地震灾害影响，纸浆生产量严重下降，2010年智利纸浆生产量411万吨，比2009年减少17.7%，2011年上升18.5%达到487.6万吨，但仍未恢复到2009年的水平。目前智利位列全球纸浆生产量的第10位。2009年智利纸浆生产量比1999年增加1倍多（229.9万吨），年均增长7.62%。其中，漂白硫酸盐针叶木浆生产量199.8万吨，漂白硫酸盐阔叶木浆生产量204.8万吨，长短纤维比例各占1/2。2011年智利纸浆消耗量73.2万吨，比历史最高的2007年减少15.39%；为1999年的1.44倍，年均增长3.09%，低于纸及纸板的增长率。借助于良好的出口，智利纸浆的生产基本未受到金融风暴的影响，2008年比上年增长5.6%，2009年略增，为0.5%。

2009年智利出口漂白硫酸盐针叶木浆204.8万吨，其中108.3万吨出口到中国，占其总出口量的52.88%，占当年中国进口漂白硫酸盐针叶木浆的22.73%，成为中国漂白硫酸盐针叶木浆第二大供应进口国；由于受地震灾害影响，2011年智利出口漂白硫酸盐针叶木浆179.9万吨，其中81.99万吨出口到中国，占其总出口量的45.58%，占当年中国进口漂白硫酸盐针叶木浆的14.07%，亦是除加拿大和美国之外的第三大中国漂白硫酸盐针叶木浆供应国。2009年智利出口漂白硫酸盐阔叶木浆187.3万吨，其中65.3万吨出口到了中国，占其出口总量的34.86%，占2009年中国进口漂白硫酸盐阔叶木浆的11.01%。2011年智利出口中国漂白硫酸盐阔叶木浆31.67万吨，比2009年下降51.5%，2011年未漂硫酸盐木浆出口量36.1万吨，其中12.07万吨出口中国，占其出口总量的33.43%，占中国当年同类产品进口量的20.16%。借助于太平洋西岸良好的运输条件，中国已逐渐成为智利商品浆的主要销售对象。

2011年智利废纸回收率约43%，使用率接近50%，废纸回收后基本自用，不足部分以进口弥补。

### （三）印度

印度造纸工业是全球增长快速的造纸市场之一，也是世界造纸工业重心向新兴经济体转移的主要国家之一。

2011年印度纸及纸板消费量为1148.1万吨，同比增长5.9%，从2009年起，印度纸及纸板消费量全球排名每年上升1位，2011年已上升至全球纸及纸板总消费量的第5位。人均消费量9.5千克，远低于全球平均消费量。2011年印度纸及纸板生产量965.5万吨，消费量高于生产量182.6万吨。进出口之差为消费量的15.9%，从数据看，2011年供需差距比2009年进一步拉大。2011年印度进口各类纸及纸板216.4万吨，占消费量的18.85%，出口量33.8万吨，占生产量的3.50%，印度为纸及纸板净进口国。

以1999年为基准，2011年印度纸及纸板消费量年均增长9.14%，生产量增长8.09%，消费量增长略高于生产量。2009—2011年印度纸及纸板的消费结构见表15。

**表15　2009—2011年印度各类纸及纸板消费量及其比例构成**

| | 表观消费量/千吨 | | | 比例/% | | |
|---|---|---|---|---|---|---|
| | 2009年 | 2010年 | 2011年 | 2009年 | 2010年 | 2011年 |
| 纸及纸板总量 | 9868 | 10838 | 11481 | 100 | 100 | 100 |
| 新闻纸 | 1801 | 2140 | 2291 | 18.25 | 19.74 | 19.96 |
| 印刷书写纸 | 3367 | 3639 | 3869 | 34.12 | 33.58 | 33.69 |
| 包装用纸及纸板 | 4522 | 4853 | 5103 | 45.82 | 44.78 | 44.45 |
| 生活用纸 | 79 | 101 | 108 | 0.80 | 0.93 | 0.94 |
| 其他纸及纸板 | 100 | 105 | 110 | 1.01 | 0.97 | 0.96 |

从消费量比例构成看，印度新闻纸和印刷书写纸所占比例在全球数最高水平，包装用纸及纸板与发达国家基本相似，生活用纸比例极低，充分显示了印度经济增长的特点，即经济发展迅速，贫困人口众多。在2009年金融风暴对印度纸及纸板消费量轻微影响之后，2010年纸及纸板消费量大幅增长

9.1%，2011 年增幅虽然放缓，但仍达到 5.9%，达到历史消费量最高点的 1148.1 万吨，显示金融风暴对印度纸及纸板消费市场的影响不大。

纸及纸板消费量最大的是印刷书写纸，占 33% 左右，其次是箱纸板和瓦楞原纸，大约占 26%；2009 年受金融风暴影响最大的是新闻纸的消费，下降 17.2%；而生活用纸近年来增长最大，2009 年上升 23.4%，2010 年又激增 26.3%，显示印度国民的生活水平提高较快。

印度进口量最大的是新闻纸，2011 年进口量最大达到 139.1 万吨。尽管 2009 年新闻纸消费下降较多，但其进口量仍达到 89.8 万吨；印度的出口量极低，仅为生产量的 3.5%，基本为印刷书写纸和纸盒纸板及其他纸板，基本分别在 20 万吨和 11 万吨左右。

与中国一样，印度是非木材纤维制浆大国，2011 年印度纸浆生产量 399.9 万吨，其中各类木浆 163.4 万吨，为 1999 年的 70.43%，年均减少 2.88%，非木浆 295.9 万吨，为 1999 年的 1.91 倍 (124 万吨)，年均增长 5.53%。木浆中，漂白化学阔叶木浆生产量 125.1 万吨，未漂硫酸盐木浆 21.5 万吨，机械木浆 16.8 万吨。机械木浆生产量的不足，是造成新闻纸大量进口的主要因素，2011 年印度纸浆消耗量为 475.9 万吨，其中木浆 239.4 万吨，几乎与 1999 年持平（为 1999 年的 96.73%），年均减少 0.28%，非木浆消耗量 236.5 万吨，与 1999 年 (232 万吨) 基本持平，原生浆的生产量仅为纸及纸板生产量的 49.29%，显示印度纸及纸板生产原料严重不足。

印度 2011 年回收废纸 295.9 万吨，回收率 25.77%，废纸消耗量 527.9 万吨，使用率 36.78%，废纸回收后基本自用，不足部分以进口弥补。

值得注意的是，目前印度年人均纸及纸板消费量与我国改革开放前后基本相同，在未来的 5 年间，随着经济的发展和人民生活的改善，可以预见，印度纸及纸板的消费必定随之水涨船高，而印度人口众多是纸及纸板消费增长的强大动力，与中国相似的还有印度人均土地资源的不足和森林覆盖率较低，其自身的造纸资源将肯定不足以支撑其纸及纸板的生产。因此，未来印度将是中国在全球各类资源包括造纸资源的强大竞争者，也是中国造纸工业值得关注的市场之一。

**（四）俄罗斯**

2011 年俄罗斯纸及纸板消费量 686.1 万吨，同比增长 2.9%，已超过 2008 年的 676.7 万吨的历史最高消费量。人均消费量 48.1 千克，低于全球平均 56.8 千克的水平。2011 年俄罗斯纸及纸板生产量 760.4 万吨，生产量高于消费量 149.7 万吨。进出口之差为生产量的 9.8%；2011 年俄罗斯进口各类纸及纸板 159.1 万吨，占消费量的 23.19%，出口量 233.4 万吨，占生产量的 30.7%，俄罗斯为纸及纸板净出口国。

以 1999 年为基准，到 2011 年，俄罗斯纸及纸板消费量年均增长 8.05%，生产量增长 4.39%，消费量增长高于生产量 3.66 个百分点。2009—2011 年俄罗斯纸及纸板的消费结构见表 16。

表 16 **2009—2011 年俄罗斯各类纸及纸板消费量及其比例构成**

| | 表观消费量/千吨 | | | 比例/% | | |
|---|---|---|---|---|---|---|
| | 2009 年 | 2010 年 | 2011 年 | 2009 年 | 2010 年 | 2011 年 |
| 纸及纸板总量 | 5876 | 6668 | 6861 | 100 | 100 | 100 |
| 新闻纸 | 590 | 605 | 622 | 10.04 | 9.07 | 9.07 |
| 印刷书写纸 | 1266 | 1452 | 1493 | 21.55 | 21.77 | 21.76 |
| 包装用纸及纸板 | 3537 | 4029 | 4132 | 60.19 | 60.42 | 60.23 |
| 生活用纸 | 329 | 385 | 421 | 5.60 | 5.77 | 6.14 |
| 其他纸及纸板 | 154 | 197 | 193 | 2.62 | 2.95 | 2.81 |

从消费量比例构成看，俄罗斯新闻纸消费比例在全球数较高水平，包装用纸及纸板与中国基本相似。印刷书写纸及生活用纸消费比例比中国略低。1999—2008 年 10 年间俄罗斯纸及纸板消费量年均增长 10.7%，增长势头显著。但 2009 年有较大程度的下降，显示金融风暴对俄罗斯纸及纸板消费市场有较大影响，但 2010 年又迅速回升了 11.5%，2011 年增速放缓至 2.9%，但消费量达到历史最高点。

2011 年纸及纸板消费量最大的是箱纸板和瓦楞

原纸，占37%左右，其次是印刷书写纸，大约占22%。2009年受金融风暴影响最大的是印刷书写纸和新闻纸的消费，分别下降17.8%和15.8%，生活用纸和包装用纸及纸板降幅在10%左右。

俄罗斯进口量最大的是纸盒纸板，2006年进口量最大达到57万吨，2011年进口量仍为52.9万吨，印刷书写纸中的涂布纸进口量也相对较大，年进口量合计也可达到50万吨左右。

原苏联概念内各国除波罗的海三国纸及纸板的消费大于或接近全球平均水平外，包括俄罗斯在内其余均低于世界人均消费量平均水平；独联体的亚洲国家，除哈萨克斯坦外，人均消费量均未超过10千克，欧洲部分的亚美尼亚、阿塞拜疆、格鲁吉亚和摩尔多瓦也未超过10千克，因此，俄罗斯出口的纸及纸板和纸制品出口有可能大多以这些国家为目的地。2011年俄罗斯出口各类纸及纸板233.4万吨，同比减少2.02%，自2005年达到历史上最高出口量的300.3万吨以后，俄罗斯纸及纸板的出口量基本逐年下降，2011年比2005年的顶点减少22.27%。出口量最大的是新闻纸，2009年达到历史最高，为141.8万吨，同比增长9.67%，包装纸板的出口量为90.4万吨，箱纸板及瓦楞原纸占其中的50%，另50%由纸盒纸板与其他包装用纸基本平分。相比出口，俄罗斯纸及纸板的进口量逐年上升，2011年达到历史最高的159.1万吨，比1999年增加470.41%，年均增长15.62%。

2011年俄罗斯纸浆生产量745.3万吨，2010年俄罗斯纸浆生产量742万吨，均列全球纸浆生产量的第8位。2011年俄罗斯纸浆生产量是1999年的1.46倍（509.1万吨），年均增长3.23%。其中，漂白硫酸盐针叶木浆生产量148.8万吨，漂白硫酸盐阔叶木浆生产量101.5万吨，本色硫酸盐木浆237.9万吨，机械浆151.3万吨，亚硫酸盐浆及半化学浆91.7万吨，非木浆14.1万吨；俄罗斯生产的纸浆为自用和出口，进口量不足10万吨/年，品种仅为漂白硫酸盐针/阔叶木浆。2011年俄罗斯纸浆消耗量568.8万吨，为1999年的1.49倍，年均增长3.4%，低于纸及纸板增长率4个多百分点。2011年俄罗斯出口纸浆186.3万吨，其中，漂白硫酸盐针叶木浆75.2万吨，漂白硫酸盐阔叶木浆54.1万吨，本色硫酸盐木浆44.9万吨，俄罗斯纸浆主要出口到中国。2009—2011年俄罗斯纸浆出口情况见表17。

**表17　2009—2011年俄罗斯各类纸浆出口情况**

| | 总出口量/万吨 | | | 出口中国/万吨 | | | 出口中国比例/% | | |
|---|---|---|---|---|---|---|---|---|---|
| | 2009年 | 2010年 | 2011年 | 2009年 | 2010年 | 2011年 | 2009年 | 2010年 | 2011年 |
| 木浆总出口量 | 158.9 | 173.2 | 186.3 | 99.4 | 90.3 | 105.8 | 62.56 | 52.14 | 56.79 |
| 漂白针叶木浆 | 67.3 | 65.6 | 75.2 | 59.4 | 52.8 | 60.4 | 88.26 | 80.49 | 80.32 |
| 漂白阔叶木浆 | 49.8 | 47.8 | 54.1 | 22.1 | 18.9 | 21.1 | 44.38 | 39.54 | 39.00 |
| 本色硫酸盐浆 | 37.4 | 49.0 | 44.9 | 15.0 | 15.2 | 19.9 | 40.11 | 31.02 | 44.32 |

俄罗斯2011年回收废纸243.2万吨，回收率35.45%，废纸消耗量213万吨，使用率24.84%。废纸回收后基本自用，略有出口。

**（五）以上新兴市场对全球造纸工业的影响**

巴西、智利及俄罗斯等国资源丰富，是近年来新兴的制浆造纸国家，其制浆造纸工业目前或将来可能是其支柱性行业，根据全球制浆造纸工业及市场发展的规律，其本国的纸及纸板消费仍有增长的空间，并且根据这些国家的大型制浆造纸集团的发展战略，都有投资扩产的规划，因此，这些国家将是全球制浆造纸工业发展新的增长点。

中国和印度是人口大国，人均占有土地、森林、水、能源等自然资源属全球最低，发展制浆造纸工业将会受到资源、能源及环境的限制，尤其是印度，目前人均用纸量极低，随着经济的发展，纸及纸板的消费市场潜力巨大，如其按照中国纸及纸板市场的轨迹发展，将会给印度本国乃至全球制浆造纸工业提出巨大挑战。并且，将会带来原料方面的激烈竞争。

从全球看，北美、西欧已基本达到纸及纸板的消费顶峰，随着电子媒体的发展，纸及纸板在文化用纸方面将会有所下降，但东欧、拉丁美洲的大部分国家的人均消费水平仍低于50千克，非洲及亚洲的经济不发达地区，纸及纸板的人均消费水平仍未超过10千克，因此未来造纸工业的发展，将会向这些地区转移。

## 五、全球制浆造纸工业发展趋势分析

### （一）全球纸及纸板的消费仍将继续增长

纸及纸板作为知识、信息及实体货物传输的载体，并且其生产原料可再生、循环等因素，纸及纸板的消费量在一定时期内仍将会继续增长，但也会受到经济发展的影响。1996—2000 年 5 年间全球纸及纸板的年均消费增长 3.35%，2001—2005 年增长 3.46%，受金融风暴的影响，2006—2011 年的 6 年间年均增长率 0.74%。

2010 年全球纸及纸板的消费量和生产量有了较为强劲的增长，这说明纸及纸板的消费并未到下降的时期，短期经济风暴会影响纸及纸板的消费，但不会影响其发展趋势，即使受经济风暴影响较大的国家，除希腊之外，冰岛、爱尔兰、葡萄牙、西班牙和意大利均有不同程度的恢复性增长；发达国家中，瑞典、奥地利、澳大利亚和比利时回增超过或接近 10%，芬兰、德国和挪威超过 7%，除加拿大持续下降之外，其余国家回增在 3% ~5% 之间。但受到电子传媒和载体的冲击，多数国家在 2011 年又有不同程度的回落，纸及纸板在发达国家和地区的消费量有下降趋势，但由于新兴发展国家和待发展地区与发达国家和地区的人均消费量的差距为 3 ~ 30 倍，因此，这些国家和地区将是全球纸及纸板消费量增长的重要驱动力，在近期主要是新兴发展国家，而人均消费量低于 10 千克的国家和地区将影响长远增长趋势。

未来印刷书写纸的比例将会下降，包装和生活用纸的比例将会上升。

### （二）全球纸及纸板的生产重心将会部分转移

虽然造纸工艺起源于中国，但其工业化和现代化生产起始于欧美发达国家，适合生产高质量的针叶木浆原料也主要集中在纬度较高的欧美国家，因此目前制浆造纸工业主要集中在这些地区。2011 年，发达国家和地区的北美、西欧、澳洲及日本人口总数占全球的 13.16%，消费了全球 46.46% 的纸及纸板，生产量占全球的 51.78%，出口量占全球的 74.68%。目前纸及纸板的生产、消费及输出地主要集中在这些地区。

由于制浆造纸工艺技术及装备和速生丰产林的发展，纸及纸板的生产从主要由针叶木浆向阔叶木浆转变，并且正逐渐在巴西、智利、印度尼西亚及其他拉丁美洲和东南亚等热带阔叶木生产条件好，经济发展快速的国家和地区兴起。目前这些国家和地区主要是商品木浆供应源，随着经济和制造业的不断增长，这些国家将会成为未来纸及纸板的生产地和输出地。

发达国家和地区由于纸及纸板的消费已基本满足需求，经济和人口的增长趋缓，加之信息传播的方式改变，纸及纸板将会略有下降，而待发展国家和地区仍有增长空间，未来纸及纸板的生产将会逐渐向这些地区转移。

### （三）废纸循环利用将会逐年增长，原生浆用量将会下降

废纸作为纸及纸板生产的再生资源发展很快，目前全球纸及纸板的生产有 1/2 是以废纸为原料的，发达国家和地区废纸的回收率在 65% ~80%，利用率在 50% ~65%。2011 年我国纸及纸板生产原料中 63.42% 是废纸，德国为 66.68%，荷兰为 66.61%，而最高的英国达到 71.83%，韩国为 73.35%。2011 年全球废纸消耗量比 2007 年增长 9%。

目前发达国家和地区已在逐渐减少化学制浆生产，比利时、丹麦、荷兰、瑞士、英国等已经没有化学浆生产，传统的制浆大国加拿大 2011 年的纸浆生产量比 2007 年下降了 18.2%。

中国和印度由于人口众多，人均资源占有率低，因此废纸利用增长很快，相比 2007 年，2011 年 2 国的废纸消耗量分别增长了 41.28% 和 24.09%。

### （四）资源供需矛盾将会逐渐显现

发达国家和地区资源相对丰富但其制浆生产将逐年降低，除巴西、印度尼西亚等资源相对丰富之外，印度等人口大国要增加纸及纸板的消费和生产，资源相对匮乏。而从发达国家和地区要取得较多的制浆木片原料从现在和未来都是极为困难的。因此，未来造纸原料之争将会逐渐显现。

## 六、《PPI》对全球纸及纸板发展趋势的预测

《PPI》2011 年 1 月评述文章《Expect Some Slowdown》对全球制浆造纸市场的预测如下：

### （一）生活用纸

自 2000 年以来，全球生活用纸消费量一直是以平均 3.6% 的增幅增长，其中，2008 年增长 3.8%，而由于经济衰退，2009 年出现了 1.1% 的最低增幅，北美、欧洲及日本为负增长，拉丁美洲和非洲维持较低的增幅，2010 年发展中区域的强劲需求推动了需求进入常增的轨迹。生活用纸在 2001 年

的不景气之后需求量亦快速回弹，例如，在2003年低于3%的增速之后，2004年迅速上升至增幅4.3%。

随着经济的回暖，2010—2011年生活用纸的消费量将增加4.1%，这主要得益于假日户外活动的回归，而在家庭生活用纸部分受经济变化的影响较少。

品质提高及产品的创新将驱动发达国家和地区的消费量增长，而发展中国家和地区的人口增长及基础设施的改进将是全球消费量增长的主要驱动力。

消费量的增长主要源于中国、远东（日本除外）、拉丁美洲和东欧。2009年美国人均消费24千克生活用纸，而同年中国人均消费量仅比3千克略高，发达国家和地区与发展中国家和地区人均消费量的差距很大，表明随着发展中国家和地区成熟市场的成长，生活用纸消费量会有长期稳定增长的可能性。这种可能性将吸引新的投资者释放新生产能力。2012—2015年全球生活用纸需求量的增长率可期望达到平均3.9%的水平。

全球生活用纸消费量的3/4源自于消费者家庭日常生活的使用量。但是一些产品通过典型的零售渠道销售，包括假日与户外活动，在全球生活用纸产品消费中，58%是厕纸，其次是纸巾，在个别亚洲市场，由于大量使用，面巾纸的销量相当大。

生产量前3位的生产商控制了32%的生产能力，但全球3200万吨的生产能力仍处于分散状态。尽管生活用纸蓬松，但贸易仍较迅速流行，尽管生活用纸投资已非常大，但在拉丁美洲和中国这些低消费区，高额投入仍在继续。

**（二）分区域的印刷纸展望**

1. 北美

尽管在“新传媒”的猛烈攻击下，虽然并不处在灭火的还价之下，美国的印刷纸消费量在2010年有了实质性的增长，RISI的经济学家表示在多年的持续下降之后，北美的印刷纸在2010年最终将有一个正向的增长。涂布纸在2010年重新夺回失去多年的阵地，快速地回升了10%，而在新闻纸和未涂布纸方面的消耗量回升相当缓慢。

2010年印刷纸消耗量增长1%～2%，是自2004年以来第一个增长年。

考虑到上5年（2005—2009年）其消费量平均每年以7.5%的速度下降，不能对2010年的消费增长有过高的估计，从2004—2009年，印刷纸从其顶峰总共减少了1570万吨的消费量，在长期下降趋势下，2010年以百万吨计的增加，仅削减了50万吨的库存量。在2010年少数增加的纸种，如杂志和样本用纸，而其他如新闻纸、目录和办公复印纸仍持续下降。

2010年新闻纸下滑5%，而同期目录用纸（directories）下滑8%，同样十分明显的是，这与过去几年这些品种的市场情况很类似。

2011年的经济回暖有点摇摆不定，其增长率将从2.6%下降至2.1%。这将受例如广告等一些市场回暖的影响，随着就业期望增长，还可促进办公复印纸需求的增长，2009—2010年间的初期存货情况已过，因此我们现在期望在2011年印刷纸仅有1%的下降。下滑的基本领域仍维持在新闻纸方面，尽管这种下降也在趋于缓和。

尽管2012—2014年将有相当强的经济状况，但经济学家预计在这些年里控制结构性下滑将推动印刷纸需求量的下降。

2. 拉丁美洲

拉丁美洲区域在印刷书写纸消耗量方面已回弹，2009年消耗量下降了7%，但预计2010年有7%的增长率，相当于39万吨的增量。

2011—2015年间的年均增长率预计为3.5%，略低于过去15年间所达到的4.2%的年均增长率。增长率的降低主要归结于在商业中的电子信息交换和在广告业中媒介转化的竞争压力以及互联网的竞争。

巴西的印刷书写纸生产商为失去本地的市场份额而忧心忡忡，巴西当局声明他们将调查从美国、芬兰、瑞典、瑞士、比利时、加拿大和德国等进口LWC中倾销的可能性。巴西的生产商亦在评估针对进口涂布印刷纸反倾销的可能性。除了巴西，阿根廷是另一个评估针对从亚洲、澳大利亚、芬兰和美国进口的涂布印刷纸反倾销可能性的国家。这是从2009年12月由阿根廷生产商Ledesma提出开始的。

经济学家希望看到在2011—2015年间年均增长2.3%之后，2015年拉丁美洲印刷书写纸净进口量达到170万吨，拉丁美洲在未来5年仍严重依靠进口纸品，但在总消耗量的净进口份额将从2010年的26.3%略降至24.8%。

这个区域的人们热爱自己的报纸，而此区域的新闻纸需求量占全球的6%。随着区域市场的成熟，拉丁美洲的广告商已逐渐改变广告的合作伙伴，这将影响新闻纸的消费量。根据RISI经济学家的估计，这个区域报纸广告的份额将从26.7%下降到18.6%，而2012年将进一步下降到15.7%。

3. 亚太地区

丝毫不感到意外，在所有纸张制作区域中，亚太地区在近几年经历了最佳和最疯狂的增长，亚洲印刷纸在 2010 年增长 6% ~7%，新闻纸和印刷书写纸市场从经济回弹中双双得益，其原因是广告、打印量和最终用户业务量的增加。库存量的改变也有助于需求量的回升。健康的增长已化作为 290 万吨印刷书写纸（120 万吨未涂布纯化学浆纸和 135 万吨涂布纸），外加 78 万吨新闻纸的消耗量的增长。

印度和中国引领了这些需求量的回升，这两个国家占了其中 55 万吨新闻纸和 210 万吨印刷书写纸的增量，大多数国家从 2009 年的重创中回弹，除了日本，其新闻纸的需求量微跌，印刷书写纸消费量持平。

就 4 种主要印刷书写纸品种而言，机械浆纸看起来增长最快，但纯化学浆占了最大份额，涂布化学浆纸 2010 年增长 6%（相对于 2009 年减少 7%），增长 71 万吨；未涂布纯化学浆纸相对于 2009 年增长 1% 而言，增长了 5%，涂布机械浆纸在中国健康成长的影响下，攀升了 19%。

从中期看来，印刷书写纸的总需求量将以每年平均 4.2% 的速率上升，从 2010 年开始到 2015 年增量 1000 万吨，其总量将达到 5300 万吨。中国凭借巨大的人口量，将占其中 67% 的增长份额，即 670 万吨，处于主导地位，印度是第 2 位，将占 15% 的增长份额，近 150 万吨。

4. 欧洲

2010 年对于欧洲的造纸企业来说是具有挑战性的一年。纸价在年初直线下滑至 2009 年的价格水平之下，而化学浆和废纸由于供应偏紧和旺盛的需求而价格同时飞涨，尽管运转率强力回升，但造纸企业是在亏本的情况下运行的。

大多数纸品的需求量从 2009 年的夏天开始回升一直到 2010 年的三季度为止，由于微弱的经济发展和纸品库存量回升至正常水准，纸品市场看起来有变弱的迹象。浆价升至顶点，仓储费用提高迫使清库，使得造纸生产在亏损的情况下止步不前。欧洲市场处于饱和状态，衰退和迅速发展的电子阅读器和 Ipad 将持续不断地影响纸品的需求量。

过去的衰退已结束，经济学家期望欧洲印刷书写纸在 2014 年之前需求量处于平和状态，最迟在 2015 年，市场将会走下坡路，预计将会减少 58.4 万吨。而东欧和南欧（CESE），现在还包括土耳其预计仍有 4% 的年均增长率。

期望 2011 年东欧和南欧（CESE）的需求量在 2010 年的基础上增加 130 万吨达到 720 万吨，预测的水平是高于衰退之前的 2007 年巅峰值 64.1 万吨，预计西欧市场在 2015 年之前每年下降率为 1.6%，其消费量预计为 2270 万吨，比 2010 年和 2009 年分别低 190 万吨和 69 万吨。

## 七、《PPI》对 2013 年纸及纸板走势的展望

《PPI》2013 年 1 月评述文章《What's in store for the world paper industry in 2013?》对 2013 年制浆造纸市场的预测如下：

经过 2012 年连续第 2 年只有 1% 左右增幅之后，预计 2013 年世界纸及纸板的需求量将增长 3%。较为快速的经济增长速度是预测的一个重要的因素，虽然这只是适度加快。更重要的是我们的假设稳定消费的库存量将是稳定甚至是有所提高。此外，由于电子媒体造成的印刷书写纸份额损失 2013 年将在某种程度上放缓。因此，与 2011—2012 年相比，全球纸及纸板需求的增长将会接近整体经济增长的速率。

尽管由于电子媒体造成的印刷书写纸份额损失 2013 年将在某种程度上放缓，但远远没有达到让人兴奋的程度。虽然没有前 2 年降速快，但 2013 年全球新闻纸用量预计仍将处于下降趋势，而经过 2011 年和 2012 年 2 年的平稳表现，2013 年全球印刷书写纸需求量预计将增长 2%。这仅仅是很小的回弹，2013 年印刷书写纸的需求量仍将比 2007 年的峰值低 700 万吨；而新闻纸的用量将低 900 万吨，相对 2007 年，这是 23% 巨大的落差。

全球纸及纸板增长的引擎仍将是生活用纸和包装用纸及纸板，预计 2013 年全球生活用纸的消耗量将增长 4.5%，略高于前 3 年的增长率，总量将比 2007 年增长 600 万吨，相对增长率为 22%。在 2011 年和 2012 年连续 2 年增长 2.5% 之后，2013 年箱纸板的增长率预计为 4%，相对于 2007 年，消耗量增加 2300 万吨，增长率为 18%；而相对于 2011—2012 年的 2% 的增长率，2013 年折叠纸板及特种纸预计也将有 4% 的增长率；其他纸及纸板消耗量将比 2007 年增长 900 万吨，相对增长率为 11%。

生活用纸和包装用纸及纸板潜在的强劲增长率源于其长期和短期的高额消耗量，全球生活用纸的增长动力来自于发展中国家和地区，特别是中国，其人均国民收入达到了生活用纸人均用量快速增长

的水平，目前的情况也证实了这一点。

2013 年所有包装用纸及纸板消耗量的增长都将来自于发展中国家和地区，最好的说法是，预期发达国家和地区在 2011—2012 年下降 2% 之后，在 2013 年能够稳定下来，2013 年发达国家和地区纸及纸板的消耗量将比 2007 年减少 3400 万吨或者说有 16% 的降幅。2009 年发展中国家和地区纸及纸板的消耗量已超过发达国家和地区，在连续 2 年增长 4%之后，预计 2013 年发展中国家和地区将有 6% 的增长，总消耗量将比 2007 年高出 5700 万吨，或者说是 32% 的跳跃式增长。

目前，对于 2013 年纸及纸板的需求量预测一般持乐观的看法，但不幸的是，发展中国家和地区，特别是中国，对新增生产能力的投资项目的投产，将与 2012 年一样，影响全球 2013 年的运转率，预计 2013 年运转率将比受到金融风暴打击前的 2007 年最高值低 4 个百分点。

（戚永宜　宁　飞）

# 纤维原料

## FIBROUS MATERIALS



# 4

# 林纸一体化工程建设现状和发展前景探讨

# Discussion on the Current Status and Development Prospect of Forestry – Paper Integration Project Construction

## 一、我国林纸一体化工程发展历程

1. 林纸一体化工程的启动和林纸一体化定义

2004年国家发展和改革委发布《全国林纸一体化工程建设“十五”及2010年专项规划》，正式提出我国要大力发展林纸一体化工程建设和具体政策措施。

林纸一体化就是打破过去林纸分离的传统管理模式，以市场需求为导向、以造纸企业为主体、通过资本纽带和经济利益将制浆造纸企业与营造造纸林基地有机结合起来，建设造纸企业和原料林基地相结合，形成以纸养林、以林促纸、林纸结合的产业化新格局，实现经济效益、生态效益、社会效益的统一，促进经济可持续发展。

2. 规划主要内容

（1）“十五”期间，新增制浆生产能力280万吨/年（木浆生产能力210万吨/年，竹浆生产能力70万吨/年）、造纸林基地200万公顷（木材基地176万公顷、竹材基地24万公顷）。届时，木浆新增产量180万吨，国产木浆比例达到10%，比2000年提高3个百分点；竹浆新增产量60万吨。实现造纸工业用材由靠商品材供应向造纸林基地供应的逐步过渡。

（2）“十一五”期间，在2005年底的基础上，新增制浆生产能力555万吨/年（木浆生产能力435万吨/年，竹浆生产能力120万吨/年）、造纸林基地300万公顷（木材基地264万公顷、竹材基地36万公顷）。届时，木浆新增产量370万吨，国产木浆比例达到15%，比2005年提高5个百分点；竹浆新增产量100万吨。

（3）2010年以后，待基地全部进入轮伐期，造纸林基地年产木材稳定在5600万米$^3$以上，竹材1350万吨以上。依靠基地供应原料可配套建设制浆能力1760万吨，其中木浆能力1365万吨、竹浆能力395万吨。

3. 规划完成情况

“十五”期间，基本完成目标。主要代表有海南金海浆纸业有限公司（于2005年3月28日建成投产）等项目。

“十一五”期间，由于国际金融危机的发生，前期进展较缓。但国家投入4万亿元资金来拉动内需、推动九大行业振兴后，发展较快，一直延续到2011年。主要代表有：骏泰浆纸有限责任公司、湛江晨鸣浆纸有限公司、山东太阳纸业股份有限公司、云南云景林纸股份有限公司、贵州赤天化纸业股份有限公司、四川永丰纸业股份有限公司、广西金桂浆纸业有限公司、濮阳龙丰纸业有限公司、焦作瑞丰纸业有限公司等企业。基本完成目标。

## 二、我国林纸一体化工程的建设总体情况

1. “十一五”期间主要林纸一体化项目的规划和建设情况

根据初步统计，自从2008年世界金融危机爆发后，国家采取了多种经济刺激政策，我国造纸行业建设有先进技术和装备的工程建设也进入了一个快速发展期。其规划、项目前期论证、拟建的项目总产能大（如图1所示），采用的技术和装备具有国际先进水平的特征明显。大型企业集团规划和拟建的工程数量和产能占较大比例。特别是我国造纸

大省山东省，其规划和拟建的新产能占绝对优势。说明在“十一五”末期，我国造纸行业的兼并重组、结构调整进入了一个快速轨道。

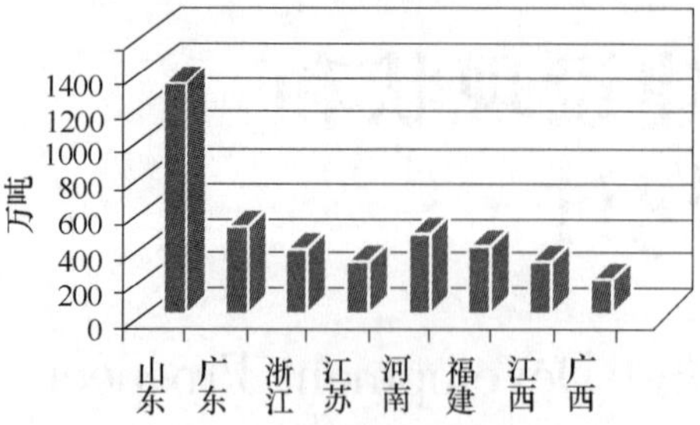


图1　主要省市新增项目产能

由图2可见，近几年规划、拟建的新产能中，东部12个沿海省市项目数量占50.8%，但产能占了近70%，为新增产能的领头兵。项目的平均规模较大，生产能力达到30万吨/年。这一方面说明，我国大型企业集团加快了兼并重组、做大做强的步伐；另一方面证明，由于我国资源、运输和市场的特定情况，充分利用海域经济的优势条件，是造纸企业发展壮大的基本策略。

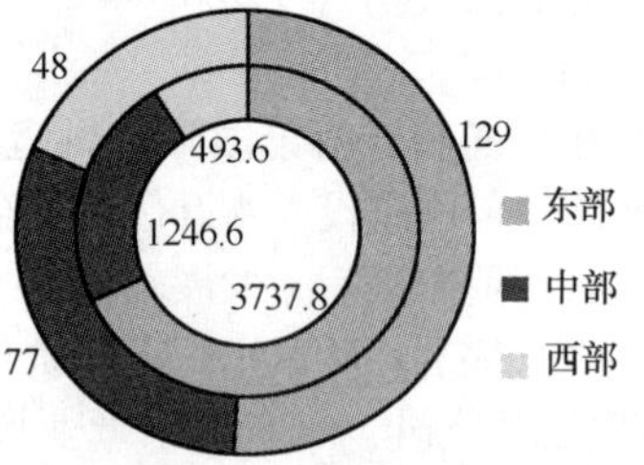


图2　按区域分的建设项目数量（外环）和产能（内环）（单位：万吨）

近几年，我国中部地区省市造纸行业发展前景也较好，拟建项目的平均规模达到了15万吨/年以上，使得拟建新工程采用新技术和先进装备的比例提高，一批骨干企业正在快速成长和壮大。西部地区省市由于资源、市场和运输等条件的制约，拟建项目的平均规模为10万吨/年，但采用的技术和装备也达到了国内先进水平，产品质量和档次提高较快，有效改变了能耗高、污染较大的面貌。

从图3和图4初步统计的数据分析可以看出，近几年已投产和2012年以后即将投产的纸浆产能比较集中，其中以大型化学漂白木浆项目占较大比例；化学机械浆项目的建设也加快了步伐；由于新技术的应用，大型非木材纸浆项目的规划和建设也得到了发展，项目的平均规模也越来越大。

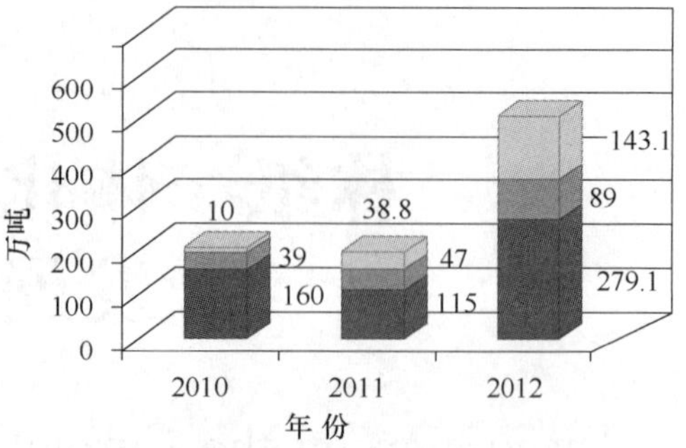


图3　拟建和在建纸浆项目产能

■非木浆 ■化机浆 ■木浆

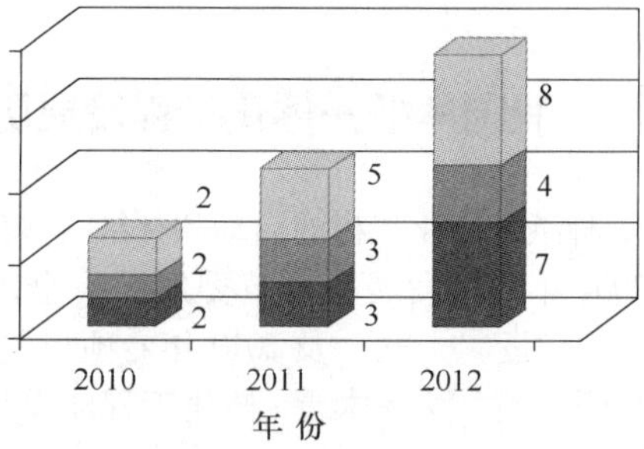


图4　拟建和在建纸浆项目数量

■非木浆 ■化机浆 ■木浆

2. 近几年林纸一体化项目的建设情况

由于近几年林纸一体化项目的规模越来越大，特别是化学木浆项目对木材原料的需求量很大，因此对交通运输的要求较高。近几年林纸一体化化学木浆项目大多采取在东南沿海地区进行建设，充分发挥和利用海域经济优势条件，采取合理利用国内国外资源来保证原料的供应。化机浆项目主要建设在国内阔叶木资源较丰富的地区，特别是杨木资源较丰富的地区。竹浆项目主要依托我国西南地区竹子资源丰富的地区进行建设。

3. 林纸一体化工程建设目标完成情况

根据统计资料，2004年国产木浆的产量为238万吨，占当年木浆总消耗量970万吨的24.5%。而到2011年，国产木浆的产量达到814万吨，占当年木浆总消耗量2144万吨的38%，基本完成规划制定的645万吨目标。

据不完全统计，以竹子为原料的林纸一体化工程项目建设，其生产能力也达到近200万吨/年，基本完成规划制定的190万吨目标。

4. 正在建设及计划建设的主要项目

2012年以来拟建和投产的代表项目有：江苏王

子制纸有限公司南通年产 70 万吨漂白木浆项目，亚太资源集团福建林浆纸一体化工程年产 80 万吨化学木浆、25 万吨化机浆项目，广西斯道拉恩索有限公司年产 70 万吨漂白木浆、年产 25 万吨化机浆项目，泸州永丰浆纸有限责任公司年产 20 万吨漂白竹浆项目，云南天巍纸业有限公司年产 20 万吨漂白竹浆项目，玖龙纸业（沈阳）有限公司年产 30 万吨化机浆项目，山东晨鸣纸业集团股份有限公司黄岗年产 30 万吨长纤维漂白木浆项目等。

## 三、林纸一体化工程主要建设规模和技术水平

1. 采用的新技术和新装备

已投产和即将投产的项目均使用了目前国际和国内最新的技术和装备，如大型木浆项目，基本都采用了新一代连续蒸煮、新型压榨洗浆机、热二氧化氯漂白技术、轻 ECF 漂白、高浓黑液结晶蒸发、高浓黑液燃烧技术、非工艺元素去除技术、高效白液过滤和洗涤设备等最新工艺技术和装备。国产制浆技术和装备近几年也有较大发展，如竹原料采用低能耗置换蒸煮工艺、新型 120 米$^2$ 真空洗浆机、大型双辊压榨洗浆机、白液盘式过滤机、高浓黑液蒸发系统、大型高效碱回收炉、双网压榨浆板机、浆板气垫干燥机等。这些新技术和装备已广泛应用于中型制浆工程项目中。化机浆项目基本采用的是国际目前先进的 CTMP、APMP 及 TMP 等技术和装备。

2. 已投产的代表项目

亚太森博（山东）浆纸有限公司年产 150 万吨漂白木浆项目，湛江晨鸣浆纸有限公司年产 70 万吨漂白木浆项目，安徽华泰林浆纸有限公司年产 30 万吨漂白针叶木浆项目，广西金桂浆纸业有限公司年产 30 万吨化机浆项目，四川永丰纸业股份有限公司年产 20 万吨漂白竹浆项目等。

## 四、我国林纸一体化建设的发展前景探讨

1. 林纸一体化建设是造纸工业可持续发展的根本

什么是“可持续发展”，什么是“循环经济”？

（1）循环经济　循环经济（Cyclic Economy）即物质闭环流动型经济，是指在人、自然资源和科学技术的大系统内，在资源投入、企业生产、产品消费及其废弃的全过程中，把传统的依赖资源消耗的线形增长的经济，转变为依靠生态型资源循环来发展的经济。循环经济观要求遵循“3R”原则：资源利用的减量化（Reduce）原则；产品的再使用（Reuse）原则；废弃物的再循环（Recycle）原则，实现资源再循环。

造纸工业目前完全满足“循环经济”的基本特征和要求。

（2）可持续发展　可持续发展是指自然资源及其开发利用程序间的平衡；是既满足当代人的需求，又不对后代人满足其自身需求的能力构成危害的“发展”。

原中共中央总书记、国家主席江泽民对可持续发展的定义是：“所谓可持续发展，就是既要考虑当前发展的需要，又要考虑未来发展的需要，不要以牺牲后代人的利益为代价来满足当代人的利益。”

现代林纸一体化制浆造纸行业完全满足资源是可再生的，产品是可回收利用的，生产过程是满足环境要求的，应属于“可持续发展”行业。林纸一体化工程建设就是解决木材资源再生的可持续发展，是造纸工业可持续发展的根本。

2. 我国还应坚持林纸一体化工程的合理规划发展

虽然林纸一体化工程建设是造纸工业可持续发展的根本，利国、利民、利行业发展、利于生态建设和环境保护。但是建设过程必须科学合理，应做到坚持遵循国家的相关规划和要求、坚持因地制宜、坚持种植和采伐的科学合理、坚持优良品种的培育、坚持病虫害的防治、坚持企业和林农的利益平衡、坚持林业基地的建设规模符合当地的自然生态平衡。只有这样，林纸一体化工程建设才能健康、理性发展。

3. 充分合理利用国内和国际资源是发展方向

由于我国人口众多，可利用林纸一体化工程建设所需的林地面积有限，加之我国目前已经实施林业产权改革政策，对在国内大力发展造纸原料林基地建设带来了一定的制约。如何科学合理地开发和利用国外木材资源丰富的地区发展林纸一体化工程建设，是今后我们应认真考虑的一个问题。

山东太阳纸业股份有限公司和浙江兴邦集团已经开始了此方面的开拓工作。

4. 发展预测

根据规划，2010 年以后，待造纸林基地全部进入轮伐期，基地年产木材稳定在 5600 万米$^3$ 以上，竹材 1350 万吨以上。依靠基地供应原料可配套建设

制浆能力1760万吨/年，其中木浆生产能力1365万吨/年、竹浆生产能力395万吨/年。

市场需求方面，2011年我国进口木浆1330万吨，同比增长15.55%，占木浆总用量的62%，与2010年比例相同。表明我国木浆对进口的依赖状况没有改变。

根据初步统计，近几年拟建的项目总规模达到300万~400万吨。可以预计，林纸一体化工程建设在未来相当一段时期，还是会有一定的发展空间。我们一定要坚持科学、理性的规划建设，应认真考虑和充分利用国内、国际适合的环境，才能有效地、持续稳定地发展。

## 五、林纸一体化工程建设存在的相关问题分析

1. 目前市场环境和企业效益下滑的压力

从2010年开始，由于欧债危机，国际经济严重下滑，对我国实体经济带来冲击，造纸行业也受到了较大影响。目前，我国造纸行业总体情况是供大于求，企业的经济效益不理想，因此企业对投资更加谨慎。这对发展林纸一体化工程建设的步伐带来一定的影响。

2. 我国林业土地资源开发的压力

目前我国林业产权政策和速生商品林地的短缺，对发展林纸一体化工程建设也带来一定压力。因此应认真考虑在国外有条件的地区科学建设造纸原料林基地和发展林纸一体化工程的建设。

3. 目前社会环境对制浆工业认识的压力

目前社会环境对制浆造纸工业的认识还有许多工作要做，特别是林纸一体化工程的建设。因为林纸一体化工程建设的主要目标是企业积极营造速生造纸原料林进行纸浆的生产。虽然现代制浆技术和工艺已经完全可以满足我国严格的排污标准，但社会的认知度还有差距。表现在相关国家和地方政府机构及社会对利用废纸等原料建设造纸工程是支持的，但对建设林纸一体化工程的看法基本是负面的。

4. 污染统计数据对林纸一体化工程的压力

根据国家相关统计数据，2010年我国造纸工业废水排放总量为39.37亿吨（占全国工业废水总排放量211.86亿吨的18.58%），其中达标排放的废水量为37.80亿吨，即未达标的废水量为1.57亿吨。由于统计数据没有对制浆和造纸的废水排放情况进行分别统计和分析，因此目前社会各界均认为，造纸工业未达标的废水主要是由林纸一体化工程的制浆工业所产生的。

## 六、建　议

是否对目前我国造纸行业的污染排放情况进行一次普查？

为保证我国造纸工业的持续健康发展，有效推动全行业的结构调整、节能减排、加快淘汰落后产能的步伐，科学、真实、详细的统计数据是关键所在。对于确实污染超标的落后产能，一定坚决淘汰，彻底改变我国造纸行业良莠不齐的现象。

进行造纸行业污染排放普查是项复杂的工作，牵涉面广，必须动用相关国家行政资源来完成。虽然污染普查工作需要花费相当的力量，但是这项工作对我国造纸工业科学持续发展是非常有意义的。如果全面普查有困难，也可选择一两个有代表的省份进行深入核查，根据数据偏差来调整整个造纸行业的污染排放数据。

## 七、结　语

（1）造纸工业目前完全满足“循环经济”的基本特征和要求。

（2）现代林纸一体化制浆造纸行业完全满足资源是可再生的，产品是可回收利用的，生产过程是满足环境要求的特征，属于“可持续发展”行业。

（3）自2004年我国启动林纸一体化工程建设至今，我国林纸一体化工程建设取得了较大成绩，为我国造纸工业的持续稳定发展作出了贡献。

（4）我国林纸一体化工程建设在技术和装备上基本达到国际先进水平，符合科学发展观。

（5）可以预计，林纸一体化工程建设在未来相当一段时期，还是会有一定的发展空间。但科学、理性发展是关键。

（6）目前社会对我国林纸一体化工程建设的认识，是今后林纸一体化工程建设是否顺利发展的至关重要因素。建议国家相关部门对造纸行业污染排放状况进行一次普查。

（李　耀）

# 关于我国造纸工业纤维原料供应的若干问题

# Several Problems with Fiber Raw Material Supply of China's Paper Industry

我国造纸工业经历了具有鲜明原料供应特征的4个阶段。“十五”期间通过大力推进林纸一体化和充分利用废纸原料的战略，我国造纸工业迎来了两个“五年”的跨越式发展，造纸纤维结构性矛盾得到极大改善。针对国内将长期存在自产木浆供应不足、利用废纸的进一步发展空间有限及以草为主的格局难以再现的发展瓶颈，通过利用国际国内两个市场、进一步抓好林纸一体化工程的实施、充分利用竹资源的优势、继续保持废纸利用的现有水平及适度发展草浆等措施，可以较好地解决我国造纸工业原料的供应问题。

## 一、回　　顾

纤维原料是造纸工业的物质基础，其种类、数量与质量，不仅关系到造纸工业的发展速度，而且对造纸企业的规模、采取的工艺技术和装备路线、污染的治理和经济效益等都有着决定性的影响。在我国，由于原料结构不合理，制浆造纸企业规模小、建设分散、效益差、技术装备水平低及污染严重等问题制约了我国造纸工业相当长的时期。

另外，我国造纸工业和林业分属不同部门管理，本是同一产业链的上下游产业长期不能实现有机结合，反而形成互相制约、不能共同发展的局面，其中一个直接后果就是行业壁垒导致原料利用成本居高不下。由于纤维原料成本占到纸浆成本的1/2以上，木材价格成为木浆造纸业竞争力的决定性因素。长期以来，国内木材市场价格远高于国际市场价格，严重影响我国造纸企业的市场竞争能力。尤其近年来，世界造纸工业的发展呈现出三大转变：一是从使用单纯天然木材资源向林浆纸一体化经营方向的转变；二是制浆技术快速发展使得造纸工业实现了向重视节能减排、资源综合利用等循环经济发展方式转变；三是为追求低成本和市场竞争能力向集中制浆、规模经营、产业集群转变。为顺应这种转变，同时也是为适应我国加入世界贸易组织、经济全球化和市场竞争加剧的新形势，从根本上提高我国造纸工业的国际竞争能力，我国造纸工业和林业借鉴国外制浆造纸工业发展的成熟经验，走林浆纸一体化发展的道路逐步得到一致认同。随着《关于加快造纸工业原料林基地建设的若干意见》、《国家林业局关于重点地区速生丰产用材林基地建设工程规划》和《林业“十五”计划和到2010年长期规划》，及《全国林纸一体化工程建设“十五”及2010年专项规划》等一系列产业政策、发展规划的出台，标志着我国造纸工业林纸一体化的循环经济发展理念已深入人心。但在中国这样一个土地资源有限的国家，完全依靠自身解决纤维资源供应问题是不太现实的，废纸已逐步成为造纸第一大原料，以废纸为主辅以木、竹、芦苇、秸秆等可再生资源为原料将成为今后主要的原料利用格局。

## 二、供应现状

针对“九五”我国造纸工业面临的“纤维原料结构不合理、产品档次低、企业规模小、污染大、资金严重不足”五大结构问题，纤维原料供应方面“十五”期间通过大力推进林纸一体化和充分利用废纸原料的战略，我国造纸工业迎来了2个5年的跨越式发展期，纤维结构性矛盾得到极大改善。截至"十一五"末的 2010 年底，我国年消耗纸浆 8461 万吨，其中，原生木浆 1859 万吨，占纸浆总量的 22%；废纸浆 5305 万吨，占纸浆总量的 63%；非木浆 1297 万吨，占纸浆总量的 15%。包括原生和再生的木浆占纸浆总量的 85%，而与国际上约 95% 的水平相比差距有所缩小。

10 年间，纸浆消耗总量由 2001 年的 3984 万吨增长到 2010 年的 8461 万吨，年均增长 8.73%，同期原生木浆由 690 万吨增长到 1859 万吨，年均增长 11.64%，占纸浆比例由 2001 年的 17% 提高到 2010 年的 22%；废纸浆由 1310 万吨增长到 5305 万吨，年均增长 16.81%。纸浆纤维结构中木浆比例明显偏低的局面得到显著改善。2001 年与 2010 年造纸纤维构成对比见图 1。

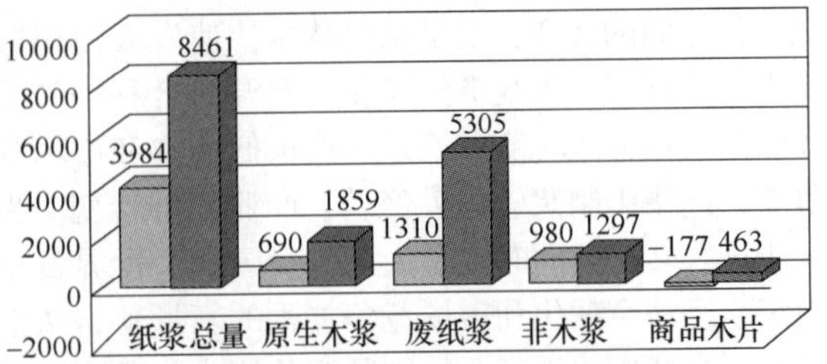


图 1　2001 年与 2010 年造纸纤维构成对比

■2001年　■2010年

从供应来源看，2011 年进口木浆 1330 万吨，占纸浆消耗总量 9044 万吨的 15%；进口废纸折合纸浆 2218.2 万吨，占纸浆消耗总量的 24%。另外，2011 年进口商品木片 656.55 万绝干吨，折合纸浆约 328 万吨，相当于占纸浆消耗总量的 3.6%。2011 年我国纸浆对外依存度在 42.6% 左右。

## 三、存在的问题

1. 国内自产木浆供应不足的状况将长期存在

解释这个问题，需要建立一个预测模型，分析市场纸浆需求量和国内供应能力。为此，将预测时间界定为 2020 年，预测方式设定 2 种模型。

模型 1：以 2010 年数据为基础，按照造纸"十二五"规划提出的从此后 5 年年均纸浆消耗 4.33% 的增长率作为 2020 年前的增长指标进行预测，同时，结合"十二五"规划中行业提出的发展要求，设定原生木浆比例和国产原生木浆比例在"十二五"和"十三五"期间分别提高 2%，即年均提高 0.4%。

模型 2：以 2001—2010 年（"十五"、"十一五" 2 个 5 年规划期）的数据为基础，采用线性趋势法预测出纸浆需求量，原生木浆和国产原生木浆占纸浆比例和模型 1 相同。

根据 2 种模型测算 2015 年和 2020 年我国纸浆纤维资源需求结果见表 1。

从表 1 可以看出，到 2020 年我国纸浆需求量在 1.3 亿～1.4 亿吨，如果木浆全部由国内生产，大约需要消耗纸浆木材 1.2 亿米$^3$，废纸 1 亿吨，非木材纤维原料 2800 万绝干吨。

**表 1**　　**2015 年和 2020 年我国纸浆纤维资源需求预测**

| 需求指标 | 2015 年 | | 2020 年 | |
|---|---|---|---|---|
| | 模型 1 | 模型 2 | 模型 1 | 模型 2 |
| 纸浆消耗量/万吨 | 10458 | 11112 | 12927 | 14320 |
| 规划原生木浆消耗量/万吨 | 2510 | 2667 | 3361 | 3723 |
| 木材纤维需求量/万米$^3$ | 10542 | 11182 | 11857 | 12570 |
| 其中：按规划国产木浆耗材量/万米$^3$ | 4393 | 4766 | 5164 | 5587 |
| 废纸需求量/万吨 | 8236 | 8889 | 10180 | 11456 |
| 其中：国内回收废纸量 | 5229 | 5695 | 6787 | 7697 |
| 非木材纤维需求量/万绝干吨 | 2719 | 2667 | 2844 | 2864 |

如何解决巨大的纤维资源需求始终是我国造纸工业面临的首要问题。从世界造纸工业来看，为解决纤维原料供应问题普遍采用林纸一体化发展模式，国际大型制浆造纸企业以多种形式建设原料林基地，将造林、营林、采伐、制浆、造纸结合起来，形成以纸养林、以林促纸的良性循环经营的产业链。同时，世界主要先进国家造纸工业的木材原料已达 90% 以上，美国、瑞典、芬兰等国超过 95%。林纸一体化是资源集约化、生产清洁化、技术集成化、产品功能化和经济规模化的基础，代表世界造纸产业发展的主要趋势。我国从政府到行业、企业参照国际上成熟做法也做出了大量的努

力，国家发展和改革委发布的《全国林纸一体化工程建设“十五”及2010年专项规划》（简称《专项规划》），提出到“十一五”末建设造纸林基地500万公顷（木材基地440万公顷、竹材基地60万公顷），实现造纸工业用材主要依靠造纸林基地供应的目标。

行业发展实际上已超过发展预期，即使《专项规划》全部实现，到2020年基地年产材仅约7500万米$^3$，只是需求1.2亿米$^3$的60%左右。但如果按照国产木浆只需满足需求12%的规划目标来算，则国内需要纸浆木材仅在5100万~5600万米$^3$，实现由基地产材提供是有可能的。可现实情况是，由于企业重视不够、林地落实难度大、一次性投资需求大及经营模式不合理等客观原因，导致《专项规划》实施的进展并不顺利。根据初步统计，目前全国已完成造纸林基地仅207万公顷，其中，木材基地200万公顷，竹材基地仅约7万公顷，实际情况与规划目标相差较远。

国内社会供应方面，从整个林业看，目前全国共有用材林6293万公顷。其中，速丰林基地694万公顷，普通人工用材林5599万公顷。2011年全国工业与建筑用材需求量3.8亿米$^3$，国内供材能力约2.2亿米$^3$，加上超限额采伐和上年库存等形式形成的木材供给1900万米$^3$，供应缺口1.4亿米$^3$。“十二五”期间，工业与建筑业用材领域木材缺口预计在1.5亿米$^3$左右，需要通过进口解决供需矛盾问题，完全依靠社会供材解决木浆纤维原料问题是不现实的。除了前述因素外，尚存在如下几个制约因素。

一是林地资源日益短缺，规模经营难以落实。速丰林建设要求定向培育，实行集约经营，必须有一定的规模，而且要选择立地条件相对较好的林地。林改后林权进一步地明确落实到个人或家庭，林业的组织结构、生产方式、经营模式等都发生了深刻变化。分山到户以后，同一主体的经营面积减少，集约经营难度加大。

二是人造板与造纸原料的竞争，挤压了纸浆材的来源空间。国内纤维原料第一大消耗为纤维板、胶合板及刨花板三大板材为主的人造板，三大板材的年产量由2000年的2002万米$^3$增加到2012年的21043万米$^3$，年均增长21.66%。由于人造板对原料的适应性强，资本进入门槛较低，加上多年实施的增值税退税政策，产品市场竞争力比纸浆强。随着竹材人造板的发展，竹加工业对原料的需求正从毛竹等大径级竹向杂竹领域快速扩展，竹浆原料基地面临的问题也已不容忽视。

三是出现了新的竞争者。2007年11月国家林业局会同财政部、国家发展和改革委、农业部、税务总局联合下发《关于发展生物能源和生物化工财税扶持政策的实施意见》（财建〔2006〕702号）。该文件明确要求生物能源和生物化工基地不与粮食争地，但鼓励开发冬闲田、盐碱地、荒山、荒地等未利用土地建设生物能源与生物化工原料基地，并建立原料基地补助机制，享受有关优惠政策。2012年7月国家能源局发布《生物质能发展“十二五”规划》，规划到2015年生物质能年利用超过5000万吨标准煤，建成一批生物质能综合利用新技术产业化示范基地。由于生物质能基地建设和纸浆林基地建设均主要依靠市场行为运作，这一政策必然会给纸浆原料林基地建设带来一定的用地竞争。

2. 废纸已成为我国纸浆纤维的主要来源，但进一步发展空间有限

世界废纸回收率平均48%左右，发达国家达到70%左右。我国废纸回收和利用情况见表2。

表2　2001—2011年我国废纸回收利用统计表

| | 2001年 | 2002年 | 2003年 | 2004年 | 2005年 | 2006年 | 2007年 | 2008年 | 2009年 | 2010年 | 2011年 |
|---|---|---|---|---|---|---|---|---|---|---|---|
| 纸和纸板生产量/万吨 | 3200 | 3780 | 4300 | 4950 | 5600 | 6500 | 7350 | 7980 | 8640 | 9270 | 9930 |
| 纸和纸板消费量/万吨 | 3683 | 4332 | 4806 | 5439 | 5930 | 6600 | 7290 | 7935 | 8569 | 9173 | 9752 |
| 纸浆总消费量/万吨 | 2980 | 3470 | 3910 | 4455 | 5200 | 5992 | 6769 | 7360 | 7980 | 8461 | 9044 |
| 废纸回收量/万吨 | 996 | 1338 | 1462 | 1651 | 1810 | 2263 | 2600 | 3129 | 3676 | 4016 | 4348 |
| 废纸回收率/% | 27.0 | 30.9 | 30.4 | 30.4 | 30.5 | 34.3 | 35.7 | 39.4 | 42.9 | 43.8 | 44.6 |
| 废纸总用量/万吨 | 1638 | 2025 | 2400 | 2881 | 3513 | 4225 | 5021 | 5549 | 6246 | 6631 | 7075 |
| 废纸利用率/% | 51.2 | 53.6 | 55.8 | 58.2 | 62.7 | 65.0 | 68.3 | 69.5 | 72.3 | 71.5 | 71.2 |
| 废纸浆用量/万吨 | 1310 | 1620 | 1920 | 2305 | 2810 | 3380 | 4017 | 4439 | 4997 | 5305 | 5660 |
| 废纸浆利用率/% | 44.0 | 46.7 | 49.1 | 51.7 | 54.0 | 56.4 | 59.3 | 60.3 | 62.6 | 62.7 | 62.5 |
| 废纸进口量/万吨 | 642 | 687 | 938 | 1230 | 1703 | 1962 | 2256 | 2420 | 2570 | 2615 | 2728 |

注：废纸进口量=进口废纸浆消耗量÷0.8。

2011 年我国废纸浆利用率已经达到 62.5%，其进口废纸浆利用率 27.5%，高于木浆利用率 23.7% 和非木浆利用率 13.7%。废纸回收率 44.6%，与发达国家相比尚有一定潜力。但是，总体而言，我国造纸废纸利用率已在 70% 以上，处于国际较高的水平。由于资源限制和成本的制约，造纸发达国家都逐步增加了对废纸利用的重视程度，废纸资源的竞争将越来越激烈。因此，随着我国造纸进一步发展，我国纸浆中废纸浆的总量将不断增加，但比例增加的难度会较大。今后，在国内废纸利用增加的潜力，从国际上进口可能维持相对稳定。

3. 以草为主的格局难以再现，但作为必要的补充地位将长期存在

造纸业环保和清洁生产任务仍然很重，根据环保部统计，2010 年制浆造纸和纸制品业总用水量 123.39 亿吨，废水排放量 39.37 亿吨，占全国工业废水总排量 211.86 亿吨的 18.58%。排放 $COD_{Cr}$ 总量 95.2 万吨，占全国工业 $COD_{Cr}$ 总排量 365.6 万吨的 26.04%。尽管造纸废水排放达标率达到 96.01%，且排放总量呈下降趋势，但总体而言还存在单位产品水等资源消耗和污染物排放偏大的问题。截至 2011 年，全国有规模以上制浆造纸企业 3500 家，其中规模以上造纸企业 2620 家，其中大中型企业 435 家，占 16.60%，主营业务收入占 64.25%，利税总额占 62.66%；小型企业 2185 家，占 83.40%，主营业务收入仅占 35.75%，利税总额占 36.38%。落后产能和污染主要来自小型企业，是淘汰和升级改造的重点。由于草浆企业基本属于规模偏小、产品档次偏低、污染较严重的范畴，自然是淘汰的重中之重。

自 2005 年 6 月底前关闭所有石灰法草浆类制浆生产线和年制浆能力 3.4 万吨以下碱法、亚铵法等其他草类制浆生产线后，不仅各地对草浆生产实行淘汰和限期结构调整等限制发展政策陆续出台，国家也逐年落实淘汰目标，如 2011 年 5 月 10 日，工业和信息化部分解下达 2011 年淘汰落后产能目标任务，其中淘汰落后造纸产能 744.5 万吨，实际完成 831.1 万吨。2012 年下达淘汰落后造纸产能目标任务为 881 万吨。从图 2 也可以看出，非木浆中竹浆呈逐步增加趋势，而非木竹浆从 2006 年达到高峰后呈下降趋势。

从实际情况看，由于受木材原料短缺的制约，未来草浆还将在造纸市场中存在下去，并在造纸原料中起到不可替代的补充作用。但不会是传统的污染型小规模草浆生产线，而是以循环经济思路发展起来的上规模的新型草浆生产线。

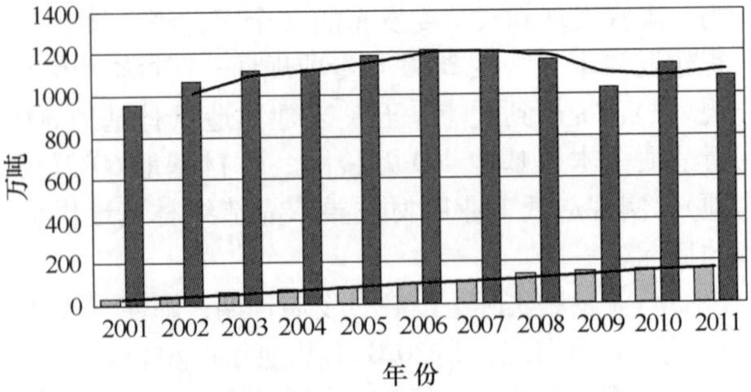


图 2　2001—2011 年非木纤维浆产量

■竹浆　■非木竹浆总量

# 四、解决方案

平衡国内、国外两个市场及木浆、废纸浆和非木浆等各要素之间的供应关系和行业发展的现实，总体而言，要通过调结构，淘汰落后产能，在适当控制总量增长速度的前提下，提升行业整体发展水平。从纤维原料来讲，主要通过如下措施实现可持续发展。

一是充分利用国际国内两个市场，实现走出去战略。在继续利用国际商品浆和商品木片市场的同时，引导国内优势企业到境外建设原料林基地，支持国内企业通过与国外林业资源型企业及纸浆生产企业的合作、收购、兼并或重组等活动，建立“市场 + 资源 + 生产”等跨国优势联合体。

二是进一步抓好林纸一体化工程的实施工作。以林地、环境承载能力等资源为核心要素，进一步优化规划布局，争取在“十二五”期间实现《专项规划》目标。

三是充分利用竹资源的优势，在西南等地区重点发展一批竹浆企业。

四是继续保持废纸利用的现有水平。由于目前废纸浆消耗量占纸浆总消耗量的 62.5%，已经处于高位，并且国外回收市场相对成熟和稳定，随着国际上利用废纸再生纤维的厂家越来越多，加上能源价格的不断攀升导致运费的不断上涨，进一步增加进口废纸比例的难度较大，随着基数的增加，其占比将会逐步有所降低。但国内废纸回收尚存在一定潜力，今后 10 年国内废纸的占比将逐步略有提升。

五是适度发展草浆。通过结构调整，在实现草浆利用率比例不断下降的同时，绝对产能基本维持稳定的格局。通过“十五”、“十一五” 2 个 5 年的淘汰和限制，草浆规模得到一定控制。随着新的制

浆技术的发展，草浆也迎来了一些发展机遇，今后将在进一步淘汰关闭现有草浆生产线的同时，在秸秆资源集中且丰富地区，将会适当发展若干起点高、规模大、环保可行的生产线。

通过前述措施，预计到2020年我国纸浆中木浆占90%左右，与国际水平进一步接近，其中原生木浆占26%左右，再生木浆占64%左右。预估纸浆中各种纤维资源的构成情况如表3。

**表3　2015年、2020年纸浆结构预估**

单位:%

| 指标名称 | 2015年 | 2020年 |
|---|---|---|
| 原生木浆比例 | 24 | 26 |
| 国产木浆比例 | 10 | 12 |
| 进口木浆比例 | 14 | 14 |
| 废纸浆比例 | 64 | 64 |
| 进口废纸浆比例 | 23 | 21 |
| 国内废纸浆比例 | 41 | 43 |
| 非木浆比例 | 12 | 10 |
| 合计 | 100 | 100 |

根据这一纤维构成比例预测的纸浆构成见表4。

**表4　2015年、2020年纸浆构成预测表**

单位：万吨

| | 2015年 | 2020年 |
|---|---|---|
| 纸浆需求量 | 10458 | 12927 |
| 木浆需求量 | 2510 | 3361 |
| 国产木浆量 | 1046 | 1551 |
| 进口木浆量 | 1464 | 1810 |
| 废纸浆 | 6693 | 8274 |
| 进口废纸制浆 | 2405 | 2715 |
| 国产废纸制浆 | 4288 | 5559 |
| 非木浆 | 1255 | 1293 |

注：本表数据取自预测模型1。

（傅光华）

# 我国商品纸浆生产概况

## Market Pulp Production Situation in China

| 序号 | 企业 | 产品 | 生产能力/(万吨/年) | 投产日期 | 品牌 | 原料 | 蒸煮 | 漂白工艺 | 备注 |
|---|---|---|---|---|---|---|---|---|---|
| 1 | 重庆理文造纸有限公司 | 漂白硫酸盐竹浆、针叶木浆、溶解浆、本色浆 | 16.5 | 2008-08 | 理文 | 竹子 | 超级间蒸 | D-Eop-D | 2011年改造生产溶解浆，年产能13万吨/年 |
| 2 | 福建省青山纸业股份有限公司 | 溶解浆 | 10 | 2011-12 | 青山 | 马尾松 | 超级间蒸 | D-Eop-D-P | |
| 3 | 福建邵武中竹纸业有限责任公司 | 漂白竹浆、漂白马尾松浆、漂白桉木浆 | 7 | 1997-02 | 武夷 | 竹、马尾松、桉木 | 间歇蒸煮 | D-Eop-D | 商品浆产量约5.5万吨/年 |
| 4 | 广东鼎丰纸业有限公司 | 竹木混合浆（MBKP）及漂白桉木浆（BEKP） | 10.2 | 2000-08 | 鼎丰 | 竹子、阔叶木 | DDS间蒸 | D-Eo-D | 2001年由原5万吨/年改造为7万吨/年，2003年进一步改造为10.2万吨/年 |
| 5 | 湛江晨鸣浆纸有限公司 | 漂白硫酸盐桉木浆 | 84 | 2011-08 | 晨鸣 | 桉木 | 低固形物连蒸 | D-Eop-D-PO | 商品浆产量约50万吨/年 |
| 6 | 广西博冠纸业有限公司 | 蔗渣浆 | 6.8 | 2012年初 | | 蔗渣 | 连续蒸煮 | O-Q-P | |
| 7 | 横县冠桂糖业有限公司 | 蔗渣浆 | 13.6 | 2007—2010 | | 蔗渣 | 横管连蒸 | C-E-H | |
| 8 | 广西贺达纸业有限责任公司 | 漂白硫酸盐阔叶木浆 | 10 | 1994-12 | 贺江 | 桉木 | DDS间蒸 | D/C-Eop-D | 原设计产能5万吨/年，2008年5月扩产改造为DDS，产能达10万吨/年 |
| 9 | 广西宏源纸业有限公司 | 蔗渣浆 | 10 | 2012 | | 蔗渣、桉木 | 蒸球、DDS间蒸 | C-E-H | |
| 10 | 广西金桂浆纸业有限公司 | 化机浆 | 45 | 2010-09 | 金桂 | 桉木 | — | 过氧化氢 | 商品浆产量约20万吨/年 |
| 11 | 广西金竹源纸业有限公司 | 蔗渣浆 | 6.8 | 2010 | | 蔗渣 | 连续蒸煮 | C-E-H | 湿浆 |
| 12 | 广西来宾东糖纸业有限公司 | 蔗渣浆 | 13.6 | 2009-07 | | 蔗渣 | 蒸球 | C-E-H | |

续表

| 序号 | 企业 | 产品 | 生产能力/(万吨/年) | 投产日期 | 品牌 | 原料 | 蒸煮 | 漂白工艺 | 备注 |
|---|---|---|---|---|---|---|---|---|---|
| 13 | 柳州两面针纸业有限公司 | 漂白硫酸盐竹浆 | 10 | | 两面针 | 竹子、马尾松、桉木 | 连蒸、间蒸 | D－Eop－D | |
| 14 | 广西南华糖业集团临沧纸业 | 蔗渣浆 | 10 | 2010 | | 蔗渣 | 间歇蒸煮 | C－Ep－H | |
| 15 | 广西南华糖业集团龙州纸业 | 蔗渣浆 | 10 | 2012 | | 蔗渣 | 横管连蒸 | D－Ep－D | |
| 16 | 广西南华糖业集团田阳纸业 | 蔗渣浆 | 10 | 2007 | | 蔗渣 | 间歇蒸煮 | C－Ep－H | 商品浆产量约6万吨/年 |
| 17 | 广西农垦糖业集团华垦纸业 | 蔗渣浆 | 12 | 2011－03 | | 蔗渣 | 横管连蒸 | D－Ep－D | |
| 18 | 广西南宁凤凰纸业有限公司 | 漂白硫酸盐针(阔)叶木浆 | 15 | 2002－02 | 金凤 | 马尾松/桉木 | 低固形物连续蒸煮 | $D_0$－Eop－$D_1$－$D_2$ | 2007年由年产10万吨/年扩产到15万吨/年 |
| 19 | 广西南糖蒲庙纸业有限公司 | 蔗渣浆 | 13.6 | 2007 | | 蔗渣 | 间歇蒸煮 | D－Eop－D | 商品浆产量约7万吨/年 |
| 20 | 广西永凯糖业有限公司 | 蔗渣浆 | 12 | 2011 | | 蔗渣 | 横管连蒸 | D－Ep－D | 商品浆产量约8万吨/年 |
| 21 | 广西永鑫华糖集团有限公司 | 蔗渣浆 | 12 | 2013 | | 蔗渣 | 横管连蒸 | D－Ep－D | |
| 22 | 贵州赤天化纸业股份有限责任公司 | 漂白硫酸盐竹浆(ECF/TCF)或纤维用竹浆 | 20 | 2008－10 | 赤天化 | 竹子 | G2连续蒸煮 | Q－OP－Q－PO 或 Q－OP－D－PO | 2013年4月起停产 |
| 23 | 湖南骏泰浆纸有限责任公司 | 漂白(本色)硫酸盐针(阔)叶木浆或溶解浆 | 40 | 2008－05 | 骏泰、骏颂 | 马尾松 | 低固形物连续蒸煮 | $D_0$/Q－Eop/PO－$D_1$－Po | 2011年11月改产溶解浆，产能30万吨/年 |
| 24 | 濮阳龙丰纸业有限公司 | APMP化机浆 | 10 | 2005－11 | | 杨木 | — | 过氧化氢 | 湿浆，部分自用，生产文化用纸 |
| 25 | 焦作瑞丰纸业有限公司 | APMP化机浆 | 15 | 2006－04 | | 杨木 | — | 过氧化氢 | 浆板5万吨/年，其余为湿浆 |
| 26 | 海南金海浆纸业有限公司 | 漂白硫酸盐阔叶木浆 | 150 | 2005－03 | 龙头 | 桉木 | G1连续蒸煮 | D－Eop－$D_1$－$D_2$ | 原制浆产能100万吨/年，改造后达到150万吨/年，造纸项目2010年陆续投产，商品浆产量约90万吨/年 |
| 27 | 玖龙兴安浆纸(内蒙古)有限公司 | 本色硫酸盐木浆 | 10 | 1975 | 秀林 | 落叶松 | 间歇蒸煮 | — | 商品浆产量5万吨/年 |

续表

| 序号 | 企业 | 产品 | 生产能力/(万吨/年) | 投产日期 | 品牌 | 原料 | 蒸煮 | 漂白工艺 | 备注 |
|---|---|---|---|---|---|---|---|---|---|
| 28 | 四川金安浆业有限公司 | 漂白硫酸盐竹浆 | 12 | 1989－08 | | 竹子 | 间歇蒸煮 | D－Eop－D | 2008年改造到12万吨/年，商品浆产能7万吨/年，目前停产，大部分主机拆迁 |
| 29 | 四川省金福纸品有限责任公司 | 漂白硫酸盐竹浆 | 5 | | 福华 | 竹子 | 间歇蒸煮 | D－Eop－D | 正在实施制浆改造 |
| 30 | 四川永丰纸业股份有限公司 | 漂白硫酸盐竹浆 | 18 | 2009－01 | 永丰 | 竹子 | DDS间蒸 | D－Eop－D | |
| 31 | 四川永丰纸业股份有限公司 | 漂白硫酸盐竹浆、溶解浆 | 5 | | 永丰 | 竹子 | 间歇蒸煮 | D－Eop－D | 2012年改造，可生产溶解浆 |
| 32 | 中冶美利峡山纸业有限公司 | 漂白硫酸盐竹浆 | 10 | 2009－12 | | 竹子 | 横管连蒸 | $D_0$－Eop－$D_1$－$D_2$ | |
| 33 | 亚太森博（山东）浆纸有限公司 | 漂白硫酸盐阔叶木浆 | 32 | 2002－10 | 森博 | 桉木 | 低固形物连续蒸煮 | $D_0$－Eop－$D_1$－$D_2$ | 制浆产能由20万吨/年改造至32万吨/年，商品浆产量约20万吨/年 |
| 34 | 亚太森博（山东）浆纸有限公司 | 漂白硫酸盐阔叶木浆 | 150 | 2010－11 | 森博 | 桉木 | G2连续蒸煮 | $D_0$－Eop－$D_1$－P | |
| 35 | 新疆博湖苇业有限公司 | 漂白硫酸盐苇浆 | 12 | 2013－04 | 搏浪 | 芦苇 | 横管连蒸 | D－Eop－D | 搬迁工程投产 |
| 36 | 云南云景林纸股份有限公司 | 漂白思茅松浆、漂白桉木浆、漂白竹木混合浆 | 11 | 2001 | 三针 | 思茅松、桉木、竹子 | 连续蒸煮 | D－Eop－D | 原制浆产能6万吨/年，经2次改造达到11万吨/年 |
| 37 | 云南云景林纸股份有限公司 | 漂白桉木浆 | 12 | 2013－05 | 三针 | 桉木 | 超级间蒸 | D－Eop－D | |

注：1. 未备注的产能全部为商品浆，部分企业的造纸项目正在建设中，商品浆产量将降低。

2. 广西壮族自治区的蔗渣浆企业2014年12月底将全部技改为全无氯或无元素氯（TCF或ECF）漂白工艺。

（新福明）

# 2002—2011 年世界主要地区和国家废纸回收利用概况

# Recovery and Application of Waste Paper in Main Regions and Countries of the World in 2002—2011

表 1　　2002—2011 年世界主要地区废纸回收总量　　单位：千吨

| 地区 | 2002 年 | 2003 年 | 2004 年 | 2005 年 | 2006 年 | 2007 年 | 2008 年 | 2009 年 | 2010 年 | 2011 年 |
|---|---|---|---|---|---|---|---|---|---|---|
| 亚洲 | 51373 | 53927 | 59234 | 62720 | 72127 | 73382 | 76724 | 79213 | 87883 | 91447 |
| 欧洲 | 48528 | 48842 | 52556 | 56491 | 59946 | 63183 | 65389 | 62788 | 63382 | 64070 |
| 北美洲 | 46948 | 46732 | 50765 | 51820 | 50874 | 53475 | 51715 | 49857 | 51123 | 52384 |
| 拉丁美洲 | 7350 | 7639 | 8232 | 8395 | 9304 | 9807 | 10384 | 10034 | 10925 | 11464 |
| 大洋洲 | 2026 | 2126 | 2422 | 2466 | 2419 | 3380 | 3482 | 3548 | 3650 | 3610 |
| 非洲 | 1643 | 1723 | 1693 | 1718 | 1795 | 2110 | 2253 | 2142 | 2447 | 2451 |
| 合计 | 157868 | 160989 | 174902 | 183660 | 196466 | 209115 | 211968 | 209659 | 221825 | 228176 |

注：2007 年合计中包括中东地区回收量 3778 千吨；2008 年合计中包括中东地区回收量 2021 千吨；2009 年合计中包括中东地区回收量 2075 千吨；2010 年合计中包括中东地区回收量 2416 千吨；2011 年合计中包括中东地区回收量 2751 千吨。

表 2　　2002—2011 年世界主要地区废纸消费总量　　单位：千吨

| 地区 | 2002 年 | 2003 年 | 2004 年 | 2005 年 | 2006 年 | 2007 年 | 2008 年 | 2009 年 | 2010 年 | 2011 年 |
|---|---|---|---|---|---|---|---|---|---|---|
| 亚洲 | 63394 | 69701 | 75255 | 82318 | 94237 | 98208 | 103361 | 107684 | 115229 | 120894 |
| 欧洲 | 46264 | 48347 | 51623 | 50074 | 52402 | 54672 | 55298 | 51159 | 55356 | 55016 |
| 北美洲 | 38582 | 35743 | 39538 | 38746 | 34137 | 36847 | 34730 | 30728 | 31447 | 30379 |
| 拉丁美洲 | 9047 | 9293 | 10238 | 10463 | 10896 | 11374 | 11748 | 11604 | 12369 | 12672 |
| 大洋洲 | 1657 | 1734 | 1864 | 1869 | 1265 | 1950 | 1985 | 2070 | 2019 | 2035 |
| 非洲 | 1793 | 1889 | 1848 | 1850 | 1955 | 2141 | 2287 | 2175 | 2376 | 2338 |
| 合计 | 160737 | 166707 | 180366 | 185319 | 194892 | 208697 | 211200 | 207211 | 220997 | 225606 |

注：2007 年合计中包括中东地区消费量 3505 千吨；2008 年合计中包括中东地区消费量 1791 千吨；2009 年合计中包括中东地区消费量 1791 千吨；2010 年合计中包括中东地区消费量 2202 千吨；2011 年合计中包括中东地区消费量 2272 千吨。

**表 3**　　**2002—2011 年世界主要产纸国家废纸回收情况**　　单位：千吨，%

| 国家 | 2002 年 | | 2003 年 | | 2004 年 | | 2005 年 | | 2006 年 | |
|---|---|---|---|---|---|---|---|---|---|---|
| | 回收量 | 回收率 | 回收量 | 回收率 | 回收量 | 回收率 | 回收量 | 回收率 | 回收量 | 回收率 |
| 美国 | 43215 | 48.2 | 43570 | 49.4 | 43818 | 47.5 | 46968 | 52.4 | 46997 | 51.9 |
| 中国 | 13380 | 30.9 | 14620 | 30.4 | 16150 | 30.4 | 18095 | 30.5 | 22655 | 34.3 |
| 日本 | 20046 | 65.4 | 20443 | 66.4 | 21507 | 68.5 | 22320 | 68.5 | 22873 | 72.4 |
| 德国 | 13709 | 72.2 | 13643 | 73.7 | 13219 | 68.3 | 14413 | 68.3 | 15550 | 74.5 |
| 加拿大 | | | | | 4658 | 60.3 | 4852 | 60.3 | 4820 | 67.7 |
| 芬兰 | | | | | 796 | 46.8 | 791 | 46.8 | 825 | 48.0 |
| 瑞典 | | | | | 1501 | 65.2 | 1568 | 65.2 | 1529 | 63.6 |
| 韩国 | | | 6611 | 80.4 | 6875 | 83.4 | 7086 | 83.4 | 7460 | 86.3 |
| 法国 | 5588 | 49.7 | 5909 | 54.4 | 6418 | 57.9 | 6592 | 57.9 | 6950 | 63.7 |
| 意大利 | | | | | 5592 | 48.8 | 5792 | 48.8 | 6000 | 51.3 |

| 国家 | 2007 年 | | 2008 年 | | 2009 年 | | 2010 年 | | 2011 年 | |
|---|---|---|---|---|---|---|---|---|---|---|
| | 回收量 | 回收率 | 回收量 | 回收率 | 回收量 | 回收率 | 回收量 | 回收率 | 回收量 | 回收率 |
| 美国 | 47594 | 54.4 | 47589 | 58.3 | 50036 | 63.4 | 46861 | 63.0 | 47803 | 66.1 |
| 中国 | 27650 | 37.9 | 31280 | 39.4 | 34238 | 40.0 | 40163 | 43.8 | 43299 | 44.6 |
| 日本 | 23040 | 73.7 | 22746 | 75.1 | 21760 | 79.7 | 21623 | 77.5 | 21368 | 76.2 |
| 德国 | 15360 | 72.9 | 15617 | 76.7 | 15399 | 84.8 | 15388 | 77.7 | 15269 | 77.2 |
| 加拿大 | 4810 | 70.3 | 4126 | 57.8 | 4244 | 66.2 | 4262 | 67.6 | 4581 | 74.6 |
| 芬兰 | 845 | 43.7 | 829 | 46.5 | 726 | 48.9 | 710 | 57.2 | 705 | 68.4 |
| 瑞典 | 1598 | 69.1 | 1521 | 68.1 | 1416 | 74.4 | 1236 | 60.7 | 1239 | 63.9 |
| 韩国 | 8000 | 89.1 | 7530 | 85.0 | 7716 | 91.6 | 8090 | 86.0 | 8390 | 87.8 |
| 法国 | 7070 | 63.5 | 6885 | 64.1 | 6907 | 72.5 | 7072 | 71.3 | 7149 | 74.0 |
| 意大利 | 6170 | 51.9 | 6316 | 60.0 | 6199 | 62.8 | 6326 | 58.4 | 6288 | 59.3 |

**表 4**　　**2002—2011 年世界主要产纸国家废纸消费情况**　　单位：千吨，%

| 国家 | 2002 年 | | 2003 年 | | 2004 年 | | 2005 年 | | 2006 年 | |
|---|---|---|---|---|---|---|---|---|---|---|
| | 消费量 | 利用率 | 消费量 | 利用率 | 消费量 | 利用率 | 消费量 | 利用率 | 消费量 | 利用率 |
| 美国 | 33359 | 40.4 | 32515 | 39.9 | 33677 | 40.4 | 32857 | 39.8 | 31503 | 37.5 |
| 中国 | 20250 | 53.6 | 24000 | 55.8 | 28813 | 58.2 | 35125 | 62.7 | 42250 | 65.0 |
| 日本 | 18164 | 59.2 | 18600 | 61.6 | 18753 | 60.7 | 18687 | 60.4 | 18790 | 60.0 |
| 德国 | 12038 | 63.4 | 12449 | 67.2 | 13219 | 68.1 | 14459 | 73.4 | 15244 | 73.1 |
| 加拿大 | | | | | 5898 | 28.8 | 5889 | 30.2 | 5763 | 31.7 |
| 芬兰 | | | | | 777 | 5.5 | 683 | 5.5 | 595 | 4.2 |
| 瑞典 | | | | | 2039 | 17.6 | 2041 | 17.4 | 2030 | 16.8 |
| 韩国 | | | | | 8365 | 79.6 | 8690 | 79.5 | 9433 | 88.1 |
| 法国 | 5705 | 58.2 | 5783 | 58.2 | 5942 | 58.0 | 5953 | 57.6 | 6002 | 60.0 |
| 意大利 | | | | | 5423 | 56.1 | 5423 | 54.9 | 5578 | 55.7 |

续表

| 国家 | 2007年 | | 2008年 | | 2009年 | | 2010年 | | 2011年 | |
|---|---|---|---|---|---|---|---|---|---|---|
| | 回收量 | 回收率 | 回收量 | 回收率 | 回收量 | 回收率 | 回收量 | 回收率 | 回收量 | 回收率 |
| 美国 | 30158 | 36.1 | 28899 | 36.2 | 29250 | 40.8 | 28002 | 36.9 | 27098 | 36.1 |
| 中国 | 50210 | 68.3 | 55488 | 69.5 | 62463 | 72.3 | 66311 | 71.5 | 70750 | 71.2 |
| 日本 | 19315 | 61.4 | 19012 | 61.8 | 16788 | 63.1 | 17292 | 63.2 | 16977 | 63.8 |
| 德国 | 15822 | 67.9 | 15489 | 67.8 | 14790 | 70.8 | 16273 | 70.5 | 16074 | 70.8 |
| 加拿大 | 5454 | 31.4 | 4553 | 28.6 | 3748 | 29.2 | 3445 | 26.9 | 3281 | 27.1 |
| 芬兰 | 766 | 5.3 | 724 | 5.5 | 544 | 5.1 | 579 | 4.9 | 583 | 5.1 |
| 瑞典 | 2022 | 17.0 | 2022 | 17.3 | 1824 | 16.7 | 1836 | 16.1 | 1712 | 15.2 |
| 韩国 | 8717 | 79.7 | 8544 | 80.5 | 8514 | 81.2 | 9174 | 82.6 | 9597 | 83.5 |
| 法国 | 5947 | 60.3 | 5677 | 60.9 | 4988 | 60.0 | 5276 | 59.7 | 5104 | 59.9 |
| 意大利 | 5581 | 55.2 | 5329 | 56.2 | 4764 | 56.4 | 5193 | 56.8 | 5042 | 55.2 |

注：回收率＝废纸回收量/纸和纸板消费量

利用率＝废纸消费量/纸和纸板生产量

（章玉华）

# 2012年我国木片或木粒进口情况

## Import Situation of Wood Chips or Particles in China in 2012

表1 我国木片或木粒进口情况

| 品种 | 进口数量/吨 | | 进口金额/万美元 | |
|---|---|---|---|---|
| | 2011年 | 2012年 | 2011年 | 2012年 |
| 针叶木木片或木粒 | 301014.1 | 315743.0 | 6287.6 | 5908.0 |
| 非针叶木木片或木粒 | 6264314.2 | 7257660.6 | 109672.4 | 126344.4 |
| 总计 | 6565328.3 | 7573403.6 | 115960.0 | 132252.4 |

表2 2012年我国进口非针叶木木片或木粒（44012200）前20名的国家和地区

| 国家或地区 | 数量/吨 | 金额/万美元 | 国家或地区 | 数量/吨 | 金额/万美元 |
|---|---|---|---|---|---|
| 越南 | 3487694.5 | 58400.4 | 法国 | 163.8 | 74.1 |
| 泰国 | 1848113.1 | 31694.3 | 日本 | 14.1 | 2.0 |
| 印度尼西亚 | 1025027.5 | 17869.2 | 中国台湾 | 12.3 | 0.5 |
| 澳大利亚 | 612825.0 | 12718.7 | 德国 | 12.1 | 1.4 |
| 南非 | 98513.4 | 1801.8 | 奥地利 | 9.9 | 0.5 |
| 马来西亚 | 93687.8 | 1732.1 | 东帝汶 | 9.3 | 21.4 |
| 智利 | 53249.1 | 1227.7 | 匈牙利 | 6.4 | 8.1 |
| 巴西 | 23242.3 | 489.6 | 菲律宾 | 5.0 | 0.3 |
| 柬埔寨 | 13758.1 | 240.5 | 丹麦 | 1.5 | 0.2 |
| 美国 | 1314.9 | 60.2 | 刚果（布） | 0.2 | 0.1 |

表3 2012年我国进口非针叶木木片或木粒（44012200）的主要省（区、市）

| 省（区、市） | 进口量/吨 | 金额/万美元 | 省（区、市） | 进口量/吨 | 金额/万美元 |
|---|---|---|---|---|---|
| 山东省 | 4707577.5 | 85851.0 | 河北省 | 44.2 | 25.1 |
| 海南省 | 1830382.6 | 28405.2 | 辽宁省 | 30.9 | 4.4 |
| 广东省 | 495128.8 | 7706.0 | 天津市 | 28.6 | 11.7 |
| 湖南省 | 114118.8 | 2231.8 | 广西壮族自治区 | 22.6 | 1.2 |
| 江苏省 | 67168.2 | 1349.4 | 北京市 | 18.3 | 8.6 |
| 福建省 | 21066.2 | 291.1 | 贵州省 | 17.1 | 0.08 |
| 安徽省 | 20954.9 | 404.4 | 浙江省 | 16.8 | 7.7 |
| 江西省 | 897.3 | 7.8 | 新疆维吾尔族自治区 | 9.1 | 4.8 |
| 上海市 | 178.7 | 34.2 | | | |

表 4　2012 年我国进口针叶木木片或木粒（44012100）的主要国家

| 国家或地区 | 数量/吨 | 金额/万美元 | 国家或地区 | 数量/吨 | 金额/万美元 |
|---|---|---|---|---|---|
| 澳大利亚 | 214486.4 | 4176.2 | 朝鲜 | 160.8 | 0.5 |
| 巴西 | 30670.8 | 616.8 | 德国 | 27.7 | 2.4 |
| 俄罗斯 | 25888.6 | 366.2 | 日本 | 9.0 | 0.4 |
| 斐济 | 22279.5 | 382.0 | 美国 | 2.4 | 0.5 |
| 新西兰 | 20105.0 | 321.7 | 比利时 | 0.01 | 0.006 |
| 越南 | 2112.8 | 41.2 | | | |

表 5　2012 年我国进口针叶木木片或木粒（44012100）的主要省（区、市）

| 省（区、市） | 进口量/吨 | 金额/万美元 | 省（区、市） | 进口量/吨 | 金额/万美元 |
|---|---|---|---|---|---|
| 福建省 | 144939.7 | 2588.2 | 山东省 | 16.6 | 0.3 |
| 湖南省 | 103180.0 | 2129.7 | 黑龙江省 | 9.0 | 0.4 |
| 广西壮族自治区 | 67406.8 | 1185.9 | 上海市 | 2.2 | 0.5 |
| 吉林省 | 160.8 | 0.5 | 天津市 | 0.2 | 0.1 |
| 广东省 | 27.7 | 2.4 | 北京市 | 0.09 | 0.04 |

注：数据来源海关信息网。

（张　晗　任　哲）

# 2012年我国人工林建设

## Construction of Plantation in China in 2012

### 一、2012年全国造林完成情况

2012年全国计划造林面积600.00万公顷，其中人工造林360.66万公顷，飞播造林13.67万公顷，无林地和疏林地新封山育林225.67万公顷；实际完成面积559.58万公顷，完成年计划的93.26%，同比减少6.68%。2012年全国造林计划完成情况见表1。

表1 2012年全国造林计划完成情况 单位：万公顷

| | 2012年计划 | 2012年完成 | 完成计划/% | 2011年完成 | 同比增长/% |
|---|---|---|---|---|---|
| 造林面积 | 600.00 | 559.58 | 93.26 | 599.66 | -6.68 |
| 其中： | | | | | |
| 人工造林 | 360.66 | 382.07 | 105.94 | 406.57 | -6.03 |
| 飞播造林 | 13.67 | 13.64 | 99.78 | 19.69 | -30.73 |
| 无林地和疏林地新封山育林 | 225.67 | 163.87 | 72.61 | 173.40 | -5.50 |

按造林方式分 2012年人工造林382.07万公顷，同比减少6.03%，占全年造林的68.28%；飞播造林13.67万公顷，同比减少30.73%，占全年造林的2.44%；无林地和疏林地新封山育林163.87万公顷，同比减少5.50%，占全年造林的29.28%。2012年造林面积与2011年比较情况见图1。

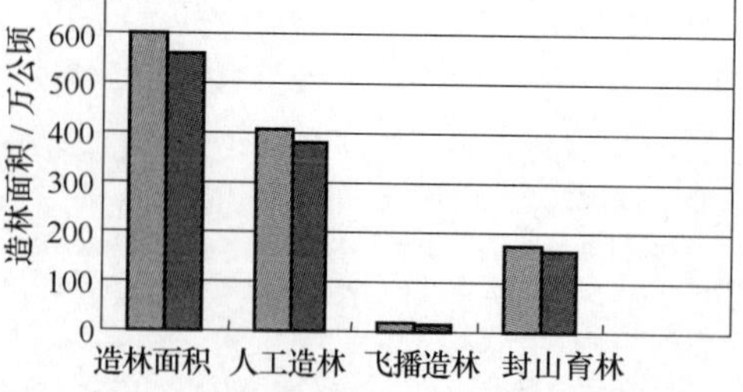


图1 2011年造林面积与2012年比较

(1) 按林种用途分 用材林、经济林、防护林、薪炭林、特种用途林完成造林面积分别为77.44万公顷、110.11万公顷、365.08万公顷、4.11万公顷和2.84万公顷，分别占全部造林面积的13.84%、19.68%、65.24%、0.73%和0.51%。生态公益林（防护林和特种用途林）造林保持较高比例，占全部造林面积的65.75%。

(2) 按经济成分分 公有经济造林301万公顷，其中国有经济造林150.70万公顷，集体经济造林150.30万公顷；非公有经济造林258.58万公顷，分别占全部造林面积的26.93%、26.86%、46.21%。

(3) 按树种类型分 速生树种、乡土树种和珍贵树种造林分别为75.51万公顷、359.39万公顷和6.06万公顷，分别占全部造林面积的13.49%、64.22%和1.08%，比2011年分别减少18.52%、5.18%和增长16.31%。

(4) 按结构类型分 纯林、混交林和其他类型造林分别为314.30万公顷、204.55万公顷和40.73万公顷，分别占全部造林面积的56.17%、36.55%和7.28%，分别比2011年减少10.80%、增长2.45%和减少14.54%。

(5) 按省、自治区、直辖市分 全年造林面积位居前6位的是内蒙古自治区、云南省、湖南省、陕西省、河北省和山西省，分别完成造林78.16万公顷、54.45万公顷、40.42万公顷、32.03万公顷、

31.27 万公顷和 30.29 万公顷，6 省区合计造林面积 266.62 万公顷，占全国造林面积的 47.65%。

（6）按林业重点工程分　2012 年林业重点生态工程共完成造林 275.39 万公顷，占全国造林的比例为 49.21%。2012 年各地区造林及林业重点生态工程造林情况见表 2。

表 2　　各地区造林及林业重点生态工程造林面积　　单位：公顷

| 地区 | 全部造林面积 | 重点生态工程造林面积 | | | | | 其他造林面积 |
|---|---|---|---|---|---|---|---|
| | | 合计 | 天然林资源保护工程 | 退耕还林工程 | 京津风沙源治理工程 | 三北及长江流域等重点防护林建设工程 | |
| 全国合计 | 5595791 | 2753932 | 485203 | 655271 | 541690 | 1071768 | 2841859 |
| 北京 | 35752 | 19230 | — | — | 17177 | 2053 | 16522 |
| 天津 | 5357 | 5357 | — | — | — | 5357 | — |
| 河北 | 312360 | 165268 | — | 15038 | 79970 | 70260 | 147092 |
| 山西 | 302851 | 178972 | 40180 | 49168 | 22985 | 66639 | 123879 |
| 内蒙古 | 781617 | 700942 | 116496 | 39972 | 421558 | 122916 | 80675 |
| 内蒙古集团 | 345 | — | — | — | — | — | 345 |
| 辽宁 | 246667 | 117970 | — | 24663 | — | 93307 | 128697 |
| 吉林 | 28166 | 21079 | — | 7266 | — | 13813 | 7087 |
| 吉林集团 | — | — | — | — | — | — | — |
| 黑龙江 | 162299 | 111785 | — | 37041 | — | 74744 | 50514 |
| 龙江集团 | — | — | — | — | — | — | — |
| 上海 | 1168 | — | — | — | — | — | 1168 |
| 江苏 | 57341 | 16582 | — | — | — | 16582 | 40759 |
| 浙江 | 43923 | 12800 | — | — | — | 12800 | 31123 |
| 安徽 | 43786 | 37322 | — | 21233 | — | 16089 | 6464 |
| 福建 | 98042 | 17475 | — | — | — | 17475 | 80567 |
| 江西 | 138645 | 32194 | — | 18772 | — | 13422 | 106451 |
| 山东 | 197956 | 46110 | — | — | — | 46110 | 151846 |
| 河南 | 228292 | 65172 | 4667 | 24845 | — | 35660 | 163120 |
| 湖北 | 198578 | 86586 | 23300 | 32850 | — | 30436 | 111992 |
| 湖南 | 404239 | 52485 | — | 23987 | — | 28498 | 351754 |
| 广东 | 107512 | 38827 | — | — | — | 38827 | 68685 |
| 广西 | 148878 | 40581 | — | 17532 | — | 23049 | 108297 |
| 海南 | 17734 | 3517 | — | 1400 | — | 2117 | 14217 |
| 重庆 | 206215 | 47671 | 24669 | 23002 | — | — | 158544 |
| 四川 | 112159 | 68331 | 51997 | 16334 | — | — | 43828 |
| 贵州 | 147704 | 41333 | 19333 | 15333 | — | 6667 | 106371 |

续表

| 地区 | 全部造林面积 | 重点生态工程造林面积 | | | | | 其他造林面积 |
|---|---|---|---|---|---|---|---|
| | | 合计 | 天然林资源保护工程 | 退耕还林工程 | 京津风沙源治理工程 | 三北及长江流域等重点防护林建设工程 | |
| 云南 | 544466 | 174687 | 40491 | 125036 | — | 9160 | 369779 |
| 西藏 | 72432 | 20276 | 3333 | 8057 | — | 8886 | 52156 |
| 陕西 | 320287 | 193165 | 74930 | 47764 | — | 70471 | 127122 |
| 甘肃 | 177330 | 122421 | 44474 | 20937 | — | 57010 | 54909 |
| 青海 | 135644 | 81711 | 22664 | 16200 | — | 42847 | 53933 |
| 宁夏 | 94814 | 45003 | 18669 | 8333 | — | 18001 | 49811 |
| 新疆 | 210244 | 175747 | — | 47175 | — | 128572 | 34497 |
| 新疆兵团 | 22923 | 15443 | — | 84 | — | 15359 | 7480 |
| 大兴安岭 | — | — | — | — | — | — | — |

注：退耕还林工程中包括军事管理区 13333 公顷荒山荒地造林。

以上完成的559.58万公顷造林是荒山荒（沙）地造林。除此以外，2012年还完成有林地造林58.15万公顷，其中林冠下造林15.05万公顷，有林地和灌木林地新封43.10万公顷；更新造林30.51万公顷。

## 二、主要特点

**（一）超前部署，持续推进全民义务植树**

全国绿化委员会、国家林业局及各地、各部门认真研究、超前部署造林绿化工作。2012年初，全国绿化委员会、国家林业局下发通知，从8个方面对全年工作进行安排部署；国家林业局下达2012年营造林生产计划的通知，明确林业重点工程、其他造林、义务植树、中幼林抚育等各项工作任务。3月27日，国务院在京隆重召开全国造林绿化表彰动员大会，全国绿化委员会主任、国务院副总理回良玉做了重要讲话，全面总结了过去10年国土绿化工作，对进一步推进今后工作作出安排部署，隆重表彰全国绿化先进单位、劳动模范和先进工作者，分别表扬100个国土绿化突出贡献单位和人物。

4月3日，全国绿化委员会、中共中央直属机关绿化委员会、中央国家机关绿化委员会、首都绿化委员会共同组织开展了以“力行身边增绿，共建绿色家园”为主题的“共和国部长义务植树”活动，202名部级领导参加了义务植树。全国人大、全国政协、中国人民解放军分别组织开展了“全国人大机关义务植树”、“全国政协义务植树”和“百名将军义务植树”活动。地方各级党政军领导在当地植树季节来临之际带头参加义务植树。中直机关、中央国家机关、农垦系统、解放军和武警部队、共青团、妇联组织、石油、石化、冶金、煤炭等部门（系统）积极组织开展义务植树活动。中央文明办、全国绿化委员会、国家林业局、全国总工会、共青团中央、全国妇联联合组织开展了“关爱自然、义务植树”志愿服务行动，倡导人人自觉履行植树义务、关爱自然的文明风尚。

**（二）加强林业重点生态工程、用材林基地建设，强化森林抚育经营**

稳步推进林业重点生态工程建设。天保工程一次性安置职工社会保险补助政策获国务院批准，落实中央财政补助资金50.6亿元，森林管护、公益林建设等森林培育工作顺利开展。国务院决定在重点生态脆弱区继续退耕还林，并从2013年起提高巩固退耕还林成果部分项目补助标准。召开三北工程四期总结暨五期工程启动大会，五期工程规划正式获批实施，增加退化林分修复和百万亩人工林基地建设内容。长江、珠江等防护林体系建设工程持续推进，完成长江流域等4个三期规划编制和沿海防护林体系工程建设成效（2001—2010年）评估工作。国务院批准京津风沙源治理二期工程规划，建设范围扩大到6省区市138个县，增加林草植被保护、工程固沙等林业建设内容。石漠化综合治理重点县由200个扩大到300个，发布第二次石漠化监测结果，石漠化防治工作得到多位中央领导同志的充分肯定。全国防沙治沙规划上报国务院审批。

加大用材林特别是珍贵树种培育力度。国家林业局组织编制《全国木材战略储备基地建设规划》（征求意见稿），规划到2020年建设木材战略储备基地1400万公顷，每年净增木材储备9500万米$^3$；2012年营造速生丰产用材林基地41.29万公顷，其中改培面积3.28万公顷；在福建省、广西壮族自治区、广东省、湖南省、云南省、河南省、江西省7省区进行全国木材战略储备基地示范建设，安排中央投资2.28亿元（其中中央基本建设资金1.08亿元，中央财政资金1.2亿元），建设木材战略储备基地9.46万公顷；国务院参事室组织赴福建省、广西壮族自治区、辽宁省3省（区）开展木材储备专题调研，向国务院提交《高度重视林业生产能力尽快实现我国木材基本自给建议》，温家宝总理、李克强副总理、回良玉副总理分别作出批示。各地加大用材林特别是珍贵树种培育力度。广西壮族自治区全年新造速丰林14万公顷，桉树继续保持强劲发展势头，松、杉、竹等乡土速生树种、中大径材造林增多；组织开展“千万珍贵树种送农家”活动，自治区财政投入6000万元，招标采购2100万株珍贵树种苗木免费赠送给农民在“四旁”种植，同时完成珍贵树种连片造林6667公顷。云南省认真组织实施木材战略储备基地示范项目，投入资金1000万元，种植铁刀木、降香黄檀、印度黄檀等红木类树种400公顷，铁力木、柚木、沉香等珍贵树种267公顷，西南桦、秃杉等速生树种533公顷。福建省2012年完成珍贵树种用材林培育2320公顷，其中新造840公顷，改培1480公顷。

加强森林抚育经营工作。2012年全国共完成成林抚育1188万公顷，其中中幼林抚育766万公顷。国家林业局进一步加强宏观指导，组织召开全国森林抚育经营现场会，总结中央财政森林抚育补贴试点成效，部署今后一个时期森林抚育经营工作。

**（三）改革完善政策机制，加快推进林纸一体化工程建设**

深化集体林权制度改革。全国已确权集体林地1.8亿公顷，占集体林地总面积的98.6%；发证面积1.72亿公顷，占确权林地的95.5%，8949万农户拿到林权证，基本落实了农民家庭承包经营权。农民、企业、其他社会组织和个人等通过多种方式开展造林绿化，承包经营、农户联营、公司加农户等造林合作组织迅速发展。中央财政林木良种、造林、森林抚育补贴规模继续扩大，安排补贴资金86.48亿元，其中，造林补贴资金为2011年度的4.6倍，先期支付补贴资金比例由补贴造林主体资金总额的50%提高到70%；森林抚育补贴资金达56.8亿元，集体林中幼林抚育对象由国家级公益林扩大到所有公益林。财政部、国家林业局印发《中央财政林业补贴资金管理办法》（财农〔2012〕505号），规范林木良种、造林、抚育补贴资金使用管理等工作。国家级公益林全部纳入森林生态效益补偿范围，中央财政补偿基金规模达109亿元。森林保险保费补贴试点范围扩大到17个省，中央财政补贴6.8亿元。强化林木种苗工作，国务院办公厅出台《关于加强林木种苗工作的意见》（国办发〔2012〕58号），确定了第二批95处国家重点林木良种基地，全年生产林木种子3000万公斤，苗木300多亿株，林木种子和苗木合格率分别达到90.1%和94.7%。

实施国家发改委、工信部、国家林业局联合发布的《造纸工业发展“十二五”规划》，加快推进林纸一体化工程建设。全国有10多家造纸企业实施了林纸一体化工程，其中，包括宁波亚洲浆纸业有限公司、斯道拉恩索公司、泰格林纸集团股份有限公司、山东晨鸣纸业集团股份有限公司、山东太阳纸业股份有限公司、华泰集团有限公司、云南云景林纸股份有限公司等项目。6月，安徽华泰林浆纸一体化项目一期工程在安庆市建成投产，项目一期包括年产30万吨漂白硫酸盐针叶木浆厂、15万吨高档文化用纸生产线、12万公顷原料林基地，总投资31亿元，可实现年销售收入25亿元。泰格林纸集团进行湖南省内外速丰林种植与林地收购、经营，拟拥有林地33万公顷。广西作为全国最大木材产区，商品材产量占全国1/7，其中1/6由国有林场提供，国有林场目前经营林地总面积146万公顷，森林蓄积量5680多万米$^3$，森林年生长量已从过去每公顷每年12米$^3$提高到22.50米$^3$，实现了森林覆盖率、森林蓄积量持续“双增长”；造纸与木材加工作为广西着力打造的千亿元产业之一，全区174家国有林场发挥了骨干作用；最具核心竞争力的13家区直属国有林场，通过林场之间、林场与企业之间、与金融机构之间的合作，先后与世界500强的印度尼西亚金光集团、芬兰斯道拉恩索公司、日本王子公司开展林浆纸项目合作；斯道拉恩索集团在广西北海投资建设基于人工林的林纸一体化项目，将建设包括年产90万吨的纸浆生产线、年产45万吨的高档纸板机，纸板总生产能力未来将扩大到90万吨/年。林纸一体化经营，公司通过订单林业、租用农民土地、让农民以土地入股等方式营造人工林，给所在地区农民带来了可观的经济效益。农民在获取土地租金的同时，还在修路、开沟、开渠、栽种中获得劳务收入；在林地里套种生姜、油菜、冬小麦等经济作物，养殖鸡、鸭等家禽发展林下经济，开拓增加收入的新路子。

## 三、存在的主要问题

一是长周期树种发展速度较慢。由于造林成本高、补助标准低、前期投入大、生长周期长、风险大等原因，造林主体种植珍贵树种的积极性不高，从全国来看造林步伐较慢。二是造林补贴政策有待完善。中央财政造林补贴标准比林业重点工程低，补贴对象、允许造林地类限制较多，补贴资金隔3年分两次兑现，造林后10年内不准主伐，这些规定一定程度影响了林农争取补贴造林资金的积极性。三是造林地落实难度加大。随着造林绿化的推进以及林改后集体林地分户经营，立地条件较好、连片造林用地落实难度加大，管理工作量增加，加上基层管理工作经费、管理力量不足，一些地方对组织实施造林项目畏难情绪严重。

（王恩苓）

# 我国造纸用农业秸秆资源现状

## The Status of Agricultural Residues Resources Used for China's Pulp and Paper Industry

农业秸秆是我国非木材纤维资源的主要组成部分，秸秆制浆约占我国非木材制浆产量的65%左右(2010年)。农业秸秆纤维是我国制浆造纸产业的重要资源。

适于造纸用农业秸秆主要是资源量较大、纤维含量较高、纤维形态较好的农业秸秆，包括：稻、麦草、玉米秸秆、棉秆、甘蔗渣等。这些秸秆是农业秸秆资源的主要部分，约占总秸秆量的80%左右[1]。

我国每年产生的农作物秸秆总量巨大，是国民经济重要的可再生资源，近年来受到国家重视，2008年7月国务院下发了《关于加快推进农作物秸秆综合利用的意见》。这对于加快推进秸秆综合利用，实现秸秆的资源化，促进环境保护和农民增收具有重要意义。

## 一、关于我国农业秸秆总量

秸秆资源数量估算是秸秆资源利用的基础。多年来，学者们运用不同方法对其进行了大量的研究，但计算结果差异很大，有人认定为6亿吨以上，有人认定是7亿吨以上，毕于运等计算值达到8.4亿吨[2]。产生这种差异的主要原因有以下几个方面。

1. 对农业秸秆内涵的认识不一

实际上对农业秸秆资源量的评估有3个层次，即为秸秆理论产生量、可收集资源量和可利用资源量，一般发表的数据多为理论产生量，也有人统计的是实际可收集量，两者之间数量差异很大。另外，对农业秸秆的内容认识不一致，有人统计的秸秆量主要是粮、棉、油等主要农作物的秸秆产量，为现实的秸秆总产量。一般"秸秆"按《辞海》的解释为作物的茎秆，英文称为Straw或Stalk；有人认为应按秸秆的广义概念，即指收获作物主产品之后在田间剩余的所有副产物，这里称之为"田间秸秆"，等同于英文的Field Residue。有人提出更为广义的概念，即指收获作物主产品之后所有大田剩余的副产物及主产品初加工过程产生的副产物，此定义等同于英文的Crop Residue[2]。按这种定义，认为除上述大田作物的秸秆之外还应包括：蔬菜藤蔓及其残余物、麻类秸秆、蔗渣、甜菜渣、甜菜茎叶、烟秆等"次要"农作物的秸秆产量以及农作物的初级加工副产品，如稻壳和玉米芯、花生壳、棉花壳、甘蔗渣等[2]，因而在统计范围上产生很大差别，从而产生了秸秆产量由6亿吨到8.4亿吨的明显统计差距。实际上对造纸工业来说，并非所有农业秸秆都适用于造纸，只有那些资源比较集中、收集方便、纤维形态好、纤维含量高、价格低廉的秸秆才可用于造纸，因此本文着重考虑造纸工业常用的三大粮食作物（稻、麦、玉米）秸秆和棉秆、蔗渣等几种秸秆的资源量。

2. 对秸秆系数（草谷比）取值不同

当作物种类相同和计算方法正确时，秸秆估算量的准确性唯一取决于秸秆系数的取值。然而，目前众多文献所采用的秸秆系数差异较大，导致估算结果的可比性较差。以水稻为例，约有1/2的研究者将草谷比取值为0.62或0.68，其余研究者取值在0.9~1.1之间，草谷比的差异导致水稻的秸秆量相差0.8亿吨。再如玉米的草谷比有1.2、1.37和2.0这3种取值；小麦草谷比多数取值为1.4，也有取值为0.73的。对其他作物草谷比取值差异更大，如棉花的秆棉比多取值为3.0，也有取值为5.5或9.0[3]。而且，研究者大都没有对草谷比的取值作出明确的解释，使人无从判断其合理性。对草谷比取值的差异导致了资源量评估值的差异。因此，要正确评估我国作物秸秆资源量及其分布，必须要获得最接近作物生产实际的草谷比。

实际上影响草谷比的首要因素是品种改良，随着作物新品种的选育更新，草谷比是不断下降的。影响作物草谷比的另一因素是栽培环境，体现于各地区的土壤、气候及耕作制度和栽培条件的不同，因而不同地区同一作物草谷比也不同。

## 二、我国造纸用农业秸秆资源数量估算

农业秸秆产量的估算通常由国家统计部门发布的作物经济产量（Production）与各农作物秸秆系数计算获得。作物经济产量是指有经济价值的主作物产品产量。

可按下列公式估算而来：$ms = mp \times SG$

式中：$ms$ 为农作物秸秆产量；$mp$ 为农作物经济产量；$SG$ 为秸秆系数，即秸秆产量与农作物经济产量之比值。

1. 秸秆系数（草谷比）取值的确定

谢光辉、王晓玉等[4~5]根据2006—2010年大田试验原创性论文获得各农作物在不同省（区、市）的秸秆系数平均值，同一作物以同一个省（区、市）的所有样本的秸秆系数的算术平均值作为该省的平均值。然后以省（区、市）为单位，根据每一作物的种植面积，求得所有省（区、市）该作物的加权平均值，作为该作物的全国水平的秸秆系数。并使所有作物秸秆系数数据均为干重。根据上述方法得到各地区主要农作物秸秆的秸秆系数。现将几种主要农作物的秸秆系数列入表1、表2。

（1）水稻　根据文献报道，我国30个省（区、市）的秸秆系数为0.74～1.33，其全国平均值为1.04。

（2）小麦　根据文献和大田试验报道的30个省（区、市）小麦秸秆系数的范围为1.05～1.41，全国平均值为1.28，略高于水稻和玉米。属于1级小麦主产区的河南省的秸秆系数范围为1.29，2级小麦主产区的山东、河北两省小麦的秸秆系数为1.22～1.39，3级小麦主产区的江苏、四川分别为1.41和1.12。

（3）玉米　玉米经济产量为籽粒产量，因此以草谷比估算的玉米田间秸秆应扣除玉米芯量，玉米芯属于初加工副产物。玉米的田间秸秆计算公式为：

玉米田间秸秆量＝经济产量×草谷比－玉米芯产量

按文献报道我国31个省（区、市）的玉米秸秆系数为0.69～1.56，全国平均值为1.04。从各省

**表1　我国31个省（区、市）的水稻、小麦、玉米秸秆系数取值**

| 省（区、市） | 水稻秸秆系数 | 小麦秸秆系数 | 玉米秸秆系数 |
|---|---|---|---|
| 北京 | 1. 10 | 1. 29 | 1. 02 |
| 天津 | 1. 33 | 1. 16 | 0. 99 |
| 河北 | 0. 95 | 0. 95 | 1. 05 |
| 山西 | 1. 00 | 1. 25 | 1. 16 |
| 山东 | 1. 29 | 1. 39 | 0. 96 |
| 河南 | 0. 97 | 1. 29 | 1. 07 |
| 西藏 | 1. 27 | 1. 22 | 0. 95 |
| 甘肃 | 0. 84 | 1. 26 | 11. 11 |
| 宁夏 | 0. 99 | 1. 08 | 1. 21 |
| 内蒙古 | 0. 83 | 1. 13 | 1. 30 |
| 陕西 | 0. 94 | 1. 27 | 1. 10 |
| 新疆 | 0. 74 | 1. 36 | 1. 15 |
| 辽宁 | 1. 03 | 1. 22 | 1. 03 |
| 吉林 | 1. 03 | 1. 25 | 1. 09 |
| 黑龙江 | 0. 92 | 1. 05 | 1. 16 |
| 广西 | 1. 10 | 1. 22 | 0. 94 |
| 海南 | 1. 20 | — | 0. 94 |
| 广东 | 1. 07 | 1. 27 | 0. 93 |
| 福建 | 1. 14 | 1. 34 | 0. 93 |
| 重庆 | 0. 91 | 1. 08 | 0. 96 |
| 四川 | 0. 90 | 1. 12 | 0. 98 |
| 贵州 | 1. 14 | 1. 29 | 0. 94 |
| 云南 | 1. 14 | 1. 20 | 0. 93 |
| 江苏 | 1. 24 | 1. 41 | 1. 00 |
| 浙江 | 1. 07 | 1. 20 | 0. 96 |
| 上海 | 1. 28 | 1. 09 | 0. 93 |
| 安徽 | 1. 09 | 1. 12 | 1. 00 |
| 江西 | 1. 03 | 1. 36 | 0. 95 |
| 湖北 | 0. 96 | 1. 39 | 0. 98 |
| 湖南 | 0. 98 | 1. 38 | 0. 96 |
| 青海 | — | 1. 31 | 1. 10 |
| 全国平均 | 1. 04 | 1. 28 | 1. 07 |

注：水稻、小麦秸秆系数全国平均取值为30个省（区、市）。

**表2　我国各省（区、市）棉花、甘蔗的作物秸秆系数取值**

| 省（区、市） | 棉花秸秆系数 | 省（区、市） | 甘蔗秸秆系数 |
|---|---|---|---|
| 新疆 | 2.85 | 各省区市 | 0.16 |
| 河南 | 2.41 | 全国平均 | 0.16 |
| 山东 | 2.64 | | |
| 北方其余省区市 | 2.62 | | |
| 南方省区市 | 3.35 | | |
| 全国平均 | 2.87 | | |

（区、市）的平均值来看，玉米的秸秆系数的范围与水稻在各省（区、市）的数值很接近。

（4）棉花、甘蔗　棉花有"子棉"和"皮棉"2种产量。由于《中国统计年鉴》等发布的棉花产量是皮棉产量，从文献中查阅的秸秆量应换算为皮棉的秸秆系数。即在计算田间秸秆时要减去棉籽量。因此棉花田间秸秆计算公式为：棉花田间秸秆量＝经济产量(皮棉)×草谷比－棉籽产量；也可根据《农业技术经济手册（修订本)》提供的资料[6]：皮棉与籽棉之比为1∶2.7。据此计算的皮棉与棉秆之比为7.75。

棉花产区主要为新疆、河南、山东、江苏和湖北共5省。

甘蔗加工副产物（甘蔗渣系数）＝甘蔗渣质量/甘蔗茎秆质量；按郭利磊等文章[7]的数据，由甘蔗（鲜干）的加工得到甘蔗渣（风干）系数，广东、广西取值都为0.16，其他省市的取值也相同。甘蔗主要集中在广西、广东和云南3省，甘蔗田间秸秆量约占全国甘蔗田间秸秆总量的90%以上。

2. 可收集系数的确定[8]

一般由作物经济产量和秸秆系数计算出的秸秆量为理论产生量，实际可收集量还受农作物的收获方式影响。以河南、山东小麦收割为例，人工收割和机械收割之间的留茬高度存在明显差异：平均株高为85厘米的小麦，人工收割留茬高度只有5～8厘米，平均值为6厘米；机械收割留茬高度则为20～40厘米，平均值达30厘米。这样，秸秆资源可收集利用量则为秸秆的理论产量和其可收集系数来计算。用公式表示为：

$$m_{GS} = m_S \times IG \qquad (1)$$

式中，$m_{GS}$为秸秆资源可收集量；$m_S$为秸秆理论产量；$IG$为秸秆资源可收集利用系数。秸秆资源可收集利用系数是指可收集利用的秸秆质量占农作物秸秆理论产量之比。

目前全国小麦机收面积比例大约在90%以上。留高茬收割是我国现行的、较普遍的小麦机收方式，多数地区留茬高度为20～40厘米，个别地区达到40～50厘米。为了防止麦秸焚烧，不少省份对小麦机收留茬高度要求控制在15厘米或20厘米以下。但在测算机收小麦的秸秆可收集系数时，把小麦机收的留茬高度一般取值为25厘米。根据实地调查和相关数据信息进行估算[6]，全国各类秸秆的可收集利用系数如下：谷物秸秆（包括稻、麦草，玉米等）可收集系数为0.83；棉秆为0.90，糖料作物副产品为0.88[8]。作者认为，谷物秸秆可收集系数0.83实际上是做不到的。从目前企业实际收集秸秆的情况观察，由于主要谷物产区的收割已基本实现机械化，秸秆收割留茬高度较高，加上部分秸秆还田、被焚烧及收集时的遗留等，秸秆的可收集系数能有0.5已经很好。实际上有些造纸企业收集麦草、玉米等秸秆时每亩地也只能收集到200千克（风干）。因此本文选用可收集系数为0.5。

## 三、我国造纸用秸秆资源量估算

根据国家近年发布的作物经济产量数据[9～10]，按表1、表2的秸秆系数和前节所述的秸秆可收集系数，通过估算公式，计算出秸秆可收集年均产量。

由表3可见，由于本文估算的可收集系数更接近实际情况，实际2010年造纸用农业秸秆的可收集量为3.3亿吨左右，并不像一般文献中得到的乐观数据。另外，2011年因玉米减产，使玉米秸秆产量比2010年略减少了约0.3亿吨。从秸秆资源组成来看，资源量最大的为稻草，产量大约有1亿吨，约占总量的1/3；2010年玉米秸秆产量接近1亿吨，约占总量的29%；麦草较少，约为7500万吨，仅占23%。应进一步重视造纸行业利用稻草和玉米秸秆制浆造纸已势在必行。

## 四、我国秸秆资源的分布

表4为《中国统计年鉴2012》和《中国农业年鉴2011》发布的各类农作物的主要产区产量数据[9～10]。

将表4数据与表1、表2各省自治区的秸秆系数和前节所述的秸秆可收集系数综合计算出相关省自治区秸秆可收集年均产量，如表5。

**表3 近年造纸用主要农业秸秆可收集量**

单位：万吨

| 作物 | 2010 年 | | 2011 年 | |
|---|---|---|---|---|
| | 作物产量 | 秸秆产量 | 作物产量 | 秸秆产量 |
| 稻谷 | 19576.1 | 10179.6 | 20100.1 | 10452.1 |
| 小麦 | 11518.1 | 7371.6 | 11740.1 | 7513.7 |
| 玉米 | 17724.5 | 9482.6 | 11740.1 | 6281.0 |
| 棉花 | 596.1 | 4157.8 | 658.9 | 4595.8 |
| 甘蔗 | 11078.9 | 1559.9 | 11443.4 | 1611.2 |
| 合计 | | 32751.5 | | 30453.8 |

表5的数据说明，我国造纸用农业秸秆主要分布于华东、华中、东北和华北地区，其中，河南、山东、湖南、黑龙江、江苏、河北、新疆、安徽、吉林9个省是我国造纸用农作物秸秆分布的主要地区，均超过1500万吨。稻草是秸秆资源中最为丰富的，可惜在造纸工业中很少利用。水稻秸秆集中在降雨量丰富的省份或地区，产量超1000万吨的省份除黑龙江以外，主要集中在长江流域及以南地区。产量从高到低排列为湖南、江苏、江西、黑龙江、湖北、安徽、四川，这7个省田间秸秆量占全国水稻田间秸秆总量的70%以上。

**表4 2011 年我国各种农作物产量的主要区域分布**

单位：万吨

| 区域 | 稻谷 | 小麦 | 玉米 | 棉花 | 甘蔗 |
|---|---|---|---|---|---|
| 黑龙江 | 2062.1（2） | | 2675.8（1） | | |
| 吉林 | | | 2339.0（2） | | |
| 河北 | | 1276.1（3） | 1639.6（5） | | |
| 内蒙古 | | | 1632.1（6） | | |
| 江苏 | 1864.2（4） | 1023.2（5） | | 24.7（6） | |
| 浙江 | | | | | |
| 安徽 | 1387.1（7） | 1215.7（4） | | 37.8（5） | |
| 江西 | 1950.1（3） | | | | 62.8（5） |
| 山东 | | 2103.9（2） | | 78.5（2） | |
| 河南 | | 3123.0（1） | 1978.7（3） | 38.2（4） | |
| 湖北 | 1616.9（5） | 344.8（8） | 1696.5（4） | 52.6（3） | |
| 湖南 | 2575.4（1） | | | | |
| 广西 | 1084.1（9） | | | | 7270.0（1） |
| 广东 | 1096.9（8） | | | | 1390.0（3） |
| 四川 | 1527.1（6） | 436.0（7） | | | |
| 新疆 | | 576.6（6） | 701.6（8） | 289.8（1） | |
| 云南 | | | | | 1898.8（2） |
| 福建 | | | 598.2（9） | | 56.0（6） |
| 海南 | | | | | 387.8（4） |
| 辽宁 | | | 1360.3（7） | | |

注：（）内为产量排名次序，各作物仅取主产区前6名。

其次是玉米秸秆，分布范围非常广泛，由东北地区到西南都可种植，主要产地为东北和华北以及华东和华中的部分省份。按产量由高到低排列为黑龙江、吉林、内蒙古、山东、河南和河北，产量都在800万吨以上，这6个省玉米秸秆量占全国玉米秸秆总量的60%以上。

小麦秸秆资源量为农作物秸秆量的第3位，小麦田间秸秆生产大省有河南、山东，可收集产量范围为1000万吨以上。河北、江苏和安徽也是麦草的重要产区。这5个省份小麦田间秸秆总量占全国小麦秸秆总量的75%左右。我国棉秆产量约4500万吨，主要集中在新疆、山东、湖北和河北等省、自

表 5　　2011 年主要造纸用秸秆产区年可收集秸秆量　　单位：万吨

| 省、自治区 | 稻草 | 小麦草 | 玉米秆 | 棉秆 | 甘蔗渣 | 合计 |
|---|---|---|---|---|---|---|
| 河南 | W | 2014.3（1） | 907.5（5） | 223.7（5） | — | 3145.6（1） |
| 山东 | W | 1462.2（2） | 949.8（4） | 503.6（2） | — | 2915.6（2） |
| 新疆 | W | 392.1（6） | W | 2230（1） | — | 2622.1（3） |
| 黑龙江 | 948.6（4） | W | 1552.0（1） | — | — | 2500.6（4） |
| 湖南 | 2094.8（1） | W | W | 184.8（8） | W | 2464.4（5） |
| 江苏 | 1155.8（2） | 721.4（4） | W | 201.1（7） | — | 2078.3（6） |
| 河北 | W | 778.4（3） | 860.8（6） | 415.7（4） | — | 2054.9（7） |
| 湖北 | 776.1（5） | 239.6（7） | W | 428.2（3） | W | 1821.1（8） |
| 广西 | 596.3（8） | W | W |  | 1163.2（1） | 1759.5（9） |
| 安徽 | 756.0（6） | 680.8（5） | W | 221.4（6） | — | 1658.2（10） |
| 吉林 | 274.5（11） | W | 1274.8（2） | — | — | 1549.3（11） |
| 内蒙古 | W | W | 1060.9（3） | — | — | 1060.9（12） |
| 四川 | 687.2（2） | W | 343.8（8） | W | W | 1031.0（13） |
| 江西 | 1004.3（3） | W | W | W | — | 1004.3（14） |
| 云南 | W | W | 278.2（9） | — | 303.8（2） | 885.8（15） |
| 广东 | 586.8（9） | W | W | — | 22.4（3） | 809.2（16） |
| 辽宁 |  |  | 700.6（7） |  |  | 700.6（17） |
| 海南 | W |  |  | — | 62.4（4） | 62.0（18） |

注：表中 W（少量）示产量在 500 万吨以下；（）内的数字是按产量多少的排名次序。

治区，新疆约占其中的 1/2。由于我国食糖产地主要集中在两广和西南地区，全国甘蔗渣年均产量只有 1611 万吨，主要集中在广西、云南和广东。这 3 省甘蔗渣量占全国总量的 95% 以上，广西的产量则占全国总量的 66%。

## 五、结束语

我国是农业大国，每年究竟产生多少农业秸秆，尚没有权威的统计数据。由于研究者对秸秆的内容、秸秆系数、可收集系数的认识不一致等原因，目前文献发表的数据差异较大，而且多为秸秆的理论产生量。对于造纸工业来说，最关注的是造纸企业每年实际可以收集到多少可用于造纸生产的秸秆；以便根据我国的秸秆可实际得到资源量，以估算秸秆制浆的规模能有多大，产地布局如何等。

本文在收集分析了大量有关秸秆资源估算资料的基础上，根据我国造纸企业的秸秆实际收集状况，对文献中的秸秆可收集系数进行了修正。得到适合于造纸工业需要的、可收集到的纤维秸秆资源量为 3.0 亿～3.3 亿吨，这个数据远低于此前发表的估算数据[11]。其中约 1 亿吨为稻草，近 1 亿吨为玉米秸秆，而这 2 种秸秆在目前造纸工业中尚没有大量使用。

从秸秆资源的分布来看，我国的秸秆主要集中分布在河南、山东、安徽、江苏一带。黑龙江、吉林秸秆量也较大，主要是玉米秸秆和稻草，湖南的稻草资源量居全国首位，而棉秆则 1/2 以上集中在新疆，其次是山东、湖北和河北。

## 参考文献

[1] 朱建春等. 近 30 年来中国农作物秸秆资源量的时空分布 [J]. 西北农林科技大学学报（自然科学版），2012，40（4）：139.
[2] 毕于运等. 中国秸秆资源数量估算 [J]. 农业工程学报，2009，25（12）：211.
[3] 谢光辉等. 中国作物秸秆资源评估研究现状 [J]. 生物工程学报，2010，26（7）：855.
[4] 谢光辉等. 中国禾谷类大田作物收获指数和秸秆系

数［J］. 中国农业大学学报，2011，169（1）：1.
［5］王晓玉等. 大田作物秸秆量评估中秸秆系数取值研究［J］. 中国农业大学学报，2012，17（1）：1.
［6］牛若峰，刘天福. 农业技术经济手册（修订本）［M］. 北京：农业出版社，1986.
［7］郭利磊等. 中国各省大田作物加工副产物资源量评估［J］. 中国农业大学学报，2012，17（6）：45.
［8］王亚静等. 中国秸秆资源可收集利用量及其适宜性评价［J］. 中国农业科学，2010，43（9）：1852.
［9］中国农业年鉴编辑委员会编. 中国农业年鉴 2011［M］. 北京：中国农业出版社，2011.
［10］中华人民共和国国家统计局编. 中国统计年鉴 2012［M］. 北京：中国统计出版社，2011.
［11］中国造纸学会编. 2011 中国造纸年鉴［M］. 北京：中国轻工业出版社，2011：144.

（李忠正）

# 节能减排
# 环境保护

## ENERGY SAVING, DISCHARGE REDUCING AND ENVIRONMENTAL PROTECTION

2011 年我国造纸工业主要污染物排放及处理概况
2012 年工业行业淘汰落后产能造纸企业名单
“万家企业节能低碳行动”造纸企业名单及节能量目标公布

5

# 2011 年我国造纸工业主要污染物排放及处理概况

# The Main Pollutants Emission from Paper Industry and Its Treatment in 2011

## 一、废水及主要污染物排放情况

1. 全国废水排放情况

2010 年，全国废水排放总量 659.2 亿吨。其中，工业废水排放量 230.9 亿吨，占废水排放总量的 35.0%。生活污水排放量 427.9 亿吨，占废水排放总量的 64.9%。集中式污染治理设施废水（不含城镇污水处理厂，下同）排放量 0.4 亿吨，占废水排放总量的 0.1%，见表 1。

表 1　　全国废水及其主要污染物排放量年际对比

| | 合计 | 工业源 | 农业源 | 城镇生活源 | 集中式污染治理设施 |
|---|---|---|---|---|---|
| 废水排放量/亿吨 | 659.2 | 230.9 | — | 427.9 | 0.4 |
| 化学需氧量排放量/万吨 | 2499.9 | 354.8 | 1186.1 | 938.8 | 20.1 |
| 氨氮排放量/万吨 | 260.4 | 28.1 | 82.7 | 147.7 | 2.0 |

注：1. 自 2011 年起环境统计中增加农业源的污染排放统计；农业源包括种植业、水产养殖业和畜禽养殖业排放的污染物。
2. 集中式污染治理设施排放量指生活垃圾处理厂（场）和危险废物（医疗废物）集中处理（置）厂垃圾渗滤液/废水及其污染物的排放量。

2. 全国化学需氧量排放情况

2011 年，全国废水中化学需氧量排放量 2499.9 万吨。其中，工业废水中化学需氧量排放量 354.8 万吨，占化学需氧量排放总量的 14.2%。农业源排放化学需氧量 1186.1 万吨，占化学需氧量排放总量的 47.4%。城镇生活污水中化学需氧量排放量 938.8 万吨，占化学需氧量排放总量的 37.6%。集中式污染治理设施废水中化学需氧量排放量 20.1 万吨，占化学需氧量排放总量的 0.8%。

3. 全国氨氮排放情况

2011 年，全国废水中氨氮排放量 260.4 万吨。其中，工业废水氨氮排放量 28.1 万吨，占氨氮排放总量的 10.8%。农业源氨氮排放量 82.7 万吨，占氨氮排放总量的 31.8%。城镇生活污水中氨氮排放量 147.7 万吨，占氨氮排放总量 56.7%。集中式污染治理设施废水中氨氮排放量 2.0 万吨，占氨氮排放总量的 0.8%。

## 二、工业行业废水及主要污染物排放情况

1. 行业废水排放情况

2011 年，在调查统计的 41 个工业行业中，废水排放量位于前 4 位的行业依次为：造纸与纸制品业、化学原料及化学制品制造业、纺织业和电力、热力生产及供应业。这 4 个行业的废水排放量为 107.0 亿吨，占重点调查统计企业废水排放量的 50.3%，见图 1。

2. 工业行业化学需氧量排放情况

2011 年，在调查统计的 41 个工业行业中，化学需氧量排放量位于前 4 位的行业依次为：造纸与纸制品业、农副食品加工业、化学原料及化学制品制造业和纺织业。这 4 个行业的化学需氧量排放量为 191.5 万吨，占重点调查统计企业排放总量的

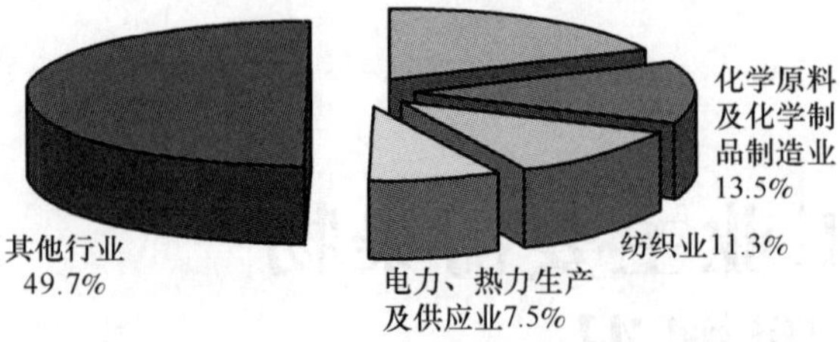


图1　工业行业废水排放情况

59.5%，见表2、图2。

**表2　　重点行业主要污染物排放情况**

单位：万吨

| 行业 | 化学需氧量 | 氨氮 |
|---|---|---|
| 造纸及纸制品业 | 74.2 | 2.5 |
| 农副食品加工业 | 55.3 | 2.1 |
| 化学原料及化学制品制造业 | 32.8 | 9.3 |
| 纺织业 | 29.2 | 2.0 |
| 累计 | 191.5 | 15.9 |

注：自2011年起，环境统计按《GB/T 4754—2011 国民经济行业分类》标准执行分类统计。

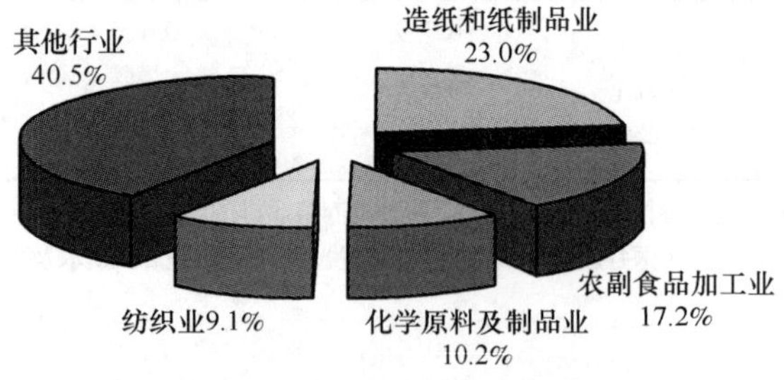


图2　重点工业行业化学需氧量排放情况

3. 工业行业氨氮排放情况

2011年，在调查统计的41个工业行业中，氨氮排放量位于前4位的行业依次为：化学原料及化学制品制造业、造纸与纸制品业、农副食品加工业和纺织业。这4个行业氨氮排放量为15.9万吨，占重点调查统计企业氨氮排放量的60.6%，见图3。

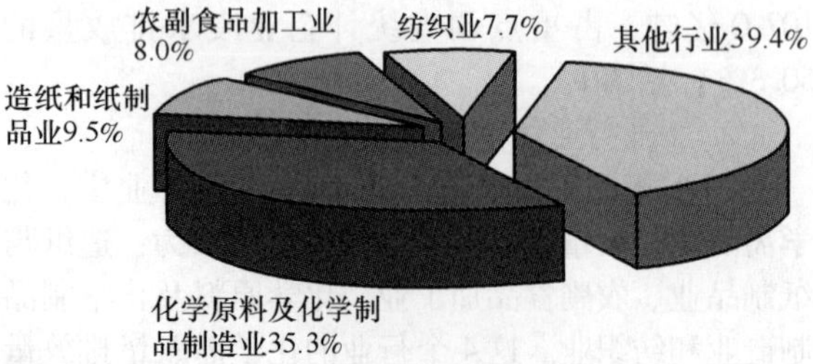


图3　工业行业氨氮排放情况

## 三、废　　气

1. 二氧化硫排放情况

2011年，全国工业废气排放量674509.3亿米$^3$（标态）。全国二氧化硫排放量2217.9万吨。其中，工业二氧化硫排放量2017.2万吨，占全国二氧化硫排放量的91.0%；生活二氧化硫排放量200.4万吨，占全国二氧化硫排放量的9.0%；集中式污染治理设施二氧化硫排放量0.3万吨。

2. 氮氧化物排放情况

2011年，全国氮氧化物排放量2404.3万吨。其中，工业氮氧化物排放量1729.7万吨，占全国氮氧化物排放总量的71.9%；生活氮氧化物排放量36.6万吨，占全国氮氧化物排放总量的1.5%；机动车氮氧化物排放量637.6万吨，占全国氮氧化物排放总量的26.5%；集中式污染治理设施氮氧化物排放量0.3万吨。

## 四、工业固体废物

2011年，全国一般工业固体废物产生量32.3亿吨，一般工业固体废物综合利用量19.5亿吨，一般工业固体废物贮存量6.0亿吨，一般工业固体废物处置量7.0亿吨，一般固体废物倾倒丢弃量0.04亿吨，见表3。

2011年，全国工业固体废物综合利用率为59.9%。天津市、上海市、江苏省、山东省和浙江省等地区工业固体废物综合利用率高于90%。

## 五、2011年造纸行业废水、废气、固体废物排放及处理情况

2011年造纸行业废水、废气、固体废物排放量及处理情况，见表4。

## 六、造纸行业用水情况统计

造纸行业用水情况见表5。

表 3　　全国工业固体废物产生及处理情况　　单位：万吨

| 项目 | 产生量 | 排放量 | 综合利用量 | 贮存量 | 处置量 |
|---|---|---|---|---|---|
| 一般工业固体废物 | 322772.3 | 433.3 | 195214.6 | 60424.3 | 70465.3 |
| 危险废物 | 3431.2 | 0.01 | 1773.1 | 823.7 | 916.5 |

注：1. 综合利用量包括综合利用往年贮存量，处置量包括处置往年贮存量；
2. 工业固体废物综合利用率 = 工业固体废物综合利用量/(工业固体废物产生量 + 综合利用往年贮存量)；
3. 危险废物处理率 = (危险废物综合利用量 + 处置量)/(危险废物产生量 + 综合利用往年贮存量 + 处置往年贮存量)。

表 4　　2011 年造纸行业废水、废气、固体废物排放量及处理情况

| 项目 | 数量 | 项目 | 数量 |
|---|---|---|---|
| 汇总工业企业/个 | 5871 | 砷 | 0.675 |
| 工业废水排放量/万吨 | 382264.6 | 挥发酚 | 90.7 |
| 其中：直接排入环境的排放量/万吨 | 341237.0 | 氰化物 | 0.1 |
| 排入废水处理厂的排放量/万吨 | 41027.6 | 石油类 | 66.5 |
| 工业废水处理量/万吨 | 550236.6 | 氨氮 | 25052.7 |
| 废水处理设施/套 | 5122 | 化学需氧量 | 741672.3 |
| 废水治理设施处理能力/(万吨/日) | 2709.07 | 工业废气排放总量/亿米$^3$（标准情况） | 17093.9 |
| 本年运行费用/万元 | 610290.0 | 其中：二氧化硫产生量/万吨 | 851 |
| 工业废水中污染物产生量/吨 | | 二氧化硫排放量/万吨 | 54.3 |
| 其中：六价铬 | 0.075 | 氮氧化物产生量/万吨 | 22.5 |
| 铅 | 0.099 | 氮氧化物排放量/万吨 | 22.1 |
| 砷 | 0.675 | 烟尘产生量/万吨 | 551.8 |
| 挥发酚 | 266.1 | 烟尘排放量/万吨 | 20.7 |
| 氰化物 | 0.2 | 工业固体废物产生量及处置利用 | |
| 化学需氧量 | 666336.8 | 其中：工业固体废物产生量/万吨 | 2482 |
| 石油类 | 262.8 | 工业固体废物综合利用量/万吨 | 2133 |
| 氨氮 | 60705.1 | 工业固体废物处置量/万吨 | 321 |
| 工业废水中污染物排放量/吨 | | 工业固体废物贮存量/万吨 | 38 |
| 其中：六价铬 | 0.016 | 工业固体废物倾倒丢弃量/万吨 | 1 |
| 铅 | 0.098 | 工业固体废物综合利用率/% | 85.9 |

**表 5　　造纸行业用水情况**

| 年份 | 工业用水总量/万吨 | 其中 | | 工业总产值/万元（现价） | 专职环保人员数 |
|---|---|---|---|---|---|
| | | 新鲜水量/万吨 | 重复用水量/万吨 | | |
| 2001 | 573679 | 355526 | 218153 | 12070114 | 14017 |
| 2002 | 602054 | 365503 | 236551 | 13502011.0 | 14495 |
| 2003 | 610900 | 364264 | 246636 | 16679768.7 | 13516 |
| 2004 | 687566 | 372609 | 314957 | 19782798.1 | 14788 |
| 2005 | 766593 | 424978 | 341615 | 23225441.6 | 14521 |
| 2006 | 892355 | 440076 | 452279 | 28854041.6 | 15596 |
| 2007 | 1003747 | 488216 | 515531 | 39340154.3 | 24342 |
| 2008 | 1089551 | 488440 | 601112 | 51958528.0 | 21013 |
| 2009 | 1084418.4 | 465933.0 | 618485.4 | 43227840.3 | 18644 |
| 2010 | 1233873.6 | 461484.6 | 772389.0 | 51494130.7 | 18304 |
| 2011 | 1287691.7 | 455926.1 | 831765.6 | 6764.5 | — |

资料来源：2011 年中国环境统计年报。

（黄润斌整理）

# 2012 年工业行业淘汰落后产能造纸企业名单

## The List of Papermaking Enterprises that are Obligated to Eliminate the Outdated Capacities in 2012

2012 年 7 月 9 日，工业和信息化部发布 2012 年第 26 号公告，将 2012 年炼铁、炼钢、焦炭、电石、平板玻璃、造纸、酒精、味精、柠檬酸、制革、印染、化纤等 19 个行业淘汰落后产能企业名单（第一批）予以公告。同年 9 月 6 日，工业和信息化部发布 2012 年第 39 号公告，将 2012 年工业行业淘汰落后产能企业名单（第二批）予以公告，其中涉及炼铁、炼钢、水泥（熟料和磨机）、平板玻璃、造纸等 15 个领域的 182 家企业。公告要求，有关省（区、市）要采取有效措施，力争在 2012 年 9 月底前全部关停列入公告名单内企业的落后产能，确保在 2012 年底前彻底拆除淘汰，并不得向其他地区和周边国家转移。要按照《关于印发〈淘汰落后产能工作考核实施方案〉的通知》（工信部联产业〔2011〕46 号）要求，做好对淘汰落后产能企业的现场检查验收和任务完成公告工作。2012 年工业行业淘汰落后产能造纸企业名单见表 1、表 2。

**表 1　2012 年工业行业淘汰落后产能造纸企业名单（第一批）**

| 序号 | 企业名称 | 产能/万吨 |
|---|---|---|
| **河北省** | | |
| 1 | 晋州市塔上造纸厂 | 1.93 |
| 2 | 鹿泉市瑞丰造纸厂 | 1 |
| 3 | 兴隆县龙腾跃纸业有限公司 | 0.8 |
| 4 | 张家口国美纸业有限责任公司（宣化造纸厂） | 2.5 |
| 5 | 秦皇岛前韩纸业有限公司 | 3.2 |
| 6 | 秦皇岛市家辉纸业有限公司 | 1.5 |
| 7 | 秦皇岛兆丰纸业有限公司 | 0.8 |
| 8 | 秦皇岛市抚宁县燕滨造纸厂 | 0.7 |
| 9 | 抚宁县后韩纸板厂 | 1 |
| 10 | 秦皇岛市抚宁渤海纸业有限公司 | 0.8 |
| 11 | 秦皇岛市抚宁金鑫造纸有限公司 | 0.7 |
| 12 | 秦皇岛市抚宁鑫华造纸有限公司 | 3 |
| 13 | 秦皇岛市卢龙县佳伦纸业有限公司 | 1 |
| 14 | 昌黎县力合造纸有限责任公司 | 2.6 |
| 15 | 唐海县五星纸业加工有限公司 | 0.4 |
| 16 | 唐山市诚达纸业有限公司 | 0.61 |

续表

| 序号 | 企业名称 | 产能/万吨 |
|---|---|---|
| 17 | 河北永新纸业有限公司 | 3.5 |
| 18 | 唐山隆鑫纸业有限公司 | 2 |
| 19 | 玉田县昌荣纸业有限公司 | 2 |
| 20 | 玉田县京玉纸业有限公司 | 2.86 |
| 21 | 玉田县鑫达纸业有限公司 | 0.6 |
| 22 | 玉田县大众宝来纸业有限公司 | 2.4 |
| 23 | 玉田县华鑫纸业有限公司 | 2.6 |
| 24 | 玉田县金螺纸业有限公司 | 1.8 |
| 25 | 玉田县天正纸业有限公司 | 1.6 |
| 26 | 玉田县圣泰纸厂 | 1.74 |
| 27 | 玉田县代家屯第六造纸厂 | 2.2 |
| 28 | 保定市林海纸业有限公司 | 1.1 |
| 29 | 蠡县永兴庄第二造纸厂 | 1.6 |
| 30 | 蠡县利源造纸有限公司 | 1.6 |
| 31 | 保定满城金利包装有限公司 | 2.8 |
| 32 | 保定市满城金光纸业有限公司 | 0.9 |
| 33 | 保定市满城前进造纸有限公司 | 4 |

续表

| 序号 | 企业名称 | 产能/万吨 |
|---|---|---|
| 34 | 河北姬发造纸有限公司 | 0.9 |
| 35 | 满城县诚信纸业有限公司 | 0.9 |
| 36 | 满城县正大纸业有限公司 | 0.9 |
| 37 | 保定市满城县顺利纸业有限公司 | 0.9 |
| 38 | 保定市白云造纸有限公司 | 0.5 |
| 39 | 保定市东郊造纸有限公司 | 0.3 |
| 40 | 清苑县四通造纸厂 | 1 |
| 41 | 保定市清苑县康苑卫生用品厂 | 0.6 |
| 42 | 清苑县宏源纸厂 | 0.42 |
| 43 | 清苑县永兴造纸厂 | 0.3 |
| 44 | 保定市清苑县雄盛板纸有限公司 | 2.04 |
| 45 | 清苑县富强造纸厂 | 0.75 |
| 46 | 保定市清苑县恒泰造纸厂 | 0.52 |
| 47 | 清苑县西城恒磊造纸厂 | 0.815 |
| 48 | 清苑县鑫源造纸厂 | 0.24 |
| 49 | 保定华远纸业有限公司 | 4.2 |
| 50 | 保定市泽裕纸业有限公司 | 2.72 |
| 51 | 保定市新市区兴华造纸厂 | 2 |
| 52 | 保定市新兴纸业有限公司 | 3 |
| 53 | 保定市新市区尹庄红星纸厂 | 0.6 |
| 54 | 保定市第五造纸厂 | 1.8 |
| 55 | 保定市东方造纸有限公司 | 0.8 |
| 56 | 徐水县奥林纸厂 | 1 |
| 57 | 青县龙江纸业有限责任公司 | 1.5 |
| 58 | 青县恒伟纸业有限公司 | 2.2 |
| 59 | 沧州瑞雄纸业有限公司 | 1.2 |
| 60 | 沧州宝运纸业有限公司 | 3 |
| 61 | 柏乡县宝石纸业有限公司 | 2 |
| 62 | 柏乡县东方纸业有限责任公司 | 1.5 |
| 63 | 柏乡县晨光纸业有限责任公司 | 3 |
| 64 | 柏乡县华中纸业有限公司 | 2.5 |
| 65 | 柏乡县恒泰纸业有限公司 | 1.6 |
| 66 | 柏乡县森昌纸业有限公司 | 1 |
| 67 | 柏乡县疆东纸业有限公司 | 2.5 |
| 68 | 柏乡县旭源纸业有限公司 | 1.5 |
| 69 | 柏乡县恒大纸业有限公司 | 1.3 |
| 70 | 柏乡县中强纸业有限公司 | 1 |

续表

| 序号 | 企业名称 | 产能/万吨 |
|---|---|---|
| 71 | 柏乡县同富源纸业有限公司 | 1 |
| 72 | 柏乡县恒林纸业有限公司 | 1.5 |
| 73 | 柏乡县腾源纸业有限公司 | 1 |
| 74 | 柏乡县红日纸业有限公司 | 1 |
| 75 | 柏乡县瑞丰纸业有限公司 | 2.5 |
| 76 | 柏乡县金龙造纸厂 | 1.2 |
| 77 | 柏乡县耐特纸业有限公司 | 1.5 |
| 78 | 柏乡县寨里东学校造纸厂 | 0.9 |
| 79 | 柏乡县西汪东辰造纸厂 | 1.3 |
| 80 | 柏乡县鑫源造纸厂 | 1.6 |
| 81 | 柏乡县西汪现发造纸厂 | 1.6 |
| 82 | 柏乡县利民造纸厂 | 2 |
| 83 | 柏乡县长城纸业有限公司 | 3.3 |
| 84 | 柏乡县兴旺纸制品厂 | 3 |
| 85 | 柏乡县龙京纸业有限公司 | 1.6 |
| 86 | 柏乡县纸业彩印包装厂 | 1 |
| 87 | 柏乡县协和纸业有限公司 | 1 |
| 88 | 柏乡县茂森造纸包装有限公司 | 1.5 |
| 89 | 柏乡县西汪乡造纸厂 | 1 |
| 90 | 柏乡县西汪造纸厂 | 0.6 |
| 91 | 柏乡县胜利造纸二厂 | 0.6 |
| 92 | 沙河市荣兴涂布纸厂 | 0.8 |
| 93 | 沙河市恒源造纸厂 | 5.1 |
| 94 | 沙河市兴华涂布厂 | 1.3 |
| 95 | 沙河市金通涂布纸有限公司 | 1 |
| 96 | 沙河市恒森涂布纸有限公司 | 2 |
| 97 | 沙河市沙北纸业有限公司 | 2 |
| 98 | 任县邢家湾镇造纸厂 | 2.8 |
| 99 | 南宫市凤敏纸业有限公司 | 1.2 |
| 100 | 曲周县农场造纸厂 | 1.8 |
| 101 | 曲周县福利纸业有限公司 | 0.9 |
| 102 | 曲周县社会福利造纸厂 | 0.9 |
| 103 | 磁县隆达造纸厂 | 1.9 |
| 104 | 河北晏升贸易有限公司 | 1 |
| 105 | 磁县天力纸制品厂 | 1.9 |
| 106 | 邯郸市东风造纸有限公司 | 0.9 |
| 107 | 魏县亚豪福利纸业有限公司 | 0.6 |
| 108 | 邯郸市速发纸业有限公司 | 0.5 |

续表

| 序号 | 企业名称 | 产能/万吨 |
|---|---|---|
| 109 | 魏县荣鑫箱板有限公司 | 0.5 |
| 110 | 河北省魏县奥东纸业有限公司 | 1.12 |
| 111 | 永年县大郑庄永兴造纸厂 | 2.2 |
| 112 | 永年县茹佐第一造纸厂 | 3.4 |
| 113 | 邱县宏丰纸制品有限公司 | 1.5 |
| **山西省** | | |
| 114 | 晋中万达包装材料有限公司 | 1.1 |
| 115 | 山西省外贸平遥包装印刷集团造纸有限公司 | 2 |
| 116 | 临汾新友谊纸业有限公司 | 2 |
| 117 | 忻州市东楼福利造纸厂 | 0.9 |
| 118 | 山西省新绛县汾河造纸厂 | 5.5 |
| 119 | 芮城县永乐造纸厂 | 1.2 |
| 120 | 芮城县郑沟造纸厂 | 0.6 |
| 121 | 芮城县晋南纸业有限公司 | 1 |
| 122 | 文水县杨家寨永和草板纸厂 | 1.5 |
| **内蒙古自治区** | | |
| 123 | 海拉尔晨鸣纸业有限责任公司 | 3.4 |
| 124 | 乌兰察布市集宁区宏盛纸业有限公司 | 9 |
| 125 | 五原县大民财纸业有限责任公司 | 3.5 |
| 126 | 中冶美利内蒙古浆纸股份有限公司 | 3 |
| **辽宁省** | | |
| 127 | 大连宝发纸业有限公司 | 0.5 |
| 128 | 鞍山市腾鳌特区旭日造纸厂 | 1.25 |
| 129 | 海城市民政造纸厂 | 0.6 |
| 130 | 丹东海德鸭绿江纸业有限公司 | 8 |
| 131 | 丹东天源造纸厂 | 1.5 |
| 132 | 丹东鸭绿江造纸有限责任公司 | 3.3 |
| 133 | 丹东北方造纸集团有限公司 | 4.2 |
| 134 | 铁岭市华兴纸业有限公司 | 2.4 |
| 135 | 盘锦春成纸业有限公司 | 8 |
| **吉林省** | | |
| 136 | 吉林晨鸣纸业有限责任公司 | 17 |
| 137 | 榆树市东山农业植物开发有限公司 | 2 |
| 138 | 吉林省华金纸业有限公司 | 3 |
| 139 | 通榆县明业浆纸制品有限责任公司 | 0.66 |
| 140 | 通化东明纸业有限公司 | 0.1 |

续表

| 序号 | 企业名称 | 产能/万吨 |
|---|---|---|
| **江苏省** | | |
| 141 | 无锡市恒宇纸业有限公司 | 6 |
| **浙江省** | | |
| 142 | 杭州萧山中南造纸纸箱有限公司 | 0.7 |
| 143 | 杭州萧山南阳造纸有限公司 | 0.2 |
| 144 | 富阳市罗山造纸厂 | 0.45 |
| 145 | 富阳兴达造纸厂 | 0.7 |
| 146 | 富阳亨利板纸厂 | 1.1 |
| 147 | 富阳市金桥纸业有限公司 | 1.8 |
| 148 | 富阳春马纸业有限公司 | 1.8 |
| 149 | 温州市瞿溪曙光造纸厂 | 0.2 |
| 150 | 温州市豪兴纸业有限公司 | 0.9 |
| 151 | 温州市龙湾泓泰纸业有限公司 | 2 |
| 152 | 苍南县灵溪镇梧梅再生纸厂 | 0.6 |
| 153 | 浙江众发实业有限公司 | 2.7 |
| 154 | 庆元县万源纸业有限公司 | 0.6 |
| 155 | 庆元县凯凯纸业有限公司 | 1 |
| **山东省** | | |
| 156 | 枣庄鸿润纸业有限公司 | 0.6 |
| 157 | 山东万通纸业总公司 | 0.6 |
| 158 | 远通纸业（山东）有限公司 | 1 |
| 159 | 枣庄市运河纸业有限公司 | 1.8 |
| 160 | 滕州市新华纸业有限公司 | 1 |
| 161 | 东营华泰清河实业有限公司 | 2 |
| 162 | 临朐玉龙造纸有限公司 | 1 |
| 163 | 山东世纪阳光纸业集团有限公司 | 5 |
| 164 | 济宁港宁纸业有限公司 | 1.7 |
| 165 | 日照华泰纸业有限公司 | 2 |
| 166 | 临沂昌华制品公司 | 0.6 |
| 167 | 武城县伟达纸业有限公司 | 0.7 |
| 168 | 山东泉林纸业夏津有限公司 | 1 |
| 169 | 冠县登星纸业有限公司 | 1.2 |
| 170 | 山东鑫泉纸业有限公司 | 0.8 |
| 171 | 山东省博兴县兴华纸业有限公司 | 3 |
| 172 | 菏泽牡丹纸业有限公司 | 1 |
| 173 | 菏泽鲁晨纸业有限公司 | 2 |
| 174 | 郓城县康洁卫生纸厂 | 0.6 |

续表

| 序号 | 企业名称 | 产能/万吨 |
|---|---|---|
| **河南省** | | |
| 175 | 新密市新鑫纸业有限公司 | 1.2 |
| 176 | 新密市汇丰纸业有限公司（民丰生产部） | 1.2 |
| 177 | 新密市汇丰纸业有限公司（汇丰生产部） | 2 |
| 178 | 新密市东盛纸业有限责任公司 | 3.9 |
| 179 | 新密市新源纸业有限公司 | 1 |
| 180 | 郑州康华纸业有限公司 | 1.1 |
| 181 | 河南省新密市锦江实业有限公司 | 1 |
| 182 | 郑州永光纸业有限公司 | 1 |
| 183 | 河南省新密市华强纸业有限公司 | 3 |
| 184 | 新密市顺兴纸业有限公司 | 2.1 |
| 185 | 开封金明纸业有限公司 | 3.4 |
| 186 | 偃师市博毅纸业有限责任公司 | 1 |
| 187 | 偃师市首阳山第二卫生纸厂 | 1.5 |
| 188 | 孟津县金马工贸有限公司 | 5 |
| 189 | 洛阳润达纸业有限公司 | 1 |
| 190 | 洛阳市洁达纸业有限公司 | 2 |
| 191 | 林州市实验纸业有限公司 | 1.2 |
| 192 | 滑县新华纸业有限责任公司 | 4.5 |
| 193 | 卫辉市东方造纸厂 | 2.3 |
| 194 | 河南省华中纸业有限公司 | 1.5 |
| 195 | 河南省新乡鸿达纸业有限公司 | 6.8 |
| 196 | 原阳县福宁集中岳卫生纸厂 | 0.9 |
| 197 | 河南省奥博纸业有限公司 | 3 |
| 198 | 武陟县建民纸业有限公司 | 2 |
| 199 | 武陟县珠峰纸业有限公司 | 1 |
| 200 | 武陟县天风纸业有限公司 | 1.2 |
| 201 | 沁阳市龙源纸业有限公司 | 1 |
| 202 | 濮阳县西辛庄纸业有限公司 | 3.5 |
| 203 | 濮阳县益民纸业有限公司 | 3.4 |
| 204 | 濮阳县宏达纸业有限公司 | 4 |
| 205 | 濮阳县顺新纸业销售有限公司 | 3.4 |
| 206 | 濮阳市永胜纸业有限公司 | 4 |
| 207 | 范县阳光纸业有限公司 | 3.4 |
| 208 | 河南省民通华瑞纸业有限公司 | 2.7 |

续表

| 序号 | 企业名称 | 产能/万吨 |
|---|---|---|
| 209 | 许昌晨阳纸业有限公司 | 3.4 |
| 210 | 许昌宏伟实业（集团）有限公司 | 3 |
| 211 | 许昌宇旭纸业有限公司 | 2.5 |
| 212 | 漯河市银凤纸业有限公司 | 0.9 |
| 213 | 内乡县中明兴星纸业有限公司 | 2.1 |
| 214 | 睢县龙源纸业有限公司 | 1.2 |
| 215 | 虞城县东震纸业有限公司 | 1.9 |
| 216 | 商丘市宏达纸业有限公司 | 2 |
| 217 | 商丘桦桐纸业有限公司 | 1 |
| 218 | 虞城县泰乐纸业有限公司（分厂） | 1 |
| 219 | 商丘市盛远纸业有限公司 | 1.5 |
| 220 | 上海迪冉郸城纸业有限公司 | 3 |
| 221 | 汝南宏顺纸业有限公司 | 3.2 |
| **安徽省** | | |
| 222 | 合肥金钟纸业股份有限公司 | 1.94 |
| 223 | 合肥龙新纸业有限公司 | 1.3 |
| 224 | 合肥市肥东宏图纸业有限责任公司 | 1.4 |
| 225 | 肥东新河造纸厂 | 0.8 |
| 226 | 安徽省涡阳县淮海造纸厂 | 2 |
| 227 | 亳州市东风纸业有限责任公司 | 1.5 |
| 228 | 凤阳县宏瑞纸业有限公司 | 1 |
| 229 | 凤阳县金鹰造纸厂 | 1 |
| 230 | 淮北市永先纸业有限责任公司 | 4 |
| 231 | 濉溪县富发纸业有限公司 | 6 |
| 232 | 濉溪县国光纸业有限责任公司 | 8.1 |
| 233 | 濉溪县伟光纸厂 | 6.5 |
| 234 | 安徽虹光企业投资集团有限公司 | 5 |
| 235 | 郎溪县凤凰纸业有限公司 | 1 |
| 236 | 泾县金马纸业有限公司 | 1.4 |
| 237 | 泾县永泰纸业有限公司 | 1.4 |
| **江西省** | | |
| 239 | 景德镇市纸业有限公司 | 1.5 |
| 240 | 都昌向阳纸业有限公司 | 2 |
| 241 | 峡江县雄狮实业有限公司 | 2.8 |
| 242 | 泰和县华胜实业有限公司 | 1 |
| 243 | 抚州鹰王生物纤维有限公司 | 0.5 |
| 244 | 上栗县富春江造纸厂 | 2 |

续表

| 序号 | 企业名称 | 产能/万吨 |
|---|---|---|
| 245 | 上栗福洋纸厂 | 2 |
| 246 | 萍乡市长清造纸厂 | 1.5 |
| 247 | 上栗县联营造纸厂 | 0.8 |
| 248 | 萍乡市成鑫纸业有限公司 | 2 |
| 249 | 上栗县富桥造纸厂 | 0.8 |
| 250 | 上栗县金鑫造纸厂 | 1.5 |
| 251 | 上栗县栗福造纸厂 | 1.5 |
| 252 | 上栗县福田镇跃星卫生纸品厂 | 0.3 |
| 253 | 芦溪县万龙山造纸厂 | 1.8 |
| 254 | 芦溪县麻田东华造纸厂 | 1.7 |
| 255 | 芦溪县麻田风林造纸厂 | 1.8 |
| 256 | 芦溪县华云箱板纸厂 | 1.7 |
| 257 | 芦溪县兴旺造纸厂 | 1.8 |
| 258 | 芦溪县南坑金利造纸厂 | 2 |
| 259 | 芦溪县宣风镇尚荣纸厂 | 0.6 |
| 260 | 芦溪县南坑富民造纸厂 | 2 |
| 261 | 芦溪县佳宁造纸厂 | 1.4 |
| 262 | 芦溪县银河镇河下造纸厂 | 1.8 |
| 263 | 芦溪县长丰乡浒岭造纸厂 | 1.8 |
| 264 | 芦溪县源新造纸厂 | 1.8 |
| 265 | 萍乡市湘东通达鞭炮纸厂 | 1.1 |
| 266 | 莲花县造纸厂 | 3 |
| 267 | 萍乡市金发纸业有限公司 | 1.8 |
| 268 | 萍乡市恒立纸业有限公司 | 1.4 |
| 269 | 萍乡市下埠造纸厂 | 1.6 |
| 270 | 赣州华劲纸业有限公司 | 5 |
| 271 | 于都县步兴纸品纸业有限公司 | 1 |
| 272 | 万载县万强纸业有限公司 | 1.5 |
| 273 | 万载县安泰造纸厂 | 2 |
| 274 | 江西省郑顺实业有限公司 | 1 |
| 275 | 江西省宜春市第四造纸厂 | 1 |
| **湖北省** | | |
| 276 | 湖北帅伦实业集团公司 | 10 |
| 277 | 武汉市木兰纸业公司二分厂 | 1 |
| 278 | 湖北拍马纸业有限公司 | 4.5 |
| 279 | 湖北麒盛纸业有限公司 | 2.4 |
| 280 | 湖北宏宇纸业有限公司 | 1.7 |

续表

| 序号 | 企业名称 | 产能/万吨 |
|---|---|---|
| 281 | 秭归县大力纸品有限公司 | 0.9 |
| 282 | 通山县华宇纸业有限公司 | 1 |
| 283 | 广水中山造纸包装有限责任公司 | 1.5 |
| 284 | 天门顺康纸业有限公司 | 1.5 |
| **湖南省** | | |
| 285 | 长沙县华莎造纸厂 | 1 |
| 286 | 湖南省恒辉纸业包装有限公司 | 3.4 |
| 287 | 宁乡县洋沩造纸厂 | 2.5 |
| 288 | 茶陵县红色造纸厂 | 0.6 |
| 289 | 湖南省醴陵市联邦纸业有限公司 | 1.3 |
| 290 | 醴陵市金辉纸业贸易有限公司 | 1.9 |
| 291 | 醴陵市枧头洲莲塘造纸厂 | 0.6 |
| 292 | 湖南省醴陵市祺田造纸厂 | 0.6 |
| 293 | 醴陵市均楚镇李婆塘造纸厂 | 0.6 |
| 294 | 醴陵市大障福利造纸厂 | 0.6 |
| 295 | 湖南省醴陵市大障第一造纸厂 | 1 |
| 296 | 醴陵市大障东江造纸厂 | 0.6 |
| 297 | 醴陵市周坊再生造纸厂 | 0.6 |
| 298 | 醴陵市泗汾桥头纸厂 | 1.3 |
| 299 | 醴陵市八步桥胡家坪红炮筒造纸厂 | 0.6 |
| 300 | 醴陵市浦口天符振平纸厂 | 0.6 |
| 301 | 醴陵市浦口天符竹料纸厂 | 0.6 |
| 302 | 醴陵市马恋造纸厂 | 0.8 |
| 303 | 醴陵市白兔潭老街纸厂 | 0.6 |
| 304 | 醴陵市湘茶造纸厂 | 0.8 |
| 305 | 醴陵市浦口镇荣坪大石纸厂 | 0.6 |
| 306 | 醴陵市白兔潭水生造纸厂 | 0.6 |
| 307 | 醴陵市军山第四造纸厂 | 0.6 |
| 308 | 醴陵市王仙张家山造纸厂 | 0.6 |
| 309 | 醴陵市大障泉潭坝造纸厂 | 0.6 |
| 310 | 岳阳市华丰纸业有限公司 | 1 |
| 311 | 岳阳丰利纸业有限公司 | 3.5 |
| 312 | 岳阳市蓝海造纸科技有限公司 | 0.5 |
| 313 | 岳阳市云溪区联发纸业制品厂 | 2.8 |
| 314 | 湖南汨江纸业有限公司 | 1.2 |
| 315 | 临湘市东风纸厂 | 1.1 |
| 316 | 平江县白杨造纸厂 | 0.8 |

续表

| 序号 | 企业名称 | 产能/万吨 |
|---|---|---|
| 317 | 平江县清源纸厂 | 1.6 |
| 318 | 湘阴县东升包装纸有限责任公司 | 0.8 |
| 319 | 衡南县双板桥顺成造纸厂 | 2 |
| 320 | 常宁市小河造纸厂 | 0.5 |
| 321 | 常宁市如意造纸厂 | 0.4 |
| 322 | 祁东县胜利造纸厂 | 1 |
| 323 | 祁东县友谊造纸厂 | 1 |
| 324 | 祁东县清泉造纸厂 | 0.1 |
| 325 | 祁东县玉祥造纸厂 | 2 |
| 326 | 祁东县白丽纸业有限公司 | 2 |
| 327 | 祁东县建华造纸厂 | 1 |
| 328 | 湘潭县易俗河镇泰纸厂 | 0.5 |
| 329 | 湘潭鑫源瓦纸厂 | 1.6 |
| 330 | 花垣县纸厂 | 1.1 |
| 331 | 会同县宝庆恒达纸业有限公司 | 1.6 |
| 332 | 益阳市仙合造纸厂 | 1 |
| 333 | 益阳市宏龙纸业有限公司 | 0.8 |
| 334 | 沅江市森裕顺纸业有限公司 | 0.8 |
| 335 | 沅江三眼塘恒发纸业有限公司 | 0.5 |
| 336 | 沅江市辉达再生纸业有限公司 | 0.6 |
| 337 | 安化县红日纸厂 | 0.6 |
| 338 | 南县春辉造纸有限公司 | 1 |
| 339 | 南县盛大纸业有限责任公司 | 1.1 |
| 340 | 南县华东纸厂 | 0.8 |
| 341 | 南县厂窖卫生纸厂 | 0.5 |
| 342 | 益阳市大通湖恒顺纸业有限公司 | 1.6 |
| 343 | 郴州市强华纸业有限公司 | 1.3 |
| 344 | 宜章县华富纸厂 | 0.5 |
| 345 | 宜章县金忠纸业有限公司 | 0.5 |
| 346 | 安乡县杜家纸厂 | 0.6 |
| 347 | 湖南省安乡县仙桃造纸有限公司 | 3 |
| 348 | 安乡县弘升纸厂 | 0.9 |
| 349 | 湖南省永州市造纸厂 | 0.6 |
| 350 | 冷水滩区红太阳生活用纸厂 | 0.6 |
| 351 | 永州市复印纸厂 | 1.2 |
| 352 | 新田县麻子塘造纸厂 | 1.6 |
| 353 | 祁阳县兴都福利纸业有限公司 | 1 |

续表

| 序号 | 企业名称 | 产能/万吨 |
|---|---|---|
| 354 | 祁阳县羊都福利造纸厂 | 1 |
| 355 | 祁阳县三意纸业有限公司第一分厂 | 1.2 |
| 356 | 祁阳县三意纸业有限公司第三分厂 | 1.2 |
| 357 | 祁阳县观音滩镇造纸厂 | 0.8 |
| 358 | 祁阳县合力造纸厂 | 0.8 |
| 359 | 宁远县造纸厂 | 1.6 |
| 360 | 宁远县辉腾纸厂 | 1.6 |
| 361 | 宁远展源造纸有限公司 | 1.6 |
| 362 | 宁远县恒信造纸厂 | 0.6 |
| 363 | 东安县达旺造纸厂 | 1 |
| 364 | 东安县竹木町纸厂 | 0.6 |
| 365 | 江华瑶族自治县永盛纸品厂 | 1.5 |
| 366 | 湖南省第一纸板厂有限公司 | 3 |
| 367 | 邵阳市长兴造纸厂 | 4.2 |
| 368 | 湖南省邵阳市昌盛造纸厂 | 3 |
| 369 | 邵阳市诚信造纸有限公司 | 0.7 |
| 370 | 邵阳市宝东纸业有限公司 | 0.5 |
| 371 | 邵阳县金洲纸业有限公司 | 0.5 |
| 372 | 城步苗族自治县文华造纸厂 | 0.5 |
| 373 | 城步华展纸业有限公司 | 1.7 |
| 374 | 新邵县新东方纸业有限责任公司 | 2.5 |
| 375 | 新邵大源纸业有限公司 | 1.1 |
| 376 | 邵东县黑田铺乡天雄造纸厂 | 1.9 |
| 377 | 新宁县横铺恒达造纸厂 | 1.8 |
| 378 | 邵阳市先锋纸业有限公司 | 0.6 |
| 379 | 绥宁县宝庆联纸有限公司 | 1.96 |
| **广东省** | | |
| 380 | 汕头市华氏纸业有限公司 | 2.5 |
| 381 | 高州市大坡金鹏纸厂 | 1 |
| **福建省** | | |
| 382 | 闽侯宏丰纸业有限公司 | 0.4 |
| 383 | 闽侯恒信实业有限公司 | 0.6 |
| 384 | 福州祥意鞋材有限公司 | 0.9 |
| 385 | 福建省闽清闽星纸业有限公司 | 0.38 |
| 386 | 闽清县金沙佳塘造纸厂 | 0.38 |
| 387 | 长乐营前镇马头造纸厂 | 0.05 |
| 388 | 连江县光发造纸厂 | 0.9 |

续表

| 序号 | 企业名称 | 产能/万吨 |
|---|---|---|
| 389 | 连江县宏飞造纸厂 | 1.56 |
| 390 | 福州市仓山龙江纸品厂 | 0.25 |
| 391 | 平和县宗尧纸品有限公司 | 0.8 |
| 392 | 华安县华丰纸制品厂 | 1.4 |
| 393 | 漳州市银湖纸制品有限公司 | 1 |
| 394 | 南靖县恒华纸制品有限公司 | 0.65 |
| 395 | 南靖县欣达纸品加工厂 | 3.2 |
| 396 | 南靖县林星纸业有限公司 | 0.8 |
| 397 | 晋江市耐力威鞋业有限公司 | 0.25 |
| 398 | 晋江永和群英再生造纸厂 | 0.25 |
| 399 | 福建省安溪县电冶厂造纸分厂 | 0.6 |
| 400 | 福建省安溪县长坑安鑫再生纸厂 | 0.6 |
| 401 | 福建省大田县兴洲纸业有限公司 | 0.3 |
| 402 | 大田县广平万宅造纸厂 | 0.3 |
| 403 | 大田县闽发纸业有限公司 | 0.3 |
| 404 | 福建省尤溪永丰茂纸业有限公司 | 0.3 |
| 405 | 尤溪县闽盛纸业有限公司 | 0.6 |
| 406 | 尤溪县三联纸业有限公司 | 0.6 |
| 407 | 尤溪县青盛纸业有限公司 | 0.9 |
| 408 | 尤溪县彩丰造纸厂 | 0.3 |
| 409 | 尤溪县八字桥造纸厂 | 0.3 |
| 410 | 尤溪县新盛再生纸厂 | 0.3 |
| 411 | 福建省尤溪县富源纸业有限公司 | 0.8 |
| 412 | 尤溪县华闽纸业有限公司 | 0.3 |
| 413 | 福建省尤溪县龙洋纸业有限公司 | 0.6 |
| 414 | 福建省尤溪万盛纸业有限公司 | 0.3 |
| 415 | 福建省尤溪仁源纸厂 | 0.8 |
| 416 | 尤溪县立丰再生纸厂 | 0.5 |
| 417 | 尤溪县鑫兴纸业有限公司 | 0.5 |
| 418 | 福建省尤溪县信达纸业有限公司 | 0.6 |
| 419 | 尤溪县沈湖再生纸厂 | 0.5 |
| 420 | 尤溪县金峰再生纸厂 | 0.9 |
| 421 | 宁化县泉上竹丝加工厂 | 0.15 |
| 422 | 福建省宁化县治平造纸厂 | 0.16 |
| 423 | 宁化县治平乡下坪造纸厂 | 0.1 |
| 424 | 三明市鑫丰纸业有限公司 | 0.5 |
| 425 | 三明市双溪纸业有限公司 | 2 |

续表

| 序号 | 企业名称 | 产能/万吨 |
|---|---|---|
| 426 | 青耀纸业有限公司 | 0.5 |
| 427 | 沙县青懋纸业有限公司 | 0.2 |
| 428 | 沙县大洛朋甲安造纸厂 | 0.2 |
| 429 | 沙县大洛官昌造纸厂 | 0.4 |
| 430 | 沙县大洛福利造纸厂 | 0.2 |
| 431 | 沙县高桥新坡造纸厂 | 0.2 |
| 432 | 沙县高桥上坑毛边纸厂 | 0.2 |
| 433 | 沙县高桥杉口造纸厂 | 0.2 |
| 434 | 沙县和一造纸有限公司 | 0.8 |
| 435 | 沙县同盛纸业有限公司 | 1 |
| 436 | 沙县南阳凤坡洋造纸厂 | 0.2 |
| 437 | 福建省沙县富口镇郭墩福利造纸厂 | 0.6 |
| 438 | 福建省沙县富口华明造纸厂 | 0.6 |
| 439 | 福建省沙县富口盖竹造纸厂 | 0.6 |
| 440 | 福建省沙县山余联营造纸厂 | 0.6 |
| 441 | 沙县高砂康杰造纸二厂 | 0.4 |
| 442 | 沙县永吉造纸厂 | 0.2 |
| 443 | 沙县高砂凤阳纸厂 | 0.2 |
| 444 | 沙县利民纸业公司 | 0.6 |
| 445 | 沙县高砂欢顺纸厂 | 0.2 |
| 446 | 建阳市开利纸业有限公司 | 0.6 |
| 447 | 漳平市海龙纸制品厂 | 0.2 |
| 448 | 永定万隆纸业坎市分公司 | 0.8 |
| 449 | 永定县堂堡正盛包装纸品厂 | 0.85 |
| 450 | 永定湖雷正盛包装纸品厂 | 0.65 |
| 451 | 永定县永鸿再生纸品厂 | 1.05 |
| 452 | 永定县永峰再生纸品厂 | 2.6 |
| 453 | 新罗区城头坪纸厂 | 0.6 |
| 454 | 新罗区大池大和纸厂 | 0.4 |
| 455 | 新罗区大池恒辉纸厂 | 0.2 |
| 456 | 新罗区大池金寨纸厂 | 0.4 |
| 457 | 新罗区大池九曲岭纸厂 | 0.4 |
| 458 | 新罗区大池顺利纸厂 | 0.2 |
| 459 | 新罗区大池同兴纸厂 | 0.5 |
| 460 | 新罗区大池顺达纸厂 | 0.6 |
| 461 | 新罗区东方星星纸厂 | 0.6 |
| 462 | 新罗区万安兴发纸制品厂 | 1 |

续表

| 序号 | 企业名称 | 产能/万吨 |
|---|---|---|
| 463 | 新罗区龙江纸厂 | 0.6 |
| 464 | 龙岩市和顺达纸业有限公司 | 0.2 |
| 465 | 龙岩新罗区环华纸厂 | 0.6 |
| 466 | 连城县官路亭纸制品厂 | 0.2 |
| 467 | 连城县庙前富永纸制品厂 | 1.2 |
| 468 | 连城县庙前明华纸制品厂 | 0.4 |
| 469 | 连城县恒通机制磨制浆厂 | 0.6 |
| 470 | 连城金龙纸有限公司 | 0.8 |
| 471 | 长汀县瑞华纸业有限公司 | 1.8 |
| 472 | 上杭县蛟洋纸制品厂 | 2.4 |
| 473 | 上杭县古田兴发纸制品厂 | 0.4 |
| 474 | 上杭县古田兴有土纸加工厂 | 0.26 |
| 475 | 上杭县苎莲纸制品加工厂 | 0.6 |
| 476 | 上杭县古田苎园纸制品加工厂 | 0.6 |
| 477 | 上杭县白砂早康纸制品加工厂 | 0.4 |
| 478 | 上杭县太拔纸制品加工厂 | 0.6 |
| 479 | 上杭双龙纸业有限公司 | 0.4 |
| 480 | 上杭县鸿辉包装有限公司 | 1.2 |
| 481 | 上杭县东兴工贸有限公司 | 0.4 |
| 482 | 上杭润华纸业有限公司 | 0.4 |
| 483 | 上杭县荣强纸业有限公司 | 0.2 |
| 484 | 上杭县蛟洋福利造纸厂 | 0.2 |
| 485 | 武平县南兴包装材料有限公司 | 0.8 |
| 486 | 武平县欣兴竹木制品发展有限公司（武平县朝兴纸箱有限公司） | 2 |
| 487 | 长汀县黄板厂 | 0.3 |
| 488 | 宁德市蒙爱纸业有限公司 | 1.44 |
| 四川省 | | |
| 489 | 成都市奇德卫生用品有限责任公司 | 0.3 |
| 490 | 彭州鑫龙纸业厂 | 0.75 |
| 491 | 彭州市金雁纸厂 | 0.5 |
| 492 | 彭州市五一民生纸厂 | 0.5 |
| 493 | 青白江区万年珍珍纸厂 | 0.12 |
| 494 | 成都市青白江区万年村太平纸厂 | 0.35 |
| 495 | 邛崃市其宏造纸厂 | 0.21 |
| 496 | 邛崃市鑫马造纸厂 | 0.29 |
| 497 | 邛崃市宝林建国纸厂 | 0.06 |

续表

| 序号 | 企业名称 | 产能/万吨 |
|---|---|---|
| 498 | 邛崃市康乐纸制品厂 | 0.12 |
| 499 | 邛崃市临邛兴达纸制品厂 | 0.15 |
| 500 | 邛崃市白鹤山耐火材料厂金氏纸业分厂 | 0.1 |
| 501 | 双流县双兴纸业有限公司 | 0.5 |
| 502 | 双流县永兴乡平桥造纸厂 | 0.06 |
| 503 | 双流县永兴新桥再生纸厂 | 0.1 |
| 504 | 梓潼县正大纸业有限责任公司 | 0.8 |
| 505 | 安县河清镇贵乐纸厂 | 0.18 |
| 506 | 广元天宇纸业有限责任公司 | 0.3 |
| 507 | 蓬溪县大石镇蒲氏再生纸厂 | 0.5 |
| 508 | 遂宁市船山区龙凤纸制品加工厂 | 0.4 |
| 509 | 遂宁市同心纸厂 | 0.7 |
| 510 | 威远县久兴造纸有限公司 | 1 |
| 511 | 资中县荣盛纸厂 | 0.7 |
| 512 | 内江市甜郁纸业有限公司 | 0.51 |
| 513 | 犍为三环造纸厂 | 0.6 |
| 514 | 四川省犍为凤生纸业有限责任公司 | 6.4 |
| 515 | 南充市嘉陵区盐溪造纸厂 | 0.18 |
| 516 | 南溪县佳裕实业有限责任公司 | 1 |
| 517 | 南溪县石鼓乡双友纸厂 | 0.8 |
| 518 | 宜宾纸业股份有限公司 | 20 |
| 519 | 四川天竹竹资源开发有限公司 | 2 |
| 520 | 四川省广安市华威纸业有限公司 | 0.2 |
| 521 | 平昌县江口造纸厂 | 0.7 |
| 522 | 眉山市东坡区松江包装制品厂 | 0.6 |
| 523 | 眉山市宏大纸业有限公司 | 0.5 |
| 524 | 四川省眉山市五江纸业有限公司 | 1 |
| 525 | 眉山市东坡区万牌纸厂 | 0.7 |
| 526 | 眉山市新华纸业印务有限公司 | 0.75 |
| 527 | 四川仲辉实业集团有限公司 | 1 |
| 528 | 四川省眉山市鸿源纸业有限公司 | 3.5 |
| 529 | 眉山市东坡区苏乡造纸厂 | 1 |
| 530 | 东坡区望苏包装制品厂 | 0.7 |
| 531 | 西昌市西溪集团股份公司纸板厂 | 1.5 |
| 532 | 四川眉山丰华纸业有限公司 | 5.1 |

续表

| 序号 | 企业名称 | 产能/万吨 |
|---|---|---|
| **重庆市** | | |
| 533 | 重庆储源包装有限公司 | 0.9 |
| 534 | 开县中兴造纸有限公司 | 0.98 |
| 535 | 开县龙头再生造纸厂 | 0.6 |
| 536 | 开县财源造纸厂 | 0.23 |
| 537 | 开县富顺造纸厂 | 0.8 |
| 538 | 重庆市南川区骑龙造纸厂 | 0.6 |
| 539 | 重庆市南川区文凤纸厂 | 1 |
| 540 | 重庆市万州区黄泥造纸厂 | 1.35 |
| **广西壮族自治区** | | |
| 541 | 玉林市丰兴造纸厂 | 0.5 |
| 542 | 玉林市风华纸业有限公司 | 3.6 |
| 543 | 玉林市新庆纸制品厂 | 0.99 |
| 544 | 容县黎村造纸厂 | 0.2 |
| 545 | 北流市三益造纸厂 | 0.7 |
| 546 | 北流市富荣造纸厂 | 1 |
| 547 | 北流市六靖镇包装纸厂 | 0.5 |
| 548 | 北流市大里镇第一纸厂 | 0.2 |
| 549 | 兴业县龙腾纸厂 | 1 |
| 550 | 陆川县滩面第二纸厂 | 0.952 |
| 551 | 陆川县龙辉纸厂 | 0.884 |
| 552 | 陆川县米场镇金海造纸厂 | 0.544 |
| 553 | 广西陆川县蓝昌造纸厂 | 3.2 |
| 554 | 陆川县清湖镇新富造纸厂 | 0.2 |
| 555 | 陆川县清湖新贵纸厂 | 0.2 |
| 556 | 陆川县宏发纸厂 | 0.2 |
| 557 | 玉林市玉州区李文纸厂 | 1.7 |
| 558 | 田阳县造纸厂一分厂 | 1.2 |
| 559 | 崇左市江南造纸厂 | 0.2 |
| **贵州省** | | |
| 560 | 贵州省惠水奇鑫纸业有限责任公司 | 0.4 |
| 561 | 遵义鸿鑫再生纸业有限责任公司 | 0.75 |
| **陕西省** | | |
| 562 | 三原县大程秦光造纸厂 | 1.2 |
| 563 | 陕西兴平兴盛纸业有限责任公司 | 1.7 |

续表

| 序号 | 企业名称 | 产能/万吨 |
|---|---|---|
| 564 | 商洛市都邦纸业有限公司 | 3.6 |
| 565 | 商洛市商州区亿得纸板加工厂 | 2.6 |
| **甘肃省** | | |
| 566 | 兰州市甘草水泥集团有限责任公司兰州造纸厂 | 3.3 |
| 567 | 张掖市明阳纸业有限责任公司 | 0.8 |
| 568 | 平凉市峡门造纸厂 | 3.5 |
| 569 | 静宁县恒达有限责任公司 | 0.8 |
| 570 | 永靖县东花建材有限公司 | 1.9 |
| 571 | 永靖县鑫泉造纸厂 | 1 |
| **宁夏回族自治区** | | |
| 572 | 宁夏新源集团巨山纸业有限公司 | 3.4 |
| 573 | 宁夏新源集团银欣纸业有限公司 | 3.4 |
| 574 | 宁夏宇华纸业有限公司 | 5 |
| 575 | 宁夏新源纸业集团马兰花纸业有限公司 | 3.4 |
| 576 | 中卫市兴盛塑化制品厂 | 2.5 |
| 577 | 中卫市嘉兰花纸业有限公司 | 1.5 |
| 578 | 中卫市文乾工贸有限责任公司 | 1 |
| **新疆维吾尔自治区** | | |
| 579 | 伊宁市江北再生纸厂 | 1.8 |
| 580 | 新疆沙湾县建华板纸厂 | 0.6 |
| 581 | 新疆天宏纸业股份有限公司 | 1.5 |
| 582 | 乌鲁木齐县永利美造纸厂 | 0.9 |
| 583 | 乌鲁木齐县嘉瑞天成纸制品有限公司 | 0.5 |
| 584 | 乌鲁木齐市红旗造纸厂 | 2.1 |
| 585 | 乌鲁木齐市米东区福明造纸厂 | 2 |
| 586 | 乌鲁木齐米东区新发造纸厂 | 0.4 |
| 587 | 乌鲁木齐豫美纸业有限公司 | 1.6 |
| 588 | 新疆博湖苇业股份有限公司 | 12 |
| 589 | 新疆沙驼股份有限公司 | 3 |
| 合　计 | | 880.365 |

**表 2　2012 年工业行业淘汰落后产能造纸企业名单（第二批）**

| 序号 | 企业名称 | 产能/万吨 |
|---|---|---|
| **河北首** | | |
| 1 | 保定市南市区大北造纸厂 | 2.5 |
| 2 | 满城县宏大纸业有限公司 | 1.2 |
| 3 | 东光县振兴板纸纸管厂 | 4.5 |
| 4 | 邢台县南张村造纸厂 | 1 |
| 5 | 沙河市同和涂布纸业有限公司 | 1.8 |
| 7 | 南宫市朝晖纸业有限公司 | 1.6 |
| 8 | 河北省任县建材造纸厂 | 2.6 |
| 9 | 任县辛店镇新兴造纸厂 | 2 |
| 10 | 任县永福庄造纸厂 | 2 |
| 11 | 魏县雨露纸业有限公司 | 1.5 |
| 12 | 曲周县社会福利造纸厂 | 0.4 |
| 13 | 曲周县福利纸业有限公司 | 0.4 |
| 14 | 磁县讲武城镇立新造纸厂 | 0.7 |
| 15 | 磁县赵庄造纸厂 | 0.7 |
| 109 | 永年县双合造纸厂 | 1.2 |
| **内蒙古自治区** | | |
| 110 | 中冶美利内蒙古浆纸股份有限公司 | 3 |
| 111 | 四子王旗祥瑞纸业有限公司 | 0.4 |
| **辽宁省** | | |
| 112 | 海城市张家造纸厂 | 1.1 |
| **吉林省** | | |
| 113 | 延边石岘白麓纸业股份有限公司 | 6.8 |
| **黑龙江省** | | |
| 114 | 绥化市永安造纸厂 | 2.8 |
| 115 | 明水县亿龙纸业 | 1.6 |
| 116 | 大庆市萨尔图区茂源纸箱厂 | 5 |
| 117 | 大庆市东盛纸业有限公司 | 0.9 |
| 118 | 大庆市伟峰纸业（制造）有限公司 | 0.9 |
| 119 | 大庆市丰收包装制品有限公司 | 8.5 |
| 120 | 大庆市李氏纸业制造有限公司 | 1 |
| 121 | 大庆市鹏飞纸业制造有限公司 | 1.1 |
| 122 | 大庆市群鑫纸业有限公司 | 1.3 |
| 123 | 肇源县鹏程纸业有限公司 | 1.1 |
| 124 | 佳木斯东方纸业有限公司 | 1.5 |
| 125 | 佳木斯松江纸业有限公司 | 2.5 |
| 126 | 佳木斯市鼎鑫复合纸厂 | 3 |
| 127 | 牡丹江铝箔纸业有限公司 | 1 |
| 128 | 牡丹江市三都特种纸业有限公司 | 1 |
| 129 | 七煤多经纸制品公司 | 1.2 |
| 130 | 齐齐哈尔银鹤玻璃纸有限公司 | 2 |
| 131 | 集贤县鑫池纸业有限公司 | 1.2 |
| 132 | 庆安县京东建材制造有限责任公司 | 1.5 |
| 133 | 明水祥和纸业有限公司 | 3.8 |
| **山东省** | | |
| 134 | 曲阜市造纸厂有限公司 | 7.53 |
| **河南省** | | |
| 135 | 郑州浦发纸业有限公司 | 0.7 |
| 136 | 新密市顺发纸业有限公司 | 2.6 |
| 137 | 河南省新密市华强纸业有限公司 | 6.2 |
| 138 | 河南省民通华瑞纸业有限公司 | 3.5 |
| **安徽省** | | |
| 139 | 合肥嘉富特纸业有限公司 | 2 |
| 140 | 合肥金鹰纸业有限公司 | 2 |
| **湖北省** | | |
| 141 | 湖北拍马纸业有限公司 | 0.5 |
| **湖南省** | | |
| 142 | 隆回县祁都纸业有限公司 | 2.5 |
| 143 | 湖南湘丰特种纸业有限公司 | 3.4 |
| **广西省壮族自治区** | | |
| 144 | 容县创兴造纸厂 | 5 |
| **甘肃省** | | |
| 145 | 张掖市明阳纸业有限责任公司 | 0.8 |
| 合计 | | 115.03 |

# “万家企业节能低碳行动”造纸企业名单及节能量目标公布

# The List of Paper Companies Joining the “Million Enterprises Low－Carbon and Energy Conservation Action” and Their Energy Saving Targets

2011 年 12 月 7 日，国家发展和改革委、教育部、工业和信息化部、财政部等 12 个部门联合印发了《关于印发万家企业节能低碳行动实施方案的通知》（发改环资〔2011〕2873 号）。万家企业是指年综合能源消费量 1 万吨标准煤以上及有关部门指定的年综合能源消费量 5000 吨标准煤以上的重点用能单位。初步统计，2010 年全国共有 1.7 万家左右。万家企业能源消费量占全国能源消费总量的 60%以上，是节能工作的重点对象。力争“十二五”期间，万家企业实现节约能源 2.5 亿吨标准煤。

2012 年 5 月 12 日，国家发展和改革委发布 2012 年第 10 号公告，公布“万家企业节能低碳行动”企业名单及节能量目标。公告指出，根据《关于印发万家企业节能低碳行动实施方案的通知》要求，各地区提出了“万家企业节能低碳行动”企业名单，并分解落实了节能量目标。国家发展和改革委组织对“万家企业节能低碳行动”企业名单及节能量目标进行了审核，并与各省、各自治区、直辖市及新疆生产建设兵团节能主管部门进行了衔接确认，确定了“万家企业节能低碳行动”企业名单及“十二五”节能量目标（吨标准煤）。万家企业中造纸企业名单见表 1。

**表 1　万家企业节能低碳行动造纸企业名单及节能量目标**

| 企业（单位）名称 | “十二五”节能量目标/吨标准煤 |
|---|---|
| **北京市** | |
| 维达北方纸业（北京）有限公司 | 2980 |
| **天津市** | |
| 玖龙纸业（天津）有限公司 | 25666 |
| 天津市星河纸业有限公司 | 2403 |
| **河北省** | |
| 河北永新纸业有限公司 | 30000 |
| 河北吉藁化纤有限责任公司 | 12000 |
| 保定市三联纸业有限公司 | 10812 |
| 唐山市冀滦纸业有限公司 | 10000 |
| 河北华泰纸业公司 | 6404 |
| 保定钞票纸业有限公司 | 4660 |

续表

| 企业（单位）名称 | “十二五”节能量目标/吨标准煤 |
|---|---|
| 秦皇岛沅泰纸业有限公司 | 3483 |
| 唐海县晨光纸业有限公司 | 3000 |
| 唐山市诚达纸业有限公司 | 3000 |
| 河北省保定市东方造纸有限公司 | 2566 |
| 唐山华东纸业有限公司 | 2500 |
| 秦皇岛市抚宁县丰满板纸有限公司 | 2196 |
| 保定市东升卫生用品有限公司 | 2154 |
| 河北大发纸品厂有限公司 | 2076 |
| 藁城市光明纸业有限公司 | 2000 |
| 玉田县昌荣纸业有限公司 | 2000 |
| 玉田县大众宝来纸业有限公司 | 2000 |
| 霸州市华通纸业有限公司 | 2000 |

续表

| 企业（单位）名称 | “十二五”节能量目标/吨标准煤 |
|---|---|
| 唐山国泰纸业有限公司 | 1276 |
| 秦皇岛市前韩纸业有限公司 | 1128 |
| **山西省** | |
| 太原市齐兴伟业造纸有限公司 | 3063 |
| 山西鸿昌农工贸科技有限公司 | 9621 |
| 山西志峰农科贸有限公司 | 4993 |
| 内蒙古自治区 | |
| 玖龙兴安浆纸（内蒙古）有限公司 | 11429 |
| 海拉尔晨鸣纸业有限责任公司 | 3631 |
| **辽宁省** | |
| 辽宁振兴生态造纸有限公司 | 15000 |
| 金城造纸股份有限公司 | 5000 |
| 大连金洋纸业有限公司 | 3000 |
| **吉林省** | |
| 延边晨鸣纸业有限公司 | 25000 |
| 吉林晨鸣纸业有限责任公司 | 20000 |
| 延边石岘白麓纸业股份有限公司 | 18000 |
| 镇赉新盛纸业有限公司 | 4000 |
| 吉林省华金纸业有限公司 | 3000 |
| **黑龙江省** | |
| 富裕县晨鸣纸业有限责任公司 | 25282 |
| 黑龙江北大荒纸业有限责任公司 | 13160 |
| 牡丹江恒丰纸业集团有限责任公司 | 10000 |
| 杜尔伯特县海达纸业有限公司 | 10000 |
| 伊春永丰纸业有限公司 | 6624 |
| 大宇制纸股份有限公司 | 4000 |
| 海林市柴河林海纸业有限公司 | 2500 |
| 林甸海达纸业有限责任公司 | 2000 |
| **上海市** | |
| 上海中隆纸业有限公司 | 15000 |
| 上海殷泰纸业有限公司 | 5500 |
| 上海东冠纸业有限公司 | 3100 |
| 金奉源纸业（上海）有限公司 | 3000 |
| 上海潜利工业有限公司 | 1400 |
| **江苏省** | |
| 金东纸业（江苏）股份有限公司 | 150000 |

续表

| 企业（单位）名称 | “十二五”节能量目标/吨标准煤 |
|---|---|
| 玖龙纸业（太仓）有限公司 | 102800 |
| 金华盛纸业（苏州）有限公司 | 58800 |
| 江苏理文造纸有限公司 | 50000 |
| 芬欧汇川（常熟）纸业有限公司 | 35000 |
| 永丰余造纸（扬州）有限公司 | 30000 |
| 无锡荣成纸业有限公司 | 26200 |
| 胜达集团江苏双灯纸业有限公司 | 14400 |
| 金红叶纸业（苏州）有限公司 | 10600 |
| 苏州紫兴纸业有限公司 | 7000 |
| 镇江大东纸业有限公司 | 6700 |
| 常熟市第二造纸有限责任公司 | 6000 |
| 江苏飞翔纸业有限公司 | 5000 |
| 江阴新浩再循环纸业有限公司 | 4600 |
| 江苏亭湖经济开发区华泰纸业有限公司 | 4400 |
| 江苏金羚纸业有限公司 | 3400 |
| 徐州建平纸业有限公司 | 3000 |
| 江苏金莲纸业有限公司 | 3000 |
| 扬州山鹰纸业包装有限公司 | 3000 |
| 江苏湟里纸业有限公司 | 2800 |
| 江苏久兴纸业有限公司 | 2800 |
| 昆山钞票纸业有限公司 | 2700 |
| 江苏旺达纸业有限公司 | 2500 |
| 江阴永丰余造纸有限公司 | 1400 |
| 国一制纸张家港有限公司 | 1000 |
| **浙江省** | |
| 浙江吉安纸容器有限公司 | 40000 |
| 浙江景兴纸业股份有限公司 | 32000 |
| 民丰特种纸股份有限公司 | 27800 |
| 浙江荣成纸业有限公司 | 20000 |
| 宁波亚洲浆纸业有限公司 | 19200 |
| 浙江荣晟环保纸业股份有限公司 | 18200 |
| 宁波中华纸业有限公司 | 13282 |
| 浙江仙鹤特种纸有限公司 | 8400 |
| 浙江永泰纸业集团股份有限公司 | 7183 |
| 杭州华胜纸业有限公司 | 6821 |
| 浙江秀舟纸业有限公司 | 6250 |

续表

| 企业（单位）名称 | “十二五”节能量目标/吨标准煤 |
|---|---|
| 龙游县金龙纸业有限公司 | 6000 |
| 浙江华邦特种纸业有限公司 | 6000 |
| 浙江众意纸业有限公司 | 5951 |
| 杭州春胜纸业有限公司 | 5798 |
| 浙江华宇纸业有限公司 | 5793 |
| 杭州通达纸业有限公司 | 5617 |
| 杭州板桥纸业有限公司 | 5599 |
| 浙江宏盛纸业有限公司 | 5587 |
| 浙江凯恩特种材料股份有限公司 | 5380 |
| 宁波牡牛纸业有限公司 | 5200 |
| 富阳市文博纸业有限公司 | 5045 |
| 浙江省龙游云丰纸业有限公司 | 5000 |
| 浙江孙氏纸业集团有限公司 | 4915 |
| 杭州东大纸业有限公司 | 4852 |
| 浙江天听纸业有限公司 | 4650 |
| 桐乡福利造纸厂 | 4580 |
| 杭州富阳康楠纸业有限公司 | 4458 |
| 浙江恒达纸业有限公司 | 4200 |
| 杭州国佳纸业有限公司 | 4187 |
| 浙江弘安纸业有限公司 | 4102 |
| 杭州永利纸业有限公司 | 4081 |
| 浙江华远纸业有限公司 | 4043 |
| 浙江凯丰纸业有限公司 | 4000 |
| 杭州金泰纸业有限公司 | 3827 |
| 富阳威事达纸业有限公司 | 3713 |
| 浙江金东纸业有限公司 | 3667 |
| 杭州引发纸业有限公司 | 3662 |
| 浙江三星纸业股份有限公司 | 3645 |
| 浙江飞马纸业有限公司 | 3547 |
| 浙江夏王纸业有限公司 | 3500 |
| 浙江涌金纸业有限公司 | 3493 |
| 杭州萧山蔡伦纸业有限公司 | 3493 |
| 杭州众意纸业有限公司 | 3397 |
| 杭州海晨纸业有限公司 | 3322 |
| 杭州富泰飞凤纸业有限公司 | 3311 |
| 浙江华康纸业有限公司 | 3257 |

续表

| 企业（单位）名称 | “十二五”节能量目标/吨标准煤 |
|---|---|
| 杭州蓝鸟纸业有限公司 | 3206 |
| 浙江上游纸业有限公司 | 3204 |
| 杭州三星纸业有限公司 | 3199 |
| 富阳市华隆纸业有限公司 | 3198 |
| 杭州远大纸业有限公司 | 3185 |
| 杭州徐氏纸业有限公司 | 3173 |
| 杭州丰达纸业有限公司 | 3151 |
| 浙江正大纸业集团有限公司 | 3060 |
| 绍兴县天明纸业有限公司 | 3034 |
| 浙江文丰纸业有限公司 | 3010 |
| 海盐县华联纸业有限责任公司 | 3000 |
| 嘉兴市博莱特纸业有限公司 | 3000 |
| 浙江五星纸业有限公司 | 3000 |
| 浙江成功纸业有限公司 | 2927 |
| 金华金岭造纸有限公司 | 2850 |
| 浙江大地纸业集团有限公司 | 2819 |
| 嵊州市宇丰纸业有限公司 | 2784 |
| 浙江华鑫纸业有限公司 | 2663 |
| 浙江万众纸业有限公司 | 2660 |
| 浙江常林纸业有限公司 | 2600 |
| 象山海山纸业有限公司 | 2600 |
| 浙江万信纸业有限公司 | 2552 |
| 杭州长岗纸业有限公司 | 2400 |
| 富阳市万马纸业有限公司 | 2353 |
| 杭州民兴纸业有限公司 | 2332 |
| 杭州富阳金昌纸业有限公司 | 2313 |
| 嘉兴市高翔纸业有限公司 | 2144 |
| 富阳市茂宏纸业有限公司 | 2095 |
| 浙江华茂纸业有限公司 | 2074 |
| 浙江兰塘纸业有限公司 | 2020 |
| 杭州华丰纸业有限公司 | 2000 |
| 杭州华锦特种纸有限公司 | 2000 |
| 维达纸业（浙江）有限公司 | 2000 |
| 杭州富亨纸业有限公司 | 1910 |
| 浙江良富纸业有限公司 | 1894 |
| 富阳市正华纸业有限公司 | 1820 |

续表

| 企业（单位）名称 | “十二五”节能量目标/吨标准煤 |
|---|---|
| 杭州富阳市灵泰纸业有限公司 | 1766 |
| 杭州利群环保纸业有限公司 | 1750 |
| 富阳市建新纸业有限公司 | 1733 |
| 绍兴仁昌纸品有限公司 | 1706 |
| 德清县方毅纸业有限公司 | 1700 |
| 浙江大明特种纸业有限公司 | 1600 |
| 衢州五洲特种纸业有限公司 | 1500 |
| 浙江天天虹特种纸业有限公司 | 1500 |
| 浙江三盛造纸有限公司 | 1053 |
| 衢州双熊猫纸业有限公司 | 1000 |
| 慈溪市龙凤纸业有限公司 | 100 |
| **安徽省** | |
| 安徽山鹰纸业股份有限公司 | 40000 |
| 萧县林平纸业有限责任公司 | 8000 |
| 合肥金钟纸业股份有限公司 | 4622 |
| 安徽省六安市康乐纸业有限公司 | 2000 |
| 安徽霍山县晨风纸业有限公司 | 2000 |
| **福建省** | |
| 福建省南纸股份有限公司 | 41900 |
| 福建省青山纸业股份有限公司 | 40350 |
| 邵武中竹林纸有限责任公司 | 15400 |
| 建宁县联丰造纸有限公司（铙纸集团） | 14450 |
| 泉州贵格纸业有限公司 | 13000 |
| 漳州港兴纸业有限公司 | 8700 |
| 福建省晋江优兰发纸业有限公司 | 8650 |
| 龙海市榜山民政三星造纸厂 | 8450 |
| 福建省联盛纸业有限责任公司 | 6500 |
| 泉州市永春联盛纸品有限公司 | 6450 |
| 福建省永春宏益纸业有限公司 | 6200 |
| 罗源雄丰纸业有限公司 | 6000 |
| 福建省铙山纸业集团公司 | 6000 |
| 漳州港兴纸品有限公司 | 5050 |
| 永安市锦兴纸业有限公司 | 4500 |
| 恒安（中国）纸业有限公司 | 4200 |
| 泉州华祥纸业有限公司 | 4000 |
| 福建省全诺纸箱包装有限公司 | 3750 |

续表

| 企业（单位）名称 | “十二五”节能量目标/吨标准煤 |
|---|---|
| 福建腾荣达制浆有限公司 | 3750 |
| 漳州友利达纸业发展有限公司 | 3750 |
| 漳州联盛纸业有限公司 | 3400 |
| 漳州八龙纸业有限公司 | 3400 |
| 南安金格纸业有限公司 | 2900 |
| 福建省大田县华闽纸业有限公司 | 2600 |
| **江西省** | |
| 江西晨鸣纸业有限公司 | 60000 |
| 赣州华劲纸业有限公司 | 9500 |
| 广丰县芦林纸厂 | 3000 |
| 江西省顺达纸业有限责任公司 | 3000 |
| 萍锋纸业有限公司 | 2000 |
| **山东省** | |
| 山东晨鸣纸业集团股份有限公司 | 134456 |
| 山东太阳纸业股份有限公司 | 126000 |
| 山东博汇集团有限公司 | 119545 |
| 华泰集团有限公司 | 103583 |
| 山东泉林纸业有限责任公司 | 51300 |
| 中冶纸业银河有限公司 | 50100 |
| 山东晨鸣纸业集团齐河板纸有限责任公司 | 34365 |
| 泰山石膏股份有限公司 | 28747 |
| 山东亚太森博浆纸有限公司 | 25474 |
| 山东华金集团有限公司 | 25100 |
| 山东正大纸业有限公司 | 23104 |
| 山东世纪阳光纸业集团有限公司 | 18130 |
| 烟台锦宏纸业有限公司 | 17807 |
| 远通纸业（山东）有限公司 | 15285 |
| 山东益仁纸业有限公司 | 14346 |
| 青岛海王纸业股份有限公司 | 13990 |
| 日照华泰纸业有限公司 | 10684 |
| 山东德派克纸业有限公司 | 10541 |
| 山东天和纸业有限公司 | 10339 |
| 枣庄华润纸业有限公司 | 9785 |
| 山东青苑纸业有限责任公司 | 9759 |
| 汇胜集团股份有限公司 | 8040 |
| 山东贵和纸业集团有限公司 | 7938 |

续表

| 企业（单位）名称 | “十二五”节能量目标/吨标准煤 |
|---|---|
| 潍坊恒联浆纸有限公司 | 6901 |
| 山东万通纸业总公司 | 6685 |
| 山东齐峰特种纸业股份有限公司 | 6673 |
| 龙口玉龙纸业有限公司 | 6050 |
| 德州华中纸业有限公司 | 5685 |
| 山东辰龙纸业股份有限公司 | 5532 |
| 山东光华纸业集团有限公司 | 5241 |
| 山东斯道拉恩索华泰纸业有限公司 | 5191 |
| 山东万豪纸业集团股份有限公司 | 5180 |
| 德州华北纸业（集团）有限公司 | 5115 |
| 潍坊恒联铜版纸有限公司 | 4841 |
| 山东恒安纸业有限公司 | 4838 |
| 山东庞疃纸业有限公司 | 4607 |
| 山东省泉林纸业夏津有限公司 | 3978 |
| 山东海韵生态纸业有限公司 | 3631 |
| 山东鲁南纸业有限公司 | 3342 |
| 枣庄市海象纸业有限公司 | 3285 |
| 山东冠军纸业有限公司 | 3256 |
| 潍坊恒联玻璃纸有限公司 | 3215 |
| 山东省单县天元纸业有限公司 | 3200 |
| 山东金蔡伦纸业有限公司 | 3200 |
| 山东中茂圣源纸浆有限公司 | 2996 |
| 莱州鲁通特种纸业有限公司 | 2750 |
| 山东鑫泉纸业有限公司 | 2500 |
| 潍坊华港包装材料有限公司 | 2361 |
| 烟台隆达纸业有限公司 | 2000 |
| 高唐县第二造纸厂 | 2000 |
| 肥城东升纸业有限公司 | 1756 |
| 山东凯丽特种纸股份有限公司 | 1602 |
| 茌平泉林纸业有限公司 | 1600 |
| 潍坊恒联美林生活用纸有限公司 | 1593 |
| 东明县勇越纸业有限公司 | 1500 |
| 山东永泰纸业有限公司 | 1421 |
| 山东太阳纸业股份有限公司鱼台分公司 | 1300 |
| 烟台市大展纸业有限公司 | 1000 |

续表

| 企业（单位）名称 | “十二五”节能量目标/吨标准煤 |
|---|---|
| **河南省** | |
| 漯河银鸽实业集团有限公司 | 59800 |
| 新乡新亚集团股份有限公司 | 47200 |
| 河南省龙泉集团实业有限公司 | 37300 |
| 河南省龙源纸业股份有限公司 | 30000 |
| 河南华丰纸业有限公司 | 20100 |
| 濮阳市龙丰纸业有限公司 | 18000 |
| 河南省江河纸业有限责任公司 | 17700 |
| 河南宏腾纸业有限公司 | 17600 |
| 驻马店白云纸业有限公司 | 16400 |
| 新乡市鸿泰纸业有限公司 | 15900 |
| 上海迪冉郸城纸业有限公司 | 15000 |
| 河南省新乡鸿达纸业有限公司 | 12600 |
| 河南仙鹤特种浆纸有限公司 | 12100 |
| 舞阳县银鸽纸产有限公司 | 8700 |
| 河南双马纸品包装有限公司 | 8400 |
| 河南一林纸业有限责任公司 | 7800 |
| 许昌市宇旭纸业有限公司 | 7300 |
| 河南省漯河市银凤纸业有限公司 | 6700 |
| 河南省新密市华强纸业有限公司 | 6600 |
| 许昌市魏都宏发造纸厂 | 6500 |
| 河南护理佳纸业有限公司 | 6000 |
| 新密市方圆纸业有限公司 | 5800 |
| 新密市天园纸业有限公司 | 5700 |
| 河南省奥博纸业有限公司 | 5500 |
| 河南天虹纸业有限责任公司 | 5500 |
| 舞钢市海明工业纸板有限公司 | 5000 |
| 西平县恒发造纸有限责任公司 | 4900 |
| 郑州市昶隆纸业有限公司 | 4800 |
| 武陟县广源纸业有限公司 | 4800 |
| 舞钢市海明纸业有限责任公司 | 4000 |
| 濮阳县龙乡纸业彩印包装有限公司 | 3600 |
| 西平县兴华综合纸业有限公司 | 3400 |
| 郑州华丰工贸纸业有限公司 | 3400 |
| 河南省新密市恒丰纸业有限公司 | 3200 |
| 郑州市老廷实业有限公司 | 3200 |

续表

| 企业（单位）名称 | “十二五”节能量目标/吨标准煤 |
|---|---|
| 郑州康华纸业有限公司 | 3000 |
| 洛阳市中仑纸业有限公司 | 2900 |
| 沁阳市联盟纸业有限公司 | 2900 |
| 濮阳市通宇纸业有限公司 | 2600 |
| 濮阳县庆南再生纸业有限公司 | 2500 |
| 焦作市雯雅造纸包装有限公司 | 2400 |
| 焦作瑞丰纸业有限公司 | 2400 |
| 郑州东鑫纸业有限公司 | 2100 |
| 台前县民通华瑞纸业有限公司 | 2000 |
| 河南省新密市文明纸业有限公司 | 1900 |
| 新密市荣昌纸业有限公司 | 1900 |
| 郑州畅通纸业有限公司 | 1800 |
| 河南省新密市宏远纸业有限公司 | 1700 |
| 郑州银河纸业有限公司 | 1600 |
| 新密市顺发纸业有限公司 | 1500 |
| 郑州永光纸业有限公司 | 1500 |
| **湖北省** | |
| 武汉晨鸣汉阳纸业股份有限公司 | 38000 |
| 赤壁晨鸣纸业有限公司 | 15000 |
| 钟祥市应强纸业有限公司 | 10000 |
| 监利大枫纸业有限公司 | 10000 |
| 湖北骏马纸业有限公司 | 6000 |
| 松滋王家大湖纸业有限公司 | 6000 |
| 宜昌书林纸业有限公司 | 5000 |
| 维达纸业孝感有限责任公司 | 5000 |
| 湖北保丽纸业有限责任公司 | 5000 |
| 荆州市星铖纸业有限公司 | 5000 |
| 湖北省公安县龙腾纸业有限公司 | 5000 |
| 通城县红星纸业有限公司 | 5000 |
| 随州市兴丰源纸业有限责任公司 | 5000 |
| 湖北宜昌翔陵纸制品有限公司 | 4000 |
| 湖北广发纸业有限公司 | 4000 |
| 湖北鸿昌中顺纸业有限责任公司 | 4000 |
| 武汉金凤凰纸业有限公司 | 3000 |
| 湖北宝塔纸业有限公司 | 3000 |
| 秭归县大力纸品有限公司 | 3000 |

续表

| 企业（单位）名称 | “十二五”节能量目标/吨标准煤 |
|---|---|
| 湖北华海纸业有限公司 | 3000 |
| 湖北拍马纸业有限公司 | 3000 |
| 湖北麒盛纸业有限公司 | 3000 |
| 湖北永昌万利造纸厂 | 3000 |
| 广水中山恒兴纸业公司 | 3000 |
| 武汉龙鸣纸业有限公司 | 2000 |
| 枝江市炬垲纸业有限责任公司 | 2000 |
| 宜城市长风纸业有限公司 | 2000 |
| 潜江市福达纸业有限公司 | 2000 |
| 广水中山造纸有限公司 | 1000 |
| **湖南省** | |
| 沅江纸业有限责任公司 | 73000 |
| 岳阳纸业股份有限公司 | 50000 |
| 益阳市北洲子金北顺造纸厂有限公司 | 37600 |
| 湖南雪丽造纸有限公司 | 30000 |
| 永州湘江纸业有限责任公司 | 12000 |
| 岳阳丰利纸业有限公司 | 7000 |
| 湖南林源纸业有限公司 | 6000 |
| 新邵大源纸业有限公司 | 5000 |
| 宁乡县双华造纸有限公司 | 5000 |
| 湖南省第一纸板厂有限公司 | 5000 |
| 湖南华耀浆纸有限公司 | 4500 |
| 湖南恒安生活用纸有限公司 | 4000 |
| 湖南天洁纸业有限公司 | 4000 |
| 湖南骏泰浆纸有限责任公司 | 3500 |
| 湖南泰格林纸集团洪江纸业有限责任公司 | 3500 |
| 沅江市金太阳纸业有限公司 | 3000 |
| 湖南恒安纸业有限公司 | 2000 |
| 新邵县金龙纸业有限责任公司 | 2000 |
| 新邵县富源造纸厂 | 2000 |
| **广东省** | |
| 东莞玖龙纸业有限公司 | 155014 |
| 广东理文造纸有限公司 | 149807 |
| 东莞地龙纸业有限公司 | 138998 |
| 广州万利达纸制品有限公司 | 99977 |
| 东莞海龙纸业有限公司 | 96881 |

续表

| 企业（单位）名称 | “十二五”节能量目标/吨标准煤 |
|---|---|
| 东莞建晖纸业有限公司 | 90207 |
| 东莞理文造纸厂有限公司 | 58719 |
| 东莞市潢涌银洲纸业有限公司 | 46939 |
| 珠海华丰纸业有限公司 | 31322 |
| 东莞顺裕纸业有限公司 | 29159 |
| 森叶（清新）纸业有限公司 | 26494 |
| 东莞市金田纸业有限公司 | 20740 |
| 佛山诚通纸业有限公司 | 19925 |
| 广州造纸股份有限公司 | 18965 |
| 东莞金洲纸业有限公司 | 18946 |
| 中山联合鸿兴造纸有限公司 | 18317 |
| 珠海经济特区红塔仁恒纸业有限公司 | 16855 |
| 东莞市骏业纸业有限公司 | 16623 |
| 湛江市冠龙纸业有限公司 | 15172 |
| 广东鼎丰纸业有限公司 | 14929 |
| 中山永发纸业有限公司 | 14556 |
| 东莞市双洲纸业有限公司 | 14298 |
| 东莞市泰昌纸业有限公司 | 13150 |
| 东莞市恒伟纸业有限公司 | 11047 |
| 东莞市鸿业造纸有限公司 | 10754 |
| 东莞振兴纸品有限公司 | 9997 |
| 东莞市道滘兴隆造纸厂 | 8204 |
| 东莞市顺兴造纸有限公司 | 7795 |
| 中山联兴造纸有限公司 | 7474 |
| 东莞市深联造纸有限公司 | 6591 |
| 东莞市道滘东发纸品有限公司 | 6560 |
| 中顺洁柔纸业股份有限公司 | 6096 |
| 佛山市高明日畅纸业有限公司 | 5965 |
| 江门市桥裕纸业有限公司 | 5959 |
| 高州市金墩纸业有限公司 | 5728 |
| 惠州市福和纸业有限公司 | 5500 |
| 东莞市中堂江南造纸厂 | 5324 |
| 江门泰源纸业有限公司 | 5270 |
| 广东韶能集团股份有限公司珠玑纸业分公司 | 5258 |
| 肇庆市中盛纸业有限公司 | 5208 |

续表

| 企业（单位）名称 | “十二五”节能量目标/吨标准煤 |
|---|---|
| 江门市丰达纸业有限公司 | 4922 |
| 东莞市东保纸业有限公司 | 4804 |
| 东莞市中堂镇吴家涌有利造纸厂 | 4696 |
| 佛山金盛联合纸业有限公司 | 4394 |
| 东莞市建桦造纸有限公司 | 4291 |
| 东莞市建航纸业有限公司 | 4254 |
| 东莞市中联纸业有限公司 | 4124 |
| 鹤山市造纸厂有限公司 | 4110 |
| 东莞市强安造纸有限公司 | 4046 |
| 维达纸业广东有限公司 | 3932 |
| 东莞市宝力造纸厂 | 3631 |
| 广州市花都区长兴纸业有限公司 | 3618 |
| 东莞市宝华造纸有限公司 | 3533 |
| 东莞市新富发纸业有限公司 | 3432 |
| 建滔（佛冈）积层纸板有限公司 | 3403 |
| 东莞市大步纸业有限公司 | 3007 |
| 东莞市华兴纸业实业有限公司 | 2970 |
| 东莞市永安造纸有限公司 | 2936 |
| 汕头市华氏纸业有限公司 | 2800 |
| 东莞长安昌众造纸有限公司 | 2788 |
| 东莞市明天纸业有限公司 | 2599 |
| 广州市启鸣纸业有限公司 | 2570 |
| 东莞市金桦纸业有限公司 | 2507 |
| 广州市番禺莲花山造纸有限公司 | 2504 |
| 广州番禺信合纸品有限公司 | 2362 |
| 广州市骏隆纸品有限公司 | 2242 |
| 中烟摩迪（江门）纸业有限公司 | 2000 |
| **广西壮族自治区** | |
| 南宁糖业有限公司 | 55467 |
| 广西贵糖（集团）股份有限公司 | 42327 |
| 广西东亚纸业有限公司 | 14093 |
| 田阳县南华纸业有限公司 | 11311 |
| 柳州两面针纸业有限公司 | 10756 |
| 广西国发林业造纸有限责任公司 | 9804 |
| 广西来宾东糖纸业有限公司 | 9650 |
| 广西林业荔浦纸业有限公司 | 9324 |

续表

| 企业（单位）名称 | “十二五”节能量目标/吨标准煤 |
|---|---|
| 广西劲达兴纸业有限公司 | 8853 |
| 广西永凯糖纸集团有限责任公司宾阳大桥分公司 | 8717 |
| 广西贺达纸业有限责任公司 | 7481 |
| 田东县金荣纸业有限公司 | 6837 |
| 广西南宁凤凰纸业有限公司 | 6116 |
| 南宁天然纸业有限公司 | 5729 |
| 广西华劲集团股份有限公司南宁纸业分公司 | 4311 |
| 鹿寨县风糖纸业有限公司 | 3632 |
| 广西贵港红旗纸业有限公司 | 3441 |
| 广西洁宝金田纸业有限公司 | 3429 |
| 广西田阳华美纸业有限公司 | 3169 |
| 防城港宏源浆纸有限公司 | 3114 |
| 广西容县万力造纸有限公司 | 3012 |
| 南宁君盈纸业有限公司 | 1986 |
| 南宁美时纸业有限责任公司 | 1416 |
| 广西贵港市兴新纸业有限责任公司 | 1082 |
| **海南省** | |
| 海南金海浆纸业有限公司 | 140000 |
| 海南金红叶纸业有限公司 | 5400 |
| 海南金盛浦纸业有限公司 | 1000 |
| **重庆市** | |
| 玖龙纸业（重庆）有限公司 | 32000 |
| 重庆理文造纸有限公司 | 20000 |
| 铜梁县金禾纸制品有限责任公司 | 7476 |
| 重庆龙璋纸业有限公司龙泉分公司 | 1900 |
| **四川省** | |
| 宜宾纸业股份有限公司 | 44970 |
| 四川银鸽竹浆纸业有限公司 | 34330 |
| 四川省高县华盛纸业有限公司 | 31810 |
| 四川省犍为凤生纸业有限责任公司 | 24460 |
| 西龙纸业有限公司 | 18640 |
| 四川永丰纸业股份有限公司 | 16670 |
| 玖龙浆纸（乐山）有限公司 | 14260 |
| 四川新吉鸿纸业有限责任公司 | 14130 |

续表

| 企业（单位）名称 | “十二五”节能量目标/吨标准煤 |
|---|---|
| 成都丽雅纤维股份有限公司（原成都华明玻璃纸股份有限公司） | 10970 |
| 四川省眉山丰华纸业有限公司 | 10750 |
| 四川省眉山市鸿源纸业有限公司 | 9650 |
| 安县纸业有限公司 | 9430 |
| 宜宾蓝天纸业股份有限公司 | 9210 |
| 中冶美利峡山纸业有限公司 | 8770 |
| 简阳市永和纸业有限公司 | 8220 |
| 泸州巨源纸业有限公司 | 7890 |
| 眉山市新华纸业印务有限公司 | 5700 |
| 四川新津晨龙纸业有限公司 | 4380 |
| 成都天天纸业有限公司 | 4270 |
| 四川云翔纸业有限公司 | 3840 |
| 泸州新盛纸业有限公司 | 3620 |
| 泸州海潮纸业有限公司 | 3620 |
| 四川眉山市丰泰纸业有限公司 | 3510 |
| 四川省金福纸业有限责任公司 | 3400 |
| 丹棱万平纸业有限公司 | 3290 |
| 泸州市圣峰纸业有限公司 | 3180 |
| 四川省南溪县振兴纸业有限责任公司 | 3180 |
| 四川内江金子山纸业有限公司 | 2960 |
| 四川华侨凤凰纸业有限公司 | 2900 |
| 四川省隆昌县雨弘纸业有限公司 | 1090 |
| **贵州省** | |
| 贵州赤天化纸业股份有限公司 | 5000 |
| 贵州赤河纸业有限公司 | 2000 |
| 赤水市天竹纸业有限公司 | 2000 |
| **云南省** | |
| 云南陆良银河纸业有限公司 | 15400 |
| 云南云景林纸股份有限公司 | 7580 |
| 云南昌宁建星纸业有限公司 | 1547 |
| 云南新平南恩糖纸有限责任公司 | 1526 |
| 大理华成纸业公司 | 1334 |
| 云南红塔蓝鹰纸业有限公司 | 1222 |
| **陕西省** | |
| 西安市惠强纸业有限责任公司 | 13378 |

续表

| 企业（单位）名称 | “十二五”节能量目标/吨标准煤 |
| --- | --- |
| 西安奥辉纸业有限责任公司 | 11490 |
| 陕西兴包企业集团有限责任公司 | 8521 |
| 西安市蔡伦造纸厂 | 7624 |
| 陕西法门寺纸业有限责任公司 | 6027 |
| 陕西圣龙纸业有限公司 | 3640 |
| 西安兄弟纸业有限责任公司 | 2270 |
| 咸阳华西纸业有限公司 | 1871 |
| 陕西武功东方纸业集团有限公司 | 1763 |
| 陕西兴翔纸业有限责任公司 | 1712 |
| 岐山县圣龙箱板纸有限责任公司 | 1440 |
| 西安市户县长城造纸厂 | 1016 |
| **甘肃省** | |
| 平凉市宝马纸业有限责任公司 | 1991 |
| 张掖市明阳纸业有限责任公司 | 1161 |

续表

| 企业（单位）名称 | “十二五”节能量目标/吨标准煤 |
| --- | --- |
| 宁夏回族自治区 | |
| 中冶美利浆纸有限公司 | 20000 |
| 中冶美利纸业股份有限公司 | 10000 |
| 宁夏沙湖纸业有限公司 | 10000 |
| 宁夏紫荆花纸业有限公司 | 5000 |
| 宁夏鑫汇集团美洁纸业股份有限公司 | 5000 |
| 宁夏昊盛纸业有限公司 | 4000 |
| 宁夏科进峡光纸业有限公司 | 3000 |
| 新疆维吾尔自治区 | |
| 新疆博湖苇业股份有限公司 | 8430 |
| 新疆沙陀股份有限公司 | 2085 |
| 新疆兵团农八师天宏纸业股份有限公司（母公司） | 950 |

# 装备与器材
# 造纸化学品

## EQUIPMENT & ACCESSORIES, CHEMICALS USED IN PAPER INDUSTRY



6

# 2012 年我国造纸装备发展情况

# Development of Domestic Pulping and Papermaking Equipment in 2012

在我国造纸工业处在战略转型期，加快转变发展方式，加快结构调整，加快产业升级，提升质量和效益的情况下，制浆造纸装备制造业依据《造纸产业发展政策》和《造纸工业发展“十二五”规划》的要求，在国家《装备制造业振兴规划》政策的支持和指导下，继续推动优化产业结构调整，增强研发力度，加速开发大型、高速、自动化和符合节能减排、降低能耗、提高造纸产品质量的先进技术装备。2012 年在造纸行业增速缓行期对技术装备的需求趋缓的形势下仍取得较好发展。据统计 2012 年全行业规模以上的企业 222 家的总产值达到了 327.5 亿元，同比增长了 2.8%，销售值 318.66 亿元，增速明显放慢。虽然实现了一定的增长，但从总体看多数企业的经济效益不佳处于下滑状态。在产品结构调整，加快新产品开发方面取得很好成果。特别在制浆造纸装备的关键技术方面取得了重大突破，大大提高了国产装备的技术水平。现根据对部分企业的调查和已收集到的部分相关企业 2012 年前后在连续蒸煮、节能间隙蒸煮，废液提取和浆料洗涤、筛选、二次纤维处理，无氯漂白工艺及技术装备等制浆装备方面和高速文化用纸机、大中型纸板机、生活用纸机、特种纸机及部分关键技术装备的开发应用方面的新产品情况汇集如下。

## 一、制浆装备

1. 废纸制浆设备

（1）郑州运达造纸设备有限公司加强了二次纤维原料的输送及筛选装备研发，这对后续碎浆、筛选、打浆等过程节约大量能耗、减少设备磨损带来非常好的投入和产出比。该公司自行研发的大型链板输送机目前可配套生产能力 40 万吨/年生产线，其装备已在东莞建晖纸业有限公司、山东万国太阳食品包装材料有限公司、山东太阳纸业股份有限公司等企业得到应用（2012 年开机）。

（2）郑州运达造纸设备有限公司开发的废纸散包干法筛选系统，单线最大处理能力 1000 吨/日，筛筒直径 3750 毫米，废纸分类拣选人工及费用节约 50% ~60%，提高拣选效率 60% ~70%，重渣去除率≥90%，碎浆机碎解效率提高 30% 以上，减少宏观胶黏物和微观胶黏物（蜡块去除率 95% 以上），提高成浆品质，提高废纸、废物的分类利用和升值空间。该系统已在山东华泰纸业股份有限公司得到应用（2012 年开机）。

（3）郑州运达造纸设备有限公司大型ZDG40 - $\phi$4000 毫米转鼓碎浆机开发制造成功，处理能力 1000 吨/日，碎浆浓度 18% ~23%，电机功率 2 台 37 千瓦。该设备对浆碎解温和，不破坏纤维的强度和长度，碎浆浓度高。目前在广东东莞金田纸业有限公司已在安装，于 2013 年投产运行。

（4）郑州运达造纸设备有限公司的大型中浓压力筛已被大量使用，筛选面积 4.48 米$^2$，生产能力 1000 吨/日，进浆浓度≤4.0%，进浆压力 0.2 ~0.4 兆帕，电机功率 280 千瓦。该设备已用于新密市东盛纸业有限责任公司（2012 年投产）。

2. 原生浆制浆装备

（1）轻工业杭州机电设计研究院设计并负责监制的台湾永丰余（扬州）造纸有限公司的 240 吨/日生物化机浆生产线正式开车。该生产线由干湿法备料、连续蒸煮、生物（酵素）处理、洗选及白水回收、废渣利用等工段组成。主要设备有：200 米$^3$ 新型料仓、90 米$^3$ 水力洗涤机、63.5 厘米螺旋喂料器、$\phi$2100 毫米 × 10000 毫米蒸煮管（四管）、$\phi$1100 毫米中浓磨（二段）等组成。该生产线于 2012 年 9 月正式联机生产。

（2）中国联合装备集团安阳设备制造有限公司

生产的我国国内目前最大的 400 米$^3$ 双相钢用于间歇置换蒸煮的蒸煮锅及 1500 米$^3$ 喷放锅于福建省青山纸业股份有限公司年产 10 万吨溶解浆生产线中投产，其 135 米$^3$ 常规蒸煮锅改装成置换蒸煮锅生产竹片溶解浆生产装备在湖南拓普竹麻产业开发有限公司投产（2012 年）。

（3）山东泉林纸业有限责任公司“秸秆清洁制浆及其废液肥料资源化利用新技术”被授予“2012 年度国家技术发明二等奖”。这是造纸行业在 2012 年度荣获的唯一 1 项国家技术奖励项目，也是近 10 年来我国造纸行业获得的唯一 1 项国家技术发明奖项。整套技术包含锤式备料、置换蒸煮、机械疏解 + 氧脱木素、本色浆和制浆废液创制有机肥等 5 个部分，生产规模 150 万吨秸秆/年，生产纸浆 60 万吨/年，副产品有机肥料 50 万吨/年，蒸煮锅规格 135 米$^3$，蒸煮液比 1∶4.5 ~6，亚铵法生产，蒸后卡伯值 20 左右，氧脱木素后卡伯值 11 左右。

（4）天津市恒脉机电科技有限公司的芦苇间歇置换蒸煮系统经多方论证已研制完成，将用于新疆博湖苇业股份有限公司。该系统生产能力 5 万吨/年，采用 3 台 135 米$^3$ 蒸煮锅，蒸煮液比 1∶4.5，蒸煮总时间 220 分钟。将于 2013 年投产。

（5）轻工业杭州机电设计研究院设计并负责监制的高得率化机浆主体设备取得突破，其中，螺旋挤压撕裂机的生产能力 300 吨/日，螺旋规格 $\phi$400 毫米，压缩比 1∶4，螺旋转速 75 转/分，配用电机功率 1000 千瓦；高浓磨单台生产能力 300 吨/日，磨机直径 1727 毫米，转速 1450 转/分，配用电机功率 1.5 万千瓦。已全部制成样机。

（6）山东太阳纸业股份有限公司 22 万吨/年溶解浆项目，采用原安德里茨公司的连续蒸煮系统（塔式），自行加了一个连续的水解塔，做成目前世界上唯一 1 条连续法生产溶解浆生产线（KP 蒸煮）。其中，预处理连续水解塔直径 4500 毫米，高度 50 米，体积 550 米$^3$，连续蒸煮塔直径 5500 毫米，高度 55 米，体积 750 米$^3$。水解液用于生产木糖醇及糠醛，经济效益良好，溶解浆成本比常规的间歇法低 800 ~1000 元/吨，副产品价值高，有良好的经济效益。

3. 洗、选、筛设备

（1）汶瑞机械（山东）有限公司 SJA1550 型双辊挤浆机压辊直径 1500 毫米，辊体长度 5000 毫米，产量 1750 ~2000 吨/日（木浆），已用于印度尼西亚 JAMBI 浆厂（2012 年投产）。SJA2272 大型双辊挤浆机，压辊直径 2200 毫米，辊体长度 7200 毫米，单辊质量 50 余吨，产量 4500 吨木浆/日。该设备将用于印度尼西亚帕拉旺浆纸厂（将于 2013 投产）。

（2）汶瑞机械（山东）有限公司第 5 代大型鼓式真空洗浆机最大规格 110 米$^2$，生产能力 20 万吨/年（木浆），公称过滤面积 110 米$^2$，转鼓规格 $\phi$4000 毫米 × 8800 毫米，进浆浓度 1.5% ~2.5%，出浆浓度 10% ~12%。该设备将用于印度尼西亚帕拉旺浆纸厂（将于 2013 年投产）。

4. 中浓漂白装备

（1）轻工业杭州机电设计研究院设计制造的 150 型中浓混合器生产能力 150 ~300 吨/日，处理浓度≤15%，配用功率 22 千瓦；350 型中浓浆泵生产能力 150 ~300 吨/日，处理浓度 8% ~15%，流量≤200 米$^3$/时，扬程 130 米，配置功率 75 ~132 千瓦（根据流量和扬程要求配置），将用于日照华泰纸业有限公司（将于 2013 年投产）。

（2）华南理工大学研制的二氧化氯漂白塔日臻成熟，塔径 $\phi$2500 ~3000 毫米，高度 18 ~28 米，配用轻工业杭州机电设计研究院设计制造的 $\phi$2500 ~3000 毫米塔顶刮料器，其中，$\phi$2500 毫米的漂塔及刮料器已在广西博冠纸业有限公司200 吨/日漂白蔗渣浆中全线投产应用。刮料器规格 $\phi$2500 毫米，转速 29 转/分，等力矩设计的钛合金（TA8）转臂，漂白塔规格 $\phi$2500 毫米 × 19529 毫米，采用普通碳钢内衬环氧树脂的结构方式，可大大节约投资成本。

（3）轻工业杭州机电设计研究院设计制造的新型中浓输送和混合设备已通过测试，其中，350 型中浓浆泵可处理浓度 8% ~15% 的浆料，适用流量≤200 米$^3$/时，适用扬程 130 米，配置功率 75 ~132 千瓦（根据流量和扬程要求配置）；150 型中浓混合器适应生产能力 150 ~300 吨/年，处理浓度≤15%，配用功率 22 千瓦，以上设备将于 2013 年用于日照华泰纸业有限公司。

## 二、造　纸　机

1. 包装用纸及纸板机

（1）4200/500 两叠网高强瓦楞原纸机　天津广聚源纸业有限公司使用，2012 年开机，上海轻良实业有限公司制造。该纸机用于生产定量 100 ~170 克/米$^2$ 瓦楞原纸和箱纸板，净纸宽 4200 毫米。配备有：水力式流浆箱，两叠网成形器，压榨部采用真空吸移（双室）+ 真空预压 + 两道双毛布大辊径压榨，施胶机，二辊压光机，滚库式卷纸机。

（2）4800/600 长网高强瓦楞原纸机　浙江兴舟纸业有限公司使用，2012 年开机，上海轻良实业有限公司制造。该纸机用于生产定量 80～130 克/米$^2$ 瓦楞原纸和箱纸板，净纸宽 4800 毫米，工作车速 600 米/分，生产能力 420 吨/日。配备有：水力式流浆箱，两叠网成形器，压榨部采用真空吸移（双室）+真空预压+两道双毛布大辊径压榨，施胶机，二辊压光机，滚库式卷纸机。

（3）4800/700 瓦楞原纸机　四川迅源纸业有限公司使用，2012 年开机，江苏华东造纸机械有限公司制造。该纸机用于生产定量 80～160 克/米$^2$ 瓦楞原纸，净纸宽 4800 毫米，工作车速 700 米/分。网部配置单长网（网案长 25 米）+上网成形器，压榨部采用大辊压榨（$\phi$1500/$\phi$1500 毫米）+靴式压榨，斜列式施胶机上辊 $\phi$1505 毫米/下辊 $\phi$1495 毫米，带防溅装置。

（4）4560/600 涂布白纸板机　杭州板桥纸业有限公司使用，2012 年开机，江苏华东造纸机械有限公司制造。该纸机用于生产定量 200～350 克/米$^2$ 涂布白纸板，净纸宽 4560 毫米，工作车速 600 米/分。网部配置叠网+上网成形器，压榨部采用 2×大辊压榨（$\phi$1600/$\phi$1600 毫米）+光泽压榨，膜转移施胶机+空气转向器（$\phi$1200/$\phi$1200 毫米）。

（5）4800/800 三长网多缸涂布白卡纸机　东莞建晖纸业有限公司使用，2012 年开机，山东昌华造纸机械有限公司制造。水力式流浆箱，芯网流浆箱采用稀释水控制；网部配置三叠网，带顶网；压榨部采用真空吸移，一道真空压榨，两道大辊径压榨和一道光压；施胶部双面计量施胶；硬压压光部 1 只 $\phi$812 毫米热辊，1 只 $\phi$600 毫米可控中高辊；卷取部辊库式水平气动卷纸机，最大卷纸直径 3000 毫米。

（6）4800/600 长网多缸瓦楞原纸/T 纸板机　浙江华川实业有限公司使用，2012 年开机，乐山市成发造纸机械有限责任公司制造。水力式流浆箱，采用稀释水控制；网部配置两叠网，带顶网；压榨部采用真空吸移，两道 $\phi$1650 毫米大辊径压榨；施胶部双面计量施胶；硬压压光部 1 只 $\phi$965 毫米热辊，1 只 $\phi$710 毫米游泳辊；卷取部辊库式水平气动卷纸机，最大卷纸直径 3200 毫米。

（7）4400/600 叠网多缸涂布白纸板机　江苏富星纸业有限公司使用，2012 年开机，乐山市成发造纸机械有限责任公司制造。水力式流浆箱，采用稀释水控制；网部配置三叠网，带顶网；压榨部采用真空吸移，一道真空压、两道 $\phi$1500 毫米大辊径压榨；施胶部斜列式表面施胶；刮刀涂布，三正一反布置；硬压压光部 1 只 $\phi$860 毫米热辊，1 只 $\phi$560 毫米游泳辊；卷取部辊库式水平气动卷纸机，最大卷纸直径 3000 毫米。

（8）5800/350 灰纸板机　福建联盛纸业（龙海）有限公司使用，2012 年开机，乐山市成发造纸机械有限责任公司制造。水力式流浆箱，采用稀释水控制（进口）；网部配置长网；压榨部采用真空吸移，一道真空压、两道 $\phi$1800 毫米大辊径压榨；$\phi$1500 毫米真空缸，干燥部全无绳引纸，导辊加烘缸单点传动；表面施胶（进口）；卷取部辊库式水平气动卷纸机。

（9）5600/800 两叠网多缸纸板机　河北昌泰纸业有限公司使用，2012 年开机，乐山市成发造纸机械有限责任公司制造。水力式流浆箱，采用稀释水控制（进口）；网部配置两叠网；压榨部采用真空吸移、一道 $\phi$1800 毫米大辊径压榨，一道靴压（进口）；$\phi$1500 毫米真空缸，干燥部全无绳引纸，导辊加烘缸单点传动；表面施胶（进口）；卷取部辊库式水平气动卷纸机。

（10）食品包装原纸纸机　宜宾纸业股份有限公司使用，中国造纸装备有限公司制造。该纸机用于生产定量 135～350 克/米$^2$ 食品包装原纸，日产量 681～1007 吨/日；设计车速 900 米/分；卷纸宽 4380 毫米。

（11）高强瓦楞原纸/T 纸机　抚州市四海纸业有限公司使用，中国造纸装备有限公司制造。该纸机用于生产定量 75～150 克/米$^2$ 高强瓦楞原纸或 T 纸，日产量 785 吨/日，设计车速 800 米/分，卷纸宽 5680 毫米。

2. 薄页纸及文化用纸机

（1）3500/500 新闻纸机　出口缅甸，2012 年开机，江苏华东造纸机械有限公司制造。该纸机用于生产 40～75 克/米$^2$ 新闻纸、文化用纸，净纸宽 3500 毫米，工作车速 500 米/分。网部配置单长网+上网成形器，压榨部采用五辊三压复合压榨，硬压光机，膜转移施胶机+空气转向器，双压区软压光机。

（2）5300/1200 文化用纸机　广东冠豪高新纸业有限公司使用，2012 年开机，江苏华东造纸机械有限公司制造。该纸机用于生产定量 35～75 克/米$^2$ 无碳原纸、文化用纸，净纸宽 5300 毫米，工作车速 1200 米/分。网部配置单长网+上网成形器，压榨部采用复合压榨，硬压光机，膜转移施胶机+空气转向器，双压区软压光机。

（3）由河南江河纸业股份有限公司、华南理工大学、轻工业杭州机电设计研究院等单位承担的“十一五”国家科技支撑项目 采用智能型稀释水横幅定量控制系统、夹网成形、靴压等多项自主研发的高、新技术的5700/1600国产高速机于2012年开机成功并通过科技部验收。该纸机用于生产定量35～80克/米$^2$文化用纸，净纸宽5700毫米，工作车速1200～1600米/分。网部配置夹网，压榨部采用四辊三压区复合压榨加靴压辊，膜转移施胶机+空气转向器，双压区软压光机。

3. 生活用纸机

（1）2850/1150夹网新月形高速卫生纸机 保定满城成功造纸厂、漯河聚源纸业有限公司等公司使用，2012年开机，上海轻良实业有限公司制造。该纸机为单网、单毯、新月形成形器高速卫生纸机，用于生产定量11～20克/米$^2$（起皱前）卫生纸，最大工作车速1150米/分，净纸宽2850毫米，生产能力51.9吨/日。

（2）2660/600真空成形卫生纸机 东莞中桥纸业有限公司、沐川禾丰纸业有限责任公司等使用，2012开机，潍坊凯信机械有限公司制造。该纸机为单网、单毯、真空圆网成形卫生纸机，用于生产定量11～20克/米$^2$（起皱前）卫生纸，最大工作车速800米/分，净纸宽2760毫米，生产能力30吨/日。配置水力式流浆箱，$\phi$1200毫米真空网笼，双托辊压榨结构，$\phi$3600毫米烘缸及断纸刮刀、起皱刮刀、清洁刮刀、呼吸式高效热风气罩、全套热回收系统、热泵系统。

4. 特种纸机及装备

（1）1575/60三层斜网茶叶袋滤纸机 遂昌县兴昌纸业有限公司使用，2012年开机，轻工业杭州机电设计研究院开发制造。

（2）3000/400美纹纸机 年产3.5万吨，浙江晶鑫特种纸业有限公司，2012年开机，山东昌华造纸机械有限公司制造。

（3）3520/600格拉辛纸机 民丰特种纸股份有限公司使用，2012年开机，山东昌华造纸机械有限公司制造。

（4）1700/90斜网特种纸机 山东仁丰纸业股份有限公司使用，上海轻良实业有限公司制造。产品定量80～160克/米$^2$，净纸宽1700毫米，工作车速60～90米/分。

5. 部分关键部件产品

（1）华南理工大学自主研发的智能型稀释水横幅定量控制系统（包括百分比稀释水阀、CAN总线全数字智能执行器、横幅定量控制软件等）已经成功应用于国家“十一五”科技支撑计划重点项目“国产高速造纸机的研制”运行中，运行车速1300米/分；同时还应用于广州造纸集团有限公司的5号机改造等其他用户，并通过了该公司的验收。

（2）山东昌华造纸机械有限公司开发的3400/550靴式压榨装置成功应用在山东华金集团有限公司的涂布白纸板机上，车速550米/分，也取得了重大突破。

（3）轻工业杭州机电设计研究院开发设计的无后座力摇振箱摇振频率达30千赫，振幅最大可达12毫米，已在河南省奥博纸业有限公司等单位成功应用。

（4）中国造纸装备有限公司设计开发的新型真空辊设计车速600～1200米/分，幅宽≤10000毫米，采用传动侧直接抽真空，提高抽气效率，减少动力消耗，布局紧凑，节省空间。

## 三、涂布机及完成设备

1. 涂布机

（1）铜版纸涂布机 退纸系统为全自动接纸功能的回转型结构，涂布系统为刮刀涂布器，干燥系统为单元式循环热风干燥，整饰系统为包覆干网的多组烘缸调态装置，收卷系统为水平式圆筒卷纸机。代表性的机型有：①1880/550双面三刮刀涂布机。潍坊华港包装材料有限公司使用，2012年投产，轻工业杭州机电设计研究院开发制造。②1880/800铜版纸涂布机。山东寿光造纸厂使用，2011年投产，潍坊凯信机械有限公司制造。③2460/600铜版纸涂布机。浙江仙鹤特种纸有限公司，2011年投产，沙市轻工机械有限公司制造。

（2）无碳复写纸涂布机 退纸系统为全自动接纸功能的回转型结构，涂布系统为计量棒+气刀涂布器+LAS背涂装置，干燥系统为单元式循环热风干燥，整饰系统为包覆干网的多组烘缸调态装置+软辊压光机，收卷系统为全自动接纸功能的回转型结构。代表性的机型有：①1760/350无碳复写纸CB涂布机。广东冠豪高新技术股份有限公司使用，2012年投产，轻工业杭州机电设计研究院开发制造。②1880/400无碳复写纸双面涂布机。江苏金龙包装材料有限公司使用，2011年投产，轻工业杭州机电设计研究院开发制造。

（3）热敏纸涂布机 退纸系统为带有全自动接

纸功能的回转型结构，涂布系统为组合刮刀涂布器+计量棒+气刀涂布器或帘式涂布器+LAS 背涂装置，干燥系统为单元式循环热风干燥，整饰系统为包覆干网的多组烘缸调态装置+软/硬辊压光机，收卷系统为全自动接纸功能的回转型结构。代表性的机型有：1800/550 热敏纸涂布机。广东冠豪高新技术股份有限公司使用，2013 年投产，轻工业杭州机电设计研究院开发制造。

（4）特种纸涂布机　主要是指生产功能性涂布纸如水转移纸、美纹纸、热转移纸、装饰纸等的涂布机。主流配置为单或多组刮刀涂布器或气刀涂布器、双面循环热风干燥系统、配以烘缸和软辊压光机进行整饰。刮刀涂布器则采用刮刀与挠性棒互换的组合结构来适应涂布纸种的变化。代表的机型有：1600/300 特种纸浸渍涂布机。浙江晶鑫纸业有限公司使用，2011 年投产，轻工业杭州机电设计研究院开发制造，主要产品为美纹纸，配置有浸渍施胶和刮刀涂布器。

2. 超级压光机

超级压光机主要由退纸系统、机架、辊组、内外升降台、液压加压系统、加热及冷却系统、卷纸装置和操作台等组成。代表性的机型有：3600/1200 超级软压光机。民丰特种纸股份有限公司使用，2012 年投产，山东淄博泰鼎造纸机械有限公司制造。

3. 包装机

由湖南长沙长泰机械股份有限公司开发的智能系统已应用于全自动纸卷包装机、令纸包装机等取得很好效果，大大提高了生产效率和管理水平。

## 四、小　结

从国产造纸机械开发、制造和应用的情况来看，有以下几个基本特点：

（1）以废纸为原料生产包装用纸及纸板产品仍然是造纸产业的主要特征，相应设备也发展较快。

（2）部分关键技术有了较大突破，如中高浓漂白技术、水力式流浆箱及稀释水控制系统等，正在形成规模化应用。

（3）节能间隙蒸煮系统、靴式压榨技术开发和应用已取得突破。

（4）高速大型卫生纸机取得了很大的突破，真空成形纸机技术在快速走向成熟，新月形纸机还在不断得到应用，并还在逐渐成熟起来。

（5）以河南江河纸业股份有限公司 5700/1500 高速文化用纸机成功投产为代表的国际先进水平纸机，标志着国产高速纸机的技术取得了重大突破。

（6）三层成形斜网特种纸机形成了有自主知识产权的技术成果。

（7）一些基础零部件，如压辊包胶，真空辊结构（采用传动侧直接抽真空）和加工，脱水元器件等质量也有所提高，能满足国产纸机的需要。新型摇振装置和可控中高辊的开发也进入实际应用阶段。

（杨　旭　冯阿团　张　立）

# 2012 年我国部分制浆造纸装备公司主要销售业绩

# Sales (or Orders) Records in China of Part of Domestic Pulping and Papermaking Machinery Companies in 2012

| 序号 | 客户名称 | 设备名称 | 主要规格和参数 | 台（套）数 | 交货时间 |
|---|---|---|---|---|---|
| 一、山东北方造纸机械有限公司 | | | | | |
| 1 | 湖北随州丰源纸业有限公司 | 三叠网箱纸板机 | 幅宽 3600 毫米，车速 500 米/分 | 1 | 2012 – 09 |
| 2 | 天津巨龙纸业有限公司 | 长网多缸高强瓦楞原纸机 | 幅宽 3400 毫米，车速 360 米/分 | 1 | 2012 – 11 |
| 3 | 江苏灌云海连纸业有限公司 | 长网多缸特种纸机 | 幅宽 2880 毫米，车速 350 米/分 | 1 | 2012 – 12 |
| 4 | 江苏凯华纸业有限公司 | 长网多缸高强瓦楞原纸机 | 幅宽 4400 毫米，车速 420 米/分 | 1 | 2012 – 12 |
| 5 | 山东海华纸业有限公司 | 多网多缸纱管纸机 | 幅宽 3200 毫米，车速 150 米/分 | 1 | 2012 – 06 |
| 6 | 山东海象纸业有限公司 | 多网多网纱管纸机 | 幅宽 1600 毫米，车速 180 米/分 | 1 | 2012 – 07 |
| 7 | 江苏新丰纸业有限公司 | 多网多缸纱管纸机 | 幅宽 3200 毫米，车速 150 米/分 | | |
| 8 | 河北宝石纸业有限公司 | 长网多缸高强瓦楞原纸机 | 幅宽 4400 毫米，车速 420 米/分 | 1 | 2012 – 04 |
| 9 | 台湾锦美纸业有限公司 | 多网多缸纱管纸机 | 幅宽 2460 毫米，车速 150 米/分 | 1 | 2012 – 05 |
| 10 | 出口印尼 | 施胶机及烘缸部改造 | 幅宽 1880 毫米 | | 2012 – 10 |
| 二、江苏华东造纸机械有限公司 | | | | | |
| 1 | 福建优兰发集团 | 特种纸机 | 幅宽 3500 毫米，车速 500 米/分 | 2 | |
| 2 | 福建优兰发集团 | 特种纸机 | 幅宽 2800 毫米，车速 500 米/分 | 1 | |
| 3 | 沈阳斯特雷斯纸业有限公司 | 特种纸机 | 幅宽 2640 毫米，车速 500 米/分 | 1 | |
| 4 | 杭州板桥纸业有限公司 | 涂布白纸板机 | 幅宽 4560 毫米，车速 600 米/分 | 1 | |
| 5 | 出口缅甸项目 | 新闻纸机 | 幅宽 3500 毫米，车速 500 米/分 | 1 | |
| 6 | 广东冠豪高新技术股份有限公司 | 特种纸机 | 幅宽 5300 毫米，车速 1200 米/分 | 1 | |
| 7 | 武汉金凤凰纸业有限公司 | 瓦楞原纸机 | 幅宽 4400 毫米，车速 500 米/分 | 2 | |
| 8 | 双胜纸业有限公司 | 瓦楞原纸机 | 幅宽 4800 毫米，车速 650 米/分 | 1 | |
| 9 | 四川纸业有限公司 | 瓦楞原纸机 | 幅宽 4800 毫米，车速 700 米/分 | 1 | |
| 三、烟台华日造纸机械有限公司 | | | | | |
| 1 | 山东昌乐新迈纸业有限公司 | 50 万吨/年牛卡纸制浆配套设备 | 原料 OCC，品种：白面牛卡纸 | | |
| 2 | 山东世纪阳光纸业集团有限公司 | 15 万吨/年挂面箱纸板生产线改造 | 原料 OCC，品种：涂布白牛卡纸 | | |

续表

| 序号 | 客户名称 | 设备名称 | 主要规格和参数 | 台（套）数 | 交货时间 |
|---|---|---|---|---|---|
| 3 | 山东烟台大展纸业有限公司 | 15 万吨/年箱纸板生产线整套设备 | 原料 OCC，品种：牛皮箱纸板 | | |
| 4 | 山东华金集团有限公司 | 24 万吨/年涂布白卡纸制浆配套设备 | 原料商品浆，品种：白卡纸 | | |
| 5 | 山东博闻纸业有限公司 | 60 吨/日废纸脱墨浆生产线整套设备 | 原料废书刊，品种：静电复印纸 | | |
| 6 | 山东鲁丽纸业有限公司 | 20 万吨/年箱纸板制浆配套设备 | 原料 OCC，品种：T 纸 | | |
| 7 | 东莞建晖纸业有限公司 | 20 万吨/年箱纸板制浆配套设备 | 原料 OCC，品种：T 纸 | | |
| 8 | 广东金洲纸业有限公司 | 20 万吨/年箱纸板制浆配套设备 | 原料 OCC，品种：T 纸 | | |
| 9 | 广东金田纸业有限公司 | 30 万吨/年厚纸板制浆线改造设备 | 原料混合废纸，品种：厚纸板 | | |
| 10 | 广东中山永发纸业有限公司 | 20 万吨/年箱纸板生产线设备改造 | 原料 OCC，品种：牛皮箱纸板 | | |
| 11 | 广东上隆纸业有限公司 | 30 万吨/年箱纸板生产线设备改造 | 原料 OCC，品种：牛皮箱纸板 | | |
| 12 | 浙江景兴纸业股份有限公司 | 25 万吨/年箱纸板生产线设备改造 | 原料 OCC，品种：牛皮箱纸板 | | |
| 13 | 浙江富阳华天纸业有限公司 | 15 万吨/年白纸板生产线设备改造 | 原料混合废纸，品种：白纸板 | | |
| 14 | 浙江富阳民源纸业有限公司 | 400 吨/日废纸碎解系统设备 | 原料混合废纸，品种：白纸板 | | |
| 15 | 浙江夏王纸业有限公司 | 特种纸制浆线碎解设备 | 原料商品浆，品种：装饰原纸 | | |
| 16 | 浙江大盛纸业有限公司 | 特种纸制浆线碎解设备 | 原料商品浆，品种：装饰原纸 | | |
| 17 | 浙江森林纸业有限公司 | 20 万吨/年箱纸板制浆配套设备 | 原料 OCC，品种：牛皮箱纸板 | | |
| 18 | 福建联盛纸业有限公司 | 30 万吨/年箱纸板制浆配套设备 | 原料 OCC，品种：牛皮箱纸板 | | |
| 19 | 福建港兴纸业有限公司 | 15 万吨/年箱纸板生产线改造 | 原料 OCC，品种：牛皮箱纸板 | | |
| 20 | 河北秦皇岛丰满纸业有限公司 | 15 万吨/年瓦楞原纸生产线整套设备 | 原料 LOCC，品种：高强瓦楞原纸 | | |
| 21 | 河北金茂源纸业有限公司 | 12 万吨/年瓦楞原纸生产线整套设备 | 原料 LOCC，品种：高强瓦楞原纸 | | |
| 22 | 安徽山鹰纸业股份有限公司 | 箱纸板线设备改造 | 原料 OCC，品种：牛皮箱纸板 | | |
| 23 | 河南鑫鹿纸业有限公司 | 300 吨/日脱墨生产线整套设备 | 原料废书刊，品种：文化用纸 | | |

续表

| 序号 | 客户名称 | 设备名称 | 主要规格和参数 | 台（套）数 | 交货时间 |
|---|---|---|---|---|---|
| 24 | 河南奥博纸业有限公司 | 150吨/日脱墨生产线整套设备 | 原料废书刊，品种：文化用纸 | | |
| 25 | 河南南阳华鑫纸业有限公司 | 80吨/日废纸脱墨浆生产线整套设备 | 原料废书刊，品种：文化用纸 | | |
| 26 | 广西金荣纸业有限公司 | 20万吨/年瓦楞原纸生产线整套设备 | 原料LOCC，品种：高强瓦楞原纸 | | |
| 27 | 阿塞拜疆AZERSUN纸厂 | 10万吨/年箱纸板生产线整套设备 | 原料OCC，品种：高强瓦楞原纸 | | |
| 28 | 印度SIPM造纸厂 | 8万吨/年箱纸板生产线整套设备 | 原料OCC，品种：高强瓦楞原纸 | | |
| 29 | 俄罗斯圣彼得堡造纸厂 | 350吨/日碎解系统设备 | 原料OCC，品种：牛皮箱纸板 | | |
| 30 | 俄罗斯埃派造纸有限公司 | 260吨/日碎解系统设备 | 原料OCC，品种：高强瓦楞原纸 | | |
| 31 | 陕西圣龙纸业有限公司 | 300吨/日OCC处理线设备 | 原料OCC，品种：牛皮箱纸板 | | |
| 32 | 河北昌泰纸业有限公司 | 20万吨/年石膏板护面纸配套设备 | 原料OCC+ONP，品种：石膏板护面纸 | | |
| 33 | 玻利维亚法雷尔马里纸业 | 100吨/日OCC处理线成套设备 | 原料OCC，品种：高强瓦楞原纸 | | |
| 34 | 山东天元纸业有限公司 | 150吨/日脱墨生产线整套设备 | 原料ONP，品种：新闻纸 | | |
| 35 | 枣庄华润纸业有限公司 | 20万吨/年彩纸板生产线成套设备 | 原料LOCC，品种：彩纸板 | | |
| 36 | 山西平遥包装印刷集团 | 10万吨/年箱纸板制浆配套设备 | 原料OCC，品种：T纸 | | |
| 37 | 辽宁兴东纸业有限公司 | 15万吨/年箱纸板制浆配套设备 | 原料OCC，品种：T纸 | | |
| 38 | 山东博闻纸业有限公司 | 60吨/日化机浆生产线整套设备 | 原料木片，品种：文化用纸 | | |
| 39 | 河北恒瑞木纤有限公司 | 150吨/日化机浆生产线配套设备 | 原料木片，品种：漂白浆 | | |
| **四、杭州美辰纸业技术有限公司** | | | | | |
| 1 | 衢州五洲特种纸业有限公司 | 2400/400三叠网纸机稀释水力式流浆箱 | 定量120～350克/米$^2$ | 1 | |
| 2 | 衢州五洲特种纸业有限公司 | 2400/400三叠网纸机气垫式双匀浆辊流浆箱 | 定量120～350克/米$^2$ | 1 | |
| 3 | 江阴市月城中新纸业有限公司 | 2560/140纸机敞开式双匀浆辊流浆箱 | 定量75～100克/米$^2$ | 1 | |
| 4 | 东莞旭丰纸业有限公司 | 4800/600长网高强瓦楞原纸机稀释水力式流浆箱 | 定量90～140克/米$^2$ | 1 | |

续表

| 序号 | 客户名称 | 设备名称 | 主要规格和参数 | 台（套）数 | 交货时间 |
|---|---|---|---|---|---|
| 5 | 贵州恒瑞辰机械制造有限公司 | 2820/600 真空网笼生活用纸机水力式流浆箱 | 定量 12 ~ 45 克/米$^2$ | 1 | |
| 6 | 富阳鼎川造纸设备有限公司 | 1760/180 长网纸机敞开式流浆箱 | 定量 25 ~ 35 克/米$^2$ | 1 | |
| 7 | 德清德欣时装贸易有限公司 | 2330/300 两叠网底网纸机气垫式双匀浆辊流浆箱 | 定量 100 ~ 180 克/米$^2$ | 1 | |
| 8 | 安吉大成纸业有限公司 | 2800/300 长网大缸纸机双匀浆辊气垫式流浆箱 | 定量 28 ~ 45 克/米$^2$ | 1 | |
| 9 | 湖南正大轻科机械有限公司 | 1575/85 烟草薄片纸机敞开式双匀浆辊流浆箱 | 定量 55 ~ 65 克/米$^2$ | 1 | |
| 10 | 杭州利群环保纸业有限公司 | 1880/200 烟草薄片纸机气垫负压式双匀浆辊流浆箱 | 定量 59 ~ 61 克/米$^2$ | 1 | |
| 11 | 山东华金集团有限公司 | 1880/350 纸机气垫式双匀浆辊流浆箱 | 定量 50 ~ 90 克/米$^2$ | 1 | |
| 12 | 富阳莘华纸业有限公司 | 2800/250 叠网纸机气垫式流浆箱 | 定量 100 ~ 300 克/米$^2$ | 1 | |
| 13 | 江西永冠科技发展有限公司 | 3900/180 长网纸机敞开式流浆箱 | 定量 35 ~ 120 克/米$^2$ | 1 | |
| 14 | 江西永冠科技发展有限公司 | 2640/180 长网纸机敞开式流浆箱 | 定量 35 ~ 60 克/米$^2$ | 1 | |
| 15 | 河南宏腾纸业有限公司 | 3600/600 叠网纸机底、芯网水力式流浆箱 | 定量 40 ~ 90 克/米$^2$ | 1 | |
| 16 | 韶能集团韶关南雄珠玑纸业有限公司 | 1880/150 纸机敞开式双匀浆辊流浆箱 | 定量 60 ~ 180 克/米$^2$ | 1 | |
| 17 | 韶能集团韶关南雄珠玑纸业有限公司 | 2362/170 纸机敞开式双匀浆辊流浆箱 | 定量 70 ~ 160 克/米$^2$ | 1 | |
| 18 | 大连宝锋国际贸易有限公司 | 3300/350 二叠网纸机底网气垫式双匀浆辊流浆箱 | 定量 120 ~ 180 克/米$^2$ | 1 | |
| 19 | 浙江海利纸业股份有限公司 | 3950/450 二叠网纸机气垫式流浆箱 | 定量 80 ~ 130 克/米$^2$ | 1 | |
| 20 | 镇江大东纸业有限公司 | 3650/600 PM10 纸机稀释水水力式流浆箱 | 定量 120 ~ 450 克/米$^2$ | 1 | |
| 21 | 镇江大东纸业有限公司 | 3650/600 PM10 纸机气垫式双匀浆辊流浆箱 | 定量 120 ~ 450 克/米$^2$ | 1 | |
| 22 | 赣州华劲纸业有限公司 | 2662/210 纸机气垫式流浆箱 | 定量 60 ~ 120 克/米$^2$ | 1 | |
| 23 | 焦作市崇义轻工机械有限公司 | 2600/30 四叠网灰纸板机稀释水气垫式流浆箱 | 定量 350 ~ 1200 克/米$^2$ | 1 | |

续表

| 序号 | 客户名称 | 设备名称 | 主要规格和参数 | 台（套）数 | 交货时间 |
|---|---|---|---|---|---|
| 24 | 焦作市崇义轻工机械有限公司 | 2600/30 四叠网灰纸板机气垫式双匀浆辊流浆箱 | 定量 350～1200 克/米$^2$ | 3 | |
| 25 | 辽宁兴东纸业有限公司 | 4750/450 纸机双匀浆辊流浆箱箱体 | 定量 90～200 克/米$^2$ | 3 | |
| 26 | 山东丰信科技发展有限公司 | 1575/120 烟草薄片纸机敞开式双匀浆辊流浆箱 | 定量 50～70 克/米$^2$ | 1 | |
| 27 | 黑龙江浩源生物科技有限公司 | 4600/500 单长网纸机稀释水力式流浆箱 | 定量 100 克/米$^2$ | 1 | |
| 28 | 山东新凯电子材料有限公司 | 2640/160 长网纸机敞开式流浆箱 | 定量 70～80 克/米$^2$ | 1 | |
| 29 | 成都联达纸业有限公司 | 3800/352 长网多缸高强瓦楞原纸机气垫式双匀浆辊流浆箱 | 定量 90～160 克/米$^2$ | 1 | |
| 30 | 中冶纸业银河有限公司 | 3200/300 三叠网纸机气垫式流浆箱 | 定量 150～450 克/米$^2$ | 3 | |
| 31 | 上海轻良实业有限公司（天津广聚源纸业有限公司） | 4200/600 二叠网纸机水力式流浆箱 | 定量 100～170 克/米$^2$ | 2 | |
| 32 | 临安市王氏造纸有限公司 | 1880/160 长网纸机敞开式双匀浆辊流浆箱 | 定量 30～75 克/米$^2$ | 1 | |
| 33 | 江苏华东造纸机械有限公司 | 2860/500 长网擦手纸机气垫式双匀浆辊流浆箱 | 定量 20～45 克/米$^2$ | 1 | |
| 34 | 罗源雄丰纸业有限公司 | 2800/180 五叠网纸机气垫式双匀浆辊流浆箱 | 定量 400～1200 克/米$^2$ | 2 | |
| 35 | 山东华金集团有限公司 | 1800/350 铜版纸机气垫式双匀浆辊流浆箱 | 定量 50～90 克/米$^2$ | 1 | |
| 36 | 中轻国泰机械有限公司 | 4400/500 二叠网多缸 T 纸机气垫式双匀浆辊流浆箱 | 定量 90～160 克/米$^2$ | 2 | |
| 37 | 常熟市第二造纸有限责任公司 | 3600/200 三叠网纸机气垫式双匀浆辊流浆箱 | 定量 200～250 克/米$^2$ | 1 | |
| 38 | 广东珠江特种纸股份有限公司 | 1760/350 特种纸机气垫式双匀浆辊流浆箱 | 定量 38～160 克/米$^2$ | 1 | |
| 39 | 莱州鲁通特种纸有限公司 | 1800 长网纸机敞开式双匀浆辊流浆箱 | 定量 30～80 克/米$^2$ | 4 | |
| 40 | 新乡新亚纸业集团股份有限公司 | 3200/250 纸机改造，机械控制气垫式双匀浆辊流浆箱 | 定量 150～350 克/米$^2$ | 1 | |
| 41 | 湖北华海纸业有限公司 | 1880/450 胶印书刊纸气垫式双匀浆辊流浆箱 | 定量 50～80 克/米$^2$ | 1 | |

续表

| 序号 | 客户名称 | 设备名称 | 主要规格和参数 | 台（套）数 | 交货时间 |
|---|---|---|---|---|---|
| **五、沙市轻工机械有限公司** | | | | | |
| 1 | 宁波思特雷斯金属防护材料有限公司 | 膜转移施胶机 | 幅宽 2460 毫米，车速 600 米/分 | 1 | 2013－04 |
| 2 | 宁波思特雷斯金属防护材料有限公司 | 可控中高软压光机 | 幅宽 2460 毫米，车速 600 米/分 | 1 | 2013－04 |
| 3 | 湖北拍马纸业股份有限公司 | 白纸板涂布机改造 | 幅宽 2400 毫米，车速 350 米/分 | 1 | 2013－02 |
| 4 | 河南商丘新荣纸业有限公司 | 白纸板涂布机改造 | 幅宽 2400 毫米，车速 350 米/分 | 1 | 2012－11 |
| 5 | 山东省单县天元纸业有限公司 | 双压区软压光机 | 幅宽 3150 毫米，车速 700 米/分 | 4 | 2013－06 |
| 6 | 恩施锦华纸业有限公司 | 卷烟纸施涂机 | 幅宽 1880 毫米，车速 150 米/分 | 1 | 2012－09 |
| 7 | 河南商丘新荣纸业有限公司 | 单压区分区可控硬压光机、双压区分区可控软压光机 | 幅宽 2400 毫米，车速 350 米/分 | 各 1 台 | 2012－12 |
| 8 | 广东冠豪高新技术股份有限公司 | 热敏纸涂布机 | 幅宽 2640 毫米，车速 600 米/分 | 1 | 2013－04 |
| 9 | 东莞悦声纸业有限公司 | 刮刀涂布器改造 | 幅宽 1250 毫米，车速 200 米/分 | 1 | 2012－12 |
| 10 | 镇江大东纸业有限公司 | 膜转移施涂器 | 幅宽 3300 毫米，车速 500 米/分 | 1 | 2013－08 |
| 11 | 镇江大东纸业有限公司 | 白卡纸涂布机 | 幅宽 3300 毫米，车速 500 米/分 | 1 | 2013－08 |
| 12 | 民丰特种纸股份有限公司 | 膜转移施涂器电、气控制系统 | 幅宽 3520 毫米，车速 600 米/分 | 1 | 2012－05 |
| 13 | 浙江仙鹤特种纸有限公司 | 特种纸涂布机主传动及辅助控制系统 | 幅宽 2460 毫米，车速 600 | 1 | 2012－03 |
| 14 | 广州九恒条码有限公司 | 无碳纸涂布机主传动及辅助控制系统 | 幅宽 1760 毫米，车速 400 米/分 | 1 | 2012－01 |
| 15 | 广州九恒条码有限公司 | 热敏纸涂布机主传动及辅助控制系统 | 幅宽 1760 毫米，车速 400 米/分 | 1 | 2012－01 |
| 16 | 武汉金凤凰纸业有限公司 | 三期项目低压配电 | 年产 20 万吨高强度瓦楞原纸 | 1 | 2013－03 |
| **六、山东晨钟机械股份有限公司** | | | | | |
| 1 | 江苏金湟纸业有限公司 | 纸机网前筛：3.5 $米^2$ 内流式压力筛、1.2 $米^2$ 内流式压力筛、3.5 $米^2$ 内流式压力筛等 | 3.5 $米^2$、1.2 $米^2$、3.5 $米^2$ 等 | 44 | 2012－03 |
| | | 底浆渣浆生产线：30 $米^3$D 型水力碎浆机、13500 升/分高浓除渣器、$\phi$1250 单式纤维分离机、3 $米^2$ 外流式压力筛等 | 30 $米^3$D 型、13500 升/分、$\phi$1250、3 $米^2$ 等 | | |
| | | 面浆生产线：30 $米^3$D 型水力碎浆机、6500 升/分中浓除渣器、2 $米^2$ 升流式压力筛、$\phi$720 单式纤维分离机、DD660 双盘磨浆机等 | 30 $米^3$D 型、6500 升/分、2 $米^2$、$\phi$720、DD660 等 | | |
| | | $\phi$3500 散包除尘系统 | $\phi$3500 | | |

续表

| 序号 | 客户名称 | 设备名称 | 主要规格和参数 | 台（套）数 | 交货时间 |
|---|---|---|---|---|---|
| 2 | 泉州华祥纸业有限公司 | 2500升/分高浓除渣器、5000升/分高浓除渣器、330纤维疏磨机、458齿盘式疏解机、20米$^2$圆网浓缩机、JBT1000浆池搅拌器、1500升/分除渣器、$\phi$330纤维疏磨机、8米$^2$圆网浓缩机等 | 2500升/分、5000升/分、$\phi$330、$\phi$458、20米$^2$、JBT1000、1500升/分、$\phi$330、8米$^2$等 | 15 | 2012-04 |
| 3 | 新疆昌吉江北再生纸业有限公司 | 2750转鼓式水力碎浆机、3500升/分高浓除渣器、2米$^2$升流式压力筛、2米$^2$振框平筛、512米$^3$浮选脱墨槽、400升/分除渣器、2.5米$^2$内流式压力筛、DD600双盘磨浆机（280千瓦）、15米$^3$D型水力碎浆机、1.2米$^2$升流式压力筛、0.5米$^2$外流式压力筛等 | 2750、3500升/分、2米$^2$、2米$^2$、512米$^3$、400升/分、2.5米$^2$、DD600、15米$^3$D型、1.2米$^2$、0.5米$^2$ | 18 | 2012-05 |
| 4 | 福建希源纸业有限公司 | JBT600浆池搅拌器、FSV9米$^3$水力碎浆机、FSV16米$^3$水力碎浆机、DD660双盘磨浆机、DD900双盘磨浆机、$\phi$330纤维疏磨机、10米$^2$圆网浓缩机、3000升/分高浓除渣器、5000升/分高浓除渣器等 | JBT600、FSV9米$^3$、FSV16米$^3$、DD660、DD900、$\phi$330、10米$^2$、3000升/分、5000升/分等 | 25 | 2012-06 |
| 5 | 武汉市金硕轻工机械有限公司 | 20米$^3$D型水力碎浆机、JBT1000浆池搅拌器、4500升/分高浓除渣器、450升/分除渣器、25米$^2$圆网浓缩机、1.2米$^2$外流式压力筛等 | 20米$^3$D型、JBT1000、4500升/分、450升/分、25米$^2$、1.2米$^2$等 | 52 | 2012-07 |
| 6 | 乌兹别克斯坦某造纸企业 | DD450双盘磨浆机、ZM450锥型磨浆机、0.5米$^2$外流式压力筛、800升/分高浓除渣器 | DD450、ZM450、0.5米$^2$、800升/分 | 5 | 2012-07 |
| 7 | 印尼某浆厂 | 分级线：4米$^2$纤维分离筛、0.5米$^2$外流式压力筛、1600双网双压挤浆机、DHD710盘式热分散等 | 分级线：4米$^2$、0.5米$^2$、1600毫米、DHD710等 | | |
| | | 30TPD线：1200×19M链板输送机、FSV9米$^3$立水力碎浆机、1500升/分高浓除渣器、DD500双盘磨浆机等 | 30TPD线：1200×19M、FSV9米$^3$、1500升/分、DD500等 | | |
| | | 80TPD线：25米$^3$高浓水力碎浆机、3米$^3$水力清洗机（Ⅲ）、$\phi$1500圆筒筛、3500升/分高浓除渣器等 | 80TPD线：25米$^3$、3米$^3$、$\phi$1500、3500升/分等 | | |

续表

| 序号 | 客户名称 | 设备名称 | 主要规格和参数 | 台（套）数 | 交货时间 |
| --- | --- | --- | --- | --- | --- |
| | | 120TPD 线：480 破碎螺旋、$\phi$1000 预热螺旋、盘式热分散等<br>100TPD 线：4500 升/分高浓除渣器、CHC450 长纤维除渣器系统等 | 120TPD 线：480、$\phi$1000、DHD710、$\phi$900 等<br>100TPD 线：4500 升/分、CHC450 等 | 143 | 2012－08 |
| 8 | 商丘新荣纸业有限公司 | JBX1300 搅拌器、JBX600A 浆塔搅拌器、30 米$^3$ 水力碎浆机、20 米$^2$ 圆网浓缩机、2 米$^2$ 振框平筛等 | JBX1300、JBX600A、30 米$^3$、20 米$^2$、2 米$^2$ | 41 | 2012－08 |
| 9 | 四川蜀邦纸业有限公司 | FSV1－12 米$^3$ 水力碎浆机、ZDS3 米$^3$ 水力碎浆机等 | FSV1－12 米$^3$、ZDS3 米$^3$ 等 | 5 | 2012－09 |
| 10 | 天津广聚源 | $\phi$330 纤维疏磨机、5 米$^3$ 卧式干损纸碎浆机等 | $\phi$330、5 米$^3$ 等 | 5 | 2012－10 |
| 11 | 邯郸腾龙棉业纺织股份有限公司 | 75 吨/日棉浆连续蒸漂系统设备，包括：KMJ1800 开棉机、600 螺旋压榨机、12 米$^3$ 旋风式碎浆机、1.5 米$^3$ 斜螺旋浓缩机、210 米$^2$ 盘式浓缩机等 | KMJ1800 毫米、$\phi$600、12 米$^3$、1.5 米$^3$、210 米$^2$ 等 | 53 | 2012－10 |
| 12 | 平舆中南纸业有限公司 | FSV16 米$^3$ 水力碎浆机、2500 升/分高浓除渣器、JBX1500 浆塔搅拌器、DD550 双盘磨浆机、JBX1300 浆池搅拌器等 | FSV16 米$^3$、2500 升/分、JBX1500、DD550、JBX1300 等 | 15 | 2012－11 |
| 13 | 印尼明星纸业有限公司 | $\phi$1000 圆筒筛、ZGC3 高浓除渣器、$\phi$450 螺旋挤浆机、$\phi$415 料塞螺旋、50 米$^3$ 漂白塔等 | $\phi$1000、ZGC3、$\phi$450、$\phi$415、$\phi$610、50 米$^3$ 等 | 21 | 2012－12 |
| **七、山东昌华造纸机械有限公司** | | | | | |
| 1 | 淄博欧木特种纸业有限公司 | 装饰原纸机 | 幅宽 2700 毫米 | 1 | 2013 |
| 2 | 出口纸机 | 箱纸板机 | 幅宽 3200 毫米 | 1 | 2013 |
| 3 | 枣庄华润纸业有限公司 | 厚纸板机 | 幅宽 3400 毫米 | 2 | 2013 |
| 4 | 成都美龄纸业有限公司 | 高强瓦楞原纸机 | 幅宽 4800 毫米 | 1 | 2013 |
| **八、山东山大华特科技股份有限公司** | | | | | |
| 1 | 济南圣泉化工生物质工程有限公司 | 除臭设备 | 50000 米$^3$/时 | 2 | 2012－07 |
| 2 | 湖南骏泰纸业有限公司 | 除臭设备 | 30000 米$^3$/时 | 1 | 2012－11 |
| 3 | 河南驻马店白云纸业有限公司 | 二氧化氯漂白制备装置 | 6 吨/日 | 1 | 2013－03 |

续表

| 序号 | 客户名称 | 设备名称 | 主要规格和参数 | 台（套）数 | 交货时间 |
|---|---|---|---|---|---|
| **九、郑州运达造纸设备有限公司** | | | | | |
| 1 | 广东金田纸业有限公司 | 灰纸板项目整套制浆设备 | 年产 30 万吨 | 1 | 2013 |
| 2 | 山东华润纸业有限公司 | 彩纸板项目整套制浆设备 | 年产 30 万吨 | 1 | 2013 |
| 3 | 河南融汇纸业有限公司 | 箱纸板项目整套制浆设备 | 年产 15 万吨 | 1 | 2013 |
| 4 | 河南泰乐纸业有限公司 | 瓦楞原纸项目整套制浆设备 | 年产 10 万吨 | 1 | 2013 |
| 5 | 河南群望纸业有限公司 | 灰纸板项目整套制浆设备 | 年产 15 万吨 | 1 | 2013 |
| 6 | 陕西法门寺纸业有限公司 | 瓦楞原纸项目整套制浆设备 | 年产 10 万吨 | 1 | 2013 |
| 7 | 湖北翔陵纸业有限公司 | 环保纸项目整套制浆设备 | 年产 12 万吨 | 1 | 2012 |
| 8 | 河北达亿纸业有限公司 | 生活用纸项目整套制浆设备 | 年产 5 万吨 | 1 | 2012 |
| 9 | 河南东盛纸业有限公司 | 高强瓦楞原纸整套制浆系统 | 年产 20 万吨 | 1 | 2012 |
| 10 | 河南龙源纸业有限公司 | 高强瓦楞原纸整套制浆系统 | 年产 15 万吨 | 1 | 2012 |
| 11 | 河南融汇纸业有限公司 | 箱纸板整套制浆系统 | 年产 15 万吨 | 1 | 2012 |
| 12 | 河南飞达纸业有限公司 | 涂布白纸板整套制浆系统 | 年产 12 万吨 | 1 | 2012 |
| 13 | 湖北翔陵纸制品有限公司 | T 纸整套制浆系统 | 年产 12 万吨 | 1 | 2012 |
| **十、福建省轻工机械设备有限公司** | | | | | |
| 1 | 福建利树集团有限公司 | 挂面箱纸板/瓦楞原纸生产线 | 450 吨/日 | 1 | 2012 |
| 2 | 广州永泰保健品有限公司 | 废纸脱墨制浆线 | 100 吨/日 | 1 | 2012 |
| 3 | 出口埃及 | 高强瓦楞原纸生产线 | 60 吨/日 | 1 | 2012 |
| 4 | 出口博茨瓦纳 | 备浆线生产系统 | 400 吨/日 | 1 | 2012 |
| 5 | 出口博茨瓦纳 | 原生浆线生产系统 | 10 吨/日 | 1 | 2012 |
| 6 | 出口博茨瓦纳 | 牛卡纸机 | 40 吨/日 | 1 | 2012 |
| 7 | 出口博茨瓦纳 | 卫生纸备浆线系统 | 10 吨/日 | 1 | 2012 |

（杜荣荣）

# 2012 年国外部分制浆造纸装备公司在华主要销售业绩

# Sales (or Orders) Records in China of Part of Foreign Pulping and Papermaking Machinery Companies in 2012

| 序号 | 客户名称 | 设备名称 | 主要规格和参数 | 台（套）数 | 投产时间 |
|---|---|---|---|---|---|
| 一、凯登纸浆设备（中国）有限公司（原 KBC） | | | | | |
| 1 | 联盛（龙海）纸业有限公司 | 损纸系统 | 250 吨/日 | 1 | 2012－04 |
| 2 | 联盛（龙海）纸业有限公司 | 涂布白纸板 | 1600 吨/日芯浆 | 1 | 2012－04 |
| 3 | 四川迅源纸业有限公司 | OCC | 625 风干吨/日 | 1 | 2012－05 |
| 4 | 武汉金凤凰纸业有限公司 | OCC | 500 吨/日 | 1 | 2012－06 |
| 5 | 四川迅源纸业有限公司 | UKP 系统 | 60 吨绝干浆/日 | 1 | 2012－07 |
| 6 | 奥斯龙复合纤维（滨州）有限公司 | 无纺布墙面基质处理设备 | | 1 | 2012－07 |
| 7 | 广州万利达纸业有限公司 | OCC 系统改造 | 1500 吨/日 | 1 | 2012－10 |
| 8 | 浙江兴舟纸业有限公司 | OCC | 600 绝干吨/日 | 1 | 2012－12 |
| 9 | 成都美玲纸业有限公司 | OCC | 400 绝干吨/日 | 1 | 2012－12 |
| 二、美卓公司 | | | | | |
| 1 | 未公布 | 纸机生产线 | | 1 | 2013 |
| 2 | 金光集团 APP | 制浆生产线 | | 1 | 2013 |
| 3 | 华泰集团有限公司 | 制浆生产线 | | 1 | 2013 |
| 4 | 江苏王子制纸有限公司 | 制浆生产线 | | 1 | 2013—2014 |
| 5 | 恒安纸业有限公司 | 生活用纸生产线 | DCT200 | 4 | 2013—2014 |
| 6 | 武汉晨鸣汉阳纸业股份有限公司 | 生活用纸生产线 | DCT200 | 1 | 2013 |
| 7 | 广西华美纸业集团有限公司 | 生活用纸生产线 | DCT100 | 2 | 2013—2014 |
| 8 | 安徽山鹰纸业股份有限公司 | 纸机改造 | | | 2012—2013 |
| 9 | 山东晨鸣纸业集团股份有限公司 | 纸机改造 | | | 2012—2013 |
| 10 | 山东博汇纸业股份有限公司 | 纸机改造 | | | 2012—2013 |
| 11 | 百事达公司 | EVO 磨浆机 | EVO56 | 1 | 2012 |

续表

| 序号 | 客户名称 | 设备名称 | 主要规格和参数 | 台（套）数 | 投产时间 |
|---|---|---|---|---|---|
| **三、福伊特造纸（中国）有限公司** | | | | | |
| 1 | 福建联盛纸业有限公司 | 8 号纸机 | 成纸宽 6600 毫米，车速 1000 米/分 | 1 | 2013—2014 |
| 2 | 永丰余造纸（扬州）有限公司 | 3 号纸机 | 成纸宽 6600 毫米，车速 1200 米/分 | 1 | 2013—2014 |
| 3 | 洛阳圣元公司 | 1 号纸机 | 成纸宽 6600 毫米，车速 1200 米/分 | 1 | 2013—2014 |
| 4 | 亚太资源集团 | 12 号纸机 | 成纸宽 4600 毫米，车速 1000 米/分 | 1 | 2013—2014 |
| 5 | 亚太资源集团 | 卫生纸机 | 幅宽 5600 毫米，设计车速 2000 米/分 | 1 | 2013—2014 |
| **四、安德里茨公司** | | | | | |
| 1 | 湖南恒安纸业有限公司 | 17 号、18 号、23 号、24 号 4 台带有钢制扬克缸、浆料制备、纸机流送系统、自动化及驱动的生活用纸机 | 每条生产线的产能 280 绝干吨/日<br>幅宽 5600 毫米，车速 2000 米/分 | 4 | 2014 年开机 |
| 2 | 湛江冠豪纸业有限公司 | 浆料制备和纸机流送系统 | BCTMP 线产能 120 吨/日<br>NBKP 线产能 80 吨/日<br>LBKP 线产能 300 吨/日 | 3 | 2013 年底开机 |
| 3 | 中山永发纸业有限公司 | 带有先进的转鼓碎浆机的整条 OCC 线 | 产能 1000 吨/日 | 1 | 2013 - 06 开机 |
| 4 | 宁波亚洲浆纸有限公司 | 4 号纸机的 2 条脱墨线 | OMG 线产能 300 绝干吨/日<br>OMG 线产能 300 绝干吨/日 | 2 | 2013 年底开机 |
| 5 | 中顺洁柔（云浮）纸业有限公司 | 1 号和 2 号卫生纸机的 2 台浆料制备和纸机流送生产线以及 1 号和 2 号带有钢制扬克缸，自动化及驱动的卫生纸机 | TM1 产能 165 吨/日<br>TM2 产能 165 吨/日<br>PrimeLineST W8<br>幅宽 5560 毫米，车速 1900 米/分 | 2 | 2013—2014 年开机 |
| 6 | 福建联盛纸业有限公司 | 完整的脱墨线，废报纸线和纸机流送生产线 | DIP 线产能 380 吨/日<br>ONP 线产能 260 吨/日<br>PMA 产能 2000 吨/日 | 3 | 2014 - 04 开机 |
| 7 | 吉林晨鸣纸业股份有限公司 | P - RC APMP 系统并再利用二手设备 | 产能 230 风干吨/日<br>纸种：轻涂纸和低定量图书纸<br>原料：北部中国白杨树 | | 2013 - 11 开机 |
| 8 | 中冶纸业银河有限公司 | P - RC APMP 系统并再利用二手设备 | 产能 200 风干吨/日<br>纸种：文化用纸<br>原料：北部中国白杨树 | | 2013 年底开机 |

续表

| 序号 | 客户名称 | 设备名称 | 主要规格和参数 | 台（套）数 | 投产时间 |
|---|---|---|---|---|---|
| 9 | 河北义厚成纸业有限公司 | 1号带有钢制扬克缸，浆料制备，自动化及驱动的卫生纸机 | PrimeLineCOMPACT II 幅宽2850毫米，车速1600米/分 | 1 | 2013年开机 |
| 10 | 四川迅源纸业有限公司 | 纸机改造：纸机流送系统，1台节能的纤维回收圆盘过滤器，2台PrimeFlow流浆箱及一个PrimeDry硬二辊压光机 | 新挂面箱纸板和瓦楞原纸机主体部件 幅宽4900毫米，车速650米/分 | 1 | 2013年开机 |

（杜荣荣）

# 2012—2013 年部分企业投产（订购）的卫生纸机设备

## Tissue Paper Machines Which Have Been Started - up or Ordered in 2012—2013

表 1 2012 年新投产的卫生纸机项目一览表

| 公司名称 | 项目地点 | 规模/(万吨/年) | 纸机 | 投产时间 | 供应商 | 备注 |
|---|---|---|---|---|---|---|
| 金红叶纸业集团有限公司 | 江苏苏州 | 新增 7 | 1 台新月形（幅宽 5620 毫米，车速 2400 米/分） | 2012 - 03 | 福伊特公司 | 进口 |
| | 湖北孝感 | 新增 6 | 1 台新月形（幅宽 5600 毫米，车速 2200 米/分） | 2012 - 05 | 亚赛利公司 | |
| | 辽宁沈阳 | 新建 6 | 1 台新月形（幅宽 5600 毫米，车速 2200 米/分） | 2012 - 03 | | |
| | | 新增 9 | 5 台新月形（幅宽 2860 毫米，车速 1400 米/分） | 2012 | 金顺重机（江苏）有限公司 | 国产 |
| 恒安纸业有限公司 | 恒安（中国）纸业有限公司（福建晋江） | 新增 12 | 2 台新月形（幅宽 5600 毫米，车速 2000 米/分，4.9 米钢质烘缸） | 2012 - 07<br>2012 - 09 | 安德里茨公司 | 进口 |
| | 重庆巴南 | 新增 6 | 1 台新月形（幅宽 5600 毫米，车速 2000 米/分，5.5 米烘缸） | 2012 - 05 | | |
| | 安徽芜湖 | 新建 12 | 2 台新月形（幅宽 5600 毫米，车速 2000 米/分） | 2012 - 09<br>2012 - 12 | 福伊特公司 | |
| 维达纸业集团有限公司 | 辽宁鞍山 | 新增 3 | 2 台 BF - V100（幅宽 2760 毫米，车速 770 米/分） | 2012 - 09 | 川之江造机株式会社 | 进口 |
| | 广东江门新会三江 | 新建 4 | 2 台新月形（幅宽 2700 毫米，车速 1300 米/分） | 2012 年四季度 | 特斯克公司 | 进口 |
| 中顺洁柔纸业股份有限公司 | 广东江门 | 新增 5 | 2 台新月形 | 2012 - 05 | 某欧洲供应商 | 进口 |
| | 广东江门 | 新增 7 | 2 台新月形 | 2012 年底 | | |
| | 河北唐山 | 新建 2.5 | 1 台新月形 | 2012 年底 | | |
| 山东东顺集团 | 山东东平 | 新增 1.2 | 1 台 BF - 10EX（幅宽 2760 毫米，车速 770 米/分） | 2012 - 07 | 川之江造机株式会社 | 进口 |
| | 黑龙江肇东 | 新建 1.2 | 1 台 BF - 10EX（幅宽 2760 毫米，车速 770 米/分） | 2012 - 11 | | |

续表

| 公司名称 | 项目地点 | 规模/(万吨/年) | 纸机 | 投产时间 | 供应商 | 备注 |
|---|---|---|---|---|---|---|
| 漯河银鸽实业集团有限公司 | 河南漯河 | 新建12 | 2台新月形（幅宽5550毫米，车速2000米/分） | 2012-03<br>2012-12 | 福伊特公司 | 进口 |
| 福建恒利集团有限公司 | 福建南安 | 新增6 | 1台新月形（DCT200 HS，幅宽5600毫米，车速2000米/分，软靴压） | 2012-06 | 美卓公司 | 进口 |
| 厦门新阳纸业有限公司（福建省南纸股份有限公司等4家公司投资） | 福建 | 新建6 | 1台新月形（DCT200 HS，幅宽5600毫米，车速2000米/分，软靴压） | 2012-09 | 美卓公司 | 进口 |
| 福建铭丰实业有限公司 | 福建龙岩 | 新建2 | 1台BF-12EX（幅宽3400毫米，车速1100米/分） | 2012-07 | 川之江造机株式会社 | 进口 |
| 上海东冠集团 | 上海 | 新增4 | 1台新月形（DCT135，幅宽3400毫米） | 2012-04 | 美卓公司 | 进口 |
| 陕西兴包企业集团有限公司 | 陕西兴平 | 新增1.2 | 1台BF-10EX（幅宽2760毫米，车速770米/分） | 2012-11 | 川之江造机株式会社 | 进口 |
| 广西华怡纸业有限公司 | 广西贵港 | 新增1 | 1台新月形（幅宽2700毫米，车速900米/分） | 2012-03 | 山东华林机械有限公司 | 国产 |
| 永丰余家品（昆山）有限公司 | 江苏扬州 | 新建5 | 2台新月形（幅宽2800毫米，车速1600米/分） | 2012-08 | 波兰PMP集团 | 进口 |
| 河南奥博纸业有限公司 | 河南辉县 | 新增3 | 2台新月形（幅宽2850毫米，车速1200米/分） | 2012-06 | 上海轻良实业有限公司和韩国三养公司合作 | 中外合作 |
| 山东含羞草卫生科技股份有限公司 | 山东昌乐 | 新增1.6 | 1台新月形（幅宽2850毫米，车速1200米/分） | 2012-08 | 上海轻良实业有限公司和韩国三养公司合作 | 中外合作 |
| 保定市港兴纸业有限公司 | 河北保定 | 新增1.2 | 1台BF-10EX（幅宽2760毫米，车速770米/分） | 2012-11 | 川之江造机株式会社 | 进口 |
| 广东新会宝达纸业有限公司 | 广东江门 | 新增1 | 1台真空圆网型（幅宽2660毫米，车速800米/分） | 2012-12 | 宝拓造纸设备有限公司 | 中外合作 |
| 东莞市中桥纸业有限公司 | 广东东莞 | 新增1 | 1台真空圆网型（幅宽2820毫米，车速900米/分，1万吨/年） | 2012-02 | 潍坊凯信机械有限公司 | 国产 |
| 总计 | | 126.9 | | | | |

注：本表中未包括新增的国产普通圆网纸机项目。

表2 2013年新投产和计划投产的卫生纸机项目一览表

| 公司名称 | 项目地点 | 规模/(万吨/年) | 纸机 | 投产时间 | 供应商 | 备注 |
|---|---|---|---|---|---|---|
| 金红叶纸业集团有限公司 | | 新增40 | 新月形 | 2013 | 亚赛利公司、金顺重机（江苏）有限公司 | 进口、国产 |
| 维达纸业集团有限公司 | 广东江门新会三江 | 新建4 | 2台新月形（幅宽2700毫米，车速1300米/分） | 2013-01 | 特斯克公司 | 进口 |
| | 湖北孝感 | 新增4 | 2台新月形（幅宽2700毫米，车速1300米/分） | 2013-01 | | |
| | 山东莱芜 | 新建5 | | 2013 | | 进口 |
| | 广东江门新会三江 | 新增5 | | 2013 | | 进口 |
| | 湖北孝感 | 新增4 | | 2013 | | 进口 |
| 中顺洁柔纸业股份有限公司 | 四川成都 | 新增3 | 1台新月形 | 2013-02 | 某欧洲供应商 | 进口 |
| 山东东顺集团 | 黑龙江肇东 | 新建2 | 1台BF-D12（幅宽3400毫米，车速1100米/分） | 2013-06 | 川之江造机株式会社 | 进口 |
| | 山东东平 | 新增2.4 | 2台BF-1000（幅宽2760毫米，车速770米/分） | 2013-03<br>2013-05 | | |
| | 山东东平或湖南湘西 | 新建1.2 | 1台BF-D12（幅宽3400毫米，车速1100米/分） | 2013-08 | | |
| 赣州华劲纸业有限公司（广西华劲集团股份有限公司） | 江西赣州 | 新建12 | 2台新月形（幅宽5600毫米，车速2000米/分，靴式压榨） | 2013-05<br>2013-10 | 安德里茨公司 | 进口 |
| 山东晨鸣纸业集团股份有限公司 | 湖北武汉 | 新建6 | 1台新月形（DCT200，幅宽5600毫米，车速2000米/分，软靴压） | 2013 | 美卓公司 | 进口 |
| 陕西兴包企业集团有限责任公司 | 陕西兴平 | 新增1.2 | 1台BF-10EX（幅宽2760毫米，车速770米/分） | 2013-03 | 川之江造机株式会社 | 进口 |
| 唯尔福集团 | 浙江绍兴 | 新增1.25 | 1台BF-10EX（幅宽2760毫米，车速770米/分） | 2013 | 川之江造纸株式会社 | 进口 |
| 安县纸业有限公司 | 四川安县 | 新建2.4 | 2台BF-10EX（幅宽2760毫米，车速770米/分） | 2013-04 | 川之江造机株式会社 | 进口 |
| 巴州明星纸业股份有限公司 | 新疆库尔勒 | 新建1.2 | 1台BF-10EX（幅宽2760毫米，车速770米/分） | 2013-06 | 川之江造机株式会社 | 进口 |
| 福建绿金纸业集团有限公司（广西华美纸业集团有限公司） | 福建福清 | 新建6 | 2台新月形（DCT100，幅宽2850毫米，车速1600米/分，3万吨/年） | 2013 | 美卓公司 | 进口 |
| 东莞永昶纸业有限公司 | 广东东莞 | 新增2 | 1台BF-12EX（幅宽3400毫米，车速1100米/分） | 2013 | 川之江造机株式会社 | 进口 |

续表

| 公司名称 | 项目地点 | 规模/(万吨/年) | 纸机 | 投产时间 | 供应商 | 备注 |
|---|---|---|---|---|---|---|
| 广西南宁凤凰纸业有限公司 | 广西南宁 | 新增4 | 1台新月形（幅宽3650毫米，车速2000米/分，4.9米钢质烘缸） | 2013-03 | 安德里茨公司 | 进口 |
| 歌芬卫生用品(福州)有限公司 | 福建福州江阴港 | 新建6 | 1台新月形（DCT200，幅宽5600毫米，车速2000米/分，软靴压） | 2013-09 | 美卓公司 | 进口 |
| 惠州福和纸业有限公司 | 广东惠州 | 新建5 | 1台ACP140新月形（产能140吨/日） | 2013 | 亚赛利公司 | 进口 |
| 维尔美纸业有限公司（重庆）(江苏华机集团投资) | 重庆潼南 | 新增3 | 1台新月形（幅宽2850毫米，车速2000米/分） | 2013-05 | 亚赛利公司 | 进口 |
| 上海护理佳实业有限公司 | 河南鹿邑 | 新增1.7 | 1台新月形（Intelli-Tissue® 900，幅宽2850毫米，车速1200米/分） | 2013年底 | 波兰PMP集团 | 进口 |
| 河北雪松纸业有限公司 | 河北保定 | 新增2.5 | 1台新月形（Intelli-Tissue™ 900，幅宽2850毫米，车速1200米/分） | 2013年底 | 波兰PMP集团 | 进口 |
| 四川蜀邦实业有限责任公司 | 四川彭州 | 新建2.4 | 2台真空圆网型（幅宽2860毫米，车速800米/分，1万吨/年） | 2013-01<br>2013-08 | 宝拓造纸设备有限公司 | 中外合作 |
| 广东龙成纸业有限公司 | 广东三水 | 新建2.4 | 2台真空圆网型（幅宽2860毫米，车速800米/分，1万吨/年） | 2013-06<br>2013年底 | 宝拓造纸设备有限公司 | 中外合作 |
| 汕头市金平区飘合纸业有限公司 | 广东汕头 | 新建2.4 | 2台真空圆网型（幅宽2860毫米，车速800米/分，1万吨/年） | 2013-06<br>2013-08 | 宝拓造纸设备有限公司 | 中外合作 |
| 南宁市佳达纸业有限责任公司 | 广西南宁 | 新增1 | 1台真空圆网型（幅宽2660毫米，车速800米/分） | 2013-06 | 宝拓造纸设备有限公司 | 中外合作 |
| 四川省绵阳超兰卫生用品有限公司 | 四川绵阳 | 新增1 | 1台真空圆网型（幅宽2820毫米，车速900米/分） | 2013-11 | 潍坊凯信机械有限公司 | 国产 |
| 东莞市中桥纸业有限公司 | 广东东莞 | 新增1 | 1台真空圆网型（幅宽2820毫米，车速900米/分，1万吨/年） | 2013-04 | 潍坊凯信机械有限公司 | 国产 |
| 总计 | | 135.05 | | | | |

注：本表中未包括计划新增的国产普通圆网纸机项目。

（周　杨　江曼霞　张玉兰）

# 2012 年我国造纸脱水器材行业情况综述

# Review on Paper Machine Dewatering Equipment Industry in 2012

2012 年，我国造纸网毯行业同其所服务的造纸行业一样，经历了销售低迷、竞争激烈、利润下滑等诸多困难。然而，行业仍有许多亮点，反映了行业从业人员在困难中努力提升自己，寻找机遇，不断奋进的顽强拼搏之意。

## 一、2012 年造纸网毯业基本情况

### 1. 造纸网

据中国造纸学会造纸器材专业委员会秘书处统计，2012 年，国内主要规模以上的造纸网厂 32 家（不包括外商在华独资网毯生产企业）。生产成形网 291.1 万米$^2$，比 2011 年的 266.6 万米$^2$ 增长 9.2%；干网及螺旋干网 91.2 万米$^2$，比 2011 年的 159.1 万米$^2$ 减少了 42.7%；铜网 5.1 万米$^2$，比 2011 年的 7.1 万米$^2$ 减少 28.2%；不锈钢网 1.5 万米$^2$，比 2011 年的 2 万米$^2$ 减少 25%。

在前几年大量投资和引进设备增加的基础上，三层及三层以上成形网的产销量继续增长，这方面与我国造纸工业产业升级相吻合，大量进口或国内制造的新纸机使用三层网的比例大幅增长。

据统计，2012 年全国三层网产销量近 116 万米$^2$，而 2011 年是 60.2 万米$^2$，如：江苏金呢工程织物有限公司三层网产量 15 万米$^2$，占成形网总产量的 100%，比 2011 年的 13.5 万米$^2$，增长了 11%；安徽华辰造纸网股份有限公司三层网 2012 年产量 19.6 万米$^2$，占成形网总产量的 36.3%，比 2011 年的 13.2 万米$^2$，增长 48.5%；河北鹤煌网业股份有限公司三层网产量增长 18.2%，占成形网总产量的 25.3%；山东泰安松源网业有限公司三层网产量 6 万米$^2$，占成形网总产量的 46.1%，比 2011 年的 1.5 万米$^2$ 增长 300%；江门中奥网业有限公司三层网产量 21 万米$^2$，占成形网总产量的 77.8%，比 2011 年的 6.5 万米$^2$ 增长 223%。新会中新网业有限公司、安徽太平洋特种网业有限公司、河南驻马店红星网业有限公司、安徽环宇网业有限公司、河南华丰网业有限公司等网厂三层网产量均增幅不少。目前，铜网、不锈钢网产品继续调整，凯德（西安）造纸机械织物有限公司被西安祺沣造纸网有限公司兼并。

### 2. 造纸毛毯

据中国造纸学会造纸器材专业委员会统计，2012 年全国规模以上的 21 家造纸毛毯企业产量（不包括外商在华独资网毯生产企业的产量）合计为 7280 吨，以历年同口径推算，全国生产量 9463 吨。2011 年造纸毛毯产量统计为 8055 吨，同比减少 9.6%。与 2011 年相比，造纸毛毯生产企业纷纷调整产品结构，中高档造纸毛毯产量增长，而低档产品的产量锐减。如：四川环龙技术织物有限公司 2012 年产量 1100 吨，徐州工业用呢厂 865 吨。

### 3. 造纸网毯进出口概况

2003—2012 年海关网毯产品进出口数据见表 1 ~ 表 2，图 1 ~ 图 4。

表 1 2003—2012 年海关网毯产品的进出口数据

| | 年份 | 滤网、滤布 | | <650 克/米$^2$ 网毯成品 | | ≥650 克/米$^2$ 网毯成品 | | 合计 | |
|---|---|---|---|---|---|---|---|---|---|
| | | 数量/千克 | 金额/美元 | 数量/千克 | 金额/美元 | 数量/千克 | 金额/美元 | 数量/千克 | 金额/美元 |
| 进口 | 2003 | 321789 | 13179434 | 83823 | 9716679 | 733393 | 34916174 | 1139005 | 57812287 |
| | 2004 | 467009 | 18160299 | 66449 | 11532430 | 928589 | 45849485 | 1462047 | 75542214 |
| | 2005 | 453136 | 24320356 | 122208 | 18246875 | 922277 | 52269799 | 1497621 | 94837030 |
| | 2006 | 515427 | 38570045 | 103272 | 19820917 | 1147141 | 66040034 | 1765840 | 124430996 |
| | 2007 | 554959 | 41072549 | 164659 | 28287534 | 1320591 | 73807104 | 2040209 | 143167187 |

续表

| 年份 | | 滤网、滤布 | | <650 克/米$^2$ 网毯成品 | | ≥650 克/米$^2$ 网毯成品 | | 合计 | |
|---|---|---|---|---|---|---|---|---|---|
| | | 数量/千克 | 金额/美元 | 数量/千克 | 金额/美元 | 数量/千克 | 金额/美元 | 数量/千克 | 金额/美元 |
| 进口 | 2008 | 606367 | 46872567 | 205248 | 3106550 | 1398726 | 81335714 | 2210341 | 131314831 |
| | 2009 | 390331 | 39433965 | 282476 | 27209593 | 1069939 | 63213073 | 1742746 | 129856631 |
| | 2010 | 674593 | 54817406 | 152683 | 26341596 | 1257074 | 79184329 | 2084350 | 160343331 |
| | 2011 | 676222 | 65364193 | 195048 | 36256563 | 1429448 | 93074967 | 2300718 | 194695723 |
| | 2012 | 5770638 | 127623854 | 199017 | 35487497 | 1490570 | 92340290 | 7460225 | 255451641 |
| 出口 | 2003 | 166319 | 2691934 | 39871 | 1702536 | 113572 | 2643469 | 319762 | 7037939 |
| | 2004 | 397701 | 3635438 | 86507 | 2015043 | 132979 | 3073069 | 617187 | 8723550 |
| | 2005 | 691723 | 6670480 | 96740 | 1814304 | 233327 | 5819276 | 1021790 | 14304060 |
| | 2006 | 1150572 | 7735693 | 105995 | 2413436 | 403741 | 11250884 | 1660308 | 21400013 |
| | 2007 | 347923 | 4749570 | 83953 | 3357880 | 494649 | 14671403 | 926525 | 22778853 |
| | 2008 | 314175 | 5957362 | 156664 | 5046002 | 654007 | 19577994 | 1124846 | 30581358 |
| | 2009 | 573145 | 8689102 | 151286 | 6749313 | 1165831 | 39476960 | 1890262 | 54915375 |
| | 2010 | 767435 | 14156715 | 217889 | 12617780 | 1606415 | 54910625 | 2591739 | 81685120 |
| | 2011 | 1224731 | 19875393 | 221262 | 15067260 | 1879750 | 59108654 | 3325743 | 94051307 |
| | 2012 | 1457557 | 24341877 | 270128 | 15958286 | 1825804 | 55543516 | 3553489 | 95843679 |

**表 2　　2012 年海关网毯产品的进出口数据与 2011 年相比**

| 年份 | | 滤网、滤布 | | <650 克/米$^2$ 网毯成品 | | ≥650 克/米$^2$ 网毯成品 | |
|---|---|---|---|---|---|---|---|
| | | 数量/千克 | 金额/美元 | 数量/千克 | 金额/美元 | 数量/千克 | 金额/美元 |
| 进口 | 2011 | 677222 | 65364193 | 195048 | 36256563 | 1429448 | 93074967 |
| | 2012 | 5770638 | 127623854 | 199017 | 35487497 | 1490570 | 92340290 |
| | 同比增长/% | 753.63 | 95.25 | 2.03 | -0.64 | 4.28 | -0.79 |
| 出口 | 2011 | 1224731 | 19875393 | 221262 | 15067260 | 1879750 | 59108654 |
| | 2012 | 1457557 | 24341877 | 270128 | 15958286 | 1825804 | 55543516 |
| | 同比增长/% | 19.01 | 22.47 | 22.09 | 5.91 | -2.87 | -6.03 |

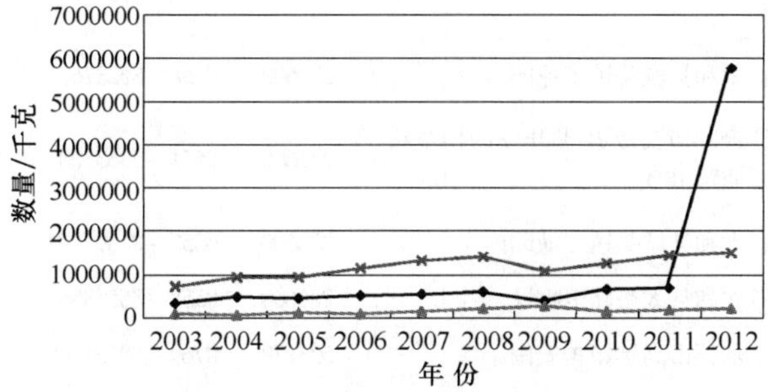


图 1　2003—2012 年脱水器材产品进口量

滤网、滤布数　<650克/米$^2$网毯成品　≥650克/米$^2$网毯成品

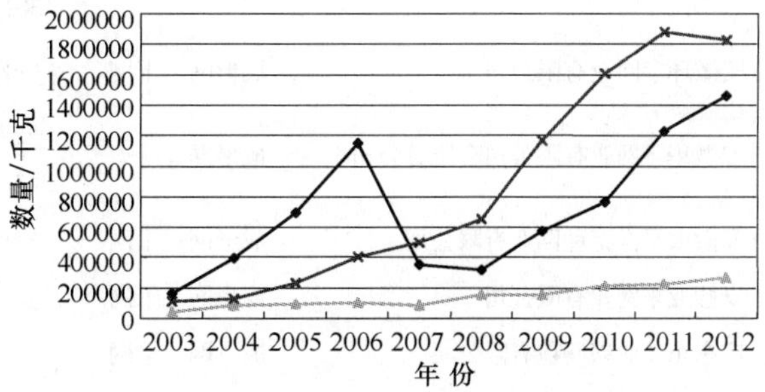


图 2　2003—2012 年脱水器材产品出口量

滤网、滤布数　<650克/米$^2$网毯成品　≥650克/米$^2$网毯成品

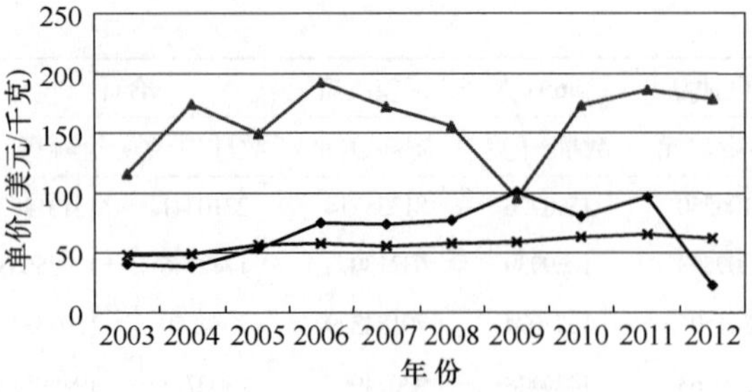


图3 2003—2012 年脱水器材进口产品单价

滤网、滤布数 <650克/米²网毯成品 ≥650克/米²网毯成品

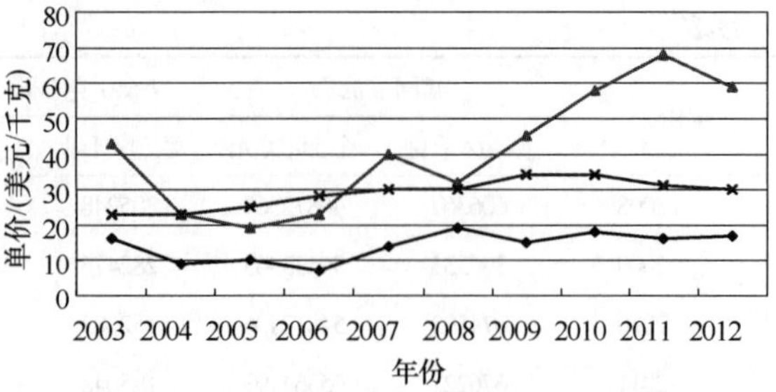


图4 2003—2012 年脱水器材出口产品单价

滤网、滤布数 <650克/米²网毯成品 ≥650克/米²网毯成品

我国造纸脱水器材制造企业见表3。

表3 2012 年全国脱水器材制造企业一览表

| 企业名称 | 产品 | 地址 | 邮编 | 电话 |
|---|---|---|---|---|
| 一、造纸网制造企业 | | | | |
| 安徽华辰造纸网股份有限公司 | 成形网、干网 | 安徽省芜湖开发区港湾路15号 | 241000 | 0553－5848290 |
| 河北鹤煌网业股份有限公司 | 成形网、干网 | 河北省安平县新盈大街17号 | 053600 | 0318－87520806 |
| 江苏金呢集团工程织物有限公司 | 成形网 | 江苏省海门港大生路3260号 | 226116 | 0513－82181369 |
| 天津环球高新造纸网业有限公司 | 成形网、干网 | 天津市杨庄子工业区玉门路 | 300112 | 022－27798998 |
| 广东新会中新造纸网业有限公司 | 成形网、干网 | 广东省新会市城东工业开发区 | 529100 | 0750－6100456 |
| 河南开封松鹤网业有限公司 | 成形网、干网 | 河南省开封市五一路 | 110116 | 024－23739057 |
| 西安祺沣造纸网有限公司 | 成形网、干网、铜网、不锈钢网 | 陕西省西安市长安区马王街办沣京西路9号 | 710115 | 021－85850750 |
| 浙江沃得网业有限公司（沈阳鑫鹰网业有限公司） | 成形网、干网 | 浙江省衢州市世纪花园11栋2单元101室 | 324000 | 0570－3865920 |
| 沈阳鑫鹰网业有限公司（原沈阳金鹰网业有限公司） | 成形网、干网 | 吉林省沈阳市于洪区沙岭镇金岭路B区1－1 | 110144 | 024－89367638 |
| 山东泰安松源网业有限公司 | 成形网、干网 | 山东省泰安市泰山区省庄工业园九星街77号 | 271000 | 0538－6515527 |
| 河南华丰网业有限公司 | 成形网、干网 | 河南省沈丘县北环路81号 | 46630 | 0394－5223453 |
| 佳木斯造纸网有限公司 | 铜网、不锈钢网 | 黑龙江省佳木斯市东风区光复路东段302号 | 154005 | 0454－8332018 |
| 安徽环宇网业有限公司 | 成形网、干网 | 安徽省太和县城关镇工业园区 | 236600 | 0558－8628763 |
| 安徽华宇网业有限公司合肥分公司 | 成形网 | 安徽省合肥市高新技术开发区柏堰科技园石楠路18号 | 236600 | 0551－5363508 |
| 安徽太平洋特种网业有限公司 | 成形网、干网 | 安徽省太和县城关镇工业园内 | 236600 | 0558－8639－313 |
| 安徽亚东网业有限公司 | 成形网、干网 | 安徽省太和县太毫路188号 | 236600 | 0558－8655856 |
| 广东东莞业兴网毯有限公司 | 成形网、干网 | 广东省东莞市高埗镇护安围 | 523279 | 0769－88731749 |
| 广东江门中奥网业有限公司 | 成形网 | 广东省江门市蓬江区杜阮镇井根骑龙山工业区W2号 | 529100 | 0750－3598855 |
| 河南恒丰造纸网有限公司 | 成形网、干网 | 河南省沈丘县工业园区 | 466301 | 0394－5104306 |

续表

| 企业名称 | 产品 | 地址 | 邮编 | 电话 |
|---|---|---|---|---|
| 河南众信造纸网厂 | 成形网、干网 | 河南省沈丘县工业园区 | 466301 | 0394－5100268 |
| 河南驻马店市红星网业有限公司 | 成形网 | 河南省驻马店市白桥路一巷 168 号 | 463000 | 0396－2995530 |
| 河南沁阳市念海造纸网业有限公司 | 成形网、干网 | 河南省沁阳市建设南路干河桥南 100 米 | 454550 | 0391－5683908 |
| 江都乐凯新风造纸网有限公司 | 铜网、不锈钢网 | 江苏省扬州市江都区真武镇工业园南区 | 225265 | 0514－86274767 |
| 浙江华顶网业有限公司 | 成形网、干网 | 浙江省天台县平桥镇工业园区 | 317203 | 0576－83670678 |
| 天台县灵生环保过滤有限公司 | 过滤网 | 浙江省天台县平桥镇友谊东路 | 317203 | 0576－3666177 |
| 安徽华太网业有限公司 | 成形网 | 安徽省太和县城关镇工业园 | 236600 | 0558－8669196 |
| 沈丘三利源公司 | 成形网、干网 | 河南省沈丘县聚酯网工业园区 | 466300 | 0394－5280006 |
| 河北爱美德网带有限公司 | 干网 | 河北省东光县城东后屯 | 061600 | 0317－7780800 |
| 河南长丰网业有限公司 | 成形网、干网 | 河南省周口市沈丘县工业园区 | 466300 | 0394－5280888 |
| 河南锦弘网业有限公司 | 成形网 | 河南省沈丘县北郊工业园区 | 466300 | 0394－5206586 |
| 河南汇通纸网公司 | 成形网、干网 | 河南省沈丘县沙北工业园区 | 466300 | 0394－5280055 |
| 河南华鑫网业有限公司 | 成形网、干网 | 河南省沈丘县聚酯网工业园区 | 466300 | 0394－5206518 |
| 二、造纸毛毯制造企业 | | | | |
| 上海金熊造纸网毯有限公司 | 造纸毛毯 | 上海市金山区枫泾镇兴塔建安路 78 号 | 201502 | 021－67361071 |
| 上海弘纶工业用呢有限公司 | 造纸毛毯 | 上海市金山区枫泾镇兴塔建安路 78 号 | 201502 | 021－67361100 |
| 天津华星工业用呢新技术开发有限公司 | 造纸毛毯 | 天津市南开区岳湖道 18 号 | 300193 | 022－27370098 |
| 徐州工业用呢厂 | 造纸毛毯 | 江苏省徐州市湖北路 30 号 | 221006 | 0516－85696034 |
| 四川环龙技术织物有限公司 | 造纸毛毯 | 四川省成都市温江区新华大道二段 519 号 | 611130 | 028－87071729 |
| 聊城经纬工业用呢有限公司 | 造纸毛毯 | 山东省聊城市经济开发区淮海路西路 | 252000 | 0635－8533848 |
| 广州市花都区民政造纸毛毯厂 | 造纸毛毯 | 广东省花都港口工业区岭东路 19 号 | 510800 | 020－86870028 |
| 广东东莞业兴网毯有限公司 | 成形网、干网 | 广东省东莞市高埗镇护安围 | 523279 | 0769－88731749 |
| 江苏金呢集团工程织物有限公司 | 造纸毛毯 | 江苏省海门市三条桥工业区 | 226132 | 0513－82181369 |
| 江苏太仓嫦娥工业用呢有限公司 | 造纸毛毯 | 江苏省太仓市沙溪镇新北西路 132 号 | 215421 | 0512－53212498 |
| 潍坊振兴天马工业用呢有限公司 | 造纸毛毯 | 山东省潍坊市奎文区鸢飞路 978 号 | 261031 | 0536－8667069 |
| 潍坊开发区造纸毛毯厂 | 造纸毛毯 | 山东省潍坊市高新技术开发区北海路 628 号 | 261031 | 0536－8887754 |
| 山东鑫翔网毯织造有限公司 | 造纸毛毯 | 山东省潍坊市奎文区鸢飞路 311 号 | 261051 | 0536－8823820 |
| 新乡市金利达化纤厂 | 造纸毛毯 | 河南省新乡市封丘工业园区 3 号 | 453300 | 0373－8252577 |
| 新疆阿勒泰工业用呢有限公司 | 造纸毛毯 | 新疆维吾尔自治区阿勒泰市红墩路 4 号 | 836500 | 0906－2312101 |
| 徐州金冠工业用呢有限公司 | 造纸毛毯 | 江苏省徐州市金山桥经济技术开发区荆山路科技创业园 C2 区 | 221000 | 0516－83800033 |

续表

| 企业名称 | 产品 | 地址 | 邮编 | 电话 |
|---|---|---|---|---|
| 河南临颖工业用呢有限公司 | 造纸毛毯 | 河南省临颍黄龙工贸城 | 462600 | 0395－8662688 |
| 河南海河四海工业用呢有限公司 | 造纸毛毯 | 河南省海河市人民东路25号 | 462000 | 0395－2624416 |
| 济南工业用呢厂 | 造纸毛毯 | 山东省济南市小清河北路东段 | 250100 | 0531－88961404 |
| 吴江市天平工业用呢厂 | 造纸毛毯 | 江苏省吴江市平望镇莺湖桥南堍 | 215221 | 0512－63665871 |
| 唐山龙海工业用呢厂 | 造纸毛毯 | 唐山市唐海县迎宾路22号 | 063200 | 0315－8711669 |
| 吉林洮佳工业用呢有限责任公司 | 造纸毛毯 | 吉林省洮南市光明南路84号 | 137100 | 0436－6327210 |
| 东莞市友邦造纸网毯有限公司 | 造纸毛毯 | 广东省东莞市中堂镇下芦开发区 | 523239 | 0769－88896618 |
| 郑州菲尔特造纸网毯有限公司 | 造纸毛毯 | 河南省新密市袁庄经济开发区 | 452396 | 0371－69875777 |
| 河南御槐工业用呢有限公司 | 造纸毛毯 | 河南省封丘县北干道西段 | 453300 | 0373－8280009 |

## 二、造纸网毯行业的主要趋势

1. 造纸网厂两极分化的状况更加鲜明

一部分造纸网厂产量继续增加，另一部分则踏步不前甚至减少。

前几年，造纸网厂大规模引进高端织机，投资额巨大。这样的投资状况对产量、销售量的增长要求很高，一旦停滞不前，企业就会陷入困境。2012年，相当一部分造纸网厂生产能力释放不足，有的只有70%开机率，由此引发的价格竞争，显得尤为突出。安徽华辰造纸网股份有限公司2012年成形网产量同比增长30.1%；河北鹤煌网业股份有限公司2012年同比增长30.1%；山东泰安松源网业有限公司2012年同比增长62.5%；江门中奥网业有限公司2012年同比增长107.7%。业内大企业起了引领作用，安徽华辰造纸网股份有限公司在2012年销售达73.6万米$^2$，同比增长34.6%。生产的网毯在卷烟纸厂、特种纸厂部分取代进口网毯，且运行状况良好。江苏金呢集团工程织物有限公司是生产包装用纸企业成形网的主要供应方，与进口网相抗衡毫不怯色。河北鹤煌网业股份有限公司经数年努力，销售量重新有了较大增长。这些企业不只是凭借投入巨资，扩大生产能力，而是依靠多年积累并精心培养的技术服务力量，将生产的高档成形网或干网，应用于高档造纸厂，才赢得了良好的经济效益和社会效益。现在有少数企业，高价购入的设备仅通过简单放置，就将造纸网供给用户，缺少技术服务这一环节，销售成绩大打折扣，也造成产品集中在中档产品领域，价格战激烈，形成虚幻的“产能过剩”。真正有前途的是矢志从事研发、强化技术销售的网厂。

2. 造纸毛毯产品结构调整，产品质量上升，总量减少

近年来，造纸毛毯企业不断调整产品结构，提高产品质量。2012年，造纸网毯统计总产量7280吨，比2011年的8055吨减少9.6%。

规模及产量居于前列的四川环龙造纸技术织物有限公司、徐州工业用呢厂两家造纸毛毯企业，在2012年仍保持了产量位居前列的地位。这两家公司在加大生产的同时，积极开发新品种，努力提升技术服务水平。四川环龙造纸技术织物有限公司的高端品牌Gobear，受到了造纸厂的信赖与欢迎。徐州工业用呢厂完成了搬迁，新添了幅宽23米、20米织机和14米预针刺机等，生产能力达到1200吨/年。处于第二梯队的众多中等规模造纸毛毯厂，基本上与2011年保持着相同水平的生产规模，有一些企业的产量有近10%的上下波动。销售业绩的优劣实际上不在于销售量的同比增减，而在于其价格是否依然坚挺，贷款是否能确保收回。这一类企业的利益与其用户造纸厂的命运紧密相连，造纸厂稳定，则毛毯厂稳定；造纸厂困难（乃至关闭），则毛毯厂困难。至于散布各地，规模更小的造纸毛毯厂，原先供货范围局限于周边百公里，其状况就更与周边中小造纸厂紧密相关。在国家严令小造纸厂关闭，及部分造纸厂经营困难的情况下，这些造纸毛毯厂也处于很困难的境地。

3. 国内外资造纸网毯生产企业

进口的造纸网毯与外商投资在我国大陆境内的造纸网毯公司的产品，是我国造纸企业使用的造纸网毯的重要来源。我国造纸工业连续多年高速发展，国际知名的造纸网毯公司均在我国建厂且规模有越来越大的趋势。跨国公司是全球销售，在我国大陆工厂所生产的网毯，虽然并非全部为我国造纸

厂所用，但各造纸网毯公司重视我国市场是毋庸置疑的。

由于没有外资企业供应国内造纸网毯的实际数量，因此无法确定进口网毯在我国造纸企业中的总用量，但有两点是明显的：(1) 我国造纸网毯是最早最开放的行业之一，从跟随引进纸机作为配套器材，到易耗品的更换需要，再到现在国际知名造纸网毯企业均在我国大陆建厂，并全部由它们的总部掌控，纳入其全球经营系统。(2) 现在，我国造纸网毯企业日益壮大，有的国外公司开始与国内厂家接触，无一不是要收购或者至少控股，个中缘由，不讲自明。国内造纸网毯企业当有自信，对造纸工业的贡献会越来越大。

## 三、我国造纸网毯行业还有很长的发展空间

经过相当一段时间的努力，我国造纸网毯企业在设备、技术、人力投入上都有了很大的进步，实际上现在已经具备了向高端网毯产品冲刺的实力。有几家造纸网毯厂的产品已经在高速纸机上运用。目前，国内造纸网高端产品在车速 1000 ~ 1400 米/分纸机上应用成熟；造纸毛毯产品可在车速 800 ~ 950 米/分的特种纸机、文化用纸机上应用。这是我国造纸网毯企业经多年努力取得的阶段性成果。

在 2012 年网毯进出口海关统计数据中，值得注意的是：①2012 年造纸网出口量同比增长了 22.09%。这反映出我国造纸网毯企业经过大规模投资，成形网的生产能力巨大，尤其是二层网和三层网，这自然成了国外贸易商关注之点。安徽华辰造纸网股份有限公司成形网出口到了意大利。②造纸毛毯的出口量微跌，下降 2.87%，金额下降 6.03%。我国造纸毛毯出口量增长缓慢，单价更呈持续下降的趋势，这与我国造纸毛毯质量不断上升的态势不符，反映了造纸毛毯出口渠道并不良好的问题。我国造纸网毯企业应重视产品的出口，不但有利于生产能力的充分利用，也可以促使自身产品质量更符合用户的要求。

## 四、我国造纸网毯业的新情况，新演变

1. 技术销售成为主流

造纸网毯属产业用纺织品，这类纺织品也称为“技术织物”，即 technical textilse 或 technical fabrics。这是为特定用途而专门设计、具有工程结构的纺织品。所以，造纸网毯企业与造纸厂之间的沟通、交流、互动，是制造、使用造纸网毯的重要环节。

目前，国内的造纸网毯企业，规模并不是最主要的指标，而技术服务水平倒是十分重要。几家影响较大的造纸网毯企业，均有健全的技术服务机构与服务流程。销售环节中，售前的技术交流，售中的现场测试与调整，售后的鉴定与改进，均有详细的规定与处置方法。由于交通便利，有的造纸网毯企业承诺会及时走访造纸厂。其实，现在这些厂的服务已经远比境外公司周到了。

有无完善的技术服务，已经成为国内造纸网毯企业分层的一个重要标志。如果企业只满足于掷重金，购入设备，而不注重培养技术人才；只满足于把网毯销售出去，而不注重做好技术服务，是无法让造纸厂放心使用其网毯产品的。现在，有不少造纸网厂购买了国际先进的织网机，生产能力有了很大提高，但销售闭塞，企业陷入困境。这不能简单地说是生产能力过剩，而是人才培养、技术服务跟不上。

技术服务实际是双方的，造纸厂不应以“交钥匙”心态看待造纸网毯行业，而应乐于与造纸网毯技术服务人员交流，明白不同纸浆、不同化学添加剂对造纸网毯是有不同要求的，把必要的信息提供给造纸网毯技术服务人员，以便调整与改进，使其更有针对性，造纸厂技术人员与车间人员也明白正确使用造纸网毯产品的要求。这样，国内优良的造纸网毯产品必将更多在各类纸厂中使用，达到双赢的目的。

2. 行业内兼并重组

经历前几年行业内多起兼并案例，现在造纸网毯企业的兼并方与被兼并方都少了几分矜持，谈判开门见山。2012 年，西安祺沣造纸网有限公司成功兼并收购了凯德（西安）造纸机械织物有限公司。有的网毯厂在寻找买家时，表示只要有兴趣，都可以谈。如果各方都放松心态，互相补充，就可以充分利用现有资源，产生更大的经济效益和社会效益。

同时，兼并之后的进展也要予以关注，毕竟两地两企业之间的整合，会有很多矛盾与冲突，真正做到互补双赢是不易的。如果只看到对方的装备，甚至一搬了之，那不是兼并，而是购买设备。

## 五、持续发展，开创造纸网毯行业新局面

随着《造纸工业发展“十二五”规划》的发布，我国造纸工业自身的调整也在不断进行。造纸网毯行业要关注这一变化，适应造纸工业的新需求。就像以前不以人均消费量来衡量行业的总产能还有很大空间一样，现在也不要简单地以“产能过剩”来指导当今的工作。

无论是我国的造纸工业，还是我国的造纸网毯行业，都还有很大的发展前途，都还有许多工作要做。决策是企业行为，作为行业服务机构，对企业最好的服务，就是提供切实的信息与建议，帮助企业规避风险，渡过难关，寻找到新的发展方式与新的成功。

（杨金魁 韩静芬）

# 国内外造纸化学品的发展及现状（2010—2012）

## Development and Status of Chemicals Used in Paper Industry in China & the World（2010—2012）

制浆造纸装备日趋复杂，“生产问题，助剂解决”就变得简单易行，造纸化学品逐渐成为继纤维原料和矿物原料之后第3个重要的制浆造纸原料资源。目前，造纸化学品的应用涉及制浆造纸工艺的各个环节，有4个“前所未有”：产品种类之多前所未有，应用范围之广前所未有，工艺影响之大前所未有，重视程度之高前所未有。

如今，造纸化学品行业的经营范围已不再只是化学品生产，而是涉及研发、生产、销售、应用、服务和检测六大领域。许多供应商不仅要销售化学品，还要提供产品制备及加入设备、产品效果检测仪器以及驻厂技术服务。化工企业与科研机构、设备企业之间的合作日趋普遍。

综合考虑制浆、抄纸、纸加工和治污过程使用化学品的情况，目前全球造纸化学品消耗量约为250亿美元。2011年世界纸及纸板产量为3.9898亿吨，按此折算，吨纸用化学品约60美元。

2011年全球造纸专用化学品的使用情况见图1（按价值计）。

进入21世纪以来，制浆造纸装备蓬勃发展，新工艺和新设备接连不断。技术进步不仅提高和改善了生产效率和纸张品质，而且对化学品应用提出了更高要求。

相比之下，造纸化学品的发展却表现出放缓趋势，新产品和新技术的开发周期延长。目前常用的造纸化学品多数已有几十年的应用历史，例如：聚丙烯酰胺于20世纪50年代被引入造纸工业，它在助留和絮凝方面的优势至今无可替代；而荧光增白剂更是一种产品用到底。部分专用化学品，例如胶乳、荧光增白剂、淀粉、聚丙烯酰胺等，因为应用时间较长，价格下降较多，已经出现通用化的特征，这是造纸化学品开发速度放缓的另一种表现。

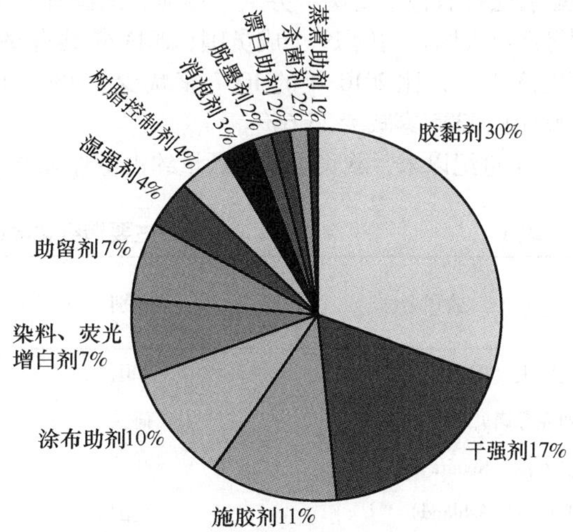

图1　专用造纸化学品的使用情况

在这种情况下，未来造纸化学品行业能否健康发展，将更多取决于浆与纸的产量是否继续增长。

在未来几年，预计北美和欧洲发达国家的造纸化学品消耗量年均下降3%，拉丁美洲增长3%，东欧、中东和非洲国家增长2%，日本增长3%，亚洲其他国家增长4%，中国增长最多6%。

## 一、国外概况

过去欧美日一直是全球最重要的造纸化学品市场，如今新兴国家表现活跃，群体向上，成为最具活力和发展潜力的市场。目前，全球造纸化学品的生产和使用主要集中在3个地区，即欧美、日本和新兴国家。

**（一）欧美市场进入衰退**

欧美泛指西欧和北美的传统发达国家。

欧美地区是现代造纸工业的起源地，经过长期发展，纸及纸板人均消费量已经达到世界最高水平。近10年来，欧美国家逐渐进入高债务和慢增长的困境，造纸工业作为国民经济的重要产业难以独善其身。

因为需求下降，欧美国家的制浆造纸企业被迫削减产能，推迟进行装备更新。2011年全球十大产纸国中，中国、韩国、巴西和印度尼西亚的纸及纸板产量分别增长1.2%~7.1%，而美国、日本、德国、加拿大、芬兰和瑞典则负增长，其中加拿大的生产量已经连续7年下降，降幅达40.8%。欧洲纸业联合会拥有包括德国、芬兰、瑞典、法国和意大利等产纸大国在内的19个成员国，2011年共有993家生产工厂，比2010年的1007家减少1.4%，比2000年的1335家减少25.6%。

21世纪以来，欧美国家产纸量约占世界总产量的40%，但新增纸机数量却仅占全球总数的15%左右，其中半数以上还是产能较小的生活用纸机。

据美国锐思林纸产品咨询公司（RISI）预测，未来10年里北美和欧洲发达国家纸及纸板需求量将继续减少。

欧美国家一直都是造纸大国和强国，因此造纸机械和化学品工业发达。欧美诞生了许多跨国发展的大型国际化工公司，常用的造纸化学品大多都出自它们之手。这些国际化工公司重视产品开发和应用技术创新，强调解决方案和现场服务，努力为用户提高附加值。他们普遍具有良好的财务管理，从而保持公司可持续发展。由于世界主要化工公司的业务重点均在本地区，因此欧美经济不振和纸张产能萎缩在很大程度上影响了这些公司的运作和发展。

表1列出了世界主要造纸化学品公司2012年的销售情况。

**表1 世界主要造纸化学品公司2012年的销售情况**

| 公司名称 | 国别 | 销售总额/亿美元 | 造纸化学品销售总额/亿美元 | 比例/% |
| --- | --- | --- | --- | --- |
| 巴斯夫（BASF）* | 德国 | 1023.48 | 21.24 | 2.1 |
| 阿克苏诺贝尔（AkzoNobel）* | 荷兰 | 200.07 | 14.40 | 7.2 |
| 凯米拉（Kemira）* | 芬兰 | 29.13 | 13.03 | 44.7 |
| 亚什兰（Ashland） | 美国 | 82.06 | 10.06 | 12.2 |
| 艺康化工（Ecolab） | 美国 | 118.39 | 8.05 | 6.8 |
| 宜瑞安（Ingredion） | 美国 | 65.32 | 5.87 | 9.0 |

注：*按1欧元=1.3美元换算。

德国巴斯夫公司是目前全球最大的化工公司，也是全球最大的造纸化学品公司，2012年造纸化学品的销售额达到21亿美元。巴斯夫公司2009年收购瑞士汽巴公司（Ciba）时，设立了“造纸化学品”分部。从2009年至2012年，全公司销售增长55.3%，而该分部销售仅增长23.2%，在公司16个分部中排名倒数第2。造纸化学品也是16个分部最小的1个分部，2012年销售额仅占公司销售总额的2.1%。

从表1中可以看出，在主要造纸化学品公司当中，除了凯米拉公司以外，其他公司造纸化学品业务所占的比例都很小，这从一个侧面反映了拓展造纸化学品业务的艰难。在造纸化学品发展的高峰期时，许多国际化工公司都设有独立的造纸化学品部门，如今造纸化学品还能独立成为部门的公司只剩下寥寥可数的几家。

造纸化学品公司增加盈利，一靠提价，二靠增量。当造纸工业处于滞涨状态时，增量很难做到；面对供过于求的市场状况，提价也非常困难。在这种情况下，国际造纸化学品公司的盈利能力受到很大压制，他们被迫不断收缩业务，更难在研发和销售上加大投入。

对于欧美市场来说，造纸化学品在经历了近200年的快速发展后，目前正处于衰退阶段。由于应用十分普及，所以市场需求主要是汰旧换新。未来，除非这些地区的产纸量出现显著增长，否则造纸化学品市场很难重拾升势。

面对这种形势，国际造纸化学品公司要么削减产能，要么兼并重组，要么干脆转向其他行业发展。2012年12月，瑞士科莱恩公司（Clariant）宣布，把造纸、纺织和乳液化学品3个业务部门一并售予美国SK资本公司（SKCapital），从而彻底退出造纸化学品领域。让国际化工公司看淡造纸化学品行业，再添1例。

1. 产能削减

受经济不振和网络无纸化等因素影响，发达国家造纸工业的前景不佳，国际化工公司继续削减在发达国家的造纸化学品产能，以应对未来需求量的下降。

2010年4月，巴斯夫公司宣布在2013年之前陆续关闭全球6个颜料生产厂，裁减约500个职位，主要涉及偶氮颜料和酞菁产品。这6家工厂分别位于英国佩斯利（Paisley）、德国格伦察赫（Grenzach）、巴西瓜拉廷格塔（Guaratinguetá）、美国肯塔基州路易斯维尔（Louisville，Kentucky）和俄亥俄州伊利里亚（Elyria，Ohio）。

2010年11月，巴斯夫公司宣布将退出欧洲的荧光增白剂业务，并停止在德国格伦察赫工厂生产增白剂。

2011年2月，巴斯夫公司宣布将关闭位于德国路德维希港（Ludwigshafen）的染料生产设施，今后该公司供应欧洲造纸业的染料产品将来自印度的安克尔西瓦（Ankleshwar）和墨西哥的阿尔塔米拉（Altamira）。

2011年6月，科莱恩公司宣布受到欧洲造纸化学品市场产能过剩的影响，将关闭位于瑞士穆滕茨（Muttenz）的造纸化学品生产装置。

2011年7月，巴斯夫公司宣布，将在2012年1月前关闭其位于美国弗吉尼亚州萨福克（Suffolk，Virginia）的珠状聚丙烯酰胺生产线。

2011年12月，阿克苏诺贝尔公司宣布将在2012年第一季度关闭位于芬兰约采诺（Joutseno）的施胶剂生产装置。

2012年9月，阿克苏诺贝尔公司决定关闭位于瑞典西约塔兰省特罗尔海坦（Trollhättan，VästraGötaland）和布罗斯（Borås，VästraGötaland）的2处施胶剂生产基地。

2013年4月，凯米拉公司宣布将在2013年底前关闭位于芬兰瓦萨（Vaasa）的造纸化学品生产厂。

2. 兼并重组

近年来，国际造纸化学品企业兼并重组仍在继续。值得注意的是，大多数兼并都不是强强联合，而是强弱兼并，被兼并一方往往是经营有难的业务或公司，兼并后不能产生整合效应，从而拖累收购方，更出现兼并后很快便剥离的现象。

2010年6月，阿克苏诺贝尔公司以13亿美元的价格把旗下的国民淀粉（NationalStarch）业务出售给美国玉米制品国际有限公司（CornProductsInternational）。阿克苏诺贝尔公司2008年才刚从英国帝国化学工业公司（ICI）购进国民淀粉。

2010年6月，凯米拉公司宣布出售荧光增白剂业务，把全球增白剂销售网络和位于德国勒沃库森（Leverkusen）的生产工厂售予德国加藤公司（CartecGmbH）。凯米拉公司在2006年收购德国朗盛公司（Lanxess）时，买下了荧光增白剂、染料和施胶剂业务，运营仅4年就将其剥离。

2010年7月，巴斯夫公司将位于中国浙江温州的效果颜料生产厂——浙江瑞成珠光颜料有限公司的股份出售给该公司的合资伙伴——温州柳成集团有限公司。

2010年8月，巴斯夫公司将欧洲的淀粉业务售予由芬兰部分员工自组的公司ChemigateOy，本次交易包括位于芬兰的5个生产工厂。

2010年8月，阿克苏诺贝尔公司将位于瑞典维特兰达（Vetlanda）的生产工厂售予瑞典费拉尔克集团（Feralco）。该工厂生产用于造纸和城市污水处理的聚合氯化铝。

2011年7月，艺康化工集团出价54亿美元收购美国纳尔科公司（Nalco）。艺康化工主要向餐饮服务、酒店、医疗保健等行业提供清洁、消毒、灭虫等产品及服务。

2011年10月，凯米拉公司将位于加拿大安大略省梅特兰（Maitland，Ontario）的过氧化氢工厂出售给德国赢创工业公司（EVONIKIndustries）。该工厂过氧化氢生产能力为4.4万吨/年，是凯米拉公司在北美地区唯一的生产装置。

2012年11月，阿克苏诺贝尔公司将欧洲的ASA施胶剂业务，包括位于德国迪伦（Düren）的生产工厂售予意大利马拉公司（MareSpA）。这表明阿克苏诺贝尔公司将退出欧洲的ASA施胶剂市场。

2013年3月，阿克苏诺贝尔公司纸浆和高性能化学品部将芬兰的水处理化学品业务，包括位于奥卢（Oulu）的生产工厂售予瑞典费拉尔克集团。

3. 生产转移

国际化工公司已经很久未在发达国家新建大型的造纸化学品生产装置，反而不断削减在这些地区的产能，同时在成本更低，市场前景更好的新兴市场建设生产基地，扩充产能，从而将生产基地从成熟市场移往新兴市场。

2010 年，凯米拉公司和兖州天成化工公司共同投资的 AKD 施胶剂生产线在山东省兖州市建成投产。

2011 年 9 月，凯米拉公司投资建设的造纸化学品项目在江苏省南京市开工。该项目投资 2500 万欧元，建成后可年产 10 万吨制浆造纸化学品，其中 ASA 施胶剂的生产规模将是亚洲最大，所产纸浆造纸化学品的品种亦是亚洲最全。

2011 年 12 月，阿克苏诺贝尔公司与俄罗斯伊利姆公司（Ilim）签署了一项长期合作协议，阿克苏诺贝尔公司将控股并负责运营位于俄罗斯阿尔汉格尔斯克州（Koryazhma）的氯酸钠工厂。

2012 年 4 月，阿克苏诺贝尔公司在广东省广州市的胶体硅生产工厂建成投产。这是该公司在亚洲兴建的第 2 家胶体硅生产厂。

2012 年 11 月，巴斯夫公司在广东省惠州市的羧基丁苯（XSB）和苯乙烯丙烯酸分散体（SA）生产工厂建成投产。

2012 年 12 月，巴斯夫公司在江苏省南京市的聚丙烯酰胺生产工厂投产。该厂位于南京化学工业园区，设计年产 4 万吨季铵化阳离子单体（DMA3Q）和 2 万吨阳离子聚丙烯酰胺（CPAM），产品将用于造纸及水处理过程。它采用向后垂直整合方式，主要原料由毗邻生产厂的扬子石化－巴斯夫公司供应。

2012 年，法国爱森公司（SNF）开始在位于江苏省泰兴市的生产工厂生产阳离子聚丙烯酰胺，一直以来该公司供应我国的产品主要产自法国。

2013 年 3 月，阿克苏诺贝尔公司投资 9000 万欧元在巴西拉哥阿斯（TrêsLagoas）新建的氯酸钠装置投产，开始向全球最大纸浆厂巴西埃多拉多纤维素纸浆公司（EldoradoCeluloseePapel）提供产品。

**（二）日本市场自成一格**

日本也是造纸强国，造纸化学品的应用非常普遍。日本市场与欧美市场相类似，但最大的不同是它的封闭性。日本造纸工业使用的化学品以国产货为主，一方面其他国家的产品很难进入日本市场，另一方面日本公司也很少向亚洲以外地区发展，少有像欧美那样全球范围经营的造纸化学品公司。

在应用上，日本虽然与国际主流趋势相符，但仍然有一些独特的做法，例如：在抄纸过程中大量使用聚丙烯酰胺增强剂等。

受经济不振、市场容量有限等因素影响，日本市场也面临与欧美市场相同的萎缩情况。2001 年日本纸及纸板产量 3073 万吨，2011 年已下降到 2662 万吨。10 年中日本新增的大型纸机不到 10 台。在这种情况下，造纸化学品的发展长期处于滞缓状态。

**（三）新兴市场最具潜力**

与欧美日经济转“冷”相反，印度、印度尼西亚、越南、泰国、南非、巴西、墨西哥、俄罗斯、东欧等国则呈现经济“热”象。近年来，这些国家的 GDP 增速全面超过成熟市场国家，与中国一道成为拉动全球经济增长的引擎，全球经济增长重心因此转向新兴市场。

与成熟市场相比，新兴市场人口多且经济落后，人均用纸量很低。2011 年全球纸及纸板人均表观消费量为 56.8 千克，其中北美和欧洲分别为 225.5 千克和 118.3 千克，而亚洲和拉丁美洲分别仅有 44.5 千克和 45.9 千克。正是因为基数低，所以增长潜力大，未来前景光明。

21 世纪以来，上述新兴市场国家的造纸工业快速增长，大型制浆造纸企业相继建成，全球 20% 左右的新增纸机进入这些地区，2009 年巴西和印度尼西亚双双跨入世界纸及纸板产量前 10 名。造纸化学品应用因此受惠，普及加速，带动用量节节上升。但是这些国家基础设施普遍薄弱，市场不规范，法规不健全，存在许多经济和社会矛盾。在造纸工业生产规模和工艺装备、化学品应用范围及技术水平等方面，与成熟市场国家以及新兴市场中的中国相比尚有一定差距，目前的主要优势在于发展速度和未来前景。

## 二、国内概况

**（一）20 世纪末发展加速**

20 世纪 90 年代中期，我国造纸业开始大规模引入国际先进的制浆造纸装备；同时，外商开始在国内投资建厂，带来国外管理经验，这两件事成为我国造纸化学品发展的一个分水岭。先进造纸装备加上现代管理理念改变了我国造纸工业对造纸化学品，特别是抄纸化学品的观念，造纸企业从“被迫接受”到“主动求用”，快速拉升了对先进造纸化学品的需求。由于当时国内不能提供这些化学品，所以国际化工公司开始有了用武之地，很快就把成熟市场所使用的产品引入中国。我国一跃而起，迅速成为造纸化学品的应用大国。

在国际化工、设备、仪器公司推动下，湿部化学概念被广泛接受，湿部化学检测仪器，例如动态滤水测定仪、颗粒电荷测定仪（PCD）、Zeta 电位仪等获得应用。这些基础理论和检测手段在抄纸化学品的推广过程中发挥了积极的作用。

改革开放之后，随着我国经济转为市场经济，并受国际化工公司运营模式影响，分销商和代理商逐渐成为造纸化学品供应的一支重要力量。这些中间商在推广化学品、开发新客户、降低流通费用、提供售后服务等方面起了相当重要的作用，进一步推动了造纸化学品作为一个行业的发展。

**（二）应用繁荣带动发展**

近 10 年，我国纸及纸板产量连年快速增长，多年位居世界第 1，2012 年产量首次超过 1 亿吨，占世界总产量的 1/4。我国每年引入大批先进的制浆造纸装备，新增纸机数量超过全球总数的 1/2。快速增长的生产量和先进的大型装备为造纸化学品的繁荣创造了市场条件。

我国市场大，企业对新产品的接受程度高，吸引了众多国际造纸化学品公司对华投入，一些新产品和新系统，例如超微粒助留剂系统，便是在我国首次获得工业应用。

近年来，金东纸业（江苏）股份有限公司、芬欧汇川（常熟）纸业有限公司、宁波亚洲浆纸业有限公司、山东恒安纸业有限公司、湛江晨鸣浆纸有限公司的纸机不断打破全球车速和产量纪录，背后都离不开造纸化学品所提供的支持。

在通用化学品方面，我国基础化工行业和石化工业快速发展，目前已是全球最大的烧碱和过氧化氢生产国，2012 年烧碱产量达到 2695 万吨，其中造纸行业消费量占 8%。2011 年过氧化氢产量为 176 万吨，造纸行业是最大的用户，消费量占 29%。

我国造纸化学品的应用现状及重点产品见表 2。

**表 2　造纸化学品在我国的应用现状及重点产品**

| 造纸化学品 | 现状及重点产品 |
|---|---|
| 蒸煮助剂 | 亚硫酸盐法制浆被淘汰，新建的大型纸浆厂采用硫酸盐法制浆。重点化学品：烧碱、硫化钠、蒽醌、绿氧 |
| 漂白助剂 | 传统的氯漂逐渐退出，新建制浆生产线转向无氯元素漂白、全无氯漂白和还原性漂白。重点化学品：氯酸钠、过氧化氢、连二亚硫酸钠、甲脒亚磺酸、硅酸钠、二乙烯三胺五乙酸（DTPA）、乙二胺四乙酸（EDTA） |
| 脱墨助剂 | 废纸脱墨依然采用传统的碱性脱墨工艺，使用氢氧化钠、脱墨剂、硅酸钠、螯合剂等脱墨化学品。主要脱墨剂：工业皂、表面活性剂 |
| 助留剂 | 所有助留剂均以高聚物为主，阳离子聚丙烯酰胺是最常使用的高聚物。大中型纸机广泛使用双聚合物、微粒及超微粒等多组分助留系统，而小纸机则多用单一聚合物助留。重点化学品：阳离子聚丙烯酰胺、定着剂、膨润土、有机微粒 |
| 施胶剂 | 分散松香胶仍是重要的施胶剂，但烷基烯酮二聚体（AKD）广泛用于中性抄纸，部分文化用纸、包装纸板生产使用烯基琥珀酸酐（ASA） |
| 增强剂 | 常用的干强剂仍然是阳离子淀粉和聚丙烯酰胺，湿强剂则以甲醛树脂和聚酰胺多胺环氧氯丙烷为主 |
| 消泡剂 | 有机硅消泡剂和乳液消泡剂依然占据市场主流，水性消泡剂成为今后的发展趋势。重点化学品：有机硅型、聚醚型、脂肪醇型表面活性剂 |
| 杀菌剂 | 有机杀菌剂获得广泛应用，部分大纸机使用氯胺。重点化学品：亚甲基双硫氰酸酯、均三嗪、异噻唑啉酮类、有机溴化合物、氯胺 |
| 沉积物控制剂 | 抗无机物沉积的阻垢剂多为有机磷酸或羧酸盐产品，抗有机物沉积的黏胶控制剂则以滑石粉、硫酸铝和有机定着剂为主 |
| 染料 | 广泛使用液体染料。除了纸张染色以外，生产新闻纸和文化用纸使用直接染料或有机颜料调整白度，生产箱纸板使用直接染料控制色相 |
| 荧光增白剂 | 双三嗪氨基二苯乙烯衍生物一枝独秀，其中四磺酸产品多用于湿部，六磺酸产品仅用于表面施胶和涂布 |
| 表面施胶剂 | 大多数纸张都需要表面施胶，许多纸厂更将浆内施胶转为表面施胶，重点化学品：改性淀粉、聚乙烯醇、羧甲基纤维素、AKD、合成表面施胶剂 |
| 纸加工化学品 | 广泛使用丁苯胶乳作为胶黏剂。重点化学品：丁苯胶乳、淀粉、六偏磷酸钠、聚丙烯酸钠、硬脂酸钙、改性三聚氰胺甲醛树脂、碳酸锆铵 |
| 治污化学品 | 聚丙烯酰胺仍然是废水处理和污泥脱水最常用的絮凝剂，常用的混凝剂有硫酸铝、聚合氯化铝和各种铁盐，少数大中型造纸厂使用芬顿系统（Fenton）对废水进行深度处理 |

**（三）抄纸化学品用量大**

综合考虑制浆、抄纸、纸加工和治污过程使用化学品的情况，目前我国造纸化学品吨纸平均消耗400 元。按此计算，我国造纸化学品市场规模为 400亿元。

根据中国造纸协会调查资料，2012 年我国纸及纸板生产量 1.025 亿吨，产量最大的纸种是包装用纸，占 59.8%；其次是印刷书写纸，占 24.7%；新闻纸和生活用纸分别占 3.7% 和 7.6%。其中，75%以上的纸种为未涂布纸。2012 年我国纸浆生产量7867 万吨，其中，76.0% 为废纸浆。

这种纸种及浆种结构决定了我国造纸化学品中制浆化学品和纸加工化学品的消耗量相对较低，消耗量最大的则是抄纸化学品，见图 2（按价值计）。抄纸专用化学品的使用情况见图 3（按价值计）。

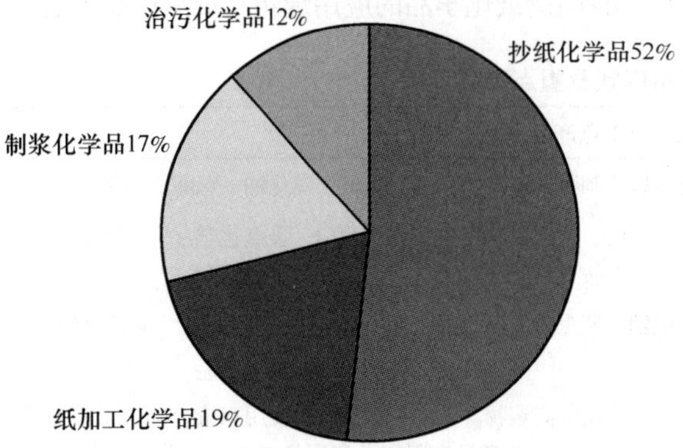


图 2　我国造纸化学品的使用情况

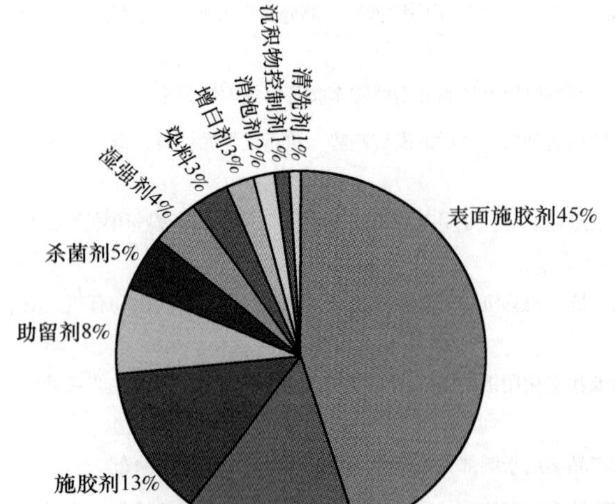


图 3　我国抄纸专用化学品的使用情况

**（四）市场呈现三大特点**

目前造纸化学品在我国的应用呈现以下特点。

1. 国产化获可喜进展

造纸化学品在我国的大规模应用是从引进开始。在当时条件下，使用进口化学品不仅迅速满足了造纸工业快速发展的需要，而且为本土生产提供了借鉴。此后各种造纸化学品不断实现国产化，推动造纸化学品发展成为一个重要的化工行业。

目前绝大多数常用的造纸化学品都已实现本土生产。经过不断改进，国产品牌已占据市场的大半江山，不仅取代了进口产品，而且还部分出口其他国家。另一方面，国际化工企业纷纷在国内设厂生产，满足了国内造纸企业对国外品牌的需求。国产化不但减少了对进口产品的依赖，而且降低了化学品的使用成本。

目前规模较大，跨区域供货，且知名度较高的国内造纸化学品生产企业有浙江传化华洋化工有限公司（荧光增白剂）、南京四新科技应用研究所有限公司（消泡剂）、广西明阳生化科技股份有限公司（增强剂）、天禾化学品（苏州）有限公司（施胶剂）、江苏富淼科技股份有限公司（助留剂）、广东金天擎化工科技有限公司（杀菌剂）、河南省道纯化工技术有限公司（制浆化学品）等。

在研究开发方面，我国每年均有大量的文献发表，有许多成果通过鉴定或获得专利，但实用技术少，创新成果更少，研发的重点始终在借鉴和改进上。由山东大学、山东轻工业学院、山东省科学院生物研究所、鲁东大学和山东精细化工集团公司研发的“新型高效环保荧光增白剂研究开发及推广应用”获“2011 年度中国轻工业联合会科学技术进步一等奖”。回望过去，被广泛使用的新化学品大多出自化工企业，高等院校和科研机构因为缺乏销售渠道，很难将研究成果放大推广。

由于历史原因，我国长期使用小制浆设备和小纸机，错过了造纸化学品发展的关键机遇期，导致产品研发和生产技术水平落后于发达国家。我国应该利用纸机装备领先和纸产量快速增长的后发优势去缩小这种差距，以尽快追上世界先进水平。在造纸化学品的开发、生产和应用上，不应再做简单的跟随，而应该在体系和观念上有独特性和超越性。

2. 跨国公司优势减弱

国际化工公司在我国造纸化学品的发展中起了非常重要的作用。它们不仅带来了先进的化学品和应用技术，更重要的是扭转了我国造纸行业不重视造纸化学品的观念。在引进期，国际化工公司纷纷进入我国，建立分公司或办事机构，快速发展业务，当时国内新建制浆造纸项目所使用的专用化学品多为进口产品。

近年来，国际化工公司内部重组频繁、成本居高不下、市场反应滞后、员工素质下降，导致竞争优势减弱。进入发展期后，愈来愈多的造纸企业接受国产化学品，国内品牌的市场份额不断增加，而国际化工公司的市场份额则逐渐减小。

目前，我国造纸化学品市场上的跨国公司数量与全盛期相比已经减少过半。因为兼并重组，业界耳熟能详的英国联合胶体公司（AlliedColloids）、美国贝迪公司（BetzDearborn）、德国斯托克豪森公司（Stockhausen）、德国南方化学集团（Süd－Chemie）、德国拜耳公司（Bayer）、芬兰瑞升公司（Raisio）、法国罗地亚公司（Rhodia）、美国罗门哈斯公司（RohmandHaas）、美国氰特工业公司（Cytec）、瑞士汽巴公司（Ciba）、德国德固赛公司（Degussa）、德国朗盛公司（Lanxess）、美国赫克力士公司（Hercules）、法国赛力斯达公司（Cerestar）、瑞士科莱恩公司（Clariant）等已不再是我国造纸化学品的主要供应商或已不复存在。

国际化工公司受客户群相对固化和专用化学品普及率提高等因素影响，在我国的宣传和推广力度也有所降低。

目前，国际化工公司主要活跃于专用化学品领域，客户以外资及大型造纸企业为主，市场份额较高的产品只有阳离子聚丙烯酰胺、胶乳、ASA及少量特殊化学品等。

3. 三大问题困扰发展

从20世纪90年代至今，造纸工业需求保持强劲，国产造纸化学品行业快速发展，整个行业无论是产量还是质量都有了很大的进步，但繁荣背后仍然存在着集中度低、研发落后、无序竞争三大困扰已久的问题。

除了氯碱化工企业规模较大以外，大多数造纸化学品企业小而分散，缺乏有影响力的大企业，特别是具有很强研发实力和带动力的大型企业。由于大部分产品没有统一生产标准，所以性能和质量参差不齐。

相当多的生产企业工艺设备落后，研发动力和能力不足；采取粗放式经营，难以保证良好稳定的产品品质，不能提供有效的专业服务。它们缺乏高端竞争能力，很少参与大厂竞争，主要供应周边地区的中小型造纸厂。

近年来，我国造纸化学品市场发展迅速，内企外企一拥而上，绝大多数化学品已经处于供过于求的状态，市场转为买方市场。经过长期仿制仿造，产品逐渐趋同，导致无序的价格竞争，低层次和非市场层面的竞争十分激烈。过去20年，我国平均物价上涨了10倍，但同期许多专用化学品的平均售价反而下降了30%～50%。这种局面不仅拖低了行业的整体素质，而且拖慢了行业的健康发展。

造纸工业投资大，回收期长。据国家统计局统计，2012年规模以上造纸生产企业利润总额343亿元，同比增长3.6%；负债总额4628亿元，同比增长5.7%；在统计的2748家造纸生产企业中，亏损企业有354家，占12.9%。由于产能扩展迅速，纸张市场竞争激烈，导致造纸企业普遍资金紧张。造纸企业千方百计降低生产成本求生存，一方面在生产过程中减少使用化学品或降低用量，另一方面则通过商务招标、成本包干及频繁更换供应商等方式压低化学品售价。由此衍生一系列问题，例如减少化学品的使用和用量，不仅难以改善生产过程，而且还带来隐形的不良影响；打压价格则压制化学品供应商的盈利，许多供应商因此缩减服务以降低费用，部分供应商更采取暗降化学品有效含量，甚至在产品中掺假的做法，最终受害的还是作为用户的造纸企业。

我国现已成为全球最大的产纸国，与发达国家造纸工业相比，我国造纸工业正处于一种从落后进入先进的过渡时期。大小生产企业同在，先进生产线和落后生产线共存；既需要最好的化学品，也需要廉价的化学品；还有我国特有的“关系”问题。所以，造纸化学品在我国的应用和发展始终带有我国国情的独特印记。

**（五）未来继续保持增长**

2011年中国造纸化学品工业协会公布了《中国造纸化学品行业“十二五”发展规划》。规划强调“创新”，开发新产品和新技术。按照规划，我国造纸化学品行业在“十二五”期间的五大发展方向是发展非木材纤维和再生纤维专用化学品与关键共性技术，发展造纸废水综合治理专用关键化学品与应用技术研究，开发高档纸和特种纸专用关键造纸化学品与应用技术，加大造纸化学品新产品、新技术、新工艺的开发以及发展造纸化学品共性关键环保技术及清洁生产工艺。

2012年11月国家工业和信息化部印发了《“十二五”产业技术创新规划》，其中将“再生纤维造纸专用化学品制备技术”列为化工工业重点开发的创新技术。

我国造纸化学品未来将继续向好发展，增长将主要来自以下3个方面。

（1）产量增长　从目前的趋势看，未来我国纸及纸板产量仍将保持较高的增长速度，国家发展和改革委、工业和信息化部、国家林业局于 2011 年 12 月颁布了《造纸工业发展“十二五”规划》。规划指示，2015 年全国纸及纸板总产量预计达到 1.16 亿吨，年均增长 4.6%。不断增长的生产量无疑将进一步扩大造纸化学品应用市场。

（2）产能转化　根据中国造纸协会统计，按照我国大、中、小型企业划分标准，2012 年在 2748 家规模以上造纸生产企业中，大中型造纸企业 504 家占 18.3%，小型企业 2244 家占 81.7%；纸及纸板年产 100 万吨以上企业 14 家，纸浆年产 100 万吨以上企业 2 家。一般来说，大企业设备先进，生产能力大，生产过程需要更多的化学品，特别是高档产品；而小企业受设备、财力等条件限制，对化学品的依赖程度较低，且多使用低档产品。根据《造纸工业发展“十二五”规划》，“十二五”期间计划淘汰落后造纸生产能力 1000 万吨，到 2015 年形成纸及纸板年产 100 万吨以上企业 20 余家，木浆年产 100 万吨以上企业 3 家，行业排名前 30 名的企业纸及纸板产量占总产量的比例由 2010 年的 42.3% 提高至 45.0% 以上。可以预见，未来更多的小企业产能将转变成为大企业产能，造纸化学品的使用范围也将随之扩大。

（3）节能减排　降低清水用量，减少污染物排放是大势所趋。根据《造纸工业发展“十二五”规划》，到 2015 年末，吨纸浆、纸及纸板的平均取水量由 2010 年的 85 米$^3$ 降至 70 米$^3$，减少 18%；主要污染物化学需氧量（$COD_{Cr}$）排放总量比 2010 年降低 10% ~12%。造纸企业加大节水和治污力度，加强水回用和水循环，将会进一步刺激治污化学品及抄纸化学品的需求。

2012 年我国小型造纸企业占 81.7%，纸及纸板人均年消费量 74 千克，木浆消耗量 24.5%。这些数据表明我国纸及纸板生产量虽多年居世界之首，但未来增长潜力依然很大。

## 三、造纸化学品新趋势

未来造纸化学品将继续向液体化、阳离子化、多功能化和环保型方向发展。

进入 21 世纪，造纸化学品的开发活动显著放缓，全新且投入实际应用，并被其他化工公司跟进开发的化学品系统或产品少之又少，主要开发成果集中在优化改善原有系统及产品的使用效率方面，并出现了以下新趋势。

**（一）表面施胶：代替浆内施胶**

烷基烯酮二聚体（AKD）是广泛应用于中性抄纸的浆内施胶剂。由于 AKD 乳液难制备及易水解、在纤维上难以留着、施胶后熟化时间长等原因，它们的应用效果受到了影响。为了更好地达到施胶效果，降低生产成本，许多厂将 AKD 从浆内添加移至表面施胶添加，或干脆用其他表面施胶剂代替浆内添加的 AKD。这样做不仅可以显著降低吨纸施胶成本，而且可以避免 AKD 水解物给抄纸带来的问题，改善抄纸系统清洁度。

**（二）酶制剂：应用前景广阔**

当前制浆造纸工业正朝着高效、低耗、环保的方向发展，为了更好地推进造纸工业节能降耗、提高产品质量和减少环境污染，实现可持续发展，越来越多的生物技术得以在制浆造纸工业中成功应用，产生了积极的社会效益、经济效益和环保效益。

（1）胶黏物控制酶　有效解决废纸原料回用过程中因胶黏物引起的问题和困扰，提高纸机运行效率，改善成纸品质并扩大低质量废纸的使用比例。2004 年美国巴克曼公司（Buckman）的 Optimyze 胶黏物控制酶技术赢得了美国环境保护总署颁发的“总统绿色化学品挑战奖”。

（2）纤维改性酶　在磨浆前对浆料进行预处理，促进纤维润胀，优化磨浆工艺，利于纤维分丝帚化，降低磨浆功耗，提高成纸强度，改善成纸印刷性能，降低长纤维配比。2012 年巴克曼公司的 Maximyze 酶技术再次荣获美国环境保护总署颁发的“总统绿色化学品挑战奖”。

（3）树脂控制酶　从根本上消除树脂障碍，提高纸机运行效率，增加制浆用材的选择性。

（4）淀粉改性酶　可直接作用于原淀粉，生产出不同黏度要求的淀粉浆产品，满足不同纸种的生产要求，降低造纸的淀粉处理成本。

酶制剂的应用范围还在不断地扩大，如正在开发的滤水酶、二次纤维增强酶、阴离子垃圾控制酶、漂白促进酶、系统清洗酶、废水处理酶等，生物酶技术在造纸工业的创新与可持续发展中展现出广阔的应用前景。

2012 年 2 月，中共中央、国务院在北京举行国家科学技术奖励大会。造纸行业中，由山东轻工业学院、华泰集团有限公司、中国制浆造纸研究院共同完成的“造纸纤维组分的选择性酶解技术及其应用”项目获得国家科学技术进步奖二等奖。该项目以现代生物技术为手段，在降低打浆和磨浆能耗、废纸清洁化生产及提升制浆品质等关键技术方面有重大突破和创新，解决了制浆造纸工业中生物酶选择性降解的关键技术问题。

2012 年 12 月国家统计局发布由国家发展和改革委、工业和信息化部、国家统计局等多部门联合制定的《战略性新兴产业分类（2012）》，备受造纸界关注的酶被列入目录中。酶被列入国家战略新兴产业目录，表明国家对酶制剂发展前景的认可，也将进一步促进造纸酶制剂的发展。

**（三）聚丙烯酰胺：开发水溶性产品**

长期以来，造纸工业使用的液体聚丙烯酰胺均为油包水型（W/O 型），即将聚合物分散在烃类有机溶剂中，其不足之处一是：生产过程需要使用大量有机溶剂和表面活性剂，这些物质容易对环境造成污染，有机溶剂更属于易燃物质，给生产过程带来安全隐患；二是产品应用时需要专用设备及槽罐进行破乳和老化。

近年来，水包水乳液聚合工艺发展迅速，应用于造纸助留剂及絮凝剂的合成，得到的产品具有溶解快速、环境友好、节能降耗和使用方便等优势，获得愈来愈多的应用。水包水型乳液产品，即 W/W 型，是把水溶性聚合物分散到水性介质中所制得的产品。使用这种产品时不会造成二次污染，不会产生干粉产品溶解时出现的“鱼眼”问题。大多数情况下可以即溶即用，不需要经过老化，由此可降低设备成本。

**（四）氯化物：用于造纸系统的微生物控制**

近年来，造纸工业对氯化物杀菌的兴趣持续升温，其中，氯胺和二氧化氯最受关注。

氯胺（$NH_2Cl$）是由无机铵盐和漂液（次氯酸钠）反应生成的一种弱氧化性有机物，具有卓越的广谱杀菌作用和良好的性价比。它避免了无机氧化性杀菌剂，如二氧化氯、漂液和溴化物等使用中潜在的危险性，也不会带来环境问题。同时，氯胺属弱有机氧化物，不受系统氧化物需求的影响，不与一般有机物反应，所以不会影响其他湿部化学品的应用。氯胺杀菌速度快，微生物难以产生抗药性。研究表明：氯胺适用 pH 值范围广，在正常使用剂量下，不会腐蚀造纸设备，因此已成为现代化纸机系统，尤其是高档文化用纸机微生物控制的革命性技术。

早在 1985 年，安徽造纸厂就曾经利用硫酸铵和次氯酸钙反应生成的氯胺作为纸浆防腐杀菌剂。国际上，赫克力士公司最早将氯胺用于纸机系统微生物控制。2000 年，巴克曼公司对生产氯胺的原料和反应设备进行了改进，提高了氯胺的稳定性和设备的安全性，新技术成功用于欧美和南非的 200 多台纸机。2004 年，巴克曼上海公司率先将改良的氯胺技术引进中国，并于 2005 年成功应用于生产。至今，巴克曼公司氯胺技术已在国内数十台大、中型高档文化用纸机上应用。此外，香港亚马逊公司（Amazon）、纳尔科公司和凯米拉公司等也相继采用氯胺技术进行纸机系统的微生物控制。

二氧化氯（$ClO_2$）除了用于纸浆漂白以外，还是一种强氧化性杀菌剂。它可以杀死形成腐浆的微生物，如好氧和厌氧细菌、黏菌和酵母菌，去除类似腐浆的沉积物；不会像氯气和溴基化合物那样带来环境问题，不会腐蚀造纸设备；而且适用 pH 值范围广，因此成为一种新的杀菌剂选择。2011 年，阿克苏诺贝尔公司获得加拿大虫害管制局许可，在制浆造纸厂使用 Purate 技术产生的二氧化氯处理过程水，以控制微生物的污染。

另外，二氧化氯制备系统在我国的国产化取得重要进展。2010 年 5 月，成都锦兴绿源环保科技有限公司为四川永丰纸业股份有限公司 ECF 技改项目提供的 3 吨/日二氧化氯制备系统一次开车成功。6 月，山东山大华特科技股份有限公司研发的 8 吨/日二氧化氯制备系统在华泰集团一次试车成功。7 月，广西博世科环保科技股份有限公司研发的 8 吨/日二氧化氯制备系统在广西南宁糖业股份有限公司一次试车成功。这些成果被评选为当年中国造纸工业 10 项要闻。其中，由成都锦兴绿源环保科技有限公司开发的“纸浆漂白二氧化氯制备系统”获“2011 年度中国轻工业联合会科学技术进步三等奖”。

**（五）混合加入：节能降耗**

除了产品品质以外，使用方法也是影响造纸化学品效果的重要因素。如何制备，如何加入都直接影响化学品的使用效率。

长期以来，湿部化学品的加入都是采用清水稀释、远程泵入的方式。加入泵因距离加入点较远，注入力度偏弱，同时这种加入方式还要耗用大量清水。

近年来新的加入方式被开发应用。芬兰温德造纸湿部技术公司（Wetend Technologies Ltd）开发了创捷（Trumpjet）横断混合工艺。这种工艺从纸机流浆箱上浆管抽取浆料作为稀释介质，然后通过组合系统把浆料和化学品加压注入浆管。创捷加入方式省去了大量的稀释清水，还可以让化学品与浆料在几秒钟内混合均匀。因为稀释流体是浆料本身，所以化学品的加入没有温度差别、没有浓度差别、也没有 pH 值差别，加入过程不会造成能量损失，化学品与浆料的混合完全且温和，与纤维的结合更加有效，从而节约了化学品、改善了纸页成形。使用这项技术，化学品消耗量可以下降 10% ~70%，吨纸清水用量可以降低 1.00 ~1.25 米$^3$。

随后，纳尔科公司和芬兰美卓公司（MetsoPaper）相继推出 Pareto 混合技术和 RetaMix 混合技术。

在国内，芬欧汇川（常熟）纸业有限公司首先使用温德公司的创捷混合技术，江西晨鸣纸业有限责任公司则率先采用美卓公司的 RetaMix 混合加入技术。

创捷技术在文化用纸、铜版纸、涂布纸板和特种纸生产领域得到广泛应用。到 2012 年，世界上已有 341 套创捷系统在 21 个国家的 180 台纸机上运行。

2008 年 3 月 28 日，温德公司获得了由科技部中国技术市场协会（CTMA）颁发的金桥奖，以表彰创捷技术在造纸厂节能节水以及减少温室气体排放方面作出的杰出贡献，温德公司是第一家荣获金桥奖的外国公司。2009 年 5 月，第十二届北京国际科技产业博览会组委会联合十大行业协会在北京国际会议中心共同举办“中国国际工业节能减排科技创新大会”，创捷混合专利技术又荣获节能减排科技创新“最具投资价值”项目奖。

**（六）效果联锁控制：优化使用效率**

纸机生产是一种动态过程，因此需要经常调节化学品的加入流量以维护最佳的应用效果。绝大多数纸厂采用“人工控制”模式，即由当班操作工观察分析各项测试数据，然后调节化学品的流量，这种控制模式最大的缺陷就是不确定性和滞后性。

随着纸机控制自动化技术的不断进步，化学品效果联锁控制成为可能。所谓效果“联锁控制”，就是在线测定化学品的使用效果，然后根据效果变化由电脑自动调节化学品的加入流量。效果连锁控制可以实时监控化学品的效果，一旦效果有变，立即通过增大或减小化学品的加入流量进行修正，从而彻底消除了人工控制的不确定性和滞后性，确保化学品的效果不会发生大的变动，极大地提高了调节效率，节约了化学品用量。效果联锁控制已成为化学品应用的新趋势。

在国内，芬欧汇川（常熟）纸业有限公司、岳阳林纸股份有限公司和山东晨鸣纸业集团股份有限公司等已陆续在助留剂上采用效果联锁控制。除此之外，效果联锁控制的应用范围还扩展到染料、定着剂和除气剂等化学品。

（刘军钛）

# 科技 教育 出版

## SCIENCE TECHNOLOGY, EDUCATION AND PUBLICATION

2012 年度造纸工业获奖情况
2012 年我国造纸工业授权专利
非木材纤维原料制浆专利分析
2012 年造纸工业标准目录
国内制浆造纸科研设计单位简介
国家认定的企业技术中心简介
国内制浆造纸专业教育机构
国内主要造纸期刊介绍
2012 年《中国造纸》优秀论文获奖名单

# 7

# 2012年度造纸工业获奖情况

## The Awards of Paper Industry in 2012

1. 2012年度中国轻工业联合会科学技术进步奖（造纸）获奖项目

**2012年度中国轻工业联合会科学技术进步奖（造纸）获奖项目**

| 项目名称 | 完成单位 | 完成人 |
|---|---|---|
| **科学技术进步二等奖** | | |
| 废纸制浆关键技术研究 | 华泰集团有限公司<br>山东轻工业学院<br>中国制浆造纸研究院 | 张凤山　李晓亮　秦梦华　曹春昱<br>田居龙　傅英娟　张安钵　周景蓬<br>魏国华　刘燕韶 |
| **科学技术进步二等奖** | | |
| 高效节能铜版纸的开发与产业化 | 金东纸业（江苏）股份有限公司 | 王仁荣　张　明　陈　剑　张菊仙<br>韦　丹　胡华雷　万晓玲　刘翔飞 |
| 微量涂布轻型纸 | 岳阳林纸股份有限公司<br>长沙理工大学 | 王玉珑　陈金山　李　丹　朱宏伟<br>李庆秋　贺晓文　刘成良　周金涛 |
| 化学木浆备料关键设备与工艺技术研发及应用 | 湖南骏泰浆纸有限公司<br>株洲新时代输送机械有限公司 | 徐远梅　周鲲鹏　万　政　周海东<br>杨傲林　陈金山　张智洪　黄百文 |
| **科学技术进步三等奖** | | |
| 高透气度滤嘴棒纸 | 牡丹江恒丰纸业股份有限公司 | 徐　祥　李劲松　潘泉利　刘兴三<br>佟　彤　郎庆利 |
| 年产5万吨杨木PRC－APMP配抄生产高级铜版纸 | 天津科技大学<br>山东晨鸣纸业集团股份有限公司 | 李　群　邵学军　张红杰　张革仓<br>胡惠仁　王　勇 |
| 高性能芳纶浆粕及其纸基环保摩擦材料的研究与应用 | 陕西科技大学 | 陆赵情　张美云　花　莉　张大坤<br>宋福如　夏新兴 |
| 2700/1200新月形成形器卫生纸机 | 山东华林机械有限公司 | 秦维浮　戴　辉　于洪德　翟世冲<br>徐和刚　张　滨 |
| 4200/160－30万吨/年溶解浆浆板机 | 山东省潍坊凯信机械有限公司 | 贾克勤　应广东　于佩杰　牛志伟<br>陈永安　刘九先 |
| **科学技术优秀奖** | | |
| 纸浆酶的制造及其在造纸制浆工业中的应用技术 | 沅江浣溪沙酶技术有限公司 | 李忠兴　杨忠义 |
| 环保型固沙保土有机肥与制浆造纸联合生产技术研发 | 山西鸿昌农工贸科技有限公司<br>太原理工大学 | 何秀院　黄俊发　何　敏　樊风仪<br>黄桂英　袁　珊 |

续表

| 项目名称 | 完成单位 | 完成人 |
|---|---|---|
| 防伪涂布卡纸技术开发 | 山东晨鸣纸业集团股份有限公司 | 邵学军　张革仓　王　勇　韩旭霞　侯焕才 |
| 新型高效 ZXV 洗浆机 | 汶瑞机械（山东）有限公司 | 姚同业　苑耀军　江　波　陈永林　王　涛　张立勋 |

2. 主要省市科学技术奖（造纸）获奖项目

**2012 年各省市科学技术奖（造纸）获奖项目**

| 省市 | 项目名称 | 完成单位 | 完成人 | 获奖类别 |
|---|---|---|---|---|
| 天津市 | 年产 5 万吨杨木 PRC－APMP 配抄生产高级铜版纸 | 天津科技大学<br>山东晨鸣纸业集团股份有限公司 | 李　群　邵学军　张红杰　张革仓　胡惠仁　王　勇 | 天津市科技进步二等奖 |
| 江苏省 | 高速宽幅造纸机用自给缝合成形网关键技术与产业化 | 江苏金呢工程织物股份有限公司<br>南通大学 | 叶　平　陆　平　吴绥菊　周积学　盛长新　吴　波　李学江 | 江苏省科学技术三等奖 |
| 安徽省 | 制浆造纸废水处理工艺技术研究与应用 | 中冶华天工程技术有限公司 | 程寒飞　陈翔宏　汪　旭　冯植飞　沃　原　裴　圣　甘　露　刘　通 | 安徽省科学技术二等奖 |
| | 速溶型造纸分散剂 | 安徽天润化学工业股份有限公司<br>安徽省天润功能高分子工程研究有限公司 | 刘彭诚　汪　燕　李大强　陶阿晖　潘　娣　王全飞 | 安徽省科学技术三等奖 |
| 福建省 | 基于自主开发废水处理装置的造纸废水回收技术 | 福建优兰发集团实业有限公司 | 甘木林 | 福建省科学技术进步三等奖 |
| 山东省 | 废纸纤维分级生产包装纸与纸板集成技术 | 山东世纪阳光纸业集团有限公司 | 盛永忠　王东兴　陈嘉川　张增国　韩金梅　邱文伦　张洪明 | 山东省科技进步二等奖 |
| | 麦草制浆清洁生产技术 | 山东泉林纸业有限责任公司 | 宋明信　李洪法　陈松涛　毕衍金　杨吉慧　宋建军 | 山东省科技进步三等奖 |
| | 可逆温致变色微胶囊的制备及其在防伪纸生产中的应用 | 山东轻工业学院　江南大学 | 董翠华　庞志强　龙　柱　褚夫强　杨淑蕙　罗运辉 | 山东省科技进步三等奖 |
| 河南省 | 耐高温不锈钢衬纸研制开发 | 河南省轻工业科学研究所有限公司 | 万洪安　李跃进　焦国栋　乔　艳　王首旗　刘　颖　刘朝浮 | 河南省科技进步三等奖 |
| 湖南省 | 超/特高压绝缘纸板关键技术研发及产业化 | 湖南广信电工科技股份有限公司<br>长沙理工大学 | 刘德云　成余庆　郑小玲　魏冬云　陈启杰　黄游宇 | 湖南省技术发明二等奖 |
| | 芦苇硫酸盐浆氧脱木素和 ECF 漂白技术 | 沅江纸业有限责任公司<br>长沙理工大学 | 廖万坤　贺建洲　马乐凡　张陆彪　杨一平　杨傲林　刘正宏　崔　健　唐珲军　陈敬新 | 湖南省科技进步一等奖 |
| | 用于配抄高档文化印刷纸 DIP 制浆技术及其应用 | 岳阳林纸股份有限公司 | 陈金山　邵启超　尹　超　王　进　谈　忠　周训富　刘　荔　刘成良　赵年珍 | 湖南省科技进步二等奖 |
| | 绿色环保挤出成型发泡纸板关键技术 | 湖南工业大学<br>恒天九五重工有限公司 | 曾广胜　陈　一　许　超　徐　成　林瑞珍　孟　聪　陈　磊 | 湖南省科技进步三等奖 |

续表

| 省市 | 项目名称 | 完成单位 | 完成人 | 获奖类别 |
|---|---|---|---|---|
| 广东省 | 造纸微生物控制工程应用技术开发 | 广东省石油化工研究院<br>广东省微生物研究所<br>广东迪美生物技术有限公司 | 栾安博　杨伟和　施庆珊<br>邱美坚　黄奇然　黄小茉<br>陈小丹　邱晓颖　汤小燕<br>麦霭平 | 广东省科学技术二等奖 |
| | 进口纸张、废纸检验监管风险评估体系研究及国家标准制定 | 广东出入境检验检疫局检验检疫技术中心<br>天津出入境检验检疫局工业产品安全技术中心 | 郭仁宏　周颖红　栗建永<br>陆瑞强　张晓略　陈　曦<br>张志辉 | 广东省科学技术三等奖 |
| | 高强绝缘钢纸板的研制 | 广东省造纸研究所 | 陈继伟　陈阳明　陈新泉<br>陈慧文 | 广东省科学技术三等奖 |
| 贵州省 | 2800型负压圆网高速薄页纸机关键技术研发与应用 | 贵州恒瑞辰机械制造有限公司 | 王云飞　曾志力　陈银才<br>刘永灿　林茂辉 | 贵州省科学技术三等奖 |

注：表中奖项均由各省市人民政府发布公告整理所得，如有遗漏，请见谅。

（张　晗整理）

# 2012年我国造纸工业授权专利

## Granted Patents of China's Paper Industry in 2012

| 分类号 | 专利名称 | 发明人 | 公告号 | 授权专利号 |
|---|---|---|---|---|
| D21C | 一种以芦苇为原料制备纸浆板的方法 | 徐 林 等 | 101634117B | ZL200810132287 |
| D21F | 造纸机干燥部能量系统监测控制系统及其工作方法 | 李继庚 等 | 101760980B | ZL201010100848 |
| D21F | 纸浆的打浆方法、工序用水的处理方法，以及纸浆和纸的制造方法 | 后藤至诚 等 | 101705634B | ZL200910208387 |
| D21H | 一种高白复印纸及其制备方法 | 许正茂 等 | 102154928B | ZL201110063458 |
| D21F | 热封型干燥袋纸的生产方法 | 胡海兵 等 | 101619554B | ZL200810162735 |
| C08B | 木质纤维材料制备纤维素及羧甲基纤维素的方法 | 陈小刚 等 | 101230547B | ZL200810073480 |
| D21F | 制造高密度大张绝缘纸板的设备及方法 | 俞英忠 等 | 101343844B | ZL200810146852 |
| D21F | 用于废纸再循环设备的纸浆浓度调节方法和装置 | 玉井繁 等 | 101225618B | ZL200810003479 |
| D21C | 使用气体有机试剂作为加热和反应加速介质生产纸浆 | 埃里克 等 | 101184889B | ZL200680019118 |
| D21B | 用于制造纤维浆悬浮液的设备和方法 | 蒂 莫 等 | 101802298B | ZL200880106986 |
| D21C | 利用竹纸浆粕制备纤维素成型体的方法以及通过该方法制备的成型体 | K·海恩布切尔 等 | 101429734B | ZL200810177848 |
| D21C | 用于洗涤和脱水纤维素纸浆的装置 | R·安德森 等 | 101680171B | ZL200880017300 |
| D21H | 一种天然纤维复合材料纸的制备方法及其所使用的水乳液 | 赵艳娜 等 | 102277777B | ZL201110200482 |
| D21F | 纸张横幅定量稀释水智能控制装置 | 张 亮 等 | 102108651B | ZL201010590897 |
| D21F | 纸浆干燥机及用于干燥浆幅的方法 | 伊尔波 等 | 102076905B | ZL200980124379 |
| D21C | 一种航空航天用芳纶纸芳纶纤维前处理的方法 | 李学峰 等 | 101792979B | ZL201010125403 |
| D21C | 一种制备化纤浆粕的方法 | 薛 勤 等 | 102174756B | ZL201010609338 |
| D21H | 一种微量涂布典雅纯质纸的制造方法 | 王玉珑 等 | 102277776B | ZL201110223639 |
| D21D | 一种竹材溶解浆的筛选工艺 | 李文俊 等 | 102154892B | ZL201110080519 |
| D21D | 一种废纸脱墨制浆方法 | 王晓华 等 | 102182091B | ZL201110123339 |
| D21F | 经线自给缝合聚酯三层造纸成形网的制造方法 | 陆 平 等 | 101899796B | ZL201010223744 |
| D21H | 高透气性无纺壁纸原纸及产品 | 楼 钱 等 | 101974869B | ZL201010548079 |
| D21C | 一种制备高聚合度浆粕的蒸煮助剂 | 薛 勤 等 | 102174755B | ZL201010609330 |
| D21H | 炊蒸原纸生产方法 | 高晓明 等 | 101914877B | ZL201010236922 |
| C08F | 一种阳离子树核星形聚合物造纸助剂的制备方法 | 傅英娟 等 | 102020754B | ZL201010524393 |
| D21H | 一种以玉米种皮膳食纤维为原料的可食包装纸的制备方法 | 王岸娜 等 | 102071595B | ZL201010543723 |

续表

| 分类号 | 专利名称 | 发明人 | 公告号 | 授权专利号 |
|---|---|---|---|---|
| D21H | 水稻覆盖栽培用纸的加工方法 | 王连科　等 | 101892607B | ZL201010242717 |
| C08B | 一种在冷水中制备低糊化温度淀粉的生产方法 | 陈江枫　等 | 101974093B | ZL201010296678 |
| D21C | 蒸汽法提取造纸黑液工艺 | 郭海军　等 | 101914863B | ZL201010243994 |
| D21G | 用于造纸设备的刮水板 | 克劳斯　等 | 101165268B | ZL200710151970 |
| D21D | 处理纸浆的方法和装置 | 马瑞塔　等 | 101498110B | ZL200910000138 |
| D21B | 用于水解纤维素物质的方法和设备 | J·蒂特马斯　等 | 101939480B | ZL200880114204 |
| D21C | 一种造纸碱回收工段绿液引晶法除硅工艺 | 夏新兴　等 | 102041703B | ZL201010570356 |
| D21F | 一种湿式纸基摩擦材料及其制备方法和应用 | 周雪松　等 | 102002883B | ZL201010290016 |
| D21H | 阳离子树枝状大分子造纸助留助滤剂的应用 | 傅英娟　等 | 101892610B | ZL201010237410 |
| D21H | 一种用于制造纸杯/纸碗的纸 | 布　宁　等 | 101575825B | ZL200910015862 |
| D21H | 一种包灰卷烟纸的制备方法 | 曾晓鹰　等 | 102154921B | ZL201010584610 |
| D21C | 废纸的磁选脱墨方法 | 郑　其　等 | 101736635B | ZL200810227089 |
| D21F | 带组件及包括该带组件的造纸机或纸板机 | 里库·皮赫科　等 | 101463576B | ZL200810185356 |
| D21C | 一种秸秆微纳米纤维素的制备方法 | 刘志明　等 | 101949103B | ZL201010299693 |
| D21C | 一种沙柳硫酸盐浆漂白工艺 | 杨桂花　等 | 102182094B | ZL201110090564 |
| D21C | 用于造纸的改进组合物和方法 | P·达基劳　等 | 1993517B | ZL200680000539 |
| D21H | 一种多酶复合制剂及其制备方法和应用 | 申　琳　等 | 102162198B | ZL201110028912 |
| D21F | 用于造纸织物的具沟槽多孔层 | 约翰·海维斯　等 | 1823196B | ZL200480020132 |
| D21F | 造纸机织物 | S·泰帕莱　等 | 101278091B | ZL200680036766 |
| C08J | 用于纤维网的淀粉基填充剂和涂布颜料组合物及其制备方法 | H·米科南　等 | 101305032B | ZL200680038098 |
| D21H | 将化学制品进给到造纸工艺中的方法和设备 | 汤　米　等 | 101743358B | ZL200880024928 |
| D21C | 浆料的制造方法 | 赤穗章　等 | 101675190B | ZL200880008373 |
| D21C | 葵花秆挤压机械法制浆 | 马庆涛　等 | 101586314B | ZL200810050730 |
| D21F | 造纸机械用铸铝引纸绳轮装置 | 孙春山　等 | 101629396B | ZL200810023077 |
| D21F | 改进纸制品的纸厚度和表面特征的造纸织物 | R·巴雷特　等 | 101849051B | ZL200880108718 |
| D21H | 含有聚合物分散体的薄纸产品 | T·J·戴尔　等 | 101331272B | ZL200680046883 |
| D21C | 竹材化学溶解浆的制备方法 | 薛　勤　等 | 101457494B | ZL200810147992 |
| D21F | 一种接结双层组织的造纸用成形网 | 丁朝阳　等 | 101440583B | ZL200810246207 |
| D21H | 一种薄荷烟用卷烟纸及其制备方法 | 张优茂　等 | 101781866B | ZL201010101358 |
| D21H | 精制不锈钢板垫纸及制造方法 | 刘洪文　等 | 102234959B | ZL201110158550 |
| D21F | 可调式精确定位刮刀装置 | 张培洲　等 | 101748640B | ZL201010123786 |
| D21C | 实现100%综合利用和消除三废的纸浆清洁生产工艺方法 | 葛文宇　等 | 101775750B | ZL201010100362 |
| C08B | 一种可提高脲醛树脂胶合强度的甲醛消纳剂及其制备方法和应用 | 蒲俊文　等 | 102276734B | ZL201110204832 |
| D21C | 对纸浆进行洗涤和脱水的设备、用于控制这种设备的系统，以及用于在这种设备中处理纸浆的方法 | J·白兰德　等 | 101896666B | ZL200880121180 |

续表

| 分类号 | 专利名称 | 发明人 | 公告号 | 授权专利号 |
|---|---|---|---|---|
| D21H | 一种麦草原料碱法蒸煮制备的未漂浆、其制备方法及其应用 | 宋明信 等 | 101451323B | ZL200710300206 |
| D21D | 用于中浓打浆进料的稳压稳流装置 | 朱小林 等 | 101654885B | ZL200910192224 |
| B01D | 一种湿法成型微孔过滤分离材料及其制备方法与应用 | 胡 健 等 | 101530700B | ZL200910127510 |
| D01F | 纤维素纳米纤维的制造方法、纤维素的氧化催化剂以及纤维素的氧化方法 | 宫胁正一 等 | 101903572B | ZL200880122070 |
| D21H | 含有红景天的彩色手卷卷烟纸及其制备方法 | 何金星 等 | 102002886B | ZL201010207901 |
| D21H | 高透气性无纺壁纸原纸及产品的制造方法 | 楼 钱 等 | 101974868B | ZL201010548078 |
| C07D | 一种多磺酸基二苯乙烯类荧光增白剂的制备方法 | 范约明 等 | 102121209B | ZL201010589277 |
| D21H | 以纤维素为主体的纤维状物质 | 后藤至诚 等 | 101438002B | ZL200780014347 |
| C03C | 一种粉煤灰纤维应用于造纸过程中的增强改性方法 | 陈建定 等 | 102086610B | ZL201010556422 |
| C12N | 一种漆酶及其制备方法与专用生产菌株 | 郭 林 等 | 101880632B | ZL200910083514 |
| A47K | 具有洗浴和按摩功能的魔芋面巾及其制备方法 | 吴 平 等 | 102178484B | Zl201110076353 |
| D21C | 一种置换蒸煮制浆方法 | 白福安 等 | 102154874B | ZL201110109708 |
| C01B | 造纸助留助滤剂球磨有机改性膨润土的制备方法及其应用 | 陈 威 等 | 102182110B | ZL201110067007 |
| D21C | 一种檀皮浆的漂白工艺方法 | 罗 鸣 等 | 102154882B | ZL201110050174 |
| D21C | 木质纤维素纳米纤丝的制备方法 | 陈文帅 等 | 101691698B | ZL200910308633 |
| D21H | 一种生活用纸浆料的预处理方法 | 张 健 等 | 102154867B | ZL201010622880 |
| C08F | 阳离子核壳共聚苯丙表面施胶剂及其制备方法 | 张国运 等 | 101824116B | ZL201010168738 |
| D21H | 一种硅酸钙高填充聚合物改性纸 | 宋 旭 等 | 102011347B | ZL201010295958 |
| D21C | 一种沙柳化学机械法制浆工艺 | 杨桂花 等 | 102174760B | ZL201110060169 |
| D21H | 一种邮资票品专用防伪宣纸、邮资票品及其生产方法 | 刘荣华 等 | 101748642B | ZL200810239600 |
| D21G | 涂布刮刀结构 | 唐绪东 等 | 101519860B | ZL200810007529 |
| D21D | 一种盘磨机同轴度调节装置及其调节方法 | 雷利荣 等 | 101413224B | ZL200810219414 |
| D21F | 用于造纸机械毛布涨紧器的恒张力微补偿小车装置 | 孙春山 等 | 101629397B | ZL200810023076 |
| D21F | 复合水印防伪纸及其制造方法 | 李 策 等 | 101748638B | ZL200810203807 |
| D21F | 带有形成机侧面节点的纵向缝合纱线的造纸成型织物 | K·J·瓦克 等 | 1952257B | ZL200610135707 |
| D21H | 聚吡啶并双咪唑纸浆及其制备方法 | E·A·梅里曼 等 | 101331269B | ZL200680047562 |
| D21H | 生产高定量纸的方法 | 科 赫 等 | 101068985B | ZL200580041572 |
| D21H | 一种包装纸阳离子聚合物表面施胶剂及其制备方法 | 张国运 等 | 102312393B | ZL201110111752 |
| D21H | 利用废烟梗制造烟草栽培用纸的方法 | 刘维涓 等 | 101871178B | ZL201010190515 |
| D21H | 一种片状防伪材料及其防伪纸 | 李鸿斌 等 | 102108653B | ZL200910200811 |
| D21J | 一种复合纤维包装板及其制造方法 | 金荣范 等 | 102031727B | ZL200910187615 |
| D21H | 一种双面复合卡纸及其制备方法 | 何 磊 等 | 101818466B | ZL201010188316 |
| D21F | 用于造纸机或纸板机的流浆箱 | 汉斯·洛瑟 等 | 102066660B | ZL200980109957 |
| A61K | 香蕉茎秆的综合利用方法 | 郑文武 等 | 101897839B | ZL201010231492 |
| D21H | 一种防伪纤维及一种含有防伪纤维的防伪纸 | 孙显林 等 | 101718058B | ZL200910250731 |

续表

| 分类号 | 专利名称 | 发明人 | 公告号 | 授权专利号 |
|---|---|---|---|---|
| D21H | 含沸石分子筛的卷烟成型纸用水性涂料 | 何金星 等 | 101914871B | ZL201010238792 |
| D21C | 改进的废纸脱墨浆生产方法 | 李 峰 等 | 101831825B | ZL201010135021 |
| D21C | 一种针叶木与阔叶木混合硫酸盐制浆工艺 | 毛国新 等 | 102086609B | ZL201010560735 |
| D21H | 一种禾草类未漂浆、其制备方法及其应用 | 李洪法 等 | 101451322B | ZL200710300205 |
| D21F | 用于控制造纸机或类似设备的干燥部中的负压的装置和方法 | 内纳德 等 | 101910512B | ZL200880123552 |
| D21H | 人造板饰面喷涂专用纸及其制作方法 | 李学峰 等 | 101935960B | ZL201010253262 |
| D21H | 一种黑色造纸涂料及利用其生产黑卡纸的方法 | 楼汶荣 等 | 102182109B | ZL201110113949 |
| D21C | 低定量高强度防水石膏板护面纸的生产工艺 | 任绪连 等 | 101824765B | ZL201010154534 |
| D21C | 一种用于配抄高档文化印刷纸的废纸脱墨浆的制浆技术 | 毛国新 等 | 101851872B | ZL201010205751 |
| D21H | 一种防伪水印纸及其制造方法 | 安栓印 等 | 1978786B | ZL200510111320 |
| D21B | 用于废纸再循环设备的清洁方法和系统 | 玉井繁 等 | 101230544B | ZL200810004594 |
| D21H | 含茶提取物的烟用成型纸水性涂料 | 何金星 等 | 101956343B | ZL201010188102 |
| D21H | 一种高性能纸质扬声器振膜材料的制造方法 | 王高升 等 | 101626539B | ZL200910070033 |
| D21H | 氮化硼类纤维纸及其制造方法 | 桑原广明 等 | 101627161B | ZL200880007381 |
| D21C | 一种利用回转窑气化炉的制浆黑液直接苛化碱回收方法 | 袁洪友 等 | 101857266B | ZL201010168359 |
| H01M | 作为燃料电池用气体扩散介质的丙烯酸类纤维黏合的碳纤维纸 | 纪纯新 等 | 101047253B | ZL200710105345 |
| C08B | 纳米纤维素阳离子化改性方法和高强度卷烟纸的制备方法 | 李劲松 等 | 102180979B | ZL201110058981 |
| D21B | 氧爆破壁秸秆造纸浆的方法及设备 | 许少莹 等 | 102206926B | ZL201110107145 |
| D21F | 造纸用纸浆过滤装置 | 李风宁 等 | 101105015B | ZL200610045439 |
| D21D | 制备纤维纸浆的装置 | 赫尔穆特·加布尔 等 | 1955373B | ZL200610131869 |
| D21D | 用于处理纸浆的方法 | R·皮特卡南 等 | 101755090B | ZL200880018356 |
| D21F | 纸幅成形部以及制造多层纸幅的方法 | 佩卡·莫伊拉宁 等 | 101268232B | ZL200680034740 |
| B29B | 一种废复合纸膜的再生方法 | 吴宸澔 等 | 101054779B | ZL200710100719 |
| D21H | 纸浆模塑制品着色方法 | 张雪峰 等 | 101245569B | ZL200810300647 |
| D21F | 用于例如造纸机或纸板机的纤维幅机的干燥部中的方法和装置 | 卡里·尤皮 等 | 101374999B | ZL200780003706 |
| B01J | 一种基于碱－过氧化氢法的蒸煮催化剂及清洁化制浆工艺 | 金永安 等 | 101823002B | ZL201010150836 |
| D21C | 馈送纤维素纸浆的分配装置 | M·丹尼尔森 等 | 102016167B | ZL200980114724 |
| D21F | 保持纸张成形所需流体动力学过程的纤维毡成形装置和方法 | 路易斯 等 | 101522987B | ZL200780004478 |
| D01F | 一种麻材粘胶短纤维及其制备方法 | 逄奉建 等 | 102181956B | ZL201110066533 |
| D21B | 带有两种功能性基团的半纤维素衍生物及其制法和应用 | 任俊莉 等 | 101838348B | ZL201010181119 |
| D21F | 平滑压榨装置和平滑带 | 小田浩之 等 | 101668895B | ZL200880009911 |
| D21H | 含天然矿粉的防腐杀菌纸及制造方法 | 袁 麟 等 | 102242531B | ZL201110139642 |
| D21H | 记录纸 | 松田司 等 | 101265680B | ZL200710199832 |

续表

| 分类号 | 专利名称 | 发明人 | 公告号 | 授权专利号 |
|---|---|---|---|---|
| D21J | 增韧防水模塑纤维制品的制备方法 | 唐志荣 等 | 101985821B | ZL201010268182 |
| A24D | 降低卷烟危害的滤嘴棒材料醋酸纤维的制备方法 | 刘春波 等 | 101914866B | ZL201010245452 |
| D21H | 一种收集生物样本的滤纸制备及运用方法 | 惠宏襄 等 | 102182116B | ZL201110060368 |
| D21H | 一种以砀山梨为原料的可食包装纸的制备方法 | 王岸娜 等 | 102071600B | ZL201010546785 |
| D21H | 一种降低卷烟烟气中氢氰酸含量的纤维素纸、制备方法及其应用 | 秦亮生 等 | 101949106B | ZL201010283619 |
| D21H | 一种高温食用油过滤纸及其制造方法 | 余调娟 等 | 102041751B | ZL201010558413 |
| D21C | 印刷旧纸的脱墨方法 | 汤泽知惠 等 | 101680166B | ZL200880008817 |
| D21H | 具有吸收性芯层的多层纸巾 | S·L·爱德华兹 等 | 101180437B | ZL200680017417 |
| D21C | 一种青檀纤维的分离方法 | 汪殿蓓 等 | 102212975B | ZL201110086658 |
| C09C | 造纸填料碳酸钙的改性方法 | 裴继诚 等 | 101671496B | ZL200910070785 |
| D21H | 一种新型复相电磁屏蔽功能纸及其制备方法 | 胡志军 等 | 101994275B | ZL201010281399 |
| D21F | 一种砂纸原纸及其生产方法 | 李正国 等 | 102154899B | ZL201110108797 |
| D21F | 胶带原纸及其生产方法 | 王福纪 等 | 102041744B | ZL200910044589 |
| D21C | 无酸预水解无酶解制备龙竹系列竹浆粕的方法 | 陈克利 等 | 101748630B | ZL200910218339 |
| D21C | 化学纸浆的漂白方法 | 阿基·维尔波南 等 | 101460675B | ZL200780020320 |
| D21H | 一种造纸过程中的施胶方法 | 朱勇强 等 | 1851123B | ZL200610027092 |
| D21H | 一种防近视纸的生产方法 | 吴养育 等 | 102154925B | ZL201010623990 |
| D21C | 一种桑枝皮中各组分的提取和分离方法 | 姚菊明 等 | 102154876B | ZL201110041431 |
| D21H | 一种伸性纸袋纸及其生产方法 | 马乐凡 等 | 102116001B | ZL201010594658 |
| D21H | 一种涂胶碱性电池隔膜纸的纸浆料及应用该纸浆料制备隔膜纸的制备工艺 | 李 民 等 | 101581054B | ZL200910099006 |
| D21C | 在制浆和造纸过程中的树脂和胶黏物控制 | W·S·卡雷 等 | 101548045B | ZL200780045160 |
| D21H | 用于处理各种基材纸页的添加剂组合物 | T·J·戴尔 等 | 101568688B | ZL200780045396 |
| D21H | 包含 PIPD 纸浆的纸及其制造方法 | E·A·梅里曼 等 | 101331270B | ZL200680047582 |
| D21C | 纤维素提取新工艺 | 尹应武 等 | 101748633B | ZL200810240326 |
| D21F | 制纸机压榨部中纸卷的改善脱水方法及其压榨毛毯 | 马克·P·蒂斯保特 等 | 1902360B | ZL200480039403 |
| C12P | 一种糠醛渣分离制备微晶纤维素和纤维乙醇方法 | 蒋建新 等 | 101413016B | ZL200810227977 |
| D21F | 木薯渣、酒糟渣生产瓦楞原纸、纱管纸的方法 | 潘瑞坚 等 | 101413225B | ZL200810073913 |
| D21H | 用于涂纸浆液的水溶性黏合剂 | R·弗尔哈克 等 | 101605940B | ZL200880004308 |
| D21D | 一种秸秆分丝帚化机 | 宋国亮 等 | 102226318B | ZL201110117255 |
| D21C | 低定量高强度防火石膏板护面纸的生产工艺 | 韩玉武 等 | 101824764B | ZL201010154529 |
| D21H | 一种麦草原料亚铵法蒸煮制备的低白度浆其制备方法及其应用 | 陈松涛 等 | 101451321B | ZL200710300203 |
| D21F | 纸用靴型压榨带 | 高野敏 等 | 101668896B | ZL200880008023 |
| D21H | 新型教材纸的生产工艺 | 李建华 等 | 101457498B | ZL200910013718 |
| D21B | 一种植物纤维预处理方法与高分子基复合材料的制备方法 | 吴宏武 等 | 101914860B | ZL201010240895 |

续表

| 分类号 | 专利名称 | 发明人 | 公告号 | 授权专利号 |
|---|---|---|---|---|
| D21H | 全废纸挂面箱板纸的制备工艺 | 李运强　等 | 102041750B | ZL201010615425 |
| C01D | 综合处理四氯化硅和造纸制浆黑液的方法 | 李　平　等 | 101838946B | ZL201010164975 |
| C08L | 一种塑料复合纸 | 李美香　等 | 102010544B | ZL201010193721 |
| D21D | 变浓度纸浆的打浆方法及装置 | 朱小林　等 | 101974861B | ZL201010522383 |
| C10M | 涂布润滑剂的制备方法 | 施晓旦　等 | 102041153B | ZL201010297095 |
| D21C | 一种改善纸浆漂白性能的方法 | 庞志强　等 | 101967771B | ZL201010543932 |
| D21C | 一种竹材溶解浆的制备方法 | 陈礼辉　等 | 102121201B | ZL201010555001 |
| D21H | 一种造纸用淀粉胶的制作方法 | 李文斌　等 | 101979763B | ZL201010516391 |
| D21H | 一种用于改变和改善纤维表面性质的组合物和造纸方法 | 王祥槐　等 | 102086611B | ZL201010566132 |
| D21H | 荧光增白剂水溶液 | A·C·杰克逊　等 | 101155962B | ZL200680011389 |
| D21C | 一种纸浆的生产工艺及其制备的压塑纸板和应用 | 莫少莲　等 | 102108647B | ZL201010595326 |
| D21H | 一种提高纸张填料留着率的方法 | 林　涛　等 | 101725074B | ZL200910023899 |
| D21H | 一种适用于国Ⅳ标准汽车燃油滤纸及制备方法 | 张赫廷　等 | 102154953B | ZL201110119893 |
| D21C | 一种造纸黑液半焦制备方法 | 袁洪友　等 | 101831827B | ZL201010168377 |
| D21H | 一种造纸干强剂 | 曾文江　等 | 102121207B | ZL201010577567 |
| D21C | 一种木、竹纤维丝光化浆及其制备方法 | 张　金　等 | 102121205B | ZL201010598939 |
| D21F | 造纸用毛毯 | 大内隆司　等 | 101868579B | ZL200880116777 |
| B67D | 中浓浆料输送方法及实现该方法的中浓浆泵系统装置 | 胡庆喜　等 | 101734600B | ZL200910193451 |
| C09J | 一种竹材剩余物高值化综合利用的方法 | 方红霞　等 | 101619547B | ZL200910144257 |
| D21H | 含茶提取物的卷烟成型纸用水性浸涂液 | 何金星　等 | 101956341B | ZL201010187897 |
| D21F | 造纸机或类似物的构造方法以及造纸机或等同物 | 西莫·霍尔马斯　等 | 101194067B | ZL200680020566 |
| D21F | 用于废纸再循环设备的造纸装置 | 玉井繁　等 | 101328694B | ZL200810125180 |
| D21D | 具有螺旋入口和双切出料口的精磨机 | 迈克尔·克拉夫特　等 | 101307579B | ZL200810096126 |
| D21H | 在造纸机中使用的方法和装置 | P·O·梅南德　等 | 1997794B | ZL200580021654 |
| D21H | 工业固体废料纤维制备气相防锈纸的方法 | 吴养育　等 | 101225627B | ZL200810017337 |
| D21H | 一种用于双向组合式造纸增强工艺的装置 | 计　皓　等 | 102242522B | ZL201110187717 |
| D21F | 用于在造纸时减少有黏性的杂质的方法 | F·斯佩斯　等 | 101501272B | ZL200780018856 |
| D21H | 含茶提取物的卷烟成型纸水性浸涂液 | 何金星　等 | 101956340B | ZL201010187882 |
| D21F | 用于纤维幅材机如造纸机或纸板机的干燥部中的方法及装置 | 安蒂·科穆莱宁　等 | 101374998B | ZL200780003515 |
| D21H | 无纺丝复合壁纸及其生产工艺 | 周国轩　等 | 101792989B | ZL201010131713 |
| D21F | 一种防伪包装纸板的加工方法 | 白树华　等 | 101851875B | ZL201010172886 |
| D21H | 温变艺术充皮纸的生产方法 | 周大仕　等 | 101250839B | ZL200710115206 |
| D21F | 一种防静电炭纤维瓦楞原纸的制备方法 | 孙　杰　等 | 102154900B | ZL201110021964 |
| D21C | 一种奶面纸的生产方法 | 高晓明　等 | 101914861B | ZL201010236912 |
| D21D | 高强瓦楞原纸生产工艺 | 李敬民　等 | 101824771B | ZL200910016233 |
| D21H | 一种高强隔热纸的制备方法 | 赵　明　等 | 102071592B | ZL201010563640 |

续表

| 分类号 | 专利名称 | 发明人 | 公告号 | 授权专利号 |
|---|---|---|---|---|
| D21H | 沸石负载钒离子掺杂的二氧化钛抗菌纸及其制备方法 | 陈克复 等 | 102031722B | ZL201010519314 |
| D21H | 一种高强隔热纸的制备方法 | 赵 明 等 | 102071592B | ZL201010563640 |
| D21H | 沸石负载钒离子掺杂的二氧化钛抗菌纸及其制备方法 | 陈克复 等 | 102031722B | ZL201010519314 |
| D21D | 用于被污染的纤维物悬浮液的筛设备及其使用 | 沃尔夫冈 等 | 101542040B | ZL200780043417 |
| D21B | 一种用于造纸制浆的草料纤维拉丝机及其系统 | 刘鑫钢 等 | 101838942B | ZL201010135363 |
| D21H | 一种纸质环保防震包装膜及其制备方法 | 罗 振 等 | 102071593B | ZL201010564719 |
| D21H | 石头造纸方法 | 陈美章 等 | 101831835B | ZL201010172884 |
| D21H | 一种环氧改性脲醛树脂湿强剂及其制备方法 | 暴 峰 等 | 101858045B | ZL201010167061 |
| D21F | 一种采用分层成型技术制备耐磨纸的方法 | 彭葵生 等 | 101824770B | ZL200910058529 |
| C08B | 含至少一种可溶性凝胶化阴离子淀粉的水性组合物 | 埃尔韦 等 | 101868479B | ZL200880117450 |
| D21C | 预提取半纤维素的蔗渣溶解浆制浆方法及其产品 | 吴学东 等 | 101613970B | ZL200910052763 |
| D21H | 一种高性能乳胶纸的生产方法 | 郭友实 等 | 102191725B | ZL201110065344 |
| C08B | 两性瓜尔胶及其制备方法和应用 | 施晓旦 等 | 102115503B | ZL201010619143 |
| D21H | 一种以木薯渣为原料制备造纸湿部化学添加剂的方法 | 武书彬 等 | 102154936B | ZL201110074150 |
| D21H | 阴离子瓜尔胶及其制备方法 | 施晓旦 等 | 102093485B | ZL201010619150 |
| D21H | 含有臭氧化钠的过氧化钠混合溶液在制备纸浆中的应用 | 黄正华 等 | 101078185B | ZL200610019159 |
| C08G | 造纸湿强剂及其制备方法 | 施晓旦 等 | 101704947B | ZL200910196770 |
| D21F | 用于废纸再循环设备的纸浆进给器 | 玉井繁 等 | 101225616B | ZL200810003480 |
| D21B | 用于在生产纤维纸浆的过程中连续地蒸汽预处理木片的装置和方法 | 卡尔森 等 | 101451310B | ZL200810179724 |
| D21H | 涂料分散体的制备 | D·明肖 等 | 101688372B | ZL200880021502 |
| B32B | 记录纸 | 栗原英三 等 | 101343849B | ZL200810093017 |
| D21H | 特种信息纸及其制作方法 | 翟 伟 等 | 101255669B | ZL200810089650 |
| D21F | 上面、特别是纸面和造纸机丝网 | W·黑格尔 等 | 101415881B | ZL200680054160 |
| D21B | 一种油棕榈空果束制纸浆前的备料新方法 | 边 静 等 | 101498109B | ZL200810033177 |
| D21C | 一种废纸制浆方法 | 陈 彬 等 | 101929088B | ZL200910087731 |
| D21C | 利用漂白木浆板生产溶解浆的工艺 | 吴朝军 等 | 102277762B | ZL201110257456 |
| D21C | 秸秆制浆造纸过程中的循环利用方法 | 李洪法 等 | 101768887B | ZL201010126189 |
| D21F | 构造布以及制造薄页纸纸幅的方法 | 芒努斯·胡尔特克兰茨 等 | 101952507B | ZL200880124869 |
| D21D | 网筛装置 | 相川叔彦 等 | 101113579B | ZL200710137040 |
| D21H | 造纸工业用消泡剂 | C·哈默斯 等 | 101821452B | ZL200880111560 |
| D21F | 造纸用的靴形压榨带 | 矢崎高雄 等 | 101939483B | ZL200980104341 |
| D21H | 一种彩棉纤维卷烟纸 | 黄海群 等 | 101798772B | ZL201010138549 |
| C08L | 荧光增白剂水溶液 | M·高托 等 | 101553531B | ZL200780029234 |
| D07B | 无机矿物纸绳的制造方法 | 唐崇书 等 | 101666048B | ZL200910182902 |
| D21F | 用于改善纸张从造纸机的干燥圆筒分离的设备和方法 | I·皮特卡尼米 等 | 102171395B | ZL200980138877 |
| D21C | 用于处理纸浆的装置和方法 | J·奥加德 等 | 101849064B | ZL200880115411 |

续表

| 分类号 | 专利名称 | 发明人 | 公告号 | 授权专利号 |
|---|---|---|---|---|
| D21C | 用于将化学物质输送到工艺流中的方法和装置 | 汤米·雅各布森　等 | 101374994B | ZL200780003405 |
| C08L | 一种复合生物酶改性淀粉及其制备方法和用途 | 祝顺生　等 | 101942119B | ZL201010294675 |
| D21H | 一种造纸表面施胶用淀粉液的制备方法 | 李　丹　等 | 101886352B | ZL201010229576 |
| D21H | 一种添加松香的表面施胶剂及其制备方法与应用 | 颜进华　等 | 101914874B | ZL201010247453 |
| D21D | 一种在低浓设备中实现中浓磨浆的方法 | 王仁荣　等 | 101654884B | ZL200910184644 |
| D21H | 一种提高纸张白度的方法 | 李宗全　等 | 102154926B | ZL201010581189 |
| D21H | 一种降低卷烟烟气中苯并［a］芘含量的纤维素纸、制备方法及其应用 | 秦亮生　等 | 102002888B | ZL201010283643 |
| D21C | 一种造纸废水浆水分离回收装置 | 谢树勤　等 | 102094345B | ZL201010574618 |
| D21H | 铑离子掺杂的二氧化钛空气净化纸及其静电纺丝法制备方法 | 陈克复　等 | 102031716B | ZL201010519298 |
| D21J | 纸浆模压板材及其制备装置 | 郎　旗　等 | 101985820B | ZL201010542001 |
| D21D | 一种钞票纸用高打浆度棉浆粕产品及其生产方法 | 陶振家　等 | 101967765B | ZL201010534696 |
| D21H | 一种轻型纸新型助留助滤体系 | 李树俭　等 | 102154934B | ZL201010618716 |
| D21H | 高得率浆制浆废液用于提高瓦楞原纸和纸板的强度的方法 | 胡惠仁　等 | 102061642B | ZL201010551652 |
| D21H | 一种新型烟包卡纸 | 刘润昌　等 | 102127878B | ZL201010584458 |
| C08B | 一种低黏度阳离子淀粉的制备方法 | 朱其虎　等 | 102161708B | ZL201110044036 |
| D21H | 一种竹子制浆方法 | 胥端祥　等 | 102154907B | ZL201110107238 |
| D06M | 长丝纤维上浆剂及其用途 | 扎比内·拉马克－斯塔姆　等 | 101711296B | ZL200880020636 |
| D21F | 一种工业淋膜原纸的制造方法 | 潘桂华　等 | 101638861B | ZL200910044167 |
| D21H | 制备间位芳纶纸所用的浆料、生产方法及由该浆料制成的间位芳纶纸及生产方法 | 孙　静　等 | 101748646B | ZL200910216913 |
| C02F | 一种碱性过氧化氢化学机械制浆废水的膜浓缩与回用方法 | 张　勇　等 | 101935089B | ZL200910236506 |
| D21C | 一种高透气度混合浆及其制备的生活用纸 | 李洪法　等 | 101760987B | ZL200810179301 |
| C08G | 一种梳状聚氨酯缔合型增稠剂及其制备方法与应用 | 吕满庚　等 | 101633718B | ZL200910042146 |
| D21H | 人造琥珀屏风隔板用纸及其制法 | 李学峰　等 | 101624797B | ZL200910017703 |
| D21F | 标准纸板的热压生产工艺 | 龚　夔　等 | 101781868B | ZL200910044382 |
| D21H | 一种水溶性转印纸 | 黄尚进　等 | 101590774B | ZL200910099883 |
| D21H | 有机纤维浆粕的连续制备方法 | 王凤德　等 | 102154912B | ZL201110001522 |
| D21C | 一种利用含硫烟气吸收物进行亚铵法制浆的循环工艺 | 李洪法　等 | 101760975B | ZL200810171526 |
| D21F | 湿纸幅传送带 | 井上健二　等 | 101305128B | ZL200680042272 |
| C09B | 液体直接染料配制剂 | I·克洛普　等 | 101309978B | ZL200680042666 |
| D21F | 造纸机传送带清理系统、装置和方法 | D·I·温斯坦　等 | 101133206B | ZL200580006863 |
| D21H | 一种用于造纸黏性物控制剂滑石产品及其制造方法 | 宋宝祥　等 | 101768894B | ZL200810188077 |
| D21D | 筛鼓 | K·林德罗斯　等 | 101300387B | ZL200680040610 |
| D21B | 蒸汽爆破含纤维素的原料的方法 | 刘文信　等 | 101387084B | ZL200710121557 |

续表

| 分类号 | 专利名称 | 发明人 | 公告号 | 授权专利号 |
|---|---|---|---|---|
| D21J | 浆料模具及浆料模具的使用 | 比约恩·尼尔森 等 | 101111641B | ZL200580047284 |
| D21H | 降低光致黄化速率的方法 | 谢尔盖 等 | 101326327B | ZL200680046651 |
| D21F | 结构化造纸织物和造纸机 | 斯科特·奎格利 等 | 101821449B | ZL200880110954 |
| D21C | 对纸浆进行洗涤和脱水的设备 | J·白兰德 等 | 101896664B | ZL200880121067 |
| D21F | 在造纸设备中用于可松开地紧固金属丝薄板的装置 | 克劳斯·巴特尔马斯 等 | 101748637B | ZL200910225033 |
| D21H | 造纸用润滑剂的制备方法 | 施晓旦 等 | 102154940B | ZL201010619144 |
| D21C | 离子液体溶剂分离木质纤维素中木质素和纤维素的方法 | 马英冲 等 | 101580522B | ZL200910012002 |
| C08B | 用甘蔗渣制备高取代度高黏度羧甲基纤维素钠的方法 | 黄祖强 等 | 102167749B | ZL201110042371 |
| G01N | 一种快速测定造纸原料浸渍程度的方法 | 吕卫军 等 | 101988883B | ZL201010001181 |
| D21F | 借助至少一个浮选设备从含水纸纤维悬浊液中去除杂质的方法 | 沃尔夫冈·曼内斯 等 | 101918638B | ZL200880121246 |
| D21C | 禾草类纤维制浆工艺 | 陈松涛 等 | 101649567B | ZL200910162580 |
| D21F | 造纸机和工业织物的制造方法 | 约瑟夫·G·奥康纳 等 | 101835938B | ZL200880112758 |
| D21B | 螺杆注射式植物纤维蒸汽爆破装置及方法 | 瞿金平 等 | 101463570B | ZL200910036569 |
| D21C | 预提取半纤维素的蔗渣碱法制浆方法及其产品 | 吴学东 等 | 101565907B | ZL200910052764 |
| D21C | 用于从容器排出纸浆的装置、从容器排出纸浆的方法以及改进纸浆容器的方法 | R·维萨拉 等 | 101809227B | ZL200880107355 |
| C09K | 一种促进纤维帚化的磨浆方法及其在造纸中的应用 | 王仁荣 等 | 101691700B | ZL200910036010 |
| D21F | 一种水力流浆箱 | 胡宏志 等 | 102002879B | ZL201010289886 |
| D21C | 一种中、高浓纸浆臭氧漂白装置 | 李金宝 等 | 101942775B | ZL201010277209 |
| B31F | 卷烟滤嘴棒用沟槽成型纸的生产方法及专用设备 | 胡素霞 等 | 102102313B | ZL200910273358 |
| D21B | 一种植物纤维纸浆的无污染生产工艺 | 武晶晶 等 | 102108644B | ZL200910245061 |
| D21F | 多模式流浆箱 | H·斯库格 等 | 101529017B | ZL200780038815 |
| D21H | 低定量高强度普通石膏板护面纸的生产工艺 | 贾同春 等 | 101818465B | ZL201010154522 |
| D21C | 一种造纸废水循环利用方法 | 王福纪 等 | 101838945B | ZL201010206916 |
| C08L | 一种仿纸生物降解树脂及制备方法 | 陈 庆 等 | 101914294B | ZL201010263372 |
| D21C | 对纸浆进行洗涤和脱水的设备 | J·白兰德 等 | 101896665B | ZL200880121179 |
| D21F | 废纸再循环设备及其构成装置 | 玉井繁 等 | 101074545B | ZL200710105010 |
| D21C | 从污水污泥回收利用纤维的方法及其装置 | 瑞弗尔·阿哈伦 等 | 101155957B | ZL200680011533 |
| D21C | 采用棉秆皮为原料生产纸浆的方法 | 凌受明 等 | 101831822B | ZL201010178303 |
| C08L | 一种利用碱性电生功能水去除生物质中木质素的方法 | 孙君社 等 | 101962449B | ZL201010263946 |
| D21C | 一种利用含硫烟气吸收物进行亚铵法制浆的工艺 | 李洪法 等 | 101760974B | ZL200810171525 |
| D21H | 一种适用于沙漠地区汽车空气滤纸及制备方法 | 张赫廷 等 | 102154954B | ZL201110119894 |
| D21H | 助留助滤剂及其制备方法 | 施晓旦 等 | 102162200B | ZL201010619145 |
| B27D | 一种三聚氰胺浸渍纸异型贴面压贴方法 | 冯 毅 等 | 101954657B | ZL201010241230 |
| D21C | 一种乙醇制浆废液循环利用方法 | 张美云 等 | 102182095B | ZL201110080191 |
| D21B | 植物纤维原料温和碱/氧化法预处理及溶剂循环利用工艺 | 程可可 等 | 101003955B | ZL200710062808 |

续表

| 分类号 | 专利名称 | 发明人 | 公告号 | 授权专利号 |
|---|---|---|---|---|
| D21H | 一种黑芯扑克牌纸的加工方法 | 范国斌　等 | 101851876B | ZL201010172870 |
| D21C | 纤维调湿板的制备方法及设备 | 沈跃华　等 | 101289825B | ZL200810039073 |
| D21C | 一种竹材溶解浆的碱抽提工艺 | 李文俊　等 | 102154883B | ZL201110080522 |
| D21H | 造纸施胶用烷基烯酮二聚体的改性方法 | 王　键　等 | 101168939B | ZL200710031670 |
| D21J | 一种纸浆模塑制品水果托盘的纸浆 | 辛慧玲　等 | 102182118B | ZL201110104586 |
| D21H | 普洱茶提取物的卷烟成型纸用水性涂料 | 何金星　等 | 102021860B | ZL201010188105 |
| D21C | 一种用于对脱墨后的废纸浆进行漂白的漂白方法 | 王俊明　等 | 101560740B | ZL200910098386 |
| D21H | 用于造纸方法的填料 | P·M·范德豪斯特　等 | 1898439B | ZL200480038513 |
| D21H | 柔性纤维质材料、污染控制装置及其制造方法 | 安尼·N·德罗维尔　等 | 101617082B | ZL200880005509 |
| D21B | 一种新型的造纸备料组合设备系统及其工艺 | 金荣孝　等 | 101109155B | ZL200610048433 |
| D21H | 纤维素产品 | F·索尔哈哥　等 | 101548047B | ZL200780044484 |
| D21F | 具有高水平纤维支撑性的稳定的成形织物 | 里塔·汉森　等 | 1854390B | ZL200610076531 |
| D21H | 生产纸、卡片纸板和纸板的方法 | O·科赫　等 | 101084346B | ZL200580043807 |
| B32B | 用于双面涂覆产品的低渗透性纺织品基材 | 基思·菲茨帕特里克　等 | 1816660B | ZL200480018849 |
| G06F | 使用化学干燥剂在造纸机和纸浆干燥机上控制压榨部脱水的系统和方法 | 大卫·艾拉·韦恩斯坦　等 | 101163836B | ZL200680003172 |
| D21H | 全热交换器元件用原纸 | 三柴晶子　等 | 1958948B | ZL200610137727 |
| D21F | 成形织物 | 丹纳·伊格斯　等 | 101057028B | ZL200580038585 |
| D21H | 由可控多孔纸材制成的蜂窝结构 | M·R·列维特　等 | 101595260B | ZL200780046041 |
| D21F | 纸幅制造机中的流浆箱的功能部件所用的结构元件、功能部件和由其制造的流浆箱以及相关方法 | 乌尔夫·哈拉尔德松　等 | 101622399B | ZL200880006666 |
| D21H | 一种玉米秸秆制备的纸浆、其制备方法及其制成的纸制品 | 李洪发　等 | 102154906B | ZL201110099675 |
| D21H | 涂布纸及其生产方法 | 胡华雷　等 | 102251437B | ZL201110180161 |
| D21F | 造纸用的靴形压榨带 | 矢崎高雄　等 | 101720370B | ZL200880022023 |
| D21G | 对金属带式压光机中的纤维幅材进行处理的方法和实施该方法的设备 | 亨利·瓦伊蒂宁　等 | 102046880B | ZL200980120332 |
| D21B | 用于木片的热机械精制的方法 | M·J·萨布林　等 | 101619546B | ZL200910141704 |
| D21H | 制纸用内添施胶剂及其用途 | 酒井一成　等 | 101778976B | ZL200880025535 |
| D21F | 空气干燥机的末端部、空气干燥机、空气干燥机的末端部中的方法和风扇的应用 | P·海基莱　等 | 101535566B | ZL200780042117 |
| D21C | 禾草类纤维制浆工艺 | 陈松涛　等 | 101654882B | ZL200910162581 |
| D21C | 一种制浆黑液气化与直接苛化碱回收方法和装置 | 阴秀丽　等 | 101845766B | ZL201010168347 |
| D21F | 用于生产织物材料尤其是纸或纸板的机器的成型织物 | 佩特拉·哈克－尤伯拉尔　等 | 101426977B | ZL200780014512 |
| D21C | 一种生物冷发酵法秸秆回收剂及生物冷发酵法秸秆生产植物纤维的工艺 | 韩保新　等 | 102321992B | ZL201110167923 |
| D21C | 干取非纤维物质及不产生水的制浆工艺 | 刘长如　等 | 101806008B | ZL201010150534 |

续表

| 分类号 | 专利名称 | 发明人 | 公告号 | 授权专利号 |
|---|---|---|---|---|
| D21H | 防皱安全纸张及其制造方法以及包含该纸张的安全文件 | 亨利·罗塞特 等 | 101711297B | ZL200880016722 |
| D21H | 一种粉状两性瓜尔胶衍生物的制备方法 | 曹春昱 等 | 101871180B | ZL200910082567 |
| D21C | 一种从造纸废水中回收浆料的方法 | 李文斌 等 | 102002878B | ZL201010514376 |
| D21B | 一种芳纶纤维表面化学改性方法 | 张素风 等 | 101725062B | ZL200910219235 |
| D21C | 对纸浆进行洗涤和脱水的设备 | F·普恩顿 等 | 101896667B | ZL200880121268 |
| D21B | 生产商品级纸浆、天然木素和单细胞蛋白质的新催化反应器方法 | 凯利·安东尼·O′弗林 等 | 101962919B | ZL201010255370 |
| D21F | 喷射液体的装置 | 克劳斯·巴特尔马斯 等 | 102061640B | ZL201010000749 |
| D21F | 安全基片的改进 | P·麦克莱恩亨德森 等 | 101981251B | ZL200980111477 |
| D21H | 纸挂钩纸板及其应用 | 汪瑞民 等 | 101701435B | ZL200910197711 |
| D21H | 一种一次性医疗卫生用品用纤维过滤纸及其制造方法 | 陆燕华 等 | 102031724B | ZL201010543727 |
| D21C | 回收水解产物的方法 | 佩维·尤西塔罗 等 | 101379242B | ZL200780004839 |
| D21H | 水电解氢气发生器用隔膜纸及其制造方法 | 李红祝 等 | 101979764B | ZL201010541335 |
| D21C | 从植物体中提取纤维的绿色工艺 | 尹应武 等 | 101899794B | ZL200910085014 |
| D21H | 一种降低卷烟烟气中酚类物质的纸质滤棒 | 金 勇 等 | 101967770B | ZL201010279574 |
| D21C | 一种苛化浊白液净化工艺 | 王进军 等 | 102078726B | ZL201010586337 |
| C08L | 一种环保合成纸的制备方法 | 杨殿宽 等 | 102093632B | ZL201010552648 |
| D21F | 处理涂布的或未涂布的纤维纸幅的处理装置及其操作方法 | 尤哈·利波宁 等 | 1625628B | ZL03802939 |
| C12P | 纤维素酶、编码它们的核酸及其制备和应用的方法 | D·百隆 等 | 101175860B | ZL200680016175 |
| D21H | 聚芳唑/热塑性浆粕及其制法 | A·阿马 等 | 101341296B | ZL200680048352 |
| D21C | 一种棉短绒制浆的方法 | 薛润林 等 | 102021854B | ZL201010511566 |
| D21H | 含茶提取物的香烟成型纸用水性涂料 | 何金星 等 | 101956342B | ZL201010187956 |
| D21B | 用于农作物秸秆纤维素提取的超声波辅助汽爆预处理工艺 | 姜 曼 等 | 102230284B | ZL201110116073 |
| D21H | 果蔬保鲜剂、果蔬保鲜纸及其制备方法 | 罗来康 等 | 102349571B | ZL201110270727 |
| D21C | 红麻骨材造纸制浆方法 | 张士楚 等 | 102021859B | ZL201010278321 |
| D21H | 一种羊毛纸及其制备方法 | 王陆良 等 | 101666055B | ZL200910050027 |
| B27N | 造纸污泥制造的人造板及其制造方法以及除臭方法 | 江泽慧 等 | 101306552B | ZL200810115913 |
| D21G | 玄武岩刮刀及其制造方法 | 彭俊超 等 | 101698983B | ZL200910210727 |
| D21H | 一种化学机械浆清洁漂白预处理的工艺 | 刘梦茹 等 | 102154886B | ZL201010611490 |
| B44C | 具有带电纤维的装饰纸 | 迪特尔·德林 等 | 1946572B | ZL200480042125 |
| D21F | 用于浮选室的注射器 | E·涅米宁 等 | 101657582B | ZL200880010114 |
| D21F | 具有横向的纱线组织且顶部机器方向的纱线与底部机器方向纱线的比值为2:3的造纸织物 | K·J·沃德 等 | 101092801B | ZL200710101972 |
| D21H | 防污和/或防潮的安全文件 | 蒂莫西·T·克瑞尼 等 | 101583760B | ZL200780047970 |

续表

| 分类号 | 专利名称 | 发明人 | 公告号 | 授权专利号 |
|---|---|---|---|---|
| D21F | 经纱缝合的多层造纸用织物 | K·J·瓦德　等 | 1791719B | ZL200480013626 |
| D21F | 造纸用靴型压榨带 | 高村浩之　等 | 101861428B | ZL200880116635 |
| D21F | 造纸终端水沉淀塔 | 张佰水　等 | 101403202B | ZL200810157497 |
| D21B | 一种用爆破法制浆的方法 | 侯梦斌　等 | 101230545B | ZL200810070660 |
| D21F | 一种使废纸造纸中的废料渣再生的生产处理方法及其装置 | 陈维强　等 | 101195974B | ZL200610160676 |
| D21F | 将高浓纸浆供给到成形支撑件的方法和高浓纸浆的流浆箱 | 约翰·古利克森　等 | 101861427B | ZL200880116093 |
| D21H | 基于颜料－聚合物混杂物的涂纸浆液 | J·施密特－图迈斯　等 | 101057036B | ZL200580038835 |
| D21F | 造纸机或类似机器中的运行性组件及其制造方法 | 拉米·阿尔托宁　等 | 101285280B | ZL200810100040 |
| D21F | 造纸机中的设备 | 卡里·尤皮　等 | 1930343B | ZL200580002336 |
| D21H | 一种全高得率浆配抄的轻型纸及其抄造工艺 | 李树俭　等 | 102154935B | ZL201010618717 |
| D21D | 一种多相高浓混合装置 | 朱小林　等 | 101654886B | ZL200910192226 |
| D21H | 一种中药材纸张及其制备方法 | 谭　晶　等 | 101831836B | ZL201010125458 |
| C09D | 一种废纸脱墨剂 | 陈　彬　等 | 101928485B | ZL200910087730 |
| D21H | 用于造纸的经胶乳处理的填料浆料 | M·拉雷戈　等 | 101680186B | ZL200880017505 |
| D21C | 黑液混合器 | 郭　靖　等 | 102226321B | ZL201110105858 |
| D21C | 本色未漂木纸浆改性制备木溶解浆的方法 | 冯　涛　等 | 101818460B | ZL200910263443 |
| D21C | 一种造纸制浆黑液结晶蒸发方法 | 李正国　等 | 101831826B | ZL201010205198 |
| C12N | 木聚糖酶的基因、质粒、菌株及应用 | 林　影　等 | 101955958B | ZL201010256129 |
| D21C | 一种纸浆提浓机 | 周海东　等 | 102002877B | ZL201010516919 |
| D21H | 具有窗口的片状材料，其制造方法，以及包括该片状材料的安全文件 | P·杜布莱　等 | 101490339B | ZL200780026793 |
| B01D | 一种用于化机浆制浆废液浓缩的板式超滤膜分离装置 | 曹春昱　等 | 101934196B | ZL200910088247 |
| D21F | 一种空调器室内机壳体的制备方法 | 王崇庆　等 | 102031728B | ZL201010529290 |
| D21H | 再生皮革纸及其制造方法，及使用它制造的月形芯及其制造方法 | 上沼右治　等 | 102125336B | ZL201010246867 |
| D21C | 一种纸浆间歇蒸煮参数优化方法 | 沈正华　等 | 101949104B | ZL201010295335 |
| D21C | 一种去除烟气脱硫吸收剂造纸白泥中黑色胶状物质的方法 | 吴忠标　等 | 102071587B | ZL201010594976 |
| D21H | 印刷用涂布纸 | 山本学　等 | 101725081B | ZL200910177996 |
| D21D | 混合不同成分的悬浮液的方法及实施该方法的混合装置 | 伊丽莎白·巴茨　等 | 1773012B | ZL200510119311 |
| D21H | 耐磨损层 | M·C·迪达维德　等 | 101680193B | ZL200880014515 |
| D21H | 高性能施胶剂乳液及其制备方法和应用 | 施晓旦　等 | 102220728B | ZL201110077963 |
| D21C | 废纸脱墨漂白处理工艺 | 杨树香　等 | 101775749B | ZL201010120115 |
| D21G | 造纸用复卷机的封闭式除尘装置 | 许耀廷　等 | 102146638B | ZL201110023214 |
| D21H | 改善亚硫酸盐草浆烷基烯酮二聚物施胶的化学处理方法 | 袁世炬　等 | 101624800B | ZL200910063491 |
| D21J | 盐肤木枝桠清洁制浆及其综合利用的方法 | 陈洪章　等 | 102094366B | ZL201010565539 |

续表

| 分类号 | 专利名称 | 发明人 | 公告号 | 授权专利号 |
| --- | --- | --- | --- | --- |
| D21H | 一种低定量涂蜡原纸生产工艺 | 楼　钱　等 | 101985819B | ZL201010285081 |
| D21F | 造纸机干燥部中废热的利用 | 克劳斯·吉辛　等 | 101498111B | ZL200910007278 |
| D21H | 一种烯基琥珀酸酐施胶剂 | 刘温霞　等 | 102199899B | ZL201110104896 |
| D21C | 漂白纸浆的制备方法 | 友田生织　等 | 101443514B | ZL200780017527 |
| D21C | 一种高强度纸张用棉浆粕的制备方法 | 陈忠国　等 | 102174757B | ZL201110020827 |
| B01J | 一种对脲醛树脂为囊壁的微胶囊表面阳离子化的方法 | 龙　柱　等 | 101898104B | ZL201010230643 |
| D21H | 利用阳离子支链淀粉造纸的方法 | T·A·威勒玛　等 | 101466894B | ZL200780021442 |
| D21C | 高透气性纸浆及其制备方法与应用 | 张　金　等 | 102121206B | ZL201010598956 |
| D21C | 木质纤维素的制浆工艺和系统 | 约翰·艾辛格　等 | 101122101B | ZL200710140608 |
| D21H | 人防专用空气过滤纸及其制备方法 | 郭　茂　等 | 102182117B | ZL201110061925 |
| D21H | 一种双胶纸及其制备方法 | 许正茂　等 | 102154927B | ZL201110063456 |
| D21H | 生产纸制品的方法 | Y·维尔德罗克　等 | 101563504B | ZL200780046857 |
| D21H | 具有受控的棉绒性质的薄纸产品 | T·J·戴尔　等 | 101595262B | ZL200780045494 |
| C09C | 混合碳酸钙及其制备方法和应用 | 施晓旦　等 | 101514265B | ZL200810204954 |
| D21H | 纸的施胶 | H·约翰松－维斯丁　等 | 101346513B | ZL200680048955 |
| D21C | 麦草的硫酸催化乙醇制浆工艺 | 刘　忠　等 | 101215795B | ZL200810052014 |
| D21D | 用于控制精磨表面之间对准的方法和装置 | P·斯万德伯格　等 | 101360564B | ZL200680051092 |
| D21H | 长效抗菌白卡纸及其生产方法 | 林　云　等 | 101328701B | ZL200810109835 |
| D21H | 新型节能环保全再生涂布白卡纸及其制备方法 | 孙柏贵　等 | 101333784B | ZL200810041177 |
| D21H | 用于双囊袋制作的双面热封滤纸的制备方法 | 雷　荣　等 | 102261019B | ZL201110187718 |
| D21G | 用于纤维幅材机的辊 | 亚尼·哈科拉　等 | 101838951B | ZL201010143377 |
| C08F | 一种造纸用涂料分散剂及其制备方法 | 颜进华　等 | 101481889B | ZL200910037069 |
| D21H | 一种纸张表面施胶剂的制备方法 | 任万山　等 | 102182111B | ZL201110058982 |
| D21F | 双网造纸机中的密封件 | H·洛夫格兰　等 | 101522986B | ZL200780037404 |
| D21C | 控制金合欢木质纸浆和纤维中的亲脂性抽出物的方法 | 罗莎·M·科瓦鲁比亚斯　等 | 101535563B | ZL200780040838 |
| D21C | 用于连续纤维素纸浆蒸煮器的蒸煮器筛 | 乔纳·赛特拉森　等 | 101883892B | ZL200880118505 |
| D21F | 具有减小在水－浆料回路中的紊流的系统的湿式成形造纸机和相关方法 | 皮耶罗·赛利　等 | 101517161B | ZL200780033168 |
| D21H | 一种碳纤维发热纸及其制备方法 | 刁　炜　等 | 102182100B | ZL201110090974 |
| D21C | 一种秸秆类物质机械浆的制造方法 | 李　昊　等 | 102051833B | ZL201010543703 |
| D21C | 一种溶解浆的纯化工艺 | 吴朝军　等 | 102108646B | ZL201010593831 |
| D21B | 一体式涡流制浆设备 | 刘振海　等 | 102182084B | ZL201110166257 |
| D21C | 一种制备高聚合度浆粕的方法 | 薛　勤　等 | 102154870B | ZL201010609336 |
| D21C | 一种造纸制浆方法 | 甘木林　等 | 101736626B | ZL201010113392 |
| D21J | 制造纤维物的成形工具 | 比约恩·尼尔森　等 | 101370982B | ZL200780002356 |
| D21F | 用于造纸机和/或纸板机的排气罩 | 罗纳德·赫伯　等 | 101258286B | ZL200680022590 |
| D21F | 用于造纸机的织物和形成该织物的方法 | 杰弗里·B·赫尔曼　等 | 101558199B | ZL200780046313 |

续表

| 分类号 | 专利名称 | 发明人 | 公告号 | 授权专利号 |
|---|---|---|---|---|
| B05B | 喷嘴装置、使用该喷嘴装置的药液的供给方法及药液 | 关谷宏　等 | 101495241B | ZL200780028316 |
| D21H | 一种阳离子苯乙烯丙烯酸酯表面施胶剂及其制备方法 | 张国运　等 | 101871184B | ZL201010169291 |
| D21C | 一种改进的竹材溶解浆的漂白工艺 | 李文俊　等 | 102154884B | ZL201110080523 |
| D21H | 收纳芯片型电子元件的承载纸 | 山本学　等 | 101760996B | ZL200910261338 |
| D21F | 古法宣纸的制造方法 | 曹建勤　等 | 102174767B | ZL201110036194 |
| D21H | 一种涂布纸的制备方法 | 陈洪国　等 | 101418532B | ZL200810238241 |
| D21C | 一种杨木化机浆两段高效漂白方法 | 曾劲松　等 | 102251427B | ZL201110214362 |
| D21H | 一种彩色卷烟纸及制备方法 | 朱自忠　等 | 101886355B | ZL200910094465 |
| D21H | 一种利用乙醇制浆废液改性制备纸张增强剂的方法 | 张美云　等 | 102182112B | ZL201110081038 |
| D21C | 用于以能量有效的方式在连续蒸煮器中生产纤维素浆料的方法 | V・斯内克内斯　等 | 101535562B | ZL200780041440 |
| D21H | 包含聚吡啶并双咪唑和其他聚合物的浆粕及其制造方法 | A・阿马　等 | 101341297B | ZL200680048359 |
| D21H | 防割纸和纸制品及其制备方法 | R・C・威廉姆斯　等 | 1861902B | ZL200610089853 |
| D21F | 从压榨部向干燥部转送料幅、尤其是纸幅面的方法和装置 | 多米尼克・梅　等 | 101240513B | ZL200810085681 |
| D21F | 造纸用靴型压榨带 | 高野敏　等 | 101641477B | ZL200880009353 |
| D21B | 木材的纤维分离装置及其方法 | O・图维南　等 | 101517159B | ZL200680054407 |
| B32B | 由具有高熔点热塑性纤维的纸材制成的蜂窝结构 | M・R・列维特　等 | 101573224B | ZL200780046141 |
| D21H | 聚合物组合物及在造纸工艺中使用它们的方法 | M・辛格　等 | 101057032B | ZL200580038777 |
| C07D | 含2,5－二磺酸苯胺基团季铵盐型荧光增白剂及其合成与应用 | 曹成波　等 | 101298439B | ZL200810016964 |
| D21D | 弯曲的磨条上具有凸凹不平的前侧壁的机械磨浆机磨片和设计磨片的方法 | 吕可・金格拉斯　等 | 101605938B | ZL200880004262 |
| D21H | 一种本色涂布牛卡纸及其制造方法 | 舒君明　等 | 102199898B | ZL201110091856 |
| D21C | 甘蔗渣黑液燃烧碱回收方法 | 韦文兵　等 | 101775751B | ZL201010045654 |
| D21H | 一种双向组合式造纸增强工艺以及装置 | 计　皓　等 | 101806017B | ZL201010141752 |
| D21C | 用于在化学制浆厂处理和利用液体流的方法 | 雅纳・韦赫马　等 | 101680174B | ZL200880020326 |
| D21H | 一种多用途黄麻纤维纸及其抄造方法 | 吴立群　等 | 101824773B | ZL201010157931 |
| D21C | 一种木质纤维原料的预处理方法 | 赵雪冰　等 | 101864683B | ZL201010197815 |
| D21F | 一种高松厚度、低定量手抄片的制作方法 | 展恒金　等 | 102174766B | ZL201110020032 |
| D21H | 一种在纸张中施加片状防伪材料的方法、装置及防伪纸 | 李鸿斌　等 | 102108652B | ZL200910200810 |
| C12P | 一种木质纤维素原料的处理方法 | 俞学锋　等 | 102115994B | ZL201010003009 |
| D21H | 具有高干态强度的纸、纸板和卡纸的制造方法 | A・埃瑟尔　等 | 102027170B | ZL200980117119 |
| D21H | 芯片型电子元件收纳衬纸用多层纸基材及其制造方法 | 末永浩　等 | 101619555B | ZL200910139615 |
| D21H | 含凹凸棒石的卷烟成型纸用水性涂料 | 何金星　等 | 101914870B | ZL201010238777 |
| D21H | 造纸方法 | 岛本胜浩　等 | 102031715B | ZL201010534014 |
| D21H | 装饰纸和包括这种装饰纸的装饰层压板的制备方法 | 克洛德・佩兰　等 | 1973089B | ZL200580015162 |
| D21F | 在造纸机中在结构化织物上形成材料幅的装置和方法 | 杰弗里・赫尔曼　等 | 101469525B | ZL200810183304 |
| D21F | 用于控制介质流的设备 | H・克龙霍尔姆　等 | 1693589B | ZL200510066790 |

（曹春昱　李志斌）

# 非木材纤维原料制浆专利分析

## Analysis of Patents of Non-Wood Fibers Pulping

据中国造纸协会调查资料，2012年我国纸浆生产总量7867万吨。其中，木浆810万吨，废纸浆5983万吨，非木浆1074万吨[1]。我国非木浆产量自2003年至2012年，基本维持在1000万~1300万吨，是世界上非木浆产量最高的国家。其次是印度，非木浆产量在200万吨左右[2]。

我国制浆使用的非木材纤维资源主要为竹子、麦（稻）草、芦苇、蔗渣等，非木材纤维原料是较好的造纸纤维原料之一，但草类纤维长度短、杂细胞含量高、原料灰分含量大等问题，致使传统的适用于木材的制浆（蒸煮漂白）技术在用于非木材纤维原料制浆时出现了很多问题，如化学药品消耗量大、纸张脆性大等[3]。针对上述制浆过程中出现的问题，各国科研及造纸工作者进行了大量的科研工作，在各个技术领域提出了许多有关非木材纤维制浆的专利技术，但目前这些技术的特点各不相同，具体情况较为复杂，摸清非木材纤维原料制浆专利技术相关情况，对于合理利用非木材纤维原料，推动清洁制浆技术的进步具有重要意义。

## 一、非木材纤维原料制浆专利技术概况

### （一）各国非木材纤维原料制浆专利情况及分析

本文中的专利情况统计与分析均以当年度专利申请数为基准进行分析[4~6]。专利申请数量的多少能宏观反映某个国家或地区的研究重点和技术发展的方向。

表1表明，我国非木材制浆技术的专利数量较大，2002—2012年间达到了362项，其次为日本，再次为韩国，最后为欧洲和美国。在世界非木材制浆专利技术中，麦草制浆专利占比例最大，约48%。除中国之外，位于第2位和第3位的日本和韩国，除麦草制浆专利较多外，主要集中在竹材制浆方面。

**表1 主要国家2002—2012年申请专利数**

| 国家或地区 | 麦草 | 芦苇 | 竹子 | 蔗渣 | 总计 |
|---|---|---|---|---|---|
| 中国 | 149 | 78 | 54 | 81 | 362 |
| 日本 | 26 | 8 | 28 | 24 | 86 |
| 韩国 | 37 | 4 | 26 | 2 | 69 |
| 欧洲 | 14 | 1 | 3 | 0 | 18 |
| 美国 | 8 | 0 | 2 | 2 | 14 |
| 总计 | 234 | 91 | 113 | 109 | 549 |

### （二）主要国家专利年度分布情况

1. 我国非木材纤维原料制浆专利年度分布

我国专利中涉及的非木材纤维原料主要为稻麦草、芦苇、竹子和蔗渣。

表2表明，对于麦草和竹子来说，其专利主要集中在2004年、2005年，然后2006年下降较大，随后逐渐增加。而芦苇则主要集中在2005年、2006年及2008年、2010年和2011年。蔗渣主要集中在2004年、2009年和2011年。我国专利中，麦草专利占据了草类纤维制浆专利的约50%，其次是蔗渣和芦苇，再次是竹子。2002—2012年10年间，我国专利较多的阶段是2004—2005年及2008年以后（图1所示）。

2. 日本非木材纤维原料制浆专利年度分布

由表3及图2中数据可看出，日本在非木材纤维制浆方面的专利数量整体呈现下降趋势。对于草类纤维制浆的主要贡献时间段集中在2004年、2005年及2008年。由表3可知，竹材制浆的相关专利占较大比例，约35%，其次是麦草，约30%，再次是蔗渣，约占25%，最后是芦苇，约占10%。可以看出，日本专利技术更多的集中在竹材及麦草制浆上。

表2　我国2002—2012年申请专利情况

| 原料 | 2002年 | 2003年 | 2004年 | 2005年 | 2006年 | 2007年 | 2008年 | 2009年 | 2010年 | 2011年 | 2012年 |
|---|---|---|---|---|---|---|---|---|---|---|---|
| 麦草 | 5 | 3 | 32 | 27 | 6 | 9 | 14 | 15 | 12 | 22 | 4 |
| 芦苇 | 4 | 5 | 2 | 10 | 10 | 4 | 13 | 1 | 14 | 13 | 2 |
| 竹子 | 14 | 1 | 4 | 4 | 3 | 2 | 6 | 5 | 5 | 9 | 1 |
| 蔗渣 | 3 | 1 | 10 | 6 | 4 | 1 | 10 | 19 | 3 | 21 | 3 |

表3　日本2002—2012年申请专利情况

| 原料 | 2002年 | 2003年 | 2004年 | 2005年 | 2006年 | 2007年 | 2008年 | 2009年 | 2010年 | 2011年 | 2012年 |
|---|---|---|---|---|---|---|---|---|---|---|---|
| 麦草 | 3 | 3 | 4 | 3 | 2 | 2 | 6 | 1 | 2 | 0 | 0 |
| 芦苇 | 0 | 1 | 1 | 1 | 1 | 1 | 1 | 1 | 1 | 0 | 0 |
| 竹子 | 4 | 3 | 6 | 7 | 2 | 0 | 4 | 2 | 0 | 2 | 0 |
| 蔗渣 | 6 | 3 | 4 | 2 | 2 | 1 | 2 | 0 | 4 | 0 | 0 |

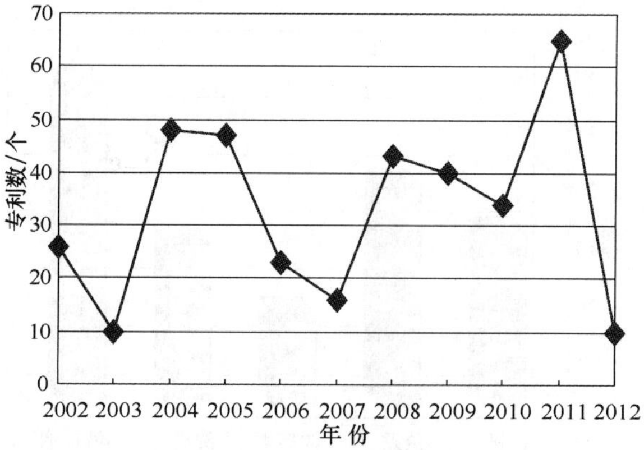


图1　我国草类纤维制浆专利年度分布

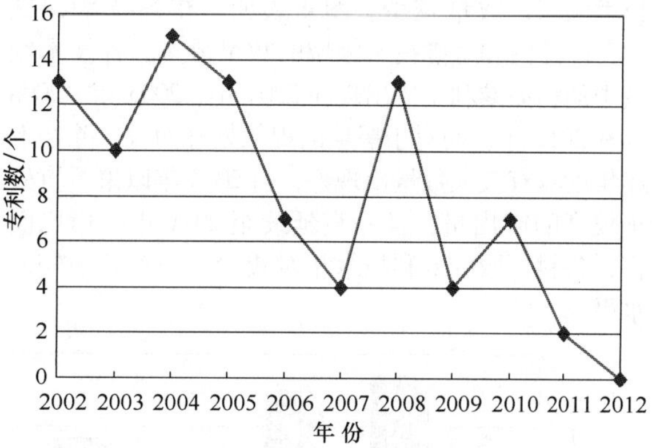


图2　日本草类纤维制浆专利年度分布

3. 韩国非木材纤维原料制浆专利年度分布

由表4可看出，韩国非木材纤维制浆专利数量整体呈现下降趋势，其专利主要集中在2003年、2004年及2006—2009年。麦草制浆的相关专利占较大比例，约52%，其次是竹材制浆，约40%，再次是芦苇，约5%左右，最后是蔗渣，仅占3%左右。韩国专利技术更多的集中在麦草及竹材制浆上，竹材制浆专利技术是近几年的发展热点，而麦草专利技术处于逐渐减少趋势。

4. 欧洲和美国非木材纤维原料制浆专利年度分布

欧洲专利主要集中在麦草上，2002—2012年共计14项，其次为竹材制浆，共计3项。欧洲专利中麦草制浆专利自2003年出现后基本处于连续状态，而竹材制浆专利是到2010年才出现，且最近几年竹材制浆专利有所发展，值得关注。

表4　韩国2002—2012年申请专利情况

| 原料 | 2002年 | 2003年 | 2004年 | 2005年 | 2006年 | 2007年 | 2008年 | 2009年 | 2010年 | 2011年 | 2012年 |
|---|---|---|---|---|---|---|---|---|---|---|---|
| 麦草 | 4 | 8 | 5 | 2 | 6 | 6 | 2 | 2 | 1 | 1 | 0 |
| 芦苇 | 0 | 1 | 1 | 0 | 2 | 0 | 0 | 0 | 0 | 0 | 0 |
| 竹子 | 2 | 1 | 1 | 2 | 8 | 3 | 5 | 3 | 3 | 0 | 0 |
| 蔗渣 | 0 | 0 | 1 | 0 | 0 | 0 | 0 | 1 | 0 | 0 | 0 |

就美国而言，其相关专利也主要集中在麦草制浆上，2002—2012 年共计 8 项，其次是竹材和蔗渣制浆。对于竹材和蔗渣制浆专利在 2004—2006 年出现后没有后续专利跟出。最近几年对于稻麦草制浆相关技术有所减弱，值得注意。

## 二、非木材纤维原料制浆专利技术领域分布

1. 我国非木材纤维原料制浆专利技术领域分布

由图 3 可看到，近 10 年间，我国草类纤维制浆专利技术主要集中在蒸煮、漂白和黑液提取处理领域，其次是纸浆的洗涤。值得注意的是在纸浆的洗涤领域大部分专利是涉及了洗浆设备的技术改进，对于草类纤维备料的相关专利数量相对于其他技术领域，数量较少。图 4 表明，在各技术领域中，以漂白和蒸煮技术领域的数量最多。各技术领域中的相关专利主要出现在 2004 年、2005 年、2008 年和 2011 年，而对于黑液的提取处理而言，除在上述年度具有较大数量出现外，自 2008 年以来一直处于较高的产出量，且一直延续至 2011 年，相比而言，备料领域的专利技术相对较少，一直处于较低水平。

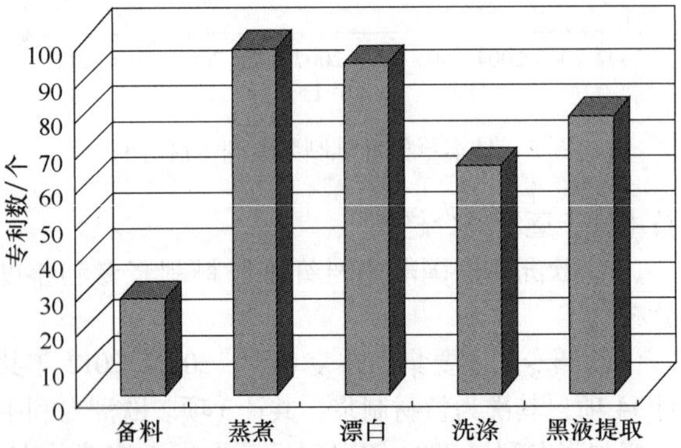


图 3 2002—2012 年我国专利的技术领域分布

2. 日本非木材纤维原料制浆专利技术领域分布

由图 5 可看到，近 10 年，日本草类纤维制浆专利技术主要集中在黑液提取处理领域，其次是集中在蒸煮、备料和洗涤，漂白领域专利最少，这与我国专利技术领域的分布有所不同。图 6 表明，对于黑液提取领域专利而言，其走势基本处于整体下降趋势，其在 2007 年之前专利数量较多，随后逐渐减少，这与我国在该技术领域的分布正好相反。可以看出，日本在该领域已先于我国进行了相关技术研究。而对于蒸煮和备料及洗涤领域，其主要是在

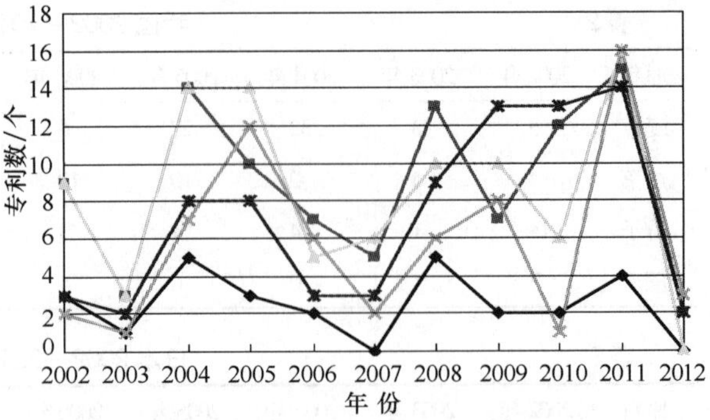


图 4 我国 2002—2012 年各技术领域专利情况

2004 年及 2005 年较为集中，其他年份较少。对于漂白技术领域则主要集中在 2002—2005 年，其他年份基本没有。

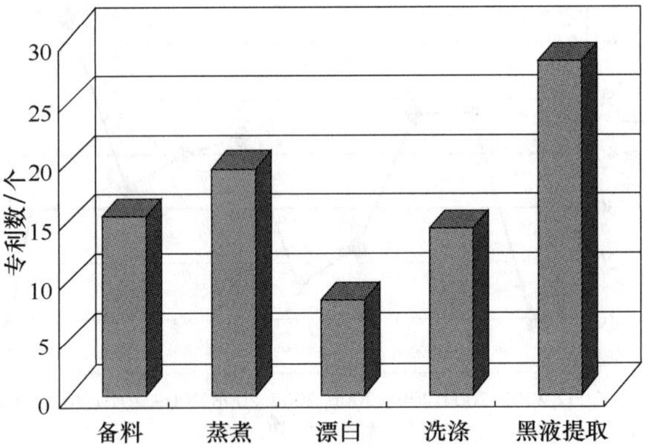


图 5 2002—2012 年日本专利的技术领域分布

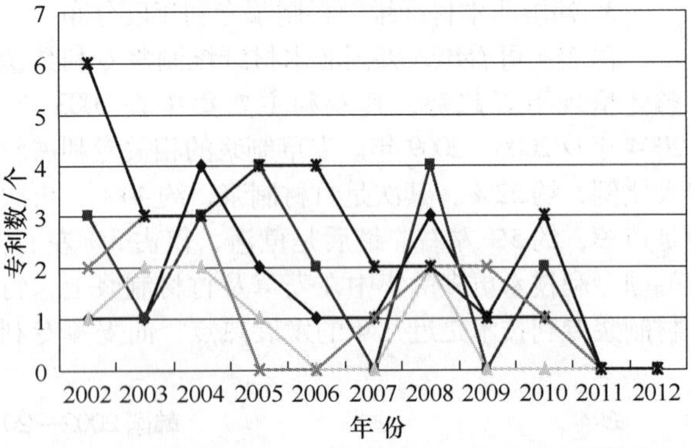


图 6 日本 2002—2012 年各技术领域专利情况

3. 韩国非木材纤维原料制浆专利技术领域分布

由图 7 可知，近 10 年，韩国草类纤维制浆专利技术主要集中在黑液提取处理领域，其次是蒸煮领域，在纤维原料的备料和纸浆的洗涤及漂白领域

的专利基本相当，这与我国近 10 年的专利技术领域的分布有所区别。

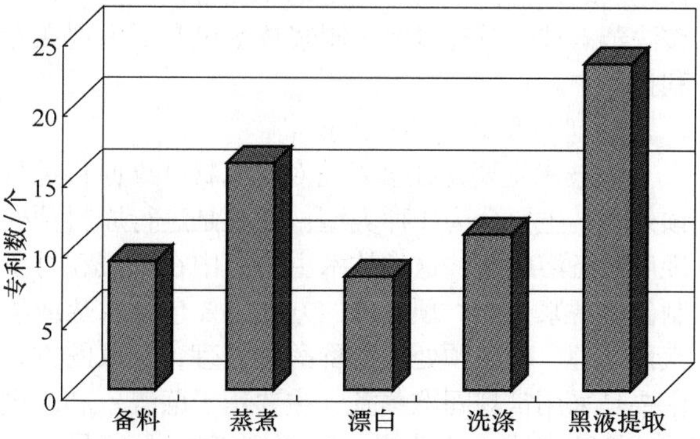


图 7　2002—2012 年韩国专利的技术领域分布

图 8 表明，韩国专利在各个技术领域内的分布呈现整体下降趋势。对于黑液提取及处理领域的专利均出现在较早年份，且随着年份的增长而呈现下降趋势。相类似的是，在备料、蒸煮、漂白及洗涤领域的专利多集中在 2003—2006 年期间。该领域分布趋势也表明，韩国在非木材纤维制浆技术方面，在 2008 年前做了较多工作。

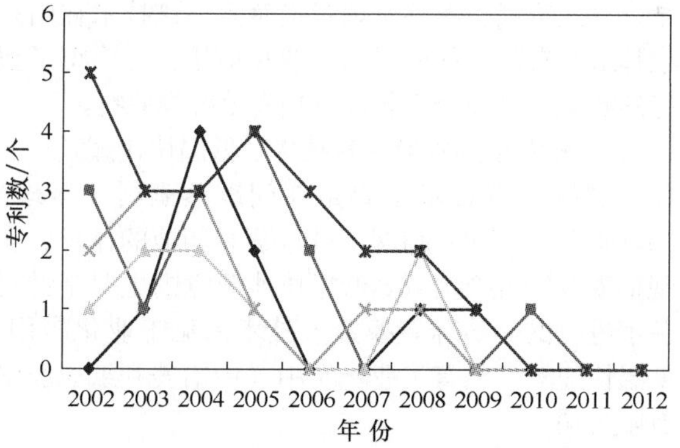


图 8　韩国 2002—2012 年各技术领域专利情况

—◆—备料 —■—蒸煮 —▲—漂白 —×—洗涤 —✱—黑液提取

4. 欧洲及美国非木材纤维原料制浆专利技术领域分布

图 9 及图 10 显示了欧洲和美国草类纤维制浆专利的领域分布情况。欧洲专利中主要集中在纸浆洗涤及黑液提取处理领域。而美国专利则主要集中在纸浆的洗涤和漂白领域。欧洲专利中，其在纸浆洗涤和黑液提取领域的专利自 2002—2012 年间呈现持续状态，而美国在漂白和洗涤领域的专利则主要集中在 2009 年之前。

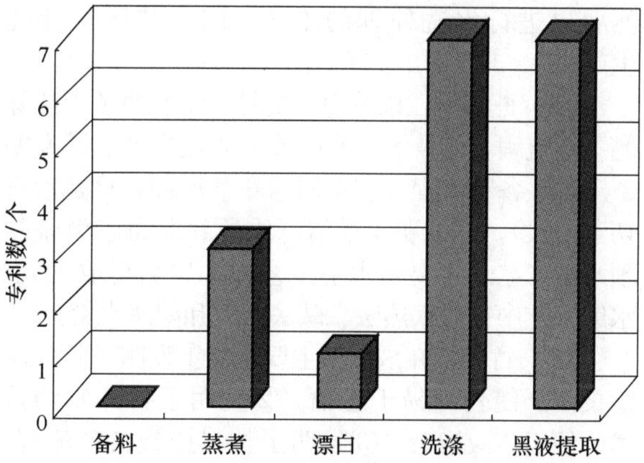


图 9　2002—2012 年欧洲专利的技术领域分布

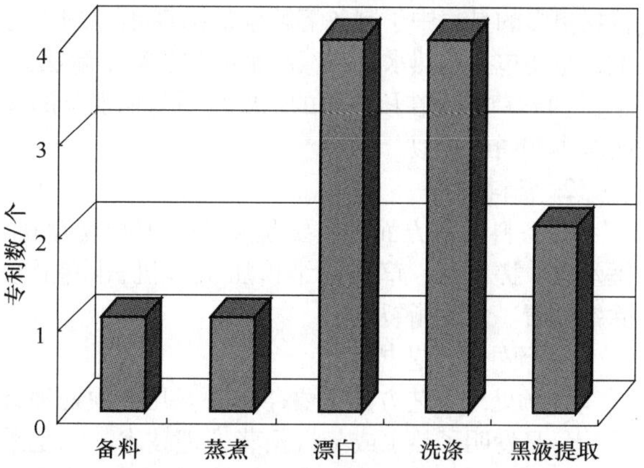


图 10　2002—2012 年美国专利的技术领域分布

## 三、我国非木材纤维原料制浆专利技术分析

### （一）备料领域

备料领域的相关专利技术可以大体分为以下 3 种：备料工艺的改进和创新，备料设备的创新，原料预处理技术的创新。

1. 备料工艺

（1）稻麦草　在该方面主要是：①发明了水洗备料除尘工艺。目前该技术在我国许多大中型企业，尤其是以连续蒸煮为主的非木材纤维原料制浆生产线上已经广泛应用。②创新了干法备料的组合系统。利用回转喂料设备，将稻麦草挤压成扁状，然后再采用锤片机构将稻麦草切拉成片丝形状，即通常称之为锤丝法备料，锤丝后料片进行干法除尘。对于该技术也有采用搓草机进行原料处理，然后进行干法筛选除尘。该技术部分企业有所应用。③发明了干湿法结合的备料流程。即先进行切草，然后再进行水洗处理的工艺。该工艺已工业化生产。

（2）蔗渣　在该方面主要是：①发明了干法除髓备料流程。该技术目前已被工业化生产。②发明了干湿法备料流程（基本同稻麦草流程，只是没有切草工段）。③发明了蔗渣纤维原料制备溶解浆的预水解工艺。主要是水解工艺加木聚糖提取工艺。水解工艺中包括水热法、碱法水解和酸法水解。

（3）竹子　在该方面主要是：①发明了竹片压缩技术，使竹片易于运输。②发明了竹片斜切技术，便于药液渗透。③发明了竹材撕裂备料流程，主要是采用竹片撕裂机进行竹材备料的工艺流程。④发明了竹材压轧破碎备料方法。在竹材备料中，竹材更多的是集中于制备溶解浆的前期预处理工艺上，主要包括水热水解、碱法水解和醋酸水解法。

（4）芦苇　在该方面的主要发明与稻麦草的发明基本相同或相似。

2. 备料设备

在备料设备方面，主要是发明了刀辊切草机、锤丝机、搓草机、草类纤维挤压疏解机、除髓机、除铁装置、竹片撕裂机。

3. 预处理工艺技术

在预处理工艺方面主要存在以下几种预处理方式：一是发明了热水或蒸汽预蒸处理技术。二是采用碱液预处理技术，即在蒸煮之前进行碱液喷淋预处理。该技术在工业化生产中已采用。三是蒸汽爆破处理技术。即在蒸煮之前或磨解之前进行蒸汽爆破处理。四是采用微生物进行原料处理，然后再进行蒸煮制浆。该技术在工业化生产中很少有采用。五是水解工艺提取半纤维素组分，制备溶解浆。该技术有工业化应用，主要集中于蔗渣及竹材制备溶解浆工艺中，尤其以竹材制备溶解浆相关专利居多，且主要是以近几年专利居多。

**（二）蒸煮领域**

蒸煮领域的相关专利技术总体可以分为以下几类：①加入助剂的传统蒸煮技术。②进行预处理的蒸煮技术。③全液相大液比蒸煮技术。④置换蒸煮技术及低温快速蒸煮技术。⑤混合蒸煮技术。⑥氧碱及其他光电化学制浆技术等。

1. 加入助剂的蒸煮技术

该技术主要是在传统碱法蒸煮的基础上，添加不同助剂进行非木材纤维原料的蒸煮制浆，其添加助剂包括蒽醌及其衍生物类（该技术已工业化应用多年）、表面活性剂类的蒸煮促进剂（部分厂家应用）、有机酸或醇、亚硫酸盐加松香制浆、乙酸法蒸煮、加入生物混合物进行干法蒸煮（适用性有待探讨）等。上述技术中添加蒽醌及其衍生物、蒸煮促进剂的工艺技术具有一定的工业应用。另外，亚铵法蒸煮技术及有机溶剂制浆技术也有所出现在专利技术中。

2. 进行预处理的蒸煮技术

该技术主要是在蒸煮前对非木材纤维原料进行预处理，主要分为2种类型：一种是进行原料预处理后制备溶解浆，这类技术主要集中在蔗渣和竹子制备溶解浆方面。预处理的方法主要包括水热或蒸汽预处理、碱法预处理和稀酸预处理，蒸煮的方式主要是采用常规间歇蒸煮（主要用于蔗渣）和改进的置换蒸煮或立式蒸锅（主要用于竹材）。另一种是对原料进行预处理或预浸渍，然后进行蒸煮制备抄纸用纸浆。这种预处理技术包括微生物或生物酶预处理技术、蒸汽爆破预处理技术、预汽蒸、预浸渍、微波辐射等，其中预浸渍技术工业化应用较多。

3. 全液相大液比（置换）蒸煮技术

该技术主要是采用大液比进行蒸煮，真正的变蒸为煮，能够提高制浆得率，降低非木材纤维原料黑液黏度，提高提取率，减少洗涤用水量。该技术结合立式蒸锅，能够实现置换蒸煮。该技术在山东泉林纸业有限责任公司已工业化应用，并取得了很好的效果。该技术主要针对稻麦草纤维原料。

4. 稻麦草的置换蒸煮技术及低温快速蒸煮

置换蒸煮技术主要是在间歇蒸煮器（蒸球）的基础上进行加注筛网，进行蒸煮药液的循环，实现稻麦草的置换蒸煮。低温快速蒸煮则主要是针对芦苇进行的。蒸球置换蒸煮技术未见工业化应用，低温快速蒸煮已有工业化应用（中冶美利纸业股份有限公司）。

5. 混合蒸煮技术

该技术主要是将不同种类的纤维原料进行混合，然后进行蒸煮制浆的工艺技术，其包括麦草与芦苇、麦草与杨木、芦苇与龙须草、芦苇与杨木、稻草与玉米秆等混合蒸煮。

6. 氧碱及其他化学制浆技术

该类技术中主要包括以下几种：①氧碱法，即在碱性条件下利用活性氧对非木材纤维原料进行处理，进而制成浆的工艺技术。一般是采用 NaOH 和过氧化氢及助剂对原料进行处理制浆，其原理具有可解释性，但经济成本较高，具有小范围应用；②NaOH 和次氯酸盐直接处理纤维原料，进行制浆。该技术目前为国家限制使用技术。③黑液菌化处理的麦草生物清洁制浆工艺。该工艺中麦草类原料先与作为蒸煮液的原始菌液蒸煮，蒸煮后的浆料经过挤浆机浆液分离，得到的黑液进入生物菌池与原始菌液混合形成生物液作为麦草类原料的蒸煮液，并形成封闭循环（山东贵和显星纸业有限公司，山东汇鑫环保工程有限公司）。④多种组合生物酶法制浆工艺，该技术是采用多种组合生物酶法（白腐真菌、黄孢原毛平草菌、木聚糖酶、糖化酶、酵母菌）发酵制浆的生产工艺，以农业秸秆、稻麦草、棉秆、油菜秆、芦苇、竹子、木材等为主原料，经切草、除杂、膨化、经组合生物酶菌发酵、洗浆、选浆、磨浆分离而成浆的生物制浆方法，需工业化验证。

**（三）洗涤领域**

在非木材纤维原料蒸煮后的纸浆洗涤领域，主要是出现了以下几种专利技术：①逆流混合洗涤流程。该流程已在工业大生产中实际应用多年。②草类纤维浆与木浆混合洗涤技术。该技术是将草浆与木浆混合后进行纸浆洗涤，具有提取率高、洗涤效果好的特点，该技术具有工业化应用。③新型洗浆设备及其附属设备。④同向螺旋挤浆设备。

**（四）漂白领域**

在非木材纤维原料的漂白领域，主要相关专利技术可以归纳为以下几类。

1. 含氯化或次氯酸盐漂段的纸浆的漂白

该类漂白主要是采用多段漂白，但漂白段中含有氯化段或次氯酸盐漂白段，有的是单段次氯酸盐漂白，有的是 CEH 三段漂白，也有类似于 CEP、HP 漂白工艺等。这类漂白技术在非木材纤维原料（尤其是稻麦草、蔗渣和芦苇浆）漂白中有广泛的工业化应用，但目前产业政策及国家相关政策已不允许进行应用。

2. 含二氧化氯漂段的多段漂白

该类漂白流程中均含有二氧化氯漂段，通常含一段或两段二氧化氯漂白，同时结合其他漂剂如过氧化氢、氧气、臭氧、过氧酸等化学含氧漂剂，组成的多段漂白（如 DQP、DEP 漂白等）。该类漂白技术是目前工业化应用的主要技术。

3. 不含二氧化氯漂段的全无氯漂白技术

该类漂白流程中无二氧化氯漂段，也不含有氯化或次氯酸盐漂段，主要是依托含氧漂剂，如氧气、过氧化氢、臭氧等漂剂组成的多段漂白。目前短程序漂白流程是非木材纤维原料的主要技术发展方向，如 OQP 漂白等。

4. 含生物酶处理或活化处理段的多段漂白技术

该类漂白技术流程中通常会含有一段酶处理或酸化处理等漂段，也有采用微波辅助、电磁辐射、电化学催化等辅助技术的相关漂白技术。

5. 不同草类纤维混合浆漂白技术及草木混合浆漂白技术

该类漂白技术中所采用的化学药剂与上述几类漂白方法中所有漂剂是一样的，其区别在于漂白工艺条件的控制。

**（五）黑液提取及处理领域**

在非木材纤维原料的黑液提取及处理领域，主要存在以下几个方面的技术进步。

1. 黑液的提取

该领域主要是发明及改进了非木材纤维原料蒸煮黑液的提取设备，使黑液的提取率提高，主要发明了如单螺旋预提取器、螺旋挤压机等设备。另外，还出现了黑液组合提取方法，其特征在于将具有不同功能的提取设备如挤压机、鼓式或带式洗浆机及封闭筛等有机结合起来，综合运用挤压过滤、扩散置换和封闭筛选等方法实现稻麦草浆和蔗渣浆黑液的提取。采用草木浆混合洗涤提取黑液技术也有出现。

2. 黑液的浓缩

主要包括往黑液中添加助剂，提高黑液固含量；加入除硅剂，降低黑液黏度；机械式压缩技术进行黑液蒸发浓缩技术等。

3. 黑液的处理及综合利用

主要包括浓缩后黑液进行燃烧处理回收无机物（即通常所说的碱回收）；黑液浓缩后造粉；黑液浓缩后制备复合肥；微波辐射处理黑液技术；黑液菌化处理循环用于制浆技术；黑液与草粉混合制备活性炭技术；亚硫酸盐法制浆废液制备木素磺酸钠及减水剂技术；黑液浓缩后制备黏合剂技术；黑液浓缩后制备金属离子吸附剂技术等。

## 四、我国非木材纤维原料制浆发展态势分析及预警

**（一）总体趋势分析**

由图 11 可看出，我国非木材纤维制浆专利总体呈现上升发展态势，因专利申请一般需 1 ~ 2 年时间才能批准，所以最后 1 ~ 2 年的统计数据有误差存在。但从近 5 年发明专利的产出规模来看，也基本呈现上升态势，发明专利的公开比例均呈现下降趋势，这表明我国知识产权保护意识有所提高。

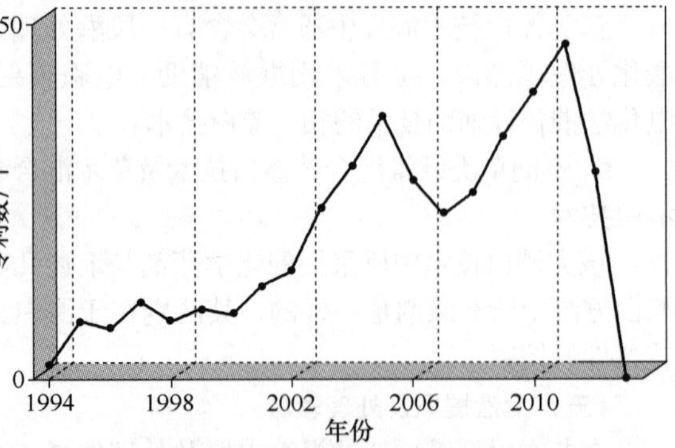


图11 我国草类纤维制浆专利技术总体发展态势

资料表明，我国近20年有关非木材纤维制浆技术中，85%的为发明专利，15%为实用新型专利，没有外观设计专利。

**（二）技术分析**

分析日本和韩国相关专利的技术领域分布，可以发现，日本主要专利技术集中于蔗渣和竹子制浆，且主要集中在蒸煮和黑液提取领域，该领域我国刚刚处于上升阶段；韩国专利技术则更多的集中在麦草和竹子制浆方面，且近几年有向竹子制浆集中发展的趋势，而我国对于竹子制浆的专利相对发展较慢，这值得关注。同时韩国专利技术主要集中在蒸煮和黑液提取和处理领域，需进行高度关注其走势。另外，韩国和日本的黑液提取领域的专利出现较早，我国最近几年才有较大发展，值得引起注意，避免知识产权的交叉覆盖。

## 参考文献

[1] 中国造纸协会. 中国造纸工业2012年度报告. 2013，5.

[2] Rolf Boman 等. 非木材制浆技术的未来［J］. 国际造纸，2011，30（1）：60－65.

[3] 李忠正. 我国非木材纤维制浆的发展概况［J］. 中国造纸，2011，30（11）：5－63.

[4] Http：//www. epo. org/searching. html

[5] Http：//www. uspto. gov/patents/process/search/index. jsp

[6] Http：//www. sipo. gov. cn/zljs/

（孔凡功 王守娟 陈嘉川
杨桂花 李永智 于学军）

# 2012年造纸工业标准目录

## Technical Standards of China's Paper Industry in 2012

到目前为止，造纸工业标准共有408项，其中国家标准318项，行业标准90项。2012年新批准发布造纸标准13项，其中国家标准5项，行业标准8项。

以下列出最新造纸工业标准目录，表1为2012年新批准发布造纸标准目录，表2为造纸产品标准目录（204项），表3为造纸测试方法标准目录（204项）。

**表1　　2012年新批准发布造纸标准目录**

| 序号 | 标准号 | 标准名称 | 发布日期 | 实施日期 | 代替标准号 |
|---|---|---|---|---|---|
| 1 | GB/T 29282—2012 | 格拉辛纸 | 2012-12-31 | 2013-09-01 | |
| 2 | GB/T 29283—2012 | 水转移印花底纸 | 2012-12-31 | 2013-09-01 | |
| 3 | GB/T 29285—2012 | 纸浆　实验室湿解离　机械浆解离 | 2012-12-31 | 2013-09-01 | |
| 4 | GB/T 29286—2012 | 纸浆　保水值的测定 | 2012-12-31 | 2013-09-01 | |
| 5 | GB/T 29287—2012 | 纸浆　实验室打浆　PFI磨法 | 2012-12-31 | 2013-09-01 | QB/T 1455—1992 |
| 6 | QB/T 1455—2012 | 涂布邮票纸（含涂布邮票原纸） | 2012-05-24 | 2012-11-01 | QB/T 1598—1992 |
| 7 | QB/T 2205—2012 | 重氮盐晒图纸 | 2012-05-24 | 2012-11-01 | QB/T 2205—1996 |
| 8 | QB/T 4319—2012 | 硫酸盐全无氯漂白纸浆的判定 | 2012-05-24 | 2012-11-01 | |
| 9 | QB/T 4320—2012 | 鲜花包装纸 | 2012-05-24 | 2012-11-01 | |
| 10 | QB/T 4378—2012 | 蜂窝纸板 | 2012-12-28 | 2013-06-01 | |
| 11 | QB/T 4379—2012 | 手提纸袋 | 2012-12-28 | 2013-06-01 | |
| 12 | QB/T 4380—2012 | 无碳复写纸原纸 | 2012-12-28 | 2013-06-01 | |
| 13 | QB/T 4381—2012 | 吸尘器集尘袋内层纸 | 2012-12-28 | 2013-06-01 | |

**表2　　造纸产品标准目录**

| 序号 | 标准号 | 标准名称 | 发布日期 | 实施日期 |
|---|---|---|---|---|
| 1 | GB/T 1468—2011 | 描图纸 | 2011-12-30 | 2012-09-01 |
| 2 | GB/T 1525—2006 | 制图纸 | 2006-03-10 | 2006-10-01 |
| 3 | GB/T 1910—2006 | 新闻纸 | 2006-03-10 | 2006-10-01 |
| 4 | GB/T 1911—2011 | 拷贝纸 | 2011-12-30 | 2012-07-01 |
| 5 | GB/T 1912—2007 | 字典纸 | 2007-12-05 | 2008-09-01 |
| 6 | GB 1913.1—2005 | 未漂浸渍绝缘纸 | 2005-03-23 | 2005-09-01 |
| 7 | GB/T 1914—2007 | 化学分析滤纸 | 2007-12-05 | 2008-09-01 |
| 8 | GB/T 2675—2006 | 地图纸 | 2006-03-10 | 2006-10-01 |

续表

| 序号 | 标准号 | 标准名称 | 发布日期 | 实施日期 |
|---|---|---|---|---|
| 9 | GB/T 2676—2006 | 海图纸 | 2006－03－10 | 2006－10－01 |
| 10 | GB/T 3147—2006 | 信息处理未穿孔纸带 | 2006－03－10 | 2006－10－01 |
| 11 | GB/T 3148—2008 | 漂白苇浆 | 2008－08－19 | 2009－05－01 |
| 12 | GB/T 6544—2008 | 瓦楞纸板 | 2008－01－04 | 2008－09－01 |
| 13 | GB/T 7968—1996 | 纸袋纸 | 1996－06－25 | 1997－01－01 |
| 14 | GB 7969—2003 | 电力电缆纸 | 2003－10－20 | 2004－06－01 |
| 15 | GB 7970—1999 | 通讯电缆纸 | 1999－08－12 | 2000－02－01 |
| 16 | GB/T 7971—2007 | 半导电电缆纸 | 2007－12－05 | 2008－09－01 |
| 17 | GB/T 8938—2008 | 打字纸 | 2008－08－19 | 2009－05－01 |
| 18 | GB/T 8939—2008 | 卫生巾（含卫生护垫） | 2008－01－04 | 2008－09－01 |
| 19 | GB/T 10335.1—2005 | 涂布纸和纸板　涂布美术印刷纸（铜版纸） | 2005－03－23 | 2005－09－01 |
| 20 | GB/T 10335.2—2005 | 涂布纸和纸板　轻量涂布纸 | 2005－03－23 | 2005－09－01 |
| 21 | GB/T 10335.3—2004 | 涂布纸和纸板　涂布白卡纸 | 2004－03－15 | 2004－11－01 |
| 22 | GB/T 10335.4—2004 | 涂布纸和纸板　涂布白纸板 | 2004－03－15 | 2004－11－01 |
| 23 | GB/T 10335.5—2008 | 涂布纸和纸板　涂布箱纸板 | 2008－08－19 | 2009－05－01 |
| 24 | GB/T 11541—2008 | 照相原纸 | 2008－08－19 | 2009－05－01 |
| 25 | GB/T 12654—2008 | 书写纸 | 2008－08－19 | 2009－05－01 |
| 26 | GB/T 12913—2008 | 电容器纸 | 2008－08－19 | 2009－05－01 |
| 27 | GB/T 13023—2008 | 瓦楞芯（原）纸 | 2008－01－04 | 2008－09－01 |
| 28 | GB/T 13024—2003 | 箱纸板 | 2003－10－20 | 2004－06－01 |
| 29 | GB/T 13505—2007 | 高纯度绝缘木浆 | 2007－12－05 | 2008－09－01 |
| 30 | GB/T 13506—2008 | 漂白亚硫酸盐木浆 | 2008－08－19 | 2009－05－01 |
| 31 | GB/T 13507—1992 | 本色亚硫酸盐木浆 | 1992－06－12 | 1993－03－01 |
| 32 | GB/T 16797—2008 | 无碳复写纸 | 2008－12－30 | 2009－09－01 |
| 33 | GB 19341—2003 | 育果袋纸 | 2003－10－09 | 2004－06－01 |
| 34 | GB/T 20808—2011 | 纸巾纸 | 2011－12－30 | 2012－07－01 |
| 35 | GB 20810—2006 | 卫生纸（含卫生纸原纸） | 2006－12－01 | 2007－06－01 |
| 36 | GB/T 21244—2007 | 纸芯 | 2007－12－05 | 2008－09－01 |
| 37 | GB/T 21301—2007 | 喷墨打印纸 | 2007－12－05 | 2008－09－01 |
| 38 | GB/T 21331—2008 | 绒毛浆 | 2008－01－04 | 2008－09－01 |
| 39 | GB/T 22803—2008 | 制鞋纸板 | 2008－12－30 | 2009－09－01 |
| 40 | GB/T 22806—2008 | 白卡纸 | 2008－12－30 | 2009－09－01 |
| 41 | GB/T 22812—2008 | 半透明纸 | 2008－12－30 | 2009－09－01 |
| 42 | GB/T 22813—2008 | 薄页包装纸 | 2008－12－30 | 2009－09－01 |
| 43 | GB/T 22814—2008 | 防锈原纸 | 2008－12－30 | 2009－09－01 |
| 44 | GB/T 22815—2008 | 封套纸板 | 2008－12－30 | 2009－09－01 |
| 45 | GB/T 22816—2008 | 复写原纸 | 2008－12－30 | 2009－09－01 |

续表

| 序号 | 标准号 | 标准名称 | 发布日期 | 实施日期 |
|---|---|---|---|---|
| 46 | GB/T 22817—2008 | 钢纸管 | 2008-12-30 | 2009-09-01 |
| 47 | GB/T 22818—2008 | 钢纸原纸 | 2008-12-30 | 2009-09-01 |
| 48 | GB/T 22820—2008 | 工艺礼品纸 | 2008-12-30 | 2009-09-01 |
| 49 | GB/T 22821—2008 | 光学字符阅读纸 | 2008-12-30 | 2009-09-01 |
| 50 | GB/T 22822—2008 | 厚纸板 | 2008-12-30 | 2009-09-01 |
| 51 | GB/T 22823—2008 | 胶带原纸 | 2008-12-30 | 2009-09-01 |
| 52 | GB/T 22824—2008 | 蜡光原纸 | 2008-12-30 | 2009-09-01 |
| 53 | GB/T 22825—2008 | 蜡光纸 | 2008-12-30 | 2009-09-01 |
| 54 | GB/T 22826—2008 | 盲文印刷纸 | 2008-12-30 | 2009-09-01 |
| 55 | GB/T 22827—2008 | 手风琴风箱纸板 | 2008-12-30 | 2009-09-01 |
| 56 | GB/T 22828—2008 | 书画纸 | 2008-12-30 | 2009-09-01 |
| 57 | GB/T 22829—2008 | 书皮纸 | 2008-12-30 | 2009-09-01 |
| 58 | GB/T 22830—2008 | 水彩画纸 | 2008-12-30 | 2009-09-01 |
| 59 | GB/T 22831—2008 | 提花纸板 | 2008-12-30 | 2009-09-01 |
| 60 | GB/T 22832—2008 | 涂布美术印刷纸原纸（铜版原纸） | 2008-12-30 | 2009-09-01 |
| 61 | GB/T 22833—2008 | 图画纸 | 2008-12-30 | 2009-09-01 |
| 62 | GB/T 22834—2008 | 信封用纸 | 2008-12-30 | 2009-09-01 |
| 63 | GB/T 22835—2008 | 信息处理用连续格式纸 | 2008-12-30 | 2009-09-01 |
| 64 | GB/T 22865—2008 | 牛皮纸 | 2008-12-30 | 2009-09-01 |
| 65 | GB/T 22869—2008 | 金属板带衬纸 | 2008-12-30 | 2009-09-01 |
| 66 | GB/T 22870—2008 | 漂白浆挂面箱纸板 | 2008-12-30 | 2009-09-01 |
| 67 | GB/T 22871—2008 | 普通玻璃纸 | 2008-12-30 | 2009-09-01 |
| 68 | GB/T 22875—2008 | 卫生巾高吸收性树脂 | 2008-12-30 | 2009-09-01 |
| 69 | GB/T 22905—2008 | 纸尿裤高吸收性树脂 | 2008-12-30 | 2009-09-01 |
| 70 | GB/T 22920—2008 | 电解电容器纸 | 2008-12-30 | 2009-09-01 |
| 71 | GB/T 22927—2008 | 口罩纸 | 2008-12-30 | 2009-09-01 |
| 72 | GB/T 22928—2008 | 烟花爆竹用纸 | 2008-12-30 | 2009-09-01 |
| 73 | GB/T 23758—2009 | 工业羊皮纸 | 2009-05-04 | 2009-11-01 |
| 74 | GB/T 23759—2009 | 特细羊皮纸 | 2009-05-04 | 2009-11-01 |
| 75 | GB/T 23760—2009 | 农业羊皮纸 | 2009-05-04 | 2009-11-01 |
| 76 | GB/T 24285—2009 | 晒图原纸 | 2009-07-31 | 2010-03-01 |
| 77 | GB/T 24286—2009 | 黑色不透光包装纸 | 2009-07-31 | 2010-03-01 |
| 78 | GB/T 24287—2009 | 伸性纸袋纸 | 2009-07-31 | 2010-03-01 |
| 79 | GB/T 24292—2009 | 卫生用品用无尘纸 | 2009-07-31 | 2010-03-01 |
| 80 | GB/T 24320—2009 | 回用纤维浆 | 2009-09-30 | 2010-02-01 |
| 81 | GB/T 24321—2009 | 未漂白硫酸盐针叶木浆 | 2009-09-30 | 2010-02-01 |
| 82 | GB/T 24322—2009 | 漂白硫酸盐竹浆 | 2009-09-30 | 2010-02-01 |

续表

| 序号 | 标准号 | 标准名称 | 发布日期 | 实施日期 |
|---|---|---|---|---|
| 83 | GB/T 24393—2009 | 非正常成品纸和纸板规范 | 2009-09-30 | 2010-02-01 |
| 84 | GB/T 24446—2009 | 铁木贴花衬纸 | 2009-10-15 | 2010-03-01 |
| 85 | GB/T 24455—2009 | 擦手纸 | 2009-10-15 | 2010-03-01 |
| 86 | GB/T 24695—2009 | 食品包装用玻璃纸 | 2009-11-30 | 2010-05-01 |
| 87 | GB/T 24696—2009 | 食品包装用羊皮纸 | 2009-11-30 | 2010-05-01 |
| 88 | GB/T 24988—2010 | 复印纸 | 2010-08-09 | 2010-12-01 |
| 89 | GB/T 24989—2010 | 装饰原纸 | 2010-08-09 | 2010-12-01 |
| 90 | GB/T 24995—2010 | 铸涂原纸 | 2010-08-09 | 2010-12-01 |
| 91 | GB/T 25435—2010 | 精细过滤纸板 | 2010-11-10 | 2011-05-01 |
| 92 | GB/T 25436—2010 | 热封型茶叶滤纸 | 2010-11-10 | 2011-05-01 |
| 93 | GB/T 25437—2010 | 支撑过滤纸板 | 2010-11-10 | 2011-05-01 |
| 94 | GB/T 26173—2010 | 超级压光纸 | 2011-01-14 | 2011-06-15 |
| 95 | GB/T 26174—2010 | 厨房纸巾 | 2011-01-14 | 2011-06-01 |
| 96 | GB/T 26187—2010 | 美纹纸 | 2011-01-14 | 2011-06-15 |
| 97 | GB/T 26188—2010 | 漂白碱法麦草浆 | 2011-01-14 | 2011-06-15 |
| 98 | GB/T 26199—2010 | 医用包装原纸 | 2011-01-14 | 2011-06-15 |
| 99 | GB/T 26201—2010 | 育苗纸 | 2011-01-14 | 2011-06-15 |
| 100 | GB/T 26202—2010 | 纸管纸板 | 2011-01-14 | 2011-06-15 |
| 101 | GB/T 26204—2010 | 纸面石膏板护面纸板 | 2011-01-14 | 2011-06-15 |
| 102 | GB/T 26390—2011 | 浸渍纸层压木质地板用表层耐磨纸 | 2011-05-12 | 2011-09-15 |
| 103 | GB/T 26391—2011 | 马桶垫纸 | 2011-05-12 | 2011-09-15 |
| 104 | GB/T 26454—2011 | 造纸用单层成形网 | 2011-05-12 | 2011-09-15 |
| 105 | GB/T 26455—2011 | 造纸用多层成形网 | 2011-05-12 | 2011-09-15 |
| 106 | GB/T 26456—2011 | 造纸用异形丝干燥网 | 2011-05-12 | 2011-09-15 |
| 107 | GB/T 26457—2011 | 造纸用圆丝干燥网 | 2011-05-12 | 2011-09-15 |
| 108 | GB/T 26462—2011 | 种子发芽纸 | 2011-05-12 | 2011-09-15 |
| 109 | GB/T 26705—2011 | 轻型印刷纸 | 2011-06-16 | 2011-12-01 |
| 110 | GB/T 27589—2011 | 纸餐盒 | 2011-12-05 | 2012-06-01 |
| 111 | GB/T 27590—2011 | 纸杯 | 2011-12-05 | 2012-06-01 |
| 112 | GB/T 27591—2011 | 纸碗 | 2011-12-05 | 2012-06-01 |
| 113 | GB/T 27728—2011 | 湿巾 | 2011-12-30 | 2012-07-01 |
| 114 | GB/T 27731—2011 | 卫生用品用离型纸 | 2011-12-30 | 2012-07-01 |
| 115 | GB/T 27733—2011 | 心电图纸 | 2011-12-30 | 2012-07-01 |
| 116 | GB/T 28004—2011 | 纸尿裤（片、垫） | 2011-09-29 | 2012-02-01 |
| 117 | GB/T 28005—2011 | 纸内裤 | 2011-09-29 | 2012-02-01 |
| 118 | GB/T 28119—2011 | 食品包装用纸、纸板及纸制品 术语 | 2011-12-30 | 2012-08-01 |
| 119 | GB/T 28120—2011 | 面粉纸袋 | 2011-12-30 | 2012-08-01 |

续表

| 序号 | 标准号 | 标准名称 | 发布日期 | 实施日期 |
|---|---|---|---|---|
| 120 | GB/T 28121—2011 | 非热封型茶叶滤纸 | 2011-12-30 | 2012-08-01 |
| 121 | GB/T 28207—2011 | 离型原纸 | 2011-12-30 | 2012-09-01 |
| 122 | GB/T 28210—2011 | 热敏纸 | 2011-12-30 | 2012-09-01 |
| **123** | **GB/T 29282—2012** | **格拉辛纸** | **2012-12-31** | **2013-09-01** |
| **124** | **GB/T 29283—2012** | **水转移印花底纸** | **2012-12-31** | **2013-09-01** |
| 125 | QB/T 1012—2010 | 胶版印刷纸 | 2010-04-22 | 2010-10-01 |
| 126 | QB/T 1014—2010 | 食品包装纸 | 2010-04-22 | 2010-10-01 |
| 127 | QB/T 1016—2006 | 鸡皮纸 | 2006-09-14 | 2007-05-01 |
| 128 | QB/T 1017—2006 | 仿羊皮纸 | 2006-09-14 | 2007-05-01 |
| 129 | QB/T 1018—1991 | 仪表记录原纸 | 1991-03-30 | 1991-12-01 |
| 130 | QB/T 1019—2010 | 水松原纸 | 2010-10-29 | 2011-04-01 |
| 131 | QB/T 1020—2010 | 纸和纸板印刷适性用标准油墨 | 2010-04-22 | 2010-10-01 |
| 132 | QB/T 1211—2010 | 胶印书刊纸 | 2010-04-22 | 2010-10-01 |
| 133 | QB/T 1212—1991 | 信息处理未穿孔卡纸 | 1991-09-10 | 1992-04-01 |
| 134 | QB/T 1312—2010 | 砂纸原纸 | 2010-04-22 | 2010-10-01 |
| 135 | QB/T 1313—2010 | 中性包装纸 | 2010-04-22 | 2010-10-01 |
| 136 | QB/T 1314—1991 | 标准纸板 | 1991-11-25 | 1992-08-01 |
| 137 | QB/T 1319—2010 | 气相防锈纸 | 2010-04-22 | 2010-10-01 |
| 138 | QB/T 1320—1991 | 玻璃纤维高效空气滤纸 | 1991-11-25 | 1992-08-01 |
| **139** | **QB/T 1455—2012** | **涂布邮票纸（含涂布邮票原纸）** | **2012-05-24** | **2012-11-01** |
| 140 | QB/T 1456—1992 | 薄凸版纸 | 1992-04-14 | 1992-12-01 |
| 141 | QB/T 1459—1992 | 感光纸原纸 | 1992-04-14 | 1992-12-01 |
| 142 | QB/T 1597—1992 | 单页电传打字原纸 | 1992-11-10 | 1993-07-01 |
| 143 | QB/T 1633—2010 | 贴花面纸 | 2010-04-22 | 2010-10-01 |
| 144 | QB/T 1678—2007 | 漂白硫酸盐木浆 | 2007-12-03 | 2008-06-01 |
| 145 | QB/T 1704—2010 | 铝箔衬纸 | 2010-12-29 | 2011-04-01 |
| 146 | QB/T 1706—2006 | 条纹牛皮纸 | 2006-09-14 | 2007-05-01 |
| 147 | QB/T 1712—1993 | 滤芯纸板 | 1993-04-15 | 1993-12-01 |
| 148 | QB/T 1937—1994 | 照相原纸木浆 | 1994-04-23 | 1994-12-01 |
| 149 | QB/T 2090—1995 | 沥青防潮纸 | 1995-05-08 | 1996-01-01 |
| 150 | QB/T 2091—1995 | 沥青防潮原纸 | 1995-05-08 | 1996-01-01 |
| 151 | QB/T 2103—2010 | 蚕种纸 | 2010-04-22 | 2010-10-01 |
| 152 | QB/T 2104—1995 | 造纸铜网　单织网 | 1995-05-08 | 1996-01-01 |
| 153 | QB/T 2105—1995 | 造纸铜网　三织网 | 1995-05-08 | 1996-01-01 |
| 154 | QB/T 2192—2011 | 卷缠绝缘纸 | 2011-12-30 | 2012-07-01 |
| 155 | QB/T 2195—1996 | 火柴纸 | 1996-01-31 | 1996-09-01 |
| 156 | QB/T 2199—1996 | 硬钢纸板 | 1996-03-22 | 1996-12-01 |

续表

| 序号 | 标准号 | 标准名称 | 发布日期 | 实施日期 |
|---|---|---|---|---|
| 157 | QB/T 2200—1996 | 软钢纸板 | 1996-03-22 | 1996-12-01 |
| **158** | **QB/T 2205—2012** | **重氮盐晒图纸** | **2012-05-24** | **2012-11-01** |
| 159 | QB/T 2235—1996 | 中性石蜡原纸 | 1996-10-11 | 1997-07-01 |
| 160 | QB/T 2236—1996 | 中性石蜡纸 | 1996-10-11 | 1997-07-01 |
| 161 | QB/T 2237—1996 | 条纹柏油原纸 | 1996-10-11 | 1997-07-01 |
| 162 | QB/T 2249—1996 | 凹版印刷纸 | 1996-10-11 | 1997-07-01 |
| 163 | QB/T 2250—2005 | 单面白纸板 | 2005-03-19 | 2005-09-01 |
| 164 | QB/T 2352—1997 | 单面书写纸 | 1998-01-16 | 1998-09-01 |
| 165 | QB/T 2430—1999 | 铁笔蜡纸原纸 | 1999-05-06 | 1999-12-01 |
| 166 | QB/T 2431—1999 | 打字蜡纸原纸 | 1999-05-06 | 1999-12-01 |
| 167 | QB/T 2432—1999 | 打字蜡纸衬纸 | 1999-05-06 | 1999-12-01 |
| 168 | QB/T 2433—1999 | 条纹柏油纸 | 1999-05-06 | 1999-12-01 |
| 169 | QB/T 2688—2005 | 绝缘纸板 | 2005-03-19 | 2005-09-01 |
| 170 | QB/T 2689—2005 | 滤嘴棒纸 | 2005-03-19 | 2005-09-01 |
| 171 | QB/T 2692—2005 | 110~330 千伏高压电缆纸 | 2005-03-19 | 2005-09-01 |
| 172 | QB/T 2693—2005 | 彩色胶版印刷纸 | 2005-03-19 | 2005-09-01 |
| 173 | QB/T 2694—2005 | 热敏彩票纸 | 2005-03-19 | 2005-09-01 |
| 174 | QB/T 2807—2006 | 扑克牌纸板 | 2006-09-14 | 2007-05-01 |
| 175 | QB/T 2810—2006 | 吸尘器集尘袋外层纸 | 2006-09-14 | 2007-05-01 |
| 176 | QB/T 2811—2006 | 造纸研磨碳酸钙 | 2006-09-14 | 2007-05-01 |
| 177 | QB/T 2898—2007 | 餐用纸制品 | 2007-12-03 | 2008-06-01 |
| 178 | QB/T 3502—1999 | 棉条筒钢纸板 | 1999-04-21 | 1999-04-21 |
| 179 | QB/T 3504—1999 | 铸涂白纸板 | 1999-04-21 | 1999-04-21 |
| 180 | QB/T 3505—1999 | 字型纸板 | 1999-04-21 | 1999-04-21 |
| 181 | QB/T 3507—1999 | 电子计算机连续记录格式原纸 | 1999-04-21 | 1999-04-21 |
| 182 | QB/T 3509—1999 | 工业自动化仪表用记录纸 | 1999-04-21 | 1999-04-21 |
| 183 | QB/T 3517—1999 | 单面胶版印刷纸 | 1999-04-21 | 1999-04-21 |
| 184 | QB/T 3518—1999 | 铸涂纸 | 1999-04-21 | 1999-04-21 |
| 185 | QB/T 3520—1999 | 500 千伏油纸套管绝缘纸 | 1999-04-21 | 1999-04-21 |
| 186 | QB/T 3524—1999 | 凸版印刷纸 | 1999-04-21 | 1999-04-21 |
| 187 | QB/T 3525—1999 | 雪茄烟纸 | 1999-04-21 | 1999-04-21 |
| 188 | QB/T 3528—1999 | 导火索纸（导火线纸） | 1999-04-21 | 1999-04-21 |
| 189 | QB/T 3531—1999 | 液体食品包装用复合材料 | 1999-04-21 | 1999-04-21 |
| 190 | QB/T 3701—1999 | 造纸用原料 蔗渣 | 1999-04-21 | 1999-04-21 |
| 191 | QB/T 4030—2010 | 电话纸 | 2010-04-22 | 2010-10-01 |
| 192 | QB/T 4031—2010 | 阻燃性汽车空气滤纸 | 2010-04-22 | 2010-10-01 |
| 193 | QB/T 4032—2010 | 纸杯原纸 | 2010-04-22 | 2010-10-01 |

续表

| 序号 | 标准号 | 标准名称 | 发布日期 | 实施日期 |
|---|---|---|---|---|
| 194 | QB/T 4033—2010 | 餐盒原纸 | 2010－04－22 | 2010－10－01 |
| 195 | QB/T 4034—2010 | 壁纸 | 2010－04－22 | 2010－10－01 |
| 196 | QB/T 4039—2010 | 造纸用原料　芦苇 | 2010－04－22 | 2010－10－01 |
| 197 | QB/T 4040—2010 | 液体包装用纸板 | 2010－04－22 | 2010－10－01 |
| 198 | QB/T 4124—2010 | 造纸毯通用规范 | 2010－10－29 | 2011－04－01 |
| 199 | QB/T 4250—2011 | 500 千伏变压器匝间绝缘纸 | 2011－12－30 | 2012－07－01 |
| **200** | **QB/T 4320—2012** | **鲜花包装纸** | **2012－05－24** | **2012－11－01** |
| **201** | **QB/T 4378—2012** | **蜂窝纸板** | **2012－12－28** | **2013－06－01** |
| **202** | **QB/T 4379—2012** | **手提纸袋** | **2012－12－28** | **2013－06－01** |
| **203** | **QB/T 4380—2012** | **无碳复写纸原纸** | **2012－12－28** | **2013－06－01** |
| **204** | **QB/T 4381—2012** | **吸尘器集尘袋内层纸** | **2012－12－28** | **2013－06－01** |

注：黑体字为 2012 年新批准发布标准。

**表 3　　造纸方法标准目录**

| 序号 | 标准号 | 标准名称 | 发布日期 | 实施日期 |
|---|---|---|---|---|
| 1 | GB/T 147—1997 | 印刷、书写和绘图用原纸尺寸 | 1997－06－26 | 1997－12－01 |
| 2 | GB/T 148—1997 | 印刷、书写和绘图纸幅面尺寸 | 1997－06－26 | 1997－12－01 |
| 3 | GB/T 450—2008 | 纸和纸板　试样的采取及试样纵横向、正反面的测定 | 2008－08－19 | 2009－05－01 |
| 4 | GB/T 451.1—2002 | 纸和纸板尺寸及偏斜度的测定 | 2002－06－13 | 2002－12－01 |
| 5 | GB/T 451.2—2002 | 纸和纸板定量的测定 | 2002－06－13 | 2002－12－01 |
| 6 | GB/T 451.3—2002 | 纸和纸板厚度的测定 | 2002－06－13 | 2002－12－01 |
| 7 | GB/T 454—2002 | 纸耐破度的测定 | 2002－07－22 | 2003－02－01 |
| 8 | GB/T 455—2002 | 纸和纸板撕裂度的测定 | 2002－07－22 | 2003－02－01 |
| 9 | GB/T 456—2002 | 纸和纸板平滑度的测定（别克法） | 2002－07－22 | 2003－02－01 |
| 10 | GB/T 457—2008 | 纸和纸板　耐折度的测定 | 2008－08－19 | 2009－05－01 |
| 11 | GB/T 458—2008 | 纸和纸板　透气度的测定 | 2008－08－19 | 2009－05－01 |
| 12 | GB/T 459—2002 | 纸和纸板伸缩性的测定 | 2002－09－05 | 2003－01－01 |
| 13 | GB/T 460—2008 | 纸　施胶度的测定 | 2008－08－19 | 2009－05－01 |
| 14 | GB/T 461.1—2002 | 纸和纸板毛细吸液高度的测定（克列姆法） | 2002－09－06 | 2003－01－01 |
| 15 | GB/T 461.3—2005 | 纸和纸板　吸水性的测定（浸水法） | 2005－09－26 | 2006－04－01 |
| 16 | GB/T 462—2008 | 纸、纸板和纸浆　分析试样水分的测定 | 2008－08－19 | 2009－05－01 |
| 17 | GB/T 464—2008 | 纸和纸板的干热加速老化 | 2008－03－24 | 2008－10－01 |
| 18 | GB/T 465.1—2008 | 纸和纸板　浸水后耐破度的测定 | 2008－08－19 | 2009－05－01 |
| 19 | GB/T 465.2—2008 | 纸和纸板　浸水后抗张强度的测定 | 2008－08－19 | 2009－05－01 |
| 20 | GB/T 740—2003 | 纸浆　试样的采取 | 2003－10－20 | 2004－06－01 |
| 21 | GB/T 742—2008 | 造纸原料、纸浆、纸和纸板　灰分的测定 | 2008－08－19 | 2009－05－01 |
| 22 | GB/T 743—2003 | 纸浆　乙醚抽出物的测定 | 2003－08－25 | 2003－12－01 |

续表

| 序号 | 标准号 | 标准名称 | 发布日期 | 实施日期 |
|---|---|---|---|---|
| 23 | GB/T 744—2004 | 纸浆 抗碱性的测定 | 2004－03－15 | 2004－10－01 |
| 24 | GB/T 745—2003 | 纸浆 多戊糖的测定 | 2003－08－25 | 2003－12－01 |
| 25 | GB/T 747—2003 | 纸浆 酸不溶木素的测定 | 2003－08－25 | 2003－12－01 |
| 26 | GB/T 1539—2007 | 纸板 耐破度的测定 | 2007－12－05 | 2008－09－01 |
| 27 | GB/T 1540—2002 | 纸和纸板吸水性的测定 可勃法 | 2002－10－15 | 2003－04－01 |
| 28 | GB/T 1541—2007 | 纸和纸板 尘埃度的测定 | 2007－12－05 | 2008－09－01 |
| 29 | GB/T 1543—2005 | 纸和纸板 不透明度（纸背衬）的测定（漫反射法） | 2005－09－26 | 2006－04－01 |
| 30 | GB/T 1545—2008 | 纸、纸板和纸浆 水抽提液酸度或碱度的测定 | 2008－08－19 | 2009－05－01 |
| 31 | GB/T 1546—2004 | 纸浆 卡伯值的测定 | 2004－03－15 | 2004－10－01 |
| 32 | GB/T 1547—2004 | 纸浆 高锰酸钾值的测定 | 2004－03－15 | 2004－10－01 |
| 33 | GB/T 1548—2004 | 纸浆 粘度的测定 | 2004－03－15 | 2004－10－01 |
| 34 | GB/T 2677.1—1993 | 造纸原料分析用试样的采取 | 1993－03－01 | 1993－10－01 |
| 35 | GB/T 2677.2—2011 | 造纸原料水分的测定 | 2011－12－30 | 2012－09－01 |
| 36 | GB/T 2677.4—1993 | 造纸原料水抽出物含量的测定 | 1993－03－01 | 1993－10－01 |
| 37 | GB/T 2677.5—1993 | 造纸原料1%氢氧化钠抽出物含量的测定 | 1993－03－01 | 1993－10－01 |
| 38 | GB/T 2677.6—1994 | 造纸原料有机溶剂抽出物含量的测定 | 1994－09－24 | 1995－03－01 |
| 39 | GB/T 2677.8—1994 | 造纸原料酸不溶木素含量的测定 | 1994－09－24 | 1995－03－01 |
| 40 | GB/T 2677.9—1994 | 造纸原料多戊糖含量的测定 | 1994－09－24 | 1995－03－01 |
| 41 | GB/T 2677.10—1995 | 造纸原料综纤维素含量的测定 | 1995－07－06 | 1996－04－01 |
| 42 | GB/T 2678.1—1993 | 纸浆筛分测定方法 | 1993－08－07 | 1994－03－01 |
| 43 | GB/T 2678.2—2008 | 纸、纸板和纸浆 水溶性氯化物的测定 | 2008－03－24 | 2008－10－01 |
| 44 | GB/T 2678.3—1995 | 纸浆氯耗量（脱木素程度）的测定 | 1995－07－06 | 1996－04－01 |
| 45 | GB/T 2678.4—1994 | 纸浆和纸零距抗张强度测定法 | 1994－09－24 | 1995－03－01 |
| 46 | GB/T 2678.6—1996 | 纸、纸板和纸浆水溶性硫酸盐的测定（电导滴定法） | 1996－06－25 | 1997－01－01 |
| 47 | GB/T 2679.1—1993 | 纸透明度的测定法 | 1993－08－07 | 1994－03－01 |
| 48 | GB/T 2679.2—1995 | 纸和纸板透湿度与折痕透湿度的测定（盘式法） | 1995－07－06 | 1996－04－01 |
| 49 | GB/T 2679.6—1996 | 瓦楞原纸平压强度的测定 | 1996－05－21 | 1996－12－01 |
| 50 | GB/T 2679.7—2005 | 纸板 戳穿强度的测定 | 2005－09－26 | 2006－04－01 |
| 51 | GB/T 2679.8—1995 | 纸和纸板环压强度的测定 | 1995－07－06 | 1996－04－01 |
| 52 | GB/T 2679.10—1993 | 纸和纸板短距压缩强度的测定法 | 1993－08－07 | 1994－03－01 |
| 53 | GB/T 2679.11—2008 | 纸和纸板 无机填料和无机涂料的定性分析 电子显微镜/X射线能谱法 | 2008－08－19 | 2009－05－01 |
| 54 | GB/T 2679.12—1993 | 纸和纸板中无机填料和无机涂料的定性分析 化学法 | 1993－08－07 | 1994－03－01 |
| 55 | GB/T 2679.14—1996 | 过滤纸和纸板最大孔径的测定 | 1996－06－25 | 1997－01－01 |
| 56 | GB/T 2679.17—1997 | 瓦楞纸板边压强度的测定（边缘补强法） | 1997－06－26 | 1997－12－01 |

续表

| 序号 | 标准号 | 标准名称 | 发布日期 | 实施日期 |
|---|---|---|---|---|
| 57 | GB/T 3332—2004 | 浆料　打浆度的测定（肖伯尔－瑞格勒法） | 2004－03－15 | 2004－10－01 |
| 58 | GB/T 3333—1999 | 电缆纸工频击穿电压试验方法 | 1999－08－12 | 2000－02－01 |
| 59 | GB/T 3334—1999 | 电缆纸介质损耗角正切（tgδ）试验方法（电桥法） | 1999－08－12 | 2000－02－01 |
| 60 | GB/T 4687—2007 | 纸、纸板、纸浆及相关术语 | 2007－12－05 | 2008－09－01 |
| 61 | GB/T 4688—2002 | 纸、纸板和纸浆纤维组成的分析 | 2002－10－15 | 2003－04－01 |
| 62 | GB/T 5032—2002 | 纸、纸板和纸浆表示性能的单位 | 2002－10－15 | 2003－04－01 |
| 63 | GB/T 5399—2004 | 纸浆　浆料浓度的测定 | 2004－03－15 | 2004－10－01 |
| 64 | GB/T 5400—1998 | 纸浆铜价的测定 | 1998－05－19 | 1999－02－01 |
| 65 | GB/T 5401—2004 | 纸浆　碱溶解度的测定 | 2004－03－15 | 2004－10－01 |
| 66 | GB/T 5406—2002 | 纸透油度的测定 | 2002－09－06 | 2003－01－01 |
| 67 | GB/T 6545—1998 | 瓦楞纸板耐破强度的测定法 | 1998－05－19 | 1999－02－01 |
| 68 | GB/T 6546—1998 | 瓦楞纸板边压强度的测定法 | 1998－05－19 | 1999－02－01 |
| 69 | GB/T 6547—1998 | 瓦楞纸板厚度的测定法 | 1998－05－19 | 1999－02－01 |
| 70 | GB/T 6548—2011 | 瓦楞纸板粘合强度的测定法 | 2011－05－12 | 2011－09－15 |
| 71 | GB/T 7973—2003 | 纸、纸板和纸浆　漫反射因数的测定（漫射/垂直法） | 2003－10－20 | 2004－06－01 |
| 72 | GB/T 7974—2002 | 纸、纸板和纸浆亮度（白度）的测定　漫射/垂直法 | 2002－10－15 | 2003－04－01 |
| 73 | GB/T 7975—2005 | 纸和纸板　颜色的测定（漫反射法） | 2005－09－26 | 2006－04－01 |
| 74 | GB/T 7977—2007 | 纸、纸板和纸浆　水抽提液电导率的测定 | 2007－12－05 | 2008－09－01 |
| 75 | GB/T 7978—2005 | 纸浆　酸不溶灰分的测定 | 2005－09－26 | 2006－04－01 |
| 76 | GB/T 7979—2005 | 纸浆　二氯甲烷抽出物的测定 | 2005－09－26 | 2006－04－01 |
| 77 | GB/T 8940.2—2002 | 纸浆亮度（白度）试样的制备 | 2002－10－15 | 2003－04－01 |
| 78 | GB/T 8941—2007 | 纸和纸板　镜面光泽度的测定（20° 45° 75°） | 2007－12－05 | 2008－09－01 |
| 79 | GB/T 8942—2002 | 纸柔软度的测定 | 2002－09－06 | 2003－01－01 |
| 80 | GB/T 8943.1—2008 | 纸、纸板和纸浆　铜含量的测定 | 2008－01－04 | 2008－09－01 |
| 81 | GB/T 8943.2—2008 | 纸、纸板和纸浆　铁含量的测定 | 2008－01－04 | 2008－09－01 |
| 82 | GB/T 8943.3—2008 | 纸、纸板和纸浆　锰含量的测定 | 2008－01－04 | 2008－09－01 |
| 83 | GB/T 8943.4—2008 | 纸、纸板和纸浆　钙、镁含量的测定 | 2008－01－04 | 2008－09－01 |
| 84 | GB/T 8944.1—2008 | 纸浆　成批销售质量的测定　第1部分：浆板浆包及浆块（急骤干燥浆）浆包 | 2008－08－19 | 2009－05－01 |
| 85 | GB/T 8944.2—2008 | 纸浆　成批销售质量的测定　第2部分：组合浆包 | 2008－12－30 | 2009－09－01 |
| 86 | GB/T 10336—2002 | 造纸纤维长度的测定　偏振光法 | 2002－10－15 | 2003－04－01 |
| 87 | GB/T 10337—2008 | 造纸原料和纸浆　酸溶木素的测定 | 2008－08－19 | 2009－05－01 |
| 88 | GB/T 10338—2008 | 纸浆　羧基含量的测定 | 2008－08－19 | 2009－05－01 |
| 89 | GB/T 10339—2007 | 纸、纸板和纸浆的光散射和光吸收系数的测定 | 2007－12－05 | 2008－09－01 |
| 90 | GB/T 10340—2008 | 纸和纸板　过滤速度的测定 | 2008－08－19 | 2009－05－01 |

续表

| 序号 | 标准号 | 标准名称 | 发布日期 | 实施日期 |
|---|---|---|---|---|
| 91 | GB/T 10342—2002 | 纸张的包装和标志 | 2002－10－15 | 2003－04－01 |
| 92 | GB/T 10739—2002 | 纸、纸板和纸浆试样处理和试验的标准大气条件 | 2002－09－06 | 2003－01－01 |
| 93 | GB/T 10740—2002 | 纸浆尘埃和纤维束的测定 | 2002－10－15 | 2003－04－01 |
| 94 | GB/T 10741—2008 | 纸浆　苯醇抽出物的测定 | 2008－08－19 | 2009－05－01 |
| 95 | GB/T 10742—2008 | 造纸原料　果胶含量的测定 | 2008－08－19 | 2009－05－01 |
| 96 | GB/T 12032—2005 | 纸和纸板　印刷光泽度印样的制备 | 2005－09－26 | 2006－04－01 |
| 97 | GB/T 12033—2008 | 造纸原料和纸浆中糖类组分的气相色谱的测定 | 2008－08－19 | 2009－05－01 |
| 98 | GB/T 12658—2008 | 纸、纸板和纸浆　钠含量的测定 | 2008－08－19 | 2009－05－01 |
| 99 | GB/T 12659—2008 | 纸浆　实验室打浆　约克罗（Jokro）磨法 | 2008－08－19 | 2009－05－01 |
| 100 | GB/T 12660—2008 | 纸浆　滤水性能的测定　“加拿大标准”游离度法 | 2008－08－19 | 2009－05－01 |
| 101 | GB/T 12661—2008 | 纸和纸板　菌落总数的测定 | 2008－08－19 | 2009－05－01 |
| 102 | GB/T 12910—1991 | 纸和纸板二氧化钛含量的测定法 | 1991－05－18 | 1992－03－01 |
| 103 | GB/T 12911—1991 | 纸和纸板油墨吸收性的测定法 | 1991－05－18 | 1992－03－01 |
| 104 | GB/T 12914—2008 | 纸和纸板　抗张强度的测定 | 2008－08－19 | 2009－05－01 |
| 105 | GB/T 13528—1992 | 纸和纸板表面 pH 值的测定法 | 1992－06－12 | 1993－03－01 |
| 106 | GB/T 18402—2001 | 纸浆滤水性能的测定（滤水时间法） | 2001－08－06 | 2002－02－01 |
| 107 | GB/T 18829.6—2002 | 纤维粗度的测定 | 2002－09－05 | 2003－01－01 |
| 108 | GB 18585—2001 | 室内装饰装修材料　壁纸中有害物质限量 | 2001－12－10 | 2002－01－01 |
| 109 | GB/T 20216—2006 | 有效残余油墨的测定 | 2006－03－10 | 2006－10－01 |
| 110 | GB 20811—2006 | 废纸再利用技术要求 | 2006－12－01 | 2007－06－01 |
| 111 | GB/T 21245—2007 | 纸和纸板　颜色的测定（C/2°漫反射法） | 2008－08－19 | 2009－05－01 |
| 112 | GB/T 21557—2008 | 废纸中胶粘物的测定 | 2008－03－24 | 2008－10－01 |
| 113 | GB/T 22363—2008 | 纸和纸板　粗糙度的测定（空气泄漏法）　本特生法和印刷表面法 | 2008－08－19 | 2009－05－01 |
| 114 | GB/T 22364—2008 | 纸和纸板　弯曲挺度的测定 | 2008－08－19 | 2009－05－01 |
| 115 | GB/T 22365—2008 | 纸和纸板　印刷表面强度的测定 | 2008－08－19 | 2009－05－01 |
| 116 | GB/T 22804—2008 | 纸浆、纸和纸板　汞含量的测定 | 2008－12－30 | 2009－09－01 |
| 117 | GB/T 22805.1—2008 | 纸和纸板　耐脂度的测定　第1部分：渗透法 | 2008－12－30 | 2009－09－01 |
| 118 | GB/T 22805.2—2008 | 纸和纸板　耐脂度的测定　第2部分：表面排斥法 | 2008－12－30 | 2009－09－01 |
| 119 | GB/T 22811—2008 | 瓦楞纸板　分离后组成原纸定量的测定 | 2008－12－30 | 2009－09－01 |
| 120 | GB/T 22819—2008 | 高透气纸张透气性的测定 | 2008－12－30 | 2009－09－01 |
| 121 | GB/T 22836—2008 | 纸浆　纤维帚化率的测定 | 2008－12－30 | 2009－09－01 |
| 122 | GB/T 22837—2008 | 纸和纸板　表面强度的测定（蜡棒法） | 2008－12－30 | 2009－09－01 |
| 123 | GB/T 22872—2008 | 强韧纸板　分层定量的测定 | 2008－12－30 | 2009－09－01 |
| 124 | GB/T 22873—2008 | 瓦楞纸板　胶粘抗水性的测定（浸水法） | 2008－12－30 | 2009－09－01 |
| 125 | GB/T 22874—2008 | 单面和单瓦楞纸板　平压强度的测定 | 2008－12－30 | 2009－09－01 |

续表

| 序号 | 标准号 | 标准名称 | 发布日期 | 实施日期 |
|---|---|---|---|---|
| 126 | GB/T 22876—2008 | 纸、纸板和瓦楞纸板　压缩试验仪的描述和校准 | 2008-12-30 | 2009-09-01 |
| 127 | GB/T 22877—2008 | 纸、纸板和纸浆　灼烧残余物（灰分）的测定（525℃） | 2008-12-30 | 2009-09-01 |
| 128 | GB/T 22878—2008 | 纸和纸板　杂质的估算 | 2008-12-30 | 2009-09-01 |
| 129 | GB/T 22879—2008 | 纸和纸板　CIE 白度的测定，C/2°（室内照明条件） | 2008-12-30 | 2009-09-01 |
| 130 | GB/T 22880—2008 | 纸和纸板　CIE 白度的测定，D65/10°（室外日光） | 2008-12-30 | 2009-09-01 |
| 131 | GB/T 22881—2008 | 纸和纸板　粗糙度（平滑度）的测定（空气泄漏法）　通用方法 | 2008-12-30 | 2009-09-01 |
| 132 | GB/T 22893—2008 | 纸和纸板　基本尺寸办公用纸　成包纸页卷曲的测定 | 2008-12-30 | 2009-09-01 |
| 133 | GB/T 22894—2008 | 纸和纸板　加速老化　在 80℃和 65% 相对湿度条件下的湿热处理 | 2008-12-30 | 2009-09-01 |
| 134 | GB/T 22895—2008 | 纸和纸板　静态和动态摩擦系数的测定　平面法 | 2008-12-30 | 2009-09-01 |
| 135 | GB/T 22896—2008 | 纸和纸板　卷曲的测定　单个垂直悬挂试样法 | 2008-12-30 | 2009-09-01 |
| 136 | GB/T 22897—2008 | 纸和纸板　抗透水性的测定 | 2008-12-30 | 2009-09-01 |
| 137 | GB/T 22898—2008 | 纸和纸板　抗张强度的测定　恒速拉伸法（100 毫米/分） | 2008-12-30 | 2009-09-01 |
| 138 | GB/T 22899.1—2008 | 纸和纸板　湿膨胀率的测定　第 1 部分：最大相对湿度增加到 68% 过程的湿膨胀率 | 2008-12-30 | 2009-09-01 |
| 139 | GB/T 22899.2—2008 | 纸和纸板　湿膨胀率的测定　第 2 部分：最大相对湿度增加到 86% 过程的湿膨胀率 | 2008-12-30 | 2009-09-01 |
| 140 | GB/T 22901—2008 | 纸和纸板　透气度的测定（中等范围）　通用方法 | 2008-12-30 | 2009-09-01 |
| 141 | GB/T 22902—2008 | 纸浆　丙酮可溶物的测定 | 2008-12-30 | 2009-09-01 |
| 142 | GB/T 22903—2008 | 纸浆　物理试验用标准水 | 2008-12-30 | 2009-09-01 |
| 143 | GB/T 22904—2008 | 纸浆、纸和纸板　总氯和有机氯的测定 | 2008-12-30 | 2009-09-01 |
| 144 | GB/T 22906.1—2008 | 纸芯的测定　第 1 部分：试样的采取 | 2008-12-30 | 2009-09-01 |
| 145 | GB/T 22906.2—2008 | 纸芯的测定　第 2 部分：试样的温湿处理 | 2008-12-30 | 2009-09-01 |
| 146 | GB/T 22906.3—2008 | 纸芯的测定　第 3 部分：水分含量的测定（烘箱干燥法） | 2008-12-30 | 2009-09-01 |
| 147 | GB/T 22906.4—2008 | 纸芯的测定　第 4 部分：尺寸的测定 | 2008-12-30 | 2009-09-01 |
| 148 | GB/T 22906.5—2008 | 纸芯的测定　第 5 部分：同轴旋转特性的测定 | 2008-12-30 | 2009-09-01 |
| 149 | GB/T 22906.6—2008 | 纸芯的测定　第 6 部分：弯曲强度的测定（三点法） | 2008-12-30 | 2009-09-01 |
| 150 | GB/T 22906.7—2008 | 纸芯的测定　第 7 部分：弹性模量的测定（三点法） | 2008-12-30 | 2009-09-01 |
| 151 | GB/T 22906.8—2008 | 纸芯的测定　第 8 部分：固有频率和弹性模量的测定（试验模型分析法） | 2008-12-30 | 2009-09-01 |
| 152 | GB/T 22906.9—2008 | 纸芯的测定　第 9 部分：平压强度的测定 | 2008-12-30 | 2009-09-01 |

续表

| 序号 | 标准号 | 标准名称 | 发布日期 | 实施日期 |
|---|---|---|---|---|
| 153 | GB/T 22921—2008 | 纸和纸板 薄页材料水蒸气透过率的测定 动态气流法和静态气体法 | 2008－12－30 | 2009－09－01 |
| 154 | GB/T 23144—2008 | 纸和纸板 静态弯曲挺度的测定 通用原理 | 2008－12－30 | 2009－09－01 |
| 155 | GB/T 23175—2008 | 纸浆 纤维长度的测定（光栅法） | 2008－12－30 | 2009－09－01 |
| 156 | GB/T 24288—2009 | 纸和纸板 主波长和兴奋纯度的测定 D65/10°漫反射法 | 2009－07－31 | 2010－03－01 |
| 157 | GB/T 24289—2009 | 纸和纸板 镜面光泽度的测定 平行光束75° DIN法 | 2009－07－31 | 2010－03－01 |
| 158 | GB/T 24290—2009 | 造纸用成形网、干燥网测量方法 | 2009－07－31 | 2010－03－01 |
| 159 | GB/T 24291—2009 | 纸和纸板 卷筒纸芯内径的规定 | 2009－07－31 | 2010－03－01 |
| 160 | GB/T 24323—2009 | 纸浆 实验室纸页 物理性能的测定 | 2009－09－30 | 2010－02－01 |
| 161 | GB/T 24324—2009 | 纸浆 物理试验用实验室纸页的制备 常规纸页成型器法 | 2009－09－30 | 2010－02－01 |
| 162 | GB/T 24325—2009 | 纸浆 实验室打浆 瓦利（Valley）打浆机法 | 2009－09－30 | 2010－02－01 |
| 163 | GB/T 24326—2009 | 纸浆 物理试验用实验室纸页的制备 快速凯塞法 | 2009－09－30 | 2010－02－01 |
| 164 | GB/T 24327—2009 | 纸浆 实验室湿解离 化学浆解离 | 2009－09－30 | 2010－02－01 |
| 165 | GB/T 24328.1—2009 | 卫生纸及其制品 第1部分：总则及术语 | 2009－09－30 | 2010－02－01 |
| 166 | GB/T 24328.2—2009 | 卫生纸及其制品 第2部分：厚度、层积厚度和表观密度的测定 | 2009－09－30 | 2010－02－01 |
| 167 | GB/T 24328.3—2009 | 卫生纸及其制品 第3部分：抗张强度、断裂时伸长率和抗张能量吸收的测定 | 2009－09－30 | 2010－02－01 |
| 168 | GB/T 24328.4—2009 | 卫生纸及其制品 第4部分：湿抗张强度的测定 | 2009－09－30 | 2010－02－01 |
| 169 | GB/T 24328.5—2009 | 卫生纸及其制品 第5部分：定量的测定 | 2009－09－30 | 2010－02－01 |
| 170 | GB/T 24328.6—2009 | 卫生纸及其制品 第6部分：吸水时间和吸水能力（篮筐浸没法） | 2009－09－30 | 2010－02－01 |
| 171 | GB/T 24328.7—2009 | 卫生纸及其制品 第7部分：球形耐破度的测定 | 2009－09－30 | 2010－02－01 |
| 172 | GB/T 24394—2009 | 非正常成品纸和纸板的检验 | 2009－09－30 | 2010－02－01 |
| 173 | GB/T 24447—2009 | 纸浆 纤维粗度的测定 偏振光法 | 2009－10－15 | 2010－03－01 |
| 174 | GB/Z 24987—2010 | 纸、纸板和纸浆 测试方法不确定度的评定 | 2010－08－09 | 2010－12－01 |
| 175 | GB/T 24990—2010 | 纸、纸板和纸浆 铬含量的测定 | 2010－08－09 | 2010－12－01 |
| 176 | GB/T 24991—2010 | 纸、纸板和纸浆 铅含量的测定 石墨炉原子吸收法 | 2010－08－09 | 2010－12－01 |
| 177 | GB/T 24992—2010 | 纸、纸板和纸浆 砷含量的测定 | 2010－08－09 | 2010－12－01 |
| 178 | GB/T 24993—2010 | 造纸湿部Zeta电位的测定 | 2010－08－09 | 2010－12－01 |
| 179 | GB/T 24994—2010 | 造纸湿部溶解电荷量的测定 | 2010－08－09 | 2010－12－01 |
| 180 | GB/T 24996—2010 | 纸张中脱墨回用纤维的判定 | 2010－08－09 | 2010－12－01 |
| 181 | GB/T 24997—2010 | 纸、纸板和纸浆 镉含量的测定 原子吸收光谱法 | 2010－08－09 | 2010－12－01 |
| 182 | GB/T 24998—2010 | 纸和纸板 碱储量的测定 | 2010－08－09 | 2010－12－01 |

续表

| 序号 | 标准号 | 标准名称 | 发布日期 | 实施日期 |
|---|---|---|---|---|
| 183 | GB/T 24999—2010 | 纸和纸板亮度（白度）最高限量 | 2010-08-09 | 2010-12-01 |
| 184 | GB/T 25001—2010 | 纸、纸板和纸浆 7 种多氯联苯（PCBs）含量的测定 | 2010-08-09 | 2010-12-01 |
| 185 | GB/T 25002—2010 | 纸、纸板和纸浆 水抽提液中五氯苯酚的测定 | 2010-08-09 | 2010-12-01 |
| 186 | GB/T 26203—2010 | 纸和纸板 内结合强度的测定（Scott 型） | 2011-01-14 | 2011-06-01 |
| 187 | GB/T 26459—2011 | 纸、纸板和纸浆 返黄值的测定 | 2011-05-12 | 2011-09-15 |
| 188 | GB/T 26460—2011 | 纸浆 零距抗张强度的测定（干法或湿法） | 2011-05-12 | 2011-09-15 |
| 189 | GB/T 26464—2011 | 造纸无机颜料亮度（白度）的测定 | 2011-05-12 | 2011-09-15 |
| 190 | GB/T 27741—2011 | 纸和纸板 可迁移性荧光增白剂的测定 | 2011-12-30 | 2012-07-01 |
| 191 | GB/T 28218—2011 | 纸浆 纤维长度的测定 图像分析法 | 2011-12-30 | 2012-09-01 |
| **192** | **GB/T 29285—2012** | **纸浆 实验室湿解离 机械浆解离** | **2012-12-31** | **2013-09-01** |
| **193** | **GB/T 29286—2012** | **纸浆 保水值的测定** | **2012-12-31** | **2013-09-01** |
| **194** | **GB/T 29287—2012** | **纸浆 实验室打浆 PFI 磨法** | **2012-12-31** | **2013-09-01** |
| 195 | QB/T 1462—1992 | 纸浆实验室的湿解离 | 1992-04-14 | 1992-12-01 |
| 196 | QB/T 1463—2010 | 纸浆实验室打浆 PFI 磨法 | 2010-04-22 | 2010-10-01 |
| 197 | QB/T 1938—2010 | 松软纸厚度的测定 | 2010-04-22 | 2010-10-01 |
| 198 | QB/T 2804—2006 | 纸和纸板白度测定法 45/0 定向反射法 | 2006-07-27 | 2006-10-11 |
| 199 | QB/T 2805—2006 | 纸和纸板表面吸收速度的测定 | 2006-07-27 | 2006-10-11 |
| 200 | QB/T 2812—2006 | 纸张定量、水分的在线测定（近红外法） | 2006-09-14 | 2007-05-01 |
| 201 | QB/T 2896—2007 | 纸和纸板 湿拉毛和湿排斥的测定 | 2007-12-03 | 2008-06-01 |
| 202 | QB/T 2897—2007 | 纸和纸板 表面疏松物的测定 | 2007-12-03 | 2008-06-01 |
| 203 | QB/T 4125—2010 | 纸浆 亮度（白度）最高限量 | 2010-12-29 | 2011-04-01 |
| **204** | **QB/T 4319—2012** | **硫酸盐全无氯漂白纸浆的判定** | **2012-05-24** | **2012-11-01** |

注：黑体字为 2012 年新批准发布标准。

（全国造纸工业标准化技术委员会）

# 国内制浆造纸科研设计单位简介

## Introduction to the Domestic Organizations of R&D, Engineering Consultant of Paper Industry

### 中国制浆造纸研究院

中国制浆造纸研究院（以下简称“中国纸院”）始建于1956年，前身为轻工业部造纸工业科学研究所，1999年转制为科技型企业，现隶属于中国轻工集团公司。中国纸院是国家级造纸工业科研机构，设有制浆造纸国家工程实验室、造纸工业生产力促进中心、全国造纸工业标准化技术委员会、国家纸张质量监督检验中心、中国造纸杂志社、全国造纸工业信息中心，在国内外造纸行业中具有广泛的影响力，为造纸工业技术进步作出了突出贡献。

中国纸院是全国造纸工业的研究开发中心，科研人才队伍结构合理，研发经验丰富，科研手段完备、装备齐全，工程试验设施国内领先，技术成果产业化能力突出。多年来在制浆造纸技术方面取得了优异的成绩，研究、开发的科研项目涉及造纸工业各个领域。50多年来，共完成1700多项研究项目，其中，180多项分别获国家、部（委）颁发的各种奖励，是推动我国造纸工业技术进步的主力军。中国纸院还是我国造纸工业对外技术交流和开展国际合作的窗口，代表我国参加国际造纸界的各类专业会议，参与国际合作及援外项目近30项，为我国造纸工业扩大国际影响作出了贡献。

中国纸院也是我国造纸工程科技人才的培养基地，拥有制浆造纸和造纸环境保护专业硕士研究生学位授予权，至今已为造纸行业培养硕士研究生70余名。2006年获得批准建立了制浆造纸博士后科研工作站，有2名博士后顺利出站。2009年，从国外引进1名高水平科技人才，列为中组部“千人计划”并获得审批。博士后工作站的运行和高水平人才引进，进一步充实了研究开发队伍。

2009年，经国家发展和改革委批准立项，中国纸院和轻工业杭州机电设计研究院共同建成了我国造纸行业唯一的国家工程实验室——制浆造纸国家工程实验室。目前已成功组建8个技术研究/设计室和7个研发平台，累计投资9300多万元，拥有国际先进水平的仪器设备和造纸装备340多台套，望京实验中心使用面积约0.4公顷，廊坊工程化中心使用面积约1公顷，能很好满足工程实验室后续高效运行的需要，并将为行业提供先进的技术与装备创新平台，凝聚行业高级工程技术研发人才，致力于研究解决纤维原料高效利用、循环利用、清洁生产、节能减排所需的共性关键产业化技术与装备，为行业发展循环经济提供先进、适用的成套工程技术，提升我国造纸行业的清洁生产水平和市场竞争力。

中国纸院还围绕制浆造纸国家工程实验室的创建，谋划建设了廊坊工程实验室项目，目前一期已经竣工，二期正在紧张建设阶段。二期工程完成后，中国纸院廊坊工程实验室作为国家级造纸工业科研机构，将有效促进企业之间、企业与高等院校和科研院所之间的知识流动和技术转移，在制浆造纸行业技术创新中发挥着越来越重要的作用，并将建立中国纸院牵头组织、企业和高等院校共同参与实施的有效机制，在高新技术产业化和行业技术创新中发挥骨干作用。

2012年5月，中国纸院搬迁至北京市朝阳区望京中关村科技园内拥有自主产权的中轻大厦，周边环境、办公条件焕然一新，科研设施全面升级更新，经济实力大幅提升。中国纸院将继续坚持“传承文明、开拓创新”的理念，坚持科技强院的核心，积极探索结构调整与转型发展的协调融合之路，努力开创中国纸院的新局面，为转型发展谱写新的篇章。

**院长：** 曹春昱
**地址：** 北京市朝阳区望京启阳路 4 号中轻大厦
**邮编：** 100102
**电话：** 010 - 64778000
**传真：** 010 - 64778001
**网址：** www. cnppri. com
**邮箱：** bgs@ cnppri. com

## 中国中轻国际工程有限公司

中国中轻国际工程有限公司即原中国轻工业北京设计院，成立于 1953 年 1 月。2000 年 10 月成为交中央管理的大型科技型设计企业，2004 年 4 月更名为中国中轻国际工程有限公司（以下简称“中轻国际”）。现有注册员工 741 人，其中，国家级设计大师 1 人、享受政府特殊津贴的专家 9 人、教授级高级工程师 114 人、高级工程师 156 人、工程师 209 人；各类国家注册工程师 237 人次、工程总承包项目经理 61 人。

中轻国际是以咨询、设计、监理、项目管理、工程总承包为主体业务的大型工程公司，拥有进出口企业资格证书；轻纺全行业、化工石化医药行业（化工工程）、建筑行业建筑工程、市政公用行业（排水、环境卫生）、农林行业〔林产化学（制浆造纸）〕和建筑智能化系统工程、环境工程（废水、废气）专项设计的甲级设计资质；城市规划、招标代理、化工石化医药行业（生化、生物药）、建材行业（新型建筑材料）、商物粮行业（油脂工程、玉米加工、饲料加工）、电力行业、市政公用行业（给水、热力、燃气）和环境工程（固废）专项设计乙级设计资质；工程咨询、工程造价、工程监理甲级资质以及压力容器设计、压力管道设计许可证。2008 年 8 月通过质量体系、环境管理体系、职业健康安全管理体系“三标”认证。

中轻国际是国际咨询工程师联合会（FIDIC）、中国勘察设计协会、中国国际工程咨询协会、中国工程咨询协会等国际及国内 100 余个协会、学会的主要成员。1995 年 1 月在世界银行“DACON”数据库认可登记（登记号：576）。1992 年 6 月在国内设计单位中首批获得国家授予的对外经营权。2009 年通过国家高新技术企业认证。

中轻国际于 1997 年 12 月率先在轻工设计系统通过 ISO 9001 质量体系认证。2008 年 8 月通过质量体系、环境管理体系、职业健康安全管理体系“三标”认证，是全国勘察设计单位历届综合实力百强单位。面向国内外工程建设市场，具有工程项目评估、咨询、规划、项目可行性研究、工程设计、工程监理、项目管理、工程总承包、工程造价咨询、招标咨询等多功能及多行业综合能力的大型工程建设科技企业。自 1980 年以来，共获得部（委）级以上各种嘉奖 360 余项，其中，国家级优秀设计、咨询奖和科技进步奖 50 余项，拥有 44 项专利及自主知识产权。

中轻国际为国内 5000 余家大中型企业，国外 20 多个国家、40 余个大中型项目提供了工程设计、咨询、总承包等服务，与国内外著名的 300 余家大型公司建立了实质性合作和业务往来关系。经过 50 多年的创业、发展、壮大，已成为国内外知名的大型科技型企业。

中轻国际坚持以市场为导向，以项目为中心，以创新为动力，以服务为宗旨，以质量为保证，为顾客提供全过程、多方位、专业化、质量高、效果好的满意服务。通过科技兴业、质量强业、管理治业的可持续发展之路，正在向科技型国际工程公司目标迈进。

**总经理：** 张建新
**总工程师：** 李耀
**地址：** 北京市朝阳区白家庄东里 42 号
**邮编：** 100026
**电话：** 010 - 65826358
**传真：** 010 - 65823590
**网址：** www. bcel - cn. com
**邮箱：** bcel@ bcel - cn. com

## 天津市轻工业造纸技术研究所

天津市轻工业造纸技术研究所始建于 1958 年，是从事制浆造纸新技术、新工艺和新产品研究、开发的专业科研机构，同时承担造纸产品国家标准、军工标准及行业标准的修改、制定工作。

该所是国家轻工业纸张质量监督检测天津站、天津市质量监督检验站第一站、《天津造纸》编辑部的挂靠单位及主办单位。中国造纸学会涂布加工纸委员会副主任单位，天津市造纸学会理事单位。1984 年以来，该所完成科研成果百余项，获得国家级、轻工业部及天津市科技进步奖，轻工业部优秀新产品等奖励 60 余项。科研成果转换率达到 85% 以上。

多年的积累培养了一支力量雄厚的技术队伍，

基本上形成了完整的科研和中试生产体系。该所已在特种工业用纸、加工用纸和净化滤材等系列的开发领域形成技术优势。可提供各种玻璃纤维滤纸、植物纤维滤纸、化学纤维滤纸，湿法无纺布等系列产品；提供检测用油墨、蜡棒等专用材料；承接造纸产品质量检测委托；承接 ISO 标准实验室工程设计、安装、调试等技术服务；承接造纸新技术、新工艺和新产品委托开发研究。天津市轻工业造纸技术研究所愿与社会各界合作，为造纸工业发展贡献力量。

**法人代表：**王唯力

**地址：**天津市津南区双港工业园发港南路 29 号

**邮编：**300350

**电话：**022－88823010、88823008

**传真：**022－88823006

**邮箱：**tjzzs@022net.cn、tjzzs@126.com

## 山西省轻工业设计院

山西省轻工设计院是山西省轻工行业唯一的专业设计院，成立于 1958 年。全院由工程设计和工程咨询 2 部分组成，下设生产经营办公室、总工程师办公室、设计所、技经概算室等。

主要承担轻工、商物粮、民用建筑、勘察等行业的工程设计和工程咨询（项目建议书的编制、可行性研究报告的编制，节能评估、安全标准化评审等），涉及轻工、化工、医药、商业、建筑、建材、电子、环保、农业、林业等行业。

该院拥有一支高素质的技术管理团队，拥有专业类别齐全的专业队伍。现有各类工程技术人员 80 余人，其中，高级工程师 40 余人，工程师 30 余人。国家一级注册建筑师 8 人，二级注册建筑师 3 人，一级注册结构工程师 6 人，二级注册结构工程师 2 人，注册造价工程师 1 人，注册化工工程师 6 人，注册公用设备工程师 5 人，注册咨询（投资）工程师 8 人，注册监理工程师 4 人，注册岩土工程师 2 人，注册管理咨询师 2 人。

建院 50 多年来，完成了 2000 余项的工业和民用建筑工程项目（包括省、部级重点大中型工程项目），为我国轻工及相关行业发展作出了重要贡献，多次荣获国家有关部门的奖励和表彰。

该院组织机构健全，技术、经营、生产、管理制度完善，实现了生产、管理的电子、网络和信息化。

该院坚持以“科学管理，追求创新，信守承诺，竭诚服务”的方针，热忱为客户提供工程建设全方位、全过程的优质服务。

**法人代表：**郝威

**地址：**山西省太原市新建南路 13 号

**邮编：**030001

**电话：**0351－4052817

**传真：**0351－4052817

**网址：**www.sxqgsj.com

**邮箱：**sxsqgsjy@126.com

## 辽宁省轻工设计院有限公司

辽宁省轻工设计院有限公司成立于 1955 年，是具有较强综合技术实力，拥有国家轻工、化工甲级，电力、建筑、商物粮、环保乙级等多项资质的咨询设计单位。从事轻工、化工、电力、建筑、环保、农林等行业建设项目的工程咨询、工程设计、规划、设备成套、项目管理、工程总承包等业务的综合单位。

辽宁省轻工设计院有限公司造纸工程技术中心近年来的主要技术研究成果：①尿素催化剂法生产本色或全无氯漂白纸浆、纸和纸板，综合利用农业秸秆，蒸煮废液可灌溉、废弃物制饲料、沼气、沼渣制硅肥。②生物质精炼技术综合利用玉米秆。玉米秆除髓后，叶和穰添加 ПАВ 保鲜剂制饲料。皮制溶解浆，水解液制木糖醇、糠醛，蒸煮黑液制二甲亚砜后进行碱回收，清洁生产显著节能减排、环境友好、经济效益突出。③常压蒸煮——漂白一步法制漂白纸浆。④菊芋秆制浆造纸及其尿素催化剂法制浆废液和硅肥相结合生产固沙沙漠改良剂。⑤硅肥技术。硅肥可以提高农作物产量、质量（抑制作物吸收有毒有机物和重金属），当前稻米镉等有害物超标，此项研究更具深远意义，已于 2008 年 12 月 15 日沈阳市科技局通过验收，验收证书编号：沈科验字〔2008〕第 275 号

**法人代表：**卢秉刚

**院长/总工程师：**冯晓明

**造纸中心主任：**罗少初

**地址：**辽宁省沈阳市皇姑区泰山路 46 号

**邮编：**110031

**电话：**024－26115800

**传真：**024－86802976

**网址：**www.lnqgy.com

**邮箱：**lnqgy@qq.com

## 吉林省轻工业设计研究院

吉林省轻工业设计研究院始建于1964年，是一所集科研、设计、生产为一体的现代化综合性开发、应用研究、设计单位。是经国家审批注册的甲级设计单位，甲级工程咨询单位。现有职工128人，研究员15人，高级工程师52人。

吉林省轻工业设计研究院科研系统下设精细化工研究所、淀粉糖研究所、生物工程技术研究所和科研管理处。一直致力于轻工行业和玉米深加工行业的新产品、新技术、新工艺、新设备的研究开发。技术力量雄厚，专业配套，设备齐全。尤其在玉米深加工的淀粉糖、变性淀粉和生物工程等方面的开发研究独具优势。

吉林省轻工业设计研究院设计系统下设工艺设备设计室、建筑结构设计室、公用工程设计室、技术经济概算室、综合完成室和设计管理处。设计人员经验丰富，设计手段先进，工程设计采用计算机等最新技术手段，为建设单位编写项目建议书、可行性研究报告和工程设计，以优质服务得到用户和同行的赞誉。

**法人代表：**姜春风
**地址：**吉林省长春市飞跃路2688号
**邮编：**130012
**电话：**0431－85657719
**传真：**0431－85687719、85657579
**邮箱：**qgykyc@163.com

## 黑龙江省造纸工业研究所

黑龙江省造纸工业研究所位于牡丹江市阳明区光华街5号，占地面积2.2公顷，建筑面积1.2公顷。设有黑龙江省制浆造纸中试基地，黑龙江省造纸技术研究中心。是省级专业期刊《黑龙江造纸》编辑部、黑龙江省造纸产品质量监督检验站、黑龙江省造纸学会挂靠单位。

黑龙江省造纸工业研究所，是从事制浆造纸应用研究的省属科研院所，主要研究农业、工业特种纸张材料，同时开展制浆造纸技术研究及相关咨询服务，促进地方造纸行业发展。

现有正式员工46人，科技人员21人，其中，研究员级高级工程师4人，高级工程师14人，中级职称2人；享受国务院政府津贴待遇2人。近年来，共取得科研成果25项，其中，获国家科技奖励1项，省级科技奖励9项，市级科技奖励12项，获国家专利7项。

现有1条特种纸中试生产线、3条自主研发系列育苗纸筒生产线、1条自主设计的印制板钻孔用上垫板生产线，水电气配套设施齐全，可进行纸张材料的基础研究、新产品研发、科研成果的转化及部分产品的批量生产。

目前，可批量生产的产品为甜菜、林木、蔬菜、玉米、棉花、西瓜等农林系列育苗纸筒；工农业用特种纸；区电印制板行业配套材料等。育苗纸册年生产能力200余万册，垫板年生产能力20米$^2$。

**法人代表：**杨易平
**地址：**黑龙江省牡丹江市阳明区光华街5号
**邮编：**157013
**电话：**0453－6332195、6332060（销售）
**传真：**0453－6332195、6332060（销售）
**邮箱：**hzskyb@163.com

## 中国海诚工程科技股份有限公司

中国海诚工程科技股份有限公司隶属于国务院国资委管理的中国轻工集团公司，由成立于1953年的原轻工业部下属中国轻工业上海设计院经整体改制而设立，主要从事工程总承包、设计、咨询和监理，是国内第一家专业设计服务业上市公司。公司服务领域包括轻纺、商物粮、农林、机械、市政公用、民用建筑等行业，客户遍及亚、欧、非、美及大洋洲等地。

公司总部设在上海，并在北京、广州、长沙、武汉、南宁、成都、西安等地拥有11家全资子公司。公司致力于设计和建造优质精品工程。改制10年来，公司获得国家、省部级工程设计、工程咨询、工程总承包及科技进步奖近800项，被国家统计局编撰的《共和国之最》列为“获国家优秀设计项目最多的设计院”。

自1992年以来，公司连年被国家建设部、统计局评为中国勘察设计综合实力百强单位，自2004年起连续8年被美国《工程新闻记录》（ENR）与中国《建筑时报》列入“中国勘察设计企业60强”。公司还被认定为“高新技术企业”，并连续八届蝉联上海市“文明单位”称号。

**地址：**上海市宝庆路21号
**邮编：**200031
**电话：**021－64370093
**传真：**021－64334045

**网址：** www. haisum. com
**邮箱：** info@ haisum. com

## 中国林业科学研究院制浆造纸研究开发中心

中国林业科学研究院制浆造纸研究开发中心，是国家林业局从事林纸一体化研究开发的专业机构，是博士、硕士学位培养点和博士后流动站。主要研究方向：①人工林制浆性能早期预报和技术经济评价；②工业林、小径材、木材加工剩余物、竹材和农业秸秆原料的高得率制浆技术研究及工程设计；③高效、低耗清洁制浆及漂白技术研究；④制浆造纸废水高效低成本处理工艺技术研究及工程设计；⑤制浆造纸过程生物质精炼技术开发。

研发中心拥有完备的纤维形态及化学成分分析、制浆造纸性能评价、废纸回收利用、废水污染物特征等检测分析手段，全套进口化机浆中试系统、中试涂布机及压光机、废水处理小试及中试系统，以及 FQA 纤维质量分析仪、胶黏物分析仪、纤维束分析仪、纤维筛分仪、毛细管孔隙仪、涂布器等大型专业测试仪器；致力于纤维资源及纸浆材性评估、制浆造纸新技术、造纸及环保化学品、有机废弃物资源化利用、造纸工业节能减排新技术的研究开发与工程化应用；承接高得率制浆生产线、废水处理系统的设计、工程建造、运行优化任务。

研发中心承担了 ACIAR、UNDP、SIDA、EU、UNESCO“BIO - DEV”等国际合作项目，与澳大利亚 CSIRO、法国国家农科院丝状真菌研究所、普鲁旺斯大学、波尔多第一大学、加拿大造纸研究所、魁北克大学、纽布朗斯维克大学、美国林产品实验室、安德里茨春田研究开发中心、马来西亚国家林业研究院等学术机构进行了密切的科技合作。承担了“七五”至“十二五”国家科技项目、自然科学基金倾斜项目、国家林业局“948”先进生产技术引进、国家外专局引智及江苏省科技攻关等项目。技术成果在全国 10 多个省市 40 余家大中型企业获得推广应用。2013 年，受马来西亚委托，利用当地丰富的林业资源，正在为马来西亚设计和建造一条棕榈果串清洁制浆生产线。

**主任：** 房桂干
**地址：** 江苏省南京市锁金五村 16 号
**邮编：** 210042
**电话：** 025 - 85482542
**传真：** 025 - 85482620
**网址：** www. icifp. cn
**邮箱：** fangguigan@ icifp. cn

## 浙江省造纸研究所（浙江省普瑞科技有限公司）

浙江省普瑞科技有限公司即浙江省造纸研究所，占地面积 4. 5 公顷，建筑面积 3. 3 公顷，现有职工 80 人，其中，专业技术人员 42 人，教授级高工 4 人。技术力量雄厚，是国内以化学合成纤维、无机纤维、矿物纤维等特种纤维抄造特种功能纸技术的开拓者，成为我国特种功能纸科研生产基地，建有普瑞特种纸省级高新技术研究开发中心和浙江省特种纤维纸基功能材料技术研究重点实验室。装备有 2 条湿法造纸生产线、2 条干法造纸生产线，其中，引进国际先进斜网成形器的湿法造纸生产线和气流成网干法造纸生产线各 1 条，配备了完善的造纸工艺试验设备、纸张性能测试仪器和特性指标测试仪器，为研制产品的中试与生产提供了良好条件。制定有完善的质量管理体系，通过中国新时代认证中心 GJB 9001B—2009 和 GB/T 19001—2008 质量管理体系认证。已完成的省部级以上科研成果 134 项中，国家科技攻关项目 6 项。获省部级科技进步奖 27 项。近年申请国家专利 13 项，其中，发明专利 10 项。已授权的 10 项专利中，发明专利 7 项。主导产品有：电池隔膜材料系列、超净擦拭纸系列、高低温隔热材料系列、农用功能材料系列、过滤材料系列、医疗卫生用纸等特种功能纸。长期以来，全体员工本着“敬业、诚信、创新、实效”的企业精神，以“技术创新，质量一流，强化管理，用户至上”的方针，为高新工程和国民经济高新行业提供了大量优质材料和良好服务。

**董事长/法人代表：** 程水华
**总经理/所长：** 郑俊丰
**地址：** 浙江省杭州市萧山经济技术开发区鸿兴路 181 号
**邮编：** 311215
**电话：** 0571 - 88170685
**传真：** 0571 - 88173641
**网址：** www. zjprime. com
**邮箱：** zjprime@ 263. net

## 轻工业杭州机电设计研究院

轻工业杭州机电设计研究院是专业从事制浆造

纸装备设计开发研制的国家级重点设计研究单位，同时具备制浆造纸工程设计、设备研发和配套电气控制系统研制能力，是国家发展和改革委“制浆造纸国家工程实验室”的依托建设单位之一。中国造纸学会机械设备专业委员会、全国轻工机械标准化委员会及造纸机械、食品机械分标委员会、全国压力容器标准化委员会专用压力容器分标委员会、中国轻工总会造纸食品日用化工塑料机械质量监督检测中心，同时拥有工业和信息化部工业（轻工机械）产品质量控制和技术评价实验室、中国科技核心期刊《轻工机械》杂志社等均设在本院。具有我国对外承包工程经营资质、工程设计甲级资质、工程咨询资质、一、二、三类压力容器设计资质和GC1级管道压力设计资质等证书。

近年来，承担国家科技攻关项目多项，其中承担和完成国家“863”项目1项、国家“十一五”科技支撑项目3项、科技部“科研院所技术开发研究专项资金”项目10项、“社会公益研究专项”项目1项和省科技计划项目3项。获得各种奖励共85项（其中，国家科技进步二等奖1项，三等奖6项，省部级科技进步一等奖2项，二等奖11项，三等奖39项，其他奖励21项），取得中国专利38项，完成行业标准编制80多项。

共完成设备研究设计项目900余项，工程咨询项目170余项，工程设计项目220余项，产品生产3000余台（套），生产线成套项目30余项。工程设计咨询板块和装备研发与制造板块为该院2013年新的经营模式。

现有在职职工174人，其中，教授级高级工程师21人，高级工程师62人，中级及初级技术人员72人；一级注册建筑师和注册结构师共5名，注册投资咨询师5名，注册化工师6名、注册电气工程师2名，注册设备监理师18人、注册监理工程师19人。拥有一大批中高级工程技术人员，应用先进的设计手段和3D设计开发软件，长期从事专业的研究设计，积累了丰富的实践经验。并拥有实力雄厚、装备完善的新产品开发试制基地。可以为企业提供从试验、研究、设备开发设计、工程咨询、项目管理服务、技术服务、工程设计、设备成套到项目总承包等全方位的服务。

**法人代表：**刘安江

**总工程师：**杨旭

**地址：**浙江省杭州市体育场路71号

**邮编：**310004

**电话：**0571－85186716

**传真：**0571－85186432

**网址：**www.hmei.com.cn

**邮箱：**hzjdy@hmei.com.cn

## 江西省轻工业研究所

江西省轻工业研究所始建于1953年，现隶属江西省轻工业行业管理办公室。研究所下设江西省纸张质量监督检验站、造纸研究室暨古纸工艺研究室、日用化工研究室、食品研究室、中试生产车间等业务机构。江西省造纸印刷工业协会暨江西省造纸学会也挂靠在研究所内，研究所所长是以上两会的法人代表并兼任两会会长。

江西省轻工业研究所拥有一支高素质的工程技术人员队伍，全所现有职工73人，其中，科技人员49人，具备正高职称研究员或教授级高级工程师5人、高级工程师16人。建所59年来，获国家、省、部级科技进步成果奖、优秀新产品奖多项，在省级以上的专业刊物或学术交流会议上共发表论文300多篇。

江西省轻工业研究所造纸研究室暨古纸工艺研究室有20多名工程技术人员并拥有完备的小型试验和中型试验设备，有设备齐全的制浆工艺研究室、造纸实验室、纸张物化性能实验室等。研究室主要开展纸和纸制品新产品开发暨工艺技术创新工作，同时开展造纸化学品新产品研究暨应用工艺技术条件工作，其主要宗旨是开发出符合市场需求的产品。江西省纸张质量监督检验站也设在研究所内，该站是省质量技术监督局首批授权的法定省级检验机构，也是国家质量监督检验检疫总局批准确定的食品包装用纸、食品用纸容器制品生产许可发证检验定点检验单位，该站承担省内外各类纸张、纸板、标准信封、扑克牌、食品包装用纸包装材料、食品用纸容器制品、中小学生作业本等纸产品的委托及仲裁检验工作，检验数据在中华人民共和国境内均有效。

**所长：**管步军

**分管造纸副所长：**雷建民

**地址：**江西省南昌市北京东路138号

**邮编：**330029

**电话：**0791－88333891

**传真：**0791－88333891

**邮箱：**leijianmin1@126.com

## 山东省造纸工业研究设计院

山东省造纸工业研究设计院，建于 1978 年 11 月，隶属于山东省轻工业协会。现有在职职工 100 人，专业技术人员 65 人，院内设有科研所、设计所、检测中心、《中华纸业》杂志社、技术开发公司、实验厂等主要业务部门。另外，山东省涂布加工纸技术重点实验室、山东省纸张质量监督检验站、山东造纸学会、山东省造纸行业生产力促进中心等也设在该院。

科研工作曾多次荣获省科技进步奖。目前与多家造纸企业及造纸化学助剂等相关企业建立了合作关系，已承担企业委托项目 200 余项，收到了良好的经济效益和社会效益。

设计工作具有国家建设部颁发的轻纺行业（制浆造纸）工程设计甲级证书和国家发展和改革委颁发的轻工工程咨询甲级证书。近年来完成制浆造纸工程咨询设计项目 600 余项，多次荣获省级优秀勘察设计奖、省级优秀工程咨询成果奖和中国轻工业优秀工程咨询成果奖。

《中华纸业》是中国造纸协会会刊，由中国造纸协会和该院共同主办，它是由创刊于 1979 年的《山东造纸》发展而来，期间经历了《北方造纸》重要的阶段，《中华纸业》从原技术刊转型定位于“行业综合性”刊，自 1996 年以来的十多年间，由季刊改为半月刊，在内容、版面设计、广告策划上都具有自己的独特风格，成为中国造纸行业最有影响力的期刊之一。

检测工作主要承担全省纸张产品质量监督检验、第三方评价性检验、产品质量仲裁检验和各单位委托检验。为全省造纸企业提供检测技术服务、质检员培训、新标准宣贯等工作。山东省纸张质量监督检测站是山东省质量技术监督局授权机构。

技术开发公司主要致力于造纸工业新技术、新产品、新设备的开发应用，为造纸行业提升技术水平提供优质服务。

实验厂承担省科技厅下达的中试任务，实验生产了过滤纸、一次性医疗器械包装纸、水果吸湿纸等一系列具有先进水平产品，同时研究开发无毒环保的纸塑复合包装产品。

近年来，该院在科研单位改革改制的推动下，树立以市场为导向，以优良的服务为纽带，以质量求生存，以信誉求发展的经营理念，解放思想，开拓创新，充分发挥自身优势，急企业之所急，全面服务企业。

**院长/法定代表人：**崔棣章
**总工程师：**陈东
**地址：**山东省济南市工业南路 101 号
**邮编：**250100
**电话：**0531－88947041
**传真：**0531－88947041
**邮箱：**shandongpaper@163.com

## 中国轻工业武汉设计工程有限责任公司

中国轻工业武汉设计工程有限责任公司（原名：中国轻工业武汉设计院，）始建于 1958 年，现系中国海诚工程科技股份有限公司成员单位，是集工程总承包、工程咨询、工程设计、工程监理及工程项目管理等多功能于一体的知识密集型国有科技型企业。拥有国家颁布的轻工行业、民用建筑、医药、环保设计、工程咨询、工程监理等 7 项甲级资质，已形成工程设计、咨询、监理和总承包四大主业，并顺利完成了“三标一体”的认证工作。拥有国家级、省部级专家及教授级高级工程师工 40 余人，各类注册工程师 160 余人，高级工程师 120 余人。经营业绩 10 多年来保持近 30% 的高速增长。制浆造纸是该公司工程设计的传统行业，有着 50 多年的设计历史。历年来完成制浆造纸行业工程设计及服务 600 余项，多项设计获部、省级奖励。设计和服务范围涵盖制浆、造纸、碱回收、废水处理、纸加工、热电及综合利用等造纸行业的各个环节。在制浆及碱回收、无氯漂白、化机浆、特种纸、纸板、废水处理、污泥生物质发电等方面形成独立的技术集成和特色技术，具有较高的市场占有率。其中，非木材制浆及碱回收是国家环保部最佳实用技术依托单位，项目地域覆盖全国 30 多个省、市、自治区及缅甸、巴基斯坦、尼泊尔、孟加拉、吉尔吉斯斯坦、加纳和加蓬等国家。

**法人代表：**徐平佳
**负责人：**梁斌
**地址：**湖北省武汉市武昌区首义路 176 号
**邮编：**430060
**电话：**027－88044007、13808641636
**传真：**027－88041709
**网址：**www.qgsj.com
**邮箱：**13808641636@163.com

## 中国轻工业长沙工程有限公司

中国轻工业长沙工程有限公司原为中国轻工业长沙设计院，1970 年初由北京迁入湖南，1975 年重新组建，是我国成立较早的大型咨询设计单位之一。2002 年 12 月改制重组后，成为国务院国资委管理的中国轻工集团公司——中国海诚工程科技股份有限公司的全资子公司，注册资金为 1700 万元。

公司持有国家主管部门颁发的轻纺行业、建筑行业（建筑工程）、市政行业（热力工程）等甲级设计证书和与之相对应的工程总承包资格，甲级咨询资格证书，甲级工程造价咨询单位资质证书，电力行业（火力发电、新能源）、化工行业（化工工程）、城市规划编制等乙级设计资格证书，压力容器及压力管道设计许可证，拥有对外经营权、对外承包工程经营资格。1998 年通过 ISO 9001 质量管理体系认证，2007 年通过 ISO 14001 环境管理及 GB/T 28001 职业健康安全管理体系认证，2008 年认定为高新技术企业。公司主营业务为工程设计、工程咨询、工程监理和工程总承包，服务于制浆造纸、制盐及盐化工、家用电器、能源环保、建筑、电力、市政等行业领域。公司在制浆造纸行业的服务遍及各领域，其中，制浆领域涵盖化学浆、机械浆、废纸浆等各个浆种；造纸领域涵盖了各类文化用纸、包装用纸、生活用纸及特种纸等各类纸种；在该行业的服务还延伸到纸容器制造及彩印等领域。

公司从事工程咨询设计 60 年，完成咨询、设计、承包、监理等项目 4000 余项，与国内外众多知名制浆造纸企业建立了紧密的合作伙伴关系。公司在轻工领域的制浆造纸、制盐及盐化工、家用电器和能源环保领域的污泥废渣及垃圾焚烧供热发电等行业，市场占有率和核心竞争力均位于前列。

自 1982 年国家开展评选优秀设计以来，公司获得国家及省部级优秀设计奖、科技进步奖 200 余项，其中，在纸浆造纸行业获国家金银铜奖 10 余项。

公司的工程总承包业务，涵盖了项目投资、选址、规划、技术经济分析、设计、造价、采购、施工、安装、开车等各个方面。作为总承包商，公司先后承建了缅甸、巴基斯坦、埃及、印度、湖南湘丰特种纸业有限公司、焦作瑞丰纸业有限公司、广西南宁凤凰纸业有限公司、福建省青山纸业股份有限公司、中国造纸装备有限公司、河北星辉纸业有限公司、宜宾纸业股份有限公司、印度尼西亚等国内外多项制浆造纸领域的总承包工程，其中，缅甸 YENI 制浆造纸项目获第五届优秀工程总承包金钥匙奖，湘丰纸业总承包工程获第五届优秀工程总承包铜钥匙奖及轻工行业第三届优秀工程总承包项目一等奖，瑞丰纸业总包工程获轻工行业第四届优秀工程总承包项目二等奖。

公司在追求与同行竞合、与顾客双赢的同时，坚持完善自我、永远创新，始终站在行业最前沿，组合先进技术，推动行业进步。全体员工恪守“顾客满意是我们不懈的追求、环境保护是公司永恒的职责、安全健康是企业发展的基石”的管理方针，确保“技术先进、质量可靠、信守合同、服务周到”。愿以优质服务与境内外顾客进行诚挚地合作，实现共同的理想。

**法人代表：**樊燕
**总经理：**陈志明
**地址：**湖南省长沙市雨花区新兴路 268 号
**邮编：**410114
**电话：**0731 - 85770333
**传真：**0731 - 85584415
**邮箱：**office@ cecchina. com
**网址：**www. cecchina. com

## 湖南省造纸研究所有限公司

湖南省造纸研究所有限公司是经湖南省科技厅认定的集科、工、贸于一体的由省属科研事业单位转制而成的高新技术企业，是湖南省造纸产品质量监督检验授权站、湖南省造纸学会等机构组织挂靠单位。始建于 1972 年，占地面积 3. 5 公顷，固定资产 1200 万元。现有员工 109 人，其中，专业从事研究开发人员 36 人，本科以上学历 28 人，中级以上职称 32 人，高级职称 6 人。

多来年，先后完成了国家、部级科技攻关项目 80 余项。其中，27 项获国家、部、省等各级科研成果技术奖，已有 30 多项科研成果转化为生产力。公司现有 3 条生产线，年生产能力在 5000 吨以上。其中，2 条特种工业用纸生产线，年产量 3000 吨，主要生产高强纱管封面纸、各类纤维板表层纸等，产品占国内市场较大份额。1 条涂布纸生产线，年产量可达 2500 吨，所产彩喷纸、高光数码相纸、名片纸等涂布纸，可以替代进口产品。

公司于 2002 年通过了 ISO 9001:2000 质量管理体系认证，本着“创造卓越品质，追求持续满意”的质量方针，建立了持续、稳定、有效的科学管理体系，产品质量达到了国际先进水准。近几年来，公司紧跟市场需求，发展更加迅猛，致力于文化创新、科技创新、管理创新，积极培育和提升核心竞争力，形成了以市场带动科研、以科研促进生产、以生产服务市场的良好循环轨道。

**法人代表：**宋善军

**地址：**湖南省湘潭市建设中路 7 号

**邮编：**411104

**电话：**0731－58523214、58561602

**传真：**0731－58561602

**网址：**www. hnprc. com

## 中国轻工业广州工程有限公司

中国轻工业广州工程有限公司于 2003 年由原中国轻工业广州设计院改制而成。2012 年 3 月由中国轻工业广州设计工程有限公司更名为中国轻工业广州工程有限公司。公司持有工程设计、工程咨询、工程监理、工程总承包甲级证书，智能建筑、环境污染防治工程、室内装饰专项工程甲级设计证书。城市规划、三类压力容器、GB、GC 类压力管道等专项设计证书，具有对外经营权。并取得了国际认可的 ISO 9001 质量管理体系认证证书、ISO 14001 环境管理体系认证证书和 GB/T 28001 职业健康安全管理体系认证证书，是一家拥有大批优秀专业人才和技术资源，集工程设计、工程咨询、工程监理、项目管理和工程总承包为一体的综合性国有工程公司。

公司现有工程技术人员近 400 人，拥有国家级设计大师 2 人、教授级高级工程师 50 多人及大批经验丰富的国家注册建筑师、规划师、结构师、化工师、造价师、监理工程师和各类专业工程师，专业配套齐全，技术力量雄厚。公司下设工程设计所、工程承包管理部、工程监理公司、环保工程分公司、机电设备建设分公司、造价咨询分公司、装饰工程分公司和珠海分公司等。

公司长期从事国内外各类工业及民用建设项目的工程设计、工程咨询、工程监理、项目管理和工程总承包等业务，主要从事的行业包括制浆造纸、啤酒、酒精、制糖、新能源与环保工程、饮料、食品、商粮、医药、化工、家电、电子、电站、建材、制浆造纸、机械设备、市政工程、民用建筑、室内装饰、小区规划等，并随着世界经济的发展不断开拓新业务。

公司迄今已先后完成了 4000 多项大中型工程项目设计，其中，包括了大批外资和中外合资等工程项目及中烟摩迪（江门）纸业有限公司等一批项目。并自 20 世纪 50 年代起，先后完成了 20 多个国家的 30 多项境外工程，是国内最早在境外从事工程设计活动的设计单位之一。其中，获得国家级或部级、省级优秀工程设计奖、优秀工程项目管理（PM）奖或优秀科研奖、优秀业务建设奖的项目已经超过了 200 项，并曾经代表国家轻工行业主编过《甘蔗糖厂设计手册》、《甘蔗糖厂设计规范》、《啤酒厂设计规范》、《麦芽厂设计规范》、《酒精厂设计规范》、《啤酒工业手册（下册）》等设计规范和设计手册共 8 项。

公司将一如既往地贯彻执行“技术先进、质量优良，预防污染、安全健康，持续改进、顾客满意”的管理方针，以一流的专业水准和良好的职业道德，为国内外客户提供优质服务。

**法定代表人/公司总经理：**陈荣荣

**第三工程设计所所长（造纸行业）：**冯晓辉

**地址：**广东省广州市盘福路医国后街 1 号

**邮编：**510180

**电话：**020－81326609、81326330

**传真：**020－81325759

**网址：**www. gdecn. com

## 广东省造纸研究所

广东省造纸研究所成立于 1973 年，隶属广东省广业轻化工业集团有限公司，主管部门为广东省广业资产经营有限公司。研究所本部位于广州市新港西路 154 号，占地面积 0. 75 公顷，大院的办公、科研和生产部门的建筑面积 0. 3253 公顷；在广州增城市建有科研开发基地，占地 2. 5334 公顷，建有 0. 1134 公顷的综合楼和 0. 188 公顷的生产厂房。该所通过 ISO 9000 质量管理体系认证，2007 年与华南理工大学联合成为广东省造纸技术与装备公共实验室的依托单位。2009 年被认定为“高新技术企业”，2012 年通过高新技术企业复审。

该所是以开发和应用为主的科研所，主营业务包括造纸行业科研、开发、产品检测与鉴定、技术咨询、技术服务、技术培训、技术承包和项目设计，生产销售造纸化学品和特种纸。成立 30 多年来，结合广东省造纸工业的实际情况开发制浆造纸新工艺、新技术。在废纸利用、涂布加工纸、造纸化学助剂和特种纸方面有较好的基础。近 6 年共承担省级以上科研项目 24 项；近 7 年共申请专利 25

项，其中，1项实用新型专利和11项发明专利获得授权；参与制定国家标准4项，行业标准4项，地方标准1项。

该所现有完善的科研手段，包括制浆造纸实验室、造纸助剂实验室、纸张涂布实验室、纸张化学性能实验室、纸张物理性能实验室和微生物实验室及成果中试、产业化平台。良好的科研条件为新产品的研发提供了良好的基础，经过科技人员的辛勤耕耘，近年来相继开发出了多种特种纸和造纸助剂产品，并都转化为产品投放市场。产品主要有：PPE造纸湿强剂、造纸干强剂、造纸柔软剂、白钢纸、阻燃型绝缘钢纸板、冷压自黏结胶带纸、复印纸等。

该所和广东省造纸学会合办的刊物《造纸科学与技术》是中文核心期刊。2000—2012年底所内科技人员在中文核心期刊和省级以上刊物上共发表论文100多篇。

**法人代表/所长：**伍泽荣
**副所长：**陈新泉、马学逵
**地址：**广东省广州市海珠区新港西路154号
**邮编：**510300
**电话：**020-34301776、020-34300599
**传真：**020-34301776
**网址：**www. gdzaozhisuo. com
**邮箱：**gdpiri@ sti. gd. cn

## 中国轻工业南宁设计工程有限公司

中国轻工业南宁设计工程有限公司技术力量雄厚，拥有400多名工程技术人员，其中，享受国务院政府特殊津贴的专家13人，教授级高级工程师38人，高级工程师111人，各类国家注册工程师151人。具有工程咨询、工程设计、工程项目管理、工程建设监理、工程总承包、国际合作等业务。优良的装备和成熟先进的软件为广大客户提供了全方位的技术服务。在制浆造纸方面具有很强的优势，承担的制浆造纸工程咨询、设计、监理及总承包项目遍及我国广西、广东、湖南、江苏、云南、重庆等10多个省区以及越南、缅甸、印度尼西亚、马来西亚、泰国、白俄罗斯等国家，设计项目多达300余项。设计涵盖碱法制浆、酸法制浆、废纸制浆、化学机械浆等。涉及的原料有木材（软、硬木）和竹子、甘蔗渣、桑枝等。产品涵盖国内现有的各种浆、纸品种。目前，在漂白木浆、漂白甘蔗渣浆、漂白竹浆、纸张生产线设计方面居国内领先地位。多年来，在制浆造纸方面，共有20多个工程设计（咨询）项目荣获国家及省部级优秀工程设计及优秀工程咨询一、二、三等奖。

**法人代表：**王毅军
**地址：**广西壮族自治区南宁市星光大道42号
**邮编：**530031
**电话：**0771-4800448
**传真：**0771-4830802
**网址：**www. zqnn. cn
**邮箱：**cnec@ vip. 163. com

## 重庆造纸工业研究设计院有限责任公司

重庆造纸工业研究设计院有限责任公司始建于1953年，是我国制浆造纸工业和轻工军工重要的综合性科研和生产基地；是重庆制浆造纸工程中心和重庆市高新技术企业；是国家轻工业造纸质量监督站重庆站、重庆市造纸产品质量监督检验站和重庆市造纸产品计量站所在地。该院拥有较完备的制浆造纸和特种纸研究科研和中试手段；拥有大量的科研成果、高新技术产品和雄厚的研发实力；拥有一批高素质的管理、科研、生产团队；在玻璃纤维空气过滤、液体过滤和油气分离纸及特殊要求的玻璃纤维纸研制、生产、技术装备和检测手段方面处于国内领先地位。该院通过了ISO 9001:2000质量管理体系认证和军工生产许可证认证等，完善健全了现代化的管理体系，为科研生产良性循环奠定了基础。

重庆造纸工业研究设计院有限责任公司以雄厚的科技实力，优质的产品质量，良好的企业信誉，为客户提供满意的服务。

**法人代表/院长：**孙骏
**地址：**重庆市南岸区茶园新区蔷薇路26号
**邮编：**401336
**电话：**023-63862408
**传真：**023-63609345
**邮箱：**cqzz666@ 163. com
**网址：**www. cqzzyiy. com

## 中国轻工业西安设计工程有限责任公司

中国轻工业西安设计工程有限责任公司（简称“中轻西设”）是隶属于中国海诚工程科技股份有

限公司的子公司，前身为成立于 1958 年中国轻工业西安设计院，2003 年改制为有限责任公司，是集工程咨询、工程设计、工程总承包、工程监理、工程项目管理等多种功能为一体的知识、技术和管理密集型国有科技企业。

中轻西设拥有国家颁发的轻纺工程、建筑工程、工程咨询、工程造价、环境影响评价和工程监理的甲级资格证书，电力、电子通讯、广电、化工、石化、医药、农林、商物粮、市政公用工程、城市规划，劳动安全评价、压力容器和压力管道工程设计资格证书；同时具有工程总承包、工程招标代理、对外经济技术合作和出口企业等资质。

中轻西设长期从事制浆造纸、食品发酵、甜菜制糖、皮革轻化、农副产品加工、畜牧产品加工、塑料制品、民用建筑及市政公用工程等行业的咨询、设计和工程总承包服务，并积累了丰富的经验。近年来，在制浆造纸、生物能源、热电工程、环保工程、工程总承包和项目管理方面又有了新的开拓和发展，能为业主提供各类工程服务。

中轻西设具备完善的技术、经营、生产、财务管理制度。2000 年通过了 GB/T 19001 和 ISO 9001 质量管理体系认证；2009 年通过了陕西省高新技术企业认定；2010 年通过了三标管理体系认证，取得了认证证书。

第一工程咨询设计所是中轻西设以制浆造纸专业为主业的综合设计所，已有 50 多年的历史，现有专业人员 51 人（其中，制浆造纸工艺专业 18 人），具有高级职称 23 人（其中，教授级高级工程师 8 人），均长期从事制浆造纸行业的咨询、设计和总承包工作，具有丰富的工作和实践经验。

第一工程咨询设计所先后完成了 200 余项制浆造纸工程设计及服务项目，涵盖制浆、造纸、碱回收、造纸废水处理、纸加工、特种纸、热电联产等造纸行业的各个环节；项目覆盖全国 20 多个省、市、自治区及马来西亚、阿尔及利亚、越南等国家；设计产品包括生活用纸、包装用纸、文化用纸、石头纸、特种纸等。在生活用纸、包装用纸、非木材纤维制浆等方面居国内领先地位。

**法人代表：**李一文
**总监（制浆造纸）：**刘尚典（第一工程咨询设计所副所长）
**地址：**陕西省西安市柿园路 222 号
**邮编：**710048
**电话：**029 - 82400169、13519188228
**传真：**029 - 82487815
**网址：**www. haisum - xa. com
**邮箱：**liusdy@ 163. com

## 甘肃省轻工研究院

甘肃省轻工研究院（原甘肃省轻工业科学研究所）始建于 1959 年，是甘肃省最早成立的以轻工、化工研究开发为主的科研院所，2001 年 9 月转制为科技型企业。该院科研、办公、中试等建筑面积 1 公顷，其中，办公、科研、工程咨询、产品检测等用房面积 0.75 公顷，集科研开发、技术服务、成果转化、工程咨询、清洁生产审核、节能审核及评估、产品检验、人员培训为一体的应用开发研究单位。具有国家轻工专业工程咨询甲级资质，医药专业工程咨询乙级资质，化工和商物粮工程咨询专业丙级资质，具有清洁生产审核资质、节能量审核机构资质和节能评估机构资质，国家工信部备案的银河培训机构资质，轻工产品计量认证资质，食品检验机构资质认定证书等，是甘肃省重点科研院所。拥有超临界 $CO_2$ 萃取设备、亚临界萃取设备、分子蒸馏设备、液相色谱仪、气相色谱仪、生化培养箱等天然产物提取、食品发酵、精细化工、产品检测等试验和中试科研仪器设备 500 多台套，总资产达到 2680 万元。内设机构有：食品发酵研究室、分离中心、工艺设计室、造纸室、环境保护与资源综合利用研究室、轻工产品质检站、中试车间及华瑞新技术开发公司和行政职能部门。现有职工 84 人，其中，高级工程师 20 人，中级职称 26 人，初级职称 22 人，研究生学历 12 人；注册咨询工程师 11 人，国家清洁生产审核师 7 人，节能评估师 9 人；甘肃省领军人才 2 人，省级学科带头人 1 人，省级科技专家、工程咨询专家委员会成员 6 人。

建院 50 多年来，一直从事轻化工行业应用开发研究工作，是甘肃省实力较强的科研开发、工程咨询和技术服务单位。每年服务的企业都在 50 家以上，服务的专业技术人员 200 人次以上。为甘肃省及周边省市的企业进行了大量的工程咨询与设计、设备安装调试、技术培训等配套技术服务工作，服务范围从轻工扩大到化工等行业冷链物流、生物医药、清洁生产、节能评估、节能量审核等。近年完成工程项目 500 多项，帮助企业争取建设资金上亿元。该院的轻工产品质检站每年承担着甘肃省质量技术监督局和各级主管部门安排的轻工产品检测任务及企业委托的检测和仲裁工作。

有多项科技成果获得国家级、省部级奖励。

2009 年该院农副产品深加工创新团队获甘肃省“五一劳动奖状”，2010 年荣获国家科技部“技术市场金桥奖”。

在工程咨询方面，建立了完善的管理制度和质量保证体系，近年来，获甘肃省工程咨询优秀成果奖 7 次，申请发明专利 6 项，授权 2 项。

**法人代表**：赵煜
**地址**：甘肃省兰州市城关区金昌南路 101 号
**邮编**：730000
**电话**：0931－8126510、8126518、13993170089
**传真**：0931－8124557
**网址**：www. gsqgyjy. com
**邮箱**：yzhao6827@ sohu. com

## 新疆轻工业设计研究院有限责任公司

新疆轻工业设计研究院有限责任公司前身为新疆轻工业设计研究院，成立于 1958 年。2001 年 3 月完成了企业化转制。现有专业技术人员 122 人，其中，高级职称以上 50 多人；国家一级注册建筑师 5 人，二级注册建筑师 9 人，国家一级注册结构工程师 5 人，国家注册监理工程师 23 人，注册造价工程师 4 人，其他注册工程师 40 余人。

公司在 2000 年 10 月通过“工程咨询、工程设计（含设备设计）”ISO 9001 和“工程建设监理”ISO 9002 标准质量体系认证。2003 年通过了换版认证。本公司全力推广 CAD 技术，是新疆 CAD 应用先进单位，微机装备达到先进水平，拥有先进的计算机局域网络，CAD 出图率达到 100%。被国家科技部授予“全国 CAD 应用工程示范企业”，并获得“自治区 CAD 应用先进单位”、“自治区勘察设计行业 CAD 软件正版化示范单位”称号，获“自治区级文明单位”称号，2007 年取得首批“新疆勘察设计行业诚信单位”称号。

公司拥有轻纺工程设计、建筑工程设计、商物粮行业工程设计甲级资质，拥有工程咨询甲级资质，拥有房屋建筑工程监理、设备安装工程监理甲级资质，拥有化工石化医药行业工程设计、农林行业工程设计、市政公用工程行业工程设计、电力行业工程设计乙级资质，拥有压力管道 GB 类（GB2 级）、GC 类（GC2 级）设计资质，拥有工程勘察乙级资质，拥有城市规划编制咨询乙级资质，拥有工程总承包乙级资质，拥有国外承包工程劳务合作经营许可证及进出口企业资格证书。所从事的轻工行业工程有：甜菜制糖、食品、发酵、啤酒、麦芽、果酒、白酒、饮料、乳制品、味精、各类罐头、制浆造纸、毛革毛皮及其制品、塑料制品及节水灌溉设施、农副产品加工、制盐及盐化工、日用化工、日用硅酸盐等。

近年来获得国家级、部级及自治区级和市级各种优秀设计、咨询、勘察奖项数 10 项。其中，年产 2 万吨农用节水滴灌材料项目获“2004 年国家优秀设计金奖”、自治区“第十二届优秀工程设计一等奖”，国家康居示范工程华美 · 文轩家园 2006 年获“国家康居住宅示范工程建筑设计金奖”。拥有国家专利局授予的 8 项实用新型专利，另有多项实用新型专利和发明专利正在受理过程中。

**法人代表**：卢向豹
**总工程师**：董晓辉
**地址**：新疆维吾尔自治区乌鲁木齐市新华北路 8 号红山新世纪 A 座 30－31 层
**邮编**：830004
**电话**：0991－8861777、8862777
**传真**：0991－2826506
**网址**：www. xjdl. cn
**邮箱**：dl@ xjdl. cn

（陶　天）

# 国家认定的企业技术中心简介

# Introduction of National Certified Enterprise Technical Centers

## 山东晨鸣纸业集团股份有限公司企业技术中心

山东晨鸣纸业集团股份有限公司技术中心（简称“晨鸣集团企业技术中心”）成立于1996年，1999年3月被山东省政府认定为省级企业技术中心，2000年1月被国家发展和改革委等部门认定为国家级企业技术中心。

晨鸣集团企业技术中心设有制浆工艺研究室、造纸工艺研究室、涂布印刷研究室、特种纸技术开发研究室、造纸湿部化学研究室、环保研究室和精密仪器分析室等7个研究室。研发设施齐全，技术装备先进，现拥有国际先进的双管循环药液蒸煮器、纸样抄取器、高剪切黏度计、微观扫描仪、电动涂布机、实验用超级压光机等一大批制浆造纸研究实验仪器和设备140多台。拥有抗张强度测试仪、高精度厚度仪、粗糙度仪、撕裂度仪、匀度仪、挺度仪、耐折度仪、平滑度仪等国际先进的检测仪器和设备200多台，装备水平处于国内同行业首位。

晨鸣集团企业技术中心加大人才队伍建设，并积极与中国制浆造纸研究院、山东轻工业学院、天津科技大学、青岛科技大学、中科院天津工业生物技术研究所等高等院校开展产学研合作，培养了一大批技术水平高、具有实践经验的专业技术带头人，现技术中心拥有科技人员897人，其中，高级专家8人、博士16人，形成了一支知识层次合理、技术水平高，具有丰富实践经验的高素质创新人才队伍，逐步将技术中心打造成以企业为主体，以市场为导向，产学研用相结合的科研团队。

山东晨鸣纸业集团股份有限公司以国家级企业技术中心为依托，大力开展科技研发活动，每年开展科技活动达110项以上。其中，2011年、2012年公司分别开展技术创新项目115项、117项，累计投入科技活动经费分别达到88750.5万元和102201.8万元。2012年共完成技术创新项目45项，开展跨3年以上重点技术开发项目55项。

2012年，晨鸣集团企业技术中心在原有基础上，以承担的技术中心创新能力建设项目为依托，先后投资4018万元对原有实验室进行了仪器功能完善和实验室室内环境的部分改造。主要针对制浆工艺研究室、涂布印刷研究室、纸张检测实验室及精密仪器分析室，先后购置引进了纤维分析仪、自动纸浆黏度测试仪、制浆分析仪、气体分析系统、PFI磨浆机、全自动沉降粒度分析仪、匀度测试仪、纸张物性自动检测仪、余热回收节能装置等国内外先进水平的关键实验仪器设备。实验装备水平处于国内同行业先进，显著提高了清洁制浆技术及应用实验室的研发创新能力。

技术中心研究成果、专利及获奖情况：

1. 知识产权建设　共申报国家专利125项，国家专利授权106项，其中，发明专利8项。同时公司获得“中国专利山东省明星企业”荣誉称号。

2. 科技成果情况　先后获得国家级新产品5项、省级以上科技奖励19项、山东省优秀新产品及优秀成果6项。

3. 承担科技项目情况　先后承担国家级科研计划项目5项，省级科研项目19项。

**法人代表**：陈洪国
**地址**：山东省寿光市农圣街2199号
**邮编**：262700
**电话**：0536－2158000
**传真**：0536－2156111
**邮箱**：cmbgs09@163.com
**网址**：www.chenmingpaper.com

## 华泰集团有限公司技术中心

华泰集团有限公司技术中心组建于1997年，1999年被认定为省级企业技术中心，2001年被认定为国家级企业技术中心，是一家含二次纤维制浆研究所、涂布纸造纸研究所等8个科研所的大型企业技术中心。

中心现有员工 379 人，其中，高级专家 36 人，中高级职称 200 余人，形成了以博士和高级工程师为核心的研发团队，并且大部分研究人员为中青年专业技术人员，有效保证了团队的可持续性。中心拥有扫描电子显微镜、实验室压光机、涂布机、粒度分布仪、超高剪切黏度计、动态滤水仪等一大批国际一流的实验检测仪器，实验仪器设备原值达 1.7 亿元。依托完备的实验设施和充沛的科研经费，中心重点进行废纸制浆关键技术、高得率制浆及其配抄技术、涂布印刷纸生产关键技术及造纸工业生物技术应用等领域的研究。

多年来，中心贯彻落实科学发展观，不断加大科研投入，技术创新工作取得了丰硕成果。中心先后参与“废纸制浆关键技术研究”、“造纸原料品质评价体系研究”等“十一五”科技支撑计划项目 4 项；山东省自主创新专项、山东省科技攻关计划项目等省级以上科技计划项目 20 多项；授权专利 63 项，其中，发明专利 9 项；参与制定国家标准 7 项，其中，主持制定 1 项；获省部级以上科技奖励 14 项，特别是中心参与完成的“造纸纤维组分的选择性酶解技术及其应用”获“2011 年度国家科技进步二等奖”。这是继“废纸生产低定量高级彩印新闻纸”、“制浆和碱回收过程优化控制系统的研究与应用”和“草浆的生物预漂白和酶法改性技术”之后第 4 次获此殊荣，也使华泰集团有限公司技术中心成为造纸行业唯一一家 4 次获得该奖项的企业。

**法人代表：**李建华
**总工程师：**张凤山
**地址：**山东省东营市广饶县潍高路 251 号
**邮编：**257335
**电话：**0546－7798857
**传真：**0546－6888018
**网址：**www.huatai.com
**邮箱：**jszx@huatai.com

## 泰格林纸集团股份有限公司技术中心

泰格林纸集团股份有限公司技术中心成立于 2000 年 3 月，同年 7 月获省级技术中心认证。2005 年 10 月被国家发展和改革委、国家财政部、国家海关总署、国家税务总局 4 部委认定为国家级技术中心。技术中心下设直属机构有：综合办公室、博士后科研工作站、科研研究所、设计科研所、林业科研所、机械产品设计室、产品开发部等。现有固定员工 307 人，其中，教授级高级工程师 3 人，博士后 2 人，硕士生 15 人，公司级技术专家 4 人，高级工程师 30 人。中高级以上职称人数占技术中心总人数的 70%，为公司的发展奠定了强大的技术基础。公司现拥有高得率制浆及其应用、高得率浆配抄高档文化用纸、碱法草浆白泥精制碳酸钙作造纸填料、荻苇浆 ECF 漂白工艺、废纸脱墨浆配抄轻定量涂布纸、木材纤维制浆等多项核心技术。先后承担了高技术产业化示范工程项目，国家“863”计划，国家科技支撑计划，国家科技攻关项目 20 余项，省部级重点项目 30 余项。

泰格林纸集团股份有限公司技术中心与国内外 20 多所知名高校和科研院所建立了产学研合作关系，聘请了近 50 位专家教授为公司高级客座专家。2002 年，技术中心与中国林科院南京林化所合办研究开发机构，成立了泰格林纸集团技术中心南京试验室；2006 年，与华南理工大学合作成立的“泰格－华工生物质化工合作试验室”在华南理工大学制浆造纸工程国家重点实验室挂牌。中心开发国家级及省级新产品 48 个；获国家授权专利 75 项，其中，发明专利 65 项；获 20 余项省部级科技进步奖，其中，“意大利杨 APMP 新工艺制浆及其应用”项目获“国家科技进步二等奖”，其核心专利技术意大利杨盘磨漂白制浆工艺获 2007 年“第十届全国优秀专利奖”。

近几年，泰格林纸集团股份有限公司逐年加大了企业科研开发经费的投入，研究开发经费支出已占到销售收入的 5.5% 以上，企业技术中心的硬件与软件不断改善，研发能力不断增强，科研条件居全国同行前列。

**技术中心主任：**陈金山
**地址：**湖南省岳阳市城陵矶
**邮编：**414002
**电话：**0730－8590569
**传真：**0730－8560335
**网址：**www.tigerfp.com
**邮箱：**yzchenjinshan@163.com

## 山东泉林纸业有限责任公司企业技术中心

山东泉林纸业有限责任公司企业技术中心成立于 2000 年，2007 年 9 月 20 日被国家发展和改革委、科技部、财政部、海关总署、国家税务总局批准为国家认定企业技术中心。

近年来主要在制浆造纸技术、资源综合利用技术、环保技术及制浆造纸关键设备的制造等方面开展工作。自主研发的“秸秆清洁制浆新技术”、“环保型秸秆本色浆制品技术”、“秸秆废液精制木素有机肥技术”和“本色麦草浆清洁制浆技术”四大核心技术通过中国轻工业联合会技术鉴定，达到国际领先水平。“重涂高档铜版纸”获2001年“国家科技进步二等奖”，“秸秆清洁制浆及其废液肥料化利用新技术”获2012年“国家技术发明二等奖”。公司申请并获得国家专利145项，其中，发明专利119项。近3年来，主持或参与《纸和纸板（亮度）白度最高限量》等13项国家、行业、地方标准的制定。

技术中心设有浆纸科研所、环保科研所、肥料科研所、纸浆模塑科研所、装备科研所等多个专业研究机构。建有恒温恒湿实验室，先后引进了纤维质量分析仪、印刷适性仪、尘埃匀度仪、光泽度仪等试验仪器，设备水平国内先进。

技术中心科技活动人员719人。其中，中高级以上职称424人，泰山学者1人，国家、省政府津贴9人，博士13人，硕士36人，外部专家23人。技术力量雄厚。

**法人代表：**李洪法

**地址：**山东省高唐县光明东路15号

**邮编：**252800

**电话：**0635－3961721

**传真：**0635－3961597

**网址：**www. tralin. com

**邮箱：**quanlinhao@ 163. com

## 山东太阳纸业股份有限公司国家企业技术中心

山东太阳纸业股份有限公司国家企业技术中心1999年底成立，2002年被认定为市级技术中心，2007年被认定为省级技术中心，2010年被认定为国家级企业技术中心。

技术中心由公司董事长、总经理李洪信任技术中心主任，副总经理、总工程师应广东任常务副主任，拥有研发人员468人。技术中心建筑面积0.5公顷，拥有符合CNAS标准的恒温恒湿实验室、20多个专业实验室，包括制浆实验室、湿部分析实验室、生物分析实验室、色谱分析实验室、环保实验室、涂布整饰实验室、印刷实验室、中试车间等机构，配备先进的制浆造纸实验仪器设备。

技术中心先后承担了国家科技部“863”项目，“十二五”科技支撑计划，工业和信息化部等国家、省部级重大科技项目，完成及在研科研项目50余项，完成新产品、新项目80多项，先后获得国家、省部级奖20多项，包括“国家科技进步二等奖”、“国家教育部科技进步二等奖”和“山东省科技进步奖”等。技术中心不断实现技术专利化，专利标准化，对创新成果实施有效保护，获得授权专利共计54项，其中，发明专利12项，实用新型38项，外观设计4项，共主持参与12项国家行业标准的制定与修订。

技术中心不断加大科技研发经费的投入，研发费用占产品销售收入的4.0%以上，用于企业技术研发中心基础设施的建设、先进设备购置和科研开发经费，不断提高技术中心核心竞争实力。

技术中心与中国制浆造纸研究院、华南理工大学、陕西科技大学、山东轻工业学院、天津科技大学等一批科研院所和高等院校建立了长期合作关系，实现了产学研紧密结合和优势互补。

**法人代表：**李洪信

**总工程师：**应广东

**地址：**山东省兖州市友谊路1号

**邮编：**272100

**电话：**0537－7928719

**传真：**0537－7928719

**网址：**www. sunpapergroup. com

**邮箱：**zhangwei@ sunpaper. cn

## 中冶纸业银河有限公司企业技术中心

中冶纸业银河有限公司企业技术中心成立于1995年，2006年被山东省经贸委认定为省级企业技术中心，2009年被认定为国家级企业技术中心。

中心科研楼占地面积0.2公顷，包括中心实验室、化验分析室和恒温恒湿实验室，拥有纤维质量分析仪、Zeta电位测定仪、PCD－04胶体电荷测定仪、动态滤水仪、纸页动态成型器、IGT印刷适性仪、纸张匀度分析仪、L&W粗糙度测试仪、激光粒度分布测试仪、TSO测试仪等先进的仪器设备。

中心拥有专业技术人员132人，其中，中高级职称56人，本科以上学历106人，形成了一支结构合理和业务水平较高的技术人才队伍。

中心在产品创新、麦草制浆及碱回收新工艺开发、制浆造纸环保技术创新和循环经济开展等方面处于国内领先水平。近几年，中心自主开发了一系列高附加值且在行业内具有重要影响力的产品。主要产品有：高档轻型纸、高白纯质纸、雅质纸（《舌尖上的中国》及《莫言文集》用纸）、象牙白纸（《朱镕基讲话实录》及《乔布斯传》用纸）、银河书纸、高档纸杯原纸等产品。其中，开发项目“雅质印刷纸的生产技术”及“高白纯质纸生产技术”通过了山东省科技厅的鉴定，其技术水平均填补了国内空白。中心与陕西科技大学合作开发项目“制浆和碱回收过程优化控制系统的研究与应用”荣获“国家科学技术进步二等奖”；国家火炬计划“草浆碱回收联产轻质碳酸钙研究”荣获“全国造纸行业节能减排优秀技术创新成果一等奖”及中国轻工业联合会“科学技术进步三等奖”，碱回收白泥精制碳酸钙荣获“国家重点新产品”证书；“10万吨/日造纸废水深度处理及中水回用技术”获得中国轻工业联合会“科学技术进步二等奖”；中心与清华大学合作开发的“有机酸法制浆技术与工艺研究”及自主研发的“造纸混合污泥生产有机肥技术”、“稳定并提高轻型纸白度的技术”项目通过了山东省科技厅的鉴定，技术水平均达到国内领先水平。中心共拥有有效专利79项，其中，发明专利6项。2012年中心被中国轻工业联合会评为“‘十一五’轻工业科技创新先进集体”。

“十二五”期间，中心将继续以研究开发为主要内容，加大创新能力建设力度，届时，中心将成为国内未涂布印刷纸工程技术的创新基地及产业化研发平台。

**法人代表**：李树俭
**地址**：山东省临清市西门里街297号
**邮编**：252600
**电话**：0635-2433943
**传真**：0635-2432945
**网址**：www.mccyinhe.com
**邮箱**：yhjszx@163.com

## 恒安集团技术中心

恒安集团技术中心成立于2003年，经多年管理变革及职能优化，逐步形成了以技术委员会与专家委员会为技术评估决策机关、下设5个技术管理部门及6个研究所的创新体系。2008年，经国家5部委联合认定，授予国家认定企业技术中心资格。2012年12月，技术中心实验室被福建省科技厅认定为福建省一次性卫生用品企业重点实验室。

技术中心承担着恒安集团新技术、新材料、新工艺、新产品的研究开发，产品测试及对制造系统的技术支持，负责制定并实施企业中长期科技发展规划，同时担负公司标准、专利、成果等管理工作。2012年，技术中心研发项目立项126项，完成66项，科技费用投入总计16376万元。

截至2012年，技术中心共取得科技成果300多项，经鉴定达到国际先进水平的科技成果3项；累计申请专利291个，版权283个，授权发明专利17项，实用新型68项；获省科技进步奖3次，多项地市级科技、专利奖项；2010年获“全国知识产权示范单位”、“全国质量工作先进单位”、“福建省第一批实施技术标准战略试点”等称号。

技术中心目前拥有中心实验室（产品研发、材料应用研究）、中心检验室和4个中试基地，仪器设备6000多万元，占地面积0.5公顷（含中试基地），各种仪器设备基本齐全，具备了实验、小试和中试的条件。

中心所属实验室拥有的研发及试验基础条件包括：产品测试、材料测试、化学测试、中试试验、数据信息五大系统，配备有液相色谱仪、气质联用仪、傅里叶变换红外光谱仪、万能拉力测试仪、钠离子浓度测量仪、透光率/雾度测定仪、计算机动态模拟测试系统、粒径分布测试仪等先进测试仪器，覆盖了《卫生巾（含卫生护垫）》、《纸尿裤（含纸尿片/垫）》、《一次性使用卫生用品卫生标准》、《卫生纸（含卫生纸原纸）》、《纸巾纸（含湿巾）》等国家和行业标准的所有检测项目。

技术中心现有员工205人，其中，博士9人，硕士41人，高级职称8人，中级职称42人。技术中心所辖材料应用、精细化工、产品开发、机电设备、专利情报等相关技术部门，均以高级工程师、博士或硕士为主的技术带头人，涵盖了机电、化学、化工、非织造布、高分子材料、工业设计、材料工程、制浆造纸等不同专业背景，形成了老中青3代技术人员组成的梯次型创新队伍。

**法人代表**：许连捷
**造纸总工室总经理**：张群富
**地址**：福建省晋江市东石镇井林安东工业区
**邮编**：362271
**电话**：0595-85526583
**传真**：0595-85708666-5508
**网址**：www.hengan.com
**邮箱**：zhangqf@hengan.com

（陶　天）

# 国内制浆造纸专业教育机构

# Brief Introduction to Domestic Education Institutions Providing Pulping and Papermaking Courses

## 北京林业大学

**造纸专业所在院系：**材料科学与技术学院化学工程系

**材料科学与技术学院院长：**孙润仓

**地址：**北京市海淀区清华东路 35 号

**邮编：**100083

**电话：**010－62338152、62338358

**隶属单位：**教育部

**专业设置时间：**1987 年

**专业课程设置：**植物纤维化学、制浆原理与工程、造纸原理与工程、制浆机械与设备、造纸机械与设备、高效清洁剂制浆、造纸助剂、废纸再生利用技术、加工纸、制浆造纸工厂设计、林化概论、专业英语、制浆造纸环境污染与治理、造纸专业实验技术、木质素利用技术、生物工程概论、专业课程设计、纸的结构与性能、纸张概论、纸张与包装、纸张与印刷等。

**2012 年在校专业学生人数：**本科生 200 人，硕士生 75 人，博士生 30 人。

**至 2012 年专业毕业生总人数：**本科生 820 人，硕士生 88 人，博士生 15 人。

**2012 年毕业生人数：**本科生 50 人，硕士 23 人，博士生 5 人。

**2012 年专业教师情况：**专业教师 30 人，其中，长江学者特聘教授 1 人；教授 7 人，博士生导师 8 人，副教授 12 人，讲师 8 人，高级实验师 3 人。

**2012 年招收本科生人数：**60 人。

**2012 年招收专业硕士生人数：**28 人。

**2012 年招收硕士生的指导教师：**孙润仓、许凤、蒋建新、蒲俊文、张力平、樊永明、姚春丽、何静、雷建都、吴玉英、金小娟、宋先亮、张学铭、马明国、韩春蕾、李瑞、王波。

**2012 年招收专业博士生人数：**6 人。

**2012 年招收博士生的指导教师：**孙润仓、许凤、蒲俊文、蒋建新、张力平。

## 中国制浆造纸研究院

**研究院院长：**曹春昱

**地址：**北京市朝阳区望京启阳路 4 号中轻大厦

**邮编：**100020

**电话：**010－64778000

**传真：**010－64778001

**网址：**www. cnppri. com

**隶属单位：**中国轻工集团公司

**专业设置时间：**1982 年

**专业课程设置：**制浆造纸的生物技术、造纸助剂与湿部化学、纸张结构与性能、制浆化学、制纸科学、非木材造纸、造纸工业环境保护。

**2012 年在读专业学生人数：**硕士生 15 人。

**至 2012 年专业毕业生人数：**硕士生 59 人。

**2012 年毕业生人数：**5 人。

**2012 年专业教师情况：**专业教师 9 人，其中，教授 7 人，副教授 2 人。

## 天津科技大学

**造纸专业所在院系：**材料科学与化学工程学院造纸科学与工程系

**材料科学与化学工程学院院长：**侯庆喜

**地址：**天津市泰达开发区十三大街 29 号

**邮编：**300457

**电话：**022－60601313

**传真：**022－60602510

**隶属单位：**天津市

**专业设置时间：**天津科技大学制浆造纸工程专业是我国最早设立的制浆造纸专业。其前身为 1939 年的中央技术专业学校，随后相继与北洋大学、四川化工学院等相关学科合并迁至天津大学。1959年和1971年分两次将造纸专业调至天津轻工业学院。至今该学科已有60多年的历史。

**专业课程设置：**植物纤维化学、植物纤维化学实验、制浆原理与工程、造纸原理与工程、制浆造纸工艺实验、高分子物理与化学、过程测控、制浆造纸工程设计、仪器分析、环保工程、化工设备、加工纸、废纸再生利用、化工助剂、高得率制浆、浆料流体力学、生物化学导论、制浆造纸清洁生产原理与技术等。

**2012年在校专业学生人数：**本科生464人，硕士生115人，博士生22人。

**至2012年专业毕业生人数：**本科生2374人，专科生496人（包括高等教育自学考试），硕士生274人，博士生68人。

**2012年毕业生人数：**本科生116人，硕士生32人，博士生3人。

**2012年专业教师情况：**专业教师共29人，其中，教授12人，副教授6人，讲师4人。

**2012年招收本科生人数：**119人。

**2012年招收专业硕士生人数：**41人。

**2012年招收硕士生的指导教师：**倪永浩、胡惠仁、刘忠、侯庆喜、王立军、高玉杰、刘秋娟、臧永华、李群、王高升、刘泽华、刘廷志、裴继诚、司传领、张红杰、惠岚峰、查瑞涛、陈蕴智、赵树雷。

**2012年招收专业博士生人数：**6人。

**2012年招收博士生的指导教师：**倪永浩、胡惠仁、刘忠、侯庆喜、曹振雷、唐旭东、王昶、李群、姜涛、王立军、陈嘉川、秦梦华。

## 大连工业大学

**造纸专业所在院系：**轻工与化学工程学院

**轻工与化学工程学院院长：**翟滨

**地址：**辽宁省大连市甘井子区轻工苑1号

**邮编：**116034

**电话：**0411－86323327－602

**传真：**0411－86323649

**隶属单位：**辽宁省教育厅

**专业设置时间：**1959年

**专业课程设置：**植物纤维化学、制浆原理与工程、造纸原理与工程、轻化工仪表及自动化、轻化工设备、轻化工环境保护、轻化工工艺实验、热工与节能、文献检索、轻化工科技英语、轻化工工厂设计、废纸回收工程、制浆造纸化学品、植物纤维资源综合利用、加工纸、设备维护与过程控制、制浆造纸前沿技术等。

**2012年在校专业学生人数：**本科生280人，硕士生48人。

**至2012年专业毕业生总人数：**本科生2607人，硕士生180人。

**2012年毕业生人数：**本科生59人，硕士生20人。

**2012年专业教师情况：**专业教师和工程技术人员15人，其中，教授5人，副教授（含副研究员和高级工程师）7人，讲师（含工程师）3人。

**2012年招收本科生人数：**90人。

**2012年招收专业硕士生人数：**20人。

**2012年招收硕士生的指导教师：**周景辉、平清伟、牛梅红、韩颖、杨瑞丰、鲁杰、石海强、张健、孙广卫、李海明。

## 东北林业大学

**造纸专业所在院系：**材料科学与工程学院

**材料科学与工程学院院长：**刘守新

**地址：**黑龙江省哈尔滨市香坊区和兴路26号

**邮编：**150040

**电话：**0451－82191744、82191743、82192081

**传真：**0451－82191743、82192081

**隶属单位：**教育部

**专业设置时间：**1987年

**专业课程设置：**无机化学、有机化学、分析化学、物理化学、化工原理、植物纤维化学、造纸原料各论、制浆原理与工程、造纸原理与工程、加工纸工艺、造纸助剂与湿部化学、制浆综合实验（含植物纤维化学、造纸原料各论、制浆分析、污染防治）、造纸综合实验（含造纸助剂与湿部化学、造纸分析、加工纸工艺）、制浆造纸导论（双语教学）、专业外语（英）、制浆造纸过程测量与控制、制浆造纸机械与设备、制浆造纸工程设计、计算机在造纸工业中应用、高得率浆生产技术、制浆废液资源化利用、制浆造纸技术进展、轻化工程专业导论、制浆造纸节约技术、造纸企业污染防治等。

**2012年在校专业学生人数：**本科生182人，硕士生14人，博士生7人。

**至2012年专业毕业生总人数：**本科生634人，硕士生47人，博士生2人。

**2012年毕业生人数：**本科生51人，硕士生4人。

**2012年专业教师情况：**专业教师和工程技术人

员 14 人，其中，中国工程院院士 1 人（外聘）；教授 4 人，博士生导师 2 人，副教授（含副研究员和高级工程师）6 人，讲师（含工程师）4 人。

**2012 年招收本科生人数：**44 人。

**2012 年招收专业硕士生人数：**7 人。

**2012 年招收硕士生的指导教师：**于钢、苏文强、钱学仁、刘文波、岳金权、沈静。

**2012 年招收专业博士生人数：**1 人。

**2012 年招收博士生的指导教师：**宋湛谦、钱学仁。

## 齐齐哈尔大学

**造纸专业所在院系：**轻工与纺织学院

**轻工与纺织学院院长：**赵欣

**地址：**黑龙江省齐齐哈尔市文化大街 42 号

**邮编：**161006

**电话：**0452 - 2738192

**传真：**0452 - 2738192

**网址：**www.qqhru.edu.cn

**隶属单位：**黑龙江省教育厅

**专业设置时间：**1988 年

**专业课程设置：**轻化工合成材料基础、轻化工生物技术、计算机在轻化工程中的应用、植物纤维化学、制浆造纸原理与工程、制浆造纸机械与设备、加工纸原理与技术、造纸助剂、造纸仪表与自动化、造纸环保与污染治理技术、制浆造纸工厂设计等。

**2012 年在校专业学生人数：**本科生 545 人（轻化工程专业）。

**2012 年专业毕业生人数：**本科生 137 人。

**2012 年专业教师情况：**专业教师 7 人，其中，教授 1 人，副教授 5 人，讲师 1 人。

**2012 年招收本科生人数：**135 人。

## 东北电力大学

**造纸专业所在院系：**化学工程学院

**化学工程学院院长：**孙墨杰

**地址：**吉林省吉林市长春路 169 号

**邮编：**132012

**电话：**0432 - 4806371

**传真：**0432 - 4806620

**隶属单位：**吉林省教育厅

**专业设置时间：**中专 1950 年，本科 2001 年

**专业课程设置：**植物纤维化学、植物纤维化学实验、轻化工仪表自动化、轻化工计算机辅助设计、轻化工环境保护、制浆原理与工程、造纸原理与工程、工艺实验、印刷工艺学、包装原理与工程、文献检索、专业外语（英）、制浆造纸机械与设备、轻化工工厂设计、制浆漂白新技术（英）、造纸湿部化学、制浆造纸助剂、化工设备、生物技术在造纸工业中应用、加工纸与特种纸、二次纤维回用技术等。

**2012 年在校专业学生人数：**本科生 260 人。

**至 2012 年专业毕业生总人数：**本科生 704 人。

**2012 年毕业生人数：**本科生 57 人。

**2012 年专业教师情况：**专业教师和工程技术人员 32 人，其中，教授 6 人，副教授（含副研究员和高级工程师）24 人，讲师（含工程师）2 人。

**2012 年招收本科生人数：**37 人。

## 南京林业大学

**造纸专业所在院系：**轻工科学与工程学院

**轻工科学与工程学院院长：**张辉

**地址：**江苏省南京市龙蟠路 159 号

**邮编：**210037

**电话：**025 - 85428793

**传真：**025 - 85428793

**隶属单位：**江苏省教育厅、国家林业局

**专业设置时间：**1964 年 1 月

**专业课程设置：**本科生专业课程主要为：植物资源化学、制浆原理与工程、造纸原理与工程、制浆造纸机械与设备、制浆造纸过程系统控制、制浆造纸工程设计、纸加工原理与技术、废纸再生利用技术、植物资源化学实验、制浆造纸工艺实验、制浆造纸专业英语、现代造纸机械状态监测与故障诊断（加实验）、制浆造纸机械制造工艺、制浆造纸设备腐蚀与防护（加实验）、制浆造纸设备安装与维修（加实验）等。研究生专业课程主要为：高等木材化学研究方法（含实验）、木质素化学、糖类化学制浆化学、造纸化学、制浆造纸专题、现代造纸机械监诊学、工程信号采集与处理、制浆造纸装备专题、高等纸浆与造纸分析方法等。

**2012 年在校专业学生人数：**本科生 923 人，硕士生 142 人，博士生 20 人。

**至 2012 年专业毕业生总人数：**本科生 2533 人，专科生 1063 人，硕士生 253 人，博士生 62 人。

**2012 年毕业生人数：**本科生 142 人，硕士生 32 人，博士生 5 人。

**2012 年专业教师情况：**专业教师和工程技术人

员 39 人，其中，国际木材科学院院士 1 人，江苏省“333”高层次人才培养工程中青年学术带头人培养对象 4 人，江苏省“青蓝工程”中青年学术带头人培养对象 2 人，美国特聘教授 1 人，国内外兼职教授 8 人；教授 12 人，博士生导师 11 人，副教授（含副研究员和高级工程师）12 人，讲师（含工程师）11 人。

**2012 年招收本科生人数：**217 人。

**2012 年招收专业硕士生人数（含全日制工程硕士）：**52 人。

**2012 年招收硕士生的指导教师：**张辉、翟华敏、曹云峰、胡慕伊、刘真、戴红旗、周小凡、童国林、金永灿、景宜、龚木荣、杨益琴、时留新、吴淑芳、苏二正、宋君龙、任浩。

**2012 年招收专业博士生人数：**4 人。

**2012 年招收博士生的指导教师：**张辉、曹云峰、翟华敏、刘真、戴红旗、周小凡、童国林、金永灿、景宜、魏先福、房桂干。

## 江南大学

**造纸专业所在院系：**纺织服装学院轻化工程系

**纺织服装学院院长：**葛明桥

**地址：**江苏省无锡市蠡湖大道 1800 号

**邮编：**214122

**电话：**0510－85912107

**传真：**0510－85912009

**网址：**www. jiangnan. edu. cn

**隶属单位：**教育部

**专业设置时间：**2003 年 12 月

**专业课程设置：**现代制浆造纸理论及研究前沿、纤维表面物理与界面科学（双语）、造纸物理、造纸湿部化学、高等印刷色彩学、现代包装材料学、现代包装设计、近代仪器分析实验、制浆化学、造纸助剂、制浆造纸分析与检测、纸页结构与性能、废纸再生技术、印刷适性与材料分析、生物质能源与化工、非织造技术进展、纤维材料表面功能化（双语）、二次纤维利用新技术、高聚物结构与性能、制浆造纸科技前沿讲座、加工纸与特种纸等。

**2012 年在校专业学生人数：**硕士生 8 人，博士生 4 人。

**至 2012 年专业毕业生总人数：**硕士生 16 人，博士生 2 人。

**2012 年毕业生人数：**硕士生 5 人。

**2012 年专业教师情况：**专业教师和工程技术人员 6 人，其中，教授 2 人，博士生导师 1 人，副教授（含副研究员和高级工程师）3 人，讲师（含工程师）2 人。

**2012 年招收专业硕士生人数：**2 人。

**2012 年招收硕士生的指导教师：**龙柱、蒋学。

**2012 年招收专业博士生人数：**1 人。

**2012 年招收博士生的指导教师：**龙柱。

## 浙江科技学院

**造纸专业所在院系：**轻工学院

**轻工学院院长：**胡开堂

**地址：**浙江省杭州市留和路 318 号

**邮编：**310023

**电话：**0571－85070782

**传真：**0571－85070785

**隶属单位：**浙江省教育厅

**专业设置时间：**2005 年 9 月

**专业课程设置：**植物纤维化学、植物纤维化学实验、制浆原理与工程、造纸原理与工程、制浆造纸过程模拟与控制、工艺实验、制浆造纸机械与设备、制浆造纸工厂设计、轻化工环保、加工纸与特种纸、制浆造纸专业英语、包装原理与工程、制浆造纸助剂、二次纤维回用技术等。

**2012 年在校专业学生人数：**本科生 232 人，硕士生 4 人，博士生 2 人。

**至 2012 年专业毕业生总人数：**本科生 218 人。

**2012 年毕业生人数：**本科生 50 人。

**2012 年专业教师情况：**专业教师和工程技术人员 14 人，其中，校级特聘教授 1 人；教授 3 人，博士生导师 2 人，副教授（含副研究员和高级工程师）8 人，讲师（含工程师）3 人。

**2012 年招收本科生人数：**60 人。

## 浙江理工大学

**造纸专业所在院系：**材料与纺织学院轻化工程系

**材料与纺织学院院长：**姚菊明

**地址：**浙江省杭州市下沙高教园区西区 2 号大街

**邮编：**310018

**电话：**0571－86843263

**传真：**0571－86843250

**隶属单位：**浙江省教育厅

**专业设置时间：**2004 年 9 月在“轻化工程”专

业中开始招收制浆造纸工程专业方向本科生，2003年9月在“材料加工工程”和“材料物理与材料化学”两个硕士点招收制浆造纸工程和包装材料方向硕士研究生，2004年5月申报成功“轻工技术与工程”领域工程硕士专业学位授权点，2004年9月在“轻工技术与工程”领域招收制浆造纸工程、包装材料和印刷技术方向工程硕士专业学位研究生，2008年9月在纺织工程学科博士点招收制浆造纸工程和包装材料方向博士研究生。

**专业课程设置**：英语、计算机应用、高等数学、物理学、无机化学、有机化学、物理化学、高分子化学、化工原理、电工与电子技术、机械设计基础、工程制图、工业微生物、植物纤维化学、制浆原理与工程、造纸原理与工程、制浆造纸机械与设备、制浆造纸过程控制与自动化、废纸再生利用技术、制浆造纸工程综合实验、制浆造纸工程专业英语、制浆造纸环境保护、制浆造纸工程设计概论、制浆造纸工程课程设计、纸与纸板的结构与性能、特种纸与加工纸制造技术、制浆造纸化学品与纸机湿部化学、制浆造纸新技术导论、包装工程概论、印刷技术概论等。

**2012年在校专业学生人数**：本科生112人，硕士生31人，博士生2人。

**至2012年专业毕业生总人数**：本科生131人，硕士生34人。

**2012年毕业生人数**：本科生26人，硕士生8人。

**2012年专业教师情况**：专业教师和工程技术人员8人，其中，教授1人，博士生导师1人，副教授4人，讲师（含工程师）3人。

**2012年招收本科生人数**：30人。

**2012年招收硕士生情况**：招收制浆造纸工程学术型硕士研究生5人，工程硕士专业学位研究生12人。

**2012年招收硕士生的指导教师**：薛国新、张秀梅、唐艳军。

**2012年招收博士生的指导教师**：薛国新。

## 福建农林大学

**造纸专业所在院系**：材料工程学院轻化工程系

**材料工程学院院长**：陈礼辉

**地址**：福建省福州市仓山区上下店路15号

**邮编**：350002

**电话**：0591－83715175

**传真**：0591－83715175

**隶属单位**：福建省教育厅

**专业设置时间**：1986年设制浆造纸专科，1989年设制浆造纸工程本科，2003年设制浆造纸工程硕士点，2010年设轻工技术与工程专业硕士点。

**专业课程设置**：化工原理、植物纤维化学、制浆原理与工程、造纸原理与工程、制浆造纸与设备、制浆造纸工厂设计、废纸再生利用技术、造纸化学品、天然产物化学、精细化学品生产工艺学。

**2012年在校专业学生人数**：本科生336人，硕士生16人，工程硕士生3人。

**2012年毕业生人数**：本科生68人，硕士生4人。

**2012年专业教师情况**：专业教师19人，其中，教授6人，副教授6人，讲师4人，助教3人。

**2012年招收本科生人数**：66人。

**2012年招收专业硕士生人数**：5人。

**2012年招收硕士生的指导教师**：陈礼辉、谢拥群、黄六莲、黄彪、林金国、郑德勇。

**其他办学情况**：福建恒安集团函授大专学员20人。

## 山东轻工业学院

**造纸专业所在院系**：轻化与环境工程学院

**轻化与环境工程学院院长**：赵传山

**地址**：山东省济南市西部新城大学科技园

**邮编**：250353

**电话**：0531－89631161

**传真**：0531－89631163

**隶属单位**：山东省教育厅

**专业设置时间**：1978年

**专业课程设置**：植物纤维化学、制浆原理与工程、造纸原理与工程、制浆造纸设备、制浆造纸环境保护概论、造纸助剂、加工纸、制浆造纸设备安装与维修、制浆造纸工厂设计。

**2012年在校专业学生人数**：本科生543人，硕士生67人。

**至2012年专业毕业生总人数**：本科生2166人，硕士生197人。

**2012年毕业生人数**：本科生129人，硕士生21人。

**2012年专业教师情况**：专业教师和工程技术人员55人，其中，泰山学者特聘教授2人；教授18人，副教授（含副研究员和高级工程师）18人，讲师（含工程师）1人。

**2012年招收本科生人数**：121人。

**2012年招收硕士生情况：**25人。

**2012年招收硕士生的指导教师：**陈嘉川、秦梦华、赵传山、高扬、刘温霞、杨桂花、傅英娟、韩金梅、刘玉、徐清华、孔凡功、李宗全、王正顺、刘娜、王代启、吴朝军、王振、张凤山、褚夫强、林茂海、庞志强、董翠华、王哲。

## 青岛科技大学

**造纸专业所在院系：**化工学院

**化工学院院长：**武玉民

**地址：**山东省青岛市四方区郑州路53号

**网址：**www. qust. edu. cn

**隶属单位：**山东省教育厅

**专业设置时间：**2003年

**专业课程设置：**天然高分子化学、轻化工工艺、轻化工设备、轻化工环境保护、科技文献检索、造纸湿部化学、制浆造纸助剂、纤维素功能化、生物技术在造纸工业中应用、加工纸与特种纸、二次纤维回用技术等。

**2012年在校专业学生人数：**本科生238人，硕士生26人，博士生6人。

**至2012年专业毕业生总人数：**本科生305人，硕士生12人。

**2012年毕业生人数：**本科生60人，硕士生7人。

**2012年专业教师情况：**专业教师和工程技术人员16人，其中，教授5人，博士生导师1人，副教授（含副研究员和高级工程师）7人，讲师（含工程师）4人。

**2012年招收本科生人数：**58人。

**2012年招收专业硕士生人数：**4人。

**2012年招收硕士生的指导教师：**武玉民、陈夫山、于世涛、刘福胜、殷素梅、黎振球、范金石、张恒、何为、王松林。

**2012年招收专业博士生人数：**4人。

**2012年招收博士生的指导教师：**武玉民、陈夫山、于世涛、刘福胜。

## 山东工业技师学院

**造纸专业所在院系：**轻化工程系

**轻化工程系主任：**董振涛

**地址：**山东省潍坊市西环路6789号

**邮编：**261053

**电话：**0536－8335608、8337236

**传真：**0536－8335608

**网址：**www. gyjsxy. com

**隶属单位：**山东省人力资源和社会保障厅

**专业设置时间：**1978年

**专业课程设置：**制浆造纸工艺、制浆造纸设备与操作、制浆造纸化验与物检、制浆造纸自动控制、制浆造纸安装与维修。

**2012年在校专业学生人数：**中级技工150人，高级技工950人，技师300人。

**至2012年专业毕业生总人数：**中级技工1150人，高级技工3900人，技师600人。

**2012年毕业生人数：**中级技工50人，高级技工250人，技师50人。

**2012年专业教师情况：**专业教师和工程技术人员26人，其中，副教授（含副高级实习指导教师）16人，讲师（含工程师）10人。

**2012年招收中级工人数：**50人。

**2012年招收高级工人数：**300人。

**2012年招收技师人数：**100人。

## 河南省轻工业学校

**造纸专业所在院系：**轻工工程系

**轻工工程系主任：**赵金海

**地址：**河南省郑州市汝河路72号

**邮编：**450006

**电话：**0371－68855367、65319789、65319708

**传真：**0371－68973351

**网址：**www. hnlis. com

**隶属单位：**河南省教育厅

**专业设置时间：**1980年

**专业课程设置：**植物纤维化学、制浆造纸工艺、制浆造纸机械安装与维修、制浆造纸分析与检验、制浆造纸工厂设计、制浆造纸环境保护概论。

**2012年在校专业学生人数：**中专生500人。

**2012年专业毕业生人数：**中专生100人。

**2012年专业教师情况：**专业教师4名，全部为副教授。

## 湖北轻工职业技术学院

**造纸专业所在院系：**轻化工程系

**院长：**徐功瑾

**地址：**湖北省武汉市洪山区石牌岭东二路

**邮编：**430070

**电话：**027－87156391

**传真**：027－87156391

**网址**：www. hbliti. com

**隶属单位**：湖北省教育厅

**专业设置时间**：中专 1956 年，高职 2001 年

**专业课程设置**：植物纤维化学、制浆工艺、造纸工艺、制浆造纸机械设备与操作、制浆造纸分析与检验、纸加工工艺、制浆造纸环境保护概论、制浆造纸仪表自动化。

**2012 年在校专业学生人数**：专科生（高职）180 人。

**至 2012 年专业毕业生总人数**：中专毕业生 1400 余人，专科生（高职）857 余人。

**2012 年毕业生人数**：专科生（高职）126 人。

**2012 年专业教师情况**：副教授 5 人，讲师 4 人，工程师 1 人，实验师 1 人，楚天名师 1 人，助教 1 人。

**2012 年招收专科生（高职）人数**：30 人。

## 长沙理工大学

**轻化工程（制浆造纸）专业所在院系**：化学与生物工程学院轻化工程系

**化学与生物工程学院院长**：程云辉

**地址**：湖南省长沙市雨花区万家丽南路二段 960 号

**邮编**：410114

**电话**：0731－85258733

**传真**：0731－85258733

**网址**：www. csust. edu. cn

**隶属单位**：湖南省教育厅

**专业设置时间**：1958 年

**专业课程设置**：无机化学、有机化学、物理化学、分析化学、植物纤维化学、制浆原理与工程、造纸原理与工程、制浆造纸机械与设备、制浆造纸清洁生产、造纸化学品、涂布加工纸与特种纸、印刷工艺学、包装防伪技术等。同时开设以高新技术为主导的不同专业方向的系列选修课程及自主实践性强的综合性实验。

**2012 年在校专业学生人数**：本科生 248 人，硕士生 22 人。

**至 2012 年专业毕业生总人数**：本科生 420 人，硕士生 25 人。

**2012 年毕业生人数**：本科生 62 人，硕士生 10 人。

**2012 年专业教师情况**：专业教师和工程技术人员 20 人，其中，教授 5 人，副教授（含副研究员和高级工程师）10 人，讲师（含工程师）5 人。

**2012 年招收本科生人数**：65 人。

**2012 年招收专业硕士生人数**：12 人。

**2012 年招收硕士生的指导教师**：马乐凡、张运雄、胡可信、王萍、王玉珑、晏永祥、夏畅斌、肖忠良、陈启杰。

## 华南理工大学

**造纸专业所在院系**：轻工与食品学院

**轻工与食品学院院长**：扶雄

**地址**：广东省广州市天河区五山街 381 号

**邮编**：510640

**电话**：020－87113844、87110738

**传真**：020－87110738

**网址**：www. scut. edu. cn/qgysp

**隶属单位**：教育部

**专业设置时间**：1952 年

**专业课程设置**：植物纤维化学、植物纤维化学实验、轻化工仪表自动化、工业设计基础、轻化工计算机辅助设计、轻化工环境保护、制浆造纸原理与工程、制浆造纸工艺实验、印刷工艺学、包装原理与工程、科技文献检索、林产化学、专业英语、制浆造纸机械与设备、轻工工厂设计、制浆漂白新技术（双语教学）、造纸湿部化学、制浆造纸助剂、纤维素功能化、生物技术在造纸工业中应用、加工纸与特种纸、二次纤维回用技术等。

**2012 年在校专业学生人数**：本科生 416 人，硕士生 152 人，博士生 65 人。

**至 2012 年专业毕业生总人数**：本科生 2645 人，硕士生 418 人，博士生 194 人。

**2012 年毕业生人数**：本科生 90 人，硕士生 48 人，博士生 19 人。

**2012 年专业教师情况**：专业教师和工程技术人员 88 人，其中，中国工程院院士 1 人，俄罗斯工程院外籍院士 1 人，长江学者特聘教授 2 人；教授 19 人，博士生导师 12 人，副教授（含副研究员和高级工程师）32 人，讲师（含工程师）29 人。

**2012 年招收本科生人数**：本科生 83 人。

**2012 年招收专业硕士生人数**：招收全日制硕士生 56 人，全日制专业学位 11 人，在职专业学位 6 人。

**2012 年招收硕士生的指导教师**：刘焕彬、陈克复、何北海、李友明、武书彬、陈港、胡健、唐爱民、付时雨、谌凡更、叶君、敖日格勒、沈文浩、陈小泉、刘明友、马邕文、万金泉、陈元彩、陈广

学、刘全富、莫立焕、钱丽颖、万小方、杨进、梁云、张宏伟、杨仁党、周雪松、李继庚、樊惠明、雷以超、陈广学、李军、田英姿、朱小林、柴新生、肖惠宁、孙润仓，王小英。

**2012 年招收专业博士生人数：**12 人。

**2012 年招收博士生的指导教师：**刘焕彬、陈克复、何北海、李友明、孙润仓、武书彬、陈广学、柴新生、谌凡更、付时雨、肖惠宁、杨仁党。

## 广东轻工职业技术学院

**造纸专业所在院系：**轻化工程系

**轻化工程系主任：**胡志华

**地址：**广东省广州市海珠区新港西路 152 号

**邮编：**510300

**电话：**020－61230200、61230950

**传真：**020－61230000、61230951

**网址：**www.gdqy.edu.cn

**隶属单位：**广东省教育厅

**专业设置时间：**1958 年

**专业课程设置：**制浆工艺学、造纸工艺学、造纸化学品、纸的加工技术、制浆造纸工厂设计概论、制浆造纸企业管理、制浆造纸分析与检验、制浆造纸机械设备、制浆造纸设备安装修理、制浆造纸工业环境保护、专业英语。

**2012 年在校专业学生人数：**专科生 136 人。

**至 2012 年专业毕业生总人数：**本科生 191 人，专科生 659 人，中专生 1331 人，技工 415 人。

**2012 年毕业生人数：**专科生 78 人。

**2012 年专业教师情况：**专业教师和工程技术人员 9 人，其中，教授 3 人，副教授（含高级实验师）6 人。

**2012 年招收专科生人数：**86 人。

## 广西工业职业技术学院

**院长：**金长义

**造纸专业所在院系：**食品与生物工程系

**食品与生物工程系主任：**王娟

**地址：**广西壮族自治区南宁市秀灵路 37 号

**邮编：**530001

**电话：**0771－3828161、3851596

**传真：**0771－3832808

**网址：**www.gxic.net

**隶属单位：**广西壮族自治区工业和信息化委员会、广西壮族自治区教育厅

**专业设置时间：**1972 年（中专），2006 年（高职）

**专业课程设置：**植物纤维化学、制浆造纸工艺与技术、制浆造纸机械与设备、制浆造纸分析与检测、制浆造纸设备安装与维修、造纸工业仪表与自动化控制、制浆造纸计算机辅助设计、制浆造纸工业污染控制与处理、制浆造纸生产综合实训、纸厂废水检测与处理综合实训、专业技能训练、专业英语、生产实习、顶岗实习、轻工企业班组管理、纸和造纸、毕业设计。

**2012 年在校专业学生人数：**高职生 60 人。

**至 2012 年专业毕业生总人数：**中专、高职毕业生 570 人；近 5 年来为造纸企业培训（包括新员工上岗培训、中级工培训及考证、高级工培训及考证、老员工理论培训等）员工近千人。

**2012 年毕业生人数：**高职生 31 人。

**2012 年专业教师情况：**专业教师和工程技术人员 6 人，其中，副教授（含高级工程师）1 人，讲师（含工程师）5 人。

**2012 年招收高职生人数：**20 人。

## 广西大学

**轻化专业所在院系：**轻工与食品工程学院

**轻工与食品工程学院院长：**王双飞

**地址：**广西壮族自治区南宁市大学路 100 号

**邮编：**530004

**电话：**0771－3237301、3231382

**传真：**0771－3237097

**网址：**www.gxu.edu.cn/college/lif

**隶属单位：**教育部

**专业设置时间：**1978 年

**专业课程设置：**制浆工艺学、造纸工艺学、制浆造纸设备、造纸湿部化学与化学品、轻化工程设计概论、加工纸、包装与印刷概论、化工仪表与自动化、二次纤维回用技术。

**2012 年在校专业学生人数：**本科生 170 人，硕士生 56 人，博士生 10 人。

**至 2012 年专业毕业生总人数：**本科生 1144 人，硕士生 198 人，博士生 23 人。

**2012 年毕业生人数：**本科生 41 人，硕士生 18 人，博士生 2 人。

**2012 年专业教师情况：**专业教师 13 人，其中，教授 6 人，博士生导师 1 人，副教授 4 人，讲师 3 人。

**2012 年招收本科生人数：**41 人。

**2012年招收专业硕士生人数**：16人。

**2012年招收硕士生的指导教师**：王双飞、黄显南、覃程荣、周敬红、朱红祥、黄崇杏、陈国宁、农光再、骆莲新。

**2012年招收专业博士生人数**：3人。

**2012年招收博士生的指导教师**：王双飞。

## 四川工商职业技术学院

**造纸专业所在院系**：轻化工程系

**轻化工程系主任**：江建军

**地址**：四川省都江堰市天府大道聚青路口

**邮编**：611830

**电话**：028－87282243

**传真**：028－87282095

**网址**：www.sctbc.net

**隶属单位**：四川省经济和信息化委员会

**专业设置时间**：1959年

**专业课程设置**：植物纤维化学、制浆技术、造纸技术、制浆造纸机械设备与操作、制浆造纸分析与检验、纸加工技术、制浆造纸环境保护概论、制浆造纸化学助剂。

**2012年在校专业学生人数**：专科生120人。

**至2012年专业毕业生总人数**：近2490人，其中，中专生1850人，大专生640人。

**2012年毕业生人数**：大专生40人。

**2012年招收大专生人数**：40人。

**2012年专业教师情况**：专业教师8人，其中，副教授4人，讲师3人。

## 四川理工学院

**造纸专业所在院系**：生物工程学院

**生物工程学院院长**：周健

**地址**：四川省自贡市汇兴路180号

**邮编**：643000

**电话**：0813－5505979

**传真**：0813－5505872

**隶属单位**：四川省教育厅

**专业设置时间**：1991年

**专业课程设置**：专业导论、植物纤维化学、制浆原理与工程、造纸原理与工程、专业实验、制浆造纸机械与设备、制浆造纸环境保护、专业外语（英）、造纸助剂及湿部化学、加工纸与特种纸、二次纤维回用技术、制浆造纸工厂设计、制浆造纸助剂、化工仪表自动化、计算机辅助设计等。

**2012年在校专业学生人数**：本科生258人，专科生16人。

**至2012年专业毕业生总人数**：本科生629人，专科生325人。

**2012年毕业生人数**：本科生71人，专科生15人。

**2012年专业教师情况**：专业教师12人，其中，教授4人，副教授3人，讲师2人。

**2012年招收本科生人数**：76人。

## 昆明理工大学

**造纸专业所在院系**：化学工程学院轻工工程系

**生物与化学工程学院院长**：王亚明

**地址**：云南省昆明呈贡大学城

**邮编**：650500

**电话**：0871－5920298

**传真**：0871－5920171

**隶属单位**：云南省教育厅

**专业设置时间**：1979年

**专业课程设置**：植物纤维化学、制浆原理与工程、造纸原理与工程、制浆造纸机械与设备、植物纤维实验技术、造纸化学品、工业纸板生产与应用技术、纸加工技术、轻化工程设计概论、纸包装与印刷技术等。

**2012年在校专业学生人数**：本科生140人，硕士生14人，博士生1人。

**至2012年专业毕业生总人数**：本科生625人，硕士生26人。

**2012年毕业生人数**：本科生39人，硕士生4人。

**2012年专业教师情况**：专业教师13人，其中，教授2人，博士生导师1人，副教授6人，讲师4人，实验师1人。

**2012年招收本科生人数**：30人。

**2012年招收专业硕士生人数**：4人。

**2012年招收硕士生的指导教师**：陈克利、周学飞、刘玉新、孙兵、何洁。

**2012年招收博士生的指导教师**：陈克利。

## 陕西科技大学

**造纸专业所在院系**：轻工与能源学院

**轻工与能源学院院长**：李志健

**地址**：陕西省西安市未央大学园区

**邮编**：710021

**电话**：029－86168236

**传真**：029－86168238

**网址**：www. zaozhi. sust. edu. cn

**隶属单位**：陕西省教育厅

**专业设置时间**：1958 年

**专业课程设置**：有机化学、物理化学、化工原理、植物纤维化学、制浆原理与工程、造纸原理与工程、制浆造纸机械与设备、制浆造纸工程设计、制浆造纸实验、加工纸原理与技术、二次纤维利用技术、制浆造纸专业英语、制浆造纸环境工程技术等。

**2012 年在校专业学生人数**：本科生 1531 人，硕士生 89 人，博士生 16 人。

**至 2012 年专业毕业生总人数**：本科生 4366 人，硕士生 322 人，博士生 8 人。

**2012 年毕业生人数**：本科生 272 人，硕士生 26 人，博士生 3 人。

**2012 年专业教师情况**：专业教师和工程技术人员 37 人，其中，中青年专家 1 名；教授 15 人，博士生导师 7 人，副教授（含副研究员和高级工程师）10 人，讲师（含工程师）12 人。

**2012 年招收本科生人数**：524 人。

**2012 年招收专业硕士生人数**：39 人。

**2012 年招收硕士生的指导教师**：张美云、王志杰、李新平、韩卿、李志健、杨军、张宏、杨建桥、张安龙、王海毅、张峰、徐永建、夏新兴、张素风。

**2012 年招收专业博士生人数**：6 人。

**2012 年招收博士生的指导教师**：张美云、沈一丁、李新平、韩卿、李志健、徐永建、汤伟。

（林　媛）

# 国内主要造纸期刊介绍

# China's Main Periodicals Related to Pulp and Paper

## 《中国造纸学报》

《中国造纸学报》是由中国造纸学会主办、中国制浆造纸研究院承办的造纸学术性期刊，创刊于1986年。主要刊登造纸专业研究论文、学术报告及综合性评述，反映我国造纸工业在原材料、制浆、造纸、废液综合利用及污染防治、机械设备、分析检验、工艺和质量控制自动化以及制浆造纸专业基础理论等方面的新进展和新成果，是我国造纸工业理论性强、水平高的学术性期刊。它为我国造纸工业提供了一个极好的学术交流平台，对国内造纸工业的技术进步做出了较大贡献。该刊的固定栏目有：研究论文与综述等。

《中国造纸学报》连续多年入选“中文核心期刊”、“中国科技论文统计源期刊”、“中国科学引文数据库来源期刊”、“中国科学文献评价数据来源期刊”，并已被Scopus、CA、ABPST等国外著名期刊索引收录。

《中国造纸学报》（刊号：ISSN 1000－6842，CN 11－2075/TS）为季刊，大16开。出版日期为每年3月25日、6月25日、9月25日、12月25日。单价20元/期，全年订价80元。自办发行。

**地址：**北京市朝阳区望京启阳路4号院中轻大厦

**邮编：**100102

**电话：**010－64778165（编辑）
64778173（发行）
64778172（网站）

**传真：**010－64778175

**邮箱：**tcpp@ vip. 163. com

**网址：**www. cppmp. com

## 《中国造纸》

《中国造纸》为专业科技性刊物，国内外公开发行，由中国造纸学会和中国制浆造纸研究院主办，主要报道我国造纸工业在原材料、制浆、造纸、废液综合利用及污染防治、机械设备、分析检验、工艺和质量控制自动化以及制浆造纸专业基础理论等方面的新成就和重要科技成果。

《中国造纸》除及时报道各研究机构、高等院校在科研理论方面取得的突破成果外，还注重报道各制浆造纸厂引进或自行研究探索的新工艺、新技术。将理论与实践有机结合，更好地满足了科研工作者以及制浆造纸工厂技术人员的需要。

《中国造纸》是我国造纸界权威性技术期刊，连续多年入选“中文核心期刊”、“中国科技论文统计源期刊”、“中国科学引文数据库来源期刊”、“中国科学文献评价数据来源期刊”，并已被Scopus、CA、ABPST等国外著名的期刊索引收录。

《中国造纸》（刊号：ISSN 0254－508X，CN 11－1967/TS）为月刊，每月25日出版，大16开，国内单价：10元/期，全年订价120元；国外及港澳台地区：20美元/期，全年订价240美元。邮发代号：2－194；国外发行代号：DK11070。

**地址：**北京市朝阳区望京启阳路4号院中轻大厦

**邮编：**100102

**电话：**010－64778158、64778159
64778160、64778161（编辑）
64778166、64778167
64778168（广告）
64778173（发行）
64778172（网站）

**传真：**010－64778175

**邮箱：**cpp2108@ vip. 163. com（编辑）
cpg@ vip. 163. com（广告）

**网址：**www. cppmp. com

## 《国际造纸》

《国际造纸》是由中国造纸学会、中国制浆造纸研究院主办。主要报道现代世界造纸工业先进生产技术、浆纸装备、环保技术、造纸化学品的应用与研究、全球最新造纸动态等，是国内外公开发行的连续出版物。该刊特设前沿·热点栏目，就当前造纸行业关心的问题进行论述及报道。《国际造纸》连续多年入选“中国期刊全文数据库”、“中国核心期刊（遴选）数据库”和“中国学术期刊综合评价数据库”。

《国际造纸》已与多家造纸机构、企业、团体建立了广泛的联系，是中国了解世界纸业的窗口；是沟通中外纸业技术、信息、贸易的桥梁与纽带。

《国际造纸》适合造纸行业的经理，科研院所技术人员以及印刷、机械、化工、环保等相关行业的经营管理及技术人员阅读。

《国际造纸》（刊号：ISSN 1006－2599，CN 11－3573/TS）为双月刊，双月 25 日出版；单价 10 元/期，全年订价 60 元；邮发代号：82－301。

**地址：**北京市朝阳区望京启阳路 4 号院中轻大厦

**邮编：**100102

**电话：**010－64778162、64778163（编辑）
64778166、64778167
64778168（广告）
64778173（发行）
64778172（网站）

**传真：**010－64778175

**邮箱：**wpp@ vip. 163. com（编辑部）
cpg@ vip. 163. com（广告部）

**网址：**www. cppmp. com

## 《造纸信息》

《造纸信息》是由中国造纸协会、中国造纸学会和中国制浆造纸研究院共同主办，中国造纸杂志社编辑出版的造纸信息类期刊。已被“中国期刊全文数据库”和“万方数据——数字化期刊群”收录。

《造纸信息》全面、及时、准确地报道我国和世界造纸工业以及相关行业的信息，是我国造纸行业唯一公开发行的综合信息类刊物。

《造纸信息》以为造纸企事业单位及相关行业提供国内外造纸工业信息服务为主要宗旨，汇集行业专家观点、聚焦行业热点问题、展示领军企业风采，及时报道行业政策、企业动态、新技术和新成果，以及全球造纸企业的最新动向，为读者全方位了解造纸行业提供独家参考，为企业提供政策性指导和经营决策信息。

常设栏目有：专题论坛、企业风采、政策法规、节能减排、行业纵横、新建扩建、企业报道、市场动态、行业热点·焦点论坛、管理与营销、新产品·新技术·新设备、环球纸业、协会和学会动态、会展传真等。

为使海外读者更多了解中国造纸工业的发展情况，特在每年第 8 期增加英文内容。

《造纸信息》（刊号：ISSN 1006－8791，CN 11－3667/TS）为国内外公开发行，月刊，每月 10 日出版。全彩色大 16 开，单价 10 元/期，全年订价 120 元。邮发代号：82－881，国外发行代号：DK11071

**地址：**北京市朝阳区望京启阳路 4 号院中轻大厦

**邮编：**100102

**电话：**010－64778169、64778170
64778171（编辑）
64778166、64778167
64778168（广告）
64778173（发行）
64778172（网站）

**传真：**010－64778175

**邮箱：**wpp@ vip. 163. com（编辑部）
cpg@ vip. 163. com（广告部）

**网址：**www. cppmp. com

## 《中华纸业》

《中华纸业》是中国造纸协会会刊，行业综合指导类科技期刊，国内外公开发行。

办刊宗旨：研讨发展战略、促进科学管理、推动技术进步、服务产业经济。

报道内容：国家产业政策，行业发展规划，市场分析预测，企业发展战略、管理经验，技术创新成果和生产实践，国际发展趋势，国内外动态与信息等。

内容特色：具有导向性、创新性、前瞻性、实用性和时效性。

读者对象：企业领导以及企业管理、技术人员，行业组织、政府部门领导，产业经济研究人员，科研设计、工程咨询、高等院校等与造纸行业有关的工作人员。

《中华纸业》（刊号：ISSN1007－9211，CN 37－1281/TS）为半月刊，大16开，彩色印刷。国内定价10元/期，全年订价240元。邮发代号：82－301。

**地址**：山东省济南市工业南路101号
**邮编**：250100
**电话**：0531－88522949、88929286、88935343
**传真**：0531－88926310
**邮箱**：adv@cppi.cn（广告部）
cbb@cppi.cn（采编室）
**QQ**：609352141
**网址**：www.cppi.cn

## 《纸和造纸》

《纸和造纸》系中国造纸学会主办，四川省造纸学会和四川工商职业技术学院联办，以知识性、实用性、导向性、科学性为特色的制浆造纸专业权威性科技期刊。自1982年创刊以来，该刊始终坚持“普及制浆造纸科技知识，介绍先进适用的生产工艺、装备技术和管理经验，沟通相关信息，促进造纸工业的科技进步和持续发展，为提高造纸、用纸从业人员的素质服务”的办刊宗旨。曾被原国家轻工业部、中国科学技术协会评为优秀期刊，并连续多年入选“中文核心期刊”、“中国学术期刊综合评价数据库来源期刊”，是造纸行业中知名度高、发行量大和影响面广的造纸科技期刊之一。

《纸和造纸》开设有专论与综述、企业风采、工艺技术、装备器材、试验研究、造纸化学品、环境保护与综合利用、分析检验、仪表自控、知识之窗、产品天地、探讨与质疑等30余个栏目。全面报道有关造纸的新知识、新技术、新原料、新产品、新装备，以及中国造纸工业的方针政策和技术经济信息、市场动态、纸制品等方面内容。

《纸和造纸》（刊号：ISSN 1001－6309，CN 11－2709/TS）为月刊，大16开，内页双色印刷，国内外公开发行。邮发代号：62－111，国外发行代码：BM1650，全年订价120元。

**地址**：四川都江堰市四川工商职业技术学院内
**邮编**：611830
**电话**：028－87281943（编辑）
87284769（广告）
87267806（发行）
**传真**：028－87203119
**邮箱**：myppm@263.net

## 《造纸科学与技术》

《造纸科学与技术》是广东省造纸学会会刊，由广东省造纸学会和广东省造纸研究所主办。主要刊登制浆造纸科学与工程的论文与报告、实践与经验，介绍制浆造纸工艺、设备与控制的研究进展与技术进步、清洁生产与环境保护、科学管理与持续发展，还设立了科普园地。内容丰富、可读性强，是造纸行业中水平较高的期刊之一。

《造纸科学与技术》于1996年7月起入编“中国学术期刊（光盘版）”，并荣获“中国学术期刊（光盘版）”、“中国期刊网”全文收录证书；“中国学术期刊综合评价数据库来源期刊”证书。

《造纸科学与技术》为双月刊，大16开，全年订价60元。

**地址**：广东省广州市华南理工大学制浆造纸工程国家重点实验室
**邮编**：510640
**电话**：020－87112854、87113940－1019
**传真**：020－87112854、22236078
**邮箱**：dhliu@scut.edu.cn

## 《生活用纸》

由中国造纸协会生活用纸专业委员会承办的《生活用纸》杂志自1993年以内部资料形式创刊，2001年1月开始国内外公开发行。从2003年起改为半月刊，得到各会员单位、有关企业和广大读者的支持和欢迎，经过不断努力和改进，已成为生活用纸及相关行业从业人员的重要信息来源和参考资料。

办刊宗旨：推进生活用纸及相关行业技术进步，促进科学管理，宣传产业政策，服务企业发展，提供国内外发展动态信息和市场产销信息。

内容：卫生纸、面巾纸、纸手帕、餐巾纸、厨房用纸、擦手纸等卫生纸品；卫生巾、婴儿纸尿裤、成人失禁用品等吸收性卫生用品；相关原辅材料及设备等。

主要栏目：协会工作、行业动态、发展论坛、市场与营销、质量与管理、技术与设备、他山之石、消费与流行趋势、资讯等。

《生活用纸》是国内唯一关于生活用纸行业的

专业性科技类综合性刊物，内容丰富，专业性、时效性强，是生活用纸及相关行业的企业管理人员、市场营销人员、工程技术人员以及技术工人的良师益友。

《生活用纸》（刊号：CN11－4571/TS）为半月刊，大16开。全年订价240元，国外及港台地区全年订价900元或150美元。2010年7月开始改为全彩版印刷，自办发行。

**地址：** 北京市朝阳区望京启阳路4号院中轻大厦
**邮编：** 100102
**电话：** 010－64778182、64778181（编辑）
64778178、64778191（广告）
64778186、64778187（发行）
**传真：** 010－64778197（编辑）
64778199（广告）
**邮箱：** bianji1993@sina.cn（编辑）
2004ads@sina.com（广告）
**网址：** www.cnhpia.org

## 《造纸化学品》

中国造纸化学品工业协会会刊《造纸化学品》是由中国造纸化学品工业协会、全国造纸化学品信息站、杭州市化工研究所联合主办的国内外公开发行、全面报道制浆造纸化学品的唯一全国性科技期刊。

主要报道造纸用化学品（尤其是精细化学品）的研制、开发、应用及国内外发展动向等。设有专题综述、科学试验、应用技术、经验交流、国外动态、新产品新技术、市场与信息等栏目。该刊以造纸界、化工界、科研机构、事业单位和从事科研生产的广大技术工人、科技人员、管理干部及大专院校相关专业的师生为服务对象。

《造纸化学品》是“中国核心期刊（遴选）数据库”收录期刊，“中国学术期刊（光盘版）”、“中国期刊网”、“中国学术期刊综合评价数据库”、“万方数据——数字化期刊群”、“中文科技期刊数据库”全文收录期刊、“中国学术期刊综合评价数据库”统计源期刊。美国《化学文摘》、波兰《哥白尼索引》收录期刊。

《造纸化学品》（刊号：ISSN 1007－2225，CN 33－1202/TQ）为双月中旬出版，每年6期加1期增刊，共7期，全年订价70元。

**地址：** 浙江省杭州市上塘路石灰坝7号
**邮编：** 310014
**电话：** 0571－88313782－2301、2302
**传真：** 0571－88315561
**邮箱：** paperchemj@163.com
paperchemhz@yahoo.com.cn
**网址：** www.paper－chem.com

## 《华东纸业》

经国家新闻出版总署批准，《上海造纸》从2009年第4期更名为《华东纸业》。

《华东纸业》是由上海、山东、江苏、浙江、福建、江西、安徽七省市造纸学会主办的科技类制浆造纸工业专业技术刊物。

《华东纸业》办刊宗旨：面向全国造纸行业，传播纸业信息，推广高新造纸技术与成果。打造纸业信息交流平台，使之成为经验交流的园地，市场信息的窗口，拓展我国纸业技术、参与国际市场竞争的企业家和广大科技人员的良师益友。

《华东纸业》市场定位：立足华东长三角，辐射国内外造纸企业及相关行业的企业家、工程技术人员、经营管理人员和技术工人。长期以来深受全国各地造纸工作者的欢迎。

《华东纸业》主要栏目：专题与综述、企业家论坛、制浆与造纸、设备与电仪、加工纸与特种纸、助剂与湿部化学、环境保护与节能、脱水器材、国内外纸业信息等。全面报道造纸及相关行业的新材料、新技术、新工艺、新产品、新装备的应用以及中国造纸工业的方针政策和技术经济信息、市场动态等内容。

《华东纸业》（刊号：ISSN 1673－9213，CN 31－2034/TS）为双月刊，大16开。面向国内外公开发行。全年订价60元。

**地址：** 上海市镇坪路176弄10号2501室
**邮编：** 200061
**电话：** 021－52040637
**传真：** 021－52040637
**邮箱：** menger2010@126.com

## 《湖北造纸》

《湖北造纸》创刊于1963年，是湖北省造纸学会会刊。自1995年经国家科委批准公开发行以来，得到了有关企业和广大读者的支持和欢迎，成为造纸及相关行业从业人员的重要参考资料。《湖北造纸》是“中国期刊全文数据库”全文收录期刊、“中国学术期刊综合评价数据库”统计源期刊、“中国核心期刊（遴选）数据库”全文收录期刊。现由湖北省造纸学会与中国轻工业武汉设计工程有限责任公司主办。

主要内容：学术论文、科研报告、工作总结、技术革新、成果推广、产品开发、污染治理、企业管理、经验交流、各地动态、行业规则等。

《湖北造纸》（刊号：ISSN1006－9631，CN42－1390/TS）为季刊，大16开，技术性刊物。

**地址：**湖北省武汉市武昌区首义路176号

**邮编：**430060

**电话：**027－88044716

## 《湖南造纸》

《湖南造纸》是一本创办了30多年的专业性期刊，是湖南省造纸学会会刊，也是“中国核心期刊（遴选）数据库”的入编刊物。

《湖南造纸》始终坚持以宣传行业科学技术为核心；以推广实用技术与经验为要素；以促进行业发展为目的的办刊宗旨，宣传行业的政策法规和科技进步，推进行业的科技成果转化；坚持理论与实际相结合，努力推广行业内先进、成熟的管理经验、生产经验，使之成为行业的一面旗子，影响和带动行业的健康和快速发展。同时《湖南造纸》设有工艺与技术、造纸化学品与应用、环境保护、分析与检验、设备与自控、企业管理、国外技术等核心栏目。另外还设有信息栏目，以简讯的方式，主要从新产品、新工艺、新技术，行业动态，市场动态几方面报道行业内的最新技术成果、发展动向和市场变化等情况。

《湖南造纸》（刊号：ISSN1672－3066，CN43－1232/TS）为季刊，大16开，季末出版，全年订价30元，自办发行。

**地址：**湖南省湘潭市建设中路7号

**邮编：**411104

**电话：**0731－58523295

**传真：**0731－58523295

**邮箱：**hunanpaper@163.com

## 《黑龙江造纸》

《黑龙江造纸》是由黑龙江省造纸工业研究所、黑龙江省造纸学会主办的制浆造纸综合性技术刊物，是“中国学术期刊综合评价数据库”统计源期刊，被“中国期刊全文数据库”全文收录，在“万方数据——数字化期刊群”全文上网，被“中国核心期刊（遴选）数据库”收录。

《黑龙江造纸》立足黑龙江省内，报道国内外制浆造纸行业中科研、生产、经营、管理的先进技术、实践经验和市场信息，可供广大技术工人、科技人员、管理干部及大专院校的师生参考。

《黑龙江造纸》为季刊，全年订价25元。

**地址：**黑龙江省牡丹江市光华街5号

**邮编：**157013

**电话：**0453－6320013

**传真：**0453－6332195，6330907

**邮箱：**hlj_zz@sina.com

## 《天津造纸》

《天津造纸》于1979年创刊。主要面向造纸企事业单位的工程技术人员、经营管理人员和技术工人及大专院校相关专业的教师和学生。内容涉及制浆造纸、工艺设备、环保节能、造纸助剂、科技信息及经营管理等方面的科研成果和应用报告。

《天津造纸》由天津环球磁卡集团主管，天津市造纸学会和天津市轻工业造纸技术研究所主办，天津市轻工业造纸技术研究所编辑出版。《天津造纸》（国内刊号CN 12－1155/TS）为季刊，单价5元/期。

**地址：**天津市河西区大沽南路1069号

**邮编：**300222

**电话：**022－28164741

**传真：**022－28162543

（杜荣荣）

# 2012 年《中国造纸》优秀论文获奖名单

## 2012 "China Pulp & Paper" Excellent Papers

### 一等奖（1 篇）

胶黏物模拟物的稳定性与沉积行为（第 8 期）
于海龙　高　扬　李宗全　秦梦华　张凤山
山东轻工业学院造纸科学与技术省部共建教育部重点实验室、华泰集团有限公司

### 二等奖（2 篇）

我国制浆造纸污染治理科学技术的现状与发展（第 2、3 期）
张　勇　曹春昱　冯文英　林乔元
中国制浆造纸研究院

造纸涂料延展黏度的影响因素研究（第 10 期）
孙　军　张曦晨　刘金刚
中国制浆造纸研究院

### 三等奖（5 篇）

反应型紫外吸收剂与荧光增白剂对化机浆光致返黄的抑制作用（第 7 期）
张光华　徐海龙　郭锦鸽　刘国俊　石丽丽
陕西科技大学教育部轻化工化学与技术重点实验室

Fenton 氧化对制浆废水中难降解有机污染物的去除效果研究（第 11 期）
宋　云　李培中　程言君　王海见　宋存义
轻工业环境保护研究所、北京科技大学

描述桉木硫酸盐浆氧脱木素过程动力学的新模型（第 6 期）
张春云　胡会超　柴欣生
华南理工大学制浆造纸工程国家重点实验室

棉浆不同预处理方法制备纤维素纳晶的研究（第 12 期）
董凤霞　刘　文　刘红峰　陈雪峰
中国制浆造纸研究院、山东省轻工业设计院

首台 APMP 制浆废液碱回收锅炉的设计与运行（第 9 期）
史建波　魏　君
武汉锅炉集团特种锅炉工程有限责任公司、金东纸业（江苏）有限公司

### 优秀奖（7 篇）

造纸废水深度处理中催化剂的研制（第 6 期）
何迎春　侯庆喜　李桂菊　雷岗星
天津科技大学天津市制浆造纸重点实验室、天津科技大学海洋学院

IC 厌氧反应器 - 改良型氧化沟 - 浅层气浮工艺处理制浆造纸废水（第 1 期）
张安龙　张　佳
陕西科技大学

纸机干燥部余热回收技术与设备（第 5、6 期）
张秀文
中国轻工国际工程设计院

硫酸盐法制浆恶臭处理技术及应用（第 4 期）
徐远梅　周鲲鹏　李望南　徐应盛
湖南骏泰浆纸有限责任公司

国产双辊挤浆机的应用（第 10 期）

王月洁　陈　振　王玉成　王永金　张文娟
汶瑞机械（山东）有限公司

纸板机密闭气罩控制系统的设计（第 7 期）

汤　伟　周　阳　王　樨　王孟效
陕西科技大学工业自动化研究所、陕西西微测控工程有限公司

麦草碱预提取制备低聚木糖并改善纸浆及黑液性能（第 1 期）

徐　明　张升友　苏振华　张　羽　王承亮　曹瀛戈　冯文英
中国制浆造纸研究院

（《中国造纸》杂志社）

# 大事记

## EVENTS



8

# 2012 年中国造纸工业 10 项要闻

## Top 10 News of China's Paper Industry in 2012

"2012 年中国造纸工业 10 项要闻评选会"于 2012 年 12 月 20 日在中国制浆造纸研究院新址中轻大厦举行。《造纸信息》杂志举办的中国造纸工业 10 项要闻评选活动，自 2000 年开始举办以来，在各级领导和业界同仁的关怀和大力支持下，已发展成为造纸行业的品牌活动，得到了业界的认可与重视。为了使读者更加全面深入地了解 2012 年中国造纸工业的这 10 项大事，《造纸信息》杂志对"2012 年中国造纸工业 10 项要闻"作了进一步报道。

（1）2 月 14 日，中共中央、国务院在北京举行国家科学技术奖励大会，山东轻工业学院、华泰集团有限公司和中国制浆造纸研究院合作项目"造纸纤维组分的选择性酶解技术及其应用"获得"国家科技进步二等奖"。

国家科学技术进步奖是国务院设立的 5 项国家科学技术奖之一，是对在应用推广先进科学技术成果，完成重大科学技术工程、计划、项目等方面作出突出贡献的公民、组织的奖励。"造纸纤维组分的选择性酶解技术及其应用"是 2012 年度造纸行业唯一获得国家科学技术奖的项目。

要闻简介："造纸纤维组分的选择性酶解技术及其应用"以现代生物技术为手段，在降低打浆和磨浆能耗、废纸的清洁化生产及提升纸浆的品质等关键技术方面取得突破和创新，利用生物技术对传统造纸工业节能减排的关键环节进行了创新性研究，创立了具有我国自主知识产权的造纸工业生物酶解关键技术体系，发明了酶促打浆、废纸酶法脱墨、纸浆生物改性等技术，首次提出了废报纸漆酶 - 介质脱墨理论和树脂在浆水体系中的双层结构模型。该项目系列技术成果达到国际先进水平。近 3 年来，该技术在应用中取得了显著的经济和社会效益。

（2）5 月 28 日，中国制浆造纸研究院举行迁址庆典。该院成立 56 年来，充分发挥了作为国家级制浆造纸研究机构的重要作用，取得了丰硕的科技研发成果，为我国造纸工业发展作出重要贡献。

2010 年 11 月为配合北京 CBD 建设所需，中国制浆造纸研究院从已有 50 多年历史的光华路 12 号旧址迁出；2012 年 5 月正式迁入新址——中轻大厦，至此完成了迁址工作。5 月 28 日的迁址庆典，标志着这个曾经为我国制浆造纸工业作出重要贡献的国家级制浆造纸研究机构步入一个崭新的发展阶段。

要闻简介：中国制浆造纸研究院是国家级造纸专业科研机构，是全国造纸工业的研究开发中心，负责造纸工业标准化工作，质量监督检验、信息服务等行业技术管理工作。中国制浆造纸研究院经过 56 年的发展，经过几代人的不懈努力，一直专注于造纸产业的技术进步，取得了重要的发展成果，为我国造纸工业发展作出重要贡献。

2009 年建设的中国制浆造纸研究院廊坊工程实验室基地一期工程已经完成，二期工程于 2012 年 10 月 12 日动工，到 2013 年将全面建成。建成后将成为对行业开放的制浆造纸中试和生产试验基地，也将成为与企业合作的核心区域。据介绍，未来 5 年，中国制浆造纸研究院的发展目标是形成研究开发、咨询服务、工程实验、产业转化四维一体的高水平工程科技创新与服务体系，并拥有明显的核心竞争力；到"十二五"末，中国制浆造纸研究院的固定资产将达到 15 亿元，营业收入达到 3 亿元以上，利润总额达到 5000 万元以上。

（3）5 月 29 日，在中国造纸学会第十五届学术年会上，中国轻工业联合会会长步正发、副会长钱桂敬主持了中芬合著《造纸及其装备科学技术丛书》（中文版）第一卷《制浆造纸经济学》的首发式。

对国外科技书籍进行翻译屡见不鲜，但在翻译原著的基础上加入中方的研究内容在中国造纸及造纸装备行业尚属首次。《造纸及其装备科学技术丛书》（中文版）第一卷《制浆造纸经济学》的首发在业界引起广泛关注，并得到业界的高度评价。

要闻简介：《造纸及其装备科学技术丛书》（中文版）约 30 卷，涵盖了产业经济、造纸资源、制浆造纸工艺、造纸装备、环境控制、生物质精炼等科学技术领域。该丛书约 10 卷以上由中方学者独立撰写；中方向芬兰购买许可使用权（即翻译出版权）的 20 卷中，约有 1/3 为中芬合著同一本书（如第一卷）。《造纸及其装备科学技术丛书》（中文版）第一卷《制浆造纸经济学》由河南江河纸业股份有限公司董事长姜丰伟，中国轻工集团公司副总经理、中国造纸学会秘书长曹振雷，中国轻工企业投资发展协会理事长胡楠与芬兰学者马格努斯·丹森（MagnusDiesen）合著，2012 年 5 月 29 日首发。随后在 2012 年 9 月 11 日，中国造纸协会、中国造纸学会、中国轻工企业投资发展协会与芬兰造纸工程师协会签署协议，从芬方购买余下 19 卷版权，全部译成中文，并加入中方撰写的书稿。中芬合著《造纸及其装备科学技术丛书》（中文版）的出版工作正式启动。

（4）6 月 26 日，工业和信息化部发布〔2012〕26 号《2012 年 19 个工业行业淘汰落后产能企业名单（第一批）公告》，其中涉及造纸企业 589 家，落后产能 880 万吨；又于 9 月 6 日发布〔2012〕39 号《2012 年工业行业淘汰落后产能企业名单（第二批）公告》，其中涉及造纸企业 51 家，淘汰落后产能 115 万吨。

工业和信息化部明确下达 2012 年淘汰落后产能目标任务，其意义重大，也显示了中央转变经济发展方式、调整经济结构、提高经济增长质量和效益的重大决心，以实现真正意义上的节能减排。

要闻简介：2012 年 4 月，工业和信息化部下达 2012 年 19 个工业行业淘汰落后产能目标任务。6 月公布了 2012 年炼铁、炼钢、焦炭、电石、铁合金、电解铝、铜冶炼、铅冶炼、锌冶炼、水泥、平板玻璃、造纸、酒精、味精、柠檬酸、制革、印染、化纤、铅蓄电池等 19 个行业淘汰落后产能企业名单（第一批）；9 月公告了 2012 年工业行业淘汰落后产能企业名单（第二批），涉及钢铁、炼铁、焦炭、铁合金、电石、铜（含再生铜）冶炼、铅（含再生铅）冶炼、锌（含再生锌）冶炼、水泥（熟料及磨机）、平板玻璃、造纸、酒精、制革、印染、化纤等 15 个行业。工业和信息化部要求有关方面要采取有效措施，力争在 2012 年 9 月底前全部关停列入《公告》名单内企业的落后产能，确保在 2012 年底前彻底拆除淘汰，并不得向其他地区和周边国家转移。

（5）8 月 13 日，中国造纸协会在关于印发《造纸工业技术进步“十二五”指导意见》的通知（中纸协〔2012〕18 号）中发布了《造纸工业技术进步“十二五”指导意见》。

中国造纸协会发布的《造纸工业技术进步“十二五”指导意见》，是我国造纸行业首个技术进步指导意见，对指导我国造纸工业在“十二五”时期的技术研发和科技进步具有重要指导意义。

要闻简介：2012 年 8 月 13 日，中国造纸协会印发中纸协〔2012〕18 号文件“中国造纸协会关于印发《造纸工业技术进步‘十二五’指导意见》的通知”（以下简称“通知”），并全文发布《造纸工业技术进步“十二五”指导意见》（以下简称《指导意见》）。

“通知”指出，“十二五”时期及未来依靠科技进步促行业发展的任务十分艰巨，为了发挥科技进步在造纸工业调整结构和转变经济发展方式中的支撑引领作用，促进行业可持续发展和推进由造纸大国到强国的转变，需要我们把握科技发展趋势，超前部署基础研究和前沿技术研究，着力研发关键共性技术与装备，加快推进技术创新和科技成果产业化，推动先进技术产业化应用和新产品开发，大力提高科技创新能力，发挥人才资源优势，更多依靠科技创新推动造纸工业发展，推进科技创新型、资源节约型、环境友好型现代造纸工业建设。

《指导意见》分析了我国造纸工业取得的主要成绩与存在的问题，阐述了造纸行业的科技发展趋势，明确提出研发的重点方向为：节约资源、实现循环发展；提高能源利用率、实现低碳发展；实施清洁生产、实现污染物有效控制及开发未来新产品等战略课题。

《指导意见》确定了到 2015 年，在制浆造纸科技开发及技术创新领域实现的发展目标：自主创新能力明显提高；创新体系得到进一步完善；开发一批纸及纸板新产品；提升造纸装备研发能力；节能减排取得显著成效；培养和造就一支科研、技能和经营管理结构合理协调发展的人才队伍，为实现造纸强国目标提供强大智力库支撑。

《指导意见》提出了 5 个方面的重点技术方向：一是主要内容为植物纤维化学与资源高效利用、制浆清洁生产技术、造纸工艺过程基础研究、节能减排技术的造纸工业基础理论；二是包括纳米纤维素等多功能材料制备及应用技术、非木材原料的化学机械法制浆生产关键技术等在内的 8 项造纸工业前沿技术；三是包括高硅含量的非木原料的除硅型、留硅型蒸煮技术，非木材原料低能耗蒸煮技术及其蒸煮设备研发等 22 项造纸工业共性关键技术；四是包括年产 10 万～15 万吨废纸脱墨制浆成套生产线、年产 10 万～20 万吨非木材原料制浆成套生产线等 10 项造纸装备研发；五是在化学法制浆、化学机械法制浆（高得率制浆）、废纸制浆、纸张抄造、末端治理及资源再利用、新产品研发等方面的造纸工业新技术、新工艺应用与新产品研发。

《指导意见》提出鼓励自主研发、发展国产装备；加快企业技术改造步伐；制定修订标准，完善标准体系；整合科技力量，加大技术创新能力建设；实施开放政策，加强科技国际合作；发挥中介组织作用，推进行业科技进步等政策措施。

（6）9 月 25 日，河南省江河纸业有限公司等单位承担的“十一五”国家科技支撑计划国产高速纸机的研制项目通过验收，纸机幅宽 5790 毫米，运行车速 1200～1500 米/分，实现了我国国产高速纸机零的突破。

由河南江河纸业股份有限公司等单位承担的“十一五”科技支撑计划“国产高速造纸机的研制”项目的成功完成，体现了我国制浆造纸装备自主化研发、制造和配套能力得到了进一步提升。运行车速达到 1200～1500 米/分高速纸机的成功研发和运行，在我国实属首例。

要闻简介：该项目采用自主创新、技术集成和工程示范的方式进行项目实施，形成了一系列拥有自主知识产权的技术成果，建成国产高性价比的高速纸机示范基地。该项目在纸浆流送新技术和白水稀释型水力式流浆箱新技术与装备，夹网成形器，靴式宽压区压榨装置，高效、节能干燥技术与装备，膜转移涂布机、软辊压光机、辊库式水平卷纸机等关键装备方面，以及自主研发的整机液压系统、高速纸机传动控制系统、DCS 集散控制系统、纸病检测系统等自控系统方面具有国际先进水平的创新成果，最终集成了 1 台运行车速 1200～1500 米/分、净纸幅宽 5600 毫米的高速文化用纸机成套设备示范生产线，直接实现工程转化；通过项目的集成安装与试运行，掌握了高速纸机的工程设计、加工制造、安装调试、有纸运行等方面的关键技术，并实现了高速纸机的国产化。

（7）10 月 16 日，由中国造纸协会主办，在我国首次举办的“第三届亚洲浆纸工业可持续发展会议”在厦门召开。会议就全球和亚洲地区造纸行业共同关注的资源和能源，以及市场等问题展开了深入探讨。

亚洲浆纸工业可持续发展会议举办的目的在于促进亚洲各国家或地区间造纸行业的友好交流与合作，推动亚洲浆纸工业的共同繁荣。该会议每两年召开一次，由亚洲主要国家或地区造纸行业协会轮流主办。2008 年和 2010 年分别由日本制纸联合会和韩国制纸工业联合会主办。该会议在我国首次举办。

要闻简介：中国造纸协会、中国台湾区造纸工业同业公会、印度尼西亚浆纸协会、日本制纸联合会、韩国制纸工业联合会、泰国浆纸工业协会、越南浆纸协会分别组织的造纸及相关企业代表团共计 130 名代表参加了本届亚洲浆纸工业可持续发展会议。

会议共分三节。分别就造纸行业的热点问题，商品浆和回收纤维的全球趋势、数字时代的造纸工业，以及废纸资源的利用和回收体系的建设等内容进行了讨论，并对节能增效和可持续发展的能源利用进行了深入探讨。

（8）10 月 23 日，作为国家发展和改革委、工业和信息化部继续落实重点产业调整和振兴规划，加快推进工业结构调整升级、促进发展方式转变给予支持的重点产业振兴和技术改造项目，中国造纸装备有限公司永清基地生产正式启动。

中国造纸装备有限公司在永清基地的生产启动，标志着这一大型造纸装备自主化集成基地正式投入生产。对满足我国造纸行业的需求，降低造纸行业投资成本和对外技术依赖，推动造纸行业独立、健康和可持续发展具有重要意义。

要闻简介：永清基地一期建设项目达产后，将形成每年加工及集成 5 台套高速宽幅整机及核心部套的加工能力。永清基地的建成，将打破造纸行业国际装备制造巨头对国内造纸机械核心技术及设备的垄断，进一步推动我国造纸装备自主化发展。

2011 年 5 月 10 日，中国造纸装备有限公司自主化集成基地在河北永清工业园区奠基。随后又投资国泰机械有限责任公司，并于 2011 年 11 月成功签订宜宾纸业股份有限公司 30 万吨/年食品包装原纸生产线主机设备合同。2012 年 10 月 23 日，中国造纸装备有限公司永清基地开始生产宜宾纸业股份有限公司 30 万吨/年食品包装原纸生产线主机设备。

（9）10 月 25—26 日，由中国造纸学会承办的“中国科协第 65 期新观点新学说学术沙龙”在北京召开。该沙龙的主题为“生物质精炼技术与传统制浆造纸工业”，来自国内造纸、林业、能源等领域的专家、学者就生物质精炼技术与传统制浆造纸工业的关系展开研讨和交流。

近年来，我国的高校、科研院所等单位对生物质精炼技术的研究相当活跃，取得了不少成绩，但生物质精炼技术在制浆造纸企业的应用还有许多工作要做。组织以生物质精炼为主题的沙龙，探索生物质精炼技术在造纸工业的有效利用，对造纸工业转型发展、提质增效、绿色发展有很重要的指导作用。

要闻简介：在本届学术沙龙上，来自造纸、林业及能源等相关行业的专家学者围绕现有制浆造纸企业开发生物质精炼技术、木材及非木材生物质高附加值的利用、木素产品链及木素利用的产业化展望、生物质乙醇及生物质燃料（汽油）研发的进展及前景等方面进行了探讨。与会专家一致认为，目前，生物质精炼技术的研究与发展给传统的制浆造纸产业提出了严峻的挑战，也带来了巨大的发展机遇，生物质精炼技术在造纸工业中的大规模应用还面临着不少困难，将现有的制浆造纸厂转变为制浆造纸与生物质精炼相结合的集约化工厂，不仅是技术上的革新，更是思维方式与观念的革新与变革；转变的过程还需要先进的技术支持和大量的额外投资；同时还需要相关学科的基础理论研究的支持。

（10）11 月 5—6 日，全国工商联纸业商会第三次会员大会暨第五届中国纸业发展大会在北京召开。会员大会选举产生新一届领导机构，李建华当选会长，张茵等 15 位企业家当选副会长。

在纸业商会第三次会员大会暨第五届中国纸业发展大会上，全国工商联纸业商会召开第三次会员大会进行换届选举，选举产生新一届领导机构，受到纸业界关注。

要闻简介：大会审议通过了第二届理事会会长李洪信作的工作报告；选举产生第三届理事会独立董事会、会长、副会长、常务理事、理事、秘书长。华泰集团股份有限公司董事长李建华当选第三届理事会会长，张茵等 15 位企业家当选副会长，理事 104 人，中国轻工业信息中心副主任郭永新担任独立监事，张慎金任秘书长。

（梁　川）

# 2012 年中国造纸工业大事记

## Important Events of China's Paper Industry in 2012

### 1 月

1 月 17 日，《中国造纸》杂志在北京举办 2011 年度"玖龙纸业杯"优秀论文评选京津地区专家终评会，最终评选出 15 篇获奖论文，其中，一等奖 1 篇，二等奖 2 篇，三等奖 5 篇，优秀奖 7 篇。

1 月 12 日，山东东顺集团举行东顺卫生用品纸尿裤项目投产暨东顺工业园三期工程启动仪式。东顺工业园三期工程总投资 6 亿元，总建筑面积 12 万米$^2$，新上 2 条国际先进的 BF 生活用纸生产线，同步建设国家级研发中心。

1 月 13 日，搭乘"神八"飞行 397 小时的岳阳林纸"太空松树种子"落户岳阳林纸君山林业科研中心所。这是神舟系列飞船首次搭载湿地松、马尾松种子到太空。

1 月，根据北京大学图书馆《中文核心期刊要目总览》2011 年版编委会依据文献计量学的原理，组织研究人员对相关文献进行检索、计算和分析以及学科专家的评审结果，《中国造纸》、《中国造纸学报》、《纸和造纸》继续入编《中文核心期刊要目总览》2011 年版（即第六版）之轻工业、手工业、生活服务业类的核心期刊。

### 2 月

2 月 7 日，芬欧汇川（中国）有限公司二期项目在常熟启动并举行了庆典仪式。该公司二期项目投资 8.3 亿美元。项目达产后，每年将新增 60 万吨高档文化用纸生产能力，新增销售额超 25 亿元。

2 月 9—10 日，"泰格林纸集团国家认定企业技术中心创新能力建设项目"和"岳阳林纸日处理 4.5 万米$^3$ 造纸工业白水循环回用系统高技术示范工程建设项目"通过了国家高技术产业发展项目的验收。

2 月 10 日，广西永凯糖纸集团有限公司举行年产 9.5 万吨漂白蔗渣浆项目竣工投产、永凯码头项目启动仪式。漂白蔗渣浆项目总占地面积 66.7 公顷，总投资 16 亿元。

2 月 10 日，南宁劲达兴纸业有限公司年产 20 万吨高档文化用纸项目竣工投产，项目总投资约 13.7 亿元。

2 月 13 日，工业和信息化部发布"关于同意资源节约型环境友好型企业创建试点实施方案的批复"。该批复指出，原则同意首钢京唐钢铁联合有限责任公司等 80 家企业试点实施方案。实施方案评审通过的造纸行业中资源节约型环境友好型试点企业有：牡丹江恒丰纸业集团有限责任公司、金东纸业（江苏）股份有限公司、浙江景兴纸业股份有限公司、华泰集团有限公司、泰格林纸集团股份有限公司、广西湘桂糖业集团有限公司、新疆博湖苇业股份有限公司。

2 月 14 日，中共中央、国务院在北京举行国家科学技术奖励大会。造纸行业中，由山东轻工业学院、华泰集团有限公司、中国制浆造纸研究院共同完成的"造纸纤维组分的选择性酶解技术及其应用"项目获得国家科学技术进步奖二等奖。

### 3 月

3 月 21 日，四川华侨凤凰集团投资 10 亿元的年产 30 万吨高档涂布白纸板新厂举行竣工投产庆典。

3 月 22 日，商务部发布 2012 年第 10 号公告，公布相纸产品反倾销案终裁。经国务院关税税则委员会同意，商务部决定自 2012 年 3 月 23 日起，对原产于欧盟、美国和日本的进口相纸产品征收 16.2% ~28.8% 的反倾销税，期限为 5 年。

3 月 23 日，由香港理文集团投资 65 亿元的江西理文化工项目在江西省瑞昌市开工建设。

3 月 30 日，中国轻工业网发布了 2011 年度中国轻工业联合会科学技术奖获奖名单，造纸行业有 7 个项目获奖。

## 4 月

4 月 9 日，东莞市中堂镇潢涌村建晖纸业有限公司发生特大火灾。

4 月 15—16 日，由中国造纸学会主办，江苏省造纸学会、江苏华机集团承办的“全国制浆造纸节能减排国产制浆装备推广会”在镇江召开。

4 月 17 日，高得率浆在生活用纸中的应用国际研讨会在厦门召开。此次研讨会由加拿大天柏公司、Canfor、MillerWestern、WestFraser 主办，中加高得率浆项目承担单位天津科技大学、加拿大林产品创新研究院提供技术支持。

4 月 18 日，APP 小港 BM6 多层纸板机车速创造了 1103 米/分的世界新纪录。

4 月 18 日，商务部发布 2012 年第 15 号公告，决定对原产于日本的进口电解电容器纸适用的反倾销措施进行期终复审调查。本次调查自 2012 年 4 月 18 日开始，通常应在 2013 年 4 月 18 日前结束。

4 月 25—26 日，中国造纸化学品工业协会主办的“2012（第二十一届）全国造纸化学品开发与造纸新技术应用研讨会”在浙江富阳召开。

4 月 26 日，河南省江河纸业有限责任公司举行年产 30 万吨造纸生产线扩建项目开工奠基仪式。该项目设计建设规模为年产 4 万吨防伪纸、16 万吨特种纸原纸、10 万吨超级压光纸，均采用商品木浆，自制 1 台 3200/600 型和 2 台 5600/1200 型长网多缸文化用纸机，配套建设纸品深加工、动力、环保等辅助设施。项目总投资 10.6 亿元。

## 5 月

5 月，中国造纸协会发布《中国造纸工业 2011 年度报告》。报告公布了 2011 年我国造纸工业生产、经营、进出口及环境保护情况。2011 年全国纸及纸板生产企业有 3500 多家；纸及纸板生产量 9930 万吨，消费量 9752 万吨；人均年消费量 73 千克。

5 月 8 日，湛江晨鸣浆纸有限公司 1 台由美卓公司提供的文化用纸机以 1710 米/分的车速连续运行 24 小时，打破全球不含磨木浆未涂布纸机车速纪录。

5 月 10 日，福伊特公司在江苏昆山举办了新公司——福伊特造纸技术服务有限公司成立的开幕仪式。该公司是由福伊特造纸入资福建三明浆纸机电设备安装有限公司成立的控股子公司。

5 月 10 日，国家科技部下发了《科技部关于下达 2012 年度国家有关科技计划项目的通知》，造纸及相关行业有 19 个项目入选。

5 月 11 日，中国造纸协会第三届理事会第四次会议（扩大）在广东珠海召开。会上，介绍了“造纸工业技术进步‘十二五’指导意见讨论稿”。对在节能减排活动中取得成果的优秀企业和个人进行了表彰。

5 月中旬，以中国造纸学会陈学忠理事长为团长的中国造纸学会考察团一行 35 人对加拿大制浆造纸行业进行了考察。考察团先后访问了英属哥伦比亚大学（UBC 大学）的制浆造纸中心、加拿大森林产品创新研究院（FPInnovations）、Domtar-Windsor 纸厂和多伦多大学的制浆造纸中心。

5 月 28 日，中国制浆造纸研究院在位于北京望京的中轻大厦新址举行迁址庆典。

5 月 28 日，维达纸业（湖北）有限公司举行五期 8 万吨扩能项目工程庆典。据悉，该扩能项目竣工投产后，生产能力将从 10 万吨/年跃升到 18 万吨/年，年销售额可达到 20 亿元。

5 月 28 日，广西百色合众纸业有限责任公司四期 6 万吨中高档生活用纸扩能项目正式开工。项目包括新增 10 台 3900 纸机和 1 台 20 吨锅炉，同时配套 1500 千瓦发电机组。

5 月 29—31 日，由中国造纸学会主办、中国制浆造纸研究院协办的中国造纸学会第十五届学术年会在北京召开。会上，举行了中芬合著造纸及装备科学技术丛书（中文版）第一卷《制浆造纸经济学》的首发式。

## 6 月

6 月 6 日，由中国轻工业联合会主办、中国轻工业信息中心承办的“中国轻工业百强企业发布暨提升国际竞争力高峰论坛”在京举行。大会发布了“2011 年中国轻工业百强企业榜单”。华泰集团有限公司、玖龙纸业（控股）有限公司、山东博汇集团有限公司、山东晨鸣纸业集团股份有限公司、山东太阳纸业股份有限公司、中国纸业投资总公司、山东亚太森博浆纸有限公司、山东泉林纸业有限责任公司、金东纸业（江苏）股份有限公司、理文造纸有限公司入选。

6月6日，牡丹江恒丰纸业股份有限公司17号机年产1.7万吨圣经纸项目正式投产，项目总投资2.8亿元，纸机设备采用福伊特公司生产的长网纸机。

6月25日，全球环境基金“中国制浆造纸行业二噁英减排项目”在南宁启动，这标志着我国制浆造纸行业二噁英减排工作将全面展开。

6月26日，阿根廷经济和公共财政部外贸国务秘书处照会中国驻阿根廷经商参赞处，通报阿方根据6月21日官方公告中公布的该部2012年第298号决议，结束对原产于美国、芬兰、奥地利和中国的纸张及纸板的反倾销调查，并分别征收63.51%、91%、98%和39.56%的最终反倾销税。上述决议于2012年6月14日起生效，有效期5年。

6月29日，巴基斯坦对原产于中国、韩国、印度尼西亚和中国台湾的单面涂布纸板作出反倾销初裁：自上述国家和地区进口的涉案产品在调查期内对巴基斯坦国内产业造成了实质性损害，将对上述国家和地区进口的涉案产品征收临时反倾销税，征收的反倾销税率如下：韩国Hansol 5.32%、HMCorporation 12.55%；印度尼西亚 Fajar 12.55%、普遍12.46%；中国大陆普遍20.61%；中国台湾普遍12.35%。

6月22日，安徽华泰林浆纸一体化项目投产庆典在安徽华泰工业园隆重举行。该项目主要建设年产30万吨漂白硫酸盐针叶木浆厂、年产15万吨高档文化用纸生产线、12万公顷（180万亩）配套针叶木林基地及其配套热电、碱回收、水处理工程。

## 7月

7月3日，日本王子制纸集团与山东世纪阳光纸业集团有限公司、香港Dragon Chariot Limited签订了成立合资公司的相关协议。合资公司的名称定为阳光王子（寿光）特种纸有限公司，注册资本达2.03亿元，主要从事装饰纸等特种纸的生产与销售。

7月4日，中国轻工业网发布“2011年度中国轻工行业十强企业榜单”，造纸行业中的十强企业为：玖龙纸业（控股）有限公司、华泰集团有限公司、山东晨鸣纸业集团股份有限公司、山东博汇集团有限公司、山东太阳纸业股份有限公司、中国纸业投资总公司、山东泉林纸业有限责任公司、理文造纸有限公司、金东纸业（江苏）股份有限公司、亚太森博（山东）浆纸有限公司。

7月13日，财富中文网公布了2012年中国500强名单，造纸行业中，玖龙纸业（控股）有限公司、山东晨鸣纸业集团股份有限公司、理文造纸有限公司、山东华泰纸业股份有限公司、山东太阳纸业股份有限公司和岳阳林纸股份有限公司等6家企业入围。

7月29日，山东晨鸣纸业集团股份有限公司高档涂布白牛卡纸项目试车成功。该项目纸板机幅宽9660毫米，设计车速达1200米/分。

## 8月

8月6—10日，由人力资源和社会保障部批准、中国轻工业联合会主办、中国造纸学会承办的“造纸行业清洁生产技术高级研修班”在青岛举办。

8月13日，中国造纸协会发布中纸协〔2012〕18号“关于印发《造纸工业技术进步‘十二五’指导意见》的通知”，并全文发布《造纸工业技术进步“十二五”指导意见》。

8月20—24日，2012全国造纸工业标准化技术委员会年会在青海西宁召开，共有来自全国各科研院所、质检站、检验检疫局、生产企业、仪器厂等单位的120多名委员及专家代表参加。

8月21日，中国造纸协会溶解浆工作委员会第一次会议在长沙召开，标志着国内首个溶解浆组织机构——中国造纸协会溶解浆工作委员会正式成立。

8月23日，总投资5.1亿元的金红叶纸业集团有限公司生产基地项目落户武功县工业园区。项目一期建成后将形成年产6万吨生活用纸及纸制品的产业规模，年销售收入可达3.6亿元。

8月30日，中国轻工业联合会发布《关于推荐、表彰“2012年全国轻工业信息化与工业化深度融合示范企业和先进个人”的通知》。造纸行业的河南江河纸业股份有限公司、金东纸业（江苏）股份有限公司、玖龙纸业（控股）有限公司、理文造纸有限公司、民丰特种纸股份有限公司、山东晨鸣纸业集团股份有限公司、无锡荣成纸业有限公司、浙江荣成纸业有限公司获“示范企业”称号；姜丰伟、李允进、卢卫伟、董原兴、林文卿获“优秀领导”称号；路安炎、吕国平、仲济龙、王锡雁、朱伟获“科技人才”称号。

8月，在中国出版工作者协会年鉴工作委员会主办的第六届全国年鉴编校质量检查评比活动中，《中国造纸年鉴2011》获得特等奖。

## 9月

9月1日，福建连城县年产5万吨特种纸项目全面开工建设。该项目分二期实施，一期计划生产能力3万吨/年，包括1条年产0.8万吨的1880型高透成型纸、水松原纸生产线，2条年产1.4万吨的2400型育果袋纸、牛皮纸生产线，1条年产1.2万吨3200型生产线；二期计划生产能力2万吨/年，投资6300万元。

9月8—10日，由中国科协和河北省人民政府联合主办，以“科技创新与经济结构调整”为主题的“第十四届中国科协年会”在河北石家庄举行，共设21个分会场。中国造纸学会承办了主题为“生物精炼技术研讨会”的第10分会场。

9月10—12日，由中国制浆造纸研究院和美国克劳斯公司联合举办的“第二十届中国国际纸浆造纸暨纸制品工业展览会及会议”在上海国际展览中心举行。共有来自20多个国家和地区300多家厂商参加本届展会。

9月11日，中国造纸协会、中国造纸学会、中国轻工企业投资发展协会与芬兰造纸工程师协会在上海签订了《造纸科学技术丛书》的翻译权协议。全面启动中芬合著《造纸及其装备科学技术丛书》（中文版）的出版工作。

9月12日，宜宾纸业股份有限公司举行整体搬迁技改项目开工仪式。宜宾纸业股份有限公司新区一、二、三期建设完成后，将形成年制浆85万吨、纸及纸板100万吨的生产能力，销售收入将超过70亿元，年利税17亿元，届时将成为全国最大的竹浆造纸企业。

9月12日，厦门新阳纸业有限公司一期年产6万吨高档生活用纸项目正式投产。

9月19日，金东纸业（江苏）股份有限公司年产120万吨高档信息特种纸项目（一期）正式破土动工。据悉，该项目以NBKP、LBKP商品浆板及自产化机浆为原料，建设4条年总产能120万吨的高档信息特种纸生产线。

9月19日，山东太阳纸业股份有限公司与美国国际纸业公司再度合资的高档食品包装卡纸生产线（26号机）正式投产。该纸机的设计车速950米/分，纸张定量170~350克/米$^2$，成纸最大幅宽6100毫米，年产量约60万吨。

9月23日，新疆博湖苇业股份有限公司迁建一期工程——年产9.9万吨漂白苇浆项目试生产工作全面启动，工程投产后将成为国内规模最大的芦苇制浆生产线。

9月24日，胡润研究院公布了《2012雅居乐海南清水湾胡润百富榜》前1000名，造纸及相关行业有8人（家族）上榜。

9月25日，由河南江河纸业股份有限公司等单位承担的“十二五”科技支撑计划“国产高速造纸机的研制”项目通过科技部组织的专家验收。纸机幅宽5790毫米，车速1200~1500米/分。

9月25日，中顺洁柔纸业股份有限公司唐山分公司举行二期工程竣工典礼及华北地区经销商大会。

9月28日，山东泉林纸业有限责任公司和中国农业环保创新公司共同投资建设的佳木斯秸秆综合利用项目正式开工。项目总投资260亿元，年处理秸秆450万吨，年产150万吨浆、200万吨纸、300万吨有机肥，4~5年内可全部投产。

9月29日，在北京工商大学（原北京轻工业学院）举行了“庆祝钟香驹教授九十华诞联谊会”。

## 10月

10月9日，美国商务部发布公告，对原产于中国的格记录纸作出反倾销行政复审终裁，裁定中国涉案企业的倾销幅度为258.21%；并取消上海联立纸业有限公司的此次行政复审。

10月12日，中国制浆造纸研究院举行廊坊工程实验室项目二期工程奠基仪式。二期工程总投资额约1.2亿元，总建筑面积25626.7米$^2$，主要建设中试试验室、科研实验室、仪器设备加工、相关技能培训和辅助配套设施等，计划建设工期18个月。

10月16—18日，由中国造纸协会主办，并首次在中国举办的“第三届亚洲浆纸工业可持续发展会议”在厦门召开。

10月18—21日，由中国造纸学会特种纸专业委员会主办、河南江河纸业股份有限公司承办的“特种纸专业委员会年会暨第七届全国特种纸技术交流会”在河南焦作召开。会议围绕“造纸装备与原料及特种纸新产品”的主题展开研讨和交流。

10月23日，中国造纸装备有限公司举行永清基地生产启动仪式暨技术研讨会。永清基地生产的正式启动，标志着该项目正式投入生产。

10月23—24日，河北义厚成日用品有限公司10万吨生活用纸生产基地进口卫生纸机项目开球会在河北保定召开。项目总投资近15亿元。一期项目为单台纸机生产能力 2.4 万吨/年的新月型卫生纸机，纸机幅宽 2800 毫米，车速 1600 米/分，产量 75 吨/日，定量 14.5 克/米$^2$。

10 月 25—26 日，由中国科协主办、中国造纸学会承办的“中国科协第 65 期新观点新学说学术沙龙——生物质精炼技术与传统制浆造纸工业”在北京举办。

10 月 28 日，福建联盛纸业（龙海）有限公司的 5 号箱纸板生产线投入运行。该纸板机幅宽 7250 毫米，设计车速 1200 米/分，以废纸为原料，年产 35 万吨定量 100 ~ 140 克/米$^2$ 高强瓦楞原纸。

10 月 31 日，国家发展和改革委发布《关于表彰国家创新能力建设先进工作者、国家工程研究中心先进集体和个人的决定》。其中，中国轻工集团公司科技与信息化部主任孙波被授予“国家创新能力建设先进工作者”称号，造纸与污染控制国家工程研究中心被授予“国家工程研究中心重大成就奖”，造纸与污染控制国家工程研究中心主任陈中豪和造纸与污染控制国家工程研究中心常务副主任李友明被授予“国家工程研究中心先进工作者”称号。

## 11 月

11 月 2 日，作为芬兰革新设计周的主题活动之一，“绿色生机 · 中芬能效与绿色设计研讨会”在上海举行。研讨会由芬兰清洁技术协会、芬兰拉赫蒂科学商业园、拉赫蒂绿色设计中心携手上海市能效中心共同举办。

11 月 5—6 日，由全国工商联纸业商会举办的“纸业商会第三次会员大会暨第五届中国纸业发展大会”在北京召开。纸业商会在第三次会员大会上进行了换届，选举产生新一届领导机构。召开了以“新纸业：主张与行动”为主题的第五届中国纸业发展大会。

11 月 5—7 日，由中国造纸化学品工业协会主办的“2012（第 22 届）全国造纸化学品开发与造纸新技术应用研讨会”在上海举行。

11 月 6—8 日，由中国造纸协会主办的“2012 中国国际造纸和装备博览会暨全国纸张订货交易会”在南昌国际展览中心举办。在博览会和交易会期间同期举办了“2012 造纸产销形势发布会”和“2012 年中国造纸形势与发展研讨会”。

11 月 7—9 日，由南京林业大学江苏省制浆造纸重点实验室主办，日本东京大学、美国北卡罗来纳州立大学、中国造纸学会、美国制浆造纸工业技术协会、日本制浆造纸工业技术协会和江苏省造纸学会协办，中国国家自然科学基金委员会资助的“第四届制浆造纸与生物技术国际研讨会”（The 4$^{th}$ International Conference on Pulping，Papermaking and Biotechnology）在南京林业大学举行。来自美国、瑞典、日本、法国、芬兰、加拿大、伊朗、中国等 14 个国家和地区的约 400 名制浆造纸与生物技术领域的专家和学者参加了会议。

11 月 8 日，玖龙纸业（控股）有限公司年产 30 万吨高强瓦楞原纸项目奠基仪式在犍为县玖龙浆纸（乐山）有限公司举行。该项目总投资 6 亿元，建设 1 条年产 30 万吨高强瓦楞原纸生产线，计划于 2013 年 12 月底竣工投产。

11 月 16 日，商务部发布 2012 年第 78 号公告指出，根据《中华人民共和国反倾销条例》的规定，2011 年 11 月 18 日，商务部发布公告决定对原产于美国的进口涂布白卡纸进行反倾销立案调查。鉴于本案情况较为特殊和复杂，根据《中华人民共和国反倾销条例》第二十六条的规定，商务部决定将本案的调查期限延长 6 个月，即截止日期为 2013 年 5 月 18 日。

11 月 16 日，福伊特公司在中国的首个培训中心在江苏昆山奠基。该项目总投资额为 7300 万元。该培训中心预计于 2014 年初竣工并投入运行。

## 12 月

12 月 5—7 日，由博闻锐思咨询公司、中国再生资源回收利用协会、纸业联讯主办的“第一届国际废纸利用大会”在京召开。

12 月 12 日，在河南沁阳举行了“中国造纸装备制造基地”授牌仪式。

12 月 13—15 日，2012 年印度国际造纸展览会（IPXIndia2012）在印度孟买展览中心举办。中国造纸杂志社作为展会的支持媒体参加了此次展会。

12 月 14 日，第五届“全国优秀科技工作者”颁奖大会在北京人民大会堂召开。由中国造纸学会评选推荐的两名全国优秀科技工作者候选人：中国制浆造纸研究院院长、中国造纸学会学术工作委员会副主任曹春昱同志，山东泉林纸业有限责任公司总工程师宋明信同志被授予“全国优秀科技工作者”称号。

12 月 15 日，漯河银鸽实业集团有限公司第二条 6 万吨高档生活用纸生产线比计划提前 5 天一次试机成功，车速达 1450 米/分。

12 月 20 日，中国造纸杂志社《造纸信息》杂志举办“2012 年中国造纸工业十项要闻”评选活动，评出中国造纸工业 10 项要闻。

12 月 27 日，巴基斯坦对原产于中国大陆、印尼、韩国和中国台湾的单面涂层纸板做出反倾销仲裁，该措施自 2012 年 12 月 27 日起正式实施，为期 5 年。涉案产品海关编码为 48109200、48109900。

2012 年 12 月，由北京和碳环境技术有限公司提供交钥匙开发服务的 5 个造纸行业清洁发展机制（CDM）项目通过联合国第三方机构的最终审定，已经正式提交联合国清洁发展机制执行理事会注册。

（梁　川）

# 2012年造纸行业会展信息

## Exhibition and Conference News of Paper Industry in 2012

2月18日，四川省造纸行业协会生活用纸分会召开成立大会。会上，召开四川省造纸行业协会生活用纸分会第一届会员代表大会，讨论通过四川省造纸行业协会生活用纸分会章程；选举第一届理事会；召开第一届理事会，选举第一届常务理事；召开第一届常务理事会，选举理事会领导成员。

3月2—5日，由四川省造纸行业协会、四川省造纸学会、德纳展览集团主办，四川省造纸行业协会生活用纸分会、成都德纳展览有限公司、成都农博会展服务有限公司承办的“2012年西部（成都）制浆造纸技术装备、纸张、生活用纸展览交易会暨造纸行业‘四新’技术推广会”在成都召开。展会期间召开了造纸行业“四新”技术推广会和四川省造纸行业协会常务理事扩大会，以及四川竹子制浆造纸研讨会。

3月16—18日，由山东省轻工业协会、山东出版集团支持，山东省造纸行业协会、山东省印刷物资公司主办的“2012山东（国际）制浆造纸技术及装备展览会”在山东机械设备展览中心举办。展会的主题是“科技创新，加快提升国产装备技术水平，促进造纸工业可持续发展”。展览范围涵盖了纸浆、纸张、制浆技术及装备、造纸技术及装备、自动化控制仪表、化学品、节能节水和环保技术及装备、装卸搬运设备等与造纸工业生产经营相关的技术和产品。展会期间还举办了4场全国造纸行业高峰论坛和技术研讨会、行业发展座谈会。

3月28—30日，“WaterEx 2012北京水展，第三届中国国际水技术展览会”在北京国家会议中心举办。展会吸引了工业与民用水处理行业众多顶尖企业积极参与，展会云集水处理行业383家顶尖企业，3天累计观众数达10867人。

4月15—16日，由中国造纸学会主办，江苏省造纸学会、江苏华机集团承办的“全国制浆造纸节能减排国产制浆装备推广会”在镇江召开。全国各地的专家学者120多人参加了推广会，会议收到论文及论文摘要14篇，共有13位专家学者在会上作了专题发言。

4月17日，“高得率浆在生活用纸中的应用国际研讨会”在厦门召开。研讨会的主题是“高得率浆—生活用纸”，由加拿大天柏公司、Canfor、Mill-erWestern、West Fraser主办，中加高得率浆项目承担单位天津科技大学、加拿大林产品创新研究院提供技术支持。会议围绕高得率浆在生活用纸中的应用现状、技术问题、研发创新、应用潜力展开了讨论。

4月18—20日，由中国造纸协会生活用纸专业委员会主办的“第十九届生活用纸国际科技展览及会议”于2012年在厦门国际会展中心举行。本届展览按参展产品类别划分为生活用纸、卫生用品、原辅材料、设备、设备演示等共5个展区，展览净面积达2.6万米$^2$，国内外参展商总数达到563家。国际研讨会在展览第二天举办，共有生活用纸和卫生用品两个专题的46场演讲。

4月20—22日，由山东省造纸行业协会、山东太阳纸业股份有限公司、山东华金集团有限公司主办的山东省造纸行业协会五届三次会员代表大会暨全省造纸行业会议在兖州市太阳纸业圣德国际酒店举行。会议表彰了2011年度山东省造纸行业“十强企业”和“先进企业”，并举行了专题技术交流会。

4月25—26日，中国造纸化学品工业协会主办的“2012（第二十一届）全国造纸化学品开发与造纸新技术应用研讨会”在浙江富阳召开。来自全国各省市制浆造纸企业、造纸化学品生产供应商、大专院校、科研院所及造纸相关领域的近180名代表参加了研讨会。

5月11日，中国造纸协会第三届理事会第四次会议（扩大）在广东珠海召开，来自全国地方造纸协会、造纸企业、大专院校、科研院所及造纸相关行业的近120名代表出席了会议。会上，中国造纸协会常务副理事长曹朴芳介绍了“造纸工业技术进步‘十二五’指导意见（讨论稿）”。大会对全国造纸行业节能减排立功竞赛优胜企业、优胜班组、先进个人、优秀组织者及“2011 年度中国轻工业造纸行业十强企业”进行了表彰。会议针对“造纸工业技术进步‘十二五’指导意见（讨论稿）”及“中国造纸协会废纸回收分类及贸易指南（讨论稿）”进行了分组讨论。

5 月 17 日，针对产能过剩引发的全行业节能减排压力增大、生产成本高涨、市场供给过剩等问题，湖南省造纸行业协会联合湖南省造纸学会在长沙组织召开了“湖南省造纸产业结构调整与废纸资源回收利用研讨会”，共同探讨发展对策，以应对日趋严重的行业困局。与会企业代表还共同探讨了当前形势下湖南省废纸造纸产业发展策略。

5 月 23—25 日，由上海易贸商务发展有限公司主办的“2012（第八届）造纸原料系列论坛暨易贸浆纸八周年庆典”在福建厦门举行。来自原料供应商、代理商、贸易商、下游纸厂等相关行业的代表参加了论坛。论坛分为纸业预警会、木浆专场、废纸浆专场，介绍了国内外木浆及废纸浆纤维原料生产、供应状况，促进了行业间的交流。

5 月 29—31 日，由中国造纸学会主办、中国制浆造纸研究院协办的“中国造纸学会第十五届学术年会”在北京召开。在一天半的学术交流中，来自高校、研究院所、造纸及相关企业的技术人员就他们在研究工作、技术创新方面所作出的成果进行了交流。会上，举行了中芬合著造纸及装备科学技术丛书（中文版）第一卷《制浆造纸经济学》的首发式；对本届年会获奖优秀论文的作者颁发获奖证书，为获得第七届“中国造纸学会青年科技奖”荣誉称号的科技工作者颁发获奖证书。

7 月 18—20 日，“2012 第九届广州国际纸展”及“2012 中国广州生活用纸及一次性卫生用品展”在广州琶洲保利世贸博览馆召开。两大展会由广东省造纸行业协会、河南省造纸行业协会、浙江省造纸行业协会、四川省造纸行业协会、广州市奥驰展览服务有限公司主办，分为纸业展、制浆造纸设备展、生活用纸展 3 个专题展，展示了文化用纸、包装用纸、特种纸、生活用纸等各类纸种及先进的设备、技术、原料，吸引了来自国内外专业观众与采购商参加。

8 月 6—10 日，由人力资源和社会保障部批准、中国轻工业联合会主办、中国造纸学会承办的“造纸行业清洁生产技术高级研修班”在青岛举办。来自全国 36 家造纸及相关单位的近 70 名高层技术人员参加了本次研修班。此次研修班邀请了中国轻工业清洁生产中心和中国中轻国际工程有限公司的 3 位专家围绕清洁生产政策法规、清洁生产审核方法、造纸行业环境管理体系、造纸行业清洁生产标准、生命周期评价和碳排放核算进行了授课，并结合实际案例进行了分析。

8 月 20—24 日，“2012 全国造纸工业标准化技术委员会年会”在青海西宁召开。本次会议共有来自全国各科研院所、质检站、检验检疫局、生产企业、仪器厂等单位的 120 多名委员及专家代表参加。与会委员及专家代表对《卫生用品用吸水衬纸》、《碱性过氧化氢机械浆》、《室内装饰装修材料 壁纸中有害物质的限量》、《纸和纸板 z 向抗张强度的测定》等 9 项标准送审稿进行了审查，并对《卫生纸（含卫生纸原纸）》和《生活用纸化学品安全评价体系》两项标准进行了研讨。

9 月 8—10 日，由中国科协和河北省人民政府联合主办，以“科技创新与经济结构调整”为主题的“第十四届中国科协年会”在河北石家庄举行，共设 21 个分会场。中国造纸学会承办了主题为“生物精炼技术研讨会”的第 10 分会场。

9 月 10—12 日，由中国制浆造纸研究院和美国克劳斯公司联合举办的“第二十届中国国际纸浆造纸暨纸制品工业展览会及会议”在上海国际展览中心举行，共有来自 20 多个国家和地区 300 多家厂商参加本届展会。

9 月 25—27 日，由山东省造纸行业协会、山东省资源综合利用协会主办的“2012 山东造纸行业‘四新’技术交流推广和节水工作会议”在山东滕州召开。11 家国内外厂商分别围绕制浆造纸技术和装备、节水节能、废水和废渣治理及综合利用等方面进行了专题交流。

10 月 16—18 日，由中国造纸协会主办、首次在中国举办的第三届亚洲浆纸工业可持续发展会议在厦门召开。中国造纸协会、中国台湾区造纸工业同业公会、印度尼西亚浆纸协会、日本制纸联合会、韩国制纸工业联合会、泰国浆纸工业协会、越南浆纸协会分别组织造纸及相关企业代表团共计 130 名代表参加了本届亚洲浆纸工业可持续发展会议。会议就全球和亚洲地区造纸行业共同关注的资源和能源，以及市场等问题展开了深入探讨。

10 月 18—21 日，由中国造纸学会特种纸专业委员会主办、河南江河纸业股份有限公司承办的特种纸专业委员会年会暨第七届全国特种纸技术交流会在河南焦作召开。会议围绕造纸装备与原料及特种纸新产品的主题展开研讨和交流。在随后的特种纸技术交流中，有近 20 位来自高等院校，研究院所，特种纸生产、设备、化学品及相关企业的教授、科研技术人员就他们在研究工作、技术创新、生产实践中所作出的成果及经验进行了交流。

10 月 25—26 日，由中国科协主办、中国造纸学会承办的“中国科协第 65 期新观点新学说学术沙龙——生物质精炼技术与传统制浆造纸工业”在北京举办。来自造纸、林业及能源等相关行业的专家学者就生物质精炼和传统制浆造纸相结合等方面进行了交流。

11 月 2 日，作为芬兰革新设计周的主题活动之一，“绿色生机 · 中芬能效与绿色设计研讨会”在上海举行。研讨会由芬兰清洁技术协会、芬兰拉赫蒂科学商业园、拉赫蒂绿色设计中心携手上海市能效中心共同举办。研讨会重点结合当前中国工业能效管理领域面对的挑战和中国城市化发展的需求，以及芬兰在绿色工业发展中清洁技术创新和绿色设计的经验进行了交流。

11 月 5—6 日，由全国工商联纸业商会举办的纸业商会第三次会员大会暨第五届中国纸业发展大会在北京召开。纸业商会在第三次会员大会上进行了换届，选举产生新一届领导机构。召开了以“新纸业：主张与行动”为主题的第五届中国纸业发展大会。

11 月 5—7 日，由中国造纸化学品工业协会主办的“2012（第 22 届）全国造纸化学品开发与造纸新技术应用研讨会”在上海举行。代表分别就造纸化学品研发与生产的最新技术、产品应用及其各自的主要产品进行了介绍，以及面对造纸行业整体效益下滑、开工不足等不利情况，造纸化学品行业的应对措施等行业热点问题进行了交流与讨论。

11 月 6—8 日，由中国造纸协会主办的“2012 中国国际造纸和装备博览会暨全国纸张订货交易会”在南昌国际展览中心举办。在博览会和交易会期间同期举办了“2012 造纸产销形势发布会”和“2012 年中国造纸形势与发展研讨会”。

11 月 7—9 日，由南京林业大学江苏省制浆造纸重点实验室主办，日本东京大学、美国北卡罗来纳州立大学、中国造纸学会、美国制浆造纸工业技术协会、日本制浆造纸工业技术协会和江苏省造纸学会协办，中国国家自然科学基金委员会资助的“第四届制浆造纸与生物技术国际研讨会”（The 4$^{th}$ International Conference on Pulping，Papermaking and Biotechnology）在南京林业大学举行。来自美国、瑞典、日本、法国、芬兰、加拿大、伊朗、中国等 14 个国家和地区的约 400 名制浆造纸与生物技术领域的专家和学者参加了会议。

11 月 28—30 日，以“坚定走科学发展之路”为主题的“2012 年广东省造纸行业协会年会”在广东肇庆召开。与会代表分析了广东省造纸行业 2011—2012 年生产经营形势，展望未来发展方向，探讨如何更好地增进行业间相互协作，共谋发展。

12 月 8—9 日，“山东造纸学会第七届会员代表大会暨山东造纸学会 2012 年学术年会”在山东济南召开。会议首先进行了山东造纸学会换届选举工作，在随后进行的山东造纸学会 2012 年学术年会上，山东泉林纸业有限责任公司、青岛科技大学等单位的代表就造纸行业关注的热点问题进行了学术交流。

12 月 5—7 日，由博闻锐思咨询公司、中国再生资源回收利用协会、纸业联讯主办的第一届国际废纸利用大会在北京召开。来自欧洲、美国、日本等国家和地区的近 300 位代表就全球废纸供需状况、建立统一的废纸分类标准和国废利用出路等问题展开讨论。

12 月 12—14 日，制浆造纸新技术研讨会暨湖北省造纸协会、学会 2012 年会在武汉召开。会议由湖北工业大学、湖北华海纤维科技股份公司承办。会议共收到 34 篇论文，涉及技术工艺、生产实践等方面，有 9 位代表在会议上宣讲了论文。

12 月 25—26 日，中国造纸学会秘书长工作交流会议在北京召开。到会的有 16 个省（区、市）造纸学会及中国造纸学会各专业委员会的秘书长等共计 40 余人。该会议增进了中国造纸学会与各省、自治区、直辖市造纸学会间的了解，促进了交流，加强了学会间的合作，以期共同促进造纸行业的发展。

（梁　川）

# 地方造纸工业

## LOCAL PAPER INDUSTRY



9

# 山东省造纸工业

## Paper Industry in Shandong Province

【行业概况】

2012 年，受国内外宏观经济形势影响，山东省造纸工业经历了最严峻的时期，生产成本不断攀升，市场竞争激烈，产品滞销，库存量增大，产品价格不断走低，盈利空间不断缩小，种种困难严重制约了山东省造纸工业的发展。面对危机与困难，山东省造纸企业积极应对，不断进行企业战略调整，严格内部管理，控潜增效，节能减排，坚持以科技为先导，不断进行技术创新，开发市场适销对路的产品，不断提高产品的档次和质量。同时，加大环境保护的投入，严格排放标准，坚决做到达标排放。2012 年山东省纸及纸板的产量、销售收入等各项指标再创历史新高，连续 18 年位居全国首位。

据有关部门统计，2012 年山东省纸及纸板产量约 1710 万吨，同比增长 4.9%，占全国纸及纸板产量 10250 万吨的 16.68%；规模以上企业 214 家，占全国 2748 家的 7.79%。

2012 年山东省机制纸产量约 950 万吨，同比增长 4.4%，占全省纸及纸板总产量的 56%。其中，新闻纸 160 万吨，与 2011 年持平；印刷书写纸 360 万吨，同比增长 2.8%；涂布纸 240 万吨，同比增长 9.1%，其中，铜版纸 220 万吨，同比增长 4.7%；生活用纸 65 万吨，同比增长 8.3%；特种纸和薄页纸 75 万吨，同比增长 15.4%；其他纸种约 50 万吨，品种及产量都有较大增长。2012 年山东省机制纸板产量约 760 万吨，同比增长 5.6%，占全省纸及纸板产量的 44%。其中，白纸板 350 万吨，同比增长 2.8%（其中，涂布纸板 315 万吨，同比增长 5.0%）；包装纸板 260 万吨（其中，箱纸板 110 万吨，瓦楞原纸 150 万吨），同比减少 3.7%；其他纸板 150 万吨（主要包括纸管纸和石膏板护面纸板等）。

2012 年，全省造纸企业纸及纸板出口量 102 万吨，同比增长 19.5%，占纸及纸板总产量的 6%，占全国纸及纸板出口量的 19.9%。主要出口产品：涂布纸 44.8 万吨，白纸板 22.6 万吨，印刷书写纸 26.7 万吨。主要出口企业为山东太阳纸业股份有限公司、山东晨鸣纸业集团股份有限公司、山东华金集团有限公司、枣庄华润纸业有限公司、亚太森博（山东）浆纸有限公司、山东恒联投资有限公司和山东恒安纸业有限公司等。其中，山东太阳纸业股份有限公司和山东晨鸣纸业集团股份有限公司纸及纸板的出口量占全省的 80%。山东太阳纸业股份有限公司出口纸及纸板约 42.1 万吨，占省内总产量的 15.7%，出口交货值折合人民币 21.8 亿元。山东晨鸣纸业集团股份有限公司出口各种纸张 39.7 万吨，占省内总产量的 12.7%。数据表明山东省一些大型造纸企业的产品已逐步与国际市场接轨。

据统计，2012 年山东省造纸工业实现产品销售收入 1130 亿元，同比增长 3.7%；利税 85 亿元，同比减少 7.6%；利税总额 53 亿元，同比减少 10.2%；资产总计 1420 亿元，同比增长 10.1%；从业平均人数约 12 万人。

【原料】

随着山东省造纸工业的快速发展，植物纤维原料紧缺的矛盾越来越突出。近几年，尽管全省造纸企业对原料结构进行了较大幅度的调整，但仍然存在较大的供需缺口。

2012 年，山东省纸及纸板产量 1710 万吨，按吨纸 800 千克耗浆估算，耗浆约 1370 万吨。耗浆主要来源为自制木浆和非木浆、废纸浆和进口木浆。

2012 年，山东省内生产原生纸浆 455 万吨，比 2011 年减少 5 万吨，同比减少 1.1%。木浆产量约 400 万吨，比 2011 年增产 10 万吨，同比增长 2.6%。其中，漂白化学木浆 280 万吨，增产 10 万吨，同比增长 3.7%；化机浆产量 120 万吨，与 2011 年持平。草浆产量约 55 万吨，比 2011 年减产 15 万吨，同比减少 21.4%。进口木浆约 300 万吨。废纸浆约 615

万吨（包括进口废纸和国产废纸）。按此估算2012年山东省造纸工业的原料结构比例为：木浆∶废纸浆∶草浆 =51∶45∶4。数据显示，通过产品结构和原料结构调整后，木浆的比例明显增大，草浆比例明显减小，废纸浆比例变化较小。

山东省是造纸用纤维原料紧缺的主要省份之一。原料紧缺将制约山东省造纸工业的健康、快速发展。如何解决山东省造纸原料紧缺这一制约造纸工业发展的重要瓶颈，应引起有关部门和造纸企业的高度重视。按照《造纸工业“十二五”发展规划》，到2015年，山东省纸及纸板的产量将达到2300万吨，届时纸浆需求量将达到1850万吨。纸浆需求的大量增长将成为亟需解决的难题。

纵观世界纸浆生产情况，主要产浆国纸浆出口量基本稳定，特别是长纤维化学浆的供应量不会大幅增长，而世界长纤维化学浆的需求量，特别是发展中国家长纤维化学浆的需求量将大幅增长，势必导致国际长纤维化学浆的供不应求，价格会不断攀升，使产品的成本不断提高。我国造纸工业，特别是山东省过分依赖进口木浆的局面难以改观，必须进一步调整原料结构，大力发展林纸结合项目，不断增加国产木浆的产量；充分利用废纸制浆，特别重视国内废纸的回收利用；合理开发非木材纤维原料制浆，以满足山东省造纸工业快速发展的需求。

近几年，山东省一些大型企业开始重视原料基地的开发和建设，但主要发展速生材，只能解决部分短纤维的需求，对长纤维的需求仍无法解决。2012年木浆产量同比增长幅度较大，其主要原因一部分是亚太森博（山东）浆纸有限公司产能的扩大，另一部分是化机浆的增加，木片来源主要依靠进口和零散收购，真正来源于自己原料基地的不多，这是令人担忧的问题。

对于废纸浆来讲，全球发达国家的纸张消费量和废纸回收出口量基本是稳定的，不会有太大变化。值得重视的是，近几年我国纸及纸板的消费量大幅增加，2012年全国纸及纸板的消费量已达到10048万吨，目前已居全球首位。因此，国产废纸的回收和利用应有很大潜力可挖。

对于非木材纤维原料制浆来讲，应尽快制定政策和法规，促进农纸结合，因地制宜，合理回收利用农作物秸秆等非木材纤维原料制浆造纸。这样既可增加农民收入，又可解决部分造纸原料紧缺问题，还可减轻农作物秸秆处理对环境产生的不良影响，这是一举多得的好事。同时应加大非木材纤维原料制浆污染处理的研发投入，使之变“废”为“宝”，决不能因噎废食。山东泉林纸业有限责任公司在研究开发农作物秸秆综合利用方面，技术不断创新，走出了一条合理充分利用农作物秸秆的全新路子，值得造纸企业借鉴。

## 【生产企业】

据有关部门统计，2012年山东省规模以上造纸企业尚有214家，其中，生产能力100万吨/年以上的浆纸企业有6家，分别是山东晨鸣纸业集团股份有限公司、华泰集团有限公司、山东太阳纸业股份有限公司、山东博汇集团有限公司、山东世纪阳光纸业有限公司和亚太森博（山东）浆纸有限公司。这6家企业省内木浆产量合计349万吨，占全省木浆产量的87%，其中，亚太森博（山东）浆纸有限公司漂白化学木浆的产量就占全省木浆总产量的44%；6家企业纸及纸板产量1043万吨，占全省总产量的61%，其中，主要产品品种合计产量占全省同品种比例分别为：新闻纸占80%，涂布白纸板占94%，铜版纸占96%，印刷书写纸占40%。可见山东省造纸产业集约程度不断提升。

2012年，有关部门评选出的山东省造纸行业“十强企业”分别为山东晨鸣纸业集团股份有限公司、华泰集团有限公司、山东太阳纸业股份有限公司、山东博汇集团有限公司、山东泉林纸业有限责任公司、中冶纸业银河有限公司、山东世纪阳光纸业集团有限公司、山东华金集团有限公司、山东恒联投资有限公司、山东新凯电子材料有限公司10家企业集团（或股份有限公司）。同时评选出12家企业集团（或股份有限公司）为山东造纸行业先进企业，分别为：山东齐峰特种纸业股份有限公司、山东东顺集团有限公司、山东群星纸业有限公司、山东贵和显星纸业有限公司、山东恒安纸业有限公司、山东华润纸业有限公司、山东凯丽纸业股份有限公司、德州泰鼎新材料科技有限公司、山东天和纸业有限公司、山东金蔡伦纸业有限公司、烟台市大展纸业有限公司、山东仁丰特种材料股份有限公司。据统计，以上22家“十强企业”和“先进企业”省内纸及纸板产量1420万吨，占全省纸及纸板总产量的83%。其中，新闻纸、涂布白卡纸、铜版纸、轻型印刷纸等重要产品品种均占全省同品种的90%以上。山东省大型造纸骨干企业和中小型特色企业各有优势，在激烈的市场竞争中都取得了可喜的成绩，企业实力和竞争力不断增强。

2012年山东晨鸣纸业集团股份有限公司高档涂布白卡纸项目成功投产，产品各项质量指标均处于国内领先水平；武汉晨鸣汉阳纸业股份有限公司投资17亿元，生产能力13.6万吨/年的高档生活用纸项目将于2013年底投产；山东晨鸣纸业集团股份有限公司累计投资30多亿元，采用先进技术和设备，用于环境治理，收效明显，环保达到国家标准要求。

2012年华泰集团有限公司累计投资近30亿元用于环境治理工程，实现清洁生产，环保达到国家要求标准，外排废水$COD_{Cr}$稳定在50毫克/升。

2012年山东太阳纸业股份有限公司完成了再次与美国国际纸业公司合作的年产60万吨高档食品包装卡纸项目；正在建设老挝年产30万吨浆项目。该公司累计完成环保投入22亿元，大力度淘汰落后生产能力，10年来浆纸产量增长了10倍，污染物排放总量锐减80%，吨纸单耗降到5～6米$^3$，处于世界领先水平。

2012年山东博汇集团有限公司“十一五”以来累计投入27亿元环保治理工程，取得了满意效果，环保达到国家要求。该公司江苏博汇集团有限公司75万吨/年涂布白卡纸项目已投产。该项目投产后，其产品结构得到进一步调整，产品档次和质量均有大幅度提高。

多年来，山东泉林纸业有限责任公司重点研发农作物秸秆制浆造纸及废液综合利用获得了国家和同行业好评，是国内外采用农作物秸秆清洁制浆造纸的典范。目前一批清洁秸秆制浆造纸及废液综合利用项目正在紧张进行中。该公司非常重视环保工作，不断加大环境治理和废物综合利用投入，其排水$COD_{Cr}$控制在40毫克/升，指标远高于国家要求。

中冶纸业银河有限公司2012年纸及纸板产量79万吨，主要产品品种为高档静电复印纸、高档双胶纸、轻型印刷纸、瓦楞原纸等。销售收入164.63亿元，利润总额15.8亿元，利润总额12.8亿元。2012年平均就业人数5958人。该公司近几年不断加大投入环境治理工作，碱法草浆的废料及草浆碱回收中白泥回收方面做了大量的研发工作，取得了较好的效果，各项排放指标达到国家要求。目前新投入的浆纸项目正在进行。

山东世纪阳光纸业集团有限公司是近几年发展较快的企业，在调整原料结构、产品结构、产品上档次、上质量及环境保护方面加大了投入，取得了较好的效果。目前在建1.25亿米$^2$高档印刷包装项目和再生资源项目。

山东华金集团有限公司为浆纸及环保治理综合利用配套企业，先后投资近5亿元用于污染治理，排放指标达到国家要求。目前在建年产40万吨和110万吨纸及热电配套项目。

山东恒联投资有限公司主要生产铜版纸、再生纤维素膜、高档生活用纸、高档文化用纸、木浆、化纤浆等。该公司是山东省造纸行业大型国企改制最成功企业之一。目前为浆纸及环保结合利用配套企业，多年来不断加大环境治理方面的投入，各项排放指标达到国家要求。该公司是亚洲玻璃纸产量最大的企业，产品销往全球各地。

山东新凯电子材料有限公司2012年纸及纸板产量为7.56万吨，其主要产品为装饰原纸，无纺壁纸，电器原件用纸，石膏板护面纸板等系列品种。销售收入15.57亿元，利税总额1.89亿元，利润总额1.58亿元。2012年底就业人数1258人。该企业在不断加大科技创新研发投入的同时，加大环境治理和综合利用投入，各项排放指标均高于国家标准要求。该企业以创新投入、研发新产品著称，受到业内好评，为中小型造纸企业发展树立了典范。

特别值得一提的是亚太森博（山东）浆纸有限公司。该公司是山东省最大的制浆企业，漂白化学浆产量占全省的44%。该企业累计环保投入39亿元，约占总投资的26%，其装备水平世界领先水平。该公司2012年的“30万吨生产线高强度漂白硫酸盐桉木浆研制”等42项高新技术成果通过山东省科技厅鉴定。

## 【基建与技改】

1. 2012年建成投产的浆纸项目

（1）安徽华泰林浆纸有限公司木浆纸一体化项目，包括30万吨/年漂白硫酸盐针叶木浆、15万吨/年高档文化用纸生产线及配套的12万公顷针叶木林基地项目，2012年6月22日投产。

（2）山东天和纸业有限公司20万吨/年高档文化用纸一期项目，纸机幅宽2640毫米，设计车速700米/分，2012年7月18日投产。

（3）山东晨鸣纸业集团股份有限公司60万吨/年高档涂布白牛卡纸项目，纸板机幅宽9660毫米，设计车速1200米/分，是目前国际上纸幅最宽、车速最高、单机产量最大的涂布牛卡纸生产线，2012年7月29日投产。

（4）山东贵和显星纸业有限公司30万吨/年环保牛皮卡纸项目，主要设备90%进口，纸机幅宽5650毫米，设计车速900米/分，2012年8月投产。

（5）山东太阳纸业股份有限公司与美国国际纸业公司合资建设的60万吨/年高档食品包装卡纸生

产线，净纸幅宽 6200 毫米，设计车速 950 米/分，配置 DCS、QCS、断纸监视检测、纸病监控与分析等多个高端智能系统。2012 年 9 月 19 日投产。同期投产四期 20 万吨/年化机浆生产线，自制木浆总生产能力达 100 万吨/年，成为山东省第二大木浆生产企业。

（6）枣庄华润纸业有限公司 15 万吨/年石膏板护面纸板生产线，2012 年 9 月投产。投产后枣庄华润纸业有限公司成为亚洲最大的石膏板护面纸板专业生产企业。

（7）汇胜集团股份有限公司 30 万吨/年高档纸管纸项目一期 20 万吨/年产业升级项目，2012 年 9 月投产。投产后汇胜集团股份有限公司成为山东省纸管纸最大的生产企业。

（8）山东东顺集团有限公司东顺工业园三期工程总投资 6 亿元，新建 2 条 BF 生活用纸生产线，2012 年 12 月投产；东顺黑龙江肇庆生产基地于 2012 年 11 月 29 日建成投产。

2. 2012 年在建或筹建浆纸项目

（1）江苏博汇集团有限公司 75 万吨/年涂布白卡纸项目，2013 年 4 月建成投产。

（2）山东太阳纸业股份有限公司 12 万吨/年高档生活用纸项目，2013 年底将建成投产。

（3）亚太森博（山东）浆纸有限公司总投资 32 亿元的 12 万吨/年高档生活用纸和 30 万吨/年液体包装纸板项目 2012 年底已开工建设。

（4）山东东顺集团有限公司 2012 年签约引进国际先进的高速婴儿纸尿裤生产线（600 片/分）和高速卫生巾生产线（2000 片/分），2013 年 6 月将投产。

（5）山东泉林纸业有限责任公司 150 万吨/年秸秆综合利用项目已启动，2012 年投资约 9 亿元，完成 10 万吨/年本色文化用纸车间基建和设备采购；20 万吨/年本色浆车间在建，装备制造等配套项目正在实施。

（6）山东齐峰特种纸业股份有限公司 16 号特种纸生产线，2013 年底将投产。

（7）枣庄华润纸业有限公司 30 万吨/年彩纸板项目，2013 年底将投产。

（8）中冶纸业银河有限公司 7 万吨/年化机浆项目，2013 年底将投产。

除此之外，山东省造纸企业近几年产业链的延长与外延已形成一种趋势；其他行业进入浆纸和相关行业有扩散的趋势。

## 【科研与技术进步】

目前，山东省造纸企业，特别是大中型企业更加深刻地意识到“科学技术是第一生产力”，企业更加重视科技创新，把科技创新放在各项工作的首要位置，依靠技术创新支持企业的健康、快速和可持续发展。2012 年，山东省造纸企业继续进行了大量的科技攻关课题，技术创新，不断研发新产品，改进工艺技术，取得了显著的成绩。

山东晨鸣纸业集团股份有限公司组织承担“国家 863 计划”、“创新能力建设项目”等国家科技项目 22 项，承担“高档涂布白色牛皮卡纸技术开发”、“高档数码印刷专用纸技术开发”等技术创新项目 4 项，开展了高档水晶铜版纸、液体包装纸、口杯纸、离型原纸等新产品的研发工作。其中，“再生纤维制浆关键技术研究及应用成果”获“山东省科技进步二等奖”；“速生杨高得率浆的酶精制与配抄关键技术”获“2012 年度国家教育部科技进步一等奖”。申请受理国家专利 34 项，其中，发明专利 5 项；获得国家专利授权 25 项，其中，发明专利 5 项；获得“中国专利山东明星企业”荣誉称号。

华泰集团有限公司“造纸纤维组分的选择性酶解技术及其应用”成果荣获国家科技进步二等奖，这也是华泰集团荣获的第 4 项“国家科技进步二等奖”；“废纸制浆关键技术研究”成果获中国轻工业联合会“科技进步一等奖”；“高速新闻纸机生产印刷环保文化用纸集成技术”，“高填低耗铜版纸生产技术”通过成果鉴定；“造纸废渣无毒化处理和综合利用技术研究与示范”项目被列入首批省自主创新专项。申请“废报纸脱墨污泥的新用途以及应用上述用途生产重型砂管纸的工艺”等 12 项专利。

山东太阳纸业股份有限公司全年完成 9 项专利技术申请，2 项发明专利获国际受理，3 项科研成果通过省级鉴定。启动 2 项科技部“十二五”科技支撑计划，“高纯度生物质纤维素新技术研发与产业化”鉴定为国际领先；“纸浆造纸固废资源化高效利用项目”再次获得工业和信息化部清洁生产专项支持。

山东泉林纸业有限责任公司“秸秆清洁及其废液资源化利用技术”被列入《国家鼓励的循环经济技术、工艺和设备名录（第一批）》；“秸秆清洁制浆及其废液肥料资源化利用新技术”荣获国家科技部“国家技术发明二等奖”，成为 2012 年造纸行业获得的唯一 1 项国家技术发明奖；“秸秆清洁制浆及废液资源化利用循环经济示范工程”被工业和信息化部列为23个“第一批工业循环经济重大示范工程”之一。

中冶纸业银河有限公司与陕西科技大学合作开发的“制浆和碱回收过程优化控制系统的研究与应用”项目荣获“国家科学技术进步二等奖”；国家火炬计划的“草浆碱回收联产轻质碳化钙研究”荣获“全国造纸行业节能减排优秀技术创新成果一等奖”及“中国轻工业联合会科学技术进步二等奖”；“有机酸法制浆技术与工艺研究”等5个项目通过省专家鉴定。

山东世纪阳光纸业有限公司的“漂白挂面箱纸板、微瓦楞原纸、纸管纸板和轻量涂布箱纸板的研制”列入了山东省技术创新项目；“废纸纤维包装纸与纸板集成技术及产品”列入了国家火炬计划项目；“废纸纤维分级生产包装纸与纸板集成技术”荣获“山东省科技进步二等奖”。

山东恒联投资有限公司的“高强度折封专用再生纤维素膜”等6个项目列入山东省技术创新项目；“再生纤维素膜压榨碱液回收利用”等2个项目列入潍坊市技术创新项目；纤维素肠衣等4个项目通过了省级专家鉴定、验收。获授权发明专利2项，实用新型专利5项，外观设计专利2项，受理发明专利1项，实用新型专利3项，外观设计专利3项。

山东新凯电子材料有限公司自2010年来在特种纸领域中研发新工艺、新技术、新产品多达30多项。其中“化纤无纺布生产技术及工艺研究”等5项成果2012年通过省级专业鉴定；“化纤无纺布壁纸原纸”项目被列入第2批山东省技术创新项目计划；“中高压电容器纸”项目被列入第3批技术创新计划项目，并获得省、市技改资金支持。同时，申请发明专利4项，获得国家专利21项，其中，实用新型专利10项，外观设计专利11项。

近年来，山东凯丽纸业股份有限公司省级以上研发课题19项，均通过专家鉴定，其中，5项获省市级科技进步奖，绒面超感纸等12项产品获国家发明专利。

泰鼎新材料有限公司先后获得自主知识产权的实用新型专利7项，技术发明专利1项。

## 【环境保护与节能】

2012年，山东省造纸工业大力开展科技创新，推广与应用先进技术，加快节能、降耗、减排的技术改造，使山东省造纸工业的纸浆、纸及纸板单位产品综合能耗和水耗及污染物排放不断降低，达到国内先进水平，个别项目已达到国际先进水平。山东晨鸣纸业集团股份有限公司蒸汽冷凝水余热回收技术改造项目，入围国家“2012年节能技术改造财政资金奖励项目”，获国家节能扶持资金1000万元；华泰集团有限公司“造纸废渣无害化处理和综合利用技术研究与示范”项目入围省自主创新专项，省财政给予1000万元资金扶持；山东博汇集团有限公司投资1200万元对造纸与化工废水混合酸化工艺进行技术改造，废水成本降低0.15元/米$^3$，投资1500万元改造污泥脱水设施，污泥干度由23%提高到45%，取得了显著的经济效益和环境效益；山东泉林纸业有限责任公司应用秸秆清洁制浆等国际领先的专利技术，万元产值能耗0.439吨标准煤，本色草浆吨浆水耗23米$^3$，均居全国同行业领先水平。对废水处理优化集成，建成集“物化+复合曝光+厌氧+好氧+高级氧化深度脱色+人工湿地”为一体的六段式中段水处理工程，进一步提高了废水处理效果，回用中段水20000米$^3$，外排废水$COD_{Cr}$稳定在30~40毫克/升，多项指标优于国外木浆环保标准；亚太森博（山东）浆纸有限公司在制浆中采用国际最新工艺技术，优化操作方法，将黑液浓度由15%~16%提高到18%~19%，节约了大量清水。并与日照市政府合作，将市区的生活污水处理后供企业生产使用，替代了后续项目新增用水，实现了水资源的循环使用，提高了水资源的利用率；山东世纪阳光纸业有限公司将废水厌氧生化工序产生的沼气精炼成天然气，每年产量可达500万米$^3$，创收达1600多万元。为降低物流费用，与山东省高速物流集团合作成立合资公司，减少了物流成本。

山东太阳纸业股份有限公司积极淘汰落后生产线，累计投入22亿元用于清洁生产和节能减排，废水和固废实现了综合治理和循环再利用，企业吨纸耗水降低到5~6米$^3$，处于世界领先水平，实现了由“两高一资”向低碳集约、循环的转变，被授予了“资源节约型和环境友好型”企业称号。

山东华金集团有限公司始终本着“环保为本，诚信经营”的理念，努力创建资源节约型、环境友好型企业，加强清洁生产、发展低碳经济，累计环保投资4.6亿元先后建成碱回收、微电波反应、白水回收、物化处理、二级生化、深度脱治、氧化塘等系统工程，被国家、省环保局列为行业治污示范工程。

总之，山东省造纸企业将环保工程视为企业生命线，不断加大投入，积极采用新工艺、新技术、新设备，严格执行国家环保标准，做到按国家标准规定的指标排放，同时在节能减排方面做了大量工作，取得了显著效果。

## 【发展目标及存在问题】

1. 发展目标

2013 年，山东省造纸工业目标实现自制原生浆达到470 万吨，比 2012 年实际增长 3.3%；实现纸及纸板产量 1780 万吨，同比增长 4.1%；实现销售收入 1180 亿元，同比增长 4.4%；利税与利润与 2012 年持平；实现出口交货值 70 亿元，同比增长 7.7%。

为实现上述目标，造纸企业应审时度势，加快转型升级；进一步深化产学研结合，不断提升企业核心竞争力；强化管理创新，增强创新驱动发展动力；积极淘汰落后生产能力，为先进产能腾出发展空间；拓宽产品出口渠道，逐步与国际市场接轨；积极主动压缩产能过剩产品，积极开发新产品；依靠技术进步，做好节能减排；精细化管理与信息化有机融合，不断提高企业现代化管理水平，使山东省造纸工业发展再上新台阶。

2. 发展中的困难与问题

伴随着全球经济危机，国内外造纸行业风起云涌、大浪淘沙，市场激烈竞争遍布每个角落。山东省造纸工业又一次经历大风大浪的洗礼，优胜劣汰已成发展过程中的必然。

（1）原料资源问题　解决这一问题的主要措施就是“开源节流”。所谓“开源”就是积极开发原料资源，合理有效利用造纸原料。具体措施应积极落实“材纸结合”这一战略方针，积极植树，充分利用林业资源；加强废纸回收网络建设，制定国内废纸回收使用标准，提高国内废纸回收率，扩大国产废纸使用量，技术创新，提高了废纸利用率；合理使用非木材纤维原料制浆，对非木材制浆综合利用加大研发投入。农纸结合，充分利用农作物秸秆这一可再生原料资源。所谓“节流”就是通过技术创新，广泛应用先进的化学助剂和填料，节约吨纸浆耗。

（2）水资源问题　山东省是水资源缺乏的造纸大省，水资源一直是困扰山东省造纸工业发展的重要问题。尽管多年来，采取了一些新技术和新装备，节水效果明显，但由于山东省造纸工业产量大，总用水量居高不下，个别企业在旱季不得不停产或减产。因此，节约用水、循环用水对山东省造纸企业更为重要。必须技术创新，加大投入，采用先进的技术和装备，增加造纸用水的循环使用率，力争做到产量增加，总用水量不增加或减少，山东省一些大中型企业均做到了这一点。除此之外，进一步调整原料结构和产品结构也是解决这一难题的有效措施。

（3）深度环保要求问题　随着国家新环境保护标准的颁布和实施，对制浆造纸企业的环境治理和排放标准要求更高。新标准与原标准对比，各项指标要求都有明显提升，新标准的实施加大了造纸企业，特别是有制浆系统的企业污染治理的压力。新环保标准的实施，造纸企业必须加大环境治理的投入，使企业生产成本大大提高，特别是对于生产能力落后的企业会有更大的压力。因此淘汰落后生产能力，对于不能达标排放的企业关、停、并、转已成必然。这就要求大中型企业要主动淘汰落后制浆、造纸生产线，加大环境治理的投入，尽快转变落后的生产模式。

总之，造纸企业应在生产过程中尽量减少污染物的产生，并采用新技术、新工艺、新设备及新型化学助剂，降低废水处理成本，在改革、创新中求生存。

（4）同业竞争问题　随着全球经济的不景气，造纸行业的同业竞争问题已到白热化程度，不得不提到日程上来。近几年，由于造纸行业发展较快，某些企业创新能力较差，项目重复建设现象较普遍。由于缺乏产品的市场需求调查和分析，造成一些产品供求失衡，势必导致市场的恶性竞争，最终两败俱伤，不利于造纸行业的健康发展。解决这一问题，一是要靠企业自律，加大科技投入，提高创新能力，结合自己的实际情况研发产销对路的产品，企业之间应善意避开市场竞争激烈的产品，做到有效合作，互利双赢；二是有关部门应对企业新上项目给予指导，真正做到有效宏观调控，促进造纸行业健康、快速和可持续发展。

除此之外，造纸行业还存在科技开发投入不足、技术人才缺乏、资金不足、企业布局、原料结构和产品结构、产品的档次和质量等方面的问题，尚需不断解决。这样才能使山东省造纸工业更好地发展。

（张金声　牟洺铭　赵振东）

# 广东省造纸工业

## Paper Industry in Guangdong Province

广东省为我国的经济强省，造纸工业是广东省的重要产业之一。2012 年，广东省造纸工业总体保持平稳发展，生产能力位居全国第 2。大型骨干企业保持发展的势头，项目投资稳步增长，生产集中度不断提高，但也有少数企业面临亏损、个别纸种生产能力减少的情况。广东省造纸工业坚持以结构调整促发展，以科技进步为导向，继续在清洁生产、节能减排、产品开发等方面取得了新的成就。

### 【行业概况】

据广东省统计局统计，2012 年，广东省造纸工业机制纸及纸板产量为 1636.8 万吨，同比增长 7.9%。造纸及纸制品完成工业增加值 324.8 亿元，同比增长 7.8%；规模以上企业完成利润总额 61.3 亿元，同比增长 17.1%；税金总额 34.8 亿元，同比增长 4.6%；应交增值税 29.6 亿元，同比增长 6.6%；规模以上企业约 1203 家，其中，亏损企业 169 家，同比增长 3.0%；亏损企业亏损额达 10.6 亿元，同比增长 24.4%；造纸及纸制品业从业人员 24.6 万人，同比减少 3.2%。2011—2012 年广东省造纸工业主要产品产量见表 1。

表 1　2011—2012 年广东省纸及纸板产量

单位：万吨

| 纸种 | 2011 年 | 2012 年 | 同比增长/% |
|---|---|---|---|
| 总量 | 1495.8 | 1636.8 | 7.9 |
| 新闻纸 | 56.5 | 87 | 54 |
| 印刷书写纸 | 25.4 | 73.6 | 189.8 |
| 涂布纸 | 56.9 | 54 | -5.1 |
| 其中：铜版纸 | 1.7 | 0 | |
| 生活用纸 | 75 | 78 | 4 |
| 包装用纸 | 75 | 100.6 | 34.1 |
| 白纸板 | 199.3 | 225 | 12.9 |
| 其中：涂布白纸板 | 189.2 | 217.8 | 15.1 |
| 箱纸板 | 541.3 | 596.6 | 10.2 |
| 瓦楞原纸 | 403.4 | 361 | -10.5 |
| 特种纸及纸板 | 41 | 40 | -2.4 |
| 其他 | 22 | 21 | -4.6 |

### 【基建与技改】

2012 年，广东省造纸工业在建造纸项目共 19 个，项目全部投产后，将增加纸浆生产能力 38 万吨/年、造纸生产能力 292 万吨/年。这些项目大多单机规模大、设备先进，纸机具有幅宽大、车速高、效率高、节水节能的特点。2012 年广东省重点新建和技改的主要造纸项目见表 2。

### 【科研与技术进步】

科技创新和产学研合作是提高企业竞争力和可持续发展的重要途径。广东省造纸工业有雄厚的技术力量和较强的科学研发能力作为技术支撑，除原有的华南理工大学制浆造纸工程国家重点实验室、造纸与污染控制国家工程研究中心、广东轻工职业技术学院和广东省造纸研究所等科研院校和科技平台外，广东省造纸企业在政府引导和自身发展需要的驱动下，玖龙纸业（控股）有限公司、广东理文造纸有限公司、广东天盛纸业（集团）公司等骨干企业成立了技术研究开发中心，并以产学研为纽带，利用省内的科技优势，共同促进广东省造纸工业的技术进步。

2012 年，广东省造纸界又有一批成果获得省部级的奖励。由广东省石油化工研究院、广东省微生物研究所和广东迪美生物技术有限公司完成的“造纸微生物控制工程应用技术开发”获广东省科技进步二等奖；由广东出入境检验检疫局检验检疫技术中心和天津出入境检验检疫局工业产品安全技术中

表 2 2012 年广东省重点新建和技改的主要造纸项目

| 企业 | 生产能力/(万吨/年) | 产品 | 在建或投产时间 |
|---|---|---|---|
| 维达纸业（广东）有限公司 | 12 | 生活用纸 | 2013—2014 |
| 中顺洁柔纸业股份有限公司 | 20 | 生活用纸 | 2013—2015 |
| 江门市宝柏纸业有限公司 | 1 | 生活用纸 | 2013 |
| 广州永泰保健品有限公司 | 2 | 生活用纸 | 2013 |
| 亚太森博（广东）纸业有限公司 | 6 | 生活用纸 | 2013 |
| 惠州福和纸业有限公司 | 2 | 生活用纸 | 2013 |
| 东莞市中桥纸业有限公司 | 2 | 生活用纸 | 2013 |
| 江门仁科绿洲纸业有限公司 | 2 | 生活用纸 | 2013 |
| 广东冠豪高新技术股份有限公司 | 40 | 特种纸原纸、白卡纸、食品纸 | 2014—2015 |
| 广东鼎丰纸业有限公司 | 8 | 纸浆 | 2013—2014 |
| 广东鼎丰纸业有限公司 | 5 | 生活用纸 | 2013—2014 |
| 湛江晨鸣浆纸有限公司 | 30 | 甘蔗渣浆 | 2013—2015 |
| 湛江晨鸣浆纸有限公司 | 60 | 无菌液体包装用纸 | 2013—2015 |
| 湛江晨鸣浆纸有限公司 | 20 | 纸杯原纸 | 2013—2015 |
| 湛江晨鸣浆纸有限公司 | 45 | 文化用纸 | 2013—2015 |
| 江门星辉造纸有限公司 | 35 | 涂布白纸板 | 2013—2014 |
| 中山永发纸业有限公司 | 20 | 瓦楞原纸 | 2013 |
| 东莞振兴纸业有限公司 | 10 | 瓦楞原纸 | 2013 |
| 东莞顺裕纸业有限公司 | 10 | 瓦楞原纸 | 2013 |
| 中山永发纸业有限公司 | | 热电联产技改 | |
| 江门市丰达纸业有限公司 | | 技改项目 | |
| 合计 | 纸浆 38 万吨，纸及纸板 292 万吨 | | |

心完成的“进口纸张、废纸检验监管风险评估体系研究及国家标准制定”获“广东省科技进步三等奖”；华南理工大学（第 2 完成单位）完成的“生物质木质素的结构表征及多糖功能材料的构建”获“2012 年教育部自然科学一等奖”（第 2 单位）；华南理工大学完成的“年产 5 万吨以上纸浆生产线的全无氯漂白方法”获得“2012 年中国专利优秀奖”；华南理工大学的刘传富博士入选“2012 年中组部青年拔尖人才支持计划”，任俊莉博士获“广东省首届自然科学杰出青年基金”；《中国造纸》2012 年度“华泰集团杯”优秀论文评选中，华南理工大学张春云等人的“描述桉木硫酸盐浆氧脱木素过程动力学的新模型”获“优秀论文三等奖”。

2012 年 12 月 5—7 日，广东省造纸学会和广西壮族自治区造纸学会在华南理工大学大学城校区共同举办了“两广造纸学会 2012 年学术年会”会议是继 2008 年在广西南宁成功举办“两广造纸学会学术年会”后再次联手举办的两广造纸科技工作者的交流盛会，旨在共同分析中国造纸工业当前面临的资源瓶颈与节能减排问题，探讨优秀企业的绿色生产模式、林浆纸一体化与循环经济、绿色经济在两广造纸业的实践之路，交流科学研究和技术开发成果，促进新产品、新技术的推广应用，发挥优势互补和相互促进作用，进一步推动两广造纸工业的发展。大会还进行了由中国纸业投资总公司支持的 2012 年广东省造纸学会科学技术奖颁奖，其中，成果一等奖 5 项，二等奖 8 项；论文一等奖 5 项，二等奖 11 项。

## 【品牌和名牌产品创建】

2012 年，广东省造纸企业不断提升产品和服务质量，注重培育企业文化，增强社会责任意识，继续加强自主品牌建设。2012 年 10 个造纸及相关企业的商标被评为广东省著名商标，其中，新认定的商标 1 个，延续认定的商标 9 个。

2012 年被评为广东省名牌产品（包括复评）的有 6 个，分别是玖龙纸业（控股）有限公司的“玖龙”牌牛皮挂面箱纸板，佛山市宝索机械制造有限公司的“宝索”牌生活用纸加工设备，佛山市南海区德昌誉机械制造有限公司的生活用纸加工设备，东莞市石龙联兴实业有限公司的“联兴 landsing”牌食品包装用纸制品，东莞海龙纸业有限公司的“玖龙”牌涂布白纸板和东莞建晖纸业有限公司的“建晖”牌涂布白纸板。

## 【清洁生产与节能减排】

据广东省环保厅2011 年对全省 488 家造纸及纸制品企业统计，用水量 20.87 亿吨，占全省工业用水总量的 11.1%。其中，新鲜用水量 4.1 亿吨，重复用水量 16.7 亿吨，水重复利用率为 80.3%。造纸工业废水排放量 3.65 亿吨，占全省工业废水排放总量的 19.5%。排放废水中化学需氧量（$COD_{Cr}$）5.56 万吨，占全省工业 $COD_{Cr}$ 排放量的 22.8%。造纸工业废水处理设施年运行费用为 5.22 亿元。

截至 2012 年 12 月，广东省造纸行业共有 24 家企业获得“广东省清洁生产企业”称号。其中，2012 年获得广东省清洁生产企业的有：增城永耀纸制品有限公司、珠海经济特区红塔仁恒纸业有限公司、汕头市华氏纸业有限公司、江门市明星纸业有限公司。

2012 年广东省经信委发布了《关于印发“十二五”广东省万家企业节能低碳行动实施方案通知》，将年综合能耗消费量 1 万吨标准煤以上的重点用能单位纳入国家万家企业名单，全省造纸行业有 68 家企业纳入考核，其中，国家监管 2 家，省监管 22 家。广东省经信委公布了 2011 年广东省国家万家企业节能考核评价结果，68 家企业中有 2 家企业由于停产，未考核。参加考核的 66 家企业中，1 家企业为超额完成等级，占 1.5%；26 家企业为完成等级，占 39.4%；34 家企业为基本完成等级，占 51.5%。

2012 年，广东省人民政府印发了《广东省“十二五”主要污染物总量减排实施方案的通知》，要求从 2012 年 9 月 1 日起，珠三角地区制浆造纸行业的化学需氧量与氨氮排放执行《GB 3544—2008 制浆造纸工业水污染物排放标准》中水污染物特别排放限值。

（陈　港　陈　竹）

# 浙江省造纸工业

# Paper Industry in Zhejiang Province

## 【行业概况】

据浙江省统计局统计，2012年浙江省造纸行业规模以上企业389家，从业人员7.2万人；完成机制纸及纸板产量1627.95万吨，同比增长3.2%；实现工业总产值673.55亿元，同比增长6.4%；实现销售收入652.64亿元，同比增长5.3%；上缴税金19.2亿元，同比下降3.1%；实现利润22.6亿元，同比下降33.8%。其中亏损企业52个，同比增长33.3%；亏损金额2.19亿元，同比增长88.3%。

1. 2012年浙江省造纸行业总体运行情况

由于2011年上半年纸张市场平淡，下半年惨淡，纸价已处于低位。所以进入2012年以后，2月、3月、4月和6月造纸生产厂家纷纷上调纸张价格，每吨200元左右。但市场反映冷淡，厂家喊涨只是一种营销策略而已。原因是下游产业印刷包装行业订单严重下滑。从2012年6月、7月进入淡季以来，各主要纸种的价格已经连续6个月环比小幅下跌，月平均下跌1%~2%，个别纸种下跌幅度更大。伴随着纸价萎靡不振的是，各纸厂库存居高不下，盈利水平不断下滑，不少企业处于亏损状态。纸厂只能采取停机限产或纸机低速运行。

2012年四季度一般来说是传统旺季，加上圣诞节、春节等因素的共同作用，四季度和2013年一季度应该迎来一波久违的提价，但直到2013年2月底，纸价一直没有涨，市场对纸价提升一直处于冷淡状态。

2012年纸板价格：灰底白纸板、白卡纸和箱纸板2012年12月价格比2012年2月价格分别下降了600~700元/吨、500元/吨左右和100~200元/吨。废纸价格：美废、日废3号和11号期货价格2012年12月比2012年2月下降了30~40美元/吨，国废超市级黄纸板现货价格下降了200元/吨左右。木浆价格：主要品牌木浆现货价格2012年12月比2012年2月下降了500元/吨左右。

2012年浙江省造纸行业的运行呈现以下特点：一是机制纸及纸板产量、工业产值及销售收入增速与最近几年相比明显放缓。二是行业经济效益明显下降，实现利润绝对值减少13.3亿元，同比下降33.8%，与最近几年相比是比较差的一年。三是特种纸发展势头良好，产值和销售收入增长较快，利润增长放缓，较多特种纸骨干企业利润出现负增长。说明2012年纸价低迷也波及到特种纸企业，利润率下降，竞争加剧。

2. 2012年浙江省几个主要机制纸及纸板产地的运行情况

（1）富阳市造纸行业实现主营业务收入221亿元，同比减少5.9%；上缴税收12.5亿元，同比减少40%；实现利润9.4亿元，同比减少22.3%；不少企业处于亏损状态。年产量在10万吨以上企业有29家。2012年富阳市造纸行业处于历史低潮，但符合中低档客户需求的B级白纸板，其利润空间比其他白纸板要大，而转印印花纸和高强瓦楞原纸等产品的产销形势较好，特别是高档印花纸库存少、资金回收快，成为市场抢手货。

（2）海盐县8家造纸企业完成机制纸及纸板产量157.87万吨。除吉安集团公司以外的7家造纸企业完成产量53.6万吨，实现工业产值14.59亿元，同比减少11.11%；实现销售收入14.13亿元，同比减少8.05%；上缴税金1.59亿元，其中废纸经营部全年累计上缴税金1.15亿元；实现利润5201万元，同比减少18%。

（3）嵊州市18家造纸企业完成机制纸及纸板产量30万吨，同比增长15%，实现工业产值8.6亿元，上缴税金8000万元。2012年是嵊州市造纸行业技改投入最大的一年，技改投入8000万元；废水治理投入3000万元，所有造纸企业都在上废水生化处理设施。嵊州市已在造纸企业相对集中的仙岩镇建设了工业废水处理厂，附近造纸企业已截污纳管集中处理。

（4）衢江区特种纸行业实现工业产值 33.02 亿元，同比增长 22.34%；实现销售收入 28.29 亿元，同比增长 5.1%；上缴税金 6081.9 万元，同比增长 108%；实现利润 1.45 亿元，同比减少 25.8%。

（5）龙游县造纸行业实现工业产值 69.42 亿元，同比增长 32.42%；实现销售收入 62.82 亿元，同比增长 23.32%；上缴税金 1.1 亿元，同比增长 3.36%；实现利润 3.09 亿元，同比增长 14.24%。税金和利润增长的原因是新投产建成的企业和新投产生产线的产能得到释放。

## 【生产企业】

浙江省造纸企业数（规模以上）及产量分布情况见表 1。2012 年机制纸及纸板产量在 10 万吨以上的企业见表 2。产量在 10 万吨以上企业的产量合计 1029.16 万吨，占全省全年产量的 63.22%。其中前 10 名企业产量合计 592.93 万吨，占全省产量的 36.42%。

**表 1　浙江省造纸企业数（规模以上）及产量分布情况**

| 区域名称 | 企业数/个 | 机制纸及纸板产量/吨 | 同比增长/% | 占全省产量的比例/% |
|---|---|---|---|---|
| 浙江省 | 389 | 16279471 | 3.24 | 100 |
| 杭州市 | 236 | 6676666 | -5.57 | 41 |
| 嘉兴市 | 29 | 4208835 | 17.57 | 25.56 |
| 宁波市 | 16 | 2218127 | 4.27 | 13.63 |
| 衢州市 | 29 | 1152804 | 21.41 | 7.08 |
| 金华市 | 17 | 596351 | -4.52 | 3.17 |
| 绍兴市 | 12 | 461976 | -12.06 | 2.84 |
| 湖州市 | 20 | 405311 | 29.02 | 2.49 |
| 温州市 | 13 | 270521 | -3.72 | 1.66 |
| 台州市 | 10 | 186750 | 0.80 | 1.15 |
| 丽水市 | 6 | 92372 | -1.44 | 0.57 |
| 舟山市 | 1 | 9750 | -25.51 | 0.06 |

**表 2　2012 年机制纸及纸板产量 10 万吨以上造纸企业**

| 序号 | 企业名称 | 产量/万吨 | 主要品种 |
|---|---|---|---|
| 1 | 浙江吉安集团股份有限公司 | 104.24 | 箱纸板 73.44 万吨、瓦楞原纸 22 万吨、白纸板 8.8 万吨 |
| 2 | 宁波亚洲浆纸业有限公司 | 97.79 | 白纸板 |
| 3 | 浙江景兴纸业股份有限公司 | 92.55 | 箱纸板 70.5 万吨、瓦楞原纸 13 万吨、白纸板 8.97 万吨 |
| 4 | 浙江荣成纸业有限公司 | 60.53 | 箱纸板 37.51 万吨、瓦楞原纸 23.02 万吨 |
| 5 | 宁波中华纸业有限公司 | 58.31 | 白纸板 |
| 6 | 浙江正大集团有限公司 | 56.87 | 白纸板 |

续表

| 序号 | 企业名称 | 产量/万吨 | 主要品种 |
|---|---|---|---|
| 7 | 浙江永泰纸业集团股份有限公司 | 49.58 | 白纸板 49.5 万吨、特种纸 808 吨 |
| 8 | 浙江荣晟环保纸业有限公司 | 27.263 | 箱纸板 14 万吨、瓦楞原纸 12.1 万吨 |
| 9 | 浙江三星纸业有限公司 | 26.5 | 白纸板 |
| 10 | 杭州华胜纸业有限公司 | 19.3 | 白纸板 |
| 11 | 浙江牡牛纸业有限公司 | 19 | 瓦楞原纸 8.8 万吨、白纸板 10 万吨、特种纸 0.1 万吨 |
| 12 | 浙江华川实业集团公司 | 18.54 | 瓦楞原纸 5.9 万吨、箱纸板 7.2 万吨、白纸板 5.4 万吨 |

续表

| 序号 | 企业名称 | 产量/万吨 | 主要品种 |
|---|---|---|---|
| 13 | 浙江孙氏纸业有限公司 | 18 | 白纸板 |
| 14 | 浙江金东纸业有限公司 | 18 | 白纸板 |
| 15 | 杭州通达纸业有限公司 | 17.5 | 白纸板 |
| 16 | 嘉兴大洋纸业股份公司 | 17.18 | 箱纸板 |
| 17 | 浙江众意纸业有限公司 | 17.1 | 白纸板 |
| 18 | 杭州远大纸业有限公司 | 17 | 白纸板 |
| 19 | 浙江华联纸业有限公司 | 16.57 | 箱纸板、瓦楞原纸 |
| 20 | 嘉兴大华纸业有限公司 | 16.5 | 箱纸板、瓦楞原纸 |
| 21 | 浙江文丰纸业有限公司 | 16.5 | 白纸板 |
| 22 | 浙江华鑫纸业有限公司 | 16.5 | 白纸板 |
| 23 | 杭州大众纸业有限公司 | 15.7 | 白纸板 |
| 24 | 杭州引发纸业有限公司 | 14 | 白纸板 |
| 25 | 杭州春胜纸业有限公司 | 14 | 白纸板 |
| 26 | 杭州东大纸业有限公司 | 13.4 | 白纸板 |
| 27 | 杭州华旺纸业集团公司 | 12.8 | 新闻纸 8.3 万吨、特种纸 4.5 万吨 |
| 28 | 浙江华远纸业有限公司 | 12 | 白纸板 |
| 29 | 浙江万众纸业有限公司 | 12 | 白纸板 |
| 30 | 浙江富阳纸业有限公司 | 11 | 白纸板 |
| 31 | 富阳钓鱼实业公司 | 11 | 白纸板 |
| 32 | 浙江华天纸业有限公司 | 10.9 | 白纸板 |
| 33 | 浙江飞马纸业有限公司 | 10.6 | 白纸板 |

续表

| 序号 | 企业名称 | 产量/万吨 | 主要品种 |
|---|---|---|---|
| 34 | 杭州鑫源纸业有限公司 | 10.5 | 白纸板 |
| 35 | 杭州丰达纸业有限公司 | 10 | 白纸板 |
| 36 | 浙江涌金纸业有限公司 | 10 | 白纸板 |
| 37 | 杭州徐氏纸业有限公司 | 10 | 白纸板 |
| 38 | 杭州民源纸业有限公司 | 10 | 白纸板 |
| 39 | 杭州三星纸业有限公司 | 10 | 白纸板 |
| 40 | 浙江上游纸业有限公司 | 10 | 白纸板 |
| 41 | 浙江金龙纸业有限公司 | 10 | |
| 42 | 民丰特种纸股份有限公司 | 10 | 特种纸 |

2012 年实现销售收入前 10 名的造纸企业见表 3。

**表 3 2012 年实现销售收入前 10 名的造纸企业**

| 序号 | 企业名称 | 销售收入/万元 |
|---|---|---|
| 1 | 宁波亚洲浆纸有限公司 | 411462 |
| 2 | 浙江景兴纸业股份有限公司 | 310404 |
| 3 | 浙江吉安集团股份有限公司 | 303222 |
| 4 | 浙江永泰纸业集团股份有限公司 | 284547 |
| 5 | 宁波中华纸业有限公司 | 230491 |
| 6 | 浙江正大集团有限公司 | 183500 |
| 7 | 浙江荣成纸业有限公司 | 177336 |
| 8 | 浙江三星纸业有限公司 | 154696 |
| 9 | 民丰特种纸股份有限公司 | 149729 |
| 10 | 龙游县金龙纸业有限公司 | 123841 |

以上 10 家造纸企业合计实现销售收入 232.89 亿元，占全省造纸行业销售收入的 35.68%。

上缴税金前 10 名的造纸企业：浙江三星纸业有限公司、浙江景兴纸业股份有限公司、浙江正大集团有限公司、浙江永泰纸业集团股份有限公司、宁波亚洲浆纸业有限公司、浙江荣成纸业有限公司、浙江华川实业集团公司、民丰特种纸股份有限公司、嘉兴大洋纸业有限公司和浙江牡牛纸业有限公司。以上 10 家造纸企业合计上缴税金 80529 万元，占全省造纸行业上缴税金的 41.93%。

实现利润前 10 名的造纸企业：宁波亚洲浆纸业有限公司、宁波中华纸业有限公司、浙江凯恩特种材料股份有限公司、浙江三星纸业有限公司、浙江仙鹤纸业有限公司、浙江永泰纸业集团股份有限公司、浙江荣晟环保纸业有限公司、浙江夏王纸业有限公司、浙江牡牛纸业有限公司和浙江荣成纸业有限公司。以上 10 家造纸企业合计实现利润 79992.68 万元，占全省造纸行业实现利润的 35.40%。

## 【基建和技改】

（1）维达纸业（浙江）有限公司投资建设年产 20 万吨高档生活用纸及个人护理产品项目于 2012 年 9 月 20 日在龙游签约。该项目包括建设年产 20 万吨高档生活用纸及个人护理项目和华东物资中心项目，固定资产总投资达 15 亿港元。

（2）民丰特种纸股份有限公司与海盐县沈荡镇人民政府签署合作意向书，公司总投资 60 亿元设立嘉兴民丰高新材料有限责任公司，生产和销售高新材料、高档纸制品。一期总投资 16 亿元，将在沈荡镇前期落实的产业园内尽快安排生产线建设，争取早日投产。项目全部投产后，销售总额将达到 60 亿元，民丰特种纸股份有限公司决心做大做强特种纸产业。

民丰特种纸股份有限公司投资 2.34 亿元 17 号纸机和投资 3.45 亿元新 10 号纸机技改项目完成投产。17 号纸机生产线通过升级换代，开发生产高附加值的新型格拉辛纸产品，产能 3 万吨/年。该项目达产后将带来年均税后利润近 3000 万元。新 10 号纸机通过技改建设可生产高档卷烟纸及高透气性水松纸等特种纸。项目达产后，公司卷烟纸及高透气度水松纸产量年新增 1 万吨，将提升公司在烟草行业高端品牌、名优品牌的配套能力，满足卷烟工业企业对减害降焦的现实需求，有利于提高公司卷烟纸系列产品在上海、湖南烟草等国内重要市场的占有率。

（3）2012 年 9 月 28 日，浙江景兴纸业股份有限公司年产 6.8 万吨高档绿色环保生活用纸项目举行开工仪式。这是浙江景兴纸业股份有限公司从传统包装用纸向高档生活用纸领域转型的重要步伐，是浙江景兴纸业股份有限公司发展中的又一新的里程碑。2 条 3.4 万吨/年高档绿色环保生活用纸生产线建成投产后，将实现可观的经济效益和社会效益。从 2011 年开始，该公司为进入生活用纸领域做了大量的前期规划和准备工作，从一开始就着眼于建设具有长期竞争优势的持久性品牌——“品萱”。当年 12 月成功进入上海市场，上市不到一年时间，已经在上海、杭州、宁波、南京等地陆续开发 20 多家经销商，进入终端门店约 800 家。目前已与中国旅游总公司、国家开发银行浙江分行、光明集团等多家标志性客户签订了定制纸品合同，并已开始陆续供货。同时，该公司已初步建立起完善的生活用纸运营团队和管理流程等。在当前错综复杂的经济形势和市场环境之下，浙江景兴纸业股份有限公司将继续做好节能减排、产品转型升级大文章，将在新的起点上以崭新的姿态，为经济和社会发展作出新的贡献。

（4）衢州市的龙游县和衢江区特种纸新项目建设紧锣密鼓，老企业扩张势头良好。在龙游工业园区加快建设的特种纸项目就有 8 个，协议投资额超过 10 亿元，计划在 2012 年内全部建成。如投资 3.68 亿元的浙江佳维康特种纸有限公司已经成功生产出食品包装用纸。华邦特种纸有限公司投资 1 亿元的无纺壁纸项目和投资 1.2 亿元的年产 1.5 万吨薄型接装原纸都在年内建成投产。衢江区把特种纸产业作为“3+新”产业优先发展，衢州五洲特种纸有限公司总投资 4 亿元，其中一期投资 1.5 亿元年产 1.5 万吨特种纸项目建成投产。

（5）富阳市“先关后批同等产能置换”重点拟建造纸技改项目共上报 33 个，总投资约 32.89 亿元。其中白纸板项目 9 个，合计产能 112.98 万吨；特种纸项目 21 个，合计产能 36.86 万吨，生活用纸 3 个，合计产能 5.03 万吨。这些项目正在陆续审批之中，已批项目正在抓紧建设之中。

（6）由杭州工投集团公司出资 3 亿元收购了“海外发展（新加坡）有限公司”占华丰纸业有限公司 56% 的股份。现国有资本占华丰纸业有限公司 86% 的股份，中国烟草投资管理公司占 14% 股份。华丰纸业有限公司已成为名符其实的国有企业，并开始整体搬迁工作。

## 【科研与技术进步】

1. 中国制浆造纸研究院浙江衢州分院成立

2012 年 12 月 23 日，中国制浆造纸研究院与衢江区人民政府举行了中国制浆造纸研究院衢州分院签约仪式，并签署了“中国制浆造纸研究院衢州分院合作协议”。根据协议衢州市可优先获得研究院的科研成果，研究院将定期组织专家来市进行技术交流，并根据企业需求，组织专家进行项目对接、洽谈和联合攻关。近年来，衢州市坚持把特种纸产业作为主导产业培育，高档特种纸产业逐步向品种系列化、产品高档化、高附加值转变。市委市政府一直高度重视与国内外高等院校、科研院所的合作，按照政府搭台、校企主导、优势互补、真诚合作的原则，努力创新产学研合作模式，不断提高合作层次，积极推进院级科技成果转化，通过签约将进一步为企业提供人才、技术、检测等服务，提升衢州高档特种纸产业的知名度，增强特种纸产业招商的吸引力。

2. 浙江荣晟环保纸业股份有限公司顺利通过国家高新技术企业审核

浙江荣晟环保纸业股份有限公司积极引进和开发废水处理、中水回用、工业用水重复利用、污泥和固废综合利用等生态技术，实现企业生态改造。以“低消耗、高利用、低排放”为特征，加强企业的技术改造更新，实现节能、降耗、减排、增效。2012 年，公司顺利通过国家高新技术企业的审核。

3. “制浆造纸国家工程实验室”和“国家造纸化学品工程技术研究中心”建设顺利进行

由中国制浆造纸研究院和轻工业杭州机电设计研究院联合承担的“制浆造纸国家工程实验室”项目，其中装备技术研究室和研发平台依托轻工业杭州机电设计研究院建设。“制浆造纸节能减排关键技术与装备研发示范基地”项目可行性研究报告评审会于 12 月 3 日通过专家组评审。该院已在杭州未来科技城内购置土地，实现整体搬迁，完成制浆造纸国家工程实验室、轻工机械产品质量控制与技术评价实验室和核心装备制造基地建设。该项目建设用地 1.78 公顷，建筑面积 35560 米$^3$，建设投资约 23630 万元。建成后再置地 3.33 公顷，用于关键装备制造基地建设。目前，轻工业杭州机电设计研究院正与上级主管部门中国建筑材料集团公司和中国联合装备集团公司抓紧项目的实施。

由杭州市化工研究院承担建设的国家造纸化学品工程技术研究中心已入驻浙江省青山湖科技城。“工程中心”规划用地 2.67 公顷，总投资 8000 万元。在股东单位杭州工投集团和新安化工集团的大力支持下，成立了浙江杭化新材料科技公司，现已完成初步规划设计，争取 2013 年 8 月开工建设。“中心”目标：建成国内外一流的造纸化学品研发、工程技术中试、工程化和产业化辐射基地，一流的高素质工程技术团队。

4. 浙江科技学院轻工学院获批 2 家“国家级工程实践教育中心”

2012 年 7 月，教育部、财政部等 23 个部门联合发布《教育部等部门关于建设国家级工程实践教育中心的通知》教高〔2012〕8 号文件。公布了首批 156 所高校与 626 家企业联合申报的“国家级工程实践教育中心”共建单位名单。浙江科技学院轻工学院与浙江景兴纸业股份有限公司和浙江永泰纸业集团股份有限公司联合申报的 2 个“制浆造纸国家级工程实践教育中心”名列其中。这将为浙江科技学院轻化工程专业“卓越计划”的顺利实施提供有力保证。“中心”的主要任务是校企联合制定工程实践教学目标、教学方案，组织实施工程实践教学过程，评价工程实践教学质量等。

5. 民丰特种纸股份有限公司达到菲莫国际质量要求，顺利通过认证

在认证过程中，菲莫国际专家组对民丰特种纸股份有限公司（以下简称“民丰特纸”）质量体系，培训、过程控制、搬运装卸、仓储包装和交货、纠正预防措施、设备维修计划；合同与采购订单、原材料采购、产品标识与追溯能力、产品检验与检测、检测设备控制共 11 大项内容进行评审，并现场进行产品与工艺研究、产品追溯的专项检查评审。认为公司生产现场的设备清洁完好；在管理体系方面建立了运行质量、环境和职业健康安全管理体系；管理体系文件较完善，实验室控制得很好，具备较强的生产经营能力，达到了菲莫国际烟草公司对供应商的评级要求。

按菲莫国际的评审流程，民丰特种纸的卷烟纸样通过安全性评估后就可进入正式的商业供货，而公司的含麻卷烟纸小样已正式进入确认阶段。民丰特种纸将通过与菲莫国际建立长期友好合作，在卷烟纸生产技术、品牌树立和海外市场等方面进行拓展，迈出了国际化的重要一步，对民丰特纸“打造百年，铸就特纸基地”目标具有深远意义。

## 【环境保护与节能】

由浙江省环境保护厅和浙江省经济和信息化委员会共同制定的浙江省印染造纸制革化工等行业整治提升方案，经省政府同意于 2012 年 7 月发布。《浙江省造纸行业整治提升方案》中提出“关停淘汰一批、整合入园一批、规范提升一批”的原则，对所有造纸企业进行梳理，逐家明确淘汰关闭、搬迁入园、整治提升等整治要求。2014 年底前，所有

有造纸企业的县（市、区）全部通过整治验收，全省造纸企业全面实现稳定达标排放，按照《造纸企业整治验收标准》进行验收。综合废水重复利用率60%以上，全省造纸行业废水量和$COD_{Cr}$污染负荷在2010年的基础上减少30%以上。《浙环发〔2012〕60号》文件发布以后，宁波、嘉兴、湖州、绍兴等地市及县级政府纷纷行动，对造纸厂进行排查摸底，行业整治提升已势在必行，各地已严格执行行业准入条件，将坚决关闭规模小、能耗高、污染重和治理无望的企业及生产线。对企业的废水、废气排放口进行在线监测，固体废物进行分类收集规范处置。各地还根据实际情况出台了有关的政策措施。

1. 浙江景兴纸业股份有限公司环境综合整治见成效

浙江景兴纸业股份有限公司经过一年的努力，主要围绕废水处理扩容和臭气治理进行。一是新增2台福伊特公司的$R_2S$高效厌氧反应器。对原有的帕克公司IC塔进行改造，改造扩容后设计水处理能力达到$COD_{Cr}$负荷141吨/日，提高了75%。对厂区所有废水进行集中处理，厌氧反应器日增加沼气5000米$^3$，日发电1万千瓦时。二是对产生的臭气进行治理。在废水处理过程中导致大量的$H_2S$、硫醇、氨气等臭气挥发，初沉淀池开放，酸化和SS腐烂形成臭气挥发，这些对周边环境造成了影响。公司用3台3200米$^3$/日气浮处理设备取代初沉淀池，通过玻璃钢加盖、离心机收集，然后通过采用生物滴滤技术对臭气进行处理。经嘉兴市环境监测站对厂界所有污染源进行采样分析，全部达到标准要求。该公司还对噪声和废水站的中控系统等予以完善。进一步优化改善了环境状况和运行设施，真正做到了经济效益和社会环境改善的双同步。经浙江省经济和信息化委员会、浙江省环境保护厅复审，浙江景兴纸业股份有限公司正式被授予“浙江省绿色企业（清洁生产先进企业）”称号（有效期截止2017年）。这是该公司自2003年被授予浙江省首批绿色企业后，再次获此殊荣。

2. 富阳积极推进水环境治理

近几年来，富阳市十分重视水环境治理，富春江水质稳定保持在Ⅱ类，饮用水水源水质达标率为100%。富阳市成立了以市委、市政府主要领导为组长、副组长的生态市建设领导小组，确立了党委领导、政府实施、人大政协监督，部门分工负责，社会公众参与的生态市建设工作机制。出台实施《富阳市乡镇交接断面考核实施办法》。富阳市政府每年与乡镇（街道）签订目标责任书，明确工作职责，把乡镇交断面水质情况纳入年度考核。富阳市政府通过“以奖代补”的方式，投入近亿元，对造纸行业实施5轮“纸小散”落后产能淘汰工作，关停造纸生产线421条。大力开展“三江二岸”富阳段生态景观保护与建设工作，狠抓环境基础设施建设，域区和周边乡镇废水截污纳管，实行集中治污，保持了富春江的良好水质。

3. 富阳市污泥焚烧二期工程环境影响报告通过评审

2012年10月，浙江省环境工程技术评估中心主持的《富阳市污泥焚烧资源综合利用二期工程环境影响报告书》技术评审会在浙江板桥清园环保集团召开。该工程建设规模为日处理污泥2000吨和废弃渣500吨，建设3台蒸发量为110吨/时的循环流化床污泥焚烧炉，配套建设B15兆瓦、B25兆瓦汽轮发电机各1套。专家们高度评价了该工程的社会效益和环境效益。

## 【发展中的问题】

1. 全球经济大环境充满不确定性

首先世界经济复苏前景仍不明朗，世界经济低增长、高风险态势不会明显改观，短期内造纸行业面对的外需低迷态势难有根本好转。其次国内经济运行有望逐步止稳，但还存在较多短期和长期的问题，国内需求增长受到一些体制机制因素的制约，一些制约经济发展的深层次长期矛盾依然突出，过于依靠投资、内需有待提振，外需等待转型的经济结构性问题还未根本解决。

2. 机制纸和纸板产品同质化产能过剩

近几年来，机制纸和纸板几个主要品种生产能力快速扩张，很多大项目投产，同质化产能得到释放。在目前出口下降、国内市场乏力的形势下，进一步加剧了国内外市场竞争，导致企业效益下降。最近由于大宗纸板产品盲目发展受挫，又转向扩大生活用纸、特种纸等产品产能的投资，产生了新一轮盲目发展的趋势。

3. 多因素成本上涨

目前影响造纸工业成本上涨的主要因素是原料、能源价格大幅波动，环保和节能减排巨大投入，物流和劳动力成本高涨等。而产品的出厂价长期在低位运行，使得企业效益大幅降低，经营面临前所未有的困难。目前，几个主要纸种的利润率很低，如果企业把投资、节能减排投入等依靠融资手段进行的话，几乎要亏损。浙江省造纸企业数量在全国是最多的，且绝大多数为中小企业，而造纸工业规模效益十分明显，浙江省多数中小造纸企业面临着生存考验。

4. 自主研发和技术创新能力不足，核心竞争力低，影响企业长远发展

目前造纸企业主要靠资金投入扩大生产能力发展，而科技投入严重不足。只有少数企业依靠自主研发，不断推出新产品，占有一定的市场份额。造纸工业发展到现在，造纸企业进入了以创新为核心的发展阶段。不仅特种纸企业要依靠科技进步，增强核心竞争力，生产大宗产品包装用纸的企业也必须依靠科技进步，加强科技人才队伍建设，应用新技术、新装备、新工艺，增强企业发展的后劲。

## 【2013 年的展望】

预计 2013 年世界经济低增长、高风险态势不会明显改观。我国经济有望继续平稳运行，随着一系列稳增长政策措施逐步落实到位并发挥成效，特别是十二届一次全国人大会议选举产生了新一届国家和国务院领导班子，2013 年，“稳增长”仍将是政策的主基调，全国经济增速有望企稳回升，2013 年经济增长预计快于 2012 年。但要清醒地认识到，经济趋稳的基础还不稳固，经济运行还存在较多短期和长期的问题。特别是造纸工业，除国内外宏观经济环境影响外，造纸工业本身产需双重失衡是一个重要原因，产能饱和与过剩及需求不足是造纸行业面临的突出问题。

2013 年仍是新增产能释放年，但释放的力度将小于 2012 年，成品纸供求关系难以改善，纸价仍在低位运行，趋于平衡，行业景气度维持低位，仍处于弱势格局。生活用纸、特种纸竞争趋于激烈。

浙江省造纸工业 2013 年展望：机制纸及纸板产量增加 5%，达到 1700 万吨左右，增量中将主要依靠箱纸板和瓦楞原纸产量的增加。工业总产值有望突破 700 亿元大关，利润总额维持在较低的水平。

（陆文荣）

# 江苏省造纸工业

# Paper Industry in Jiangsu Province

## 【行业概况】

据江苏省造纸行业协会调查统计，2012 年全省机制纸及纸板产量 1228 万吨，比 2011 年的 1180 万吨增长 4.1%；完成工业总产值 510 亿元，比 2011 年的 537 亿元下降 5.0%；实现销售收入 491 亿元，比 2011 年的 512 亿元下降 4.1%；上缴税金 17 亿元，比 2011 年的 14 亿元增长 21.4%；实现利润 22 亿元，比 2011 年的 19 亿元增长 15.8%。

2012 年全省文化用纸产量 392 万吨，占全省机制纸及纸板总产量的 31.9%，与 2011 年的 392 万吨持平。其中，铜版纸产量 260 万吨，比 2011 年的 274 万吨下降 5.1%；双胶纸（含复印纸原纸）产量 132 万吨，比 2011 年的 117 万吨增长 12.8%。包装用纸及纸板产量 712 万吨，占全省机制纸及纸板总产量的 58.0%，比 2011 年的 682 万吨增长 4.4%。其中，瓦楞原纸产量 356 万吨，比 2011 年的 330 万吨增长 7.9%；箱纸板产量 286 万吨，比 2011 年的 294 万吨下降 2.7%；涂布白纸板产量 55 万吨，比 2011 年的 42 万吨增长 31.0%；纸管原纸产量 15 万吨，与 2011 年基本持平。生活用纸产量 79 万吨，占全省机制纸及纸板总产量的 6.4%，比 2011 年的 65 万吨增长 21.5%。无碳复写纸、防伪票证纸、打字纸、热敏纸、纸杯纸、三滤纸、箱包纸板、鞋底纸板等特种纸及纸板产量 45 万吨，占全省机制纸及纸板总产量的 3.7%，比 2011 年的 42 万吨增长 7.1%。

## 【生产经营】

1. 主要品种产量变动的影响因素

（1）金东纸业（江苏）股份有限公司铜版纸产量减少了 13 万吨，这是全省铜版纸总产量下降的主要原因。

（2）玖龙纸业（太仓）有限公司和金东纸业（江苏）股份有限公司双胶纸的产量分别增加了 11 万吨和 3 万吨，这是全省双胶纸总产量增长的主要原因。

（3）全省瓦楞原纸总产量增长 26 万吨，主要是徐州地区瓦楞原纸产量增加了 22 吨（其中，2012 年统计口径中新增的徐州市长兴纸业有限公司和邳州市正泰纸业有限公司 2 家造纸企业 2012 年合计生产瓦楞原纸 11 万吨）。

（4）无锡荣成纸业有限公司箱纸板产量减少了 11 万吨，这是全省箱纸板总产量下降的主要原因。

（5）玖龙纸业（太仓）有限公司的涂布白纸板的产量增加了 16 万吨，这是全省涂布白纸板总产量增长较快的直接原因，省内其余几家白纸板生产企业合计减产 3 万吨。

（6）全省生活用纸总产量增幅较大的原因是由于金红叶纸业集团有限公司、永丰余家品（昆山）有限公司和江苏金莲纸业有限公司生活用纸的产量分别增加了 12 万吨、2 万吨及 1 万吨。

2. 需求放缓明显，产量增长乏力

全省纸及纸板产量小幅增长的主要原因：一是玖龙纸业（太仓）有限公司 2011 年的技改项目在 2012 年逐步释放产能，全年增加了约 38 万吨产量；二是徐州地区总产量增加了 19 万吨；三是金红叶纸业集团有限公司省外新建项目投产增加产量 10 多万吨。如果剔除 2012 年统计口径中新增 4 家造纸企业的产量 13 万吨和金红叶纸业集团有限公司省外新建项目的产量 10 多万吨，与 2011 年同期同口径相比，全省总产量的增长率仅为 2% 左右。总观全行业，2012 年受经济增速下滑、外贸出口下降和反倾销制裁等因素的影响，市场需求放缓明显，全省造纸产量增长乏力，其中：铜版纸和箱纸板产量出现了负增长。

3. 竞争加剧，产品价格明显下跌，中小型造纸企业运行效益普遍下降，大型优势造纸企业运行较为平稳

2012 年全省纸及纸板产量同比增长 4.1%，但

产值和销售收入却同比分别下降了 5.0% 和 4.1%，产品价格下跌明显。另据统计分析，2012 年全省 59 家规模以上造纸企业中，同比盈利增长的企业约占 18%，其余 82% 左右的企业实现利润比 2011 年同期不同程度地下降或亏损，亏损面较 2011 年同期有所扩大。

在国内、国际经济增速明显放缓的大背景下，与经济发展态势息息相关的国内造纸工业在 2012 年遭遇了较大的困难，行业需求不旺，多个纸种产能过剩，供需双重挤压致使行业竞争过度、产品价格出现明显下跌。全省不少中小造纸企业因市场销售疲软和资金短缺等原因，开机率不足，企业运行效益普遍下降，亏损企业数量和效益下滑企业数量有所增多，有相当一部分中小造纸企业的生产经营困难加剧，行业整体发展形势低迷。

尽管外部环境极为不利，但江苏省大型优势造纸企业总体运行平稳，部分优势企业通过提升企业管理水平挖潜增效，抓好生产管控和成本控制降低产品成本，加强研发提高产品技术含量，积极改善品种结构适应市场变化，在逆境中有效提升了企业的运行质量，经济效益实现了逆势增长，推动了行业整体经济效益的止跌回升。

## 【原料】

2012 年江苏省纸浆总用量 1044 万吨，比 2011 年的 987 万吨增长 5.8%。其中，商品木浆用量 346 万吨，比 2011 年的 322 万吨增长 7.5%；占总用浆量的 33.1%，比 2011 年上升了 0.5 个百分点。废纸浆用量 690 万吨，比 2011 年的 658 万吨增长 4.9%；占总用浆量的 66.1%，比 2011 年下降了 0.5 个百分点，折合耗用废纸 851 万吨。非木浆用量 8 万吨，占总用浆量的 0.8%，与 2011 年持平。

全省木浆、废纸浆、非木浆原料结构分别为 33.1%、66.1%、0.8%。

## 【生产企业】

1. 区域产量分布情况

苏南地区产量占全省总产量的 83.5%，比 2011 年同期的 84.5% 下降了 1 个百分点；苏中地区产量占全省总产量的 5.4%，比 2011 年同期的 5.6% 下降了 0.2 个百分点；苏北地区产量占全省总产量的 11.1%，比 2011 年同期的 9.9% 上升了 1.2 个百分点。

2. 内资、外（合）资企业产量比例

2012 年江苏省内资造纸企业产量合计 273 万吨，占全省机制纸及纸板总产量的 22.2%，比 2011 年的 20.3% 上升了 1.9 个百分点；全省外（合）资企业产量合计 955 万吨，占全省机制纸及纸板总产量的 77.8%，比 2011 年的 79.7% 下降了 1.9 个百分点。

3. 2012 年产量达到 10 万吨的造纸企业

2012 年产量达到 10 万吨的造纸企业见表 1。

**表 1 2012 年产量达到 10 万吨的造纸企业**

| 序号 | 企业名称 | 产量/万吨 |
|---|---|---|
| 1 | 玖龙纸业（太仓）有限公司 | 269 |
| 2 | 金东纸业（江苏）股份有限公司 | 204 |
| 3 | 江苏理文造纸有限公司 | 114 |
| 4 | 芬欧汇川（中国）有限公司 | 90 |
| 5 | 金华盛纸业（苏州工业园区）有限公司 | 65 |
| 6 | 金红叶纸业集团有限公司 | 55 |
| 7 | 无锡荣成纸业有限公司 | 51 |
| 8 | 永丰余造纸（扬州）有限公司 | 38 |
| 9 | 江苏长丰造纸有限公司 | 32 |
| 10 | 苏州紫兴纸业有限公司 | 23 |
| 11 | 张家港市华兴纸业有限公司 | 22 |
| 12 | 江苏王子制纸有限公司 | 16 |
| 13 | 江阴新浩再循环纸业有限公司 | 16 |
| 14 | 徐州中建纸业有限公司 | 15 |
| 15 | 江苏久兴纸业有限公司 | 14 |
| 16 | 江苏飞翔纸业有限公司 | 12 |
| 17 | 江苏双蝶集团有限公司 | 12 |
| 18 | 镇江大东纸业有限公司 | 11 |
| 19 | 江苏亭湖经济开发区华泰纸业有限公司 | 11 |
| 20 | 徐州市新星纸业有限公司 | 10 |
| | 合　计 | 1080 |

2012 年江苏省年产 10 万吨规模以上的重点造纸企业共 20 家，这 20 家企业 2012 年合计产量达到 1080 万吨，占全省机制纸及纸板总产量的 87.9%，比 2011 年的 88.6% 下降了 0.7 个百分点。其中，年产 200 万～300 万吨规模企业 2 家；年产 100 万～200 万吨规模企业 1 家；年产 50 万～100 万吨规模企业 4 家；年产 10 万～50 万吨规模企业 13 家。

2012 年全省造纸企业的平均生产规模为 20.8 万吨，比 2011 年的 20.2 万吨增加了 0.6 万吨。2012 年全省年产 10 万吨以上重点造纸企业的平均生产规模为 54 万吨，比 2011 年的 52.3 万吨增加了 1.7

万吨。

4. 2012年实现销售收入前10名的造纸企业

2012年实现销售收入前10名的造纸企业见表2。

表2　2012年实现销售收入前10名的造纸企业

| 序号 | 企业名称 | 销售收入/亿元 |
|---|---|---|
| 1 | 玖龙纸业（太仓）有限公司 | 92 |
| 2 | 金东纸业（江苏）股份有限公司 | 87 |
| 3 | 金红叶纸业集团有限公司 | 59 |
| 4 | 芬欧汇川（中国）有限公司 | 39 |
| 5 | 江苏理文造纸有限公司 | 35 |
| 6 | 金华盛纸业（苏州工业园区）有限公司 | 30 |
| 7 | 无锡荣成纸业有限公司 | 13 |
| 8 | 永丰余造纸（扬州）有限公司 | 11 |
| 9 | 苏州紫兴纸业有限公司 | 11 |
| 10 | 江苏长丰造纸有限公司 | 10 |
| 合　计 | | 387 |

实现销售收入前10名的造纸企业2012年实现销售收入共计达到387亿元，占全省造纸行业实现销售收入总额的78.8%，比2011年的79.5%下降了0.7个百分点。

5. 2012年上缴税金前10名的造纸企业

2012年上缴税金前10名的造纸企业有：芬欧汇川（中国）有限公司、金红叶纸业集团有限公司、玖龙纸业（太仓）有限公司、江苏理文造纸有限公司、金华盛纸业（苏州工业园区）有限公司、金东纸业（江苏）股份有限公司、江苏久兴纸业有限公司、江苏王子制纸有限公司、江苏亭湖经济开发区华泰纸业有限公司和苏州紫兴纸业有限公司。

上缴税金前10名的造纸企业2012年上缴税金合计达到14.5亿元，占全省造纸行业上缴税金总额的83.3%，比2011年的73.5%上升了9.8个百分点。

6. 2012年实现利润前10名的造纸企业

2012年实现利润前10名的造纸企业有：金东纸业（江苏）股份有限公司、金华盛纸业（苏州工业园区）有限公司、金红叶纸业集团有限公司、江苏理文造纸有限公司、玖龙纸业（太仓）有限公司、江苏长丰造纸有限公司、江阴新浩再循环纸业有限公司、江苏金莲纸业有限公司、江苏飞翔纸业有限公司、王子制纸妮飘（苏州）有限公司。

（王国荣）

# 河南省造纸工业

# Paper Industry in Henan Province

## 【行业概况】

根据河南省统计局、河南省环保厅、河南省造纸学会对综合信息资料调查，2012 年全省机制纸及纸板生产企业 230 家，机制纸及纸板总产量 905.8 万吨，同比减少 7%；主营业务收入 898.28 亿元（包括印刷、纸制品），同比增长 9.8%；税金 26.2 亿元，同比减少 7.7%；利润 81.36 亿元，同比增长 3.2%；从业人数 10.71 万人（快报数据）。2012 年全省的机制纸及纸板销售收入、利润与 2011 年相比有所提高。

河南省造纸企业主要分布在新乡、漯河、许昌、焦作、濮阳、郑州等地区，2012 年全省造纸企业生产能力超过 10 万吨的企业 26 家，占全省产量 60% 以上；麦草等非木材纤维浆造纸产量 94 万吨，占全省产量的 10.4%，废纸造纸产量 518 万吨，占全省产量的 57.1%；木浆造纸产量 294 万吨，占全省产量的 32.5%。主要产品有：书刊印刷纸、双胶纸、书写纸、无碳复写纸等文化、工业用纸 260 万吨，箱纸板 280 万吨，瓦楞原纸 230 万吨，卫生纸 60 万吨，其他纸和纸板 36 万吨。

全省所有制浆造纸企业，全部按省和地方环保局要求达标排放。

## 【原料】

河南省木材资源缺乏，全省有杨木枝桠材制浆企业 3 家，生产能力 38 万吨/年，加上漯河银鸽实业集团有限公司、驻马店市白云纸业有限公司、河南龙泉集团有限公司等 15 万吨/年化学木浆，2012 年实际产量 45 万吨。长期以来，制浆造纸原料主要以麦草为主，原料结构调整是河南省造纸工业一个较大的难题。随着河南省纸及纸板产量的快速增加，原料问题越来越突出。近年来，原料结构调整初见成效。2012 年河南省造纸工业草浆产量 80 万吨，占总用浆量的 10.4%；废纸应用发展较快，废纸浆产量 440 万吨，占总用浆量的 57.1%；商品木浆、自制浆用量大幅度提高，达到 250 万吨（河南省自制浆 45 万吨），占总用浆量的 32.5%。

为了解决造纸原料问题，河南省各级政府部门、大型造纸企业都非常重视造纸原料的开发，认真贯彻落实国家发展和改革委、财政部、林业局《关于加快造纸工业原料基地建设的若干意见》，按照全国造纸工业“十一五”发展规划，结合河南省实际，从河南省国民经济和造纸工业发展的战略高度，积极倡导和实施林纸一体化，扎实细致地做好沿黄、沿淮及其他宜林地区的速生杨丰产林基地建设工作，已先后在三门峡、洛阳、焦作、新乡、开封、濮阳、南阳、信阳、商丘等地建立了造纸用林基地。

龙须草是一种很好的造纸原料，也是河南省在全国比较具有优势的原料品种。南阳龙须草资源丰富，当地政府和老百姓都有种植龙须草的积极性，每年龙须草产量多达 20 万吨。

## 【生产企业】

2012 年底，河南省制浆造纸企业 230 家，其中，以麦草等非木材纤维为原料的化学、半化学制浆造纸企业 12 家，使用废纸造纸的企业 180 家，木浆造纸企业 38 家。年产 50 万～100 万吨企业 2 家，30 万～50 万吨企业 5 家，30 万吨以下企业 223 家。

河南省主要造纸企业 2012 年完成产量、销售收入、上缴税金、实现利润情况见表 1～表 4。

## 【基建与技改】

2012 年河南省造纸工业艰难发展，基建和技改投资有所减少，项目投产减少，但企业实力有所加强。2012 年完成和在建的造纸项目主要有：漯河银鸽实业集团有限公司二期年产 6 万吨生活用纸项目，河南省江河纸业有限责任公司在建的 10 万吨/年高档文化用纸项目，河南省民通华瑞纸业有限公司完成 10 万吨/年轻型纸项目，河南护理佳纸业有

**表 1　2012 年河南省产量前 10 名制浆造纸企业**

| 排序 | 单位名称 | 产量/万吨 |
|---|---|---|
| 1 | 漯河银鸽实业集团有限公司 | 83.7 |
| 2 | 新乡新亚纸业集团股份有限公司 | 66.2 |
| 3 | 河南省龙源纸业股份有限公司 | 47.9 |
| 4 | 濮阳龙丰纸业有限公司 | 30.1 |
| 5 | 驻马店市白云纸业有限公司 | 28.5 |
| 6 | 河南省民通华瑞纸业有限公司 | 20.0 |
| 7 | 河南省江河纸业有限责任公司 | 18.6 |
| 8 | 河南新乡鸿泰纸业有限公司 | 18.5 |
| 9 | 焦作瑞丰纸业有限公司 | 15.2 |
| 10 | 河南省奥博纸业有限公司 | 11.5 |

**表 2　2012 年河南省销售收入前 10 名制浆造纸企业**

| 排序 | 单位名称 | 销售收入/亿元 |
|---|---|---|
| 1 | 漯河银鸽实业集团有限公司 | 33.51 |
| 2 | 新乡新亚纸业集团股份有限公司 | 27.80 |
| 3 | 濮阳龙丰纸业有限公司 | 17.70 |
| 4 | 河南省江河纸业有限责任公司 | 16.10 |
| 5 | 驻马店市白云纸业有限公司 | 15.80 |
| 6 | 河南省民通华瑞纸业有限公司 | 9.57 |
| 7 | 河南省龙源纸业股份有限公司 | 9.44 |
| 8 | 河南新乡鸿泰纸业有限公司 | 8.47 |
| 9 | 河南省奥博纸业有限公司 | 6.39 |
| 10 | 河南省龙泉集团有限公司 | 6.38 |

**表 3　2012 年河南省上缴税金前 10 名制浆造纸企业**

| 排序 | 单位名称 | 税金/万元 |
|---|---|---|
| 1 | 漯河银鸽实业集团有限公司 | 11640 |
| 2 | 濮阳龙丰纸业有限公司 | 10063 |
| 3 | 新乡新亚纸业集团股份有限公司 | 8100 |
| 4 | 河南省江河纸业有限责任公司 | 5702 |
| 5 | 河南省龙源纸业股份有限公司 | 5000 |
| 6 | 河南省民通华瑞纸业有限公司 | 4418 |
| 7 | 河南新乡鸿泰纸业有限公司 | 4360 |
| 8 | 焦作瑞丰纸业有限公司 | 3400 |
| 9 | 河南省奥博纸业有限公司 | 2600 |
| 10 | 河南飞达技术产业股份有限公司 | 1450 |

**表 4　2012 年河南省实现利润前 10 名制浆造纸企业**

| 排序 | 单位名称 | 利润/万元 |
|---|---|---|
| 1 | 新乡新亚纸业集团股份有限公司 | 13900 |
| 2 | 河南省民通华瑞纸业有限公司 | 7050 |
| 3 | 河南省江河纸业有限责任公司 | 6526 |
| 4 | 河南省龙源纸业有限公司 | 3900 |
| 5 | 河南飞达技术产业股份有限公司 | 3840 |
| 6 | 河南天邦纸业集团有限公司 | 3600 |
| 7 | 河南省奥博纸业有限公司 | 3000 |
| 8 | 漯河银鸽实业集团有限公司 | 2306 |
| 9 | 焦作瑞丰纸业有限公司 | 2200 |
| 10 | 河南新乡鸿泰纸业有限公司 | 1950 |

限公司二期 1.5 万吨/年高档生活用纸项目，河南奥博纸业有限公司在建的 2 万吨/年擦手纸项目、5 万吨/年废纸脱墨浆，平顶山市运发纸业有限公司在建 10 万吨/年瓦楞原纸项目，郑州浦发纸业有限公司 100 万吨/年包装用纸项目，新乡腾飞纸业有限公司筹建 5 万吨/年无碳复写纸项目，河南中峰集团纸业有限公司 15 万吨/年瓦楞原纸项目等。

## 【科研与技术进步】

造纸科学技术为河南省造纸工业的发展起到了推动作用，并使产品档次逐渐提高，品种逐渐增多，也使造纸行业装备水平稳步提高。

2012 年，河南省内的研究机构对无碳复写纸、热敏纸、离型原纸、防水防油热敏纸、彩色喷墨打印纸、石膏护面纸板原纸、装饰原纸、耐磨纸、无氯漂白等技术进行了研究。有能力的企业都成立了科研开发机构，如河南省江河纸业有限责任公司、漯河银鸽实业集团有限公司成立院士工作站，濮阳龙丰纸业有限公司、驻马店市白云纸业有限公司、河南新乡鸿泰纸业有限公司、河南省民通华瑞纸业有限公司等都成立了省级技术中心，为企业新产品开发生产服务。他们在新原料、新工艺、新技术、新产品、新助剂和新设备等的研究、开发、使用方面投入了大量的人力、物力，对企业发展和技术进步起到了重要的促进作用。

河南省造纸工业加大了科技投入和人才培养的力度，省大、中专院校为造纸企业培养了大批制浆造纸专业技术人员。除此之外，较大企业每年都选送高中毕业生、在职职工到陕西科技大学、郑州大学、郑州轻工业学院等大学学习，充实一线技术人员，还不断从外省招聘高级技术人才。

河南省造纸工业在科技投入和人才培养方面，做了大量的工作，促进了造纸工业快速、健康、可持续发展。目前，许多企业认识到，市场竞争是产品竞争；产品竞争是技术竞争；技术竞争归根到底是人才竞争。在市场竞争中，许多企业尝到了重视科技、重视人才、重视新产品开发，加大科技和人才培养投入的甜头，不断转变观念，适应市场发展的需求，发展和壮大自己，抢占市场竞争的制高点，抓人才、抓科技、抓产品、抓市场、抓效益。

## 【环境保护与节能】

为了贯彻国家保护生态环境的有关政策、法规，使淮河、黄河、海河等河流在河南省出境断面符合国家要求，河南省把治理污染作为全省造纸工业的重点工作来抓。随着国家加大对水污染防治立法、执法力度，全省造纸工业加快了废水治理的步伐，并取得了较大进展。

2012 年底，河南省又关、停、并、转 3.4 万吨/年以下麦草制浆造纸企业 3 家、3 万吨/年以下废纸制浆造纸企业 27 家。各企业普遍注意清洁生产，减少污染物的产生和排放，加强废水治理和回收利用，大多数造纸企业都通过了环保部门的验收，能实现稳定达标排放。草浆造纸企业都上了碱回收工程：漯河银鸽实业集团有限公司3 套100 吨/日碱回收，驻马店市白云纸业有限公司 100 吨/日碱回收、第2 套150 吨/日碱回收已投产，河南龙泉集团有限公司 100 吨/日碱回收，河南一林纸业有限公司 200 吨/日碱回收，河南华丰纸业有限公司 100 吨/日碱回收，新乡新亚纸业集团股份有限公司 100 吨/日碱回收和2 套200 吨/日碱回收，河南新乡兴泰纸业有限公司 150 吨/日碱回收，内乡仙鹤纸业有限公司 150 吨/日无氯漂白碱回收。

2012 年，全省共有 47 家制浆造纸企业淘汰落后生产能力 100 多万吨。

## 【“十二五”发展规划】

“十二五”是国内造纸工业发展大升级、大调整、大转移的关键时期，也是河南省造纸工业实现传统造纸工业向可持续发展的现代绿色造纸工业转变的关键阶段。河南省造纸工业在“十二五”期间必须做好原料结构、产品结构大调整，淘汰落后产能取得实效，产业集中度不断提升，装备水平尽快提高，资源消耗不断降低，污染排放明显下降。

1. 指导思想

以科学发展观为指导，全面贯彻落实《造纸产业发展政策》、《促进中部地区崛起规划》、《国务院关于支持河南省加快建设中原经济区的指导意见》、《轻工业调整和振兴规划》、《河南省轻工业调整振兴规划》，积极应对政策、资源、环境三大制约和国内外竞争的严峻形势，大量发展循环经济，创新发展模式，承担社会责任，努力建设资源节约型、环境友好型、实现可持续发展的新型绿色河南省造纸工业。

2. 基本原则

（1）结构调整原则　坚持优化存量，控制增量，由过去以量扩张为主，逐步转变到以质取胜，科学理性投资，提高行业运行质量。

（2）抓大扶小原则　抓好骨干企业发展，推进战略合作，促进做大做强；扶持特色中小企业快速成长，搞好与大企业的配套，实现提质增效。

（3）自主创新原则　建立以企业为主体，产学研密切合作的科技创新运营模式和体系，不断优化和改进激励机制，壮大人才队伍，增强行业持续发展动力。

（4）低碳发展原则　采用清洁生产工艺，从源头减少污染物排放；淘汰落后产能，用先进技术优化生产过程；加强“三废”治理，走资源节约和循环利用之路，实现低碳绿色发展。

（5）集聚集约原则　大力实施“走出去”战略，充分利用“两种资源、两个市场”，稳步推进产业转移，鼓励兼并重组、收购租赁国内外企业，积极拓展发展空间。

3. 发展目标

（1）原料结构　到 2015 年，全省原生纸浆生产能力达到200 万吨/年，比 2010 年增长 33%，年均增长 7.5%。纸浆结构为：木浆 30%、废纸浆 60%、非木浆 10%。

（2）造纸产量　到 2015 年，全省造纸生产能力达到 1300 万吨/年，中、高档纸及纸板生产能力比例达到 75%。实际产量达到 1100 万吨，比 2012 年增长 21.4%，年均增长 3.99%，继续保持全国第 4~5 地位。

（3）企业规模　到 2015 年，全行业平均生产规模 8 万吨/年，综合实力前 20 位企业的省内纸及纸板产量占全行业的 80%~85%。10 万吨/年以上企业数量达到 40 家，比 2012 年增加 14 家，其中，100 万吨/年 2 家，50 万~100 万吨/年 6 家，30 万~50 万吨/年 10 家。

（4）节能减排　到 2015 年，省内重点企业达到国家发展和改革委发布的《制浆造纸行业清洁生产评价指标体系（试行）》要求。全行业单位产品平均综合能耗和单位产品平均取水量分别比2012年降低8%和10%，污染物$COD_{Cr}$排放总量降低12%。“十二五”期间，节能减排工作继续走在全国前列。

4. 重点拟建项目

郑州浦发纸业有限公司建设的100万吨/年包装用纸项目，河南省江河纸业有限责任公司续建的20万吨/年高档文化用纸项目，河南省民通华瑞纸业有限公司续建、在建的20万吨/年优质轻型纸项目，河南省龙源纸业股份有限公司续建的10万吨/年高强瓦楞原纸项目，河南中峰集团纸业有限公司在建的15万吨/年瓦楞原纸项目，河南兴泰纸业有限公司续建的10万吨/年白纸板项目，河南永威安防股份有限公司开建的20万吨/年装饰面纸项目，焦作鑫鹿纸业有限公司续建的10万吨/年脱墨浆、20万吨/年特种纸项目，河南盛元纸业有限公司开建的45万吨/年箱纸板项目，东华（郸城）环保纸业有限公司开建的30万吨/年瓦楞原纸项目，河南省奥博纸业有限公司开建的15万吨/年石膏护面纸项目，沁阳市景瑞纸业有限公司开建的10万吨/年瓦楞原纸项目，河南景天纸业有限公司开建的5万吨/年生活用纸项目等。

（李尚武）

# 福建省造纸工业

# Paper Industry in Fujian Province

## 【行业概况】

在金融危机蔓延、美欧经济状态低迷、市场需求持续疲软、国内宏观经济增速明显放缓的大环境下，2012年福建省规模以上造纸和纸制品企业完成工业总产值754.11亿元，占全省工业总产值13279亿元的5.69%。同比增长10%，增速比上年回落了18个百分点。纸和纸板产量643.86万吨，占全国纸和纸板产量11375万吨的5.66%，在全国按纸和纸板产量排序为第6位。同比增长11.3%，增速比上年回落12个百分点。2012年是近10年来发展速度最慢的一年，福建纸业正处在寒冬季节。客观地说，以上成绩是福建造纸企业在极其艰难的条件下取得的。目前福建省造纸工业的发展速度与《福建省造纸工业发展"十二五"规划》预计的增长速度基本一致，与福建省一些社区市要争取国家绿色环保城市的设想基本一致。如果发展速度太快，资源环境未必承受得了，因此我们认为2012年福建造纸工业的增长速度是科学的和可持续的。

2012年福建省纸浆（原生浆及废纸浆）产量39.88万吨，同比减少8.6%；纸及纸板（外购原纸加工除外）产量643.86万吨，同比增长11.3%；其中未涂布印刷书写纸32.95万吨，同比减少0.3%；新闻纸16.60万吨，同比减少5.3%；涂布类印刷纸13.99万吨，同比增长5.4%；卫生用纸原纸41.45万吨，同比增长26.6%；箱纸板73.10万吨，同比增长14.3%。纸制品286.27万吨，同比增长8.8%；其中瓦楞纸箱159.70万吨，同比增长3.3%。

2012年福建省造纸工业总产值（现行价格）754.11亿元，同比增长17.5%；其中商品纸浆4.58亿元，同比减少18.3%；造纸268.50亿元，同比增长10%；纸制品481.04亿元，同比增长22.6%。销售产值715.46亿元，同比增长14.8%；其中造纸261.04亿元，同比增长9.4%。出口交货值31.10亿元，同比增长10%；其中造纸3.21亿元，同比减少14.3%。产销率94.87%，同比减少2.17%；其中造纸97.22%，同比减少0.54%。工业总产值（可比价格）767.36亿元，同比增长17%；其中造纸274.38亿元，同比增长10.8%。

2012年销售额2000万元以上规模企业459家，其中制浆4家、造纸142家；纸制品313家。亏损企业累计52家，同比增长30%；其中造纸20家，同比增长17.7%。应收账款87.14亿元，同比增长27.1%；其中造纸23.22亿元，同比增长3.6%。存货62.5亿元，同比增长15.1%；其中造纸24.4亿元，同比增长7.1%。产成品28.78%，同比增长17.5%；其中造纸15.1%，同比增长38.9%。流动资产合计329.73亿元，同比增长18.5%；其中造纸106.31亿元，同比增长3.2%。资产合计572.47亿元，同比增长16.3%；其中造纸226.11亿元，同比增长3.3%。负债合计331.77亿元，同比增长23.8%；其中造纸130.84亿元，同比增长4.1%。主营业务收入639.5亿元，同比增长9.9%；其中造纸237.48亿元，同比增长4.8%。主营业务成本550.75亿元，同比增长9.7%；其中造纸213.49亿元，同比增长4.6%。利润总额33.74亿元，同比增长17%；其中造纸8.41亿元，同比增长50.7%。亏损企业亏损总额4.26亿元，同比增长28.7%；其中造纸3.61亿元，同比增长22.4%。税金总额20.04亿元，同比增长29.1%；其中造纸5.91亿元，同比增长31.9%。应交增值税16.21亿元，同比增长28.9%；其中造纸5.22亿元，同比增长37.4%。全部从业人员平均人数9.31万人，同比增长11.6%；其中造纸2.98万人，同比增长0.5%。

根据2012年月份统计数据，2012年前三季度福建省造纸工业增速放缓明显，产量和产值的3个季度平均增速分别为9.74%和7.54%，增速创下近3年来的新低；四季度由于消费旺季的推动及新增优秀产能的投产等因素影响，行业经济增速重新回升至两位数，其中产量同比增速达16.7%，现价工业总产值同比增速达21.4%。

【环境保护与节能】

为实现造纸行业绿色发展，2012 年福建省造纸工业重点进行了以下 3 个工作。

1. 发布实施《福建省造纸工业发展“十二五”规划》，强调绿色发展

2011 年福建省发展和改革委员会委托福建省造纸工业协会编制《福建省造纸工业发展“十二五”规划》，并于 2012 年 12 月 19 日发布实施。这个规划是国家《造纸工业发展“十二五”规划》在福建省的具体落实。该规划的特点是特别强调科学发展，全文重在资源循环利用和生态环境保护，重在造纸工业污染物防治，尤其强调产业布局。

2. 举办了宣贯 4 个地方能耗标准的大型培训班，为行业节能奠定基础

2011 年由福建省造纸工业协会编制的福建省造纸行业 4 个强制性单位产品能耗标准经省经贸委和技监局联合发布实施。在此基础上，2012 年 12 月 18—20 日举办了宣贯这 4 个标准的大型培训班。培训班全面地解读了 4 个造纸行业强制性标准编制的根据和具体条文的确切含义。努力使福建省造纸企业能够在实际生产中应用标准，并按照标准的要求，控制生产过程的技术参数和建设项目设计的技术参数。2013 年进行能效对标试点工作，2014 年进行全面推进能效计量、审计和鼓励先进、鞭策后进的工作。

3. 发布《福建省制浆造纸工业水污染物排放标准》，强制造纸工业减排

2013 年 1 月 21 日福建省技监局和环保厅联合发布实施《福建省造纸工业水污染物排放标准》，该标准的有关污染物排放指标要求较大幅度地高于国家允许的排放要求，2013 年我们计划组织宣贯班，宣传贯彻该标准，并组织对标，根据造纸企业节能减排实际情况，予以奖惩，目的是使“十二五”造纸工业排放的污染物总量下降 20% 以上。

【基建和技改】

（1）福建省联盛纸业有限责任公司新增年产 200 万吨包装纸板项目，一期工程年产 80 万吨包装纸板项目已建成投产。设想当项目完成到年产 175 万吨包装纸板时拟暂停一段时间，根据市场情况，调整后再继续建设。

（2）玖龙纸业（泉州）有限公司新建年产 200 万吨包装纸板项目，一期工程年产 65 万吨包装纸板项目已经开始安装，预计 2013 年能够建成投产，设想当项目完成到年产 185 万吨包装纸板时拟暂停一段时间，根据市场情况，调整后再继续建设。

（3）金鹰亚太莆田林浆纸一体化项目（新增 125 万吨木浆和 100 万吨纸及纸板）已经完成前期工作，等待国家批准。

【2013 年展望】

2013 年 1 月 23 日国务院下发《循环经济发展战略及近期行动计划的通知》。具体条文有：“到 2015 年，纸及纸板综合能耗降到 530 千克标准煤/吨，纸浆综合能耗降到 370 千克标准煤/吨，纸浆、纸及纸板生产平均取水量降到 70 米$^3$/吨，废纸利用率达到 72%。”从各重点企业上报到福建省造纸工业协会的统计数据及清洁生产审核报过来的数据看，福建省重点造纸企业已经基本做到了这些指标的要求。设想 2013 年结合福建省 4 种纸的《单位产品能源消耗标准》、《福建省造纸工业水污染物排放标准》及《福建省造纸工业发展“十二五”规划》的发布实施，以及福建省经济贸易委员会《关于开展重点用能行业能效对标工作的通知》的贯彻实施，协会要配合政府有关部门，认真做好福建省造纸工业能效对标试点工作和污染物排放对标工作，派专家组深入企业认真统计、检测、审计，摸清准确的真实的数据，再考虑下一步怎么办。目前各地许多中型造纸企业正在进行转型发展和技术改造工作，初步统计技术提升项目有 20 多项。这些项目建设的环境要求各地市掌握不完全一致，但基本原则是各地市都不得超越省环保厅下达的总量要求。为此采取的产业政策方面的措施大体是：薄页纸和特种纸类建设项目建设规模必须达到年产 3 万吨以上，其他纸类（非特殊的）建设项目规模必须达到 6 万吨以上，包装纸板类建设规模必须达到年产 10 万吨以上。除生产的纸种有特殊要求以外，原则上要求项目必须实现生产废水零排放。中型以下造纸项目原则上不燃煤（使用开发区的蒸汽或燃烧生物质燃料等，在空气流动较好的临海地区可以考虑燃烧水煤浆），而且项目必须建设在县级工业区内，以便政府监管。其实这些也是《福建省“十二五”环境保护与生态建设专项规划》和《福建省造纸工业发展“十二五”规划》要求的。

福建省造纸工业协会将 2013 年定为“纸业生态环境年”和“纸产品营销促进年”，目的是帮助企业渡过这个艰难的寒冬。

（郑宝琛）

# 广西壮族自治区造纸工业

## Paper Industry in Guangxi Zhuang Autonomous Region

### 【行业概况】

2012 年广西壮族自治区制浆造纸规模以上企业 146 家，其中以木材为原料的制浆造纸企业 7 家，以蔗渣、竹子为原料的制浆造纸企业 23 家；以废纸为原料造纸企业 51 家；以商品浆为原料的造纸企业 65 家；从业人员 45000 人。

2012 年全区化学浆产量 191 万吨，其中，漂白蔗渣浆 98 万吨，化学木浆 27 万吨，半化学机械浆 51 万吨，漂白竹浆 15 万吨；机制纸及纸板产量 280 万吨，其中，生活用纸 106 万吨，文化用纸 24 万吨、瓦楞原纸 75 万吨、纱管纸 35 万吨、牛皮纸 10 万吨、口杯原纸 6 万吨，其他纸（卡纸、擦手纸）24 万吨；实现工业总产值 202.99 亿元，利税 17.25 亿元。

主要制浆造纸企业有广西金桂浆纸业有限公司、广西永凯糖纸有限责任公司、广西劲达兴纸业集团有限公司、广西华美纸业集团有限公司、南宁糖业股份有限公司、广西贵糖（集团）股份有限公司、广西南宁凤凰纸业有限公司、广西来宾东糖纸业有限公司、广西农垦糖业集团天成纸业有限公司、广西洋浦南华糖业集团股份有限公司、防城港市宏源浆纸有限公司、广西华怡纸业有限公司、广西田东金荣纸业有限公司、广西林业荔浦纸业有限公司、柳州两面针纸业有限公司、广西贺达纸业有限责任公司、广西华劲集团股份有限公司、广西东亚纸业有限公司和广西博冠纸业有限公司等。

### 【原料】

广西化学浆的生产以蔗渣浆为主，产量 98 万吨，大部分销售给区内生产生活用纸的企业，有少部分销售到广东省。主要的生产企业有东糖集团的横县冠桂糖业有限公司纸业分公司和广西来宾东糖纸业有限公司、南宁糖业集团的南宁市蒲庙造纸厂、广西农垦糖业集团天成纸业有限公司、广西田阳南华纸业有限公司、龙州南华纸业公司、广西凤糖鹿寨纸业有限公司等；生产的化学木浆、半化学机械浆只有少数本企业自用，大部分外卖，生产企业以广西金桂浆纸业有限公司、广西南宁凤凰纸业有限公司、广西贺达纸业有限责任公司为主；竹浆的生产企业以柳州两面针纸业有限公司、广西华劲集团股份有限公司为主，除自用外，大多数销售到生产生活用纸的企业配抄生活用纸；广西壮族自治区在 2012 年外购的木浆为 20 万吨（8 万吨针叶木浆，12 万吨阔叶木浆）。

全区造纸纤维原料结构为废纸浆 47.3%，蔗渣浆 32.1%，木浆 14.1%，竹浆 6.5%。虽然木浆产量比 2011 年有所提高，但部分木浆不在广西使用，广西造纸用原料结构与 2011 年相比变化不大。

### 【生产企业】

广西制浆造纸产区主要分布在南宁、贵港、柳州、来宾等地。2012 年区域制浆、造纸产量分布情况，见表 1；2012 年年产 10 万吨（浆、纸）以上制浆造纸企业，见表 2；2012 年年产 2 万吨以上生活用纸企业，见表 3。

### 【基建与技改】

广西金桂浆纸业有限公司的造纸部分申请试生产，已于 2013 年 3 月初获得了自治区环保厅的批准，目前正在调试，争取早日达到正常生产目标。纸机引进福伊特公司，打浆及流送系统的主要设备由美卓公司提供。纸机设计车速 1400 米/分，净纸宽 8100 毫米，是目前世界上最长、最快、最先进的机内涂布白卡纸机，配有三层复合成形的网部、靴式压榨部，还有硬压光、软压光、表面施胶及 4 台机上涂布机，采用 DCS 自动化控制系统、QCS 质量控制系统及纸病在线监测系统监测控制纸品的质量。

**表 1　2012 年广西浆纸区域产量分布情况**

单位：万吨

| | 浆产量 | 占全区比例/% | 纸产量 | 占全区比例/% |
|---|---|---|---|---|
| 南宁 | 55.8 | 29.2 | 110.7 | 39.5 |
| 百色 | 15.3 | 8.0 | 25.2 | 9.0 |
| 防城港 | 4.2 | 2.2 | 2.0 | 0.7 |
| 贵港 | 12.8 | 6.7 | 48.8 | 17.4 |
| 桂林 | 2.5 | 1.3 | 6.2 | 2.2 |
| 贺州 | 1.0 | 0.5 | 3.0 | 1.0 |
| 来宾 | 25.6 | 13.4 | 17.4 | 6.2 |
| 柳州 | 11.7 | 6.1 | 24.3 | 8.7 |
| 钦州 | 48.0 | 25.1 | 5.5 | 2.0 |
| 崇左 | 11.2 | 5.9 | 6.6 | 2.4 |
| 玉林 | 0.0 | 0.00 | 28.3 | 10.1 |
| 宜州 | 3.0 | 1.6 | 2.0 | 0.7 |
| 合计 | 191.0 | | 280.0 | |

**表 2　2012 年产量 10 万吨（浆、纸）以上制浆造纸企业**

| 序号 | 企业名称 | 产量/(万吨/年) |
|---|---|---|
| 1 | 广西金桂浆纸业有限公司 | 48.00 |
| 2 | 南宁糖业股份有限公司 | 32.06 |
| 3 | 广西来宾东糖纸业有限公司 | 22.50 |
| 4 | 广西华美纸业集团有限公司 | 20.00 |
| 5 | 广西田东金荣纸业有限公司 | 22.50 |
| 6 | 广西贵糖（集团）股份有限公司 | 18.50 |
| 7 | 广西南宁凤凰纸业有限公司 | 17.45 |
| 8 | 广西田阳南华纸业有限公司 | 11.75 |
| 9 | 广西永凯糖纸有限责任公司 | 11.30 |
| 10 | 广西林业荔浦纸业有限公司 | 10.10 |
| 11 | 广西劲达兴纸业集团有限公司 | 10.00 |

**表 3　2012 年生活用纸年产 2 万吨以上企业**

| 序号 | 企业名称 | 产量/(万吨/年) |
|---|---|---|
| 1 | 广西华美纸业集团有限公司 | 20.0 |
| 2 | 广西华怡纸业有限公司 | 5.5 |
| 3 | 广西洁宝金田纸业有限公司 | 4.0 |
| 4 | 广西贵糖（集团）股份有限公司 | 3.5 |
| 5 | 南宁天然纸业有限公司 | 3.5 |
| 6 | 广西田东金荣纸业有限公司 | 3.0 |
| 7 | 广西田东南华纸业有限公司 | 3.0 |
| 8 | 广西崇左市大明纸业有限公司 | 2.8 |
| 9 | 广西百色合众纸业有限责任公司 | 3.0 |
| 10 | 广西华劲集团股份有限公司 | 2.5 |

广西来宾华美纸业有限公司扩建年产 6 万吨生活用纸项目已进入设备安装阶段，预计于 2013 年下半年投产，投产后该公司生活用纸生产能力将达到 12 万吨/年。

广西永鑫华糖集团来宾纸业有限公司年产 9.8 万吨漂白蔗渣浆主体工程已完工，计划于 2013 年 6 月投产。该项目采用连续蒸煮和二氧化氯（$D_0E_pD_1$）漂白工艺。二氧化氯制备系统由广西博世科环保科技股份有限公司设计制造。

广西南宁凤凰纸业有限公司年产 2.5 万吨生活用纸新月形纸机生产线已安装完毕，将于 2013 年上半年投产。届时，该公司高档生活用纸的生产能力将达到 7.5 万吨/年。

广西田东南华纸业有限公司生活用纸改造工程于 2012 年底开工建设，将于 2013 年 8 月完工并投产，项目投产后，纸产能与水、电、汽供应平衡，生产能力达到 5 万吨/年，将会带来更好的经济效益。

广西华美纸业集团有限公司完成了对广西贺达纸业有限责任公司的收购工作，并将于 2013 年上半年恢复生产；同时成立广西贺达华美纸业公司，在广西贺达纸业有限责任公司厂区内建设年产 12 万吨高档生活用纸生产线。

## 【科研与技术进步】

（1）广西工信委与自治区环保厅于 2012 年 9 月 13 日在博冠纸业有限公司联合召开“广西制浆造纸行业全无氯、无元素氯漂白技术交流现场会”。通过本次技术交流现场会，帮助广西制浆造纸企业了解全无氯、无元素氯漂白新技术特点，推动制浆造纸企业加大技术改造力度。制订详细工作推进计划，鼓励企业实施漂白工艺技改，并优先给予资金支持；对完成无元素氯和全无氯漂白工艺技改的企业优先考虑给予扩建制浆造纸项目安排。

（2）为履行《关于持久性有机污染物的斯德哥尔摩公约》，落实《中国履行〈关于持久性有机污染物的斯德哥尔摩公约〉国家实施计划》的要求，国家环境保护部环境保护对外合作中心与世界银行合作开发并启动了“全球环境基金‘中国制浆造纸行业二噁英减排项目’”，南宁糖业股份有限公司获得资助，资金用于该公司蔗渣浆 ECF 漂白项目。

（3）广西博世科环保科技股份有限公司实施“轻工过程高浓度有机废水处理关键设备及工程化技术集成创新”项目，该项目已成功应用于制浆造纸工业。项目通过对上流式多级处理厌氧反应器（UMAR）的基础研究与开发，形成了三相分离器、内循环、旋流式布水、沼气纯化、生物加速厌氧污泥颗粒化等具有自主知识产权的核心技术，利用该技术处理制浆造纸中的高浓有机废水，$COD_{Cr}$去除率最高可达90%以上、甲烷产率0.35 米$^3$/千克$COD_{Cr}$以上、颗粒污泥产量0.02千克/千克$COD_{Cr}$以上。通过对上流式多相废水处理氧化塔（UHOFe）的基础研究与开发，形成了载体覆膜、异相催化氧化、旋流式布水、双氧水缓释等具有知识产权的核心技术。实现了难生化降解废水的深度处理，确保难生化降解废水的达标排放。通过对连续逆流砂滤器的基础研究与开发，形成了汽提、连续洗砂等自主知识产权的核心技术。实现了废水净化过程连续、稳定运行。该技术用于生化及深度处理废水的回用，降低了出水的浊度与色度，提高了回用的水质。实现了UMAR厌氧处理、UHOFe深度处理及连续逆流砂滤技术等的工程化集成，有效降低了制浆造纸过程废水的污染负荷，使出水达到现行排放标准及回用的要求。该项目也可用于其他轻工生产过程。

上述技术拥有完全自主知识产权，实现了设备国产化，替代进口设备技术，自UMAR技术推出后，结束了国外企业依靠技术垄断牟取高额利润的时代。依靠性价比高的优势，UMAR、UHOFe和逆流连续砂滤技术市场占有率迅速提高，大大地降低了轻工过程废水处理投资与运行成本，有力地推动了行业的技术进步与清洁化生产水平的提高。

（4）广西科学研究与技术开发计划“纸浆漂白配套二氧化氯制备系统的研发及产业化”项目，该项目属于广西千亿元产业重大科技攻关工程项目，由广西博世科环保科技股份有限公司实施。

完成纸浆漂白配套二氧化氯制备系统研制，重点开展具有流体旋转搅拌功能二氧化氯反应器、两级分离式芒硝过滤机、表面冷凝器和二氧化氯吸收塔等核心设备开展创新设计，已完成1～20吨/日系列规格的二氧化氯核心设备化工工艺计算、物料衡算、热平衡计算，形成设计技术参数。

实现DCS控制逻辑、安全联锁，制备系统对甲醇卸供料系统、硫酸卸供料系统、氯酸钠溶解、供料系统、再沸器、发生器系统、吸收系统、冷冻水系统、冷凝水系统、应急水供给、计量、芒硝过滤系统进行DCS控制。

完成5套3～12吨/日大型二氧化氯制备系统产业化建设，2套正在实施建设、2套已签订项目合同，其中印尼金光集团LONTAR浆厂12吨/日大型二氧化氯制备系统已经于2013年2月投产，应用于该厂木浆ECF漂白，广西博世科环保科技股份有限公司二氧化氯制备系统走向海外。

实现了二氧化氯制备系统国产化，申请专利14项，均已获得授权，其中发明专利4项，实用新型专利10项；公开发表技术论文6篇；编制甲醇法二氧化氯制备系统企业标准（Q/BSC07—2011）；对促进制浆造纸企业实现由传统CEH三段漂白工艺转向ECF无元素氯漂白工艺，减少废水COD、AOX排放，保护生态环境有重大的意义。

## 【环境保护与节能】

为从根本上解决制约广西制浆造纸产业发展的突出问题，确保全区制浆企业废水污染物达标排放和实现“十二五”主要污染物减排目标，自治区工信委、环保厅、水利厅联合报请自治区政府同意，出台《关于进一步加强我区制浆行业污染减排工作的通知》，加快制浆造纸企业全无氯或无元素氯漂白工艺改造，减少吨浆废水排放量、降低化学需氧量、氨氮污染负荷等，确保广西各企业排放满足现行《GB 3544—2008 制浆造纸工业水污染物排放标准》控制限值。要求2014年12月底前，要完成传统元素氯漂白工艺升级改造为无元素氯和全无氯漂白工艺，改造完成率要达100%。到“十二五”末期，实现制浆吨浆产品废水排放量降低40%以上，漂白车间废水AOX污染物排放浓度稳定达标。对企业实施漂白工艺技改，对完成无元素氯和全无氯漂白工艺技改的企业优先考虑给予扩建制浆造纸项目安排和优先给予资金支持；对不落实无元素氯和全无氯漂白工艺技改的企业暂停该企业的产能扩建或技改项目审批。

2012年，广西壮族自治区认真贯彻落实国家节能减排目标责任制度，积极推广清洁生产技术，高效利用资源，节水、节能、减污、增效，不断加强各项节能降耗工作，关停了32家工艺落后、设备陈旧、能耗超标的落后企业，淘汰落后产能达到25万吨；规模以上企业均设置了废气、废水的终端处理装置、净化筛选流程采用了封闭筛选流程，所有新建项目采用无元素氯漂白或全无氯漂白工艺，代替传统的氯和次氯酸盐漂白，从源头上减少制浆过程各种污染物的排放量。

【发展目标】

认真按照自治区关于开展以环境倒逼机制推动产业转型升级攻坚战的决定，全力推进林（竹）浆纸一体化、继续重点支持大型糖业集团发展蔗渣造纸，扩展循环经济产业企业，使造纸工业向着规模化、清洁化、品牌化、现代化发展。到2015年广西实现造纸与木材加工产业销售收入超千亿元的发展目标。

（黄显南）

# 四川省造纸工业

## Paper Industry in Sichuan Province

### 【行业概况】

2012 年是四川省造纸工业技改扩能、调整产品结构、节能减排、淘汰落后产能，推行清洁生产，实现四川省造纸产业“十二五”规划关键年。2012 年全省规模以上制浆造纸企业 142 家，实现工业总产值 204.9 亿元，同比增长 4.38%；实现利税 23.12 亿元，同比增长 6.74%（其中，利润 13.6 亿元，同比增长 19.5%）；1—12 月生产机制纸及纸板产量 237.1 万吨，同比减少 11.95%（其中，制浆企业 6 家，生产商品竹浆 36.1 万吨，同比减少 17.94%）；规模以下制浆造纸企业生产纸及纸板 55 万吨，与 2011 年持平，在全国排名第 10 位。全省规模以上纸制品企业 175 家，生产量 198.5 万吨，同比增长 15.52%，产值 220.6 亿元，同比增长 14.42%，在全国排名第 9 位。

### 【原料】

全省竹子制浆造纸企业近 20 家，年生产能力近 150 万吨，年生产量 150 万吨以上。其中，竹材化学浆生产能力 100 万吨，年生产量 68 万吨，本省消费近 60 万吨。制浆造纸原料结构：木浆 5%，进口或省外；竹浆 38%，省内或省外；废纸 57%，省内或进口。

### 【生产企业】

2012 年纸及纸板年生产能力 30 万吨的企业有 1 家：四川永丰纸业股份有限公司生产漂白竹浆 25 万吨，高档文化用纸 5 万吨，卫生纸 3 万吨。年生产能力 20 万吨的企业有 3 家：宜宾纸业股份有限公司生产食品包装原纸、新闻纸，四川新津晨龙纸业有限公司生产包装纸板，宜宾蓝天纸业有限公司生产涂布白纸板。年生产能力 10 万吨以上的企业有 3 家：四川华侨凤凰纸业有限公司生产涂布白纸板，广汉市顺发有限公司生产包装纸板和绵竹仟森纸业有限公司生产包装纸板。年生产能力 5 万吨以上的企业有 12 家：四川银鸽制竹浆纸业有限公司生产中高档文化用纸、牛皮纸，玖龙浆纸（乐山）有限公司生产特种纸，四川丰华纸业有限公司生产中高档文化用纸，安县纸业有限公司生产漂白竹浆、高档文化用纸，四川犍为凤生纸业有限公司生产中高档文化用纸、卫生纸，四川天竹竹资源开发有限公司生产溶解浆竹纤维素，中冶美利峡山纸业有限公司生产漂白竹浆，乐山福华纸业有限公司生产漂白竹浆、卫生纸，眉山市鸿源纸业有限公司生产漂白竹浆、卫生纸，四川蜀邦实业（纸业）有限公司生产中高档包装纸板，成都天天纸业有限公司生产高档生活用纸，高县华盛纸业有限公司生产牛皮包装用纸、信封纸。

### 【基建与技改】

2012 年重点技改扩建、新建项目进展情况。

（1）四川永丰浆纸有限公司新建泸州叙永年产 20 万吨竹浆一体化项目正在建设中。

（2）宜宾纸业股份有限公司异地搬迁年产 20 万吨食品包装原纸及 10 万吨文化用纸项目正在建设中。

（3）四川金田纸业有限公司年产 60 万吨工业纸板项目正在建设中。

（4）四川犍为凤生纸业有限公司异地搬迁年产 6.8 万吨文化用纸项目正在安装设备调试中。

（5）维达纸业（四川）有限公司二期扩建年产 3 万吨高档生活用纸项目已投产。

（6）成都天天纸业有限公司扩建年产 3 万吨高档生活用纸项目正在安装调试中。

（7）四川天竹竹资源开发有限公司异地搬迁年产 10 万吨溶解浆项目正在建设中。

（8）四川银鸽竹浆纸业有限公司技改扩建 DDS 置换蒸煮、配套碱回收年产 8 万吨竹浆项目正在试车调试中。

（9）四川新津晨龙纸业有限公司技改扩建年产

10万吨箱纸板项目设备正在安装调试中。

（10）绵竹仟森纸业有限公司技改扩建年产30万吨箱纸板、高强瓦楞原纸项目正在安装调试中。

（11）四川蜀邦实业（纸业）有限公司技改扩建年产1.5万吨高档卫生纸项目正在安装调试中。

（12）占地面积33.33公顷什邡绿色低碳竹浆生活用纸加工工业园以四川望风青苹果纸业有限公司为首的10家生活用纸加工企业正在建设中。

（13）简阳市永和纸业有限公司技改扩建年产10万吨废纸脱墨浆生产文化用纸项目设备安装调试中。

（14）安县纸业有限公司扩建年产3万吨高档生活用纸项目正在安装调试中，普通蒸煮改造为低能耗间歇蒸煮项目已正式投运。

（15）乐山金福纸品公司碱回收及热电站项目正在安装调试中，制浆系统改造项目正在实施中。

（16）四川石化雅诗纸业有限公司异地搬迁年产3万吨高档生活用纸加工项目已投产。

（17）沭川禾丰纸业有限公司扩建年产2.5万吨高档生活用纸项目设备安装调试中。

（18）四川迅源纸业有限公司新建年产30万吨高强瓦楞原纸项目正在建设中。

（19）乐山市成发造纸机械制造有限公司新建年产5万吨特种纸项目设备正在试车调试中。

（20）成都海龙纸业有限公司扩建年产10万吨高强瓦楞原纸项目设备正在试车调试中。

（21）三台县三角生活用纸制造有限公司异地搬迁年产3万吨高档生活用纸生产与加工项目正在建设中。

（22）成都美岭纸业有限公司扩建年产10万吨高强瓦楞原纸项目正在建设中。

（23）内江金子山纸业有限公司扩建年产10万吨高强瓦楞原纸项目正在规划建设中。

## 【环境保护与节能】

节能减排、淘汰落后产能政策遏制了高能耗、高污染、低效能的企业和产品。2012年淘汰落后产能57.5万吨，涉及企业44家；规模以上企业能耗16.94亿千瓦时，同比降低2.76%。

## 【品牌建设情况】

2012年四川省造纸行业协会先后推荐成都金香城纸业有限公司“唯思”牌，成都市豪盛华达纸业有限公司“家必备”牌，四川兴睿龙实业有限公司“千唯”、“多柔多”牌，四川华侨凤凰纸业有限公司“凤凰”牌，四川永丰纸业股份有限公司“永丰簿”牌，沭川禾丰纸业有限公司“禾风”牌，成都百信纸业有限公司“舒颜”、“竹福”牌产品为四川省、成都市著名商标和名牌产品。这些品牌都获得了工商和质检部门的批复、认定。

## 【发展目标】

（1）抓好竹子制浆企业新建、扩建、技改项目。抓好四川永丰浆纸有限公司新建泸州叙永年产20万吨林竹浆一体化项目，宜宾纸业股份有限公司异地搬迁年产20万吨食品包装原纸及10万吨文化用纸项目，四川天竹竹资源开发有限公司异地搬迁年产10万吨溶解浆项目等重大项目的开工建设，形成行业增长的重要支撑。同时，着力抓好竹原料基地建设，重点推广低能耗间歇蒸煮、二氧化氯漂白，低臭、次高压碱回收技术。

（2）发展壮大优势的竹浆生活用纸，提高产业集中度。重点抓好占地面积33.33公顷什邡绿色低碳竹浆生活用纸加工工业园建设，力争2013年12月基本建成，建成后将形成年产20万吨生活用纸加工能力。积极协助青神县竹编工业开发区“园中园”四川竹纤维循环经济工业园生活用纸生产企业、生活用纸加工企业的招商引资和规划建设工作。做好竹浆生活用纸生产企业高速、宽幅卫生纸机的推广工作。

（3）搞好生活用纸加工企业加工设备的升级换代，重点推广自动卷取、分切、包装一体化的先进技术和装备的应用，提高竹浆生活用纸产品质量，降低生活用纸生产成本，提高竹浆生活用纸在国内市场的竞争力。

（4）抓好包装纸板新扩建项目，重点开发低定量、高强度、功能化的食品包装用纸、蜂窝纸板、白卡纸、高档涂布（白）箱纸板、牛皮箱纸板、牛卡纸等产品。积极推广宽幅、高车速、低定量纸板机的装备应用。

（5）重点开发功能性强、高附加值和适销对路的特种纸产品。

（6）创立名牌产品和著名商标，提升四川省特色低碳、绿色、环保、可再生的竹浆纸品牌。行业协会将继续做好名牌产品和著名商标的推荐工作。

（7）大力实施行业节能减排、清洁生产，在2013年内将完成淘汰造纸工业落后生产能力40万吨的任务。

（李　途　罗福刚）

# 湖北省造纸工业

# Paper Industry in Hubei Province

## 【行业概况】

2012 年世界金融危机仍未缓解，国家经济结构进行调整，经济增长速度放缓。湖北省造纸企业和全国造纸企业一样，企业开工率不高，生产成本上升，产品价格下调。在这种情况下，湖北省造纸企业直面困难，努力拼搏，交出了一份较好的答卷。根据全国工商联纸业商会和中国轻工业信息中心《中国纸业发展暨 2013 年趋势研究报告》，2012 年湖北省纸及纸板的生产量 225.68 万吨，比湖北省统计局 2011 年公布的 249.28 万吨，减少了 23.60 万吨。据统计，2012 年湖北省规模以上的造纸企业 54 家，制浆企业 2 家，纸浆生产量 7.61 万吨；按 54 家造纸企业计算，2012 年全省造纸企业平均生产量 4.18 万吨，产品销售收入 189.5 亿元，利税 6.87 亿元，利润 2.75 亿元。

按照国家统计口径，湖北省造纸行业纸及纸板生产量历史上首次跨越 200 万吨，但依然列在全国第 11 位，名次并没有前移。

## 【原料】

湖北省造纸纤维原料资源丰富，由 9 部委联合发布的《造纸工业发展“十二五”规划》充分肯定了湖北省适宜发展速生材丰产林的地理优势和环境优势，全省森林覆盖率超过 40%。除木材纤维原料以外，湖北省草类纤维原料品种繁多，比如：芦苇、龙须草、芭茅秆、竹子、麦草、棉秆等原料。并且湖北省承东启西，水陆铁机配套齐全，是全国交通枢纽，造纸纤维原料运输方便。

随着废纸纤维在造纸原料中的比例越来越大，近年来，湖北省新增造纸企业与生产线大都是以废纸为原料，例如武汉金凤凰纸业有限公司和湖北宏发再生资源科技发展有限公司等，包装纸板生产能力在20 万 ~35 万吨/年以上。不仅如此，湖北省许多造纸企业还用废纸纤维作为文化用纸的原料，如武汉晨鸣汉阳纸业有限公司以废纸为主要原料生产高档文化用纸；湖北华海再生纤维科技股份有限公司用废纸和化机木浆生产印刷书写纸、胶印书刊纸等产品；湖北宝塔纸业有限公司用废纸生产新闻纸和双胶纸。废纸纤维大约占造纸原料比例的 65%。

## 【生产企业】

目前，湖北省纸及纸板生产能力超过 30 万吨/年的企业有 3 家：湖北荆州拍马林浆纸集团、武汉金凤凰纸业有限公司、武汉晨鸣汉阳纸业有限公司；生产能力 20 万吨/年以上的企业 2 家：湖北宏发再生资源科技发展有限公司、湖北雅都恒兴纸业有限公司。生产能力 10 万 ~20 万吨/年的企业有湖北保利集团纸业有限公司、武汉市木兰纸业有限公司、赤壁晨鸣纸业有限责任公司及金红叶纸业（湖北）有限公司、维达纸业（湖北）有限公司共计 5 家。生产能力 5 万 ~10 万吨/年的企业有湖北华海纤维科技股份有限公司、湖北宝塔纸业有限公司、湖北宜昌翔陵纸制品有限公司、湖北大枫纸业有限公司、钟祥市应强纸业有限公司、湖北广发纸业有限公司、随州丰源纸业有限责任公司、湖北金庄纸业有限公司等十几家企业。

2012 年湖北省造纸生产能力与产量前 10 名的企业见表 1、表 2。

**表 1 2012 年湖北省生产能力前 10 名的造纸企业**

| 序号 | 企业名称 | 生产能力 /(万吨/年) | 主要产品 |
|---|---|---|---|
| 1 | 湖北荆州拍马林浆纸集团 | 45 | 涂布白卡纸、生活用纸 |
| 2 | 武汉晨鸣汉阳纸业有限公司 | 40 | 文化用纸 |
| 3 | 武汉金凤凰纸业有限公司 | 35 | 高强瓦楞原纸 |

续表

| 序号 | 企业名称 | 生产能力/(万吨/年) | 主要产品 |
|---|---|---|---|
| 4 | 湖北宏发再生资源科技发展有限公司 | 20 | 高强箱纸板 |
| 5 | 湖北雅都恒兴纸业有限公司 | 20 | 高强瓦楞原纸 |
| 6 | 湖北保利集团纸业有限公司 | 15 | 包装纸板 |
| 7 | 维达纸业（湖北）有限公司 | 14 | 生活用纸 |
| 8 | 金红叶纸业（湖北）有限公司 | 12 | 生活用纸 |
| 9 | 赤壁晨鸣纸业有限责任公司 | 10 | 文化用纸 |
| 10 | 武汉市木兰纸业有限公司 | 10 | 高强瓦楞原纸 |

**表 2　2012 年湖北省纸及纸板产量前 10 名的造纸企业**

| 序号 | 企业名称 | 产量/万吨 |
|---|---|---|
| 1 | 湖北荆州拍马林浆纸集团 | 40 |
| 2 | 武汉晨鸣汉阳纸业有限公司 | 29.7 |
| 3 | 武汉金凤凰纸业有限公司 | 23.9 |
| 4 | 湖北宏发再生资源科技发展有限公司 | 17 |
| 5 | 维达纸业（湖北）有限公司 | 12 |
| 6 | 金红叶纸业（湖北）有限公司 | 10 |
| 7 | 湖北保利集团纸业有限公司 | 9.9 |
| 8 | 赤壁晨鸣纸业有限责任公司 | 9.45 |
| 9 | 武汉市木兰纸业有限公司 | 7.8 |
| 10 | 湖北宜昌翔陵纸制品有限公司 | 6.9 |

## 【基建与技改】

2012 年湖北省造纸企业基本建设和技术改造项目主要有：

（1）湖北荆州拍马林浆纸集团的林业科技产业园投资近 40 亿元建设的年产 10.2 万吨扑克牌纸生产线、20 万吨烟卡纸生产线和 30 万吨杨木化机浆生产线等项目均已开工，预计 2014 年建成。

（2）维达纸业（湖北）有限公司 2012 年在孝感投产 2 台新月形卫生纸机，生产能力 4 万吨/年。至此维达纸业（湖北）纸业有限公司卫生纸的生产能力达到 14 万吨/年。

（3）金红叶纸业（湖北）有限公司 2012 年 5 月在孝感投产 1 台生产能力 6 万吨/年的新月形纸机，在孝感的总生产能力达到 12 万吨/年。计划 2013 年再上 2 台纸机，生产能力 12 万吨/年，总生产能力达到 24 万吨。

（4）武汉金凤凰纸业有限公司在 2012 年新上 2 台幅宽 4400 毫米纸机，预计 2013 年 4 月投产，生产能力达到 50 万吨/年。

（5）湖北德力纸业有限公司一期年产 50 万吨高档包装用纸项目正在进行中，湖北德力纸业有限公司项目部已在咸宁赤壁市挂牌。

（6）湖北宜昌翔陵纸制品有限公司投资 2.5 亿元高强瓦楞原纸技改项目，生产能力 10 万吨/年，设备已全部安装完毕，2013 年上半年试产。

（7）黄冈晨鸣浆纸有限公司年产 30 万吨漂白硫酸盐针叶木浆项目正在推进中。

（8）武汉晨鸣汉阳纸业有限公司计划在其二厂投资 4.89 亿元建设生活用纸生产线，生产能力 6.8 万吨/年。在此基础上，拟再投资 17.8 亿元再上二期生活用纸项目，以及对幅宽 4800 毫米纸机进行改造，使文化用纸年生产量达到 20 万吨，生活用纸生产量达到 13.6 万吨。

## 【环境保护与节能】

2012 年湖北省淘汰落后产能生产线 19 条（台），共计产能 15.5 万吨。从 2007 年起湖北省共计淘汰落后产能 196.83 万吨，2012 年底武汉晨鸣汉阳纸业有限公司一厂由于环保拆迁，将要淘汰产能 25 万吨，加上省内还有一批落后产能要淘汰，因此 2013 年湖北省造纸工业淘汰落后产能的任务艰巨。

武汉帅伦纸业有限公司由于废气超标排放，噪声扰民被挂牌督办，于 2012 年 10 月 30 日前关闭。

## 【科研与技术进步】

武汉生威自动化工程有限公司研发的 SJQF－1400 高浓浆料取样阀，是一款通过手动操作提取高浓度纸浆浆料的取样阀，填补了高浓度纸浆浆料手动取样产品的空白。

湖北工业大学谢益民教授主持的“无甲醛农作物秸秆中密度纤维板”项目已申请了 2 项国家专利，国家专利局已受理并在公示中。

## 【发展中的问题】

湖北省造纸工业近2年有了一定的进步，但在全国仍然处于中下游水平，且与山东省、广东省、江苏省、浙江省等造纸大省相比差距巨大。湖北省造纸企业规模虽然与全国造纸企业平均规模相差不大，但目前为止，还没有1家年生产量超过50万吨的企业，可能连全国前80强造纸企业也进不了。在技术进步上，迈的步子不大，取得的成绩不多，因此，要加大发展造纸工业的步伐，使湖北省造纸企业尽快赶上全国造纸工业发展的步伐。

（张啟平）

# 天津市造纸工业

## Paper Industry in Tianjin City

### 【行业概况】

2012 年天津市造纸工业紧密结合本地资源特点和周边市场需求，进一步发挥港口优势，以和谐发展、科学发展为指导思想，坚持环境友好型造纸企业建设理念，逐渐步入以废纸、棉秆等再生植物纤维资源为原料，在现代化纸板生产线完成各种包装纸板产品大规模生产的快速增长期。目前，天津市造纸工业规模以上企业机制纸产量超过 125 万吨，其产品种类以各等级的高强瓦楞原纸和挂面箱纸板为主，另外包括部分高档证券纸、防伪纸及多种工业原纸等高附加值产品。全市有造纸及纸制品相关企业 1472 家，规模以上工业企业从业人员 21000 多人，工业总产值 158 亿元，资产总值 177.1 亿元，固定资产总值超过 48 亿元，主营业务收入 141.3 亿元，利税总额 14 亿元，利润总额 9.7 亿元；现有新上项目中以废纸为原料的白卡纸、灰底白卡纸及以煤电废料粉煤灰综合利用生产高填料文化用纸为主要产品种类，逐步丰富天津市纸张产品类型。天津市造纸原料来源主要依托港口优势，以进口美废为主，国废和少量自制浆原料的使用规模也在日益提高，不断适应周边市场对于不同等级产品的多层次需求。

### 【生产企业】

天津市造纸工业的发展面临着水资源和林产资源短缺等不利因素，同时也具有港口城市交通便利、进出口贸易发达等优势特点。这些因素共同决定了天津市造纸工业的发展必须遵循低污染、低消耗，主要原料和产品均为外购外销等发展途径。一些落后的生产经营方式难以适应新的发展形势和需求，因此必将被逐步淘汰。今后，随着天津市整体工业构架的逐步明晰和完善，具有一定生产规模、适应天津市资源特点的造纸企业，将逐步成为天津市造纸工业发展的中流砥柱。根据现有资料，目前发展态势较好并具有一定生产规模的部分企业包括：

（1）天津广聚源纸业有限公司　天津广聚源纸业公司始建于2005 年，坐落于天津市津南区咸水沽镇的海河科技园区，厂区占地面积 40 公顷，建筑面积 8 万米$^2$，注册资金 1.665 亿元，现有员工 400 余名，拥有大批专业技术人才和生产骨干，企业年产值 2 亿元。公司以高新技术为依托，本着建设资源节约型、环境友好型企业的宗旨，努力促进循环经济的发展，打造环保、低碳、高效的新型企业。曾荣获天津市劳动和社会保障局授予的“A 级劳动关系和谐企业”，政府授予的“津南区纳税大户”、“循环经济示范企业”等荣誉称号，已成为地区支柱产业。

天津广聚源纸业有限公司经营范围涉及机制纸、纸板、生物纸浆制造及销售等。拥有国内先进的生产技术和设备，公司现有 1 条造纸生产线，年生产能力 6 万吨。2013 年拟建设节能型年产 12 万吨高档工业原纸（4200/500）生产线以及相应的辅助系统改造。包括新增 1 台 DCS、QCS 自控双叠网 4200/500 纸机、1 套自动制浆生产线及可控热泵系统、密闭气罩热能回收装置等附属设备 6 台。该公司正式投入生产运行以来，连续 2 年总产值过亿元。企业 2010 年底投产的二期建设项目使产能再扩大 3 倍，年产值将达到 12 亿元以上，开始驶入加速发展的快车道。

天津广聚源纸业有限公司以农作物废弃物（稻草、棉秆）和生活包装废弃物（废纸箱）为纤维原料，将废弃物转化为再生资源，促进了循环经济的发展。在实际生产中，企业积极引进科技手段，采用生物预处理机械浆制浆技术生产稻草、棉秆高得率本色浆，制浆得率高、能耗低、质量好、污染轻，形成了具有自主知识产权的清洁制浆技术。该公司主要使用城市污水处理厂的中水为主要生产用水，在工艺流程设计中对生产过程的用水采取了节流-治污相结合的方法，水的重复利用率超过了90%，保证企业步入了清洁、节能的生产轨道，实现了资源优化配置。

(2) 玖龙纸业（天津）有限公司 该公司是玖龙控股集团于2007年底开工建设的独资大型高档包装用纸生产企业。位于天津市宁河县经济开发区，处于环渤海区经济中心，距离天津港只有30公里，毗邻滨海新区，交通便利，占地面积约240公顷。基地项目总投资88亿元。该公司于2009年6月投产运行的一期工程产能为80万吨，包括1台年产45万吨高档牛卡纸和1台年产35万吨高强瓦楞原纸机。二期工程设计产能为140万吨，包括3台纸机，分别为1台年产45万吨的高档牛皮卡纸机和1台年产35万吨的高强瓦楞原纸机及1台年产60万吨的涂布白纸板机，已于2011年底正式投产。三期工程建设也将继续进行。建成后，总产能达到335万吨/年，产品也将从原有的高强瓦楞原纸、全废纸牛卡纸等本色浆产品进一步扩展到包括全废纸脱墨漂白浆生产的白卡纸、白面牛卡纸和灰底白卡纸等更多种类。

玖龙纸业（天津）有限公司高档包装用纸生产二期、三期项目，累计投资超过40亿元。

(3) 天津万利天然纤维薄膜有限公司 该公司为中外合资企业，自1994年建厂以来，始终坚持以创新求发展的总体思路，坚持走能源消耗少，环境污染小，经济效益高的新型工业化和循环经济的发展道路。公司占地面积9.67公顷，另有池塘8.7公顷，现有职工500人，各类专业技术人员100余人，现有1880毫米、2200毫米、3400毫米圆网纸机各1台，3800毫米长网纸机生产线2条，年生产高强瓦楞原纸15万吨，资产总值达1.8亿元。2008年公司实现销售收入2.02亿元，创利税990万元，产品分别达到国家A级和B级标准，产品实现全产全销。公司生产的“中马牌”高强瓦楞原纸被市乡镇企业局授予“天津市乡镇企业名牌产品”；并获得天津市“管理优秀企业”奖牌；公司“全废纸制造B级高强瓦楞原纸生产用水零排放技术研究和应用”项目，2003年6月29日通过了市科委的科技成果鉴定，并获得了“天津市科技成果三等奖”和市经委颁发的“优秀节能、节水项目奖”；2006年9月完成了环境管理体系和质量管理体系的国际标准认证，企业管理逐步走上正轨。公司增加厌氧处理系统后，在满负荷生产的情况下，每天产生沼气4000~5000米$^3$。为使沼气得到充分利用，在原有2套沼气综合利用系统的情况下，2008年在3400毫米纸机又研制了1套沼气利用系统，经过实际运行，取得了满意效果。此项技术的应用可提高纸机车速6米/分，年可增加经济效益70万元，不但完全消除了大气污染，又节约了能源，降低了生产成本。

(4) 天津环球高新造纸网业有限公司 该公司是为造纸行业生产配套造纸用网的重点骨干企业，公司的前身是天津市造纸网厂。现有在岗员工300人，其中包括管理人员28人，工程技术人员98人，占地面积67109米$^2$。

公司拥有50多年的历史，技术力量雄厚。早在20世纪80年代初，就开始研制和生产聚酯网，是全国首家引进国外技术、设备的企业，具有年生产15万米$^2$的能力。多年来，公司注重发挥技术优势，先后研制了双层网、十六综、两层半网及圆丝、扁丝干网等新产品。目前主导产品已经发展形成品种化、系列化的趋势，远销全国28个省、市、自治区。产品的产量、品种、质量、市场占有率均名列全国行业前3，深受广大用户的欢迎。

多年来公司不断扩大生产规模，目前主导产品是：聚酯成形网、聚酯干网两大系列，并多次荣获部、市优质产品称号。聚酯网、聚酯单丝均采用国际标准并且均获得国际标准认证的证书，同时27254型聚酯成形网荣获国家金质奖。企业荣获“行业百强企业”、“天津市优秀企业”等多项荣誉称号。

(5) 天津市合成材料工业研究所 天津市合成材料工业研究所成立于1957年，是天津市骨干研究所之一，简称“合材所”。合材所是我国高分子材料及精细化学品的研发基地和专业生产商。在环氧树脂、聚氨酯、专用树脂及有机化合物的合成与应用领域取得了600多项科研成果，其中获得部、市级以上科技奖励80余项，许多科研成果都达到了国内首创或国内领先水平。该研究所研发并生产的造纸用阳离子中性施胶剂、CSB型阳离子中性施胶剂、瓦楞原纸用阳离子表面施胶剂等新型高分子造纸化学品，可以用于纸板、高档纸、特种纸及工业包装用纸的施胶，解决了目前在瓦楞原纸生产中面临的由于回收纤维的质量不断降低，造成瓦楞原纸质量下降和因夏季潮湿引起的强度降低的问题。

合材所造纸化学品事业部主要从事造纸用助剂的研究开发和生产，车间配备有先进的化工生产设备，产品检测体系完善；事业部科研人员拥有较强的研发能力，并且与高校科研单位及其他大型化工企业保持着广泛的技术合作与交流，为事业部的长远发展奠定了雄厚的技术基础。

（6）国能纸业有限公司　该公司成立于2011年1月，注册资本金为11200万元，由我国五大发电公司之一的大唐国际发电股份有限公司控股投资组建。公司位于天津武清国家级工业园，主要从事纸制品制造、加工、销售和技术开发、咨询服务及转让。以文化用纸为主要产品，所采用的“高填料文化用纸及其生产方法”具有自主知识产权。该技术是基于粉煤灰提取氧化铝联产的硅酸钙作为新型造纸填料，该填料的使用符合国家循环经济要求。

该项目分三期建设，总规划年产100万吨文化用纸；其中一期规模为年产10万吨文化用纸，总投资5.57亿元；二期规模为30万吨/年；三期规模为60万吨/年。公司长期目标是在天津建设成为国内首屈一指的高填料文化用纸的示范产业基地。

## 【基建与技改】

目前在天津市生存和发展的造纸企业，大都具有资源消耗最小化、污染控制技术有特色、有成效等技术特点。这是天津市自然条件、政策条件及市场条件等多种因素共同作用的必然结果，也是天津市造纸工业可持续发展的必经之路。

国能纸业有限公司一期工程，已征土地18.2公顷，目前项目前期工作已全部结束。项目一期拟建1台年产10万吨的文化用纸机，以印刷书写纸、静电复印纸和轻型纸为主。纸机幅宽4400毫米，设计车速1000米/分，工作车速900米/分，定量50～100克/米$^2$。原料为外购商品化学浆和机械浆，考虑自制废纸浆。按照总体部署，该项目已完成设计、纸机招标，开始进行厂区的土建施工阶段，计划2014年一期建设完工投产。

玖龙纸业（天津）有限公司三期工程项目正在建设，计划在2013年正式投产。

## 【科研与技术进步】

目前，天津市造纸行业坚持走“产学研结合”技术发展之路，各企业和科研院所以科技创新为先导，积极开展科研项目合作及技术开发工作，达到促进企业良性健康发展的目的。天津市造纸大中型工业企业科学研究与试验发展（R&D）活动积极开展，2011年企业R&D活动经费内部支出总额2.45亿元；大中型工业企业科技机构9个，科技机构R&D活动经费支出4000万元，专利申请数159件，其中发明专利34件。

天津科技大学制浆造纸专业与天津市乃至国内外众多造纸企业多年保持着紧密合作关系。现已完成来自于国际合作、国家“十一五”规划、“十二五”规划和天津市科委及全国大中型造纸企业的委托科研项目多项，对于促进我国造纸工业的技术进步和发展起到了重要的作用。

近2年来，天津科技大学承担的国家级重大科研项目如下所示：

（1）国家科技支撑计划项目，3万米$^3$/日造纸终端混合废水再生回用技术及示范；

（2）国家科技支撑计划项目，速生材高得率制浆污染物处理与综合利用技术；

（3）国家自然科学基金项目，木质纤维原料组分清洁高效分离及其机理的研究；

（4）国家自然科学基金项目，杨木自水解过程中乙酸形成的调控机制及对后续化学机械制浆影响的研究；

（5）国家自然科学基金项目，漆酶诱导白水中酚类物质迁移至纤维表面的机理研究；

（6）国家自然科学基金项目，碳酸钠和氢氧化钙液-液体系沉淀碳酸钙的晶核形成、晶形构建机制和性能研究；

（7）国家自然科学基金项目，荧光增白剂在高得率浆纤维细胞壁上扩散行为的研究；

（8）国家自然科学基金项目，非木材植物纤维原料碱法制浆过程中甲醇发生量和发生及控制机理的研究；

（9）国家自然科学基金项目，纤维与油墨在浮选脱墨过程中传质机理的研究；

（10）国家自然科学基金项目，木质纤维原料底物特性及其对酶解效率的影响研究；

（11）国家自然科学基金项目，MgO替代NaOH作为高得率浆漂白碱源作用行为的研究。

## 【环境保护与节能】

天津市作为国内重要的大型工业城市，历来重视环境保护工作，对于所属企业的污染排放限制提出了严格的要求。天津市造纸工业在实际运行中，投入了大量的技术和资金力量对水资源利用和排放进行了重点治理。其中比较有代表性的天津万利公司，于2002年底实现了造纸废水零排放。废水处理采用斜板沉淀—水解酸化—UASB—SBR处理工艺，取得了初步效果。之后，该公司针对上述工艺运行中存在的一些问题，又于2007年投资1500万元，对原有处理设施进行了技术改造。厌氧处理系统选用上海帕克公司的IC反应器，改造后的处理工艺：斜板沉淀-水解酸化-IC（厌氧）-好氧-沉淀。

处理能力为6000米$^3$/日。经处理后的水质完全满足了纸机的生产用水要求，水的重复用率达到97.76%，吨纸耗用清水下降到2.6~2.8米$^3$（包括锅炉用水），从而更进一步巩固了零排放的成果。

在综合利用方面，天津万利天然纤维薄膜有限公司将沼气燃烧产生的热能直接用于纸机的辅助干燥。该公司增加厌氧处理系统后，在满负荷生产的情况下，每天产生沼气4000~5000米$^3$。为使沼气得到充分利用，在原有2套沼气综合利用系统的情况下，2008年在3400毫米纸机又研制了1套沼气利用系统，经过实际运行，取得了满意效果。目前，公司废水好氧处理系统每天产生污泥2.5吨（绝干），为了降低生产成本，把污泥直接回用于制浆系统（在污泥内加入PAM絮凝剂），经过几个月的实际运行，取得了满意效果，污泥的留着率达到60%以上，而且没有影响产品质量，每天可节约原料1.5吨，价值1200元，年可获益39.6万元。在此基础上，公司积极推行清洁生产。目前将工作重点放到实施生产工艺和设备的技术改造方面，进一步节能降耗，完成清洁生产审核和能源审计工作。

天津市具有良好的制浆造纸工业基础，积极整合资源、充分发挥现有技术力量和设备条件，充分利用口岸优势，扩大废纸资源利用率，提高农业废弃物等非木材植物纤维资源，解决原料问题，是天津市造纸工业保持良性发展的关键。

（惠岚峰）

# 江西省造纸工业

## Paper Industry in Jiangxi Province

【行业概况】

2012 年是江西省造纸工业最困难的一年，也是自改革开放后江西省规模以上企业年产量与同期相比首次下降的一年。据江西省轻工行业管理办公室统计，2012 年全省造纸及纸制品业实现工业增加值 63 亿元，同比增长 17.2%，实现主营业务收入 259 亿元，同比增长 20.6%，完成利税总额 26 亿元，同比增长 17.2%，实现利润总额 18 亿元，同比增长 22.7%。纸浆（原生浆及废纸浆）年产量 29.6 万吨，同比下降 2.9%，机制纸及纸板（外购原纸加工除外）年产量 161.4 万吨，同比下降 31.5%。

据不完全统计，江西省机制纸及纸板生产企业约有 110 多家，其中规模以上企业约 60 多家，规模以下的企业 50 多家。造纸产品主要有四大类：

（1）文化印刷用纸　主要生产企业及品种有：江西晨鸣纸业有限责任公司生产的低定量涂布纸、轻型纸、教材专用纸、高白书写纸、原白书写纸、双胶纸；赣州华劲纸业有限公司生产的双胶纸、书写纸和印刷纸；莲花纸业有限公司、万载万盛纸业有限公司、江西运宏特种纸业有限公司、江西泽晖纸业有限公司生产的书写纸。

（2）包装用纸　主要品种有：涂布白纸板、箱纸板、牛皮挂面箱纸板、牛皮箱纸板、瓦楞原纸、砂管纸、牛皮纸、黄纸板。主要生产企业有：江西顺达纸业有限公司、广丰芦林纸业有限公司、广丰县江维纸业有限公司、抚州市兴业纸业有限公司、峡江雄狮实业公司、泰和县华胜实业有限公司、江西鹏盛纸业有限公司、江西省顺鑫纸业有限责任公司、泰和县金丰实业有限公司、江西登泰纸业有限公司、江西双林纸业有限公司、金威纸业有限公司、上栗县恒达纸业有限公司、峡江大华纸业有限公司、江西萍乡市旭日纸业有限公司、共青城顺风纸业有限公司、抚州银丰纸业有限公司、江西明盛实业有限公司、江西富丰纸业有限公司、乐平市加金纸业有限公司、瑞京纸业有限公司、上栗县萍锋纸业有限公司、泰和县新丰纸业有限公司、江西永新南方纸业有限公司、江西富临纸业有限公司、抚州市天鹰实业有限公司、赣州五洲纸业有限公司、瑞金市晶山纸业有限公司、萍乡安源造纸厂、萍乡市富鑫造纸厂、萍乡市金发纸业有限公司、吉安丰顺纸业有限公司、江西省新洪兴纸业有限公司、峡江县金威纸业有限公司、峡江县富兴纸业有限公司、峡江县富民造纸厂、峡江县恒丰造纸厂、宜丰县洞山造纸厂、永丰县博泰纸业有限公司、上栗县萍锋纸业有限公司、江西三木纸业有限公司、峡江县富通纸业有限公司、江西联兴纸业有限公司、江西华南纸业有限公司、樟树市临江纸业有限公司、宜丰县石花尖纸业公司、江西立峰纸业有限责任公司、宜黄县星泰纸业有限公司、临川市江南纸业有限公司、抚州市四海纸业有限公司、江西运宏特种纸业有限公司、峡江大华纸业有限公司、江西董氏纸业有限公司、江西八达纸业有限公司、永修县恒丰兴隆造纸厂、萍乡市宣风箱纸板厂、国营萍乡市广寒寨垦殖场黄岗造纸厂。

（3）生活用纸　主要品种有：卫生纸、纸巾纸、湿巾、厨房用纸。主要生产企业有：赣州华劲纸业有限公司、南昌八一旭亮造纸厂、江西抚州天新环保纸业有限公司、抚州市兴业纸业有限公司、南昌五丰纸业有限公司、南昌武阳造纸厂、上海爱辉纸业（南昌）有限公司、抚州市四海纸业有限公司、抚州市永盛纸业有限公司、江西开成纸业有限公司、江西生成卫生用品有限公司、江西新隆达卫生用品厂、万载万盛纸业有限公司。大型生活用纸加工企业主要有恒安（江西）家庭用品有限公司和南昌金红叶纸业有限公司。

（4）特种纸暨加工纸　主要品种有：砂纸原纸、水砂原纸、无碳复写纸、电子介质纸（电子载体带）、引线砂纸、茶叶滤纸、果袋纸、淋膜纸、电容器纸、扑克牌纸板、炸药卷纸、卫生筷包装用纸、烟花用纸、金银卡纸、烟花瓦楞原纸、鞭炮红纸、红炮纸、花炮纸和连四纸。主要生产企业有：江西乐门纸业有限公司、江西金阳砂纸业有限公司、江西弘泰纸业有限公司、江西董氏纸业有限公司、黄岗山造纸厂、井冈山纸业有限公司、萍乡市上栗县长青纸业有限公司、江西广夏包装印刷有限公司、江西含珠实业有限公司、萍乡市富阳纸业有限公司、上栗县富春江特种纸厂、江西特种纸业有限责任公司。

另有部分规模以下小型企业生产卫生纸、迷信纸、瓦楞原纸、牛皮卡纸、箱纸板、砂管纸、鞭炮纸、水砂原纸、牛皮纸、书写纸、中小学生作业本内页纸、包装用纸、新闻纸、转移印花纸、手工纸、砂纸原纸。

## 【原料】

江西省是国内生态环境最好的省份之一，植物纤维原料丰富。据省林业厅近期发布的公告，江西省森林资源覆盖率已达 63.2%，位于全国的前列。但由于受到制原生浆对环境的影响，以及其他等多方面的原因，江西省内绝大部分丰富的造纸植物纤维原料及竹木加工剩余物，以及棉秆、小山竹、芒秆等非木材植物纤维原料均未得到充分的利用，这些纤维原料除少部分销往邻省外，资源优势未转化为经济优势。

据调查，江西省内造纸企业采用原生植物纤维原料制浆的企业主要有江西晨鸣纸业有限责任公司。该企业于 2008 年投资新建了 1 条采用木材为主要原料的漂白化学热磨机械浆（BTMP）生产线。该生产线实际年产量为 18 万吨左右，主要用该浆配抄轻型纸和低定量涂布纸系列产品。赣州华劲纸业有限公司采用自制的杂竹原生浆配比生产纸巾纸、卫生纸和文化用纸。江西含珠实业有限责任公司采用 100% 嫩竹为原料，以传统的造纸工艺和现代造纸技术相结合的手段，生产国家级非物质文化遗产精品印刷连四纸及古籍书修复用纸等手工纸。除以上 3 个企业采用原生植物纤维原料外，其他造纸企业所用的造纸纤维原料主要依靠外购浆板和废纸。生产纸巾纸的企业外购漂白浆板；生产卫生纸的小型企业采用部分阔叶木浆板及部分印刷厂的白纸边；生产牛皮纸或水砂原纸等高强度纸张的生产企业则外购硫酸盐法针叶木本色木浆板；生产涂布白纸板的企业面浆采用白纸边或废纸脱墨浆；生产质量档次较高档的涂布白纸板的企业面浆外购漂白浆板，衬浆、芯浆及底浆均采用废纸浆；生产箱纸板的企业面浆外购本色浆板挂面，其余则全部采用废纸浆。据估算，江西省造纸纤维原料结构为废纸 47%，木浆 46.3%，竹浆 6.7%。省内采用木竹原生植物纤维原料生产自制浆的实际年产量 30 多万吨。

## 【生产企业】

据调查，江西省规模以上制浆造纸企业有 60 多家，规模以下的制浆造纸企业有 50 多家，自制原生浆造纸的企业有 2 家，年生产规模 5 万吨以下的企业占较大的比例，2012 年生产规模达 10 万吨以上的企业见表 1。

**表 1 2012 年江西省年生产能力达 10 万吨以上的造纸企业**

| 序号 | 企业名称 | 生产能力/(万吨/年) | 主要品种 |
|---|---|---|---|
| 1 | 江西晨鸣纸业有限责任公司 | 35 | 轻涂纸、低定量涂布纸 |
| 2 | 赣州华劲纸业有限公司 | 25 | 中高档文化用纸、高档生活用纸 |
| 3 | 广丰县芦林纸业有限公司 | 30 | 牛皮箱纸板、高强瓦楞原纸 |
| 4 | 抚州市兴业实业有限公司 | 10 | 高强瓦楞原纸、卫生纸、纸巾纸 |
| 5 | 江西鹏盛纸业有限公司 | 10 | 瓦楞原纸 |
| 6 | 江西省顺鑫纸业有限责任公司 | 10 | 涂布白纸板 |
| 7 | 泰和县金丰实业有限公司 | 10 | 涂布白纸板 |
| 8 | 泰和县华胜实业有限公司 | 10 | 涂布白纸板 |
| 9 | 江西登泰纸业有限公司 | 10 | 涂布白纸板 |
| 10 | 江西明盛实业有限公司 | 20 | 涂布白纸板 |
| 11 | 江西省峡江县富兴纸业有限公司 | 10 | 涂布白纸板 |
| 12 | 江西省新洪兴纸业有限公司 | 20 | 高档包装用纸 |
| 13 | 江西金威纸业有限公司 | 10 | 涂布白纸板 |
| 14 | 峡江县恒丰造纸厂 | 10 | 涂布白纸板 |

续表

| 序号 | 企业名称 | 生产能力/(万吨/年) | 主要品种 |
|---|---|---|---|
| 15 | 上栗县恒达纸业有限公司 | 30 | 单双面灰纸板 |
| 16 | 萍乡市上栗县长青纸业有限公司 | 10 | 烟花瓦楞原纸、鞭炮红纸 |
| 17 | 上栗县萍锋纸业有限公司 | 30 | 箱纸板、牛皮卡纸、中高强瓦楞原纸、烟花用纸 |
| 18 | 上栗县富春江特种纸厂 | 30 | 引线砂纸、茶叶滤纸、果袋纸、淋膜纸 |
| 19 | 江西联兴纸业有限公司 | 10 | 瓦楞原纸、箱纸板 |
| 20 | 江西八达纸业有限公司 | 30 | 黄纸板、茶纸板、箱纸板、纱管纸 |
| 21 | 南昌八一旭亮造纸厂 | 10 | 卫生纸、纸巾纸 |
| 22 | 乐平市加金纸业有限公司 | 10 | 箱纸板、瓦楞原纸 |
| 23 | 樟树市临江纸业有限公司 | 10 | 瓦楞原纸 |

规模以下生产企业年产量大约为50万吨以上，这些纸产品的产量均未在统计范围内，主要生产品种为卫生纸、白卡纸、砂纸原纸、鞭炮纸、迷信纸、书写纸、新闻纸、箱纸板、瓦楞原纸、包装纸、砂管纸、转移印花纸等产品。

## 【基建与技改】

1. 江西晨鸣纸业有限责任公司二期新建项目

江西晨鸣纸业有限责任公司现拥有年产35万吨低定量涂布纸、18万吨漂白热磨机械浆（BT-MP）、13万吨废纸脱墨浆（DIP）和20万米$^3$空心砖生产线各1条。为进一步扩大产能，丰富产品结构，拓宽销售渠道，2013年开始启动二期工程项目，预计总投资额30亿元，新上1条纸杯原纸生产线和1条生活用纸生产线，建设周期均为18个月，项目达产后使江西晨鸣纸业有限责任公司销售收入突破50亿元，跨入江西省销售收入50强行列。

2. 广丰县芦林纸业有限公司扩建项目

2012年下半年，江西省发展和改革委以赣发改能审专字〔2012〕157号文下发，批准了广丰县芦林纸业有限公司年产70万吨高档纸板扩建项目。项目主要建设内容包括新建高强瓦楞原纸和牛皮箱纸板生产线各1条，给水、废水处理站各1座，锅炉及2×12兆瓦汽轮发电机能力的自备动力车间、仓库、附属用房及环保设施等。该项目扩建工程现正在实施中。

3. 赣州华劲纸业有限公司

赣州华劲纸业有限公司年产34万吨浆纸项目于2012年8月竣工开机投产。项目包括年产4万吨文化用纸，15万吨生活用纸原纸和后加工生产线。该项目总投资28.3亿元。一期工程主体设备已全部安装完成。项目建成后，将实现销售收入23亿元，利税8亿元，新增就业人数1800人，公司将成为全国最大的竹木混合浆生活用纸生产企业。

4. 江西理文造纸有限公司

2011年1月20日，由香港理文集团投资百亿元的江西理文造纸有限公司项目在瑞昌码头工业城正式开工建设。江西理文造纸有限公司项目于2010年9月落户于江西瑞昌市码头工业城，项目总投资100亿元，计划分两期建设年产200万吨高档包装用纸、50万吨涂布纸板和30万吨生活用纸生产线，以及与之配套的江西理文物流项目。预计项目全部建成后，将实现年销售收入100亿元。江西理文造纸有限公司近期工程已新建年产100万吨高档包装纸板项目，总投入资金约20亿元，建设年产55万吨牛皮箱纸板、45万吨瓦楞原纸生产线各1条。自备动力车间，给水处理站、废水处理站、原辅材料和产成品库房、办公和生活设施及其他配套设施。该项目的主体设备已全部安装完成，首条生产线于2013年6月上旬已开始进入试生产阶段。竣工投产后，可实现年销售收入26.96亿元，年均税后利润总额可达2亿元。

## 【科技与进步】

连四纸产品制作技艺是2006年4月由国务院批准，文化部颁布的首批国家级非物质遗产。2009年，在江西省造纸学会工程技术人员的大力支持下，采用传统造纸工艺暨现代造纸技术紧密结合，大胆地开展技术创新工作，简化了生产工艺流程，产品品质、产量均得到大幅度的提高，制作技艺在传承的基础上得到了提升，生产成本及生产周期大大降低，印刷连四纸产品已得到杭州西泠印社的认可，被杭州西泠印社授予定点生产基地、产业合作基地，并得到国家图书馆的认可，该产品已被列为国家图书馆古籍书修复专用纸。为扩大产能和产生更多的经济及社会效益，2012年，在江西省造纸学会的支持下，连四纸厂进行了扩建，新建的工艺流程生产线试运行顺利。为稳定产品品质，江西省造纸学会和生产企业江西含珠实业有限公司制定了生产工艺操作规程并共同起草了印刷连四纸江西省地方标准。该地方标准2013年2月1日已由江西省质量技术监督局发布，并于2013年5月1日起正式实施。印刷连四纸产品经江西省纸张质量监督检验站检验，全项技术指标均达到或超过江西省地方标准，经杭州西泠印社和国家图书馆使用后反映良好，优于纯手工制造的连四纸产品。

【环境保护与节能】

江西晨鸣纸业有限责任公司是一家集制浆、造纸、热电和环保综合治理于一体的大型现代化造纸企业，在节能和环保方面投资近4亿元。废水处理站采用国外先进的厌氧和好氧双强化处理工艺，废水排放达到世界先进水平，大大低于国家标准。烟尘处理采用环保型循环流化床锅炉，用炉内喷钙干法脱硫装置和五电场静电除尘器，脱硫效率达到85%，除尘效率达到99.8%，环保设施已通过国家环保部和江西省环保厅、南昌市环保局联合组织的环保竣工验收，并获江西省节能先进企业荣誉称号。

【发展目标及存在的问题】

按照2012年全省轻工业工作会议确定的2013年全省轻工业发展的主要预期目标，2013年全省规模以上造纸企业工业增加值增长20%以上，主营业务收入增长35%以上，利税总额增长30%以上，单位工业增加值能耗下降5%以上。以江西晨鸣纸业有限责任公司、赣州华劲纸业有限公司、江西理文造纸有限公司、广丰县芦林纸业有限公司等重点企业带动江西省造纸工业的快速发展。

江西省造纸工业“十一五”期间得到了稳步发展，但整体发展步伐缓慢，特别是与东部较发达的省份相比较差距较大，其主要原因是政府管理部门担心发展造纸产业后对自然环境会产生不良效果。江西省气候温和，雨量丰沛，四季分明，日照充足，地表水资源丰富，京九铁路贯通南北，高速公路网络完善，公路四通八达，电力资源也较充裕，得天独厚的优越自然环境等其他相关基础条件是今后发展造纸工业的基础。除此以外，江西省造纸工业的发展过程中还存在以下主要问题。

1. 小型企业多，市场竞争能力差，发展缓慢

全省机制造纸企业总数约110家，规模以上的企业只有60多家，实际生产能力最大的江西晨鸣纸业有限责任公司年生产能力也只有30多万吨，赣州华劲纸业有限公司2012年实际生产能力只有23万吨左右，年实际生产能力5万吨以下的企业约占企业总数的80%以上。绝大部分企业规模小，效益差，设备落后，缺乏造纸及相关工程技术人员，并无检化验设备等检测手段，管理落后，信息不灵，技改及扩建缺少资金，品种单一，市场竞争能力差，政府对造纸行业的发展既无规划又缺乏支持力度，造纸行业的发展始终没有列入政府行业发展的重点计划中。

2. 工艺技术及设备落后

除江西晨鸣纸业有限责任公司、赣州华劲纸业有限公司现有生产线采用部分世界先进水平的制浆造纸机械设备及先进工艺技术外，其余机制纸企业绝大部分采用20世纪90年代内生产的造纸机械设备及较落后的工艺技术，尤其是小型生产企业的制浆设备更落后，大部分企业均采用车速较低的圆网纸机，不少小型企业仍在运转车速较低的1575圆网纸机。

3. 产品结构不合理，高档次产品数量少，中低档次产品多

江西省机制纸生产企业生产的纸及纸板产品品种中，高档次优等品产品品种数量少，中低档次合格品产品品种数量占大多数，中低档次涂布纸、箱纸板、瓦楞原纸、卫生纸、烟花鞭炮纸等品种仍在纸及纸板产量中占有较大的比例。

4. 丰富的植物纤维原料未得到充分利用

江西省森林资源覆盖率高，植物纤维原料品种多且数量大，资源丰富，优越的生态条件及气候为植物的生长创造了条件，但竹木加工剩余物及多品种非木材纤维原料等宝贵资源均未得到充分的利用，原生植物纤维原料价格低是待开发的资源，主要原因是受到环保废水排放标准及制浆条件的限制，与江西省森林资源丰富的现状及造纸工业基础发展条件极不适应，丰富的植物纤维原料未得到充分利用，植物纤维原料等优势未充分转化为经济优势。

（雷建民）

# 上海市造纸工业

## Paper Industry in Shanghai City

【行业概况】

2012 年是实施“十二五”规划承上启下的重要一年，也是上海市处在“创新驱动，转型发展”的关键一年。上海城市规划是以“优化经济结构，提高经济运行的质量和效益；创建优良环境和宜居的城市；更好地解决上海市民的民生问题”为 3 个导向。上海市以国际大都市的要求模式进行合理的布局并对环保要求、能源使用方面的工作抓得越来越紧。造纸产业对上海市来说并不是扶持的行业，2012 年，我国经济发展环境较为复杂，上海市造纸工业在此大背景下，行业整体虽然保持了增长态势，但整体经济效益下降，部分企业生产经营困难。

根据上海市纸业行业协会统计，2012 年上海市机制纸及纸板总产量见表 1。2012 年上海市机制纸及纸板总产量达到 90.19 万吨，同比增长 0.33%，2012 年上海市高档纸产量达到 78.87 万吨，比 2011 年 77.45 万吨，增产 1.42 万吨，增幅 1.80%，占总产量比例为 87.45%，比 2011 年的 86.16% 提高 1.29%。

表 1　　2011—2012 年上海市造纸工业主要产品及产量

| 产品名称 | 2011 年 | | 2012 年 | | 增减量/万吨 | 同比增长/% |
|---|---|---|---|---|---|---|
| | 产量/万吨 | 占总产品比例/% | 产量/万吨 | 占总产品比例/% | | |
| 新闻纸 | 13.72 | 15.26 | 13.22 | 14.66 | -0.5 | -3.64 |
| 瓦楞原纸和箱纸板 | 49.54 | 55.11 | 48.64 | 53.93 | -0.9 | -1.82 |
| 其中：高强瓦楞原纸和箱纸板 | 41.39 | 占本品种 83.55 | 41.64 | 占本品种 85.60 | 0.25 | 0.60 |
| 食品卡纸和白卡纸 | 11.19 | 12.45 | 11.52 | 12.77 | 0.33 | 2.95 |
| 生活用纸 | 13.40 | 14.91 | 14.31 | 15.87 | 0.91 | 6.79 |
| 其中：高档生活用纸 | 11.15 | 占本品种 83.21 | 12.49 | 占本品种 87.28 | 1.34 | 12.02 |
| 其他 | 2.04 | 2.27 | 2.50 | 2.77 | 0.46 | 22.55 |
| 合计 | 89.89 | 100 | 90.19 | 100 | 0.3 | 0.33 |

从表 1 可以看出，2012 年上海市造纸工业总体是增产的。但是，因为原材料供应价格起伏大、企业成本不断变化等因素的出现，市场竞争异常激烈，尽管企业在管理、技改和节能减排等方面再进行挖潜增效，积极应对市场的变化，但是，企业的经济效益并没得到很大的提升。

【原料】

2012 年上海市造纸工业木浆消耗量 26.61 万吨，其中，进口木浆 19.79 万吨，国产木浆 6.82 万吨；废纸消耗量为 73.44 万吨，折合成废纸浆 58.75 万吨；其他商品浆 0.10 万吨；总共消耗纸浆 85.46 万吨，同比减少 1.17%。

2012 年上海市造纸工业原料对外依存度为 67.01%，比 2011 年的 72.36% 下降 5.35 个百分点。上海市近几年来机制纸及纸板档次不断提高，例如，2012 年高档生活用纸、食品卡纸的产量要比 2011 年增加 1.67 万吨。

2012 年废纸浆原料的比例为 68.86%，部分或全部以废纸制浆为原料的产品为 61.86 万吨，占全市总产量的 68.59%。所以说废纸浆在上海市造纸工业仍占据着重要地位。

## 【生产企业】

1. 上海中隆纸业有限公司

目前上海市最大的生产高档箱纸板、牛皮卡纸的台商企业，拥有员工 300 余人。2012 年纸及纸板产量已经达到 42 万吨。上海中隆纸业有限公司生产产品的主要原料为废纸 96% 和木浆 4%，实现环保和资源再利用。随着国内经济发展的需求和各类商品出口量的不断增加，市场对包装纸板的需求也在不断增长，箱纸板和瓦楞原纸是近几年我国纸及纸板生产量增长最快的产品。上海中隆纸业有限公司借此机遇，始终坚持提高产品质量，提升服务质量，其产品获得了客户的良好赞誉。

2. 上海殷泰纸业有限公司

由美国潜利工业有限公司、上海宝山石洞口经贸总公司共同投资，公司在建厂时就以高起点、高速度、高质量建成了一个现代化企业。公司以严格的环保标准和负责任的营运方式力求可持续发展，是我国国内第一家以 100% 废纸为原料生产高速彩印新闻纸的企业。上海殷泰纸业有限公司拥有世界先进水平的造纸生产技术和设备，目前年生产能力达到 14.5 万吨。公司的投产改变了国内高速彩印新闻纸长期依赖进口的状况，产品得到了全国报业的认可。

3. 上海新江南纸业有限公司

一家专业生产涂布加工纸企业，是我国唯一生产邮票纸系列产品的定点企业。上海新江南纸业有限公司所生产的各类铜版纸、CCK 纸、邮票纸系列都被评为“上海市名牌产品”，上海市高新技术成果转化项目具有自主知识产权。尤其是邮票纸系列产品的质量完全达到了国际先进水平。上海新江南纸业有限公司，自从生产出第一代邮票纸后，相继又开发出了第二代、第三代邮票纸、绢邮票纸、宣纸邮票纸、防伪纸特种邮票纸等。无论是国内重大的具有特别意义的特种邮票的印制，例如香港回归、澳门回归、北京奥运会、上海世博会等，还是国内普通邮票印制，都是由上海新江南纸业有限公司研究开发的特供纸印制。上海新江南纸业有限公司在上海市造纸工业内可称为“社会影响大，经济效益好，技术含量高，开发品种多”的一个成功的企业。

4. 金奉源纸业（上海）有限公司

我国最早生产食品卡纸系列产品的专业生产企业，并且成为首批国家批准的具有食品用纸类生产资格的企业。金奉源纸业（上海）有限公司现有 500 名员工，拥有 1 台幅宽 3300 毫米、车速 350 米/分，由芬兰 Tampella 公司制造的纸机，另有 1 套投资 4000 多万元，从加拿大引进的日处理量 15000 吨/日废水处理系统。2012 年产销近 11 万吨，利润近 3000 万元。当今社会，有利于健康、安全、环保的纸制食品包装材料正以其独特性越来越被重视，金奉源纸业（上海）有限公司通过引入世界领先水平的设备与技术，愿景成为亚太地区规模最大、最专业的食品包装用纸制品一条龙供应商。

5. 上海嘉龙纸业有限公司

由集体企业转制为股份制企业，现有员工 103 人。新公司成立后将企业发展定位为“以技术创新为突破口，走小、特、灵特色发展之路”。上海嘉龙纸业有限公司积极打造人才团队，通过产学研相结合，探索清洁生产，资源循环再利用，充分发挥专业再生造纸技术优势。首先开发出各种铝塑复合废纸的分离和利用，其次开发出附加值高的特种纸，如阻燃纸、防锈纸、特种包装用纸、服装裁剪纸、三复合水泥袋纸、育果袋纸等复合纸原料系列产品。公司现有 5 条特色再生纸生产线和 1 套先进的日处理 9600 吨废水回收利用循环生产设备。上海嘉龙纸业有限公司，是上海市保密纸处理工场，是上海市垃圾废纸处理工场，是“上海市清洁生产验收合格企业”单位之一。

6. 上海东冠集团

一家集原纸生产、后加工和经营销售于一体的专业生活用纸厂商，是中国目前五大生活用纸厂商之一，2012 年销售规模达 15 亿元。上海东冠集团生产的产品多年来被评为“上海市畅销产品”、“上海市畅销快速消费品”。上海东冠集团原料采用由上海嘉龙纸业有限公司提供的回收食品包装盒，及经过特殊处理提取的木浆，经过再加工研制开发出了全新品质的高档环保生活用纸，为我国生产生活用纸开创了一个新的途径。

7. 上海乐凯纸业有限公司

中国乐凯胶片集团公司下属的子公司之一，专业生产系列影像用纸、涂塑纸基和特种高档工业用纸。上海乐凯纸业有限公司开发生产的高光彩喷原纸、铸涂相纸原纸和涂塑纸基，已成为国内数码影像生产商的指定用纸。同时，形成了涂塑和涂布系列的高档用纸，上海乐凯纸业有限公司还开发了特级艺术纸、热敏原纸、磁信息纸、电子打印纸、热转印纸等特种高档工业用纸，其优良的品质完全与进口产品媲美。

8. 其他造纸企业

金伯利纸业有限公司年产 1.4 万吨高档生活用纸；上海富民造纸厂年产 1 万吨瓦楞原纸、茶纸板；上海长谊特种纸有限公司生产的各类艺术纸；上海基隆蜡光纸厂生产的各色蜡光纸；上海力德纸业有限公司生产的医用包装用纸、氧化锌版纸；上海松灵纸业有限公司生产的铜版纸、特种纸。这些较小型的造纸企业，生产经营情况都尚可。

## 【科研与技术进步】

上海中隆纸业有限公司仅有 1 条造纸生产线，但配置先进。纸机是选用福伊特公司具有低能耗、高品质、高效率的新式自动化造纸设备，同时配建 1 套热电联供机组及水处理系统。废纸制浆净化工序配置了先进的中浓筛选设备，制浆车间设备全部从当前世界著名造纸机械公司进口。制浆生产线中配置了纤维分级筛，可把不同纸浆纤维分离使用。纸机压榨部配置了串联式双靴压。公司生产所需用水 70% 是河水，30% 是自来水，河水处理系统总供水量 16000 米$^3$/日，废水处理系列容量 9000 米$^3$/日，2012 年公司总用水量为 2658600 米$^3$，吨纸用水量 6.3 米$^3$，用水重复率为 90%。

上海殷泰纸业有限公司从 2011 年开始至 2012 年投资上马了管道蒸汽工程，充分利用电厂余热，既大幅度降低了生产成本，又取得了节能减排的巨大社会效益；投资建成了灰纸板生产线，利用废水污泥加工生产灰纸板，实现了资源综合利用；2012 年公司集中优秀人才试验成功了以废纸为原料生产出了不锈钢衬纸新产品，为我国不锈钢衬纸的生产再次带来可贵的探索及发展机遇。

金奉源纸业（上海）有限公司生产的液体无菌包装原纸、高松厚度防油食品卡纸和电子元件载体纸板先后被国家知识产权局授权实用新型专利。其液体无菌包装原纸、高松厚度防油食品卡纸、电子元件载体纸板、环保型卡纸和环保型真空镀铝卡原纸被上海市评为专利产品。这些产品全部通过了美国 FDA、国家标准 GB 11680—1989、食品安全 HACCP 和森林管理体系 PEFC 的认证。金奉源纸业（上海）有限公司，不仅在产品质量上严格把好关，而且还投资改造废水治理环保设备，力行清洁生产，节能减排，推广绿色环保包装，为我国食品包装容器的可持续发展作出应有贡献。

上海嘉龙纸业有限公司，在造纸行业内是一家小企业，但是技术力量雄厚，公司每年提取 100 万元作为技术改造费用。所以，近几年几乎每年都有新技术的开发，特别对上海市环境保护作出了贡献，而且收到很大的经济效益。

## 【环境保护与节能】

上海中隆纸业有限公司在注重降本增效的同时，还非常重视节能减排工作，是上海市行业节能减排的先进单位，历年来多次获得节能减排奖项。2012 年又获得“上海市重点用能单位”、“热电厂汽轮机轴封残余蒸汽与锅炉连续排放水余热利用工程”等 4 个职工节能减排优秀合理化建议获上海市重点用能单位制工节能减排优秀合理化建议一、二、三、四等奖。2012 年在上海市节水型社会建设工作中成绩显著，被评为“上海市节水型企业”。上海中隆纸业有限公司的热电站配有 1 套 130 吨/时粉煤锅炉，1 套 24 兆瓦发电机。在废气排放系统建有国内一流的脱硫装置和除尘装置，采用 MgO 吸收剂进行烟气脱硫，脱硫率达 97%，在废气排放系统配有高效静电除尘器，除尘率达 99.5%，其烟气连续侦测仪（CEMS）已与上海市环保局联网。

上海殷泰纸业有限公司是我国造纸行业率先达标排放的企业。在环保工程上，荣获 3 项第一：第一家设有污泥焚烧炉的造纸企业（将含水率 40% 左右的污泥作为燃料焚烧，每天能产生蒸汽 70 吨以上）、第一家采用在线排放与中央联网成功的造纸企业、第一批在线排放正常运行的企业。在三废排放上，废水处理后的各项指标均达到国家一级排放标准，且 50% 回收再使用；废渣污泥进行焚烧处理；焚烧炉采用二级除尘，效率达 99% 以上，确保废气达标排放。

上海嘉龙纸业有限公司在 2011 年申报科技型中小企业创新基金项目《城市生活垃圾中废杂塑料、橡胶以及废铝塑纸复合包装材料的绿色、高质、循环利用技术及产业化》，2012 年立项，使企业生产的原材料成本成倍下降，大量减少了对社会、环境二次污染，做到了资源循环综合利用，不断开发新产品和研究新资源。

上海富民造纸厂是专业生产瓦楞原纸、茶纸板小型造纸企业，年产量只有 1 万吨，在 2012 年与上海道力其能源科技有限公司一起，共同研发的压差发电技术，就是利用外来蒸汽压力和进烘缸压力的压差来发电，供企业自己使用，以减少外购电量，从而达到节约能源的目的。该项目正在紧张施工中，成功后即可进一步推广。

【发展中的问题】

上海市是一个国际化的大都市，国家和上海市政府早就把上海规划成为一个集金融、贸易、商务、现代办公、发展高科技的大城市。尽管造纸工业是国民经济的重要基础产业，对社会的物质文明建设和精神文明建设起着重要作用，而且上海市无论在工业上、生活上等各个领域对纸的需求量很大。但是，造纸工业对能源和原材料的大量需求，与对环境保护的影响使得上海市这个现代化的大都市不可能再发展造纸企业。2012 年，上海市 1 条年产 3 万吨高档生活用纸的企业因各种原因而停产。另 1 条年产 3 万吨中档瓦楞原纸的企业也停产。上海中隆纸业有限公司本计划要开始第二期箱纸板项目，也因为各种原因未获上海市政府的批准实施。纵观 2012 年上海市造纸工业经济运行状况，纸制品总产量比 2011 年增产了 3000 吨，但很多造纸企业的经济形势并不乐观。所以，按照上海城市发展规划来看，上海市造纸工业要继续生存下去，造纸企业就必须要从数量主导型向质量、效益、品种主导型转变。同时要大力开发新产品力度，以应对市场的变化，炼好企业内功，增强自身竞争力。

（姜海斌　蒋鸿勇）

# 陕西省造纸工业

# Paper Industry in Shaanxi Province

## 【行业概况】

2012 年陕西省规模以上造纸及纸制品企业 45 家，比 2011 年减少 4 家，从业人员 10860 人。机制纸及纸板总产量达到 88.36 万吨，纸制品总产量达到 34.17 万吨，实现销售收入 47.302 亿元。

陕西省造纸产品主要为三大类：一是包装用纸的箱纸板和瓦楞原纸。主要生产企业有：陕西圣龙纸业有限公司、西安蔡伦纸业有限责任公司、陕西法门寺纸业有限责任公司、宝鸡市凤翔县恒盛达工贸公司等。二是生活用纸。主要生产企业有：陕西欣雅纸业有限公司（原兴包集团公司）、陕西法门寺纸业有限责任公司、西安蔡伦纸业有限责任公司等。三是特种纸。主要品种有：育果袋纸、特种引线卷筒纸、覆铜纸板、热压垫纸板、湿法骨材无纺布（高透纸）、无菌防油纸、胶带原纸、银行专用扎钞纸等；主要生产企业有：宝鸡科达特种纸业有限公司和蒲城康钰纸业有限公司。

## 【原料】

陕西省造纸企业按照原料结构主要分为 3 类，第 1 类为以麦草化学浆和少量商品浆为原料生产文化用纸和生活用纸的企业，共计 3 家，年生产能力达到 12 万吨，其中，麦草原料占 80% 左右；第 2 类为以麦草半化学制浆和废纸为原料生产纸板的企业，共计 3 家，年生产能力 25 万吨，其中，麦草原料占 20% 左右；第 3 类为以废纸和商品浆为主要原料生产文化用纸、特种纸和纸板的企业。

造纸纤维原料结构大约为：废纸浆、商品浆、麦草浆。

## 【生产企业】

1. 2012 年区域产量分布情况

西安市 35.24 万吨，占全省机制纸及纸板总产量的 39.9%；宝鸡市 29.80 万吨，占全省机制纸及纸板总产量的 33.7%；咸阳市 11.12 万吨，占全省机制纸及纸板总产量的 12.6%；渭南市 9.64 万吨，占全省机制纸及纸板总产量的 10.9%；安康市 1.46 万吨，占全省机制纸及纸板总产量的 1.6%；汉中市 1.10 万吨，占全省机制纸及纸板总产量的 1.2%。

2. 2012 年实现工业产量前 8 名的造纸企业

2012 年实现工业产量前 8 名的造纸企业见表 1。

**表 1　2012 年实现工业产量前 8 名的造纸企业**

| 序号 | 企业名称 | 产量/万吨 |
|---|---|---|
| 1 | 陕西蔡伦纸业有限公司 | 19.2 |
| 2 | 陕西圣龙纸业有限公司 | 7.6 |
| 3 | 陕西法门寺纸业有限责任公司 | 9.2 |
| 4 | 西安兄弟纸业有限公司 | 8.6 |
| 5 | 陕西欣雅纸业有限公司 | 6.0 |
| 6 | 陕西东方纸业集团有限公司 | 6.5 |
| 7 | 宝鸡科达特种纸业有限责任公司 | 5.0 |
| 8 | 岐山县圣龙箱板纸有限公司 | 4.8 |

以上 8 家造纸企业合计产量达到 66.9 万吨，占全省机制纸及纸板总产量的 75.7%。

陕西省主要生产企业有陕西圣龙纸业有限公司、陕西法门寺纸业有限公司、陕西欣雅纸业有限公司、陕西蔡伦纸业有限公司、陕西武功东方纸业集团公司等。并形成了临潼造纸工业园和武功东方工业园两个产业集群，具有一定的市场竞争能力和发展后劲，为陕西省造纸工业今后的发展奠定了一定的基础。

1. 陕西圣龙纸业有限责任公司

陕西圣龙纸业有限责任公司位于宝鸡市蔡家坡经济技术开发区。现拥有资产总额 5 亿元。公司以麦草和商品木浆板、废瓦楞纸箱为原料，生产纱管纸和瓦楞原纸。年生产能力达到 20 万吨。公司现有造纸生产线 5 条，包括 1 条年产 10 万吨 4400 毫米长网多缸造纸机生产线，1 条年产 5 万吨 2820 毫米四叠网多缸造纸机生产线。4500 千瓦时热电站及 30000 米$^3$/日废水处理站各 1 座。该公司是陕西省规模最大的造纸企业之一，属宝鸡市重点扶助发展企业。

2. 陕西法门寺纸业有限公司

陕西法门寺纸业有限责任公司是由原陕西省扶风造纸厂改制而成的股份制企业。企业现有 3 个分厂，27 条生产线，年生产能力达到 11 万吨，年产值 3.5 亿元。主要产品有：书写纸、胶印书刊纸、生活用纸和瓦楞原纸四大系列 40 多个品种。2002 年，修建了日处理中段水 20000 吨的废水处理厂，2003 年通过环保部门验收，达标排放。2006 年建设 150 吨/日麦草浆配套碱回收工程和 6000 千瓦时的集中供热项目。

3. 陕西欣雅纸业有限公司

陕西欣雅纸业有限公司（原陕西兴包企业集团有限责任公司）是民营股份制企业，位于咸阳兴平市丰仪工业区。公司主要生产中高档生活用纸，年产量 6 万吨。占地面积 33.33 公顷，现有资产 4.6 亿元，员工 1500 多人。其主导产品“欣雅”、“欣家”牌生活用纸被陕西省评为“陕西名牌产品”和“陕西省著名商标”，2009 年入选为“陕商绿色环保行业十大重点推广品牌”，公司 2007 年被评为“陕西省优秀民营企业”、“陕西省农业产业化重点龙头企业”，公司通过了清洁生产认证、ISO 14001: 2004 环境体系认证、ISO 9001: 2000 质量体系认证，目前企业发展在全国草浆生活造纸行业处于领先地位。

4. 陕西蔡伦纸业有限公司

陕西蔡伦纸业有限公司始建于 1992 年，民营企业。占地面积 46.67 公顷，拥有员工 2500 多人，技术人员 110 多名。陕西蔡伦纸业有限公司年产量 21.6 万吨。其中以废纸为原料生产高强瓦楞原纸、涂布白纸板、挂面箱纸板等，纸板年产量 18 万吨；以麦草为原料生产漂白麦草浆和木浆配抄生活用纸，年产量 3.6 万吨，拥有各类中低速纸机 20 多台套。

陕西蔡伦纸业有限公司拥有发电能力 36 兆瓦的自备热电站。拥有制浆黑液碱回收系统，碱回收率超过 80%。2009 年投资 3000 万元，引进德国先进技术和设备建成日处理能力 10 万吨的综合废水处理厂。为适应《黄河流域陕西段污水综合排放标准》，2012 年陕西蔡伦纸业有限公司又建成日处理 2.4 万吨芬顿氧化深度处理工程。

5. 陕西东方纸业集团有限公司

陕西东方纸业集团有限公司，位于咸阳市武功县大庄镇方寨村东方工业园区，是民营股份制企业，也是咸阳市造纸行业的骨干企业。现有职工 1100 多人，其中专业技术人员 50 人，固定资产 2000 多万元，占地面积 8 公顷。主要产品有：有光纸、书写纸、凸版纸、生活用纸、白色及本色包装用纸等 20 多个规格品种。公司现有造纸生产线 40 条，年生产能力达到 10 万吨。

6. 宝鸡科达特种纸业有限责任公司

宝鸡科达特种纸业有限责任公司位于宝鸡市蔡家坡经济技术开发区，是集科研、生产于一体的股份制高新技术企业。占地面积 10 万米$^2$，员工 1082 名。固定资产 2.3 亿多元，年生产能力 5 万吨，工业总产值达到 3 亿多元。公司主要产品有：特种引线卷筒纸、纺织用纸线原纸、覆铜纸板、热压垫纸板、湿强覆铜纸板原纸、湿法骨材无纺布（高透纸）、无菌防油纸、胶带原纸、半透明纸、高档双光育果袋纸、薄页纸、单双拷贝纸、银行专用扎钞纸、色原纸、高档包装用纸等 30 多个品种，产品远销广东、广西及云南、贵州、四川等 20 多个省市。

产品获得“中国绿色环保产品”，企业获得“国家 AAA 重质量守信誉”单位，“全国市场质量合格诚信经营示范单位”，连年被评为“重合同守信誉”优秀企业。现公司已通过 ISO 9001: 2000 质量管理体系认证、14000 环境管理体系认证。2012 年顺利通过了省环保厅的清洁生产审核。研发的各类创新产品先后获专利 5 项、科技成果奖 4 项，填补国内空白 4 种。

## 【基建与技改】

2012 年 10 月，陕西法门寺纸业有限责任公司新上 1 条年产 10 万吨高强瓦楞原纸生产线，包括废纸制浆生产线和 1 台 4600 毫米长网多缸纸板机生产线，项目目前正在建设中，预计 2014 年 10 月投产运行。陕西圣龙纸业有限责任公司新上 1 条年产 10 万吨高强瓦楞原纸生产线，包括废纸制浆生产线和 1 台 4400 毫米长网多缸纸板机生产线，项目于 2011 年 10 月开工建设，2012 年 7 月投产运行。陕西欣雅纸业有限公司 2012 年新增 2 台 BF-10 型 2760 毫米卫生纸机，该项目已于 2012 年 10 月投入运行，新增产能 2 万吨/年。蒲城康钰纸业有限公司 4000 米$^3$/日废水深度处理工程 2013 年 6 月通过验收。大荔安盛纸业有限公司投资 200 多万元进行废水深度处理改造。

陕西蔡伦纸业有限公司地处于西咸新区核心地带，企业计划2014年完成搬迁。为此，陕西蔡伦纸业有限公司在渭南市大荔县建设30万吨/年制浆造纸工程项目。包括10万吨/年以自制漂白麦草浆为主、辅以漂白针叶木浆的生活用纸生产线，20万吨/年以废纸为主要原料的高强瓦楞原纸生产线，配套建设9.8万吨/年制浆车间、动力车间（35千伏总降压站）、1×15兆瓦自备热电站、给水净化站、脱盐水站、废纸堆场、麦草堆场等原料贮存区以及废水处理厂、热电厂锅炉烟气处理、废弃物锅炉烟气处理等环保工程。该项目目前正在建设中。

## 【科研与技术进步】

陕西省造纸学会挂靠单位陕西科技大学造纸工程学院，2012年获国家级项目6项，其中国家863项目1项，国家“十二五”科技支撑计划项目1项。获得省部级科研项目9项，厅局级科研项目12项。横向科研项目11项。全年总计到位科研经费535万元。2011年，造纸工程学院发表科研论文共计165篇，其中SCI、EI收录45篇，ISTP收录30篇。获发明专利17项，实用新型专利35项。

夏新兴教授主持的“宁城膨润土造纸微粒助留剂实验室试验及半工业试验”项目获2011年度“陕西省科学技术奖三等奖”。

## 【环境保护】

为实现渭河水质3年变清的目标，陕西省政府颁布了更加严格的地方环保标准－黄河流域渭河段《DB 61/224—2011 陕西省地方标准》，标准要求造纸行业废水排放的$COD_{Cr}$浓度要达到50毫克/升以下，标准于2012年7月1日起执行。为此全省各级环保部门加大了对造纸企业废水排放的管理力度。全省现有运行的制浆造纸企业在确保生产废水达标排放（国家标准）的前提下，要求生产废水进行进一步的深度处理以达到新的地方标准的要求。

1. 化学制浆企业

现有3家化学制浆企业，在碱回收系统正常运行，中段废水达标（国家标准）运行的情况下，都已建成并运行了废水深度处理设施，采用的深度处理工艺均为芬顿氧化工艺。

2. 半化学制浆企业

现有2家半化学制浆企业，在现有废水达标运行的基础上，均增加了深度处理工艺，采用的深度处理工艺均为芬顿氧化工艺。

3. 废纸制浆企业

部分利用废纸无脱墨生产纸板的企业已经达到了水的封闭循环利用，无生产废水的排放，实现了清洁生产，部分企业实现了达标排放。利用废纸脱墨生产文化用纸及生活用纸的企业，废水经二级生化处理后，也要增加深度处理工艺以满足新标准的要求。

（张安龙）

# 云南省造纸工业

## Paper Industry in Yunnan Province

### 【行业概况】

2012 年，云南省规模（年产值 2000 万元以上）以上制浆造纸企业 59 家，从业人数 12041 人。纸及纸板总产量 60.53 万吨，同比增长 23.21%；工业总产值（当年价）68.30 亿元，主营业收入 62.14 亿元，利税总额 4.51 亿元，其中，利润 2.26 亿元。资产总计 90.70 亿元，流动资产合计 43.93 亿元，负债合计 57.72 亿元（快报数）。

2012 年，云南省造纸工业面对严峻复杂的形势，积极克服宏观经济不景气造成的市场持续低迷和价格大幅下滑的严重影响，主动采取各种措施，全力应对各种挑战和压力。通过各方共同努力，生产经营和发展项目都取得了可喜的成绩，进一步夯实发展基础，但利润有所下滑。

### 【原料】

云南省 2012 年纸浆产量 29.80 万吨，88% 以上是自制浆，仅云南红塔蓝鹰纸业有限公司生产卷烟系列产品使用进口纸浆，每年约 2.2 万吨。品种构成及比例基本保持在：木浆 32%，非木浆 22%，废纸浆 46%。

云南云景林纸股份有限公司在 2012 年全年新增造林面积 3006.67 公顷，采供纤维原料 80.96 万吨（市场采供竹子原料 12.83 万吨）。截至 2012 年底，公司原料林基地建设规模已达到 76339.67 公顷。

### 【生产企业】

2012 年全省规模以上制浆造纸企业 59 家，产量达到 10 万吨以上的制浆造纸企业有云南云景林纸股份有限公司和云南陆良银河纸业有限公司 2 家，云南云景林纸股份有限公司共生产商品纸浆 14.17 万吨。云南陆良银河纸业有限公司完成纸和纸板产量 13.87 万吨。

2012 年实现销售收入前 10 名的制浆造纸企业如表 1。

表 1 2012 年实现销售收入前 10 名的制浆造纸企业

| 序号 | 企业名称 | 销售收入/万元 |
|---|---|---|
| 1 | 云南陆良银河纸业有限公司 | 69164 |
| 2 | 云南云景林纸股份有限公司 | 52000 |
| 3 | 云南红塔蓝鹰纸业有限公司 | 36033 |
| 4 | 云南临沧南华纸业有限公司 | 21624 |
| 5 | 云南通海汉光纸业有限公司 | 12750 |
| 6 | 云南宜良红星兄弟纸业有限公司 | 12160 |
| 7 | 云南新平南恩糖纸有限公司 | 10875 |
| 8 | 云南昌宁建星纸业有限公司 | 9353 |
| 9 | 云南江川翠峰纸业有限公司 | 6530 |
| 10 | 云南江川恒昌纸业有限公司 | 3543 |

以上 10 家制浆造纸企业合计实现销售收入 23.59 亿元，占全省造纸工业销售收入总额的 37.96%。

2012 年全省生产经营较好的企业。

1. 云南云景林纸股份有限公司

2012 年是公司新的经营班子组建的第一年，是公司历年来生产经营和改革发展任务最重、困难最多、压力和挑战最大的一年，也是各级党委、政府和云南省投资控股集团有限公司、公司董事会及各股东单位对云南云景林纸股份有限公司关心和支持力度最大的一年。面对严峻复杂的形势，一年来，公司积极克服宏观经济不景气造成的纸浆市场长时间持续低迷和价格大幅下滑的严重影响，主动采取各种措施，全力应对各种挑战和压力。通过各方共同努力，2012 年生产纸浆 14.17 万吨；销售纸浆 14.33 万吨；实现销售收入 52000 万元，上缴各项税费 7899 万元；实现利润总额 670 万元。完成投资 5.5 亿元，完成融资 13.23 亿元。融资、原料采供、竹子资源开发利用等各项重点工作都取得了历史性突破并创新高，“降本增效”成效明显。年产 9 万吨纸浆技改项目如期建成并投入试生产，氯碱改造项目建成并一次试机成功，产业链延伸和产品结构调整工作取得了明显进展，综合开发利用等工作成效显著，上市培育工作扎实推进，推行全面预算管理、标准化管理、标准定额管理和对标管理，精细化、规范化管理水平显著提升，安全、环保、消防及和谐企业建设等成效显著。在纸浆行业利润大幅下滑、亏损严重、亏损面广的情况下，公司生产经营取得了较好的成果，进一步彰显公司负责任的社会形象，不仅夯实了公司快速健康发展的基础，也提振了各级党委、政府和社会各界支持公司及林浆纸产业发展的信心，赢得了更多的关心和支持。也充分证明了公司发展基础扎实，能在严峻的经济形势下生存和发展，具有较强的生命力和市场竞争力。

2013 年经营发展任务目标：①工作思路。深入学习和贯彻落实十八大精神，牢牢把握“推动科学发展、促进社会和谐”及经济、政治、文化、社会、生态文明建设“五位一体”总布局，紧紧抓住云南省实施“两强一堡”、“工业强省”、“跨越发展”和“走出去”的战略机遇，紧紧围绕公司的发展目标及 2013 年的生产经营目标，以科学发展为主题，以转方式、调结构和做强公司为核心，以实施“两个转变和一个开发”为主线，以改革和创新发展为动力，以成本和费用控制为基础，以标准化、规范化和精细化管理为手段，以提升管理和提质增效为目标，扎实抓好各项工作。②工作方针。调结构、实基础、求效益、促发展。③主要任务目标。年产 9 万吨纸浆技改项目完成建设收尾和专项验收，基本具备总体竣工验收条件；年产 3 万吨生活用纸项目建设正式启动，年内争取完成投资 1.1 亿元；新增造林面积 3333.33 公顷，其中，核心基地自种 1733.33 公顷（桉树 1333.33 公顷、思茅松 333.33 公顷、竹子 66.67 公顷），合作种植 1600 公顷（桉树 1333.33 公顷、竹子 266.67 公顷）；采供纤维原料 93.3 万米$^3$；生产纸浆 22 万吨，营业收入 7.52 亿元，利润 1020 万元；计划投资 6.16 亿元。

2. 云南红塔蓝鹰纸业有限公司

2012 年完成卷烟系列用纸 21350 吨，实现销售收入 36003 万元，全年实现利税总额 7355.7 万元，上缴税金 3254.7 万元（未含地税）。2012 年被评为“云南省高新技术企业”。

3. 云南临沧南华纸业有限公司

公司从 2012 年 3 月 6 日开机生产，截至 2012 年 12 月 31 日，共生产浆板 61468.77 吨，湿浆 994.10 吨。销售浆板 48801.92 吨，湿浆 3113.799 吨，实现含税销售收入 21624.14 万元，库存 19525.28 吨。2012 年公司亏损 11553 万元，上缴税金 26 万元。

2012 年 1 月至 2012 年 12 月 31 日公司共收购原料 286797.15 吨。其中，蔗渣量为 256375.03 吨，原竹 2537.76 吨，竹片 10808.59 吨，杂木 966.86 吨，调拨集团其他下属企业杂木片 1090.50 吨，竹片 15018.41 吨。

2013 年企业生产经营的主要目标：①立足集团旗下 8 家制糖企业，依据集团下达的收购任务，认真、扎实做好蔗渣原料收购工作。预计 2012/2013 榨季公司将收购 32 万吨蔗渣原料。其中，临沧南华糖业有限公司 28 万吨，凤糖集团股份有限公司 4 万吨。努力实现年产纸浆 7 万吨以上，实现销售收入 3 亿元以上。②依据企业生产设备及原收购情况，科学制定“单机、单炉、双纸机”生产方案，确保纸浆日产量在 220 吨以上，完成集团下达的产能目标任务。

4. 云南陆良银河纸业有限公司

由于内部问题，2012 年生产一直不正常，开开停停，至 9 月 14 日全面停产。仅完成纸及纸板产量 138713 吨，销售收入 69164 万元。

## 【基建与技改】

1. 2012 年已完成的项目

云南云景林纸股份有限公司年产 9 万吨纸浆技改项目如期建成并投入试生产，氯碱改造项目建成一次试机成功。

2. 正在开展前期工作的项目

云南云景林纸股份有限公司高档生活用纸项目，分两期建成年产 6 万吨生活用纸（一期年产 3 万吨已开始可行性研究报告编制）。

## 【环境保护与节能】

1. 云景林纸股份有限公司

公司年产 9 万吨技改项目于 2012 年 5 月投入运行，节能减排效果十分显著。产品单位综合能耗从吨浆 0.7 吨标准煤下降到吨浆 0.4 吨标准煤，降低 43%；吨浆耗水量从 70 米$^3$ 下降到 60 米$^3$，降低 17%；吨浆蒸汽消耗量从 1.5 吨降到 0.9 吨，降低 40%；水循环利用率从 55% 上升到 85% 以上。按年产25万吨/年规模计算，年节能5.425万吨标准煤，年节水250万米$^3$，能源消耗处于国内先进水平。公司废水、废气的排放浓度和吨浆排放量优于国家最新排放标准要求，处理后废水的$COD_{Cr}$排放浓度为30~40毫克/升，仅为国家排放标准的1/3。

2. 云南临沧南华纸业有限公司

公司日处理40800米$^3$废水的厌氧与好氧相结合的废水处理站及3960米$^3$事故应急处理池，与专业环保在线监测的运营维护单位（云南晨怡弘宇环保科技有限公司）签订了设备运行维护合同，设备运行正常，实现达标排放。对生活过程产生的生活垃圾与耿马环卫站签订了有偿处理协议，规范进行处理，目前相关设备设施运行状况良好。对生产过程产生噪声源的主要设备，如空压机、真空泵、汽轮机、鼓风机、引风机、各种泵类等，采取消声、隔声、减振等措施来减小噪声；针对噪声较大的空压机房、真空泵、汽轮机，专门修建设备隔音房，对可能产生不正常排汽的排汽口分别安装消音器。目前各种消音设备设施运行良好。

## 【发展中的问题】

2012年全省造纸工业总体运行良好，但整体利润下滑，仍然存在很多困难和问题，主要表现在以下几个方面。

（1）外部融资难度仍然较大。云南省在加快建设“桥头堡”，全省资金基本集中在交通、口岸及抗旱救灾等项目，“云南纸业”在云南不是重点产业。

（2）污染治理力度日益增强，相关设备设施需投入大量资金；纸业污染的负面影响仍未消除，形势迫使全省行业必须不断加强和完善环保设施。

（孙鹤章）

# 新疆维吾尔自治区造纸工业

## Paper Industry in Xinjiang Uygur Autonomous Region

### 【行业概况】

2012 年，新疆维吾尔自治区制浆造纸企业 28 家（年主营业务收入 2000 万元），纸及纸板产量约 40 万吨，比 2011 年的 42.23 万吨减少了 5.28%；主营业务收入 20.68 亿元，比 2011 年的 19.96 亿元增长 3.61%；利税总额 1.99 亿元，比 2011 年的 2.23 亿元下降了 10.76%；资产总计 41.20 亿元，比 2011 年的 34.45 亿元增长了 19.59%；从业人员 1.36 万人。

### 【原料】

新疆维吾尔自治区制浆造纸原料以废纸板和芦苇为主要原料，外购部分商品木浆，其中，自制芦苇浆 10 万吨，废纸板浆 27 万吨，商品木浆 2.8 万吨。品种构成及比例基本保持在：木浆 7%，芦苇浆 25%，废纸板浆 68%。

原料基地建设情况：新疆博湖苇业股份有限公司可控制环博斯腾湖 2.9 万公顷成熟苇田、205 万公顷芦苇湿地及车尔臣流域 0.9 万公顷苇田。

### 【生产企业】

2012 年新疆通过淘汰落后产能等措施，规模以上制浆造纸企业 28 家，产量 10 万吨以上企业仅 1 家（新疆博湖苇业股份有限公司，产量 10.40 万吨，实现销售收入 4.40 亿元，税后利润 2700 万元）。

### 【基建与技改】

（1）新疆博湖苇业股份有限公司迁建工程，一期日产 3000 吨漂白苇浆工程项目已在 2012 年建成试生产，具备正式投产生产条件。

（2）新疆东盛纸业股份有限公司日产 200 吨瓦楞原纸建设项目于 2012 年 7 月正式投产。

（3）新疆江北再生纸有限公司年产 8 万吨箱纸板（涂布白纸板）扩建工程，主体设备已安装完毕，预计 2013 年下半年投产。

（4）新疆远大纸业股份有限公司年产 6 万吨涂布白纸板工程项目，已经建成投产。

（5）新疆恒发纸业有限公司年产 8 万吨箱纸板工程项目，主体设备已安装完成，预计 2013 年 8—9 月投产。

### 【环境保护与节能】

为节能减排，保护环境，2012 年新疆维吾尔自治区淘汰 18 台（条）以废纸板为原料的生产线，淘汰生产能力 10 余万吨。使新疆造纸工业上大压小，产业升级有了良好的开端。

### 【发展目标】

利用新疆维吾尔自治区丰富的棉秆资源，采用清洁生产工艺制浆造纸，为造纸工业的发展开辟新径。

（梅树亚）

# 山西省造纸工业

## Paper Industry in Shanxi Province

【行业概况】

山西省是造纸工业欠发达省份，按照国家的企业规模大、中、小划分，山西省造纸行业只有1家中型企业，其产能也只达到中型企业产能的下限指标，其余均属小型企业。2012年，山西省造纸行业规模以上企业19家，从业人数约8000人。机制纸及纸板年生产能力145万吨，受市场和企业排污等因素影响，实际产量约88万吨（同比减少2.3%），其中石膏板护面纸板28万吨，瓦楞原纸、箱纸板37万吨，防火阻燃类纸板11万吨，生活用纸5万吨。另外，还有少量的新闻纸、炸药包装原纸、文化用纸生产。完成工业总产值35.9亿元。实现销售收入约38亿元（说明：2010年、2011年的完成工业总产值和实现销售收入统计数字有误，不做比较）。利税总额约9000万元，其中实现利润约3860万元，上缴税金约5500万元。

截至2012年底，山西省造纸企业86家，大部分是小型民营企业。为了解决污染问题，部分小企业有整合的趋势。2012年共有7家小企业整体拆除关闭，有30家中小企业处于停产、半停产状态。从发展趋势和环境保护治理上分析，今后还会有部分企业被淘汰，生产能力会逐步集中，符合行业产业政策要求。

2012年山西省造纸工业经济运行情况基本稳定。从原料情况看，因机械化收割及农村劳力的转移，麦草等农作物秸秆可收购量继续减少。晋南、晋东南地区造纸企业的产品结构也在不断调整。商品浆和废纸用量增加的趋势不改。从产品档次上看，纸板类产品档次进一步提高，多数企业产品等级达到B级或B级以上。产品种类有石膏板护面纸板、瓦楞原纸、箱纸板、防火阻燃类纸板、生活用纸、新闻纸、炸药包装原纸和文化用纸。使用麦草制浆的企业，在废水处理过程中生产部分木质素磺酸盐，一方面使环保要求达标排放，另一方面可提高企业的经济效益。

【原料】

2012年，山西省造纸工业使用的原料仍以废纸为主（产品结构决定的），麦草、棉秆和商品浆等占一定比例，个别企业使用废纺织物、灌木、枝桠材及矿物纤维为原料。废纸占原料比例80%，其中，进口废纸占18%，当地收购废纸占82%；商品浆占原料比例约8%；麦草占原料比例约6%；其他种类原料占4%。自制漂白化学麦草浆企业有4家，集中在晋南地区。制浆黑液采用资源化处理技术生产木质素磺酸盐。因麦草资源越来越少，而且不稳定，收购价格也一直上升，麦草浆产量持续下降。

【生产企业】

山西省造纸企业主要分布在太原、运城、临汾、晋中、吕梁和长治。

1. 太原齐兴伟业造纸有限公司

该公司是民营股份制企业，也是山西省造纸行业的领头羊。主要产品为石膏板护面纸板，2012年生产能力仍为15万吨，因市场原因实际产量为13万吨。其中，年产10万吨生产线主要生产设备为进口设备。主要原料为进口美废和部分国产废纸。该企业自备热电联产发电厂，并配备完整的废水物化和生化处理系统。

2. 太原吉兴造纸厂

该厂是民营股份制企业。主要产品为高强瓦楞原纸、箱纸板，年生产能力4.5万吨，2012年实际产量为1.5万吨。主要原料为国产废纸。企业配备完整的废水物化和生化处理系统。

3. 太原家盛纸业有限公司

该公司是民营股份制企业。主要产品为高强瓦楞原纸，年生产能力3.5万吨，2012年实际产量1.7万吨。主要原料为国产废纸。企业配备完整的废水物化和生化处理系统。

4. 太原龙盛伟业有限公司

该公司是民营股份制企业。主要产品为高强瓦楞原纸，年生产能力3.5万吨，2012年实际产量2.7万吨。主要原料为国产废纸。企业配备完整的废水物化和生化处理系统。生产场地附近新建了山西省体育中心，政府要求2012年停产拆除，企业已于2013年1月申请提交了淘汰落后产能的资金补偿报告材料。搬迁地还没有最终确定。

5. 太原玉盛源能源发展有限公司

该公司是民营股份制企业。企业与有关科研单位合作，研发矿渣生产矿物纤维、软化矿物纤维与废纸板纤维配抄防火纸板技术。现在是专业从事无机纤维及产品深加工的绿色环保能源型企业。公司主要从事利用工业废渣，经过熔炉熔炼，四辊机辊轮高温拉丝、改性成为纤维与生活垃圾再生废纸混合生产纸浆，制成成品防火纸。生产的防火纸填补了国内技术空白。主要产品为防火护面纸、防火板、贴纸饰面板、防火墙壁纸和防火毡等。产品防火性好，质量轻，板材耐老化，防霉、防菌、防虫和防白蚁等，质量达到了A1级标准。纸板年生产能力15.5万吨。目前，年产20万吨生产线还在建设过程中。该企业为技术创新企业，已通过ISO 9001—2008国际质量管理体系认证，2010年获得“太原市绿色百强示范项目企业”和“2010年山西省综合利用项目”。

6. 太原市晋源区华葆造纸厂（原太原银生纸业有限公司）

该公司是民营股份制企业。主要产品为箱纸板，年生产能力3万吨。主要原料为国产废纸和商品木浆。2011年因设备设施落后曾被列入淘汰范围，后因企业仍有改造升级的意愿，2012年还处于生产状态。

7. 太原市南郊第二造纸厂

该厂是民营股份制企业。主要产品为瓦楞原纸、挂面箱纸板和牛皮箱纸板，年生产能力2万吨。原料为国产废纸和少量商品木浆。

上述7家太原市辖企业生产能力约47万吨/年，实际产量约28.5万吨。

8. 山西合盛工贸有限公司

该公司是民营股份制福利企业。主要产品为文化用纸、瓦楞原纸和木质素磺酸盐。文化用纸年生产能力5万吨，瓦楞原纸生产能力10万吨。主要原料为麦草和商品浆。漂白麦草浆采用亚硫酸钠法蒸煮和多段漂白工艺生产。该企业自备热电联产发电厂，并配备完整的废水物化和生化处理系统。该企业2012年被国家人力资源和社会保障部和中国轻工业联合会表彰为“全国轻工行业先进单位”。

9. 山西鸿昌农工贸科技有限公司

该公司是民营股份制企业。主要产品为卫生纸和木质素磺酸盐。卫生纸年生产能力5万吨。主要原料为麦草和商品浆。漂白麦草浆采用亚硫酸钠法蒸煮工艺生产。配备完整的废水物化和生化处理系统。目前，年产10万吨瓦楞原纸生产线还在扩建中。

10. 山西东方纸业有限公司

该公司是民营股份制企业。主要产品为新闻纸，年生产能力3万吨。主要原料为废纸和商品浆。配备完整的废水处理系统。企业自有速生杨树林基地。计划新建杨木机械浆生产线。

11. 运城鸿茂纸业有限公司

该公司是民营股份制企业。主要产品为瓦楞原纸，年生产能力3.5万吨。主要原料为废纸和自制棉秆半化学浆。

12. 山西志峰农科贸有限公司

该公司主要产品为卫生纸、书写纸和木质素磺酸盐，年生产能力2.5万吨。主要原料为麦草和商品浆。漂白麦草浆采用亚硫酸钠法蒸煮工艺生产。配备完整的废水物化和生化处理系统。

13. 运城市瑞马纸业有限公司

该公司主要产品为箱纸板和瓦楞原纸，年生产能力2万吨。主要原料为废纸和自制棉秆半化学浆。

14. 山西昌兴纸业有限公司

该公司是民营股份制企业，21世纪初由几家造纸企业在当地政府组织下改制重新异地建设而成。年生产规模为4.5万吨文化用纸和木质素磺酸盐。原计划主要原料为商品浆和自制漂白麦草、芦竹化学浆。现正在进行改造。

上述是运城市较大规模的7家企业，运城市实际还有近20家造纸厂，但产能和生产设备均属于淘汰范围。运城市造纸生产能力37.5万吨/年，实际产量22.5万吨。

15. 山西晋芳纸业有限公司

该公司主要产品为生活用纸，年生产能力3万吨（2010年部分落后产能按规定淘汰）。主要原料为商品浆和可用于生产卫生纸的洁净废纸。企业拥有热电联产煤气发电站。近2年来因城市改造和市场等原因，实际产量只有0.2万吨左右。

16. 临汾新晋达纸业有限公司

该公司是民营股份制企业。主要产品为瓦楞原纸，年生产能力 3.5 万吨。主要原料为废纸和半化学草浆。

17. 襄汾宏峰林纸有限公司

该公司是民营股份制企业，由铁矿选矿企业调整产品结构而来。主要产品为文化用纸，年生产能力 6 万吨。主要原料为商品浆和废纸。

以上 3 家临汾市企业生产能力 12.5 万吨/年，实际产量 5.5 万吨。

18. 长治华南纸业有限公司

该公司是民营股份制企业。主要产品为瓦楞原纸和箱纸板，年生产能力 10 万吨，实际产量约 4.5 万吨。主要原料为废纸和商品纸浆。

到 2012 年底，长治市只有这 1 家造纸企业了。

19. 山西林纸造纸有限公司

该公司是民营股份制企业，总部设在太原市。主要产品为新闻纸和箱纸板，年生产能力 5 万吨。主要原料为废纸和商品纸浆。

20. 山西则天纸业有限公司

该公司是乡镇股份制企业。主要产品为瓦楞原纸，年生产能力 10 万吨。实际产量为 5.5 万吨。主要原料为废纸和商品纸浆。

这是 2 家有一定规模的吕梁市企业，生产能力 15 万吨/年，实际产量 7 万吨。

21. 山西科迪尔造纸有限公司

该公司是民营股份制企业。主要产品为生活用纸和炸药包装原纸，年生产能力 3 万吨。主要原料为商品浆、废纸和废弃纺织物。

22. 山西强伟纸业有限公司

该公司是一家新建的民营股份制企业，位于寿阳县工业园区。产品为石膏板护面纸板，设计生产总规模为年产 50 万吨，配套完整的废水处理系统和热电联产发电系统。目前，年产 25 万吨生产线和配套系统已建成投产。主要原料为商品浆、废纸。

这是 2 家有一定规模的晋中市企业，生产能力 28 万吨/年，实际产量 14 万吨。另外晋中市还有 7 家小型造纸企业。

23. 文水纸箱包装工业有限公司

该公司是民营企业。主要产品为瓦楞原纸和箱纸板，年生产能力 3.5 万吨，实际产量 2.5 万吨。主要原料为废纸和商品浆。

24. 芮城县中宝纸业有限公司

该公司是民营企业。主要产品为文化用纸、瓦楞原纸和箱纸板，年生产能力 2 万吨，实际产量 1.2 万吨。主要原料为废纸和商品浆。

上述 2 家企业已于 2013 年 1 月申请提交了淘汰落后产能的资金补偿报告材料。2013 年 10 月全部拆除。

2012 年产量前 10 名企业：太原齐兴伟业造纸有限公司、山西强伟纸业有限公司、山西合盛工贸有限公司、太原玉盛源能源发展有限公司、山西鸿昌农工贸科技有限公司、山西则天纸业有限公司、长治华南纸业有限公司、襄汾宏峰林纸有限公司、太原龙盛伟业有限公司和文水纸箱包装工业有限公司。

## 【基建和技改】

（1）山西强伟纸业有限公司第 2 条年产 25 万吨石膏板护面纸板生产线和配套系统正在建设，因市场原因建设速度有所放缓。

（2）山西林纸造林有限公司运城市风陵渡开发区 20 万吨杨木机械浆文化用纸项目进展不大，但还在努力。

（3）襄汾宏峰林纸有限公司年产 10 万吨杨木机械浆生产线还在建设。

（4）长治华南纸业有限公司、山西合盛工贸有限公司、山西鸿昌农工贸科技有限公司近 2 年在淘汰落后产能过程中，技术改造力度较大，生产设备、环保设施水平都有大幅提高。

（5）太原玉盛源能源发展有限公司二期年产 20 万吨项目进入设计阶段。

## 【科研与技术进步】

（1）山西科迪尔造纸有限公司利用废弃化纤类纺织物纤维造纸的研究已进入初试阶段。

（2）太原玉盛源公司在有关科研单位协助下进行的矿物纤维软化技术研究、矿物纤维配抄阻燃纸板技术研究已取得一定成果，防火纸填补了国内技术空白。

（3）山西强伟纸业有限公司制浆系统设备和生产工艺技术全部从发达国家引进，电器及控制系统均选用先进的装备和技术。该企业是山西省造纸行业技术进步的示范企业。

（4）山西鸿昌农工贸科技有限公司与太原工业大学合作的制浆蒸煮黑液生产治理沙漠有机肥技术研究取得较好成绩，社会效益和经济效益明显，还在进一步推广。

## 【环境保护与节能】

（1）2012 年造纸行业协会配合省经信委开展

落后产能调研工作，对申报材料和现场进行了严格审查，共淘汰落后造纸产能 14 万吨。

（2）山西齐兴伟业纸业有限公司高效节能浮选脱墨技术应用成功，节能效果明显，全省正在学习推广应用。

（3）山西鸿昌农工贸科技有限公司、山西合盛工贸有限公司、山西志峰农科贸有限公司、山西昌兴纸业有限公司蒸煮黑液生产木质素磺酸盐系统运行良好，经济技术指标均达到较好水平，减排效果明显，同时给企业带来可观的经济利益。

（4）近 2 年来淘汰落后产能、技术改造对环境保护和节能的贡献明显释放出来。

## 【发展中的问题】

（1）山西省是能源重化工基地，轻工占的比例很低，造纸工业发展滞后，投入更是微不足道，没有任何优惠政策，与全省经济发展水平很不适宜。

（2）小企业居多，集中度很低，最大产能企业才年产 25 万吨。生产技术普遍落后，装备规模小，环保压力大，专业技术人才匮乏。

（3）山西省造纸自身发展慢，经济效益与投资回收期都不及能源工业，由于对造纸工业在认识上有一定误区，社会普遍缺少发展造纸工业的认同感和积极性。

（阎振恒）

# 内蒙古自治区造纸工业

## Paper Industry in Inner Mongolia Autonomous Region

【行业概况】

据内蒙古自治区工信委统计，2012 年内蒙古自治区造纸及包装行业规模以上企业 45 家，从业人员 1271205 人。机制纸及纸制品、纸箱产量 14.9 万吨，同比减少 48.6%。完成工业总产值 103.66 亿元，同比增长 8.31%；利润总额 9.74 亿元，同比增长 27.03%；上缴税金 1.62 亿元，同比减少 36.15%。

【原料】

2012 年，内蒙古自治区纸浆制造企业 5 家，目前只有玖龙兴安浆纸（内蒙古）有限公司一家生产，其他厂家处于停限产状态。

内蒙古造纸纤维原料主要分为两大类：生产纸板类的企业以国废为主要原料。生产文化用纸的企业以自制苇浆为主要原料。

造纸纤维原料结构大约为：废纸浆 80%，木浆 5%，自制非木浆 15%。

【生产企业】

机制纸及纸制品的生产企业主要分布在巴彦淖尔市、海拉尔市、呼伦贝尔市、呼和浩特市和包头市。

2012 年，内蒙古自治区制浆造纸企业区域分布情况及主要生产品种见表 1。

**表 1 2012 年内蒙古自治区制浆造纸企业区域分布情况及主要生产品种**

| 序号 | 企业名称 | 所在区域 | 主要产品 |
|---|---|---|---|
| 1 | 玖龙兴安浆纸（内蒙古）有限公司 | 呼伦贝尔市 | 木浆板、工业包装用纸 |
| 2 | 内蒙古荣信纸业有限公司 | 呼和浩特市 | 箱纸板、瓦楞原纸 |
| 3 | 内蒙古天浩纸业有限公司 | 呼和浩特市 | 箱纸板、瓦楞原纸 |
| 4 | 内蒙古金星浆纸业有限公司 | 巴彦淖尔市 | 漂白草浆板、文化用纸 |
| 5 | 中冶美利内蒙古浆纸股份有限公司 | 巴彦淖尔市 | 漂白草浆板 |
| 6 | 海拉尔晨鸣纸业有限责任公司 | 呼伦贝尔市 | 漂白草浆板、文化用纸 |

（范学斌）

# 重点企业介绍

## KEY ENTERPRISES

玖龙纸业（控股）有限公司
理文造纸有限公司
山东晨鸣纸业集团股份有限公司
华泰集团有限公司
山东太阳纸业股份有限公司
金东纸业（江苏）股份有限公司
中国纸业投资总公司
山东博汇集团有限公司
山东世纪阳光纸业集团有限公司
浙江景兴纸业股份有限公司
海南金海浆纸业有限公司
亚太森博（山东）浆纸有限公司
宁波亚洲浆纸业有限公司
芬欧汇川（中国）有限公司
漯河银鸽实业集团有限公司
山东泉林纸业有限责任公司
东莞建晖纸业有限公司
新乡新亚纸业集团股份有限公司
金华盛纸业（苏州工业园区）有限公司
山东华金集团有限公司
宁波中华纸业有限公司
广州造纸集团有限公司
无锡荣成纸业有限公司
浙江永泰纸业集团股份有限公司
河南省龙源纸业股份有限公司
广西金桂浆纸业有限公司
上海中隆纸业有限公司
山东恒联投资有限公司
福建省青山纸业股份有限公司
河北省保定市东方造纸有限公司
嘉兴民丰集团有限公司
恒安国际集团有限公司
金红叶纸业集团有限公司
维达纸业（中国）有限公司
中顺洁柔纸业股份有限公司

# 10

# 玖龙纸业（控股）有限公司

## Nine Dragons Paper (Holdings) Limited

### 【企业概况】

玖龙纸业（控股）有限公司（简称“玖龙纸业”）成立于1995年，历经10余年快速稳健的发展，已成为世界最大的废纸造纸的现代化包装用纸制造集团。公司于2006年3月3日在香港成功上市，总部位于广东省东莞市。目前已在珠江三角洲的东莞、长江三角洲的太仓、西部的重庆、环渤海经济圈的天津建立了四大造纸基地，泉州和沈阳的新基地正在兴建中。此外，玖龙纸业在四川乐山收购并搬迁建设了特种纸基地，在内蒙古合资建有木浆生产基地，并与越南造纸厂合资，将造纸事业拓展到海外，还完成了河北永新纸业有限公司控股权的收购，是我国首个生产能力过1000万吨/年的造纸集团。蝉联2010年与2011年“中国轻工业造纸行业十强企业”第1名，2012年被评为“中国民营企业500强”第75位、“中国民营企业制造业500强”第51位。卓越的战略布局使玖龙纸业产品能有效覆盖各个新兴市场，打造了一个国际知名的民族品牌，带动我国造纸工业在近10年间取得了令世界瞩目的发展。

集团主要生产各类牛卡纸、高强瓦楞原纸、涂布白纸板、白卡纸、环保型文化用纸、涂布牛卡纸等产品，能有效为客户提供多元化产品系列和包装用纸的一站式服务。

玖龙纸业以高度的社会责任感，执著于“没有环保就没有造纸”的企业理念，坚持科学发展、绿色发展，开创了我国废纸造纸的先河，引领了环保造纸的潮流。在未来，玖龙纸业将继续朝着环保、节能型、国际化管理的目标迈进，巩固行业龙头地位，奠定企业百年基业。

单位地址：广东省东莞市麻涌镇新沙港工业区（集团总部）　邮编：523147

联系电话：0769－88234888　联系传真：0769－88824198

联系邮箱：info_group@ndpaper.com　单位网址：www.ndpaper.com

企业性质：外商独资

法人代表：张　茵

成立时间：1995年，职工总数：19000人

2012年纸浆产量：5万吨，纸和纸板产量：1045万吨

主要产品：各类包装用纸、环保型文化用纸

主要纤维原料：废纸

纸机总数：33台

### 【主要生产线】

主要造纸生产线

| 生产线名称 | 产品品种 | 纤维原料 | 生产能力/(万吨/年) |
|---|---|---|---|
| 东莞、太仓、重庆、天津四大生产基地 | 牛卡纸、高强瓦楞原纸、涂布白纸板、涂布白卡纸、轻涂牛卡纸、环保型文化用纸等 | 废纸、木浆 | 1255 |

（卢燕芳）

# 理文造纸有限公司

## Lee & Man Paper Manufacturing Limited

【企业概况】

理文造纸有限公司（简称“理文造纸”）于1994年成立，是全球最大的国际化浆纸企业之一。公司于2003年在香港联交所主板上市（股份编码：02314），现市值达170亿港元。理文造纸发展至今，已在我国广东省、江苏省、重庆市、广西壮族自治区、江西省及越南后江省投资设立多家浆纸厂，员工逾7800人。主要产品为包装用箱纸板、瓦楞原纸、木浆、环保浆及高档涂布白纸板，现纸生产能力605万吨/年，浆生产能力15万吨/年。同时，公司还在美国、欧洲等地设有多个原料采购中心和办事处。计划在2014年之前新增纸生产能力35万吨/年，届时，纸生产能力可达到640万吨/年。

理文造纸是一家环保、科技、高自动化型制造企业，各间厂房均设有完善的配套设施，包括先进的造纸生产线、汽电一体化的发电站、水厂、废水处理站、码头、大型废纸堆场、成品仓库及庞大的运输车队等；并设有现代化的办公大楼及完善的生活设施，如饭堂、运动场、图书室、网吧及员工娱乐中心等。

理文造纸自有庞大的水陆运输队伍，能充分保障及时快捷地将成品送到客户指定的地点。为加强物流的监控，采用全计算机化管理，从原料采购、原料运输、生产成品，到成品纸运送给客户的整个过程，可随时在计算机中查询，使供货更快捷、更准确、更可靠。

理文造纸非常注重环境保护，生产过程严格按照国际环境保护管理体系要求执行，节约能源、清洁生产。各相关厂房亦获得ISO 14001、ISO 9001、OHSAS 18001、QCO 80000、FSC－COC产销监管链国际认证及能源管理体系认证。

单位地址：香港九龙观塘敬业街61－63号利维大厦5字楼

联系电话：00852－2319－9889　联系传真：00852－2319－9393

联系邮箱：samco_liu@ leemanpaper. com　单位网址：www. leemampaper. com

企业性质：中外合资

法人代表：李运强，经营负责人：李文俊，技术负责人：李文斌

成立时间：1994年，职工总数：7800人，其中技术人员数：2349人

2012年纸浆产量：12. 03万吨，纸和纸板产量：414. 13万吨

2012年销售收入：125. 6亿元，利税总额：11. 04亿元，利润总额：8. 74亿元

主要产品：牛卡纸、瓦楞原纸、涂布灰底白纸板、木浆

主要纤维原料：废纸、木浆

纸机总数：16台

蒸（球）煮器总数：1台

## 【主要生产线】

### 主要制浆生产线

| 生产线名称 | 纤维原料 | 制浆方法 | 蒸煮器 | 主体设备供货厂商 | 产品品种 | 生产能力/(万吨/年) | 投产时间 |
|---|---|---|---|---|---|---|---|
| BKP1 | 木片 | 硫酸盐法 | 间歇蒸煮锅 | 潍坊凯信机械有限公司 | 木浆 | 15 | 2009－10 |

### 主要造纸生产线

| 生产线名称 | 纸机 | | | 主体设备供货厂商 | 产品品种 | 纤维原料 | 生产能力/(万吨/年) | 投产时间 |
|---|---|---|---|---|---|---|---|---|
| | 网部形式 | 幅宽/毫米 | 工作车速/(米/分) | | | | | |
| PM1 | 长网 | 3200 | 300 | 福伊特公司 | 瓦楞原纸 | 废纸 | 5.5 | 1998－04 |
| PM2 | 二叠网 | 3200 | 300 | 福伊特公司 | 仿牛卡纸 | 废纸 | 5.5 | 1998－07 |
| PM3 | 三叠网 | 4200 | 700 | 日本小林制作所 | 牛卡纸 | 废纸、木浆 | 22 | 2000－08 |
| PM4 | 夹网 | 5500 | 1100 | 福伊特公司 | 牛卡纸 | 废纸、木浆 | 40 | 2002－09 |
| PM5 | 三叠网 | 4400 | 750 | 日本小林制作所 | 牛卡纸 | 废纸、木浆 | 32 | 2003－11 |
| PM6 | 长网 | 6600 | 900 | 韩国金星造纸技术有限公司 | 仿牛卡纸 | 废纸 | 35 | 2004－10 |
| PM7 | 三叠网 | 6650 | 1000 | 三菱重工业株式会社 | 牛卡纸 | 废纸 | 50 | 2006－01 |
| PM8 | 三叠网 | 6600 | 1000 | 美卓公司 | 牛卡纸 | 木浆、废纸 | 50 | 2007－02 |
| PM9 | 三叠网 | 6650 | 1000 | 美卓公司 | 牛卡纸 | 木浆、废纸 | 50 | 2007－06 |
| PM10 | 三叠网 | 5500 | 800 | 日本小林制作所 | 白牛卡纸 | 木浆、废纸 | 40 | 2007－09 |
| PM11 | 三叠网 | 5500 | 750 | 日本小林制作所 | 牛卡纸 | 木浆、废纸 | 40 | 2007－07 |
| PM12 | 二叠网＋顶网 | 6650 | 1000 | 韩国金星造纸技术有限公司 | 仿牛卡纸 | 废纸 | 45 | 2008－05 |
| PM13 | 三叠网 | 5450 | 800 | 日本小林制作所 | 牛卡纸 | 废纸 | 40 | 2008－06 |
| PM15 | 三叠网 | 6650 | 1100 | 美卓公司 | 牛卡纸 | 废纸 | 50 | 2011－08 |
| PM16 | 长网＋夹网 | 6000 | 900 | 韩国金星造纸技术有限公司、日本小林制作所 | 仿牛卡纸 | 废纸 | 40 | 2011－11 |
| PM17 | 四叠网＋MB 网 | 6650 | 750 | 美卓公司 | 涂布灰底白纸板 | 废纸、木浆 | 60 | 2012－07 |

（王　芬）

# 山东晨鸣纸业集团股份有限公司

## Shandong Chenming Paper Group Co., Ltd.

【企业概况】

山东晨鸣纸业集团股份有限公司（简称“晨鸣集团”）是以造林、制浆、造纸为主业的大型企业集团，全国唯一一家 A、B、H 3 种股票上市公司，拥有武汉晨鸣、江西晨鸣、吉林晨鸣、湛江晨鸣等 10 多家生产子公司。公司总资产 500 多亿元，年生产能力 600 多万吨，进入中国企业 500 强和世界纸业 30 强，被评为“中国上市公司百强企业”和“中国最具竞争力的 50 家蓝筹公司”之一，“晨鸣”商标被认定为中国驰名商标。

目前，集团拥有多条国际一流水平的造纸生产线，主导产品为高档铜版纸、白卡纸、轻涂纸、新闻纸、双胶纸、白牛卡纸、高密度纤维板、强化木地板等，其中 7 个产品被评为“国家级新产品”，28 个产品填补国内空白，4 种产品列入“国家免检产品”，产品远销 50 多个国家和地区。在技术创新方面，拥有国家级技术中心、博士后科研工作站、鸢都学者岗位等创新平台；先后承担国家项目 5 项、省级技术创新项目 18 项，拥有自有专利技术 106 项，其中，发明专利 8 项，技术成果获得省部级以上科技进步奖 17 项。在全国同行业率先通过 ISO 9001 质量体系认证、ISO 14001 环保体系认证和 FSC－COC 体系认证，先后荣获“全国五一劳动奖状”、“轻工业全国十佳企业”、“中国企业管理杰出贡献奖”、“全国精神文明建设先进单位”等省级以上荣誉称号 150 余项。

面对全球经济一体化的机遇和挑战，晨鸣集团致力于建设绿色生态、持续发展的国际一流造纸企业，以发展为主题，以创新为动力，大力实施国际化战略，努力把企业做强做大，“十二五”末，跻身世界造纸行业前列。

单位地址：山东省寿光市圣城街 595 号　邮编：262700
联系电话：0536－2158000　联系传真：0536－2156111
联系邮箱：cm2158571@hotmail.com　单位网址：www.chenmingpaper.com

企业性质：股份有限公司
法人代表：陈洪国，经营负责人：陈洪国，技术负责人：邵学军
成立时间：1993 年，职工总数：15775 人，其中技术人员数：2246 人
2012 年纸浆产量：207 万吨，纸和纸板产量：393 万吨
2012 年销售收入：197.6 亿元，利税总额：1.02 亿元，利润总额：－0.1 亿元
主要产品：机制纸及纸板
主要纤维原料：木片、商品针叶木浆、商品阔叶木浆、废纸
纸机总数：21 台
蒸（球）煮器总数：14 台

## 【主要生产线】

主要制浆生产线

| 生产线名称 | 纤维原料 | 制浆方法 | 主体设备供货厂商 | 产品品种 | 生产能力/(万吨/年) | 投产时间 |
|---|---|---|---|---|---|---|
| 化机浆 | 木片 | BCTMP | | 化学机械浆 | 25 | 2004 |
| 机械浆 | 木片 | TMP | 美卓公司 | 机械浆 | 500 吨/日 | 2012 |
| 脱墨浆 | 废纸 | DIP | | 废纸浆 | 20 | 2006 |
| 湛江化学浆 | 木片 | 碱法 | | 化学浆 | 70 | 2011 |

主要造纸生产线

| 生产线名称 | 主体设备供货厂商 | 产品品种 | 纤维原料 | 生产能力/(万吨/年) | 投产时间 |
|---|---|---|---|---|---|
| 寿光轻涂纸工厂 | | 高档低定量涂布纸 | 化学木浆 | 10 | 1998 |
| 寿光铜版纸工厂 | 美卓公司 | 高档涂布铜版纸 | 化学木浆 | 30 | 2001 |
| 寿光白卡纸工厂 | | 高档涂布白卡纸 | 化学木浆、化机浆 | 40 | 2004 |
| 寿光新闻纸工厂 | 美卓公司 | 高档彩色胶印新闻纸 | 废纸浆 | 40 | 2006 |
| 美术纸工厂 | 美卓公司 | 美术涂布印刷纸 | 化学木浆 | 12 | 2009 |
| 高档低定量铜版纸 | 美卓公司、福伊特公司、安德里茨公司 | 高档低定量铜版纸 | 化学木浆 | 80 | 2011 |
| 高档涂布白牛卡纸 | 美卓公司、福伊特公司 | 高档涂布牛卡纸 | 废纸浆 | 60 | 2012 |
| 湛江文化用纸 | 美卓公司 | 高档静电复印纸、涂布纸 | 化学木浆 | 40 | 2011 |

（王　勇）

# 华泰集团有限公司

## Hua Tai Group Co., Ltd.

【企业概况】

华泰集团有限公司（简称“华泰集团”）是以造纸、化工为主导产业，集印刷、热电、物流、林业、房地产等十大产业于一体的全国500强企业。公司现有总资产300亿元；造纸生产能力400万吨/年，化工及造纸助剂200万吨/年，承接印刷能力80万色令/年，是全球最大的高档新闻纸生产基地和全国最大的盐化工生产基地。公司先后被评为“国家级重点高新技术企业”、“中国上市公司百强”、“全国守合同重信用企业”、“全国质量管理先进企业”、“山东省改革开放30年功勋企业”等多项荣誉称号；“华泰”商标也被评为中国驰名商标。

2012年，面对严峻的市场形势，华泰集团紧密围绕市场需求，积极转方式、调结构，深入挖掘成本效益潜力，推进管理技术创新，加快产业转型升级，在节能、科研创新、正规化管理等诸多方面都取得了显著成绩。随着安徽华泰林浆纸一体化项目顺利投产，公司全面完成了在黄河、长江、珠江三角洲的“三点一线”全国战略布局；进一步拉长了化工产业链，努力打造双百万吨化工产业基地；此外，地产、印刷、物流等第三产业也蓬勃发展，呈现多元化发展态势。华泰集团喜获“全国工人先锋号”、“全国创先争优先进基层党组织”、“全国就业先进企业”等多项国家级荣誉。与山东轻工业学院、中国制浆造纸研究院共同完成的“造纸纤维组分的选择性酶解技术及其应用”荣获“国家科技进步二等奖”。2012年集团销售收入突破300亿元，实现利税35亿元，同比分别增长10.9%、10.8%，保持了稳健发展势头。

单位地址：山东省广饶县大王镇潍高路251号 邮编：257335

联系电话：0546-6888818 联系传真：0546-6888018

联系邮箱：htjt0546@163.com 单位网址：www.huatai.com

企业性质：民营企业

法人代表：李建华，经营负责人：李晓亮，技术负责人：张凤山

成立时间：1993年，职工总数：10159人，其中技术人员数：801人

2012年纸浆产量：240.3万吨，纸和纸板产量：270万吨

2012年销售收入：302亿元，利税总额：35亿元，利润总额：21亿元

主要产品：新闻纸、铜版纸、胶版纸

主要纤维原料：废纸、杨木片

纸机总数：12台

## 【主要生产线】

主要制浆生产线

| 生产线名称 | 纤维原料 | 制浆方法 | 蒸煮器 | 主体设备供货厂商 | 产品品种 | 生产能力/(万吨/年) | 投产时间 |
|---|---|---|---|---|---|---|---|
| 8 号机 | 木浆板 | 碎浆、打浆 | | 安德里茨公司 | 木浆 | 40 | 2011 |
| 9 号机 | 废纸 | 浮选脱墨 | | 福伊特公司 | 脱墨浆 | 16 | 2001 |
| 10 号机 | 废纸 | 浮选脱墨 | | 福伊特公司 | 脱墨浆 | 25 | 2003 |
| 11 号机 | 废纸 | 浮选脱墨 | | 福伊特公司 | 脱墨浆 | 40 | 2005 |
| 12 号机 | 废纸 | 浮选脱墨 | | 福伊特公司 | 脱墨浆 | 45 | 2006 |
| 杨木浆生产线 | 杨木片 | BCTMP | | 美卓公司 | 杨木 BCTMP | 10 | 2006 |
| 安徽华泰漂白化学浆生产线 | 阔叶木、针叶木 | 硫酸盐法 | 超级间歇蒸煮 | 美卓公司<br>安德里茨公司 | 漂白浆 | 15 | 2012 |
| 广东华泰脱墨浆生产线 | 废纸 | 脱墨法 | | 美卓公司 | 脱墨浆 | 40 | 2011 |
| 日照华泰阔叶木浆生产线 | 阔叶木、针叶木 | DDS 间歇蒸煮 | 立锅 | 安阳机械有限公司、美国 ITT 公司等 | 针叶木浆<br>阔叶木浆 | 10 | 2010 |
| 河北华泰脱墨浆生产线 | 废纸 | 浮选脱墨 | | 福伊特公司 | 脱墨浆 | 30 | 2005 |

主要造纸生产线

| 生产线名称 | 纸机 | | | 主体设备供货厂商 | 产品品种 | 纤维原料 | 生产能力/(万吨/年) | 投产时间 |
|---|---|---|---|---|---|---|---|---|
| | 网部形式 | 幅宽/毫米 | 工作车速/(米/分) | | | | | |
| 8 号机 | 夹网 | 8100 | 1700 | 美卓公司 | 铜版纸 | 木浆 | 70 | 2011 |
| 9 号机 | 叠网 | 6500 | 1400 | 福伊特公司 | 卷筒新闻纸 | 脱墨浆 | 16 | 2001 |
| 10 号机 | 夹网 | 7100 | 1800 | 福伊特公司 | 卷筒新闻纸 | 脱墨浆 | 25 | 2003 |
| 11 号机 | 夹网 | 10200 | 1800 | 福伊特公司 | 卷筒新闻纸 | 脱墨浆 | 40 | 2005 |
| 12 号机 | 夹网 | 11000 | 2000 | 福伊特公司 | 卷筒新闻纸 | 脱墨浆 | 45 | 2006 |
| 安徽华泰 1 号机 | 叠网 | 4450 | 1000 | 美卓公司 | 高档文化用纸 | 自制化学浆、机械磨木浆 | 15 | 2012 |
| 广东华泰 1 号机 | 夹网 | 6100 | 1800 | 美卓公司 | 新闻纸 | 脱墨浆 | 40 | 2011 |
| 河北华泰新闻纸机 | 夹网 | 7900 | 1950 | 美卓公司 | 新闻纸 | 脱墨浆 | 30 | 2005 |

（成小敏）

# 山东太阳纸业股份有限公司

## Shandong Sun Paper Industry Joint Stock Co., Ltd.

【企业概况】

山东太阳纸业股份有限公司（简称“太阳纸业”）成立于1982年，公司总部位于山东省兖州市。公司业务涉及造纸、化工、外贸、电力、科研、林纸、酒店、投资等多个领域，拥有资产总额230亿元，浆纸年生产能力400万吨，员工1万余人。经过30年的发展，太阳纸业已发展成为一家全球先进的跨国造纸集团和林浆纸一体化企业，是中国最大的民营造纸企业、中国500强企业之一，并位列世界造纸百强企业行列。2006年，太阳纸业在深圳证券交易所成功上市。

太阳纸业坚持用高新技术改造提升传统产业，推动造纸产业的转型升级，在行业内率先通过了质量管理、环境管理、能源管理、职业健康、食品安全、森林监管链六大体系认证。主导产品有：高档涂布包装纸板、高档美术铜版纸、高档文化办公用纸、特种纤维溶解浆四大系列。拥有“金太阳”、“华夏太阳”、“天阳”、“威尔”、“乐考”、“酷印”等主要品牌，其中，“金太阳”商标为中国驰名商标。

打造资源节约型和环境友好型企业，追求企业、环境、社会的和谐统一与互惠共赢是太阳人不懈的努力方向。太阳纸业累计投入22亿多元用于污染治理，实施循环经济，使综合废水$COD_{Cr}$达到60毫克/升左右，$BOD_5$达到10毫克/升以下，出境水质达到30毫克/升左右，实现了废水的区域循环再利用。目前，太阳纸业的化机浆废水已经实现零排放，平均吨纸耗水降到6米$^3$，达到国际先进水平，建设了生物质发电项目，实现了企业固体废弃物的资源化利用，取得了经济效益、环境效益和社会效益的多赢。

放眼未来，太阳纸业将立足中国，布局全球，在世界范围内进行新一轮的战略规划，形成主业突出、多元发展、绿色环保、管理规范的持续发展态势，实现与上下游合作伙伴的共同成长，让相关利益方分享企业发展成果，将太阳纸业打造成为最具成长性的、受人尊敬的世界一流造纸企业。

单位地址：山东省兖州市友谊路1号 邮编：272100

联系电话：0537－7928713 联系传真：0537－7928489

联系邮箱：maning0712@163.com 单位网址：www.sunpapergroup.com

企业性质：民营企业

法人代表：李洪信，经营负责人：李洪信，技术负责人：应广东

成立时间：1982年，职工总数：10562人，其中技术人员数：515人

2012年纸浆产量：333万吨，纸和纸板产量：269万吨

2012年销售收入：304亿元，利税总额：9.3亿元，利润总额：5.2亿元

主要产品：涂布包装纸板、美术铜版纸、文化办公用纸、特种纤维

主要纤维原料：进口木浆和自制木浆

纸机总数：20台

蒸（球）煮器总数：6台

## 【主要生产线】

主要制浆生产线

| 生产线名称 | 纤维原料 | 制浆方法 | 蒸煮器 | 主体设备供货厂商 | 产品品种 | 生产能力/(万吨/年) | 投产时间 |
|---|---|---|---|---|---|---|---|
| 过氧化氢中浓漂白化学浆线 | 杨木板皮 | 碱法 | 四管连续蒸煮器 | 天津中轻机械有限公司 | 化学阔叶木浆 | 7 | 2003－07 |
| 碱性过氧化氢机械浆线 | 杨木片、桉木片等 | APMP | 高浓磨（主要磨浆设备） | 安德里茨公司 | 化机浆 | 60 | 2008－01 |
| 溶解浆 | 进口木片 | 连蒸连煮 | 低固形物连续蒸煮 | 安德里茨公司 | 特种纤维 | 20 | 2011－10 |

主要造纸生产线

| 生产线名称 | 纸机 | | | 主体设备供货厂商 | 产品品种 | 纤维原料 | 生产能力/(万吨/年) | 投产时间 |
|---|---|---|---|---|---|---|---|---|
| | 网部形式 | 幅宽/毫米 | 工作车速/(米/分) | | | | | |
| PM24 | 夹网 | 8100 | 1800 | 福伊特公司 | 高档美术铜版纸 | 进口木浆和自制浆 | 30 | 2011－07 |
| 高档食品包装卡纸生产线 | 夹网 | 6100 | 950 | 美卓公司 | 高档食品白卡纸 | 进口木浆和自制浆 | 60 | 2012－09 |

（马　宁）

# 金东纸业（江苏）股份有限公司

## Gold East Paper（Jiangsu）Co., Ltd.

【企业概况】

金东纸业（江苏）股份有限公司（简称“金东纸业”）地处长江第三大港——江苏省镇江大港，于1997年5月18日正式成立。占地533公顷，总投资35.3亿美元，年产铜版纸200万吨以上，已成为世界上单厂规模最大的铜版纸生产企业。

作为金光集团APP中国的旗舰企业，金东纸业秉承集团永续经营的理念，不断实践着循环经济和绿色造纸，走出了一条可持续发展的新型工业化道路，迄今环保投入已超15亿元。金东纸业在环保建设中所做的努力得到了各级政府的充分肯定，2000年获得了“江苏省绿色企业”称号，2003年获得“国家环保百佳工程”，2004年获得了国家环保最高荣誉“国家环境友好企业”称号。2006年3月，再次荣获全国绿化委员会通报表彰，也是全国172个“绿化模范单位”中唯一受到表彰的造纸企业。2006年12月，金东纸业被评为“2006中国企业社会责任调查最具社会责任感”前50家优秀企业，并获得特别单项奖“循环经济贡献奖”。2007年1月，金东纸业又成为了国家旅游局指定造纸业第一家的“国家工业旅游示范点”。2010年6月，金东纸业被评为“全国造纸行业劳动关系和谐企业”，同月金东纸业获得“2009年度中国轻工业造纸行业十强企业”称号。2011年1月，金东纸业获得中国环境标志（Ⅱ型）产品认证证书。成立至今，金东纸业连续多年入选“中国500强企业”和“中国企业效益200佳”排行榜。

在管理领域，金东纸业将6Sigma、CTR等先进工具引入企业管理中，提高了企业运营效率。先后通过了ISO 9002质量管理体系认证、ISO 14001环境管理体系认证、OHSAS 18001职业健康安全管理体系认证和PEFC认证。

在客服方面，金东纸业在全国配备了高素质的营销和专业客服人员，并开通了800免费服务热线。与此同时，金东纸业还在全球多个国家和地区设立分公司，透过经销商辐射全世界范围内的广大用户，从而与客户、经销商共同成长，共创多赢的圆融关系。

金东纸业主要品牌有：“太空梭”、“东帆”、“长鹤”、“神盾”等，其中，“太空梭”品牌的知名度、满意度、市场占有率排名在全国同行业中遥遥领先，“太空梭”被评为中国驰名商标。

单位地址：江苏省镇江市大港兴港东路8号　邮编：212132

联系电话：0511－88998888　联系传真：0511－88997000

联系邮箱：service@goldeastpaper.com.cn　单位网址：www.goldeastpaper.com.cn

企业性质：中外合资

法人代表：黄志源，经营负责人：马志明，技术负责人：王仁荣

成立时间：1997年，职工总数：5399人，其中技术人员数：1795人

2012年纸和纸板产量：203.54万吨

2012年销售收入：87.34亿元，利税总额：20.48亿元，利润总额：13.68亿元

主要产品：单面铜版纸、双面铜版纸、亚光铜版纸、轮转铜版纸、数码专用纸

主要纤维原料：原生木浆

纸机总数：3台

## 【主要生产线】

主要造纸生产线

| 生产线名称 | 纸机 | | | 主体设备供货厂商 | 产品品种 | 纤维原料 | 生产能力/(万吨/年) | 投产时间 |
|---|---|---|---|---|---|---|---|---|
| | 网部形式 | 幅宽/毫米 | 工作车速/(米/分) | | | | | |
| 福伊特纸机 | 夹网 | 9770 | 1500 | 福伊特公司 | 双胶纸、涂布原纸 | 原生木浆 | 54 | 1999－02 |
| 福伊特纸机 | 夹网 | 9770 | 1500 | 福伊特公司 | 双胶纸、涂布原纸 | 原生木浆 | 54 | 1999－05 |
| 美卓涂布机 | | 9770 | 1700 | 维美德公司 | 铜版纸 | 原生木浆 | 60 | 1999－06 |
| 美卓涂布机 | | 9770 | 1700 | 维美德公司 | 铜版纸 | 原生木浆 | 60 | 2001－08 |
| 集造纸涂布于一体纸机 | 夹网 | 10600 | 1700 | 福伊特公司 | 不含磨木浆涂布纸、铜版纸 | 原生木浆 | 70 | 2005－05 |

（金光集团 APP）

# 中国纸业投资总公司

## China Paper Corporation

【企业概况】

中国纸业投资总公司（简称“中国纸业”）是国务院国资委监管的大型企业集团——中国诚通控股集团有限公司的全资子公司，是以林浆纸生产、开发及利用为主业的国有大型企业。产品涵盖纸浆、文化用纸、涂布白纸板、特种纸等多个领域，品种多达数十种，质量和产量居国内造纸行业前列。目前，中国纸业旗下拥有 3 家上市公司：粤华包 B（200986）、冠豪高新（600433）、岳阳纸业（600963）。

中国纸业忠实履行国家战略使命，积极推进林浆纸一体化，由横向单一谋求造纸产能扩张到对产业链上游资源把控的纵向延伸。不断开发国内和国际林浆资源，加快资源循环利用技术研发和产业化示范，加快提升资源综合利用水平，加快建立以先进技术为支撑的废旧纸品回收利用体系，取得了良好的经济效益和社会效益。

中国纸业致力于发展成具有市场领导地位的国际化纸业集团，在不断完善产业链的同时，自觉履行社会责任，实现绿色环保，提供更加优质的产品和服务，向股东回馈更加丰厚的回报。

单位地址：北京市丰台区南四环西路 188 号总部基地六区 17 号楼　邮编：100070

联系电话：010－83673111　联系传真：010－83673151

单位网址：www. chinapaper. com. cn

企业性质：国有企业

法人代表：童来明，经营负责人：童来明，技术负责人：仇如全

成立时间：1988 年，职工总数：13900 人，其中技术人员数：1400 人

2012 年纸浆产量：26. 5 万吨，纸和纸板产量：195 万吨

主要产品：白卡纸、白纸板、文化用纸、薄型包装用纸、特种纸

主要纤维原料：木浆、木材、芦苇

纸机总数：38 台

蒸（球）煮器总数：10 台

【各子公司简介】

### 珠海红塔仁恒纸业有限公司

珠海经济特区红塔仁恒纸业有限公司（简称“红塔仁恒”）是由云南红塔集团有限公司和新加坡仁恒工业有限公司于 1991 年共同投资兴建的集现代化机械设备和技术于一体的大型现代化造纸企业。

2009 年 6 月，由中国物资开发投资总公司控股的佛山华新包装股份有限公司（即“粤华包”）和龙邦国际有限公司以持有的佛山华丰纸业有限公司的股权完成对红塔仁恒进行增资。至此，红塔仁恒的股东方由原来的 2 家变为 4 家，分别是粤华包、红塔集团、仁恒工业、龙邦国际。粤华包成为红塔仁恒的大股东并拥有控股权，而珠海华丰纸业有限公司则成为红塔仁恒的全资子公司，生产线由原来 2 条增加到 3 条，总生产能力翻了一番，由 30 万吨/年增加到了 60 万吨/年。

公司位于珠海市前山工业区，占地面积 34 万米$^2$。现有 2 条造纸生产线，总生产能力 30 万吨/年。1 号纸机于 1994 年 12 月正式投产，设计生产能力 4.5 万吨/年，经过技术改造后，实际产能已达 7 万吨/年；2 号纸机于 1999 年 12 月正式投产，设计生产能力 17.5 万吨/年，经过技术改造后，实际产能已达 23 万吨/年。主要技术装备分别从芬兰、奥地利、德国等国家引进。目前总部 2 条生产线主要生产产品为高档涂布白卡纸。

公司主导产品有："红塔"牌高档涂布白卡纸、液体食品无菌包原纸、食品包装涂布白卡纸、防伪涂布白卡纸、"银冠"牌高档涂布白卡纸、"红梅"牌高档涂布白卡纸及"金丰"牌和"蓝丰"牌高档涂布白纸板。

高档涂布白卡纸产品选用进口木浆和化工原料进行生产。纸机具有国际先进水平，采用三长网成形技术（芯网带顶网成形器）、三道压榨、四次机内涂布、双辊软压光、电红外干燥、带式压光机压光等技术，整个生产过程采用 DCS 集成控制、QCS 系统进行工艺设定和质量控制，使纸张的品质得到有效保证。

2007 年 7 月，由公司自主研发的无菌液体食品包装用纸研发成功并批量生产投放市场，真正填补了液体包装用纸的国内空白，同时公司成为世界上屈指可数能够同时生产烟卡纸、利乐包、屋顶包及 SIG 康美包的造纸企业；2007 年 9 月，"红塔"牌高档涂布白卡纸被广东省评为"广东省名牌产品"；2007 年 11 月，公司自主研发的液体食品无菌包装原纸项目被广东省造纸学会评为科学技术奖成果二等奖。2009 年 12 月，公司被评定为广东省高新科技企业。

公司自投产以来，生产经营状况良好，各项主要经济技术指标均列国内造纸行业前茅，产量、产值逐年稳步增长。2010 年高档涂布白卡纸及高档涂布白纸板产量达 59 万吨、产值近 36 亿元。红塔仁恒生产的优质高档涂布白卡纸、液体食品无菌包装原纸、高档涂布白纸板具有出色的印刷性能和包装性能。产品广泛使用在卷烟、医药、化妆品和生活用品、食品等领域，有效地替代了进口产品。"红塔"牌高档涂布白卡纸和"金丰"牌高档涂布白纸板以其产品质量及公司的信誉和服务赢得了广大用户的一致好评。

2006 年至 2007 年上半年，公司斥资 1.6 亿元对 2 号纸机生产线进行整体提质和提速技术改造，2 号纸机引进了先进压光技术的带式压光机，产品表面平整性再上一个新台阶，可同时满足复合、转移及真空镀铝的苛刻要求，极大地改善了产品的适印性，使产品质量得到进一步优化，有力地保证了公司产品质量稳居国际领先水平。生产能力提高到了 23 万吨/年，进一步巩固和提高了公司产品的市场竞争力。

2006 年 11 月，公司通过了质量、环境、职业健康安全及食品安全管理体系认证并获得证书，是国内首家按照 ISO 22000: 2005 食品安全管理体系要求通过认证的造纸企业。公司从建立以来就一直重视环境保护，坚持走可持续发展道路。2009 年 3 月 15 日，公司再次被广东省环保局评为环保诚信企业（绿牌）。这是公司连续 2 年被评为环保诚信企业（绿牌）。2007 年 10 月，公司建立了 FSC/COC 管理体系并通过了世界著名的认证行 SGS 的认证审核，为公司产品顺利进入欧美市场提供了绿色通行证。

珠海华丰纸业有限公司 3 号线于 2007 年 9 月 29 日通过国家环保总局环保验收合格（环验〔2007〕196 号）。2008 年 7 月通过了 BSI 公司 ISO 9001、ISO 14001、OHSAS 18001 三标一体管理认证。3 号线是华南地区首家通过 ISO 质量体系认证的涂布白纸板生产企业和全国造纸行业首家通过 OHSMS 18000 职业安全健康管理体系认证的企业。2010 年，珠海华丰纸业有限公司通过 FSC 森林管理认证。

2009 年 2 月 5 日，经国家质量监督检验检疫总局审批，公司总部成功获得全国工业产品生产许可证（QS）（食品用纸包装生产许可证）。公司产品安全将迈进一个新的门槛，四合一体系的实施再加上 QS 认证的通过充分证明了该公司是一个管理规范、产品质量一流、能够保证食品包装用纸质量安全的企业。

在高起点、高标准、高层次的竞争中，掌握世界一流技术，生产世界一流产品，建设世界一流企业始终是红塔仁恒的坚定信念和追求。

## 佛山诚通纸业有限公司

佛山诚通纸业有限公司是中国纸业投资总公司属下专业生产高档涂布白纸板厂家之一，于 2009 年 4 月 9 日成立，股东为佛山华新包装股份有限公司和嘉成企业发展有限公司。公司于 2009 年 6 月 1 日起承接佛山华丰纸业有限公司佛山本址全部经营性资产和业务，包括 2 条造纸生产线，以及相应的配套设施和公用设施。

公司拥有2条大型全自动化生产线，有整套德国先进的造纸生产设备，抄纸宽4260毫米，产品定量为175~550克/米$^2$，有国际通用板装纸、根据客户要求订造规格尺寸的板装纸和卷筒纸三大类，生产能力16万吨/年。目前主要生产及销售高档涂布白纸板和具有“低定量、高强度”特点的涂布牛卡纸，拥有“润丰”、“红丰”两大品牌系列产品。产品广泛用于家用电器、酒类、药品、玩具、食品、饮料等各类高档包装，直接用户为彩色印刷包装企业。

公司员工队伍稳定，拥有雄厚的研发技术力量。公司一贯坚持技术创新和管理创新，以现代企业管理理念和先进管理方法促进企业的持续发展，现已通过了ISO 9001、OHSAS 18001国际体系认证，并引入了办公自动化（OA）和企业进销存系统，以品种全、规格多、交货快、服务优等优势持续为广大用户提升包装价值，创造更高的经济效益和社会效益。

## 广东冠豪高新技术股份有限公司

广东冠豪高新技术股份有限公司（简称“冠豪高新”）是国家级重点高新技术企业。公司于1993年筹建，1995年初建成投产，是国内首家大规模生产热敏纸的专业公司和国内目前生产设备及工艺最先进的大型无碳复写纸、不干胶标签材料生产基地。公司于2003年公开发行A股，在上海证券交易所挂牌上市，证券代码：600433，证券简称：冠豪高新。

冠豪高新从欧洲相继引进代表世界先进水平的生产线，现拥有1条原纸生产线、6条涂布生产线，原纸生产能力6万吨/年，涂布生产能力15万吨/年。公司拥有湛江冠龙纸业有限公司和广东冠豪新港印务有限公司2家全资子公司，湛江冠龙纸业有限公司为冠豪高新配套生产优质无碳复写纸原纸、热敏原纸、CF纸、防伪原纸等特种纸原纸；广东冠豪新港印务公司是商业表格印刷品、彩色印刷品、特种印刷品及办公用纸、仪器仪表记录纸的生产基地，为华南地区品种最齐全的大型票据印刷企业之一。

公司拥有“冠豪”、“豪正”、“豪印”和“豪新”牌系列产品，其中，“冠豪”商标荣获“广东省著名商标”和“中国驰名商标”称号，“冠豪”牌无碳复写纸获“广东省名牌产品”称号。公司的无碳复写纸产品广泛应用于税务、邮政、银行、商业等各行各业。自1996年至今由国家税务总局、中国印钞造币总公司选定为增值税专用发票专用无碳复写纸唯一供应商，自2000年至今由国家邮政速递局选定为EMS特快专递专用无碳复写纸主要供应商；热敏纸产品广泛用于票据、标签、传真、收银及ATM用纸，其中公司自主研发的三防特种热敏纸应用于中国体育彩票、中国福利彩票、民航登机卡及铁路列车票等高端产品；不干胶标签材料广泛应用于物流、医药、日化、食品、酒类等行业的可变信息标签、防伪标签及基础标签，质量达到国际先进水平。

公司于1997年6月被国家科学技术委员会认定为“国家火炬计划重点高新技术企业”，1999年通过了ISO 9001质量管理体系认证，2001年获国家质检总局颁发的“完善计量检测体系”证书，2006年获中启计量认证中心的AAA级测量管理体系认证证书，2011年11月获森林管理委员会颁发的FSC-COC认证证书。

公司始终坚持对技术创新和产品开发的高投入，拥有广东省唯一的省级特种纸工程技术研究开发中心，多项技术填补了国内空白，先后获得5项无碳纸产品技术发明专利，科研与技术开发能力在同行业中处于领先水平。

冠豪高新在北京、上海、广州设立了三大销售公司，以及在全国各大城市设立了13个销售办事处，同时建立湛江、广州、上海、北京4个不干胶分切配送中心，产品直接销售到全国各地，并远销到美洲、欧洲、澳洲、非洲、东南亚等地区。

2009年12月，冠豪高新成功向中国纸业投资总公司非公开发行6000万股A股，引入央企控股，并于2011年11月再次成功非公开发行8190万股A股，迎来了企业发展新的历史时期。公司迅速启动了东海岛特种纸及涂布纸产业基地项目，新建特种纸原纸生产线及涂布纸加工生产线，并将迁建现厂区的6条涂布生产线。2011年11月18日，东海岛特种纸项目正式开工，目前项目建设顺利，新建纸机生产线和涂布生产线将于2013年年内投产。

冠豪高新将继续发挥在国内特种纸生产制造领域领军者的优势，实施增长型战略，进一步完善产品结构布局，积极拓展造纸相关产业，成为全球特种纸行业的龙头企业！

## 泰格林纸集团股份有限公司

泰格林纸集团股份有限公司（简称“泰格林纸”）是中国纸业投资总公司的控股公司。

泰格林纸主要从事林业经营，以及文化用纸、工业包装用纸和商品木浆的生产与销售，是湖南林纸一体化产业的支撑企业和“双百”工程的重点企业。公司是国家级农业产业化龙头企业，属于典型的涉农企业，解决的就业人员和直接的相关利益主题包括数万名产业工人、湖区数十万苇农、林区数百万林农。公司在维护地方社会稳定、支撑地方经济健康发展、支农促农方面担负着重大责任。

公司是全国国有造纸企业的旗舰，下辖岳阳、益阳、永州、怀化四大原料基地和生产基地，现拥有总资产 213 亿元，纸及商品浆生产能力达到 190 万吨/年，拥有自营纸材林基地 13.33 万公顷，加上订单、合作造林、收购青山等营林模式，公司可控林业资源超过 33.33 万公顷。公司总部位于长沙经济技术开发区，是整个集团的管理和资本运作中心，下属共 10 余家子公司，其中，由泰格林纸集团控股的岳阳纸业股份有限公司已于 2004 年 5 月 25 日在上海证券交易所成功上市。

秉承“承载文明、装点生活，为顾客创造价值”的企业使命，继承“先忧后乐”的湘楚文化精髓，公司推出“泰格风”、“泰格雅”、“泰格颂”系列产品，主要产品轻涂纸、轻型纸、静电复印纸、书写纸、精品牛皮纸、纸袋纸及长纤维商品木浆等畅销全国各地和东亚、西亚、东南亚、北非等地区。

公司为国家首批“两型”创建试点企业；公司产品于 2006 年通过了 ISO 14001:2004 环境管理体系及 GB/T 28001—2001 职业健康安全管理体系认证，成为国内为数不多的质量、环境、职业健康安全管理体系认证企业之一；2009 年获得 FSC 国际森林管理体系认证。泰格林纸集团产品曾荣获“国家质量金奖”、“全国用户满意产品奖”。

泰格林纸汇聚了当今世界最先进的制浆造纸生产线、国内最多元化的自制浆生产线、全国最大的自营纸材林基地。有了央企的强大支撑以后，泰格林纸将以湖南作为战略核心，布局西南、东南沿海及东南亚等海外战略要点，以资源控制为主要着力点，继续推进、优化以林、浆为重点的林浆纸产业链。到“十二五”末，公司将力争发展成拥有林地 33.33 万公顷、废纸回收能力 100 万吨/年、商品浆纸生产能力 330 万吨/年，年产值 250 亿元、年利税 30 亿元的具有资源和资源高效循环利用比较优势的现代化绿色浆纸企业集团，主要经济指标进入全国造纸行业前 3 强。

### 【主要生产线】

主要造纸生产线

| 公司名称 | 生产线名称 | 纸机 | | | 主体设备供货厂商 | 产品品种 | 纤维原料 | 生产能力/(万吨/年) | 投产时间 |
|---|---|---|---|---|---|---|---|---|---|
| | | 网部形式 | 幅宽/毫米 | 工作车速/(米/分) | | | | | |
| 红塔仁恒 | 1 号线 | 三叠网 | 2460 | 300 | 福伊特公司 | 涂布白卡纸 | 木浆 | 7 | 1995 |
| 红塔仁恒 | 2 号线 | 三叠网 + 顶网 | 4260 | 600 | 福伊特公司 | 涂布白卡纸 | 木浆 | 21 | 1999 |
| 珠海华丰 | 3 号线 | 四叠网 + 顶网 | 4650 | 700 | 美卓公司 | 高档涂布白卡纸 | 木浆 | 30 | 2006 |
| 冠豪高新 | 原纸线 | 长网 | 3320 | 1000 | 维美德公司 | 无碳复写纸、原纸 | 木浆 | 6 | 2000 |
| 岳阳安泰 | 圆网纸机 | 四圆网 | 1600 | 60 | 岳阳国泰机械有限责任公司 | 箱纸板 | 浆渣、废纸 | 1.2 | 1995 |
| 湘江纸业 | 1 号纸机 | 顶网 | 3300 | 500 | 岳阳国泰机械有限责任公司 | 精品包装用纸 | 木浆 | 6.2 | 2006 |

续表

| 公司名称 | 生产线名称 | 纸机 | | | 主体设备供货厂商 | 产品品种 | 纤维原料 | 生产能力/(万吨/年) | 投产时间 |
|---|---|---|---|---|---|---|---|---|---|
| | | 网部形式 | 幅宽/毫米 | 工作车速/(米/分) | | | | | |
| 湘江纸业 | 2号纸机 | 顶网 | 3300 | 500 | 岳阳国泰机械有限责任公司 | 伸性包装用纸 | 木浆 | 6.1 | 2006 |
| 湘江纸业 | 3号纸机 | 顶网 | 2400 | 250 | 岳阳国泰机械有限责任公司 | 工业包装用纸 | 木浆 | 2.7 | 2002 |
| 湘江纸业 | 4号纸机 | 长网 | 3400 | 350 | 岳阳国泰机械有限责任公司 | 工业包装用纸 | 木浆 | 3.6 | 2003 |
| 湘江纸业 | 6号纸机 | 顶网 | 1760 | 250 | 零陵轻工业机械厂 | 工业包装用纸 | 木浆 | 1.6 | 1996 |
| 湘江纸业 | 7号纸机 | 长网 | 1760 | 80 | 上海造纸机械厂 | 工业包装用纸 | 木浆 | 0.9 | 1977 |
| 佛山诚通 | 1号线 | 双叠网+六圆网 | 1575 | 1575 | 东方造纸机械厂 | 灰底白纸板 | 木浆、废纸 | 2 | 1984 |
| 佛山诚通 | 2号线 | 三叠网 | 4200 | 4200 | 美卓公司、上海东方造纸机械厂、福伊特公司、奔马公司 | 灰底白纸板 | 木浆、废纸 | 14 | 1996 |
| 岳阳林纸 | 1号纸机 | 顶网 | 3940 | 650 | 芬兰 Beloit 公司 | 颜料整饰胶版纸 B | 木浆、苇浆、废纸 | 6.5 | 1968 |
| 岳阳林纸 | 2号纸机 | 长网 | 1760 | 280 | 上海造纸机械厂 | 轻型纸 | 木浆、苇浆、废纸 | 1.3 | 1985 |
| 岳阳林纸 | 3号纸机 | 顶网 | 3800 | 850 | 法国 Sakkopoyrysa 公司 | 食品纸 | 木浆、苇浆、废纸 | 10 | 1998 |
| 岳阳林纸 | 4号纸机 | 长网 | 2362 | 250 | 上海造纸机械厂 | 工业淋膜原纸 | 木浆、苇浆、废纸 | 1.3 | 1976 |
| 岳阳林纸 | 5号纸机 | 长网 | 2362 | 250 | 上海造纸机械厂 | 工业淋膜原纸 | 木浆、苇浆、废纸 | 1.3 | 1976 |
| 岳阳林纸 | 8号纸机 | 夹网 | 6400 | 1600 | 美卓公司 | 轻涂纸 | 木浆、苇浆、废纸 | 25 | 2003 |
| 岳阳林纸 | 9号纸机 | 顶网 | 5280 | 1400 | 福伊特公司 | 静电复印纸、高白双胶纸 | 木浆、苇浆、废纸 | 20 | 2009 |
| 岳阳林纸 | 10号纸机 | 顶网 | 5280 | 1400 | 福伊特公司 | 静电复印纸、高白双胶纸 | 木浆、苇浆、废纸 | 20 | 2009 |
| 沅江纸业 | 6号线 | 顶网 | 3520 | 600 | 岳阳国泰机械有限责任公司 | 胶版纸 | 木浆、苇浆 | 8 | 2005 |
| 沅江纸业 | 7号线 | 长网 | 2362 | 240 | | 书写纸 | 木浆、苇浆 | 1.2 | |
| 沅江纸业 | 8号线 | 长网 | 2362 | 240 | | 书写纸 | 木浆、苇浆 | 1.2 | |
| 沅江纸业 | 9号线 | 长网 | 1760 | 260 | 上海造纸机械厂 | 道林纸 | 木浆、苇浆 | 0.95 | 1987 |

续表

| 公司名称 | 生产线名称 | 纸机 | | | 主体设备供货厂商 | 产品品种 | 纤维原料 | 生产能力/(万吨/年) | 投产时间 |
|---|---|---|---|---|---|---|---|---|---|
| | | 网部形式 | 幅宽/毫米 | 工作车速/(米/分) | | | | | |
| 沅江纸业 | 10号纸机 | 长网 | 1760 | 260 | 上海造纸机械厂 | 道林纸 | 木浆、苇浆 | 0.95 | 1987 |
| 沅江纸业 | 11号纸机 | 长网 | 2640 | 300 | 岳阳国泰机械有限责任公司 | 书写纸 | 木浆、苇浆 | 2.9 | 2005 |
| 沅江纸业 | 12号纸机 | 长网 | 2640 | 300 | 岳阳国泰机械有限责任公司 | 书写纸 | 木浆、苇浆 | 2.9 | 2005 |
| 洪江纸业 | 2号纸机 | 长网 | 1575 | 200 | 岳阳国泰机械有限责任公司 | 精制牛皮纸 | 木浆 | 1.0 | 2007 |
| 洪江纸业 | 3号纸机 | 长网 | 1575 | 160 | 河南省沁阳造纸机械厂 | 牛皮纸 | 木浆 | 1.0 | 2008 |
| 洪江纸业 | 4号纸机 | 长网 | 2040 | 120 | 西安造纸机械厂 | 纸袋纸 | 木浆 | 1.2 | 1985 |
| 洪江纸业 | 5号纸机 | 长网 | 1760 | 120 | 零陵轻工业机械厂 | 牛卡纸 | 木浆 | 1.1 | 1992 |
| 洪江纸业 | 6号纸机 | 四圆网 | 1600 | 60 | 沙市轻工机械有限公司 | 本色浆板 | 木浆 | 1.7 | 2001 |

（中国纸业投资总公司）

# 山东博汇集团有限公司

## Shandong Bohui Group Co., Ltd.

【企业概况】

山东博汇集团有限公司位于淄博市桓台县马桥镇，是集造纸、化工、热电于一体的大型企业集团，现拥有山东淄博和江苏大丰2个制造基地。造纸生产能力180万吨/年，化工产品230万吨/年，发电100万千瓦/年，是亚洲最大的环氧氯丙烷生产基地，全国最大的卡纸、己二酸、己内酰胺生产基地。连续4年跻身中国企业500强、中国制造业企业500强。截至2012年底，集团公司拥有总资产300亿元，在国内拥有80个销售办事处并设立海外事业部。

2010年，集团公司实施走出去发展战略，100亿元的项目落户江苏。2012年10月，山东公司投资106亿元的精细化工项目举行了盛大的奠基仪式。

2015年，集团公司预计实现销售收入500亿元；到2020年，打造“环境友好、主业突出、技术领先”的千亿元新博汇，为创建“百年博汇”奠定坚实基础。

单位地址：山东省淄博市桓台县马桥镇　邮编：256405
联系电话：0533－8530389　联系传真：0533－8530389
联系邮箱：bh05338530389@163.com　单位网址：www.bohui.net
企业性质：民营企业
法人代表：金亮宗，经营负责人：杨延智，技术负责人：金立兴、程力
成立时间：1992年，职工总数：14000人，其中技术人员数：5200人
2012年纸浆产量：46万吨，纸和纸板产量：110万吨
2012年销售收入：217亿元，利税总额：7.5亿元，利润总额：3.5亿元
主要产品：卡纸、文化用纸、箱纸板、石膏板护面纸
主要纤维原料：木浆、木片
纸机总数：29台
蒸（球）煮器总数：16台

【主要生产线】

主要制浆生产线

| 生产线名称 | 纤维原料 | 制浆方法 | 蒸煮器 | 主体设备供应厂商 | 产品品种 | 生产能力/(万吨/年) | 投产时间 |
|---|---|---|---|---|---|---|---|
| 混合制浆线(2条) | 木片 | 碱法蒸煮 | 蒸球 | 汶瑞机械（山东）有限公司 | 漂白浆 | 11 | 2003、2004 |
| 化机浆 | 杨木、桉木、相思木 | 热磨 | 磨机 | 美卓公司 | 化机浆 | 20 | 2005 |

续表

| 生产线名称 | 纤维原料 | 制浆方法 | 蒸煮器 | 主体设备供应厂商 | 产品品种 | 生产能力/(万吨/年) | 投产时间 |
|---|---|---|---|---|---|---|---|
| 化学浆 | 桉木、相思木 | 蒸煮 | | 汶瑞机械（山东）有限公司 | 化学浆 | 9.5 | 2008 |
| 废纸浆（2条） | 废纸 | 碎解 | | TBC公司、福伊特公司 | 废纸浆 | 25 | 2002、2005 |

主要造纸生产线

| 生产线名称 | 纸机 | | | 主体设备供应厂商 | 产品品种 | 纤维原料 | 生产能力/(万吨/年) | 投产时间 |
|---|---|---|---|---|---|---|---|---|
| | 网部形式 | 幅宽/毫米 | 工作车速/(米/分) | | | | | |
| 文化用纸（24条） | 成形网 | 1760、2700 | 150、250、200 | 寿光市晨鸣造纸机械有限公司、山东昌华造纸机械有限公司、上海造纸机械厂、淄博恒星造纸机械有限公司、山东海天造纸机械公司 | 文化用纸 | 木片 | 22 | 1995—2004 |
| 牛皮箱纸板 | 三叠网 | 4400 | 400 | 上海造纸机械厂 | 牛皮箱纸板 | 废纸、木浆 | 10 | 2002 |
| 石膏板护面纸 | 四叠网 | 3840 | 500 | 昆山中联造纸设备厂 | 石膏板护面纸 | 废纸 | 15 | 2007 |
| 涂布白卡纸 | 四叠网、三叠网 | 5630 | 500、800 | 福伊特公司、美卓公司 | 卡纸 | 商品木浆、化机浆 | 55 | 2004、2010 |
| 涂布白卡纸 | 三叠网 | 8100 | 900 | 福伊特公司 | | | 75 | 未投产 |

（山东博汇集团有限公司）

# 山东世纪阳光纸业集团有限公司

## Shandong Century Sunshine Paper Group Co., Ltd.

【企业概况】

山东世纪阳光纸业集团有限公司成立于2000年，2007年在香港联合证券交易所主板挂牌上市。现有总资产65亿元，下设盛世热电、概念包装、申易物流、昌东废纸收购、新迈纸业等8个子公司，年造纸生产能力120万吨。以独特的产品定位和差异化战略目标，确立了在我国纸业细分市场行业的领先地位，成为亚洲白面牛卡纸、轻涂白面牛卡纸、涂布白面牛卡纸及纸管原纸行业生产规模最大、装备能力最强、产品档次最高的龙头企业。

公司目前已获得35项自主知识产权、25项发明和实用新型国家专利。受国家行业主管部门的委托，制定了白面牛卡纸系列产品的5套国家标准，并荣获“国家级高新技术企业”称号。

公司在国内设有34个销售分公司，在日本、美国、东南亚等设有6个国外分公司，形成了覆盖全国、畅销海外的产品营销格局。2012年，公司产量达到104万吨，进入全国造纸15强，上缴税金2.7亿元。

为进一步将公司做强做大，建成了新工业园区并投产了阳光概念包装项目，初步形成了造纸、印刷、包装完整的产业链；与世界500强之一的日本王子株式会社合资组建了阳光王子特种纸（寿光）有限公司，拉开了打造特种纸板块的序幕，核心竞争力不断增强。

单位地址：山东省昌乐县经济开发区 邮编：262400

联系电话：0536－2181001 联系传真：0536－2186006

联系邮箱：sjygbgs@126.com 单位网址：www.sunshinepaper.com.cn

企业性质：中外合资

法人代表：王东兴，经营负责人：慈晓雷，技术负责人：慈晓雷

成立时间：2000年，职工总数：2625人，其中技术人员数：2265人

2012年纸浆产量：96万吨，纸和纸板产量：106.74万吨

2012年销售收入：51亿元，利税总额：3.56亿元，利润总额：1.19亿元

主要产品：白面牛卡纸、轻涂白面牛卡纸、涂布白面牛卡纸、纸管原纸、高强瓦楞原纸、箱纸板

主要纤维原料：木浆、页子纸、书本纸、废报纸、美废、国废等

纸机总数：5台

## 【主要生产线】

### 主要制浆生产线

| 生产线名称 | 纤维原料 | 制浆方法 | 主体设备供货厂商 | 产品品种 | 生产能力/(万吨/年) | 投产时间 |
|---|---|---|---|---|---|---|
| 1号线 | 木浆、白纸边、页子纸、废报纸、美废、国废 | 废纸脱墨 | 济宁华一轻工机械有限公司 | BKP、白纸边浆、DIP、OCC | 10 | 2004－06 |
| 2号线 | 木浆、白纸边、页子纸、废报纸、美废、国废 | 废纸脱墨 | 凯登制浆设备（中国）有限公司 | BKP、白纸边浆、DIP、OCC | 20 | 2006－11 |
| 3号线 | 国废 | 废纸脱墨 | 凯登制浆设备（中国）有限公司 | OCC | 5 | 2008－11 |
| 4号线 | 国废、美废 | 废纸脱墨 | 凯登制浆设备（中国）有限公司 | OCC | 18 | 2008－10 |
| 5号线 | 木浆、页子纸、书本纸、美废、国废、日废 | 废纸脱墨 | 凯登制浆设备（中国）有限公司 | BKP、DIP、OCC | 41 | 2010－10 |

### 主要造纸生产线

| 生产线名称 | 纸机 | | | 主体设备供货厂商 | 产品品种 | 纤维原料 | 生产能力/(万吨/年) | 投产时间 |
|---|---|---|---|---|---|---|---|---|
| | 网部形式 | 幅宽/毫米 | 工作车速/(米/分) | | | | | |
| 1号线 | 四叠网 | 3400 | 480 | 江苏省太仓市国球造纸机械有限公司 | 白面牛卡纸 | BKP、DIP、OCC | 10 | 2004－06 |
| 2号线 | 四叠网 | 4500 | 650 | 昆山市中联第一造纸机械厂 | 白面牛卡纸、梅花纸、箱纸板 | BKP、DIP、OCC | 20 | 2006－11 |
| 3号线 | 长网 | 3200 | 580 | 山东昌华造纸机械有限公司 | 瓦楞原纸 | OCC | 5.4 | 2008－11 |
| 4号线 | 三叠网 | 3200 | 360 | 山东海天造纸机械有限公司 | 纸管原纸 | OCC | 19 | 2008－10 |
| 5号线 | 三叠网 | 6600 | 940 | 美卓公司 | 白面牛卡纸、轻涂白面牛卡纸、涂布白面牛卡纸 | BKP、DIP、OCC | 49 | 2010－10 |

（山东世纪阳光纸业集团有限公司）

# 浙江景兴纸业股份有限公司

## Zhejiang Jingxing Paper Joint Stock Co., Ltd.

【企业概况】

浙江景兴纸业股份有限公司（简称“景兴纸业”）成立于1984年，经过近29年发展，由一家名不见经传的造纸作坊发展成为以造纸为龙头、集纸制品加工为一体的上市公司。公司主导产品有：牛皮箱纸板、白面牛卡纸、瓦楞原纸、纸箱、生活用纸等系列产品。2006年9月15日，景兴纸业（002067）8000万A股在深圳证券交易所上市；2007年11月又成功增发9300万股；2011年7月，又非公开顺利发行了近1.55亿股。通过上市和增发，公司迈入快速发展的轨道。公司先后被上级授予“全国首批资源节约型环境友好型企业试点”、“国家级工程实践教育中心”、“高新技术企业”、“浙江省行业龙头骨干企业”、“浙江省循环经济试点企业”、“浙江省绿色企业”，并在同行中率先通过了ISO 9001质量体系认证和ISO 14001环境体系认证。目前公司拥有国际、国内先进水平的造纸生产线4条。

单位地址：浙江省平湖市曹桥街道 邮编：314214
联系电话：0573－85960318 联系传真：0573－85966983
联系邮箱：zhangaiqi5768924@163.com 单位网址：www.zjjxjt.com
企业性质：民营企业
法人代表：朱在龙，经营负责人：王志明，技术负责人：丁明其
成立时间：1984年，职工总数：1561人，其中技术人员数：351人
2012年纸和纸板产量：92.56万吨
2012年销售收入：31.04亿元，利税总额：1.58亿元，利润总额：0.14亿元
主要产品：牛皮箱纸板、白面牛卡纸、纱管纸
主要纤维原料：废纸
纸机总数：4台

【主要生产线】

主要造纸生产线

| 生产线名称 | 纸机 网部形式 | 纸机 幅宽/毫米 | 纸机 工作车速/(米/分) | 主体设备供货厂商 | 产品品种 | 纤维原料 | 生产能力/(万吨/年) | 投产时间 |
|---|---|---|---|---|---|---|---|---|
| 10号箱纸板生产线 | 四叠网 | 4800 | 500 | 辽阳造纸机械股份有限公司 | 牛皮箱纸板 | 面：UKP<br>衬芯底：LOCC、JOCC、AOCC | 20 | 2002 |
| 12号箱纸板生产线 | 三叠网 | 5650 | 1000 | 美卓公司 | 牛皮箱纸板 | 面：UKP<br>衬芯底：LOCC、JOCC、AOCC | 45 | 2007 |

续表

| 生产线名称 | 纸机 | | | 主体设备供货厂商 | 产品品种 | 纤维原料 | 生产能力/(万吨/年) | 投产时间 |
|---|---|---|---|---|---|---|---|---|
| | 网部形式 | 幅宽/毫米 | 工作车速/(米/分) | | | | | |
| 13号瓦楞原纸生产线 | 二网超成形纸机 | 5200 | 450 | 日本小林制作所 | 瓦楞原纸 | 面：UKP<br>衬芯底：LOCC、JOCC、AOCC | 15 | 2004 |
| 15号白面牛卡纸生产线 | 三叠网+顶网 | 4880 | 700 | 华东造纸机械有限公司 | 白面牛卡纸、石膏板护面纸 | 面：NBKP、UBKP<br>衬：DIP<br>底：LOCC、JOCC、AOCC | 20 | 2010 |

（章爱其）

# 海南金海浆纸业有限公司

## Hainan Jinhai Pulp & Paper Co., Ltd.

【企业概况】

海南金海浆纸业有限公司（简称“金海浆纸”）是金光集团 APP 在我国大陆投资建设的第 13 家特大型制浆造纸企业，地处海南省洋浦经济开发区，占地 533.33 公顷。一期工程年生产能力 100 万吨化学漂白硫酸盐桉木浆，总投资 105 亿元，项目于 1997 年由原国家计划委员会（现国家发展和改革委）批准成立，2005 年 3 月 28 日正式投产。金海浆纸二期年生产能力 160 万吨造纸项目总投资 136 亿元，于 2005 年 12 月 20 日由国家发展和改革委批准成立，其中，一期年生产能力 90 万吨文化用纸项目于 2007 年 3 月 29 日正式开工，2010 年 9 月 4 日进入试生产阶段。二期年生产能力 70 万吨造纸项目建设前期工作也已在开展中。2011 年 4 月公司荣获全国“五一劳动奖状”。

金海浆纸一期制浆生产线是迄今为止世界上具有超大规模、技术领先的单一制浆生产线之一，除采用一流先进生产工艺和技术外，主体设备均采用国际著名专业厂商产品，代表了当今世界制浆造纸领域的先进水平。金海浆纸二期造纸项目中，先期运行的文化用纸生产线年生产能力 90 万吨，总投资约 75 亿元。该生产线为世界造纸机械巨头福伊特公司制造，全长 428.18 米，成纸幅宽 10960 毫米，设计车速 2000 米/分，抄造车速 1800 米/分。该生产线是目前世界上纸幅最宽、车速最快、最环保的集造纸、涂布于一体的生产线。在环境治理方面，公司以“绿色造纸，保护环境”为己任，先后投入 30 亿元用于环保治理，从源头控制，达到清洁生产、节能降耗、污染预防的目的，确保所有排放物经过处理后最终均达到或优于国家一级排放标准。

单位地址：海南省洋浦经济开发区 D12 区　邮编：578001

联系电话：0898 - 28822288　联系传真：0898 - 28821260

联系邮箱：yp_dangan@ appjh. com. cn　单位网址：www. appjh. com. cn

企业性质：中外合资

法人代表：黄志源，经营负责人：刘汉鸿，技术负责人：陈志勤

成立时间：1999 年，职工总数：4502 人

2012 年纸浆产量：125 万吨，纸和纸板产量：102 万吨

2012 年销售收入：50 亿元，利税总额：7.2 亿元，利润总额：5.2 亿元

主要产品：化学漂白硫酸盐桉木浆和文化用纸

主要纤维原料：桉木、木浆

纸机总数：1 台

蒸（球）煮器总数：1 台

## 【主要生产线】

### 主要制浆生产线

| 生产线名称 | 纤维原料 | 制浆方法 | 蒸煮器 | 主体设备供货厂商 | 产品品种 | 生产能力/(万吨/年) | 投产时间 |
|---|---|---|---|---|---|---|---|
| 浆线 | 桉木 | 连续蒸煮 | 蒸解釜 | 美卓公司 | 漂白硫酸盐桉木浆 | 100 | 2005 |

### 主要造纸生产线

| 生产线名称 | 纸机 | | | 主体设备供货厂商 | 产品品种 | 纤维原料 | 生产能力/(万吨/年) | 投产时间 |
|---|---|---|---|---|---|---|---|---|
| | 网部形式 | 幅宽/毫米 | 工作车速/(米/分) | | | | | |
| 纸机 | 夹网成形器 | 10960 | 1800 | 福伊特公司 | 高档文化用纸 | 木浆 | 90 | 2010 |

（金光集团 APP）

# 亚太森博（山东）浆纸有限公司

## Asia Symbol（Shandong）Pulp and Paper Co.，Ltd.

【企业概况】

亚太森博（山东）浆纸有限公司（简称“亚太森博”）是新加坡金鹰集团旗下的一家大型现代化浆纸企业，也是目前我国最大的木浆生产企业。计划总投资400多亿元，已完成一、二期项目投资150亿元，运营着目前世界上单条规模最大、工艺技术装备最先进、环保水平最高的木浆生产线，年产高档木浆150万吨以上、白卡纸板17万吨。

亚太森博一期项目总投资37亿元，是国家“九五”、“十五”重点建设项目；二期项目总投资113亿元，是山东省“十一五”重点建设项目；三期项目计划总投资260亿元以上，是山东省“十二五”规划重点建设项目，也是山东省改革开放以来最大的利用外资项目。目前，三期项目中年产30万吨的液体包装纸板项目和年产12万吨的生活用纸项目已获得审批并已开工建设。三期项目全部建成后，日照将成为具有年产500万吨浆、纸能力的世界级生产基地。

亚太森博坚持“优质高效、节能减排、环境和谐”的可持续发展的理念，环保投资39亿元，占总投资的26%，创国内单个浆纸工厂环保投资之最，工艺技术装备达到世界领先水平。公司的各项消耗、排放指标完全优于国家及山东省有关标准，多数指标还优于北欧、日本等国际最严格的标准，成为产业升级、技术进步的领军企业，带领浆纸行业走向清洁生产。

单位地址：山东省日照市北京路369号 邮编：276826
联系电话：0633-3361080 联系传真：0633-3361280
联系邮箱：botao_liu@asiasymbol.com

企业性质：中外合资

法人代表：黄春雨，经营负责人：李建绍，技术负责人：陈德海

成立时间：2005年，职工总数：1632人，其中技术人员数：442人

2012年纸浆产量：177万吨，纸和纸板产量：17.6万吨

2012年销售收入：75亿元，利税总额：5.2亿元，利润总额：1亿元

主要产品：漂白硫酸盐阔叶木浆、高档白卡纸板

主要纤维原料：相思木、桉木

纸机总数：3台

蒸（球）煮器总数：2台

## 【主要生产线】

主要制浆生产线

| 生产线名称 | 纤维原料 | 制浆方法 | 蒸煮器 | 主体设备供货厂商 | 产品品种 | 生产能力/(万吨/年) | 投产时间 |
|---|---|---|---|---|---|---|---|
| 一期制浆生产线 | 相思木、桉木 | 漂白硫酸盐制浆法 | 低固形物连续蒸煮 | 安德里茨公司 | 漂白硫酸盐阔叶木浆 | 31.5 | 2002－10 |
| 二期制浆生产线 | 相思木、桉木 | 漂白硫酸盐制浆法 | G2 型紧凑蒸煮技术 | 美卓公司 | 漂白硫酸盐阔叶木浆 | 100 | 2010－11 |

主要造纸生产线

| 生产线名称 | 纸机 | | | 主体设备供货厂商 | 产品品种 | 纤维原料 | 生产能力/(万吨/年) | 投产时间 |
|---|---|---|---|---|---|---|---|---|
| | 网部形式 | 幅宽/毫米 | 工作车速/(米/分) | | | | | |
| 纸板生产线 | 多网 | 3625 | 600 | 福伊特公司 | 高档白卡纸板 | 化学浆、机械浆 | 17 | 2002－10 |

（刘伯涛）

# 宁波亚洲浆纸业有限公司

## Ningbo Asia Pulp and Paper Co., Ltd.

【企业概况】

宁波亚洲浆纸业有限公司（简称“宁波亚洲浆纸”）位于浙江省宁波市北仑青峙工业区，是宁波中华纸业有限公司的延伸和发展。项目总投资 118 亿元，其中，一期总投资 60.9 亿元，设计生产能力 75 万吨/年，为世界上单机生产能力最大的高档工业包装用纸生产企业。

公司主要生产线由芬兰美卓公司定制，采用五层长网，纸幅宽度 8100 毫米，设计车速 900 米/分，整台纸机配备了世界领先的 QCS、DCS 控制系统，是目前世界上最宽、最快、生产技术最先进的纸板机。

公司投资近 5 亿元用于环保建设，对白水、废水、废渣、废气等污染物进行全面综合治理。2006 年，宁波亚洲浆纸先后通过 ISO 14001 环境管理体系、ISO 9001 质量管理体系和 OHSAS 18001 职业健康安全管理体系认证，同年 12 月通过清洁生产认证。2008 年，通过 ISO 14064 温室气体排放监管体系和 PEFC 森林监管链管理体系的认证，并获得“浙江省绿色企业”、“宁波市‘十一五’节能降耗先进单位”、“浙江省中外合资合作百强企业”等荣誉称号。

公司拥有“金贝”和“酋长”等一系列品牌，主要产品有单面涂布灰底白纸板、单面涂布白底白纸板、白卡纸、双面涂布扑克牌纸、双面涂布环保铜版卡纸、蓝芯扑克牌纸等。其中，蓝芯扑克牌纸获国家专利，白纸板系列产品通过中国环境标志（II 型）产品认证。

单位地址：浙江省宁波市北仑区小港青峙工业区宏源路 88 号　邮编：315012

联系电话：0574－86989888　联系传真：0574－86989898

单位网址：www.zhonghua－paper.com

企业性质：中外合资

法人代表：黄志源，经营负责人：白树华，技术负责人：陈星亮

成立时间：2002 年，职工总数：1858 人，其中技术人员数：1337 人

2012 年纸和纸板产量：98 万吨

2012 年销售收入：41 亿元，利税总额：3.4 亿元，利润总额：2.6 亿元

主要产品：单面涂布白底白纸板、白卡纸、双面涂布环保铜版卡纸、蓝芯扑克牌纸

主要纤维原料：废纸、木浆

纸机总数：1 台

## 【主要生产线】

主要造纸生产线

| 生产线名称 | 纸机 | | 主体设备供货厂商 | 产品品种 | 纤维原料 | 生产能力/(万吨/年) | 投产时间 |
|---|---|---|---|---|---|---|---|
| | 幅宽/毫米 | 工作车速/(米/分) | | | | | |
| 6 号纸机 | 8100 | 900 | 美卓公司 | 单面涂布白底白纸板、白卡纸、双面涂布环保铜版卡纸、蓝芯扑克牌纸等 | 废纸、木浆 | 100 | 2005 - 06 |

（金光集团 APP）

# 芬欧汇川（中国）有限公司

## UPM（China）Co.，Ltd.

【企业概况】

芬欧汇川（中国）有限公司是芬欧汇川集团的全资子公司，是芬兰在华最大的单项投资项目，总投资额近 12 亿美元，生产能力超过 80 万吨/年，是我国最大的全化学木浆胶版纸和复印纸生产企业之一。公司拥有代表当前国际最佳技术的 2 条造纸生产线，分别于 1999 年和 2005 年投产，采用经第三方认证的进口全化学木浆为原料，并装备有 OptiLoad 超级压光机、亚洲最大的 15 裁 A4 切纸机等先进设备，以及全集成自动化系统。公司还同时配备有电厂、废水处理厂、码头等完善的现代化生产设施。100 兆瓦自备电厂不仅可充分满足 2 条造纸生产线同时高效运转的能源需求，而且还在 2004 年成功并入国家华东电网。2007 年被评为我国进出口“红名单”企业。2012 年 12 月，荣获高新技术企业证书。

2005 年，芬欧汇川（中国）有限公司被国家环保总局授予中国环保领域的最高荣誉——“国家环境友好企业”称号，2008 年又率先成为首家持有中国环境标志的复印纸生产企业。2009 年 6 月 1 日，获得中国环境标志的“新绿佳印”复印纸被正式纳入我国政府绿色采购清单第 4 批目录。2010 年 8 月，芬欧汇川（中国）有限公司因参与科技部国家“十一五”十大科技项目“中国造纸典型产品生命周期评价工程”而被授予“生命周期评价 & III 型环境标志认证示范基地”的荣誉。

2010 年，芬欧汇川（中国）有限公司二期增资扩建项目顺利通过国家发展和改革委审批。该项目投资总额 8.3 亿美元，扩建生产能力 60 万吨/年未涂布纸生产线。此投资举措实施后，芬欧汇川（中国）有限公司的投资总额将超过 20 亿美元，未来生产能力将超过 100 万吨/年。2012 年 11 月，集团投资近 1 亿元为二期增资扩建项目配套建设的八裁全自动复印纸裁切线正式投入商业运行，新增复印纸裁切生产能力 10 万吨/年。

单位地址：江苏省常熟经济技术开发区兴业路 2 号　邮编：215536
联系电话：010－85570866　联系传真：010－85570856
联系邮箱：yuan. xiaoyu@ upm. com　单位网址：www. upm. com/cn
企业性质：外商独资
法人代表：Pertti Juhani Salminen，经营负责人：Timo Johansson，技术负责人：杨国柱
成立时间：1995 年，职工总数：1083 人
2012 年纸和纸板产量：90 万吨
主要产品：高档文化用纸
主要纤维原料：原生木浆
纸机总数：2 台

【主要生产线】

主要造纸生产线

| 生产线名称 | 纸机 | | | 主体设备供货厂商 | 产品品种 | 生产能力/(万吨/年) | 投产时间 |
|---|---|---|---|---|---|---|---|
| | 网部形式 | 幅宽/毫米 | 工作车速/(米/分) | | | | |
| PM1 | 夹网 | 9660 | 2000 | 美卓公司 | 未涂布纸 | 45 | 2005 |
| PM2 | 夹网 | 8600 | 1500 | 美卓公司 | 涂布纸 | 35 | 1999 |

（芬欧汇川集团）

# 漯河银鸽实业集团有限公司

## Luohe Yinge Industrial Group Co., Ltd.

【企业概况】

漯河银鸽实业集团有限公司是2004年初组建而成的大型企业集团，旗下拥有上市的河南银鸽实业投资股份有限公司、漯河银鸽生活纸产有限公司等10多家下属企业，拥有国家级博士后工作站、省级技术中心和特种纸工程技术研发中心各1座。产品形成以文化用纸、生活用纸、包装用纸和特种纸等四大纸种为主，生物技术、纳米技术等高新技术产品及房产、物流、投资咨询等为辅的较为合理的格局，先后通过了ISO 9001、ISO 14001、OHS 18000三标一体化认证。银鸽纸品是“河南省名牌产品”，“银鸽”牌文化用纸是国内文化用纸第一品牌，“银鸽”品牌是河南省十大最具影响力品牌。

2012年，公司按照“持续提升、稳中求进”的工作基调，推行“横向到边、纵向到底”的全面系统化管理思想，积极调整经营策略，减少低技术含量、低利润率产品的生产，加强对销售和库存的管理，坚持生产经营与资本运营并举，提高资金使用效率，增强了公司抵御市场风险的能力。在安全生产、环保、科研、人力、销售、项目建设等方面的管理能力均有显著提升，成功实现公司年度业绩扭亏为盈的目标。

未来几年，公司将秉持“稳定文化用纸、提升特种纸、做强包装用纸、重点突出生活用纸”的发展战略，充分发挥企业融合的优势，以“规范化、制度化、市场化”管理为准则，以项目带动为依托，以对标管理为手段，坚持走科技强企和创新驱动的发展道路，推进产品和产业结构优化升级，促进企业规模稳步扩大，技术水平不断改善，经济效益逐步提升，以提高公司在造纸行业的竞争力。

单位地址：河南省漯河市中山路银鸽大厦　邮编：262700
联系电话：0395-5615581　联系传真：0395-5615581
联系邮箱：yinge123456@126.com　单位网址：www.yinge.com.cn
企业性质：国有控股
法人代表：王　伟，经营负责人：王　伟，技术负责人：董　晖
成立时间：1967年，职工总数：5682人，其中技术人员数：750人
2012年纸浆产量：14.3万吨，纸和纸板产量：87.96万吨
2012年销售收入：33.51亿元，利税总额：0.82亿元，利润总额：0.23亿元
主要产品：文化用纸、箱纸板、生活用纸、特种纸
主要纤维原料：木材、麦草、竹子、废纸
纸机总数：33台
蒸（球）煮器总数：29台

## 【主要生产线】

### 主要制浆生产线

| 生产线名称 | 纤维原料 | 制浆方法 | 蒸煮器 |
|---|---|---|---|
| 连蒸 | 麦草 | 碱法制浆 | 连蒸设备 |
| 蒸球 | 杨木、竹片 | 碱法制浆 | 蒸球 |
| 立锅 | 竹浆 | 碱法制浆 | 立锅 |

### 主要造纸生产线

| 生产线名称 | 纸机 | | | 主体设备供货厂商 | 产品品种 | 纤维原料 |
|---|---|---|---|---|---|---|
| | 网部形式 | 幅宽/毫米 | 工作车速/(米/分) | | | |
| 1760 生产线 | 长网 | 1760 | 380 | 天津中轻机械有限公司 | 文化用纸 | 草浆、木浆 |
| 2640 生产线 | 长网 | 2640 | 550 | 辽阳机械厂 | 文化用纸 | 草浆、木浆 |
| 3600 生产线 | 长网 | 3600 | 200 | 上海昆山机械厂 | 文化用纸 | 草浆、木浆 |
| 4400 生产线 | 三叠网 | 4400 | 500 | 辽阳机械厂 | 箱纸板 | 废纸 |
| 4800 生产线 | 三叠网 | 4800 | 600 | 辽阳机械厂 | 箱纸板 | 废纸 |
| 2650 生产线 | 斜网 | 2650 | 480 | 意大利 | 生活用纸 | 木浆 |
| 2850 生产线 | 新月形 | 2850 | 1000 | 韩国 | 生活用纸 | 木浆 |
| 2850 生产线 | 新月形 | 2850 | 1100 | 韩国 | 生活用纸 | 木浆 |
| 5600 生产线 | 新月形 | 5600 | 1700 | 德国 | 生活用纸 | 木浆 |
| 5600 生产线 | 新月形 | 5600 | 1200 | 德国 | 生活用纸 | 木浆 |
| 2240 生产线 | 长网 | 2240 | 300 | 日本 | 特种纸 | 木浆 |
| 3800 生产线 | 长网 | 3800 | 800 | 上海昆山机械厂 | 特种纸 | 木浆 |

（齐云洹）

# 山东泉林纸业有限责任公司

## Shandong Tralin Paper Co., Ltd.

【企业概况】

山东泉林纸业有限责任公司（简称“泉林纸业”）是以浆纸业为核心的大型集团化企业，精制浆年生产能力 40 万吨，机制纸 70 万吨，有机肥料 40 万吨，食品医疗包装盒 24 亿只。公司通过了国际质量、环境、职业健康与安全三合一管理体系认证和国家 AAAA 级标准化良好行为企业认证，建有国家级企业技术中心，是国家第一批循环经济试点企业、国家创新型企业、山东省政府重点培育的六大浆纸集团之一。

公司主导产品有精制本色浆、本色文化用纸、本色生活用纸、食品医疗包装盒、绿色有机肥料五大类上百个品种，产品畅销国内 30 多个省、市、自治区，部分产品远销欧美、日韩等国际市场。其中“泉林”、“Tralin”牌本色复印纸通过了中国环境标志产品认证，被列入政府绿色采购清单；本色生活用纸通过了中国环境标志（Ⅱ型）产品认证、美国 FDA 和欧盟食品级检测认证，是 2010 年上海世博会特许产品，并获得“特许产品创新奖”；本色食品医疗包装盒通过美国 FDA、欧洲 SGS 及日本厚生省等国际卫生机构食品级检测；绿色有机肥料通过了中国环境标志（Ⅱ型）产品认证。

无限创新，开拓未来。今日的泉林纸业正在积极利用市场、品牌、管理等方面的优势，立足环保治理，依靠技术创新和战略创新，全面实施“循环经济，低碳发展”的战略规划，积极发展秸秆综合利用，承诺“绿色泉林 生态纸业 创新发展 造福社会”的企业使命，创建一个环境优美，生产与自然和谐的泉林生态工业园。

单位地址：山东省高唐县光明东路 15 号　邮编：252800

联系电话：0635－3961597　联系传真：0635－3961597

联系邮箱：06353177@163.com　单位网址：www.tralin.com

企业性质：民营企业

法人代表：李洪法，经营负责人：李洪法，技术负责人：宋明信

成立时间：1976 年，职工总数：10571 人，其中技术人员数：810 人

2012 年纸浆产量：38.36 万吨，纸和纸板产量：73.57 万吨

2012 年销售收入：112.08 亿元，利税总额：13.07 亿元，利润总额：9.14 亿元

主要产品：本色草浆、本色文化用纸、本色生活用纸、本色食品包装盒、有机肥料

主要纤维原料：本色草浆

纸机总数：8 台

蒸（球）煮器总数：4 台

（郭希燕　王明月）

# 东莞建晖纸业有限公司

## Dongguan Jianhui Paper Co., Ltd.

【企业概况】

东莞建晖纸业有限公司是一家中外合资企业，于2002年12月投资兴建。公司位于广东省东莞市中堂镇潢涌工业区，东接莞深高速；西连广园快速干线；南通107国道、广深高速；北临东江黄金水道。水陆交通网络密布、四通八达，地理位置得天独厚。同时，公司配套建设自用码头、车队，物流配送与售后服务畅通便捷。

公司投资总额35亿元，占地面积43公顷。建有2条涂布白纸板生产线，2台纸机年设计生产能力达60万吨，主要设备和工艺分别从美国、瑞典、奥地利、芬兰等国家引进。

公司专业生产高档涂布白纸板，产能位居世界前列。公司提供定量230~450克/米$^2$、各种规格的平板、卷筒涂布灰底白纸板。主导产品“建晖”牌涂布白纸板自投放市场以来深受中外客商一致好评，荣获“2008年度广东省著名商标”和“2009年广东省名牌产品”称号。公司被评定为“国家质量A级信用企业”。

公司一直非常注重自主品牌的建设与提升，为了与国际接轨，实现科技与信息、技术与管理、环保与节能等领域保持国际先进水平的无间断接触，公司积极推行生产6S管理和全面质量、安全、环境管理，积极开展森林认证工作。于2005年底通过ISO 9001质量管理体系标准认证，2007年初通过ISO 14000环境管理体系和OHSAS 18000职业健康安全管理体系的认证，2010年3月通过PEFC认证，2011年初通过FSC认证。同时，为了提升管理水平，公司于2010年底开始实施ERP项目工程。

立足长远发展，公司从建立就注重企业与自然的和谐共存。建成了与现有生产线相配套的大型环保处理系统。公司于2009年获得“广东省优秀清洁生产企业”、“东莞市环境友好企业”。为进一步满足市场日益增长的需要和充分利用公司已奠定的各种坚实的基础，公司于2012年3月又新投产了2条牛皮箱纸板生产线，年设计生产能力40万吨。现公司的投资总额已达到43亿元，建成了年产100万吨各种纸及纸板的大型生产基地。

公司始终秉承“品质第一，客户至上；安全生产，保障健康；减污降耗，改善环境；科学管理，持续改进”的管理方针，以满腔热情竭诚为广大客户提供卓越的产品和优质的服务。

单位地址：广东省东莞市中堂镇潢涌村　邮编：523221

联系电话：0769-88888363　联系传真：0769-88183833

联系邮箱：jhzyxs@dgjhzy.com　单位网址：www.jhpaper.cn

企业性质：中外合资

法人代表：黎祖球，经营负责人：黎桂华，技术负责人：陈波

成立时间：2004年，职工总数：3109人，其中技术人员数：500人

2012年纸浆产量：115万吨，纸和纸板产量：100万吨

2012年销售收入：21.49亿元，利税总额：0.17亿元，利润总额：-2.2亿元

主要产品：定量230~450克/米$^2$涂布灰底白纸板、牛卡纸

主要纤维原料：废纸、木浆

纸机总数：4台

蒸（球）煮器总数：7 台

## 【主要生产线】

### 主要制浆生产线

| 生产线名称 | 纤维原料 | 制浆方法 | 蒸煮器 | 主体设备供货厂商 | 产品品种 | 生产能力/(万吨/年) | 投产时间 |
|---|---|---|---|---|---|---|---|
| 一期制浆生产线 | 废纸、木浆 | 面衬芯底分别制浆 | 2 台热分散 | 安德里茨公司、KBC 公司等 | 涂布白纸板 | 30 | 2004－06 |
| 二期制浆生产线 | 废纸、木浆 | 面衬芯底分别制浆 | 3 台热分散 | 安德里茨公司、KBC 公司等 | 涂布白纸板 | 30 | 2005－08 |
| 三期制浆生产线 | 废纸 | OCC、AOCC 线分别制浆 | 2 台热分散 | 安德里茨公司、KBC 公司等 | 牛皮箱纸板 | 40 | 2012－03 |

### 主要造纸生产线

| 生产线名称 | 纸机 | | | 主体设备供货厂商 | 产品品种 | 纤维原料 | 生产能力/(万吨/年) | 投产时间 |
|---|---|---|---|---|---|---|---|---|
| | 网部形式 | 幅宽/毫米 | 工作车速/(米/分) | | | | | |
| 一期造纸生产线 | 多层叠网 | 4800 | 700 | 维美德西安造纸机械有限公司、美卓公司、亚赛利公司等 | 230～300 克/米$^2$ 涂布灰底白纸板 | 废纸、木浆 | 30 | 2004－06 |
| 二期造纸生产线 | 多层叠网 | 4800 | 700 | 维美德西安造纸机械有限公司、美卓公司、亚赛利公司等 | 300～450 克/米$^2$ 涂布灰底白纸板 | 废纸、木浆 | 30 | 2005－08 |
| 三期造纸生产线 | 三层叠网 | 4850 | 800 | 山东昌华造纸机械有限公司、KBC 公司、潍坊凯信机械有限公司等 | 110～230 克/米$^2$ 牛卡纸 | 废纸、木浆 | 40 | 2012－03 |

（杨　萍）

# 新乡新亚纸业集团股份有限公司

## Xinxiang Xinya Paper Group Co., Ltd.

【企业概况】

新乡新亚纸业集团股份有限公司（简称“新亚纸业集团”）是以制浆造纸为主，集热电联产、医药化工、物流商贸、机械制造、林基地开发、环保综合治理于一体的企业集团，是河南省造纸行业龙头企业、省百户重点企业、省循环经济试点企业、中国企业改革示范单位、中国制浆造纸研究院试验基地。

集团管控和流程管理全部实现了 ERP 办公自动化，生产过程采用 QCS、DCS 全程微机监控。产品生产通过了国家 ISO 9001 质量体系认证和 ISO 14001 环境体系认证，质量控制、成本控制处于国内领先水平。主要产品有：涂布白卡纸、全木浆胶版印刷纸、静电复印纸、电脑打字纸、铸涂原纸、轻型印刷纸、招贴纸、白面牛卡纸、高强瓦楞原纸、高档生活用纸等数十种。主要品牌“新亚”、“新辉煌”、“新锦秀”、“新鸿图”、“新亚雪锦”、“新亚荷洁”等荣获河南省十大驰名品牌、省著名商标。

集团省级技术研发中心拥有 60 多名由行业专家、博士、硕士和技术骨干组成的研发队伍。在制浆造纸工艺、资源循环利用、环保综合治理等领域取得 30 余项科技成果，其中，麦草半化学浆黑液碱回收技术荣获“全国节能减排技术二等奖”。

集团重视环保工作，先后投巨资兴建了 500 吨/日碱回收、13.5 万米$^3$/日中段水处理、10000 万米$^3$/日高浓厌氧、6 万吨/日废水深度处理等环保治理系统及 300 吨/日无害化垃圾焚烧炉、120 吨/日白泥回转窑、10 万吨/年有机复合肥等循环经济工程。不仅排水 $COD_{Cr}$ 指标远优于国家和地方规定的排放标准，而且通过中水回用，包装用纸生产实现了零排放。河南省环保厅认定新亚纸业集团为首批循环经济试点企业。

集团拥有国内先进的造纸生产线 20 多条，生产能力 80 万吨/年。正在建设的 40 万吨/年食品卡纸项目，一期工程预计 2013 年底投入使用。根据集团发展规划，到 2015 年，造纸生产能力将突破 150 万吨/年，销售收入 65 亿元，利税 15 亿元，进入全国造纸行业前 10 强，规模效益再攀新高。

单位地址：河南省新乡纸制品工业园区（107 国道 680 公里处）　邮编：453731

联系电话：0373－5681188　联系传真：0373－5680286

联系邮箱：xinyaren@126.com　单位网址：www.xinyapaper.cn

企业性质：民营企业

法人代表：宋敬志，经营负责人：宋敬亮，技术负责人：王少光

成立时间：2003 年，职工总数：4300 人，其中技术人员数：389 人

2012 年纸和纸板产量：66.2 万吨

2012 年销售收入：27.8 亿元，利税总额：2.2 亿元，利润总额：1.39 亿元

主要产品：文化用纸、白卡纸、高强瓦楞原纸

主要纤维原料：木材、麦草、废纸

纸机总数：23 台

## 【主要生产线】

### 主要制浆生产线

| 生产线名称 | 纤维原料 | 制浆方法 | 蒸煮器 | 主体设备供货厂商 | 产品品种 | 生产能力/(万吨/年) | 投产时间 |
|---|---|---|---|---|---|---|---|
| 2 条漂白麦草浆生产线 | 麦草 | 碱法 | 连蒸 | 天津中轻机械有限公司 | 麦草浆 | 10 | 2004 |
| 杨木化机浆生产线 | 杨木 | 化学机械法 | | 安德里茨公司 | 化机浆 | 10 | 2008 |
| 未脱墨废纸线 | 废纸 | 碎解筛选 | | 郑州运达造纸设备有限公司 | 废纸浆 | 11 | 2010 |

### 主要造纸生产线

| 生产线名称 | 纸机 | | | 主体设备供货厂商 | 产品品种 | 纤维原料 | 生产能力/(万吨/年) | 投产时间 |
|---|---|---|---|---|---|---|---|---|
| | 网部形式 | 幅宽/毫米 | 工作车速/(米/分) | | | | | |
| 白卡纸生产线 | 叠网 | 4260 | 500 | 昆山中联造纸设备厂 | 白卡纸 | 杨木 | 15 | 2008 |
| 高强瓦楞原纸生产线 | 长网 | 3200 | 250 | | 高强瓦楞原纸 | 麦草、废纸 | 15 | 2010 |
| 2 条彩胶纸生产线 | 长网 | 3520<br>3150 | 500 | | 全木浆高档彩胶纸 | 木浆 | 10 | 2009 |

（韩丽丽）

# 金华盛纸业（苏州工业园区）有限公司

## Gold Huasheng Paper（Suzhou Industrial Park）Co.，Ltd.

【企业概况】

金华盛纸业（苏州工业园区）有限公司（简称“金华盛纸业”）是世界纸业十强之一的金光集团APP于1996年投资建设的现代化大型造纸企业。公司投资总额13.8652亿美元。金华盛纸业年产文化用纸60余万吨，是目前我国大型多元文化用纸供应商。连续多年被侨务办公室评选为江苏省乃至全国明星侨资企业。2009年被中国造纸协会授予“全国制浆造纸企业30强”荣誉称号，2005年至今一直被认定为“国家高新技术企业”。

金华盛纸业装备4台大型纸机及多台涂布机，自备热电厂及日处理5万吨的废水处理厂，专业生产无碳复写纸（包括热敏纸）、双胶纸、铜版卡纸和办公用纸等系列产品。“立可得”、“金球”、“金彩蝶”、“金环”等产品已经成为公司的主打品牌。“金彩蝶”、“立可得”等被评为“江苏省著名商标”，“立可得”、“金球”、“金彩蝶”系列文化用纸被评选为“江苏省名牌产品”。公司产品在国内外具有较高评价，曾被评为第四届亚太经合组织技术展示交易会指定用纸。依托APP贸易公司，目前金华盛纸业的产品远销全球各地。

在追求经济效益的同时，金华盛纸业始终贯彻“保护环境、珍惜资源、防止污染、持续改善”的环境方针，环保投入已累计达到5.3亿元，其中新建的7000吨中水回用工程已达到国内行业顶尖水平。在同行业中率先通过ISO 9001质量体系、ISO 14001环保体系及OHSAS 18001职业健康安全体系等权威认证，2008年顺利通过PEFC认证，2011年通过能源管理体系认证。

金华盛纸业在环保和循环经济方面的大力投入，得到了各级政府的肯定。2003年通过苏州市经贸委组织的清洁生产审核；2001—2003年连续3年被评为“苏州市环境保护先进企业”；曾荣获“江苏省环境保护工程十佳单位”、“江苏省环境保护先进企业”、“苏州工业园区2006年度循环经济示范奖”、“江苏省循环经济试点单位”及“江苏省环境友好企业”等称号；2007—2008年公司大力推进节能减排工作，被苏州园区管委会授予“节能成效奖”；2010年被苏州市经信委授予“能效之星”四星等级，也是目前授出的最高等级；2011年被评为“苏州市节能工作先进集体”、“中国造纸工业环境友好企业”等。

经过十多年的发展，金华盛纸业已能生产出多种成熟产品，为更多的客户提供周到的服务，同时，公司也将积极参与到保护环境和可持续发展活动中，做中国绿色纸业的倡导者和实践者。

单位地址：江苏省苏州工业园区胜浦分区金胜路2号　邮编：215126

联系电话：0512－62836666　联系传真：0512－62815491

单位网址：www.goldhs.com.cn

企业性质：中外合资

法人代表：黄志源，经营负责人：蔡贵量，技术负责人：陈汉彬

成立时间：1996年，职工总数：2700人

2012年纸和纸板产量：64.96万吨

2012年销售收入：30亿元，利税总额：3.75亿元，利润总额：3.07亿元

主要产品：无碳复写纸、双胶纸、铜版卡纸

主要纤维原料：长纤维浆、短纤维浆、机械浆
纸机总数：4 台

## 【主要生产线】

主要造纸生产线

| 生产线名称 | 纸机 | | | 主体设备供货厂商 | 产品品种 | 纤维原料 | 生产能力/(万吨/年) | 投产时间 |
|---|---|---|---|---|---|---|---|---|
| | 网部形式 | 幅宽/毫米 | 工作车速/(米/分) | | | | | |
| PM1 | 夹网 | 7360 | 1500 | 日本 MHI 公司 | 无碳复写原纸、双胶纸、静电复印原纸 | 长纤维浆、短纤维浆 | 30 | 1999 - 05 |
| PM2 | 长网 + 上网 | 3250 | 800 | 德国 Escher Wyss 公司 | 东方书纸、高定量双胶纸、特种双胶纸 | 长纤维浆、短纤维浆、机械浆 | 10 | 2003 - 04 |
| PM3 | 长网 + 上网 | 3300 | 500 | 福伊特公司、Kufferath 公司 | 铜版原纸 | 长纤维浆、短纤维浆、机械浆 | 16 | 2003 - 09 |
| PM4 | 长网 + 上网 | 3600 | 1100 | 日本 IHI 公司<br>福伊特公司 | 无碳原纸、热敏原纸 | 长纤维浆、短纤维浆 | 8 | 2006 - 03 |

（金光集团 APP）

# 山东华金集团有限公司

## Shandong Huajin Group Co.，Ltd.

【企业概况】

山东华金集团有限公司是以造纸及纸制品加工为主，集发电、科研、贸易为一体，跨行业、跨地区的国家大型现代化企业集团。现有总资产 37.54 亿元，下属青岛东立纸业有限公司、吉林华金纸业有限公司等 6 个子公司，拥有国内先进水平造纸生产线 23 条，特种纸生产线 9 条，年生产能力 85 万吨。主要产品有：中、高档工业用原纸，中、高档文化用纸，无碳复写纸、热敏纸，中、高档娱乐智力开发用纸，包装用纸五大系列 120 多个品种。产品远销海内外。2012 年出口纸张 4.28 万吨，出口创汇 5735 万美元。

公司先后荣获“中国民营企业 500 强”、“中国造纸百强企业”、“中国纸业功勋企业”、“全国守合同重信用企业”、“山东省造纸经济效益十佳企业”、“全国造纸 20 强”、“山东省造纸十强企业”、“明星企业”、“省级信誉 AAA 企业”、“山东省诚信企业”、“建国 60 周年功勋企业”、“全国制浆造纸优秀企业”、“全国最具发展潜力企业”、“低碳山东贡献单位”等多项殊荣，是山东省淮河流域治污达标企业，ISO 9001 标准达标企业，2002 年被列入按国际标准划分的全国大型工业企业。

集团公司始终本着“环保为本，诚信经营”的理念，努力创建资源节约型、环保友好型企业，加强清洁生产，发展低碳经济。累计环保投资 4.6 亿元，先后建成碱回收、微电波反应、白水回用、物化处理、二级生化、深度脱治、氧化塘等系列系统工程，被国家、省环保局列为行业治污示范工程。

“十二五”期间，公司计划总投资近 50 亿元，新增制浆能力 40 万吨/年并配套建设治污工程，新增造纸、纸板及涂布加工纸能力 110 万吨/年；年新增发电机组 2×50 兆瓦，同时配套建设企业生产需要的各种化工原料、纸张深加工、治污配套设施，使配套产业达到新的平衡点。五年规划项目全部实施完成后，公司将实现产量过百万吨和销售收入过百亿元的“双百”目标，集团公司纸及纸制品的生产能力将达到 160 万吨/年，制浆能力 50 万吨/年，可实现年销售收入近 148 亿元，利税 22 亿元，上缴税金超过 5 亿元，使经营生产运行质量保持良好状态，成为全国最具有发展潜力的民营企业之一，为国家繁荣昌盛和地方经济发展作出新的更大贡献。

单位地址：山东省济宁市泗水县金庄镇 818 号　邮编：273201

联系电话：0537－4036820　联系传真：0537－4036808

联系邮箱：huajinlbz@126.com　单位网址：www.huajinpaper.com

企业性质：民营企业

法人代表：邢东尚，经营负责人：邢利民，技术负责人：孔祥莲

成立时间：1978 年，职工总数：4200 人，其中技术人员数：1512 人

2012 年纸浆产量：6.4 万吨，纸和纸板产量：68.48 万吨

2012 年销售收入：39.59 亿元，利税总额：4.27 亿元，利润总额：3.12 亿元

主要产品：加工原纸、无碳纸、白卡纸

主要纤维原料：化学木浆

纸机总数：15 台

蒸（球）煮器总数：1 台连蒸，10 台蒸球

## 【主要生产线】

主要制浆生产线

| 生产线名称 | 纤维原料 | 制浆方法 | 蒸煮器 | 主体设备供货厂商 | 产品品种 | 生产能力/(万吨/年) | 投产时间 |
|---|---|---|---|---|---|---|---|
| 化学阔叶木浆 | 杨木 | 碱法 | 四管连蒸 | 天津中轻机械有限公司 | 漂白化学浆 | 6 | 2002 |

主要造纸生产线

| 生产线名称 | 纸机 | | | 主体设备供货厂商 | 产品品种 | 纤维原料 | 生产能力/(万吨/年) | 投产时间 |
|---|---|---|---|---|---|---|---|---|
| | 网部形式 | 幅宽/毫米 | 工作车速/(米/分) | | | | | |
| 11 号机 | 长网 | 1880 | 600 | 维美德西安造纸机械有限公司 | 加工原纸 | 针叶木浆、阔叶木浆 | 2.5 | 1997 |
| 2740 车间 | 四叠网 | 2740 | 300 | 山东沙市轻工机械有限公司 | 白卡纸 | 机械浆、化学浆 | 12 | 2003 |
| 3400 车间 | 四叠网 | 3400 | 550 | 山东昌华造纸机械有限公司 | 白卡纸 | 化学浆、机械浆 | 25 | 2011 |

（孔祥莲）

# 宁波中华纸业有限公司

## Ningbo Zhonghua Paper Co., Ltd.

【企业概况】

宁波中华纸业有限公司（简称“中华纸业”）位于浙江省宁波市，占地面积63公顷，总资产58亿元，年产各类高档涂布白纸板60万吨。

中华纸业利用废报纸、办公废纸、杂志废纸等作为主要原料，加工生产工业包装用纸，主要产品有：单面涂布白卡纸、单面涂布白芯白卡纸（烟包专用）、超高松厚度单面涂布白卡纸、双面涂布铜版卡纸、单面涂布灰底白纸板等。其中，双面涂布铜版卡纸曾被评定为“国家级重点新产品”，“金贝”单面涂布灰底白纸板曾获得“国家质量金奖”，“金贝”、“金鸥”、“彩蝶”牌涂布白纸板为浙江省名牌产品，“金鸥”品牌为浙江省著名商标，白纸板系列产品还通过中国环境标志（Ⅱ型）产品认证。

公司投资近3亿元用于环保及其配套工程，对白水、废水、废渣、废气等污染物进行全面综合治理。1999年公司率先通过了SGS国际认证机构14001环境管理体系认证，成为我国首家通过该体系认证的造纸企业，并在2005年荣获国家环保局“国家环境友好企业”称号。其后，公司相继通过了ISO 14064温室气体排放监管体系、PEFC森林监管链管理体系等认证。公司还积极进行节能技改，先后获得了“宁波市节能标兵”、“浙江省节能先进集体”等荣誉称号。

单位地址：浙江省宁波市海曙区段塘镇丁家街108号　邮编：315000

联系电话：0574－87464811　联系传真：0574－87493450

单位网址：www. zhonghua－paper. com

企业性质：中外合资

法人代表：黄志源，经营负责人：白树华，技术负责人：白树华

成立时间：1994年，职工总数：1635人，其中技术人员数：1131人

2012年纸和纸板产量：58万吨

2012年销售收入：23亿元，利税总额：1.4亿元，利润总额：1亿元

主要产品：单面涂布灰底白纸板、单面涂布黄芯白卡纸、单面涂布高松厚度白卡纸、双面涂布铜版卡纸、双面涂布环保铜版卡纸、双面涂布高光铜版卡纸、双面涂布亚光铜版卡纸、高档白卡纸及扑克牌纸

主要纤维原料：废纸、木浆

纸机总数：3台

## 【主要生产线】

主要造纸生产线

| 生产线名称 | 纸机 | | 主体设备供货厂商 | 产品品种 | 纤维原料 | 生产能力/(万吨/年) | 投产时间 |
|---|---|---|---|---|---|---|---|
| | 幅宽/毫米 | 工作车速/(米/分) | | | | | |
| 1号纸机 | 2400 | 150 | 日本小林制作所 | 单面涂布灰底白纸板 | 废纸、木浆 | 6.5 | 1994-09 |
| 2号纸机 | 4270 | 500 | 福伊特公司 | 单面涂布灰底白纸板、单面涂布黄芯白卡纸、单面涂布高松厚度白卡纸等 | | 55 | 1996-11 |
| 3号纸机 | 4270 | 500 | 福伊特公司 | 单面涂布白芯白卡纸、双面涂布铜版卡纸、双面涂布环保铜版卡纸、双面涂布扑克牌专用纸 | | | 1997-05 |

（金光集团APP）

# 广州造纸集团有限公司

## Guangzhou Paper Group Co., Ltd.

【企业概况】

广州造纸集团有限公司（简称“广纸集团”）始建于1936年，现有资产总额80亿元，纸及纸板生产能力超过75万吨/年，是集制浆、造纸、热电、环保于一体的大型国有骨干企业。集团辖下有广州造纸股份有限公司、广州威达高实业有限公司和广州越威纸业有限公司。主营产品有：新闻纸、涂布白纸板等，销售覆盖全国20多个省市，并远销东南亚等国家和地区。其中，新闻纸是“全国用户满意产品”、“广东省用户满意产品”及“广东省名牌产品”，曾获“国家质量免检产品”、“广东省著名商标”和“广州市著名商标”等称号。公司先后被评为“广东省企业500强”、“制造业百强企业”、“广东省诚信示范企业”、“质量信得过单位”和“实施卓越绩效模式先进企业特别奖”等。

2012年是广纸集团环保搬迁后全面复产的第1年，年生产能力新增22万吨，新热电机组产能成倍增加。公司紧紧围绕“创新挖潜保扭亏，合资合作促转型”工作方针，以“三个提升，三个创新，三个突破”为工作主线，苦练内功，积极创新，扎实推进规范高效的生产经营管理体系建设，克服了产品市场价格急剧下滑和原材料市场价格大幅波动等诸多困难；市场把握、成本控制和组织执行能力显著提升，实现了生产规模倍增后机台的全面达优运行，完成了经营扭亏的重大跨越。

公司专注于造纸领域，以引领行业发展方向、推进我国制浆造纸行业发展为己任，坚持走产品研发和科技创新之路，不断开发新资源的应用和推广新技术。先后建成“广州市制浆造纸重点技术工程研究开发中心”和“广东省级企业技术中心”；2012年被评为“广东省自主创新标杆企业”；2009年通过国家高新技术企业认证，2012年通过复审；公司通过了ISO 9001:2008国际质量管理体系认证；积极推进标准化管理工作，获得实施标准化战略专项资助奖励；同时作为全国造纸行业唯一一家创建国家安全标准化企业的试点单位，于2012年底顺利通过了国家安标建设验收。

公司秉承绿色造纸的理念，视环境保护为己任，努力实践循环经济的发展理念。通过调整产品原料结构，淘汰高耗能的制浆生产线，引入先进的技术装备，改造升级造纸生产线，环保各项指标均达到国际先进水平，荣获“爱我珠江保护水环境先进单位”称号，连续争创“国家环境友好型企业”。同时，公司积极响应政府加大节能减排工作的号召，狠抓节能增效。采取加大投入，确保重点节能技改项目实施；不断优化生产工艺，挖掘节能潜力；加强基础管理，发挥管理节能效应等措施，在节能环保方面取得了显著成效。“十一五”期间，公司主要产品新闻纸的单位产品综合能耗下降33%，超额完成节能目标。被评选为“十一五”时期“全国节能先进集体”荣誉称号。

广纸集团将继续朝着创新发展、环保节能、管理先进的目标前进，全力打造国内领先、国际知名、可持续发展的现代化造纸企业，争做行业排头兵，重铸广纸集团辉煌。

单位地址：广东省广州市南沙区珠江街新广一路29号　邮编：511462

联系电话：020－34663302　联系传真：020－34663302

联系邮箱：gzpaper@oa.gzpaper.cn　单位网址：www.gzpaper.cn

企业性质：国有企业

法人代表：林昭远，经营负责人：陈伟星，技术负责人：周　耘

成立时间：1936年，职工总数：932人，其中技术人员数：115人

2012 年纸浆产量：57.36 万吨，纸和纸板产量：56.68 万吨
2012 年销售收入：24 亿元，利税总额：1.7 亿元，利润总额：0.4 亿元
主要产品：新闻纸、文化用纸、灰底涂布白纸板
主要纤维原料：废纸、废报纸
纸机总数：4 台

【主要生产线】

主要制浆生产线

| 生产线名称 | 纤维原料 | 制浆方法 | 主体设备供货厂商 | 产品品种 | 生产能力/(万吨/年) | 投产时间 |
|---|---|---|---|---|---|---|
| PM1、PM5 脱墨生产线 | 废报纸 | 脱墨 | 福伊特公司<br>安德里茨公司 | 脱墨浆 | 22.8 | 2006 |
| PM9 脱墨生产线 | 废报纸 | 脱墨 | 福伊特公司<br>安德里茨公司 | 脱墨浆 | 47 | 2007 |
| 白纸板机废纸脱墨线 | 废报纸、废纸 | 脱墨 | 福伊特公司 | 脱墨浆 | 18 | 1999 |

主要造纸生产线

| 生产线名称 | 纸机 | | | 主体设备供货厂商 | 产品品种 | 纤维原料 | 生产能力/(万吨/年) | 投产时间 |
|---|---|---|---|---|---|---|---|---|
| | 网部形式 | 幅宽/毫米 | 工作车速/(米/分) | | | | | |
| PM1 | 水平夹网 | 4880 | 1550 | 美卓公司 | 新闻纸 | 脱墨浆 | 15 | 2006 |
| PM5 | 叠网 | 3950 | 700 | 维美德公司 | 新闻纸 | 脱墨浆 | 6 | 1956 |
| PM9 | 立式夹网 | 10200 | 1750 | 美卓公司 | 新闻纸 | 脱墨浆 | 35 | 2007 |
| 涂布白纸板机 | 四叠长网 | 3380 | 200 ~ 500 | 福伊特公司 | 灰底白纸板 | 废纸浆<br>化学浆 | 18 | 1999 |

（王向华　周　耘）

# 无锡荣成纸业有限公司

## Wuxi Long Chen Paper Co., Ltd.

### 【企业概况】

无锡荣成纸业有限公司系苏台合资企业，成立于1997年，注册资本13200万美元，投资总额31650万美元，占地34.67公顷。长期以来全体员工秉持“致力于发展高效率利用资源的技术，制造生活必需的纸制品，我们有责任留给子孙更多的资源及更干净的生活环境”为经营信念。

目前，公司生产规模50万吨/年箱纸板和包装用纸，分三期投资建设：（1）一、二期工程投资金额9800万美元。2000年投产PM1生产线，年产10万吨高档牛皮箱纸板；2004年投产PM2生产线，年产20万吨高强瓦楞原纸。（2）三期工程投资总额21850万美元。2010年投产PM3A生产线，年产20万吨低定量高强瓦楞原纸；预计2013年7月投产PM3B，年产20万吨制浆造纸生产线。

公司投资1亿元建设配套环保设施，采用厌氧+好氧+深度氧化工艺处理，确保废水排放$COD_{Cr}$符合太湖流域国家标准60毫克/升。

公司有良好的技术开发力、市场开拓力和品质竞争力，在江苏省乃至华东地区有较高的知名度和影响力。先后荣获“江苏省优秀包装企业”、“中国200强先进包装企业”、“江苏省环保先进企业”、“全国模范职工之家”等称号。

单位地址：江苏省无锡市惠山区洛社镇中兴西路43号　邮编：214187

联系电话：0510－83316666　联系传真：0510－83301903

联系邮箱：w5015@longchenpaper.com　单位网址：www.longchenpaper.com

企业性质：苏台合资

法人代表：沈俊贤，经营负责人：姚长坤，技术负责人：董原兴

成立时间：1997年，职工总数：700人，其中技术人员数：100人

2012年纸和纸板产量：50万吨

2012年销售收入：14亿元，利税总额：4716万元，利润总额：587万元

主要产品：工业包装用纸

主要纤维原料：废纸

纸机总数：4台

### 【主要生产线】

主要造纸生产线

| 生产线名称 | 纸机 | | 主体制浆设备供货厂商 | 主体造纸设备供货厂商 | 产品品种 | 纤维原料 | 生产能力/(万吨/年) | 投产时间 |
|---|---|---|---|---|---|---|---|---|
| | 幅宽/毫米 | 工作车速/(米/分) | | | | | | |
| PM1 | 3200 | 480 | 安德里茨公司 | 裕力机械股份有限公司 | 纸板 | 废纸 | 10 | 2000 |

续表

| 生产线名称 | 纸机 | | 主体制浆设备供货厂商 | 主体造纸设备供货厂商 | 产品品种 | 纤维原料 | 生产能力/（万吨/年） | 投产时间 |
|---|---|---|---|---|---|---|---|---|
| | 幅宽/毫米 | 工作车速/（米/分） | | | | | | |
| PM2 | 4650 | 600 | 福伊特公司 | 裕力机械股份有限公司 | 瓦楞原纸 | 废纸 | 20 | 2004 |
| PM3A | 6600 | 825 | 福伊特公司 | 韩国金星造纸技术有限公司、福伊特公司 | 瓦楞原纸 | 废纸 | 20 | 2010 |
| PM3B | 6600 | 825 | 福伊特公司 | 裕力机械股份有限公司、福伊特公司 | 纸板 | 废纸 | 20 | 2013 |

（许武军）

# 浙江永泰纸业集团股份有限公司

## Zhejiang Yongtai Paper Industry（Group）Co.，Ltd.

【企业概况】

浙江永泰纸业集团股份有限公司（简称“永泰集团”）是一家集造纸、热电、废水处理、造纸化工和科研为一体的股份有限公司，是我国重点造纸骨干企业、浙江省造纸支柱企业。地处浙江省富阳市我国白纸板基地，占地93余公顷，集团有东恒分公司、杭州永鸿纸业有限公司、杭州永利纸业有限公司、浙江翔龙纸业有限公司、富阳市万马纸业有限公司、杭州永森特种纸有限公司等11家控股子公司。

永泰集团主要产品为涂布白纸板、白卡纸、扑克牌纸、分层染色防伪涂布纸板及系列特种纸。公司在2000年通过了ISO 9001质量管理和ISO 14001环境管理体系认证，是浙江省经贸委确定的第一批清洁生产试点企业、第一批循环经济试点企业；荣获“浙江省绿色企业”、“杭州市环保模范企业”、“浙江省诚信企业”、“浙江省知名商号”、“富阳市突出贡献企业”等称号；“永泰”牌白纸板被评为“浙江省高公信度绿色品牌”、“浙江省著名商标”、“浙江名牌”。2012年，公司产品通过了FSC森林认证。

2012年，东恒分公司年产20万吨造纸生产线纸机车速达到设计能力。永泰集团作为主要单位，起草完成《防伪白纸板技术条件》国家标准征求意见稿。全年申请2项发明专利、4项实用新型专利，授权1项发明专利和6项实用新型专利；获浙江省管理现代化创新成果三等奖1项。

永泰集团将继续坚持“环保立企、科技兴企、品牌强企、文化融企”的企业发展战略方针，大力营造“博爱、真诚、包容、共赢”的人文环境，不断推进企业的转型升级，实现持续发展。

单位地址：浙江省富阳市春江街道造纸工业功能区　邮编：311421

联系电话：0571－63587929　联系传真：0571－63583055

联系邮箱：zjyt080808@163.com　单位网址：www.yongtaipaper.com

企业性质：民营企业

法人代表：孙柏贵，经营负责人：张金来，技术负责人：陈献忠

成立时间：1998年，职工总数：1850人，其中技术人员数：250人

2012年纸和纸板产量：49.58万吨

2012年销售收入：25.65亿元，利税总额：1.34亿元，利润总额：0.55亿元

主要产品：涂布白纸板、涂布白卡纸、艺术特种纸

主要纤维原料：废纸、商品木浆

纸机总数：6台

## 【主要生产线】

主要造纸生产线

| 生产线名称 | 纸机 | | | 主体设备供货厂商 | 产品品种 | 纤维原料 | 生产能力/(万吨/年) | 投产时间 |
|---|---|---|---|---|---|---|---|---|
| | 网部形式 | 幅宽/毫米 | 工作车速/(米/分) | | | | | |
| 东恒分公司 | 夹网 | 4400 | 500 | 山东昌华造纸机械有限公司 | 灰底白纸板 | 废纸、木浆 | 25 | 2011 |
| 永鸿公司 | 夹网 | 3400 | 300 | 辽阳造纸机械股份有限公司 | 白卡纸、白底白纸板 | 废纸、木浆 | 10 | 2001 |
| 永利公司 | 夹网 | 2400 | 250 | 上海爱建造纸机械有限公司 | 灰底白纸板 | 废纸、木浆 | 7.5 | 1997 |
| 翔龙公司 | 夹网 | 2400 | 170 | 辽阳造纸机械股份有限公司 | 灰底白纸板 | 废纸 | 5 | |

（叶　强）

# 河南省龙源纸业股份有限公司

## Henan Longyuan Paper Co., Ltd.

【企业概况】

河南省龙源纸业股份有限公司（简称“龙源纸业”）成立于2004年，是一家集包装用纸、热电、废水处理、供热和科研为一体的民营股份制公司。公司位于河南省太康县产业集聚区，注册资金1亿元。现有员工1360人，其中，中高级技术人员98人。公司拥有造纸生产线5条，以商品木浆和优质废纸为原料，主导产品为A级高强瓦楞原纸和高档牛皮箱纸板，现生产能力可达55万吨/年。公司始终坚持“发展循环经济，推行生态造纸”的经营理念，把节能减排、环境治理作为企业的生命线。以稳工艺、保质量、创品牌为基础，注重提升企业核心竞争力，使生产经营持续快速增长，企业管理不断得到加强。

2012年，投资2亿多元建设的T纸技改项目和热电联产项目已经竣工投产；承担的国家水体污染控制与治理科技重大专项实验基地项目建成使用；年产20万吨瓦楞原纸项目治污工程顺利通过河南省环保厅环评验收。2012年生产成品纸47.89万吨，实现销售收入9.44亿元，为地方纳税5000多万元，产品畅销全国各地，深受客户信赖。被当地政府授予“用工规范诚信企业”、“高校毕业生见习就业基地”，并荣获“河南省优秀民营企业”、“河南省科技创新优秀企业”、“河南省纳税百强民营企业”等荣誉称号。

“十二五”期间，公司将继续坚持“完善、提高、稳质、增效”的经营方针，以创建“环境友好型、资源节约型、科技创新型、社会责任型”企业为目标，以热电和治污设施为依托，加快建设现代化特种纸造纸工业园，大力开展招商活动，把龙源纸业打造成我国中部地区以废纸为主要原料，以包装用纸为主导产品的重要造纸基地。

单位地址：河南省太康县西二环路工业集聚区　邮编：461400
联系电话：0371－67187910　联系传真：0371－67187910
联系邮箱：mlc2888@126.com　单位网址：www.hnlyzy.com
企业性质：民营企业
法人代表：冯新芳，经营负责人：冯新芳，技术负责人：王玉州
成立时间：2004年，职工总数：1360人，其中技术人员数：98人
2012年纸和纸板产量：47.89万吨
2012年销售收入：9.44亿元，利税总额：1.13亿元，利润总额：0.89亿元
主要产品：A级高强瓦楞原纸、高档箱纸板
主要纤维原料：国内废纸、商品木浆
纸机总数：6台

## 【主要生产线】

主要造纸生产线

| 生产线名称 | 纸机 | | | 主体设备供货厂商 | 产品品种 | 纤维原料 | 生产能力/(万吨/年) | 投产时间 |
|---|---|---|---|---|---|---|---|---|
| | 网部形式 | 幅宽/毫米 | 工作车速/(米/分) | | | | | |
| 4800×500 | 双叠网 | 4800 | 500 | 上海轻良实业有限公司 | A级高强瓦楞原纸 | 国内废纸 | 15 | 2010-12 |
| 4400×450 | 单叠网 | 4400 | 450 | 上海轻良实业有限公司 | A级高强瓦楞原纸 | 国内废纸 | 10 | 2008-06 |

（马林冲）

# 广西金桂浆纸业有限公司

## Guangxi Jingui Pulp & Paper Co., Ltd.

【企业概况】

广西金桂浆纸业有限公司（简称“金桂”）位于广西壮族自治区钦州市钦州港经济技术开发区，是金光集团 APP（中国）在华投资建设的第 17 家制浆造纸企业，也是 APP 在中国实施林、浆、纸一体化的企业之一，现有员工 2500 余名。

金桂规划占地 640 公顷，建设总规模为年产 180 万吨纸浆和 310 万吨纸。一期工程为年产 30 万吨化机浆和 60 万吨高档纸板，总投资 80 亿元，其中，环保投资 6.6 亿元，配套建设了国内首套专为处理化机浆生产废水的碱回收系统。二期工程规划为年产 150 万吨纸浆和 250 万吨纸，总投资约 380 亿元。

金桂一期工程中的年产 30 万吨化机浆生产线及配套林基地项目已于 2011 年 12 月 30 日获得了环保部竣工环境保护验收批复。目前生产运行顺畅，2012 年纸浆产量 47 万吨，年产 60 万吨高档纸板生产线现已进入试生产阶段。原料林基地项目于 1995 年开始建设，目前规模达 10 万公顷，满足一期工程对木材原料的需求。

金桂生产的桉木化机浆“金钱豹”于 2012 年 6 月入选为广西林业产业行业协会行业推荐产品。正在试生产阶段的涂布白卡纸机采用的是德国福伊特公司的造纸设备和技术，设计车速 1400 米/分，净幅宽 8100 毫米，是目前世界上最长、最快、最先进的机内涂布白卡纸机。

金桂先后获得了“广西林业产业龙头企业”和“广西北部湾经济区优秀创业企业”等荣誉称号，以及“广西五一劳动奖状”等荣誉，还入选为信息化与工业化融合促进安全生产重点推进项目承担单位和广西 2012 年度千亿元产业重大科技攻关工程项目。

单位地址：广西壮族自治区钦州市钦州港金光工业园　邮编：535008
联系电话：0777－3698888　联系传真：0777－3696666
联系邮箱：gxjg3696666@163.com　单位网址：www.appjg.com.cn

企业性质：中外合资

法人代表：黄志源，经营负责人：李俊逸，技术负责人：凌贤义

成立时间：2003 年，职工总数：2570 人，其中技术人员数：23 人

2012 年纸浆产量：47 万吨

2012 年销售收入：12 亿元

主要产品：桉木化学机械浆

主要纤维原料：桉木

纸机总数：1 台

## 【主要生产线】

主要制浆生产线

| 生产线名称 | 纤维原料 | 制浆方法 | 主体设备供货厂商 | 产品品种 | 生产能力/(万吨/年) | 投产时间 |
|---|---|---|---|---|---|---|
| 化机浆生产线 | 桉木 | APMP | 安德里茨公司 | 化学机械浆 | 47 | 2011 |

主要造纸生产线

| 生产线名称 | 纸机 | | | 主体设备供货厂商 | 产品品种 | 纤维原料 | 生产能力/(万吨/年) | 投产时间 |
|---|---|---|---|---|---|---|---|---|
| | 网部形式 | 幅宽/毫米 | 工作车速/(米/分) | | | | | |
| 白卡纸生产线 | 叠网 | 8750 | 1200 | 福伊特公司 | 食品级白卡纸 | 原木浆 | — | 2013－01 |

注：广西金桂浆纸业有限公司造纸生产线2013年初进入试生产阶段，2012年度生产数据为零。

（金光集团 APP）

# 上海中隆纸业有限公司

## Shanghai Chung Loong Paper Co., Ltd.

【企业概况】

上海中隆纸业有限公司（简称“上海中隆”）隶属于中隆纸业（控股）公司，成立于2002年10月，并于2004年11月正式投产，占地面积22.2公顷，由台湾最大的工业用纸及纸器制造上市公司——正隆股份有限公司投资，是目前上海最大的生产高档箱纸板的台商企业。

上海中隆作为正隆集团唯一一家在大陆地区的上游造纸厂，其下游纸器和加工厂遍及华东、华南、华北地区三大事业群，共19个加工厂或纸器厂，公司业务集中覆盖在珠江三角洲、长江流域，并向西部和内地辐射延伸。

公司引进欧美及国内先进自动化设备及生产技术，不断研发创新，提升产品质量，并采用福伊特、美卓、GL&V及KRIMA等公司的备浆设备，引进福伊特公司新式自动化造纸设备，并配备热电站及水资源再利用设备，处理后排放水水质达到《DB 311199—1997上海市污水综合排放标准》二级标准。另外，采用国际先进管理技术，推行企业发展规划ERP系统，以完善公司运作，提升国际竞争力。考虑到环保及资源再利用的功能，公司产品的主要原料96%为回收废纸，4%为原生木浆。

上海中隆主要经营、生产高档箱纸板，年产量42万吨。同时与之配合的华东、华南、华北地区的纸器厂，制造各种彩印纸盒、纸箱，年生产能力约10亿米$^2$以上，为众多国际知名品牌的合格供应商，并且拥有一支稳定竭诚的管理团队和多元化的客户基础，为顾客提供高品质产品和满意的服务。另外，为了维持高的环保标准，公司积极推动工业减废，资源节流，并在正式投产半年后即取得了ISO 9001质量管理体系认证，随后率先获得ISO 14001环境管理体系认证及FSC森林管理系统认证，在推动企业发展的同时，也履行其社会责任。

上海中隆始终秉持“忠、诚、信、实”的经营理念，以优良的产品和服务提供客户，努力朝“关心生活，善用资源，贡献社会”的企业愿景不断迈进。

单位地址：上海市浦东康桥工业园秀浦路489号　邮编：201315

联系电话：021－58129798　联系传真：021－58128986

联系邮箱：clp@mail.clc.com.tw　单位网址：www.shclc.com.cn

企业性质：台商独资

法人代表：郑两旺，经营负责人：陈诚台，技术负责人：钟文溪

成立时间：2002年，职工总数：300人，其中技术人员数：180人

2012年纸和纸板产量：42万吨

2012年销售收入：12亿元，利税总额：1.3亿元，利润总额：0.8亿元

主要产品：箱纸板

主要纤维原料：废纸

纸机总数：1台

## 【主要生产线】

主要造纸生产线

| 生产线名称 | 纸机 | | | 主体设备供货厂商 | 产品品种 | 纤维原料 | 生产能力/(万吨/年) | 投产时间 |
|---|---|---|---|---|---|---|---|---|
| | 网部形式 | 幅宽/毫米 | 工作车速/(米/分) | | | | | |
| PM1 | 双网夹缝和上网 | 6300 | 500～1200 | 福伊特公司 | 箱纸板（110～250 克/米$^2$） | 废纸、木浆 | 42 | 2004 |

（余 玲）

# 山东恒联投资有限公司

## Shandong Henglian Investment Co., Ltd.

【企业概况】

山东恒联投资有限公司是一家以纸业为主的综合性控股集团公司，业务涉及制浆、造纸、精细化工、房地产、热电等领域，拥有多条从瑞士、日本、瑞典等国引进的具有国际先进水平的铜版纸、生活用纸及玻璃纸生产线。主要控股子公司均通过了 ISO 9001:2008 质量管理体系认证、ISO 14001:2004 环境管理体系认证和 GB/T 20881—2001 职业健康安全管理体系认证。

2012 年，公司坚持差异化发展战略，持续推进细分市场龙头组合发展策略，通过强化自主创新，实施管理变革，强化供应链管理等措施，加快推进结构调整和企业转型升级，企业的核心竞争力和持续发展能力不断增强。

自主创新取得新突破，公司依托省级企业研发中心和山东省玻璃纸工程技术研究中心，逐步推进国家级技术开发中心和国家级实验室的创建工作，围绕特种纸研发不断加强与中科院等科研院所的合作，企业自主创新能力不断增强，全年授权专利 9 项，受理发明、实用新型专利 7 项，有 6 项新产品列入山东省 2012 年度技术创新项目。

公司高度重视环保治理工作，不断深化环保项目，废气、废水和固体废弃物得到有效治理，为企业的可持续发展奠定了坚实的基础。

单位地址：山东省潍坊市高新区东风东街 3019 号　邮编：261061
联系电话：0536－8671516　联系传真：0536－8665348
联系邮箱：seantan60@126.com　单位网址：www.henglianpaper.com

企业性质：民营企业
法人代表：张云胜，技术负责人：李鹏修
成立时间：1946 年，职工总数：4071 人，其中技术人员数：636 人
2012 年纸浆产量：16 万吨，纸和纸板产量：39.55 万吨
2012 年销售收入：31.96 亿元，利税总额：1.96 亿元，利润总额：1.18 亿元
主要产品：铜版纸、玻璃纸、生活用纸、木浆、化纤浆、文化用纸等
主要纤维原料：木浆、化纤浆、杨木片
纸机总数：16 台
蒸（球）煮器总数：4 台

## 【主要生产线】

### 主要制浆生产线

| 生产线名称 | 纤维原料 | 制浆方法 | 蒸煮器 | 主体设备供货厂商 | 产品品种 | 生产能力/(万吨/年) | 投产时间 |
|---|---|---|---|---|---|---|---|
| 连蒸制浆线 | 杨木片 | 烧碱－蒽醌法 | 横管连续蒸煮器 | 天津中轻机械有限公司<br>张家港市华杭造纸机械设备有限公司 | 漂白杨木浆 | 12 | 2000<br>2010 |
| 溶解浆生产线 | 棉短绒 | 化学法 | 蒸球 | 天津蒸球厂 | 化纤棉浆粕 | 10 | 2008<br>2010 |

### 主要造纸生产线

| 生产线名称 | 纸机 | | 主体设备供货厂商 | 产品品种 | 纤维原料 | 生产能力/(万吨/年) | 投产时间 |
|---|---|---|---|---|---|---|---|
| | 幅宽/毫米 | 工作车速/(米/分) | | | | | |
| 涂布纸生产线 | 1880 | 1000 | 瑞典KMW公司<br>日本IHI公司 | 铜版纸 | | 15 | 2010 |
| 玻璃纸生产线 | 1800 | 100 | 瑞士毛勒公司 | 玻璃纸 | | 0.8 | 2011 |
| 生活用纸生产线 | 3300 | 1100 | 川之江造机株式会社、维美德公司 | 生活用纸 | 木浆 | 5 | 2005 |
| 文化用纸生产线 | 2640 | 800 | 辽阳造纸机械股份有限公司 | 双胶纸 | 木浆 | 10 | 2010 |

（谭乐魁）

# 福建省青山纸业股份有限公司

## Fujian Qingshan Paper Industry Co.， Ltd.

### 【企业概况】

福建省青山纸业股份有限公司（简称“青山纸业”）是集制浆、造纸、医药、光电子及原料林基地开发于一体的大型国有控股上市企业。1993 年 4 月，经闽体改〔1993〕037 号文批准，公司由福建省青州造纸厂、国家机电轻纺投资公司、福建华兴信托投资公司共同发起，以定向募集方式设立。公司始建于 1958 年，1971 年 10 月正式投产。公司股票于 1997 年 7 月在上海证券交易所挂牌上市交易。

目前，公司注册资本 106184 万股，资产总额 39.23 亿元。主要产品纸及纸板、纸浆生产能力达 60 万吨/年，控股子公司 14 家，是全国纸袋纸、牛皮箱纸板、高强瓦楞原纸的重点生产企业，是全国 1000 家重点发展企业、福建省重点骨干企业和“十二五”期间重点培育的 50 家行业领军企业、福建省首批“和谐企业”，已通过 ISO 9001 质量管理体系和 ISO 14001 管理质量体系国际标准认证。

公司拥有省级企业技术中心，大专以上学历员工超过 700 人，技术力量雄厚。公司主体设备由福伊特公司、维美德公司、奥斯龙公司、美卓公司等国际先进造纸设备制造商制造，拥有年产 10 万吨纸袋纸、10 万吨浆粕、20 万吨高强牛皮箱纸板、20 万吨高强瓦楞原纸 4 条国际先进水平生产线。

公司主导产品为“青山”牌系列产品，主要有 70～110 克/米$^2$ 系列普通及伸性纸袋纸；60～120 克/米$^2$ 系列精致牛皮纸；110～250 克/米$^2$ 系列高强牛皮箱纸板、全木浆牛皮卡纸；80～160 克/米$^2$ 系列高强瓦楞原纸、本色商品木浆、木溶解浆。

“青山”牌系列产品是“全国知名品牌”、国家质量免检产品、福建省驰名商标产品，行销全国各地并出口东南亚、中东等国家和地区。其中，纸袋纸系列产品的质量和市场占有率连续多年稳居国内第一。

面对全球经济一体化的机遇与挑战，公司坚持“以人为本、竞业至新”的企业理念，按照“造就时代的青山人，创造世界的青山牌”的企业宗旨，以发展为主题，以创新为动力，确立长纤维本色包装用纸在行业中的独特优势，努力打造百万吨级的制浆造纸综合性大型包装用纸基地。

单位地址：福建省三明市沙县青州镇　邮编：365056

联系电话：0598－5656888　联系传真：0598－5653336

联系邮箱：qszy600103@tom.com　单位网址：www.qingshanpaper.com

企业性质：国有企业

法人代表：徐宗明，经营负责人：徐宗明，技术负责人：徐宗明

成立时间：1958 年，职工总数：3367 人，其中技术人员数：433 人

2012 年纸浆产量：24.71 万吨，纸和纸板产量：25.70 万吨

2012 年销售收入：17.19 亿元，利税总额：－2.63 亿元，利润总额：－3.07 亿元

主要产品：纸袋纸、溶解浆

主要纤维原料：木材、废纸

纸机总数：4 台

蒸（球）煮器总数：10 台

## 【主要生产线】

主要制浆生产线

| 生产线名称 | 纤维原料 | 制浆方法 | 蒸煮器 | 主体设备供货厂商 | 产品品种 | 生产能力/(万吨/年) | 投产时间 |
|---|---|---|---|---|---|---|---|
| 蒸煮 | 松木片 | 硫酸盐法制浆 | 110 米$^3$ 立式蒸煮锅 | 上海船舶修造厂（1 号、2 号锅） | 硫酸盐木浆 | 10 | 1960 |
| | | | | 江南造船厂（3 号锅） | | | 2001 |
| | | | | 兰州石油化工机械厂（4 号锅） | | | 1966 |
| | | | | 江南造船厂（5 号锅） | | | 1989 |
| | | | | 江南造船厂（6 号锅） | | | 1993 |
| | | | | 三明化工机械厂（7 号、8 号、9 号锅） | | | 2004 |
| 卡米尔连蒸 | 松木片 | 硫酸盐法制浆 | 连续蒸煮器 | 卡米尔公司 | 本色木浆 | 15 | 1994 |
| 浆粕 | 松木片 | DDS 置换蒸煮 | 400 米$^3$ 立式蒸煮锅 | 美卓公司 | 浆粕 | 10 | 2011 |

主要造纸生产线

| 生产线名称 | 纸机 | | | 主体设备供货厂商 | 产品品种 | 纤维原料 | 生产能力/(万吨/年) | 投产时间 |
|---|---|---|---|---|---|---|---|---|
| | 网部形式 | 幅宽/毫米 | 工作车速/(米/分) | | | | | |
| 1 号纸机 | 长网 | 4200 | 650 | Beloit 公司 | 纸袋纸 1020 毫米 | 原浆、废纸浆 | 10 | 1970 |
| 2 号纸机 | 三层网 | 5400 | 500 ~ 700 | 美卓公司 | 牛卡纸、纸袋纸 | 根据纸种质量要求 | 15 | 2000 |
| 3 号纸机 | 双层网 | 5500 | 700 | 美卓公司 | 高强瓦楞原纸、再生箱纸板 | 国废、欧废 | 20 | 2007 |
| 浆板机 | 长网 | 4200 | 100 | 福伊特公司、Flakt 公司 | 本色硫酸盐木浆板 600 毫米 × 800 毫米 | 全木浆 | 15 | 1994 |

（张　波）

# 河北省保定市东方造纸有限公司

## Hebei Baoding Orient Paper Milling Company Limited

【企业概况】

河北省保定市东方造纸有限公司（简称“东方纸业”）创建于 1996 年，总部位于河北省徐水县。东方纸业是河北省大型造纸企业之一，也是亚洲地区唯一一家在美国纽交所上市的造纸企业。

公司经过近 20 年的妥善经营、精心管理，形成了一个由生产基地带动加工基地的集团公司。现有生产线近 10 条，主要致力于包装用纸、文化用纸和生活用纸的研发、生产和销售。产品主要包括高强瓦楞原纸、普通瓦楞原纸、中高档双胶纸、数码相纸、防伪纸、生活用纸等。

东方纸业地处北京、天津和石家庄的黄金三角地带，交通十分便利。优越的地理位置为公司提供了广阔的销售渠道、充足的原料供应、更低的运输成本和更有效的生产周转率等竞争优势。公司现拥有稳定客户上百家，主要为中高端市场服务。近两年来，公司的部分产品成功推向了国际市场，在南美、南亚和北非等地区赢得了客户的持续订单和一致好评。

东方纸业以环境友好型和资源节约型作为企业发展理念，采取节能减排、可持续发展的循环经济发展模式，在扩展新项目和完善设备工程上实现了跨越式发展，实现了经济效益和社会效益的持续增长。在“十二五”期间，东方纸业将继续以“传承华夏文明，弘扬东方纸业”为企业使命，以“开拓、创新、超越、领先”为企业核心价值观，以“坚持绿色环保和可持续发展的科学发展观”为企业的社会责任，进一步推进技术创新、产能扩张、节能减排，将东方纸业发展成为世界东方的一颗璀璨明珠。

单位地址：河北省保定市徐水县巨力路　邮编：072550

联系电话：0312－8698215　联系传真：0312－8698212

联系邮箱：info@ orientpaperinc. com　单位网址：www. orientpaperinc. com

企业性质：民营企业

法人代表：刘振勇，经营负责人：刘振勇，技术负责人：梁树亭

成立时间：1996 年，职工总数：700 人，其中技术人员数：40 人

2012 年纸和纸板产量：32. 5 万吨

2012 年销售收入：9. 15 亿元，利税总额：1. 6 亿元，利润总额：1. 1 亿元

主要产品：高强瓦楞原纸、胶版纸、数码相纸、生活用纸

主要纤维原料：国废、木浆

纸机总数：9 台

## 【主要生产线】

主要造纸生产线

| 生产线名称 | 纸机 | | | 产品品种 | 纤维原料 | 生产能力/(万吨/年) | 投产时间 |
|---|---|---|---|---|---|---|---|
| | 网部形式 | 幅宽/毫米 | 工作车速/(米/分) | | | | |
| 5600叠网多缸纸机 | 叠网 | 5600 | 1200 | 高强瓦楞原纸 | 国废 | 36 | 2012 |
| 3200叠网多缸纸机 | 叠网 | 3200 | 700 | 普通瓦楞原纸 | 国废 | 15 | 2002 |
| 2400长网多缸文化用纸机 | 长网 | 2400 | 600 | 双胶纸 | 国废 | 5 | 2006 |
| 1880长网多缸文化用纸机 | 长网 | 1880 | 500 | 双胶纸 | 国废 | 4 | 2008 |
| 1550数码相纸机 | 长网 | 1550 | 50 | 高光/压光数码相纸 | 木浆 | 0.25 | 2010 |
| 2850卫生纸机 | 新月形 | 2850 | 1100 | 卫生纸/餐巾纸 | 木浆 | 3 | 2012 |

（杨福英）

# 嘉兴民丰集团有限公司

## Jiaxing Minfeng Group Co., Ltd.

【企业概况】

2012 年，嘉兴民丰集团有限公司（简称“民丰”）实现销售收入 19.2 亿元（含民丰特种纸股份有限公司等，下同），利税总额 1.2745 亿元，利润总额 0.5642 亿元。

2012 年，民丰围绕实现“百年百亿”发展目标，启动并积极组织推进实施发展战略的各项工作。为使战略发展思路、战略定位、战略发展路径清晰务实，公司多方邀请学者和国务院产业经济课题组、造纸行业协会、造纸学会等专家莅临民丰开展战略调研，并听取建议。同时，在民丰多个层面多次召开战略研讨会，对“百年民丰”发展战略思想、“百年百亿”发展目标、战略实施保障举措等进行广泛和充分的研讨。在此基础上，公司组织班子对“百年民丰”发展战略规划进行了精心编制，使战略思路更为清晰，战略举措更为务实，经多次修改编制的“百年民丰”发展战略及规划于 2012 年 7 月 20 日在嘉兴民丰集团有限公司、民丰特种纸股份有限公司两级董事会上获得通过。

围绕民丰百年复兴发展战略，公司扎实推进“三线并进”的战略举措，并取得积极进展。

（1）民丰特种纸股份有限公司非公增发股票成功获批。公司把充分发挥资本市场功能，利用民丰特种纸股份有限公司上市公司平台增发股票，募集发展资金，加快民丰发展步伐，作为年内一项十分重要工作加以推进。2012 年 11 月 14 日，证监会发审委批准民丰特纸非公增发申请无条件通过；12 月 14 日，证监会正式下达了批准文件。此次非公发行股票获得批准，鼓舞了民丰人通过资本市场做大做强做精做优特种纸的信心和决心。

（2）民丰新区高新项目建设启动。为了建设具有当代国际一流水平、现代化的民丰特种纸新产业园区，拓展民丰新的生存与发展空间，2012 年初公司组织有关人员多方进行实地考察，并与当地有关政府主管部门进行多次洽谈，最终选择在嘉兴市海盐县沈荡镇规划建设民丰新区。12 月，民丰在海盐县国土资源局成功摘牌，获得一期工业用地 12.01 公顷，并办理了相关手续。民丰新区建设已经实质性启动并推进建设。

单位地址：浙江省嘉兴市角里街 70 号　邮编：314000
联系电话：0573－82839008　单位网址：www. mfspchina. com
企业性质：有限责任公司
法人代表：孙勤勇
民丰特种纸股份有限公司（Minfeng Special Paper Co., Ltd.）
单位地址：浙江省嘉兴市角里街 70 号　邮编：314000
联系电话：0573－82839051　单位网址：www. mfspchina. com
企业性质：上市公司
法人代表：吴立东，经营负责人：卢卫伟，技术负责人：周家俊

（邬见明）

# 恒安国际集团有限公司

## Hengan International Group Company Limited

【企业概况】

恒安国际集团有限公司（简称“恒安集团”）创立于1985年，是最早进入我国卫生巾市场的企业之一。是目前国内最大的妇女卫生巾和婴儿纸尿裤生产企业，经营领域涉及妇幼卫生用品和家庭生活用纸两大块，总资产40多亿元，员工1万余人，在全国14个省、市拥有40余家独立法人公司，销售和分销网络覆盖全国。恒安国际集团有限公司于1998年在香港成功上市。主导产品安乐、安尔乐卫生巾，安儿乐婴儿纸尿裤，心相印纸品市场占有率连续多年位居全国第1。2006年，恒安集团销售收入突破50亿元，上缴税款6亿多元。

恒安集团以中国驰名商标“安尔乐”和“心相印”，以及“安乐”、“安儿乐”、“安而康”等著名品牌为依托，生产与销售100多个规格、品种的妇女卫生巾、婴儿纸尿裤和成人纸尿裤，以及纸品系列。2002年和2003年，“安乐”、“安尔乐”系列产品和“心相印”系列产品先后被国家技术质量检验检疫总局授予“国家免检产品”称号。2005年，“心相印”系列产品被国家质监总局授予“中国名牌”。

恒安集团质量管理体系已运行10周年，获得方圆标志认证中心ISO 9001∶2000质量管理体系和产品质量双认证。2001年，恒安集团引进世界著名的管理咨询服务公司——美国汤姆斯集团进驻企业，深层次推进企业管理和变革，以适应新形势下竞争的需要，建设真正以消费者和市场为导向的公司，迈出打造“百年恒安”的坚实步伐。恒安集团的目标是建设中国顶级的妇女卫生用品、纸尿裤和家庭卫生用品的生产企业。

单位地址：福建省晋江市安海镇恒安工业城　　邮编：362261
联系电话：0595-85709619　　联系传真：0595-85708649
联系邮箱：hengan@hengan.com　　单位网址：www.hengan.com
企业性质：民营企业
法人代表：许连捷
成立时间：1985年
2012年纸和纸板产量：62.5万吨
2012年销售收入：185.24亿港元，净利润总额：35.19亿港元
主要产品：生活用纸
主要纤维原料：木浆
纸机总数：16台

## 【主要生产线】

1. 主要造纸生产线

| 生产基地 | 产品品种 | 纤维原料 | 生产能力/(万吨/年) | 纸机台数 |
|---|---|---|---|---|
| 湖南常德 | 生活用纸 | 木浆 | 18 | 4 |
| 山东潍坊 | 生活用纸 | 木浆 | 18 | 3 |
| 福建晋江 | 生活用纸 | 木浆 | 30 | 5 |
| 安徽芜湖 | 生活用纸 | 木浆 | 12 | 2 |
| 重庆巴南 | 生活用纸 | 木浆 | 12 | 2 |
| 合　计 | | | 90 | 16 |

2. 2012 年新增生产线

| 生产线名称 | 纸机 | | | 主体设备供货厂商 | 产品品种 | 纤维原料 | 生产能力/(万吨/年) | 投产时间 |
|---|---|---|---|---|---|---|---|---|
| | 网部形式 | 幅宽/毫米 | 工作车速/(米/分) | | | | | |
| 新月形 3 台 | 新月形 | 5600 | 2000 | 安德里茨公司 | 生活用纸 | 木浆 | 6 | 2012-07<br>2012-09<br>2012-05 |
| 新月形 2 台 | 新月形 | 5600 | 2000 | 福伊特公司 | 生活用纸 | 木浆 | 6 | 2012-09<br>2012-12 |

（中国造纸协会生活用纸专业委员会）

# 金红叶纸业集团有限公司

## Gold Hong Ye Paper Group Co., Ltd.

【企业概况】

金红叶纸业集团有限公司（简称“金红叶纸业”）位于江苏省苏州工业园区，成立于 1996 年 3 月，占地面积 114 公顷，总投资 13 亿美元。公司先后在天津、沈阳、成都、武汉、福州、广东、海南、青岛等地设立加工基地。目前，生活用纸原纸年产 48 万吨，成品加工年产 60 万吨。拥有员工 1.3 万人，是亚洲最大的生活用纸产销公司之一。

金红叶纸业主要品牌有：“唯洁雅”、“清风”和“真真”。其中，“唯洁雅”品牌荣获江苏省著名商标称号，“唯洁雅”和“清风”品牌已为“国家免检产品”。2006 年 12 月，“唯洁雅”、“清风”和“真真”纸品又荣获了首批“中华环境友好生活用纸”称号。

金红叶纸业设有进出货码头、18 万千瓦发电厂及日处理 3 万吨的废水处理厂。拥有 2 台从欧洲进口的世界最大、最先进的生活用纸机。在成品加工工艺中，金红叶纸业汇集了世界顶级的生活用纸加工包装设备，110 余条全自动生产流水线，20% 来自意大利、德国等欧洲国家，80% 来自日本、中国台湾等地，目前设备全部采用自动化控制，保证了产品的优良品质。

2002 年 1 月，金红叶纸业先后通过了 ISO 14001 和 ISO 9001 体系认证，2005 年 1 月又通过了 ISO 14001 换证监督审核，并先后通过了 OHSAS 18001 职业健康安全管理体系和 FSC 管理体系认证。金红叶纸业的环境方针是：“保护环境，珍惜资源，防治污染，持续改善”。目前工厂绿化面积已达 40% 以上，厂内湖泊花园相映成趣，真正形成了一个绿色工厂。

除了注重生产过程中的环保外，金红叶纸业还非常注重产品本身的环保健康，如采用超高温干燥处理、全自动包装控制，确保产品安全卫生；100% 原生木浆，保证原料卫生洁净；不添加任何荧光剂，确保对人体无伤害。

单位地址：江苏省苏州市工业园区胜浦分区金胜路 1 号　邮编：215126

联系电话：0512－62810228　联系传真：0512－62818276

联系邮箱：customer_ service@ ghy. com. cn　单位网址：www. ghy. com. cn

企业性质：外商独资

法人代表：黄志源

2012 年纸和纸板产量：49.8 万吨

主要产品：生活用纸

主要纤维原料：木浆

纸机总数：30 台

## 【主要生产线】

1. 主要造纸生产线

| 生产基地 | 产品品种 | 纤维原料 | 生产能力/(万吨/年) | 纸机台数 |
|---|---|---|---|---|
| 江苏苏州 | 生活用纸 | 木浆 | 40 | 15 |
| 海南海口 | 生活用纸 | 木浆 | 30 | 12 |
| 湖北孝感 | 生活用纸 | 木浆 | 12 | 2 |
| 辽宁沈阳 | 生活用纸 | 木浆 | 6 | 1 |
| 合计 | | | 88 | 30 |

2. 2012 年新增生产线

| 生产线名称 | 纸机 | | | 主体设备供货厂商 | 产品品种 | 纤维原料 | 生产能力/(万吨/年) | 投产时间 |
|---|---|---|---|---|---|---|---|---|
| | 网部形式 | 幅宽/毫米 | 工作车速/(米/分) | | | | | |
| 新月形 1 台 | 新月形 | 5620 | 2400 | 福伊特公司 | 生活用纸 | 木浆 | 7 | 2012－03 |
| 新月形 2 台 | 新月形 | 5600 | 2200 | 亚赛利公司 | 生活用纸 | 木浆 | 6 | 2012－05、2012－03 |
| 新月形 5 台 | 新月形 | 2860 | 1400 | 金顺重机（江苏）有限公司 | 生活用纸 | 木浆 | 1.8 | 2012 |

（中国造纸协会生活用纸专业委员）

# 维达纸业（中国）有限公司

## Vinda Group

### 【企业概况】

维达纸业（中国）有限公司（简称“维达”）创建于1985年。20多年来，维达坚持“勇于开拓，不断创新”的方针，专注研产高档生活用纸。时至今天，维达已从一个地方性民营企业成长为一个以“维达”品牌为核心的中国名牌企业。

维达时刻力求创新和进步，并以敏锐的目光洞察市场需求，产品推陈出新以满足消费者不断变化的需求。除了专注生产高品质生活用纸系列产品，包括卫生卷纸、纸巾、盒装面巾纸、软包抽取式面巾纸，还积极研发新产品，如采用环保可再生原料的纸品以及湿巾等个人护理用品。正是这种创新的精神和贴心的服务，使维达一直广受欢迎，在消费者中赢得了高度的品牌忠诚度和美誉度。

作为有责任感的企业，维达一直恪守“保护环境和促进地球生态资源可持续发展”的承诺，并将此贯彻到实际行动中。维达始终相信减少能源消耗就等于为世界创造更多绿色。集团推出环保低碳生活用纸品牌——绿活，成功进入环保生活用纸领域，且惠及二、三线城市用户。

维达将继续不懈努力，用专业的技术、一流的产品、务实的态度，大踏步走向世界，成长为生活用纸领域的领导品牌。

单位地址：广东省江门市新会区东候工业开发区　　邮编：529100
联系电话：0750－6168535　　联系传真：0750－6124027
联系邮箱：export@ vinda. com　　单位网址：www. vindapaper. com

企业性质：中外合资
法人代表：李朝旺
成立时间：1985年
2012年纸和纸板产量：43.09万吨
2012年销售收入：60.24亿港元，利润总额18.55亿港元
主要产品：生活用纸、卫生用品
主要纤维原料：木浆
纸机总数：37台

### 【主要生产线】

1. 主要造纸生产线

| 生产基地 | 产品品种 | 纤维原料 | 生产能力/(万吨/年) | 纸机台数 |
|---|---|---|---|---|
| 广东江门新会会城 | 生活用纸 | 木浆 | 6 | 3 |
| 湖北孝感 | 生活用纸 | 木浆 | 10 | 9 |
| 北京 | 生活用纸 | 木浆 | 3 | 3 |
| 四川德阳 | 生活用纸 | 木浆 | 4.5 | 4 |

续表

| 生产基地 | 产品品种 | 纤维原料 | 生产能力/(万吨/年) | 纸机台数 |
|---|---|---|---|---|
| 广东江门新会双水 | 生活用纸 | 木浆 | 12 | 6 |
| 浙江龙游 | 生活用纸 | 木浆 | 9 | 6 |
| 辽宁鞍山 | 生活用纸 | 木浆 | 5.5 | 4 |
| 广东江门新会三江 | 生活用纸 | 木浆 | 4 | 2 |
| 合　计 | | | 54 | 37 |

2. 2012年新增生产线

| 生产线名称 | 纸机 | | | 主体设备供货厂商 | 产品品种 | 纤维原料 | 生产能力/(万吨/年) | 投产时间 |
|---|---|---|---|---|---|---|---|---|
| | 网部形式 | 幅宽/毫米 | 工作车速/(米/分) | | | | | |
| 2台BF－V100 | BF | 2760 | 770 | 川之江造机株式会社 | 生活用纸 | 木浆 | 1.5 | 2012－09 |
| 新月形2台 | 新月形 | 2700 | 1300 | 特斯克公司 | 生活用纸 | 木浆 | 2 | 2012年四季度 |

（中国造纸协会生活用纸专业委员会）

# 中顺洁柔纸业股份有限公司

## C&S Paper Co., Ltd.

【企业概况】

中顺洁柔纸业股份有限公司（简称“中顺洁柔”）是国内首家A股上市的生活用纸企业，专业生产生活用纸系列产品。公司分别在广东中山、江门、云浮、四川成都、浙江嘉兴、湖北孝感、河北唐山建有七大生产基地，销售网络辐射华东、华南、华西、华北、华中和港澳六大区域，产品远销东南亚、中东、澳洲、非洲等海外市场。

七大生产基地分布我国东、南、西、北、中部地区，串联散布全国的多家商贸公司、近700个经销商的营销网络，构筑了一个点线面结合、覆盖全国的全方位生产销售网络。产品覆盖全国近2000个城市。

公司先后获得ISO 14001环境体系认证、ISO 9001质量体系认证、最佳品牌创建企业等荣誉，“洁柔”产品连续19年检测合格。“C & S”产品连续9年检测合格。“太阳”产品连续12年检测合格。社会对企业的肯定，客户对企业产品的信任，鞭策中顺人以更强烈的使命感和责任感，为消费者提供更高品质，更有品位的生活用纸。

中顺洁柔依靠科技进步促进发展，公司先后引进奥地利、德国、意大利、日本、韩国、中国台湾等国家和地区的先进造纸设备及加工设备。

先进的技术和高度自动化的设备提高了公司的效能，进一步满足日益增长的市场需求，为企业的建设发展添加了源源不断的动力。

原材料的采购直接决定着产品的质量和标准，中顺洁柔产品的原材料都是来自于北美洲、南美洲、欧洲、东南亚等地区，为了保证高品质，中顺洁柔制定了严格的绿色采购标准，凡涉及化学原料的采购，首先会对供应商的环保进行审查。

公司分别建立经销商评估管理制度、培训制度、经销商手册等，以“超越合作，融为一体”作为合作宗旨，与客户共同发展，供应市场。

单位地址：广东省中山市西区彩虹大道136号　　邮编：528411
联系电话：0760－87885181　　联系传真：0760－88553033
联系邮箱：cnsnpaper@126.com　　单位网址：www.zhongshungroup.com

企业性质：民营企业

法人代表：邓颖忠

2012年纸和纸板产量：18.7万吨

2012年销售收入：23.39亿元，利润总额：2.18亿元，净利润：1.58亿元

主要产品：生活用纸

主要纤维原料：木浆

纸机总数：44台

## 【主要生产线】

### 1. 主要造纸生产线

| 生产基地 | 产品品种 | 纤维原料 | 生产能力/(万吨/年) | 纸机台数 |
|---|---|---|---|---|
| 广东中山 | 生活用纸 | 木浆 | 2 | 18（17 台国产小纸机） |
| 广东江门 | 生活用纸 | 木浆 | 17 | 9 |
| 湖北孝感 | 生活用纸 | 木浆 | 2 | 2 |
| 四川成都 | 生活用纸 | 木浆 | 4 | 11（8 台国产小纸机） |
| 浙江嘉兴 | 生活用纸 | 木浆 | 2 | 3 |
| 河北唐山 | 生活用纸 | 木浆 | 2.5 | 1 |
| 合　计 | | | 29.5 | 44 |

### 2. 2012 年新增生产线

| 生产线名称 | 主体设备供货厂商 | 产品品种 | 纤维原料 | 生产能力/(万吨/年) | 投产时间 |
|---|---|---|---|---|---|
| 新月形 3 台 | 某欧洲供货商 | 生活用纸 | 木浆 | 2.5 | 2012－05<br>2012－05<br>2012 年底 |
| 新月形 2 台 | 某欧洲供货商 | 生活用纸 | 木浆 | 3.5 | 2012 年底 |

（中国造纸协会生活用纸专业委员会）

# 社团工作

## ASSOCIATION AFFAIRS



11

# 2012 年中国造纸学会主要工作

## Main Activities of CTAPI in 2012

2012 年，中国造纸学会依照党和国家对科技社团的要求，在中国轻工业联合会和中国科学技术协会的领导下，广大会员和行业各方力量的支持帮助下，以促进我国造纸工业科技进步与发展为宗旨，充分发挥学会在制浆造纸领域智力密集、人才荟萃的优势，认真完成了全年工作目标和计划任务，取得了较好成绩。主要工作情况总结如下。

### 一、加强学术交流，推动造纸行业科技创新与健康发展

1. 成功举办中国造纸学会第十五届学术年会

两年一届的学术年会于 2012 年 5 月 29—31 日在北京召开，同期还召开了六届四次理事扩大会议。来自全国各地造纸行业的科研院所、大专院校、企事业单位领导、专家学者、科技工作者等 220 余人参加了会议。中国轻工业联合会会长步正发和中国轻工业联合会副会长兼中国造纸协会理事长钱桂敬出席开幕式并讲话。

大会邀请了美国 TAPPI 总裁兼 CEO Larry N. Montague 先生、中国造纸学会秘书长曹振雷博士、国家林业局林产规划设计研究院副总工程师傅光华研究员和陕西科技大学张安龙教授作了专题报告。共有 16 位代表在大会宣读了论文，内容涵盖我国造纸工业现状和可持续发展、制浆造纸用纤维原料、节能减排、环境保护、造纸化学品及制浆造纸装备技术等领域，较全面地反映了我国造纸工业的研究成果和技术进步。年会期间首次举办了“企业技术成果图片展”和“专业人才引聘”活动，并组织与会代表参观了中国制浆造纸研究院望京新址和位于河北廊坊的工程试验基地及中国造纸装备有限公司永清基地。此次年会共征集论文 122 篇，经专家评审，录用 114 篇并结集为《中国造纸学报》2012 年增刊出版，评选出优秀论文 30 篇，其中一等奖 3 篇、二等奖 9 篇、优秀奖 18 篇。

2. 承办中国科协年会分会场

2012 年 9 月 8 日，第十四届中国科协年会在石家庄举行，会议由中国科协和河北省人民政府联合举办。会议围绕学科发展中前沿交叉问题设立了 21 个分会场。学会承办了第 10 分会场——生物精炼技术研讨会，由河北省造纸学会协办。研讨会内容涵盖了高温预水解对半纤维素预提取及对制浆的影响，低温碱预提取制备低聚木糖，纳米微晶纤维素的制备及应用，预处理对稻草酶水解性能的影响，酸水解糖化残渣制浆应用，黑液提取不同等级木素的实践与应用，黑液气化技术等方面。会议共收到 19 篇论文，并出版了论文集。学会“生物精炼技术研讨会”分会场被评为“学术交流优秀分会场”。

3. 成功召开 China Paper 2012 国际造纸技术报告会

由中国造纸学会、瑞典 Adforum AB 公司、美国克劳斯公司、芬兰造纸工程师协会联合主办，上海市造纸学会协办的“China Paper 2012 国际造纸技术报告会”于 2012 年 9 月 11 日在上海召开。会议邀请到国内外 12 位造纸专家针对我国造纸行业的现状及问题作了专题报告，来自国内外的造纸工作者、企业高管等 180 余人参加了会议。大会采用同声传译的形式，并出版中英文对照论文集。

4. 举办新观点新学说学术沙龙

为探讨生物质精炼技术与传统制浆造纸工业相结合的可能性和现实意义，本着“鼓励学术争鸣，活跃学术思想”的宗旨，10 月 25—26 日，由中国科协主办、中国造纸学会承办的“中国科协第 65 期新观点新学说学术沙龙——生物质精炼技术与传统制浆造纸工业”在北京成功举办。中国科协学会学术部副部长刘兴平出席会议。沙龙邀请了国内造纸、林业、能源等领域相关专家学者 28 人围绕生物质精炼与传统制浆造纸工业展开研讨、辩论和交流。各位专家学者遵循学术沙龙所倡导的“敢于质疑、勇于创新、宽容失败”的精神，科学求实，就

会上提出的一些新观点、新学说展开质疑与热烈讨论，现场气氛十分活跃。现场发言内容经速记整理后还将出版文集。《光明日报》、《科技日报》、《中国科学报》、《学习时报》、《消费日报》和中国造纸杂志社等多家媒体进行了报道。

5. 各专业委员会开展的主要学术活动

造纸器材专业委员会9月在上海召开技术交流年会；特种纸专业委员会10月在河南焦作召开年会；机械设备专业委员会10月联合浙江省造纸学会及华东七省市造纸学会在杭州共同举办了学术年会；涂布加工纸专业委员会和上海造纸学会于11月联合举办了“低碳造纸理念与实践”的专题讲座。

## 二、加强与国际同行的学术交流，开阔国际视野，活跃学术思想

（1）为了深入了解加拿大制浆造纸行业的发展现状和趋势，为转型期的中国制浆造纸行业提供借鉴和发展思路，学会5月组织了以陈学忠理事长为团长的考察团对加拿大制浆造纸工业进行考察访问。考察团先后参观了英属哥伦比亚大学（UBC大学）的制浆造纸中心、加拿大林产创新研究院（FP Innovations Pulp & Paper）温哥华分院和蒙特利尔总院、Domtar Windsor纸厂和多伦多大学的制浆造纸中心等知名制浆造纸科研机构、院校和企业。来自国内造纸科研院所、高校、造纸及相关企业的负责人、科技人员等30余人参加了本次活动。赴加期间，中国造纸学会副理事长兼学术工作委员会主任邝仕均应邀介绍了有关中国造纸工业的现状和发展趋势。考察团成员就世界制浆造纸研发前景、生物质综合利用和可再生能源等问题与接待方科研人员进行了交流和探讨。

（2）5月27日，美国纸浆与造纸工业技术协会（TAPPI）总裁兼CEO Larry N. Montague先生来学会进行访问。双方各自介绍了中美两国造纸工业和造纸学会情况，表达了加强合作的意愿，并探讨了今后在中国合作开展培训，举办学术会议等活动的可行性。

（3）7月4日，加拿大森林产品创新研究院（FP Innovations）副院长Hervé Deschênes先生和夫人一行4人来学会进行访问。双方希望不断增进两国造纸行业的互相了解，寻找对中加双方都有益处的合作项目。FP Innovations在过去的5年中加强了对木材纤维与其他领域结合的新内容研究，也十分希望与我国就现有制浆造纸工艺的改进和新产品研发方面加强合作。

（4）7月26日，日本日惠得株式会社社长大山芳男先生一行来学会拜访。日惠得中国公司的主要业务是以制造销售造纸用毛毯等产品为主。他们谈到，近年来通过参加中国造纸学会的学术活动加深了对中国造纸工业的认识，也已经注意到中国《造纸工业发展“十二五”规划》提出的任务目标，并将努力为造纸行业的发展提供更优质的产品。

（5）9月11日，曹振雷秘书长与芬兰造纸工程师协会就购买《造纸及其装备科学技术丛书》版权并翻译编写《造纸及其装备科学技术丛书》（中文版）出版事宜在上海签署协议，正式启动《造纸及其装备科学技术丛书》（第二版）中文版的出版发行项目。

（6）11月6日，美国Recycling Today传媒集团Brian Taylor先生对学会进行了访问。双方就合作举办“2013年亚洲废纸回收利用会议”的相关事项进行了商定，会议将于2013年5月30—31日在上海举行。

## 三、积极开展科技评价、科技咨询、科学知识普及和继续教育，努力服务于企业和科技工作者

（1）举办“全国制浆造纸节能减排国产制浆装备推广会”。为进一步贯彻国家对制浆造纸行业提出的节能减排的要求，推动我国制浆造纸节能减排国产制浆装备发展，根据相关企业的需求，学会于4月15—16日在镇江市召开由中国造纸学会主办，江苏省造纸学会、江苏华机集团承办的“全国制浆造纸节能减排国产制浆装备推广会”，来自全国各地的代表120多人参加了会议，共有13位专家学者在会上作了专题发言。与会代表参观了江苏华机集团的制浆、碱回收苛化、蒸发装备生产车间，以及金东纸业（江苏）股份有限公司使用江苏华机集团碱回收苛化装备的现场和具有现代化水平的3号纸机。

（2）组织“圆柱型磨浆机应用技术现场推介研讨会”。9月1日在浙江省平湖召开了“圆柱型磨浆机应用技术现场推介研讨会”。来自全国各地造纸及相关企业的领导、专家和技术管理人员等近百名代表出席了会议。会议期间，与会代表分别听取了设备开发单位关于设备的设计、工作原理和工作

特点的介绍，以及设备使用单位关于设备运行经验的介绍，参观了浙江景兴纸业股份有限公司圆柱磨浆机设备的运行现场，并与研制单位的技术人员就各自关心的问题进行了充分讨论。该项目经中国造纸学会推荐，中国轻工业联合会组织技术鉴定，经过试用运行稳定，操作维护方便，提高了打浆效率，节电效果明显，达到了国内同类产品的领先水平。

（3）承接并圆满完成全国专业技术人才知识更新工程项目。8 月 6—10 日在山东青岛成功举办了“造纸行业清洁生产技术”高级研修班，来自全国 36 家企业一线的高层管理人员和技术人员 62 人参加了研修学习并颁发结业证书。研修班以行业专家解读国家近期出台企业清洁生产政策、技术规范和法规标准等文件为主，学员与专家研讨互动为辅的形式进行。整个教学过程始终围绕造纸工业的现状，从我国造纸行业清洁生产技术与世界先进水平之间的差距出发，授课内容由点到面，具有理论性和实用性，并以书面考核形式进一步巩固了学习效果。通过研修交流，相互借鉴，对推进企业学习贯彻行业清洁生产政策，吸取先进的技术工艺和管理模式起到了积极作用。培训期间，还组织学员赴亚太森博（山东）浆纸有限公司进行了现场参观考察。

（4）负责组织制浆造纸科技工作者参加在北京举办的“2012 年中国国际技术展览会暨 2012 中国水处理工程师大会”。

（5）完成了中国科协科普资源包内容的整理和科普示范团队的申报及 2012 年全国科普日活动的申报。

## 四、继续提升主办期刊与年鉴的整体质量和发展能力

由学会编辑出版的《中国造纸年鉴》，是我国造纸行业唯一逐年辑录的资料性工具书，自 1986 年出版发行以来，深受广大科技工作者和造纸行业内外的欢迎。《中国造纸年鉴 2012》经过编辑部工作人员的共同努力，按计划完成全部编辑工作和出版发行工作。由于整体质量的提升，在第六届全国年鉴编校质量检查评比活动中，《中国造纸年鉴 2011》获得特等奖。

学会主办的学术性刊物《中国造纸学报》继续以季刊形式出版发行，现已完成刊载学术论文 100 多篇，按时完成出版发行计划，论文报告等内容在质量上有所提高。同时，按照国家新闻出版署管理条例的要求，较好地完成了 2012 年的任务，顺利通过北京市新闻出版局的年度审查。

## 五、不断加强组织机构与办事机构自身建设

（1）召开了中国造纸学会六届理事会第四次（扩大）会议和中国造纸学会六届常务理事会第八次、九次和十次会议。经常务理事会议重点讨论和研究决定的主要工作有 2 项：一是关于换届选举工作和纪念学会成立 50 周年筹备工作，决定于 2014 年上半年召开中国造纸学会第七次全国会员代表大会，进行换届选举工作，届时将同期举行第十六届学术年会及中国造纸学会成立 50 周年庆祝活动；二是关于建立中国造纸学会直接吸收个人会员制度的方案，决定开展个人会员规范登记和集中发展工作，并与中国科协个人会员管理系统相连接。

（2）为增进与各地方造纸学会间的交流合作，促进行业发展，于 12 月 25 日召开了中国造纸学会秘书长工作交流会议。到会的有 16 个省（区、市）造纸学会及学会各专业委员会的秘书长等共计 40 余人。会议邀请到中国科协党组成员、学会学术部部长沈爱民作了“提升学会能力，推动学会发展”的专题报告。会议就建立中国造纸学会直接吸收个人会员制度的实施方案及个人会员管理系统做了说明并进行了工作交流和讨论。

（3）举荐优秀科技人才。按中国科协要求组织完成了第五届全国优秀科技工作者候选人的推荐上报工作。推荐的两名候选人为中国制浆造纸研究院院长曹春昱、山东泉林纸业有限责任公司总工程师宋明信，被授予“全国优秀科技工作者”荣誉称号并颁发荣誉证书和奖章。

（4）会员工作。一是继续做好团体会员发展工作，2012 年新入会的团体会员单位有：东芝三菱电机工业系统（北京）有限公司、邱博投资（中国）有限公司、大唐国际发电股份有限公司高铝煤炭资源开发利用研发中心和浙江省纸张质量检验中心。二是根据中国科协的有关要求，改变由地方造纸学会吸收个人会员即自然成为中国造纸学会个人会员的传统模式，启动直接吸收个人会员和链接中国科协个人会员管理系统工作，完善会员管理服务信息平台。三是努力创造条件为会员服务，对按时缴纳会费的会员单位主动沟通加强联系，并寄赠《中国造纸年鉴》和由中国造纸学会主办的专业期刊。

（5）办事机构自身建设。第一，加强思想建设。组织学习贯彻全国科技创新大会精神，加深对科技社团作为国家创新体系重要组成部分的理解，认识到要把学会建设成现代科技社团，必须提高学会的学术创新、服务社会和政府、为科技工作者和会员服务及自我发展的能力。组织收看中国共产党第十八次全国代表大会开幕式盛况和新领导集体与媒体见面的实况转播，认真学习十八大精神，用十八大精神指导工作实践，不断开创学会工作新局面，不断促使学会工作迈上新台阶。第二，做好日常和基础工作。5 月 11 日学会由位于广渠门的过渡办公地点搬迁到望京新办公楼，改善了办公环境，为学会整体发展提供了良好条件。2012 年在秘书处全体工作人员的共同努力下，顺利完成了年检、统计、财务、人事等日常工作，为学会的正常运转和发展提供了保障。

（中国造纸学会秘书处）

# 中国造纸学会组织机构

## The Organization of CTAPI

**名誉理事长：** 王文哲　潘蓓蕾　陈思亮
**顾问：** 余贻骥　胡宗渊　潘锡五　陈克复
**理事长：** 陈学忠
**副理事长：** 邝仕均　刘焕彬　孙树建　张金声　陈鄂生　曹朴芳　吴佳林　林昭远　李建华
**秘书长：** 曹振雷（法人代表）
**常务理事 29 人：**
陈学忠　邝仕均　刘　琦　刘焕彬　刘福玉　孙树建　张金声　张美云（女）　李发祥　陈洪国　陈鄂生　房桂干　胡开堂　贺燕丽（女）　赵　伟　曹朴芳（女）　曹春昱　曹振雷　黄祖壬　谭国民　樊　燕（女）　刘安江（轻工业杭州机电设计研究院）　林昭远（广州造纸集团有限公司）　江曼霞（女，中国造纸开发公司）林孝帮（福建省南纸股份有限公司）　吴佳林（泰格林纸集团股份有限公司）　李建华（华泰集团有限公司）　姜海斌（上海新江南纸业有限公司）　徐　祥（牡丹江恒丰纸业股份有限公司）
（排名不分先后）
**个人理事 100 人：**
陈学忠　曹振雷　曹朴芳　赵　伟　钱　毅　贺燕丽　俞海星　陈鄂生　李　耀　黄祖壬　曹春昱　卢宝荣　邝仕均　张玉兰　李建国　林　媛　闫景军　刘跃祥　蔡　力　孙　玲　袁建湘　孙树建　刘　琦　谭国民　黄永兴　张自敏　刘　忠　侯庆喜　刘国造　牟彩凤　刘　涛　范学斌　刘秉钺　王希才　徐淑敏　刘丽萍　王连科　魏雨虹　关兴江　刘福玉　郑乐声　杨金魁　朱勇强　黄德裕　张　辉　房桂干　李　策　胡开堂　杨　旭　毛菊仙　戈海华　陈明邦　凌顺甫　谢拥群　陈礼辉　林小琦　沈鸿枝　雷建民　张金声　牟洺铭　陈嘉川　陈洪国　李树俭　佟克本　李尚武　史世功　刘自福　朱光才　王向阳　杨李双　杨傲林　樊　燕　刘焕彬　詹怀宇　何北海　蒋　鹏　邹敦华　伍泽荣　王双飞　黄显南　周国正　唐先陆　孙　骏　米庆元　李发祥　李　途　陆渝初　吴开炘　叶尚言　陈克利　周建国　杨本彬　张美云　张安龙　赵　煜　周兴起　纳巨波　田　勇　严　项　梅树亚
（排名不分先后）
**团体理事 20 个：**
1. 江曼霞　中国造纸开发公司
2. 徐　祥　牡丹江恒丰纸业股份有限公司
3. 邹从标　河北省保定钞票纸厂
4. 刘天金　福建省青山纸业股份有限公司
5. 林孝帮　福建省南纸股份有限公司
6. 李建华　华泰集团有限公司
7. 李洪信　山东太阳纸业股份有限公司
8. 李洪法　山东泉林纸业有限责任公司
9. 宋敬志　新乡新亚纸业集团股份有限公司

10. 王德贤 安徽山鹰纸业股份有限公司
11. 姜海斌 上海新江南纸业有限公司
12. 盛 军 民丰特种纸股份有限公司
13. 刘安江 轻工业杭州机电设计研究院
14. 王自力 苏州紫兴纸业有限公司
15. 林文卿 无锡荣成纸业有限公司
16. 吴佳林 泰格林纸集团股份有限公司
17. 林昭远 广州造纸集团有限公司
18. 段小敏 广西南宁凤凰纸业有限公司
19. 吴和均 四川永丰纸业股份有限公司
20. 郑才友 贵州赤天化纸业股份有限公司

**资深专家顾问委员会**

**主 任：**余贻骥

**副主任：**胡宗渊 潘锡五 陈克复

**委 员：**钟香驹 张 珂 朱尹策 顾民达 黄运基 胡 楠 李有元 杨懋暹 黄润斌 李威灵 谭祖光 萧启寿 马石辉 谭国民 李忠正 蒋荣祺 张 熙

（排名不分先后）

**办事机构**

中国造纸学会秘书处为学会常设办事机构，由办公室、会员部、学术部、编辑部等部门组成。

**秘书长：**曹振雷

**常务副秘书长：**张黎雨

**副秘书长：**齐晓东

**分支机构**

一、工作委员会

1. 学术工作委员会

**主 任：**邝仕均

**副主任：**曹春昱 靳福明 詹怀宇

**顾 问：**杨懋暹

2. 科普工作委员会

**主 任：**曹朴芳

**副主任：**刘 琦 李 耀 李发祥

**顾 问：**黄润斌

3. 编辑工作委员会

**主 任：**孙树建

**副主任：**黄祖壬 卢宝荣

**顾 问：**李威灵

4. 组织工作委员会

**主 任：**陈学忠

**副主任：**曹振雷 张黎雨

5. 咨询工作委员会

**主 任：**陈鄂生

**副主任：**江曼霞　赵　伟　韩　力
**顾　问：**李有元

二、专业委员会

1. 涂布加工纸专业委员会
**主任委员：**刘福玉
**秘书长：**姜海斌
**挂靠单位：**上海新江南纸业公司
**通讯地址：**上海市普陀区武宁路 1500 号 408 室
**邮政编码：**200063
**电　话：**021 – 52040672

2. 新闻纸专业委员会
**主任委员：**周耘
**秘书长：**焦东
**挂靠单位：**广州造纸股份有限公司
**通讯地址：**广东省广州市南沙区万顷沙镇新广一路 29 号
**邮政编码：**511462
**电　话：**020 – 34663163

3. 书写印刷纸专业委员会
**主任委员：**崔棣章
**秘书长：**孙平
**挂靠单位：**山东造纸工业研究设计院
**通讯地址：**山东省济南市工业南路 101 号
**邮政编码：**250100
**电　话：**0531 – 88590468

4. 特种纸专业委员会
**主任委员：**李义民
**秘书长：**刘文
**挂靠单位：**中国制浆造纸研究院
**通讯地址：**北京市朝阳区望京启阳路 4 号中轻大厦
**邮政编码：**100102
**电　话：**010 – 87668096

5. 包装纸和纸板专业委员会
**主任委员：**伍泽荣
**秘书长：**马学逵
**挂靠单位：**广东省造纸研究所
**通讯地址：**广东省广州市海珠区新港西路 154 号
**邮政编码：**510300
**电　话：**020 – 34301343

6. 非木材制浆专业委员会
**主任委员：**陈嘉川
**秘书长：**赵传山
**挂靠单位：**山东轻工业学院
**通讯地址：**山东省济南市长清大学科技园大学路
**邮政编码：**250353

**电　话：** 0531－89631161

7. 木材制浆专业委员会

**主任委员：** 李洪信

**秘书长：** 应广东

**挂靠单位：** 山东太阳纸业股份有限公司

**通讯地址：** 山东省兖州市友谊路1号

**邮政编码：** 272100

**电　话：** 0537－3658677

8. 手工纸与造纸史委员会

**主任委员：** 陈学忠

**秘书长：** 张黎雨

**挂靠单位：** 中国造纸学会

**通讯地址：** 北京市朝阳区望京启阳路4号中轻大厦B座10层

**邮政编码：** 100102

**电　话：** 010－64778760

9. 节能与环保专业委员会

**主任委员：** 邝仕均

**秘书长：** 齐晓东

**挂靠单位：** 中国造纸学会

**通讯地址：** 北京市朝阳区望京启阳路4号中轻大厦B座10层

**邮政编码：** 100102

**电　话：** 010－64778756

10. 造纸器材专业委员会

**主任委员：** 杨金魁

**秘书长：** 韩素芬

**挂靠单位：** 上海金熊造纸网毯公司

**通讯地址：** 上海市金山区枫泾镇兴塔工业园建安路78号

**邮政编码：** 201502

**电　话：** 021－67361072

11. 制浆造纸化学品专业委员会

**主任委员：** 沈一丁

**秘书长：** 费贵强

**挂靠单位：** 陕西科技大学

**通讯地址：** 陕西省西安市未央大学园区

**邮政编码：** 710021

**电　话：** 029－86168830

12. 废纸回收利用专业委员会

**主任委员：** 曹春昱

**秘书长：** 杜荣荣

**挂靠单位：** 中国制浆造纸研究院

**通讯地址：** 北京市朝阳区望京启阳路4号中轻大厦

**邮政编码：** 100102

**电　话：** 010－64778156

13. 机械设备专业委员会

**主任委员：** 刘安江

**秘书长：**杨旭
**挂靠单位：**轻工业杭州机电设计研究院
**通讯地址：**浙江省杭州市体育场路 71 号
**邮政编码：**310004
**电　话：**0571－85183937

14. 自动化专业委员会
**主任委员：**李耀
**秘书长：**王丹
**挂靠单位：**中轻国际工程有限公司
**通讯地址：**北京市朝阳区白家庄东东里 42 号
**邮政编码：**100026
**电　话：**010－65826241

15. 造纸技术经济专业委员会
**主任委员：**吴永和
**秘书长：**陈奇志
**挂靠单位：**中轻国际工程有限公司
**通讯地址：**北京市朝阳区白家庄东东里 42 号
**邮政编码：**100026
**电　话：**010－65826022

（中国造纸学会秘书处）

# 各省（区、市）造纸学会

Local Technical Associations of Paper Industry

**北京市造纸学会**
**理事长：**孙树建
**副理事长：**马石辉（常务） 邝仕均 黄祖壬
**秘书长：**马石辉（兼）
**副秘书长：**赵 青
**通讯地址：**北京市朝阳区广渠路39号院1号楼
**邮政编码：**100022
**电话：**010－67043079
**传真：**010－67043080

**天津市造纸学会**
**名誉理事长：**谭国民
**理事长：**刘 忠
**副理事长：**黄永兴 姜宏谅 王唯力
张自敏 李相臣 李 群
**秘书长：**李 群
**副秘书长：**惠岚峰
**通讯地址：**天津市泰达经济技术开发区13大街29号
天津科技大学化工学院
**邮政编码：**300457
**电话：**022－60601988、18622267958（李 群）
022－60602006、13752173746（惠岚峰）
**传真：**022－60601988

**河北省造纸学会**
**理事长：**于志恩
**副理事长：**刘国造（常务） 邹从标 龚得利 王宏武 蒋忠道 王志贤
**秘书长：**刘国造（兼）
**通讯地址：**河北省石家庄市合作路北和街18号
**邮政编码：**050051
**电话：**0311－87086240
**传真：**0311－87086240

**山西省造纸学会**
**理事长：**刘 涛
**秘书长：**阎振恒
**通讯地址：**山西省太原上肖墙10号
**邮政编码：**030002
**电话：**13835176139（刘 涛）
0351－3520896、13934602453（阎振恒）

**内蒙古自治区造纸学会**
**理事长：**范学斌
**副理事长：**高世明 郭建军
**秘书长：**王景文
**通讯地址：**内蒙古自治区呼和浩特市新城区艺术厅南街82号柗海明苑B座3楼
**邮政编码：**010050
**电话：**0471－4607421、13897861555（范学斌）
**传真：**0471－4607421

**辽宁省造纸学会**
**理事长：**张运展
**秘书长：**刘秉钺
**代秘书长：**平清伟
**通讯地址：**辽宁省大连市甘井子区轻工苑一号
**挂靠单位：**大连工业大学（原大连轻工业学院）
**邮政编码：**116034
**电话：**0411－86323327－602、13840903048（平清伟）
**传真：**0411－86323736

**吉林省造纸学会**
**副理事长：**马增源 方嘉华 刘 怀
柳风林 曹宪斌
**秘书长：**徐淑敏
**通讯地址：**吉林省长春市人民大街副54号
**邮政编码：**130051
**电话：**0431－88829158

**传真**：0431－85518433

**黑龙江省造纸学会**

**理事长**：杨易平

**副理事长**：白晓明　苏文强　李劲松　陈海涛　陈正旺　郑日亭　杨柏森　魏雨虹

**秘书长**：杨金玲

**通讯地址**：黑龙江省牡丹江市阳明区光华街 5 号

**邮政编码**：157013

**电话**：0453－6330924、6320013（杨金玲）

**传真**：0453－6320013

**上海市造纸学会**

**理事长**：刘福玉

**副理事长**：姜海斌　杨金魁　李振忠　戚永宜　朱勇强　彭木祥

**秘书长**：姜海斌（兼任）

**通讯地址**：上海市武宁路 1500 号南楼 403 室

**邮政编码**：200063

**电话**：021－52040672、52040673

**传真**：021－52040673

**江苏省造纸学会**

**理事长**：张　辉

**副理事长**：房桂干

（以下按姓氏笔画为序）

王自力　田宝凤　刘　克　李长林　李鸿斌　沈　滨　郑乃监　赵　琳　董原兴　翟华敏

**秘书长**：景　宜

**通讯地址**：江苏省南京市龙蟠路 159 号　南京林业大学轻工科学与工程学院 310 室

**邮政编码**：210004

**电话**：025－85428235、85428793

**传真**：025－85428235、85428793

**浙江省造纸学会**

**理事长**：胡开堂

**副理事长**：戈海华　毛菊仙　黄晓钢　陈万平　孙柏贵　吴明武　梁中平　陈建明　姚向荣　王敏良　叶素芳　杨　旭　刘川江　陆文荣

**秘书长**：陆文荣

**副秘书长**：李土根　郑梦樵

**通讯地址**：浙江省杭州市艮山西路 182 号

**邮政编码**：310004

**电话**：0571－88175771

**传真**：0571－86958853

**安徽省造纸学会**

**理事长**：蔡锡枢

**副理事长**：王德贤　何家富　魏宝华　朱春明　包志保　宋作侃　李光源

**秘书长**：陈明邦

**通讯地址**：合肥马鞍山路富城大厦 10 层　安徽轻工设计院有限公司

**邮政编码**：230088

**电话**：0551－62627882、13856081568（陈明邦）

**传真**：0551－62627882

**福建省造纸学会**

**名誉理事长**：张道沛

**理事长**：谢拥群

**副理事长**：吴冰文　徐宗明　柯吉熊　高晓明　吴加能　郭亦根　郑宝琛　陈礼辉

**秘书长**：林小琦

**通讯地址**：福建省福州市六一北路 204 号

**邮政编码**：350005

**电话**：0591－83708361、13960786960（谢拥群）

0591－83334751、13609589746（林小琦）

**传真**：0591－83708361（谢拥群）、83334751（林小琦）

**江西省造纸学会**

**理事长**：管步军

**副理事长**：雷建民　戴圣光

**秘书长**：雷建民（兼）

**通讯地址**：江西省南昌市北京东路 138 号

**邮政编码**：330029

**电话**：0791－8333891、13507911422

**传真**：0791－8323123

**山东省造纸学会**

**名誉理事长**：李伟鸣　陈嘉川

**理事长**：滕建军

**副理事长**：秦梦华　崔棣章　张金声　王泽风　陈洪国　李建华　李洪信　李洪法　佟克本　李振忠　丁延莉　杨延良

李学峰 徐 建 李树俭 田立忠
邢东尚 王东兴 朱玉国
**秘书长：**张金声（兼）
**通讯地址：**山东省济南市工业南路 101 号
**邮政编码：**250100
**电话：**0531－88191566、88519559
**传真：**0531－88191566

**河南省造纸学会**
**理事长：**赵晓广
**副理事长：**高丹盈 李尚武 程志伟 李京刚
姜丰伟 冯新房 梁修昌 史世功
刘继春 康保平 刘 洁 盖栋梁
**秘书长：**李尚武（兼）
**通讯地址：**河南省郑州市文化路 97 号
（郑州大学工学院）
**邮政编码：**450002
**电话：**0371－63886906、13608691192（李尚武）
**传真：**0371－63886906
**网址：**www. hnspaper. org
**邮箱：**hnszzxh@ 126. com

**湖北省造纸学会**
**理事长：**刘 力
**副理事长：**谢益民 梁 斌 刘 军 徐功谨
李一鸣 周卫东
**秘书长：**邓振强
**通讯地址：**湖北省武汉市汉口建设大道 623 号
福星科技大厦 B 座 1506 室
**邮政编码：**430030
**电话：**027－88064312、88846467
**传真：**027－88041709

**湖南省造纸学会**
**名誉理事长：**刘晓明 吴佳林
**理事长：**宋善军
**副理事长：**樊 燕 杨傲林 马乐凡 刘湘松
魏冬云
**秘书长：**杨李双
**通讯地址：**湖南省湘潭市建设中路 7 号
**邮政编码：**411104
**电话：**0731－58523295
**传真：**0731－58523295

**广东省造纸学会**
**理事长：**刘焕彬
**常务理事长：**何北海
**副理事长：**詹怀宇 蒋 鹏 林润惠 伍泽荣
李朝旺 黄阳旭 林 英 仇如全
林伟民 陈 港
**秘书长：**陈 港（兼）
**通讯地址：**广东省广州市五山华南理工大学
制浆造纸工程国家重点实验室
**邮政编码：**510640
**电话：**020－87112854
**传真：**020－87112854

**广西壮族自治区造纸学会**
**理事长：**王双飞
**常务副理事长：**黄显南
**副理事长：**宁 俊 林伟民 陈 健 周国正
马朝梅 段小敏 唐先陆 蒙广全
赖可宾 古金荣
**秘书长：**黄显南（兼）
**通讯地址：**广西壮族自治区南宁市大学路 100 号
广西大学科研所
**邮政编码：**530004
**电话：**0771－3272225、13977116386（黄显南）
**传真：**0771－3272225

**四川省造纸学会**
**名誉理事长：**甘道明
**理事长：**李发祥
**副理事长：**杨雪鸿 冯锦花 崔玉琦 李文俊
刘一山 吴和均 赵 琳 梁 好
范池木 李勇祥 李云川 王修明
左 建 熊贻林 李伙军 罗建平
沈根莲 邹以斌 税 典 李 途
罗福刚 罗建雄 范谋斌
**秘书长：**李 途
**副秘书长：**罗福刚
**通讯地址：**四川省成都市福兴街 30 号
省轻工厅大厦 10 楼
**邮政编码：**610016
**电话：**028－86265842
**传真：**028－86785924

**重庆市造纸学会**

**理事长：** 陈先谦

**副理事长：** 米庆元　王友伦　冯地庆　彭支瑞

**秘书长：** 王友伦

**通讯地址：** 重庆市江北区兴隆路 1 号
蔚蓝世纪 A 栋 6－6 室

**邮政编码：** 400020

**电话：** 13330275860（王友伦）

**贵州省造纸学会**

**联系人：** 林育德

**通讯地址：** 贵州省贵阳市青云路 111 号一轻公司宿舍

**邮政编码：** 550002

**电话：** 0851－5575624（林育德）

**云南省造纸学会**

**顾问：** 李元禄、孙鹤章、孙光宗

**理事长：** 彭增华

**副理事长：** 陈克利（常务）　王　水　王亚明
杨发甲

**秘书长：** 陈克利（兼）

**通讯地址：** 云南省昆明市呈贡大学城
昆明理工大学化工学院内

**邮政编码：** 650050

**电话：** 0871－65920329、13987638634（陈克利）

**传真：** 0871－65920329

**甘肃省造纸学会**

**负 责 人：** 赵　煜

**通讯地址：** 甘肃省兰州市金昌南路 101 号
甘肃省轻工业研究院

**邮政编码：** 730000

**电话：** 0931－8126518、13993170089（赵　煜）

**传真：** 0931－8124557

**宁夏回族自治区造纸学会**

**名誉理事长：** 聂有才　陈钟灵

**顾问：** 李沛春　雷道远

**理事长：** 李瑾明

**副理事长：** 刘德林（常务）　丁吉文　王宁成
李书庆　李秦龙　张弥金　郭旭斌

**秘书长：** 杜　宏

**通讯地址：** 宁夏回族自治区银川市解放西街 425 号

**邮政编码：** 750001

**电话：** 0951－5043123、13895186087（杜　宏）

**传真：** 0951－5044986

**陕西省造纸学会**

**理事长：** 张美云

**常务副理事长：** 王志杰

**副理事长：** 张飞跃

**秘书长：** 张安龙

**通讯地址：** 陕西省西安市未央大学园区陕西科技大学造纸工程学院 209 室

**邮政编码：** 710021

**电话：** 029－86168239

**传真：** 029－86168230

**新疆维吾尔族自治区造纸学会**

**理事长：** 梅树亚

**副理事长：** 董晓辉　徐　林　周俊英

**秘书长：** 李云德

**通讯地址：** 新疆维吾尔自治区乌鲁木齐市民主路 88 号新疆轻工业行业管理办公室规划处

**邮政编码：** 830002

**电话：** 0991－2825525（李云德）、15109919125（梅树亚）

**传真：** 0991－2825525

（中国造纸学会秘书处）

# 2012 年中国造纸协会主要工作

# Main Activities of China Paper Association（CPA）in 2012

## 一、中国造纸协会 2012 年工作总结

1. 发挥协会桥梁纽带作用，协助政府部门做好行业管理工作，推动造纸行业发展政策的制定实施

积极配合、协助国家发展和改革委、工业和信息化部、环境保护部、商务部、国家税务总局、国家统计局、中国轻工业联合会等部门的工作，参与了造纸行业清洁生产、环境保护、能源消耗、商务贸易、统计管理、技术合作、资源循环利用等方面工作并提出了相应意见或建议，为政府部门制定相关政策和决策提供参考和技术支撑。

（1）参加了由国家发展和改革委、环境保护部、工业和信息化部共同组织的《制浆造纸行业清洁生产评价指标体系》修订工作，向工业和信息化部节能司提交了清洁生产示范企业评价指标建议和修改意见。

（2）向国家发展和改革委及财政部上报了中国造纸工业废纸回收利用情况及促进国内废纸回收和利用政策建议报告，针对财政部、国家税务总局下发的《关于资源综合利用及其他产品增值税政策的通知》和《关于调整完善资源综合利用产品及劳务增值税政策的通知》两个政策文件提出了企业诉求和建议。

（3）受国家发展和改革委的委托，承接了国家"十二五"循环经济发展规划中造纸部分的研究和起草任务，参与了全国循环经济发展"十二五"规划第 2 次征求意见稿的修订工作并参加了国家发展和改革委组织召开的大宗固体废物利用座谈会议。

（4）参加了工业和信息化部组织的 2012 年淘汰落后产能中央财政奖励资金项目和各省市上报的造纸行业淘汰落后产能企业的审核工作，并就工业和信息化部制定的"工业转型升级重点技术改造投资指南"和"政府采购目录"中造纸部分提出了意见和建议。

（5）参加了环境保护部组织的"制浆造纸行业污染物综合管理二期合作项目启动会议"和中国瑞典两国双边"制浆造纸行业污染物综合管理二期合作项目"参选单位评估会议。参与了财政部、环境保护部、世界银行组织的"中国制浆造纸行业二噁英减排项目"和"示范改造企业"的评估工作，并参与了《二噁英污染防治技术政策》（初稿）的校审工作。

（6）受环境保护部的委托，中国造纸协会承接环境统计培训教材编写任务，参加了环境保护部组织的"环境统计教材"编写讨论会；参加了环境保护部组织的"造纸行业环境标志产品征求意见稿"讨论会，对《进口废纸环境保护管理规定》（草稿）提出修改意见和建议，并依据环境保护部的要求提交了造纸行业建设废水治理设施中控系统建设的必要性和可行性报告；作为协办单位，协会组织了行业前 30 位企业参加了由环境保护部主办的重点行业减排培训班；参加了环境保护部"2010 年污染源普查动态更新调查专题项目"验收工作，提交了污染源普查动态更新总报告，就造纸行业"十二五"COD 和氨氮总量核查核算技术要点研究向环境保护部进行了中期汇报。

（7）受环境保护部的委托，中国造纸协会承担了《造纸行业产排污系数使用手册》修订工作，提交了《造纸行业产排污系数使用手册》修订研究报告。通过对原料、工艺方法及污染治理方法上优劣和差异的分析，更好地突出优化结构、技术创新、节能降耗和增产减排的重点工作，评估了生产线的污染物产生和排放情况，为我国制浆造纸行业污染物产排污情况的评估与控制、普查数据的动态更新提供有力的技术支撑。

（8）受环境保护部环境规划院的委托，中国造纸协会承担了造纸行业"十二五"污染物减排技术政策研究课题。

（9）为解决国内造纸企业与国际相关企业间的

倾销与反倾销、补贴与反补贴等贸易纠纷问题，协会配合商务部有关部门和相关企业积极开展协调工作和相应的组织工作，向行业发出了“巴西政府对进口书写印刷纸免税将实行从严监管”的警示；就台湾地区对中国大陆提出的涂布纸反倾销调查诉讼，协会向台湾地区经济贸易委员会提交意见函和声明稿，帮助国内企业赢得反倾销胜诉。以上一系列工作取得了较好效果并得到了政府部门和企业的好评。

（10）在充分调研的基础上，于2013年5月完成了《2012年造纸工业年度报告》，为行业和有关部门提供了完整的生产运行及消费情况，得到了社会的好评，同时为指导行业生产和发展奠定了基础。

2. 积极开展多种形式行业活动，努力增强行业协会凝聚力

（1）2012年5月，中国造纸协会召开了第三届理事会第四次会议（扩大），会议审议并通过了《中国造纸协会第三届理事会第四次会议工作报告》、《中国造纸协会2011年度财务工作报告》。会议重点讨论了《造纸工业技术进步“十二五”指导意见》（讨论稿）和《中国造纸协会废纸回收分类及贸易指南》（讨论稿），并就造纸工业在“十二五”期间面临的新形势、新问题展开了讨论，对共性问题进行了分析和探讨。

（2）2012年5月，中国造纸协会与中国财贸轻纺烟草工会联合召开了表彰会议，对全国造纸行业开展节能减排立功竞赛活动中的优胜企业、优胜班组、先进个人、优秀组织者的获奖集体和个人颁发了奖牌和证书。

（3）中国造纸协会于2012年8月印发了《造纸工业技术进步“十二五”指导意见》。此《指导意见》在广泛征求业内专家意见的基础上，经中国造纸协会第三届理事会第四次会议（扩大）讨论通过。《指导意见》就把握科技发展趋势，超前部署基础研究和前沿技术研究，着力研发关键共性技术与装备，加快推进技术创新和科技成果产业化，推动先进技术产业化应用和新产品开发，大力提高科技创新能力，发挥人才资源优势，推动造纸工业发展更多依靠科技创新驱动，推进科技创新型、资源节约型、环境友好型现代造纸工业建设，明确了造纸工业“十二五”时期及未来科技进步促进行业发展的目标和任务。

（4）2012年10月16日，中国造纸协会在厦门召开了三届六次理事长会议。秘书处汇报了三届五次理事长会议以来的协会工作并通报了当年造纸行业经济运行情况及第三届亚洲制浆造纸工业可持续发展会议筹备情况。

（5）中国造纸协会与中国财贸轻纺烟草工会共同组织在全行业深入开展节能减排达标竞赛活动，这项活动得到了广大造纸企业及班组部门的热烈响应。经竞赛活动领导小组评定，玖龙纸业（控股）有限公司等20家企业获得“全国造纸行业节能减排达标竞赛优胜企业”，河南江河纸业股份有限公司造纸二部等18个班组、部门获得“全国造纸行业节能减排达标竞赛优胜班组”。

竞赛领导小组还从获奖的企业和班组中评选出玖龙纸业（控股）有限公司、河南江河纸业股份有限公司、无锡荣成纸业有限公司、浙江永泰纸业集团股份有限公司等4家优胜企业推荐为“全国五一劳动奖状”获得者；推荐金东纸业（江苏）股份有限公司整理部、山东晨鸣纸业集团股份有限公司寿光本部铜版纸工厂抄纸丙组、华泰集团有限公司技术中心、山东太阳纸业股份有限公司环保节能处、山东泉林纸业有限责任公司环保总车间、中冶纸业银河有限公司环保分厂三车间丙班、四川永丰浆纸股份有限公司生产技术部、宁波亚洲浆纸业有限公司公用部水环处水务科运行班组等8个班组（部门）为“全国工人先锋号”获得者。

（6）中国造纸协会转发了中国轻工业联合会“关于开展2012年度轻工行业十强企业、轻工百强企业评价工作的通知”，协会积极组织行业内企业参加此项活动，经各企业申报和协会评价推荐，玖龙纸业（控股）有限公司、山东晨鸣纸业集团股份有限公司、华泰集团有限公司、山东太阳纸业股份有限公司、理文造纸有限公司、山东博汇集团有限公司、山东泉林纸业有限责任公司、金东纸业（江苏）股份有限公司、中国纸业投资总公司、山东群星纸业有限公司等10家企业被评为“中国轻工业造纸行业十强企业”。

（7）中国造纸协会转发了中国轻工业联合会《“关于开展2010—2011年度全国轻工业卓越绩效先进企业推荐表彰工作的通知”的通知》，经企业申报和协会推荐上报，玖龙纸业（控股）有限公司、金东纸业（江苏）股份有限公司、山东泉林纸业有限责任公司、金华盛纸业（苏州工业园区）有限公司、宁波中华纸业有限公司等5家企业被评为“全国轻工业卓越绩效先进企业”。

（8）中国造纸协会组织会员单位参加了“2012年度轻工业企业管理现代化创新成果”的评定。经

协会推荐，岳阳林纸股份有限公司的“造纸企业节能减排与绿色制造”被评为“2012年度轻工企业管理现代化创新成果一等奖”。该成果经中国轻工业企业管理协会向全国企业管理现代化创新成果审定委员会推荐并经其审定，被评为“第十九届全国企业管理现代化创新成果二等奖”。

3. 举办“第三届亚洲浆纸工业可持续发展论坛”等活动，促进行业、企业对外交流与合作

（1）2012年10月中国造纸协会在厦门主办了“第三届亚洲浆纸工业可持续发展会议”，此次会议目的是促进亚洲各国家或地区间造纸行业的友好交流合作，共同分享亚洲浆纸工业的发展成果，讨论亚洲造纸工业发展趋势。中国造纸协会、印度尼西亚浆纸协会、韩国制纸工业联合会、台湾区造纸工业同业公会、日本造纸协会及企业约130名代表参加了会议。参会代表就全球造纸行业共同关注的市场、资源和能源以及温室气体减排和结构转型等问题展开了深入探讨。

（2）2012年7月，中国造纸协会秘书长赵伟作为特邀专家参加了由中国诚通控股集团有限公司组织的西班牙浆厂项目考察，并参与相关业务会谈，圆满完成了预定的考察任务。

（3）2012年9月，中国造纸协会派员参加了环境保护部组织的中瑞双边“制浆造纸行业污染物综合管理”二期项目赴瑞培训与交流考察。本次活动重点考察了瑞典污染物综合许可管理制度及污染物综合许可管理制度在工业行业的实际应用情况和瑞典造纸企业在环境保护方面所取得的成绩。

（4）中国造纸协会还分别接待了日本经济产业省、芬兰贸促会、国际浆纸理事会等同行的来访，并商谈了今后的合作事宜。

4. 积极组织会展活动，搭建企业交流平台，展示行业发展成果

在协会全体会员的支持下，经过积极筹备，由中国造纸协会主办，中国轻工业联合会、中国轻工集团公司、南昌市人民政府作为支持单位召开的“2012中国国际造纸和装备博览会暨全国纸张订货交易会”于2012年11月6—8日在南昌国际会展中心召开。本届博览会和交易会展示面积1万多米$^2$，参展企业150余家，国内外制浆造纸和相关产业的人员约有3万多人参加了此届博览会和交易会。展会期间还举办了“造纸产业形势分析”及“2012年中国纸业市场发展趋势研讨会”等多个专题报告会，邀请了业界权威人士就大家共同关注的话题作了专题演讲，对广大造纸企业的生产经营有较强的指导意义，得到了参会者好评。

5. 加强协会内部建设，提升服务能力水平

（1）积极参加民政部组织的全国性行业协会商会评估活动，经积极认真准备，2013年1月，中国造纸协会接受了民政部社团组织管理局组织的现场考察和评估并得到好评。

（2）加强分支机构管理，及时做好分支机构换届工作，促进分支机构积极开展多项活动。中国造纸协会卷烟纸分会于2012年8月召开了第五届委员会换届会议；2012年8月在长沙召开了中国造纸协会溶解浆工作委员会（筹备）会议；2012年12月在杭州召开了中国造纸协会箱纸板和瓦楞原纸分会第一届第三次主任会议；中国造纸协会新闻纸分会先后召开了两次新闻纸分会工作会议和一次新闻纸分会主任会议，针对当时新闻纸生产和销售出现的新情况和新问题，做到了及时沟通、商讨了相应措施，保持了新闻纸产销的健康、稳定发展。同时还做好每月的新闻纸分会的产销统计，及时反馈给各成员企业，以指导各企业产销的平稳发展。

（3）努力做好会费的收缴工作，同时积极发展新会员，全年共发展新会员单位18个。

（4）努力做好《纸协通讯》的编制工作，及时汇总协会动态、政策法规等重要信息向会员发布，2012年度共出版12期，同时积极发挥协会门户网站作用，促进协会内外部信息交流与沟通，及时掌握行业信息，扩大协会对外知名度，提升协会外部形象。

## 二、中国造纸协会2013年工作要点

1. 积极开展行业多项调查研究工作

（1）配合环境保护部开展造纸行业化学制浆碱回收设施建设和运行状况的调查与分析工作，以及造纸行业化学制浆漂白工艺现状调查工作。

（2）配合并参与国家水利部开展“国家重点节水推广目录”研究项目中制浆造纸工业部分的节水工艺、技术及装备的调查、汇总及推荐工作。

（3）配合国家发展和改革委、工业和信息化部、环境保护部，就造纸产业加快产业结构调整和加大淘汰落后产能及现有小造纸企业退出机制进行调研并提出建议及措施。

（4）配合《造纸工业发展“十二五”规划》的推进，推动造纸行业节能减排和淘汰落后产能工作的深入进行，协会将组织力量对制浆造纸企业节能减排成果、生物质能源利用及林纸一体化项目进

展情况、存在问题进行调查，提出进一步促进造纸产业绿色发展的政策性建议和措施。

（5）组织开展包装用纸及纸板现状调查及专项研究工作，重点就现状、存在问题及发展趋势提出意见和建议。

2. 组织开展多种形式行业活动

（1）组织筹备 2013 年第二季度召开的中国造纸协会第三届理事会第五次理事会（扩大）和第三届理事会第七次理事长会议，总结 2012 年工作并商讨 2013 年工作要点。

（2）组织筹备好协会与中华全国总工会共同组织开展的造纸行业节能减排专项活动中授予“五一劳动奖状”和“全国工人先锋号”的表彰活动，同时做好节能减排的技术、经验宣传和推广工作。

（3）组织筹备好 2013 年 11 月召开的“2013 年中国造纸工业及装备博览会和 2014 年全国纸张订货交易会”的相关工作，进一步丰富会议内容和形式。做好博览会与订货会同期举办的“纸浆和造纸产品研讨会”前期准备和宣传工作。

（4）参与中国造纸学会和中国制浆造纸研究院于 2013 年 9 月联合举办的“中国国际造纸科技展览会”的筹备及相关工作。

（5）继续完善《中国造纸协会废纸回收分类及贸易指南》，争取在 2013 年上半年发布，以促进国内废纸回收、分拣、打包、贸易、使用等环节更加规范，以提高国内废纸回收质量和利用率。

（6）组织好协会能源专业委员会的换届工作，通过能源专业委员会在行业内开展行业能源实际消耗调查活动，开展生物质能源利用，节能降耗工艺、技术、装备的应用和推广及行业能源审计工作，提出造纸行业各产品生产过程平均能耗标准限额，以指导制浆造纸生产节能工作的开展。

（7）组织力量开展调研活动，配合国家统计局完成 2012 年的制浆造纸及纸制品行业统计数据的审定工作；同时在 4 月完成由中国造纸协会发布的《2012 中国造纸工业年度报告》的编制工作。

3. 做好生产预警与贸易摩擦应对工作

（1）随着我国纸及纸板生产总量增长，市场竞争的加剧，为维护好公平的市场环境，避免无序竞争，协会计划在已有的产品分会或专业委员会的基础上，做好主要产品生产运行统计分析和预警工作。

（2）随着全球贸易保护抬头，世界各国对我国纸张产品出口设置了种种障碍，提起的反倾销和反补贴案件在逐渐增多，同时国内企业为保护合法权益，也提起相应的反倾销和反补贴案件等，协会将积极配合相关企业和政府有关部门，对此开展相关的工作，发挥好沟通与协调作用，解决好贸易摩擦并争取到企业应有的合法权益，保障产业平稳运行。

4. 加强协会内部建设，努力提升服务水平

（1）协助协会各分支机构开展相应活动，并抓好协会现有各专业分支机构的换届和新机构的组建工作。重点完成协会各分支机构的备案，铜版纸分会、能源专业委员会的换届重组，筹备成立中国造纸协会废纸回收利用与贸易委员会工作。

（2）做好会员单位年度登记工作；做好中国造纸协会第四届会员代表大会的前期准备工作。

（3）加强会员之间及国际同行业间的信息交流，做好中国造纸协会网站改版工作，继续做好《纸协通讯》，为会员单位提供更多服务。

（中国造纸协会）

# 中国造纸协会工作机构与各省（区、市）造纸协会

# The Organization of China Paper Association and Local Paper Associations

## 一、中国造纸协会工作机构

**1. 办公室**
电话：010－68396540
传真：010－68396572、68396672

**2. 会员部**
电话：010－68396541
传真：010－68396572、68396672

**3. 会展部**
电话：010－68396542
传真：010－68396572、68396672

**4. 综合业务部**
电话：010－68396544
传真：010－68396572、68396672

**5. 信息咨询部**
电话：010－68396546
传真：010－68396572、68396672

## 二、各省（区、市）造纸协会

**安徽省造纸工业协会**
地址：安徽省合肥市庐江路安徽省轻工业协会内
邮编：230001
电话：0551－2826428
传真：0551－2826444

**福建省造纸协会**
地址：福建省福州市省府路1号11座2层
邮编：350001
电话：0591－87600165、87553133
传真：0591－87527664

**广东省造纸协会**
地址：广东省广州市盘福路朱紫后街1号
邮编：510180
电话：020－81366195
传真：020－81365478

**河北省造纸协会**
地址：河北省石家庄市合作路北合街18号
邮编：050051
电话：0311－87086240
传真：0311－87086240

**河南省造纸工业协会**
地址：河南省郑州市纬四路12号
邮编：450003
电话：0371－65993604
传真：0371－65935006

**湖北省造纸协会**
地址：湖北省武汉市汉口建设大道623号福星科技大厦1506B
邮编：430030
电话：027－83666941、59526529
传真：027－83666941、59526529

**湖南省造纸行业协会**
地址：湖南省长沙市黄兴中路168号10F－C
邮编：410005
电话：0731－4025888

传真：0731－4452152

**江苏省造纸行业协会**
地址：江苏省南京市石鼓路117号3楼
邮编：210004
电话：025－84465602
传真：025－84469236

**江西省造纸印刷工业协会**
地址：江西省南昌市北京东路138号
邮编：330029
电话：0791－8333891
传真：0791－8333891

**山东省造纸工业协会**
地址：山东省济南市和平路3号
邮编：250014
电话：0531－88932925、82387177
传真：0531－88931294

**浙江省造纸行业协会**
地址：浙江省杭州市艮山西路182号
邮编：310004
电话：0571－86958853
传真：0571－86944972

**上海市纸业行业协会**
地址：上海市武定路881号9号楼206室
邮编：200040
电话：021－62568570
传真：021－62561176

**陕西省造纸工业协会**
地址：陕西省西安市新城省政府前大楼6－98
邮编：710006
电话：029－87292200、87291299
传真：029－87294603

**黑龙江省造纸协会**
地址：黑龙江省哈尔滨市南岗区东大直街302号
邮编：150001
电话：0451－53638116、53671247
传真：0451－53638116

**山西省造纸行业协会**
地址：山西省太原市上肖墙10号
邮编：030002
电话：0351－3524727、3521969

（中国造纸协会）

# 附　　录

## APPENDIXES



12

# 2012 年相关政策法规摘要

# Abstracts of the Polices and Regulations Related to Paper Industry in 2012

## 《再生资源综合利用先进适用技术目录（第一批）》公告

1 月 4 日，工业和信息化部发布《再生资源综合利用先进适用技术目录（第一批）》，其中涉及造纸行业的技术见下表。

| 编号 | 技术名称 | 主要内容 | 技术经济指标 | 技术应用情况及推广前景 |
|---|---|---|---|---|
| 78 | 秸秆清洁制浆及其废液资源化利用技术 | 主要包括以下 4 项技术：<br>1. 置换蒸煮技术<br>2. "高硬度制浆－机械疏解－氧脱木素"技术<br>3. 木素有机肥创制技术<br>4. 新式备料技术 | 制浆蒸煮终点 K 值 17～19，氧脱木素率 42%，粗浆得率 56%，黑液提取率 >90%。可实现纤维原料消耗降低 10%，蒸煮化学药品用量降低 5%，蒸煮耗汽量降低 20%，清水用量降低 50%。总投资 35000 万元，经济效益 8750 万元/年，投资回收期 4 年 | 2007 年应用于生产，年利用秸秆 25 万吨，已向 1 家企业进行技术推广。该技术使纸浆综合强度指标能与阔叶木浆媲美，制浆废水排放优于美国、欧盟木浆标准，吨浆 $COD_{Cr}$ 排放量 4.8 千克、$BOD_5$ 排放量 0.3 千克，无 AOX 产生 |
| 84 | 再生办公用纸技术 | 采用高、低浓度除渣和多级多段筛选、净化的工艺组合，排除浆料中的轻重质杂质；采用 90 目无动力过滤设施，解决了细小纤维流失和浆料滤水问题，克服了废纸浆配比无法达到 80%、使用处理后的复用水进行抄造所产生的问题 | 通过该技术生产的再生复印纸，定量、紧度、平滑度、裂断长、施胶度、白度、不透明度、尘埃度、挺度均达到国家规定标准。总投资 1050 万元，经济效益 525 万元/年，投资回收期 2 年 | 2000 年应用于生产，年利用废纸量 10 万吨。该技术能达到较高的除砂率和纸浆回收率，可节约大量木材，减少森林砍伐，对环境保护具有重大意义 |
| 85 | 纸塑铝复合包装废弃物分离技术 | 废弃的牛奶饮料盒经分离技术处理取得造纸用的纤维原料，进一步制造再生牛皮纸；分离出的铝塑复合物再经铝塑分离程序，可将塑料和铝完全分离。工艺流程：废弃软包装→纸塑分离设备→纸浆→再生纸；废弃软包装→纸塑分离设备→塑料和铝→铝塑分离设备→再生塑料粒子、再生铝粉 | 能生产幅宽 2.5～3.6 米，定量 50～200 克/米$^2$范围规格的高、中、低档牛皮纸。塑料的回收率达到 98%以上，铝箔回收率达到 72%，每吨复合包装废弃物经分离可产生 500 千克牛皮纸，45 千克铝锭，160 千克塑料粒子。总投资 2118 万元，利润 250 万元/年 | 2007 年应用于生产，年利用纸塑铝复合包装废弃物 10 万吨。该技术铝塑回收率高，分离剂可以重复使用，产品附加值高，二次污染小，设备建设和运营成本低 |
| 86 | 制浆系统纸塑分离技术 | 在制浆过程中，通过多次除杂、排渣、脱墨、洗浆等工序，将纸浆中的废塑料、废铁钉及不干胶纸分离出去，使净化后的纸浆直接进入纸机网部，提高纸面平滑度 | 年耗电量 1380 万千瓦时，年耗水量 55.2 万吨，吨纸耗水不高于 12 吨，产品标准符合 GB/T 10335.4—2004 要求。总投资 1293 万元，经济效益 800 万元/年，投资回收期 1.6 年 | 2009 年应用于生产，年利用废纸 5 万吨。该技术可以有效提高半成品浆的净化质量及产品的平滑度，与原浆造纸相比年节约 4.68 万米$^3$ 木材，有助于环境保护和减少城市垃圾 |

## 《工业节能“十二五”规划》发布

2月27日，工业和信息化部发布《工业节能“十二五”规划》（以下简称《规划》）。

《规划》提出，到2015年，规模以上工业增加值能耗比2010年下降21%左右，“十二五”期间预计实现节能量6.7亿吨标准煤。

《规划》明确提出，主要产品单位能耗持续下降，与国际先进水平差距逐步缩小，能源利用效率明显提升。其中，到2015年，造纸综合能耗由2010年的1130千克标准煤/吨下降到900千克标准煤/吨，下降20%。要求造纸行业淘汰单条年产3.4万吨以下非木浆生产线和年产5.1万吨以下化学木浆造纸生产线、单条年产1万吨及以下以废纸为原料的制浆生产线，加强造纸、日用玻璃、制盐等行业的余热回收利用，鼓励造纸、发酵等领域发展热电联产。

《规划》明确了钢铁、有色金属、石化、化工、建材、机械、轻工、纺织、电子信息等重点行业的节能途径与措施。对于造纸行业，《规划》提出，采用低能耗蒸煮、封闭筛选、中浓洗选漂技术与设备进行化学制浆工艺优化；加快蒸汽回收技术与设备在化机浆生产中的应用；采用干法筛选、高效废纸碎解技术与设备，提升废纸制浆工艺和技术；纸机网部采用新型脱水元件和高效洗网装置，压榨部加强宽压区压榨、复合压榨、靴型压榨等技术的示范推广，干燥部采用密闭式烘缸罩、袋式通风及余热回收装置等。调整造纸纤维原料结构，到2015年，废纸浆比例达到65%。

《规划》明确九大重点节能工程，其中包括轻工行业加快对造纸生产实施全封闭气罩热回收节能技术改造，支持大中型造纸企业建设企业能源管控中心。

## 修改后的《中华人民共和国清洁生产促进法》自2012年7月1日起施行

2月29日，十一届全国人民代表大会常务委员会第二十五次会议表决通过了《全国人民代表大会常务委员会关于修改〈中华人民共和国清洁生产促进法〉的决定》，修改后的《中华人民共和国清洁生产促进法》自2012年7月1日起施行。新法规对严重污染环境的落后生产工艺等处置作了进一步明确，对遏制过度包装作出新的规定。

修改后的清洁生产促进法规定，有下列情形之一的企业，应当实施强制性清洁生产审核：污染物排放超过国家或者地方规定的排放标准；或者虽未超过国家或者地方规定的排放标准，但超过重点污染物排放总量控制指标的；超过单位产品能源消耗限额标准构成高耗能的；使用有毒、有害原料进行生产或者在生产中排放有毒、有害物质的。

## 《环保装备“十二五”发展规划》发布

3月2日，工业和信息化部发布《环保装备“十二五”发展规划》（以下简称《规划》）。《规划》确立的主要目标是：基本满足环境保护重点领域的技术装备需求；提升产业技术水平；扩大产业规模；优化产业结构。“十二五”期间环保装备产业总产值年均增长20%，2015年达到5000亿元；环保装备出口额年均增长30%以上，2015年突破100亿元；形成10个以上区位优势突出、集中度高的环保装备产业基地，10~20个在行业具有领军作用的大型龙头环保装备企业集团，培育一批拥有著名品牌的优势环保装备企业。

《规划》提出要重点围绕化学需氧量、氨氮、二氧化硫和氮氧化物等主要污染物总量减排，铅、汞、镉、铬和类金属砷等重金属以及持久性有机污染物等重点污染物治理，研究开发和推广应用一批先进适用的技术装备。《规划》列出了“十二五”期间重点发展的环保装备目录，包括开发类和推广应用类的大气污染治理装备、水污染治理装备、固体废物处理装备等共计96项。

## 《工业清洁生产推行“十二五”规划》发布

3月2日，工业和信息化部网站发布了由工业和信息化部、科技部、财政部制定的《工业清洁生产推行“十二五”规划》（以下简称《规划》）。

《规划》确立的主要任务为：开展工业产品生态设计，提高生产过程清洁生产技术水平，发展的重点中包括化学需氧量削减技术。其中，造纸行业研发非木材植物纤维清洁制浆及其废液资源化利用技术，推广纸浆无元素氯漂白等技术，开展有毒有害原料（产品）替代。

《规划》将汞、铬、铅、氨氮、化学需氧量、二氧化硫、氮氧化物等污染物产生量削减7项工程作为工业清洁生产推行“十二五”规划的重点工程。其中，化学需氧量削减工程中，以产生化学需氧量较大的造纸、制糖、发酵（含酿酒）、制药（抗生素与维生素）行业为重点，实施化学需氧量削减工程。在造纸行业，推广纸浆无元素氯漂白技术（包括中浓氧脱木素技术、中浓过氧化氢漂白技术、中浓二氧化氯漂白技术），到2015年实现技术普及率40%。

## 《中华人民共和国气候变化应对法》（征求意见稿）发布

3月18日，由中国社会科学院法学所承担的中国－瑞士双边合作项目《中华人民共和国气候变化应对法》（征求意见稿）发布。

该气候变化应对法征求意见稿全文共十章115条。包括：总则；气候变化应对的职责、权利和义务；气候变化的减缓措施；气候变化的适应措施；气候变化应对的保障措施；气候变化应对的监督管理；气候变化应对的宣传教育和社会参与；气候变化应对的国际合作；法律责任；附则。

## 环境保护部发布《制浆造纸废水治理工程技术规范》等7项国家环境保护标准

3月19日，国家环境保护部发布“关于发布《HJ 2011—2012 制浆造纸废水治理工程技术规范》等7项国家环境保护标准的公告”。《制浆造纸废水治理工程技术规范》等7项国家环境保护标准于2012年6月1日实施。

《HJ 2011—2012 制浆造纸废水治理工程技术规范》规定了制浆造纸工业废水治理工程设计、施工、验收、运行与维护的技术要求。本标准适用于采用化学制浆、化学机械制浆、机械制浆及废纸制浆工艺的制浆造纸企业的废水治理工程，可作为环境影响评价、可行性研究、设计、施工、安装、调试、验收、运行与监督管理的技术依据。

## 工业和信息化部《关于印发工业循环经济重大示范工程（第一批）的通知》

3月22日，工业和信息化部发出《关于印发工业循环经济重大示范工程（第一批）的通知》（以下简称《通知》）。《通知》确定的第一批23项工业循环经济重大示范工程中，与造纸及相关行业的示范工程见下表。

| 序号 | 示范工程名称 | 实施主体 | 主要建设内容 | 循环经济关键技术工艺 | 标志性目标及成效 | 适用范围 | 建设时间 |
|---|---|---|---|---|---|---|---|
| 20 | 广西湘桂糖业甘蔗制糖循环经济示范工程 | 广西湘桂糖业集团有限公司 | 建设以甘蔗制糖为核心，制糖废水和锅炉余热循环利用、制糖滤泥生产生态有机肥、废糖蜜生产活性干酵母、酵母废水生化与深度处理及沼气回收发电等循环经济工程<br>主要建设内容包括甘蔗总产量360万吨/年，年产白砂糖45万吨；利用制糖过程中产生的滤泥生产生态有机肥，年产微生物有机肥30万吨；利用废糖蜜生产活性干酵母3万吨/年，高核苷酸酵母抽提物8000吨/年；利 | （1）利用糖蜜酒精废液、锅炉冲灰水、滤泥等废弃物生产生态有机肥<br>（2）利用废糖蜜生产活性干酵母及高核苷酸酵母抽提物<br>（3）采用中浓纸浆全无氯漂白技术（TCF），利用蔗渣浆生产绿色包装物<br>（4）改进传统黑液回收苛化工段关键技术，利用蔗渣制浆白泥，在回收碱的同时直接生产出高附加值优质轻质碳酸钙<br>（5）采用“预处理＋ | 以甘蔗制糖为核心，形成“甘蔗－制糖－废糖蜜－活性干酵母－废水－农灌－甘蔗”、“甘蔗－制糖－滤泥－生态有机肥－废水－农灌－甘蔗”、“甘蔗－制糖－蔗渣－环保包装物－废水－农灌－甘蔗”的循环经济产业链示范工程实现甘蔗制糖行业副产物的高效利用，废糖蜜利用率达到 | 适用于甘蔗制糖行业 | 2010年1月至2014年12月，一期工程已于2010年8月建成 |

续表

| 序号 | 示范工程名称 | 实施主体 | 主要建设内容 | 循环经济关键技术工艺 | 标志性目标及成效 | 适用范围 | 建设时间 |
|---|---|---|---|---|---|---|---|
| | | | 用蔗渣浆9.5万吨/年，生产环保包装物15亿万件/年，蔗渣制浆白泥生产优质轻质碳酸钙；酵母废水生化处理并回收沼气发电及余热综合利用，制糖及其副产品加工废水经处理后全部用于糖料甘蔗种植的农灌用水<br>一期工程已建成微生物有机肥13万吨/年，利用废糖蜜生产活性干酵母3万吨/年 | 上流式多级处理厌氧反应器（UMAR）+循环式活性污泥（CASS）系统+芬顿强氧化深度处理系统（UHOFe+JMF气浮）"技术，处理糖蜜酵母生产过程中排放的大量高浓度有机废水，同时回收沼气发电及余热综合利用 | 100%；滤泥与酵母废液利用率达到100%；蔗渣利用率达到100%；烟道气利用率30%；废水综合利用率达到100%；吨蔗电耗达到28千瓦时以下 | | |
| 21 | 山东泉林纸业秸秆清洁制浆及废液资源化利用循环经济示范工程 | 山东泉林纸业有限责任公司 | 建设40万吨机制浆、50万吨机制纸、40万吨有机肥和24亿只食品包装盒生产能力，年处理30万吨秸秆<br>主要建设内容包括以麦草秸秆为主要原料，建成4条单线生产能力5万吨/年的非木纤维浆生产线，年生产能力20万吨。以制浆过程产生的黑液为主要原料，建成8条单线生产能力5万吨/年绿色有机肥生产线，年生产能力40万吨 | （1）首创"高硬度制浆－机械疏解－氧脱木素"工艺技术，在化学草浆中运用氧脱木素技术，为后续的浆漂白或精制本色浆创制奠定基础，同时降低中段水的污染负荷<br>（2）采用草浆置换蒸煮技术，对热黑液在制浆过程中进行热处理，改善黑液黏度，提高黑液固形物含量，便于黑液后续处理<br>（3）秸秆制浆黑液的主要有机成分为木素，木素生产有机肥用亚铵法取代碱法，黑液浓缩后的料液喷浆造粒 | 本工程使草浆造纸清洁生产水平大大提高，使制浆过程纤维原料消耗量降低10%，蒸煮化学药品用量降低5%，总排口外排水$COD_{Cr}$60毫克/升以下，生产本色浆时完全消除有机卤化物的产生，制浆废液生产有机肥，使黑液得到了有效的资源化利用，真正实现"秸秆还田" | 适用于草浆造纸领域 | 已于2007年1月至2011年12月建成 |
| 22 | 广东银洲湖纸业基地循环经济示范工程 | 中国轻工业长沙工程有限公司<br>广东银洲湖纸业基地管理委员会 | 主要建设内容包括各类纸和纸板的年产量578万吨；总装机容量900兆瓦发电机组，敷设热电冷水四联供管线及配套设施；处理能力16万米$^3$/日的给水处理厂，21万米$^3$/日的废水处理厂；2条 | （1）采用先进的废纸脱墨技术，90%以上的脱墨废纸浆（DIP）比例配抄新闻纸，低定量涂布纸的脱墨废纸浆配比提高到30%等<br>（2）利用高档纸排出的浆渣生产瓦楞原纸<br>（3）采用高白度、高 | 本工程利用发电与造纸的关联性，以纸业为主带动上下游产业集中，构建"造纸－电－建"循环经济产业链<br>单位产品（吨纸）能耗为535千克标 | 适用于造纸行业及其相关产业 | 2007年至2012年，一期工程已于2010年建成 |

续表

| 序号 | 示范工程名称 | 实施主体 | 主要建设内容 | 循环经济关键技术工艺 | 标志性目标及成效 | 适用范围 | 建设时间 |
|---|---|---|---|---|---|---|---|
| | | | 4500 吨/日水泥熟料生产线及纯低温余热发电工程；造纸废水处理终端污泥综合利用项目<br>一期工程已建成 2×150 兆瓦机组抽汽改造工程，建成给水处理厂 2 座，总规模 8 万米$^3$/日 | 得率、低能耗的制浆工艺设备，采用无元素氯（ECF）或全无氯（TCF）漂白技术<br>（4）采用碱回收系统有效处理化学浆产生的废液并回收碱和蒸汽<br>（5）采用新型填料及涂料回收技术 | 准煤，年节能降耗达 30%，工业用水降低 28%，工业用水重复利用率达 6.7%，无工业废气排放，废水减排量约 6000 万米$^3$/年，固体废弃物减排量约 900 吨/日，工业污染达标排放指标为 100% | | |

## 工业和信息化部下达 19 个工业行业淘汰落后产能目标任务

4 月 26 日，工业和信息化部下达 19 个工业行业淘汰落后产能目标任务。2012 年 19 个工业行业淘汰落后产能目标任务为：炼铁 1000 万吨、炼钢 780 万吨、焦炭 2070 万吨、铁合金 289 万吨、电石 112 万吨、电解铝 27 万吨、铜冶炼 70 万吨、铅冶炼 115 万吨、锌冶炼 32 万吨、水泥（熟料及磨机）21900 万吨、平板玻璃 4700 万质量箱、造纸 970 万吨、酒精 64 万吨、味精 14.3 万吨、柠檬酸 7 万吨、制革 950 万标张、印染 28 亿米、化纤 22 万吨、铅蓄电池 2000 万千伏安时。公告要求，在 2012 年底前拆除已公告应淘汰的落后产能主体设备（生产线），确保不向其他地区和周边国家转移。

## “万家企业节能低碳行动”企业名单及节能量目标公布

5 月 12 日，国家发展和改革委发布 2012 年第 10 号公告，公布“万家企业节能低碳行动”企业名单及节能量目标。公告指出，根据《关于印发万家企业节能低碳行动实施方案的通知》（发改环资〔2011〕2873 号）要求，各地区提出了“万家企业节能低碳行动”企业名单，并分解落实了节能量目标。国家发展和改革委组织对“万家企业节能低碳行动”企业名单及节能量目标进行了审核，并与各省、自治区、直辖市及新疆生产建设兵团节能主管部门进行了衔接确认，确定了“万家企业节能低碳行动”企业名单及“十二五”节能量目标（吨标准煤），多家造纸企业包括在这万家企业之中。

## 《国家鼓励的循环经济技术、工艺和设备名录（第一批）》公布

6 月 1 日，国家发展和改革委、环境保护部、科技部、工业和信息化部组织编制了《国家鼓励的循环经济技术、工艺和设备名录（第一批）》，并于 2012 年予以公布。

该名录涉及减量化、再利用和再制造、资源化、产业共生与链接 4 个方面，共有 42 项重点循环经济技术、工艺和设备。其中，涉及制浆造纸行业部分见下表。

| 序号 | 名称 | 主要内容 | 主要指标 | 适用行业及范围 | 所处阶段 |
|---|---|---|---|---|---|
| 33 | 废弃纸铝塑复合包装物再生利用技术 | 针对废纸铝塑复合包装物分离难、利用难等问题，采用转鼓式高浓碎浆机等专用设备将纸铝塑复合包装物分解成纸浆和铝塑膜，纸浆经筛选净化和抄纸工艺制成高强度包装用纸，铝塑膜采用湿法分离与离心净化工艺实现铝塑分离，脱铝塑料破碎、造粒，铝屑经湿法研磨制成铝粉膏，实现废弃纸铝塑复合包装的再生利用和无害化处理 | 纸浆、塑料和铝的综合回收率≥95%；铝塑分离率达到 100%；铝粉中活性铝成分≥85% | 废纸铝塑包装资源化利用 | 示范 |

续表

| 序号 | 名称 | 主要内容 | 主要指标 | 适用行业及范围 | 所处阶段 |
|---|---|---|---|---|---|
| 36 | 秸秆清洁制浆及废液资源化利用技术 | 针对传统秸秆制浆效率低、质量差、水耗能耗高，污染重等问题，采用新式备料和置换蒸煮技术，使蒸煮工段的热黑液循环利用，降低制浆蒸汽用量和黑液黏度，提高浆料滤水性；采用“高硬度制浆－机械疏解－氧脱木素”组合技术，提高麦草浆得率和强度，制浆废液通过蒸发浓缩、喷浆造粒技术生产木素有机肥，实现秸秆清洁制浆及废液资源化利用 | 生产的本色浆抗张指数 61.5 牛·米/克；黑液提取率 > 90%；黑液固形物浓度 13%～15%；有机肥有机质含量≥40% | 秸秆清洁制浆造纸、有机肥制造 | 推广 |

## 《温室气体自愿减排交易管理暂行办法》发布

6月13日，国家发展和改革委下发关于《温室气体自愿减排交易管理暂行办法》的通知。本暂行办法适用于二氧化碳（$CO_2$）、甲烷（$CH_4$）、氧化亚氮（$N_2O$）、氢氟碳化物（HFCs）、全氟化碳（PFCs）和六氟化硫（$SF_6$）6种温室气体自愿减排量的交易活动。

《温室气体自愿减排交易管理暂行办法》明确了参加自愿减排的项目范围：申请备案的自愿减排项目应于2005年2月16日之后开工建设，且属于以下任一类别：采用经国家主管部门备案的方法学开发的自愿减排项目；获得国家发展和改革委批准作为清洁发展机制项目，但未在联合国清洁发展机制执行理事会注册的项目；获得国家发展和改革委批准作为清洁发展机制项目且在联合国清洁发展机制执行理事会注册前就已经产生减排量的项目；在联合国清洁发展机制执行理事会注册但减排量未获得签发的项目。

## 《“十二五”节能环保产业发展规划》出台

6月16日，国务院以国发〔2012〕19号文件印发了《“十二五”节能环保产业发展规划》（以下简称《规划》）。

《规划》确定的“十二五”节能环保产业的主要发展目标是：产业规模快速增长、技术装备水平大幅提升、节能环保产品市场份额逐步扩大、节能环保服务得到快速发展。力争到2015年，节能环保产业总产值达4.5万亿元，增加值占国内生产总值的比例为2%左右，节能环保产业产值年均增长15%以上，培育一批具有国际竞争力的节能环保大型企业集团。《规划》明确了“十二五”期间节能产业、资源循环利用产业和环保产业发展的重点领域。

## 工业和信息化部发布《2012年19个工业行业淘汰落后产能企业名单（第一批）公告》

6月26日，工信部发布2012年第26号文件《2012年19个工业行业淘汰落后产能企业名单（第一批）公告》（以下简称《公告》）。

《公告》公布了2012年炼铁、炼钢、焦炭、电石、铁合金、电解铝、铜冶炼、铅冶炼、锌冶炼、水泥、平板玻璃、造纸、酒精、味精、柠檬酸、制革、印染、化纤、铅蓄电池等19个行业淘汰落后产能企业名单（第一批）。其中，涉及造纸企业589家，落后产能800多万吨。《公告》要求有关方面采取有效措施，力争在2012年9月底前全部关停列入《公告》名单内企业的落后产能，确保在2012年底前彻底拆除淘汰，并不得向其他地区和周边国家转移。

## 《取水定额 第5部分：造纸产品》发布

6月29日，《GB/T 18916.5—2012 取水定额 第5部分：造纸产品》（代替GB/T 18916.5—2002）由国家质量监督检验检疫总局和国家标准化管理委员会联合发布，2013年1月1日实施。

**单位产品取水量定额指标　单位：米$^3$/吨**

| | 现有造纸企业单位造纸产品取水量 | 新建造纸企业单位造纸产品取水量 |
|---|---|---|
| 纸浆 | | |
| 漂白化学木（竹）浆 | 90 | 70 |
| 本色化学木（竹）浆 | 60 | 50 |
| 漂白化学非木（麦草、芦苇、甘蔗渣）浆 | 130 | 100 |
| 脱墨废纸浆 | 30 | 25 |
| 未脱墨废纸浆 | 20 | 20 |
| 化学机械木浆 | 35 | 30 |
| 纸 | | |
| 新闻纸 | 20 | 16 |
| 印刷书写纸 | 35 | 30 |
| 生活用纸 | 30 | 30 |
| 包装用纸 | 25 | 20 |
| 纸板 | | |
| 白纸板 | 30 | 30 |
| 箱纸板 | 25 | 22 |
| 瓦楞原纸 | 25 | 20 |

注：1. 高得率半化学本色木浆及半化学草浆按本色化学木浆执行，机械木浆按化学机械木浆执行；
2. 经抄浆机生产浆板时，允许在本定额的基础上增加 10 米$^3$/吨；
3. 生产漂白脱墨废纸浆时，允许在本定额的基础上增加 10 米$^3$/吨；
4. 生产涂布类纸及纸板时，允许在本定额的基础上增加 10 米$^3$/吨；
5. 纸浆的计量单位为吨风干浆（水分 10%）；
6. 纸浆、纸、纸板的取水量定额指标分别计；
7. 本部分不包括特殊浆种、薄页纸及特种纸的取水量。

# 《2012 年国家先进污染防治示范技术名录》和《2012 年国家鼓励发展的环境保护技术目录》发布

7 月 5 日，环境保护部发布《2012 年国家先进污染防治示范技术名录》和《2012 年国家鼓励发展的环境保护技术目录》的公告。

《国家先进污染防治示范技术名录》所列的新技术、新工艺在技术方法上具有创新性，技术指标具有先进性，已基本达到实际工程应用水平。《国家鼓励发展的环境保护技术目录》所列的技术是经工程实践证明的成熟技术。

其中，适用于造纸行业的技术摘录如下。

# 《万家企业节能目标责任考核实施方案》出台

7 月 11 日，国家发展和改革委办公厅下发了《关于印发“万家企业节能目标责任考核实施方案”的通知》。《万家企业节能目标责任考核实施方案》确定的考核对象为国家发展和改革委公告的万家企业节能低碳行动企业名单内的用能单位。考核内容包括节能目标完成情况和节能措施落实情况两个部分。节能目标完成情况是指“十二五”节能量目标进度完成情况；节能措施落实情况包括组织领导、节能目标责任制、节能管理、技术进步、节能法律法规标准落实等情况。

**2012 年国家先进污染防治示范技术名录**

| 序号 | 技术名称 | 工艺路线 | 主要技术指标 | 适用范围 |
|---|---|---|---|---|
| 八、工业清洁生产技术 | | | | |
| 71 | 氧化白液制备技术 | 该系统的反应器上部为二段填料塔，白液进入二段填料顶部，通过反应器均匀喷洒在填料层，白液从上向下流动，氧气从氧化白液连接部分向上流动，二者产生液相反应，生成氧化白液，代替外购碱，降低碱的成本并更好地控制系统碱平衡 | 成本仅为外购碱的 50%，白液回收前硫化度为 20% ~ 30%，氧化白液硫化钠含量低于 1.5 克/升 | 适用于制浆造纸行业氧化白液的制备 |

**2012 年国家鼓励发展的环境保护技术目录**

| 序号 | 技术名称 | 工艺路线 | 主要技术指标 | 适用范围 |
| --- | --- | --- | --- | --- |
| 一、城镇污水、污泥处理及水体修复技术 | | | | |
| 11 | 电吸附除盐污水回用技术 | 该技术中原水通过提升泵进入精密过滤器去除 10 微米以上的残留固体悬浮物和沉淀物后，进入电吸附（EST）模块，水中溶解性盐类被吸附在电极上，从而净化水质 | 原水电导率为 1000～3000 西/厘米时，系统除盐率为 60%～90%，稳定产水率为 75%～85%；使用寿命≥10 年；耗电量为 1～2 千瓦时/米$^3$；制水成本≤1 元/吨。除了可以选择性除盐，同时对废水中的痕量有机物和氨氮污染物也有较好的去除效果。可根据电压调节来控制除盐率在 60%～90% 范围内变化 | 适用于市政及工业（冶金、化工、电子、电力、制药、纺织、造纸）含盐废水处理 |
| 14 | 污泥高压隔膜压滤脱水技术 | 该技术在浓缩后的污泥中加入化学药品使污泥改性，改性后的污泥先打入高压隔膜压滤机过滤腔室内，然后用高压离心泵将水打入隔膜滤板腔室，对污泥进行隔膜压榨。滤板压紧、过滤、隔膜压榨、滤板拉开、卸料、滤布清洗等过程均实现了自动化控制 | 当进料污泥含水率为 90%～98% 时，出料污泥含水率低于 60%，出料呈半干化状态 | 适用于市政污泥，印染、造纸、电镀、食品等行业废水污泥的脱水及处置 |
| 16 | 污泥干化和清洁焚烧技术 | 该技术采用低压余热蒸汽作为热源，通过螺旋回转式污泥干化机，将污泥从含水率 80% 左右干化至含水率 50% 以下。干化后污泥通过给料机送入污泥焚烧炉。采用石英砂作为炉内的惰性流化介质。污泥焚烧后的飞灰通过尾部除尘装置收集 | 实现污泥从含水率约 80% 干化至含水率 50% 以下 | 适用于市政污水处理、造纸、印染、制革过程中产生的污泥处理 |
| 三、其他工业废水处理、回用与减排技术 | | | | |
| 28 | 糖蜜酒精废液直接浓缩焚烧技术 | 该技术利用耐热渗透酵母菌以间接加热蒸馏的方式生产糖蜜酒精，并对糖蜜酒精废液进行回用，可提高废液排放浓度，减少废液量，使每吨酒精产生 9 吨 20°Bx 的废液。将废液浓缩到 60°Bx（低位热值 7000 焦/千克）后焚烧，可实现浓缩工艺的能量自给 | 焚烧炉渣的钾含量达 15%，可用于制造复合有机肥或加工成硫酸钾 | 适用于酿造、酒精、制糖、造纸、食品等行业高浓度有机废液的处理 |
| 29 | 高浓度有机废水浓缩燃烧发电技术 | 该技术将高浓度有机废水蒸发浓缩，然后直接喷射进生物质锅炉中燃烧（不需添加任何辅助燃料），产生的蒸汽进入汽轮机发电机组发电 | 从发电机组出来的蒸汽用于生产工艺和废水浓缩，在废水浓缩过程中的汽凝水全部回用于生产 | 适用于酿造、酒精、制糖、造纸、食品等行业高浓度有机废液的处理 |
| 六、固体废物综合利用、处理处置及土壤修复技术 | | | | |
| 85 | 碱回收白泥污染控制及资源化技术 | 该技术通过在碱回收苛化工段中增加石灰和苛化绿液，深度净化，提高白泥（碳酸钙）的纯度和白度，达到造纸过程中所加填料碳酸钙的质量要求，回收草浆白泥 | 生产的含水沉淀碳酸钙经烘干后碳酸盐不溶物大于 97%，pH 值为 9～11，筛余物（325 目）小于 0.5%，白度高于 88% | 适用于碱回收白泥的综合利用 |

续表

| 序号 | 技术名称 | 工艺路线 | 主要技术指标 | 适用范围 |
|---|---|---|---|---|
| 八、工业清洁生产技术 | | | | |
| 144 | 竹浆高效高白度清洁漂白技术 | 该技术采用氧气和过氧化氢为主要漂白剂取代全氯漂白剂，通过活化处理，提高过氧化氢漂白效果 | 漂后浆白度达到85% ISO。与传统的全氯漂白比较，有效氯用量减少70%、AOX产生量减少70%、清水用量减少60%、漂白废水排放量减少60% | 适用于造纸行业纸浆漂白生产线的新建和旧全氯漂白生产线的改造 |
| 145 | 纸浆生物助漂技术 | 该技术采用木聚糖酶AU－PE89进行纸浆助漂。木聚糖酶AU－PE89只降解木聚糖而不能使纤维素分解，它在碱法制浆的高温和碱性环境下有效，在降解木聚糖的同时破坏LCC联接，有利于这部分木素的脱除；此外，木聚糖酶通过水解部分被吸回的木聚糖使残余木素暴露出来，使得化学药品易与残余木素发生作用，从而达到脱除木素的目的 | 降低漂白化学品15%～50%，漂白段废水$COD_{Cr}$总量下降15%～35% | 适用于碱法麦草浆、碱法苇浆、碱法蔗渣浆、碱法杨木浆、硫酸盐桉木浆、硫酸盐马尾松等制浆工艺的清洁生产 |

## 国家能源局发布《生物质能发展“十二五”规划》

7月24日，国家能源局发布《关于印发“生物质能发展‘十二五’规划”的通知》。

《生物质能发展“十二五”规划》确定了发展目标：到2015年，生物质能年利用量超过5000万吨标准煤。其中，生物质发电装机容量1300万千瓦，年发电量约780亿千瓦时，生物质年供气220亿米$^3$，生物质成型燃料1000万吨，生物液体燃料500万吨，建成一批生物质能综合利用新技术产业化示范项目。《生物质能发展“十二五”规划》确定的重点任务是：加快生物质能规模化开发利用，推进先进生物质能综合利用产业化示范（纤维素原料生物燃料多联产示范、微藻生物燃料多联产示范工程、生物质热化学转化制备液体燃料及多联产示范工程、大型沼气综合利用示范工程），组织生物质能推广利用重点工程，加强生物质能技术装备和产业体系建设。

## 工业和信息化部发布《产业转移指导目录（2012年本）》

7月26日，工业和信息化部发布了《产业转移指导目录（2012年本）》（以下简称《转移目录》）。

《转移目录》着力推进现有产能的布局调整和优化，主要对15个传统行业提出了转移的方向和重点，并与《全国主体功能区规划》、国家出台的区域规划和区域政策文件及《工业转型升级规划(2011—2015年)》进行了很好的衔接，是工业和信息化部深入贯彻党中央国务院关于完善政策措施，推进产业有序转移，加快工业转型升级，促进区域协调发展的决策部署，落实国家区域发展战略，针对区域工业经济发展提出的一项综合性、指导性的产业政策。

## 国务院印发《节能减排“十二五”规划》

8月6日，国务院以国发〔2012〕40号文印发《节能减排“十二五”规划》（以下简称《规划》）。

《规划》要求加快形成转变经济发展方式的倒逼机制，建立健全有效的激励和约束机制，大幅度提高能源利用效率，显著减少污染物排放。到2015年，全国万元国内生产总值能耗下降到0.869吨标准煤（按2005年价格计算），比2010年的1.034吨标准煤下降16%（比2005年的1.276吨标准煤下降32%）。“十二五”期间，实现节约能源6.7亿吨标准煤。

《规划》明确，到2015年，全国化学需氧量和二氧化硫排放总量分别控制在2347.6万吨、2086.4万吨，比2010年的2551.7万吨、2267.8万吨各减少8%，分别新增削减能力601万吨、654万吨；全国氨氮和氮氧化物排放总量分别控制在238万吨、

2046.2 万吨，比 2010 年的 264.4 万吨、2273.6 万吨各减少 10%，分别新增削减能力 69 万吨、794 万吨。

## 国家能源局发布《可再生能源发展“十二五”规划》

8 月 6 日，国家能源局组织制定的《可再生能源发展“十二五”规划》（下称《规划》）和水电、风电、太阳能、生物质能 4 个专题规划正式发布，我国可再生能源将进入更大规模发展的新阶段。

《规划》确定的总体目标为：到 2015 年，可再生能源年利用量达到 4.78 亿吨标准煤，其中，商品化年利用量达到 4 亿吨标准煤，在能源消费中的比例达到 9.5% 以上。2015 年各类可再生能源的发展指标是：水电装机容量 2.9 亿千瓦，累计并网运行风电 1 亿千瓦，太阳能发电 2100 万千瓦，太阳能热利用累计集热面积 4 亿米$^2$，生物质能利用量 5000 万吨标准煤。

《规划》列出了八大重点工程：大型水电基地建设、大型风电基地建设、海上风电建设、太阳能电站基地建设、生物质替代燃料、绿色能源示范县建设、新能源示范城市建设、新能源微电网示范建设。

## 国务院办公厅印发《“国家环境保护‘十二五’规划”重点工作部门分工方案的通知》

8 月 21 日，国务院办公厅印发《国务院办公厅关于印发“国家环境保护‘十二五’规划”重点工作部门分工方案的通知》，明确国家环境保护“十二五”规划重点工作部门分工方案。

《国家环境保护“十二五”规划》重点工作部门分工方案主要包括推进主要污染物减排、切实解决突出环境问题、加强重点领域环境风险防控、完善环境保护基本公共服务体系、完善政策措施 5 个部分，从加大结构调整力度、着力削减化学需氧量和氨氮排放量、加大二氧化硫和氮氧化物减排力度、改善水环境质量、实施多种大气污染物综合控制、加强土壤环境保护、强化生态保护和监管、推进环境风险全过程管理、加强核与辐射安全管理、遏制重金属污染事件高发态势、推进固体废物安全处理处置、健全化学品环境风险防控体系等方面进行了明确。

## 工业和信息化部发布《2012 年工业行业淘汰落后产能企业名单（第二批）》

9 月 6 日，工业和信息化部发布 2012 年第 39 号公告，将《2012 年工业行业淘汰落后产能企业名单（第二批）》予以公告（以下简称《公告》）。

《公告》要求，有关省（区、市）要采取有效措施，力争在 2012 年 9 月底前全部关停列入公告名单内企业的落后产能，确保在 2012 年底前彻底拆除淘汰，不得向其他地区和周边国家转移，并按照《关于印发“淘汰落后产能工作考核实施方案”的通知》（工信部联产业〔2011〕46 号）要求，做好对淘汰落后产能企业的现场检查验收和任务完成情况公告工作。

其中，涉及炼铁、炼钢、水泥（熟料和磨机）、平板玻璃、造纸等 15 个领域的 182 家企业。在淘汰落后产能的 51 家造纸企业约 115 万吨产能中，有 20 家黑龙江造纸企业，15 家河北造纸企业等。

## 三部门联合发布《关于深入推进节水型企业建设工作的通知》

9 月 12 日，工业和信息化部、水利部和全国节约用水办公室联合发布《关于深入推进节水型企业建设工作的通知》（以下简称《通知》），决定在重点用水工业行业开展节水型企业建设工作。《通知》确立了重点用水工业行业开展节水型企业建设工作的主要目标，并提出了具体要求。

主要目标：2013 年底前，在钢铁、纺织染整、造纸、石油炼制等重点用水行业开展节水型企业创建活动，树立一批行业内有代表性、产品结构合理、用水管理基础较好、用水指标达到行业领先水平的节水标杆企业典范，发布行业节水标杆指标；引导其他企业向标杆企业对标达标，推进节水型企业建设。2014 年底前，将节水型企业创建的范围逐步扩大到食品发酵、化工、有色金属等其他重点用水行业。2015 年底前，钢铁、纺织染整、造纸、石油炼制等重点用水行业企业全部达到节水型企业标准，并在工业领域形成节水型企业建设长效机制。

具体要求：完善企业节水管理制度；加强定额

管理，向先进水平对标达标；加强用水管网（设备）建设，完善用水计量配备和管理；加强节水技术改造，推进节水技术进步；加强冷凝水、冷却水循环利用，推进工业废水回用，提高水资源重复利用率，积极努力推进废水“零”排放；提高职工节水意识。

## 《重点区域大气污染防治“十二五”规划》发布

10 月 29 日，环境保护部、国家发展和改革委、财政部发布《关于印发“重点区域大气污染防治‘十二五’规划”的通知》。

《重点区域大气污染防治“十二五”规划》（以下简称《规划》）明确了 13369 个重点工程项目，投资总额达 3500 亿元。《规划》明确的重点工程项目包括：二氧化硫污染治理、氮氧化物污染治理、工业烟粉尘治理、重点行业挥发性有机物治理、油气回收治理、黄标车淘汰、扬尘综合整治和能力建设等 8 类项目。

该《规划》范围包括京津冀、长三角、珠三角等 13 个重点区域，涉及 19 个省（区、市），117 个地级及以上城市，规划面积 13256 万公顷，面积、人口、经济总量、煤炭消费分别占全国的 14%、48%、71%、52%，二氧化硫、氮氧化物、烟粉尘、挥发性有机物排放量分别占全国的 48%、51%、42%、50%。

《规划》提出，到 2015 年，重点区域二氧化硫、氮氧化物、工业烟粉尘排放量分别下降 12%、13%、10%，挥发性有机物污染防治工作全面展开；环境空气质量有所改善，可吸入颗粒物（PM10）、二氧化硫、二氧化氮、细颗粒物（PM2.5）年均浓度分别下降 10%、10%、7%、5%，臭氧污染得到初步控制，酸雨污染有所减轻；建立区域大气联防联控机制，区域大气环境管理能力明显提高。针对京津冀、长三角、珠三角区域复合型污染十分严重的特点，要求 PM2.5 年均浓度下降 6%。

## 《关于开展 2013 年产业振兴和技术改造专项有关工作的通知》发布

11 月 12 日，国家发展和改革委办公厅、工业和信息化部办公厅下发《关于开展 2013 年产业振兴和技术改造专项有关工作的通知》（以下简称《通知》）。

《通知》明确了主要原则、工作重点和工作要求及程序。《通知》要求各地发展和改革委、工业和信息化部主管部门和中央企业集团于 2012 年 12 月 28 日前上报项目申请。

《2013 年产业振兴和技术改造专项》由国家发展和改革委、工业和信息化部共同组织安排，重点支持节能与新能源汽车产业化、装备核心能力提升、冶金工业关键产品工艺开发应用及升级改造、新型绿色建材及无机非金属新材料发展、石化化工有效能力提升、医药安全保障能力建设、轻纺工业重点领域技术改造、企业信息化水平提升、产品开发和检验（监）测能力提升、中西部地区特色产业升级和技术改造等 10 个重点专题。

## 国家知识产权局、科技部等九部门联合发布《关于加快培育和发展知识产权服务业的指导意见》

12 月 6 日，科技部网站发布了国家知识产权局、科技部等九部门联合发布的《关于加快培育和发展知识产权服务业的指导意见》（以下简称《意见》）。

《意见》要求，知识产权服务业要为自主创新提供有效的知识产权服务；促进闲置专利的筛选和实施，为高校和科研机构的专利转化提供多元化、市场化的渠道；鼓励科技企业积极利用商标和商业秘密制度保护创新成果；强化科技创新中的知识产权导向，健全国家科技计划和科技重大专项知识产权管理制度；鼓励科技企业孵化器、生产力促进中心、技术转移机构、大学科技园等机构提供知识产权服务，提升科技创新层次，保护科技创新成果，促进转化应用。

## 中央经济工作会议强调化解产能过剩矛盾

12 月 15—16 日，中央经济工作会议在北京举行。会议提出，2013 年要充分利用国际金融危机形成的倒逼机制，把化解产能过剩作为工作重点，总的原则是尊重规律、分业施策、多管齐下、标本兼治。会议指出，当前我国发展仍面临不少风险和挑战，不平衡、不协调、不可持续问题依然突出，经济增长下行压力和产能相对过剩的矛盾有所加剧，企业生产经营成本上升和创新能力不足的问题并存，金融领域存在潜在风险，经济发展和资源环境的矛盾仍然突出。必须保持清醒头脑，增强忧患意识，深入分析问题背后的原因，采取有效举措加以解决。

会议提出，要加强对各个产能过剩行业发展趋势的预测，制订有针对性的调整和化解方案；要着力增强创新驱动发展新动力，注重发挥企业家才能，加快科技创新，加强产品创新、品牌创新、产业组织创新、商业模式创新；要合理安排生产力布局，对关系国民经济命脉、规模经济效益显著的重大项目，必须坚持全国一盘棋，统筹规划，科学布局。

（梁 川）

# 2012 年我国主要木质林产品生产及进出口概况

# General Situation of Production, Import and Export of Wooden Products in China in 2012

我国市场的木材供给来源于国产木材和进口木材 2 个渠道。2012 年，全国木材产量 8174.87 万米$^3$，与 2011 年基本持平。主要木质林产品（包括原木、锯材、可连接型材、单板、人造板、木片、枕木、木浆、纸和纸板、废纸、纸制品、木家具）进口共计折合木材 2.7 亿米$^3$，进口金额 371.15 美元，出口共计折合木材 0.7 亿米$^3$，进出口贸易总额为 742.96 亿美元。

## 一、主要木质林产品生产情况

1. 木材

2012 年全国木材产量 8174.87 万米$^3$。其中，原木产量 7494.37 万米$^3$，比 2011 年增长 0.60%；薪材产量 680.50 万米$^3$，比 2011 年减少 2.26%。2012 年全国竹材产量 16.44 亿根，比 2011 年增长 6.82%。

2. 锯材

2012 年全国锯材产量 5568.19 万米$^3$，比 2011 年增长 24.84%。

3. 木片、木粒加工产品

2012 年全国木片、木粒加工产品 2906.93 万米$^3$ 实积，比 2011 年增长 29.92%。

2012 年全国木质林产品产量情况见表 1。

表 1　　2012 年全国木质林产品产量

| 产品名称 | 2011 年 | 2012 年 | 同比增长/% |
|---|---|---|---|
| 木材产量/万米$^3$ | 8145.92 | 8174.87 | 0.35 |
| 其中：原木产量/万米$^3$ | 7449.64 | 7494.37 | 0.60 |
| 薪材产量/万米$^3$ | 696.28 | 680.50 | -2.26 |
| 锯材产量/万米$^3$ | 4460.25 | 5568.19 | 24.84 |
| 木片、木粒加工产品产量/万实积米$^3$ | 2237.33 | 2906.93 | 29.92 |
| 竹材产量/亿根 | 15.39 | 16.44 | 6.82 |
| 人造板产量/万米$^3$ | 20919.29 | 22335.79 | 6.77 |
| 其中：胶合板产量/万米$^3$ | 9869.63 | 10981.17 | 11.26 |
| 纤维板产量/万米$^3$ | 5562.12 | 5800.35 | 4.28 |
| 刨花板产量/万米$^3$ | 2559.39 | 2349.55 | -8.20 |
| 其他人造板产量/万米$^3$ | 2928.15 | 3204.71 | 9.44 |
| 木竹地板产量/亿米$^2$ | 6.29 | 6.04 | -3.97 |
| 人造板表面装饰板产量/亿米$^2$ | 2.66 | 1.92 | -27.81 |
| 单板产量/万米$^3$ | 3173 | 3492 | 10.05 |

注：数据来源国家林业局。

## 二、主要木质林产品进口情况

2012 年全国主要木质林产品进口共计折合木材 2.70 亿米$^3$，进口额 371.15 亿美元。

1. 原木

2012 年我国进口原木 3789.27 万米$^3$，进口额 72.51 亿美元，比 2011 年分别减少 10.50% 和 12.40%。

2. 锯材

2012 年我国进口锯材 2066.84 万米$^3$，进口额 55.2 亿美元，比 2011 年分别减少 4.30% 和 3.50%。

3. 木片

2012 年我国进口木片 759.05 万吨，进口额 13.33 亿美元，比 2011 年分别增长 15.15% 和 14.75%。

2012 年我国主要木质林产品进口情况见表 2。

表 2　　2012 年我国主要木质林产品进口情况

| 产品名称 | 进口量 | 金额/亿美元 | 同比增长/% | | 折合木材量/万米$^3$ |
|---|---|---|---|---|---|
| | | | 数量 | 金额 | |
| 原木进口量/万米$^3$ | 3789.27 | 72.51 | -10.46 | -12.37 | 3789.27 |
| 锯材进口量/万米$^3$ | 2066.84 | 55.24 | -4.34 | -3.46 | 2955.58 |
| 单板进口量/万吨 | 25.72 | 1.35 | 71.27 | 13.95 | 64.30 |
| 可连接型材进口量/万吨 | 1.41 | 0.31 | 1.39 | 3.19 | 2.82 |
| 胶合板进口量/万米$^3$ | 17.87 | 1.20 | -5.17 | -0.21 | 44.68 |
| 纤维板进口量/万吨 | 14.51 | 0.94 | -28.49 | -12.52 | 29.02 |
| 刨花板进口量/万吨 | 35.15 | 1.17 | -1.15 | -4.34 | 70.3 |
| 木片进口量/万吨 | 759.05 | 13.33 | 15.15 | 14.75 | 1518.10 |
| 木浆进口量/万吨 | 1646.36 | 110.42 | 13.98 | -7.52 | 7079.35 |
| 废纸进口量/万吨 | 3006.71 | 62.74 | 10.22 | -9.96 | 10192.75 |
| 纸、纸板及纸制品进口量/万吨 | 325.36 | 45.98 | -6.44 | -9.04 | 1268.90 |
| 木家具进口量/万件 | 636.83 | 5.96 | 15.83 | 9.06 | 30.57 |
| 合 计 | | 371.15 | | | 27045.63 |

注：1. 数据来源国家林业局。

2. 锯材中包含了枕木。

3. 可连接型材主要指地板条和木线。

4. 折算系数：锯材 1∶1.43；单板 1∶2.5；可连接型材 1∶2；胶合板 1∶2.5；纤维板 1∶2；刨花板 1∶2；木片 1∶2；木浆 1∶4.3；废纸 1∶3.39；纸、纸板及纸制品 1∶3.9；木家具每件折合木材 0.048 米$^3$。

## 三、主要木质林产品出口情况

2012 年我国主要木质林产品出口共计折合木材 0.71 亿米$^3$，比 2011 年减少 6.67%；出口额 371.81 亿美元，比 2011 年减少 0.61%。

1. 原木

2012 年我国出口原木 0.36 万米$^3$，出口额 0.02 亿美元，比 2011 年分别减少 75.18% 和 74.53%。

2. 锯材

2012 年我国出口锯材 47.98 万米$^3$，出口额 3.31 亿美元，比 2011 年分别减少 11.83% 和 8.08%。

3. 木片

2012 年我国出口木片 2.24 万吨，出口额 0.05 亿美元，比 2011 年分别减少 43.43% 和 16.84%。

2012 年我国主要木质林产品出口情况见表 3。

## 四、2012 年主要木质林产品市场情况分析

1. 林产品出口增速持续放缓，进口呈负增长

出口增速放缓主要是由于我国传统的优势林产品如木家具、胶合板、纸产品等出口显著减少。2012 年木家具出口额增幅仅为 7.1%，2011 年增幅为 30%；纸产品出口额增幅为 6.3%，2011 年增幅为 35.0%；木制品出口额增幅为 7.7%，2011 年增幅为 9.7%。

进口负增长主要原因：①一些传统大宗进口的原料类商品进口价格大幅下跌，进口数量虽然增长而进口金额减少。如全年纸浆进口量增长 14.0%，而进口额减少 7.5%；天然橡胶进口量增长 3.6%，而进口额减少 27.4%；废纸进口量增长 10.2%，而进口额减少 10.0%；棕榈油进口量增长 7.3%，而进口额减少 2.0%。②由于某些进口大宗商品量价齐跌。如原木和锯木材进口数量和金额均大幅下挫。受房地产市场调控的影响，一些主要用于建筑业的针叶木材进口显著减少，其中，樟子松和红松进口降幅较大，进口量和金额分别减少 34.0% 和 36.0%。

2. 美国市场需求平稳增加，欧盟和日本市场需求依旧不振

美国住宅市场指数持续上升，超低住房抵押贷款利率和首付比例，促使刚需不断释放，对木材及其产品的需求企稳向上。我国全年对美国出口同比

增长 11.2%，仍然是我国主要出口市场；在欧盟市场，尽管 12 月欧元区经济景气指数和消费者信心指数均好于预期，但 PMI 再度回落，我国全年对欧盟市场出口同比下降 1.3%；日本目前公共债务规模过大，通胀压力或进一步增加系统性的金融风险，家庭消费信心指数下降，对木材及其产品需求下降，致使对日本出口同比减少 4.4%；此外，全年对东盟出口微降 0.6%。

2012 年我国对美国、欧盟、日本和东盟的进出口情况见表 4。

**表 3　　2012 年我国主要木质林产品出口情况**

| | 出口量 | 金额/亿美元 | 同比增长/% | | 折合木材量/万米$^3$ |
|---|---|---|---|---|---|
| | | | 数量 | 金额 | |
| 原木出口量/万米$^3$ | 0.36 | 0.02 | -75.18 | -74.53 | 0.36 |
| 锯材出口量/万米$^3$ | 47.98 | 3.31 | -11.83 | -8.08 | 68.61 |
| 单板出口量/万吨 | 15.42 | 2.34 | -16.71 | -14.31 | 38.55 |
| 可连接型材出口量/万吨 | 41.53 | 6.93 | 3.96 | 9.94 | 83.06 |
| 胶合板出口量/万米$^3$ | 1003.26 | 47.96 | 4.81 | 10.50 | 2508.15 |
| 纤维板出口量/万吨 | 277.58 | 16.14 | 10.93 | 12.39 | 555.16 |
| 刨花板出口量/万吨 | 14.43 | 0.69 | 8.76 | 21.94 | 28.86 |
| 木片出口量/万吨 | 2.24 | 0.05 | -43.43 | -16.84 | 4.48 |
| 木浆出口量/万吨 | 7.98 | 1.27 | -19.45 | -44.86 | 34.31 |
| 废纸出口量/万吨 | 0.24 | 0.01 | -31.79 | 5.62 | 0.81 |
| 纸、纸板及纸制品出口量/万吨 | 606.54 | 109.78 | 1.13 | 6.33 | 2365.51 |
| 木家具出口量/万件 | 28699.11 | 183.31 | -0.69 | 7.10 | 1377.56 |
| 合　计 | | 371.81 | | | 7065.42 |

注：同表 2。

**表 4　　2012 年我国对美国、欧盟、日本和东盟的进出口情况**

| 国家或地区 | 进口额/亿美元 | 增长/% | 出口/亿美元 | 增长/% | 进出口贸易总额/亿美元 | 增长/% |
|---|---|---|---|---|---|---|
| 美国 | 78.4 | -7.5 | 133.2 | 11.2 | 211.5 | 3.5 |
| 欧盟 | 82.9 | 1.5 | 94.7 | -1.3 | 177.6 | -0.03 |
| 日本 | 18.0 | -9.8 | 62.0 | 4.4 | 79.9 | 0.8 |
| 东盟 | 229.2 | -7.0 | 77.7 | -0.6 | 306.9 | -5.4 |

3. 新兴市场需求企稳，出口向好迹象显著

2012 年我国对新兴国家市场贸易状况优于发达国家。受美国整体经济温和复苏影响和带动，新兴市场需求进一步企稳，整体向好迹象显著。2012 年 12 月对印度、南非、俄罗斯、巴西均有不同程度的提高，同比分别增长 26.6%，49.5%，13.7% 和 56.4%。全年对新兴国家市场出口除印度负增长以外，对其他新兴国家市场出口增长均超过 10%。

2012 年我国对新兴国家市场的进出口情况见表 5。

**表 5　　2012 年我国对新兴国家市场的进出口情况**

| 国家 | 进口额/亿美元 | 增长/% | 出口/亿美元 | 增长/% | 进出口贸易总额/亿美元 | 增长/% |
|---|---|---|---|---|---|---|
| 印度 | 1.2 | -7.3 | 8.3 | -12.2 | 9.5 | -11.6 |
| 南非 | 3.1 | 10.3 | 4.4 | 10.8 | 7.6 | 10.6 |
| 俄罗斯 | 38.0 | -16.2 | 13.2 | 10.5 | 51.2 | -10.7 |
| 巴西 | 19.7 | -9.9 | 3.8 | 16.5 | 23.5 | -6.4 |
| 墨西哥 | 0.9 | -17.4 | 3.7 | 18.6 | 4.6 | 9.8 |

（田　野）

# 2011 年世界造纸工业概况

# General Situation of Global Paper Industry in 2011

## 一、全球纸浆、纸和纸板的产量及消费量

1. 纸和纸板产量

2011 年全球纸和纸板总产量 3.9898 亿吨，比 2010 年增长 1.2%。各大品种产量分别是新闻纸 3155 万吨，比 2010 年的 3254 万吨减少 3.0%；印刷书写纸 1.105 亿吨，比 2010 年的 1.114 亿吨减少 0.8%；生活用纸 3032 万吨，比 2010 年的 2908 万吨增长 4.3%；瓦楞材料（瓦楞原纸和箱纸板）1.427 亿吨，比 2010 年的 1.391 亿吨增长 2.6%；其他纸板 5218 万吨，比 2010 年的 5152 万吨增长 1.3%。在产品结构方面，新闻纸占 7.9%，2010 年则占 8.3%；印刷书写纸占 27.7%，2010 年占 28.3%；生活用纸占 7.6%，2010 年占 7.4%；瓦楞纸板占 35.8%，2010 年占 35.3%；其他纸板占 13.1%，与 2010 年相同。新闻纸在纸和纸板总产量中所占比例继续呈下降趋势，2003 年占 11.0%，2008 年占 9.5%，2009 年降至 8.7%，到 2010 年占 8.3%，2011 年进一步降至 7.9%。

世界纸和纸板产量以亚洲地区最高，欧洲其次，北美洲居第 3 位。2011 年它们的产量分别为 1.717 亿吨、1.081 亿吨和 0.872 亿吨，分别占全球总产量的 43.0%、27.1% 和 21.9%。与 2010 年相比，亚洲产量增长 4.4%，欧洲下降 1.2%，北美下降 1.7%。

2011 年中国纸和纸板产量居世界首位，美国第 2，日本第 3。它们的产量分别为 9930 万吨、7508 万吨和 2663 万吨，分别比 2010 年增长 7.1%、下降 1.0% 和 2.7%。这 3 个国家纸和纸板产量分别占全球纸和纸板总产量的 24.9%、18.8% 和 6.7%，这 3 个国家纸和纸板总产量占全球纸和纸板产量的 50.4%，已超过 1/2。中国纸和纸板总产量在全球总产量所占比例由 2005 年的 15.3% 增长至 2011 年的 24.9%，接近全球总量的 1/4。

表 1 是 2011 年纸和纸板产量排名前 10 位的国家。

2010 年排名前 10 位的国家仍旧全部入围 2011 年的前 10 位，只是韩国从第 8 位跃居至第 6 位，超过瑞典和芬兰；巴西则超过印度尼西亚，名列第 9 位。其他排名不变。在这 10 个造纸大国中，有 6 个国家是负增长，尤以加拿大和芬兰为甚，分别为 -5.3% 和 -3.7%。而中国和韩国分别以 7.1% 和 3.5% 的速度增长。

**表 1 2011 年纸和纸板产量排名前 10 位的国家**

| 排序 | 国家 | 产量/万吨 | 同比增长/% |
|---|---|---|---|
| 1 | 中国 | 9930.0 | 7.1 |
| 2 | 美国 | 7508.3 | -1.0 |
| 3 | 日本 | 2662.7 | -2.7 |
| 4 | 德国 | 2269.8 | -1.6 |
| 5 | 加拿大 | 1211.2 | -5.3 |
| 6 | 韩国 | 1149.2 | 3.5 |
| 7 | 芬兰 | 1132.9 | -3.7 |
| 8 | 瑞典 | 1129.8 | -0.9 |
| 9 | 巴西 | 1015.9 | 1.8 |
| 10 | 印度尼西亚 | 1003.5 | 1.2 |

2. 纸浆产量

2011 年全球纸浆总产量为 1.838 亿吨，比 2010 年的 1.829 亿吨增长 0.5%。其中，化学浆产量 1.311 亿吨，比 2010 年增长 1.5%；机械浆 3139 万吨，比 2010 年下降 2.1%；北美地区纸浆总产量为 6805 万吨，比 2010 年增长 0.3%；北美地区纸浆总产量占全球纸浆总产量的 37.0%。欧洲和亚洲纸浆总产量分别为 4659 万吨和 4234 万吨，分别占全球总产量的 25.3% 和 23.0%。全球机械浆生产集中在北美洲和欧洲，它们的产量分别为 1200 万吨和 1267 万吨。这 2 个地区机械浆产量总和占全球机械浆总产量的 78.6%。

美国、中国和加拿大是纸浆产量最多的 3 个国

家，2011 年它们的纸浆总产量分别是 4974 万吨、2063 万吨和 1831 万吨。

表 2 列出了 2011 年纸浆产量排名前 10 位的国家。10 个产浆大国的排名与 2010 年相比没有变化。10 个国家中有半数是负增长，智利则以 18.5% 的增幅增长最快。

**表 2　2011 年纸浆产量前 10 位的国家**

| 排序 | 国家 | 产量/万吨 | 同比增长/% |
|---|---|---|---|
| 1 | 美国 | 4974 | 0.9 |
| 2 | 中国 | 2063 | 2.9 |
| 3 | 加拿大 | 1831 | -1.2 |
| 4 | 巴西 | 1389 | -2.1 |
| 5 | 瑞典 | 1186 | -0.2 |
| 6 | 芬兰 | 1036 | -1.4 |
| 7 | 日本 | 902 | -4.0 |
| 8 | 俄罗斯 | 745 | 0.4 |
| 9 | 印度尼西亚 | 681 | 4.3 |
| 10 | 智利 | 488 | 18.5 |

2011 年全球纸浆表观消费量为 1.838 亿吨，其中木浆 1.680 亿吨，非木浆 1575 万吨。2011 年纸浆表观消费量比 2010 年的 1.821 亿吨增长 0.9%。

3. 纸和纸板消费量

2011 年全球纸和纸板表观消费量为 3.990 亿吨，比 2010 年增长 1.1%。全球人均表观消费量为 56.8 千克，世界各地区中以北美人均消费量最高，为 225.5 千克，其次是大洋洲和欧洲，分别为 135.9 千克和 118.3 千克。亚洲地区人均消费量为 44.5 千克，拉丁美洲人均消费量为 45.9 千克，非洲只有 7.6 千克。

2011 年世界各国中，中国纸和纸板消费量最高，为 9752 万吨；其次是美国，为 7237 万吨；第 3 位是日本，为 2804 万吨。这 3 个国家的人均消费量分别是 73 千克、231 千克和 220 千克。

表 3、表 4 分别列出 2011 年纸和纸板表观消费量和人均表观消费量前 5 位的国家。

与 2010 年相比，印度已取代意大利位列 5 大纸和纸板消费大国。除上述 5 个国家，纸和纸板表观消费量超过 1000 万吨的还有意大利 1059.9 万吨和英国 1027.4 万吨。这 7 个消费大国除中国、日本和印度，消费量均比 2010 年有不同程度的下降。

2011 年，阿联酋人均表观消费量 224.8 千克排入全球前 5 位，芬兰的人均表观消费量则由 2010 年的 281 千克降至 2011 年的 195.7 千克，退出前 5 位。人均表观消费量在 200 千克以上的除了表 4 所列的 5 国，还有日本 220 千克、瑞典 213 千克和丹麦 207 千克。

**表 3　2011 年纸和纸板表观消费量前 5 位的国家**

| 排序 | 国家 | 表观消费量/万吨 | 同比增长/% |
|---|---|---|---|
| 1 | 中国 | 9752 | 6.3 |
| 2 | 美国 | 7237 | -2.7 |
| 3 | 日本 | 2804 | 0.5 |
| 4 | 德国 | 1977 | -0.1 |
| 5 | 印度 | 1148 | 5.9 |

**表 4　2011 年纸和纸板人均表观消费量前 5 位的国家**

| 排序 | 国家 | 人均表观消费量/万吨 |
|---|---|---|
| 1 | 比利时 | 317.4 |
| 2 | 奥地利 | 260.7 |
| 3 | 德国 | 243.2 |
| 4 | 美国 | 230.6 |
| 5 | 阿联酋 | 224.8 |

## 二、世界纸业贸易概况

1. 纸浆

表 5 和表 6 分别是纸浆净进口量、出口量较多的国家。

**表 5　2011 年主要纸浆净进口国**

| 排序 | 国家 | 净进口量/万吨 |
|---|---|---|
| 1 | 中国 | 1435 |
| 2 | 德国 | 375 |
| 3 | 意大利 | 326 |
| 4 | 韩国 | 245 |
| 5 | 日本 | 134 |

**表 6　2011 年主要纸浆净出口国**

| 排序 | 国家 | 净出口量/万吨 |
|---|---|---|
| 1 | 加拿大 | 906 |
| 2 | 巴西 | 808 |
| 3 | 智利 | 401 |
| 4 | 瑞典 | 242 |
| 5 | 印度尼西亚 | 211 |

纸浆净进口量较多的国家有中国、德国、意大利、韩国、日本 5 国，它们的净进口总量为 2515 万吨。除德国进口量有较大减少（-8.9%）外，其

余4国净进口量均有所增长。纸浆净出口量较多的国家是加拿大、巴西、智利、瑞典和印度尼西亚，它们的净出口总量为2568万吨。此外芬兰、俄罗斯、乌拉圭、葡萄牙和新西兰也有较多纸浆净出口，分别为200万吨、177万吨、103万吨、89万吨和84万吨。

2011年全球木浆总产量为1.681亿吨，总出口量为4514万吨，占总产量的26.9%。其中漂白硫酸盐针叶木浆总出口量为1883万吨，漂白硫酸盐阔叶木浆总出口量为2061万吨；漂白硫酸盐针叶木浆的出口量占其产量的53.6%，而漂白硫酸盐阔叶木浆的出口量占其产量的34.7%。

2. 废纸

2011年全球废纸回收量为2.2818亿吨，回收率为57.2%。欧洲废纸回收量为6407万吨，回收率为65.5%；北美洲回收量为5238万吨，回收率为66.7%；亚洲回收量为9145万吨，回收率为52.6%。北美是最主要的废纸净出口地区，2011年净出口量为2122万吨，欧洲净出口量905万吨，大洋洲净出口量158万吨。上述3个地区总的净出口量为3185万吨。亚洲、拉丁美洲和非洲都是废纸净进口地区，因此理论上全球可供应的废纸量也应为3000万吨左右。亚洲2011年废纸净进口量为2945万吨。

2011年废纸进口量最多的是中国，高达2728万吨，比上年增加293万吨。同年北美地区和欧洲地区废纸净出口总量为3027万吨，只比中国净进口量多299万吨。2011年中国的进口量占亚洲废纸净进口总量2945万吨的92.6%。

表7是2011年一些国家的废纸回收量及进出口量。

**表7　　2011年一些国家的废纸回收量及进出口量**

| 国家 | 回收量/万吨 | 回收率/% | 利用率/% | 出口量/万吨 | 进口量/万吨 | 废纸用量/万吨 |
|---|---|---|---|---|---|---|
| 美国 | 4780 | 66.1 | 36.1 | 2093 | 91 | 2710 |
| 日本 | 2137 | 76.2 | 63.8 | 443 | 4 | 1698 |
| 德国 | 1527 | 77.2 | 70.8 | 339 | 419 | 1607 |
| 英国 | 803 | 78.2 | 86.6 | 445 | 18 | 376 |
| 法国 | 715 | 74.0 | 59.9 | 289 | 85 | 510 |
| 意大利 | 629 | 59.3 | 55.2 | 172 | 48 | 504 |
| 中国 | 4415 | 45.3 | 71.2 | 0.36 | 2728 | 7075 |

3. 纸和纸板产品

2011年全球新闻纸进口量为1314万吨，出口量为1311万吨；印刷书写纸进口量为4441万吨，出口量为4456万吨，其中涂布纸进口量和出口量分别为2138万吨和2152万吨；瓦楞材料的进口量和出口量分别为2255万吨和2344万吨；生活用纸的进口量和出口量分别为656万吨和642万吨。

表8和表9分别是一些国家和地区纸和纸板的净出口量和净进口量。

由表8可见，芬兰、瑞典和加拿大是纸和纸板净出口量最多的国家，芬兰的净出口量占其纸和纸板总产量的91%，瑞典占83%，加拿大占49%。从表9可见，英国是纸和纸板净进口量最多的国家，它的净进口量为593万吨，占其表观消费量的58%，1/2以上的消费量依赖于进口。净进口量较多的国家还有土耳其和墨西哥，它们的净进口量分别为239万吨和238万吨。

**表8　　2011年一些国家纸和纸板净出口量**

| 排序 | 国家 | 净出口量/万吨 |
|---|---|---|
| 1 | 芬兰 | 1030 |
| 2 | 瑞典 | 936 |
| 3 | 加拿大 | 597 |
| 4 | 印度尼西亚 | 344 |
| 5 | 德国 | 293 |
| 6 | 奥地利 | 276 |
| 7 | 韩国 | 194 |
| 8 | 俄罗斯 | 74 |

**表9　2011年一些国家（地区）纸和纸板净进口量**

| 排序 | 国家（地区） | 净进口量/万吨 |
|---|---|---|
| 1 | 英国 | 593 |
| 2 | 土耳其 | 239 |
| 3 | 墨西哥 | 238 |
| 4 | 印度 | 183 |
| 5 | 意大利 | 147 |
| 6 | 比利时 | 135 |
| 7 | 中国香港 | 104 |

表 10 是 2011 年一些国家新闻纸产量及进出口量。2011 年加拿大的新闻纸无论是产量还是出口量都位列第 1。出口量为 367 万吨，占产量的 84%。中国新闻纸产量位列第 2。出口量第 2 的仍是瑞典，2011 年出口量为 202 万吨，维持多年来的水平，占其新闻纸总产量的 95%。俄罗斯新闻纸出口量 131 万吨，是国际上第三大新闻纸出口国。新闻纸产量在 300 万吨以上的国家有加拿大、中国和日本。上述 3 国新闻纸总产量 1150 万吨，占全球新闻纸总产量的 37%。中国新闻纸产量占全球新闻纸总产量的 12%。美国是进口新闻纸最多的国家，2011 年进口量为 203 万吨，占其消费量的 48%。美国新闻纸消费量由 2008 年的 681 万吨锐减至 2011 年的 426 万吨，仅 3 年时间减少了 255 万吨。进口新闻纸较多的国家还有印度 139 万吨、德国 116 万吨、英国 100 万吨、土耳其 49 万吨、法国 40 万吨及中国香港地区 30 万吨和中国台湾 26 万吨。

**表 10 2011 年一些国家新闻纸产量及进出口量**

单位：万吨

| 国家 | 产量 | 进口量 | 出口量 |
|---|---|---|---|
| 加拿大 | 439 | 4 | 367 |
| 中国 | 390 | 1 | 2 |
| 日本 | 321 | 12 | 2 |
| 美国 | 295 | 203 | 73 |
| 德国 | 215 | 116 | 79 |
| 瑞典 | 212 | 4 | 202 |
| 俄罗斯 | 193 | 0.2 | 131 |
| 韩国 | 154 | 0.2 | 69 |
| 英国 | 123 | 100 | 25 |
| 法国 | 93 | 40 | 70 |

表 11 是 2011 年一些国家印刷书写纸的产量和进出口量。产量位居前 3 位的分别是中国、美国和日本，分别为 2455 万吨、1766 万吨和 877 万吨。印刷书写纸出口量位居前 3 位的依次是芬兰 703 万吨、德国 630 万吨和加拿大 308 万吨，它们的出口量分别占其产量的 98%、82% 和 81%；印刷书写纸进口位居前 3 位的依次是美国 512 万吨、德国 481 万吨和法国 278 万吨，它们的进口量分别占其消费量的 25%、78%、80%。2011 年，上述国家除中国和瑞典，其余国家的印刷书写纸产量都有不同程度的下降。

**表 11 2011 年一些国家印刷书写纸产量及进出口量**

单位：万吨

| 国家 | 产量 | 进口量 | 出口量 |
|---|---|---|---|
| 中国 | 2455 | 77 | 246 |
| 美国 | 1766 | 512 | 227 |
| 日本 | 877 | 159 | 63 |
| 德国 | 767 | 481 | 630 |
| 芬兰 | 714 | 10 | 703 |
| 印度尼西亚 | 435 | 12 | 290 |
| 加拿大 | 380 | 100 | 308 |
| 瑞典 | 335 | 18 | 286 |
| 法国 | 250 | 278 | 179 |

表 12 是 2011 年一些国家涂布印刷纸的产量和进出口量。涂布印刷纸产量由高到低依次是中国 725 万吨、美国 714 万吨、日本 504 万吨、德国 446 万吨和芬兰 425 万吨；中国涂布印刷纸产量第一次超过美国，名列首位。与 2010 年相比，日本和美国减产最多，分别达 11% 和 6%，中国和德国分别增产 13% 和 1.8%；芬兰和意大利的产量持平。出口最多的是芬兰 421 万吨和德国 414 万吨，进口最多的也是德国 255 万吨。净出口最多的是芬兰，达 415 万吨。芬兰、日本和德国的涂布印刷纸产量占印刷书写纸的比例分别高达 60%、58% 和 58%；而中国涂布印刷纸产量仅占印刷书写纸产量的 30%。涂布印刷纸是中国出口量最大的纸种，近年都维持在 140 万～160 万吨的水平。

表 13 中前 5 个国家 2011 年瓦楞材料（瓦楞原纸和箱纸板）产量都比 2010 年有所增长，后 5 个国家除意大利持平，其余均有小幅下滑。中国的瓦楞材料产量比美国多 869 万吨，分别为 3970 万吨和 3101 万吨，占全球瓦楞材料总产量的 28% 和 22%，中国和美国的瓦楞材料产量已占全球总产量的 1/2。净出口量最大的仍属美国，净出口量达 515 万吨；净出口量大的国家还有德国 179 万吨和瑞典 144 万吨。净进口较多的有意大利 121 万吨和中国 94 万吨。

表 14 是 2011 年一些国家生活用纸产量和进出口量。生活用纸产量以美国和中国最高，分别为 731 万吨和 730 万吨。这 2 个国家生活用纸产量占全球生活用纸总产量的 48%。生活用纸的贸易量较少，在表 14 所列几个国家中，只有意大利和中国的净出口量较高，分别为 65 万吨和 56 万吨。

**表 12 2011 年一些国家涂布印刷纸产量及进出口量**

单位：万吨

| 国家 | 产量 | 进口量 | 出口量 |
|---|---|---|---|
| 中国 | 725 | 37 | 163 |
| 美国 | 714 | 153 | 114 |
| 日本 | 504 | 93 | 43 |
| 德国 | 446 | 255 | 414 |
| 芬兰 | 425 | 6 | 421 |
| 意大利 | 231 | 81 | 142 |
| 法国 | 144 | 138 | 118 |
| 奥地利 | 117 | 33 | 113 |

**表 13 2011 年一些国家瓦楞材料的产量及进出口量**

单位：万吨

| 国家 | 产量 | 进口量 | 出口量 |
|---|---|---|---|
| 中国 | 3970 | 110 | 16 |
| 美国 | 3101 | 67 | 582 |
| 日本 | 881 | 11 | 8 |
| 德国 | 704 | 185 | 364 |
| 韩国 | 416 | 11 | 22 |
| 法国 | 303 | 125 | 97 |
| 俄罗斯 | 285 | 14 | 46 |
| 意大利 | 234 | 137 | 16 |
| 加拿大 | 188 | 47 | 81 |
| 瑞典 | 183 | 23 | 167 |

**表 14 2011 年一些国家生活用纸产量及进出口量**

单位：万吨

| 国家 | 产量 | 进口量 | 出口量 |
|---|---|---|---|
| 美国 | 731 | 71 | 47 |
| 中国 | 730 | 9 | 65 |
| 日本 | 178 | 10 | 2 |
| 意大利 | 150 | 8 | 73 |
| 德国 | 137 | 69 | 68 |

（邝仕均）

# 国外开设制浆造纸专业的大学及其他机构名录

## List of Foreign Universities and Other Organizations Offering Pulping and Papermaking Courses

美洲 (**America**)

美国

**Alabama Southern Community Collge**
Monroeville Campus
P. O. Box 2000
Monroeville, AL 36461
Tel: +1. 205. 575. 3156
URL: www. ascc. edu

**Auburn University**
Chemical Engineering Department
Pulp and Paper Research and Education Center (PPREC)
242 Ross Hall
Auburn, AL 36849 - 5128
Tel: +1. 334. 844. 2016
Fax: +1. 334. 844. 2063
URL: www. eng. auburn. edu
E-mail: cullinan@ eng. auburn. edu

**Bay de Noc Community College**
2001 North Lincoln Road
Escanaba, MI 49629 - 2511
Tel: +1. 906. 786. 5802
URL: www. baydenoc. cc. mi. us

**Dabney S. Lancaster Community College**
P. O. Box 1000
Clifton Forge, VA 24422 - 1000
Tel: +1. 540. 863. 2800
Fax: +1. 540. 863. 2915
URL: www. dl. cc. va. us

**Forest Echoes Technical Institute**
1326 Highway 52 West
Crossett, AR 71835
Tel: +1. 501. 364. 6414
Fax: +1. 870. 364. 5707

**Georgia Institute of Technology**
School of Chemical and Biomolecular Engineering
311 Ferst Dr
Atlanta, GA 30332 - 0100
Tel: +1. 404. 894. 1838
Fax: +1. 404. 894. 2866
URL: www. chbe. gatech. edu/pandp

**Institute of Paper Science and Technology (IPST)**
500 10th Street NW
Atlanta, GA 30332
Tel: +1. 404. 894. 5700
Fax: +1. 404. 894. 4778
URL: www. ipst. gatech. edu

**Kennebec Valley Technical College**
School of Trades and Technology
Pulp and Paper Technology Certificate Program
92 Western Avenue
Fairfield, ME 04937 - 1367
Tel: +1. 207. 453. 5000
Fax: +1. 207. 453. 5010
URL: www. kvcc. me. edu

**Lower Columbia College**
1600 Maple Street
Longview, WA 98632
Tel: +1. 360. 442. 2311
URL: www. lowercolumbia. edu
E-mail: info@ lowercolumbia. edu

**Miami University**
Department of Engineering and Paper Science

64 Engineering Building
Oxford, OH 45056
Tel: +1. 513. 529. 0760
Fax: +1. 513. 529. 0761
URL: www. eas. muohio. edu/departments/pce

**Mississippi State University**
Chemical Engineering Department
P. O. Box C9595
Mississippi State, MS 39762 - 9595
Tel: +1. 662. 325. 2480
Fax: +1. 601. 352. 2482
URL: www. msstate. edu
E-mail: msinfo@ ur. msstate. edu

**New Hampshire Technical College at Berlin**
2020 Riverside Drive
Berlin, NH 03570
Tel: +1. 603. 752. 1113
Fax: +1. 603. 752. 6335

**North Carolina State University**
College of Forest Resources
Department of Wood and Paper Science
Biltmore Hall, Room 2028
Box 8001
Raleigh, NC 27695 - 8005
Tel: +1. 919. 515. 2883
Fax: +1. 919. 515. 2731
URL: www. cfr. ncsu. edu

**Oregon State University**
College of Forestry
Forest Products Department
Corvallis, OR 97331
Tel: +1. 541. 737. 2004
URL: www. cof. orst. edu
E-mail: library@ ccmail. orst. edu

**Pennsylvania State University**
College of Agricultural Sciences
School of Forest Resources
117 Forest Resource Bldg.
University Park, PA 16802
Tel: +1. 814. 865. 7541
Fax: +1. 814. 865. 3725
URL: www. sfr. cas. psu. edu

**Rochester Institute of Technology**
School of Printing
College of Engineering
Packaging Science Department
One Lomb Memorial Drive
Rochester, NY 14623 - 5603
Tel: +1. 716. 475. 2411
Fax: +1. 716. 475. 7029
URL: www. rit. edu
E-mail: resisc@ isc. rit. edu

**Rutgers University, The State University of New Jersey**
Center for Packaging Engineering
Department of Chemical and Biological Engineering
Busch Campus
Piscataway, NJ 08855
Tel: +1. 908. 932. 1766
Fax: +1. 908. 445. 0777
URL: www. rutgers. edu

**San Jose State University**
Department of Nutrition and Food Service/Packaging Program
Chemical Engineering Department
One Washington Square
San Jose, CA 95192
Tel: +1. 408. 924. 1000 (Main number)
www. sjsu. edu
URL: www. engr. sjsu. edu/cme/home. html
E-mail: ksucher@ isc. sjsu. edu (Packaging Program)

**State University of New York**
College of Environmental Science and Forestry (SUNY - ESF)
Paper and Bioprocess Engineering
Walters Hall
1 Forestry Drive
Syracuse, NY 13210
Tel: +1. 315. 470. 6501
URL: www. esf. edu/pbe
E-mail: paper@ esf. edu

**University of Alabama**
MFA in the Book Arts Program
Box 870252
Tuscaloosa, AL 35487 - 0252

Tel： +1. 205. 348. 5921
Fax： +1. 205. 348. 0400
URL：www. bookarts. ua. edu
E-mail：stevemiller@ bookarts. ua. edu

**University of Idaho**
Department of Natural Resources
Department of Chemical Engineering
Moscow， ID 83844
Tel： +1. 208. 885. 6441 （Forestry， Wildlife and Range Sciences）
+1. 208. 885. 6479 （Engineering）
Fax： +1. 208. 885. 7462
+1. 208. 885. 6645 （Engineering）
URL：www. uidaho. edu
E-mail：fprod@ uidaho. edu （Forest Products）

**University of Iowa**
Center for the Book Papermaking Facility
M109 Oakdale Hall
Iowa City， IA 52242
URL：www. uiowa. edu
E-mail：CenterForBook@ epb – po. epb. uiowa. edu

**University of Maine**
Department of Chemical Engineering
Pulp and Paper Foundation
Cooperative Recycle Fiber Studies Program
Paper Surface Science
5737 Jenness Hall
Orono， ME 04469
Tel： +1. 207. 581. 2296
Fax： +1. 207. 581. 2000
URL：www. mainepulpaper. org
E-mail：pulpaper@ maine. maine. edu

**University of Massachusetts – Lowell**
Chemical Engineering Department
One University Avenue.
Lowell， MA 01852
Tel： +1. 978. 934. 3150
Fax： +1. 508. 692. 3247
URL：www. uml. edu/ college/ engineering/ chemical

**University of Minnesota**
Bio – Based Products Engineering
Department of Wood and Paper Science
Kaufert Laboratory
2004 Folwell Avenue
St. Paul， MN 55108
Tel： +1. 612. 624. 8797
Fax： +1. 612. 625. 6286
URL：www. umn. edu

**University of New Hampshire**
Department of Chemical Engineering
W301 Kingsbury Hall – K258
33 College Road
Durham， NH 03824 –3591
Tel： +1. 603. 862. 3654
Fax： +1. 603. 862. 3747
URL：www. chemengunh. com/ ChemEngg/ index. aspx
E-mail：che. dept@ unh. edu

**University of Texas Cellulose Electronic Network**
University of Texas at Austin
Botany Department
Austin， TX 78712
URL：www. botany. utexas. edu

**University of Washington**
College of Forest Resources
Division of Paper Science and Engineering
332 Bloedel Hall， AR –10 （P. O. Box 352100）
Seattle， WA 98195 –2100
Tel： +1. 206. 543. 2730
Fax： +1. 206. 685. 0790
URL：www. cfr. washington. edu
E-mail：Bjorn. Hrutfiord@ BOX_ 352100. mail. washington. edu

**University of Wisconsin – Madison**
Chemical and Biological Engineering Department
2014 Engineering Drive
Madison， WI 53706 –1691
Tel： +1. 608. 262. 1092
Fax： +1. 608. 262. 5434
URL：www. engr. wisc. edu/ che
E-mail：kim@ chewi. che. wisc. edu

**University of Wisconsin – Stevens Point**
College of Natural Resources
Department of Paper Science and Engineering
D274 Science Building
Stevens Point， WI 54481
Tel： +1. 715. 346. 4817

Fax: +1.715.346.4604
URL: www.uwsp.edu/papersci

**Virginia Polytechnic Institute and State University**

Department of Wood Science and Forest Products
324 Cheatham Hall
Blacksburg, VA 24060
Tel: +1.540.231.8853
Fax: +1.540.231.7664
URL: www.vtwood.forprod.vt.edu
E-mail: vtwood@vt.edu

**Brooks Forest Products Center**

1650 Ramble Road, Mail Code 0503
Blacksburg, VA 24060
Tel: +1.540.231.7107
Fax: +1.540.231.8868
URL: www.woodscience.vt.edu/cfpmm/index.htm
E-mail: cfpmm@vt.edu

**Cheatham Hall**

Wood Science and Forest Products
324 Cheatham Hall
Blacksburg, VA 20460
Tel: +1.540.231.8853
Fax: +1.540.231.7664
URL: www.woodscience.vt.edu

**McCoy House**

Southern Research Station
1650 Ramble Road
Blacksburg, VA 24060
Tel: +1.540.231.4016
Fax: +1.540.231.8868
URL: www.srs.fs.usda.gov

**West Shore Community College**

3000 North Stiles Road
P. O. Box 277
Scottville, MI 49454-0277
Tel: +1.616.845.6211
URL: www.westshore.edu/home.php/about/welcome

**Western Michigan University**

College of Engineering and Applied Sciences
Department of Paper Engineering, Chemical Engineering, and Imaging
Kalamazoo, MI 49008-5462
Tel: +1.269.276.3500
Fax: +1.269.276.3501
URL: www.wmich.edu/pci
E-mail: said.abubakr@wmich.edu

**加拿大**

**British Columbia Institute of Technology**

School of Process, Energy and Natural Resources Technologies
Chemical Sciences Technology Department
3700 Willingdon Avenue
Burnaby, BC V5G 3H2
Tel: +1.604.434.5734
URL: www.bcit.ca

**College of the North Atlantic**

Pulp and Paper Technology
P. O. Box 822
Corner Brook, NF A2H 6H6
Tel: +1.888.982.2268 (within Newfoundland and Labrador)
+1.709.758.7037 (outside Newfoundland and Labrador)
Fax: +1.709.634.2126
URL: www.cna.nl.ca
E-mail: info@northatlantic.nf.ca

**Lakehead University**

School of Engineering
School of Forestry
955 Oliver Road
Thunder Bay, ON P7B 5E1
Tel: +1.807.343.8110
Fax: +1.807.343.8023
URL: www.lakeheadu.ca

**McGill University**

Pulp and Paper Research Centre
Department of Chemical Engineering
McConnell Engineering Building, Room 106
3480 University Street
Montreal, PQ H3A 2K6
Tel: +1.514.398.3483
Fax: +1.514.398.6678
URL: www.mcgill.ca
E-mail: Anne@chemeng.lan.mcgill.ca

**University of British Columbia**

Department of Chemical Engineering

Program in Pulp and Paper Engineering
Pulp and Paper Centre
2385 East Mall
Vancouver, BC V6T 1Z4
Tel: +1. 604. 822. 8563
URL: www. ppc. ubc. ca

**University of New Brunswick**

Industrial Research Centre in Pulping Technology
P. O. Box 69, 000
Frederickton, NB E3B 6C2
Tel: +1. 506. 453. 4547
Fax: +1. 506. 453. 4510
URL: www. unb. ca

**University of Quebec at Trois – Rivieres**

Pulp and Paper Research Centre
(Université du Québec à Trois – Rivières
Centre de Recherches en Pâtes et Papiers)
3351 des Forges Blvd
P. O. Box 500
Trois-Rivieres, PQ G9A 5H7
Tel: +1. 819. 376. 5011
Fax: +1. 819. 376. 5210
URL: www. uqtr. uquebec. ca

**University of Toronto**

Department of Chemical Engineering and Applied Chemistry
Pulp and Paper Centre
Paper Science Group
Wallberg Building
200 College Street
Toronto, ON M5S 3E5
Tel: +1. 416. 978. 3062
Fax: +1. 416. 971. 2106
URL: www. pulpandpaper. utoronto. ca
E-mail: paper@ chem – eng. utoronto. ca

**墨西哥**

**Universidad de Guadalajara**

Departamento de Madera, Celulosa y Papel
Centyr Universitario de d Ciencias Exactas e Ingenierías
Guadalajara
URL: www. udg. mx

**欧洲（Europe）**

**捷克**

**Institute of Chemical Technology**

Department of Wood, Pulp and Paper
nam. Cs. legii
532 10 Pardubice
Tel: +420 446 036 111 582 111
Fax: +420 466 036 361
URL: www. upce. cz/en/index. html/
E-mail: webmaster@ upce. cz

**德国**

**Technical University of Darmstadt (TU Darmstadt)**

Institute of Paper Technology
Technische Hochschule Darmstadt
Institut für Papierfabrikation
Alexanderstr. 8
D – 64283 Darmstadt,
Tel: +49 0 6151 16 2154
Fax: +49 0 6151 16 2454
URL: www. tu-darmstadt. de/index. de. jsp
E-mail: ifp@ papier1. ifp. maschinenbau. th-darmstadt. de

**法国**

**Ecole Française de Papeterie et des Industries Graphiques (EFPG)**

Institut National Polytechnique de Grenoble
461 Rue de la Papeterie
Domaine Universitaire, B. P. 65
38402 St. Martin dHères Cedex
Tel: +033 04 76 82 69 00
Fax: +033 04 76 82 69 33
URL: www. pagora. grenoble-inp. fr/11929518/1/fiche page libre
E-mail: efpg@ efpg. inpg. fr

**芬兰**

**Åbo Akademi University**

Institutionen För Papperskemi (PK)
Laboratory of Paper Chemistry
Porthaninkatu 3
FIN – 20500 Turku
Tel: +358 2 215 31
Fax: +358 2 251 3226

URL：www. abo. fi/fak/ktf/pap

**Helsinki University of Technology**
Department of Forest Products Technology
Otakaari 1
SF –02150 Espoo
Tel：+358 9 4511 or +358 9 number
URL：www. puu. tkk. fi/en
E-mail：webmaster@ hut. fi

**Tampere University of Technology**
Paper Converting Institute
P. O. Box 527
FIN –33101 Tampere
Tel：+358 3 3115 11
Fax：+358 3 365 3781
URL：www. tut. fi

**University of Jyväskylä**
Applied Chemistry Department
P. O. Box 35
FIN –40351 Jyväskylä
Tel：+014 260 1211
Fax：+014 260 1021
URL：www. jyu. fi

**University of Oulu**
Department of Process Engineering
Laboratory of Mechanical Process Engineering
PL 8000
FIN –90014 Oulu Yliopisto
Tel：+358 8 553 1011
Fax：+358 8 553 4112
URL：www. oulu. fi/english

瑞典

**Chalmers University of Technology**
Department of Forest Products and Chemical Engineering
S –412 96 Göteborg
Tel：+46 31 772 10 00
Fax：+46 31 772 38
URL：www. chalmers. se

**Kungl Tekniska Högskolan（KTH/MMT）**
Royal Institute of Technology
School of Mechanical and Materials Engineering
SE –100 44 Stockholm
Tel：+468 790 60 00
URL：www. kth. se
E-mail：utb. exp@ admin. kth. se

**University of Karlstad**
Högskolan I Karlstad
S –651 88 Karlstad
Tel：+46 0 54 700 10 00
Fax：+46 0 54 700 14 00
URL：www. kau. se
E-mail：information@ kau. se

波兰

**Technical University of Lodz**
Politechnika Lódzka
Institute of Papermaking and Paper Machines
Pavilion of Papermaking
Zeromskiego street 116
90 –924 Lodz
Tel：+48 42 631 21 51
Fax：+48 42 636 56 15
URL：www. p. lodz. pl/en/index. htm

英国

**Bury College**
Bury Centre
Market Street
Bury BL9 0BG
Tel：+0161 280 8280
Fax：+0161 280 8228
URL：www. burycollege. ac. uk
E-mail：information@ burycollege. ac. uk

**The Robert Gordon University**
Faculty of Science and Technology
The Paper Technology Unit
Aberdeen
SCOTLAND AB10 1FR
Tel：+44 1224 262 000（Information Centre）
+44 1224 262. 200（International Office）
URL：www. rgu. ac. uk
E-mail：info-centre@ rgu. ac. uk

**University of Manchester Institute of Science and Technology（UMIST）**
Department of Paper Science
P. O. Box 88
Manchester M60 1QD

Tel：+0161 200 3903
Fax：+0161 200 385
URL：www. manchester. ac. uk
E-mail：keith. wadhams@ umist. ac. uk

**西班牙**

**University Politechnical of Catalonia（UPC）**

Universitat Politècnica de Catalunya
Departamento de Ingeniería Textil y Papelera（DETIP）
C. Colom，11. 08222 Terrassa
Barcelona
Tel：+93 739. 81. 86 / 739. 81. 72
Fax：+93 739 81 01
URL：www. detip. upc. es/web/index. htm
E-mail：colom@ ept. upc. es

**斯洛文尼亚**

**Pulp And Paper Institute Ljubljana**

Bogišiceva 8，1000 Ljubljana
Tel：+386 1 200 28 00
Fax：+386 1 426 56 39
URL：www. icp-lj. si
E-mail：icp@ icp-lj. si

**斯洛伐克**

**Slovak University of Technology（CHTF STU）**

Department of Chemical Technology of Wood，Pulp and Paper
Radlinskeho 9
SK 812 37 Bratislava
Tel：+421 2 52 49 63 84
Fax：+421 2 52 49 53 81
URL：www. chtf. stuba. sk/kdcp/indexe. php
E-mail：kdcp@ chtf. stuba. sk

**俄罗斯**

**SPb STUPP Saint－Petersburg State Technological University of Plant Polymers**

198095 Sankt－Peterburg，ul. Ivana Chernykha 4
Sankt－Peterburg，Russia
Tel：+7 812 786 57 44，786 58 09
Fax：+7 812 786 86 00
URL：www. gturp. spb. ru
E-mail：zsv@ gturp. spb. ru or mail@ gturp. spb. ru

**罗马尼亚**

**Universitatea Tehnica "GH. Asachi" Iasi**

Facultatea de Inginerie Chimica
SI Protectia Mediului
B－dul D. Mangeron，nr. 71 A，700050，Iasi
Tel/Fax：+40 232 271311
URL：www. tuiasi. ro

**挪威**

**Norwegian University of Science and Technology（NTNU）**

Group for Pulp and Paper Technology
Department of Chemical Engineering
Sem Saelandsvei 4
N－7491 Trondheim
Tel：+47 735 94030
Fax：+47 735 94080
URL：www. ntnu. no
E-mail：kjemitek@ kjemi. unit. no

**亚洲、大洋洲（Asia、Oceania）**

**澳大利亚**

**Box Hill Institute of TAFE（Technical and Further Education）**

465 Elgar Road/Post Office Bag 2014
Box Hill 3128，Melbourne，Victoria
Tel：+61（0）3 9286－2222
Fax：+61（0）3 9286－9438
URL：www. bhtafe. edu. au

**University of Tasmania**

Department of Chemistry
Pulp and Paper Research Group
Chemistry Bldg. 251
Hobart，Tasmania 7001
Tel：+61 3 6226 2999
Fax：+61 3 6226 2858
URL：www. utas. edu. au

**Monash University**

Department of Chemical Engineering
Ms. Wren Schoppe
P. O. Box 36
Clayton Victoria 3800
Tel：+61 3 9905 3431
Fax：+61 3 9905 5686
URL：www. eng. monash. edu. au/chemeng/research/appi
E-mail：wren. schoppe@ eng. monash. edu. au

**新西兰**

**ENSIS PAPRO**
**Scion**
Te Papa Tipu Innovation Park
49 Sala Street
Private Bag 3020
Rotorua 3010
Tel：+64 7 343 5899
Fax：+64 7 348 0952
URL：www. ensisjv. com
E-mail：enquiries@ scionresearch. com

**印度**

**University of Roorkee**
Institute of Paper Technology
Indian Institute of Technology SAHARANPUR CAMPUS
（formerly IPT）
Department of Paper Technology
SAHARANPUR – 247001
Uttar Pradesh
Tel：+91 132 2714006 10
Fax：+91 132 2714011
URL：www. iitr. ac. in/departments/DPT/pages/index. html
E-mail：hodpaptech@ rediffmail. com

（林　媛）

# 中国轻工业出版社造纸工业图书出版目录

# Catalogue of Books Related to the Paper Industry Published by China Light Industry Press

## 一、造纸专业科学与技术图书

| 序号 | 书名 | 著者 | 定价/元 | 开本 | 书号 |
|---|---|---|---|---|---|
| 1 | 中高浓制浆造纸技术的理论与实践（精装）——“十一五”国家重点图书/国家科学技术学术著作出版基金 | 陈克复主编 | 60.00 | 16 开 | ISBN978－7－5019－5877－1 |
| 2 | 制浆造纸现代节水与污水资源化技术——“十一五”国家重点图书出版规划项目 | 林跃梅主编 | 58.00 | 异 16 开 | ISBN978－7－5019－6844－2 |
| 3 | 纸张颜料涂布与表面施胶——芬兰造纸科学技术丛书 11 分册 | ［芬］Esa · Lehtinen 著/曹邦威译 | 88.00 | 16 开 | ISBN7－5019－4651－5 |
| 4 | 制浆造纸工业的环境治理——造纸科学与技术丛书 | 曹邦威编著 | 45.00 | 异 16 开 | ISBN978－7－5019－6054－5 |
| 5 | 制浆造纸节能新技术——造纸科学与技术丛书 | 刘秉钺主编 | 58.00 | 异 16 开 | ISBN978－7－5019－7114－5 |
| 6 | 纸和纸板的后加工——造纸科学与技术丛书 | 曹邦威编著 | 38.00 | 异 16 开 | ISBN978－7－5019－6643－1 |
| 7 | 造纸工业安全生产——造纸科学与技术丛书 | 万金泉等编著 | 30.00 | 异 16 开 | ISBN978－7－5019－7504－4 |
| 8 | 当代废纸制浆技术——实用造纸技术丛书 | 陈庆蔚编著 | 59.00 | 大 32 开 | ISBN7－5019－4827－5 |
| 9 | 造纸毛毯技术与应用——实用造纸技术丛书 | 吕向阳等编著 | 25.00 | 16 开 | ISBN978－7－5019－6996－8 |
| 10 | 造纸车间技术管理的优化及技术支持——实用造纸技术丛书 | 张承武，段永成编著 | 18.00 | 大 32 开 | ISBN978－7－5019－6953－1 |
| 11 | 制浆造纸厂化验室化验检验方法——实用造纸技术丛书 | 吴楠等编著 | 42.00 | 16 开 | ISBN978－7－5019－6868－8 |
| 12 | 英汉造纸工业词汇 | 许向阳编 | 50.00 | 32 开 | ISBN7－5019－4269－2 |
| 13 | 英汉－汉英造纸工业词汇 | 许向阳编 | 80.00 | 32 开 | ISBN978－7－5019－6966－1 |
| 14 | 造纸辞典 | 刘仁庆编著 | 35.00 | 大 32 开 | ISBN7－5019－5153－5 |
| 15 | 中国造纸原料纤维特性及显微图谱 | 王菊华主编 | 200.00 | 16 开 | ISBN978－7－5019－2345－0 |

续表

| 序号 | 书名 | 著者 | 定价/元 | 开本 | 书号 |
|---|---|---|---|---|---|
| 16 | 简明中国手工纸（书画纸）及书画常识辞典 | 刘仁庆编著 | 39.00 | 异16开 | ISBN978-7-5019-6391-1 |
| 17 | 纸浆性质软测量原理与技术——造纸科学与技术专著丛书 | 刘焕彬著 | 55.00 | 16开 | ISBN978-7-5019-6629-5 |
| 18 | 废纸回用过程中胶黏物障碍与控制——造纸科学与技术专著丛书 | 王双飞，骆莲新编著 | 35.00 | 16开 | ISBN978-7-5019-6954-8 |
| 19 | 纸包装结构设计（第二版） | 孙诚著 | 35.00 | 异16开 | ISBN7-5019-5216-7 |
| 20 | 造纸趣话妙读 | 刘仁庆著 | 28.00 | 大32开 | ISBN978-7-5019-6055-2 |
| 21 | 最新纸机抄造工艺 | ［美］B. A. Thorp 编/曹邦威译 | 98.00 | 16开 | ISBN7-5019-2536-4 |
| 22 | 制浆造纸手册——第九分册-纸张抄造 | 张承武主编 | 68.00 | 大32开 | ISBN7-5019-2004-4 |
| 23 | 造纸工业环境工程导论 | 万金泉，马邑文编著 | 30.00 | 大32开 | ISBN7-5019-4935-9 |
| 24 | 造纸湿部化学原理及其应用 | 张光华编 | 16.00 | 大32开 | ISBN7-5019-2254-3 |
| 25 | 工业纸板制造与应用 | 李锡香编著 | 25.00 | 大32开 | ISBN7-5019-2562-3 |
| 26 | 制浆造纸节能技术 | 刘秉钺编著 | 30.00 | 大32开 | ISBN7-5019-2405-8 |
| 27 | 麦草浆碱回收技术指南 | 张珂主编 | 23.00 | 大32开 | ISBN7-5019-2461-9 |
| 28 | 纸加工原理与技术 | 张美云编著 | 34.00 | 大32开 | ISBN978-7-5019-2127-X |
| 29 | 制浆技术问答（第二版） | 梁实梅编著 | 40.00 | 大32开 | ISBN7-5019-4270-6 |
| 30 | 造纸技术问答 | 梁实梅编著 | 40.00 | 大32开 | ISBN978-7-5019-1417-6 |
| 31 | 制浆造纸工业环境管理 | 联合国环境署著 | 23.00 | 大32开 | ISBN7-5019-2236-5 |
| 32 | 最新碱法制浆技术 | 曹邦威译 | 98.00 | 16开 | ISBN978-7-5019-1417-3 |
| 33 | 表面活性剂在造纸中的应用技术 | 张光华编著 | 25.00 | 大32开 | ISBN978-7-5019-3083-8 |
| 34 | 棉短绒制浆概论 | 陈嘉川编著 | 35.00 | 16开 | ISBN978-7-5019-7894-6 |
| 35 | 制浆造纸工艺计算手册 | 王忠厚，许志晔主编 | 68.00 | 16开 | ISBN978-7-5019-8037-6 |
| 36 | 制浆造纸经济学——中芬合著：造纸及其装备科学技术丛书（第一卷） | 姜丰伟，曹振雷，胡楠著 | 68.00 | 16开 | ISBN978-7-5019-8692-7 |
| 37 | 禾草类纤维制浆造纸——中芬合著：造纸及其装备科学技术丛书（第二卷） | 李忠正著 | 68.00 | 16开 | ISBN978-7-5019-9156-3 |
| 38 | 制浆技术——造纸及其装备科学技术丛书 | 詹怀宇主编 | 89.00 | 16开 | ISBN978-7-5019-8866+2 |
| 39 | 纸张结构与印刷适性——造纸及其装备科学技术丛书 | 周景辉主编 | 60.00 | 16开 | ISBN978-7-5019-9014-6 |
| 40 | 现代造纸机械状态监测与故障诊断 | 张辉主编 | 50.00 | 16开 | ISBN978-7-5019-9188-4 |
| 41 | 造纸助留剂与干湿增强剂的理论与应用——造纸科学与技术丛书-“十二五”国家重点图书出版规划项目 | 曹邦威编著 | 58.00 | 异16开 | ISBN978-7-5019-8146-5 |
| 42 | 植物纤维资源化学 | 李忠正主编 | 79.00 | 16开 | ISBN978-7-5019-8701-6 |

## 二、造纸专业高等学校专业教材

| 序号 | 书名 | 著者 | 定价/元 | 开本 | 书号 |
|---|---|---|---|---|---|
| 1 | 制浆造纸工程大全（第二版）——北欧及北美造纸专业本科教材 | [加拿大] G. A. 斯穆克著/曹邦威译 | 50.00 | 16开 | ISBN7－5019－3132－1 |
| 2 | 造纸工业清洁生产原理与技术——教育部高等学校轻化工程教学指导委员会推荐特色教材 | 何北海主编 | 34.00 | 16开 | ISBN7－5019－5681－2 |
| 3 | 制浆造纸概论——教育部高等学校轻化工程教学指导委员会推荐特色教材 | 刘忠主编 | 30.00 | 16开 | ISBN978－7－5019－5740－8 |
| 4 | 制浆造纸专业英语——高等学校专业教材 | 曹邦威、张东成编 | 18.00 | 16开 | ISBN7－5019－5349－3 |
| 5 | 制浆原理与工程（第三版）——普通高等教育“十一五”国家级规划教材 | 詹怀宇主编 | 58.00 | 16开 | ISBN978－7－5019－6532－8 |
| 6 | 造纸原理与工程（第三版）——普通高等教育“十一五”国家级规划教材 | 何北海主编 | 58.00 | 16开 | ISBN978－7－5019－4411－3 |
| 7 | 纸页的结构与性能——教育部高等学校轻化工程教学指导委员会推荐特色教材 | 胡开堂主编 | 40.00 | 16开 | ISBN7－5019－5060－1 |
| 8 | 植物纤维化学（第三版）——高等学校专业教材 | 杨淑蕙主编 | 34.00 | 16开 | ISBN7－5019－2969－6 |
| 9 | 制浆造纸分析与检测——普通高等教育“十五”国家级规划教材 | 石淑兰主编 | 48.00 | 16开 | ISBN7－5019－3920－9 |
| 10 | 制浆造纸机械与设备（上）（第三版）——普通高等教育“十一五”国家级规划教材 | 陈克复主编 | 58.00 | 16开 | ISBN7－5019－8137－3 |
| 11 | 制浆造纸机械与设备（下）（第三版）——普通高等教育“十一五”国家级规划教材 | 陈克复主编 | 58.00 | 16开 | ISBN7－5019－8221－9 |
| 12 | 现代造纸机械状态监测与故障诊断——教育部高等学校轻化工程教学指导委员会推荐特色教材 | 张辉主编 | 30.00 | 16开 | ISBN7－5019－4636－1 |
| 13 | 制浆造纸助剂——高等学校专业教材 | 安郁琴，刘忠主编 | 28.00 | 大32开 | ISBN7－5019－3925－X |
| 14 | 制浆造纸污染控制——普通高等教育“十一五”国家级规划教材 | 刘秉钺主编 | 35.00 | 16开 | ISBN978－7－5019－6271－6 |
| 15 | 加工纸与特种纸（第二版）——普通高等教育“十五”国家级规划教材 | 张运展主编 | 38.00 | 16开 | ISBN7－5019－4825－9 |
| 16 | 制浆造纸工程设计——普通高等教育“十一五”国家级规划教材 | 王志杰主编 | 34.00 | 16开 | ISBN978－7－5019－6660－8 |
| 17 | 制浆造纸过程自动测量与控制（第二版）——普通高等教育“十一五”国家级规划教材 | 刘焕彬主编 | 54.00 | 16开 | ISBN7－5019－6886－2 |
| 18 | 加工纸与特种纸（第三版）——普通高等教育“十一五”国家级规划教材 | 张美云主编 | 39.00 | 16开 | ISBN978－7－5019－7130－5 |

续表

| 序号 | 书名 | 著者 | 定价/元 | 开本 | 书号 |
|---|---|---|---|---|---|
| 19 | 热工基础与造纸节能（第二版）——教育部高等学校轻工与食品学科教学指导委员会推荐教材 | 刘秉钺主编 | 36.00 | 16 开 | ISBN978－7－5019－7086－5 |
| 20 | 制浆造纸实验——普通高等教育轻工与食品专业实验类系列规划教材 | 王双飞主编 | 23.00 | 16 开 | ISBN978－7－5019－7489－4 |
| 21 | 造纸湿部化学——普通高等教育“十一五”国家级规划教材 | 刘忠主编 | 35.00 | 16 开 | ISBN978－7－5019－7740－6 |

## 三、造纸专业高等职业教育教材

| 序号 | 书名 | 著者 | 定价/元 | 开本 | 书号 |
|---|---|---|---|---|---|
| 1 | 制浆造纸分析与检验 | 林润惠主编 | 36.00 | 大 32 开 | ISBN7－5019－2662－6 |
| 2 | 制浆工艺及设备 | 邝守敏主编 | 48.00 | 16 开 | ISBN7－5019－2912－2 |
| 3 | 造纸工艺及设备 | 吴葆敦主编 | 45.00 | 16 开 | ISBN978－7－5019－2735－9 |
| 4 | 制浆造纸工厂设计概论 | 李土根主编 | 36.00 | 16 开 | ISBN7－5019－2759－6 |
| 5 | 制浆造纸专业英语 | 李桂芳主编 | 15.00 | 大 32 开 | ISBN7－5019－2795－2 |
| 6 | 加工技术 | 沙力争主编 | 32.00 | 16 开 | ISBN978－7－5019－6657－8/TS.3874 |
| 7 | 制浆造纸设备安装与维修（第二版） | 李向华主编 | 28.00 | 16 开 | ISBN978－7－5019－7041－4 |
| 8 | 制浆造纸助剂及其应用技术 | 刘一山主编 | 30.00 | 16 开 | ISBN978－7－5019－7720－8 |

## 四、造纸专业技工教材

| 序号 | 书名 | 著者 | 定价/元 | 开本 | 书号 |
|---|---|---|---|---|---|
| 1 | 制浆造纸设备与操作（第二版） | 王忠厚主编 | 45.00 | 16 开 | ISBN7－5019－5266－3 |
| 2 | 制浆造纸工艺（第二版） | 王忠厚主编 | 42.00 | 16 开 | ISBN 7－5019－5205－1 |
| 3 | 长网纸机抄造 | 曹邦威、张周宏编 | 18.00 | 大 32 开 | ISBN7－5019－2167－9 |

## 五、造纸工业行业标准

| 序号 | 书名 | 著者 | 定价/元 | 开本 | 书号 |
|---|---|---|---|---|---|
| 1 | 中国轻工业标准汇编（造纸卷）上册 | 本书编写组编 | 108 | 大 16 开 | ISBN978－7－5019－7025－6 |
| 2 | 中国轻工业标准汇编（造纸卷）下册 | 本书编写组编 | 138 | 大 16 开 | ISBN978－7－5019－7026－1 |

购书办法：各地新华书店，本社网站（http//www.chlip.com.cn）、当当网（http：//list.dangdang.com/01.63.18.htm）、卓越网（http：//www.joyo.com/）、邮购部联系电话：010－65241695

造纸专业编辑林媛：01085119815/lyuan64@yahoo.com.cn

# 《PPI》杂志 2011 年全球造纸排名前 100 位的公司

## Top 100 Paper Companies Selected by《PPI》in 2011

2011 年全球造纸排名前 100 位的公司

| 公司名称及总部地址 | 制浆、造纸及纸加工业务 | | | | 2011 年产量 | | |
|---|---|---|---|---|---|---|---|
| | 2011 年排名 | 2010 年排名 | 2011 年销售额/亿美元 | 同比增长/% | 商品浆/万吨 | 纸及纸板/万吨 | 雇员人数/个 |
| International Paper（Memphis，TN，美国） | 1 | 1 | 260.340 | 4.3 | 127.9 | 1176.9 | 61500 |
| Procter & Gamble（Cincinnati，OH，美国） | 2 | 2 | 156.862 | 6.4 | na | na | 127000 |
| Svenska Cellulosa Aktiebolaget（SCA）（Stockholm，瑞典） | 3 | 6 | 126.913 | 17.3 | 43.0 | 852.0 | 43697 |
| Stora Enso（Helsinki，芬兰） | 4 | 3 | 126.160 | 9.4 | 113.0 | 1033.0 | 29500 |
| Oji Paper（Tokyo，日本） | 5 | 4 | 125.306 | 8.9 | 3.5 | 662.8 | 24683 |
| UPM（Helsinki，芬兰） | 6 | 7 | 123.468 | 22.6 | 299.6 | 1061.5 | 23909 |
| Nippon Paper（Tokyo，日本） | 7 | 5 | 114.269 | 3.0 | na | 566.6 | 13407 |
| Smurfit Kappa Group（Dublin，爱尔兰） | 8 | 9 | 102.327 | 15.7 | 0 | 650.0 | 38000 |
| Kimberly Clark（Dallas，TX，美国） | 9 | 8 | 100.640 | 4.8 | 0 | na | 57000 |
| Mondi（Addlestone，英国；Johannesburg，南非） | 10 | 10 | 76.387 | 7.1 | 53.4 | 537.1 | 23400 |
| Sappi（Johannesburg，南非） | 11 | 11 | 72.860 | 10.9 | 117.0 | 672.8 | 14900 |
| Metsä Group（Espoo，芬兰） | 12 | 0 | 66.164 | 1.8 | 412.1 | 225.4 | 12525 |
| Marubeni（Tokyo，日本） | 13 | 12 | 65.775 | 1.7 | 98.0 | 295.0 | 4074 |
| MWV（Richmond，VA，美国） | 14 | 16 | 60.600 | 6.4 | 0 | 258.4 | 17000 |
| Rengo（Osaka，日本） | 15 | 17 | 58.313 | 12.1 | 0 | 183.1 | 12961 |
| Domtar（Montreal，QC，加拿大） | 16 | 15 | 55.410 | -3.0 | 149.7 | 353.5 | 8700 |
| Sequana（Paris，法国） | 17 | 14 | 54.856 | -4.7 | 0 | 110.0 | 11000 |
| Daio Paper（Ehime，日本） | 18 | 19 | 51.289 | 9.8 | na | 270.0 | 7465 |
| RockTenn（Norcross，GA，美国） | 19 | 29 | 50.233 | 74.2 | 17.9 | 417.4 | 26600 |
| Resolute Forest Products（Montreal，QC，加拿大） | 20 | 20 | 42.880 | -0.8 | 94.7 | 501.9 | 10400 |
| Empresas CMPC（Santiago，智利） | 21 | 25 | 43.173 | 24.8 | 236.8 | 151.1 | 15463 |
| Graphic Packaging（Marietta，GA，美国） | 22 | 21 | 42.060 | 2.7 | 0 | 248.3 | 15000 |
| 玖龙纸业（控股）有限公司（中国） | 23 | 31 | 37.672 | 42.3 | 8.0 | 760.0 | 17700 |
| Cascades（Kingsey Falls，QC，加拿大） | 24 | 22 | 36.641 | 18.7 | 0 | 286.5 | 12000 |

续表

| 公司名称及总部地址 | 制浆、造纸及纸加工业务 | | | | 2011年产量 | | |
|---|---|---|---|---|---|---|---|
| | 2011年排名 | 2010年排名 | 2011年销售额/亿美元 | 同比增长/% | 商品浆/万吨 | 纸及纸板/万吨 | 雇员人数/个 |
| Sonoco Products（Hartsville，SC，美国） | 25 | 27 | 38.690 | 16.8 | 0 | 180.0 | 19600 |
| Amcor（Hawthorn，Victoria，澳大利亚） | 26 | 18 | 35.470 | 25.0 | 0 | 0 | 33000 |
| NewPage（Miamisburg，OH，美国） | 27 | 23 | 35.020 | -2.6 | na | 395.4 | 6000 |
| Fibria Celulose（São Paulo，SP，巴西） | 28 | 24 | 34.944 | -1.7 | 518.4 | 9.3 | 17000 |
| Norske Skog（Lysaker，挪威） | 29 | 30 | 32.544 | 10.4 | 0 | 382.5 | 5100 |
| Suzano Papel e Celulose（São Paulo，巴西） | 30 | 32 | 28.939 | 13.3 | 180.8 | 133.5 | 6000 |
| Hokuetsu Kishu Paper（Tokyo，日本） | 31 | 37 | 25.501 | 6.6 | 3.7 | 186.4 | 4140 |
| Burgo Group（Altavilla Vicentina，意大利） | 32 | 33 | 27.581 | 8.3 | 39.6 | 250.9 | 4629 |
| DS Smith（Maidenhead，Berkshire，英国） | 33 | 38 | 27.320 | 16.6 | 0 | 230.0 | 22000 |
| Mayr-Melnhof Karton（Vienna，奥地利） | 34 | 36 | 27.256 | 15.7 | 0 | 149.1 | 8882 |
| Lenzing Group（Lenzing，奥地利） | 35 | 39 | 26.811 | 27.7 | na | 0 | 6593 |
| Packaging Corporation of America（Lake Forest，IL，美国） | 36 | 34 | 26.200 | 7.6 | 0 | 249.9 | 8350 |
| 山东晨鸣纸业集团股份有限公司（中国山东） | 37 | 35 | 25.241 | 5.9 | 6.0 | 361.4 | 17862 |
| Boise（Boise，ID，美国） | 38 | 40 | 24.041 | 14.8 | 9.0 | 221.1 | 5400 |
| Klabin（São Paulo，巴西） | 39 | 44 | 23.214 | 12.9 | 0 | 173.9 | 13504 |
| Mitsubishi Paper Mills（Tokyo，日本） | 40 | 41 | 22.035 | 6.6 | na | 46.7 | 4304 |
| Arauco（Santiago，智利） | 41 | 48 | 21.613 | 20.7 | 281.6 | 0 | 35000 |
| Holmen（Stockholm，瑞典） | 42 | 47 | 21.154 | 17.4 | 4.2 | 214.2 | 4041 |
| Weyerhaeuser（Federal Way，WA，美国） | 43 | 42 | 20.580 | 7.7 | 176.9 | 30.0 | 12800 |
| Lecta（Barcelona，西班牙） | 44 | 43 | 20.349 | 7.0 | 0 | 165.6 | 3764 |
| Sofidel（Rome，意大利） | 45 | 0 | 19.953 | 5.8 | 0 | 0 | 4461 |
| Clearwater Paper（Spokane，Washington，美国） | 46 | 58 | 19.280 | 40.4 | 3.8 | 120.6 | 3710 |
| 恒安国际集团有限公司（中国福建） | 47 | 54 | 19.081 | 26.4 | 0 | 60.0 | 31000 |
| 理文纸业有限公司（中国香港） | 48 | 46 | 18.903 | 4.7 | 15.0 | 354.0 | 7700 |
| Portucel Soporcel（Setúbal，葡萄牙） | 49 | 49 | 18.322 | 12.4 | na | 160.0 | 2290 |
| 永丰余投资控股股份有限公司（中国台湾） | 50 | 50 | 18.116 | 11.3 | na | 178.3 | 9200 |
| Siam Cement（Bangkok，泰国） | 51 | 51 | 17.882 | 10.5 | 1.5 | 324.4 | 34725 |
| Verso Paper（Memphis，TN，美国） | 52 | 52 | 17.220 | 7.3 | 26.1 | 160.1 | 2600 |
| Glatfelter（York，PA，美国） | 53 | 56 | 16.032 | 10.2 | 0 | 87.2 | 4274 |
| Palm（Aalen，德国） | 54 | 60 | 15.300 | 15.5 | 0 | 190.0 | 3000 |
| Södra（Växjö，瑞典） | 55 | 53 | 15.223 | -3.0 | 191.2 | 0 | 3870 |
| 正隆股份有限公司（中国台湾） | 56 | 64 | 14.691 | 20.9 | 0 | 168.4 | 9798 |
| Heinzel Group（Vienna，奥地利） | 57 | 0 | 14.135 | 64.4 | 42.5 | 1.3 | 1224 |
| Prinzhorn Holding（Oberwaltersdorf，奥地利） | 58 | 61 | 13.909 | 5.0 | na | 160.0 | 3600 |

续表

| 公司名称及总部地址 | 制浆、造纸及纸加工业务 | | | | 2011 年产量 | | |
|---|---|---|---|---|---|---|---|
| | 2011 年排名 | 2010 年排名 | 2011 年销售额/亿美元 | 同比增长/% | 商品浆/万吨 | 纸及纸板/万吨 | 雇员人数/个 |
| Billerud（Billerud，AB，瑞典） | 59 | 67 | 13.575 | 17.6 | 35.3 | 101.3 | 2287 |
| Hansol Paper（Seoul，韩国） | 60 | 59 | 13.440 | 1.1 | 0 | 164.6 | 900 |
| EUROPAC Papeles y Cartones de Europa（Madrid，西班牙） | 61 | 92 | 13.198 | 23.5 | 0 | 81.6 | 2126 |
| Tembec（Montreal，QC，加拿大） | 62 | 57 | 12.867 | -13.4 | 117.2 | 42.0 | 4250 |
| Catalyst Paper（Richmond，B.C.，加拿大） | 63 | 65 | 12.756 | 7.0 | 31.5 | 134.0 | 1800 |
| Chuetsu Pulp and Paper（Tokyo，日本） | 64 | 66 | 12.620 | 6.8 | 6.2 | 80.1 | 1741 |
| 山东太阳纸业股份有限公司（中国山东） | 65 | 70 | 12.424 | 15.1 | na | 242.3 | 6468 |
| 华泰集团有限公司（中国山东） | 66 | 79 | 12.377 | 42.4 | 1.0 | 171.2 | 9316 |
| Mercer International（Seattle，WA，美国） | 67 | 68 | 11.564 | 1.9 | 145.4 | 0 | 1495 |
| Moorim Group（Seoul，韩国） | 68 | 73 | 11.249 | 16.2 | 24.0 | 94.1 | 1401 |
| Korsnäs（Gävle，瑞典） | 69 | 72 | 10.976 | 10.7 | 109.0 | 112.0 | 1772 |
| Canfor（Vancouver，BC，加拿大） | 70 | 69 | 10.689 | -1.6 | 120.0 | 13.7 | 4730 |
| LEIPA Georg Leinfelder（Schwedt，德国） | 71 | 78 | 10.640 | 21.7 | na | 90.6 | 1500 |
| Wausau Paper（Mosinee，WI，美国） | 72 | 71 | 10.346 | -2.0 | 0 | 62.7 | 2300 |
| Rayonier（Jacksonville，FL，美国） | 73 | 77 | 10.200 | 15.8 | 66.3 | 0 | 1900 |
| VPK Packaging（Aalst，比利时） | 74 | 83 | 9.754 | 16.6 | 0 | 63.9 | 3300 |
| BILT-Ballarpur Industries（New Delhi，印度） | 75 | 84 | 9.523 | 15.3 | 0 | 84.6 | 2476 |
| Koehler（Oberkirch，德国） | 76 | 81 | 9.668 | 13.8 | 0 | 49.3 | 1647 |
| Ahlstrom（Helsinki，芬兰） | 77 | 63 | 9.432 | -1.7 | 0 | 55.8 | 5185 |
| KapStone Paper & Packaging（Northbrook，IL，美国） | 78 | 88 | 9.061 | 15.8 | 0 | 122.4 | 2715 |
| Buckeye Technologies（Memphis，TN，美国） | 79 | 90 | 9.050 | 19.7 | 54.7 | 0 | 1400 |
| Bio-PAPPEL（Durango，墨西哥） | 80 | 76 | 8.845 | -1.2 | 0 | 121.0 | 7703 |
| Appleton（Appleton，WI，美国） | 81 | 80 | 8.573 | 0.9 | na | na | 1700 |
| Arctic Paper（Kostrzyn n/Odra 波兰） | 82 | 89 | 8.520 | 12.5 | 0 | 76.5 | 1600 |
| ITC（Kolkata，印度） | 83 | 86 | 8.305 | 4.0 | 0 | 57.4 | 26000 |
| ENCE（Madrid，西班牙） | 84 | 85 | 8.304 | 0 | 124.3 | 0 | 1575 |
| 山东博汇集团有限公司（中国山东） | 85 | 94 | 8.234 | 22.8 | 0 | 116.4 | 5690 |
| West Fraser Timber（Vancouver，BC，加拿大） | 86 | 82 | 8.218 | -1.8 | 113.2 | 12.2 | 6850 |
| Tokushu Tokai Paper（Tokyo，日本） | 87 | 75 | 7.689 | -14.9 | 0 | 67.1 | 847 |
| Exacompta Clairefontaine（Etival Clairefontaine，法国） | 88 | 93 | 7.587 | 6.6 | 0 | 22.5 | 3201 |
| Fedrigoni SpA（Verona，意大利） | 89 | 74 | 7.525 | 112.7 | 0 | 38.8 | 2108 |
| De la Rue（Basignstoke，Hampshire，英国） | 90 | 100 | 7.434 | 17.5 | 0 | 1.1 | 3939 |

续表

| 公司名称及总部地址 | 制浆、造纸及纸加工业务 | | | | 2011年产量 | | |
|---|---|---|---|---|---|---|---|
| | 2011年排名 | 2010年排名 | 2011年销售额/亿美元 | 同比增长/% | 商品浆/万吨 | 纸及纸板/万吨 | 雇员人数/个 |
| Celulose Nipo – Brasileira（CENIBRA）（Belo Oriente，巴西） | 91 | 87 | 7.279 | −8.7 | 119.9 | 0 | 1447 |
| Neenah Paper（Alpharetta，GA，美国） | 92 | 96 | 6.960 | 5.8 | 0 | na | 1635 |
| Greif（Delaware，OH，美国） | 93 | 97 | 6.749 | 8.1 | 0 | 57.6 | 15660 |
| Nampak（Sandton，南非） | 94 | 62 | 6.597 | −3.1 | na | na | 12543 |
| Altri（Porto，葡萄牙） | 95 | 98 | 6.570 | 1.4 | 84.7 | 0 | 691 |
| Double A（Bangkok，泰国） | 96 | 99 | 5.973 | 3.3 | 7.4 | 55.6 | 1486 |
| SWM（Alpharetta，GA，美国） | 97 | 91 | 5.793 | 12.1 | 0 | 13.3 | 2800 |
| Lintec（Tokyo，日本） | 98 | 102 | 4.632 | 2.5 | 0 | na | 4286 |
| Reno de Medici（Milan，意大利） | 99 | 95 | 7.052 | 5.6 | 0 | 85.4 | 1465 |
| Gascogne（St Paul lès Dax，Dax，法国） | 100 | 103 | 3.195 | −13.8 | 0 | 15.0 | 2273 |

注：全球造纸排名前100位的公司是按照纸浆、纸及纸板、纸加工及纸品贸易的净销售额进行的排名。2010年数据为2011年修订后的财务数据，并非上年PPI出版的数据。除非下文指出，财务年度报告是从2011年1月1日到2011年12月31日。收入指税后和去除特殊项目后的净收益。na表示未知。

**2011年全球造纸排名前100位公司的地域分布**

| 地区 | 公司数量[1]/个 | 2010年销售额/亿美元 | 2011年销售额[2]/亿美元 | 同比增长/% | 占2011年总销售额的比例/% | 商品浆产量[3]/万吨 | 占商品浆总产量的比例/% | 纸及纸板产量[4]/万吨 | 占纸及纸板总量的比例/% |
|---|---|---|---|---|---|---|---|---|---|
| 欧洲 | 35 | 969.55 | 1089.56 | 12.4 | 33.9 | 1551.9 | 35.0 | 7166.4 | 37.5 |
| 北美 | 30 | 1047.36 | 1125.55 | 7.5 | 35.0 | 1254.3 | 28.3 | 5145.1 | 26.9 |
| 亚洲 | 25 | 658.56 | 720.54 | 9.4 | 22.4 | 174.3 | 3.9 | 5550.6 | 29.0 |
| 拉丁美洲 | 7 | 151.05 | 168.01 | 11.2 | 5.2 | 1337.5 | 30.2 | 588.8 | 3.1 |
| 大洋洲 | 1 | 28.37 | 35.47 | 25.0 | 1.1 | 0 | 0 | 0 | 0 |
| 非洲 | 2 | 72.53 | 79.46 | 9.6 | 2.5 | 117.0 | 2.6 | 672.8 | 3.5 |
| 总计 | 100 | 2927.43 | 3218.59 | 9.9 | 100 | 4435.0 | 100 | 19123.7 | 100 |

注：1. 由于一些公司进行了兼并重组，进入全球造纸排名前100位的公司有所变动，其地域分布情况也随之变动。发生变动的公司按照总部所在地列在特定的区域。
2. 以上仅包括纸浆、纸及纸制品加工销售额。
3. 只包括生产商品浆的公司。
4. 只包括生产纸及纸板的公司。

（《造纸信息》杂志）

# 国外主要造纸期刊介绍

# Main Foreign Periodicals Related to Pulp and Paper

## 《澳大利亚和新西兰纸浆与造纸工业技术协会志》
## Appita Journal（APPITA J）

主要刊载纸浆、纸张的生产、加工和设备相关方面的研究论文和技术报告，报道国内外造纸工业动态和该协会的会议活动。

**创刊时间：**1947年

**主办单位：**澳大利亚和新西兰纸浆与造纸技术协会

**出版周期：**季刊

**ISSN：**1038－6807

**出版国：**澳大利亚

**地 址：**Appita Inc.，Ste.47，Level 1，Carlton Clocktower，255 Drummond St，Carlton，VIC，3053，Australia

**电话：**+61－3－93472377

**传真：**+61－3－93481206

**邮箱：**admin@appita.com.au

**网址：**appita.com.au

## 《亚洲纸业》
## Paper ASIA

《亚洲纸业》是亚洲领先的纸浆和造纸杂志，也涵盖了瓦楞、加工和包装。其读者所覆盖的行业非常广泛，包括一些行业的专业人士和决策者。该杂志在20个国家发行。2007年，该杂志首次刊登中文对照，此举深受行业供应商和最终用户的喜爱。

**创刊时间：**1985年

**出版单位：**SHP Media Sdn. Bhd.

**出版周期：**双月刊

**ISSN：**0218－4540

**出版国：**马来西亚

**地址：**C－17－1，17th Floor，Tower C，Megan Avenue ll，12，Jalan Yap Kwan Seng，P. O. Box 10836，50726 Kuala Lumpur，MALAYSIA

**电话：**+603－2166－0852/5175

**传真：**+603－2161－0541

**邮箱：**info@shpmedia.com

**网址：**shpmedia.com/pub_ paperasia.htm

## 《中东生活用纸》
## ME Tissue

《中东生活用纸》是中东地区生活用纸及无纺布行业的第一本杂志。该杂志致力于为从事生活用纸及无纺布行业的专业人士提供有关节能、安全、优质的生产解决方案，原料，技术，研究和开发等更多信息。其内容涵盖了整个生活用纸的供应链，从原材料到生活用纸生产，与生产、加工、包装相关的技术，以及无纺布行业的新趋势、新技术及研究和发展。《中东生活用纸》为英语和阿拉伯语双语期刊。

**创刊时间：**2008年

**主办单位：**MEAC Group Holding

**出版周期：**季刊

**出版国：**黎巴嫩

**地址：**P. O. Box：45－134 Hazmieh－Lebanon

**电话：**+961－3－798204

**传真：**+961－5－450930

**邮箱：**info@metissue.com

**网址：**www.metissue.com

## 《日本造纸技术》
## Japanese Journal of Paper Technology

《日本造纸技术》内容涵盖制浆造纸、深加工、精加工、涂布、测量和分析技术及能源和环保措施等。

**创刊时间**：1958 年
**主办单位**：Paper Industry Times Company
**出版周期**：月刊
**ISSN**：0453－1507
**出版国**：日本
**地址**：日本东京都千代田区神田锦町 3－13－7
**电话**：+81－3－32332580
**传真**：+81－3－32332690
**网址**：www. st－times. co. jp

## 《制浆造纸技术》
## Journal of Pulp and Paper Technology

**出版单位**：Shizuoka Pulp and Paper
**出版周期**：月刊
**ISSN**：0287－5586
**出版国**：日本
**地址**：日本静冈县富士市大渕 2590 番地－1 〒 417－0801
**电话**：+81－545－355025
**传真**：+81－545－355027
**邮箱**：skamipagk@ cotton. ocn. ne. jp
**网址**：www. shizuoka－tappi. or. jp

## 《日本制浆造纸协会志》
## Japan TAPPI Journal

《日本制浆造纸协会志》的内容涉及制浆造纸行业的广泛信息，主要包括：最新研究技术公告，运行经验介绍，最新的研究技术成果，科研机构介绍，海内外制浆造纸动态及相关会议，专利信息和新产品，先进测试技术，商业新闻和显性统计，协会新闻等。

**主办单位**：日本制浆造纸技术协会
**创刊时间**：1996 年
**出版周期**：月刊
**ISSN**：0022－815X
**出版国**：日本
**地址**：日本东京都中央区银座 3－9－11 〒 104－8139
**电话**：+81－3－32484841
**传真**：+81－3－32484843
**网址**：www. japantappi. org

## 《纸业 360°》
## Paper360°

《纸业 360°》报道世界各地造纸行业最新的资讯。

**主办单位**：纸浆与造纸工业技术协会
**出版周期**：双月刊
**ISSN**：1933－3684
**出版国**：美国
**地址**：10429 Newberry Park Lane，Charlotte，NC 28277，USA
**电话**：+1－978－7508400
**传真**：+1－770－2097206
**邮箱**：gostle@ tappi. org
**网址**：www. tappi. org

## 《纸浆与造纸工业技术协会志》
## TAPPI Journal

《纸浆与造纸工业技术协会志》自创刊以来一直是造纸行业同行评审论文的首选论坛，提供行业内最新、最相关的研究。2009 年 12 月，《纸浆与造纸工业技术协会志》从印刷期刊转为电子期刊。2011 年 6 月开始，《纸浆与造纸工业技术协会志》的内容涵盖来自独家刊物《纸张回收进展》（*Progress in Paper Recycling*，*PPR*）的内容，*PPR* 是一本有关纸浆、纸和纸板产品回收的科学、技术和经济性探索的杂志。

**主办单位**：纸浆与造纸工业技术协会
**出版周期**：月刊
**ISSN**：0734－1415
**出版国**：美国
**地址**：15 Technology Parkway South，Suite 115 Peachtree Corners，GA 30092，USA
**电话**：+1－770－4461400
**传真**：+1－770－4466947
**邮箱**：memberconnection@ tappi. org
**网址**：www. tappi. org

## 《纸浆与纸》
## Pulp & Paper

《纸浆与纸》刊载美国国内外造纸业经济与市场动态，造纸技术和设备的进展与新产品等方面的论文和简讯。

**出版单位：** C M P Media LLC
**出版周期：** 月刊
**ISSN：** 0033 －4081
**出版国：** 美国
**地址：** 2018 Powers Ferry Rd，Ste 600，Atlanta，GA 30339，USA
**电话：** +1 －678 －5988800
**传真：** +1 －678 －5898888
**邮箱：** kferguson@ mfi. com
**网址：** www. cmp. com

## 《国际纸浆与造纸》
## Pulp and Paper International （PPI）

《国际纸浆与造纸》是制浆造纸行业生产和管理者最广泛阅读的杂志，可使读者随时了解世界各地最新的业务发展、经营技巧和技术创新。《国际纸浆与造纸》的发行覆盖北美、欧洲、亚洲、拉丁美洲、中东和非洲等地区。

**出版单位：** RISI，Inc.
**出版周期：** 月刊
**ISSN：** 0033 －409X
**出版国：** 美国
**地址：** 326，Avenue Louise，Box 22 － B － 1050 Brussels，Belgium，USA
**电话：** +1 －32 －2 －5386040
**传真：** +1 －32 －2 －5375626
**邮箱：** news@ risi. com
**网址：** www. risiinfo. com

## 《纸张时代》
## Paper Age

《纸张时代》为世界上造纸行业重要的专业期刊之一，涉及的内容包括：制浆、造纸、纸品加工、技术开发、公司介绍及与主要行业领导者独家采访。

**出版单位：** O'Brien Publications，Inc.
**创刊时间：** 1884 年
**出版周期：** 双月刊
**ISSN：** 0031 －1081
**出版国：** 加拿大
**地 址：** P. O. Box 25058，London BRC. Ontario，N6C 6A8，Canada
**电话：** +781 －3782126
**传真：** +781 －9231389
**邮箱：** jobrien@ paperage. com
**网址：** www. paperage. com

## 《纸浆与造纸科学杂志》
## Journal of Pulp and Paper Science

《纸浆与造纸科学杂志》刊载制浆和造纸科学和技术方面的研究论文和评论，是加拿大造纸工业的主要学术期刊。

**主办单位：** 加拿大制浆造纸技术协会
**创刊时间：** 1983 年
**出版周期：** 季刊
**ISSN：** 0826 －6220
**出版国：** 加拿大
**地址：** 740 rue Notre Dame Ouest，Bureau 810，Montreal，PQ，H3C 3X6，Canada
**电话：** +01 －5143926962
**传真：** +01 －5143920369
**邮箱：** pubs@ paptac. ca
**网址：** www. paptac. ca

## 《加拿大纸浆与纸》
## Pulp & Paper Canada

《加拿大纸浆与纸》刊载加拿大造纸、纸浆和木材化学等相关技术和设备应用等领域的技术论文、设备与产品介绍和消息报道。

**主办单位：** 加拿大制浆造纸技术协会
**出版单位：** Pulp & Paper Canada Magazine Group
**出版周期：** 月刊
**ISSN：** 0316 －4004
**出版国：** 加拿大
**地 址：** Business Information Group，1450 Don Mills Rd，Toronto，ON，M3B 2X7，Canada
**电话：** +1 －416 －4422122
**传真：** +1 －416 －4422191
**邮箱：** media@ pulpandpapercanada. com

网址：www. pulpandpapercanada. com

## 《造纸工业》
## Paper Industry

《造纸工业》是北美制浆造纸行业新产品资讯的权威性刊物。报道造纸行业密切相关的新技术、工艺和服务及行业新闻、产品和服务评价的最新信息。

出版单位：Paper Industry Publishing Office
出版周期：月刊
出版国：加拿大
地址：62 Birch Hill，PO Box 263，Hudson，Quebec Canada
电话：+1 – 450 – 4584571
传真：+1 – 450 – 4584571
邮箱：editor@ paperindustrymag. com
网址：www. paperindustrymag. com

## 《纸张、薄膜及箔片加工》
## Paper，Film & Foil Converter（PFFC）

《纸张、薄膜及箔片加工》刊载的内容涵盖纸张、薄膜、箔片加工及包装印刷行业的各个部分和加工行业的业务发展趋势和技术创新。

创刊时间：1927 年
出版周期：月刊
ISSN：0031 – 1138
出版国：美国
地址：5624 W. Wilson Ave. Chicago，USA
电话：+1 – 303 – 6740577
传真：+1 – 303 – 6740577
邮箱：ysimonsis@ pffc – online. com
网址：www. pffc – online. com

## 《纸业技术》
## Paper Technology

《纸业技术》是造纸工业技术领域的一个权威性刊物，报道行业的新闻、产品和服务的信息，技术更新，案例研究和评论及造纸工业技术协会会议报告等。通常的特色栏目有纸机织物备件、造纸化学品、维护和自动化等。涉及的领域包括造纸及林产品等行业。

创刊时间：20 世纪 60 年代
主办单位：造纸工业技术协会
出版周期：双月刊
ISSN：0958 – 6024
出版国：英国
地址：5 Frecheville Court，Bury，Lancashire，BL9 0UF，United Kingdom
电话：+44 – 1753 – 251635
传真：+44 – 1617 – 645353
邮箱：info@ pita. co. uk
网址：pita. co. uk

## 《国际纸业》
## International Paper World（IPW）

《国际纸业》为国际纸浆和造纸工业服务的贸易杂志。

主办单位：制浆造纸化学工程师协会
出版单位：Keppler – Junius GmbH & Co. KG
出版周期：季刊
出版国：德国
地址：Keppler – Junius GmbH & Co. KG，Ruesterstr. 11，Frankfurt a. M.，60325，Germany
电话：+49 – 69 – 20737620
传真：+49 – 69 – 20737584
邮箱：edit@ ipwonline. de
网址：www. ipwonline. de

## 《专业造纸》
## Professional Papermaking

《专业造纸》是深受国际造纸行业龙头企业（造纸厂、纸品供应和加工企业）领导者和高层决策者（包括业务管理人员、采购人员、销售经理等）喜爱的贸易刊物。内容涉及纸浆、纸和纸板生产的科学技术报告及公司有关提高生产力、改善质量、降低成本方面创新的通知，全球市场发展趋势，经济和公司的最新报告，涵盖贸易展览会、会议、事件等的最新文章。主要栏目有备料，造纸，纸加工，水，废水处理，涂布。

出版周期：半年刊
出版单位：Deutscher Fachverlag GmbH
出版国：德国
地址：Mainzer Landstr. 251，60326 Frankfurt am Main，Germany
电话：+49 – 69 – 75951291
传真：+49 – 69 – 75951290

邮箱：info@ professional - papermaking. com
网址：www. professional - papermaking. com

## 《造纸技术》
## Wochenblatt Fur Papierfabrikatipn

刊载纸张、纸板和纸浆工业生产技术方面的技术报告、会议论文和文摘，报道造纸工业技术进展与国内外行业动态。

出版单位：dfv Corporate Media
出版周期：半月刊
ISSN：0043 - 7131
出版国：德国
地 址：Deutscher Fachverlag GmbH, Mainzer Landstr 251, Frankfurt Am Main, 60326, Germany
电话：+49 - 69 - 759501
传真：+49 - 69 - 75952999
邮箱：info@ dfv. de
网址：www. dfv. de

## 《国际纸业经济》
## Ipw Internationale Papierwirtschaft

《国际纸业经济》刊载有关木浆、纸浆、纸张与纸板的生产、纤维素化学工艺和造纸业历史方面的文章，以及专利、文摘、技术通讯、国外消息和书评等。

出版周期：月刊
ISSN：0070 - 4296
地址：Verein Zellcheming, Emilstr. 21, Darmstadt, 64293, Germany
电话：+49 - 6151 - 33264
传真：+49 - 6151 - 311076
邮箱：zellcheming@ zellcheming. de
网址：www. zellcheming. de

## 《纸张与木材》
## Paper and Timeber

论述芬兰制浆、造纸、纤维与木材化学方面工艺技术与设备的研究和开发成果，报道芬兰林业的发展，介绍芬兰在造纸方面与国外的经济和技术合作以及行业动态。文章用英文、芬兰文或瑞典文发表。

主办单位：芬兰森林工业总协会
出版单位：Paperija Puu Oy
出版周期：季刊
ISSN：0031 - 1243
出版国：芬兰
地址：Melkonkatu 28 D, 00210 Helsinki, Finland
电话：+358 - 10 - 2291631
邮箱：irmeli. hannula@ paperjournal. fi
网址：www. paperjournal. fi

## 《法国造纸工业技术协会志》
## ATIP

主办单位：法国造纸工业技术协会（ATIP）
出版周期：季刊
ISSN：0997 - 7554
出版国：法国
地址：23, rue d' Aumale F - 75009 Paris, France
电话：+33 - 145621191
传真：+33 - 145635309
邮箱：atip@ wanadoo. fr

## 《北欧纸浆和造纸研究杂志》
## Nordic Pulp & Paper Research Journal（NPPRJ）

《北欧纸浆和造纸研究杂志》是一本国际性的科学杂志。刊载木材或生物质成分、制浆造纸及其所涉及的植物纤维原料和废纸原料，以及制浆、生物质精炼副产品的基础研究及能源问题等方面的研究论文。

主办单位：Mittuniversitetet（瑞典中部大学）
出版周期：季刊
ISSN：0283 - 2631
出版国：瑞典
地址：Mid Sweden University, Holmgatan 10, SE - 851 70 Sundsvall, Sweden
电话：+46 - 771 - 975000
邮箱：info@ npprj. se
网址：www. npprj. se

## 《浆·纸·纸板》
## Pulp · Paper · Board

《浆·纸·纸板》为俄罗斯和独联体国家制浆

造纸行业的专家所喜爱的刊物。主要栏目有：技术，效率和质量，演示，设备，自动化等。

**创刊时间**：1904 年

**出版周期**：每年 10 期

**出版国**：俄罗斯

**地址**：4，bldg. 2，Dmitrovsky per.，Moscow p/o 107031，Russia

**电话**：+7 - 495 - 2583936、2583937、2583938

**传真**：+7 - 495 - 2583936

**邮箱**：info@ cbk. ru

**网址**：www. cbk. ru

## 《印刷与造纸》
## Print and Paper

**出版单位**：Whitmar Publications Ltd.

**出版周期**：月刊

**出版国**：英国

**地 址**：30 London Road，Southborough，Tunbridge Wells，Kent TN4 0RE，England

**电话**：+44 - 1892 - 542099

**邮箱**：circulation@ whitmar. co. uk

**网址**：www. paperandprint. com

## 《纤维素》
## Cellulose

《纤维素》刊载纤维素及其衍生物的化学、生化、物理学和材料科学特性的研究论文，以及纤维素技术开发和应用方面的研究论文、评论文章及技术说明。

**创刊时间**：1994 年

**出版周期**：季刊

**ISSN**：0969 - 0239

**出版国**：荷兰

**地址**：Springer，Van Godewijckstraat 30，Dordrecht，3311 GZ，Netherlands

**电话**：+49 - 6221 - 345 - 4303

**网址**：www. springer. com/10570/

## 《纤维素化学与工艺》
## Cellulose Chemistry and Technology

《纤维素化学与工艺》刊载食品、纺织品、造纸、木材、黏合剂、医药、油田等领域碳水化合物工业应用的研究论文。栏目主要包括结构和性能研究、生物和产业开发、分析方法、化学和微生物改性、与其他材料的相互作用。除刊登原创研究论文外，也刊登短通讯、书评和读者来信等。

**创刊时间**：1966 年

**出版周期**：双月刊

**ISSN**：0576 - 9787

**出版国**：罗马尼亚

**地址**：Editura Acad Romane，Calea 13 Septembrie NR 13，SECTOR 5，Bucuresti，050711，Romania

**邮箱**：vipopa@ ch. tuiasi. ro

**网址**：www. cellulosechemtechnol. ro

## 《南非制浆造纸工业技术协会志》
## TAPPSA Journal

《南非制浆造纸工业技术协会志》主要服务于南非地区的纸浆、纸张和森林产品行业。刊登南非地区造纸行业的技术论文，以及报道全球造纸行业的发展概况。

**主办单位**：南非纸浆和造纸工业技术协会

**出版国**：南非

**地址**：PO Box 1633，Kloof 3640，Southern Africa

**电话**：+27 - 31 - 764 - 2494

**邮箱**：mwtappsa@ iafrica. com

**网址**：www. tappsa. co. za

（郭彩云）

# 国外制浆造纸相关团体与研究机构名录

## Foreign Associations and Research Institutions of Paper Industry

**韩国纸业协会（KPMA）**
Korea Paper Manufactures' Association
505, Sinsa – dong, Gangnam – gu, Seoul
TEL: +82 – 2 – 5490981
FAX: +82 – 2 – 5490980
E-mail: kpma@ paper. or. kr
URL: www. paper. or. kr

**韩国制浆造纸工业技术协会（KTAPPI）**
Korea Technical Association of the Pulp & Paper Industry
Suite 701, Chungmu Bldg., 44 – 13, Yoido – Dong, Yongdungpo – gu, Seoul, 150 – 890, Korea
TEL: +82 – 2 – 7868620
FAX: +82 – 2 – 7868621
E-mail: ktappi@ ktappi. or. kr
URL: www. ktappi. or. kr

**菲律宾造纸商协会（PULPAPEL）**
Pulp and Paper Manufacturers Association of Philippines
6/F, Ace Bldg., 101Rada Cor. Dela Rosa St. Legaspi Village, Makati City, Philippines
TEL: +63 – 2 – 8940053
FAX: +63 – 2 – 8940056

**菲律宾制浆造纸技术协会**
Technical Association of the Pulp and Paper Industry of Philippines (TAPPI – phils)
Fiber Industry Development Authority, BAI Compound, Visayas Ave., Diliman 1104 Quezon City, Philippines

**越南制浆造纸协会（VPPA）**
Vietnam Pulp and Paper Association
18C Pham Dinh Ho St., Hai BaTrung Dist Hanoi, Vietnam
TEL: +84 – 4 – 8210455
FAX: +84 – 4 – 9718684
E-mail: vietnampaper@ hn. vnn. vn
URL: www. vppa. com. vn

**泰国制浆造纸行业协会（TPPIA）**
The Thai Pulp and Paper Industries Association
6th Fl, Bldg. 4, 1 Siam Cement Rd., Bangsue, Bangkok, 10800, Thailamd
TEL: +66 – 2 – 5864504
FAX: +66 – 2 – 5862999
E-mail: kanungnc@ scg. co. th

**马来西亚制浆造纸协会**
Malaysia Pulp and Paper Manufacturers Association
Bangunan Muda, Lot No. 7 Jln. 51 A/241, Petaling Jaya, Selangor, 46100 Malaysia
TEL: +60 – 3 – 77859988
FAX: +60 – 3 – 77856888

**马来西亚森林研究所（FRIM）**
Forest Research Institute Malaysia
Selangor Darul Ehsan, 52109 Kepong, Malaysia
TEL: +60 – 3 – 62797000
FAX: +60 – 3 – 62731314
E-mail: webgroup@ frim. gov. my
URL: www. frim. gov. my

**印度尼西亚制浆造纸协会**
Indonesian Pulp & Paper Association
Jalan, Cimandiri No. 6, Flat 1/2, 10330 Jakaruta,

Indonesia
TEL: +62 -21 -31926084
FAX: +62 -21 -3140168
E-mail: ippasec@ indo. net. id

**印度纸业生产商协会 (IPMA)**
Indian Paper Manufacturers Association
PHD House (4th Floor), 4/25 Siri Institutional Area, Opp. Asian Games Village, 110 016 New Delhi, India
TEL: +91 -11 -2651 -8379
FAX: +91 -11 -2651 -3415
E-mail: ipma@ vsnl. com
URL: www. ipma. co. in

**印度制浆造纸技术协会 (IPPTA)**
Indian Pulp and Paper Technical Association
CPPRI Campus, PO Box 47, CPPRI Campus, 247001 Saharanpur, Uttar Pradish, India
TEL: +91 -132 -2714082
FAX: +91 -132 -2714081
E-mail: sg@ ipma. co. in
URL: www. ipptaonline. org

**印度中央制浆造纸研究所 (CPPRI)**
Central Pulp & Paper Research Institute
752, GF, Mathura Road, Bhogal, New Delhi, 110014, India
TEL: +91 -11 -24375400
FAX: +91 -11 -24375401
E-mail: info@ cppri. org. in
URL: www. cppri. org. in

**澳大利亚/新西兰制浆造纸技术协会 (APPITA)**
Technical Association of the Australian and New Zealand Pulp and Paper Industry
澳大利亚: Suite 47, Level 1, 255 Drummond Street, Carlton, Vic 3053, Australia
TEL: +61 -3 -93472377
FAX: +61 -3 -93481206
E-mail: admin@ appita. com. au
URL: www. appita. com
新西兰: PO Box 6042, Whakarewarewa Rotorua, New Zealand
TEL: +64 -7 -3502252
FAX: +64 -7 -3502253
E-mail: appita. nz@ xtra. co. nz

**澳大利亚农业资源经济局**
Australian Bureau of Agricultural and Resource Economics (ABARE)
GPO Box 1563, Canberra, ACT 2601, Australia
TEL: +61 -2 -62722260
FAX: +61 -2 -62722346
E-mail: abareproducts@ abare. gov. au
URL: www. abare. gov. au

**澳大利亚林产及造纸工业委员会 (A3P)**
Australian Plantation Products and Paper Industry Council
29 Torrens Street, Braddon ACT 2612, Australia
TEL: +61 -2 -62738111
FAX: +61 -2 -62738011
E-mail: info@ a3p. asn. au
URL: ww. a3p. asn. au

**欧洲造纸工业联合会 (CEPI)**
Confederation of European Paper Industries
250 Avenue Louise, Box 80, B -1050 Brussels, Belgium
TEL: +32 -2 -6274911
FAX: +32 -2 -6468137
E-mail: mail@ cepi. org
URL: www. cepi. org

**欧洲纸板制造工业联合会 (FEFCO)**
The European Federation of Corrugated Board Manufacturers
Avenue Louise 250, BE -1050 Brussels, Belgium
TEL: +32 -2 -6464070
FAX: +32 -2 -6466460
E-mail: info@ fefco. org
URL: www. fefco. org

**派诺国际**
Pira International
Pira House, Cleeve Road, Leatherhead, Surrey KT22 7RU, United Kingdom
TEL: +44 -1372 -802000

FAX：+44 - 1372 - 802249
E-mail：info@ pira - international. com
URL：www. pira - international. com

**挪威工业联合会（Norsk Industri）**
Federation of Norwegian Industries
Middelthuns gate 27，Majorstuen，Oslo，Norwey
TEL：+47 - 23 - 088800
E-mail：post@ norskindustri. no
URL：www. norskindustri. no

**挪威制浆造纸工业技术协会（PTF）**
The Technical Association of the Norwegian Pulp and Paper Industry
Essendrops gate 3，7，etasje，No - 0305 Oslo，Norway
TEL：+47 - 23 - 087810
FAX：+47 - 23 - 087899
E-mail：kari. bakken. ptf@ norskindustri. no
URL：www. ptf. no

**瑞典森林工业协会（Skogs Industrierna）**
Swedish Forest Industries Federation
Box 55525，SE - 102 04 Stockholm，Sweden
TEL：+46 - 8 - 7627260
FAX：+46 - 8 - 6117122
E-mail：info@ forestindustries. se
URL：www. forestindustries. se

**瑞典制浆造纸研究所（INNVENTIA AB）**
Drottning Kristinasvag 61，SE - 11486 Stockholm，Sweden
TEL：+46 - 8 - 676 - 7000
FAX：+46 - 8 - 411 - 5518
E-mail：info@ stfi. se
URL：www. innventia. com

**芬兰森林研究所（METLA）**
Finnish Forest Research Institute
Jokiniemenkuja 1，Box 18，FI - 01301 Vantaa，Finland
TEL：+358 - 10 - 2111
FAX：+358 - 10 - 2112103
E-mail：kirjaamo@ metla. fi
URL：www. metla. fi

**芬兰森林工业联合会**
Finnish Forest Industries Federation
Snellmaninkatu 13，Fl - 00170 Helsinki，Finland
TEL：+358 - 9 - 13261
FAX：+358 - 9 - 1324445
E-mail：name. surname@ forestindustries. fi
URL：www. forestindustries. fi

**芬兰造纸工程师协会（PI）**
Finnish Paper Engineers Association
Snellmaninkatu 13，PO BOX 118，00171 Helsinki，Finland
TEL：+358 - 9 - 1326688
E-mail：info@ papereng. fi
URL：www. papereng. fi

**芬兰制浆造纸研究所（KCL）**
The Finish Pulp and Paper Research Institute（Oy Keskuslaboratorio - Centrallaboratorium AB）
Tekniikantie 2，02150 Espoo，Finland
TEL：+358 - 20 - 7477100
FAX：+358 - 9 - 464305
E-mail：kcl@ kcl. fi
URL：www. kcl. fi

**捷克制浆造纸工业协会（ACPP）**
Association of the Czech Pulp and Paper Industry
Litomericka 272，CZ - 411 08 Steti，Czech Republic
TEL：+420 - 416 - 803934
FAX：+420 - 416 - 803935
E-mail：acpp@ acpp. cz
URL：www. acpp. cz

**比利时制浆造纸工业协会（COBELPA）**
Association of the Belgian Pulp，Paper and Boards Industries
Avenue Louise 306 Bte，b - 1050 Brussels，Belgium
TEL：+32 - 26466450
FAX：+32 - 26468297
E-mail：general@ cobelpa. be
URL：www. cobelpa. be

**奥地利造纸工业协会（Austropapier）**
The Association of the Austrian Paper Industry
Gumpendorferstr. 6，A－1061 Wien Austria
TEL：+43－1－588860
FAX：+43－1－58886222
E-mail：austropapier@ austropapier. at
URL：www. austropapier. at

**奥地利制浆造纸技术研究所（IPZ）**
Institute for Paper，Pulp and Fiber Technology
Kopernikusgasse 24，A－8010 Graz，Austria
TEL：+43－316－87－37－510
FAX：+43－316－87－38－010
E-mail：wolfgang. bauer@ tugraz. at
URL：www. ipz. tugraz. at

**德国制浆造纸协会（VDP）**
German Pulp and Paper Association
Adenauerallee 55，Bonn 53113，Germany
TEL：+49－228－267050
FAX：+49－228－2670562
E-mail：info@ vdp－online. de
URL：www. vdp－online. de

**德国造纸技术研究所（PTS）**
The Paper Technology Specialists
Hess－Strasse 134，D－80797 Munich
TEL：+49－89－121460
FAX：+49－89－1214636
E-mail：info@ ptspaper. de
URL：www. ptspaper. de

**英国木浆协会（BWPA）**
The British Wood Pulp Association
Penrallt，Copthill Lane，Kingswood，Surrey KT20 6HL，United Kingdom
TEL：+44－1737－358444
FAX：+44－1737－363069
E-mail：bwpasec@ tiscali. co. uk
URL：www. bwpa. org. uk

**英国纸业联合会（CPI）**
The Confederation of Paper Industries
1 Rivenhall Road，Swindon，Wiltshire SN5 7BD United Kingdom
TEL：+44－1793－889600
FAX：+44－1793－878700
E-mail：cpi@ paper. org. uk
URL：www. paper. org. uk

**英国造纸工业技术协会（PITA）**
Paper Industry Technical Association
5 Frecheville Court，Bury Lancashire BL9 0UF，United Kingdom
TEL：+44－161－7645858
FAX：+44－161－7645353
E-mail：info@ pita. co. uk
URL：pita. co. uk

**意大利纸及纸制品行业协会（ASSOCARTA）**
Association of Italian Paper，Board and Pulp Production
Bastioni di Porta Volta，7－20121 Milano，Italy
TEL：+39－2－29003018
FAX：+39－2－29003396
E-mail：assocarta@ assocarta. it
URL：www. assocarta. it

**意大利制浆造纸技术协会（ATICELCA）**
Technical Association of the Italian Pulp and Paper Industry
Bastioni di Porta Volta，7－20121 Milano，Italy
TEL：+39－2－29003018
FAX：+39－2－29003396
E-mail：assocarta@ assocarta. it
URL：www. assocarta. it

**法国造纸工业联盟（COPACEL）**
French Confederation of Pulp Paper and Board Producer
154 Boulevard Haussmann，F－75008 Paris，France
TEL：+33－153－892400
FAX：+33－153－892401
E-mail：contacts@ copacel. fr
URL：internet. copacel. org

**法国造纸技术协会（ATIP）**
Technical Association of the French Paper Industry
154 Boulevard Haussmann，F－75008 Paris，France

TEL：+33－1－45621191
FAX：+33－1－45635309
E-mail：atip@wanadoo.fr
URL：www.atip.asso.fr

**西班牙制浆造纸协会（ASPAPEL）**
Spanish Paper Institute
Association of Spanish Pulp and Paper Manufacturers
Avenida de Baviera，15，28028 Madrid，Spain
TEL：+34－91－5763003
FAX：+34－91－5774710
E-mail：aspapel@aspapell.es
URL：www.aspapel.es

**西班牙造纸研究所（IPE）**
Instituto Papelero Espanol
Avenida de Baviera 15，28028 Madrid，Spai
TEL：+34－91－5763003
FAX：+34－91－5774710
E-mail：ipe@ipe.es
URL：www.ipe.es

**葡萄牙纸和纸板工业协会（ANIPCI）**
National Association of Paper and Board Industries
Rua 14，No.871 P－4500－233 Espinho，Portugal
TEL：+351－227－346416
FAX：+351－227－343085
E-mail：geral@anipc.pt
URL：www.anipc.pt

**俄罗斯制浆造纸企业协会（BUMPROM）**
Russia Association of Pulp and Paper Organization and Enterprises
3rd krasnoselsky lane 21，str.1 Rm.307，107140 Moscow，Russia
TEL：+7－495－6519102
FAX：+7－495－6519340
E-mail：office@bumprom.ru
URL：www.bumprom.ru

**俄罗斯造纸科学研究所（CNIIB）**
Central Scientific & Research Institute of Paper
ul. Lenina 15/1，21460 pos. Pravdinskiy，
Pushkinskiy rayon，Moskovskaya Obl.，Russia
TEL：+7－095－9933623
E-mail：cniib@pues.ru
URL：www.cniib.ru

**美国林业及纸业协会（AF&PA）**
American Forest & Paper Association
1111 19th Street，NW Suite 800 Washington，DC 20036，USA
TEL：+1－202－4632700
FAX：+1－202－4632785
E-mail：info@afandpa.org
URL：www.afandpa.org

**美国制浆造纸技术协会（TAPPI）**
Technical Association of the Pulp and Paper Industry
15 Technology Parkway South，Norcross，GA 30092，USA
TEL：+1－770－4461400
FAX：+1－770－4466947
E-mail：dbell@tappi.org
URL：www.tappi.org

**加拿大林产品协会（FPAC）**
Forest Products Association of Canada
Suite 410－99 Bank Street，Ottawa，Ontario，Canada，K1P 6B9
TEL：+1－613－5631441
FAX：+1－613－5634720
E-mail：ottawa@fpac.ca
URL：www.fpac.ca

**加拿大制浆造纸技术协会（PAPTAC）**
Pulp and Paper Technical Association of Canada
740 Notre－Dame West，Suite 1070，Montreal，QC，Canada，H3C 3X6
TEL：+1－514－3920265
FAX：+1－514－3920369
E-mail：tech@paptac.ca
URL：www.paptac.ca

**巴西纸浆和纸业协会（BRACELPA）**
Brazilian Pulp and Paper Association
RuaOlimpiadas，66，9o andar Vila Olimpia，Sao Paulo，CEP 04551－000，Brazil

TEL： +55 -11 -30187800
FAX： +55 -11 -30187813
E-mail：faleconosco@ bracelpa. org. br
URL：www. bracelpa. org. br

**巴西制浆造纸技术协会（ABTCP）**
Brazilian Pulp and Paper Technical Association
Rua Zequinha de Abreu，27，Pacaembu，01250 -050 -S，Sao Paulo，SP，Brazil
TEL： +55 -11 -38742700
FAX： +55 -11 -38742730
E-mail：abctp@ abctp. org. br
URL：www. abtcp. org. br

**巴西制浆造纸研究所（IPT）**
Institute for Technological Research，Pulp and Paper
Av. Prof. Almeida Prado，532 Cid. Universitaria. 05508 -901 Sao Paulo，SP，Brazil
TEL： +55 -11 -37674126
FAX： +55 -11 -37674002
E-mail：sac@ ipt. br
URL：www. ipt. br

**智利纤维素与造纸技术协会（ATCP Chile）**
Chile or the Technical Association of Cellulose and Paper
janequeo 884 Depto. 402，Concepcion Ⅷ - Region del Biobio Chile
TEL： +56 -41 -2888130
FAX： +56 -41 -2888133
E-mail：atcpchile@ atcp. cl
URL：www. atcp. cl

**阿根廷纸浆、纸张行业协会（AFCP）**
Association of Pulp and Paper Manufacturers
Av. Belgrano 2852（C1209AAN），Buenos Aires，Argenctina
TEL： +54 -11 -49310051
FAX： +54 -11 -49310053
E-mail：afcparg@ afcparg. org. ar
URL：www. afcparg. org. ar

**南非造纸行业协会（PAMSA）**
Paper Manufacturers Association of South Africa
Corner Austin&Morris Sts.，Woodmead Sandton，Rivonia，2128 South Africa
TEL： +27 -11 -8035063
FAX： +27 -11 -8036708
E-mail：jane. molony@ pamsa. co. za
URL：www. pamsa. co. za

**南非制浆造纸技术协会（TAPPSA）**
Technical Association of the Pulp and Paper Industry of Southern
Africa，20 Impangele Road，Kloof，3610 South Africa
TEL： +27 -31 -7642494
FAX： +27 -31 -7640676
E-mail：secretary@ tappsa. co. za
URL：www. tappsa. co. za

（郭彩云）

# 单位名录

## LIST OF UNITS

中国造纸学会缴纳会费团体会员单位
国内制浆造纸企业名录
国内造纸机械及其他相关产业企业名录
国内造纸化学品企业名录

# 13

# 中国造纸学会缴纳会费团体会员单位

（截至 2013 年 6 月 19 日）

# CTAPI's Company Members Who Have Paid Member Fee

## 中国造纸装备有限公司

**企业性质：**国有企业
**地址：**北京市朝阳区望京启阳路 4 号中轻大厦 18 楼
**邮编：**100102
**法人代表：**周后炼
**经营负责人：**姬俊彪
**技术负责人：**郭文华
**电话：**010－64778200
**传真：**010－64778211
**网址：**www. cpmcchina. cn
**联系人：**郭颖超
**电话：**010－64778205
**邮箱：**chenxiangz@ cpmcchina. cn
**投产日期：**2012 年 10 月 23 日

中国造纸装备有限公司是中国轻工集团公司的全资子公司，依托集团在造纸领域科研、咨询、设计、系统集成、工程总承包、行业学会和协会等方面的优势，整合国内外造纸装备制造业相关优质资源组建而成，是一家集造纸装备研发、设计，核心装备制造，系统集成，设备安装、调试生产及技术服务于一体并具备国内一流造纸装备成套供应能力的国有大型造纸装备公司，致力发展成为具有国际竞争力、拥有自主知识产权和先进技术的造纸装备集成服务商。

## 苏州紫兴纸业有限公司

**企业性质：**中外合资
**地址：**江苏省苏州市新区竹园路 1 号
**邮编：**215011
**法人代表：**Mr. Jnha Vanhainen
**经营负责人：**王自力
**电话：**0512－68251060
**传真：**0512－68251711
**网址：**www. storaenso. com
**联系人：**周　玲
**电话：**0512－68251060－2318
**邮箱：**Wendy. Zhou@ Storaenso. com
**投产日期：**1996 年
**职工总数：**500 人
**技术人员：**82 名

苏州紫兴纸业有限公司是全球领先的林纸集团斯道拉恩索（Stora Enso）投资并控股的高档文化用纸生产企业，公司成立于 1993 年，并于 1996 年正式投产。

公司坐落于苏州市高新技术产业开发区，占地近 28 万米$^2$，总投资额约 20 亿元。专业生产以“SPCO”为商标的涂布美术印刷纸（高档铜版纸），产品定量 128～300 克/米$^2$，生产能力 24 万吨/年。产品行销全国各地，是国内高档铜版纸市场的著名品牌。

公司秉承斯道拉恩索集团的经营理念，以“造福人类，善待地球”的企业宗旨和“引领时代，行之有道”的价值观指导、激励全体员工，致力于企业的发展，努力为客户提供良好的服务，履行社会责任。

从 2000 年开始，公司相继通过了 ISO 9001 质量管理体系、ISO 14001 环境保护体系、OHSAS 18001 职业健康和安全体系及森林监管链认证。公司在不断发展经营的同时，坚持积极地致力于环境、社会和经济的可持续发展。

公司的产品主要用于出版、包装装潢、广告设计和商业印刷等领域。产品“SPCO”铜版纸通过集团全国的销售网络分销到各主要城市经销客户和用户。

## 上海新江南纸业有限公司

**企业性质：**有限责任公司
**地址：**上海市武宁路1500号南楼408室
**邮编：**200063
**法人代表：**姜海斌
**经营负责人：**王基辉
**技术负责人：**芮坚克
**电话：**021－62543871
**传真：**021－62543871
**联系人：**周大中
**电话：**021－62543871
**邮箱：**shpapers@163.com
**投产日期：**2002年
**职工总数：**160人
**技术人员：**48名

由创立于1925年的江南造纸厂改制而成的上海新江南纸业有限公司，是上海造纸行业中的大型骨干企业之一，也是全国铜版纸制造业为数不多的高新技术企业之一。公司在产品开发能力和产品技术含量方面均居行业领先水平。“福鹿”牌铜版纸、防伪特种邮票纸多次被评为上海市名牌产品；CCK纸、防水瓶贴纸、医用防菌包装纸等都为新开发的高技术含量高附加值产品。公司迄今已连续4届获得“上海市文明单位”荣誉称号。公司于1997年10月正式通过ISO 9002质量体系认证，2004年6月又通过了ISO 9001:2000版质量体系认证审核。全体员工在“先一步，高一格”六字企业精神的引导下，以雄厚科技力量，高端企业管理，一流产品质量，良好商业信誉四大优势，在激烈的市场竞争中继续谱写美好篇章。

上海新江南纸业有限公司主要产品有：防伪特种邮票纸，医用防菌包装纸，单、双面铜版纸，静电复印纸，CCK纸，防水瓶贴纸等。

## 日惠得造纸器材（上海）贸易有限公司

**企业性质：**外资企业
**地址：**上海市长宁区娄山关路85号东方国际大C1108室
**邮编：**200336
**法人代表：**川口和信
**经营负责人：**佐藤吉保
**技术负责人：**村木德親
**电话：**021－62350159
**传真：**021－62195442
**网址：**www.felt.co.jp
**联系人：**丁莉勤
**电话：**13764306237
**邮箱：**lqding@felt.co.jp
**职工总数：**605人
**技术人员：**48名

主要产品：造纸用毛毯、网、靴套和其他工业用毛毯。造纸用毛毯，制浆用毛毯，石板及建材制造用毛毯，造纸及其他工业用塑料织物。

业务内容：纸张、纸浆、石板及其他工业用毛毯的制造、加工及销售。各种纤维制品的制作、加工及销售。工业用洗涤剂、其他化学工业药品的制造及销售等。

## 东芝三菱电机工业系统（北京）有限公司

**企业性质：**外资企业
**地址：**北京市海淀区知春路甲48号盈都大厦B座21层
**邮编：**100098
**法人代表：**多多良真司
**经营负责人：**永田武
**技术负责人：**付 冰
**电话：**010－58732277
**传真：**010－58732208
**网址：**www.tmeic.com
**联系人：**董沛力
**电话：**021－62360588
**邮箱：**peilidong@tmeic－cn.com
**投产日期：**2004年9月29日
**职工总数：**90人
**技术人员：**44名

东芝三菱电机工业系统（北京）有限公司是一家世界领先的工业系统集成商。可为造纸厂和车间提供驱动力的旋转机械，用于变换和控制所需电能的电力电子设备，以及从规划至操作的整个工厂的工程设计。上述核心领域的尖端技术可用于生产及环境的管理。

生产工艺及设备特点：

TMdrive－10e2 低压变频产品，采用自主设计的电力电子专用高性能微处理器 PP7EX2，实现了高性能矢量控制和高速串行传输。该产品采用最新的功率元件，增强了冷却能力，从而实现变频器功率单元进一步的小型、大容量化。

TMdrive－MVG 高压变频产品，融合了日本顶尖的设计和制造工艺，可以完美地驱动原电机或新电机并且满足用户的系统要求。TMdrive－MVG 系列高压变频是通用型高（中）压完美无谐波结构交流变频器，最大容量可达 19 兆伏安，电压等级为 3/3.3 千伏，6/6.6 千伏及 10/11 千伏。已可靠的控制应用于多样性的工业领域。

TMEIC G8800C 系列 UPS 采用三菱电机最新一代 IGBT 模块产品，相比前代产品，损耗更小，寿命更长，完全遵从当今的低耗能的环保要求。公司依据新的 IGBT 特点特别设计的业界领先的三电平电力变换回路。

BTG 系统优化解决方案是在造纸行业的一个非常领先的技术，主要应用于锅炉、汽机和发电机方面的节能优化，对工艺和生产效率有很大的提升。BTG 在 DCS 基础上，把 DCS 数据提取出来进行分析、建立模型，优化结果，以达到对能源管理的进一步优化的目的。

## 金东纸业（江苏）股份有限公司

**企业性质：** 中外合资企业
**地址：** 江苏省镇江大港兴港东路 8 号
**邮编：** 212132
**法人代表：** 黄志源
**总经理：** 马志明
**电话：** 0511－88998888
**传真：** 0511－88997000
**网址：** www.goldeastpaper.com.cn
**邮箱：** service@goldeastpaper.com.cn
**联系人：** 卜正芳
**电话：** 0511－88996512
**投产日期：** 1997 年 5 月
**职工总数：** 5475 人

企业详细介绍见“重点企业介绍”栏目。

## 四川永丰纸业股份有限公司

**企业性质：** 股份制企业
**地址：** 四川省乐山市沐川县永福镇
**邮编：** 614500
**法人代表：** 吴和均
**经营负责人：** 周　祥
**技术负责人：** 赵　琳
**电话：** 0833－4651066
**传真：** 0833－4651066
**联系人：** 张　燕
**电话：** 0833－4651066
**投产日期：** 1982 年 12 月
**职工总数：** 1500 人
**技术人员：** 500 名

四川永丰纸业股份有限公司是四川规模最大的林浆纸产业集团，生产基地集中在四川省沐川县。现下设 5 个分子公司，总资产 16 亿元，制浆造纸生产能力 20 多万吨/年，销售收入 10 亿元以上。公司相继被评为“四川省优秀企业”、“四川省 88 家重点优势企业”、“省级扶贫龙头企业”，被国家 9 部委确定为“农业产业化国家重点龙头企业”、“国家级农业产业化优秀龙头企业”。

公司拥有 30 多年专业竹浆造纸经验，生产规模、工艺技术、产品质量在全国竹浆造纸领域处于领先水平。主体装备包括：2 条国内先进的制浆生产线，7 条高档文化用纸及多条生活用纸生产线；其中，年产 16.5 万吨制浆线采用 DDS 低能耗超级置换蒸煮、封闭筛选、二氧化氯中浓漂白等国际先进技术。主导产品包括：高档竹浆板、文化用纸、生活用纸等。

公司于 1996 年在全国同行业中首批获得 ISO 9001 质量体系及产品认证。产品经 SGS 国际机构检测不含有毒元素，主导品牌“永丰牌”2005 年被认定为中国驰名商标，产品畅销全国各地，深受客户青睐，产销率多年来保持 100%。据统计，静电复印纸占西部市场份额的 60%，生活用纸占四川市场份额的近 20%。

## 新乡新亚纸业集团股份有限公司

**企业性质：** 民营企业
**地址：** 河南省新乡市新乡县七里营工业园区
**邮编：** 453731
**法人代表：** 宋敬志
**经营负责人：** 宋敬亮
**技术负责人：** 王少光
**电话：** 0373－5681188
**传真：** 0373－5680286

**网址**：www. xinyapaper. cn
**联系人**：胡封亮
**电话**：0373－5699008
**邮箱**：xinyaren@ 126. com
**投产日期**：1978 年
**职工总数**：4300 人
**技术人员**：389 名

企业详细介绍见“重点企业介绍”栏目。

## 武汉锅炉集团工程技术有限公司

**企业性质**：国有企业
**地址**：湖北省武汉市武珞路 586 号
**邮编**：430070
**法人代表**：王保华
**经营负责人**：程建华
**技术负责人**：王大伟
**电话**：027－87655091
**传真**：027－87655055
**网址**：www. whtzgl. com
**联系人**：王大伟
**电话**：13437199961
**邮箱**：mufeihit@ yahoo. com. cn
**职工总数**：147 人
**技术人员**：90 名

武汉锅炉集团工程技术有限公司是集研发、设计、市场经营与销售及工程成套服务的专业化公司，具有对外自主经营权。公司产品规格齐全，以总承包/成套经营各种类型的锅炉（碱回收炉、电站锅炉、皂化液锅炉、燃油/汽锅炉、立式旋风锅炉、循环流化床锅炉、水煤浆锅炉、甘蔗渣锅炉、余热锅炉及垃圾焚烧锅炉等）而著称，产品及工程成套项目遍及国内外市场。

武汉锅炉集团工程技术有限公司，自 20 世纪 60 年代初研究试制碱回收炉已有 50 余年，是长期坚持碱回收技术开发的专业化公司。具有丰富的碱回收技术经验，拥有碱回收炉设计的自主知识产权和技术专利。公司结合我国造纸工业原料的特点，潜心研究开发了以麦草浆为代表的草类浆碱回收炉并广泛推广应用，对我国造纸工业的飞速发展作出了显著的贡献，麦草浆黑液焚烧技术处于世界领先地位。为满足造纸工业规模化、集团化发展和节能减排的需要，公司设计开发了以 2200 吨/日为代表的大型碱回收炉及其专用辅助设备，将自动清焦、垫层火焰监视、高低浓臭气收集和处理等系统技术成功地应用于碱回收工程。

已设计生产的碱回收锅炉固形物日处理量 37.5～2500 吨、蒸汽出口压力 1.27～8.4 兆帕、蒸汽出口温度 194～480℃，满足制浆造纸企业供汽或发电的要求。产品适用性广，已设计运行的碱回收炉能处理木材、芦苇、竹子、甘蔗渣、红麻、麦草、棉秆、桑枝等化学制浆、化机浆和溶解浆废液，具有运行性能好、碱回收率高、连续运行时间长、吨碱耗油指标低、投资回收周期短、经济效益高等优点。

武汉锅炉集团工程技术有限公司已设计制造 300 余台各种规格、适用于处理各类浆种黑液的碱回收炉。目前公司研制开发 3300 吨/日和 5500 吨/日处理量的碱回收锅炉，具有更高经济效益和且更加环保，将逐渐抢占碱回收炉高端市场。

## 无锡荣成纸业有限公司

**企业性质**：合资企业
**地址**：江苏省无锡市惠山区洛社镇中兴西路 43 号
**邮编**：214187
**法人代表**：沈俊贤
**经营负责人**：姚长坤
**技术负责人**：董原兴
**电话**：0510－83316666
**传真**：0510－83301903
**网址**：www. longchenpaper. com
**联系人**：许武军
**电话**：13961848775
**邮箱**：w5015@ longchenpaper. com
**投产日期**：1997 年 11 月
**职工总数**：700 人
**技术人员**：100 名

企业详细介绍见“重点企业介绍”栏目。

## 广西南宁凤凰纸业有限公司

**企业性质**：国有企业
**地址**：广西壮族自治区南宁市星光大道 158 号
**邮编**：530031
**法人代表**：蒙　伟
**联系人**：谭洁玲
**电话**：0771－4590229、4590301
**传真**：0771－4516683
**网址**：www. nppc. cn

**邮箱：** tjl62@163. com

广西南宁凤凰纸业有限公司于1999年建成投产，是一家主要从事制浆造纸生产、销售和服务的大型国有企业。目前主要产品有：ECF无元素氯漂白硫酸盐木浆（含湿浆）、未漂硫酸盐木浆及生活用纸（原纸、盘纸、面巾纸、餐巾纸、卷筒纸、手帕纸、厨房用纸和擦手纸等）；副产品有：木质素、松节油和塔罗油。漂白木浆生产能力15万吨/年和中高档生活用纸生产能力7.5万吨/年。

公司位于南宁市经济技术开发区，占地面积76.8多公顷，水、陆、空交通方便。现有员工约1000人，初中高级专业技术职称400余人，技术、管理力量雄厚，被评为“消费者认可诚信示范单位”、“中国纸业十大最具潜力品牌”，2006年4月获得由国家卫生部、总工会、国家安全监督管理总局评选的“全国职业卫生示范企业”荣誉称号。连年顺利通过ISO 9001/14001和GB/T 28001质量环境职业健康安全管理体系认证；2011年又率先通过了GB/T 23331能源管理体系认证，成为全国第1家获得能源管理体系认证证书的综合性制浆造纸企业。

公司年产15万吨的木浆生产线主要设备从欧美引进，并由芬兰JPI公司技术总承包，是我国目前装备最完善、技术最先进的生产线之一。产品凭着良好的性价比和极高的信誉，赢得了用户的信赖，销往国内大部分省市自治区，还远销韩国、越南等国家和地区。

公司年产7.5万吨生活用纸生产线，主要生产设备从日本、奥地利、意大利引进，产品凭着白度高、柔韧性好、吸水性好、全木浆无元素氯漂白等环保生活用纸的特点，获得了广大用户的青睐。

## 广东省造纸研究所

**企业性质：** 国有企业
**地址：** 广东省广州市海珠区新港西路154号
**邮编：** 510300
**法人代表：** 伍泽荣
**经营负责人：** 马学逵
**技术负责人：** 陈新泉
**电话：** 020－34301776
**传真：** 020－34301776
**网址：** www. gdzaozhisuo. com
**联系人：** 马学逵
**邮箱：** xuekma@126. com
**成立时间：** 1973年
**职工总数：** 92人
**技术人员：** 49名

企业详细介绍见“制浆造纸科研设计单位简介”。

## 中冶纸业银河有限公司

**企业性质：** 国有企业
**地址：** 山东省临清市西门里街297号
**邮编：** 252600
**法人代表：** 李树俭
**联系人：** 冯贵明
**电话：** 0635－2432866
**传真：** 0635－2433968
**网址：** www. mccyinhe. com
**邮箱：** yhzybgs@126. com

中冶纸业银河有限公司系中冶纸业集团骨干企业，山东省六大纸业集团之一。现占地面积213.33公顷，资产56亿元，机制纸生产能力80万吨/年，建有配套治污设施和热电厂，拥有国家级企业技术中心和博士后科研工作站及“瑞雪”、“皓月”、“银光”、“华章”、“如意”、“祥云”六大品牌产品，涵盖文化用纸、包装用纸、深加工用纸三大系列上百个规格品种。主导产品有：双面胶版印刷纸、静电复印纸、精印书写纸、轻型纸、铸涂原纸、铜版原纸、高强瓦楞原纸和高档文化用纸。其中，双面胶版印刷纸是“国家免检产品”，静电复印纸、精印书写纸是“山东省名牌产品”，“银光”牌商标为山东省著名商标。产品畅销全国20多个省市，远销到美国、中东、非洲、南美等70多个国家和地区。企业曾获“全国五一劳动奖状”、“中国轻工业造纸行业10强企业”、“中国胶版印刷纸生产十强企业”、“全国造纸行业劳动关系和谐企业”、“中国造纸业环境友好企业”、“山东省守合同重信用企业”、“山东省环境友好型企业”等多项称号。

## 江苏王子制纸有限公司

**企业性质：** 中外合资
**地址：** 江苏省南通市经济技术开发区通达路18号
**邮编：** 226017
**法人代表：** 渡边正
**技术负责人：** 张　威
**联系人：** 山田信夫

**电话**：0513－81198108
**传真**：0513－81198465

一期工程：40万吨/年铜版纸（2011年4月营业生产）。主要利用外购硫酸盐浆板生产高档铜版纸。主要工段由浆料准备、抄造系统、涂布系统、白水回收系统、分切组成。辅助配套设施有：给水处理厂、废水处理厂、热电厂、码头及仓库等。

二期工程：70万吨/年化学木浆（建设中）。采用外购木片经过备料、蒸煮、洗涤筛选、氧脱木素、漂白等工段制成成品浆。碱回收车间由蒸发、燃烧、苛化、石灰回收等工段组成。化学品制备车间由二氧化氯、二氧化硫、制氧及臭氧制备工段组成。

以生产木浆时产生的废弃物作为燃料，通过碱回收锅炉的蒸汽，进行热电联产，在提高废弃物能源利用效率的同时，可大幅减少煤炭的使用量，抑制 $SO_2$、$NO_x$、$CO_2$ 的生成。此外，燃煤锅炉采用了循环流化床锅炉，废水和污泥等废弃物都可以进行燃烧和热回收。

制浆和造纸工序等主要设备及相关附属设备从资源的利用效率、节水和节能等方面出发，采用了最新的高科技。同时，还力求通过纸机的大型化和高速化来实现节能和高效化。

日本王子制纸株式会社创立于1873年，是日本最早的造纸企业，也是日本首家股份有限公司。经过不断地兼并、重组等产业活动，现已发展成为以生产和销售各种纸及纸板为主的综合性制浆造纸企业集团。江苏王子制纸（南通）有限公司由日本王子制纸集团和南通经济技术开发区共同出资，于2003年9月28日在工商局注册并被批准成立。2007年开工建设，2010年下半年投入生产。

## 民丰特种纸股份有限公司

**企业性质**：股份制企业
**地址**：浙江省嘉兴市角里街70号
**邮编**：314000
**法人代表**：盛　军
**经营负责人**：崔宇文
**技术负责人**：黄晓钢
**电话**：0573－82839051
**传真**：0573－82839051
**网址**：www. mfspchina. com
**联系人**：王洪祥
**电话**：0573－82839052
**邮箱**：zjb@ mfspchina. com

企业详细介绍见“重点企业介绍”栏目。

## 山东恒联投资有限公司

**企业性质**：民营企业
**地址**：山东省潍坊市高新区东风东街3019号
**邮编**：261061
**法人代表**：张云胜
**技术负责人**：李鹍修
**电话**：0536－8671522
**传真**：0536－8671501
**网址**：www. henglianpaper. com
**联系人**：张立新
**电话**：0536－8671522
**邮箱**：zlx1522@ 163. com
**成立时间**：2002年12月
**职工总数**：4071人
**技术人员**：636名

企业详细介绍见“重点企业介绍”栏目。

## 中国制浆造纸研究院

**企业性质**：全民所有制企业
**地址**：北京市朝阳区望京启阳路4号院中轻大厦
**邮编**：100102
**法人代表**：曹春昱
**技术负责人**：曹春昱
**电话**：010－64778000
**传真**：010－64778001
**网址**：www. cnppri. com
**联系人**：刘若冰
**电话**：010－64778015
**邮箱**：bgs@ cnppri. com

企业详细介绍见“制浆造纸科研设计单位简介”。

## 大唐国际高铝煤炭研发中心

**企业性质**：国有企业
**地址**：内蒙古自治区呼和浩特市新城区迎宾北路7号大唐金座
**邮编**：010050
**法人代表**：孟繁逵
**技术负责人**：孙俊民

**电话：**0471－6988597
**传真：**0471－6988594
**联系人：**马雅琦
**电话：**0471－6988597、18104711696
**邮箱：**datang204@163. com
**成立时间：**2011年4月
**职工总数：**60人
**技术人员：**43名

大唐国际高铝煤炭研发中心是我国专业从事高铝煤炭与粉煤灰资源化利用的科研机构，致力于鄂尔多斯盆地高铝煤炭资源的循环利用，自主开发了高铝粉煤灰提取氧化铝多联产工艺技术，建立了国内外首条粉煤灰提取氧化铝示范生产线，为国家发展特色煤炭－有色金属－建材循环经济产业奠定了重要基础。与造纸领域相关业务是将粉煤灰提取氧化铝副产物硅酸钙加填文化用纸项目，已完成实验室小试、造纸中试、工业化生产和纸产品应用的所有工作，充分验证了硅酸钙加填文化用纸（复印纸和胶印纸）的技术可行性，形成了完善的硅酸钙加填文化用纸工艺技术。

## 山东泉林纸业有限责任公司

**企业性质：**民营企业
**地址：**山东省高唐县光明东路15号
**邮编：**252800
**法人代表：**李洪法
**经营负责人：**李洪法
**技术负责人：**宋明信
**电话：**0635－3961106
**传真：**0635－3961597
**网址：**www. tralin. com
**联系人：**郭希燕
**电话：**0635－3961847
**邮箱：**06353177@163. com
**成立时间：**1976年
**职工总数：**9995人
**技术人员：**720名

企业详细介绍见“重点企业介绍”栏目。

## 宜宾纸业股份有限公司

**企业性质：**国有控股企业
**地址：**四川省宜宾市翠屏区岷江路54号
**邮编：**644007
**法人代表：**易　从
**经营负责人：**王晓华
**技术负责人：**梁　好
**电话：**0831－3560375
**传真：**0831－3561965
**联系人：**袁　莉
**电话：**0831－3560865
**邮箱：**jun_ li@ap. pall. com
**职工总数：**3000人
**技术人员：**250名

宜宾纸业股份有限公司位于万里长江第一城宜宾市上江北，公司前身四川省宜宾造纸厂始建于1944年，是国产新闻纸诞生地。1997年2月20日，公司股票在上海证券交易所挂牌上市，是宜宾市第1家上市公司。公司主要产品为新闻纸、文化用纸、食品纸，制浆及造纸生产能力分别近20万吨/年。公司总股本10539万股，其中，国有股及国有法人股53.84%。公司在册职工约3000人，工程技术人员约250人。

根据宜宾市城市建设和公司自身发展需要，公司厂区搬迁至宜宾市南溪区码流坝。预计于2014年恢复生产。

## 亚太森博（山东）浆纸有限公司

**企业性质：**中外合资
**地址：**山东省日照市北京路369号
**邮编：**276826
**法人代表：**黄春雨
**经营负责人：**黄文海
**技术负责人：**江健儿
**联系人：**许广利
**电话：**0633－3361188

企业详细介绍见“重点企业介绍”栏目。

## 广西金桂浆纸业有限公司

**企业性质：**中外合资
**地址：**广西壮族自治区钦州市钦州港金光工业园
**邮编：**535008
**法人代表：**黄志源
**技术负责人：**凌贤义
**电话：**0777－3698888
**传真：**0777－3696666
**联系人：**姚志桂

**电话**：0777－3698012
**职工总数**：823 人
**技术人员**：70 名

企业详细介绍见“重点企业介绍”栏目。

## 贵州赤天化纸业股份有限公司

**企业性质**：国有企业
**地址**：贵州省赤水市全华理泰路 1 号
**邮编**：564707
**法人代表**：郑才友
**经营负责人**：田 勇
**技术负责人**：张鼎军
**电话**：0852－2879721
**传真**：0852－2879729－0
**联系人**：刘锡丙
**电话**：0852－2879721
**邮箱**：chthzy@ vip. 163. com
**投产时间**：2008 年 10 月
**职工总数**：591 人
**技术人员**：98 名

公司主导产品：硫酸盐全竹浆 TCF（全无氯）漂白浆板，具有强度高、白度高、无尘埃、无毒素等独特优点，是绿色环保产品。该产品可广泛用于食品包装用纸、医药包装用纸、高档生活用纸、中小学教科书用纸等纸产品的生产和作为人造纤维深加工的优质原料。

目前，国内维达、恒安、民丰、雷宝等高档卫生纸、特种纸及外资企业对公司独有的全竹浆 TCF（全无氯）产品赞赏有加。同时，该产品经欧洲及其他外国公司检测和试用后，得到了充分的肯定和高度的赞誉。此外，公司的全竹浆 TCF（全无氯）商品浆在人造纤维等特殊行业上的应用已经得到了众多客商的广泛关注。

公司将致力于欧美 TCF 产品认证和国内 TCF 产品行业标准的制定，不断树立和提升全竹浆 TCF（全无氯）产品形象，有效突破世界贸易壁垒，成为世界竹浆行业的排头兵。

## 亚什兰（中国）投资有限公司

**企业性质**：外资企业
**地址**：上海市莘庄工业区申富路 688 号
**邮编**：201108
**法人代表**：高俊贤
**电话**：021－54422323
**传真**：021－54421739
**网址**：www. ashland. com
**联系人**：姚丹丹
**电话**：021－54422323－6609
**邮箱**：dandan_yao@ ashland. com
**投产时间**：2008 年
**职工总数**：400 人
**技术人员**：150 名

亚什兰集团 1924 年成立，为全球 100 多个国家提供特种化学品、技术和创新的理念，帮助客户创造新型或改良的产品，及具有前瞻性的可持续解决方案。亚什兰化学品被应用在日常生活的各个方面，从汽车、食品和饮料、个人护理产品、药品、文化用纸和生活用纸到耐用品和基础设施，如建筑和施工、能源和水处理等领域。集团主要分成四大业务部门：亚什兰特种添加剂、亚什兰水技术、亚什兰高性能材料和亚什兰消费品市场的创新产品及服务。

亚什兰水技术，是全球领先的特种化学品（过程化学品、通用化学品及功能化学品）供应商。我们提供创新的化学品和设备技术，旨在提高客户的运营效率、改善产品质量、保护工厂资产，并最大限度地减少对环境的影响。

## 颇尔过滤器（北京）有限公司

**企业性质**：独资企业
**地址**：北京市经济开发区宏达南路 12 号
**邮编**：100176
**法人代表**：William Cheung
**经营负责人**：William Cheung
**技术负责人**：廖支援
**电话**：010－87225588
**传真**：010－67802329
**网址**：www. pall. com
**联系人**：李 军
**电话**：021－22113850
**邮箱**：jun_li@ ap. pall. com
**投产时间**：1994 年
**职工总数**：900 人
**技术人员**：250 名

颇尔过滤器（北京）有限公司为颇尔公司在中国的分公司，生产和销售上千种高效过滤器和过滤系统，产品涉及石油化工、生物制药和医疗、食品饮料、微电子、航空航天、机械加工、钢铁、造纸行业、电力行业、矿山、工程机械。在北京的制造厂也成为颇尔公司在全球的产品制造中心，生产装配各种型号的过滤器外壳及流体分离系统，产品供应亚洲各国及澳大利亚。公司设有过滤应用技术研究实验室，及时向用户提供专业水平的技术服务。颇尔公司在全球有几十个分公司及办事处，为全球过滤、分离、净化领域提供高性能的产品和优质的技术服务。在造纸行业的应用主要有制浆造纸厂纸机、发电机组所用到的液压润滑系统油过滤器，工艺白水、发电机锅炉用水、循环水等过滤器和过滤系统，白液等废水处理的技术和系统。

## 广州造纸集团有限公司

**企业性质：**国有企业
**地址：**广东省广州市南沙区珠江街新广一路29号
**邮编：**511462
**法人代表：**林昭远
**经营负责人：**陈伟星
**技术负责人：**周　耘
**电话：**020－34663302
**传真：**020－34663302
**网址：**www. gzpaper. cn
**联系人：**王向华
**电话：**020－34663158
**邮箱：**13527876705@139. com
**投产时间：**1936年
**职工总数：**932人
**技术人员：**115名

企业详细介绍见“重点企业介绍”栏目。

## 滕州力华米泰克斯胶辊有限公司

**企业性质：**股份制企业
**地址：**山东省滕州市经济开发区恒源路366号
**邮编：**277500
**法人代表：**朱宏伟
**经营负责人：**高守明
**技术负责人：**赵曰永
**联系人：**秦佑凤
**电话：**0632－5699298
**传真：**0632－5699275
**网址：**www. sdlihua. com
**邮箱：**sdlihua@vip. 163. com

滕州力华米泰克斯胶辊有限公司是与德国米泰克斯胶辊有限公司共同组建的合资企业，总部坐落山东省滕州市，并在昆山建有分厂——苏州力华米泰克斯胶辊制造有限公司。该公司具有20多年生产胶辊历史，拥有资产1.3亿元，是国内大型设计、研发、生产胶辊的工业基地。能提供胶辊设计研发、覆层材料优选、辊体制造、加工、维修等项服务。产品应用于造纸、钢铁、矿山、纺织印染、木材、塑料、印刷等工业领域。通过了ISO 9001产品质量体系认证。公司始终坚持科研开发、自主创新、消化吸收国外技术的技术理念，拥有领先的覆层技术和工艺。采用一流的原材料和设备，加强人力资源培训和开发，保证了产品质量，完全满足纸机、不锈钢冷轧退火酸洗、镀锌、彩涂、密度板连续辊压等不同生产线车速、温度、介质、压力的要求。形成了优质合成橡胶、聚氨酯、陶瓷喷涂、树脂复合材料四大类上百个品种的产品体系。公司将以客户需求为关注焦点，以技术创新为发展动力，努力打造国内外最具影响力的辊子覆层制造专业生产商。

## 芬欧汇川（常熟）研究开发有限公司

**企业性质：**外商独资企业
**地址：**江苏省常熟市经济开发区通港路88号
**邮编：**215536
**法人代表：**Zhang Yan
**经营负责人：**Zhang Yan
**技术负责人：**喻　力
**电话：**0512－52299700
**传真：**0512－52299710
**网址：**www. upm. com
**联系人：**由　鸽
**电话：**0512－52299709
**邮箱：**you. ge@upm. com
**投产时间：**2007年4月
**职工总数：**23人
**技术人员：**21名

芬欧汇川（常熟）研究开发有限公司是芬欧汇川集团在亚洲的主要研发基地，这是芬欧汇川集团在亚洲长期发展、实现科研带动生产的战略性举措。

该亚洲研发中心坐落于芬欧汇川常熟生产基地，拥有全球最完备的造纸、纸张分析和科研应用设备及优秀的研发人才，致力于将各种适合芬欧汇川纸产品的先进造纸技术引进中国，在中国本土进行木产品、纸、纸浆、纸产品和电子标签等领域的研究开发。主要职能包括：研究和开发适合亚洲地区大规模造纸工业用的原材料和造纸工艺；支持芬欧汇川集团在中国和亚洲地区的各项生产计划；应用最新的印刷技术和科研成果为公司的客户提供高质量的技术服务。

## 保定钞票纸业有限公司

**企业性质：** 全民所有制企业
**地址：** 河北省保定市盛兴西路 2166 号
**邮编：** 071071
**法人代表：** 郭占旺
**经营负责人：** 冉　飞
**技术负责人：** 王洪波
**电话：** 0312－3178167
**传真：** 0312－3178167
**网址：** bdcz. cbpm. cn
**联系人：** 王素芳
**电话：** 0312－3198010

保定钞票纸业有限公司（前身为保定钞票纸厂）始建于 1956 年，占地面积 75 万米$^2$，建筑面积 40 万米$^2$，现有职工 2600 余人，是新中国第 1 家专业钞票纸生产企业，现隶属于中国人民银行中国印钞造币总公司。是我国目前最大的钞票纸生产基地、高级防伪纸张供应商，钞票纸新工艺、新材料、新技术的研发基地。

公司积极推行“绿色工艺”，倡导清洁生产，持续改进造纸工艺和实施技术创新，建设资源节约型企业。投资 7000 余万元新建 1 座日处理能力 4 万吨的废水处理场，在资源节约型、环境友好型企业建设中，迈出了实质性步伐。2005 年，被国务院授予“国家环境友好企业”称号。

公司秉承“优质安全保发行，科学高效谋发展”的行业宗旨，发扬“厚德广行，敬业报国”的行业精神，出色地完成了国家下达的各项生产任务。公司坚持以人为本，基础管理与管理创新并重，卓有成效地推行人事制度、劳动用工制度、工资制度及组织机构改革。先后通过 ISO 9001 质量管理体系认证、OHSAS 18000 职业健康安全管理体系认证和 ISO 14001 环境管理体系认证。

在确保主业产品生产基础上，积极研制开发高级民用防伪产品，如房产证纸、银行票证纸、海图纸、图画纸、制图纸等，满足国家机关、专业银行及国内著名企业的特殊需要。其中，海图纸被评为河北省名牌产品，“彩虹”牌图画纸、制图纸粉笔被评为河北省优质产品和河北省质量免检产品。

企业坚持以人为本，努力构建和谐企业，实现“三个文明”建设的协调发展，先后获得“全国企业文化建设优秀单位”、“全国金融系统思想政治工作优秀单位”、“河北省诚信企业”、“河北省文明单位”、“全国精神文明建设工作先进单位”、“全国文明单位”、“全国五一劳动奖状”等荣誉称号。

## 牡丹江恒丰纸业股份有限公司

**企业性质：** 国有企业
**地址：** 黑龙江省牡丹江市阳明区恒丰路 11 号
**邮编：** 157013
**法人代表：** 徐　祥
**经营负责人：** 李迎春
**技术负责人：** 李劲松
**电话：** 0453－6886000
**传真：** 0453－6886302
**网址：** www. hengfengpaper. com
**联系人：** 徐雅君
**电话：** 0453－6886772
**邮箱：** xuyajun77@ 126. com
**投产时间：** 1952 年
**职工总数：** 2202 人
**技术人员：** 216 名

牡丹江恒丰纸业股份有限公司是牡丹江恒丰纸业集团有限责任公司的控股子公司，是国内领先的为烟草行业提供卷烟配套用纸的上市公司、国内首家通过科技部和中国科学院认定的造纸行业重点高新技术企业。

公司主要生产卷烟纸、滤嘴棒纸、接装纸原纸、铝箔衬纸和其他特种工业用纸，是中国最大的卷烟配套用纸生产企业。产品远销欧美，覆盖全国，销量排名全国第 1、世界第 3。

公司拥有 16 条机制纸生产线和 1 条制浆生产线，机制纸生产能力 12 万吨/年，漂白亚麻浆生产能力 3000 吨/年。资产总额 20 亿元，年销售收入 15 亿元。

公司通过了 ISO 9001 质量保证体系、ISO 14001 环境管理体系认证和 GB/T 28001 职业健康安全管理体系认证。专业的管理团队和技术团队将为客户提供物超所值的产品和服务。

（雷　煌）

# 国内制浆造纸企业名录

# Directory of Domestic Pulping and Papermaking Companies

## 北 京 市

**北京市造纸包装工业公司**
北京市朝阳区广渠门外大街 39 号院 1 号楼
邮编 100022
电话 010－67043080
传真 010－67043080
产品 机制纸、纸板

**北京京纸集团有限公司**
**（原北京中天纸业集团有限责任公司）**
北京市朝阳区广渠门外大街 39 号院 1 号楼
邮编 100022
电话 010－67043080、67043081
传真 010－67043080
产品 利乐包装用纸、办公印刷用纸

**中国纸业投资总公司**
北京市丰台区南四环西路 188 号总部基地 6 区 17 号楼
邮编 100070
电话 010－83673111
传真 010－83673131
网址 www. chinapaper. com. cn
www. zwt. com. cn
邮箱 admin@ chinapaper. com. cn
产品 纸浆、文化类印刷用纸、涂布白纸板、特种纸

**北京造纸一厂**
北京市顺义区天竺空港工业区 B 区安庆大街 9 号
邮编 101318
电话 010－80484585、80490330、80485397、80490695
传真 010－80496275、80490790
网址 www. sanyipaper. com
邮箱 office@ sanyipaper. com
产品 办公用纸、文化用纸、印刷用纸

**北京造纸七厂**
北京市通州区滨河路 126 号
邮编 101149
电话 010－61563101、61501805、61562898
传真 010－61563376
网址 www. bjhbzy. com
邮箱 bj7@ bjhbzy. com
产品 再生纸、纸板

**利乐包装（北京）有限公司**
北京市亦庄经济技术开发区东环南路 15 号
邮编 100176
电话 010－67887117
网址 www. tetrapak. com
产品 液体复合包装材料（利乐包装用纸）

**北京中天福瑞纸业有限公司**
北京市顺义区天竺空港工业区 B 区安庆大街 9 号
邮编 101318
电话 010－80490777
产品 白纸板、铜版纸、胶版纸

**维达北方纸业（北京）有限公司**
北京市平谷区航宇街 16 号
邮编 101200
电话 010－69934888、69932777
网址 www. vinda. com
产品 生活用纸

**永丰余家纸（北京）有限公司**
北京市平谷区马坊工业区东区 1 号
邮编 101204
电话 010－60999688
传真 010－60999686
网址 www. yfycpg. com
产品 生活用纸

**北京坤隆纸业有限公司**
北京市房山区韩村河镇西南章村
邮编 102406
电话 010－61320196
传真 010－61320058
产品 涂布白纸板

**北京市鑫宏鹏纸业有限公司**
北京市房山区周口店瓦镇瓦井
邮编 102452
电话 010－69309918
传真 010－61397195
网址 www. hengjietech. com
邮箱 bjhj@ hengjietech. com
产品 精制牛皮纸、纸袋纸

**北京爱华中兴纸业有限公司**
北京市海淀区西三旗建材城东路 8 号
邮编 100096
电话 010－82912566、82929866、82918325
传真 010－82927452
网址 www. yipianyun. com

产品 生活用纸

**北京昌平腾飞造纸厂**
北京昌平区沙河镇小沙河村 65 号
邮编 102206
电话 010－69733178
产品 箱纸板、瓦楞原纸

**北京倍舒特妇幼用品有限公司**
北京市密云县经济开发区远光街 1 号
邮编 101500
电话 010－69061748
网址 www. bjbest. com. cn
产品 女性卫生用品、婴幼儿纸尿裤

## 天　津　市

**玖龙纸业（天津）有限公司**
天津市宁河县经济开发区五纬路
邮编 301500
电话 022－59326666
传真 022－59329148
网址 www. ndpaper. com
邮箱 info_ tj@ ndpaper. com
产品 高档包装用纸

**天津造纸厂有限公司**
天津市津南区双鑫工业园发港南路 29 号
邮编 300350
电话 13672083517
产品 瓦楞原纸

**天津广聚源纸业有限公司**
天津市津南区咸水沽海河工业园福鑫路 16 号
邮编 300021
电话 022－88510939
传真 022－88823029
产品 高强瓦楞原纸

**天津中钞纸业有限公司**
天津市大寺镇兴华道 38 号
邮编 300381
电话 022－60370931
产品 防伪证券纸、防伪水印纸

**天津万利天然纤维薄膜有限公司**
天津武清区石各庄敖咀村北口
邮编 301718
电话 022－22159091
产品 高强瓦楞原纸

**天津金证科技造纸有限公司**
天津市河东区津塘路 178 号
邮编 300300
电话 022－84397070
产品 静电复印纸、漂白棉浆

**天津韩东纸业有限公司**
天津市北辰区铁东路勤俭工业区 3 号路
邮编 300402
电话 022－26735940
产品 卫生巾系列

**天津市发达造纸有限公司**
天津市宝坻区黑狼口工业区
邮编 301822
电话 022－82489065
传真 022－82488988
网址 www. tjzaozhi. cn
邮箱 fdzaozhi@ 126. com
产品 高强瓦楞原纸

**天津广大纸业有限公司**
天津市北辰区红光农场工业园
邮编 300401
电话 022－26952860
产品 心电图纸、脑电图纸、胎儿监护记录纸

**天津市星河纸业有限公司**
天津市宁河县造纸厂院内
邮编 301504
电话 022－69455666
产品 牛皮卡纸、高强瓦楞原纸

**天津弗西比纸业有限公司**
天津市津南区八里台工业园南区禄纬道 1 号
邮编 300353
电话 022－88814822、88814821、88818881
网址 www. wastepaper. com
邮箱 fcb@ wastepaper. net
产品 废纸、空白报纸、白卡纸、卫生纸、牛卡纸

**国能纸业有限公司**
天津市武清开发区
邮编 301700
电话 022－82158869

产品 高填料文化用纸

## 河 北 省

### 石家庄市

**元氏县金鹏纸业有限公司**
河北省元氏县嘉惠街南头
邮编 050051
电话 0311－84623867、84622756
传真 0311－84603101
网址 www.jpzy.cn
邮箱 jpzy@jpzy.cn
产品 中高档箱纸板

**河北诺斯克龙腾纸业有限公司**
河北省赵县石塔西路工业一街
邮编 051530
电话 0311－84941434、13931874474
网址 www.norskeskog.com
产品 轻涂新闻纸、低定量新闻纸

**河北深泽县造纸厂**
河北省石家庄深泽县桥头经济开发区
邮编 052560
电话 0311－83598815、83598192
传真 0311－83598471
产品 胶版纸、有光纸、书写纸、轻型印刷纸

**河北吉藁化纤有限责任公司**
河北省藁城市东宁路 2 号
邮编 052160
电话 0311－88042886、88041472
传真 0311－88048224、88158418
网址 www.jghx.cn
邮箱 jghx@jghx.cn
产品 棉浆粕、纤维浆粕

**石家庄诚信纸业有限公司**
河北省石家庄市高新区东区珠江大道 49 号
天山花园 7－4－101 室
邮编 050035
电话 0311－86151369
传真 0311－86151369
产品 滤油纸、油漆过滤纸

**鹿泉市顺发工业公司**
河北省鹿泉市曲寨工业园
邮编 050200
电话 0311－82296911
传真 0311－82296144
产品 箱纸板

**河北藁城市光明纸业有限公司**
河北省藁城市市府东路副 1 号
邮编 052160
电话 0311－88049850、88042810
传真 0311－88046054
网址 www.gmpaper.cn
邮箱 guangming@gmpaper.cn
产品 书写纸、有光纸、出口薄页纸

**石家庄市大章纸业有限公司**
河北省藁城市南董镇南大章工业区
邮编 052167
电话 0311－88061031
传真 0311－88469867
产品 双灰纸板、全灰纸板、高光纸板、封面纸板

### 唐山市

**河北永新纸业有限公司**
河北省唐山市滦南县西马路 88 号
邮编 063500
电话 0315－4122024、4123124
传真 0315－4123486
产品 牛皮箱纸板、高强瓦楞原纸、涂布白纸板

**迁安市恒茂纸业有限公司**
**(原迁安市北代营迁北福利造纸厂)**
河北省迁安市北代营南 7 街 86 号
邮编 064400
电话 0315－5217818
传真 0315－7043599
产品 玻璃防霉垫纸、书写纸、胶印书刊纸

**唐山市融丰特种纸业有限公司**
河北省唐山市路南区文化南北街 88 号
邮编 063001
电话 0315－7063258、7063208
传真 0315－2860340、2861722
产品 防伪纸、水松原纸、育果袋纸、铝箔衬纸、滤嘴棒成型纸

**唐山国泰纸业有限公司**
河北省唐山市丰润区银城道中国动车城内

邮编 064000
电话 0315－7760089、7760096
传真 0315－7760088、7760051
网址 www. gtpaper. com
邮箱 tsguotaizhiye@163. com
产品 涂布白纸板、高强瓦楞原纸、白牛皮纸

**海丰实业集团唐山信诚浆纸有限公司**
河北省唐山市唐海县第八农场
邮编 063207
电话 0315－8888289、8888820、8889018、8881498
传真 0315－8888377
产品 牛皮箱纸板、高强瓦楞原纸

**玉田县建华纸业有限公司**
河北省唐山市玉田县散水镇十里坨村
邮编 064105
电话 0315－6469166
传真 0315－6468966
产品 白纸板、牛皮纸、瓦楞原纸、美穗挂面纸

**玉田天正纸业有限公司**
河北省唐山市玉田县林南仓镇东六村开发区
邮编 064106
电话 0315－6387777
传真 0315－6587288
产品 白纸板、涂布白纸板、箱纸板

**玉田县大众恒信纸业有限公司**
河北省唐山市玉田县代家屯工业区
邮编 064100
电话 0315－6556599
产品 箱纸板

**玉田县代家屯第一造纸厂**
河北省唐山市玉田县代家屯经济开发区
邮编 064105
电话 0315－6555958
传真 0315－6566300
产品 高强瓦楞原纸、木浆挂面纸

**玉田县盛达纸业有限公司**
河北省唐山市玉田县代家屯小学北
邮编 064105
电话 0315－6564656
产品 牛皮挂面箱纸板、茶纸板、高强瓦楞原纸

**唐山市昌盛纸业有限公司**
河北省唐山市唐海县八农场朝武庄
邮编 063207
电话 0315－8790841
产品 瓦楞原纸、黄纸板、灰纸板

**唐山市华兴纸业有限公司**
河北省唐山市唐海县八农场尚庄子生产队
邮编 063207
电话 0315－8882312
产品 瓦楞原纸、黄纸板

## 秦皇岛市

**秦皇岛金茂源纸制品厂**
河北省秦皇岛市抚宁县留守营镇保安庄村
邮编 066301
电话 0335－4083536
产品 高档涂布白纸板

**秦皇岛前韩纸业公司**
河北省秦皇岛市抚宁县留守营镇前韩家林村
邮编 066301
电话 0335－6046168
产品 涂布白纸板、箱纸板、瓦楞原纸

**秦皇岛凡南纸业有限公司**
河北省秦皇岛市抚宁县留守营镇樊各南村
邮编 066301
电话 0335－6488654、6488866
产品 箱纸板

**秦皇岛丰满纸业有限公司**
河北省秦皇岛市北戴河西 10 公里处
邮编 066301
电话 0335－6046886、6046075
传真 0335－6046706
网址 www. fengmanqhd. com
邮箱 fmqht@tom. com
fmqhtqhd@sina. com
产品 挂面白纸板、箱纸板、高强瓦楞原纸、生活用纸

## 邯郸市

**馆陶县丰泰造纸厂**
河北省邯郸市馆陶县政府街 1 号
邮编 057750
电话 0310－2832555、13903302797
产品 单胶纸、书写纸

## 邢台市

**柏乡县丰源（邢台）特种纸业有限公司**
河北省邢台市柏乡县城
邮编 055450
电话 0319－7701166
产品 亚麻浆板

**河北航宇集团环球造纸有限公司**
河北省邢台市南和县城东
邮编 054400
电话 0319－4563541
传真 0319－4566001
产品 双胶纸

## 保定市

**保定钞票纸业有限公司**
河北省保定市纸厂路 98 号
邮编 071071
电话 0312－3198010、3170017
传真 0312－3178167
网址 bdcz. cbpm. cn
产品 钞票纸、罗纹水印纸、彩色双胶纸

**保定满城兴华造纸厂**
河北省保定市新市区南奇乡
邮编 071051
电话 0312－3174425、3104008
传真 0312－3178911
产品 卫生纸、纸板

**保定三联纸业有限公司**
河北省保定市西外环南段
邮编 071000
电话 0312－3239070、3239063
传真 0312－3250899
网址 www. bdslzy. com
邮箱 slzy@ bdslzy. com
bdslzy@ 126. com
产品 牛皮箱纸板、瓦楞原纸

**保定市大兴造纸厂**
河北省保定市新市区南奇乡南章村
邮编 071051
电话 0312－3175020
产品 卫生纸、包装用纸

**保定市东升卫生用品有限公司**
河北省保定市满城县大册营造纸工业园区
邮编 072151
电话 0312－5578886、5578889、5578887
传真 0312－5572790
网址 www. dshpaper. com. cn
邮箱 mail@ dshpaper. com. cn
产品 高档生活用纸

**保定市港兴纸业有限公司**
河北省保定市满城县大册营造纸工业园区
邮编 072150
电话 0312－7021908
传真 0312－7021728
产品 卫生纸、卫生巾、盘纸、轴纸

**保定市江城造纸厂**
河北省保定市天威路
邮编 072150
电话 0312－3204686
传真 0312－3250182
产品 箱纸板、包装用纸

**保定顺平县惠兴造纸厂**
河北省保定市顺平县汽车站西 1 公里
邮编 072250
电话 0312－7625317
传真 0312－7625317
产品 果袋纸、包装用纸

**保定市天华纸制品厂**
河北省保定市新市区江城乡尹庄
邮编 071051
电话 0312－3196148
传真 0312－3196148、3192458
产品 螺旋纸管、复合纸板、纸板

**保定市兴冀特种纸业有限责任公司**
河北省保定市利民路 68 号
邮编 071000
电话 0312－2113318、2110518
传真 0312－2116666
网址 www. hexingji. com. cn
邮箱 rex800@ tom. com
产品 A 等晒图原纸、1 号制图纸、图画纸、水彩画纸、高档全木浆生活用纸

**保定市义厚成纸业有限公司**
河北省保定市高开区云杉路 131 号
邮编 071051
电话 0312 - 3327600、3327609
传真 0312 - 3327610
网址 www. ladystar. com. cn
产品 妇婴卫生用品

**保定市满城永兴纸业有限公司**
河北省保定市满城县造纸工业园区
邮编 072150
电话 0312 - 7021019
传真 0312 - 7022288
产品 卫生纸

**保定市满城金光纸业有限公司**
河北省保定市满城县大册营镇方上村
邮编 072150
电话 0312 - 7021707
传真 0312 - 7021899
网址 www. maowangpaper. com
邮箱 maowangpaper@ 126. com
产品 生活用纸

**河北省保定市东方造纸有限公司**
河北省保定市徐水县南环路科技园
邮编 072550
电话 0312 - 8605508、8698215
传真 0312 - 8605530、8698212
产品 晒图纸、复印纸、胶版印刷纸、包装纸板、书写纸

**河北小人国纸业有限公司**
河北省保定市建国路地道桥西 100 米
邮编 071000
电话 0312 - 2177998
传真 0312 - 2173636
网址 www. hbxiaorenguo. com
邮箱 xrgzhiye@ 163. com
产品 生活用纸、湿巾

**河北省保定市满城县新星造纸厂**
河北省保定市满城县南韩村工业区
邮编 072150
电话 0312 - 7031168
传真 0312 - 7033888
产品 生活用纸

**河北省满城县恒达纸业有限公司**
河北省保定市满城县北外环胡町村南
邮编 072150
电话 0312 - 7068999
传真 0312 - 7068858
产品 箱纸板、灰纸板、双灰纸板、牛皮箱纸板、厚灰纸板、涂布原纸

**河北华康纸业股份有限公司**
河北省保定市满城县宏昌大街
邮编 072150
电话 0312 - 7074774
传真 0312 - 7065101
网址 www. hkpaper. cn
邮箱 huakangzhiye@ sina. cn
产品 灰纸板、茶纸板、挂面纸板、箱纸板、瓦楞原纸、涂布纸

**河北省涿州市东立纸业有限公司**
河北省涿州市开发区
邮编 072750
电话 0312 - 3750268
传真 0312 - 3752185
产品 石膏板护面纸板、涂布白纸板、箱纸板、高强瓦楞原纸

**河北雪松纸业有限公司**
**(原满城县保利造纸厂)**
河北省保定市满城县大册营造纸工业园区
邮编 072150
电话 0312 - 7021606、7027008、7027007
传真 0312 - 7020869
网址 www. hbxuesong. cn
邮箱 xuesonghb@ 126. com
产品 卫生纸、餐巾纸

**满城县中信纸业有限公司**
河北省保定市满城县大册营镇
邮编 072150
电话 0312 - 7021807、7131212
传真 0312 - 7022988
网址 www. zhongxinpaper. com
邮箱 zx@ zhongxinpaper. com
产品 卫生纸

**河北亚光纸业有限公司**
**(原保定市满城亚光造纸有限公司)**
河北省保定市满城县造纸工业区
邮编 072150
电话 0312 - 7021008

传真 0312－7021609、7026609
产品 生活用纸

**河北大发纸品有限公司**
河北省保定市容城县容城镇东牛村
邮编 071700
电话 0312－5692188、5692802
传真 0312－5692838
网址 www. dafapaper. com
邮箱 dafa@ dafapaper. com
产品 新闻纸、生活用纸

**保定市满城顺利有限公司**
河北省满城县大册营镇大册村
邮编 072150
电话 0312－7021218
产品 生活用纸

**徐水县前进纸业有限公司**
河北省保定市徐水县遂城镇栗元庄
邮编 072557
电话 0312－8903975、7021904
产品 卫生纸

## 张家口市

**河北宣化造纸厂**
河北省张家口市宣化区跃进路
邮编 075100
电话 0313－3058223
产品 铜版原纸、箱纸板、书写纸、涂布白纸板、瓦楞原纸

## 沧州市

**河北省青县纸业有限责任公司**
河北省沧州市青县流河镇王镇店
邮编 062650
电话 0317－4271073
传真 0317－4271053
产品 箱纸板、瓦楞原纸

**泊头市龙达纸业有限公司**
河北省泊头市开发区
邮编 062150
电话 0317－8185878、8318556
传真 0317－8318655
产品 高强瓦楞原纸

**河北宏光纸业有限公司**
河北省沧州市吴桥县铁城镇
邮编 061801
电话 0317－7188366
传真 0317－7188232
产品 胶版纸

**沧州临港资通纸业有限公司**
河北省沧州市临港经济技术开发区
邮编 061108
电话 0317－5483108
产品 本色草浆、木浆

**任丘市星火造纸有限责任公司**
河北省任丘市新中驿乡张施村
邮编 062556
电话 0317－3326999
产品 52 克/米$^2$ 胶印书刊纸、瓦楞原纸

## 廊坊市

**东兴纸业（香河）有限公司**
河北省廊坊市香河县淑阳镇金辛庄
邮编 065400
电话 0316－8327347
产品 牛皮箱纸板

## 衡水市

**河北环达纸业有限公司**
河北省衡水市景县城南 9 公里处第三工业区
邮编 053500
电话 0318－4295398、4295068、4296349
传真 0318－4296387
产品 双胶纸、包装用纸、有光纸

**衡水市第一造纸厂**
河北省衡水市新桥北街
邮编 053000
电话 0318－2030687
传真 0318－2030687
产品 凸版纸、生活用纸、瓦楞原纸

# 山 西 省

## 太原市

**齐兴伟业造纸有限公司**
山西省太原市晋源区

邮编 030050
电话 0351－5614812、5614826
产品 石膏板护面纸板

**太原市南郊造纸二厂**
山西省太原市晋源区姚村镇
邮编 030050
电话 0351－6980550
产品 瓦楞原纸、挂面箱纸板、牛皮箱纸板

**太原家盛纸业有限公司**
山西省太原市晋源区
邮编 030050
电话 0351－6985356
产品 高强瓦楞原纸

**太原龙盛伟纸业有限公司**
山西省太原市晋源区
邮编 030050
电话 0351－6933546
产品 高强瓦楞原纸

**太原吉兴造纸厂**
山西省太原市晋源区
邮编 030050
电话 13209821268
产品 高强瓦楞原纸、箱纸板

**太原玉盛源能源发展有限公司**
山西省太原市清除县清源镇小北村旧 307 国道旁
邮编 030400
电话 0351－5709366
传真 0351－5722001
网址 www. tyysy. com
邮箱 taiyuanyushengyuan@ 163. com
产品 防火阻燃类纸板

**太原市晋源区华葆造纸厂**
**（原太原银生纸业有限公司）**
山西省太原市晋源区
邮编 030050
电话 0351－6981333
产品 箱纸板

## 长治市

**长治华南纸业有限公司**
山西省长治市长治县
电话 0355－6017523
产品 瓦楞原纸、箱纸板

## 晋中市

**科迪尔造纸公司**
**（原榆次汇隆工业用纸厂）**
山西省晋中市榆次区源锅村
邮编 030600
电话 0354－2083339
产品 卫生纸、炸药用纸

**山西强伟纸业有限公司**
山西省晋中市寿阳县朝阳镇半月村
邮编 045400
电话 0354－4607740
传真 0354－4607740
网址 www. qwpaper. com
邮箱 info@ qwpaper. com
产品 石膏板护面纸

## 运城市

**山西合盛工贸有限公司造纸分公司**
山西省运城市稷山县汾河桥西
邮编 043200
电话 0359－5562768
传真 0359－5562768
网址 www. jishan－window. com
邮箱 jywzm@ 163. com
jywzm1788@ yahoo. com. cn
产品 单面书写纸、胶版纸

**山西鸿昌农工贸科技有限公司**
山西省运城市稷山县城南
邮编 043200
电话 0359－5581018
传真 0359－5524098
邮箱 13994877018@ 126. com
产品 卫生纸、木质素磺酸盐

**山西志峰农科贸有限公司**
山西省运城市稷山县城南
邮编 043200
电话 13903483198
邮箱 13903483198@ 126. com
产品 卫生纸、书写纸、木质素磺酸盐

**山西运城市瑞马纸业有限公司**
山西省运城市夏县裴介镇
邮编 043000
电话 13903595803
传真 0357－3016118－8002
产品 机制纸

## 临汾市

**临汾新晋达纸业有限公司**
**（原临汾造纸厂）**
山西省临汾市解放东路
邮编 041000
电话 0357－3016118、3016141
传真 0357－3016118－8002
产品 箱纸板、瓦楞原纸、再生新闻纸

**襄汾宏峰林纸有限公司**
**（原邓庄纸业有限公司）**
山西省临汾市襄汾县邓庄镇
邮编 041503
电话 0357－3699066
产品 邮封纸、拷贝纸

**山西晋芳纸业有限公司**
山西省临汾市洪洞县南坂街 1 号
邮编 041600
电话 0357－6212412、6210888
产品 生活用纸

## 吕梁市

**山西则天造纸有限公司**
山西省吕梁市文水县
邮编 032100
电话 0358－3449701、3449706、3011745
产品 瓦楞原纸

# 内蒙古自治区

## 呼和浩特市

**内蒙古荣信纸业有限公司**
内蒙古自治区呼和浩特市土默特左旗毕克齐镇杨家堡村
邮编 010100
电话 0471－8213033
传真 0471－8213033
产品 高强瓦楞原纸

**内蒙古天浩纸业有限公司**
内蒙古自治区呼和浩特市土默特左旗毕克齐镇杨家堡村
邮编 010030
电话 0471－2370016
传真 0471－2370016
产品 高档箱纸板

## 呼伦贝尔市

**玖龙兴安浆纸（内蒙古）有限公司**
内蒙古自治区扎兰屯市富伦街 33 号
邮编 162650
电话 0470－3302447
传真 0470－3396583
产品 木浆、纸袋纸、精制牛皮纸

**海拉尔红星纸板厂**
内蒙古自治区呼伦贝尔市海拉尔区建设乡红星村
邮编 021011
电话 0470－8281775
产品 瓦楞原纸

**海拉尔晨鸣纸业有限责任公司**
内蒙古自治区呼伦贝尔市海拉尔区建设乡牙克石路 19 号
邮编 021011
电话 0470－8283910
传真 0470－8281667
产品 漂白苇浆

## 巴彦淖尔市

**中冶美利内蒙古浆纸股份有限公司**
内蒙古自治区巴彦淖尔市乌拉特前旗西山咀镇
邮编 014400
电话 0478－3214223、3214222
产品 箱纸板

**内蒙古金星浆纸业有限公司**
内蒙古自治区巴彦淖尔市乌拉特前旗乌拉特山镇
邮编 014400
电话 0478－3211917、3225598
传真 0478－3215178
产品 漂白苇浆、漂白麦草浆、生活用纸、静电复印纸、双胶纸、书写纸、有光纸、特种印刷纸

## 乌兰察布市

**集宁市宏盛纸业有限公司**
内蒙古自治区乌兰察布市集宁区文化路 17 号

邮编 012000
电话 0474－8285577
传真 0474－8284037
产品 瓦楞原纸

# 辽　宁　省

## 沈阳市

**沈阳久九纸板有限公司**
辽宁省沈阳市铁西新区卫工街北三中路 39 号
邮编 110000
电话 024－25847459
传真 024－25848459
网址 www. syjjzb. com
邮箱 wanghuaijun@ sina. com
产品 纸板、瓦楞原纸

**沈阳市宝洁纸业有限责任公司**
辽宁省沈阳市和平区长白西街 68 号
邮编 110000
电话 024－23738811
传真 024－23736599
网址 www. baojiezhiye. cn
邮箱 846192331@ qq. com
产品 生活用纸、成人护理系列

**沈阳市长城过滤纸板厂**
辽宁省沈阳市皇姑区鸭绿江北街 44 号
邮编 110032
电话 024－86616852
传真 86671668
网址 www. cclz. com. cn
邮箱 cclz28462@ sina. com
产品 过滤纸板、滤纸

**沈阳思特雷斯纸业有限公司**
辽宁省沈阳市经济技术开发区十三号路六甲二号
邮编 110027
电话 024－89303888
传真 024－89303866
网址 www. stls. cn
邮箱 systlszy@ 163. com
产品 金属板带衬纸

**沈阳市沙金纸业有限公司**
辽宁省沈阳市大东区莲花街 11 号 151
邮编 110042
电话 024－24239280
传真 024－24238743
邮箱 sjzy@ 21cn. com
产品 纸张

**辽宁尚阳纸业有限公司**
辽宁省沈阳市大东区大北街 88 号魅力商务大厦 419 室
辽宁省铁岭市清河工业园区（厂址）
邮编 112000
电话 024－31810270
网址 www. lnsyzy. com
邮箱 zuolp8888@ 163. com
产品 生活用纸原纸、卷纸、手帕纸、面巾纸、抽取式卫生纸

## 大连市

**辽宁大连吉丽纸业有限公司**
辽宁省大连市开发区红星工业园 6 栋 3 号
邮编 116000
电话 0411－87511908
传真 0411－87511438
网址 www. propitious. hk
邮箱 wangliqin@ kisei. cn
产品 工业擦拭纸、擦拭纸、吸油棉、擦拭布、无尘布、无尘纸

**瓦房店大森纸业有限公司**
辽宁省大连市瓦房店市岗店办事处东林村
邮编 116300
电话 0411－85646517
传真 0411－85646253
网址 www. dldasenzhiye. cn
产品 纸管、螺旋纸管、工业用纸

**大连中诚纸业有限公司**
辽宁省大连市金州区大魏家镇王家村
邮编 116110
电话 0411－87897288
传真 0411－87897555
产品 箱纸板、瓦楞原纸

**大连金洋纸业有限公司**
辽宁省大连市金州区
邮编 116000
电话 0411－87858301
传真 0411－87858301
产品 箱纸板、牛皮箱纸板、瓦楞原纸

## 鞍山市

**鞍山天维纸业有限公司**
辽宁省鞍山市还道湾工业园高速公路出口西侧
邮编 114011
电话 0412－8419037
传真 0412－8466395
邮箱 zhangyanglb@163.com
产品 涂布纸加工、纸箱加工

**鞍山顺电超高压绝缘材料有限公司**
辽宁省鞍山市千山区鞍刘路 650 号
邮编 114000
电话 0412－8412340
传真 0412－8411766
网址 www.shunpower.com
邮箱 xin.wang@shunpower.com
产品 绝缘纸板

**维达纸业（辽宁）有限公司**
辽宁省鞍山市千山区红旗南街 15 号
邮编 114011
电话 0412－8772558
传真 0412－8772528
网址 www.vindapaper.com
邮箱 sun.ql@vnida.com
产品 中高档卫生卷纸、纸巾纸、盒装面巾、软包抽取式面巾、餐巾纸

## 抚顺市

**琥珀纸业有限公司**
辽宁省抚顺市望花区古城子路 4 号
邮编 113001
电话 024－52595858
传真 024－52595858
网址 www.hpzy.com.cn
www.hupozy.com
产品 卫生纸

## 丹东市

**辽宁铭筌纸业有限公司**
辽宁省东港市前阳经济开发区
邮编 118301
电话 0415－7816888、7816666
传真 0415－7816669、7816611
产品 高强瓦楞原纸、黄纸板

**丹东市新华纸业有限公司**
辽宁省东港市前阳开发区安阳大街 1－68 号
邮编 118301
电话 0415－6677377
传真 0415－6677377
产品 瓦楞原纸、覆膜皱纹包装用纸

## 锦州市

**金城造纸股份有限公司**
辽宁省锦州市凌海市金城街
邮编 121203
电话 0416－8350062
传真 0416－8350004
网址 www.jinchengpaper.com
邮箱 caomingzhe8888@sina.com
产品 胶印书刊纸、双胶纸、书写纸、彩色书写纸

## 营口市

**营口造纸有限责任公司**
辽宁省营口市站前区河湾北街一号
邮编 115001
电话 0417－2135765
传真 0417－3631195
邮箱 lyzzc@163.com
产品 全无氯漂白苇浆板、胶印书刊纸、单面书写纸

## 辽阳市

**辽阳银河工业纸板厂**
辽宁省辽阳市白塔区建设路 21 号
邮编 111000
电话 0419－3306969
传真 0419－2567326
产品 灰纸板、薄电绝缘纸板

## 盘锦市

**辽宁振兴生态造纸有限公司**
辽宁省盘锦市盘山县东郭造纸工业园区
邮编 124000
电话 0427－5938555

传真 0427－5938555
网址 www. zxstjt. com
邮箱 office@ ecologypaper. com
产品 文化用纸

### 铁岭市

**辽宁省开原荣信纸业有限公司**
辽宁省铁岭市开原市经济技术开发区
邮编 112000
电话 0410－4338688
传真 0410－4338688
网址 www. lnkyrx. com
产品 打印纸、单胶纸、双胶纸、办公用纸、复印纸、纸品原材料

### 朝阳市

**朝阳市纸板总厂**
辽宁省朝阳市北环路 8 号
邮编 122000
电话 0421－2814799
传真 0421－2805675
网址 www. lnzbc. com
产品 包装纸板

## 吉　林　省

### 吉林市

**吉林市瑞华纸业有限公司**
吉林省永吉县建设路 13 号
邮编 132227
电话 0432－4918488
产品 瓦楞原纸

### 四平市

**公主岭市光大纸业有限责任公司**
吉林省公主岭市秦家屯镇
邮编 136114
电话 0434－6411665
传真 0434－6411665、6411658
产品 中高强瓦楞原纸

### 延边朝鲜族自治州

**石岘白麓纸业股份有限公司**
吉林省图们市石岘镇
邮编 133101
电话 0433－3868986
传真 0433－3869777
产品 新闻纸、双面胶版纸、卫生纸、复印纸、亚硫酸盐木浆、静电复印纸、箱纸板

## 黑　龙　江　省

### 鸡西市

**黑龙江北大荒纸业有限责任公司**
黑龙江省密山市兴凯湖造纸厂
邮编 158328
电话 0467－5081055
传真 0467－5081037
产品 打字纸、书写纸、胶版纸、彩色胶印纸、图画纸

### 佳木斯市

**佳木斯龙江福浆纸有限公司**
黑龙江省佳木斯市光复路 306 号
邮编 154005
电话 0454－6066887
传真 0454－6066860
邮箱 wxyjz@ 163. com
产品 精制白牛皮纸、伸性纸袋纸、本色木浆

### 牡丹江市

**牡丹江恒丰纸业集团有限公司**
黑龙江省牡丹江市阳明区恒丰路 11 号
邮编 157013
电话 0453－6331111、6886000、6886500
传真 0453－6331063、6886868
网址 www. hengfengpaper. com
邮箱 gsb@ hengfengpaper. com
产品 铜版纸、卷烟纸、铝箔衬纸、滤嘴棒纸、水松原纸、无碳复写原纸

**大宇制纸有限公司**
黑龙江省牡丹江市阳明区光华街 8 号
邮编 157013

电话 0453－6325718、6325737
传真 0453－6333577、6325711
网址 www.daewoopaper.com
产品 美术铜版纸、超感纸

**牡丹江市三都特种纸业有限公司**
黑龙江省牡丹江市爱民区大庆街 19 号
邮编 157009
电话 0453－6899237
传真 0453－6899237
网址 www.sandu.net.cn
产品 卫生纸、纸巾纸、擦拭纸

**海林市柴河林海纸业有限公司**
黑龙江省海林市柴河镇铁东路 2 号
邮编 157131
电话 0453－7528590
传真 0453－7528390
邮箱 lhzyxsb@163.com
产品 涂布白纸板、箱纸板、高强瓦楞原纸

## 上 海 市

**上海中隆纸业有限公司**
上海市浦东康桥工业区秀浦路 489 号
邮编 201315
电话 021－58129798
传真 021－58128986
网址 www.shclc.com.cn
产品 高档牛皮箱纸板、高强瓦楞原纸

**金奉源纸业（上海）有限公司**
上海市奉贤县星火开发区莲塘路 251 号
邮编 201419
电话 021－57505588
传真 021－57502844
网址 www.jfy－paper.com
邮箱 jfy－paper@app.com.cn
产品 高档食品卡纸

**上海富民造纸厂**
上海市崇明县港沿镇八一公路
邮编 202158
电话 021－59465361
传真 021－59465421
产品 瓦楞原纸、茶纸板

**上海嘉龙纸业有限公司**
上海市金山区金张公路 5207 号
邮编 201517
电话 021－57371450、57371707
传真 021－57371305
网址 www.jialongzy.com
邮箱 jialong00001@163.com
产品 瓦楞原纸、阻燃纸、纸浆

**上海同孚特种纸板厂**
上海市崇明县港沿中路 588 号
邮编 202158
电话 021－59461824
传真 021－59461268
邮箱 sh－tongfu@citiz.net
产品 纸浆模塑制品

**上海金佰利纸业有限公司**
上海市福州路 666 号金陵海欣大厦 10 楼
邮编 201600
电话 021－37813030、61327755
传真 021－37813030
网址 www.kimberly－clark.com.cn
产品 高档生活用纸

**潜利工业有限公司**
上海市宝山区月浦镇知仁路 99 号
邮编 200942
电话 021－66031116
传真 021－66036689、56154976
网址 www.potentialpaper.com
产品 高档生活用纸

**上海新江南纸业有限公司**
上海市武宁路 1500 号南楼 408 室
邮编 200061
电话 021－62543871
传真 021－62543871
邮箱 xinjiangnan2006@126.com
产品 防伪邮票纸

**上海乐凯纸业有限公司**
上海市普陀区常和路 308 号
邮编 200331
电话 021－62848733、62059984
传真 021－63639043、62845219
网址 www.shanghaizhiye.luckyfilm.com.cn
产品 高档彩色相纸

**上海力德纸业有限公司**
上海市沪青平公路 6098 号

邮编 201713
电话 021－59230220
传真 021－59230221
网址 www.leadpaper.com
邮箱 lead@leadpaper.com
产品 透析纸、氧化锌印版纸、心电图纸等

**长谊特种纸（上海）有限公司**
上海市宝山区丰翔路1369号
邮编 200436
电话 021－36160789、62113737
传真 021－62113232
网址 www.cypnet.com.cn
产品 特种纸

**骏源特种纸（上海）有限公司**
上海市青浦工业园区汇联路1739号
邮编 201707
电话 021－59706666
传真 021－59706688
网址 www.sinjunyuan.com
邮箱 webmaster@sinjunyuan.com
产品 特种纸、耐磨纸

**上海三五纸厂有限公司**
上海市青浦区练塘镇朱枫公路688弄2号
邮编 201715
电话 021－59251102、59253060
产品 热敏纸、电火花纸

**上海合和纸业有限公司**
上海市青浦区华新镇宝丰西路888号
邮编 201708
电话 021－59798680
传真 021－59798812、59798660
网址 www.hehepaper.com
邮箱 hehezhiye@163.com
产品 牛皮纸、加工纸

**阿波制纸（上海）有限公司**
上海市奉贤区星火开发区莲塘路355号
邮编 201419
电话 021－57505800
传真 021－57505805
邮箱 hdh@aws.net.cn
产品 过滤纸

**上海延中办公用品实业公司**
上海市胶州路941号长久大厦501室
邮编 200060
电话 021－62998411
传真 021－62998423
网址 www.yanzhong.com.cn
产品 晒图纸

**上海汇晔纸品有限公司**
上海市常和路198号4号厂房
邮编 200331
电话 021－32050595
传真 021－32051513
产品 晒图纸

**上海虹灵－迪茨根纸业有限公司**
上海市闵行区中春路6889弄3号
邮编 201101
电话 021－64061122
传真 021－54881149
产品 晒图纸

**上海晨江纸品有限公司**
上海市松汇区荣乐东路66号
邮编 201600
电话 021－57711008
传真 021－57710800
产品 晒图纸

**上海迪佳纸业印务有限公司**
上海市浦东新区瑞祥路100号
邮编 201209
电话 021－58567866
传真 021－58569023
产品 晒图纸

**上海全兴纸业有限公司**
上海市松江区新桥申江路1500弄11号
邮编 201612
电话 021－57684008
传真 021－64081025、56784318
产品 晒图纸

**上海亚傲纸业有限公司**
上海市澄建路351号
邮编 201108
电话 021－64341587
传真 021－64341587
产品 晒图纸

**上海畅威办公用品有限公司**
上海市长寿路748弄1号904室
邮编 200060
电话 021-62325238
传真 021-62314773
产品 晒图纸

**上海东冠纸业集团**
上海市金山工业区林惠路1000号
邮编 201506
电话 021-57276565、57277412、58636607
传真 021-57277171、53026726、53026782
网址 www.socpcn.com
邮箱 afh@socp.com.cn
产品 生活用纸

**上海国峰纸业有限公司**
上海市南汇老港化工工业园区同强路
邮编 201302
电话 021-58053886
传真 021-58055656
产品 邮票原纸、晒图原纸

**上海繁锦纸业有限公司**
上海市南汇区祝桥东海盐朝北路8号209室
邮编 201325
电话 021-68265628
传真 021-62473126
产品 晒图纸

**金光集团APP中国总部**
上海市延安东路222号外滩中心8、9楼
邮编 200002
电话 021-63352299、63352222、63351283
传真 021-63618585、63351459
网址 www.app.com.cn
产品 漂白硫酸盐桉木浆、印刷用纸、包装用纸、生活用纸

**上海殷泰纸业有限公司**
上海市蕴川路盛桥工业小区
邮编 200942
电话 021-56649708
传真 021-56646488
产品 彩色胶印新闻纸

**上海汇德利文化用品有限公司**
**（原上海市复写纸厂）**
上海市大林路10号604室
邮编 200011
电话 021-54098000、63452255
传真 021-63010772、63454319
网址 www.carbonpaper.com.cn
邮箱 yangyi@carbonpaper.com.cn
产品 复写纸

**上海开伦造纸（集团）有限公司**
上海市武夷路477号
邮编 200050
电话 021-62400224、62104040
传真 021-62401113
网址 www.kai-lun.com
邮箱 kailun@kai-lun.com
产品 静电复印纸、瓦楞原纸、牛皮箱纸板、折叠涂布白纸板、单面涂布白纸板、茶纸板

**上海雅丽纸业有限公司**
上海市聚丰园路669弄50号102室
邮编 200444
电话 021-66740789
传真 021-66740790
产品 复印纸、打印纸、传真纸、扎钞纸、白卡纸

**上海基隆蜡光纸有限公司**
上海松江区佘山镇天马新宅路600号
邮编 201603
电话 021-57662899、57663729
传真 021-57663729
邮箱 tianmaxue@sina.com
产品 各色蜡光纸

## 江　苏　省

### 南京市

**南京经纬纸业有限公司**
江苏省南京市江宁开发区经四路138号
邮编 211100
电话 025-52106598
传真 025-52100881
网址 www.jwpaper.com
产品 纸杯纸、碗面纸、冰淇淋纸

**金佰利（南京）个人卫生用品有限公司**
江苏省南京市江宁经济技术开发区吉印大道3199号
邮编 211100
电话 025-52722999

传真 025－52721122
网址 www. kimberly－clark. com. cn
产品 妇女用卫生巾

## 无锡市

**无锡双龙信息纸业有限公司**
江苏省无锡市国家旅游度假区 5 号碧波支路 3 号
邮编 214092
电话 0510－85996606、85996848
传真 0510－85995909
网址 www. slpz. com
邮箱 slpz@ sohu. com
产品 电脑打印纸、静电复印纸、票据纸、传真纸

**无锡荣成纸业有限公司**
江苏省无锡市惠山区洛社镇中兴西路 43 号
邮编 214187
电话 0510－83316666
传真 0510－83311826
网址 www. longchenpaper. com
产品 牛皮纸板、瓦楞原纸纸器类、瓦楞纸板、瓦楞纸箱

**无锡市金东纸业有限公司**
**（金东纸业供应站）**
江苏省无锡市东亭北座工业院内
电话 0510－88213110、88211363、88251188、88250206
传真 0510－82231350、88250772
网址 www. goldeastpaper. com. cn
邮箱 zhangyunfei@ app. com. cn
产品 白卡纸、双胶纸、双面铜版纸、白纸板

**无锡市生力纸业有限公司**
江苏省无锡市锡山区甘露镇望虞路 9 号
邮编 214117
电话 0510－88751447、88757850
产品 白纸板

**无锡侨颂特种纸有限公司**
江苏省无锡市滨湖区碧波支路 11 号
邮编 214092
电话 0510－85991761
传真 0510－85997742
产品 无碳复写纸

**江苏省江阴市顾山东方造纸厂**
江苏省江阴市顾山镇永安桥
邮编 214413
电话 0510－86323688
传真 0510－86326329
产品 牛皮箱纸板、纱管纸板

**江阴比图特种纸板有限公司**
江苏省江阴市长泾镇经济开发区兴隆路 2 号
邮编 214411
电话 0510－86305989
传真 0510－86302212
网址 www. chinabesto. com
邮箱 xuyulian@ chinabesto. com
jybesto@ chinabesto. com
产品 中底纸板、快巴纸板

**江阴美源实业有限公司**
江苏省江阴市梅园路 91 号
邮编 214400
电话 0510－86890068、86877625、86891508
传真 0510－86877610、86891721
网址 www. meiyuan. com
邮箱 sales@ meiyuan. com
产品 涂布纸

**江阴永丰余造纸有限公司**
江苏省江阴市通江南路 258 号
邮编 214433
电话 0510－86114181、86105973
传真 0510－86118748
网址 www. yfy. com
产品 涂布白纸板

**无锡市江南纸业有限公司**
江苏省宜兴市官林镇
邮编 214251
电话 0510－87206896
传真 0510－87200108
产品 瓦楞原纸、茶纸板

**江阴新浩再循环纸业有限公司**
江苏省江阴市南外环路 665 号
邮编 214433
电话 0510－86108288
传真 0510－86108867
网址 www. china－haoran. com
www. xinhaopaper. com
邮箱 lbx008@ xinhaopaper. com
产品 白纸板、废纸浆

**无锡箱板纸有限公司**
江苏省无锡市山北乡山北大桥下
邮编 214037
电话 0510－83078975
传真 0510－83072771
产品 包装纸板

**宜兴市板纸厂**
江苏省宜兴市张渚镇牛犊山
邮编 214231
电话 0510－87300130
传真 0510－87301270
产品 箱纸板、瓦楞原纸

**宜兴市苏南纸厂**
江苏省宜兴市张渚镇渚钢路 18 号
邮编 214231
电话 0510－87318286
传真 0510－87301375
产品 箱纸板、瓦楞原纸

**宜兴市华法纸业有限公司**
江苏省宜兴市十里牌
邮编 214200
电话 0510－87121839、87125502、87121276
传真 0510－87121839
网址 www. yxhuafapaper. com
邮箱 web@ yxhuafapaper. com
产品 箱纸板、瓦楞原纸

**江苏生力印刷集团有限公司**
江苏省无锡市惠山区甘露镇望虞路 9 号
邮编 214117
电话 0510－88751447
传真 0510－88751447
产品 特种包装纸板、白纸板

**江苏湟里纸业有限公司**
江苏省江阴市璜土镇工业园
邮编 214117
电话 0510－86652218
传真 0510－86652208
网址 www. hlpaper. cn
产品 箱纸板

## 徐州市

**江苏新大（五洲）纸业有限公司**
江苏省新沂市经济开发区上海路 2 号
电话 0516－88610108、88616381
传真 0516－88619296、88610193
网址 www. xindapaper. com
邮箱 gongy@ xindapaper. com
产品 文化用纸、生活用纸

## 常州市

**常州市五环纸业有限公司**
江苏省常州市戚墅堰劳动东路 308 号
邮编 213011
电话 0519－88771206、88771258
传真 0519－88772460、88771258
网址 www. wuhuan－cn. cn
邮箱 fivening@ wuhuan－cn. cn
产品 高强瓦楞原纸、牛皮箱纸板、茶纸板、防潮纸、包装用纸、牛皮纸、条纹牛皮纸

**常州市协众纸塑材料有限公司**
江苏省常州市劳动东路 24 号
邮编 213001
电话 0519－86881042、88863722
传真 0519－86881042
产品 离型纸、纸塑复合材料

**常州市武进造纸有限公司**
江苏省常州市武进区奔牛镇金牛东路 2 号
邮编 213131
电话 0519－83211283
传真 0519－83211283
产品 箱纸板、瓦楞原纸

**江苏旺达纸业有限公司**
江苏省常州市圩塘镇旺达工业园
邮编 213033
电话 0519－85066988、85066888
传真 0519－85066988、85066989
网址 www. wandapaper. com
产品 箱纸板

**溧阳市阳光纸业有限公司**
江苏省溧阳市平陵西路 180 号
邮编 213300
电话 0519－87101328
产品 白纸板、瓦楞原纸、箱纸板、茶纸板

## 苏州市

**金华盛纸业（苏州工业园区）有限公司**
江苏省苏州工业园区胜浦镇金胜路 2 号

邮编 215126
电话 0512－62832118、62836666、62832600
传真 0512－62815491
网址 www. goldhs. com. cn
邮箱 webmaster_ ghs@ app. com. cn
产品 无碳复写纸、热敏纸、双胶纸、铜版卡纸

**金红叶纸业集团有限公司**
江苏省苏州工业园区胜浦分区金胜路 1 号
邮编 215126
电话 0512－62810228
传真 0512－62818276
网址 www. ghy. com. cn
邮箱 customer_ service@ chy. com. cn
产品 卷筒卫生纸、盒装面纸、纸杯、纸巾

**江苏理文造纸有限公司**
江苏省常熟市经济技术开发区沿江工业园理文路
邮编 215536
电话 0512－52698888、52653333
传真 0512－52653688
网址 www. leemanpaper. com
产品 BSKP、BHKP、牛皮箱纸板、瓦楞原纸

**芬欧汇川（常熟）纸业有限公司**
江苏省常熟市沿江经济开发区
邮编 215536
电话 0512－52651818
传真 0512－52652173
网址 www. upm－kymmene. com. cn
产品 办公用纸、印刷用纸

**亚龙纸制品（昆山）有限公司**
江苏省昆山市玉山经济技术开发区西路 369 号
邮编 215300
电话 0512－57536988
传真 0512－57538395
网址 www. yalongpaper. com
产品 办公用纸、纸袋、美术用纸

**苏州新业造纸有限公司**
江苏省吴江市梅堰镇
邮编 215225
电话 0512－63681399、63688102
传真 0512－63680888
网址 www. sz－xinye. com
邮箱 service@ sz－xinye. com
产品 过滤纸

**永丰余纸业（昆山）有限公司**
江苏省昆山市城北镇永丰余路
邮编 215316
电话 0512－53212041、57179678
网址 www. yfy. com
产品 生活用纸

**耐斯特纸业（昆山）有限公司**
江苏省昆山市周市镇优比路 358 号
邮编 215314
电话 0512－57628333
传真 0512－57629088
产品 70～230 克/米$^2$ 进口色纸、白色压纹纸

**利乐包装（昆山）有限公司**
江苏省昆山市开发区顺帆南路 108 号
邮编 29500
电话 0512－57703148
传真 0512－57717729
网址 www. tetrapak. com
产品 包装用纸、包装袋

**苏州紫兴纸业有限公司**
江苏省苏州市新区滨河路 600 号
邮编 215011
电话 0512－68251060
传真 0512－68251711
网址 www. storaenso. com/suzhou
产品 高档铜版纸

**苏州工业园区亚太纸品加工有限公司**
江苏省苏州市跨塘镇镇北路 212 号
邮编 215122
电话 0512－62743888－3888/3816
传真 0512－62742005
网址 www. ascend－stationery. com
产品 簿本、复印纸

**太仓市造纸厂**
江苏省太仓市沙溪镇河南街 84 号
邮编 215421
电话 0512－53212041
产品 箱纸板、瓦楞原纸、白纸板

**优胜专业胶带（苏州）有限公司**
江苏省苏州工业园区苏虹中路 200 号出口加工区 1－B 厂房
邮编 215021

电话 0512 - 62581360、62581362、62581351
传真 0512 - 62581350
网址 www. perfomancepaper. com
邮箱 sales@ perfomancepaper. com
jrh@ perfomancepaper. com
john@ perfomancepaper. com
产品 浸渍型美纹纸原纸

**昆山钞票纸厂**
江苏省昆山市震川东路 1188 号
邮编 215300
电话 0512 - 57703333
传真 0512 - 57702033
网址 kscz. cbpm. cn
产品 钞票纸、艺术纸、防伪纸

**王子制纸妮飘（苏州）有限公司**
江苏省苏州市苏州新区金山路 98 号
邮编 215300
电话 0512 - 68258526
传真 0512 - 68259395
网址 www. nepia. com. cn
邮箱 nepiamk@ nepia. com. cn
产品 生活用纸

**苏州市红光纸业有限公司**
江苏省苏州市横塘
邮编 215009
电话 0512 - 68202971
传真 0512 - 68202971
产品 纸板

**玖龙纸业（太仓）有限公司**
江苏省太仓市港口开发区玖龙路
邮编 215009
电话 0512 - 53703888
传真 0512 - 53703751、53703800
网址 www. ndpaper. com
邮箱 info_ tc@ ndpaper. com
产品 纸板

**常熟市第二造纸有限责任公司**
江苏省常熟市唐市镇北新街
邮编 215542
电话 0512 - 52571416
传真 0512 - 52571416
产品 箱纸板、瓦楞原纸

**常熟景江纸业有限公司**
江苏省常熟市梅李镇赵市
邮编 215518
电话 0512 - 52381126
传真 0512 - 52381190
产品 箱纸板、瓦楞原纸

**常熟市嘉荃纸业有限公司**
江苏省常熟市南门外沪宜公路朱泾桥
邮编 215500
电话 0512 - 52716508
传真 0512 - 52716387
产品 瓦楞原纸

**常熟市富士莱纸业有限责任公司**
江苏省常熟市小东门杨家桥
邮编 215558
电话 0512 - 52837186
传真 0512 - 52837984
产品 箱纸板、瓦楞原纸

**苏州胜宏纸业有限公司**
江苏省太仓市沙溪镇河南街 84 号
邮编 215421
电话 0512 - 53212041
传真 0512 - 53212041
产品 箱纸板、瓦楞原纸

**国一制纸（张家港）有限公司**
江苏省张家港市凤凰镇韩国工业园
邮编 205614
电话 0512 - 58421202、13306247021
13306247027、13306240399
传真 0512 - 58421203、58421207
产品 胶版纸、静电复印纸、不锈钢衬纸、纸杯原纸、无尘原纸、离型原纸、装饰原纸

**张家港华兴纸业有限公司**
江苏省张家港市锦丰镇经济开发区东区郁家桥东首
邮编 250000
电话 0512 - 58951518
传真 0512 - 58951555
网址 www. jshuaji. com
产品 箱纸板、瓦楞原纸

**张家港市华申板纸厂**
江苏省张家港市后塍镇袁家桥
邮编 215631

电话 0512－58771241
传真 0512－58785231
产品 箱纸板、瓦楞原纸

**张家港市明兴纸业有限公司**
江苏省张家港市妙桥镇
邮编 215615
电话 0512－58461332
传真 0512－58466108
产品 箱纸板、瓦楞原纸

## 南通市

**南通造纸厂**
江苏省南通市唐闸北市街 63 号
邮编 226002
电话 0513－85544167
传真 0512－53703800
产品 牛皮箱纸板、高强瓦楞原纸

**江苏王子制纸有限公司**
江苏省南通市经济技术开发区通达路 18 号
邮编 226017
电话 0513－85996555
传真 0513－85996382
网址 www. ojipaper. cn
产品 文化用纸

## 淮安市

**江苏金莲纸业有限公司**
江苏省金湖县建设东路 89 号
邮编 211600
电话 0517－86804038、86882961
传真 0517－86892515、86882875
网址 www. jlian. com
邮箱 jhzzc@ pub. hy. jsinfo. net
产品 生活用纸

## 盐城市

**大丰市金驹纸业有限责任公司**
**（原大丰市箱纸板厂）**
江苏省大丰市白驹镇
邮编 224113
电话 0515－83612488
产品 箱纸板、茶纸板、黄纸板

**兴业纸业有限公司**
江苏省阜宁县益林镇建益路 1 号
邮编 224421
电话 0515－87799999、87792502
传真 0515－87799777、87792787
产品 高强瓦楞原纸

**胜达集团江苏双灯纸业有限公司**
江苏省射阳县黄沙港镇双灯工业园
邮编 224341
电话 0515－82263415、82263555
传真 0515－82263999
网址 www. chinasund. com
产品 生活用纸、女性卫生用品

**滨海县蓝天纸业有限公司**
江苏省滨海县东坎镇三友工业园区内
邮编 224500
电话 0515－4101662
产品 生活用纸

## 扬州市

**高邮市卫星卷烟材料有限公司**
江苏省高邮市海潮东路 8 号
邮编 225600
电话 0514－84631158
传真 0514－84631158、84061050
产品 复合铝箔纸、烫金水松纸

**江都市东方纸品有限公司**
江苏省江都市
邮编 225200
电话 0514－86880592、86882244
传真 0514－86973615
产品 铜版纸、挂面白纸板、双胶纸

## 镇江市

**江苏长丰造纸有限公司**
江苏省丹阳市后巷镇
邮编 212312
电话 0511－86326666、86323088
传真 0511－86326006、86326600
网址 www. cfpaper. com
邮箱 ygz@ cfpaper. com
产品 高强瓦楞原纸

**金东纸业（江苏）股份有限公司**
江苏省镇江市大港兴港东路 8 号

邮编 212132
电话 0511－88998888、800－8283768
传真 0511－8997000
网址 www. goldeastpaper. com. cn
产品 铜版纸、双面胶版纸、静电复印纸、画刊纸、低定量涂布纸、杂志纸、喷铝专用纸、铜版卡纸

**镇江大东纸业有限公司**
江苏省镇江市镇江新区大港东方路 8 号
邮编 212132
电话 0511－88820202
传真 0511－88820201
网址 www. zjddzy. com
邮箱 dadong@ zjddzy. com
产品 税务发票专用纸、文化用纸、工业配套用纸、食品内包装用纸、餐盒用纸、防伪纸

**镇江市京口纸业有限责任公司**
江苏省镇江市九里街宗泽路 3 号
邮编 212008
电话 0511－88829908
传真 0511－88805606、88807606
产品 玻璃卡纸、白卡纸、铜版纸、纸杯纸

### 泰州市

**泰州魏德曼高压绝缘有限公司**
江苏省泰州市海阳路 40 号
邮编 225300
电话 0523－86566972
传真 0523－86560610
网址 www. weidmann. com. cn
邮箱 michael. xu@ weidmann. com. hk
xuluping@ weidmann. com. cn
产品 绝缘纸板、绝缘成型件

**泰州劲松纸业有限公司**
江苏省泰州市海阳路 52 号
邮编 225300
电话 0523－82848683
产品 新闻纸、高压电缆纸、电力电缆纸、晒图纸、离型纸、透析纸

## 浙 江 省

### 杭州市

**富阳华利纸业有限公司**
浙江省富阳市春江街道春联工业园区
邮编 311421
电话 0571－63583048、23222555
传真 0571－63582881
网址 www. cnhuali. net
产品 白卡纸

**富阳金泰纸业有限公司**
浙江省富阳市春江街道建设村
邮编 311421
电话 0571－63583095
传真 0571－63582088
产品 涂布白纸板

**富阳经纬纸业有限公司**
浙江省富阳市大源镇亭山村
邮编 311413
电话 0571－63591540
产品 白纸板

**富阳三合纸业有限公司**
浙江省富阳市鹿山街道三合村
邮编 311407
电话 0571－63488266
传真 0571－63488256
产品 皮纸、桃花纸、绵纸、胶带原纸、口罩纸、工艺纸

**杭州华盛纸业有限公司**
浙江省富阳市春江工业区江南路 69 号
邮编 311421
电话 0571－63583157
传真 0571－63587098、63581717
产品 双面涂布白纸板、纱管纸、工艺纸板、灰纸板、厚纸板

**富阳春江宣纸厂**
浙江省富阳市大源镇新关方家地
邮编 311414
电话 0571－63543079
产品 宣纸

**杭州万鳌纸业有限公司**
**（原富阳富春江造纸厂）**
浙江省富阳市里山镇江滨路 32 号
邮编 311418
电话 0571－63531379、63532190
传真 0571－63531379
网址 www. fuyuhua. com
邮箱 fcjcao@ tom. com

产品 茶叶滤纸

**富阳市亨通纸业有限公司**
浙江省富阳市东州街道红旗村
邮编 311401
电话 0571－63465918
传真 0571－63465888
产品 涂布白纸板、白卡纸

**富阳市华泰纸业有限公司**
浙江省富阳市春江街道华共村
邮编 311421
电话 0571－63587698
传真 0571－63587699
产品 涂布白纸板

**富阳市华中纸业有限公司**
浙江省富阳市富阳镇华共工业园区
邮编 311401
电话 0571－63583030
传真 0571－63583030
产品 涂布白纸板

**富阳市汇泰纸业有限公司**
浙江省富阳市春江工业园区华共村
邮编 311421
电话 0571－63580973
传真 0571－63580972
产品 白纸板

**富阳市金鑫纸业有限公司**
浙江省富阳市春江工业园区华共村
邮编 311401
电话 0571－63585281
传真 0571－63585380
产品 白纸板

**富阳市万马纸业有限公司**
浙江省富阳市春江街道新建村
邮编 311421
电话 0571－63587913
产品 涂布白卡纸

**杭州富阳康楠纸业有限公司**
浙江省富阳市春江街道建华村
邮编 311421
电话 0571－23210111
传真 0571－23022279
网址 www. kangnan. net
产品 高档灰底白纸板、白底白纸板

**浙江万信纸业有限公司**
浙江省富阳市春江造纸工业园区
邮编 311421
电话 0571－63587561
传真 0571－63587870
网址 www. wxpaper. com
邮箱 xmq@ wxpaper. com
产品 涂布白纸板

**浙江富阳华天纸业有限公司**
浙江省富阳市春江造纸工业园区
邮编 311421
电话 0571－63581808
传真 0571－63150123
产品 涂布白纸板

**富阳鑫达造纸有限公司**
浙江省富阳市大源镇正龙村
邮编 311413
电话 0571－63591017
产品 白纸板

**富阳新乐纸业有限公司**
浙江省富阳市大源镇新关村
邮编 311414
电话 0571－63543288、63543177
产品 卫生纸

**富阳鑫泰纸业有限公司**
浙江省富阳市大源镇宫前村
邮编 311413
电话 0571－63598777
传真 0571－63598567
产品 白纸板

**富阳正宏纸业有限公司**
浙江省富阳市大源镇宫前村
邮编 311413
电话 0571－63598811
产品 白纸板

**富阳知水造纸厂**
浙江省富阳市大源镇蒋家村
邮编 311413
电话 0571－63591503
产品 瓦楞原纸

**富阳中富纸业有限公司**
浙江省富阳市场口镇桥头路 5 号
邮编 311411
电话 0571-63571116
产品 特种纸

**富阳市中南纸业有限公司**
浙江省富阳市富阳镇直塘村
邮编 311421
电话 0571-63159977、63159969
传真 0571-63159911
产品 涂布白纸板、扑克牌纸、白卡纸

**杭州板桥纸业有限公司**
浙江省富阳市春江街道八一工业区
邮编 311401
电话 0571-63585686
传真 0571-63582058
产品 涂布白纸板

**杭州富阳大华造纸有限公司**
浙江省富阳市灵桥镇江丰村
邮编 311418
电话 0571-63555098
产品 卫生纸

**杭州华丰纸业有限公司**
浙江省杭州市和睦路 555 号
邮编 310011
电话 0571-88091424
传真 0571-88091536
网址 www. hfpaper. com
邮箱 sales@ hfpaper. com
产品 卷烟纸、滤嘴棒纸、牛皮箱纸板、复印纸、贴花面纸、铝箔衬纸、拷贝纸、电话簿纸

**华天纸业有限公司**
浙江省临安市苕溪南路 16 号
邮编 311300
电话 0571-63758033
传真 0571-63757385
产品 新闻纸、特种纸

**杭州市正大纸业有限公司**
浙江省富阳市春联工业区 1 号
邮编 311421
电话 0571-63587222
传真 0571-63583838
产品 涂布白纸板

**浙江蔡伦纸业有限公司**
浙江省杭州市萧山区河上镇沙河村
邮编 311264
电话 0571-82260707
传真 0571-82260227、82260687
产品 纸板、高强瓦楞原纸、纸箱

**杭州新华纸业有限公司**
浙江省杭州市桐庐县春江东路 1518 号
邮编 310500
电话 0571-88075514、69817688、88803319
传真 0571-88074838、69812345
网址 www. xinhuapaper. com
邮箱 webmaster@ xinhuapaper. com
产品 打字蜡纸、滤纸、茶叶袋纸

**杭州新兴纸业有限公司**
浙江省富阳市大源镇新关村
邮编 311414
电话 0571-63543299、58836104
传真 0571-63543147
网址 www. xinxing. cc
邮箱 xinxing@ xinxingpaper. cn
产品 各种中高档薄型包装用纸

**临安青山纸业有限公司**
浙江省临安经济开发区南环路 168 号
邮编 311305
电话 0571-63783698、63783628
传真 0571-63781525
网址 www. ladspaper. com
邮箱 bgs@ laqspaper. com
bcl@ laqspaper. com
产品 牛皮纸、白牛皮纸、钢纸原纸、胶带原纸、不干胶衬纸、涂塑纸

**浙江远大纸业有限公司**
浙江省富阳市春江工业园区
邮编 311421
电话 0571-63159007、63150198
产品 涂布白纸板

**浙江永泰纸业集团股份有限公司**
浙江省富阳市春江街道新近村
邮编 311421
电话 0571-63587918、63587952、63587919

传真 0571－63583055、63587902
网址 www. yongtaipaper. com
产品 涂布白纸板、白卡纸、扑克牌纸、防伪纸

**浙江万众纸业有限公司**
浙江省富阳市春江街道山建村
邮编 311421
电话 0571－63580988
产品 涂布白纸板

**杭州特种纸业有限公司**
浙江省富阳市鹿山街道上里工业区
邮编 311407
电话 0571－63488222、63488821、63488447
网址 www. special－paper. com
产品 化学分析滤纸、汽车滤纸、钢纸系列

**浙江东方纸业有限公司**
浙江省杭州市艮山西路 182 号
邮编 310004
电话 0571－86099802
传真 0571－86944972
网址 www. eastpaper. cn
产品 纸浆

**浙江金东纸业有限公司**
浙江省富阳市灵桥造纸工业园区
邮编 311418
电话 0571－63558799、63525888、63558733
传真 0571－63552789、63558969
网址 www. zjjdpaper. com
邮箱 jindongpaper@ 163. com
产品 单面涂布灰底白纸板

**浙江三星纸业股份有限公司**
浙江省富阳市春江街道山建工业区
邮编 311421
电话 0571－63153833、63580990、63153892
传真 0571－63580986、63581003
网址 www. zjsxpaper. com
邮箱 zjsxpaper@ fy. hz. zj. cn
产品 涂布白纸板、双面涂布白纸板、扑克牌纸

**联华纸业有限公司**
浙江省富阳市春江乡直塘村
邮编 311421
电话 0571－63582467
传真 0571－63582467
产品 白纸板

**浙江涌金纸业有限公司**
浙江省富阳市春江街道临江区
邮编 311421
电话 0571－6315202
传真 0571－6315222
网址 www. zjyjpaper. com
邮箱 yj@ zjyjpaper. com
产品 高档涂布白纸板

## 宁波市

**宁波中华纸业有限公司**
浙江省宁波市海曙区段塘丁家街 108 号
邮编 315012
电话 0574－87464811－3006
传真 0574－87493450
网址 www. zhonghua－paper. com
邮箱 infor@ mail. zhonghua－paper. com
产品 白纸板、铜版纸、白卡纸、扑克牌专用纸

**宁波亚洲浆纸业有限公司**
浙江省宁波市北仑区小港青山寺工业区宏源路 88 号
邮编 315012
电话 0574－86989888
传真 0574－86989898
网址 www. nbasia. com. cn
产品 单面涂布白底白纸板、白卡纸、双面涂布环保铜版卡纸、蓝芯扑克牌纸

**宁波牡牛纸业有限公司**
浙江省宁波市鄞州区姜山镇周韩村
邮编 315915
电话 0574－88464815、88463725、88464807、88464811
传真 0574－88465016、88463725
网址 www. muniupaper. net
邮箱 muniu@ pack. net. cn
产品 高强瓦楞原纸、箱纸板、涂布白纸板

**宁波三 A 集团有限公司**
浙江省慈溪市周巷镇环城东
邮编 315324
电话 0574－63301978
传真 0574－63301978
网址 www. aaa－poker. cn
邮箱 poker@ aaa－poker. cn
产品 扑克牌纸，玻璃卡纸，铜版纸，不干胶纸，高光泽

金、银纸

## 嘉兴市

**浙江景兴纸业股份有限公司**
浙江省平湖市曹桥街道
邮编 314214
电话 0573－85966228、85966256
传真 0573－85966983
网址 www.zjjxjt.com
邮箱 jxtjl5@163.com
产品 牛皮箱纸板、高强瓦楞原纸、纱管原纸

**民丰特种纸股份有限公司**
浙江省嘉兴市角里街70号
邮编 314099
电话 0573－82839051
网址 www.minfenggroup.com
产品 卷烟纸、工业配套用纸、描图纸

**嘉兴市步云纸业有限公司**
浙江省嘉兴市步云镇花园路11号
邮编 314004
电话 0573－83100377、83100823
传真 0573－83101870
产品 纱管纸

**嘉兴市丰莱桑达贝纸业有限公司**
浙江省嘉兴市角里街吴泾桥埯
邮编 314000
电话 0573－82820459
传真 0573－82820134
产品 高档离型原纸、彩色喷墨纸、格拉辛纸、奶面纸、无碳复写纸、环保型防黏底纸、热敏纸

**桐乡市冠峰纸业有限责任公司**
浙江省桐乡市乌镇
邮编 314501
电话 0573－88711411
传真 0573－88712409
产品 箱纸板、涂布白纸板

**浙江民丰罗伯特纸业有限公司**
浙江省嘉兴市角里街70号
邮编 314000
电话 0573－82814766－805
传真 0573－82819766
产品 卷烟纸、特种纸

## 绍兴市

**嵊州市特种纸厂**
浙江省嵊州市城北开发区何家
邮编 312400
电话 0575－83185577
传真 0575－83180801
产品 无碳复写纸、电脑打印纸

**浙江省上虞蓝星实业有限公司**
浙江省上虞市经济开发区
邮编 312300
电话 0575－82155332
传真 0575－82152181
产品 高强瓦楞原纸

## 金华市

**浙江兰天纸业有限公司**
浙江省金华市浦江县浦江工业园区
邮编 322205
电话 0579－84293535
传真 0579－84293399
产品 灰纸板、白纸板

**浙江省义乌市鲁雅造纸厂**
浙江省义乌市佛堂镇鲁雅村
邮编 322002
电话 0579－85730336、13906891766
传真 0579－85730629
产品 高强瓦楞原纸、箱纸板

**浙江天听纸业有限公司**
浙江省金华市浦江县班班大道1号
邮编 322200
电话 0579－84200200
传真 0579－84200812、84131026
产品 涂布白纸板、工业纸板、鞋内底纸板、水松原纸、胶印书刊纸、无碳复写纸、字典纸

## 衢州市

**浙江恒达纸业有限公司**
浙江省衢州市龙游县湖镇工业园区
邮编 324401
电话 0570－7061199、7061686、7061111
传真 0570－7061234

网址 www. hengdapaper. com
邮箱 hd@ hengdapaper. com
产品 接装原纸、卷烟辅料配套用纸、医用包装原纸、装饰原纸、工业技术配套用纸

**浙江天天虹特种纸业有限公司**
浙江省衢州市龙游县城北开发区金星大道 33 号
邮编 324400
电话 0570－7258655、7258386
传真 0570－7258892
产品 黑卡纸系列、彩卡纸系列、彩色书写纸

**浙江开泰纸业有限公司**
浙江省衢州市龙游县溪口镇竹产业特色工业园区
邮编 324403
电话 0570－7772198
传真 0570－7074580
产品 电容器纸、口罩纸、热封型滤纸

**龙游县金龙纸业有限公司**
浙江省衢州市龙游县湖镇沙田湖工业区
邮编 324400
电话 0570－7036518
传真 0570－7035455
网址 www. jinlongpaper. cn
邮箱 mail@ jinlongpaper. cn
产品 白面牛卡纸、箱纸板、瓦楞原纸、纱管纸、厚灰纸板

**浙江衢州仙鹤纸业有限公司**
浙江省衢州市沈家经济开发区
邮编 324022
电话 0570－2931266
传真 0570－2931631
产品 特种纸

**江山造纸厂**
浙江省江山市十里牌
邮编 324100
电话 0570－4550085
传真 0570－4550085
产品 瓦楞原纸、牛皮纸板、纸袋纸、半透明纸

### 台州市

**台州市开来纸业有限公司**
浙江省临海市经济开发区清化路
邮编 317000
电话 0576－85133001
传真 0576－85133488
产品 淋膜纸、涂布纸

### 丽水市

**浙江凯恩集团**
浙江省丽水市遂昌县环城南路 9 号
邮编 323300
电话 0578－8180210、8180221、8180220
传真 0578－8180230
网址 www. kangroup. com
邮箱 admin@ kangroup. com
产品 电容器纸、吸尘袋纸、不锈钢衬纸

**浙江凯恩特种材料股份有限公司**
浙江省丽水市遂昌县凯恩路 1008 号
邮编 323300
电话 0578－8123029
传真 0578－8121286
网址 www. kangroup. com
产品 电解电容器纸、电池用纸、高透气度纸

## 安　徽　省

### 合肥市

**合肥金钟纸业股份有限公司**
安徽省合肥市瑶海区大兴镇钟油坊路 1 号
邮编 230011
电话 0551－4534116、4537433
传真 0551－4532820
产品 纸管纸、茶纸板、高强瓦楞原纸

**合肥造纸厂**
安徽省合肥市东郊
邮编 230011
电话 0551－4533685
产品 箱纸板、瓦楞原纸

**合肥嘉东生活用纸有限公司**
安徽省合肥市东郊大兴集
邮编 230011
电话 0551－4533152
传真 0551－4526915
产品 卫生纸

**安徽集友纸业有限公司**
安徽省合肥市高新技术产业开发区

邮编 230088
电话 0551－2362366
产品 卷烟材料

**合肥兴东纸业有限公司**
安徽省合肥市瑶海区大兴东岗
邮编 230011
电话 0551－4525707
传真 0551－4525707
网址 www.xingdongpaper.com
邮箱 sgh74@163.com
产品 工业包装用纸

**合肥永顺纸业有限公司**
安徽省合肥市瑶海区龙岗开发区
邮编 231633
电话 0551－7675166
传真 0551－7675166
产品 工业包装用纸

## 芜湖市

**安徽天力纸业有限公司**
安徽省芜湖市四褐山路 101 号
邮编 241009
电话 0553－5801199
传真 0553－5805674
网址 www.tianlipaper.com
产品 箱纸板、瓦楞原纸

**三木特纸（芜湖）有限公司**
安徽省芜湖市经济技术开发区长春路 9 号
邮编 241006
电话 0553－5841588
传真 0553－5841288
网址 www.mikitoku.co.jp
产品 电气绝缘纸

**安徽耀华纸业有限公司**
安徽省芜湖市经济技术开发区
邮编 241006
电话 0553－5841588
产品 瓦楞原纸

## 蚌埠市

**安徽中亿纸业有限公司**
安徽省蚌埠市怀远县工业园区
邮编 233400
电话 0552－8501833
产品 纸杯原纸

**怀远县三联纸业有限责任公司**
安徽省蚌埠市怀远县城关蚌阜路 66 号
邮编 233400
电话 0552－8314292
传真 0552－8314292
产品 瓦楞原纸

## 淮南市

**安徽景丰纸业有限公司**
安徽省淮南市经济技术开发区振兴路西
邮编 232008
电话 0554－3312663
传真 0554－3312663
产品 卷烟纸、成型纸、包装用纸、文化用纸

## 马鞍山市

**安徽山鹰纸业股份有限公司**
安徽省马鞍山市金家庄区勤俭路 3 号
邮编 243021
电话 0555－2826300、2826390、2826360
传真 0555－2810496
网址 www.shanyingpaper.com
邮箱 sale@shanyingpaper.com
产品 箱纸板、牛卡纸、高强瓦楞原纸、涂布白纸板

**安徽比伦纸业股份有限公司**
安徽省马鞍山市当涂经济开发区
邮编 246317
电话 0555－8686005
产品 生活用纸

## 安庆市

**安徽省潜山县汉皮纸厂**
安徽省安庆市潜山县逆水乡
邮编 246317
电话 0556－8686005
产品 长纤维纸、新闻纸

**安徽万邦高森造纸有限公司**
安徽省安庆市怀宁县高河镇高河村
邮编 246121
电话 0556－4616040、4616019

传真 0556－4617888
网址 www. welbon. com
邮箱 gaosen@ cntmi. com
产品 电池隔膜纸

**安徽三木特纸有限公司**
安徽省安庆市怀宁县高河镇高埠路 36 号
邮编 246121
电话 0556－4616888
传真 0556－4616288
网址 www. mikitoku. co. jp
产品 电器用纸

**安徽华泰林浆纸股份有限公司**
安徽省安庆市迎江区老峰镇西湖村皖江大道 1 号
邮编 246003
电话 0556－5423758、5979326
传真 0556－5979279
邮箱 huatailfz@ 126. com
产品 针叶木浆、高档文化用纸

**安徽美妮纸业有限公司**
安徽省安庆市潜山综合经济开发区
邮编 246300
电话 0556－8686005
产品 生活用纸

**安徽省安庆市独秀纸业有限公司**
安徽省安庆市怀宁县平山镇猫山街 39 号
邮编 246116
电话 0556－4805199
产品 生活用纸

## 黄山市

**安徽华邦特种纸业有限公司**
安徽省黄山市歙县
邮编 245202
电话 0559－6510151、6523166
传真 0559－6523588
网址 www. welbon. com
产品 机制纸、转移印花纸

**安徽省休宁县齐润纸业有限公司**
安徽省黄山市休宁县城南门
邮编 245400
电话 0559－7512971
产品 卫生纸、扑克牌原纸

## 阜阳市

**安徽天都纸业有限公司**
安徽省阜阳市颍上县六十铺工业开发区
邮编 236219
电话 0558－4171024
产品 瓦楞原纸、纱管原纸

**太和县鸿盛纸业有限公司**
安徽省阜阳市太和县经济开发区 256 号
邮编 236600
电话 0558－8219069
网址 www. ahhszy. cn
产品 瓦楞原纸、纱管原纸

## 亳州市

**安徽新宇纸业有限公司**
安徽省亳州市涡阳县城东经济开发区
邮编 233600
电话 0558－7279507
产品 瓦楞原纸

## 宿州市

**安徽省灵璧县东风造纸厂**
安徽省宿州市灵璧县东关外 2 公里
邮编 234200
电话 0557－6161102、6161617
传真 0557－6161102
产品 瓦楞原纸

**安徽林平纸业有限公司**
安徽省宿州市萧县圣泉乡北城
邮编 235200
电话 0557－5500000
传真 0557－5526115
产品 瓦楞原纸

**安徽鑫光纸业股份有限公司**
安徽省宿州市萧县圣泉乡薛庄
邮编 235232
电话 0557－5506918
传真 0557－5527933
产品 瓦楞原纸

## 六安市

**安徽省六安市康乐纸业有限公司**
安徽省六安市梅山北路
邮编 237009
电话 0564－3333366
传真 0564－3368072
产品 双面胶版纸、白卡纸、纸杯原纸

**安徽德森特种纸有限公司**
安徽省六安市经济开发区三十铺村
邮编 237000
电话 0564－3633798
产品 防锈原纸、胶带原纸

**安徽霍山晨风纸业有限公司**
安徽省六安市霍山县落儿岭镇
邮编 237283
电话 0564－5567088
产品 牛皮纸

**六安市裕安自豪纸业有限公司**
安徽省六安市裕安区独山镇龙井村
邮编 237000
电话 0564－2910107
产品 高档卫生纸

## 池州市

**安徽省秋浦纸业有限责任公司**
安徽省池州市贵池区建设路
邮编 247100
电话 0566－2024341、2022321
产品 机制纸、瓦楞原纸

**浙沅纸业有限公司**
安徽省池州市贵池区梅里工业园
邮编 247100
电话 0566－2241111
产品 机制纸、瓦楞原纸

## 宣城市

**安徽省泾县泾川宣纸厂**
安徽省宣城市泾县丁家桥镇鹿园桥头埂
邮编 242540
电话 0563－5700483
传真 0563－5701585
网址 www. ahjcxz. com
产品 宣纸

**安徽省泾县汪六吉宣纸有限公司**
安徽省宣城市泾县晏公镇
邮编 242530
电话 0563－5510238
传真 0563－5510078
网址 www. 13605632355. com
邮箱 lzm0101@ 163. com
产品 宣纸

**安徽省泾县汪同和宣纸有限公司**
安徽省宣城市泾县晏公镇古坝
邮编 242530
电话 0563－5500608
传真 0563－5500688
网址 www. wangtonghe. com
邮箱 anhui@ wangtonghe. com
产品 宣纸、书画纸

**中国宣纸集团公司**
安徽省宣城市泾县榔桥镇乌溪村
邮编 242511
电话 0563－5600008、5601218
传真 0563－5601040、5600353
网址 www. hongxingxuanpaper. com. cn
邮箱 xuan_paper@ 163. com
产品 宣纸

**安徽阳光纸业有限公司**
安徽省宣城市广德县
邮编 247100
电话 0563－6010788
传真 0563－6010988
产品 白纸板、瓦楞原纸

**安徽广德新星纸业有限公司**
安徽省宣城市广德经济技术开发区
邮编 242200
电话 0563－6012221
传真 0563－6012213
产品 白纸板、瓦楞原纸

**宁国市兆丰纸业有限公司**
安徽省宁国市汪溪镇工业园

邮编 242300
电话 0563－4441678、4441598、4441679、4440777
传真 0563－4441589
网址 www. chinazf. com. cn
邮箱 zf@ chinazf. com. cn
zf－mkt@ chinazf. com. cn
产品 卫生纸

# 福 建 省

## 福州市

### 东联纸业（福州）有限公司
福建省福州市马尾区马江路 2 号
邮编 350015
电话 0591－83970330
传真 0591－83970352
产品 纸板、纸箱

### 福建市罗源雄丰纸业有限公司
福建省福州市罗源县九龙坂
邮编 350600
电话 0591－38656888
传真 0591－38656858
产品 单面涂布白纸板、双面灰纸板

### 歌芬卫生用品（福州）有限公司
福建省福清市新厝镇新江北路 9 号
邮编 350311
电话 0591－85691637
传真 0591－85691692
产品 卷筒生活用纸、面巾纸、手帕纸等

## 厦门市

### 厦门安发纸业有限公司
福建省厦门市同安区大同镇城东工业区榕溪路 22－26 号
邮编 361100
电话 0592－7035258、7035259、7035260
传真 0592－7033859、7135133
网址 www. anfapaper. com
邮箱 xmanfa@ vip. 163. com
产品 瓦楞纸板、纸箱

### 德彦纸业（厦门）有限公司
福建省厦门市海沧新阳工业区霞飞路 66 号
邮编 361022
电话 0592－6512288
传真 0592－6512277
网址 www. kingpaper. com
邮箱 service@ kpp. com. tw
产品 纱管原纸、各类纸管、高档高强耐高速纸管纸板、厚纸板、灰纸板

### 厦门建发纸业有限公司
福建省厦门市鹭江道 52 号海滨大厦 12 楼
邮编 361001
电话 0592－2101696
传真 0592－2101695
网址 www. cndpaper. com
邮箱 fjzz@ cndpaper. com
产品 铜版纸、白卡纸、白纸板、双胶纸、纸浆、废纸、造纸化学品

### 厦门同安兴浪纸业有限公司
福建省厦门市同安区洪塘镇石浔村
邮编 361100
电话 0592－7132070
传真 0592－7028258
产品 挂面箱纸板

### 厦戎联合造纸厂同安分厂
福建省厦门市同安区大同镇梅山路
邮编 361100
电话 0592－7022459
产品 箱纸板

### 厦门安妮股份有限公司
福建省厦门市集美区锦园南路 99 号
邮编 361022
电话 0592－3152336、3152188
传真 0592－3152289、3152280
网址 www. anne. com. cn
邮箱 anne@ anne. com. cn
产品 热敏纸、商务办公用纸

### 永丰余纸业（厦门）有限公司
福建省厦门市湖里区常和路 6－12 号
邮编 361006
电话 0592－5627266
产品 瓦楞纸板、瓦楞纸箱

### 厦门市麒龙纸业有限公司
福建省厦门市同安区新民镇柑岭村
邮编 361100
电话 0592－7366477
产品 瓦楞原纸

**厦门新阳纸业有限公司**
福建省厦门市海沧区龙阳光西路 288 号
邮编 361026
电话 0592 - 6197666
传真 0592 - 6197676
网址 www. xinyangpaper. com
邮箱 xmxyzy@ 163. om
产品 中高档生活用纸、高级商务书写纸、静电复印纸、无碳复写纸、热敏打印纸等

## 莆田市

**莆田江口金龙纸业有限公司**
福建省莆田市江口镇石狮村
邮编 351100
电话 0594 - 3695223
产品 高强瓦楞原纸

**莆田市涵江区福利纸品厂**
福建省莆田市涵江区后墩村
邮编 351111
电话 0594 - 3397428
传真 0594 - 3365205
产品 茶纸板、箱纸板

**莆田市大地纸品有限公司**
福建省莆田市涵江区海岑前 51 号
邮编 351111
电话 0594 - 3898742
产品 瓦楞原纸、箱纸板

**莆田市南方福利涂布纸品总厂**
福建省莆田市城厢区铁岭村
邮编 351100
电话 0594 - 2691946
产品 灰纸板

## 三明市

**大田弘惠纸业有限公司**
福建省三明市大田县均溪镇赤岩山路 29 号
邮编 366100
电话 0598 - 7339689
产品 水泥内袋纸

**大田县华闽纸业有限公司**
福建省三明市大田县凤山东路 63 号
邮编 366100
电话 0598 - 7260618
传真 0598 - 7228026
产品 牛皮纸

**福建省青山纸业股份有限公司**
福建省三明市沙县青州镇
邮编 365506
电话 0598 - 5656888
传真 0596 - 5653336
网址 www. qingshanpaper. com
邮箱 web@ qingshanpaper. com
产品 纸袋纸、牛皮卡纸、高强瓦楞原纸

**福建省沙县盛春纸业有限公司**
福建省三明市沙县涌溪桥南
邮编 365507
电话 0598 - 5681898
传真 0598 - 5681689
产品 精制牛皮纸、精制白牛皮纸、胶带原纸、复合原纸、手提袋纸、信封纸、薄页纸

**沙县大洛福利造纸厂**
福建省三明市沙县大洛乡大洛村
邮编 365512
电话 0598 - 5786188
传真 0598 - 5787168
产品 瓦楞原纸、箱纸板

**沙县华佳纸业有限公司**
福建省三明市沙县高桥镇
邮编 365503
电话 0598 - 5556099
产品 箱纸板、瓦楞原纸、纸箱

**福建腾荣达制浆有限公司**
福建省三明市将乐县古镛镇龟山北路 216 号
邮编 353300
电话 0598 - 2332400
传真 0598 - 2339566
产品 绒毛浆、本色浆、化机浆

**福建铙山纸业集团有限公司**
福建省三明市建宁县塔下路 20 号
邮编 354500
电话 0598 - 3988840、3982712、3986762、3959766
传真 0598 - 3982705
网址 www. nspaper. com
产品 高档薄型包装用纸、拷贝纸、薄页纸、炊蒸原纸、

半透明纸、打字纸、静电复印纸、生活用纸

**泰宁县绿山大有纸业有限公司**
福建省三明市泰宁县开善乡池塘工业区
邮编 354400
电话 0598－7729633
传真 0598－7729633
产品 牛皮纸、文化用纸、特种纸

**永安锦兴纸业有限公司**
福建省永安市贡川水东工业园区
邮编 366001
电话 0598－3511168
传真 0598－3511155
产品 瓦楞原纸

## 泉州市

**恒安（中国）纸业有限公司**
福建省晋江市东石镇井林安东工业区
邮编 362261
电话 0595－85729667
传真 0595－85729962
网址 www. hengan. com
邮箱 zhangqf@ hengan. com
产品 生活用纸

**晋江磁灶锦兴再生造纸厂**
福建省晋江市磁灶镇砌田村
邮编 362214
电话 0595－85855888
产品 再生纸

**泉州市贵格纸业有限公司**
福建省南安市码头镇佛内工业区
邮编 362312
电话 0595－86461333、86461222、86451788
传真 0595－86461188
网址 www. guigepaper. com
邮箱 guige@ vip. 163. com
产品 牛皮卡纸

**福建优兰发集团实业有限公司**
福建省晋江市西滨镇
邮编 362200
电话 0595－85123879、85123519
传真 0595－85123889
网址 www. youlanfa. com
产品 拷贝纸、薄型纸、复印纸、传真纸、文化用纸、牛皮箱纸板、高强瓦楞原纸

**福建恒利集团有限公司**
福建省南安市省新工业区
邮编 362300
电话 0595－86252666、86251768
传真 0595－86252099
网址 www. fjhl. com. cn
邮箱 qingbo57@ pub1. qz. fj. cn
产品 生活用纸

**南安市联发纸业有限公司**
福建省南安市诗山镇凤坡村五星工业区
邮编 362311
电话 0595－86483926
产品 挂面箱纸板

**福建省南安市盈顺纸品有限公司**
福建省南安市水头镇
邮编 362342
电话 0595－86811333
产品 再生纸

**福建宏泰实业有限公司**
福建省泉州市永春县榜德工业区
邮编 362600
电话 0595－23860199
传真 0595－23860499
产品 箱纸板、瓦楞原纸

**福建省永春县宏美纸业有限公司**
福建省泉州市永春县坑仔口西坪村
邮编 362615
电话 0595－23956088
产品 涂布白纸板、印刷纸、印刷专用纸、包装用纸

**泉州市永春联盛纸品有限公司**
福建省泉州市永春县东平镇鸿安村
邮编 362603
电话 0595－23705699
产品 A、B、C 级箱纸板

**泉州联新纸业有限公司**
福建省南安市码头镇丰联工业区
邮编 362312
电话 0595－86462889
产品 箱纸板

**福建泰兴特纸有限公司**
福建省安溪县凤城镇
邮编 362400
电话 0595－23139619
产品 特种包装纸品

## 漳州市

**福建港兴集团港兴纸业有限公司**
福建省漳州市南靖龙山工业区
邮编 363602
电话 0596－7577269
传真 0596－7577266、7577256
产品 挂面箱纸板、高强瓦楞原纸

**福建糖业股份有限公司**
**（原福建漳州糖厂）**
福建省漳州市芗城区古塘路 55 号
邮编 363000
电话 0596－7095026
传真 0596－7095027
产品 蔗渣漂白浆

**龙海榜山民政三星造纸厂**
福建省龙海市榜山镇北溪头村
邮编 363100
电话 0596－6598219
传真 0596－6597698
产品 机制纸、瓦楞原纸

**龙海市信达纸业有限公司**
福建省龙海市颜厝镇
邮编 363118
电话 0596－6659088
传真 0596－6655366
网址 www. lhxindazy. com
邮箱 xindazy@ 163. com
产品 纱管纸、涂布白纸板

**龙海市佳利达纸业有限公司**
福建省龙海市颜厝镇田址村
邮编 363118
电话 0596－6659278
产品 纱管纸、瓦楞原纸

**福建省联盛纸业有限责任公司**
福建省漳州市长泰官山工业园区
邮编 363900
电话 0596－8313788
传真 0596－8313766
产品 高强瓦楞原纸、牛皮箱纸板

**福建省漳州友利达纸业发展有限公司**
福建省漳州市南靖县丰田镇工业区
邮编 363612
电话 0596－7672333
传真 0596－7672988
网址 www. youlidapaper. com
邮箱 cms3@ sina. com
产品 高强瓦楞原纸

**福建省漳州盈晟纸业有限公司**
福建省漳州市华安经济开发区长富工业园
邮编 363801
电话 0596－7288668、7286555
传真 0596－7288789
产品 牛皮箱纸板、高强瓦楞原纸、灰纸板、纱管纸

**福建省漳州敦信纸业有限责任公司**
福建省漳州市长泰官山工业园区
邮编 363900
电话 0596－8313999
传真 0596－8313998
产品 白面牛卡纸、本色牛卡纸、高强瓦楞原纸、扑克牌纸、瓦楞纸箱

## 南平市

**福建省南平延润纸业有限责任公司**
福建省南平市滨江北路 177 号
邮编 353000
电话 0599－8808948
传真 0599－8802888
产品 静电复印纸、双胶纸、书刊纸、书写纸、轻涂纸、白牛皮纸、包装用纸、纸袋纸、纱管纸、新闻纸、宗教纸、各种有色纸及各类造纸助剂

**福建省南纸股份有限公司**
福建省南平市滨江北路 177 号
邮编 353000
电话 0599－8808888
传真 0599－8808689、8808312
网址 www. nanpingpaper. com
邮箱 webmaster@ nanpingpaper. com
产品 胶印新闻纸、本色硫酸盐商品木浆、静电复印纸、人纤浆粕

**邵武中竹纸业有限责任公司**
福建省邵武市下王塘
邮编 354000
电话 0599－6541168
传真 0599－6541090
产品 漂白硫酸盐竹浆、漂白桉木浆、漂白马尾松浆、胶版印刷纸、静电复印纸、涂布原纸、白牛皮纸

**福建利树浆纸有限公司**
福建省建瓯市瓯宁街道兴宁工业区
邮编 353100
电话 0599－3738906
传真 0599－3738901
产品 高强瓦楞原纸、竹浆

**福建利树集团有限公司**
福建省建瓯市中国笋竹城 D 区
邮编 353100
电话 0599－3733378
传真 0599－3733278
产品 挂面箱纸板、高强瓦楞原纸

**福建省建瓯市恒丰纸业有限公司**
福建省建瓯市莲花坪工业区
邮编 353100
电话 0599－3591588
传真 0599－3591933
产品 卫生纸

**福建惜恩纸业有限公司**
福建省建瓯市汇丰城市花园 47 幢
邮编 353100
电话 0599－3738908
传真 0599－3738901
产品 高强瓦楞原纸、挂面箱纸板、卫生纸

## 龙岩市

**福建省龙岩市祥泰造纸包装有限公司**
福建省龙岩市铁山开发区
邮编 364001
电话 0597－2348234
传真 0597－2348432
网址 www. xtpp. com. cn
邮箱 lyxt－1@ 163. com
产品 防锈纸、防水纸、涂塑纸、硅油纸、水果护套纸、全木浆生活用纸

**龙岩市闽丰造纸厂**
福建省龙岩市铁山街道隔口
邮编 364000
电话 0597－2349425、2340969
产品 瓦楞原纸

**龙岩南纸有限公司**
福建省龙岩市铁山工业路 36 号
邮编 364001
电话 0597－2342188
传真 0597－2348737
产品 新闻纸

**福建省上杭瑞翔纸业有限公司**
福建省龙岩市上杭县新塘路 5 号
邮编 364200
电话 0597－3966808、3842588
传真 0597－3842223
产品 瓦楞原纸、牛皮卡纸、纱管纸

**福建省连城县东方经济开发有限公司**
福建省龙岩市连城县姑田镇新街 211 号
邮编 366208
电话 0597－8269869
传真 0597－8269888
产品 特种牛皮纸、精制牛皮纸

**龙岩永峰纸业有限公司**
福建省龙岩市新罗区洋头
邮编 364001
电话 0597－2341777
产品 制鞋中底板

**福建省龙岩市铭丰集团**
福建省龙岩市龙雁新区龙雁工业集中区
邮编 364000
电话 0597－2208988
传真 0597－2790869
产品 生活用纸

**福建省长汀县瑞华纸业有限公司**
福建省龙岩市长汀县工贸新城
邮编 366300
电话 0597－6819256
传真 0597－6884688
产品 薄页纸、有光纸、单胶纸、书写纸

## 宁德市

**安诺纸业（福建）有限公司**
福建省福鼎市金九龙大厦 C 座 11 层

福建省福鼎市冷城安诺工业园（厂址）
邮编 355200
电话 0593－7818333、7913933、7203333
传真 0593－7919333、7290333
网址 www.anjt.com.cn
产品 手帕纸、芯卷筒卫生纸、无芯卷筒卫生纸、抽取式面巾纸、方巾纸、珍宝纸

# 江 西 省

## 南昌市

**江西晨鸣纸业有限责任公司**
江西省南昌市昌北经济开发区白水湖工业园
邮编 330013
电话 0791－83951998、83951968
传真 0791－83951889
网址 www.chenminpaper.com
产品 轻型纸、低定量涂布纸

**腾达纸业有限公司**
江西省南昌市南昌县八一乡姜村
邮编 330200
电话 0791－85817330、85817129
产品 卫生纸、纸巾纸

**南昌五丰纸业有限公司**
江西省南昌市青山湖区罗家镇货场工业园
邮编 330012
电话 0791－88394989、88395989
传真 0791－88395989
产品 卫生纸

**江西特种纸业有限责任公司**
江西省南昌市进贤县民和镇西门路 569 号
邮编 331700
电话 0791－85693372
产品 电容器纸

**八一乡淡溪造纸厂**
江西省南昌市南昌县八一乡淡溪
邮编 330201
电话 13907009689
产品 包装用纸

**江西省轻工实业有限公司**
江西省南昌市北京东路彭桥工业园区
邮编 330029
电话 0791－8182414、8314201
传真 0791－8323123
网址 www.jxlight.gov.cn
产品 无碳复写纸

## 景德镇市

**乐平市加金纸业有限公司**
江西省景德镇市乐平市塔山工业园区内
邮编 333300
电话 0798－6832428
产品 箱纸板、瓦楞原纸

## 萍乡市

**上栗县萍峰纸业有限公司**
江西省萍乡市上栗县长平乡流江村
邮编 337009
电话 0799－3885168
产品 箱纸板、瓦楞原纸、牛皮卡纸、烟花用纸

**萍乡市宣风纸制品厂**
江西省萍乡市芦溪县宣风镇竹垣
邮编 337009
电话 0799－7608088
产品 迷信用纸

**萍乡市宣风箱纸板厂**
江西省萍乡市芦溪镇宣风镇水府
邮编 337009
电话 0799－7501148
产品 箱纸板

**萍乡市阳光纸业有限责任公司**
江西省萍乡市芦溪县宣风镇茶垣
邮编 337009
电话 0799－7501128
产品 包装用纸

**莲花县远腾卫生纸厂**
江西省萍乡市莲花县琴亭镇西边村
邮编 337100
电话 0799－7221127
产品 机制纸及纸板制品

**江西春来纸业有限公司**
江西省萍乡市阁山镇
邮编 337009

电话 0799 - 7589998
产品 瓦楞原纸

**莲花县纸业有限公司**
江西省萍乡市莲花县新建东街 108 号
邮编 337100
电话 0799 - 7221031
产品 书写纸、新闻纸

**萍乡市和泉造纸厂**
江西省萍乡市湘东镇（区政府所在地）
邮编 337100
电话 0799 - 3440679
产品 箱纸板

**萍乡市通达鞭炮纸厂**
江西省萍乡市湘东区湘东镇（区政府所在地）
邮编 337100
电话 0799 - 3443821
产品 鞭炮纸

**芦溪县科林纸业有限公司**
江西省萍乡市芦溪县
邮编 337000
电话 0799 - 7552092
产品 特种纸

**上栗县富春江特种纸厂**
江西省萍乡市上栗县
邮编 337000
电话 0799 - 3629156
产品 引线纱纸、茶叶滤纸、果袋纸、淋膜纸

## 九江市

**江西八达纸业有限公司**
江西省九江市永修县军山
邮编 330300
电话 0792 - 3051118
产品 箱纸板、纱管纸、瓦楞原纸

**共青城顺风纸业有限公司**
江西省九江市德安县甘露镇
邮编 330400
电话 0792 - 4371273
产品 包装用纸

**江西省永修县恒达纸业有限公司**
江西省九江市永修县东风农贸公司
邮编 330300
电话 0792 - 3081801
产品 包装用纸

**江西省永修县恒丰兴隆造纸厂**
江西省九江市永修县东风农贸公司
邮编 330300
电话 0792 - 3080008
产品 包装用纸

**江西兴辉纸业有限公司**
江西省九江市武宁县盘溪工业园
邮编 330400
电话 13870272001
产品 文化用纸

**江西开成纸业有限公司**
江西省九江市德安县宝塔工业园区
邮编 330400
电话 0792 - 4551111
传真 0792 - 4551111
产品 纸巾纸、卫生纸

**江西泽晖纸业有限公司**
江西省九江市永修县虬津镇泽晖工业园
邮编 330300
电话 0792 - 3110922
产品 文化用纸

## 赣州市

**江西瑞景纸业有限公司**
江西省赣州市瑞金市泽潭乡
邮编 342500
电话 0797 - 2390110
产品 涂布白纸板

**上犹县赣富纸业有限公司**
江西省赣州市上犹县大阜村
邮编 341200
电话 0797 - 8575058
产品 箱纸板

**赣州市造纸厂**
江西省赣州市章贡区水东镇岗上村 32 号
邮编 341000
电话 0797 - 8464138
产品 卫生纸

**瑞金市瑞京纸业有限公司**
江西省赣州市瑞金市泽潭乡光辉村
邮编 342500
电话 0797－2335666
产品 涂布白纸板

**江西华劲纸业有限公司**
江西省赣州市水西乡桑芫下 168 号
邮编 341000
电话 0797－8251112
产品 文化用纸、生活用纸

**赣州市崇星实业有限公司**
江西省赣州市沙石镇沙石村龙石头
邮编 341000
电话 0797－8185588
传真 0797－8185599
产品 卫生纸

## 吉安市

**江西富丰纸业有限公司**
江西省吉安市永丰县城南工业开发区
邮编 331500
电话 0796－2518888
产品 涂布白纸板

**峡江县雄狮造纸有限公司**
江西省吉安市峡江县巴邱镇巴丘路 114 号
邮编 331400
电话 0796－3666666、3666999、13807962876
传真 0796－3664455
产品 箱纸板、瓦楞原纸、牛皮纸

**井冈山纸业有限公司**
江西省吉安市井冈山石市口
邮编 343600
电话 0796－6610121、6610637
传真 0796－6610049
产品 机制纸

**江西永新南方纸业有限公司**
江西省吉安市永新县小屋岭
邮编 343400
电话 0796－7850858
产品 涂布白纸板

**枧头富坑口机制纸厂**
江西省吉安市万安县枧头镇建村
邮编 343800
电话 0796－5872482
产品 包装用纸

**泰和县天泰纸业有限公司**
江西省吉安市泰和县工业园区
邮编 343700
电话 0796－5404758
产品 涂布白纸板

**泰和县荣泰包装纸业有限公司**
江西省吉安市泰和县工业园区
邮编 343700
电话 0796－5403018
产品 瓦楞原纸

**江西安阳纸业有限公司**
江西省吉安市万安县五丰镇工业园
邮编 343800
电话 0796－5839738
产品 白纸板

**江西富新纸业有限公司**
江西省吉安市永新县高桥楼镇龙江
邮编 343400
电话 0796－7850798
产品 白纸板

**江西祥泰纸业有限公司**
江西省吉安市泰和县工业园区
邮编 343700
电话 0796－5403987
产品 白纸板

**江西同泰纸业有限公司**
江西省吉安市泰和县工业园区
邮编 343700
电话 0796－5404868
产品 涂布白纸板

**江西金惠纸业有限公司**
江西省吉安市泰和县工业园区
邮编 343700
电话 0796－5403188
产品 涂布白纸板

**江西腾龙纸业有限公司**
江西省吉安市永丰县工业园新区
邮编 331500
电话 0796－2222498
产品 薄型纸

**江西永发纸业有限公司**
江西省吉安市永丰县工业园区
邮编 331500
电话 0796－2222458
产品 箱纸板

**峡江县建材纸业有限公司**
江西省吉安市峡江县造纸工业园区 5 号
邮编 331400
电话 0796－3683508
产品 涂布白纸板

**江西诚信纸业有限公司**
江西省吉安市永丰县工业大道
邮编 331500
电话 0796－2542888
产品 包装用纸

**吉水县海天纸业有限公司**
江西省吉安市吉水县阜田镇黄金湖
邮编 331600
电话 0796－3591658
产品 涂布白纸板

**江西明盛实业有限公司**
江西省吉安市青原区富滩镇富滩
邮编 343000
电话 0796－3211978
产品 白纸板

**江西金嘉纸业有限公司**
江西省吉安市吉州区工业园
邮编 343000
电话 0796－8251695
产品 书写纸

**吉安市第一造纸厂**
江西省吉安市吉州区樟山镇曲沙
邮编 343000
电话 13907968049
产品 包装用纸

**江西安顺实业有限公司**
江西省吉安市青原区富滩镇富滩
邮编 343000
电话 0796－3211999
产品 白纸板

**金威纸业有限公司**
江西省吉安市峡江县造纸工业园区 4 号
邮编 331400
电话 0796－3683689
产品 涂布白纸板

**江西华东纸业有限公司**
江西省吉安市泰和县工业园区
邮编 343700
电话 0796－5403885
产品 白纸板

**江西永兴纸业有限公司**
江西省吉安市永新县城北
邮编 343400
电话 0796－7730171
产品 涂布白纸板

**江西峡江富通纸业有限公司**
江西省吉安市峡江县巴邱镇
邮编 331400
电话 0796－3661458、3663513
传真 0796－3661088
产品 涂布白纸板

**江西董氏纸业有限公司**
江西省吉安市吉安县安塘乡竹恒村
邮编 343136
电话 0796－8758818
产品 涂布白纸板、扑克牌纸

**永丰运宏特种纸业有限公司**
江西省吉安市永丰城南工业开发区
邮编 331500
电话 0796－2221882、13507962872
传真 0796－2221616
产品 牛皮纸

**泰和县华胜实业有限公司**
江西省吉安市泰和县沿溪工业园区
邮编 343700
电话 0796－5360015

产品 涂布白纸板

**永丰泰丰纸业有限公司**
江西省吉安市永丰县城南工业开发区
邮编 331500
电话 0796-2222208
产品 涂布白纸板

**永丰永祥纸业有限公司**
江西省吉安市永丰县城南工业开发区
邮编 331500
电话 0796-2222488
传真 0796-2221898
产品 涂布白纸板

**峡江大华纸业有限公司**
江西省吉安市峡江县巴邱镇
邮编 331400
电话 0796-3683688
产品 涂布白纸板

**江西永新南方纸业有限公司**
江西省吉安市永新县工业开发区
邮编 343400
电话 0796-7750858
产品 涂布白纸板

## 宜春市

**万盛纸业有限公司**
江西省宜春市万载县环城北路 438 号
邮编 336100
电话 0795-8917999
产品 书写纸、转移印花纸

**樟树市古城造纸厂**
江西省宜春市樟树市临江工业园
邮编 331200
电话 0752-7812860
传真 0795-7812860
产品 生活用纸

**江西富宏纸业有限公司**
江西省宜春市奉新县宋阜镇青湖村郑家洲
邮编 330702
电话 0795-4605178
产品 牛皮纸

**宜丰县黄岗山兴丰造纸厂**
江西省宜春市宜丰县黄冈垦殖场内
邮编 336300
电话 0795-2923767
产品 牛皮纸、炸药包装用纸

**江西省宜丰县洞山造纸厂**
江西省宜春市宜丰县洞山乡
邮编 336300
电话 0795-2916026
产品 白纸板

**江西省樟树市临江造纸厂**
江西省宜春市樟树市临江镇沿河桥
邮编 336300
电话 0795-7812756
产品 包装用纸

**江西省上高县造纸厂**
江西省宜春市上高县镇渡乡镇南
邮编 336400
电话 0795-2540337
产品 卫生纸

**宜丰县潭山找桥村再生造纸厂**
江西省宜春市宜丰县潭山镇找桥村委会
邮编 336300
电话 0795-2925099
产品 土纸

**宜丰县宏达造纸厂**
江西省宜春市宜丰县库前
邮编 336300
电话 0795-2902299
产品 卫生纸

**宜丰县石花尖纸业有限公司**
江西省宜春市宜丰县虚拟居委会
邮编 336300
电话 0795-2999025
产品 包装用纸及纸板

**宜春市袁州区慈化湘赣造纸厂**
江西省宜春市袁州区慈化镇西山村
邮编 336300
电话 0795-3189966
产品 花炮纸

**高安市盛发造纸有限公司**
江西省宜春市高安市陈家
邮编 330800
电话 0795－5680180
产品 包装用纸

**宜春金太阳纸品厂**
江西省宜春市袁州区新坊乡
邮编 336000
电话 0795－3195886
产品 卫生纸

## 抚州市

**江南纸业有限公司**
江西省抚州市临川区河阜乡
邮编 344000
电话 0794－8778009
产品 箱纸板、瓦楞原纸

**南城洪门造纸厂**
江西省抚州市南城县洪门电厂内
邮编 344700
电话 0794－7361268
产品 纸浆

**江西抚州银丰纸业有限公司**
江西省抚州市临川区桐源乡
邮编 344000
电话 0794－8638558
产品 涂布白纸板

**江西富临纸业有限公司**
江西省抚州市临川区桐源乡
邮编 344000
电话 0794－8638386
产品 涂布白纸板

**抚州金圣纸业有限公司**
江西省抚州市临川区工业开发区
邮编 344000
电话 0794－8638618
产品 涂布白纸板

**江西华南纸业有限公司**
江西省抚州市宜黄县六里铺
邮编 344400
电话 0794－7605598
产品 涂布白纸板

**宜黄县星泰纸业有限公司**
江西省抚州市宜黄县六里铺
邮编 344400
电话 0794－7601448
产品 涂布白纸板

**抚州市兴业实业有限公司**
江西省抚州市抚州北工业园区
邮编 344400
电话 0794－8457338
传真 0794－8457333
产品 瓦楞原纸、卫生纸

**江西弘泰纸业有限公司**
江西省抚州市宜黄县六里铺工业园区
邮编 344400
电话 0794－7601995、7607069
产品 特种纸、白卡纸、电子载体纸

**江西乐门纸业有限公司**
江西省抚州市宜黄县六里铺工业园区
邮编 344400
电话 0794－7648555
网址 www. chinalemen. com
产品 水砂原纸、牛皮纸

**江西联兴纸业有限公司**
江西省抚州市崇仁县巴山镇西郊 3 号
邮编 344200
电话 0794－6334588
产品 箱纸板、瓦楞原纸

**恒安（江西）家庭用品有限公司**
江西省抚州市东乡县（省级）经济开发区
邮编 344000
电话 0794－4381172
传真 0794－4382392
产品 生活用纸系列产品

## 上饶市

**江西顺达纸业有限公司**
江西省上饶市弋阳县圭峰大道
邮编 334400
电话 0793－5845666、5845777、5845999
产品 涂布白纸板

**江西大茅山档案纸厂**
江西省上饶市德兴市古井头
邮编 334200
电话 0793－7750572
产品 包装用纸

**德兴市大茅山金兴造纸厂**
江西省上饶市德兴市古井头
邮编 334200
电话 0793－7750566
产品 包装用纸

**广丰县芦林纸业有限公司**
江西省上饶市广丰县芦林工业园
邮编 334600
电话 13307937116
产品 箱纸板、瓦楞原纸

**江西金达纸业有限公司**
江西省上饶市鄱阳县饶阜镇石泉岭
邮编 333100
电话 13707935102
产品 文化用纸

**江西省余干县洪家嘴造纸厂**
江西省上饶市余干县洪家嘴信和中学旁
邮编 335100
电话 13879315846
产品 瓦楞原纸、爆竹纸

**铅山县鹅湖造纸厂**
江西省上饶市铅山县鹅湖镇
邮编 334500
电话 0793－5432769
产品 包装用纸

**江西广夏包装印刷有限公司**
江西省上饶市广丰县芦林工业园
邮编 334600
电话 0793－2617075
产品 金银卡纸

**广丰县月兔卫生用品有限公司**
江西省上饶市广丰县芦林工业园
邮编 334600
电话 0793－2610001、2625501
传真 0793－2651900
产品 生活用纸

**江西含珠实业有限公司**
江西省上饶市铅山县河口镇原柴家小学
邮编 334500
电话 0793－5187877
传真 0793－5187777
网址 www. jxhzsy. com
邮箱 webmaster@ jxhzsy. com
产品 连四纸

**上饶市林氏玉融纸业有限公司**
江西省上饶市信州区同心村三江桥
邮编 334000
电话 0793－7089916
传真 0793－8157108
产品 卫生纸

## 山 东 省

### 济南市

**济南灏源纸业有限公司**
山东省济南市历城区西州南路 30 号
邮编 250100
电话 0531－88918888、88023104
传真 0531－88023109
网址 www. haoyuanpaper. com. cn
产品 印刷产品、办公用纸原纸

**济南含章印务有限公司**
山东省济南市历城区西周大辛河东郊
邮编 250100
电话 0531－88918888
传真 0531－88012000
网址 www. hanzhang. com
邮箱 hzmaster@ sina. com
产品 电脑打印纸、静电复印纸、防伪水印纸、晒图原纸

**济南银星纸业有限公司**
**（原山东黄台造纸厂）**
山东省济南市历城区荷花路 67 号
邮编 250100
电话 0531－88262596
传真 0531－88262596
产品 字典纸、圣经纸、涂炭原纸、特种印刷纸、税票纸、表层纸、玻璃衬纸

**济南明星纸业有限公司**
山东省济南市济北经济开发区

邮编 251400
电话 0531－84280099
传真 0531－84280226
产品 各种高中低档卫生纸、大轴原纸、盘纸、全天然木浆纸系列生活用纸

**章丘华饰纸业有限公司**
山东省济南市章丘市明水荷花路 17 号
邮编 250200
电话 0531－83252203
传真 0531－83252203
产品 轻型印刷纸、无碳原纸、离型原纸、食品包装用纸

## 青岛市

**青岛奥华纸业有限公司**
山东省青岛市四流南路 245 号
邮编 266042
电话 0532－84885277－257（生产）/288（销售）
传真 0532－84863863
产品 无碳复写纸

**青岛海王纸业股份有限公司**
山东省青岛市海王路 342 号
邮编 266400
电话 0532－86171652、86118663
传真 0532－86115522、86117100、86118509
网址 www. haiwangpaper. com
邮箱 haiwangxs@ haiwangpaper. com
产品 文化用纸、工农业技术用纸、生活用纸、包装用纸、打字纸、彩色皱纹纸、纱管封面纸、防菌纸袋

## 淄博市

**山东博汇纸业股份有限公司**
山东省淄博市桓台县马桥镇工业路北首
邮编 256405
电话 0533－8539966、8530387
传真 0533－8530372
网址 www. bohui. com
邮箱 05338866@ 163. com
zqb@ bohui. com
产品 涂布白卡纸、双胶纸、轻型纸、箱纸板、石膏板护面纸板

**山东贵和显星纸业有限公司**
山东省淄博市桓台县邢家镇工业园
邮编 256408
电话 0533－8086977
网址 www. guihexx. com
邮箱 webmaster@ sdguihe. com
产品 瓦楞原纸、特种纸

**山东仁丰纸业股份有限公司**
山东省淄博市桓台县起凤镇仁丰路
邮编 456047
电话 0533－8697688
传真 0533－8698159
网址 www. zbrenfeng. com
产品 高强瓦楞原纸

**山东金海洋纸业有限公司**
山东省淄博市桓台县田庄镇
邮编 256402
电话 0533－8580035
传真 0533－8582888
网址 www. sdcljt. cn
邮箱 sdchenlong@ 126. com
产品 新闻纸、箱纸板

**山东淄博国泰纸业有限公司**
山东省淄博市高新技术开发区柳泉路北首
邮编 255086
电话 0533－3581320、3580813
传真 0533－3580813
产品 静电复印纸、双胶纸

**山东淄博华光纸业有限公司**
山东省淄博市张店区湖田镇
邮编 255075
电话 0533－2060471
传真 0533－2060623
产品 牛皮箱纸板

**山东淄博玉丰实业有限公司**
山东省淄博市淄川区东坪镇
邮编 255174
电话 0533－5310325－8019
传真 0533－5310396
产品 陶瓷及玻璃用贴花纸

**山东北金集团淄博广信纸业有限公司**
山东省淄博市临淄区召口乡
邮编 255419
电话 13616430712
传真 0533－7602106

产品 夹筋纸袋纸、牛皮纸

**山东齐峰特种纸业股份有限公司**
山东省淄博市临淄区朱台镇齐峰路 22 号
邮编 255432
电话 0533－7780161
传真 0533－7788998
网址 www.qifeng.cn
邮箱 qifengtezhi@163.cn
qifengtezhi@qifeng.cn
产品 可印刷装饰原纸、素色装饰原纸、表层耐磨纸、平衡原纸、壁纸原纸

**淄博市博山环球皱纹纸厂**
山东省淄博市博山区北园路 198 号
邮编 255202
电话 0533－4231497、4231498
传真 0533－4232499
产品 皱纹纸、薄页纸

**淄博王村纸业有限公司**
山东省淄博市周村区王村
邮编 255311
电话 0533－6680128
传真 0533－6680128
产品 纱管原纸、箱纸板、涂布纸板

**山东青苑纸业有限责任公司**
山东省淄博市高青县城齐东路 43 号
邮编 256300
电话 0533－6961745
传真 0533－6961492
网址 www.qingyuan.com
产品 精制胶版纸、箱纸板

## 枣庄市

**远通纸业（山东）有限公司**
**（原山东华众纸业有限公司）**
山东省枣庄市薛城区常庄镇金河
邮编 277014
电话 0632－4418888、4401860
传真 0632－4413098、4401828
产品 牛皮箱纸板、涂布白纸板、金银卡纸

**枣庄华润纸业有限公司**
山东省枣庄市山亭区新城工业园区
邮编 277200
电话 0632－8861908、8813851、8861956
传真 0632－8811556、8818558
网址 www.huarunpaper.com
邮箱 marketing@huarunpaper.com
产品 石膏板护面纸板

**枣庄华锦纸业有限公司**
山东省枣庄市台儿庄区
邮编 277400
电话 0632－6611984
产品 涂布白纸板、牛皮箱纸板

**滕州华闻纸业有限公司**
山东省枣庄市滕州市级索镇姚庄
邮编 277518
电话 0632－2449528、2439175
传真 0632－2439175
网址 www.hwpaper.com
产品 双胶纸、书写纸、新闻纸

## 东营市

**华泰集团有限公司**
山东省东营市广饶县
邮编 257335
电话 0546－6888818、6888808
传真 0546－6888018、6888158
网址 www.huatai.com
产品 新闻纸、双面胶版纸、书写纸、铜版纸、涂布白纸板、低定量涂布纸、生活用纸

## 烟台市

**莱阳银通纸业有限公司**
山东省莱阳市丹崖路北 129 号
邮编 265202
电话 0535－7318381、7318208、7327228
传真 0535－7327266、7318208
网址 www.yinhaipaper.com
邮箱 lcz@public.ytptt.sd.cn
lcz@yinhaipaper.com
产品 水果套袋纸、防伪纸、静电复印纸、书写纸

**烟台大华纸业有限公司**
**（原山东牟平造纸厂）**
山东省烟台市牟平区路兴街 403 号

邮编 264100
电话 0535 －4212098、4161998
传真 0535 －4212098、4652032
网址 www. ytlxpaper. com
邮箱 jiangliangxu@ vip. sina. com
产品 离型纸、防黏纸、复合纸、轻型纸、纯质纸、再生新闻纸、双胶纸

**烟台锦宏纸业有限公司**
山东省海阳市经济技术开发区
邮编 265118
电话 0535 －3200322、3205306
产品 文化用纸、铜版原纸

**烟台市大展纸业有限公司**
山东省烟台市牟平区沁水韩国工业园大展大街 388 号
邮编 264117
电话 0535 －4659078、4659077
传真 0535 －4659076
网址 www. yantaidazhan. com
邮箱 zjq@ yantaidazhan. com
产品 瓦楞原纸、牛皮箱纸板

**山东省烟台滋禾科技发展有限公司**
山东省烟台市芝罘区南大街 156 号平安大厦 709 室
邮编 264000
电话 0535 －6696569、6696559
传真 0535 －6696559
产品 牛卡纸、涂布牛卡纸

**龙口市诸由纸板厂**
山东省龙口市诸由观镇西河阳
邮编 265705
电话 0535 －8562088、8562189、8561225
传真 0535 －8560508
产品 双胶纸、皱纹纸

**龙口玉龙纸业有限公司**
山东省龙口市滨海旅游度假区黄河营村北
邮编 265712
电话 0535 －8589536、8589501
传真 0535 －8589555
网址 www. yulongpaper. com
邮箱 xs@ yulongpaper. com
　　bgs@ yulongpaper. com
产品 胶版书刊纸、书写纸、双胶纸、静电复印纸、轻型纸、纯质纸

**莱州市莱星工业纸板有限公司**
**(原莱州市工业纸板厂)**
山东省莱州市掖柴路
邮编 261400
电话 0535 －2216646、2265906
传真 0535 －2235248
网址 www. chinalaixing. com
邮箱 lzlxzb@ sohu. com
产品 工业纸板

**莱州市鲁通特种纸业有限公司**
山东省莱州市海庙后工业区
邮编 261400
电话 0535 －2480641、2483050
传真 0535 －2480447
产品 书写纸、有光纸、箱纸板、果袋纸、工艺品纸

**莱州市圣林纸制品有限公司**
山东省莱州市云峰山路北道路东
邮编 261437
电话 0535 －2293178
传真 0535 －2293178
网址 www. lz －zb. com
邮箱 sl@ lz －zb. com
产品 双灰纸板、复合纸板、工业纸板

**山东莱州市鲁通纸业有限公司**
山东省莱州市海庙后
邮编 261400
电话 0535 －2480680
传真 0535 －2480640
产品 高档牛皮箱纸板

## 潍坊市

**临朐玉龙造纸有限公司**
山东省潍坊市临朐县文化路 88 号
邮编 262600
电话 0536 －3158862、3158872
传真 0536 －3158568
网址 www. wanhao. com
邮箱 wanhao@ wanhao. com
产品 各种规格铜版纸、特种纸

**山东恒联投资有限公司**
山东省潍坊市高新区东风东街以北惠贤路以东
邮编 261000
电话 0536 －8671522、8671509

传真 0536－8665348
网址 www. henglianpaper. com
邮箱 zcb@ henglianpaper. com
产品 铜版纸、玻璃纸、生活用纸

**汇胜集团股份有限公司**
山东省潍坊市奎文区则尔庄路 6 号
邮编 261031
电话 0536－8664708、8669008
传真 0536－8669008
网址 www. cnpaper. cn
邮箱 huishegn@ cnpaper. cn
产品 箱纸板、瓦楞原纸、牛卡纸、白纸板、灰底白纸板、涂布白纸板

**潍坊恒联铜版纸有限公司**
山东省潍坊市奎文区卧龙东街 409 号
邮编 261031
电话 0536－7288200
传真 0536－7288222
产品 便签纸、水转移印花纸、环保无尘纸、手提袋纸、艺术纸、白牛皮纸、医疗用纸、涂布美术印刷纸等

**潍坊恒联玻璃纸有限公司**
山东省潍坊市奎文区卧龙东街 409 号
邮编 261031
电话 0536－8671666
传真 0536－8677087
产品 食品包装用纸、烟花包装用纸、医药包装用纸、香蜡烛包装用纸、透明胶带专用纸、电池专用纸、硅胶管专用纸、鱼竿专用纸等

**潍坊恒联浆纸有限公司**
山东省潍坊市寒亭区海龙路 601 号
邮编 261100
电话 0536－7283106
传真 0536－7251647
产品 木浆、棉浆、竹浆、高档文化用纸

**潍坊恒联美林生活用纸有限公司**
山东省潍坊市寒亭区海龙路 609 号
邮编 261100
电话 0536－7283229
传真 0536－7283228
产品 吸水衬纸、擦手纸、餐巾纸、纸巾纸、面巾纸、卫生卷纸等

**潍坊华港包装材料有限公司**
山东省潍坊市奎文区宝通东街 162 号
邮编 261041
电话 0536－8823918、8823899、8823878
传真 0536－8823919
网址 www. wfhgbz. com
邮箱 hgbz@ wfhgbz. net
产品 接装纸原纸、铝箔衬纸、嘴棒成型纸、接装纸、铝箔纸、真空镀铝纸、印花纸、装饰纸

**潍坊市友谊造纸厂**
山东省潍坊市农业生物开发区
邮编 261031
电话 0536－8654673
产品 箱纸板、瓦楞原纸、涂布纸、包装用纸

**青州市东南坝造纸厂**
山东省青州市东坝镇
邮编 262517
电话 0536－3531031
传真 0536－3532471
产品 瓦楞原纸、牛皮包装用纸

**青州瑞青造纸股份有限公司**
山东省青州市青州北路 1 号
邮编 262500
电话 0536－3222967
产品 高光泽铝箔衬纸、离型原纸、覆塑原纸、铜版纸、金属性印刷原纸

**山东青州东方铜版纸有限公司**
山东省青州市东阳河工业区 1188 号
邮编 262517
电话 0536－3531888
传真 0536－3536366
产品 单涂、双涂铜版纸

**山东省青州市板纸厂**
山东省青州市青州南路东一街 5 号
邮编 262500
电话 0536－3200541
传真 0536－3203802
产品 牛皮纸、离型原纸、无碳原纸、铝箔衬纸、水松原纸

**山东青州齐鲁纸业有限公司**
山东省青州经济开发区
邮编 262500
电话 0536－3290118、13806493038
产品 铝箔衬纸、印花原纸、木纹原纸、淋膜原纸、覆塑

原纸、白牛皮纸、离型原纸、工业用原纸

**山东晨鸣纸业集团股份有限公司**
山东省寿光市圣城路 403 号
邮编 262700
电话 0536－5218000、2156333、800－918－6818
传真 0536－2156111
网址 www. chenmingpaper. com
产品 双面胶版纸、低定量涂布纸、铜版纸、胶印书刊纸、书写纸、牛皮箱纸板、静电复印纸、新闻纸、无碳复写纸、高档电话簿纸、橙色施胶新闻纸

**寿光市三利板纸有限责任公司**
山东省寿光市抬头镇牛头镇村东
邮编 262736
电话 13805362255
传真 0536－5542652
产品 打字纸、彩书皮纸、条纹牛皮纸

**山东万豪纸业集团股份有限公司**
山东省潍坊市临朐县文化路 88 号
邮编 262600
电话 0536－3163364、3158797
传真 0536－3165340、3158568
网址 www. wanhao. com
邮箱 wanhao@ wanhao. com
产品 铜版纸、双胶纸、胶印书刊纸、防油纸、高档包装用纸、卫生纸、打字纸、工艺纸、电信电缆纸、双面胶带原纸、造纸化工产品及纸业包装材料

**临朐恒丰造纸有限公司**
山东省潍坊市临朐县城工业街 32 号
邮编 262600
电话 0536－3165465、2198910、13335258879、13964768286
传真 0536－3163465
产品 防油纸、汉堡原纸、淋膜汉堡纸、食品包装纸、白牛皮纸、漂白防油纸、未漂防油纸、邮封纸、医用包装用纸、卫生纸、爆米花纸袋纸

**山东世纪阳光纸业集团有限公司**
山东省潍坊市昌乐经济开发区
邮编 262400
电话 0536－2181169、2181001
传真 0536－2186006
网址 www. sunshinepaper. com. cn
邮箱 zhanghm@ sunshinepaper. com. cn
产品 纱管原纸、牛底白纸板、瓦楞原纸

**山东恒安纸业有限公司**
山东省潍坊市坊子新区恒安街
邮编 261200
电话 0536－7661889
传真 0536－7661889
网址 www. hengan. com
产品 生活用纸

**诸城市新星纸业有限公司**
山东省诸城市北郊
邮编 262200
电话 0536－6063867、6062721
传真 0536－6063867
产品 新闻纸

## 威海市

**荣成海盛纸业有限公司**
山东省威海市荣成市好当家工业园区
邮编 264305
电话 0631－7512678
传真 0631－7512456
网址 www. homely. com. cn
产品 箱纸板、瓦楞原纸

**山东凯丽特种纸股份有限公司**
山东省威海市荣成市河阳东路 198 号
邮编 264300
电话 0631－7510288
传真 0631－7571946
网址 www. kailipaper. cn
邮箱 kaili@ kailipaper. cn
产品 防伪纸系列

**威海龙港纸业有限公司**
山东省威海市羊亭镇驻地
邮编 264204
电话 0631－5764806、5764338
传真 0631－5764806
产品 挂面纸板、瓦楞原纸

## 济宁市

**济宁恒丰纸业有限责任公司**
山东省济宁市安居工业园区
邮编 272059
电话 0537－2312038
传真 0537－2559310

网址 www. jnhfzy. com
产品 铜版纸

**曲阜市造纸厂**
山东省曲阜市王庄乡后王村
邮编 273120
电话 0537 – 4551195、4552228
传真 0537 – 4551195
产品 书写纸、有光纸、双胶纸、招贴纸、彩色纸

**山东太阳纸业股份有限公司**
山东省兖州市友谊路 1 号
邮编 272100
电话 0537 – 7925888、7928711、7928710
传真 0537 – 7928489
网址 www. sunpapergroup. com
邮箱 sun@ sunpapergroup. com
taiyangzhiye@ 163. com
产品 牛皮箱纸板、高档化用纸、静电复印纸、牛皮卡纸、涂布白纸板、白卡纸、双胶纸、新闻纸、不干胶纸、电脑打印纸、书写纸、轻涂纸、铜版纸、扑克牌面纸、蜡光原纸、无酸档案纸、素描纸

**山东宏河矿业集团邹城恒翔纸业有限公司**
山东省邹城市营西路 52 号
邮编 273500
电话 0537 – 5300318
传真 0537 – 5312183
网址 www. sdhhjt. com
产品 文化用纸、生活用纸、新闻纸

**山东华金集团有限公司**
山东省济宁市泗水县金庄镇 818 号
邮编 273201
电话 0537 – 4036821、4036807、4036979
传真 0537 – 4031210
网址 www. huajinpaper. com
邮箱 huajinlbz@ 126. com
产品 涂布白卡纸、无碳复写纸、静电复印纸、双面胶版纸、电脑打印纸、票据专用纸、离型原纸、防黏纸、书写纸、电脑打印纸

## 泰安市

**泰山石膏股份有限公司**
山东省泰安市岱岳区大汶口
邮编 271026
电话 0538 – 8811449、8811293、8811078
网址 www. taihegroup. com
邮箱 info@ taihegroup. com
office@ taihegroup. com
产品 石膏板护面纸

**山东天和纸业有限公司**
山东省泰安市宁阳县文化路西首
邮编 271400
电话 0538 – 5621781、5611636
传真 0538 – 5620235
网址 www. sdtianhe. com. cn
产品 静电复印纸、双胶纸、办公用纸

**泰安百川纸业有限公司**
山东省新泰市小协镇
邮编 271221
电话 0538 – 7866147
传真 0538 – 7866148
网址 www. tabczy. com
产品 轻型纸、字典纸、羊皮纸、石膏板护面纸、纸管纸

**山东东顺集团有限公司**
山东省泰安市东平县东顺工业园
邮编 271500
电话 0538 – 2820378、2825077
传真 0538 – 2820378
网址 www. dongshunpaper. com
产品 生活用纸、一次性卫生用品

## 日照市

**亚太森博（山东）浆纸有限公司**
山东省日照市北京路 369 号
邮编 276826
电话 0633 – 3361168、3361111、3361000
传真 0633 – 3361280
网址 www. aprilasia. com
产品 白卡纸、纸浆

**日照华泰纸业有限公司**
山东省日照市莒县莒州路 119 号
邮编 276500
电话 0633 – 6882076
传真 0633 – 6882881
网址 www. huatai. com
www. huataipaper. com
产品 双胶纸、铜版纸

## 莱芜市

**山东百伦纸业有限公司**
山东省莱芜市涞城区方下镇
邮编 271125
电话 0634－6611308、6613520
传真 0634－6611122
产品 轻量涂布纸、铜版纸、书写纸、双胶纸、高档书写纸、精制双胶纸、静电复印纸、新闻纸

## 临沂市

**临沂市鑫惠纸业公司**
山东省临沂市通达路纸张市场 1204 号
邮编 276000
电话 0539－8068186
产品 有光纸、书写纸、双胶纸、绘图纸、朱红纸、蜡光纸

**临沂震元纸业有限公司**
山东省临沂市苍山县建设路 72 号
邮编 277700
电话 0539－5211961
传真 0539－5211961
产品 书写纸、双胶纸

**山东新凯电子材料有限公司**
山东省临沂市郯城县人民路 313 号
邮编 276100
电话 0539－6221670、6128100、6130729、6130904
产品 耐磨纸、化妆原纸、电容器纸、墙壁原纸

**山东鲁南纸业集团有限公司**
山东省临沂市郯城县人民路 297 号
邮编 276100
电话 0539－6130908
传真 0539－6130722
网址 www. lunanpaper. com
产品 电解电容纸、化妆板原纸、平衡纸、耐磨纸、壁纸原纸

**山东永泰纸业有限公司**
山东省临沂市莒南县开发区黄海路西段
邮编 276600
电话 0539－7319666
传真 0539－7318039
网址 www. sdytzy. net
邮箱 ytzy8008@ 163. com
产品 瓦楞原纸

**山东光华纸业集团有限公司**
山东省临沂市费县上冶镇
邮编 273401
电话 0539－5811100
传真 0539－5811102
产品 铜版纸、双面胶版纸、静电复印纸、书写纸、卫生纸

**临沂华辰纸业有限公司**
山东省临沂经济开发区北京路与国人路交汇处
邮编 276023
电话 0539－6013888
传真 0539－6013000
产品 无碳复写纸

## 德州市

**德州华北纸业集团有限公司**
山东省德州市德城区二屯镇政府驻地
邮编 253035
电话 0534－2189079、2187399、2188791
传真 0534－2182388、2187566
网址 www. dzhbzy. net
邮箱 dzhbzy@ 163. com
产品 书写纸、复印纸、轻型纸

**德州沪平永发造纸有限公司**
山东省德州市平原县王打卦工业园
邮编 253102
电话 0534－4520002
传真 0534－4520598
产品 高强瓦楞原纸

**山东中茂圣源纸浆有限公司**
山东省德州市陵县经济开发区
邮编 253008
电话 0534－2133500
传真 0534－2133508
产品 杨木化机浆

**鲁光纸业股份有限公司**
山东省德州市陵县陵边路东
邮编 253501
电话 0534－8702628
产品 书写纸、双胶纸、轻涂纸

**山东冠军纸业有限公司**
山东省德州市齐河县潘店镇工业园
邮编 251125
电话 0534－5972085、5975888
传真 0534－5972085、5975888
网址 www.guanjunzhiye.com
产品 铜版纸、双面胶版纸、静电复印纸

**山东晨鸣纸业集团齐河纸业有限公司**
山东省德州市齐河县晨鸣路1号
邮编 251100
电话 0534－5691899、5028501、5678500
传真 0534－5028846
产品 箱纸板、瓦楞原纸

**德州泰鼎新材料科技有限公司**
山东省德州市平原县王杲铺镇
邮编 253105
电话 0534－4562766、2162333
传真 0534－4562044、4561258
网址 www.tdxcl.com
邮箱 zd4562766@163.com
产品 铜版原纸、书写纸、胶印书刊纸、静电复印纸、箱纸板、卫生纸

**山东泉林纸业夏津有限公司**
山东省德州市夏津县建设街45号
邮编 253200
电话 0534－3313381
传真 0534－3312139
网址 www.tralin.com
产品 双胶纸、静电复印纸、中涂纸、轻量涂布纸、文化用纸

## 聊城市

**中冶纸业银河有限公司**
山东省临清市西门里街297号
邮编 252600
电话 0635－2433886、2433348
传真 0635－2436952、2433346
网址 www.mccyinhe.com
产品 书写纸、胶版纸、纸胶印书刊纸、静电复印纸、瓦楞原纸

**茌平宝林纸业有限公司**
山东省聊城市茌平县北顺河街187号
邮编 252100
电话 0635－2989198、4252171
产品 书写纸、双胶纸、箱纸板

**山东信成纸业有限公司**
山东省聊城市茌平县西外环高新技术工业园
邮编 252100
电话 0635－4285466、4283298
传真 0635－4287566
网址 www.sdxcgroup.cn
邮箱 xcpaper2008@yahoo.com.cn
产品 干法无尘纸、湿纸巾、餐巾纸、柔巾卷纸、擦拭纸、分盘无尘纸

**山东泉林纸业有限责任公司**
山东省聊城市高唐县官道街北首
邮编 252800
电话 0635－3951080
传真 0635－3953497
网址 www.tralin.com
产品 铜版纸、复合软包装、双面胶版纸、低定量涂布纸、静电复印纸、胶印书刊纸、防黏原纸、书写纸、证券纸、字典纸、电话簿纸

**山东金蔡伦纸业有限公司**
山东省聊城市阳谷县城西外环路2号
邮编 252300
电话 0635－6324618、2958869、2958104
传真 0635－6324766
网址 www.gclpaper.com
产品 轻型印刷纸

**山东鑫泉纸业有限公司**
山东省聊城市阳谷县清河西路
邮编 252300
电话 0635－2951555
传真 0635－2952276
产品 轻型印刷纸、静电复印纸、双胶纸

## 滨州市

**博兴兴华纸业有限公司**
山东省滨州市博兴县寨郝
邮编 256511
电话 0543－2809565
传真 0543－2800565

产品 箱纸板、瓦楞原纸

**金山联纸业公司**
山东省滨州市博兴县博城三路 83 号
邮编 256500
电话 0543－2307892
传真 0543－2307890
网址 www.kinsany.com
邮箱 haoxl163@tom.com
产品 双胶纸、彩色胶版纸、不干胶底纸、铜版纸、书写纸、静电复印纸、胶印书刊纸、低定量涂布纸、牛皮纸、有光纸

**山东群星纸业有限公司**
山东省滨州市邹平县长山镇长星工业园
邮编 256206
电话 0543－4853668
传真 0543－4853668
网址 www.cxjt.com
产品 高档装饰原纸、静电复印纸

**山东省博兴县华辰纸业有限公司**
山东省滨州市博兴县寨郝工业园
邮编 256511
电话 0543－2809045
传真 0543－2809045
产品 彩色书写纸、彩色有光纸、无碳复写纸、白牛皮纸

**山东黄海林纸有限公司**
山东省滨州市博兴县京博工业园
邮编 256505
电话 0543－2874888、2874999
传真 0543－2874666－887
网址 www.huanghaipaper.com
产品 双胶纸、纸杯纸、书写纸

**山东天地缘纸业有限公司**
山东省滨州市邹平县长山镇魏桥工业园创业大道 176 号
邮编 256212
电话 0543－4737999
传真 0543－4732777
网址 www.tdyjt.com
产品 瓦楞原纸、生活用纸

### 菏泽市

**菏泽市宏泰纸业有限公司**
山东省菏泽市牡丹区黄堽镇侯集工业园
邮编 274000
电话 0530－5660486
传真 0530－5663262
网址 www.hzhtzy.com
邮箱 htzy688@126.com
产品 高档薄页纸

**菏泽牡丹纸业有限公司**
山东省菏泽市牡丹区
邮编 274000
电话 0530－5660775
传真 0530－5663618
产品 生活用纸

## 河 南 省

### 郑州市

**新密市恒丰纸业有限公司**
河南省新密市大隗镇大隗村
邮编 452383
电话 0371－69272626
产品 瓦楞原纸、箱纸板

**郑州华丰工贸纸业有限公司**
河南省新密市大隗镇铁匠沟村工业区
邮编 450000
电话 0371－69275169
传真 0371－69272139
网址 www.zzhfgm.com
邮箱 gongmao1991@126.com
产品 瓦楞原纸、箱纸板

**郑州久龙纸业有限公司**
河南省郑州市大隗镇铁匠沟村
邮编 452383
电话 0371－69276488
产品 白纸板

**郑州永光纸业有限公司**
河南省郑州市大隗镇观砦村罗湾工业区
邮编 452383
电话 0371－69286175
产品 瓦楞原纸、箱纸板

**新密市宏远纸业有限公司**
河南省郑州市大隗镇观砦村

邮编 452383
电话 0371－69288556
产品 箱纸板

**郑州密润纸业有限公司**
河南省新密市刘寨西马庄
邮编 452370
电话 0371－63125011
产品 瓦楞原纸、箱纸板、特种纸

**郑州康华纸业有限公司**
河南省新密市大隗镇
邮编 452383
电话 0371－69288588
传真 0371－69288699
邮箱 zzkanghua001@126.com
产品 施胶瓦楞原纸

**郑州浦发纸业有限公司**
河南省新密市来集镇裴沟矿区
邮编 452382
电话 0371－63152338
产品 瓦楞原纸、箱纸板

**新密市荣昌纸业有限公司**
河南省新密市来集镇卢村
邮编 452382
电话 0371－63150739
产品 瓦楞原纸、箱纸板

**郑州鸿发纸业有限公司**
河南省新密市苟堂街南头 1 号
邮编 452384
电话 0371－69252068
产品 瓦楞原纸、箱纸板

**新密市春光造纸厂**
河南省新密市苟堂镇石庙村
邮编 452384
电话 0371－69272626
产品 瓦楞原纸、箱纸板

**新密市汇丰纸业有限公司**
河南省新密市苟堂镇小刘砦村巴家岗
邮编 452384
电话 15038252888
产品 特种纸

**河南东风纸业有限责任公司**
河南省新密市矿区新华路 30 号
邮编 452370
电话 0371－69785148
传真 0371－69785148
邮箱 xmdfzy@163.com
产品 白纸板、箱纸板

**郑州复兴纸业有限公司**
河南省登封市唐庄工业区
邮编 452472
电话 0371－62990168
产品 白纸板、箱纸板

**郑州东盛纸业有限公司**
河南省中牟县城关镇青年路东段
邮编 451450
电话 0371－62184772
产品 生活用纸

## 开封市

**开封金明纸业有限公司**
河南省开封市陈留西关
邮编 475121
电话 0395－6816668
产品 文化用纸

**开封市通富纸业有限公司**
河南省通许县东工业园区通富路
邮编 472270
电话 0378－4988888
产品 生活用纸

## 洛阳市

**偃师市博毅纸业有限公司**
河南省偃师市偃登路
邮编 471943
电话 13937986188
产品 生活用纸

**洛阳市洁达纸业有限公司**
河南省偃师市首阳山镇
邮编 471943
电话 0379－67558819
产品 生活用纸

**偃师市首阳山第二卫生纸厂**
河南省偃师市首阳山镇前纸庄村

邮编 471943
电话 0379－67557919
产品 生活用纸

**嵩县光明纸业有限公司**
河南省嵩县田湖镇洒落村
邮编 471000
电话 0379－66513018
产品 生活用纸

## 平顶山市

**舞钢市海明纸业有限公司**
河南省舞钢市安寨路 1 号
邮编 462512
电话 0375－8388005
传真 0375－8388868
产品 文化用纸

**河南中峰集团纸业有限公司**
河南省平顶山市新南环路东段
邮编 462512
电话 0375－7300067
产品 箱纸板

## 安阳市

**河南省滑县华森纸业有限公司**
河南省滑县道口镇文明大道南段
邮编 456400
电话 0372－8118095
产品 麦草浆、生活用纸

**滑县光明纸业股份有限公司**
河南省滑县道口镇道康路 59 号
邮编 456400
电话 0372－8133399
产品 水果套袋纸

**林州市实验纸业有限公司**
河南省林州市茶店贝村
邮编 456574
电话 0372－6741193
产品 迷信纸、特种纸

**林州市众乐包装食品有限公司**
河南省林州市临淇镇东
邮编 456575
电话 0372－6711094
产品 瓦楞原纸

## 鹤壁市

**河南博民纸业有限公司**
河南省淇县铁西工业区中华路北段
邮编 456750
电话 0392－7277088
产品 生活用纸

**鹤壁瑞洲纸业有限公司**
河南省淇县工业路 66 号
邮编 456750
电话 0392－7277111、7277088
传真 0392－7277000
网址 www. rzpaper. com
产品 无碳复写纸、文化用纸

**鹤壁市恿协纸业有限公司**
河南省鹤壁市山城区东环路故县村南
邮编 456750
电话 0392－2438888
产品 无碳复写纸、生活用纸

## 新乡市

**河南省龙泉集团有限公司**
河南省新乡市新乡县龙泉村
邮编 453731
电话 0373－5653888、3033255
传真 0373－3033255
网址 www. longquan. com
产品 文化用纸、瓦楞原纸、涂布白纸板、玻璃卡纸

**新乡市鸿泰纸业有限公司**
河南省新乡经济开发区鸿泰大道 168 号
邮编 453700
电话 0373－5580219
传真 0373－5586269
产品 文化用纸、无碳复写纸

**新乡市兴泰纸业有限公司**
河南省新乡市新乡县翟坡镇
邮编 453700
电话 0373－5635666

产品 文化用纸、白纸板

**河南奥博纸业有限公司**
河南省新乡市辉县市赵固小岗
邮编 453633
电话 0373－6956566、6956900、6955976
传真 0373－6955561
网址 www.hnabo.com
邮箱 hnabo@126.com
产品 无碳复写原纸、生活用纸

**新乡新亚纸业集团股份有限公司**
河南省新乡市新乡县七里营镇新庄村
邮编 453731
电话 0373－5681188、5699888
传真 0373－5680286
网址 www.xinyapaper.com
邮箱 xinyapaper@163.com
产品 包装用纸、文化用纸、生活用纸

**河南天邦集团纸业有限公司**
河南省辉县市东二环北段
邮编 453613
电话 0373－6855333
传真 0373－6855299
网址 www.hntbsy.cn
产品 高档双胶纸、静电复印纸、特种纸

## 焦作市

**河南省江河纸业有限责任公司**
河南省焦作市武陟县城东占沁路北贾桥西
邮编 454950
电话 0391－7268890、7231008
传真 0391－7268991
网址 www.jianghe.com
产品 无碳复写纸、无碳复写原纸、文化用纸

**焦作瑞丰纸业有限公司**
河南省焦作市武陟县迎宾大道 175 号
邮编 454950
电话 0391－7268809、7268650、7268710
传真 0391－7268605、7268176
网址 www.ruifengpaper.com
邮箱 jzrfzy@163.com
产品 化机浆

**河南华丰纸业有限公司**
河南省焦作市武陟县西陶镇西滑封工业区
邮编 454981
电话 0391－7566549、7565111、7565222
传真 0391－7566548
网址 www.huafengpaper.com
邮箱 huafengzhiye@126.com
产品 文化用纸、生活用纸

**河南天虹纸业有限责任公司**
河南省孟州市黄河大道东段
邮编 454750
电话 0391－8571688、8576658
传真 0391－8571688
产品 再生新闻纸

**河南永威安防股份有限公司**
河南省沁阳市沁北工业集聚区
邮编 454591
电话 0391－5089666、5089700
传真 0391－5089711
网址 www.yongwei.net
邮箱 yongwei@yongwei.com.cn
产品 特种纸、装饰板

**沁阳市盛兴纸业有限公司**
河南省沁阳市灯塔街
邮编 454550
电话 0391－5622550
产品 高强瓦楞原纸、特种纸

**沁阳市景瑞纸业有限公司**
河南省沁阳市柏香镇中两水村
邮编 454550
电话 0391－5611697
产品 高档生活用纸

**沁阳市宏涛纸业有限公司**
河南省沁阳市西向镇横道村
邮编 454550
电话 0391－5093354
产品 生活用纸

**沁阳市联盟纸业有限公司**
河南省沁阳市沁圆办事处联盟街
邮编 454550
电话 0391－5688525
产品 瓦楞原纸

**河南双马纸品包装有限公司**
河南省沁阳市山王庄镇万北工业园
邮编 454562
电话 0391－5970508、5970538、5970515
传真 0391－5970539、5970519
网址 www.hnsmzy.com
邮箱 henanshaungma@163.com
产品 箱纸板、瓦楞原纸

## 濮阳市

**濮阳龙丰纸业有限公司**
河南省濮阳市胜利西路西段
邮编 457000
电话 0393－8990895、8912388
传真 0393－8961906
网址 www.lfpaper.com
邮箱 lfzy@dahepaper.com
产品 漂白杨木化机浆、高档文化用纸

**河南省民通华瑞纸业有限公司**
河南省濮阳市台前县火车站东 1 公里
邮编 457600
电话 0393－2733777、2733888
网址 www.mthr.biz
邮箱 bnmintong@126.com
产品 轻型纸

**濮阳市通宇纸业有限公司**
河南省濮阳市范县王楼工贸示范区
邮编 457500
电话 0393－5977888
传真 0393－5977999
产品 文化用纸、生活用纸

## 许昌市

**河南一林纸业有限责任公司**
河南省许昌市工农路 5 号
邮编 461000
电话 0374－3310384、3126876、5736367
传真 0374－3316648、3126868
网址 www.hnyilin.com
邮箱 henanyilin@163.com
产品 有光纸、胶版纸、书写纸、轻型纸

**禹州盛轩纸业有限公司**
河南省禹州市经济开发区盛轩路 1 号
邮编 461670
电话 0374－8885333、8885999、8885006
传真 0374－8885666
网址 www.papercto.com
邮箱 xinsui0374@163.com
产品 生活用纸

**河南飞达纸业有限公司**
河南省许昌市许昌县河街工业园
邮编 461105
电话 0374－5668188、5666666
传真 0374－5668888
网址 www.fdgroup.com.cn
邮箱 fdgroup@126.com
产品 白纸板

## 漯河市

**漯河银鸽实业集团有限公司**
河南省漯河市人民东路 95 号
邮编 462000
电话 0395－5615519
传真 0395－5615519
网址 www.yinge.com.cn
邮箱 yinge@yinge.com.cn
产品 双面胶版纸、静电复印纸、书写纸、电脑打印纸、水果套袋纸、低定量涂布纸、口杯纸字典纸、铝箔衬纸、防伪票据纸、书写纸

**漯河市银凤纸业有限公司**
河南省漯河市裴城镇苏侯村
邮编 462300
电话 0395－6955288
产品 双胶纸、书写纸、彩色纸

## 三门峡市

**河南飞越纸业股份有限公司**
河南省灵宝市豫灵镇工业区
邮编 472000
电话 0398－6888222
产品 生活用纸

## 南阳市

**内乡仙鹤纸业有限公司**
河南省南阳市内乡县
邮编 474350
电话 0377－65317785

传真 0377－65315570
产品 特种纸、龙须草浆

**新野方正纸业有限公司**
河南省南阳市新野县工业园区（上港）
邮编 473511
电话 0377－6227507
产品 生活用纸

**邓州市一鑫实业有限公司**
河南省邓州市穰东镇
邮编 474165
电话 0377－62981211
产品 文化用纸

**邓州市老廷实业有限公司**
河南省邓州市构林镇河湾村
邮编 474172
电话 0377－62637188
产品 文化用纸

## 商丘市

**虞城县泰乐纸业有限公司**
河南省商丘市虞城县城关镇东环路南道
邮编 476300
电话 0370－4115999
产品 纱管纸

**虞城县东震纸业有限公司**
河南省商丘市虞城县利民镇经济开发区
邮编 476300
电话 0370－4472096
产品 瓦楞原纸、纱管纸

## 信阳市

**罗山县恒远纸业有限公司**
河南省信阳市罗山县东六里新工业园
邮编 464200
电话 0376－2155888
传真 0376－2155999
网址 www. lshyzy. com
产品 瓦楞原纸

**信阳富澳鸿达纤维科技有限公司**
河南省信阳市息县城西关工业区 22 号
邮编 464300
电话 0376－5952242
产品 麦草浆

## 周口市

**河南省龙源纸业股份有限公司**
河南省周口市太康县西二环路工业区
邮编 461400
电话 0394－6915906
传真 0394－6915098
网址 www. hnlyzy. com
邮箱 longyuan412724@ 163. com
产品 瓦楞原纸

**河南护理佳纸业有限公司**
河南省周口市鹿邑县产业集聚区迎宾大道西侧
邮编 477200
电话 0394－7490998
传真 0394－7491168
网址 www. hulijia. com
产品 生活用纸

**上海迪冉郸城纸业有限公司**
河南省郸城工业集聚区工业大道东
邮编 457150
电话 0394－3196092、3533888、3389688
传真 0394－3196092
网址 www. dirangroup. com
邮箱 diranjituan6789@ 163. com
产品 瓦楞原纸

## 驻马店市

**驻马店市白云纸业有限公司**
河南省驻马店市遂平县工人路 14 号
邮编 463100
电话 0396－4902206、4902211、4902218
传真 0396－4914805、4902211
网址 www. byzy. net
邮箱 byzy@ dahepaper. com
产品 印刷书写纸

**西平县兴华综合纸业有限公司**
河南省驻马店市西平县环城乡芳庄村
邮编 463900
电话 0396－6200888
产品 生活用纸

**西平县超群纸业有限公司**
河南省驻马店市西平县城东工业园区高速路入口
邮编 463900
电话 0396－6224052
产品 生活用纸

## 济源市

**北京嘉禾木科技有限公司济源分公司**
河南省济源市五龙口镇裴村
邮编 454650
电话 0391－6754558、6754898
传真 0391－6755080
网址 www. ghemu. com
产品 麦草浆

**济源市腾盛纸业有限公司**
河南省济源市轵城工业园区
邮编 454672
电话 0391－6095688、6081666、6095626
传真 0391－6095666
网址 www. jytszy. com
邮箱 jystszy@ 163. com
产品 麦草浆

# 湖 北 省

## 武汉市

**春晖生活用纸厂**
湖北省武汉市江岸区后湖乡消湖村余家墩 57 号
邮编 430030
电话 027－85628425
传真 027－85628425
产品 生活用纸

**大枫纸业集团股份有限公司**
湖北省武汉市东西湖区吴家山六顺路大枫工业园
邮编 430040
电话 027－83259909、83259890、83220067
传真 027－83223133
网址 www. maxleaf. com
邮箱 maxpaper@ maxleaf. cn
产品 书写纸、双胶纸、静电复印原纸、特种彩色纸

**武汉晨鸣汉阳纸业股份有限公司**
湖北省武汉市经济技术开发区沌口街
邮编 430057
电话 027－84894245
传真 027－84894586
产品 书写纸、胶版印刷纸、新闻纸、铜版原纸、静电复印原纸、铸涂原纸、轻型纸

**武汉市海鸥防锈包装材料有限公司**
湖北省武汉市汉阳区孟家铺 25 号
邮编 430051
电话 027－84680079
传真 027－84611740
产品 气相防锈纸

**武汉市中兴纸制品厂**
湖北省武汉市江岸路特 1 号
邮编 430011
电话 027－82313846
产品 纸板

**武汉帅伦纸业股份有限公司**
湖北省武汉市江岸区谌家矶河边 1 号
邮编 430011
电话 027－82324293
传真 027－82324293
产品 瓦楞原纸、牛皮箱纸板、涂布箱纸板、纸袋纸

**湖北烟草民意纸业有限公司**
湖北省武汉市汉阳区七里庙檀李湾 9 号
邮编 430051
电话 027－84872965、84882857（销售）
传真 027－84874713
产品 水松纸

**武汉龙鸣纸业有限公司**
湖北省武汉市江岸区谌家集矶河边 1 号
邮编 430011
电话 027－82303305
产品 牛皮挂面箱纸板、纱管纸

**武汉市金凤凰纸业有限公司**
湖北省武汉市江夏区金口街
邮编 430209
电话 027－87987777、87988111、87988222
传真 027－87987779
网址 www. whgpp. com
邮箱 whgpp@ 163. com
　　　whgpp123@ 126. com
产品 A 级高强瓦楞原纸

**武汉市木兰纸业有限公司**
湖北省武汉市黄陂区滠口街关山堤内
邮编 430311
电话 027－61864818、61864815
传真 027－61862801
网址 www.whmlpaper.com
邮箱 whmlpaper@163.com
产品 高强瓦楞原纸

**武汉市神龙纸业有限公司**
湖北省武汉市蔡甸区武汉经济技术开发区
邮编 430057
电话 027－84233351
产品 卫生纸、餐巾纸

## 黄石市

**黄石帅伦纸业有限公司**
湖北省黄石市西塞
邮编 435001
电话 0714－6454745、64100451
产品 双胶纸、胶印书刊纸、装饰板底衬纸、口杯原纸

## 宜昌市

**湖北宜昌翔陵纸制品有限公司**
湖北省宜昌市夷陵区龙泉镇青龙村1组
邮编 443112
电话 0717－7761806
传真 0717－7761806
网址 www.sxflw.com
邮箱 xlzy@163.com
blzhbq@sina.com
产品 单面白纸板、箱纸板、瓦楞原纸、纱管纸、灰纸板

**湖北舒云纸业有限公司**
湖北省宜昌市猇亭大道438号
邮编 443007
电话 0717－6536099
邮箱 shuyuntx@yahoo.com.cn
产品 皱纹卫生纸

**秭归四宝纸业有限责任公司**
湖北省宜昌市秭归县茅坪镇九里开发区
邮编 443631
电话 0717－2860307
产品 有光纸、无碳复写纸、双胶纸、白纸板

**湖北宝塔纸业有限公司**
湖北省宜昌市猇亭区长江路6号
邮编 443007
电话 0717－6917679、6917288
传真 0717－6917298
网址 www.baota－paper.com
邮箱 hbycbt@126.com
产品 新闻纸、双胶纸、书写纸

## 襄樊市

**襄樊晨鸣铜版纸有限公司**
湖北省襄樊市大庆东路44号
邮编 441001
电话 0710－3404778
传真 0710－3402001、3404283
产品 铜版纸

**襄樊大枫纸业有限公司**
湖北省襄樊市樊城区建设路53号
邮编 441002
电话 0710－3251087
传真 0710－3251290
产品 胶印（彩色）书刊纸、单双面胶版纸

**湖北华海纸业有限责任公司**
湖北省襄樊市南漳县城关镇便河路1号附1号
邮编 441500
电话 0710－5250358、5231705
传真 0710－5250398、5250386
网址 www.huahaizhiye.com.cn
邮箱 hhzy2011@126.com
xuechao787@yahoo.com.cn
产品 文化用纸

**襄樊百灵纸业有限公司**
湖北省襄樊市樊城区建设路53号
邮编 441002
电话 0710－3114986
产品 文化用纸、铜版原纸、低定量食品包装原纸

## 荆门市

**湖北省玉雅纸业有限责任公司**
湖北省荆门市拾桥镇玉雅大道6号
邮编 448270
电话 0724－8632449、8699128
产品 高档生活用纸

**钟祥市官庄湖农场造纸厂**
湖北省钟祥市官庄湖农场
邮编 431904
电话 0724－4376329
产品 黄纸板、瓦楞原纸

## 孝感市

**恒安（湖北）心相印纸制品有限公司**
湖北省孝感市湖北孝南经济开发区 316 国道复线
邮编 432100
电话 0712－2516319
传真 0712－2516299
产品 生活用纸

**维达纸业（孝感）有限公司**
湖北省孝感市孝南区南大开发区
邮编 432122
电话 0712－2519089
网址 www. vindapaper. com
产品 生活用纸

**湖北中顺鸿昌纸业有限公司**
湖北省孝感市孝南区毛陈镇 107 国道
邮编 432122
电话 0712－2515507
传真 0712－2574236
产品 生活用纸

**湖北保丽纸业有限公司**
湖北省孝感市孝南区毛陈镇孝南经济开发区
孝武大道 612 号
邮编 432020
电话 0712－2360974
产品 高强瓦楞原纸

**湖北森源纸业有限公司**
湖北省孝感市孝南区东山头农场沦河咀村
邮编 432018
电话 0712－2553188
传真 0712－2553188
邮箱 1594046544@ qq. com
产品 瓦楞原纸、口杯原纸

**金红叶纸业（湖北）有限公司**
湖北省孝感市孝南经济开发区孝武路 468 号
邮编 432100
电话 0712－2570792
传真 0712－2570961
产品 生活用纸

## 荆州市

**荆州麒天纸业有限公司**
湖北省荆州市公安县杨厂镇新正街 188 号
邮编 434303
电话 0716－5393373
传真 0716－5393041
产品 牛皮箱纸板、涂布白纸板

**公安县龙腾纸业有限责任公司**
湖北省荆州市公安县藕池镇解放路 37 号
邮编 434305
电话 0716－5716728
传真 0716－5716718
产品 牛皮箱纸板

**湖北监利大枫纸业有限公司**
湖北省监利县容城镇沿江路 41 号
邮编 433300
电话 0716－3271387
产品 胶印书刊纸、书写纸、双面胶版纸、水松纸

**湖北骏马纸业有限公司**
湖北省荆州市荆州区拍马工业园
邮编 434034
电话 0716－4301768、8417020
传真 0716－4301755
邮箱 hubeijunma@ 163. com
产品 涂布白卡纸（烟卡纸）

**荆州市拍马纸业集团公司**
湖北省荆州市荆州区拍马工业园
邮编 434034
电话 0716－4301768、8416834、8417020
传真 0716－4301755
邮箱 hubeijunma@ 163. com
产品 箱纸板、牛皮纸、生活用纸、涂布白纸板

**荆州天翔纸业有限公司**
湖北省洪湖市大兴工业园文泉东路 10 号
邮编 433200
电话 0716－2437168
传真 0716－2437168
邮箱 txpapers@ 163. com

产品 生活用纸

### 黄冈市

**永昌万利造纸厂**
湖北省黄冈市蕲春县蕲州镇打鼓台 1 号
邮编 436315
电话 0713－7511725
传真 0713－7511852
产品 染色压纹原纸、色卡纸、喷墨打印纸、高光相纸

### 随州市

**湖北雅都恒兴纸业有限公司**
湖北省随州市广水市广水办事处沿河大道马鞍路特 1 号
邮编 432721
电话 0722－6495555
传真 0722－6494666
网址 www. whyadu. com
邮箱 hbyadu@ 163. com
产品 A 级高强瓦楞原纸

**随州市兴丰源纸业有限责任公司**
湖北省随州市淅河镇青春村（市经济开发区）
邮编 441326
电话 0722－4510125
传真 0722－4510539
邮箱 1046628857@ qq. com
产品 B、C、D 级箱纸板和瓦楞原纸

### 恩施土家族苗族自治州

**恩施市锦华纸业有限公司**
湖北省恩施市巴公路 30 号
邮编 445000
电话 0718－8200925
传真 0718－8200924
产品 卷烟纸、成型纸、卫生纸

## 湖 南 省

### 长沙市

**湖南泰格林纸集团股份有限公司**
湖南省长沙经济技术开发区东升路 48 号
邮编 410100
电话 0731－84025555
邮编 0731－84025555
网址 www. tigerfp. com
产品 胶印书刊纸、轻涂纸、新闻纸

**长沙市诗玉纸业有限公司**
湖南省长沙市天心区友谊路 55 号
星语林名园 6 栋 4－1007 室
邮编 410004
电话 0731－85016276
传真 0731－85016276
产品 印刷拷贝纸

**湖南飞翔纸品有限公司**
湖南省长沙市隆平高科技园
邮编 410125
电话 0731－84671128
产品 白卡纸、片烟纸

**湖南绿洲浆纸有限公司**
湖南省长沙市芙蓉中路新时代广场
邮编 410000
电话 0731－84274881
传真 0731－84213811
产品 牛皮纸、红色半透明纸

**浏阳市黄金潭造纸厂**
湖南省浏阳市大围山镇都佳村
邮编 410309
电话 0731－83485092
产品 高强瓦楞原纸、中高档水纱原纸、花炮圈筒专用纸

**文家市造纸厂**
湖南省浏阳市文家市镇
邮编 410315
电话 0731－83768025
产品 箱纸板、鞭炮纸、瓦楞原纸

**浏阳市晨鸣纸业有限公司**
湖南省浏阳市大瑶镇天和社区
邮编 410312
电话 0731－83812059
产品 箱纸板、牛皮纸

**浏阳市太阳纸业有限公司**
湖南省浏阳市大瑶镇瑶文路 220 号
邮编 410312
电话 0731－83811568
传真 0731－83802918

网址 www. lytaiyang. com
邮箱 4148371@ qq. com
产品 白纸板

**浏阳黄金潭造纸厂**
湖南省浏阳市大围山镇都佳村
邮编 410309
电话 0731 - 83485092
传真 0731 - 83487628
产品 花炮专用纸，水纱、木纱原纸

**浏阳市宏鑫造纸厂**
湖南省浏阳市枨冲镇红卫村
邮编 410309
电话 0731 - 83741588
产品 花炮纸

**中旺纸业有限公司**
湖南省浏阳市金刚六栋新星村
邮编 410181
电话 0731 - 83890076
传真 0731 - 83628666
产品 鞭炮纸

**浏阳市东宇造纸厂**
湖南省浏阳市大瑶镇工业园
邮编 410312
电话 0731 - 83810039
产品 鞭炮纸

**宏源造纸厂**
湖南省浏阳市太平桥镇宏源村
邮编 410300
电话 0731 - 83742889
传真 0731 - 83742889
产品 竹胶板复合纸

**浏阳市西环板纸厂**
湖南省浏阳市枨冲镇青草社区柳家组
邮编 41000
电话 0731 - 83715619
传真 0731 - 83715619
产品 白纸板

**浏阳集里大栗特种纸厂**
湖南省浏阳市集里办事处平水村大栗坪电站
邮编 410300
电话 0731 - 83660462
传真 0731 - 83660462
产品 引线纱纸

**浏阳市文家市星华纸厂**
湖南省浏阳市文家市镇中洲村
邮编 410000
电话 0731 - 83774769
传真 0731 - 83774769
产品 机制纸

**连心造纸厂**
湖南省浏阳市大瑶镇瑶礼路
邮编 410300
电话 0731 - 83801578
传真 0731 - 83801578
产品 高强瓦楞原纸、黄纸板

**浏阳市九玖纸业有限责任公司**
湖南省浏阳市大瑶镇工业园
邮编 410000
电话 0731 - 83805299
传真 0731 - 83805299
产品 高强瓦楞原纸、烟花纸、油粘原纸

**运辉造纸厂**
湖南省浏阳市枨冲镇青草乡
邮编 410000
电话 0731 - 83716856
产品 瓦楞原纸

**杨学弄造纸厂**
湖南省浏阳市荷花办事处
邮编 410300
电话 0731 - 3660615
产品 花炮纸、瓦楞原纸

**浏阳市金刚明慧纸厂**
湖南省浏阳市金刚镇
邮编 410000
电话 0731 - 83898107
传真 0731 - 83898107
网址 www. lyminghui. cn
邮箱 lyminghui@ gmail. com
产品 鞭炮纸

**鑫宇造纸厂**
湖南省浏阳市大瑶镇天河社区新阳小区 49 号

邮编 410000
电话 0731－83802099
传真 0731－83802099
产品 瓦楞原纸

**浏阳市航运造纸厂**
湖南省浏阳市关口办事处占佳乡
邮编 410300
电话 0731－83680194
产品 瓦楞原纸

**浏阳包装板纸厂**
湖南省浏阳市大瑶镇天河社区
邮编 410300
电话 0731－3800533
产品 挂面箱纸板

**浏阳市金江纸厂**
湖南省浏阳市普迹镇塘湾村
邮编 410000
电话 0731－83140268
传真 0731－83140268
产品 瓦楞原纸

**湖南双华纸业公司**
湖南省长沙市宁乡县玉潭镇二环东路
邮编 410600
电话 0731－87809158
传真 0731－87809159
网址 www. shzye. com
邮箱 shuanghua699@163. com
产品 高强瓦楞原纸、涂布白纸板

**恒辉纸业包装有限公司**
湖南省长沙市宁乡县城郊纸业园
邮编 410624
电话 0731－87809218
传真 0731－87809218
产品 瓦楞原纸

**湖南恒瀚纸业有限公司**
湖南省长沙市宁乡市经济开发区城郊纸业园
邮编 410600
电话 0731－8981896、88981899
传真 0731－8981897
网址 www. hnhhzy. com
邮箱 sales@henghanpaper. com. cn
产品 涂布纸、热敏纸、无碳复写纸

**长沙双桥纸业化工有限公司**
湖南省长沙市宁乡县双凫铺镇双凫村工业园
邮编 410624
电话 0731－87491553
传真 0731－87491553
产品 涂布白纸板

## 湘潭市

**湘潭市湘华卫生纸厂**
湖南省湘潭市湘潭县易俗河镇湘江路 5 号
邮编 411000
电话 0731－57886204、57883821
产品 卫生纸

**湘潭市九华纸业有限公司**
湖南省湘潭市九华工业园
邮编 411103
电话 0731－58245168
传真 0731－57519988
产品 高强瓦楞原纸、牛皮挂面箱纸板

**湖南省造纸研究所有限公司**
湖南省湘潭市建设中路 7 号
邮编 411104
电话 0731－57816249
传真 0731－57816249
产品 工业涂布纸、压纹名片纸、特种工业用纸

## 邵阳市

**绥宁县宝庆联纸有限公司**
湖南省邵阳市绥宁县工业街 38 号
邮编 422600
电话 0739－7611455
传真 0739－7616616、7600276
产品 纸袋纸、绝缘纸板

**城步苗族自治县银河纸业有限责任公司**
湖南省邵阳市城步苗族自治县儒林镇城南路 78 号
邮编 422500
电话 0739－7369158
传真 0739－7369880
产品 书写纸、广告纸、静电复印纸

**绥宁县天成造纸有限公司**
湖南省邵阳市绥宁县城工业路 101 号
邮编 422600

电话 0739－7602698
传真 0739－7602698
产品 红色半透明纸

**湖南广信电工科技股份有限公司**
湖南省邵阳市新邵县酿溪镇东西路 8 号
邮编 422900
电话 0739－3605663、3606866、3601566
传真 0739－3603966
网址 www. gx－ei. com
邮箱 guangxin@ gx－ei. com
产品 电绝缘纸板

**湖南湘丰特种纸业有限公司**
湖南省邵阳市隆回县城东南工业园区
邮编 422200
电话 0739－8187993
传真 0739－8247998
产品 卷烟纸系列

**隆回县六都寨祁都造纸厂**
湖南省邵阳市隆回县六都寨镇工业小区
邮编 422000
电话 0739－8734227
传真 0739－8733927
产品 双面拷贝纸、单面拷贝纸

**邵阳市永益造纸厂**
湖南省邵阳市洞口县石江镇江潭工业园
邮编 422317
电话 0739－7980596
产品 装饰原纸

**湖南飞页纸业有限公司**
湖南省邵阳市洞口县山门镇
邮编 422317
电话 0739－7240047
产品 防近视双胶纸

**邵东县黄桥纸厂**
湖南省邵阳市邵东县黑田铺乡
邮编 422000
电话 0739－2123555
产品 玻璃卡纸

**新宁县先锋纸业有限公司**
**（原八达纸厂）**
湖南省邵阳市新宁县城郊双瀑桥头
邮编 422000
电话 0739－4810243
产品 拷贝纸

**新邵县广源造纸厂**
湖南省邵阳市新邵县酿溪镇新阳路 400 号
邮编 422900
电话 0739－3668188
传真 0739－3668099
产品 纱管纸

**新邵县金龙纸业公司**
湖南省新邵县酿溪镇新阳路 76 号
邮编 422900
电话 0739－3663302
产品 半透明纸、书写纸

## 岳阳市

**岳阳林纸股份有限公司**
湖南省岳阳市城陵矶
邮编 414002
电话 0730－8590563、8590247
传真 0730－8560335、8561262
网址 www. yypaper. com
产品 低定量涂布纸、胶印新闻纸、轻型印刷纸、颜料整饰胶版纸、牛皮纸

**岳阳丰泰纸业有限公司**
湖南省岳阳市城陵矶
邮编 414002
电话 0730－8590178、8590350
传真 0730－8590300、8560451
产品 轻型纸、相册原纸、高定量双胶纸、精致书写纸、工业淋膜纸

**岳阳丰利纸业有限公司**
湖南省岳阳市鹿角镇
邮编 414107
电话 0730－7860311、7862009、7860368
传真 0730－7862070、7860089、7860306
网址 www. fengli. com. cn
邮箱 info@ fengli. com. cn
产品 静电复印纸、双胶纸、纸杯原纸

**湖南省汨罗市罗城纸业有限公司**
湖南省汨罗市罗城桥区
邮编 414400
电话 0730－5223534

传真 0730－5222864
产品 白纸板

**岳阳县华丰纸业有限公司**
湖南省岳阳市岳阳县筻口镇双港村
邮编 414113
电话 0730－7370232
产品 挂面纸

**汨罗市恒美纸业有限公司**
湖南省汨罗市长乐镇广联村
邮编 414411
电话 0730－5683618
产品 高强瓦楞原纸

**汨罗市汨江造纸厂**
湖南省汨罗市新市镇梅家桥
邮编 414413
电话 0730－5611388
传真 0730－5611605
产品 白纸板

**汨罗市宏达教育造纸厂**
湖南省汨罗市智峰乡双青村
邮编 414400
电话 0730－5684415
产品 高强瓦楞原纸、箱纸板

**汨罗天宝造纸有限公司**
湖南省汨罗市智丰造纸工业园
邮编 414409
电话 0730－5880168、5880399
传真 0730－5880288
网址 www. mltbzy. com
邮箱 mltbzyyxzrgs@ 3158. com
haiyang3353@ 163. com
产品 高强瓦楞原纸、花炮纸

**汨罗市寰宇纸业有限公司**
湖南省汨罗市智峰乡
邮编 414400
电话 0730－5880066
传真 0730－5880345
产品 瓦楞原纸、箱纸板

## 常德市

**恒安（湖南）心相印纸业有限公司**
湖南省常德市德山开发区
邮编 415001
电话 0736－7307185、7300008
传真 0736－7306353、7300332
产品 生活用纸、卫生纸

**湖南雪丽造纸有限公司**
湖南省常德市襄窑路 301 号
邮编 415400
电话 0736－4218149
传真 0736－4212801
产品 静电复印纸、双胶纸

**湖南华耀浆纸有限公司**
湖南省常德市德山沿河路 1 号
邮编 415001
电话 0736－7312763、7315889
传真 0736－7312819
产品 双胶纸

**常德中冶美隆纸业有限公司**
**（原西洞庭造纸厂）**
湖南省常德市西洞庭管理区东北转
邮编 415137
电话 0736－7500146
传真 0736－7500146
产品 热敏纸、无碳复写原纸

**常德市天耀纸业有限公司**
湖南省常德市汉寿县洋淘湖镇
邮编 415901
电话 0736－2030918
传真 0736－2031180
网址 www. tpghk. com
产品 色卡纸

**安乡县天洁造纸有限公司**
湖南省常德市安乡县安康乡仙桃咀
邮编 415606
电话 0736－4778618
传真 0736－4775658
产品 苇浆、生活用纸

## 益阳市

**泰格林纸集团沅江纸业有限责任公司**
湖南省沅江市书院路 358 号
邮编 413100
电话 0737－2850278、2850026
传真 0737－2850258

产品 胶印书刊纸、双胶纸

**沅江恒达纸业有限公司**
湖南省沅江市草尾镇光明街 193 号
邮编 413108
电话 0737－2501444
产品 竹胶板覆膜纸

**沅江市金太阳纸业有限公司**
湖南省沅江市南嘴镇余百新村
邮编 413104
电话 0737－2501444、2296712
传真 0737－2503448、2297399
网址 www. jty－paper. com
邮箱 jty2297399@163. com
产品 文化用纸

**沅江漉湖林源纸业有限公司**
湖南省沅江市漉湖芦苇场
邮编 413000
电话 0737－2491235
传真 0737－2491186
产品 道林纸、静电复印纸、素描纸、双胶纸

**益阳金北顺造纸厂**
湖南省益阳市南县大通湖区北洲子
邮编 413214
电话 0737－5622017
传真 0737－5622017
产品 书写纸、双胶纸、新闻纸、白纸板

**湖南跃宇纸业有限公司**
湖南省益阳市桃江县桃花江镇曾家坪
邮编 413400
电话 0737－8203989、8202258
产品 拷贝纸、卫生纸

## 永州市

**泰格林纸集团永州湘江纸业有限公司**
湖南省永州市冷水滩区下河线路 105 号
邮编 425000
电话 0746－8470404
传真 0746－8470498
产品 铜版纸、牛皮纸、纸袋纸

## 怀化市

**洪江纸业有限责任公司**
湖南省洪江市萝卜湾 45 号
邮编 418200
电话 0745－76911966、7691674
传真 0745－76911858、7624775
产品 牛皮纸、纸袋纸

**湖南五强溪特种造纸厂**
湖南省怀化市沅陵县五强溪镇刘公溪
邮编 419635
电话 0745－4734158
传真 0745－4732958
产品 炸药纸、卫生纸

**泰格林纸骏泰浆纸有限责任公司**
湖南省怀化市中方县中方镇
邮编 418000
电话 0745－2837009
传真 0745－2837009
产品 纸浆

**怀化会同县宝庆恒达纸业有限公司**
湖南省怀化市会同县林城镇
邮编 418000
电话 0745－8853699
传真 0745－8852660
产品 木浆板、溶解浆

# 广 东 省

## 广州市

**广州造纸集团有限公司**
广东省广州市南沙区珠江管理区新港一路 29 号
邮编 511462
电话 020－34663302
传真 020－84946051
网址 www. gzpaper. com. cn
产品 新闻纸、灰底涂布白纸板

**增城市横沙纸业有限公司**
广东省增城市石滩镇光明西路 3 号
邮编 511328
电话 020－82902528
产品 瓦楞原纸

**广州市花都安达纸品制造有限公司**
广东省广州市花都区狮岭镇
邮编 510850

电话 020－86846886
产品 瓦楞纸板、瓦楞纸箱

**广州市电池集团公司**
广东省广州市黄埔大道中 568 号
邮编 510655
电话 020－85525623
产品 无碳复写原纸、铝箔衬纸

**广州市天河棠下纸业制造有限公司**
广东省广州市天河区五横路新圩纸厂 1 号
邮编 510655
电话 020－85530129
产品 瓦楞原纸

**广州威达高实业有限公司**
广东省广州市番禺区万倾沙珠江管理一涌
邮编 511462
电话 020－84117631－2031
传真 020－84946051
产品 涂布白纸板、白纸板、灰纸板

**番禺灵山宏达造纸厂**
广东省广州市番禺区南河镇墩塘村三沙街 127 号
邮编 511480
电话 020－84928108
产品 卫生纸

**番禺市莲花山造纸厂**
广东省广州市番禺区莲花山镇莲花东路 80 号
邮编 511400
电话 020－84861371、84861315
传真 020－84860433
产品 箱纸板、纱管原纸、瓦楞原纸、卫生纸

**广州市花都长兴纸业有限公司**
广东省广州市花都区花东镇花东镇大塘
邮编 510890
电话 020－86763218
传真 020－86764838
产品 瓦楞原纸

## 韶关市

**乐昌市裕兴纸业有限公司**
广东省乐昌市城关镇河南街 143 号
邮编 512219
电话 0751－5503607
传真 0751－5503607
产品 卫生纸、瓦楞原纸

**广东韶能集团股份有限公司珠玑纸业分公司**
广东省南雄市雄南路 38 号
邮编 512400
电话 0751－3822990、3820896
传真 0751－3870018
网址 www.sn0601.com
产品 胶版印刷纸、中性复印纸、教材用纸

**始兴县国升造纸有限公司**
广东省韶关市始兴县太平镇瑶村坳城东
邮编 512500
电话 0751－3321082
产品 白色水松纸

**韶关市联进纸业有限公司**
广东省韶关市乳源瑶族自治县桂头镇仙湖工业园
邮编 518000
电话 0751－5395168
产品 生活用纸

**韶关市始兴县联兴造纸实业有限公司**
广东省韶关市始兴县太平镇瑶村坝
邮编 512500
电话 0751－3310772
产品 食品包装用纸

## 珠海市

**珠海经济特区红塔仁恒纸业有限公司**
广东省珠海市前山金鸡路 508 号
邮编 519070
电话 0756－8666888
传真 0756－8615037
网址 www.htrh－paper.com
邮箱 zhhtrh@htrh－paper.com
产品 包装纸板、饮料包装用纸、口杯纸

**珠海市丰门海业纸品有限公司**
广东省珠海市百蕉镇桥湖南路 348 号
邮编 519125
电话 0756－5223993
产品 瓦楞原纸

## 汕头市

**汕头市金平区飘合纸业有限公司**
广东省汕头市鮀浦举丁工业区

邮编 515061
电话 0754－82530777、88279165、82530777
传真 0754－82515777、82543324
网址 www.piaohe.com
邮箱 piaohe1660@sina.com
产品 生活用纸

**汕头市造纸二厂**
广东省汕头市杏花村护堤路 11 号
邮编 515021
电话 0754－88220926
产品 包装用纸

**澄海东社造纸厂**
广东省汕头市澄海区溪南镇东社联青路南侧
邮编 515832
电话 0754－85953408、85756188、85332618
传真 0754－85758618、85309908
网址 www.stdongshe.com
产品 瓦楞原纸、灰纸板、茶纸板

**广东省汕头市万安纸业有限公司**
广东省汕头市濠江区三联工业区
邮编 515031
电话 0754－82516877
产品 生活用纸

**汕头市造纸实业有限公司**
广东省汕头市护堤路 11 号
邮编 515021
电话 0754－8220921
产品 服装百褶裙纸、压褶皱纹纸、灯饰褶景纸、裁衣纸、包装用纸等

**汕头市嘉隆纸业有限公司**
广东省汕头市金园工业区 9A1、A2 片区
邮编 515000
电话 0754－8208828
产品 铝箔衬纸、铝箔复合纸、塑造制品

## 佛山市

**佛山市顺德区江联造纸有限公司**
**（原珠江包装公司珠江造纸厂）**
广东省佛山市顺德区北滘镇碧江珠江大道 18 号
邮编 528312
电话 0757－26633433
传真 0757－26635515
产品 牛卡纸、白纸板、挂面纸

**佛山市南海区嘉凌纸业有限公司**
广东省佛山市南海区罗村
邮编 528226
电话 0757－86411942
产品 白纸板、铜版纸、双胶纸、白卡纸

**佛山诚通纸业有限公司**
广东省佛山市禅城区河滨路 17 号
邮编 528000
电话 0757－82816867、82803605、82803848
传真 0757－82813125、82803978
网址 www.hfpaper.com
产品 白纸板

**广东金盛联合纸业有限公司**
广东省佛山市三水区乐平镇南边工业大 109－115 号
邮编 528135
电话 0757－87311888、87313838
传真 0757－87311777
网址 www.goldrich.com.cn
邮箱 caijinlu@goldrich.com.cn
产品 箱纸板

**佛山市高明日畅纸业有限公司**
广东省佛山市高明区荷城沿江路 127 号
邮编 528500
电话 0757－88666708
产品 生活用纸

**佛山市高明宏源纸厂有限公司**
广东省佛山市高明区三洲碧桂路
邮编 528511
电话 0757－88622228
传真 0757－88626886
网址 www.hy－paper.com.cn
邮箱 88622228n@163.com
产品 文化用纸

**佛山市顺德区千禧纸业有限公司**
广东省佛山市顺德区陈村镇新栏路 78 号
邮编 528313
电话 0757－23351715
产品 箱纸板

**佛山市顺德区顺升造纸有限公司**
广东省佛山市顺德大良沙头
邮编 528333

电话 0757－22321621
产品 箱纸板

**广东顺德勒流信邦纸品厂**
广东省佛山市顺德勒流东风中路入西闸
邮编 528322
电话 0757－25567553
产品 扎钞专用纸条、纸绳、盘纸

**广东省南海市小塘造纸股份有限公司**
广东省南海市小塘镇洗马井
邮编 528222
电话 0757－86661723
产品 瓦楞原纸

**广东省南海市西樵蓝天鹅造纸厂**
广东省南海市西樵海舟
邮编 528212
电话 0757－85669589
产品 瓦楞原纸、挂面纸等

**顺德联信纸业有限公司**
广东省佛山市顺德区北滘镇都宁工业区水闸边
邮编 528312
电话 0757－26636726
产品 瓦楞原纸

**广东南海华展造纸有限公司**
广东省佛山市南海区里水镇丰岗
邮编 528244
电话 0757－85663210
产品 灰纸板、复合纸板

## 江门市

**鹤山市造纸厂有限公司**
广东省江门市鹤山市沙平镇杰州工业区
邮编 529721
电话 0750－8821033
产品 箱纸板、卫生纸

**江门市新华造纸厂**
广东省江门市文昌沙 130 号
邮编 529020
电话 0750－3616668、3354176
传真 0750－3354176
产品 瓦楞原纸、牛皮箱纸板、涂布白纸板

**维达纸业（广东）有限公司**
广东省江门市新会区东侯工业开发区
邮编 529100
电话 0750－6122846、6168333
传真 0750－6120239
网址 www. vindapaper. com
邮箱 guangdong@ vinda. com
产品 纸巾纸、盒装面巾纸、餐巾纸、卫生卷纸、卫生巾、卷装擦手纸、多用纸抹布、分切盘纸

**维达纸业（江门）有限公司**
广东省江门市新会区双水镇广东银洲湖纸业基地
邮编 529153
电话 0750－6413111
传真 0750－6413068
产品 生活用纸

**亚太纸业（广东）有限公司**
广东省江门市新会区双水镇沙路村
邮编 529153
电话 0750－6508688
网址 www. aprilasia. com
产品 高档文化用纸

**江门市丰达纸业有限公司**
**江门明星纸业有限公司**
广东省江门市新会区睦州丰达路 1 号
邮编 529143
电话 0750－6222828、6539808、6222422
传真 0750－6222965
网址 www. sspaper. com
邮箱 business@ sspaper. com
产品 牛皮卡纸、挂面纸、瓦楞原纸

**江门市日佳纸业有限公司**
广东省江门市蓬江区朝连工业园 1 号
邮编 529090
电话 0750－3726381
产品 生活用纸

**江门中顺纸业有限公司**
广东省江门市新会区三江新江村
邮编 529142
电话 0750－6208666
产品 生活用纸

**江门市长裕纸业有限公司**
广东省江门市文昌沙 130 号
邮编 529000

电话 0750－3613212
产品 涂布白纸板

**江门市新会区银湖纸业有限公司**
广东省江门市新会区崖门镇崖西坑口村
邮编 529100
电话 0750－6441176
产品 箱纸板

**江门市桥裕纸业有限公司**
广东省江门市新会区崖门镇洞南村沙荞
邮编 529152
电话 0750－6440088
产品 箱纸板

**广东华泰纸业有限公司**
广东省江门市新会区双水镇
邮编 529153
电话 0750－3411769、3411768
网址 www. huataipaper. com
产品 新闻纸、文化用纸、纸浆

**江门市新会区宝达造纸实业有限公司**
广东省江门市新会区大泽镇新园工业开发区
邮编 529161
电话 0750－6899428、6899438、6896236
传真 0750－6899252
网址 www. baodapaper. com
邮箱 baoda@ baodapaper. com
　　sale@ baodapaper. com
产品 生活用纸

**坡利造纸（江门）有限公司**
广东省江门市新会区双水镇能源综合利用开发区
邮编 529153
电话 0750－6408018
产品 生活用纸

**江门振隆造纸厂有限公司**
广东省江门市新会区双水镇银州湖纸业基地能源开发区
邮编 529153
电话 0750－6407888、6407890
传真 0750－6407999、6407878
网址 www. zhenlongpaper. com
邮箱 tanyj@ zhenlongpaper. com
产品 涂布白纸板

**鹤山市源兴纸业有限公司**
广东省鹤山市古劳镇
邮编 529738
电话 0750－8766229
产品 生活用纸

**中烟摩迪（江门）纸业有限公司**
广东省江门市蓬江区棠下镇堡棠路 15 号
邮编 529085
电话 0750－3626262
传真 0750－3385228
网址 www. ct－pdm. com. cn
产品 烟卡纸

**江门市新龙纸业有限公司**
广东省江门市新会区三江镇白庙工业区
邮编 529142
电话 0750－6208689、6208668
传真 0750－6211278
网址 www. yourapaper. com
邮箱 slxs@ yourapaper. com
产品 生活用纸

**江门市阿博特数码纸业有限公司**
广东省江门市新会区双水镇广东银洲湖纸业基地 B 区－2
邮编 529153
电话 0750－6418488
产品 数码相纸

**江门仁科绿洲纸业有限公司**
广东省江门市新会区双水镇广东银洲湖纸业基地内
邮编 529153
电话 0750－6419038、6419188
传真 0750－6416666
网址 www. sivlake. com
邮箱 xz@ sivlake. com
产品 生活用纸

## 湛江市

**广东冠豪高新技术股份有限公司**
广东省湛江市经济技术开发区乐怡路 6 号
邮编 524022
电话 0759－3399898
传真 0759－3382109、2820999
网址 www. guanhao. com
邮箱 guanhao@ guanhao. com
产品 无碳复写纸、热敏记录纸、热敏传真纸、彩色喷墨纸、心电图纸、特殊防伪纸、水印纸、登机卡纸、无碳

多联电脑纸

**湛江冠龙纸业有限公司**
广东省湛江市麻章区太平镇
邮编 524084
电话 0759－2738001
传真 0759－2738009、2738068
网址 www. glpaper. com
邮箱 guanglong@ glpaper. com
产品 热敏传真原纸、无碳复写纸原纸、CF 纸

## 茂名市

**广东省茂名市全年红对联纸厂**
广东省茂名市羊角镇东风路 112 号
邮编 525000
电话 13828641888、13828679533
传真 0668－2670591
产品 红对联纸

**高州市金墩纸业有限公司**
广东省茂名市高州市石鼓镇西基山村
邮编 525252
电话 0668－6360345、6360380
传真 0668－6360020
网址 www. jindunzy. com
邮箱 jindunzy@ 126. com
产品 牛皮卡纸、纸袋纸、瓦楞原纸

## 肇庆市

**广东鼎丰纸业有限公司**
广东省肇庆市广宁县南街镇首约
邮编 526300
电话 0758－8659000、8659022
传真 0758－8659168
网址 www. gddfpaper. com
邮箱 dingfung@ gddfpaper. com
产品 竹木混合纸浆 MBKP

**广东肇庆明珠纸业有限公司**
广东省肇庆市德庆县城朝阳西路 238 号
邮编 526600
电话 0758－7762615
产品 浆层纸、蜡纸

**封开华信纸业有限公司**
广东省肇庆市封开县江口镇三元西路 8 号
邮编 526500
电话 0758－6712336
传真 0758－6712338
产品 箱纸板

**广东珠江特种纸股份有限公司**
广东省肇庆市广宁县横迳工业区
邮编 526343
电话 0758－8719099
产品 无碳复写纸、电脑打印纸、防伪票据纸

**肇庆市中盛纸业有限公司**
广东省肇庆市广宁县南街镇首约
邮编 526300
电话 0758－8657472
产品 文化用纸

**广东省广宁县正丰纸业有限公司**
广东省肇庆市广宁县石涧工业区
邮编 526342
传真 0758－8712988
产品 色卡纸

**广宁阳光特种纸品有限公司**
广东省肇庆市广宁县石涧工业区
邮编 526342
传真 0758－8711533
产品 中性牛皮纸、超低定量牛皮纸、再湿性胶带原纸、淋膜胶带原纸等

**广宁县进丰纸业制品厂**
广东省肇庆市广宁县联合镇莲花工业区
邮编 526335
电话 0758－8951936
产品 牛皮纸、瓦楞原纸

**广宁县永利纸品有限公司**
广东省肇庆市广宁县横山开发区
邮编 526344
电话 0758－8651327
产品 黄纸、神纸

**广宁县顺发造纸厂**
广东省肇庆市广宁县排沙镇新城大道 88 号
邮编 526339
电话 0758－8828398
产品 新闻纸

**东阳纸业有限公司**
广东省肇庆市广宁县石涧工业园

邮编 526342
电话 0758－8711999
产品 高强瓦楞原纸

**肇庆誉昇纸业有限公司**
广东省肇庆市广宁县联合镇
邮编 526300
电话 0758－8955166
产品 印花纸

**高要市基业纸品有限公司**
广东省高要市回龙镇步步高工业园澄湖小区
邮编 526112
电话 0758－8155299
产品 双单面白纸板、灰卡纸板

**广宁县鸿程纸业有限公司**
广东省肇庆市广宁县古水镇古水大道 45 号
邮编 526352
电话 0758－8751609
产品 生活用纸

**广宁县纯洁纸业有限公司**
广东省肇庆市广宁县排沙镇春水扶罗白云前
邮编 526300
电话 0758－8715032
产品 生活用纸

## 惠州市

**惠州市福和纸业有限公司**
广东省惠州市博罗县园洲镇高头村
邮编 516123
电话 0752－6812888
网址 www. fookwoo. com
产品 生活用纸、灰纸板

**惠州志豪特种纸业有限公司**
广东省惠州市中星工业区仲恺二路 49 号
邮编 516000
电话 0752－2604161、2602226
传真 0752－2600729
网址 www. zhihaochina. com
邮箱 zhhaper1@ zhihaochina. com
产品 涂布热敏纸、彩喷纸

**惠州市博罗凤达纸业有限公司**
广东省惠州市博罗县龙溪镇龙桥大道
邮编 516121
电话 0752－6677830
产品 生活用纸

**惠州市惠阳区浩德实业有限公司**
广东省惠州市惠阳区淡水排坊工业区
邮编 516000
电话 0752－3356328
传真 0752－3340683
网址 www. haodeshiye. com. cn
邮箱 hdsy@ haodeshiye. com. cn
产品 生活用纸

**惠州泰美纸业有限公司**
广东省惠州市泰美镇金龙大道板桥工业区
邮编 516166
电话 0752－6609882
产品 生活用纸

## 梅州市

**蕉岭县纸业有限责任公司**
广东省梅州市蕉岭县文福镇乌土溪
邮编 514160
电话 0753－7884157
产品 箱纸板

## 阳江市

**阳春市粤升纸业水泥有限公司**
广东省阳春市春城镇沿江西路 352 号
邮编 529600
电话 0662－7612333
产品 纱管纸、涂布白纸板、卫生纸

## 清远市

**森叶（清新）纸业有限公司**
广东省清远市清新县太和镇工业区森叶工业城
邮编 511800
电话 0763－5383348、5383848、5383678
传真 0763－5383358、5383668
网址 www. hopfunggroup. com
邮箱 gfqx@ hopfunggroup. com
产品 高强瓦楞原纸

**建滔（佛冈）绝缘材料有限公司**
广东省清远市佛冈县石角镇建滔路 1 号
邮编 511600

电话 0763－4293000
传真 0763－4293558
网址 www.kingboard.com
产品 绝缘纸

**金鑫（清远）纸业有限公司**
广东省清远经济开发区 15 号区
邮编 511517
电话 0763－3483520
传真 0763－3483510
网址 www.appjpi.com
产品 文化用纸

**金钰（清远）卫生纸有限公司**
广东省清远经济开发区 15 号区
邮编 511517
电话 0763－3483520、3483530
传真 0763－3483777
网址 www.jti.com.cn
产品 生活用纸

## 东莞市

**东糖集团东塘造纸有限公司**
广东省东莞市中堂镇
邮编 523243
电话 0769－88817300、88812123、88812121
传真 0769－88812817、88817718
网址 www.donta.com.cn
产品 箱纸板、瓦楞原纸

**东莞常平常联造纸厂**
广东省东莞市常平镇猪头山岗梓管理区
邮编 511736
电话 0769－83337837、83332923
传真 0769－83332440
产品 瓦楞原纸

**东莞金州纸业有限公司**
广东省东莞市中堂镇潢涌村
邮编 523221
电话 0769－88181288
传真 0769－88881664、88181277
产品 瓦楞原纸

**东莞理文造纸厂有限公司**
广东省东莞市中堂镇潢涌管理区
邮编 523221
电话 0769－88888168
传真 0769－88899101、88885188
网址 www.leemanpaper.com
产品 牛皮箱纸板、瓦楞原纸、牛皮卡纸

**广东理文造纸有限公司**
广东省东莞市洪梅镇河西工业区
邮编 523160
电话 0769－88432168
传真 0769－88432188
网址 www.leemanpaper.com
产品 牛皮箱纸板、瓦楞原纸

**东莞市昌众造纸有限公司**
广东省东莞市长安镇莲花路 8 号
邮编 523848
电话 0769－85535571
传真 0769－85531805
产品 铜版纸、牛皮纸

**东莞市大步纸业有限公司**
广东省东莞市麻涌镇大步工业区
邮编 523143
电话 0769－88286288、88281718
传真 0769－88286222
网址 www.dgdabu.com
邮箱 dgdbzy@163.com
产品 瓦楞原纸、牛皮卡纸

**东莞市东发纸品有限公司**
广东省东莞市道滘镇大罗沙工业区
邮编 523061
电话 0769－22270261、88388771
传真 0769－22270208、88380279
网址 www.dfpaper.com
邮箱 dongfa888@163.com
产品 包装用纸

**东莞市东江造纸厂**
广东省东莞市中堂镇东江
邮编 523220
电话 0769－88812598
传真 0769－88897188
产品 挂面纸

**东莞市天盛特种纸制品有限公司**
广东省东莞市虎门镇第五工业区
邮编 523932

电话 0769－85169468、85267080、85267330
传真 0769－85169959
网址 www. china－tiansheng. com
邮箱 dgts85267080@ sohu. com
产品 防伪无碳发票纸

**东莞建晖纸业有限公司**
广东省东莞市中堂镇潢涌村
邮编 523221
电话 0769－88888363
传真 0769－88183833
产品 涂布白纸板

**东莞市龙腾纸业有限公司**
广东省东莞市麻涌镇麻四村
邮编 523147
电话 0769－88826898
产品 灰底白板纸、牛皮卡纸、瓦楞原纸

**玖龙纸业（控股）有限公司**
广东省东莞市麻涌镇新沙港工业区
邮编 523147
电话 0769－88234888
传真 0769－88824198、88828111
网址 www. ndpaper. com
邮箱 into_ dg@ ndpaper. com
产品 牛皮卡纸、包装用纸

**东莞海龙纸业有限公司**
广东省东莞市麻涌镇新沙港工业区
邮编 523147
电话 0769－88234888
产品 牛皮卡纸、白卡纸、包装用纸、文化用纸

**东莞地龙纸业有限公司**
广东省东莞市麻涌镇新沙港工业区
邮编 523147
电话 0769－88234888
产品 涂布白纸板、箱纸板

**东莞天龙纸业有限公司**
广东省东莞市麻涌镇新沙港工业区
邮编 523147
电话 0769－88234888
产品 文化用纸、白卡纸

**东莞双洲纸业有限公司**
广东省东莞市中堂镇吴家涌第二工业区
邮编 523227
电话 0769－88182618
产品 瓦楞原纸、挂面纸

**东莞骏成纸业有限公司**
广东省东莞市凤岗镇天堂围村
邮编 523686
电话 0769－87505300
产品 瓦楞原纸、纸板

**东莞市高步强安造纸厂**
广东省东莞市高步镇保安围
邮编 523267
电话 0769－88879388
产品 箱纸板

**东莞市潢涌银洲纸业有限公司**
广东省东莞市中堂镇潢涌第三工业区
邮编 523221
电话 0769－88183456、88899113、88881033
传真 0769－88881061、88180293、88880126
网址 www. dgyzzy. com
邮箱 sales@ dgyzzy. com
xsb@ dgyzzy. com
产品 瓦楞原纸、箱纸板

**东莞市建桦造纸有限公司**
广东省东莞市中堂镇潢涌村
邮编 523221
电话 0769－88887988
传真 0769－88898303
产品 牛皮箱纸板、瓦楞原纸

**东莞市华兴纸业实业有限公司**
广东省东莞市万江区窖联工业区
邮编 523046
电话 0769－22180322、22173870、22189024、22180399
传真 0769－22275919、22180366
网址 www. huaxing－dg. com
邮箱 hxzy@ huaxing－dg. com
产品 卫生纸、挂面纸、妇幼用品、蜂窝纸板

**东莞市南洲造纸厂**
广东省东莞市麻涌镇
邮编 523136
电话 0769－88825682、88688219、88222918
传真 0769－88827399
产品 瓦楞原纸、箱纸板

**东莞市宝力造纸厂**
广东省东莞市洪梅镇梅沙工业大道
邮编 523160
电话 0769－88843278
产品 双灰纸板

**东莞市深联造纸有限公司**
广东省东莞市中堂镇槎滘新沙工业区
邮编 523231
电话 0769－88815138、88818418
产品 瓦楞原纸

**东莞市瑞华纸制品有限公司**
广东省东莞市道滘镇蔡白第二工业区蔡白村
邮编 523170
电话 0769－88337689
产品 瓦楞原纸

**东莞市石龙联兴实业有限公司**
广东省东莞市石龙镇西湖区江南中路 98 号
邮编 523325
电话 0769－86110186、88496066、88496089
传真 0769－86114793、86110138
网址 www. landsing－paperpackaging. com
邮箱 sales@ landsing－paperpackaging. com
产品 纸袋纸、牛皮卡纸

**东莞市祥兴纸业有限公司**
广东省东莞市中堂镇袁家涌北潢公路
邮编 523223
电话 0769－88815238
传真 0769－88816788
产品 瓦楞原纸、箱纸板、挂面纸

**东莞市兴隆造纸厂**
广东省东莞市道滘镇北丫工业区
邮编 523187
电话 0769－88835233、88381063
产品 瓦楞原纸

**东莞市银丰纸业有限公司**
广东省东莞市东城区鱼尾工业区
邮编 523120
电话 0769－22297441
传真 0769－22486787
产品 白纸板、双胶纸、铜版纸

**东莞市永安造纸厂**
广东省东莞市望牛墩镇上合管理区
邮编 523196
电话 0769－88855618、88855308
传真 0769－88855389
产品 挂面纸板原纸

**东莞市再丰造纸厂**
广东省东莞市中堂镇袁家涌区新湾村
邮编 523220
电话 0769－88811027、88116573
传真 0769－88819376
产品 瓦楞原纸、挂面纸

**东莞市湛翠造纸厂**
广东省东莞市中堂镇湛翠
邮编 523225
电话 0769－88881892
产品 瓦楞原纸

**东莞市中联造纸厂**
广东省东莞市中堂镇
邮编 523220
电话 0769－88811027、88116573
传真 0769－88811705
产品 瓦楞原纸

**东莞市中堂特种纸制造厂**
广东省东莞市中堂镇三冲工业区
邮编 523220
电话 0769－88817422
传真 0769－88817980
产品 普通白纸板、白挂面箱纸板

**东莞市中堂协成造纸厂**
广东省东莞市中堂镇吴家涌
邮编 523243
电话 0769－88890848
传真 0769－88813599
产品 包装用纸

**东莞市金田纸业有限公司**
广东东莞市万江区大汾工业区
邮编 523047
电话 0769－22280688
传真 0769－22772255
网址 www. jintianpaper. com
邮箱 sales@ jintianpaper. com
产品 灰纸板

**东莞市纸典纸业有限公司**
广东省东莞市东城区牛山涡岭工业园
邮编 511700
电话 0769－22294662、23067929、23070605
传真 0769－23070601
网址 www.gdzhidian.com
邮箱 zhidian－012@163.com
产品 高档充皮纸、珠光纸、染色纸

**东莞市中堂镇东达造纸厂**
广东省东莞市中堂镇吴家涌北潢公路边
邮编 511775
电话 0769－8816012
产品 瓦楞原纸

**东莞市中堂镇吴家涌有利造纸厂**
广东省东莞市中堂镇北潢路吴家涌工业区
邮编 523227
电话 0769－88412875
产品 箱纸板

**东莞市鸿业造纸有限公司**
广东省东莞市中堂镇下芦大桥侧边
邮编 523239
电话 0769－8814848
产品 瓦楞原纸

**东莞市万江万景纸品厂**
广东省东莞市万江流涌尾工业区
邮编 523039
电话 0769－2285411
产品 生活用纸

**东莞中威纸业有限公司**
广东省东莞市道滘镇工业大道大罗沙路段
邮编 523186
电话 0769－88383999
产品 灰纸板

**东莞市新富发纸业有限公司**
广东省东莞市万江区流涌尾工业区
邮编 523051
电话 0769－22711928
产品 灰纸板

**东莞市顺兴造纸有限公司**
广东省东莞市道滘镇九曲工业区
邮编 523180
电话 0769－8328608
产品 瓦楞原纸

**东莞市道滘信昌造纸厂**
广东省东莞市道滘镇大鱼沙村
邮编 523178
电话 0769－88320133
产品 灰纸板

**东莞市伟安纸业有限公司**
广东省东莞市望牛墩镇杜屋工业区
邮编 523210
电话 0769－8561238
产品 灰纸板

**东莞市道滘宝华造纸有限公司**
广东省东莞市道滘镇南丫工业区
邮编 523187
电话 0769－88388568
产品 灰纸板

**东莞市高埗镇凌屋造纸厂**
广东省东莞市高埗镇凌屋村工业区
邮编 523276
电话 0769－88731689
产品 鞋头纸、手袋纸、有光纸等

**东莞市伟虹纸业有限公司**
广东省东莞市望牛墩杜屋村工业区
邮编 523200
电话 0769－88558198
产品 生活用纸

**东莞市白天鹅纸业有限公司**
广东省东莞市万江区谷涌工业区
邮编 523047
电话 0769－22172128
网址 www.dgbte.com
产品 生活用纸

**东莞市上隆纸业有限公司**
广东省东莞市中堂镇潢涌管理区
邮编 523221
电话 0769－88112119、88180073
传真 0769－88186968
网址 www.shanglongpaper.com
邮箱 shanglongpaper@126.com
zeng_chunming@126.com

产品 瓦楞原纸、箱纸板

**东莞市常兴纸业有限公司**
广东省东莞市石牌镇横山管理区钟屋工业区
邮编 523330
电话 0769－86559888、86559008
传真 0769－86559933
网址 www.changxinggd.com
www.changxingpaper.com.cn
邮箱 helena0628@yahoo.com.cn
helena0628@changxinggd.com
产品 纸尿裤

**东莞市轩潼纸业有限公司**
广东省东莞市中堂镇东向工业区
邮编 523000
电话 0769－88028808
产品 生活用纸

**东莞顺裕纸业有限公司**
广东省东莞市望牛墩镇朱平沙港口工业园
邮编 523213
电话 0769－88557988
产品 箱纸板

**东莞市恩兴纸业有限公司**
广东省东莞市万江油九工业区
邮编 523039
电话 0769－2288043
产品 生活用纸

**东莞市振兴造纸有限公司**
广东省东莞市高埗镇沿江北路25号
邮编 523266
电话 0769－88781398、88871388、88871390
传真 0769－88781368
网址 www.chunhing.cn
邮箱 zaozhi@chunhing.cn
产品 瓦楞原纸

**东莞市泰昌纸业有限公司**
广东省东莞市望牛墩镇下漕区
邮编 523219
电话 0769－88852607
产品 箱纸板

**东莞市达林纸业有限公司**
广东省东莞市中堂镇槎滘村新沙
邮编 523231
电话 0769－88887388、88881788
传真 0769－88121882
网址 www.dalinpaper.com
邮箱 dalinpaper@gmail.com
产品 生活用纸

## 中山市

**永丰余纸业（中山）有限公司**
广东省中山市火炬开发区
邮编 528436
电话 0760－85335366
产品 瓦楞纸板、纸箱

**中顺洁柔纸业股份有限公司**
广东省中山市西区彩虹大道136号
邮编 528411
电话 0760－88553333、88553008
传真 0760－88553006、23886886
网址 www.zhongshungroup.com
产品 生活用纸

**中山联合鸿兴造纸有限公司**
广东省中山市105国道中山三桥西侧
邮编 528471
电话 0760－87796524、87395633
传真 0760－87796222
网址 www.zsrghh.com
邮箱 pmco@zsrghh.com
sales@zsrghh.com
产品 瓦楞原纸、箱纸板

**中山永发纸业有限公司**
广东省中山市黄圃镇新明南路173号
邮编 528429
电话 0760－23220773
产品 瓦楞原纸

**中山市雅洁莉纸业有限公司**
广东省中山市港口镇群富工业区
邮编 528462
电话 0760－8413863
产品 生活用纸

## 揭阳市

**广东揭阳洁新纸业有限公司**
广东省揭阳市揭东县新亨埔东工业区

邮编 515500
电话 0663－3434888
传真 0663－3434999
产品 生活用纸

**揭阳市信达纸业有限公司**
广东省揭阳市榕城区渔湖阳美村
邮编 528445
电话 0663－8771738、8782928
传真 0663－8772738、8782283
网址 www. xinda－paper. com
邮箱 xinda@ xinda－paper. com
产品 生活用纸

**榕盛造纸厂**
广东省揭阳市炮台镇涵华大道青溪路海堤边
邮编 515559
电话 0663－3355699
产品 生活用纸

## 云浮市

**云浮市新兴县龙腾纸业有限公司**
广东省云浮市新兴县新城镇雨洞工业园
邮编 527300
电话 0766－2911161
产品 生活用纸

**新兴县林丰造纸有限公司**
广东省云浮市新兴县河头镇雅古郎公路边
邮编 527435
电话 0766－2221089
产品 白纸板、牛皮卡纸、灰纸板

**新兴县兴民造纸厂有限公司**
广东省云浮市新兴县车岗工业区
邮编 527425
电话 0766－2386998、2388828
传真 0766－2388888
网址 www. xxxmpaper. com
邮箱 bangwei_ li@ 126. com
产品 珠光纸、卡纸等特种纸

**新兴县天裕纸业有限公司**
广东省云浮市新兴县车岗镇工业开发区
邮编 527425
电话 0766－2388668
产品 灰纸板

**新兴县天堂纸业有限公司**
广东省云浮市新兴县天堂镇大湾电站侧
邮编 527434
电话 0766－2221737
产品 灰纸板、牛皮卡纸

# 广西壮族自治区

## 南宁市

**广西华美纸业集团有限公司**
广西壮族自治区南宁市民族大道 157 号
财富国际广场 2 号楼 17 层
邮编 530028
电话 0771－5775518
传真 0771－5776100
网址 www. hmpaper. cn
邮箱 hm@ hmpaper. cn
产品 生活用纸原纸、卷筒纸、盒抽纸、手帕纸

**广西永凯糖纸集团有限公司**
广西壮族自治区南宁市民族大道 137 号
永凯大厦 27 层
邮编 530028
电话 0771－5597169
传真 0771－5597169
网址 www. yongkai. com. cn
邮箱 bgs@ yongkai. com. cn
产品 漂白浆、文化用纸、卫生纸

**广西华劲集团股份有限公司**
广西壮族自治区南宁市民族大道 131 号
航洋国际城 1 号楼 22 层
邮编 530028
电话 0771－5568819－5112
传真 0771－5535766
网址 www. hwagain. com
邮箱 hwagain@ hwagain. com
产品 制浆、造纸、制糖、竹木产业

**广西南宁凤凰纸业有限公司**
广西壮族自治区南宁市星光大道 158 号
邮编 530031
电话 0771－4590299、4590261、4590265
传真 0771－4516683、4590268
网址 www. nppc. cn
邮箱 master@ phoenix－paper. com
产品 生活用纸、漂白木浆

**广西南宁糖业股份有限公司**
广西壮族自治区南宁市亭洪路 48 号
邮编 530031
电话 0771－4911323
传真 0771－4912771
网址 www. nnsugar. com
邮箱 nnty@ nnsugar. com
产品 复印纸、书写纸、食品包装用原纸、生活用纸、无尘纸

**广西洁宝纸业有限公司**
广西壮族自治区南宁市金湖路 67 号梦之岛广场 15 楼
邮编 530022
电话 0771－5739686
传真 0771－5739688
网址 www. jeanper. com
产品 生活用纸

**横县冠桂糖业有限公司纸业分公司**
广西壮族自治区南宁市横县横州镇谢圩
邮编 530304
电话 0771－7382533
传真 0771－7382533
产品 漂白蔗渣浆

**广西南宁恒业纸业有限责任公司**
广西壮族自治区南宁市江南区沙井定津路杜屋二巷 16 号
邮编 530031
电话 0771－4862003
传真 0771－4862006
产品 生活用纸

**广西原生纸业有限公司**
广西壮族自治区南宁市六景工业园区景春路
邮编 530313
电话 0771－7059984、7059954
传真 0771－7266559
邮箱 lizhangtu@ 163. com
产品 生活用纸

**广西横县六景北墨造纸厂**
广西壮族自治区南宁市六景工业园区
邮编 530313
电话 0771－7265998、7372132
传真 0771－7265998、7372132
产品 五色有光纸、高档卫生纸

**南宁君盈纸业有限公司**
广西壮族自治区南宁市横县六景镇良垌农场
邮编 530317
电话 0771－7350180
传真 0771－7350180
产品 包装用纸、卫生纸、文化用纸

**广西宾阳县江南纸业有限公司**
**广西横县江南纸业有限公司**
广西壮族自治区南宁市宾阳县新桥镇工业开发区
邮编 530401
电话 0771－8481038
传真 0771－8482070
网址 www. gxjnzy. com
邮箱 jn－lwj@ 263. net
产品 A 级原生浆擦手原纸、B 级仿木浆擦手原纸

**南宁市鑫利纸业有限公司**
广西壮族自治区南宁市宾阳县新桥镇工业开发区（宾邕公路旁）
邮编 530001
电话 0771－8482137
传真 0771－8482137
网址 www. gxxlzy. com. cn
邮箱 xl－hx@ 263. net
产品 生活用纸

## 柳州市

**柳州中迪纸业有限公司**
广西壮族自治区柳州市鱼峰区雒容工业园
西区富容路 13 号
邮编 545616
电话 0772－6510368、6668628、13807724821
传真 0772－6510013
产品 卫生原纸（以蔗渣浆、竹浆为原料）

**柳州市丰源纸业有限责任公司**
广西壮族自治区柳州市柳东新区雒容镇象岩南路 31 号
邮编 545616
电话 0772－6511372
传真 0772－6510311
产品 卫生纸

## 桂林市

**广西荔浦纸业有限公司**
广西壮族自治区桂林市荔浦县荔城镇玉雷湾
邮编 546600
电话 0773－7233377、13878386308

传真 0773－7233397
产品 工业包装用纸、牛卡纸、黑卡纸、牛皮纸

## 防城港市

**广西防城港宏源浆纸有限公司**
广西壮族自治区防城港市防城区茅岭工业园
邮编 538021
电话 0770－3092918、18277024325
传真 0770－3092918
产品 漂白浆、文化用纸

## 钦州市

**广西金桂浆纸业有限公司**
广西壮族自治区钦州市钦州港金光工业园
邮编 535008
电话 0777－3698042、3221583、3698888
传真 0777－3696666、3221639
网址 www. appjg. com. cn
产品 半化学机械浆、食品包装用纸（板）

## 贵港市

**广西贵港市安丽纸业有限公司**
广西壮族自治区贵港市南梧公路覃塘收费站往东 1.5 公里
邮编 450804
电话 0775－4869589、4569125
传真 0775－4562672
产品 生活用纸、卫生纸

**广西华怡纸业有限公司**
广西壮族自治区贵港市江南工业园区
邮编 537100
电话 0775－4592001
传真 0775－4592299
产品 生活用纸、卫生纸、分盘纸、纸浆

**广西贵糖（集团）股份有限公司**
广西壮族自治区贵港市幸福路 100 号
邮编 537102
电话 0775－4201833
传真 0775－4260088
网址 www. guitang. com
邮箱 guitangjszx@ sina. com
产品 文化用纸、生活用纸

## 百色市

**广西田东县金荣纸业有限公司**
广西壮族自治区百色市田东县思林镇工业集中区
邮编 531504
电话 0776－5151808
传真 0776－5151808
网址 www. jinrongpaper. com
产品 高强瓦楞原纸、卫生纸、竹浆、蔗渣浆、卫生卷纸、抽纸、餐巾纸、面巾纸、手帕纸、纸筒芯等

## 贺州市

**广西贺达纸业有限责任公司**
广西壮族自治区贺州市八达东路
邮编 542800
电话 0774－5100080
传真 0774－5125154
产品 全漂白桉木浆

**广西贺州市红星纸业有限公司**
广西壮族自治区贺州市平桂管理区西湾工业园
邮编 542800
电话 0774－8832889
传真 0774－8833018
产品 拷贝纸、打字纸、票证纸、环保纸、卷烟纸、食品包装用纸、半透明纸、字典纸、各种规格卷筒/平板纸

## 来宾市

**广西来宾东糖纸业有限公司**
广西壮族自治区来宾市河西工业园区
邮编 546100
电话 0772－4066666
传真 0772－4066622
网址 www. donta. com. cn
产品 漂白蔗渣浆、竹木浆、胶版纸、静电复印纸、淋膜纸、卫生纸

**广西象州莲桂纸业有限公司**
广西壮族自治区来宾市象州县石龙镇石象路 88 号
邮编 545800
电话 0772－4394988
传真 0772－4394989
网址 www. lgpi. com. cn
邮箱 lgpaper@ 163. com

产品 生活用纸

### 崇左市

**广西东亚纸业有限公司**
广西壮族自治区崇左市城市工业园
邮编 532200
电话 0771－7848015
传真 0771－7848000
产品 漂白浆、口杯原纸

## 海 南 省

### 海口市

**海南金海浆纸业有限公司**
海南省洋浦经济开发区 D12 区
邮编 578101
电话 0898－28822288、28821510
传真 0898－28821260
网址 www. appjh. com. cn
产品 漂白硫酸盐桉木浆、文化用纸

**海南金红叶纸业有限公司**
海南省洋浦经济开发区 D12 区
邮编 578101
电话 0898－28822288
传真 0898－28828705
网址 www. apphghy. com. cn
产品 生活用纸

## 重 庆 市

**玖龙纸业（重庆）有限公司**
重庆市江津区珞璜工业园 A 区
邮编 402279
电话 023－65558888
传真 023－65558999
网址 www. ndpaper. com
邮箱 info_ cq@ ndpaper. com
产品 包装用纸

**重庆飞龙纸业有限公司**
重庆市铜梁县蒲吕镇穆莲街 7 号
邮编 402566
电话 023－45488342、45485032
产品 皱纹卫生纸

**重庆高峰造纸厂**
重庆市垫江县高峰镇
邮编 408328
电话 023－74566988
产品 瓦楞原纸

**重庆市超科纸业有限公司**
重庆市万州区双河口工业园
邮编 404155
电话 023－58830138
产品 无碳复写纸、彩喷纸、复印纸

**重庆市恒丰纸业有限公司**
重庆市梁平县屏锦镇明月路 540 号
邮编 405212
电话 023－53512114
产品 文化用纸、瓦楞原纸、黄纸板、箱纸板、竹浆牛皮纸、黄裱纸

**重庆龙璋纸业有限公司龙泉分公司**
重庆市铜梁县虎峰镇工农街 27 号
邮编 402568
电话 023－45589806
产品 竹浆、文化用纸

**重庆简氏纸业包装有限责任公司**
重庆市潼南县双江镇金龙寺
邮编 402675
电话 023－44860588、44863306
传真 023－44860018
网址 www. jians. com
产品 箱纸板、彩印纸、纸箱、高强瓦楞原纸

**重庆江津造纸厂**
重庆市江津区夏坝镇
邮编 402268
电话 023－47681124
产品 生活用纸、油毡原纸、瓦楞原纸

**重庆梁平县邵新纸业有限公司**
重庆市梁平县袁驿镇邵新村
邮编 405218
电话 023－53635151、53635377
产品 瓦楞原纸

**重庆盛贸纸业有限公司**
重庆市铜梁县安居镇工业园区
邮编 402564

电话 023－45857511
传真 023－45859198
产品 皱纹卫生纸

**重庆市富发纸业有限责任公司**
重庆市潼南县双江镇金龙寺
邮编 402675
电话 023－44860388
产品 瓦楞原纸、单面白纸板、箱纸板

**重庆永川区达江纸业有限公司**
重庆市永川区海通大道 69 号－1－10
邮编 402160
电话 023－49827888、49827888
传真 023－49806788
产品 生活用纸

**重庆永川区渝西纸板厂**
重庆市永川区红炉镇
邮编 402194
电话 023－49331215
传真 023－49331215
产品 瓦楞原纸、高强瓦楞原纸

**重庆再生造纸厂**
重庆市开县铁桥镇双桥街
邮编 405409
电话 023－52701198
产品 有光纸、包装用纸

**重庆兴康纸业有限公司**
重庆市巴南区金竹工业园 8 号
邮编 401320
电话 023－66219878、66230451
传真 023－66230451
网址 www. sckdl. com
产品 瓦楞原纸、纸箱

**重庆市伟杰纸业有限责任公司**
重庆市潼南县双江镇金龙寺
邮编 402675
电话 023－44860888
产品 瓦楞原纸、箱纸板

**重庆金禾纸业制品有限公司**
重庆市铜梁县华兴镇
邮编 402572
电话 023－45393098
产品 瓦楞原纸、箱纸板

## 四 川 省

### 成都市

**成都岷山纸业有限公司**
四川省成都市成华西 22 号
邮编 610081
电话 028－83190471、83182822
传真 028－83195527
产品 文化用纸、印刷纸

**成都郫县唐昌纸厂**
四川省成都市郫县唐昌镇外北街
邮编 611733
电话 028－87869151
传真 028－87869151
产品 生活用纸

**中冶崃山纸业有限公司**
四川省邛崃市羊安镇工业区
邮编 611530
电话 028－88791961
传真 028－88791961
产品 漂白竹浆板

**成都天天纸业有限公司**
四川省彭州市工业开发区
邮编 611930
电话 028－83806888、83806688
传真 028－83806666
产品 生活用纸

**成都印钞公司**
四川省成都市温江区新建路 60 号
邮编 611130
电话 028－82723590－2078、82755999
传真 028－82755168
网址 www. cdyc. cbpm. cn
产品 钞票纸、防伪水印纸、证券纸

**四川锦丰纸业股份有限公司**
四川省成都市温江区成都海峡两岸科技产业开发园
邮编 611137
电话 028－82630751
传真 028－82630174
产品 卷烟纸、卷烟工业配套纸

**成都宏图纸业有限公司**
四川省成都市双流县蛟龙工业港滨江大道三段
邮编 610200
电话 028－85737134
传真 028－85737144
产品 复合双灰纸板、灰底白纸板

## 自贡市

**富顺县安溪纸业有限公司**
四川省自贡市富顺县安溪镇
邮编 643219
电话 0813－7480335
产品 纸板

## 泸州市

**四川银鸽竹浆纸业有限公司**
四川省泸州市纳溪区渠坝乡
邮编 646300
电话 0830－4390666、4390160
传真 0830－4390777
产品 牛皮纸、胶版纸、打字纸、书写纸、信封专用纸

## 德阳市

**四川纵横纸业有限公司**
四川省德阳市八角井镇
邮编 618003
电话 0838－2600016、2600913
传真 0838－2600911
产品 黄纸板、茶纸板

**四川友邦纸业有限公司**
四川省广汉市经济开发区（南区）
邮编 618300
电话 0838－5400028
传真 0838－5400158
网址 www. eupon. com
邮箱 sale@ eupon. com
产品 卫生用品、生活用纸、母婴用品

## 绵阳市

**三台三角生活用纸制造有限公司**
四川省绵阳市三台县潼川镇南河路 48 号
邮编 621100
电话 0816－5229928
传真 0816－5221277
产品 生活用纸

## 乐山市

**乐山佳印纸业有限责任公司**
四川省乐山市长清路 1458 号
邮编 614000
电话 0833－2497332
传真 0833－2497329
产品 无碳纸、票据印刷纸、打印纸

**四川省夹江万安纸业有限责任公司**
四川省乐山市夹江县甘江镇
邮编 614102
电话 0833－5771666
传真 0833－5772366
产品 中高档生活用纸

**四川省犍为凤生纸业有限责任公司**
四川省乐山市犍为县城北凤凰山
邮编 614400
电话 0833－4251386、4251716
传真 0833－4254579
网址 www. fengshenggroup. com
邮箱 fszy666@ hotmail. com
产品 白色及彩色打字纸

**四川永丰纸业股份有限公司**
四川省乐山市沐川县永福镇
邮编 614500
电话 0833－4651066
传真 0833－4651066
网址 www. yfzy. com
产品 打字纸、双面胶版印刷纸、静电复印原纸、静电复印纸

## 眉山市

**四川宏日集团裕通纸业公司**
四川省眉山市白龙北路 2 号
邮编 614200
电话 0833－5524540
产品 不锈钢板衬纸、防锈原纸

**四川眉山丰华纸业有限公司**
四川省眉山市东坡区

邮编 620030
电话 0833－8010068、13808166303
传真 0833－8010182
产品 复印纸

**洪雅县星星造纸厂**
四川省眉山市洪雅县洪川镇封河坝
邮编 612360
电话 0833－7490156
传真 0833－7490156
产品 文化用纸、餐巾纸

**四川省西龙纸业有限公司**
四川省眉山市青神县西龙镇
邮编 620460
电话 0833－8940033
传真 0833－8940078
产品 书写纸、静电复印纸、双胶纸

### 宜宾市

**宜宾市屏山龙华造纸厂**
四川省宜宾市屏山县龙华镇
邮编 645354
电话 0831－5760278、5760858
产品 竹浆牛皮纸、包装用纸

### 广安市

**广安市拓世纸业有限公司**
**安琪日用品有限公司**
四川省广安市观塘镇三台梨子滩
邮编 638016
电话 0826－2731093
传真 0826－2731093
产品 生活用纸

### 雅安市

**金安浆业有限公司**
四川省雅安市雨城区姚桥镇爱国路 2 号
邮编 625000
电话 0835－2850858、2850801
传真 0835－2850801、2850092
网址 www. appjap. com. cn
产品 漂白硫酸盐竹浆、胶版印刷纸

### 巴中市

**平昌县再生纸业有限责任公司**
四川省巴中市平昌县江口镇
邮编 635400
电话 0827－6297055
产品 文化用纸、纸板

### 凉山彝族自治州

**德昌小高造纸厂**
四川省凉山彝族自治州德昌县
邮编 615504
电话 0834－5145018
传真 0834－5145018、5145050
产品 纸板

## 贵　州　省

### 贵阳市

**贵阳金康包装有限公司**
贵州省贵阳市乌当区金伍路 123 号
邮编 550008
电话 0851－4841603
产品 高强瓦楞原纸、纸箱

### 遵义市

**贵州赤天化纸业股份有限公司**
贵州省赤水市金华理泰路 1 号
邮编：564707
电话：0852－2879721、2879800、2879570
传真：0852－2879729、2876048
网址 www. cthzhiye. cn
产品：全竹浆 TCF 浆板、全竹浆轻 ECF 浆板、本色浆

### 黔东南苗族侗族自治区

**凯里市凯晨纸板有限公司**
贵州省凯里市鸭塘镇
邮编 556018
电话 0855－8312390
产品 瓦楞原纸、箱纸板

### 黔南布依族苗族自治州

**贵州省都匀顺发纸业有限责任公司**
贵州省黔南布依族自治区都匀市大坪镇东冲
邮编 558013
电话 0854－8541388、8224598
产品 纸及纸制品

## 云 南 省

### 昆明市

**云南宜良兄弟纸业有限公司**
云南省昆明市宜良县汇东桥南侧小渡口段
邮编 652100
电话 0871－7541679
传真 0871－7541689
产品 箱纸板、瓦楞原纸

**昆明爱华卫生制品有限责任公司**
云南省昆明市二环西路 449 号
邮编 650101
电话 0871－8310051
传真 0871－8320196
产品 生活用纸、卷纸、餐巾纸、面巾纸、盒抽纸、纸杯纸

**云南科海电子有限公司**
云南省昆明市人民中路 216 号丰园大厦 20 层
邮编 650051
电话 0871－3385999
传真 0871－3312778
网址 www. sciencesea. com. cn
邮箱 khgs@ sciencesea. com. cn
产品 打印纸、复印纸

### 曲靖市

**云南陆良银河纸业有限公司**
云南省曲靖市陆良县西桥工业区
邮编 655600
电话 0874－6869046
传真 0874－6869091
产品 胶印书刊纸、铝箔衬纸、水松原纸、成型纸

### 玉溪市

**玉溪市高仓造纸有限公司**
云南省玉溪市高仓镇
邮编 653100
电话 0877－2076532
产品 白纸板、灰底白纸板

**玉溪市水松纸厂**
云南省玉溪市大营街工业区
邮编 653103
电话 0877－2771902、2771667
传真 0877－2771528
产品 凹印水松纸

**云南江川翠峰纸业有限公司**
云南省玉溪市江川县江城镇翠峰
邮编 652601
电话 0877－8095268
传真 0877－8095268
产品 生活用纸

**云南新平南恩糖纸有限责任公司**
云南省玉溪市新平彝族傣族自治县
邮编 653405
电话 13988490777
传真 0877－7391061
产品 卫生纸

**云南通海汉光纸业有限公司**
云南省玉溪市通海县礼乐西路 154 号
邮编 652700
电话 0877－3805792
传真 0877－3805592
产品 卫生纸

**云南江川恒昌纸业有限公司**
云南省玉溪市江川县大街镇朱家庄村
邮编 652600
电话 0877－8016181
传真 0877－8016181
产品 箱纸板、瓦楞原纸

### 保山市

**云南昌宁建新纸业有限公司**
云南省保山市昌宁县漭水镇共裕村
邮编 678100
电话 0875－7810566
传真 0875－7810561
产品 书写纸、双胶纸

## 普洱市

**云南云景林纸股份有限公司**
云南省普洱市景谷傣族彝族自治县林纸路 300 号
邮编 666400
电话 0879－5410198、5410634、5410228
传真 0879－5410193、5410223
网址 www. yjlzh. com
产品 针叶木浆、桉木浆、混合阔叶木浆

## 临沧市

**云南双江南华化学纤维浆粕有限公司**
云南省临沧市双江拉祜族佤族布朗族傣族自治县勐勐镇
邮编 677300
电话 0883－7641916、7641888、7641578
传真 0883－7641569
产品 溶解竹浆板

**云南南华纸业有限公司**
云南省临沧市耿马傣族佤族自治县
四排山乡石佛洞村委会
邮编 677500
电话 0883－6120555
传真 0883－6120559
产品 漂白蔗渣浆、双胶纸、书写纸

## 红河哈尼族彝族自治州

**个旧市凌霖造纸厂**
云南省个旧市乍甸水龙井
邮编 661409
电话 0873－2671099、2671028
传真 0873－2671095
产品 瓦楞原纸

**开远泸江纸业有限责任公司**
云南省开远市乐百道
邮编 661600
电话 0873－7223348
产品 卫生纸、瓦楞原纸、箱纸板

**开远市明威有限公司**
云南省开远市中寨
邮编 661600
电话 0873－7171169、7171158、7171218
产品 双胶纸、书写纸、打字纸

**云南红塔蓝鹰纸业有限公司**
云南省红河哈尼族彝族自治州建水县
邮编 654300
电话 0873－7652341
传真 0873－7652061
网址 www. ynhtbe. com
邮箱 blue_ eagle@ ynhtbe. com
产品 卷烟纸、水松纸、滤嘴成型纸

# 陕 西 省

## 西安市

**西安兄弟纸业有限公司**
陕西省西安市长安区镐京工业园区
邮编 710100
电话 029－85800003
传真 029－85800003
产品 A 级、C 级高强瓦楞原纸

**西安市蔡伦造纸厂**
陕西省西安市三桥镇北西宝高速公路口北
邮编 710086
电话 029－84517518、84518071
传真 029－84519897
产品 高强瓦楞原纸、箱纸板、白纸板、茶纸板、牛皮纸、牛皮挂面纸

**陕西中港铜版纸有限公司**
陕西省西安市灞桥镇东街 15 号
邮编 710024
电话 029－83610216
传真 029－83610216
产品 铜版纸

**西安红光造纸厂**
陕西省西安市未央区红光路 33 号
邮编 710086
电话 029－84368030
传真 029－84368749
产品 茶纸板

**西安市惠强纸业有限公司**
陕西省西安市长安区镐京工业园区

邮编 710100
电话 029－85903888
传真 029－85903666
产品 白纸板

**西安秦悦纸业有限公司**
陕西省西安市西户路中段
邮编 710116
电话 029－85900789
传真 029－85800110
产品 生活用纸

## 宝鸡市

**陕西省兴翔纸业有限责任公司**
陕西省宝鸡市凤翔县城东
邮编 721400
电话 0917－7251114
传真 0917－7251173
产品 高强瓦楞原纸、箱纸板

**陕西圣龙纸业有限责任公司**
陕西省宝鸡市岐山县蔡家坡经济技术开发区西宝路龚刘工业园区
邮编 722405
电话 0917－8580189、8580821
传真 0917－8580884
产品 牛皮箱纸板、瓦楞原纸、牛皮纸、淋膜纸、水果套袋纸、彩色封面纸、纱管纸、高强瓦楞原纸

**陕西法门寺纸业有限责任公司（原陕西扶风造纸厂）**
陕西省宝鸡市扶风县城东关
邮编 722207
电话 0917－5211493、5211148
产品 印刷纸、书写纸、有光纸、卫生纸

**岐山县圣龙箱板纸有限责任公司**
陕西省宝鸡市岐山县蔡家坡经济技术开发区西宝路龚刘工业园区
邮编 722405
电话 0917－8580095
传真 0917－8580828
产品 箱纸板

**眉县恒发纸业有限公司**
陕西省宝鸡市眉县火车站道南 6 号
邮编 722301
电话 0917－5666369
产品 有光纸、卫生纸

**岐山县全兴纸业包装有限公司**
陕西省宝鸡市岐山县蔡家坡另胡村
邮编 722405
电话 0917－8582968
产品 有光纸、卫生纸

**岐山县蔡家坡兴隆纸厂**
陕西省宝鸡市岐山县蔡家坡另胡村
邮编 722405
电话 0917－8551572
产品 箱纸板、卫生纸

**宝鸡科达特种纸业有限公司**
陕西省宝鸡市岐山县蔡家坡西 3 路
邮编 722405
电话 0917－8565320
产品 引线纸、扎钞纸、热压垫纸板、覆铜纸板、胶带原纸、高透纸

## 咸阳市

**陕西兴包企业集团有限公司**
陕西省咸阳市兴平市丰仪工业园
邮编 713100
电话 029－38266112
传真 029－38266112
网址 www. sxxingbao. com
邮箱 xsb@ sxxingbao. com
产品 生活用纸

**武功东方纸业集团公司**
陕西省咸阳市武功县造纸工业园
邮编 712200
电话 029－7396079
传真 029－7396079
产品 书写纸、生活用纸

**咸阳华西纸业有限公司**
陕西省咸阳市秦都区沣东镇
邮编 712044
电话 029－33818655
传真 029－33816516
产品 A 级高强瓦楞原纸、C 级茶纸板

## 渭南市

**陕西大荔安盛纸业有限公司**
陕西省渭南市大荔县许庄镇
邮编 715105
电话 0913－3649292
传真 0913－3649525
产品 高强瓦楞原纸

**蒲城县永丰利亚造纸有限公司**
陕西省渭南市蒲城县永丰镇大浴河
邮编 715502
电话 0913－7715138
传真 0913－7715138
产品 高强瓦楞原纸

**蒲城康钰纸业有限公司**
陕西省渭南市蒲城县东陈镇白起寺村
邮编 715501
电话 0913－7715138
传真 0913－7715138
产品 高强瓦楞原纸、苹果套袋纸

**蒲城残联龙源造纸厂**
陕西省渭南市蒲城县龙阳镇
邮编 715500
电话 0913－7715138
传真 0913－7715138
产品 高强瓦楞原纸

**合阳县康洁纸业有限公司**
陕西省渭南市合阳县王村镇管家河村
邮编 715307
电话 0913－6712190
传真 0913－6712190
产品 卫生纸

## 安康市

**安康恒丰纸业包装有限公司**
陕西省安康市汉滨区恒口镇工业区
邮编 725021
电话 0915－3619898
传真 0915－3619898
产品 纱管纸、瓦楞原纸、花炮纸

**安康市汉滨区永林再生纸有限公司**
陕西省安康市汉滨区五里镇五茨路口
邮编 725018
电话 0915－3911236
传真 0915－3911236
产品 纱管纸、茶纸板

## 商洛市

**洛南县洛神纸业有限公司**
陕西省商洛市洛南县城东郊 158 号
邮编 726100
电话 0914－7381801
产品 茶纸板

# 甘　肃　省

## 兰州市

**甘肃省甘草水泥集团兰州造纸厂**
甘肃省兰州市东岗镇雁儿湾
邮编 730020
电话 0931－8491189、8699189、8697523
产品 瓦楞箱纸板、涂布纸板

**兰州丽华纸业有限责任公司**
甘肃省兰州市西固区光明街 135 号
邮编 730060
电话 0931－7532582
产品 生活用纸

**兰州立祥纸业有限公司**
甘肃省兰州市安宁区大青沟孔家崖
邮编 730500
电话 0931－7767258
产品 瓦楞原纸、箱纸板

## 天水市

**天水东方纸业有限公司**
甘肃省天水市麦积区渭南镇南河川缑家庄 168 号
邮编 741027
电话 0938－2821318
传真 0938－2821318
产品 箱纸板、高强瓦楞原纸

### 武威市

**甘肃古浪惠思捷纸业有限公司**
甘肃省武威市古浪县泗水镇北街 1 号
邮编 733101
电话 0935－5167339
传真 0935－5167339
产品 生活用纸

### 张掖市

**张掖市光宇纸业有限公司**
甘肃省张掖市张火公路 3 公里
邮编 734000
电话 0936－5983774
产品 书写纸、草浆

**张掖市明阳纸业有限公司**
甘肃省张掖市东北郊工业园区
邮编 734000
电话 0936－8432898、6922396、6922388
网址 www. gsmygroup. com
产品 书写纸、卫生纸

**张掖市纸业集团有限责任公司**
甘肃省张掖市张掖路五星墩
邮编 734027
电话 0936－8280800
传真 0936－8280939
产品 箱纸板、瓦楞原纸

### 平凉市

**平凉市宝马纸业有限公司**
甘肃省平凉市四十里铺镇
邮编 744024
电话 0933－8410019
传真 0933－8410019
产品 卫生纸

**平凉市峡门造纸厂**
甘肃省平凉市峡门乡北坡村
邮编 744022
电话 0933－8570035
传真 0933－8570035
产品 卫生纸

### 酒泉市

**甘肃酒泉银星纸业有限责任公司**
甘肃省酒泉市肃州区雄关路 11 号
邮编 735000
电话 0937－2601137、2613385
产品 书写纸、胶版印刷纸、打字纸、无碳复写原纸、静电复印纸、生活用纸

### 定西市

**临洮家瑞纸业有限公司**
甘肃省定西市临洮县洮阳镇北关开发区
邮编 730500
电话 0932－2243510
产品 生活用纸

## 青 海 省

### 西宁市

**青海省造纸厂**
青海省西宁市傅家寨 1 号
邮编 810015
电话 0971－8238142
产品 瓦楞原纸、凸版印刷纸

## 宁夏回族自治区

### 银川市

**宁夏金丰源实业有限责任公司**
宁夏回族自治区银川市永宁县红星桥北侧
邮编 750100
电话 0951－8018555
传真 0951－8011578
产品 面巾纸、卫生纸

**宁夏紫荆花纸业有限公司**
宁夏回族自治区银川市永宁县红星桥南
邮编 750100
电话 0951－8014871、8011888、8017666
传真 0951－8014871、8013808
网址 www. zijinhua. com. cn
产品 面巾纸、餐巾纸、卫生纸

**宁夏美洁纸业股份有限公司**
宁夏回族自治区银川市贺兰县东街

邮编 750200
电话 0951－8061280、8061280
传真 0951－8061553
产品 中高档面巾纸、餐巾纸、卫生纸

### 石嘴山市

**宁夏沙湖纸业（集团）有限公司**
宁夏回族自治区石嘴山市平罗县太西镇
邮编 753401
电话 0952－6691402、6682112、6691409
传真 0952－6691401
产品 面巾纸、卫生纸、箱纸板

**宁夏伊斯兰地质造纸厂**
宁夏回族自治区石嘴山市平罗县太西镇
邮编 753401
电话 0952－6681178、6691758
传真 0952－6681178
产品 高强瓦楞原纸

### 吴忠市

**宁夏昊盛纸业有限公司**
宁夏回族自治区吴忠市侯家湾
邮编 751102
电话 0953－2661111、2661726、2662188
传真 0953－2661726
产品 书写纸、印刷纸、生活用纸

**宁夏宇华纸业有限公司**
宁夏回族自治区吴忠市机械工业园
邮编 751101
电话 0953－2691124
传真 0953－2691124
产品 印刷纸、书写纸、生活用纸

**吴忠市马兰花纸业有限公司**
宁夏回族自治区吴忠市金积工业园区
邮编 751100
电话 0953－2231396
传真 0953－2231976
产品 箱纸板、生活用纸

**宁夏金昱元峡光纸业有限公司**
宁夏回族自治区青铜峡市青铜峡镇
邮编 751601
电话 0953－3011443、3012005
传真 0953－3012061
产品 牛皮箱纸板、书写纸、印刷纸、生活用纸

### 中卫市

**中冶美利纸业股份有限公司**
宁夏回族自治区中卫市柔远地区
邮编 755000
电话 0955－7679218、7679430
传真 0955－7679216
网址 www. china－meili. com
产品 书写纸、印刷文化用纸、工业包装用纸

**中冶美利浆纸有限公司**
宁夏回族自治区中卫市美利造纸工业园区
邮编 755000
电话 0955－3986558
传真 0955－3986560
网址 www. mccml. com
邮箱 mcc_ ml@126. com
产品 食品级涂布白卡纸、烟包专用白卡纸、纸杯原纸

## 新疆维吾尔族自治区

### 乌鲁木齐市

**新疆沙驼股份有限公司**
新疆维吾尔自治区乌鲁木齐市米东区稻香北路204号
邮编 831400
电话 0991－3372762
产品 箱纸板、瓦楞原纸、瓦楞纸箱、彩印纸箱（盒）

### 昌吉回族自治州

**新疆昌吉市江北再生纸业有限公司**
新疆维吾尔自治区昌吉高新技术产业开发区经二路8号
邮编 831100
电话 0994－2260566、2260588、226599
传真 0994－2260588
网址 www. china－jbzy. com
产品 箱纸板、瓦楞原纸等

### 巴音郭楞蒙古自治州

**新疆博湖苇业股份有限公司**
新疆维吾尔自治区库尔勒市新城区楼兰路
邮编 841001
电话 0996－2159728、2160000

传真 0996 - 2152533、2153164
网址 www. bohureed. com
邮箱 343174664@ qq. com
产品 漂白苇浆、胶版印刷纸、静电复印纸

## 石河子市

**新疆天宏纸业股份有限公司**

新疆维吾尔自治区石河子市西三路 17 号
邮编 832009
电话 0993 - 7526011、7526027
传真 0993 - 7526088
网址 www. xjth. cn
邮箱 th - jszx@ sohu. com
产品 卫生纸、静电复印纸

# 国内造纸机械及其他相关产业企业名录

## Directory of Domestic Papermaking Machinery Companies and Other Related Companies

## 北 京 市

**ABB（中国）有限公司**
**ABB 制浆造纸部**
北京市朝阳区酒仙桥路 10 号恒通广厦 B7－3
邮编 100015
电话 010－84566688
传真 010－84567626
网址 www.abb.com.cn
产品 电力、自动化技术

**美卓造纸机械（中国）有限公司北京分公司**
**美卓自动化公司北京分公司**
北京市朝阳区建国路乙 118 号京汇大厦 19 层
邮编 100022
电话 010－65666600
传真 010－65662567
网址 www.metso.com
产品 造纸机械

**奥地利安德里茨股份有限公司北京代表处**
北京市朝阳区光华路 7 号汉威大厦西区 18 层
邮编 100004
电话 010－85262720
传真 010－65006413、65006415
网址 www.andritz.com
产品 制浆造纸设备

**霍尼韦尔（中国）有限公司北京办事处**
北京市朝阳区霄云路 26 号鹏润大厦 B 区 17 层
邮编 100125
电话 010－64103000、64103300
传真 010－64103414、64103420
网址 www.honeywellps.com.cn
产品 自动化控制系统、传感器与控制元件

**芬兰温德造纸湿部技术公司北京代表处**
北京市朝阳区建国路 118 号招商局大厦 1829 室
邮编 100022
电话 010－59233822、59233823
传真 010－65662723
网址 www.wetend.com
邮箱 min.zhang@wetend.com
产品“创捷”化学品混合添加技术及装备

**舍弗勒贸易（上海）有限公司北京分公司**
北京市朝阳区东三环北路甲 19 号嘉盛中心 2801 室
邮编 100020
电话 010－65123621、65150288
传真 010－65123433
网址 www.schaeffler.com
产品 工业轴承

**NDC 红外技术公司**
北京市海淀区西直门北大街 60 号首钢国际大厦 1810 室
邮编 100088
电话 010－59935830
传真 010－59935831
网址 www.ndcinfrared.com.cn
邮箱 ndcbj@ndcinfrared.com.cn
产品 纸张水分定量检测及控制

**瑞士 BMB 公司**
北京市建国门内大街 18 号恒基中心 2 座 10 层
电话 010－85198688
传真 010－85198699
网址 www.bmbag.ch
www.kroenert.de
邮箱 info@bmbag.ch
产品 造纸机械

**斯普瑞喷雾系统有限公司北京办事处**
北京市朝阳区建国路 71 号惠通时代广场 B2－101 室
邮编 100025
电话 010－68562800、68561180
传真 010－68561036
网址 www.spray.com
邮箱 beijing@spray.com.cn
产品 喷嘴

**德国冯·诺顿西工程技术有限公司**
北京市朝阳区北土城西路 7 号国恒基业大厦 A 座 1102 室
邮编 100029
电话 010－82275609
传真 010－82275350
网址 www.biolak.com.cn
产品 废水处理设备

**美国凯登百利可乐生公司（KBC）**
北京市朝阳区东三环北路中青大厦 1809 室
邮编 100020
电话 010－65813011
传真 010－65812268
产品 制浆造纸设备、废纸处理

**中国造纸装备有限公司**
北京市朝阳区启阳路 4 号中轻大厦 18 楼
邮编 100102
电话 010 – 64778200、64778300
传真 010 – 64778211
网址 www. cpmcchina. cn
邮箱 cpmcchina@ cpmcchina. cn
产品 中高档高速宽幅纸机、纸板机和生活用纸机

**北京恒捷科技有限公司**
北京市立水桥北北方明珠大厦 1520 – 1522 号
邮编 102218
电话 010 – 58607441、58607442
传真 010 – 58607440
网址 www. hengjietech. com
邮箱 bjhj@ hengjietech. com
产品 轻重质除渣器及除渣器备品配件、废纸制浆生产线的工艺设计及设备配套、废水处理气浮设备、纤维回收弧形筛、流浆箱孔板的设计和制造、技术咨询以及安装调试等工程项目

**北京春辉新吉造纸机械厂**
北京市石景山区吴家村路京城新能源
（原华电大楼）108 室
邮编 100040
电话 010 – 68650010、68657754
传真 010 – 68650010
网址 www. chunhuixinji. com
邮箱 bjchxjzzjx@ 163. com
产品 高浓盘磨机、热磨机、磨片

**北京伟伯康科技发展有限公司**
北京市海淀区曙光花园中路农林科学院畜牧研究所
邮编 100097
电话 010 – 51503883
传真 010 – 51503796
网址 www. webcon – tech. com
邮箱 sales@ webcon – tech. com
产品 DFE 张力控制器

**北京协力旁普包装制品有限公司**
北京市大兴区旧宫镇工业园区北西甲 1 号
邮编 100076
电话 010 – 87962699
传真 010 – 87962476
网址 www. xlpp. com
邮箱 xlpp@ public3. bta. net. cn
产品 纸浆模塑工业包装、餐具

**北京高中压阀门有限责任公司**
北京市东城区东直门外大街 40 号楼
邮编 100027
电话 010 – 69260852
传真 010 – 69258687
网址 www. bvc. cc
邮箱 zzy@ bvc. cc
产品 阀门

**中国联合装备集团公司**
北京市西城区西黄城根南街 33 号
邮编 100032
电话 010 – 66075588
传真 010 – 66052828
网址 www. cnue. com. cn
邮箱 cnue@ cnue. com. cn
产品 造纸机、APMP 设备、纸机配件

**中国轻工机械协会**
北京市西城区西四东斜街 14 号
邮编 100032
电话 010 – 66039347、66031220
传真 010 – 66031224、66073257
网址 www. clima. org. cn
业务 行业标准制定、产品认证及科学成果鉴定

**中国制浆造纸研究院**
北京市朝阳区望京启阳路 4 号院中轻大厦
邮编 100102
电话 010 – 64778000
传真 010 – 64778001
网址 www. cnppri. com
邮箱 bgs@ cnppri. com
　　kb@ cnppri. com
业务 造纸工业标准化、质量监督检验、信息服务等行业技术管理工作

**国家林业局林产工业规划设计院**
**中国林业工程咨询公司**
北京市东城区朝内大街 130 号
邮编 100010
电话 010 – 85128008
传真 010 – 85128008
网址 www. cfecc. com
业务 工程咨询、工程设计、工程监理、工程总承包

**中国轻工建设工程有限公司**
北京市丰台区洋桥北里甲 6 号

邮编 100077
电话 010－67247895
传真 010－67247882
网址 www.clcc.com.cn
邮箱 clcchyb@163.com
业务 工程咨询、监理、总承包

**中国中轻国际工程有限公司**
北京市朝阳区白家庄东里 42 号
邮编 100026
电话 010－65826121、65826125、65826118、65826358
传真 010－65823590
网址 www.bcel－cn.com
邮箱 bcel@bcel－cn.com
业务 造纸工程咨询、设计、监理、项目管理、工程总承包

**中冶京诚工程技术有限公司**
北京市经济技术开发区建安街 7 号
邮编 100176
电话 010－67835128
传真 010－67835133
网址 www.ceri.com.cn
业务 造纸工程咨询、设计、监理、项目管理、工程总承包

**中招国际招标有限公司**
北京市海淀区皂君庙 14 号院 9 号楼
邮编 100081
电话 010－62108062
传真 010－62108218
网址 www.cntcitc.com.cn
业务 代理招标、政府采购

**中国国际工程咨询公司**
北京市海淀区车公庄西路 32 号中咨大厦
邮编 100048
电话 010－68733109
网址 www.ciecc.com.cn
邮箱 wangzhan@ciecc.com.cn
业务 工程咨询

**中国技术进出口总公司**
北京市丰台区西三环中路 90 号通用技术大厦 16－22 层
邮编 100055
电话 010－63349206、63349195
传真 010－63373713
网址 www.cntic.com.cn
邮箱 cntic@cntic.genertec.com.cn
业务 引进大型制浆和纸机成套设备、造纸设备制造技术

**中国包装进出口总公司**
北京市朝阳区东三环北路 3 号幸福大厦 B 座
邮编 100027
电话 010－64616359、64616369
传真 010－64616437
网址 www.chinapack.net
邮箱 biz@chinapack.net
cpmail@chinapack.net
业务 包装材料、机械进出口贸易

**中国纸张纸浆进出口公司**
北京市朝阳区劲松九区 910 号
邮编 100021
电话 010－67780346
传真 010－67747294
网址 www.chinalight.com.cn
邮箱 info@cnppc.com
业务 纸浆、纸张、木材进出口贸易

**颇尔过滤器（北京）有限公司**
北京市经济开发区宏达南路 12 号
邮编 100176
电话 010－87225588
传真 010－67802329、67802328
网址 www.pall.com
邮箱 china_ls@ap.pall.com
产品 过滤器

**中国国旅贸易有限公司**
北京市朝阳区永安东里通用国际中心 A 座 19 层
邮编 100022
电话 010－58793322
传真 010－58793093
网址 www.cittc.com.cn
邮箱 cittc@mx.cei.gov.cn
经营 SC、LWC、铜版纸、双胶纸、白卡纸、牛皮卡纸

**美国纸源有限公司北京办事处**
北京市海淀区花园东路 30 号 5204 室
邮编 100083
电话 010－62360817
传真 010－62365579
经营 不干胶纸、硅油纸、涂塑原纸、铜版纸

**英特耐国际纸业贸易（上海）有限公司北京办事处**
北京市朝阳区建国门外大街 19 号国际大厦 1905A 室
邮编 100004
电话 010－65271825
传真 010－65270603
经营 进口牛皮卡纸、白卡纸

**北京浩宇星光纸业有限公司**
北京市永定门外沙子口西革新里 120 号
邮编 100077
电话 010－87258232
传真 010－67248325
网址 www. haoyuxingguang. com
经营 办公、文化、制图系列用纸

**北京文满原纸业有限责任公司**
北京市永定门外沙子口革新南路 2 号
邮编 100077
电话 010－67229598、67224105
经营 厂家代理

**北京汇森纸制品有限公司**
北京市丰台区分钟寺倪庄二分公司院内
邮编 100078
电话 010－87692442
传真 010－87697826
经营 日本纪州纸、黑卡纸、彩狐色花纹纸、彩狐珠花纸、牛皮纸

**北京市华伦纸业有限公司**
北京市朝阳区王四营路百子湾火车站旁胜墅旅馆 118 号
邮编 100023
电话 010－67383602
传真 010－67379442
经营 胶版纸、书写纸、轻型纸及纸浆

**北京兴普森商贸有限公司**
北京市丰台区菜户营西街 235 号
邮编 100073
电话 010－63363371、13901224404
传真 010－63367723
网址 www. xingpusen. com
邮箱 lhy8166@ sina. com
经营 牛皮纸、白牛皮纸、黄牛皮纸

**北京云中赢纸业有限公司**
北京市大兴区瀛海镇笃庆堂村笃庆北路 4 号
邮编 100076
电话 010－69281750
传真 010－69281750
经营 铜版纸、灰纸板、书写纸

## 天 津 市

**斯普瑞喷雾系统有限公司天津办事处**
天津市和平区南京路 129 号世贸广场 B－1303 室
邮编 300051
电话 022－27126918
传真 022－27126928
网址 www. spray. com
邮箱 tianjin@ spray. com. cn
产品 喷嘴

**丹佛斯（天津）有限公司**
天津市武清开发区 5 号路
邮编 301700
电话 022－82126400
传真 022－82126407
网址 www. danfoss. com/China
产品 变频器

**天津环球高新造纸网业有限公司**
天津市西青区杨庄子大堤外玉门路
邮编 300112
电话 022－27795246
传真 022－27796246
产品 造纸用聚酯网、聚酯干网、螺旋干网

**天津市轻工业机械厂**
天津市西青区西青道杨柳青
邮编 300380
电话 022－27392930
传真 022－27390401
产品 制浆设备、碱回收设备

**天津市第一轻工机械厂**
天津市南开区长江道怀安环路 11 号
邮编 300193
电话 022－27380290、27380260
产品 长网、圆网造纸机，烘缸，辊胎等

**天津市华星工业用呢新技术开发有限公司**
天津市南开区玉泉路岳湖道 18 号
邮编 300193
电话 022－27372507
传真 022－27372507、27495045

网址 www. tjgynch. com. cn
产品 造纸用呢、工业用呢

**天津派普伟业造纸科技有限公司**
天津市南开区航海道金航大厦 2－4－802（科技园）
邮编 300192
电话 022－87898375
产品 特种纸技术、造纸设备及材料

**天津中天宏大纸业有限公司**
天津市北辰区小淀镇刘安庄工业园区佳丰道 22 号
邮编 300402
电话 022－86994250、26992717
传真 022－26991355
网址 www. abypaper. com
邮箱 mxy@ abypaper. com
产品 标签、热熔胶涂布机、不干胶材料分切机

**天津市轻工业设计院**
天津市南开区长江道 179 号
邮编 300193
电话 022－27380422
传真 022－27380423
网址 www. tlidi. com
邮箱 jy@ tlidi. com
业务 工程总承包、工程咨询、工程设计、工程管理、工程监理

**天津市轻工业造纸技术研究所**
天津市津南区双港工业园发港南路 29 号
邮编 300350
电话 022－81312685
传真 022－81312685
产品 特种纸、过滤纸、制浆造纸技术、过滤材料、滤芯等

**国家轻工业纸张质量监督检测天津站**
天津市津南区辛庄工业园区发港路
邮编 300350
电话 022－88823003
业务 一般纸张类、纸浆检测

**天津市禹晖科技有限公司**
天津市南开区鑫茂科技园
邮编 300081
电话 022－27373367
传真 022－27373367
产品 气浮器

**威宁（天津）国际贸易有限公司**
天津市北辰区津围公路小淀刘安庄工业区
邮编 300402
电话 022－26997137
传真 022－26997093
经营 硅油纸、不干胶、美纹纸、过滤纸、彩喷纸、照相纸、热敏纸、白卡纸、无尘纸

**天津中包进出口有限责任公司**
天津市河西区宾水道 9 号
邮编 300061
电话 022－28371658、28371659
传真 022－28371678
网址 www. ticpack. com
经营 白纸板、进口白纸板、进口牛皮卡纸、进口胶版纸

**天津力天世纪国际贸易有限公司**
天津市河西区大沽南路 501 号恒华大厦 1－1505
邮编 300202
电话 022－58196268、8071809、15902240996
传真 022－58196298
经营 箱纸板、PP 膜卡纸、无碳复写原纸、涂层胶版纸、OCR 纸、布纹铜、玻璃铜版卡纸、白卡纸、防湿纸

**天津中海商贸有限公司**
天津市南开区黄河道 467 号
邮编 300110
电话 022－27419209、13302022371
经营 淋膜纸、PE 相纸、照相原纸、胶版纸、轻涂纸、铜版纸、牛皮纸、彩喷纸、高光相纸、硅油纸、墙壁原纸、无碳纸

**天津市俄林浆纸商贸有限公司**
天津市北辰区万科新城
邮编 300402
电话 022－26300100
传真 022－26300100
经营 废纸、卫生纸切边、桉木浆、漂白针叶木浆、竹浆、本色浆、硬杂木

## 河　北　省

### 石家庄市

**福利造纸毛毯厂**
河北省石家庄市晋州市马于镇吕家庄
邮编 052260
电话 0311－84359142

产品 造纸毛毯

## 唐山市

**唐山天兴科技有限公司**
河北省唐山市开平区现代装备制造工业区南路
邮编 063000
电话 0315－6322550、6322551、8086688
传真 0315－6322552
网址 www. txtech. cn
邮箱 csy@ tetech. cn
tstxhb@ sina. com
产品 CQF 气浮系统

**唐山市热力强盛工贸有限公司**
河北省唐山市路北区朝阳道 22 号
邮编 063000
电话 0315－2022779、2015822
传真 0315－2031273
网址 www. tsrlqs. com
邮箱 religs@ 163. com
经营 铜版纸、拷贝纸

## 邯郸市

**邯郸市造纸机械设备厂**
河北省邯郸市成安县东彭留村
邮编 056700
电话 0310－7260612
产品 盘磨磨片

## 保定市

**高阳县津联工业用呢有限公司**
河北省保定市高阳县城东 2 公里路北
邮编 071500
电话 0312－6602373
传真 0312－6603733
产品 工业用呢

**保定市晨光造纸机械有限公司**
河北省保定市北二环路 699 号
邮编 071051
电话 0312－3173685、3530191、3173703
传真 0312－3172452
网址 www. chgjx. com. cn
邮箱 chenguangjixie@ 126. com
产品 造纸设备、废水处理设备

**保定市华光机械有限公司**
河北省保定市周庄村东
邮编 071051
电话 0312－3117623、3128810、3017250
传真 0312－3128810、3174481
网址 www. bdhuaguang. com
邮箱 bdhuaguang@ 126. com
产品 生活用纸加工设备

**保定巨龙高能开发有限公司**
河北省保定市合作路副 10 号
邮编 071000
电话 0312－5066001、5013685
传真 0312－5028183
网址 www. bdjulong. com. cn
邮箱 julong@ bdjulong. com. cn
产品 红外加热设备

**保定市晨光环保设备厂**
河北省保定市隆兴西路 3132 号
邮编 071051
电话 0312－5555518
传真 0312－5955517
网址 www. cghb. com. cn
邮箱 chengguanghuanbao@ sina. com
产品 TWC 系列同向流净水器及纤维回收、脱泥设备

**保定市中通泵业有限公司**
河北省保定市南二环 2162－8 号
邮编 071000
电话 0312－2138886、2139278、8920037
传真 0312－2138887
网址 www. zhongtongpump. com
邮箱 pump@ zhongtongpump. com
产品 泵

**中国造纸开发保定设计公司**
河北省保定市广济路 230 号
邮编 071000
电话 0312－2025534
传真 0312－2036695
业务 工程设计

**保定华融经贸总公司**
河北省保定市纸厂路 98 号
邮编 071071

电话 0312－3198353、3172128
经营 机制纸、防伪纸

## 沧州市

**沧州市通用造纸机械有限公司**
河北省沧州市经济技术开发区东海路 33 号
邮编 061000
电话 0317－3098909、3098959、3098346
传真 0317－3098959、3098909
网址 www. cztyzzjx. com. cn
邮箱 zjf. 576@ 163. com
产品 磨浆机

**东兴纸箱机械厂**
河北省沧州市东光县城南古树于工业区
邮编 061001
电话 0317－7752228
传真 0317－7752228
产品 各种纸箱、包装机械

**官厅特种工业用呢厂**
河北省沧州市沧县官厅乡
邮编 061029
电话 0317－4058201
产品 造纸毛毯

**爱美德网带有限公司**
**（原东光县造纸网厂）**
河北省沧州市东光县找王镇后屯
邮编 061600
电话 0317－7780800、7780610、7725002
传真 0317－7780610
网址 www. hbamity. com
邮箱 amity@ vip. 163. com
产品 造纸网

**青县拓实新兴冲筛有限公司**
河北省沧州市青县城东觉道庄老子湖工业区
邮编 062650
电话 0317－4087374、4299898、4087027
传真 0317－4087027
网址 www. tsxxcs. cn
邮箱 root@ tsxxcs. cn
产品 筛板

## 廊坊市

**廊坊开发区东润卫生材料有限公司**
河北省廊坊经济技术开发区汇源道
邮编 065001
电话 0316－6071870
传真 0316－6088171
产品 一次性医用敷料、柔中卷、湿纸巾、清洁擦布

**东纶科技实业有限公司**
河北省廊坊经济技术开发区汇源道 8 号
邮编 065001
电话 0316－6086145、6071866、6087699、6071870
传真 0316－6088171
网址 www. eastex－china. com
产品 涤纶、黏胶、锦纶、丙纶等原料的水刺非织造布

## 衡水市

**河北鹤煌网业股份有限公司**
河北省衡水市安平县新盈大街 17 号
邮编 053600
电话 0318－7524840、7978279
传真 0318－7520806
产品 造纸网

**河北华强网业有限公司**
河北省衡水市枣强县肖家镇
邮编 053100
电话 0318－8489236
传真 0318－8489288
网址 www. hbhuaqiang. com
邮箱 huaqiangwangye666@ aliyun. com
产品 造纸网

**河北冀州市亚华特种胶辊厂**
河北省冀州市兴华南大街 1666 号
邮编 053200
电话 0318－6829928
传真 0318－6829956
产品 造纸、冶金用胶辊

**河北深州市王家井东斌胶厂**
河北省深州市王家井镇王庄
邮编 053873
电话 0318－3465347
产品 造纸橡胶、尼龙制品

**河北亚圣实业有限公司**
河北省枣强县玻璃钢城
邮编 053100
电话 0318－8228718
传真 0318－8222297
产品 刮刀

**河北衡水长虹包装装潢有限公司**
河北省衡水市红旗南大街 117 号
邮编 053000
电话 0318－2123321
传真 0318－2123321
经营 各种规格彩色印刷包装纸箱、纸盒、商标

# 山 西 省

## 晋中市

**山西省轻工机械厂**
山西省晋中市榆次区
邮编 030600
电话 13303544343
产品 造纸机械设备

# 内蒙古自治区

## 呼和浩特市

**内蒙古轻纺工业设计研究院有限责任公司**
内蒙古自治区呼和浩特市新城区艺术厅南街 82 号
怡海明苑 B 座 3 楼
邮编 010010
电话 0471－6923184 转 8005
业务 工程咨询、工程设计

# 辽 宁 省

## 沈阳市

**辽宁飞鸿达蒸汽节能设备有限公司**
辽宁省沈阳市东陵区泉园 3 路 69 号
邮编 113122
电话 024－54319988、54319989
传真 024－54319990
网址 www.syfhd.com.cn
　　 www.lnfhd.com
邮箱 syfhd@163.com
产品 纸机烘干热泵、蒸球乏汽回收成套装置、热泵式凝结水回收装置

**沈阳春光造纸机械有限公司**
**（原沈阳市造纸机械厂）**
辽宁省沈阳市铁西区卫工南街 46 号
邮编 110141
电话 024－85400088、85400666
传真 024－85361535
网址 www.syzzjxc.cn
邮箱 bqwsy@126.com
产品 浆泵、卫生纸机、压力泵、真空泵、除渣器

## 大连市

**大连迈仕通机械有限公司**
辽宁省大连市金州工业配套园区银泉街 3 号
邮编 116100
电话 0411－87663998
传真 0411－87663938
网址 www.microstone.com
邮箱 2003@microstone.com
产品 超微粉新型竖式立磨机、超微湿式研磨机、高效气流式分级系统、全自动精密过滤器、除铁过滤器、活性处理设备

**大连嘉迅机械有限公司**
**（原大连民乐工业总厂）**
辽宁省大连市甘井子区辛寨子镇小辛工业园区
邮编 116033
电话 0411－86310998、86310596
传真 0411－86310998
产品 真空泵、减速机、筛浆机

## 丹东市

**丹东东方轻工机械有限公司**
辽宁省丹东市同兴镇龙兴街 69 号
邮编 118011
电话 0415－6135777、6135888
传真 0415－6135999
网址 www.ddf.com.cn
邮箱 dfqj999@126.com
产品 制浆造纸设备及零件

**丹东市江城轻工机械有限公司**
辽宁省丹东市振兴区安民镇
邮编 118004

电话 0415 -7600777 7608280
传真 0415 -7608629
网址 www. ddjcm. cn
邮箱 jcjx@ ddjcm. com
产品 制浆造纸机械设备及零件

**丹东鸭绿江磨片有限公司**
辽宁省丹东市浪头镇
邮编 118009
电话 0415 -6155888、6155355
传真 0415 -6156158
网址 www. jinquan - disc. com
邮箱 jinquandisc@ 163. com
产品 高浓磨磨片等

**丹东兴和机械有限公司**
辽宁省丹东市振兴区浪头镇天津街 201 号
邮编 118009
电话 0415 -6155458
传真 0415 -6155207、6279276
网址 www. ddxinghe. net
邮箱 dd - syg@ 126. com
产品 长网、叠网、圆网造纸机，涂布机，压光机，复卷机，切纸机，包装机

**丹东山河技术有限公司**
辽宁省丹东市汤池工业园区 35 号
邮编 118303
电话 0415 -6256966、6256906
传真 0415 -6256956
网址 www. sunhightech. com
邮箱 mail@ sunhightech. com
sunhightech@ 163. com
产品 造纸过程传感器与控制系统

**丹东烘缸制造厂**
辽宁省丹东市东港市前阳镇平安村
邮编 118000
电话 0415 -7162062
传真 0415 -7162062
产品 烘缸、压榨辊

## 辽阳市

**辽阳造纸机械股份有限公司**
辽宁省辽阳市铁西路 76 号
邮编 111004
电话 0419 -3132329
传真 0419 -3132877
网址 www. lyzj. com
邮箱 lyzj@ lyzj. com
产品 造纸机

**辽阳天义造纸设备有限公司**
辽宁省辽阳市太子河区望水台乡庞夹河村 10 号
邮编 111000
电话 0419 -3229841、3991577
传真 0419 -3229841
网址 www. lytyzz. com
邮箱 007hanfei@ 163. com
lytyzz@ lytyzz. com
产品 打包捆扎机、油压机、切板机、叠包机

# 吉 林 省

## 长春市

**吉林省轻工业设计研究院**
吉林省长春市飞跃 2688 号
邮编 130021
电话 0431 -85657719、85652015、85653595
传真 0431 -85657579
网址 www. jlsqgy. com
邮箱 qgy@ public. cc. jl. cn
业务 工程咨询、工程设计、工程监理

**长春纸张试验机有限责任公司**
吉林省长春市安达街 1456 号
邮编 130061
电话 0431 -88528095
传真 0431 -88527195
网址 www. cczzsyi. net
邮箱 xsk@ cczzsyj. net
产品 纸张物理检测仪器

**长春市月明小型试验机有限责任公司**
**(原长春小型试验机厂)**
吉林省长春市经济技术开发区会展大街（乐群街）906 号
邮编 130033
电话 0431 -84627751、84627353
传真 0431 -84627752
网址 www. ccxxsyj. com
产品 纸张检测仪器

### 吉林市

**吉林轻工业设计院**
吉林省吉林市林荫路 16 号
邮编 132002
电话 0432－6946813、6946842
传真 0432－2775622
网址 www.eli.cn
业务 工程设计、监理、咨询

**吉林市诚信实业有限责任公司**
吉林省吉林市丰满区二道 120 号
邮编 132107
电话 0432－64721456
传真 0432－64722622
网址 www.jlcxmp.com
邮箱 jlcx@jlcxmp.com
产品 特钢磨片

### 四平市

**四平市桦鑫包装有限公司**
吉林省四平市铁东区北八马路 19 号
邮编 136001
电话 0434－3520221
产品 纸制品

## 黑龙江省

### 哈尔滨市

**哈尔滨宇达电子技术有限公司**
黑龙江省哈尔滨市动力区和兴路 17 号
邮编 150040
电话 0451－82131929、82120636、82190118
传真 0451－82120636
网址 www.yudadz.com
邮箱 544893590@qq.com
产品 纸张水分仪、稻麦草水分仪、纸浆浓度测定仪

**哈尔滨泽恩磨浆机有限公司**
黑龙江省哈尔滨市南岗区文库街智力大厦 503 室
邮编 150040
电话 0451－82293443
产品 双螺旋辊式磨浆机

**黑龙江省轻工业设计院**
黑龙江省哈尔滨市动力区和平路 121 号
邮编 150040
电话 0451－82620961
传真 0451－82655374
网址 www.hcel.cn
邮箱 post@hcel.cn
业务 工程设计、工程咨询与规划、工程勘察与监理

### 佳木斯市

**佳木斯造纸网有限公司**
黑龙江省佳木斯市东风区光复路 302 号
邮编 154005
电话 0454－8375399、8332018
产品 造纸网

### 牡丹江市

**黑龙江省造纸工业研究所**
黑龙江省牡丹江市阳明区光华街 5 号
邮编 157013
电话 0453－6332195、6332060
传真 0453－6332195
业务 工农业特种纸研制开发、制浆造纸技术的研究与开发

**牡丹江市中德轻工机械制造厂**
黑龙江省牡丹江市西小太平路 28 号
邮编 157000
电话 0453－6424176
产品 分切机

## 上海市

**恩斯克投资有限公司（日本精工中国总部）**
上海市仙霞路 319 号远东国际广场 A 栋 10 楼
邮编 200051
电话 021－62350198
传真 021－62351033
网址 www.cn.nsk.com
产品 造纸设备专用轴承

**贝卡尔特管理（上海）有限公司**
上海市遵义南路 88 号协泰中心 16 楼
邮编 200000
电话 021－62952233
传真 021－62193158、62952234

网址 www. bekaert. com. cn
产品 打包钢丝、非接触式干燥系统、装订钢丝

**上海大晃泵业有限公司**
上海市奉贤区南桥镇桥行工业区 128 号
邮编 201400
电话 021 – 57196294 – 16
传真 021 – 57196294 – 18
网址 www. shzz. org. cn
产品 多头螺旋离心泵、双螺杆泵系列

**霍尼韦尔（中国）有限公司**
上海市遵义路 100 号虹桥上海城 A 座 35 楼
邮编 200051
电话 021 – 62370237
传真 021 – 63272827、62372332
网址 www. honeywell. com
产品 自动化控制系统传感器与控制元件

**布鲁奇维尔（上海）通风技术有限责任公司**
上海市奉贤区坞桥镇环北路 2 号
邮编 201402
电话 021 – 57406923
传真 021 – 57406923
网址 www. brunnschweiler. com
产品 气罩、风箱、冷凝水系统、热回收系统

**川佳机械集团股份有限公司**
**川佳机械（集团）华东办事处（上海）**
上海市徐汇区宛平南路 381 号宛轻大楼 509 室
邮编 200032
电话 021 – 64283706、64283716
传真 021 – 64283652
网址 www. new – bonafide. com
邮箱 newbona@ ms25. hinet. net
产品 制浆造纸机械

**光华爱而美特仪器有限公司**
上海市闵行经济技术开发区东川路 3160 号
邮编 200245
电话 021 – 64300150
传真 021 – 64300812
产品 电磁流量计等

**华阳检测仪器有限公司**
上海市长宁区昭化路 515 号
邮编 200050
电话 021 – 62400193
传真 021 – 62403841
网址 www. sh – huayang. com
邮箱 hy@ sh – huayang. com
产品 造纸检测、测量仪器

**帕克环保技术（上海）有限公司**
上海市浦东张江郭守敬路 351 号
邮编 201203
电话 021 – 50800101
传真 021 – 50800221
网址 www. paques. com. cn
邮箱 info@ paques. com. cn
业务 废水处理、厌氧处理技术

**上海本真造纸技术有限公司**
上海市普陀区中山北路 1295 号 8 号楼 316 室
邮编 200065
电话 021 – 56090615
传真 021 – 56090615
业务 制浆、造纸生产工艺和机械设备咨询、设计、制造、改造、安装和调试、新产品研制，兼营造纸原料和化学助剂

**上海承天制浆造纸机械工程成套设备有限公司**
上海市中心北路 1060 号 1501 室
邮编 200070
电话 021 – 56558038、56550377
传真 021 – 56558038
产品 工业滤纸成套设备，涂布机，浸渍机，二辊单压、四辊双压、软压光机

**上海泛邦自控技术研究所**
上海市大木桥路 111 号 26D
邮编 200032
电话 021 – 64173777、64169325
传真 021 – 54520510
网址 www. sh – fbauto. com
邮箱 fbauto@ sina. com
fbzkjs@ shcei. com. cn
产品 高精度节能型恒温自控系统

**上海弘纶工业用呢有限公司**
上海市金山区枫泾镇纺织工业园区建安路 78 号
邮编 201502
电话 021 – 67360980、67361100
传真 021 – 57365916

产品 造纸毛毯、工业用呢

**上海开港造纸机械制造有限公司**
上海市幸福路 117 号
邮编 200052
电话 021－62803874
传真 021－62803871
邮箱 liming－kaigang@ 126. com
产品 喷嘴及其移动装置、常用制浆设备及配件

**上海科创设备防腐防漏技术有限公司**
上海市松江区新五开发区
邮编 201606
电话 021－57874310
传真 021－57877400
业务 烘缸堵漏、表面处理

**上海威尔泰工业自动化股份有限公司**
上海市闵行区虹中路 263 号
邮编 201103
电话 021－64656465
传真 021－64659677
网址 www. welltech. cn
邮箱 sales@ welltech. com. cn
产品 自动化控制系统

**上海赛德造纸机械电控技术有限公司**
**上海造纸机械电控技术研究所**
上海市宝山路 888 弄 2 号 306 室
邮编 200081
电话 021－65871936
传真 021－56716875
网址 www. sh－sied. com
产品 SIED 全数字交直流调速系统产品、抄纸车间集散控制系统

**上海紫华企业有限公司**
上海市闵行区北松路 999 号
邮编 201111
电话 021－64093456
传真 021－64090612
网址 www. pefilm. com. cn
产品 PE 流延压纹膜、透气性流延膜和耐刺穿底膜

**上海宏亚机泵制造有限公司**
上海市交通西路 108 号 1 号
邮编 200065
电话 021－56533064、56080539
传真 021－56080539
网址 www. hongyapumps. com
邮箱 sales@ hongyapumps. com
产品 CZ 系列化工离心泵、G 型螺杆泵、WB 型旋涡泵、FCB 型不锈钢齿轮泵、TWZB 型无堵塞浆泵等

**上海永锚泵业制造有限公司**
上海市闸北区共和新路 111 弄 9 号 203 信箱
邮编 200070
电话 021－63802299、63171166
传真 021－63537433
网址 www. ympumps. com
邮箱 sales@ ympumps. com
产品 G 型系列单螺杆泵，QBY 型气动隔膜泵，ISG 系列单级单吸立式管道离心泵，CQ 型磁力驱动泵，JMZ、FMZ 自吸泵等

**上海爱凯思机械刀片有限公司**
上海市青浦工业园区崧泽大道 7477 号
邮编 201707
电话 021－59869050
传真 021－59868220
网址 www. iks－sh. com
产品 打浆机刀具

**上海新阿波隆数控设备有限公司**
上海市闸北区共康路 658 弄 28 号
邮编 200443
电话 021－56488221
传真 021－56438622
产品 数控及普通软压光机、配件

**上海宝刀机械刀片厂**
上海市青浦工业区盈中
邮编 201700
电话 021－59203592
产品 机械刀片

**上海大禹自控阀门有限公司**
上海市南汇区航头镇大麦湾工业园区
文汇报航川路 66 号
邮编 201204
电话 021－68220075
传真 021－68220798
网址 www. dayupv. com
邮箱 sales@ dayupv. com
产品 调节阀门

**上海东华高压匀浆泵厂**
上海市沪闵路镇泾河东 11 号
邮编 201108
电话 021 - 64890907
产品 高压浆泵

**上海福昌造纸机械厂**
上海市浦东新区黄楼镇西首
邮编 201205
电话 021 - 58941309
产品 切纸机

**上海高新造纸技术有限公司**
上海市南大路 15 号
邮编 200436
电话 021 - 66507871
网址 www. nhpaper. cn
邮箱 nhpaper@ sina. com
业务 造纸制浆技术开发、造纸工程设备成套技术、造纸机械

**上海工业用呢厂诸翟分厂**
上海市闵行区金辉路 1688 号
邮编 201107
电话 021 - 62211136
产品 工业用呢

**上海沪昌造纸机械有限公司**
上海市沪太路 555 弄 3 号 503 室
邮编 200070
电话 021 - 56557226
传真 021 - 56555227
产品 压力筛、冲浆泵、造纸机

**上海化工机械厂有限公司**
上海市奉贤区上海工业综合开发区肖南路 368 号
邮编 201400
电话 021 - 33655535
传真 021 - 33655532
网址 www. scmp. net. cn
邮箱 sale@ scmp. net. cn
产品 过滤机、洗浆机

**上海荟安筛网实业有限公司**
上海市中原路 60 弄 1 号
邮编 200438
电话 021 - 65572389
网址 www. huian. com. cn
邮箱 web@ huian. com. cn
产品 丝网

**上海吉井环保设备有限公司**
上海市长宁区宋园路 46 弄 9 号楼
邮编 200336
电话 021 - 62083399
传真 021 - 62706689
网址 www. yosii. com. cn
邮箱 yosii@ sh163. net
yosii@ nikkiso. com. cn
产品 系列计量泵、输送泵、环保设备

**上海金熊造纸网毯有限公司**
上海市金山区枫泾镇兴塔建安路 78 号 2 栋
邮编 201502
电话 021 - 67361666
传真 021 - 67361071
网址 www. vanov. cn
产品 造纸毛毯、工业用呢

**上海浦东合丰造纸机械有限公司**
**（原上海造纸机械配件厂）**
上海市浦东新区合庆镇奚阳路朝阳村
邮编 200052
电话 021 - 58971946
传真 021 - 62820949
产品 疏解机、圆盘磨

**上海轻良实业有限公司**
上海市青浦白鹤工业区鹤祥路 68 号
邮编 201709
电话 021 - 59741536
传真 021 - 59741437
网址 www. shqlsy. com
邮箱 shqlsy@ shqlsy. com
产品 造纸设备

**上海瑞华（集团）有限公司**
上海市广顺路 8 号
邮编 200335
电话 021 - 52186390
传真 021 - 62617381
网址 www. ruihuagroup. com. cn
邮箱 ruihua@ ruihuagroup. com. cn
产品 传动及控制系统、造纸机械

**上海瑞沪造纸机械有限公司**
上海市南翔镇新翔黄路 625 号

邮编 201802
电话 021－59173130
产品 切纸机

**上海太新造纸机械有限公司**
上海市交通路 4703 弄 6 号 702 室
邮编 200331
电话 021－62778894
传真 021－62778886
产品 活动弧形辊、纸机配件

**上海星空自动化仪表有限公司**
上海市青浦工业园区新水路 575 号
邮编 201701
电话 021－59702153、59705999
传真 021－59705989
网址 www.xk－sh.com
邮箱 xsb@xk－sh.com
产品 流量计等仪表

**上海新光明泵业制造有限公司**
**(原光明水泵厂)**
上海市武定路 576 号
邮编 200040
电话 021－62156413、62586878、62583382
传真 021－62156276
网址 www.gmpumps.com
邮箱 info@xinguangminggroup.com
产品 隔膜泵、高温油泵、清水离心泵、化工泵、污水泵

**新华控制技术（集团）有限公司**
上海市闵行经济技术开发区文井路 160 号
邮编 200245
电话 021－64304308
传真 021－64302778
网址 www.xinhuagroup.com
邮箱 xhg@xinhuagroup.com
产品 自动控制

**意大利亚赛利造纸机械有限公司上海代表处**
上海市凯旋路 3500 号华苑大厦 1 号楼
邮编 200030
电话 021－64870654
传真 021－64872928
网址 www.acellipaper.it
产品 造纸及无纺布机器

**中达工业用呢有限公司**
上海市金山区吕巷镇新浜村 12 组 5000 号
邮编 201517
电话 021－57371309
传真 021－57371242
产品 工业用呢

**中国海诚工程科技股份有限公司**
**中国轻工业上海工程咨询有限公司**
上海市宝庆路 21 号
邮编 200031
电话 021－64717908
传真 021－64718347
网址 www.haisum.com
邮箱 info@haisum.com
业务 工程设计、工程咨询、工程监理

**ITT 工业公司**
上海市遵义路 100 号虹桥城市中心 A 座 30 楼
邮编 200051
电话 021－22082888
传真 021－22082999
网址 www.gouldspumps.com
　　　www.pumpsmar.tnet
产品 泵

**中国船舶重工集团公司第 704 研究所**
上海市衡山路 10 号
邮编 200031
电话 021－64718118－4506
传真 021－64330521
网址 www.smeri.com.cn
邮箱 jy704@21cn.com
产品 纸卷输送系统

**九益机电（上海）有限公司**
上海市嘉定区宝安公路 2775 弄 98 号
邮编 201802
电话 021－69158205、69158208
传真 021－69158209
网址 www.cutes.com.tw
邮箱 sales@cutes.com.tw
产品 真空泵、鼓风机

**法国 PCM 泵业公司上海代表处**
上海市延安西路 2299 号世贸商城 10A01
邮编 200336
电话 021－62362521
传真 021－62362428
网址 www.pcm－pump.com

产品 泵

**上海理查包装机械有限公司**
上海市军工路1300号
邮编 200433
电话 021－65482025、65338674、65483939
传真 021－65492533
网址 www.shrichard.com.cn
www.richard.onlin.esh.cn
邮箱 shangrichard@126.com
产品 包装机

**福伊特造纸（中国）有限公司**
上海市长宁区兴义路8号上海万都中心25楼
邮编 200336
电话 021－52080388、52080388
传真 021－52080355、52080355
网址 www.voithpaper.com
www.voith.com.cn
产品 造纸机械

**柯尔柏机械设备（上海）有限公司**
上海市外高桥保税区华京路418号41号楼C部位
邮编 200131
电话 021－50462933、50462822
传真 021－50462303
网址 www.kpl.net
www.koerberprocess.com
邮箱 mirjam.rolfe@koerber.de
产品 复卷机、分切机

**斯普瑞喷雾系统（上海）有限公司**
上海市松江工业区书林路21号
邮编 201611
电话 021－57684882、67600882
传真 021－67600548
网址 www.spray.com
www.autojet.com
邮箱 shanghai@spray.com.cn
产品 喷嘴

**上海乾丰轻工机械厂**
上海市嘉定区江桥工业园区丰华公路1580号
邮编 201803
电话 021－59143443
传真 021－69111165
邮箱 chunginglu@126.com
产品 磨刀机、复卷机、除渣器

**埃尔依（上海）工业设备有限公司**
上海市嘉定区曹安路3652号
邮编 201812
电话 021－39115191
传真 021－39115192
网址 www.l－e.de
产品 纸机密闭气罩、袋通风与热回收系统、车间通风系统、涂布机干燥系统、蒸汽冷凝水系统

**丹佛斯（上海）自动控制有限公司**
上海市宜山路900号科技大楼C座20层
邮编 200233
电话 021－61513000
传真 021－61513100
网址 www.danfoss.com/china
邮箱 shanghai@danfoss.com
产品 变频器

**上海东方泵业（集团）有限公司**
上海市宝山区富联路1588号
邮编 201906
电话 021－33718888
传真 021－56025566
网址 www.eastpump.com
邮箱 eastpump@163.net
产品 泵

**罗斯蒙特公司**
**艾默生过程控制有限公司**
上海办事处 021－38954788
北京办事处 010－58211188
广州办事处 020－83486098
西安办事处 029－83255563
乌鲁木齐办事处 0991－5802277
网址 www.ap.emersonprocess.com
邮箱 CSC.China@emerson.com
产品 压力变送器

**西派克（上海）泵业有限公司**
上海市浦东新区宣中路399号
邮编 201300
电话 021－38108888
传真 021－38108889
网址 www.seepex.com
邮箱 info.cn@seepex.com
产品 泵

**丰田产业车辆（上海）有限公司**
上海市娄山关路555号长房国际广场17楼

电话 021－62287722
传真 021－62285070
网址 www.toyota－forklift.cn
产品 叉车属具

**瑞士 BMB－Kroenert 集团公司**
**中国总代理香港捷成洋行有限公司**
上海市延安东路 588 号东海商业中心 11 楼 C 座
邮编 200001
电话 021－63527002
传真 021－63527330
网址 www.bmbag.ch
产品 涂布加工设备

**博索尼奥拉茂（上海）叉车属具有限公司**
上海市闵行区陪昆路 206 号 B 区 11 号
邮编 201111
电话 021－64093050
传真 021－64093060
网址 www.bolzoni－auramo.com
产品 纸浆包夹、废纸包夹、纸箱夹

**上海奥鼎机械设备有限公司**
上海市番禺路 390 号时代大厦 3 楼 E－F 室
邮编 200052
电话 021－62815511
传真 021－52581476
网址 www.aoding.com
邮箱 info@aoding.com
产品 造纸机械

**深圳市联欧贸易发展有限公司上海分部**
上海市浦东桃林路 18 号环球广场 B 座 702 室
邮编 200135
电话 021－68556062
传真 021－58214208
网址 www.euro－me.com
邮箱 euromesh@euro－me.com
产品 造纸机

**铁姆肯（中国）投资有限公司总部**
上海市虹桥路 1 号港汇中心 1 座 27 层
邮编 200030
电话 021－61138000
传真 021－61138001
网址 www.timken.com
产品 轴承

**伊顿工业过滤（上海）有限公司**
上海市长宁区临虹路 280 弄 3 号楼
邮编 200335
电话 021－52000400
传真 021－52000400
网址 www.eaton.com.cn
产品 造纸过滤设备

**上海恒伦纸业有限公司**
上海市广中西路 99 弄 30 号 201 室
邮编 200072
电话 021－66310898
传真 021－66310090
经营 漂白针叶木浆、针阔叶木混合浆、本色浆、漂白桉木浆、高强瓦楞原纸、新闻纸、双胶纸、书写纸、包装用纸

**美国福瑞斯国际贸易有限公司**
**上海盛托瑞国际贸易有限公司**
上海市定西路 988 号 507 室
邮编 200050
电话 021－62112130、62116810
传真 021－62120563
经营 牛卡纸、白牛皮纸、PE 口杯纸、彩色卡纸、轻涂纸、废纸

**上海德杰实业发展有限公司**
上海市宁国路 313 弄 9 号 709 室
邮编 200090
电话 021－65196311
传真 021－65196311
经营 轻涂纸、铜版纸、哑光纸、灰纸板、白卡纸、玻璃卡纸、布纹纸、双胶纸

**瑞典赛尔玛（CELLMARK）有限公司上海代表处**
上海市茂名南路 205 号瑞金大厦 2007
邮编 200020
电话 021－64730266
传真 021－64730030
经营 漂白针叶木浆、桉木浆、漂白阔叶木浆、本色浆、化机浆、牛皮纸、牛皮卡纸、瓦楞原纸、涂布白卡纸、废纸

**上海华宝物资实业有限公司**
上海市真诚路 426 号
邮编 200331
电话 021－66270073
传真 021－66270090

经营 废纸、纸筒芯

**新鸿纸业有限公司**
上海市黄浦区宁波路 633 号
邮编 200001
电话 021 - 63225771
传真 021 - 63225771
经营 双胶纸、打字纸、书写纸、拷贝纸、牛皮纸、新闻纸、彩色半透明纸、热敏纸、电缆纸、电话簿纸、铝箔衬纸、水果袋原纸、防油纸

**上海云开纸业有限公司**
上海市南翔惠平路 12 弄 3 号
邮编 201802
电话 021 - 59128010、59128011
传真 021 - 59128011
经营 牛皮纸、纸袋纸、白卡纸

**上海万戈工贸发展有限公司**
上海市共祥路 255 号
邮编 201906
电话 021 - 51099553
传真 021 - 51879227
经营 卡纸

**上海中立贸易发展有限公司**
上海市杨浦区大连路 950 号海上海新城 8 号楼 407 室
邮编 200092
电话 021 - 55969137
传真 021 - 65625655
经营 废纸

**上海宾高纸业有限公司**
上海市青浦区支家路 21 弄 3 号楼 110 室
邮编 201700
电话 021 - 59720299、13801662351
传真 021 - 59731297
经营 牛卡纸、牛皮纸

**经纶全讯（香港）有限公司上海代表处**
上海市浦东张杨路 707 号生命人寿大厦 1405 - 6 室
邮编 200041
电话 021 - 58360371
传真 021 - 52921841
经营 单面铜版纸

**上海润泰纸业有限公司**
上海市宝山区富锦路 3159 号
邮编 201901
电话 021 - 56390688
传真 021 - 56865815
经营 铜版纸、双胶纸、白纸板、美国进口白卡纸

**上海峰联浆纸有限公司**
上海市浦东南路 855 号世界广场 30H
邮编 200120
电话 021 - 58209888
传真 021 - 58888056
经营 漂白针叶木浆

**上海年瑞进出口有限公司**
上海市浦东崂山路 528 号江苏大厦（紫金山大酒店）14 楼 A5 室
邮编 200122
电话 021 - 58358662、68868850
传真 021 - 58358676、68868577
网址 www. yearich. com
邮箱 poster@ yearich. com
经营 牛皮纸

**上海伟忠纸业有限公司**
上海市闵行区 788 弄 9 号 1204 室
邮编 201103
电话 021 - 62951710、62951713、62951712
传真 021 - 62951711
网址 www. weizhongzhiye. cn
经营 废纸

**上海吉圣包装纸业有限公司**
上海市南翔镇扬子路 18 号
邮编 201802
电话 021 - 59179049、13901911699
传真 021 - 59179049
经营 牛卡纸、牛皮纸

**上海华臻绫术文化传播有限公司**
上海市闸北区灵石路 721 号 8 幢 201 室
邮编 200000
电话 021 - 36030216、36030217、56034661
传真 021 - 56034661
网址 www. chinalinks. org
邮箱 chinalinks@ sh163. net
sales@ chinalinks. org
经营 双面灰纸板、白牛皮纸、未涂布白铜版卡纸

**上海千悦贸易有限公司**
上海市延安西路 2077 号 2501 室

邮编 200000
电话 021－62190989、62191189、62192806
传真 021－62192806
经营 白卡纸

**上海爱建纸业有限公司**
上海市大田路 129 号 A 栋 28 楼 D 座
邮编 200041
电话 021－62170000
传真 021－62870433
经营 纸张

**上海田源纸业有限公司**
上海市天平路 248 号 3 楼 I 座
邮编 200030
电话 021－64077805、64073270、64077842
经营 铜版纸

**上海中产纸业有限公司**
上海市龙漕路 135 弄 8 号楼 801 室
邮编 200235
电话 021－64757868、64517782
传真 021－64757868、64517782
经营 进口纸

**大仓纸业商事（上海）有限公司**
上海市仙霞路 88 号太阳广场东塔 501
邮编 200336
电话 021－62700643、62700645、62700644
传真 021－62700645
网址 www. okurash. com
邮箱 homepage@ okurash. com
经营 白纸板

**上海晶杨商贸有限公司**
上海市建国西路 91 弄 5 号楼 902 室
邮编 200020
电话 021－63049414、51532091、51532092
传真 021－63049974
网址 www. sha－jingyang. com
邮箱 support@ sha－jingyang. com
经营 液体染料、有机颜料分散液、进口 Manildra 造纸专用系列淀粉、进口荧光增白剂、测色仪器、在线颜色测色系统

**上海景兴实业投资有限公司**
上海市南京西路 1366 号恒隆广场 48 楼 01 室
邮编 200040
电话 021－62882866
传真 021－62887671
网址 www. zjjxjt. com
邮箱 shanghaijingxing@ 163. com
经营 废纸、木浆、纸板、瓦楞原纸、胶版纸

**上海宝星纸浆模塑有限公司**
上海市宝山区盛桥石太路 699 号
邮编 200942
电话 021－56152355
传真 021－56158568
产品 一次性餐盒

## 江　苏　省

### 南京市

**中国林科院林产化工研究所**
江苏省南京市锁金五村 16 号
邮编 210042
电话 025－85482401
传真 025－85413445
网址 www. forinchem. com
邮箱 info@ forinchem. com
业务 木质和非木质林产品化学加工与利用

**江苏省出版印刷物资公司**
江苏省南京市中央路 276－1 易发五洲大厦 2 楼 208 室
邮编 210037
电话 025－83113670
传真 025－83112029
经营 卷筒纸、铜版纸、双胶纸、木浆

**松林国际刮刀锯制造有限公司**
江苏省南京市中山北路 281 号
虹桥新城市广场 01 幢 1815 室
邮编 210003
电话 025－58811772、83171371
传真 025－58812039
网址 www. paperblade－ssl. com
邮箱 ssl@ paperblade－ssl. com
产品 刮刀、圆刀、切刀、开槽刀、专用磨床

**清来机械有限公司南京办事处**
江苏省南京市白下区太平南路 333 号金陵御景园 2 幢 203 座
电话 025－84505849
传真 025－84505849

网址 www. chinglai. com. tw
产品 控制复卷机、裁纸机附叠纸机、刮刀、直降系统、散浆机、去污机、磨浆机、浓缩机、脱水机、筛、分离机、离解机

**南京神克隆科技有限公司**
江苏省南京市江宁区东山华意泰富广场 2 幢 1101 室
邮编 211100
电话 025 - 52196484
传真 025 - 52196654
网址 www. shenkelong. com
产品 废水处理

**南京君昇包装有限公司**
**(原南京纸箱总厂纸板圆桶分厂)**
江苏省南京市江宁区江宁街道上湖工业园
邮编 210000
电话 025 - 52814369、84573359
传真 025 - 52803452
网址 www. nxzt. com
邮箱 lhj@ nxzt. com
产品 环保纸板圆桶及各类纸罐

**苏宁新技术应用研究所**
江苏省南京市虎踞路 175 号环保楼
邮编 210013
电话 025 - 83706725
产品 新型臭氧发生器、废水处理设备

## 无锡市

**无锡沪东麦斯特环境工程有限公司**
江苏省无锡市国家高新技术开发区
邮编 214142
电话 0510 - 85300555、85300777
传真 0510 - 85300878
网址 www. chinahudong. com
邮箱 hz. hudong@ 263. net
产品 气浮设备、废水处理设备

**敷岛工业织物（无锡）有限公司**
江苏省无锡市国家高新技术产业开发区 B - 18 - G 号
邮编 214112
电话 0510 - 85258665
传真 0510 - 85258607
网址 www. shikibo. co. jp
产品 造纸用干网

**华都琥珀环保机械制造有限公司**
江苏省宜兴市高塍镇隔湖路 8 号
邮编 214214
电话 0510 - 87894476
产品 废水处理设备

**江阴市利港羊毛辊厂**
江苏省江阴市利港镇黄丹街
邮编 214444
电话 0510 - 86631242
传真 0510 - 86631051
产品 压花辊、轧光辊

**江阴市国光轧光机纤维辊有限公司**
江苏省江阴市利港镇西利路 88 号
邮编 214444
电话 0510 - 86631242
传真 0510 - 86631051
网址 www. cngrand. cn
邮箱 cngrand@ yahoo. cn
产品 压光机、辊筒

**江阴市利港针织印染机械厂**
江苏省江阴市利港镇新街村 38 号
邮编 214444
电话 0510 - 86631469
传真 0510 - 86092290
产品 压花辊、轧光辊、纤维辊、橡胶辊、羊毛辊

**江阴市双叶化工机械有限公司**
江苏省江阴市北外北国镇北新街 48 号
邮编 214413
电话 0510 - 86351528、86351508、86354777
传真 0510 - 86951386、86351029、86351030
网址 www. shuangye. cn
邮箱 shuangye@ shaungye. cn
产品 高岭土研磨设备

**无锡德华彩印包装有限公司**
江苏省无锡市锡山区鹅湖镇
邮编 214116
电话 0510 - 88748181
传真 0510 - 88741377
产品 彩印包装产品

**无锡江川环境工程成套设备有限公司**
江苏省无锡市东亭镇民营科技工业园 A 区 10 号
邮编 214131

电话 0510－85601196
传真 0510－85601665
产品 环境工程设备

**锡山鸿顺机械制造有限公司**
江苏省无锡市锡山区鸿声镇鸿后路 5 号
邮编 214115
电话 0510－88582317
产品 真空辊、漂白设备、废纸处理设备

**无锡市蓝星轻工机械设备有限公司**
江苏省无锡市硕放镇薛典村
邮编 214142
电话 0510－85304690
产品 造纸辊、吸水箱

**无锡市瑞普环保工程有限公司**
江苏省无锡市苏锡西路 163 号
邮编 214131
电话 0510－85602199
传真 0510－85610899
网址 www.ruipuchina.com
产品 气浮净水设备

**无锡市荣成造纸机械厂**
江苏省无锡市滨湖区硕放镇硕放村
邮编 214144
电话 0510－85302971
产品 真空辊

**无锡腾旋技术有限公司**
江苏省无锡市新区梅村工业集中区新都路 6 号
邮编 214112
电话 0510－8159438、8159440
传真 0510－8159405
网址 www.tengxuan.net
邮箱 sales@tengxuan.net
market@tengxuan.net
产品 虹吸器、扰流棒、视镜

**凯登约翰逊（无锡）技术有限公司**
江苏省无锡市新区闽江路 1 号
邮编 214028
电话 0510－85212218
传真 0510－85212038
网址 www.kadantjohnson.com.cn
产品 蒸汽冷凝水系统、烘干部检测、烘干部系统优化软件、虹吸器、旋转接头、扰流棒、热泵、过热蒸汽降温器、汽水分离器工作站、金属软管、视镜、安装服务

**无锡林州干燥机厂**
江苏省无锡市前洲镇塘村
邮编 214181
电话 0510－83391436、83391336
传真 0510－83391442
网址 www.linzhou.com
www.linzhou.net
邮箱 wollen101010@gmail.com
产品 干燥设备

**无锡市德意机电设备制造有限公司**
**（原江苏省宜兴市第三纺织机械厂）**
江苏省宜兴市屺亭镇骏马路 90 号
邮编 214213
电话 0510－87861769、87861868、87868222
传真 0510－87861769、87867909
网址 www.deyijidian.com
邮箱 deyi@deyijidian.com
产品 无级变速系列、调速电机系列、防爆电机系列

**铁姆肯（中国）投资有限公司无锡分公司**
江苏省无锡市锡锦路 8 号
邮编 214028
电话 0510－85523888
传真 0510－85523885
网址 www.timken.com
产品 轴承

**无锡市金城应用电子仪器厂**
江苏省无锡市扬名高新技术开发区 C 区 38 号
邮编 214024
电话 0510－85407018、85744385
传真 0510－85407028
产品 静电消除器

**无锡中联造纸机械有限公司**
江苏省无锡市锡山区鸿声镇新兴路 2 号
邮编 214115
电话 0510－88580431
传真 0510－88580719
网址 www.wxzlzj.com
邮箱 sales@wxzlzj.com
产品 真空辊、压榨辊、吸移辊

**锡山天元轧辊厂**
江苏省无锡市锡山区南泉镇

邮编 214128
电话 0510－85952034
产品 造纸胶辊

**无锡东亭气动自动化设备厂**
江苏省无锡市东亭二泉东路 228 号
邮编 214101
电话 0510－88700891
传真 0510－88700891
网址 www. wxyyzdh. com
邮箱 info@ wxyyzdh. com
产品 电磁阀

**无锡市阿丹纸业有限公司**
江苏省无锡市长降路降上 10 号
邮编 214000
电话 0510－82447047
传真 0510－82447047
经营 各类书写纸、有光纸、双胶纸

## 徐州市

**徐州工业用呢厂**
江苏省徐州市湖北路 30 号
邮编 221006
电话 0516－85795900、85795904
传真 0516－85696034、85796891
网址 www. xzgyync. com
邮箱 fulin@ xzgyync. com
产品 造纸毛毯

## 常州市

**佩姆派（常州）造纸设备有限公司**
江苏省常州市新北区天山路 49 号
邮编 213022
电话 0519－85068585、85068586
传真 0519－88222812
产品 造纸设备

**常州市伯山机械有限公司**
江苏省常州市新北区薛家工业园
邮编 213125
电话 0519－85951315
传真 0519－85951315
网址 www. czboshan. com
邮箱 boshanjixie@ 163. com
产品 辊筒、压光机、施胶机

**常州轻工机械厂**
江苏省常州市钟楼区大仓路 85 号
邮编 213016
电话 0519－86852274
产品 造纸机、完成设备

**江苏武进松海轻工机械厂**
江苏省常州市武进区潘家镇南宅街
邮编 213178
电话 0519－86201239
产品 网笼、压光机

**常州市优力干燥设备有限公司**
江苏省常州市青龙路 61 号
邮编 213017
电话 0519－88899987、85350288
传真 0519－85351388
网址 www. you－ly. com
邮箱 youxiaod@ gmail. com
产品 纸机干燥设备

**常州市科艺钢印花辊厂**
江苏省常州市马杭大路工业园
邮编 213162
电话 0519－86700665、86550788
传真 0519－86700757
网址 www. kyhg. com
邮箱 kyhg@ kyhg. com
产品 压花辊

**江苏五龙机械有限公司**
江苏省常州市湟里镇镇北开发区
邮编 213151
电话 0519－83341024、83346278
传真 0519－83341556
网址 www. china－wulong. com
邮箱 wulong@ china－wulong. com
产品 污泥脱水机、压滤机

**江苏保龙机电制造有限公司**
江苏省溧阳市经济开发区昆仑北路 75 号
邮编 213300
电话 0519－87301885、87302016、87303618、87305803
传真 0519－87301886
网址 www. jsbaolong. com
邮箱 baolongco@ 163. com

产品 剥皮设备、削片机、摇筛、输送设备、料仓

## 苏州市

**常熟市金鹰工业用呢厂**
江苏省常熟市冶塘镇和平村
邮编 215554
电话 0512－52406507
产品 造纸毛毯

**常熟市轻工机械厂**
江苏省常熟市南门洙泾桥堍常熟造纸厂内
邮编 215500
电话 0512－52787309
产品 疏解机、磨浆机

**太仓市造纸机械一厂**
江苏省太仓市王秀镇
邮编 215426
电话 0512－53855469、53855180
产品 制浆、造纸设备

**江苏华机集团**
江苏省张家港市江苏经济开发区振兴路 5 号
邮编 215600
电话 0512－58189158、58951518
传真 0512－58989366、58951518
网址 www.jshuaji.com
邮箱 hjjt@public1.sz.js.cn
产品 湿法备料及连续蒸煮系统、黑液蒸发器、二氧化氯制备系统、碱回收苛化系统

**江苏华机环保设备股份有限公司**
江苏省张家港市民营科技园振兴路 5 号
邮编 215600
电话 0512－58189158
传真 0512－58989366
网址 www.jshuaji.com
产品 黑液蒸发器、冷凝器、换热器

**铨展环能设备（昆山）有限公司**
江苏省昆山市东部工业区珠竹路 18 号
邮编 215331
电话 0512－57874691、57874692、57874693
传真 0512－57874791
网址 www.cjks.com.cn
邮箱 support@cjks.com.cn
产品 气罩、隔音罩、热回收和通风系统

**苏州工业区亚太纸品加工有限公司**
江苏省苏州市跨塘镇镇北路 212 号
邮编 215122
电话 0512－62743888
传真 0512－62742005
网址 www.ascend－stationery.com
产品 双胶纸、白卡纸（全木浆各种规格）、办公用纸

**苏州静冈刀具有限公司**
江苏省太仓市郑和东路 55 号
邮编 215400
电话 0512－53569377、53570761
传真 0512－53569376
网址 www.shizuoka.com.cn
产品 刮刀

**苏福马股份有限公司**
江苏省苏州市新区何山路 378 号
邮编 215129
电话 0512－66627621、66627806、66627810
传真 0512－66627620、66627818
网址 www.sufoma.com
产品 削片机、剥皮生产线

**杰而固中国有限公司苏州代表处**
江苏省苏州工业园区馨都广场 1A02 号－03 号 A2
邮编 215021
电话 0512－62521441
传真 0512－62521551
网址 www.clouth.com
产品 刮刀系统及零附件

**远东化工（集团）**
中国业务总部电话 021－63048833
苏州办事处电话 13706212929
珠海办事处电话 0756－3351082、3351102
济南办事处电话 13706410637
网址 www.chemcentralgroup.com.cn
产品 实验室涂布机

**太仓嫦娥工业用呢有限公司**
江苏省太仓市沙溪镇新北西路 132 号
邮编 215421
电话 0512－53212049、53213490
传真 0512－53214871
网址 www.chang－e.net.cn
　　 www.tcce.cn
邮箱 change@vip.163.com
产品 造纸毛毯

**太仓沪太嫦娥造纸设备有限公司**
江苏省太仓市沙溪镇新北西路 130 号
邮编 215421
电话 0512－53221907、53229628、53212629
传真 0512－53212993
网址 www. tchtce. cn
产品 纸机、复卷机、卷纸机、压光机、烘缸

**太仓市兴良造纸制浆成套设备有限公司**
江苏省太仓市沙溪镇民营科技园区 2 号
邮编 226000
电话 0512－53221744
传真 0512－53221758
网址 www. xlpaper. com
邮箱 webmaster@ xlpaper. com
产品 圆网浓缩机、复式纤维分离机、高浓压力筛、内流压力筛、不锈钢片式圆网笼、喷浆成形器

**巨桥造纸毛毯有限公司**
江苏省张家港市鹿苑镇
邮编 215616
电话 0512－58477783
产品 造纸毛毯

**太仓市宇航造纸机械厂**
江苏省太仓市璜泾镇王秀管理区
邮编 215426
电话 0512－53857323
产品 水印辊、真空辊、浓缩机

**吴江凯富纺织工业有限公司**
江苏省吴江市平望镇
邮编 215221
电话 0512－63661058
传真 0512－63661801
产品 造纸毛毯、石棉板、管板毯及工业用过滤材料

**张家港市鸿新机械密封件有限公司**
江苏省张家港市德积镇
邮编 215635
电话 0512－58751485
产品 机械密封件

**张家港市华杭造纸制浆设备有限公司**
江苏省张家港市民营科技园振兴路 5 号
邮编 215600
电话 0512－58189666
产品 湿法备料、连续蒸煮制浆生产线、真空洗浆机、碱性过氧化氢机械浆生产线（APMP）

**昆山福乐国际贸易有限公司**
江苏省昆山市长江南路 1128 号
日月星城国际商务广场三楼 307 室
邮编 215300
电话 0512－86165538
传真 0512－86165539
网址 www. formulaintl. com
经营 热敏纸、镜面铜版纸、黄牛皮纸

**江苏华东造纸机械有限公司**
江苏省昆山市玉山镇古城中路 368 号
邮编 215300
电话 0512－57800000
传真 0512－57800001
网址 www. kszlzz. com
邮箱 kszllgq@ 163. com
kszljjg@ 126. com
产品 成套造纸装备

## 南通市

**海安县金剑轻工机械刀片厂**
**（原海安县轻工机械刀片厂）**
江苏省南通市海安县鑫来路 80 号
邮编 226600
电话 0513－88921192、88911085
传真 0513－88833485、88921192
网址 www. jjdp. net
邮箱 lx@ jjdp. sina. net
产品 打浆刀片

**海门造纸毛毯厂**
江苏省海门市三条桥
邮编 226132
电话 0513－82662300
产品 造纸毛毯

**江苏金呢工程织物股份有限公司**
江苏省海门市悦来三条桥路 153 号
邮编 226100
电话 0513－82181300、82181369
传真 0513－82181100
网址 www. jsjinni. cn
产品 造纸毛毯、聚酯成形网

**江苏省海门市工业用呢厂**
江苏省海门市麒麟镇通海路 129 号

邮编 226125
电话 0513－82615001
传真 0513－82615001
网址 www. hmgyyn. cn
邮箱 info@ hmgyyn. cn
产品 造纸毛毯

**海门纸毛毯二厂**
江苏省海门市德胜镇
邮编 226101
电话 0513－82281511
产品 造纸毛毯

## 连云港市

**江苏省连云港市机电设备总厂**
江苏省连云港市新浦区康泰南中 55 号
邮编 222004
电话 0518－85413716
产品 生活用纸加工设备

**连云港根深纸制品有限公司**
江苏省连云港市连云开发区云山企业园新光路
邮编 222043
电话 0518－82341648、82340456、82802003、82800298
传真 0518－82341472、82346812、82802223
网址 www. genshen. net. cn
产品 淋膜口杯纸、瓦楞纸板、纸箱

**连云港市精达计量泵有限公司**
江苏省连云港市灌南县六塘街东首
邮编 222000
电话 0518－83462697、83462888
传真 0518－83461697
网址 www. gn900. com
　　www. lygjlb. cn
邮箱 lygjdjlb@ 163. com
产品 单、双缸计量泵

## 淮安市

**江苏淮安第一出版印刷物资有限公司**
江苏省淮安市（原淮阴市）爱民路 38 号
邮编 223001
电话 0517－83676058、83939915
传真 0517－83650488、83939915
网址 www. jspmc. com
邮箱 jspmc@ 163. com
经营 胶版纸、铜版纸、铜版卡纸

## 盐城市

**盐城市宏宇造纸机械有限公司**
江苏省盐城市盐都区楼王镇人民路 188 号
邮编 224031
电话 0515－88650158、88656969、88658777
传真 0515－88659588
网址 www. hongyuyj. com
邮箱 hongyugs@ 126. com
产品 脱水原件

**盐城市文港造纸机械厂**
江苏省盐城市文港北路 49 号
邮编 224002
电话 0515－88249806
产品 密封件、脱水器材

**盐城市佳诚机械有限公司**
江苏省盐城市秦南工业园区泽夫南路 1 号
邮编 224000
电话 0515－89805252、89807272、89882680
传真 0515－89806278、89806378
网址 www. jxmachine. com
邮箱 jcsw000001@ 163. com
　　jcsw000002@ 163. com
产品 流浆箱、卫生纸机、成形板、刮水板、吸水箱

## 扬州市

**扬州市尚宝罗泵业有限公司**
江苏省扬州市宝应城西（二桥）工业集中区尚宝罗路 1 号
邮编 225800
电话 0514－88209222、13901440177
传真 0514－88224929
网址 www. sblpump. com
邮箱 sblpump@ 163. com
产品 泵

**江都新风造纸网业有限公司**
江苏省江都市真武镇真武路 59 号
邮编 225265
电话 0514－86271080、86274767
传真 0514－86271080
网址 www. lkxf. com
邮箱 lk@ lkxf. com
产品 造纸铜网

**扬州双扬机械有限责任公司**
江苏省扬州市洼字街 22 号
邮编 225003
电话 0514－87246044、87243768、87243956
传真 0514－87246169
网址 www. yzsy. com. cn
邮箱 sym@ yzsy. com. cn
xsb@ yzsy. com. cn
产品 切纸机、减速机

**江苏迎浪科技集团有限公司**
江苏省扬州市宝应县北郊工业区
邮编 225806
电话 0514－88362429、8366888、8366999
传真 0514－88366111、88366777
网址 www. yinglang. com
www. ylpump. com
邮箱 yl@ ylpump. com
产品 造纸用泵

## 镇江市

**镇江恒星科技有限公司**
江苏省镇江市中山西路 89 号凯旋广场 5 号楼
邮编 212000
电话 0511－85027947
传真 0511－85636500
网址 www. hx－kj. com
邮箱 china@ hx－kj. com
产品 烘缸堵漏

**镇江澳志金茂轻工机械制造有限公司**
江苏省镇江市丹徒区阳谷镇镇南工业集中区宝路 1 号
邮编 212143
电话 0511－85935601
传真 0511－85935602
网址 www. zjjinmao. com
邮箱 zjjinmao@ 263. net
产品 备料、制浆、输运设备

**江苏大唐机械制造有限公司**
江苏省镇江市润州民营开发区镇句路东 88 号
邮编 212021
电话 0511－85621574、85630399、85992667
传真 0511－85621574
网址 www. jzdt. net
邮箱 thaoa@ 163. com
产品 备料设备

**镇江良久轻工机械制造有限公司**
江苏省镇江市朱芳路 108 号
邮编 212005
电话 0511－85632962
传真 0511－85623415
产品 制浆设备

**镇江中富马机械有限公司**
江苏省镇江市学府路 300 号
邮编 212016
电话 0511－88798188、88798618、88781320
传真 0511－88798066、88781062
网址 www. zjzfm. com
邮箱 zjzfm@ jsmail. com. cn
zjzfmyxb@ 126. com
产品 造纸备料设备

**镇江金龙包装材料有限公司**
江苏省镇江新区机电工业园
邮编 212132
电话 0511－83378588
经营 包装用纸

**江苏句容市兴文包装有限公司**
江苏省句容市经济开发区航北路 108 号
邮编 212400
电话 0511－87266201、87271390
传真 0511－87262705
网址 www. xingwen. com
产品 瓦楞纸板、纸箱、彩印包装

## 泰州市

**泰州市永达绳业器材厂**
江苏省泰州市高港科技创业园高港区许田路许南
邮编 225324
电话 0523－86110982、13801432315
传真 0523－86116788
网址 www. yongkui. com
邮箱 admin@ yongkui. com
产品 引纸绳、柔性吊带、吊钩系列、起重链条系列

**靖江耐腐蚀泵厂**
江苏省靖江市新港套闸西首
邮编 214518
电话 0523－84211906
产品 浆泵、泵阀

**靖江市飞驰环保实业有限公司**
江苏省靖江市四墩子北大街
邮编 214536
电话 0523－84331256、84334512
传真 0523－84331256
网址 www. jjfchb. com
邮箱 fc_ hope@ yahoo. com. cn
产品 废水处理设备

**江苏靖江市大地机械制造有限公司**
江苏省靖江市城北工业园长新路 8 号
邮编 214513
电话 0523－84852441、84850441
传真 0523－84820441
网址 www. 84852441. com
邮箱 d05234852441@ 126. com
产品 黑液磺化设备

**江苏苏东化工机械有限公司**
江苏省泰兴市古溪镇溪镇工业园区苏东路 1 号
邮编 225417
电话 0523－87791016
传真 0523－87795139
网址 www. aaa－ylj. com
邮箱 wthtx@ pub. tz. jsinfo. net
sales@ aaa－ylj. com
产品 造纸环保设备

**泰兴市金星筛板制造有限公司**
江苏省泰兴市江平北路杨庄桥北收费站南 200 米
邮编 225400
电话 0523－87685583
传真 0523－87739428
网址 www. txjinxin. com
邮箱 txjxsb@ yahoo. com. cn
产品 造纸机械配件

**江苏省泰兴市电除尘设备厂**
江苏省泰兴市城区工业园振兴路 6 号
邮编 225400
电话 0523－87683876、87683865
传真 0523－8686865
网址 www. landiancn. com
邮箱 lddccq@ landiancn. com
产品 造纸碱回收除尘器

**泰兴市仕宁机械有限公司**
江苏省泰兴市城区工业园
邮编 225401
电话 0523－87996001、87996032
传真 0523－87996031
网址 www. cnjsn. com
邮箱 cw@ cnjsn. com
产品 压力筛鼓、平筛、多孔板、鳞形板、装饰消声板

**江苏省泰兴东方文教工艺厂**
江苏省泰兴市孔桥镇
邮编 225432
电话 0523－87841446
产品 引纸绳、吊具

**泰州市鑫龙吊装器材有限公司**
江苏省泰州市高港区田河振兴北路 53 号
邮编 225322
电话 0523－86938626
传真 0523－86933199
网址 www. js－xinlong. com
邮箱 info@ js－xinlong. com
产品 吊装备品、引纸绳等

**兴化市造纸网厂**
江苏省兴化市阳山西路西首（昭阳工业园区）
邮编 225700
电话 0523－83266368、88328158
传真 0523－83263581
产品 聚乙烯（尼龙）网、各种工业网带、塑料传送链板

**泰兴市瑞和纸业有限公司**
江苏省泰兴市江平北路 178 号
邮编 225400
电话 0523－87688777
传真 0523－87688888
经营 各种纸张

## 浙　江　省

### 杭州市

**杭州碱泵有限公司**
浙江省杭州市西湖区三墩西湖科技园西园五路 12 号
邮编 310030
电话 0571－89905760、89905601
传真 0571－89905602
网址 www. alkalipump. com
邮箱 sales@ alkalipump. com
产品 泵

**富阳武林机械有限公司**
浙江省富阳市劳动路 10 号
邮编 311400
电话 0571－63369991
产品 压光机、涂布机

**杭州大路实业有限公司**
浙江省杭州市萧山区红山
邮编 311234
电话 0571－82699042、82699052
传真 0571－82699410
网址 www. chinalulutong. com
邮箱 lulutong168@ hotmail. com
产品 工业泵、盘磨机、浆泵

**杭州美辰纸业技术有限公司**
浙江省杭州市建国北路 586 号 1601 室
邮编 310004
电话 0571－85096526、85096527
传真 0571－85096527
网址 www. papermech. com
邮箱 headbox@ 126. com
产品 流浆箱

**杭州高新自动化仪器仪表公司**
浙江省杭州市五常工业区五常大道 150 号
邮编 310023
电话 0571－88730918
传真 0571－88730917
产品 物理检测仪器

**杭州华章电气工程有限公司**
浙江省杭州市文三路 252 号伟星大厦 12 楼 E 座
邮编 310012
电话 0571－88366555
传真 0571－88856077
网址 www. hzeg. com
邮箱 sales@ hzeg. com
产品 工业控制设备

**浙江中控技术股份有限公司**
浙江省杭州市滨江区六合路 309 号中控科技园
邮编 310053
电话 0571－88851888
传真 0571－86667518
网址 www. supcon. com
邮箱 supcon@ supcon. com
产品 自动化设备

**杭州华加造纸机械制造有限公司**
**杭州华加纸业技术发展有限公司**
浙江省杭州市文晖路大塘新村 20 号
邮编 310005
电话 0571－88801313、88801222
传真 0571－88801222
网址 www. hzhuajia. com
邮箱 yeke@ mail. hz. zj. cn
产品 流浆箱、斜网成形器

**杭州轻通博科自动化技术有限公司**
浙江省杭州市舟山东路 66 号
邮编 310015
电话 0571－88293902、88026010、88023152
传真 0571－88290716
网址 www. hzqtbk. cn
产品 压缩强度测试仪、电脑抗张试验机、耐折度测定仪、拉力仪、白度测定仪、光泽度测定仪、纸管抗压仪、白度颜色测定仪、平滑度测定仪、吸水性测定仪、打浆度仪、纸板耐破测定仪、整箱抗压机、纸箱抗压机

**杭州萧山美特轻工机械有限公司**
浙江省杭州市萧山区坎山大道 265 号（萧山国际机场旁）
邮编 311243
电话 0571－82519727
传真 0571－82519726
产品 滤液泵、高浓除渣器

**杭州西湖阀门厂**
浙江省杭州市西湖区留下镇百家园路 2 号
邮编 310023
电话 0571－85225864
传真 0571－85220115
网址 www. hzxhfmc. com
产品 蒸汽阀门、疏水阀、止回阀

**杭州新余宏机械有限公司**
浙江省杭州市瓶窑
邮编 311115
电话 0571－88541156、88542958
传真 0571－88543365
网址 www. yhjg. com
产品 生活用纸机设备

**浙江武林造纸机械有限公司**
浙江省富阳市春江工业园区裕丰村
邮编 311421
电话 0571－63587966、63587967、63587968

传真 0571－63150990
网址 www. zjwulin. com
邮箱 sales@ zjwulin. com
产品 造纸机械

**桐庐造纸机械设备有限公司**
浙江省杭州市桐庐县横村镇
邮编 311512
电话 0571－6467117、89825164、64671778
传真 0571－64671305
网址 www. ztpm. com
邮箱 ztpm@ ztpm. com
产品 造纸设备

**杭州振兴工业泵制造有限公司**
浙江省杭州市萧山区红山农场3号桥
邮编 311234
电话 0571－82600999、82699701、22822991
传真 0571－82699329、82699856
网址 www. zhenxingpump. com
产品 泵

**浙大双元科技开发有限公司**
浙江省杭州市莫干山路1418号
邮编 310015
电话 0571－88867823
传真 0571－88910049
网址 www. zjusy. com
邮箱 info_ zjusy@ 163. com
产品 自动控制系统

**中国轻工业总会自动化研究所**
浙江省杭州市舟山东路66号
邮编 310015
电话 0571－88290715
传真 0571－88290716
网址 www. qgyzdh. com
邮箱 qgyzdhyjs@ 163. com
产品 传感器、智能仪器仪表、生产过程自动控制装置和系统机电一体化产品

**轻工业杭州机电设计研究院**
浙江省杭州市体育场路71号
邮编 310004
电话 0571－85186556、85186716（总机）
传真 0571－85186432
网址 www. hmei. com. cn
邮箱 hmi@ mail. hz. zj. cn
hzjdy@ hmei. com. cn
产品 造纸设备

**杭州董氏工贸有限公司**
浙江省杭州市东兴路551号颜三路8号
邮编 310005
电话 0571－85383446、85386422
传真 0571－85386423
经营 灰底白纸板、白卡纸、瓦楞原纸、箱纸板、铜版纸、双灰纸、包装牛皮纸、双胶纸、书写纸、拷贝纸

**浙江省普瑞科技有限公司**
浙江省杭州市萧山经济技术开发区鸿兴路181号
邮编 311215
电话 0571－88170685
传真 0571－88173641
经营 隔膜纸、过滤纸

## 宁波市

**宁波鹏程纸业有限公司**
浙江省宁波市鄞奉路536号
邮编 315010
电话 0574－87474197
传真 0574－87481099
经营 高、中、低档灰底、白底纸板，白卡纸，铜版纸，双胶纸

**上海振华港机（集团）宁波传动机械有限公司**
**宁波伟隆传动机械有限公司**
浙江省宁波市东钱湖旅游度假区工业区
邮编 315121
电话 0574－88372266（总机）、88370604、88373131
传真 0574－88372264
网址 www. weilongme. com. cn
邮箱 wlme@ mail. nbptt. zj. cn
产品 传动机械

**宁波宁菱机器制造有限公司**
**宁波宁菱磁粉离合器有限公司**
浙江省宁波市嵩江西路86号
邮编 315192
电话 0574－88213463、88215639
传真 0574－88213753
产品 分切机、涂布机

**宁波市奇兴无纺布有限公司**
浙江省慈溪市掌起工业开发区
邮编 315313

电话 0574－63751612、63742606、63751608、63744609
传真 0574－63740408
网址 www.china－nonwoven.com
www.airlaids.com
邮箱 qxgx@public.cx.nbptt.zj.cn
产品 无纺布、无尘纸及其生产线、一次性卫生制品、湿面巾、生活及工业用各种擦拭布

**宁波远东进出口有限公司**
浙江省宁波市环城北路东段 287－2 号远东仓库
邮编 315000
电话 0574－87308169、13736010054
传真 0574－87300054
经营 涂布白卡纸、金银卡纸、牛皮纸、档案袋专用纸、画框卡纸、黑卡纸进出口

**宁海精工机械有限公司**
浙江省宁波市宁海强蛟工业区
邮编 315612
电话 0574－65198067、65198523
传真 0574－65198599
网址 www.nhjg.cc
邮箱 nhjg@nhjg.cc
产品 涂布机系列、高速切纸机系列

## 温州市

**瑞安市金斯顿喷淋机械有限公司**
浙江省瑞安市塘下镇上金工业区
邮编 325204
电话 0577－65500050、65354710
传真 0577－65380926
网址 www.jinsidun.cn
邮箱 jinsidun123@tom.com
产品 喷头、喷嘴、校网器

**浙江瑞萌自动化设备有限公司**
**（原瑞安调节阀厂）**
浙江省瑞安市汀田镇寨下东新路 18 号
邮编 325206
电话 0577－65500100
传真 0577－65505510
网址 www.cn－rtf.com
邮箱 rtf@cn－rtf.com
产品 调节阀

**瑞安市金邦喷淋技术有限公司**
浙江省瑞安市塘下镇里北垟村旺垟东路 84 号
邮编 325204
电话 0577－65380305、65359286
传真 0577－65380306
网址 www.jinwenpin.com
邮箱 gfssnozzle@yahoo.com.cn
jw@jinwenping.com
产品 喷嘴、除渣器头

**瑞安市远洋机电有限公司**
浙江省瑞安市塘下镇上金工业区 5 号地
邮编 325204
电话 0577－65390539
传真 0577－65397900
产品 轴承退卸套、紧定套、切草机、飞刀、底刀、喷嘴、匀浆机、卷纸辊、磨浆机主轴、浆泵衬套、浆泵叶轮、烘缸刮刀、疏水阀

**温州金虎包装材料有限公司**
浙江省温州市平阳县敖江机电工业园区 104 国道 130 号
邮编 325401
电话 0577－63018373、63696666、63696601
传真 0577－63696606
网址 www.wzjinhu.com
产品 纸塑复合包装及塑料复合包装

**温州市曙光起动设备有限公司**
浙江省乐清市柳市大兴西路 431 号
邮编 325604
电话 0577－62726973、61720973
传真 0577－62721973
网址 www.china－shuguang.com
邮箱 info@china－shuguang.com
产品 起动器

**温州市利普自控设备有限公司**
浙江省温州市鹿城区炬光园中路 125 号
邮编 325007
电话 0577－88608601
网址 www.leap.com.cn
产品 工业过程控制阀及自控设备

**德宝纸杯机械有限公司**
浙江省瑞安市飞云镇远东路 21－29 号
邮编 325207
电话 0577－65568789
传真 0577－65568799
网址 www.debaochina.com
邮箱 db@debaochina.com

产品 纸杯、纸杯机、纸碗机、碟盒机等

**温州仪器仪表有限公司**
浙江省温州市经济技术开发区经八路
邮编 325011
电话 0577－86533644
传真 0577－86554149
产品 光学分析仪器、白度计

**温州市华威机械有限公司**
浙江省温州市龙湾区沙城镇南片工业区永工南路6号
邮编 325025
电话 0577－86810726、86817863
传真 0577－86821728
网址 www.hwd－cn.com
邮箱 zhangchao6698@vip.sina.com
产品 压力筛、分散槽、弧形筛、过滤器

**温州银翼造纸筛选设备有限公司**
浙江省温州市高新技术园区炬光园（牛山北路）
邮编 325000
电话 0577－88609960、88609899、88609860
传真 0577－88608862、88608861
网址 www.wzyinyi.com
邮箱 yinyi@wzyinyi.com
产品 压力筛、除节机、过滤机、分级筛

**浙江力诺阀门有限公司**
浙江省瑞安市潘岱泸浦力诺工业园
邮编 325211
电话 0577－65097777
传真 0577－65386988
网址 www.cn－linuo.com
邮箱 linuo@linuovalve.com
产品 造纸控制阀

**浙江亚达不锈钢制造有限公司**
浙江省温州市龙湾区沙城镇食品机械工业园区安兴路155号
邮编 325025
电话 0577－86812378
传真 0577－86810869
网址 www.cnyada.net
产品 不锈钢输送管道及管件阀门

**温州巨顺机械有限公司**
浙江省温州市郭溪街道长城路20号
邮编 325017
电话 0577－86106117、13600666117
传真 0577－86110931
网址 www.cnjushun.cn
邮箱 master@cnjushun.cn
产品 G型单螺杆泵、浓浆泵、刀型闸阀、浆液阀、浆料阀、气动插板阀、疏水阀、造纸机专用螺丝、喷淋管、喷嘴

**苍南自动化仪器总厂**
浙江省温州市苍南县城堡西路5号
邮编 325800
电话 0577－64700611、64775191
传真 0577－64758918
产品 电动机保护器

**中国丰华科技发展有限公司**
浙江省温州市金乡朝阳东路279号
邮编 325805
电话 0577－64562111、64561700
传真 0577－64575088
网址 www.fenghua－china.com
邮箱 fh@cn－fenghua.com
经营 不干胶系列产品

## 嘉兴市

**浙江德威不锈钢管业制造有限公司**
浙江省嘉兴市经济开发区城北路1522号沭阳路口
邮编 314001
电话 0573－82222170、82211692、82220928、82223107
传真 0573－82224609、82219891
网址 www.dwbxg.com
邮箱 sales@zjdewei.cn
产品 不锈钢大、中、小口径焊管及不锈钢管件

**海宁市浙宁印刷包装机械有限公司**
**（原海宁市伊桥轻工机械厂）**
浙江省海宁市联合西路
邮编 314400
电话 0573－87224695
传真 0573－87222033
产品 电脑凹版印刷机、盘纸分切机、纸膜横切机、金卡纸印刷机

**平湖市青云建材机械有限公司**
**（原平湖市建材机械厂）**
浙江省平湖市通界桥
邮编 314215

电话 0573－85944078、13706739400
传真 0573－85944032
网址 www. phqy2008. com
邮箱 zj@ phqy2008. com
产品 输送机、捆包机

**桐乡市造纸毛毯厂**
浙江省桐乡市晚村镇
邮编 314513
电话 0573－88511541
产品 造纸毛毯

## 湖州市

**安吉美伦纸业设备有限公司**
浙江省湖州市安吉县递铺镇阳光工业园区
邮编 313300
电话 0572－5302977、5302966
传真 0572－5302977
网址 www. china－meilun. com
邮箱 qmf@ china－meilun. com
产品 饰面辊

## 绍兴市

**诸暨造纸机械厂**
浙江省诸暨市牌头工业区
邮编 311825
电话 0575－87051260
网址 www. zjzzj. cn
邮箱 zjzzj@ zjzzj. cn
产品 切纸机

**绍兴市恒申纸业有限公司**
浙江省绍兴市袍江工业区郡贤路南区 A 块群贤路
邮编 312071
电话 0575－88036188
传真 0575－88037333
网址 www. sxhengshen. com
邮箱 web@ sxhszy. com
经营 工业用纸管、化纤产品

## 金华市

**浙江兰溪市华伦造纸有限公司**
浙江省兰溪市城郊西路 21 号
邮编 321100
电话 0579－88230385
传真 0579－88230966
产品 牛皮箱纸板、涂布白纸板、印花纸

**浙江武义华东印刷机械有限公司**
浙江省金华市武义县环城东路 18 号
邮编 321200
电话 0579－87625769
传真 0579－87622188
网址 www. wyhdpm. com
邮箱 303373352@ qq. com
产品 扑克机械、包装机械

## 台州市

**浙江省临海市王开机筛有限公司**
浙江省临海经济开发区东方大道 138 号
邮编 317000
电话 0576－85121181、85121418
传真 0576－85121428
网址 www. wangkai. com
邮箱 hengwei@ wangkai. com
产品 筛板、筛鼓

**温岭市南方粉体设备制造厂**
浙江省温岭市肖家桥工业区
邮编 317502
电话 0576－86580583
传真 0576－86581283
网址 www. nf－sb. com
邮箱 nf－sb@ nf－sb. com
产品 振动筛分机、高效混合机、加热搅拌机、制粒机、输送机、乳化机、溶解机

**台州神通烫印机械有限公司（纸品部）**
浙江省台州市天台县城西工业区上科山
邮编 317200
电话 0576－8373028、83730208、83730598
传真 0576－83730818
网址 www. ttshentong. com
经营 纸制笔记本、纸制文具套装、纸制相册

# 安 徽 省

## 合肥市

**安徽华联造纸机械联合公司**
安徽省合肥市潜山路 287 号

邮编 230031
电话 0551－5562211
传真 0551－5562211
产品 造纸机械

**安徽省轻工设计院有限公司**
安徽省合肥市马鞍山南路富成大厦 10 层
邮编 230001
电话 0551－267882、2628422
传真 0551－2673755
网址 www. ahlidi. com
邮箱 ahlidi@163. com
业务 工程设计、咨询、监理、环境工程、总承包

## 芜湖市

**安徽华辰造纸网股份有限公司**
安徽省芜湖市开发区港湾路 33 号
邮编 241006
电话 0553－5848295
传真 0553－5848290
产品 聚酯网、铜网

## 安庆市

**安庆市朝阳胶辊密封件有限责任公司**
安徽省安庆市十里乡吴咀村 206 国道旁
邮编 246005
电话 0556－5369004
产品 造纸胶辊、油封件

## 滁州市

**天马泵阀集团**
安徽省天长市新河北路 53 号
邮编 239300
电话 0550－7029888、7321888
传真 0550－7029688、7321688
网址 www. ahtmbv. com
邮箱 sales@ahtmbv. com
产品 泵及泵阀

## 阜阳市

**安徽华泰网业有限公司**
安徽省阜阳市太和县城关镇工业园
邮编 236600
电话 0558－8668196
传真 0558－8669196
产品 造纸网、聚酯成形网、螺旋干网

# 福 建 省

## 福州市

**福建省浆纸质量监督检验站**
福建省福州市台江区上海东市场 2 层
邮编 350005
电话 0591－83334751
传真 0591－83362442
业务 浆、纸和纸板及纸制品的检测

**福建省建筑轻纺工业设计院**
福建省福州市东大路华源大厦
邮编 350001
电话 0591－87550637
传真 0591－87520875
网址 www. fjaltdi. com
邮箱 admin@fjaltdi. com
　　fjaltdi@163. com
业务 造纸工程设计、咨询

**福建省造纸工业公司**
福建省福州市省府路 1 号金皇大厦 13 层
邮编 350001
电话 0591－87527473
传真 0591－87520308
经营 造纸原料、造纸设备、仪器仪表

**福州灵丰造纸开发有限公司**
**福建省造纸工业研究所**
福建省福州市西洋路 163 号西洋公寓 1034 室
邮编 350005
电话 0591－83319455、13600855541
传真 0591－83304465
产品 造纸铜网毛毯、检测仪器、化工产品

**星光造纸新技术研究开发中心**
福建省福州市工业路祥坂第三工业区 8 号楼
邮编 325002
电话 0591－83053185
传真 0591－83053196
网址 www. linbaohua. com

邮箱 fjxglbh@163. com
产品 造纸脱水器材

**福建省轻工机械设备有限公司**
福建省福州市闽侯县铁岭北路 3 号
邮编 350100
电话 0591 - 22079888、22079666
传真 0591 - 22079777
网址 www. fjqj. com
邮箱 fjqj@fjqj. com
fjqj_ yxb@vip. 163. com
业务 提供年产 30 万吨废纸 OCC 浆、年产 15 万吨废纸脱墨浆和化机浆全套设备，高浓水力碎浆机、脱墨浮选机、双网挤浆机、盘式热风散等设备。项目咨询、工艺设计、设备制造、安装、试车、人员培训等全套交钥匙工程服务

**福建福州杭华实业有限公司**
福建省福州市塔头路 3 号山明水秀大厦 6101 室
邮编 350011
电话 0591 - 87336866、87330076
传真 0591 - 87338818、87330053
网址 www. fjhanghua. com
经营 纸张、纸浆、松香

## 厦门市

**卡斯卡特（厦门）叉车属具有限公司**
福建省厦门市海沧区阳光路 668 号
邮编 361026
电话 0592 - 6512500、6512570
传真 0592 - 6512571
网址 www. cascorp. com. cn
邮箱 cascade@cascorp. com. cn
产品 侧移器、纸卷夹、纸箱夹、旋转器

**厦门乘工阀门制造有限公司**
福建省厦门市湖里工业区枋湖东路 958 号 2 号厂房
邮编 361000
电话 0592 - 5560772
传真 0592 - 5560773
网址 www. xmcgfm. com
邮箱 13806030138@139. com
产品 造纸专用系列阀门

**厦门永顺纸业开发有限公司**
福建省厦门市江头圆山工业区 2 号厂房
邮编 361009
电话 0592 - 5521851、5521852、5521853
传真 0592 - 5520291
经营 纸制品印制

**厦门新友联贸易有限公司**
福建省厦门市思明区湖滨北路 15 号
外贸大厦 9 层 9010 - 9012 室
邮编 361000
电话 0592 - 5166709
传真 0592 - 5166707
网址 www. xmxyl. com
邮箱 xinyoulian@yahoo. com. cn
经营 文化用纸

## 莆田市

**莆田市东南纸业工贸有限公司**
福建省莆田市城厢区天妃路 278 号
邮编 351100
电话 0594 - 2391389、2291389
传真 0594 - 2381389
网址 www. ptdnzy. com
邮箱 gmanager@ptdnzy. com
产品 彩色薄页纸、彩色纸巾纸、彩色皱纹纸、彩色印刷工艺花纸、彩色碎纸条、金银印刷工艺纸

## 三明市

**福建省三明三洋造纸机械设备有限公司**
福建省三明市列东高岩新村一幢 402 室
邮编 365000
电话 0598 - 8245329
产品 制浆设备

## 泉州市

**福建省石狮市锦兴机械制造有限责任公司**
福建省石狮市厝仔工业区
邮编 362700
电话 0595 - 88912783
传真 0595 - 88913636
网址 www. cnjxjx. com
邮箱 sales@cnjxjx. com
产品 瓦楞纸板生产设备

## 漳州市

**华发（福建）实业公司**
福建省龙海市东园镇厚境华发纸地
邮编 363102
电话 0596－6708555
传真 0596－6709811
经营 原纸

## 南平市

**福建南平星光机械制造安装有限公司**
福建省南平市滨江北路 177 号
邮编 353000
电话 0599－8810277
传真 0599－8810277
业务 制浆、造纸设备制造、安装维修

**福建顺昌蓝海轻工机械设备有限公司**
福建省南平市顺昌县新屯工业园
邮编 353200
电话 13656966006
传真 0599－7824116
产品 碎浆机、筛、除渣器、废水处理设备

**福建南平福一轻工机械有限公司**
福建省南平市江南新区工业园祥瑞路 17 号
邮编 353000
电话 0599－8635577、8635262
传真 0599－8635416
业务 造纸制浆设备、可向市场提供年产 20 万吨废纸 OCC 浆处理系统成套设备和年产 10 万吨废纸脱墨浆处理系统成套设备

## 龙岩市

**长汀县宝顺纸品厂**
福建省龙岩市长汀县汀州镇中心坝变电站路 2 号
邮编 366300
电话 0597－6831545
传真 0597－6831545
产品 瓦楞纸箱

## 宁德市

**福安城阳磨片厂**
福建省福安市大溪边
邮编 355000
电话 0593－6381286
产品 盘磨机磨片

**福安市轻工机械一厂**
福建省福安市城北荷塘坪 89 号
邮编 355000
电话 0593－6382064、6588531
传真 0593－6382472
产品 打浆机、纸机配件

# 江　西　省

## 南昌市

**江西洪都精工机械有限公司**
江西省南昌市新溪桥
邮编 330024
电话 0791－8467083、8468229
传真 0791－8467080、8468228
网址 www. jxhdjg. com
邮箱 zwf@ jxhdjg. com
salse@ jxhdjg. com
产品 压力筛、水力碎浆机

**江西省轻工业研究所**
江西省南昌市北京东路 138 号
邮编 330029
电话 0791－8333891
传真 0791－8329214
业务 相关油墨制品研发、造纸相关研究

**江西省纸张质量监督检验站**
江西省南昌市北京东路 138 号
邮编 330029
电话 0791－8333891
传真 0791－8329214
业务 纸张质量检验

**南昌轻工机械厂**
江西省南昌市迎宾大道 77 号
邮编 330030
电话 0791－5212116

产品 纸机打浆机、碱回收设备

## 宜春市

**江西特种电机股份有限公司**
江西省宜春市城南工业园环城南路 581 号
邮编 336000
电话 0795 - 3272270、3267900、3278147
传真 0795 - 3263554、3274523
网址 www.jiangte.com.cn
邮箱 jtsales@263.net
产品 变频调速电机

# 山 东 省

## 济南市

**ABK 中国代表处**
山东省济南市高新区世纪财富中心 B 座 10 楼 1002 室
邮编 250101
电话 0531 - 86510508、13705315507
传真 0531 - 86510507
网址 www.abkmachinery.com
产品 流浆箱、上网成形器、软压光机、膜转移施胶涂布机及整台纸机和特种纸机等

**济南金拓亨机械制造有限责任公司**
山东省济南市经济开发区南园国道路 6001 号
邮编 250301
电话 0531 - 87229688、13905411910
传真 0531 - 87367881
网址 www.jintuoheng.com
邮箱 jintuoheng@163.com
产品 造纸机械、制浆设备、筛选设备

**济南华章实业有限公司**
山东省济南市天桥区东宇大厂街以西
邮编 250032
电话 0531 - 85719751、85704203
传真 0531 - 85704203
网址 www.jinanhuazhang.com
www.jinanhuike.com
邮箱 jnhuazhang@163.com
产品 纸机部件

**济南机械装备实业公司**
山东省济南市经十路 388 号
邮编 250022
电话 0531 - 87966524
传真 0531 - 87957271
产品 纸机、涂布机、拉幅机

**济南兰光机电技术中心**
山东省济南市无影山路 144 号
邮编 250031
电话 0531 - 85953155
网址 www.labthink.cn
邮箱 marketing@labthink.cn
产品 胶黏剂检测试验仪器、包装印刷检测仪器

**济南市长清育才机械厂**
山东省济南市长清区城南孙庄村
邮编 250300
电话 0531 - 87263421
产品 打浆备件

**济南鑫泰液压机械有限公司**
山东省济南市北工业园
邮编 251400
电话 0531 - 81171588、81171599
传真 0531 - 81171599
网址 www.xtsjj.com
www.xintaijixie.com
产品 挤浆机、洗浆机、浓缩机、碎浆机、磨浆机、精浆机、纤维疏磨机、筛、除渣器、纤维分离机、脱墨机、热分散机、除节机、混合器、漂白塔、输送机、推进器、搅拌器

**济南城东机械制造有限公司**
山东省济南市经十东路刘志远路口
邮编 250101
电话 0531 - 88882862、88883478、88886385
传真 0531 - 88882576
网址 www.dongchengchina.com
邮箱 jndcjx@sina.com
产品 螺旋卷管机、封灌机、制袋机、铸涂机、挤出复合机、贴标机

**济南兴宏远造纸机械有限公司**
山东省章丘市官庄开发区
邮编 250217
电话 0531 - 83320518、15966303999
网址 www.xhyjxzz.com
产品 复卷机、切纸机、卷纸机等造纸完成系列设备

**山东造纸机械厂有限公司**
山东省济南市荷花路 65 号

邮编 250100
电话 0531－88265149、88263157
传真 0531－88263129
网址 www. sdzzjxc. com
邮箱 szj@ sd－zzjx. com
产品 压榨辊、分切机、切纸机、复卷机、卷纸机、压光机、接纸台

**山东省造纸工业研究设计院**
山东省济南市工业南路 101 号
邮编 250100
电话 0531－88952358、88590459
传真 0531－88934142
网址 www. sprd. cc
邮箱 sprd@ 163. com
产品 离心甩浆机

**山东章丘大星造纸机械有限公司**
山东省章丘市埠村镇商业街南首
邮编 250215
电话 0531－83711050、13356683703
传真 0531－83713868
网址 www. sd－daxing. com
邮箱 3711050@ sd－daxing. com
　　sdzqdaxing@ 163. com
产品 铸造压榨压光系列辊、卷纸缸

**长春纸张试验机有限责任公司山东办事处**
山东省济南市天桥区东工商河路 18－1 号
7 号楼 2 单元 202 室
电话 0531－85910865
传真 0531－85910865
网址 www. cczzsyj. net
产品 纸张物理检测仪器

**山东省章丘市造纸机械厂**
山东省章丘市枣园镇
邮编 250214
电话 0531－83651411、83650068
传真 0531－83651869
网址 www. zq－zzjx. com
邮箱 zzjx@ zq－zzjx. com
产品 压光机，卷纸机，复卷机，单、双刀切纸机，接纸台，退纸架，理纸机，施胶机，打包机，分切机

**长清吉祥造纸机械有限公司**
山东省济南市长清区城南孙庄
邮编 250300
电话 0531－87263639
传真 0531－87263639
产品 造纸机械

**长清县恒振兴造纸机械有限责任公司**
山东省济南市长清区城南
邮编 250300
电话 0531－87263412
传真 0531－87263418
产品 筛选设备、浓缩机、双盘磨浆机

**长清县中联造纸机械厂**
山东省济南市长清区城南 3 公里孙庄
邮编 250300
电话 0531－87263422
产品 纸机打浆备件

**济南新世纪造纸机械有限公司**
山东省济南市明水赭山工业园内
邮编 250200
电话 0531－83261898
传真 0531－83261878
网址 www. ctrl. net. cn
邮箱 jnxsjzzjx@ 163. com
产品 复卷机、切纸机、压光机、卷纸机、打包机

**川佳机械集团股份有限公司华北办事处**
山东省济南市无影山东路 38 号
电话 0531－85863156、85863256
传真 0531－85863056
网址 www. new－bonafide. com
产品 废纸制浆、打浆等成套设备

## 青岛市

**麦斯凯包装系统（青岛）有限公司**
山东省青岛市南京路 2 号绮丽大厦 1803 室
邮编 266000
电话 0532－85797620
传真 0532－85797619
网址 www. msk－covertech. cn
邮箱 info@ msk－covertech. cn
产品 燃气热缩包装机

**青岛恩东物产有限公司**
山东省青岛市城阳区流亭赵红路
邮编 266108
电话 0532－84908345、84908348
传真 0532－84908349

网址 www. eundong. com
邮箱 lilyvci@ eundong. com
产品 气化性防锈膜、防锈纸、防锈粉末、防锈液

**青岛乾坤机械有限公司**
山东省青岛市延安三路 114 号金环广场 C 座 1303 室
邮编 266071
电话 0532 - 85820485、83652556
产品 化学品计量泵

**青岛欧美进出口有限公司**
山东省青岛市市南区东海西路 35 号 4 栋 12 层
邮编 266071
电话 0532 - 85757515
传真 0532 - 85710992
网址 www. qea. cn
邮箱 qea@ qea. cn
经营 桉木浆、蔗浆、漂白阔叶木浆、漂白针叶木浆、本色木浆、脱墨浆

**青岛达全洋进出口有限公司**
山东省青岛开发区江山南路 628 号贵信花园 2 - 404 室
邮编 266555
电话 0532 - 86768605、15969884768
传真 0532 - 86769605
经营 美国乱码纸、牛皮卡纸、牛皮纸、铜版纸、玻璃卡纸进出口

**青岛冠宇纸业有限公司**
山东省青岛市李沧区玖水东路市南工业区旁边
邮编 266100
电话 0532 - 87609718、87608628、87608608
传真 0532 - 87609799、87609798
经营 牛皮卡纸

**青岛澳宇贸易有限公司**
山东省青岛市崂山区海尔路 63 号数码科技中心北楼 703 中港大厦 1405 房间
邮编 266061
电话 0532 - 80998176、13953200097
传真 0532 - 80999990
经营 牛皮卡纸、白纸板、挂面纸、废纸

**青岛茂源经贸有限公司**
山东省青岛市衡阳路 1 号甲
邮编 266000
电话 0532 - 84683966、84683988、84685999
传真 0532 - 84683977
经营 纸张

**青岛瑞宝纸业有限公司**
山东省青岛市瞿塘峡路 43 号金色海岸
邮编 266002
电话 0532 - 82688762
传真 0532 - 82654552
经营 纸、纯白纸边、卫生纸边、扑克牌原纸、牛皮纸袋纸、牛卡切边

**青岛森信商贸有限公司**
山东省青岛市浦口路 8 号 504
邮编 266021
电话 0532 - 83021477、83024166、13906421070
经营 铜版纸、双胶纸、邮封纸、PE 牛皮纸、牛皮卡纸

**青岛坤博进出口有限公司**
山东省青岛市福州南路 9 号 1028 室
邮编 266071
电话 0532 - 85770827
传真 0532 - 85770827
经营 废铝箔纸、铝箔包装用纸、卫生纸边、废塑料、铝塑膜、半透明纸、白包装用纸

**青岛宏业林浆纸有限公司**
山东省青岛市观音峡路 24 号 2504 室
邮编 266002
电话 0532 - 82685988
传真 0532 - 82670827
经营 漂白针叶木浆

## 淄博市

**临淄闻韶世兴源机械配件服务部**
山东省淄博市临淄区稷下办
邮编 255400
电话 0533 - 7314282
传真 0533 - 7314282
产品 造纸机、塑料机零配件、造纸网毯洗涤器、校正器

**山东恒星股份有限公司**
山东省淄博市周村区恒星路 98 号
邮编 255300
电话 0533 - 6553030、6556038
传真 0533 - 6553041
产品 各种型号、系列造纸机，纸板机，超级压光机等

**山东晨钟机械股份有限公司**
山东省淄博市桓台田庄镇
邮编 256402

电话 0533－8580059、8580366
传真 0533－8588059
网址 www.chenzhong.com.cn
邮箱 chenzhong@chenzhong.com.cn
产品 系列圆盘、锥度等磨浆机及其配件，搓浆机，制浆、筛选等设备

**山东海天造纸机械有限公司**
山东省淄博市王村兴华路 320 号
邮编 255311
电话 0533－6682999
传真 0533－6680898
网址 www.haitianjx.com
邮箱 haitianjx@126.com
产品 1760～4400 毫米系列长网多缸文化用纸机，2400～4400 毫米系列圆网压力成形器，超短网成形器纸板机，2400～4400 毫米系列长网多缸瓦楞原纸机，2400～4400 毫米系列三叠网、四叠网纸板机

**山东硅苑新材料科技股份有限公司**
**（原山东省硅酸盐研究设计院）**
山东省淄博市高新区柳泉路 286 号
邮编 255086
电话 0533－3582419
传真 0533－3582244
网址 www.sicer.com
邮箱 sicer@sicer.com
产品 陶瓷系列脱水器件、除砂器、除杂器

**山东省淄博市临淄区宏强造纸设备厂**
山东省淄博市临淄区炼厂西路
邮编 255400
电话 13355231527
产品 气动洗涤驱动装置、水动成套配件、水动装置、气动校正器

**山东省淄博市临淄区辛店富发造纸设备厂**
山东省淄博市临淄区大武生活区分 146 号
电话 0533－7481761
传真 0533－7481761
产品 造纸网毯洗涤器

**山东富安集团真空科技有限公司**
山东省淄博市博山区富安工业园
邮编 255200
电话 0533－4208888、4208666
传真 0533－4208999
网址 www.shandongfuan.com
邮箱 shandongfuan@sina.com
产品 真空泵

**信缔纳士机械有限公司**
**纳西姆工业（中国）有限公司**
山东省博山经济开发区纬五路 18 号
邮编 255213
电话 0533－4650168、4654888、4652266
传真 0533－4651466、4650166
网址 www.gdnash.com.cn
邮箱 mk.gdnc@gardnerdenver.com
产品 系列真空泵、压缩机

**淄博东方机械有限公司**
山东省淄博市桓台县田庄西外环路北首
邮编 256402
电话 0533－8581000
产品 制浆设备及配件

**淄博国信轻工机械有限公司**
山东省淄博市桓台新城
电话 0533－8880446
传真 0533－8880440
网址 www.gxqj.net
邮箱 gxqj@gxqj.net
产品 转鼓式碎浆机等废纸制浆设备

**淄博明信造纸机械有限公司**
山东省淄博市周村区正阳路 1688 号
邮编 255339
电话 0533－6161856、13905335172
传真 0533－6161058
产品 文化用纸机、瓦楞原纸机、箱纸板机

**淄博锦秀电器自动化有限公司**
山东省淄博市周村区正阳路北首
邮编 255339
电话 0533－6531786、6536726、6536797
传真 0533－6531786
网址 www.zbjxdq.com
邮箱 zbjxdq@163.com
产品 制浆 DCS 系统、变频传动系统、定量水分析

**淄博泰鼎造纸机械有限公司**
山东省淄博市周村区恒星路 98 号
邮编 255300
电话 0533－6556085
传真 0533－6557368

网址 www. zbtd. com. cn
邮箱 sdzbtd@ sina. com
产品 超级压光机系列

**淄博市周村庆宁过滤设备厂**
山东省淄博市周村区米河路北首
邮编 255300
电话 0533 – 8775090、6804678
传真 0533 – 6804678
产品 过滤设备

**淄博全通机械有限公司**
山东省淄博市王村镇
邮编 255311
电话 0533 – 6680247、6681128
传真 0533 – 6680249
网址 www. cnquantong. com
邮箱 quantong@ cnquantong. com
cnquantong@ sina. com
产品 双螺旋高效挤浆机、纸板机、复合纸机、软辊压光机

**淄博市临淄春光机电有限公司**
山东省淄博市临淄区梧台镇温江路 3 号
邮编 255420
电话 0533 – 7666048
传真 0533 – 7669098
网址 www. cgjd. com
邮箱 cgjd@ cgjd. com
产品 造纸网毯洗涤器及其驱动装置，中、低浓双盘磨浆机，长网双辊挤浆机，长网洗浆机

**淄博市临淄科比造纸设备厂**
山东省淄博市临淄区
邮编 255400
电话 0533 – 7327902
传真 0533 – 7327902
产品 网毯洗涤、校正器、造纸设备

**淄博水环真空泵厂有限公司**
山东省淄博市博山区柳杭路 48 号
邮编 255200
电话 0533 – 4178155、4175945
传真 0533 – 4179957
网址 www. shzkb. com
邮箱 shzkb@ shzkb. com
产品 2BEC、2BEA、2BVA、SZ、SZB、SK、2SK、2SK – P 等系列水环式真空泵，压缩机及真空机组，HZN 柠檬酸强制循环泵

**淄博陶瓷机械厂**
山东省淄博市淄川区昆仑镇铁路街 203 号
邮编 255129
电话 0533 – 5780113、5781921
产品 高速超细粉碎机

**淄博市临淄八方园包装制品有限公司**
山东省淄博市临淄区金岭镇金岭南路 1905 号
邮编 255410
电话 0533 – 7480058
传真 0533 – 7480128
产品 纸杯、纸碗、纸餐盒

## 枣庄市

**山东鲁台集团凯利得数控设备有限公司**
山东省枣庄市台儿庄区经济开发区
邮编 277400
电话 0632 – 6662999、6662998、6687999
传真 0632 – 6662998
网址 www. lutaikld. com
邮箱 calender@ 126. com
产品 软压光机、数控传动

**山东鲁台造纸机械集团有限公司**
山东省枣庄市台儿庄工业园鲁台路 1 号
邮编 277400
电话 0632 – 6681888、6681999、13561113888
传真 0632 – 6611569
网址 www. lutaijt. com
邮箱 lutaigroup@ 163. com
产品 SD 压滤机、造纸机、碎浆机、烘缸

**山东台儿庄万通纸业总公司**
**枣庄市亿利达造纸机械有限公司**
山东省枣庄台儿庄区长捷西路
邮编 277400
电话 0632 – 6618915、6611105、6618626
传真 0632 – 6612639
网址 www. zzyld. com
邮箱 yldtec@ 163. com
产品 软压光机、污泥脱水机、湿抄机、造纸机

**枣庄市亿丰造纸机械有限公司**
山东省枣庄市台儿庄区长捷路中段（区党校东）
邮编 277400

电话 0632－6666068
传真 0632－6661958
产品 造纸机械

**枣庄市得盛机械设备有限公司**
山东省枣庄市驻地西昌路
邮编 277100
电话 0632－3318777、13361438256
传真 0632－3555558
产品 流浆箱、污泥脱水机、烘缸、压光机、压榨洗涤过滤机

**枣庄市汉森造纸数控设备有限公司**
山东省枣庄市台儿庄区鸿发街北段
邮编 277400
电话 0632－6637338、13906326595
传真 0632－6602988
网址 www.hastenzz.com
邮箱 hastenzz@126.com
hs@hastenzz.com
产品 压光机

**山东省滕州市臻宇造纸环保设备厂**
山东省滕州市平行路268－3号
邮编 277500
电话 0632－5573861
传真 0632－5573861
产品 黑液提取设备、浆液分离机

**山东省滕州市科创轻工机械有限公司**
山东省滕州市东城经济工业园
邮编 277500
电话 0632－5687391、5687390
传真 0632－5687390
网址 www.sdkechuang.com
邮箱 tzkechuang@163.com
产品 制浆造纸废水处理、废纸脱墨设备

**滕州力华米泰克斯胶辊有限公司**
山东省滕州市平行南路76号
邮编 277500
电话 0632－5699298、5699450
传真 0632－5699275
网址 www.sdlihua.com
邮箱 salihua@vip.163.com
lihua@sdlihua.com
产品 工业胶辊、其他金属零件覆胶

**滕州市晨光波纹管有限公司**
山东省滕州市长途汽车总站北后屯工业区
邮编 277500
电话 0632－5552837
传真 0632－5552171
网址 www.cgbwg.com
邮箱 chengguanggongsi@126.com
产品 旋转接头、波纹补偿器

**滕州市东方波纹管有限公司**
山东省滕州市平行北路41号
邮编 277500
电话 0632－5512430
传真 0632－5513248
网址 www.tzdfbwg.com
邮箱 dfjs2008@163.com
产品 金属软管、旋转接头

**滕州市锻压机床二厂**
山东省滕州市学院路1号
邮编 277500
电话 0632－5512006、5502318
传真 0632－5599753
网址 www.tz2d.com
www.tz2d.com.cn
邮箱 tz2d@sina.com
产品 挤浆机、洗浆机、污泥脱水

**滕州市华方旋转接头有限责任公司**
山东省滕州市大同北路5号
邮编 277500
电话 0632－5525608、5594683
传真 0632－5528571、5516498
网址 www.5525608.com
邮箱 5525608@163.com
产品 旋转接头及不锈钢金属软管

**滕州市金旋波纹管有限公司**
山东省滕州市平行南路88号
邮编 277500
电话 0632－5585138、5553666
传真 0632－5586527
网址 www.xzjt.com
邮箱 tzjinxuan@163.com
产品 金属软管、旋转接头

**滕州约翰逊旋转接头制造有限公司**
山东省滕州市大同北路139号（北首）

邮编 277500
电话 0632－5513203、5512111
传真 0632－5516244
产品 各种规格、型号的旋转接头及配套金属软管、疏水阀

## 烟台市

**烟台华正轻工机械有限公司**
山东省烟台市牟平区北关大街 755 号
（汽车站向西 500 米路北）
邮编 264100
电话 0535－4223727、4266018
传真 0535－4266016
网址 www. hzqj. net
产品 打浆、除渣设备，真空泵

**烟台造纸机械总厂**
山东省烟台市莱山区
邮编 264101
电话 0535－6752024
产品 磨浆、浓缩、除渣、真空系列浆泵

**莱州市永丰造纸机械有限公司**
山东省莱州市平里店镇驻地
邮编 261414
电话 0535－2615565－8318、2615566－8318
传真 0535－2615567
网址 www. yongfenggroup. com
邮箱 admin@ yongfenggroup. com
产品 制浆造纸设备、单/复式纤维分离机、外流式高浓压力筛、双锥体高浓除渣器、方浆池推进器、浆池搅拌器、卧/立式水力碎浆机、自洗式振动平筛、槽式打浆机、出口五金工具、硬度计、工业纸板、纸塑制品

**山东莱州市磁粉离合器厂**
山东省莱州市城山路 200 号
邮编 261416
电话 0535－2754132
产品 纸机用离合器

**蓬莱市自控设备成套厂**
山东省蓬莱市海市路
邮编 265600
电话 0535－5641224、5631224
传真 0535－5601224
网址 www. penglaisugar. com
邮箱 plwzq@ 163. com
产品 汽水分离、冷凝水排出

## 潍坊市

**山东科力华电磁设备有限公司**
**（原山东省临朐县科力电磁设备厂）**
山东省潍坊市临朐县城南工业园
邮编 262600
电话 0536－3181088、3181099、3181077、13953602126
传真 0536－3181099
网址 www. sdklh. net
www. sdklh. com
邮箱 kelidianci@ hotmail. com
产品 电磁除铁器、磁滚筒、永磁铁、金属探测仪

**潍坊同步造纸技术有限公司**
山东省安丘市经济开发区
邮编 262100
电话 0536－4733666、4224610、13953661000
传真 0536－4733667
网址 www. wftbzz. com
邮箱 dgt777@ 126. com
产品 纸幅横向水分调节系统、纸幅横向定量调节系统、刮刀、空气转向器、纸幅稳定器、洗涤器、分条机、水力式流浆箱等

**潍坊天宏机械制造有限公司**
山东省安丘市华安路中段西首
邮编 262100
电话 0536－4256398
传真 0536－4256397
网址 www. wfth. cn
邮箱 th6230@ sohu. com
产品 除渣器

**山东华特磁电科技股份有限公司**
山东省潍坊市临朐县经济开发区华特路中段
邮编 262600
电话 0536－3214543、3158866、3112577
传真 0536－3110552
网址 www. sdhuate. com
邮箱 htcd@ chinahuate. com
产品 除铁器、给料器

**潍坊开发区造纸毛毯厂**
山东省潍坊市北海路 628 号
邮编 261061

电话 0536－8883680
传真 0536－8888367
产品 造纸毛毯

**潍坊凯信机械有限公司**
山东省潍坊市高新技术开发区桐荫街7号
邮编 261061
电话 0536－2966966、2966902
传真 0536－2966999
网址 www.hicredit.net
邮箱 wfkxjx@vip.sina.com
产品 造纸机械成套设备及相关自控系统、气垫式干燥浆板机

**潍坊市石辊厂**
山东省安丘市红沙沟街
邮编 262124
电话 0536－4671466
传真 0536－4671957
产品 纸机用辊

**潍坊扬帆机械有限公司**
山东省潍坊市胜利西街3858号
邮编 261011
电话 0536－8552655、8552366
传真 0536－8550840
网址 www.yangfanjixie.com
邮箱 yangfan@yangfanjixie.com
产品 备料、制浆设备，废水处理设备

**潍坊科创浆纸工程有限公司**
山东省安丘市经济开发区
邮编 262123
电话 0536－4732506、2269600
传真 0536－4732507
网址 www.wfkc.cn
产品 除渣器、螺旋挤浆机、搅拌器

**青州市益丰造纸机械有限公司**
山东省青州市南郊
邮编 262501
电话 0536－3810143
传真 0536－3811611
网址 www.chinayifeng.com
邮箱 yifenjixie@sohu.com
产品 备料、制浆设备

**山东青州市鸿立造纸机械有限公司**
**（原青州市益都造纸机械厂）**
山东省青州市东方路678号
邮编 262500
电话 0536－3201582、3297849
传真 0536－3205539
网址 www.sdyidu.com
邮箱 zcl@sdyidu.com
zhaichangli@sdyidu.com
产品 制浆、备料设备

**山东诸城国安机械有限公司**
山东省诸城市经济开发区西首
邮编 262233
电话 0536－6017288
传真 0536－6017288
产品 制浆造纸设备、废水处理设备

**诸城市明大机械有限公司**
山东省诸城市皇华工业园
邮编 262233
电话 0536－6587669、6589330
传真 0536－6342866
网址 www.mingdajixie.cn
邮箱 mdjixie330@163.com
产品 卫生纸机

**山东省诸城市汉通奥特造纸设备有限公司**
山东省诸城市龙都工业园
邮编 262200
电话 0536－6218640
传真 0536－6113828
网址 www.chinahantong.com
邮箱 aote7910@163.com
产品 制浆设备、卫生纸机、废水处理设备

**山东省弘扬机械有限公司**
山东省诸城市龙都街道办事处西土墙工业园
邮编 262200
电话 0536－6358838
传真 0536－6358278
产品 筛选、碎浆、打浆、除砂及纸加工设备，废纸脱墨成套设备，废水处理成套设备及工艺设计，制浆造纸工艺设计及技术指导，爆破法制浆，新型环保制浆方法技术咨询

**山东省诸城市精益造纸机械厂**
山东省诸城市密州街道办事处东徐工业园

邮编 262200
电话 0536－6065718、6083680、13606476897、13791630807
传真 0536－6083680
产品 纤维分离机、挤浆机、脱墨机、压滤机、离解机、精浆机、碎浆机、气动刮刀、双盘磨浆机、圆网浓缩机、旋翼筛

**诸城市中天机械有限公司**
山东省诸城市西土墙工业园
邮编 262200
电话 0536－6358676、6881548、6358673
传真 0536－6358679、6358675
网址 www. zhongtianjixie. com
邮箱 ztjxxx@ 163169. net
zhongtianhuanbao@ sohu. com
产品 环保设备、造纸设备、承接环保工程

**山东省诸城市金三扬机械设备制造厂**
山东省诸城市经济开发区横五路东首
邮编 262200
电话 0536－6125578、6125588、13806366474
传真 0536－6184876
产品 废水处理设备、制浆设备、脱墨设备、锅炉除尘设备

**山东省诸城市金隆机械制造有限责任公司**
山东省诸城市德利斯大道中段
邮编 262200
电话 0536－6081658、6116888
传真 0536－6081808
网址 www. cnjinlongjixie. com
邮箱 jl@ cnjinlongjixie. com
产品 打浆设备、磨浆设备、筛选净化设备、浮选脱墨设备、浓缩洗浆设备、废水处理设备、高速卫生纸机、机械制浆设备、热分散系统、浆泵、推进器

**山东诸城市东泰造纸机械有限公司**
山东省诸城市西外环中段化肥厂西 300 米
邮编 262200
电话 0536－6017669、6018669、13505369679
网址 www. dongtaijixie. com
邮箱 dongtai6018669@ 126. com
产品 筛、除渣器、污泥压滤机、气浮废水处理、纸机、湿抄机、脱墨设备、洗涤磨浆设备、磨浆机、爆破制浆技术及设备

**山东省诸城市新日东机械厂**
山东省诸城市皇华工业园
电话 0536－6067736、6060117
传真 0536－6060796
网址 www. xrdjx. com
www. xinridong. cn
www. sdxrd. com. cn
邮箱 xinridong@ sina. com
产品 脱墨机、碎浆机、磨浆机、洗浆机、搓磨分丝机、纤维分离机、卫生纸机、压力筛

**山东省诸城市双益机械有限公司**
山东省诸城市密州路 29 号
邮编 262200
电话 0536－6327018
传真 0536－6050758
产品 压力筛、纤维分离机、磨浆机、脱墨机、浓缩机、压滤机、气浮机

**诸城市中泰机械有限公司**
山东省诸城市龙都工业园
邮编 262200
电话 0536－6350336、6184887
传真 0536－6356235
网址 www. zhongtaijixie. com
邮箱 mail@ zhongtaijixie. com
产品 卫生纸机、压力筛、分离器、纤维分离器、脱墨机、洗浆机、碎浆机、挤浆机、污泥脱水机、搓磨机

**山东省诸城市金日东造纸机械有限公司**
山东省诸城市开发区压山路 18 号
邮编 262200
电话 0536－6213740、6213221
传真 0536－6213221
网址 www. ridong. com
产品 卫生纸机、螺旋网带洗浆机

**山东省诸城市天工造纸机械有限公司**
山东省诸城市开发区顺都路 263 号
邮编 262233
电话 0536－6805066、6805088
传真 0536－6805000
网址 www. tiangongmachinery. com
邮箱 fam@ tiangongmachinery. com
产品 废纸处理设备、制浆设备、环保设备

**山东省诸城市增益造纸设备有限公司**
山东省诸城市密州路东首外贸街 9 号
邮编 262200
电话 0536－6066260、6065123

传真 0536－6065719
网址 www.zengyihuanbao.com
产品 碎浆机、筛浆机、脱墨机、浓缩机、废水处理设备和纸机

**山东惠祥专利造纸机械有限公司**
**（原山东省诸城市专利造纸机械厂）**
山东省诸城市辛兴镇兴中路 38 号
邮编 277400
电话 0536－6011600
传真 0536－6011700、6011800
网址 www.zlzzjx.com
邮箱 zl@zlzzjx.com
sales@zlzzjx.com
产品 废纸设备

**山东诸城市宏升机械有限公司**
山东省诸城市东城工业项目区（昌城行寺路南）
邮编 262216
电话 0536－6406869、6402998
传真 0536－6407989
网址 www.hongshengjixie.com
邮箱 hsjx@hongshengjixie.com
产品 制浆造纸设备

**山东诸城市旭日东机械有限责任公司**
山东省诸城市隆源路
邮编 262200
电话 0536－6081238
传真 0536－6087785
网址 www.xuridong.com
邮箱 mail@xuridong.com
产品 制浆、抄纸、纸加工、废水处理设备

**诸城市大正机械有限公司**
山东省诸城市南外环路东段南侧
邮编 262200
电话 0536－6329913、15095299364
传真 0536－6056488
网址 www.dzco.net.cn
邮箱 dazhengjixie2002@dzco.net.cn
产品 链式压滤机、卫生纸机

**诸城市汇川机械厂**
山东省诸城市郝戈庄镇（诸城西南外环交点向南 13 公里处）
邮编 262226
电话 0536－6591383
传真 0536－6591855
网址 www.jienengshebei.com
邮箱 hcjxshj@163.com
shj6699@163.com
产品 造纸机械环保设备

**诸城市造纸机械厂**
山东省诸城市密州路 26 号
邮编 262200
电话 0536－6213221
产品 制浆、脱墨设备

**山东荣光不锈钢制品有限公司**
山东省寿光市高新技术开发区
邮编 262703
电话 0536－5196955
传真 0536－5109897
产品 造纸容器

**汶瑞机械（山东）有限公司**
山东省安丘市潍徐南路 287 号
邮编 262100
电话 0536－4362288、4361880
传真 0536－4372633
网址 www.wenrui.com.cn
邮箱 info@wenrui.com.cn
产品 黑液提取碱回收设备、双螺杆制浆机

**安丘市石辊厂**
山东省安丘市红沙沟镇驻地
邮编 262124
电话 0536－4671098
传真 0536－4671065
网址 www.aq－sg.com
邮箱 aqsg@aq－sg.com
产品 石辊、盘磨、打浆机刀片

**安丘科扬机械有限公司**
山东省安丘市东城工业园
邮编 262100
电话 0536－4261398、4709888
传真 0536－4252598
网址 www.keyang.cc
邮箱 keyang108@163.com
产品 气浮、净水器、洗浆机、换热器、搅拌器

**安丘市天利机械制造有限公司**
山东省安丘市南工业园石泉路口

邮编 262100
电话 0536－4252801、4252805
传真 0536－4252813
网址 www. sdtljx. com
邮箱 tljt6699@ sohu. com
产品 除渣器、压力筛、苛化器、挤浆机

**安丘天瑞机械制造有限公司**
山东省安丘市石泉路口南 1.5 公里路东
邮编 262100
电话 0536－4250801、13964701658
传真 0536－4255979
网址 www. aqtianrui. com
邮箱 tianruijixie@ 163. com
产品 制浆设备

**安丘市峰胜永安机械有限责任公司**
山东省安丘市东外环路南首
邮编 262100
电话 0536－4381608
传真 0536－4381608
产品 洗浆机、碎浆机、脱墨、除渣器

**安丘市信金机械制造有限公司**
山东省安丘市和平路中段
邮编 262100
电话 0536－4262678
传真 0536－4265977
网址 www. shine－xinjin. com
邮箱 gxn@ shine－xinjin. com
产品 除渣器系列、造纸机械

**实耐格（潍坊）包装有限公司**
山东省寿光市西环路
邮编 262702
电话 0536－5211111
传真 0536－5211611
产品 纸芯、纸管

## 济宁市

**济宁新华天机械有限公司**
山东省济宁市高新技术开发区机电二路
邮编 272000
电话 0537－2481588、13605371432
传真 0537－2481598
网址 www. xhtjx. com
邮箱 jnxhtjx@ 163. com
产品 筛鼓

**济宁安联轻工机械有限公司**
山东省济宁市嘉祥经济开发区嘉诚路中段
邮编 272400
电话 0537－3218138、3218139
传真 0537－3218137
网址 www. alqj. com
邮箱 alqj@ alqj. com
alqjx@ 163. com
产品 碎浆机、纤维分离机、粗选机、压力筛、黑液过滤机、纸机流送系统、除渣器、除气器、苛化器

**山东高新机械设备有限公司**
山东省邹城市经济开发区兴业路 618 号
邮编 273500
电话 0537－5342256、5353899
传真 0537－5344036
网址 www. gaoxfc. com
邮箱 gaoxfc@ gaoxfc. com
产品 压力筛、除杂器等制浆设备

**昌平集团科技开发公司**
山东省邹城市宏达路中段
邮编 273500
电话 0537－5296863
产品 疏解泵、中浓泵

## 泰安市

**山东泰安松源网业有限公司**
山东省泰安市泰山区省庄工业园九星街 77 号
邮编 271000
电话 0538－8332939
传真 0538－8332939
产品 造纸用聚酯成形网、双层网、双层半网、聚酯干网、螺旋网、洗浆网、压滤网、造纸铜网

## 威海市

**文登市永飞刀片厂**
山东省文登市米山南郑
邮编 264424
电话 0631－8872082
产品 涂布、烘缸刮刀

## 临沂市

**山东华源锅炉有限公司**
**（原山东临忻锅炉厂）**
山东省临沂市枣沟头镇永安路 55 号

邮编 276004
电话 0539 - 8164060、8153350
传真 0539 - 8162423
网址 www. lyboiler. com
www. hyboiler. cn
邮箱 hyboiler@ msn. cn
0539glc@ 163. com
产品 固体废弃物焚烧锅炉

**沂春机械股份有限公司**
山东省临沂市费县胜利街
邮编 273400
电话 0539 - 5221136
产品 纸机、分切机、真空泵

## 聊城市

**聊城诚信造纸技术服务有限公司**
山东省聊城市东昌东路 58 号
邮编 252021
电话 0635 - 8315880、8973915
传真 0635 - 8315880
产品 专利技术及设备

**山东信和造纸工程有限公司**
山东省聊城开发区黄河路 26 号
邮编 252000
电话 0635 - 2933333
传真 0635 - 2938333
网址 www. sdxhzz. com
产品 长网、圆网造纸机

**聊城华林机械有限公司**
山东省聊城市凤凰工业园纬一路 8 号
邮编 252000
电话 0635 - 2126008、2126001
传真 0635 - 2126006、2126001
网址 www. cnchanghua. com
邮箱 hmcqin@ 163. com
产品 中高速卫生纸机

**山东聊城联舰造纸技术服务有限公司**
山东省聊城市东昌府区凤凰工业园富民路 2 号
邮编 252000
电话 0635 - 6969248、13561275265、13646380001
传真 0635 - 6969248
产品 楔斜式压力挤浆机、喷浆式压力纸页成形器

**山东昌华造纸机械有限公司**
山东省聊城市凤凰工业园南外环路 178 号
邮编 252000
电话 0635 - 2128866、2128818
传真 0635 - 2128877
网址 www. cnchanghua. com
产品 1760 ~ 5280 系列文化用纸机、2850 ~ 6000 系列长网瓦楞原纸机、2640 ~ 4800 系列叠网纸板机、烘缸、气垫式流浆箱、BM 成形器、宽压区压榨

**山东茌平鲁丰机械厂**
**(原茌平县造纸机械厂)**
山东省聊城市茌平县城工业区
邮编 252100
电话 0635 - 4282839、13963006273、15063599901
传真 0635 - 4282839
产品 除渣器、分浆箱、搅拌罐、碎浆机、校正器、张紧器、振框筛

**富尔德 - 富元制浆造纸机械有限公司**
山东省临清市北门里街
邮编 252600
电话 0635 - 2437377、2437677
传真 0635 - 2437930
产品 造纸机械

## 滨州市

**山东黄河玻璃钢厂**
山东省滨州市阳信县城南
邮编 251800
电话 0543 - 8231322
产品 除渣器

**山东博兴铁龙泵业有限责任公司**
**(原博兴水泵厂)**
山东省滨州市博兴县兴福镇
邮编 256510
电话 0543 - 2422457、2888863
网址 www. tlby. com. cn
邮箱 xiaoshou@ tbly. com. cn
产品 LJ、WLJ 系列纸浆泵，Y 型醪料泵

**滨州东瑞机械有限公司**
山东省滨州市博兴县曹王镇纬中路 113 号
邮编 256509
电话 0543 - 2413186、2413189、2300468
传真 0543 - 2413186

网址 www. bzdrjx. com
产品 中高端纸浆泵系列

**山东长星集团有限公司**
山东省滨州市邹平县长山镇朱家村
邮编 256206
电话 0543－4852225、4833999
传真 0534－4819128、4833999
产品 真空辊

**山东省邹平兴忠光泽缸表面处理厂**
山东省滨州市邹平县临池镇望京村
邮编 256200
电话 0543－4537555、13605336222
传真 0543－4537777
网址 www. xingzhongguangzegang. com
产品 各种规格镀铬辊、印花辊等及烘缸修复翻新

**山东杰锋机械制造有限公司**
山东省滨州市邹平县长山工业园
邮编 256206
电话 0543－4851388
传真 0543－4851918
网址 www. sdjiefeng. com
邮箱 jishaichang@ 163. com
产品 中高端压力筛、浓缩机

**邹平电镀厂**
山东省滨州市邹平县临池镇东黄村
邮编 256200
电话 0543－4531538
传真 0543－4531538
产品 电镀烘缸、电镀辊

**山东北方造纸机械有限公司**
**山东省邹平北方起重机设备有限公司**
山东省滨州市邹平县临池镇古城村
邮编 256220
电话 0543－4534999、13708946611
传真 0543－4534999
产品 纸机、起重机、烘缸表面处理

**邹平鲁伟机械有限公司**
山东省滨州市邹平县长山镇开发区
邮编 256206
电话 0543－4859777、13465050999
传真 0543－4819666
网址 www. luweijixie. com
邮箱 luweijixie@ 163. com
产品 切草机、切竹机、劈木机、剥皮机、削片机

**邹平县顺鑫造纸机械有限责任公司**
**山东省捷登机械制造有限公司**
山东省滨州市邹平县好生镇工业园
邮编 256219
电话 0543－4502588、13805431944
传真 0543－4504999
网址 www. sdshunxin. com
邮箱 sdzp1944@ 163. com
产品 制浆成套设备及配件

## 河　南　省

### 郑州市

**河南轻工业设计院有限公司**
河南省郑州市纬四路 12 号北楼
邮编 450003
电话 0371－65944137、65944125
传真 0371－65944137
网址 www. yqsj78. com
邮箱 hnqgsjy@ 163. com
业务 造纸工业项目设计、咨询

**河南博奥泵业有限公司**
河南省郑州市上街区阀门产业园锦江南路
邮编 450041
电话 0371－63279997
传真 0371－63279995
网址 www. suaop. com
邮箱 suaop@ 126. com
产品 纸浆泵、废水泵、浆渣泵

**郑州磊展科技造纸机械有限公司**
河南省郑州市新密大隗镇河屯工业区
邮编 452383
电话 0371－69288115、69272219
传真 0371－69271850
网址 www. zzleizhan. com
邮箱 Liujianpo@ hotmail. com
产品 制浆设备

**河南省弘达造纸设备有限公司**
河南省新密市大槐镇河屯工业区
邮编 452383
电话 0371－69272219
传真 0371－69271850

产品 制浆造纸设备

**郑州运达造纸设备有限公司**
河南省郑州国际机场薛店工业园世纪大道 168 号
邮编 451162
电话 0371－62586196
传真 0371－62581811
网址 www. zzyunda. com
产品 制浆设备

**河南曙光两相流泵厂**
**（原河南省巩义市两相流泵厂）**
河南省巩义市米河镇
邮编 451263
电话 0371－64339559
传真 0371－64338181
网址 www. cnlxl. com
邮箱 cnlxl@ cnlxl. com
产品 纸浆泵、废水泵、浆渣泵

**郑州非尔特网毯有限公司**
河南省新密市袁庄村工业园
邮编 452370
电话 0371－69821471、69875777
传真 0371－69875000
网址 www. hnyn. com
邮箱 3321838@ qq. com
产品 造纸毛毯

**河南润扬环境科技有限公司**
河南省郑州市航海路东段
邮编 450000
电话 0371－86662338
传真 0371－86662338
产品 环保设备及工程安装

**河南亚神环保科技有限公司**
河南省郑州市金水东路 122 号
邮编 450000
电话 0371－66832103
传真 0371－66832103
网址 www. hnyshbkjgs. com. cn
邮箱 yashen0371@ 163. com
产品 环保设备及工程安装

## 开封市

**开封市第四机床厂**
河南省开封市城隍庙后街 3 号
邮编 475001
电话 0378－5696872、5696409
传真 0378－5696500
网址 www. kfdsjcc. com
产品“两相流”纸浆泵、除渣器、盘磨机、螺旋推进器、水力碎浆机、纤维回收机

## 安阳市

**中国联合装备集团安阳机械有限公司**
河南省安阳市长江大道 158 号
邮编 455000
电话 0372－2160928
传真 0372－2160985
网址 www. ayqj. com
产品 多圆盘过滤机、蒸煮锅、喷放锅、真空洗浆机

**安阳鑫炬环保设备有限公司**
河南省安阳市汤阴城东工业园
邮编 456150
电话 0372－5527868
传真 0372－5527868
产品 锅炉配套设备

## 鹤壁市

**淇县双盘磨造纸设备厂**
河南省鹤壁市淇县铁西工业区袁庄路口
邮编 456750
电话 0392－7271329、7270989
传真 0392－7222118
网址 www. qxspm. com
邮箱 zxm_918@ 163. com
产品 纸浆高浓磨

## 新乡市

**新乡市金利达化纤有限公司**
河南省新乡市封丘县产业集聚区 186 号
邮编 453300
电话 0373－8252898
传真 0373－8252577
网址 www. jldhx. com
邮箱 jldhxc@ 163. com
产品 底网造纸毛毯、聚酯螺旋网

**新乡市蓝海环保机械有限公司**
河南省新乡市新乡县古固寨工业区玉源路
邮编 453700
电话 0373－5795999
传真 0373－5795916
网址 www.lhhbjx.com
邮箱 lhhbjx.@163.com
产品 环保设备

**辉县市造纸机械有限公司**
河南省辉县市东二环中段
邮编 453600
电话 0373－6883299
产品 造纸机械

**新乡市工业泵厂有限公司**
河南省新乡市牧野区吕村工业区
邮编 453000
电话 0373－3692900、3692901
传真 0373－3692906
网址 www.xxgybgs.com
邮箱 cnxxgyb@163.com
产品 纸浆泵

**新乡工神锅炉有限公司**
河南省新乡市北环386号
邮编 453002
电话 0373－2693893
传真 0373－2693717
网址 www.gonshen.cn
产品 工业锅炉

## 焦作市

**焦作市崇义轻工机械有限公司**
河南省沁阳市建设南路10号
邮编 454500
电话 0391－5611697、5055120
传真 0391－5611697
网址 www.cyqg.com
邮箱 cyqg1958@163.com
产品 造纸机、涂布机

**河南省德沁高新辊业有限公司**
河南省沁阳市葛村工业区
邮编 454586
电话 0391－5938539
传真 0391－5938539
产品 胶辊包胶

**沁阳市第一造纸机械有限公司**
河南省沁阳市葛村工业区
邮编 454500
电话 0391－5936384、5936945
传真 0391－5936384
网址 www.qyyj.com.cn
产品 造纸机

**河南大指造纸装备集成工程有限公司**
河南省焦作市武陟县迎宾大道388号
邮编 454950
电话 0391－7268787、7268933
传真 0391－7268787
网址 www.dazhipaper.com
邮箱 dazhipaper@163.com
产品 流浆箱、施胶机

**沁阳市运强环保造纸机械厂**
河南省沁阳市太行办事处马坡工业区
邮编 454550
电话 0391－5687369
传真 0391－5687369
产品 制浆设备

## 许昌市

**许昌中亚造纸设备有限公司**
河南省许昌市延安路18号
邮编 461000
电话 0374－3313662
传真 0374－3318978
产品 造纸机械

## 漯河市

**河南省四海工业用呢公司**
河南省漯河市人民路25号
邮编 462000
电话 0395－2624572
传真 0395－2624572
产品 工业用呢

**临颍工业用呢有限公司**
河南省漯河市临颍县黄龙工贸城
邮编 462600
电话 0395－8662688

传真 0395－8662688
产品 工业用呢

## 周口市

**河南锦弘网业有限公司**
河南省周口市沈丘县沙北工业园区
邮编 466300
电话 0394－5206586
传真 0394－5206586
产品 聚酯干网、螺旋网

**河南省华丰网业有限公司**
河南省周口市沈丘县工业园区
邮编 466300
电话 0394－5108788
传真 0394－5108588
网址 www. huafeng999. com
邮箱 henanhuafeng999@163. com
产品 聚酯干网、螺旋网

## 驻马店市

**驻马店市安装工程有限公司**
河南省驻马店市雪松路 16 号
邮编 463000
电话 0396－3813750
传真 0396－3813750
网址 www. zmdaz. com
产品 碱回收设备安装

**驻马店市红星网业有限公司**
河南省驻马店市文化路西段刘阁工业园
邮编 463000
电话 0396－2873188
传真 0396－2873588
网址 www. zmdhxwy. com
邮箱 hnzmdhxwy@163. com
产品 造纸毛毯

# 湖 北 省

## 武汉市

**武汉船用机械有限责任公司**
湖北省武汉市武昌青山区武东街 9 号
邮编 430084
电话 027－68867114、68867018、68867088
传真 027－68867461、68867462
网址 www. wmmp. com. cn
邮箱 whcj@wmmp. com. cn
产品 浆料推进器

**武汉同力机电有限公司**
湖北省武汉市洪山区武昌珞狮路 122 号
武汉理工大学东院内
湖北省武汉市东西湖九支沟武汉中小企业城内（厂址）
邮编 430070
电话 027－82666969、87217887、87877876
传真 027－87663469
网址 www. whtem. com
邮箱 tlem@whtem. com
产品 传动控制

**武汉研发张力自动控制有限公司**
湖北省武汉市汉口永清路 7 号
邮编 430010
电话 027－82410195
传真 027－82867573
网址 www. yfzl. com
邮箱 yfzl@yfzl. com
产品 张力控制装置

**武汉中轻机械有限责任公司**
**（原武汉轻工业机械厂）**
湖北省武汉经济技术开发区枫树二路 21 号
邮编 430056
电话 027－83832237、84951266、84951286
传真 027－83831892
网址 www. cwlm. com. cn
邮箱 whqj@cwlm. com. cn
产品 聚氨酯成套设备、复合薄膜包装设备

**武汉市红桥橡胶厂**
湖北省武汉市汉口三眼桥路 155 号
邮编 430015
电话 027－82627905、82630814
传真 027－82605825
产品 胶辊、密封件、减震制品、耐腐蚀橡胶衬里

**武汉市生威自动化工程有限公司**
湖北省武汉市江岸区解放公园路 34 号 1－2
邮编 430010
电话 027－82932923、82932823
传真 027－82932923

产品 制浆造纸行业专用仪表、特种阀门

**武汉特种锅炉成套设备工程有限责任公司**
湖北省武汉市武珞路 586 号江天大厦 12 楼
邮编 430070
电话 027 - 87655853
传真 027 - 87655055
网址 www. whtzgl. com
邮箱 whtzgl@263. net. cn
产品 碱回收炉及其系列配套辅助设备

**武汉宇通仪表有限公司**
湖北省武汉市汉口惠济路 50 号
邮编 430019
电话 027 - 82432896
产品 纸浆浓度变送器

**中国轻工业武汉设计工程有限责任公司**
湖北省武昌市首义路 176 号
邮编 430060
电话 027 - 88043744
传真 027 - 88043744
网址 www. qgsj. com
邮箱 qgsj@ qgsj. com
业务 工程设计、工程咨询、工程监理

**武汉中轻工程设计有限公司**
湖北省武汉市新华路 231 号阳光新天地大厦 20 层
邮编 430022
电话 027 - 59526528、59526513
传真 027 - 59526529
网址 www. chinalid. net
邮箱 zqdesi@ chinalid. net
zhaopin@ chinalid. net
业务 工程设计、工程咨询

**湖北省轻工业科研设计院**
湖北省武汉市汉阳区杨泗港路 1 号
邮编 430052
电话 027 - 84520635、84523440、84520283
传真 027 - 84523440
网址 www. hbqgy. com
邮箱 hbqgy@163. com
业务 科研、工程设计、工程监理

**武汉金申伦科技发展有限公司**
湖北省武汉经济技术开发区佳和馨居 12 - 13
邮编 430056
电话 027 - 84476289
传真 027 - 84476289
邮箱 zhj0725@126. com
产品 造纸相关产品

## 荆门市

**荆门市万泰机械有限公司**
湖北省荆门市掇刀区深圳大道 34 号
邮编 448000
电话 0724 - 2447008
传真 0724 - 2447007
网址 www. jmwt. cn
邮箱 hw@ jmwt. cn
产品 固体废弃物处理装备

## 孝感市

**应城市恒达工业用呢有限公司**
湖北省应城市民营经济园
邮编 432400
电话 0712 - 3251880
传真 0712 - 3251885
网址 www. tcce. cn
www. chang - e. net
邮箱 change@ vip. 163. com
产品 毛毯

## 荆州市

**荆州市江海泵业机械有限公司**
湖北省荆州市开发区江津东路与红光路交汇处
邮编 434000
电话 0716 - 8311559、8311881
传真 0716 - 8311008、8311881
网址 www. gaokecn. com
邮箱 info@ gaokecn. com
tel@ gaokecn. com
产品 造纸用泵

**沙市轻工机械有限公司**
湖北省荆州市汇湖路 21 号
邮编 434000
电话 0716 - 8524393、8524381、4314148
传真 0716 - 8103654、8524375、4314180
网址 www. slmc. com. cn
邮箱 slmc@ vip. 163. com
产品 涂布机，制浆、造纸设备

## 黄冈市

**武穴市轻纺机械厂**
湖北省武穴市大桥边 136 号
邮编 436401
电话 0713－6222689
产品 洗浆机、除尘器

## 仙桃市

**仙桃市华伟造纸机械有限公司**
湖北省仙桃市杜台经济开发区 8 号
邮编 433000
电话 0728－3206812
传真 0728－3206035
网址 www. hwzzjx. com
邮箱 hw@ hwzzjx. com
产品 造纸机配件、橡胶胶辊

# 湖　南　省

## 长沙市

**长沙长泰机械股份有限公司**
湖南省长沙市湖南环保科技产业园新兴路 118 号
邮编 410117
电话 0731－85651518、88238288
传真 0731－85570597、88238287
网址 www. chaint. net
产品 造纸输送包装设备

**湖南正大轻科机械有限公司**
湖南省长沙市雨花区洞井镇桃阳村环保科技产业园
邮编 410116
电话 0731－82883828
传真 0731－82883812
网址 www. zdqk. com
邮箱 cszdjrqc@ vip. sina. com
产品 纸机烘干部通风、干燥系统

**中国海诚长沙工程院**
**中国轻工业长沙设计院**
湖南省长沙市韶山南路 141 号
邮编 410004
电话 0731－85586776、85584411
传真 0731－85015235
业务 制浆造纸工程咨询、设计

**湖南省轻工纺织设计院**
湖南省长沙市向东南路 168 号
邮编 410005
电话 0731－85152081
传真 0731－85153047
网址 www. xqfs. cn
业务 制浆造纸工程咨询、设计

**长沙市神州机械有限公司**
湖南省浏阳市永安制造产业基地纬 1. 5 路
邮编 410323
电话 0731－83285566
传真 0731－83204889
网址 www. changsha－cathy. com
邮箱 changsha－cathy@ qq. com
　　srjsrj@ vip. sina. com
产品 纸机通风设备等

## 株洲市

**株洲新时代输送机械有限公司**
湖南省株洲市栗雨工业园 E 区
邮编 412007
电话 0731－22877833、22877838
传真 0731－22877822
网址 www. nte. com. cn
邮箱 shusong@ nte. com. cn
产品 链式拉木输送机、剥皮鼓、辊式输送机、皮带输送机、沙石输送机、脱水输送机、木片螺旋输送机

## 岳阳市

**岳阳国泰机械有限责任公司**
湖南省岳阳市康王经济开发区
邮编 414000
电话 0730－8751189
传真 0730－8751192
网址 www. gtjx. cn
邮箱 yygtj@ guotaijx. com
产品 纸机

# 广　东　省

## 广州市

**广东省造纸研究所**
广东省广州市海珠区新港西路 154 号

邮编 510300
电话 020－34300599
传真 020－34301273、34300613
网址 www. gdzaozhisuo. com
产品 离型纸、黏胶带纸、防霉纸、扬声器用黑纸、黑白钢纸、涂布纱面纸、涂布彩纸、湿水胶带纸、无碳复写原纸、水稻育秧纸、唛架纸、电脑绣花纸、食用油滤纸、清新香片、PPE 湿强剂、干强剂、剥离剂、分散松香乳液、脱墨剂

**斯普瑞喷雾系统有限公司广州分公司**
广东省广州市科学城彩频路 11 号 D 座 302 室
邮编 510045
电话 020－83546866
传真 020－83546829
产品 喷嘴

**浙江嘉兴亚达不锈钢制造有限公司华南分公司**
广东省广州市番禺区南村镇坑头东线路七横路 4 号
邮编 511442
电话 020－34699222
传真 020－34699277
网址 www. cnyada. net
产品 不锈钢管件、阀门

**广州华工环源绿色包装技术有限公司**
广东省广州市科学城科学大道 99 号
科汇金谷 C3 栋 1103 室
邮编 510640
电话 020－62327808
传真 020－62327809
网址 www. hghuanyuan. com
邮箱 hghy@ vip. 163. com
产品 纸浆模塑设备

**广州广一泵业有限公司**
**（原广州市第一水泵厂）**
广东省广州市科韵南路 133 号
邮编 510320
电话 020－66834613、66834616、66834618
传真 020－66834619
网址 www. gygcn. com
邮箱 sales@ gygcn. com
产品 泵

**华南理工大学造纸与污染控制国家工程研究中心**
广东省广州市天河区五山路华南理工大学
造纸与环境工程楼
邮编 510640
电话 020－87112614、87112982
传真 020－87113840
网址 www. pperc. com. cn
产品 成形器、技术服务

**丹佛斯（天津）有限公司广州办事处**
广东省广州市珠江新城花城大道 87 号
高德置地广场 B 塔 704 室
邮编 510623
电话 020－28348000
传真 020－28348001
网址 www. danfoss. com/china
邮箱 guangzhou@ danfoss. com
产品 变频器

**番禺市沙西造纸机械有限公司**
广东省广州市番禺区沙湾镇拱桥路 1 号
邮编 511483
电话 020－84732328
产品 碎浆机、分离机、打孔机

**川佳机械集团股份有限公司华南办事处**
广东省广州市东风西路 233 号
邮编 510180
电话 020－83543253
传真 020－83543257
产品 内流式压力筛

**中国轻工业广州设计工程有限公司**
广东省广州市盘福路医国后街 1 号
邮编 510180
电话 020－81326513
传真 020－81325759
网址 www. gdecn. com
邮箱 gzgs@ gdecn. com
业务 工程设计、工程咨询、工程管理

**广东省轻纺建筑设计院**
广东省广州市东风东路 744 号
邮编 510080
电话 020－87621916
传真 020－87621911
网址 www. gladi. com. cn
业务 工程设计、工程咨询、工程管理

**广州欧克机械制造有限公司**
广东省广州市番禺区沙湾镇福龙工业区 2 号

邮编 511483
电话 020－84732658
传真 020－84734555
网址 www. gz－ok. com
邮箱 sales@ gz－ok. com
　　gz－ok@ 163. com
产品 包装机、纸品包装机

**广州约顿电子科技有限公司**
广东省广州市科学城科学大道 182 号创新大厦 C1 栋 1102 室
邮编 510663
电话 020－28065028、87303571
传真 020－28065018
网址 www. joton－guangzhou. com
邮箱 postmaster@ joton－guangzhou. com
产品 恒温恒湿空调机

**广州瑞辰盛达生物技术有限公司**
广东省广州开发区科学城开源大道 11 号
科学城 A1 座 3 楼
邮编 510500
电话 020－32203968
传真 020－32203392
网址 www. rcsd. com. cn
邮箱 gzrcsd@ 163. com
产品 聚能酶 TM 纤维改性技术

**广州御信机械设备有限公司**
广东省广州市天河区东圃镇珠村灵山路珠村十社工业园内
邮编 510620
电话 020－82167943、82168513
传真 020－82168513
网址 www. xin－square. com
邮箱 grom@ 21cn. com
产品 高速卷筒纸分切机

**奥伯尼国际（中国）有限公司**
广东省广州市番禺区市桥桥南街陈涌中荣工业园 H 座
邮编 511400
电话 020－34832876
网址 www. albanydoors. com
邮箱 sales. ads. cn@ albint. com
产品 高速卷帘门

**宝中宝纸塑制品有限公司**
广东省广州市白云区钟落潭镇宝中宝工业区
邮编 510550
电话 020－87410008、87410818
传真 020－87410838
网址 www. baozhongbao. net
产品 离型纸、胶带原纸、纸杯纸、纸餐盒纸

**永丰余纸业（广州）有限公司**
广东省广州市黄浦经济技术开发区
东基工业区夏园路 5 号
邮编 510730
电话 020－82217761
产品 瓦楞纸板、纸箱

**广州市辽板纸业有限公司**
广东省广州市经济技术开发区明珠路 16 号
邮编 510730
电话 020－82001966
传真 020－82001321
产品 精装书灰纸板、装帧灰纸板、文具灰纸板、拼图灰纸板、礼品盒灰纸板、硬质包装箱灰纸板

**国际纸业（广州）包装有限公司**
广东省广州市新滘仑头村工业区 2 号
邮编 510320
电话 020－34088208
产品 瓦楞纸箱、纸板

**广州嘉承纸品有限公司**
广东省广州市番禺区兴业路东三横路
邮编 511483
电话 020－34732527
产品 瓦楞纸板、纸容器

**广州市同昌纸品有限公司**
广东省广州市花都区莲塘村
邮编 510800
电话 020－36822020
产品 瓦楞纸板、纸箱

**广州市浚龙纸业有限公司**
广东省广州市番禺区沙湾镇奥林匹克花园文化长廊 64 号
邮编 511400
电话 020－34733083、34733080
传真 020－34736613
经营 衬纸、环保纸、丝毛棉、稻香纸、纯质纸、莱妮纹、云彩纸、虎皮纹、自在纹、古石纹、色书纸、彩色描图纸、牛油纸

**广州市鸣瑞贸易有限公司**
广东省广州市中山大道 190 号骏景花园骏翔轩 G1203 室

邮编 510630
电话 020－38671842、38671985、38671377
传真 020－38671269
经营 双铜纸、单铜纸、白卡纸、双胶纸、白纸板

**广西南浦纸业有限公司广州销售部**
广东省广州市芳村区海北西浦
邮编 510378
电话 13829756552
传真 020－81419835
经营 有光纸、书写纸、胶版纸、纸杯原纸、卫生原纸

**百孚纸业有限公司**
广东省增城市新塘镇甘湖工业区
邮编 511340
电话 020－82776488
传真 020－82774942
经营 特种纸

**广州市多宝纸业有限公司**
广东省广州市芳村区东教北路茶窖大田仓 3 号
邮编 510370
电话 020－81576005
传真 020－81593169
经营 印刷纸

## 韶关市

**广东绿洲纸模包装制品有限公司**
广东省南雄市全安镇营堡前
邮编 512426
电话 0751－3703889
网址 www. sn0601. com
产品 一次性纸盘、一次性纸饭盒、一次性纸托盘、一次性纸碗等

## 深圳市

**深圳光荣机械有限公司**
广东省深圳市上梅林梅华路 103 号
邮编 518049
电话 0755－83318564、83310794
传真 0755－83310783
网址 www. koeiind. com. cn
邮箱 sz_koei@ 126. com. cn
产品 电动执行器

**长江机械设备股份有限公司**
广东省深圳市沙井镇街道办上寮蚝四南安科技工业园
邮编 518104
电话 0755－29887068
产品 卷筒纸分切机、卷筒切纸机、复印纸分切机

**深圳市新环机械工程设备有限公司**
广东省深圳市福田区彩田南路中深花园 B 栋 2103 室
邮编 518033
电话 0755－82997309、82997256
传真 0755－82995262、82996258
网址 www. sznecn. com
邮箱 xh@ sznecn. com
产品 机械格栅、除砂机、砂水分离器、滗水器、刮吸泥机、自动溶药投药装置

**深圳市联欧贸易发展有限公司**
广东省广州市天河北路 616 号金海花园金灏阁 607 室
邮编 510630
电话 0755－38735296
传真 0755－38735297
网址 www. euro－me. com
邮箱 euromeGZ@ euro－me. com
经营 驱动传动系统、液压气动部件、自动化元器件

**鸿源实业（深圳）有限公司**
广东省深圳市布吉镇上水径恒通工业城 6 栋 2 楼
邮编 518112
电话 0755－28522294
传真 0755－28522748
经营 卫生纸、盒装面纸、手帕纸、妇女卫生巾

**安兴纸业（深圳）有限公司**
广东省深圳市龙岗区同富裕工业园
邮编 518112
电话 0755－28557320
经营 复印纸、传真纸

**深圳市永利隆纸品有限公司**
广东省深圳市布吉上李朗莱茵工业城
邮编 518112
电话 0755－89702138
传真 0755－89702117
经营 瓦楞原纸、纸箱、彩盒

**深圳市悦声纸业有限公司**
广东省深圳市龙华镇龙城工业区 12 幢 1 楼
邮编 518109
电话 0755－27740846
传真 0755－27741089

经营 花纹纸

**元丰纸业（深圳）有限公司**
广东省深圳市宝安区松岗镇沙埔围第二工业区
邮编 518105
电话 0755－27052676
传真 0755－27052259
经营 瓦楞原纸、牛皮纸

**深圳协利纸业有限公司**
广东省深圳市宝安区应人石区村外贸轻工业区
邮编 518108
电话 0755－27625336
经营 瓦楞纸板、纸箱

**致昌纸品（深圳）有限公司**
广东省深圳市龙岗区白泥坊村横东岭工业区
邮编 518111
电话 0755－84663188
产品 白纸板、铜版纸

**富士达纸品（深圳）有限公司**
广东省深圳市龙岗区中浩工业区
邮编 518129
电话 0755－89600129
产品 卫生纸、纸面巾、纸手帕

## 珠海市

**珠海凌丰机械有限公司**
广东省珠海市前山梅溪双龙山工业区
邮编 519070
电话 0756－8508438
传真 0756－8532585
网址 www. winfull. cn
　　 www. winfull. com. cn
邮箱 sales@ winfull. com. cn
产品 复卷机、分切机

**珠海天力哈希仪器仪表有限公司**
广东省珠海市翠微西路 668 号
邮编 519071
电话 0756－8623616、8610123、13809800007
传真 0756－8623636
网址 www. teknik. cn
邮箱 teknik9@ 188. com
　　 teknik@ 126. com
产品 流量计、变送器、数显控制仪表

**广东天章信息纸品有限公司**
广东省珠海市人民东路 125 号工商大厦 19 楼东座
邮编 519002
电话 0756－2629000
传真 0756－8157555、2629012
网址 www. tzpaper. com
经营 复印纸、打印纸、传真纸、收银纸

**珠海市宏进纸业发展有限公司**
广东省珠海市斗门区珠峰大道西富山工业区
邮编 519100
电话 0756－5655777
传真 0756－5652576
经营 瓦楞原纸

## 汕头市

**广东省汕头市国平纸类包装厂有限公司**
广东省汕头市光华北二路 15 号
邮编 515000
电话 0754－88222129
传真 0754－88113762
产品 彩箱、彩盒、纸筒、胶纸

**汕头市化建纸业有限公司**
广东省汕头市达濠区达濠西山前
邮编 515071
电话 0754－87380165
传真 0754－87360788
经营 黄纸板、灰纸板、复合纸板、白纸板、双胶印刷纸、热压纸板、书写纸

**汕头市中联胜贸易有限公司**
广东省汕头市长平路丽涛大厦 B 座 U902 室
邮编 515041
电话 0754－88736835、88873996
传真 0754－88736535
网址 www. zlstrade. com
经营 糖纸、轻涂纸、防水单铜纸、牛皮纸、标签纸、玻璃卡纸

## 佛山市

**索戴包装（佛山）有限公司**
广东省佛山市南海区牡丹灶镇横江环保工业园
邮编 528216
电话 0757－85445688、85407817
传真 0757－85443278

网址 www.stek.cn
邮箱 afbi007@vip.163.com
产品 塑钢带、打包机

**佛山安德里茨技术有限公司**
广东省佛山市禅城区城西工业区天宝路 9 号
邮编 528000
电话 0757－82969257
传真 0757－82969209
产品 制浆造纸设备

**德昌誉机械制造有限公司**
广东省佛山市南海区罗村大桥南侧镇岐岗工业区内
邮编 528227
电话 0757－86435166、86435177、86435188
传真 0757－86435199
网址 www.dechangyu.com
邮箱 master@dechangyu.com
产品 卫生纸加工设备

**顺德区光阳包装机械有限公司**
广东省佛山市顺德区北滘镇碧江工业区 1 号
邮编 528311
电话 0757－26636485
产品 纸箱、纸品包装机械

**佛山市精拓机械设备有限公司**
广东省佛山市顺德陈村镇赤花工业区 4 路南 2 号
邮编 528313
电话 0757－23301128
传真 0757－23301128
网址 www.jingtuo.net
邮箱 jt2007best@163.com
产品 卷筒纸包装机

**宝索机械制造有限公司**
广东省佛山市南海区平洲夏南一工业区
邮编 528252
电话 0757－86763798、82777529、86799938
传真 0757－86785529
网址 www.baosuo.com.cn
邮箱 master@baosuo.com
产品 生活用纸设备

**宝拓造纸设备有限公司**
广东省佛山市南海区平洲夏南一工业区
邮编 528251
电话 0757－81273377
产品 生活用纸设备

**佛山市南海区新力机械制造有限公司**
广东省佛山市南海区狮山科技工业园 C 区恒兴北路 7 号
邮编 528226
电话 0757－86688191、86688182、86688183、86688184
传真 0757－86688186
网址 www.nhxinli.com
邮箱 master@nhxinli.com
产品 生活用纸设备

**佛山市顺德区江进造纸有限公司**
广东省佛山市顺德区北滘镇碧江珠江大道 18 号
邮编 528312
电话 0757－26635670
经营 箱纸板

## 江门市

**新会远东网厂有限公司**
**新会中兴造纸网厂**
广东省江门市新会区会城镇城东工业开发区
邮编 529100
电话 0750－6100456
传真 0750－6126202
网址 www.tianjian－china.com
产品 聚酯成形网、干网

**开平市宏兴造纸机械厂**
广东省开平市水口镇台山路段
邮编 529321
电话 0750－2732222、2718889、2996619、2732838
传真 0750－2726619
产品 磨浆机、磨片、碎浆机、筛浆机、筛、脱墨机、洗浆机、纤维分离机、浆池推进器、除砂机

**江门晶华轻工机械有限公司**
广东省江门市东升路 138 号
邮编 529000
电话 0750－3065011、3979999
传真 0750－3565002
网址 www.jm－jinghua.com
邮箱 3979999@jmjhqj.com
产品 各类型号的造纸设备和备品备件

## 湛江市

**广东伟兴机械制造有限公司**
**（原东莞市伟兴造纸机械有限公司）**
广东省湛江市坡头区麻坡路

邮编 524057
电话 0759－3957098
产品 造纸设备

## 东莞市

**东莞佳鸣机械制造有限公司**
广东省东莞市沙田镇民田工业区
邮编 523991
电话 0769－88862099、88866210、88864360、88688201
传真 0769－88862066
网址 www.jumping.com
邮箱 jumping@jumping.com.cn
产品 卫生纸机及后加工设备

**东莞市业兴网毯有限公司**
广东省东莞市高埗镇护安围
邮编 523279
电话 0769－88731749、88734262
传真 0769－88737340
网址 www.dgyexing.com
邮箱 yxwf1991@163.com
产品 造纸毛毯、特种工业用呢、电热衬毯、螺旋网、聚酯网

**东莞市中堂镇金峰造纸机械厂**
广东省东莞市中堂镇中兴路悦和街5巷21号
邮编 523220
电话 0769－88895138
产品 制浆造纸专用通用设备、水力碎浆机、纤维热碎解机、双圆盘磨浆机、纤维分离机、压力筛、除渣器等

**东莞市兴发纸业（贸易）有限公司**
广东省东莞市万江区万兴路
邮编 511717
电话 0769－22282516
传真 0769－22177603
经营 文化用纸、包装用纸

## 中山市

**中山市中侨纸业有限公司**
广东省中山市东区东苑路62号
邮编 528403
电话 0760－88286098、88290298
传真 0760－88286089
网址 www.zhongqiao.net
邮箱 zhongqiao@china.com
经营 复合金银卡纸、紫外光防伪卡纸、珠光卡纸、玻璃卡纸

## 潮州市

**潮州市海博机械有限公司**
广东省潮州市永护路4号
邮编 521011
电话 0768－2356894
产品 中浓液压磨浆机，中、低压力容器，废水处理设备

## 云浮市

**新兴县顺成纸械机筛厂**
广东省云浮市新兴县金沙开发区
邮编 527400
电话 0766－2961282
产品 筛鼓、造纸设备和零配件

# 广西壮族自治区

## 南宁市

**广西轻工业科学技术研究院**
广西壮族自治区南宁市国家经济技术开发区迎凯路8号
邮编 530031
电话 0771－4518909
传真 0771－4518912
网址 www.gxqgy.com
邮箱 gx－qgy@qq.com
业务 科研、设计

**广西国营林场开发公司**
广西壮族自治区南宁市东葛路107号
邮编 530022
电话 0771－5633460、5633461
传真 0771－5633460
产品 原木、板材

**中国轻工业南宁设计工程有限公司**
广西壮族自治区南宁市星光大道42号
邮编 530031
电话 0771－4800448、4800493
传真 0771－4830802、4800493
网址 www.zqnn.cn
邮箱 cnec@vip.163.com

业务 制浆造纸工程咨询、设计、监理和总承包

**南宁市庆维造纸设备有限公司**
广西壮族自治区南宁市良庆区银海大道西四里六巷 20 号
邮编 530200
电话 0771 – 4503343
传真 0771 – 4505353
产品 高浓磨浆机，高、低浓或 D 型水力碎浆机，立、卧推进器，中、低浓抽浆泵，除砂器，压滤机，压力筛，文化用纸机，卫生纸机，塑料网槽，压力成形器及二手造纸机设备

**广西横县华宇工贸有限公司**
广西壮族自治区南宁市六景工业园区
邮编 530313
电话 0771 – 7265998、7372132
传真 0771 – 7265998、7371038
网址 www. gxhyzy. com
产品 五色有光纸、高档卫生纸

**南宁市乖仔工贸有限责任公司**
广西壮族自治区南宁市福建路 15 – 1 号（江南区政府对面巷直入）
邮编 530031
电话 0771 – 4885918、4885968、4885998
传真 0771 – 4885968
网址 www. nngzgm. com
邮箱 1195173656@ qq. com
产品 生活用纸、纸巾、纸盒

### 柳州市

**永丰利机械刀片有限公司**
广西壮族自治区柳州市柳邕路二区 3 号
邮编 545005
电话 0772 – 3224776
传真 0772 – 3226174
产品 打浆机、切纸机刀片、各种刀片

### 梧州市

**瑞典 FORITECAB 造纸咨询公司中国办事处**
广西壮族自治区梧州市西堤三路 1 号 21 座 703 单元
邮编 543002
网址 www. foritec. com
业务 工程咨询、技术咨询

### 玉林市

**广西玉林市江南造纸器材经营部**
广西壮族自治区玉林市城站路 17 号
邮编 537001
电话 0775 – 3825202、13907756395
经营 造纸器材

## 重 庆 市

**重庆造纸工业研究设计院**
重庆市南岸区茶园新区蔷薇路 26 号
邮编 401336
电话 023 – 63862408
传真 023 – 63609345
网址 www. cqzzyjy. com
邮箱 cqzz666@ 163. com
业务 科技服务、咨询服务、生产玻璃纤维纸系列产品和特种工业用纸

## 四 川 省

### 成都市

**成都工业用呢总厂**
四川省成都市青羊区文家
邮编 610091
电话 028 – 87074323、87074901
传真 028 – 87074901
产品 工业用呢

**四川环龙技术织物有限公司**
四川省成都市温江区成都海峡两岸科技产业开发园新华路西段 519 号
电话 028 – 82782682
传真 028 – 82782615
网址 www. hl – cd. cn
邮箱 huanlong_sale@ vanav. cn
产品 压榨毛毯

**成都拓世达科技有限公司**
四川省成都市武侯区洗面桥街 22 号 12 楼 6 号
邮编 610041
电话 028 – 85537128、85537138
传真 028 – 85571538
产品 变频器、纸机传动设备

**成都希望森兰变频器制造有限公司**
四川省成都市西南航空港经济开发区机场路 181 号
邮编 610225
电话 028 - 85964751、85960127、85963211
传真 028 - 85962488
网址 www. chinavvvf. com
邮箱 markd@ chinavvvf. com
产品 变频器

**四川天一科技股份有限公司**
四川省成都市外南机场路近都段 87 号
邮编 610225
电话 028 - 85961873、85964843、85881771、85965341
传真 028 - 85884502、85881909、85884329
网址 www. tianke. com
邮箱 zjb@ tianke. com
wuke@ tianke. com
产品 制氮机、制氧机、浓缩乙烯、提纯氢气、提纯一氧化碳、提纯二氧化碳

**四川省纸联浆纸有限公司**
四川省成都市福兴街 30 号
邮编 610016
电话 028 - 86754023
传真 028 - 86740587
经营 造纸纤维原料及专、辅材料

**四川省都江堰华西轻工机械有限责任公司**
四川省都江堰市灌温路 78 号
邮编 611830
电话 028 - 87284625
传真 028 - 87283997
产品 真空泵、浆泵

## 绵阳市

**奥科工控技术开发有限公司**
四川省绵阳市绵兴路西段 40 号
邮编 621000
电话 0816 - 2531108
传真 0816 - 2543272
产品 ZNS - 纸浆浓度实时控制仪、特殊防腐型 ZNS - 纸浆浓度控制仪

**绵阳同成智能装备股份有限公司**
四川省绵阳市高新区火炬东街 47 号
邮编 621000
电话 0816 - 2536111、2531333
传真 0816 - 2543408
网址 www. tchngh - tec. com
产品 制浆造纸、化工、电厂、垃圾处理等行业生产过程自动化控制

**绵阳星恒节能环保有限公司**
四川省绵阳市梓潼县城外北街 92 号
邮编 622150
电话 0816 - 8212197、8260288
传真 0816 - 8212219
网址 www. myxingheng. com
邮箱 xh@ myxingheng. com
产品 蒸汽回收、除尘

**四川高达科技有限公司**
四川省绵阳市游仙区绵山路 64 号
邮编 640000
电话 0816 - 2489999、800 - 8861199
传真 0816 - 2281210
网址 www. scgdkj. com
邮箱 gd@ scgdkj. com
产品 自动化技术

## 内江市

**四川省资中县隆升机械有限公司**
**（原资中轻工机械厂）**
四川省内江市资中县城区永兴路 28 号
邮编 641200
电话 0832 - 5510532、5529418
传真 0832 - 5529419
网址 www. zzlsjx. com
邮箱 zzlsjx@ 163. com
产品 制浆设备，黑液及中段废水处理设备，城市生活污水处理设备，中小型制糖设备的设计、制造和研发

## 乐山市

**乐山市泰辉机械制造有限公司**
四川省乐山市高新技术开发区东高路 4 号
邮编 614000
电话 0833 - 2595661
传真 0833 - 2595038
产品 纸板机、浆板机、文化用纸机、涂布机、压光机

**四川井研轻工机械厂**
四川省乐山市井研县研城镇和平街 114 号

邮编 613100
电话 0833－3715668、3712312
传真 0833－3711459
产品 新闻纸机、文化用纸机、特种纸机、浆板机、箱纸板机、瓦楞原纸机、涂布白纸板机、涂布白卡纸机、纸机后续整饰完成设备

### 宜宾市

**四川省宜宾市造纸旋转接头厂**
四川省宜宾市青年街5号
邮编 644000
电话 0831－8223747
传真 0831－8224270
产品 旋转接头、密封件

**宜宾长江造纸仪器厂**
四川省宜宾市马鞍石
邮编 644004
电话 0831－3601740
产品 造纸检测仪器

**宜宾市纺织器材厂**
四川省宜宾市南岸蜀南大道西段5号
邮编 644002
电话 0831－2382278
传真 0831－5193308
产品 聚四氟乙烯密封件、机械密封圈、管套、轴套、复卷机轴承、烘缸旋转进汽接头、蒸球进汽和喷放接头

**中国联合装备集团宜宾机械有限公司**
四川省宜宾市宜宾县城北新区
邮编 644600
电话 0831－6233668、6233518、6233528
传真 0831－6233669
网址 www. zlzbyb. com. cn
邮箱 ybzjc8245@163. com
产品 文化用纸机、包装用纸机、卫生纸机、箱纸板机、浆板机和特种纸纸机

## 贵 州 省

### 遵义市

**凤冈县天河纸业股份合作公司**
贵州省遵义市凤冈县龙泉镇
邮编 564200
电话 0858－5222597
产品 造纸机械及行业设备、纸加工机械

## 云 南 省

### 昆明市

**昆明轻工业机械厂**
云南省昆明市西郊大普吉
邮编 650102
电话 0871－8307251
产品 造纸设备、碱回收机、压力容器

**云南省轻纺工业设计院**
云南省昆明市东风东路169号
邮编 650041
电话 0871－3315932
传真 0871－3315482
业务 工程设计、咨询、承包

**玉溪市兴伦纸业有限公司**
云南省玉溪市
邮编 653100
电话 0877－2050233
产品 纸箱

## 陕 西 省

### 西安市

**中国轻工业西安设计工程有限责任公司**
陕西省西安市东关柿园路222号
邮编 710054
电话 029－82497399、82477822
传真 029－82487813、82487815
网址 www. haisum－xa. com
邮箱 webmaster@haisum－xa. com
业务 工程设计、咨询

**美卓造纸机械技术（西安）有限公司**
陕西省西安市阿房四路
邮编 710086
电话 029－84363218、84363155
传真 029－84363000、84363433、84363000
网址 www. mesto. com
产品 高档文化用纸机、无碳复写原纸机、新闻纸机、涂布纸板机、挂面纸板机、薄页纸机

**西安中轻造纸机械集团有限公司**
陕西省西安市阿房四路 6 号
邮编 710086
电话 029 - 84363019、84363428、8436410
传真 029 - 84363418
网址 www. xianpm. com
邮箱 xianpm@ xianpm. com
产品 造纸机、纸板机

**轻工业西安机械设计研究所**
陕西省西安市阿房四路 6 号
邮编 710086
电话 029 - 84363407、84369596
传真 029 - 84369035
网址 www. xaqys. com
产品 全自动纸箱封箱机、圆孔打孔机

**凯德（西安）造纸机械织物有限公司**
陕西省西安市长安区马王街办
邮编 710115
电话 029 - 85850701、85850750
传真 029 - 85851282
产品 聚酯网

**斯普瑞喷雾系统有限公司西安办事处**
陕西省西安市二环南路西段 88 号老三届世纪星大厦 9D
邮编 710065
电话 029 - 88310727、88312157
传真 029 - 88310337
网址 www. spray. com. cn
邮箱 xian@ spray. com. cn
产品 喷嘴

**西贝胶辊有限公司**
陕西省西安市西郊阿房四路
邮编 710086
电话 029 - 84623445
传真 029 - 84514448
网址 www. xinanpm. com
产品 造纸胶辊

**西安维亚造纸机械有限公司**
陕西省西安市三桥老街 146 号
邮编 710086
电话 029 - 84517451
传真 029 - 84517451 - 803
网址 www. wyjx. com
邮箱 weiya500@ sina. com
产品 70 ~ 1200 米/分不同车速的水力式、气垫式、开启式流浆箱

**陕西科技大学造纸环保研究所**
陕西省西安市未央区大学园
邮编 710021
电话 029 - 86168229
传真 029 - 86168230
网址 www. susthbs. com
邮箱 susthbs@ 126. com
经营 造纸工业废水生物处理技术及设备、废水深度处理及回用技术和设备

**西安力源光电科技有限责任公司**
陕西省西安市高新区科技二路 77 号西安光电园 A209
邮编 710075
电话 029 - 88452568
传真 029 - 88452578
网址 www. xalygd. cn
邮箱 xalygd95@ 126. com
产品 DCS、QCS 控制系统

**陕西欧润造纸机械有限公司**
陕西省西安市雁塔区鱼化工业园三排 1 号
邮编 710077
电话 029 - 84686114、84217343
传真 029 - 84686114
网址 www. all - run. com
产品 脱水元件、张紧器、校正器

## 咸阳市

**咸阳通达轻工设备有限公司**
**（原陕西科技大学机械厂）**
陕西省咸阳市人民西路 49 号
邮编 712081
电话 029 - 33617016、400 - 698 - 9690
传真 029 - 33617775
网址 www. tdqg. cn
邮箱 xy3361@ 163. com
产品 实验蒸煮器、蒸煮小群罐、漂洗机、筛浆机、实验室打浆机、PFI 磨浆机、打浆度测定仪、纸页成形器、纸页压榨机、实验纸机、水力碎浆机、浮选脱墨机、纤维筛分仪、纤维标准疏解机、离心脱水机、回转干燥机

**陕西西微测控工程有限公司**
陕西省咸阳市沈兴北路 2 号众亿温泉大厦 1208 室
邮编 712000
电话 029 - 33577113
传真 029 - 33577920
网址 www. xiweigroup. com
邮箱 qywjs@ 163. com
wtang906@ 163. com
业务 制浆造纸行业测控系统研发、工程服务及成果推广，可为浆纸企业提供整机全集成自动化解决方案

**陕西科达电气有限公司**
陕西省咸阳市人民西路明远华庭 B 座
邮编 712000
电话 029 - 38100692
传真 029 - 38100693
网址 www. kedadq. com
产品 造纸机的变频传动、复卷机的传动控制、DCS 和 QCS

## 汉中市

**陕西省汉中聚贤日化产品商贸有限公司**
陕西省汉中市西环路民航路
邮编 723000
电话 0916 - 2237171
传真 0916 - 2237171
经营 纸张、纸制品

## 商洛市

**商洛市华阳造纸专利技术有限公司**
陕西省商洛市商州区南门路 28 号
邮编 726000
电话 0914 - 2320526
传真 0914 - 2391666
网址 www. slhyzz. com
产品 耐腐漂液阀、真空液氯旋转混合器、除胶脱墨剂、除胶剂等

# 甘 肃 省

## 兰州市

**甘肃省轻工业科研所**
甘肃省兰州市玉泉路 162 号
邮编 730000
电话 0931 - 8126511、8126518
业务 工程设计、工程咨询

**耐驰（兰州）泵业有限公司**
甘肃省兰州高新技术产业开发区刘家滩 506 号
邮编 730010
电话 0931 - 8555000
传真 0931 - 8556650
网址 www. netzsch. com. cn
邮箱 info@ nlp - netzsch. com. cn
产品 单螺杆泵

# 国内造纸化学品企业名录

# Directory of Domestic Papermaking Chemicals Enterprises

# 北京市

**北京奥森特化学工程技术有限公司**
北京市东城区东直门南大街9号华普花园C座705室
邮编 100007
电话 010-84094975、84094976
传真 010-84094835
网址 www.au-wissens.com
邮箱 info@au-wissens.com
产品 工业清洗剂、冷却水处理剂、杀菌除藻剂、絮凝剂、重金属离子析出剂

**陶氏化学（中国）投资有限公司北京分公司**
北京东城区东长安街1号东方广场东方经贸城西三办公室
邮编 100738
电话 010-85279199
传真 010-85279299
网址 www.dow.com/greaterchina/ch
产品 丁苯胶乳、造纸用杀菌剂

**恩赛华垦（北京）科技有限公司**
北京市西城区阜成门外大街37号国侨宾馆416室
邮编 100037
电话 010-88360919
传真 010-88367023
网址 www.ensaibio-tech.com
邮箱 business@ensail.com
产品 RAP强效型中性施胶剂、SAA表面施胶剂、阳离子松香胶、改性松香胶、ASA专用乳化剂、高分子松香专用乳化剂

**北京中粮集团生化能源事业部**
北京市朝阳区朝阳门南大街8号中粮福临门大厦
邮编 100020
电话 010-65276688
传真 010-65278866
网址 www.cofco.com
邮箱 bcbe@cofco.com
产品 玉米淀粉、L乳酸

**杜邦中国北京分公司**
北京市朝阳区建国路91号金地中心A座18层
邮编 100022
电话 010-85571000
传真 010-85571888、85571999
网址 www.dupont.com
产品 纸浆、纸张防油剂，化工制剂

**北京兴美亚化工有限公司**
北京市朝阳区亚运村安惠东里16号楼506室
邮编 100101
电话 010-64980603
代理 罗地亚、陶氏化学等公司助剂

**巴斯夫（中国）有限公司北京分公司**
北京市朝阳区麦子店街37号盛福大厦15层
邮编 100026
电话 010-65876666
传真 010-65876789
网址 www.greater-china.basf.com
产品 化学品、功能性聚合物、特性化学品、聚氨酯

**万源荷田生物化工有限公司**
北京市建国门外大街19号国际大厦16层1605室
邮编 100004
电话 010-85262436、85262438
传真 010-85261607
网址 www.wanyuanhetian.com
邮箱 info@wanyuanhetian.com
产品 马铃薯、红薯淀粉

**北京清大联创科技有限公司**
北京市清华大学科技园学研大厦A座907室
邮编 100084
电话 010-62773693
传真 010-62792309
网址 www.tsingcrea.com.cn
邮箱 tsingcrea@126.com
产品 表面增强施胶剂、脱墨剂、液体荧光增白剂

**北京信汇科技有限公司**
北京市海淀区中关村东路1号院搜狐网络大厦406室
邮编 100084
电话 010-82151129
传真 010-82151139
网址 www.cenway.com
邮箱 dyestuff@cenway.com
产品 液体荧光增白剂、直接染料、酸性染料、液体燃料

**诺维信（中国）**
北京市海淀区上地信息路14号
邮编 100085
电话 010-62987888
传真 010-62981281

网址 www. novozymes. com
邮箱 pzho@ novozymes. com
产品 造纸工业酶制剂等

**北京红星淀粉厂**
北京市海淀区 5102 信箱 75 号
邮编 100094
电话 010 - 66767084、62457921
传真 010 - 62881197
产品 氧化淀粉

**北京达瑞森化工有限责任公司**
北京市通州区永乐店工业开发区东路 1 号
邮编 101105
电话 010 - 69564430
传真 010 - 69564437
网址 www. chinapam. cn
邮箱 daruisen4430@ 126. com
产品 聚丙烯酰胺粉末状（液状）絮凝剂、造纸分散剂、纸张增强剂、助留助滤剂

**北京市恒聚油田化学剂有限公司**
北京市通州区漷县工业开发区
邮编 101109
电话 010 - 80589588
传真 010 - 80585511、80587077
网址 www. hengju. com. cn
邮箱 jianglixin@ hengju. com. cn
hengju@ hengju. com. cn
产品 助留助滤剂、增强剂、聚合氯化铝、絮凝剂、聚丙烯酰胺

**亚什兰集团北京天使专用化学技术有限公司**
北京市通州工业开发区广源东街 2 号
邮编 101114
电话 010 - 61566998、61502702、61506173
传真 010 - 61503113
网址 www. ashland - bj - tianshi. com
邮箱 tianshi@ ashland. com
产品 助留助滤剂、纸张干强剂、还原性漂白剂、消泡剂、除气剂、多功能水质稳定剂、絮凝剂

**北京昌化精细工厂**
北京市昌平区阳坊镇 1043 信箱
邮编 102205
电话 010 - 69760243
传真 010 - 69760244
网址 www. bjchjxhgc. com
邮箱 jianhua@ kaboshuzhi. com
产品 卡波树脂增稠剂、防腐杀菌剂、消泡抑泡剂

**北京天擎化工有限责任公司**
北京市平谷区新平南路 126 号
邮编 101200
电话 010 - 89983180、89982440
传真 010 - 89989252、89989251
网址 www. tianqing. com. cn
邮箱 tqche@ public. bta. net. cn
产品 纸浆防腐剂、造纸污泥及沉淀物控制剂、纸机系统清洗助剂、造纸网毯保洁剂、浆块及树脂障碍控制剂

**北京市化工建材厂**
北京市密云县城北
邮编 101500
电话 010 - 89031991
传真 010 - 89031992
产品 超细碳酸钙

## 天 津 市

**天津新研化学科贸有限公司**
天津市河西区浦口道南浦大厦 2 - 902 室
邮编 300203
电话 022 - 23023628、23028938
传真 022 - 23062515
网址 www. shikoo. com
邮箱 sale@ shikoo. com
产品 防腐杀菌剂、涂布消泡剂、分散剂、润湿剂

**天津市合成材料工业研究所**
天津市河西区洞庭路 29 号
邮编 300220
电话 022 - 28341651、28347838、28340182
传真 022 - 28340113
网址 www. tsmri. com. cn
邮箱 tsmr@ vip. 163. com
产品 阳离子表面施胶剂、阳离子中性施胶剂、湿强剂

**天津市中兴天泰科技发展有限公司**
天津市大港区霞光路 42 号
邮编 300270
电话 022 - 63100717
传真 022 - 63100717
邮箱 tjzxtt@ sina. com
产品 多硫化钠蒸煮助剂、防腐杀菌剂

**天津市奥东化工有限公司**
天津市津南区白万路新桥建明西工业小区
邮编 300350
电话 022－88823089、88823270
传真 022－88823078
网址 www. tjaodong. com
邮箱 wianchengjie@ tom. com
产品 荧光增白剂、阳离子/阴离子松香施胶剂、表面施胶剂、AKD 中/碱性施胶剂、干/湿强剂、脱墨剂、颜料分散剂、显白剂

**天津市尤奈特科技发展有限公司**
天津市南开区华苑产业区物化道 2 号 A 座 3065 室
邮编 300384
电话 022－83715699
传真 022－83715699、23728608
产品 防水剂、纸箱防潮剂、阻燃剂、特种纸防油剂、杀菌灭藻剂

**天津市雄冠科技发展有限公司**
天津市北辰区大张庄镇二闫庄村九园公路南
邮编 300405
电话 022－86852685、86852666
传真 022－86852381
网址 www. xgkj. com
产品 废纸脱墨剂、造纸毛毯清洁剂、消泡剂 GPS 系列、抑泡剂 PS 系列

**中海油天津化工研究设计院**
天津市红桥区丁字沽三号路 85 号
邮编 300131
电话 022－26374929、26370175、26647736
传真 022－26689070、26689067
网址 www. trici. cn
邮箱 trici@ trici. cn
产品 分散剂、絮凝剂、清洗剂、杀菌剂

**天津达一琦精细化工有限公司**
天津经济技术开发区汉沽现代产业园区翠薇街 8 号
邮编 300480
电话 022－67162002、67162028、67162018
传真 022－67162001、67162027
网址 www. dai－ichi. com. cn
邮箱 webmaster@ dai－ichi. com. cn
产品 造纸助剂、脱墨剂、表面活性剂

# 河　北　省

## 石家庄市

**石家庄天源淀粉衍生物有限公司**
河北省石家庄市高新技术开发区昆仑大街 55 号
邮编 050035
电话 0311－87786216
传真 0311－87770584
网址 www. tianyuanjia. com
产品 涂布剂等系列淀粉衍生物产品

**石家庄通力化学品有限公司**
河北省石家庄市红旗大街南头 59 号
邮编 050051
电话 0311－83823893
传真 0311－83823893
邮箱 info@ tonglichem. com
产品 湿强剂，助留增强剂，AKD 中、碱性施胶剂，消泡剂等

**石家庄市乔多造纸化工助剂有限公司**
河北省石家庄市新华区联盟东路 3 号
邮编 050061
电话 0311－87721245
传真 0311－87709314
网址 www. qiaoduo. com
产品 湿强剂、漂白助剂、助留剂、消泡剂、分散剂、荧光增白剂 VBL 等

**石家庄天宏伟业贸易有限公司**
河北省石家庄市联盟西路高东街 115 号
邮编 050061
电话 0311－87735240
传真 0311－87735240
邮箱 jintianhong@ sohu. com
产品 废纸脱墨剂、毛毯清洗剂、助留助滤剂、阳离子淀粉、分散剂、湿强剂等

**石家庄市旺纸科技有限公司**
河北省石家庄市工农路 578 号
邮编 050081
电话 0311－86782869
传真 0311－83993905
网址 www. wangzhitech. com

邮箱 sales@ wangzhitech. com
产品 表面施胶剂、中性胶、高效助留剂

**河北星宇化工有限公司**
河北省鹿泉市石井滨河路中段
邮编 050200
电话 0311－82012958、82016547
传真 0311－82017132
网址 www. xingyuchem. com
邮箱 sales@ xingyuchem. com
产品 荧光增白剂及其中间体系列、碱性染料及其中间体系列、二氧化硫脲

**石家庄市三星钙业有限公司**
河北省石家庄市井陉县北固底工业区
邮编 050300
电话 0311－82359777
传真 0311－82359555
网址 www. sxgy. net
邮箱 sjzssxgy@ 163. com
产品 轻质碳酸钙、轻质活性碳酸钙、沉淀碳酸钙

**石家庄市凯桥助剂有限公司**
河北省石家庄市赵县大夫庄勤劳开发区
邮编 051531
电话 0311－84880117
传真 0311－84880407
网址 www. kaiqiao. cn
邮箱 sjzkaiqiao@ 126. com
产品 AKD 胶乳、中性胶、湿强剂、高分散松香胶、助留增强剂、蜡乳液、消泡剂

**河北省晋州市前进化工厂**
河北省晋州市总十庄镇经济开发区
邮编 052260
电话 0311－84301322
传真 0311－84301322
产品 中性施胶剂、高分散松香胶、湿强剂、助留增强剂、蜡乳液

**晋州市富强精细化工有限公司**
河北省晋州市后彭头工业开发区
邮编 052260
电话 0311－84357066
传真 0311－84358888
产品 非离子型纤维素醚、阳离子醚化淀粉、表面施胶淀粉、磷酸酯淀粉、增强助留剂

**河北省晋州市大成变性淀粉有限公司**
河北省晋州市后彭头工业开发区
邮编 052260
电话 0311－84359111
传真 0311－84319239
网址 www. jzsdachengdianfen. cn
产品 氧化淀粉、阳离子淀粉、表面施胶剂、助留剂、蜡乳液等

**晋州市三木助剂纸品厂**
河北省晋州市总十庄镇东台工业开发区
邮编 052260
电话 0311－84301148
传真 0311－84301138
网址 www. akd. cc
邮箱 zhaoliping668@ 163. com
产品 AKD 蜡粉、AKD 中性施胶剂、PAW 湿强剂、助留剂、烘缸剥离剂等

**晋州万达纸业材料有限公司**
河北省晋州市总十庄镇工业区
邮编 052261
电话 0311－84301296
传真 0311－84301296
网址 www. wandazhiye. cn
邮箱 wandazhiye@ sogou. com
产品 中性施胶剂、PAE 湿强剂、AKD 乳液、阳离子松香胶、阳离子松香胶乳化剂

## 唐山市

**唐山市双兴造纸助剂有限公司**
河北省唐山市玉田县城西大街 2400 号
邮编 063000
电话 0315－6581978
传真 0315－6166838
产品 粉状强化松香造纸施胶剂、助留助滤剂

**唐山奥东化工有限公司**
河北省唐山市唐海县孙家林北
邮编 063200
电话 0315－8713056、8711511
传真 0315－8711512
网址 www. oba. cn

邮箱 adk100@ tom. com
产品 荧光增白剂，阴离子松香系列中性施胶剂，阳离子松香系列施胶剂，AKD 中、碱性施胶剂

**河北省唐山市新大禹水科技开发中心**
河北省唐山市玉田县鸦鸿桥北 1 公里路西
邮编 064110
电话 0315－6466128
传真 0315－6466128
邮箱 san@ 126. com
产品 助留助滤剂、毛毯清洗剂、湿强剂、脱墨剂、消泡剂、分散松香胶、荧光增亮剂

**唐山天盈化工有限公司**
河北省唐山市古冶区京华中道
邮编 063100
电话 0315－3533257、3530191
产品 超细碳酸钙

## 秦皇岛市

**秦皇岛金佳絮凝剂有限公司**
河北省秦皇岛市高新经济技术开发区六盘山路 14 号
邮编 066004
电话 0335－8017709、8017706
传真 0335－8500609
网址 www. jinjiaxnj. com
邮箱 jinjiaxnj@ 163. com
产品 羟丙基瓜尔胶、聚丙烯酰胺助留剂、助滤剂

## 邯郸市

**河北信佳生物淀粉科技有限公司**
河北省邯郸市成安工业区聚良大道 4 号
邮编 056700
电话 0310－5231201、5231206
传真 0310－5231200
网址 www. china－xinjia. com
邮箱 business@ china－xinjia. com
产品 复合改性淀粉辅料（造纸表面施胶机）、阳离子改性淀粉辅料（造纸浆内添加及涂布）

## 邢台市

**沙河市造纸瓷土厂**
河北省沙河市机场路东端路北
邮编 054100
电话 0319－8804585、8801192
传真 0319－8803080
邮箱 lijsh8888@ sina. com. cn
产品 瓷土

**沙河市矿产品加工厂**
河北省沙河市桥东大街
邮编 054100
电话 0319－8802504
产品 涂布瓷土、超细碳酸钙

## 保定市

**河北省徐水县双圆纤维素厂**
河北省保定市徐水县漕河镇河西工业区
邮编 072556
电话 0312－8502406
传真 0312－8505589
产品 羧甲基纤维素、羧甲基淀粉、变性淀粉、氧化淀粉、阳离子淀粉等

**保定市阳光精细化工有限公司**
河北省保定市漕河 41 号信箱
邮编 072556
电话 0312－8502325、8505605
传真 0312－8505606
网址 www. sunlight-chem. com
产品 造纸防腐杀菌剂

## 沧州市

**河北省沧州康宏化工有限公司**
河北省沧州市献县河街支路 8 号（老化肥厂院内）
邮编 062250
电话 0317－4601666、4601777
传真 0317－4601111
网址 www. kanghongchem. com
邮箱 khplm106@ 126. com
产品 羟基丁苯胶乳、丁二烯、苯乙烯、丙烯酸

**河北省威尔化工有限公司**
河北省河间市束城工业园区威尔大街 23 号
邮编 062450
电话 0317－3219668、3219588

传真 0317－3219778
网址 www. hbweir. com
邮箱 hbweir@ hbweir. com
产品 改性造纸施胶剂、湿强剂、干强剂

**任丘市华洋化工有限公司**
河北省任丘市北环路开发区
邮编 062549
电话 0317－2281626
传真 0317－2250458
邮箱 rqhuayang@ 163. com
产品 消泡剂、中性施胶剂、荧光增白剂、增强剂、湿强剂等

**任丘市万方化工有限公司**
河北省任丘市辛安庄工业区
邮编 062555
电话 0317－2225851、2913996
传真 0317－2212299、2913788
网址 www. rqwanfanghuagong. com
邮箱 webmaster@ rqwanfang. com
wanfanghuagong@ 163. com
产品 聚丙烯酰胺、分散剂、复合型高效废水处理剂、絮凝剂、聚丙烯酸钠

### 廊坊市

**廊坊市盛源化工有限责任公司**
河北省廊坊市开发区鸿润道 20 号
邮编 065000
电话 0316－6070320、6070319
传真 0316－6060808
网址 www. lfsychem. com
邮箱 service@ lfsychem. com
产品 干、湿增强剂，聚丙烯酰胺，助留剂，助滤剂，分散剂，废水处理剂

**河北亿源化工有限公司**
河北省廊坊市文安县孙氏化工园区
邮编 065812
电话 0316－5011968
传真 0316－5012368
网址 www. yiyuanhg. com
邮箱 yiyuanhg@ 126. com
产品 造纸专用分散剂、造纸助剂、废水处理剂、并代理日本三井株式会社产品

## 山 西 省

### 太原市

**山西长庆化工（集团）有限公司**
山西省太原市文源巷 15 号
邮编 030001
电话 0351－4050417
传真 0351－4168444
邮箱 sxcqhggs@ 163. com
产品 钛白粉

### 晋城市

**晋城市思科煅烧高岭土有限公司**
山西省晋城市泽州县川底乡下麓工业园
邮编 048019
电话 0356－3824342
传真 0356－3824706
邮箱 skdsglf@ 163. com
产品 轻、重质碳酸钙，煅烧高岭土

### 晋中市

**山西琚丰高岭土有限公司**
山西省晋中市榆次工业园区
邮编 030600
电话 0354－2666606、2666608
传真 0354－2666607
网址 www. jufengkaolin. com
邮箱 jf@ jufengkaolin. com
产品 煅烧高岭土

### 运城市

**风中化学制品厂**
山西省运城市芮城县风陵渡镇西大街
邮编 044602
电话 0359－3350874
产品 助留剂、助滤剂、增强剂

### 忻州市

**山西忻州市元宏淀粉有限公司**
山西省忻州市忻府区秦城乡部落村北粮库院内

邮编 034000
电话 0350－3621202
传真 0350－3621498
产品 涂布黏合剂，表、背面施胶剂，多元湿部添加剂，中性施胶剂，层间喷淋变性淀粉

**山西金洋煅烧高岭土有限公司**
山西省忻州市田村工业区
邮编 034001
电话 0350－2641111、2136542
传真 0350－2136958、2136245
网址 www.jinyangkaolin.com
邮箱 jinyang@jinyangkaolin.com
产品 涂布级煅烧高岭土

## 内蒙古自治区

### 呼和浩特市

**内蒙古三保高岭土有限公司**
内蒙古自治区呼和浩特市金川开发区金海路
邮编 010080
电话 0471－3601393、3601037
传真 0471－3601169
产品 造纸涂布级煅烧高岭土

### 赤峰市

**巴林右旗巴林石高新材料有限公司**
内蒙古自治区赤峰市巴林右旗
邮编 025150
电话 0476－6235908
传真 0476－6226832
产品 涂布级高岭土、填料级高岭土、陶瓷级高岭土、重钙

### 鄂尔多斯市

**内蒙古蒙西高岭粉体股份有限公司**
内蒙古自治区鄂尔多斯市蒙西高新技术工业园
邮编 016014
电话 0473－2554516、2552328
传真 0473－2552329、25522266
网址 www.mxkaolin.com
邮箱 glftxs@mengxigroup.com
产品 高岭土

**内蒙古鹏博高岭土有限责任公司**
内蒙古自治区鄂尔多斯市准格尔旗薛家湾镇工业开发区
邮编 010300
电话 0477－4701366
传真 0477－4701777
产品 高白度煅烧高岭土

## 辽 宁 省

### 沈阳市

**沈阳万哈特化工有限责任公司**
辽宁省沈阳市东陵区高官台街 29 巷 5 号
邮编 110161
电话 024－88415998
传真 024－88416410
邮箱 sy_wht@163.com
产品 甲基丙烯酰胺丙基二甲基胺、助留助滤剂、脱墨剂、增强剂

### 大连市

**大连广汇化学有限公司**
辽宁省大连市中山区长江路 123 号希尔顿酒店长江写字楼 1329 号房间
邮编 116001
电话 0411－82529658
传真 0411－82529659、84767779
网址 www.ghhx.com.cn
邮箱 office@ghhx.com.cn
产品 聚丙烯酰胺、水处理剂、高吸水性树脂

**大连星原精细化工有限公司**
辽宁省大连市西岗区新开路 99 号珠江国际大厦 1206 室
邮编 116021
电话 0411－83702309、83702329
传真 0411－83702319
网址 www.dlxingyuan.com
邮编 dlxy@dlxingyuan.com
产品 异噻唑啉酮、有机溴等系列杀菌防腐剂

**大连汇邦化学有限公司**
辽宁省大连市甘井子区玉境路 74 号 1－6
邮编 116038
电话 0411－85990185
传真 0411－85990187
邮箱 hb－tina@163.com
产品 防腐剂、杀菌灭藻剂、水处理剂、防霉剂、杀菌

剂、异噻唑啉酮

## 鞍山市

**合山化工（辽宁）有限公司**
辽宁省海城市经济技术开发区黄河大街 5 号
邮编 114200
电话 0412－3600699
传真 0412－3600325
网址 www. microstone. cn
邮箱 microstone@ 126. com
产品 超细碳酸钙粉、超微细造纸滑石粉

**海城跆成微细钼石粉厂**
辽宁省海城市牌楼镇北铁村滑石工业区
邮编 114207
电话 0412－3939970
传真 0412－3204553
网址 www. hchsf. com
邮箱 jiashunpeng37618@ 163. com
产品 滑石粉、轻烧镁粉、氧化镁粉、硅石粉、重质碳酸钙粉

## 抚顺市

**抚顺幸福环境技术开发有限公司**
辽宁省抚顺市李石经济开发区顺通路南
邮编 113122
电话 0413－6706888
传真 0413－6707588
网址 www. fsxfhj. com
邮箱 xingfuhuanjing@ yahoo. com. cn
产品 杀菌剂、表面施胶剂、内部施胶剂、助滤剂、聚丙烯酰胺、增强剂

## 锦州市

**辽宁沈宏集团股份有限公司**
**锦州宏塔高岭土开发有限公司**
辽宁省凌海市班吉塔镇（锦朝高速公路路口）
邮编 121225
电话 0416－8840495
传真 0416－8840495
网址 www. singhorn. com. cn
邮箱 singhorn@ singhorn. com
产品 超细煅烧高岭土、耐火级煅烧高岭土

## 营口市

**营口市康如化工有限公司**
辽宁省营口市六三路韩家学坊
邮编 115001
电话 0417－3801918、2255022
传真 0417－3801063、3801062
网址 www. kangru. com
邮箱 kangru@ kangru. com
产品 显白剂、分散剂、脱墨剂、湿强剂、增白剂、润滑增光剂、中性施胶剂、分散松香胶、消泡剂

## 辽阳市

**辽阳佳龙化工有限公司**
辽宁省辽阳市南常路 58 号
邮编 111000
电话 0419－2310358
传真 0419－2310458
网址 www. wang3305. china315. com
邮箱 lyjialong@ tom. com
产品 抗水剂（改性三聚氰胺甲醛树脂）、无醛抗水剂、分散剂

**辽阳科隆化学品有限公司**
辽宁省辽阳市宏伟区东环路 8 号
邮编 111003
电话 0419－5169133、5168093－8001
传真 0419－5176971
网址 www. kelongchem. com
邮箱 kelong@ kelongchem. com
产品 反应型乳化剂、表面活性剂

**辽阳奥克化学股份有限公司**
辽宁省辽阳市宏伟区东环路 29 号
邮编 111003
电话 0419－5160978、5161428
传真 0419－5314298
网址 www. oxiranchem. com
产品 OX 消泡剂系列、脱墨剂

**辽阳华兴化学品有限公司**
辽宁省灯塔市西马镇新生开发区
邮编 111302
电话 0419－8320923－8506
传真 0419－8320808
网址 www. huaxingchemical. com

邮箱 inquiry@ huaxingchemical. com
产品 废纸脱墨剂、脂肪醇、脂肪醇聚氧乙烯醚、壬基酚聚氧乙烯醚、聚乙二醇

### 盘锦市

**盘锦兴建助剂有限公司**
辽宁省盘锦市经济开发区兴隆工业园新开东路北
邮编 124010
电话 0427－2887131
传真 0427－2886660
网址 www. lnxj. com
邮箱 dulishan@ tom. com
产品 聚丙烯酰胺助留剂、助滤剂、干/湿增强剂、净水剂

### 铁岭市

**铁岭纸缘科技有限公司**
辽宁省铁岭市清河工业园区
邮编 112003
电话 0410－2188350、21322555
传真 0410－2112836
网址 www. tlzhiyuan. com
邮箱 byl335588@ 163. com
产品 增强助留剂（阳离子淀粉）、烘缸剥离剂、PAE 造纸湿强剂、中性施胶剂、废纸脱墨剂、瓦楞原纸增强剂

## 吉 林 省

### 长春市

**吉林省正豪改性淀粉科技开发有限公司**
吉林省长春高新技术产业开发区创新路 761 号
邮编 130012
电话 0431－85532540、86773890
传真 0431－85524662
网址 www. jilinzh. com
邮箱 yuhuai@ jilinzh. com
nhj@ jilinzh. com
产品 酯化淀粉、氧化淀粉、酸变性淀粉

**吉林中粮集团生化能源销售有限公司**
吉林省长春经济技术开发区仙台大街 1717 号
邮编 130033
电话 0431－88990398、88990394
传真 0431－88990388
网址 www. cofco. com
邮箱 zlxs@ bcbe. cofco. com
产品 玉米淀粉

**长春大成实业集团有限公司**
吉林省长春市西环城公路 886 号
邮编 130062
电话 0431－7871057、7879541
传真 0431－7869203、7860378
网址 www. ccdccg. com
产品 表面施胶剂、喷淋淀粉、涂布淀粉、浆内添加淀粉

**长春市大地精细化工有限责任公司**
吉林省长春市二道区三道镇卫星工业小区
邮编 130123
电话 0431－84840674、13902865119
传真 0431－84840674
网址 www. dadichem. com
邮箱 dadi@ dadichem. com
产品 聚氧化乙烯（PEO）

**吉林省轻工业设计研究院**
吉林省长春市飞跃路 2688 号
邮编 130021
电话 0431－85652015、85653989、85657719
传真 0431－85657579
网址 www. jlsqgy. com
邮箱 qgy@ public. cc. jl. cn
产品 玉米变性淀粉

### 吉林市

**吉林市莲花化工厂**
吉林省吉林市和平街 58 号
邮编 132002
电话 0432－2735352
产品 蒸煮助剂

### 松原市

**华润赛力事达玉米工业有限公司**
吉林省松原经济技术开发区江南工业园区
邮编 138000
电话 0438－2779100、2181101
传真 0438－2184534
网址 www. cornchina. com
邮箱 webmaster@ cornchina. com
产品 氧化淀粉、表面施胶剂、阳离子玉米变性淀粉

## 延边朝鲜族自治州

**延吉新东亚（NEAC）化学有限公司**
吉林省延吉市延南街长洁胡同 9 号
邮编 133001
电话 0433－2854111、2838091
传真 0432－2824416
网址 www.neac.com.cn
邮箱 neac@neac.com
产品 增白剂、耐水适印剂、消泡剂、表面处理剂、助留助滤剂、湿强剂、干强剂、浆料稳定剂等

# 黑龙江省

## 绥化市

**黑龙江省兰西县国文造纸助剂厂**
黑龙江省兰西县粮食路 118 号
邮编 151500
电话 0455－5620787
传真 0455－5620787
网址 www.guowenchem.com
产品 爆破制浆促进剂、蒸煮助剂、纸品挺硬剂、纸品拉力增强剂、消泡剂、脱墨剂

# 上海市

**道康宁（上海）有限公司**
上海市西藏中路 168 号都市总部大厦 19 层
邮编 200001
电话 021－37747110、23065500
传真 021－63507200、63512600
网址 www.dowcorning.com.cn
产品 消泡剂、离型剂、表面柔软剂和各类工艺添加剂、再生纸助剂

**上海吉康生化技术有限公司**
上海市黄家路 18 号 15 楼（中华路口）
邮编 200010
电话 021－63761515
传真 021－63767366
网址 www.shluckychem.com
邮箱 luo@shluckychem.com
产品 热敏、压敏色素（结晶紫内酯），感光及电子化学品，染料，助剂

**上海晶杨商贸有限公司**
上海市建国西路 91 弄瑞金花园 5 号楼 902 室
邮编 200020
电话 021－63049414、51532091
传真 021－63049974
网址 www.sha－jingyang.com
邮箱 support@sha－jingyang.com
产品 液体直接染料、碱性染料、活性染料、荧光增白剂、淀粉、助留助滤剂、湿强剂、消泡剂、表面施胶剂

**上海大宇生化有限公司**
上海市淮海中路 887 号永新大厦 1206 室
邮编 200020
电话 021－64378211、64310031
传真 021－64379012、62505763
网址 www.caco3.cn
邮箱 sales@caco3.cn
产品 碳酸钙系列产品

**杜邦中国集团有限公司上海分公司特殊化学品部**
上海市浦东新区张江高科技园科苑路 399 号 11 号楼
邮编 201203
电话 021－38622888、63866366－2007
传真 021－38622889
网址 www.dupont.com
邮箱 Techy－n.l.Du@chn.dupont.com
产品 防油剂、大豆蛋白聚合物

**上海赫克力化工有限公司**
上海市莘庄工业区申富路 688 号
邮编 201108
电话 021－54422323、54425533、54422085
传真 021－54424580
产品 水处理化学品与技术、造纸助剂

**陶氏化学（中国）投资有限公司**
上海市浦东张江高科技园区张衡路 936 号
邮编 201203
电话 021－23019436、38511000
传真 021－53535508、58951818
网址 www.dow.com/china/cn
产品 丁苯胶乳、造纸用杀菌剂

**池上交易株式会社**
**浪速（上海）包装贸易有限公司**
上海市黄浦区宁海东路 200 号申鑫大厦 1809 室
邮编 200021
电话 021－63743992、63743993
传真 021－63747978
网址 www.ikegamikoeki.com

邮箱 ikegamib@ public. bta. net. cn
产品 分散剂、脱墨剂、消泡剂、柔软剂、絮凝剂

**名远化工贸易（上海）有限公司**
上海市打浦路 88 号海丽大厦 10 楼 D－E 座
邮编 200023
电话 021－63048833
传真 021－63048822
网址 www. chemcentralgroup. com. cn
邮箱 chq@ chemcentralgroup. com. cn
产品 湿部、施胶及涂布用淀粉，CMC，瓷土

**登吉化工（苏州）有限公司上海销售部**
上海市宛平南路 420 弄 4 号 103 室
邮编 200030
电话 021－34240708
传真 021－54248558
产品 纸张刚挺剂、涂料用耐水剂、表面上胶剂、纸力干强剂、湿强剂

**上海湛和贸易有限公司**
上海市徐汇区南丹东路 188 号久隆大厦 2101 室
邮编 200030
电话 021－64873737、64285880
传真 021－64873700
网址 www. zhanhetrade. com
邮箱 info@ zhanhetrade. com
产品 分散剂、柔软剂、烘缸剥离剂、纸强剂、颜料染料分散剂、消泡剂、脱墨剂、金属离子络合剂、施胶剂

**上海康亦兴贸易有限公司**
**上海亦立兴业股份有限公司**
上海市南丹东路 238 号金轩大厦 22 楼 E 座
邮编 200030
电话 021－64272772、64644599
传真 021－64285786
网址 www. yie－lie. com
邮箱 yieliesh@ public. sta. net. cn
产品 高岭土、碳酸钙、涂布用助剂、淀粉衍生物（包括湿部、喷淋、表面施胶及涂布）、杀菌剂、网毯清洗剂

**圣诺普科（上海）有限公司**
上海市肇家浜路 680 号金钟大厦 503 室
邮编 200031
电话 021－64662391－106
传真 021－64662393
网址 www. sannopco－sh. com
邮箱 sst@ sannopco－sh. com
产品 消泡剂、抑泡剂、分散剂、润滑剂、分离剂

**纳尔科化学（苏州）有限公司上海办事处**
上海市大渡河路 168 弄 18 号
邮编 200062
电话 021－61832500
传真 021－61832400
网址 www. nalco. com
产品 树脂障碍控制剂、消泡剂、ASA、助留助滤剂

**星光 PMC 株式会社上海代表处**
上海市陕西北路 457 号 217 室
邮编 200040
电话 021－52283211
传真 021－62187200
产品 抗水剂、表面施胶剂、干强剂

**上海欣盛颜料化工有限公司**
上海市陕西北路 600 号 206B（上海市静安区科技贸易园区）
邮编 200041
电话 021－62533265、62583662
传真 021－62583662、62154215
网址 www. shxsyl. com
邮箱 webmaster@ shxsyl. com
产品 造纸调色剂、乳胶着色剂

**上海恒宜化工有限公司**
上海市新华路 543 号新华大厦 2 号楼 2D 座
邮编 200052
电话 021－52540798
传真 021－52540799
网址 www. hy－chem. cn
邮箱 hy@ hy－chem. cn
产品 湿强剂、干强剂、助留助滤剂、纸浆专用分散剂、苯丙乳液、烘缸剥离剂

**上海埃格环保科技有限公司**
上海市共和新路 912 号云华科技大厦 1003 室
邮编 200070
电话 021－66600285
传真 021－51172969
网址 www. higradechemicals. com. cn
邮箱 zhuyq@ 133sh. com
产品 松香中性胶、清洁造纸助剂、脱墨剂

**上海青草地环保科技有限公司**
上海市虹口区海伦路 178 号 3 楼

邮编 200086
电话 021 - 27596129
传真 021 - 65034003
网址 www. shqcd. cebiz. cn
邮箱 hecaoming@ 163. com
产品 聚合硫酸镁、聚双酸铝铁、聚丙烯酰胺、复合混凝剂、高效脱色剂、钛白粉、造纸助留助滤剂

**凯米拉化学品（上海）有限公司**
上海市东方路 69 号裕景国际商务广场 A 座 1001 室
邮编 200120
电话 021 - 58778550
传真 021 - 58797128
网址 www. kemirachina. com
邮箱 kemira - sh@ kemira. cn
产品 助留剂、杀菌剂、毛毯清洗剂、固着剂、分散剂、AKD、ASA、松香施胶剂、水处理用化学剂

**三井化学（上海）有限公司**
上海市浦东银城中路 200 号中银大厦 2309 室
邮编 200121
电话 021 - 58886336
传真 021 - 58886337
网址 www. cn. mitsuichem. com
邮箱 kinkai_ oh@ mcishanghal. com
产品 助留剂、分散剂、高分子絮凝剂聚丙烯酰胺

**上海开爻化工有限公司**
上海市五莲路 1769 弄 41 号 401 室
邮编 200129
电话 021 - 87660162
传真 021 - 33828633
网址 www. kaiyaochem. com
邮箱 kaiyaochem@ hotmail. com
产品 阳离子乳液松香施胶剂、特级消泡剂、荧光增白剂、荧光消除剂、过氧化氢漂白剂

**上海谊久化工有限公司**
上海市浦东新区季景路 19 弄 70 号 11 室
邮编 200137
电话 021 - 58624554
传真 021 - 58624554
网址 www. 19chem. com
邮箱 info@ lgchem. com
产品 造纸专用阴离子、阳离子、非离子乳化蜡，造纸用特效防水剂，表面施胶乳化蜡，纸内施胶乳化蜡

**上海新诺化工有限公司**
上海市浦东新区行南路 1288 号
邮编 200137
电话 021 - 68660222
传真 021 - 58612099
网址 www. sinowax. com
邮箱 root@ sinowax. com
产品 乳化蜡、施胶剂、防水剂、上光剂

**上海高桥巴斯夫分散体有限公司**
上海市浦东新区浦东北路 1929 弄 99 号
邮编 200137
电话 021 - 58670303
传真 021 - 58675050
网址 www. sgbd. com. cn
邮箱 sgbd@ sgbd. com. cn
产品 涂布用胶乳（羧基丁苯胶乳）、塑性颜料

**巴斯夫（中国）有限公司**
上海市西藏中路 18 号港路广场 20 楼
邮编 200001
电话 021 - 23203000
传真 021 - 23203088
网址 www. greater - china. basf. com
产品 化学品、功能性聚合物、特性化学品、聚氨酯

**浙江日华化学有限公司上海分公司**
上海市田州路 99 号漕河泾开发区西区 12 号楼 2 层
邮编 200233
电话 021 - 54277288、54277300
传真 021 - 54277377
网址 www. nicca - sh. com
邮箱 solution@ nicca. com. cn
产品 表面活性剂、螯合分散剂、低聚物分散剂、渗透剂、消泡剂、柔软剂、固色剂、平滑剂、防水剂

**科莱恩化工（中国）有限公司**
上海市徐汇区漕河泾开发区桂箐路 69 号 25 幢 1 - 3 楼
邮编 200233
电话 021 - 64851000
传真 021 - 64851388
网址 www. paper. clariant. com
www. clariant. cn
邮箱 paper - china@ clariant. com
产品 染料、增白剂、防油剂

**汽巴精化（中国）有限公司**
上海市漕河泾开发区田州路 99 号新安大楼 18 楼
邮编 200233
电话 021 - 24032000

传真 021－24032727
网址 www. cibasc. com/paper
邮箱 joe. chan@ cibasc. com
产品 染料、助留助滤剂、涂布胶乳、施胶剂

**上海众高化工有限公司**
上海市漕宝路 70 号（光大会展中心）C 座 1004 室
邮编 200235
电话 021－64326322、64326317
传真 021－64326566
网址 www. zhonggao. cn
邮箱 zgc@ zhonggao. cn
产品 防腐杀菌剂、氟碳类防霉杀菌剂、清洗剂和保洁剂

**上海东升新材料有限公司**
上海市田林路 388 号 1 幢楼 7 层
邮编 200233
电话 021－64838680
传真 021－64518499
网址 www. dssun. com
邮箱 dssun@ dssun. com
产品 PCC、GCC、苯丙胶乳、瓜尔胶、干强剂、阴离子捕捉剂、AKD 中性施胶剂、分散剂、絮凝剂、脱墨剂、润滑剂

**上海恩脉化学有限公司**
上海市宝山工业园上大路 218 号
邮编 200436
电话 021－56510781、66516340
传真 021－66516340、63808781
网址 www. enmai. com. cn
邮箱 dfyu8728@ 126. com
产品 荧光增白剂、干强剂、湿强剂、中性施胶剂、表面施胶剂

**上海浩天变性淀粉有限公司**
上海市宝山区共康路 651 号
邮编 200443
电话 021－56416150
传真 021－56433814
邮箱 haotians@ eastday. com
产品 涂布淀粉系列、湿部淀粉、特种表面施胶淀粉

**远拓化工国际贸易（上海）有限公司**
上海市宜山路 2016 号（合川大厦）7 楼 B 座
邮编 201103
电话 021－61280488
传真 021－61280490
产品 毛毯、成形网、干网保洁剂、杀菌剂、消泡剂、抑泡剂、胶黏物处理剂

**上海华伦化工有限公司**
上海市闵行区纪王镇纪中路 99 号
邮编 201106
电话 021－62960078
传真 021－62852469
网址 www. shhlhg. cn
产品 增强助剂、抗水交联增效剂、固化剂、AKD 中性施胶剂

**上海源泉石油化工有限公司**
上海市浦东向城路 29 号爵士大厦 A29C 室
邮编 201200
电话 021－58318532
传真 021－68670836
邮箱 yqpcc@ yqpcc. com
产品 淀粉、湿强剂、干强剂、表面施胶剂、湿强离解剂、高强表面增强剂

**上海必康国际贸易有限公司**
上海市龙阳路 1880 弄万邦都市花园 15 号 501 室
邮编 201204
电话 021－58446691
传真 021－58446680
邮箱 slw_become@ sina. com
产品 PAM 高分子凝集剂、聚合氢化铝（PAC）、重金属捕集剂

**上海吉臣化工有限公司**
上海市浦东金桥开发区浙桥路 289 号建银大厦 B 座 1304 室
邮编 201206
电话 021－58341051、58341052
传真 021－58341052
网址 www. jichenchem. com
邮箱 jichen@ jichenchem. com
产品 烘缸剥离剂、干/湿强剂、脱墨剂、湿强解离剂、助留助滤剂、柔软剂、抗水剂、杀菌剂、水处理絮凝剂

**上海联胜化工有限公司**
上海市浦东新区曹阳路镇华东路 1069 号
邮编 201209
电话 021－68680248、68681055
传真 021－68681497
网址 www. peo. com. cn
邮箱 liansheng@ lainsheng－chemical. com

产品 PEO 分散剂、湿强剂 PEA、剥离剂、消泡剂、助留助滤剂、抗水剂、杀菌剂、水处理絮凝剂

**上海天坛助剂有限公司**
上海市星火开发区浦星公路 9500 号
邮编 201419
电话 021－57502198
传真 021－57502679
网址 www.chinasam.com
邮箱 atc@chinasam.com
产品 液体增白剂 BLA、脱墨剂、柔软剂、涂料分散剂、消泡剂、渗透剂

**巴克曼实验室化工（上海）有限公司**
上海市青浦工业区崧泽大道 8500 号
邮编 201700
电话 021－69210188
传真 021－69210500
网址 www.buckman.com
邮箱 asia@buckman.com
产品 胶黏物控制酶、沉积物控制剂、蒸煮助剂、洗涤助剂、系统清洗与网毯保洁剂、湿部及涂料消泡剂、除垢剂、抑垢剂、助留助滤剂、干/湿强剂

**久联化学工业（上海）有限公司**
上海市外高桥保税区芬菊路 152 号
邮编 200131
电话 021－50481691
传真 021－50480635
产品 造纸涂料、地毯背胶、食品包装用胶黏剂

**上海申伦科技发展有限公司**
上海市虹口区汶水东路 181 弄三九大厦 2 栋 1608 室
邮编 200437
电话 021－65360566
传真 021－65605707
产品 纸用化学品

**上海湛和贸易有限公司**
上海市南丹东路 188 号久隆大厦 2101 室
邮编 200030
电话 021－64873737
传真 021－64873700
产品 贸易、科研、生产以及技术服务为一体，代理日本明成化学工业株式会社造纸化学品

**上海赫达富化工科技有限公司**
上海市嘉定区金华路 168 号
邮编 201824
电话 021－59192480
传真 021－59192480
产品 蒸煮催化剂、造纸助剂

**上海恒皓创新酰胺有限公司**
上海市杨浦区定海港路 434 号
邮编 200090
电话 021－65660734
传真 021－65660735
产品 聚丙烯酰胺系列产品

**上海宏达着色剂厂**
上海市共和新路 3737 号 B 栋 706－708 室
邮编 200435
电话 021－36360002
传真 021－66530468
产品 造纸用调色、增白剂

**上海化工研究院有机化工研究所**
上海市云岭东路 345 号
邮编 200062
电话 021－52809752
传真 021－52800850
产品 杀菌剂

**上海浦东菱花造纸助剂厂**
上海市浦东新区中高路 8 号
邮编 200137
电话 021－58642136
产品 分散松香、分散剂

**上海碳酸钙厂**
上海市徐家汇路 558 弄 1 号 C 座
邮编 200025
电话 021－64158822
传真 021－64673933
产品 造纸用碳酸钙

**创恩国际贸易（上海）有限公司**
上海市白兰路 137 号 B 座 2604 室
邮编 200063
电话 021－62863397
传真 021－62863389
广州办事处
广东省广州市天河南二路 31 号丰兴广场中兴阁 1802 室
邮编 510620
电话 020－87518908
传真 020－87508091

产品 瓷土、瓜尔胶、CMC、保水增稠剂、抗水剂、印刷适应改良剂、消泡剂

**三菱商事（中国）有限公司**
上海市浦东新区迎春路 96 号三菱商事办公楼
邮编 200127
电话 021－68543030
传真 021－68541911
网址 www.mitsuhishicorp.com.cn
产品 化学品

**上海欣盛颜料化工有限公司**
上海市胶州路 397 号 5 号楼 304 室
邮编 200040
电话 021－62533265
传真 021－62583662
网址 www.shxsyl.com
邮箱 shxsyl@126.com
产品 造纸调色剂 RVL、2B 兰系列造纸颜料专用色素

## 江　苏　省

### 南京市

**江苏精科嘉益工业有限公司**
江苏省南京市黄埔路 2－2 号黄埔大酒店 12 楼 D 座
邮编 210016
电话 025－84819808
传真 025－84819973
网址 www.jts.cn
邮箱 jack@jts.cn
产品 杀菌防腐剂、施胶剂、微生物和黏泥控制剂、助留助滤剂、脱气剂、消泡剂、胶黏物树脂控制剂、干/湿强剂

**南京四新科技应用研究所有限公司**
江苏省南京市中央北路 168 号盛景园 1 幢 304－306 室
邮编 210028
电话 025－85080901、85080914、85080928、85080923
传真 025－85080900、85080904
网址 www.sixinchem.com
邮箱 sixin@sixinchem.com
产品 制浆及黑液工序、湿部及白水循环脱水、涂布、废水处理用消泡剂

**南京四诺精细化学品有限公司**
江苏省南京市江东北路 91 号典雅居大厦 1506 室
江苏省南京市雨花工业区（厂址）
邮编 210036
电话 025－86472370
传真 025－86473843
网址 www.snowfc.cn
邮箱 snowchemnanjing@yahoo.com.cn
产品 分散剂、助留助滤剂、干强剂、施胶剂、脱墨剂、废水处理剂、污泥脱水剂

**南京东正化轻有限公司**
江苏省南京市中央路 417 号先峰广场 916 室
邮编 210037
电话 025－85634308
传真 025－85619676
网址 www.njdz.com.cn
邮箱 yang@njdz.com.cn
产品 分散剂、水处理剂、纸浆黑液专用消泡剂、助留剂、高吸水树脂

**林产化学工业研究所**
**中林（江苏）胶黏剂有限责任公司**
江苏省南京市玄武区锁金五村 16 号
邮编 210042
电话 025－85482476、85482442
传真 025－85429691
网址 www.forinchem.com
邮箱 wangcpg@hotmail.com
　　forinchem@163.com
产品 乳液黏合剂、造纸用乳液胶

**沙索（中国）化学有限公司**
江苏省南京市化学工业园方水路 68 号
邮编 210047
电话 025－58391111－2806
传真 025－58392285、58392222
网址 www.sasolasia.com.cn
邮箱 in.li@cn.sasol.com
产品 表面活性剂、消泡剂

**南京宏桥精细化工科技开发有限公司**
江苏省南京市高新技术产业开发区经一北路 17 幢
邮编 210061
电话 025－58840197、57673881
传真 025－57673881、57672881
网址 www.hongqiaochem.com
邮箱 water@hongqiaochem.com
产品 造纸白水浮选剂、无泡沫生物黏泥剥离剂、有机溴氯杀菌灭藻剂

**南京久三生物化学品研究所**
江苏省南京市孝陵卫200号南京理工大学525栋21号
邮编 210094
电话 025-86205540
传真 025-86180359
邮箱 feiyang79@21cn.com
产品 速效净水剂、杀菌杀藻剂、絮凝剂、消泡剂

**丹尼尔（南京）环保科技有限公司**
江苏省南京市江宁区湖熟工业集中区
邮编 211121
电话 025-52696788
传真 025-52696715
网址 www.loigltd.com
邮箱 yyy0315@msn.com
产品 絮凝剂、湿强解离剂、脱墨剂、抗高剪切助留助滤剂、变性淀粉和辅助剂、高效填料留着剂

## 无锡市

**无锡市滨湖南泉造纸助剂有限公司**
江苏省无锡市滨湖区
邮编 214128
电话 0510-85952480
传真 0510-85958088
邮箱 info@nqcy.com
产品 阴离子/阳离子松香胶、增强剂、分散剂

**无锡市兴顺助剂化工厂**
江苏省无锡市锡山区东港镇
邮编 214199
电话 0510-88761431
传真 0510-88761488
网址 www.xingshunchem.com
邮箱 zhangguangyi@citiz.net
产品 阳离子乳液松香中性施胶剂、环压增强剂、助留氯剂及聚合氧化铝

**凯米拉化学品（宜兴）有限公司**
江苏省宜兴市环保科技工业园南岳村
邮编 214205
电话 0510-87061235
传真 0510-87063284
网址 www.kemwater.com.cn
邮箱 kemwater@kemwater.com.cn
产品 聚丙烯酰胺、聚合氯化铝

**宜兴市滤波水处理化学品有限公司**
江苏省宜兴市东山西路66号
邮编 214205
电话 0510-87975887
传真 0510-87975997
网址 www.lvbo.cn
邮箱 hcf@lvbo.com
产品 阳离子高效有机混凝剂、聚合氯化铝、聚合硫酸铁、高效脱色絮凝剂、杀菌灭藻剂、高效消泡剂

**宜兴市天使合成化学有限公司**
江苏省宜兴市芳庄镇
邮编 214246
电话 0510-87674303、87678600
传真 0510-87671303
网址 www.jsjhc.com
邮箱 lzj@jsjhc.com
产品 光稳定剂、抗氧剂、聚合氯化铝、净水剂、水处理化学品

**宜兴市绿科环保有限公司**
江苏省宜兴市洋溪镇
邮编 214262
电话 0510-87572928
传真 0510-87572929
网址 www.lvkeyx.cn.alibaba.com
邮箱 liwind042@sina.com
产品 废水处理脱色剂、絮凝剂、消泡剂、分散剂

**宜兴市汇通化工有限公司**
**宜兴市益丰化工有限公司**
江苏省宜兴市芳桥镇工业开发区
邮编 214265
电话 0510-87542088
传真 0510-87541510
网址 www.yxhthg.com
产品 固着剂、隔离剂、螯合剂DTPA、杀菌剂、水处理剂

**江阴市恒达化工有限公司**
江苏省江阴市华士镇
邮编 214421
电话 0510-86201302、86201303、86201304
传真 0510-86201304
产品 造纸和涂布专用CMC

**宜兴市通达化学有限公司**
江苏省宜兴市分水镇
邮编 214262
电话 0510－87551228
产品 CMC、高效絮凝剂

## 徐州市

**徐州市昌盛化工材料供应站**
江苏省徐州市中山路163号1楼26－29号
邮编 221005
电话 0516－82182694
传真 0516－82380401
网址 www.xzcshg.com
产品 脱墨剂、膨化剂、分散剂、消泡剂、毛毯清洗剂、显白剂、防腐剂、助留助滤剂

**徐州中大造纸化学品应用技术有限公司**
江苏省徐州市项王路1号戏马台商厦写字楼北楼310室
邮编 221000
电话 0516－83825222
传真 0516－82322166
邮箱 zhongda5828@163.com
产品 助留助滤剂、增干强剂、分散剂、PAE湿强剂、水处理絮凝剂、填料改性剂

**江苏省成正化工有限公司**
江苏省徐州市新沂唐店化工区
邮编 221400
电话 0516－81602588
传真 0516－81602577
网址 www.czchem.com.cn
邮箱 sales@czchem.com.cn
产品 水煤浆添加剂、木质素磺酸钠、木质素磺酸钙、木质素磺酸镁、木质素磺酸盐

## 常州市

**常州市欧凡路实业有限公司**
江苏省常州市武进区郑陆镇和平工业园武澄路178号
邮编 213114
电话 0519－88055555
传真 0519－88107275
网址 www.oveno.com.cn
邮箱 service@oveno.com.cn
产品 高分子絮凝剂（聚丙烯酰胺阴、非、阳离子系列）、生物药剂系列高效水处理产品、表面施胶剂、杀菌剂

**常州汉斯化学品有限公司**
江苏省常州市北大街96号兰洋大厦A－905
邮编 213000
电话 0519－86613002、86622139
传真 0519－86613979
网址 www.hanschina.cn
邮箱 admin@hans－china.com
产品 纤维素纤维改性剂、涂料染色阳离子改性剂、功能性整理剂

**常州市梅港淀粉有限公司**
江苏省常州市戚墅堰经济开发区
邮编 213011
电话 0519－88773640
传真 0519－85015021、88374238
网址 www.mg－df.com
邮箱 kzqjlj@163.com
产品 变性淀粉产品（表面施胶淀粉、喷淋淀粉、磷酸酯淀粉、阳离子淀粉、PVA替代品）

**常州市天义化工有限公司**
江苏省常州市新北区太湖东路府琛大厦1－617
邮编 213022
电话 0519－85120181、85120182
传真 0519－85120180
网址 www.cntychem.com
邮箱 zhangyi@cntychem.com
产品 杀菌剂、防霉剂、消泡剂、水性分散剂

**常州精科霞峰精细化工有限公司**
江苏省常州市新北区长江中路29号
邮编 213022
电话 0519－85132088、85130788
传真 0519－85133788
网址 www.jincoxf.com
邮箱 adminjcxf@jincoxf.com
产品 清洗剂、除垢剂、分散剂、缓蚀剂、杀菌剂等系列产品

**常州市碳酸钙有限公司**
**（池州市升化碳酸钙有限公司）**
江苏省常州市洛阳镇
邮编 213104
电话 0519－88791230、88520658

传真 0519－88522128
网址 www. cn－wunan. com
邮箱 wunan8@ hi2000. com
产品 纳米碳酸钙、微细活性碳酸钙、轻质活性碳酸钙、轻质（沉淀）碳酸钙、重质及重质活性碳酸钙

**江苏江海化工集团有限公司**
江苏省常州市武进区焦溪镇武澄工业区
邮编 213116
电话 0519－88902294、88902295
传真 0519－88902149
网址 www. jhhg. com
邮箱 jhhg@ jsmail. com. cn
产品 水处理剂、杀菌灭藻剂

**常州市金东化学品有限公司**
江苏省常州市横山桥镇东洲工业园区
邮编 213119
电话 0519－88610782
传真 0519－88610971
网址 www. jdchem. com
邮箱 market@ jdchem. com
产品 AKD 原粉、AKD 乳液、乳化剂、表面施胶剂

**常州市武进友邦净水材料有限公司**
江苏省常州市武进区牛塘镇人民西路 105 号
邮编 213163
电话 0519－86393009
传真 0519－86390093
网址 www. youbang18. com
邮箱 yabang@ 21cn. com
产品 聚合氯化铝、聚合氯化铝铁、聚丙烯酰胺

**常州市武进运波化工有限公司**
江苏省常州市前黄镇运村
邮编 213175
电话 0519－86131034
传真 0519－86134317
网址 www. yunbochem. com
邮箱 info@ yunbochem. cn
产品 无甲醛抗水剂、改性三聚氰胺甲醛树脂抗水剂、润滑剂、表面施胶剂、分散剂、纸品乳液、PAE 湿强剂

## 苏州市

**苏州市恒康造纸助剂技术有限公司**
江苏省苏州市桐泾北路 26－6 恒丰大厦 362 室
邮编 215000
电话 0512－67209673、87679776
传真 0512－67202673
网址 www. hkzj. cn
邮箱 rainbow_ 2525@ 163. com
产品 丝光柔顺剂、剥离增光剂、造纸湿强剂、卫生纸多元增强剂、防腐杀菌剂、纸浆分散剂、树脂控制剂

**苏州汇鸿复合材料有限公司**
江苏省苏州市西园路 430 号
邮编 215008
电话 0512－62037751
传真 0512－68298894
网址 www. cmccms. com
产品 羧甲基纤维素钠、对羟基苯甲醛、苯亚磺酸钠

**纳尔科化学（苏州）有限公司**
江苏省苏州新区塔园路 88 号
邮编 215009
电话 0512－68255001
传真 0512－68250130
上海 021－63588282
宁波 0574－87052235
广州 020－34402066
网址 www. nalco. com
产品 蒸煮剂、增强剂、助留助滤剂、消泡剂及助洗剂、树脂控制剂、微生物/沉积物控制剂、涂布添加剂、废水处理剂

**天禾化学品（苏州）有限公司**
江苏省苏州市吴中区木渎镇花苑东路 199 号
邮编 215101
电话 0512－68097320、66261097
传真 0512－68240792
网址 www. tianmapharma. com
邮箱 gurry@ tianmapharma. com
　　paperchem@ tianmapharma. com
产品 AKD 蜡、AKD 中性施胶剂、阳离子松香胶、表面施胶剂、助留助滤剂、阳离子醚化剂、湿强剂、脱气剂、杀菌防腐剂

**苏州市佑震化工有限公司**
江苏省苏州市吴中区木渎镇西跨塘
邮编 215101
电话 0512－66363293
传真 0512－66369890
邮箱 yuyqxt@ tianmapharma. com
产品 表面施胶剂、抄纸用脱水剂、干强剂、助留剂、树脂分散剂等浆内添加和表面处理用药品，以及润滑剂、

保水剂、分散剂等

**苏州市鸿绮化工有限公司**
江苏省苏州市吴中区友新路旺吴路西 50 号
邮编 215100
电话 0512 - 65277776
传真 0512 - 65272603
邮箱 52willgood05@ hotmail. com
产品 造纸用直接、盐基性、酸性染料，活性染料，分散型染料

**依卡化学品（苏州）有限公司**
江苏省苏州工业园区苏虹中路 302 号
邮编 215122
电话 0512 - 62582276
传真 0512 - 62586772
网址 www. akzonobel. com. cn
产品 制浆化学品、施胶剂

**苏州高峰精细化工有限公司**
江苏省苏州市吴中经济开发区双桥工业园
邮编 215128
电话 0512 - 65654153
传真 0512 - 65629401
网址 www. gaofengstarch. com
邮箱 business@ gaofengstarch. com
产品 阳离子表面施胶淀粉、变性淀粉

**苏州峰达精细化工有限公司**
江苏省苏州市相城区黄桥金峰
邮编 215132
电话 0512 - 65461729、65850753
传真 0512 - 65461729
网址 www. fdhg. cn
邮箱 fdjxhg@ 163. com
产品 杀菌防腐剂、抄纸分散剂、湿增强剂、沉积物控制剂、消泡剂、烘缸剥离剂、助留助滤剂、网毯保洁剂

**苏州联胜化工有限公司**
江苏省苏州市相城区渭塘镇沿塘工业区 1 号
邮编 215134
电话 0512 - 65907588
传真 0512 - 65901660
网址 www. lshx. cn
邮箱 service@ lshx. cn
产品 羟乙基乙二胺、乙二胺四乙酸四钠

**登吉化工（苏州）有限公司**
江苏省苏州市吴江市同里镇（屯村）
邮编 215216
电话 0512 - 63375899
传真 0512 - 63376099
产品 纸张刚挺剂、涂料用耐水剂、表面上胶剂、纸力干强剂、湿强剂、表面干强剂

**昆山密友实业有限公司**
江苏省昆山市民营科技工业园望山南路 16 号
邮编 215316
电话 0512 - 5796666、57767965
传真 0512 - 57791241
网址 www. miyou. com. cn
邮箱 miyou@ miyou. com. cn
产品 重质微细碳酸钙、重质微细碳酸钙（研磨）浆、超细滑石粉

**张家港市国业施胶材料厂**
江苏省张家港市南丰镇港路 1 号
邮编 215628
电话 0512 - 58629197
传真 0512 - 58629197
产品 粉状施胶剂、改性松香胶、脱墨剂、助留助滤剂

**星光精细化工（张家港）有限公司**
江苏省张家港市金港镇江苏扬子江
国际化学工业园长江路 18 号
邮编 215634
电话 0512 - 58937250
传真 0512 - 58937601
产品 印刷适性改良剂、干强剂、表面施胶剂、湿强剂、起皱剂、抗水剂

**常熟市支塘粮油食品厂**
江苏省常熟市支塘镇林园路 6 号
邮编 215531
电话 0512 - 52551634
产品 阳离子淀粉

**苏州天马化工原料有限公司**
江苏省苏州市浒关工业园
邮编 215101
电话 0512 - 66261097
产品 AKD 施胶剂

**张家港市三惠化工有限公司**
江苏省张家港市凤凰镇西

邮编 215613
电话 0512－56887377、58400502
传真 0512－58491329
网址 www.cmcsanhui.com
产品 纤维素钠、CMC 系列

**张家港市一星日化厂**
江苏省张家港市凤凰镇
邮编 215613
电话 0512－58496121
传真 0512－58496158
网址 www.cmcyixing.com
产品 CMC

## 南通市

**海安县正达化工有限公司**
江苏省南通市海安县海化路 28 号
邮编 226600
电话 0513－88832111
传真 0513－88866940
网址 www.zhendachem.com
邮箱 info@zhendachem.com
产品 乳化剂、洗净剂、消泡剂

**南天农科化工有限公司**
江苏省如皋市白蒲镇
邮编 226511
电话 0513－88573113
传真 0513－88573112
产品 聚丙烯酰胺系列

## 淮安市

**江苏天士力淀粉有限公司**
江苏省淮安市清浦区城南西路 29 号
邮编 223002
电话 0517－82806173
传真 0517－83806173
产品 表面施胶类、喷雾淀粉、涂布专用系列

## 镇江市

**镇江市天亿化工研究设计院有限公司**
江苏省镇江市千秋桥街 16 号
邮编 212001
电话 0511－85033207
传真 0511－85030898
邮箱 tianyiche@sohu.com
产品 干强剂、湿强剂、中性施胶剂 AKD 乳液、AKD 乳化剂

**镇江科力生物技术有限公司**
江苏省镇江市丁卯桥路 160 号
邮编 212009
电话 0511－8888991、8888832
传真 0511－8888891
网址 www.koly.cn
邮箱 xgf@koly.cn
产品 杀菌剂、防霉剂

## 泰州市

**江苏九洲化工有限公司**
江苏省泰州市永安洲化学工业园区
邮编 225321
电话 0523－86967813
传真 0523－86967814
网址 www.ncc－js.com
产品 表面施胶剂、润滑剂、防腐杀菌剂、分散剂、涂料保水剂

**江苏聚成精细化工有限公司**
江苏省泰州市泰兴商城 D 区 4 楼
邮编 225400
电话 0523－87722751、87722761
传真 0523－87722753
网址 www.jucheng－chem.com
邮箱 jucheng－chem@163.com
产品 聚丙烯酰胺，阳、阴、非离子高分子絮凝剂，水处理剂，甲基丙烯酸二甲氨乙酯（DM），甲基丙烯酰氧乙基三甲基氯化铵（DMC）

**泰兴市中纺助剂厂**
江苏省泰兴市大生工业开发区（三联）
邮编 225400
电话 0523－87626328、87906508
传真 0523－87623833
网址 www.zfchem.cn
邮箱 tjh3921@163.com
产品 水性聚氨酯固化剂、水性分散剂

**江苏省姜堰市华光化工有限公司**
江苏省姜堰市溱潼镇溱西路 125 号

邮编 225508
电话 0523－88616339、88616327
传真 0523－88619365
网址 www.jyhuaguang.com
邮箱 sales@jyhuaguang.com
产品 黏合剂、纸品乳液、羧基丁苯胶乳、CMC、抗水剂

## 浙　江　省

### 杭州市

**杭州佳波化工有限公司**
浙江省杭州市西湖区莫干山路 569 号副楼 2402 室
邮编 310005
电话 0571－88823021
传真 0571－88823543
网址 www.hzjiabo.cn
产品 造纸制浆增稠粉、分散剂、杀菌剂

**浙江金科化工股份有限公司**
浙江省杭州市密渡桥路 1 号白马大厦 8 楼（总部）
邮编 312369
电话 0571－85812300
传真 0571－85812333
网址 www.jinke－chem.com
邮箱 jinke@jinke－chem.com
产品 低温漂白活性剂、过碳酸钠、过硼酸钠、过氧化钙、过氧化乙酸消毒剂

**杭州德高化工开发有限公司**
浙江省杭州市清秦街 509 号富春大厦 19 层
邮编 310009
电话 0571－87831038、87832038
传真 0571－87989060、87827833
网址 www.dekao.com
邮箱 dekao@163.com
产品 杀菌防腐剂、脱墨剂、消泡剂、增白剂、螯合剂

**杭州银湖化工有限公司**
浙江省杭州市天目山路 224 号
中融城市花园 2 幢 1 单元 1201 室
邮编 310012
电话 0571－85028645
传真 0571－85028640
网址 www.yinhuchem.com
邮箱 yuping0571@hotmail.com
　　yinhuchem@yinhuchem.com
产品 纸用导电剂、助留剂、纸浆分散剂、湿强剂、抗水剂、杀菌灭藻剂、消泡剂、絮凝剂

**杭州丹江化工科技有限公司**
浙江省杭州市拱墅区仓基新村 2 幢 2 单元
邮编 310014
电话 0571－88082805
传真 0571－88082805
网址 www.seihan.co.kr
邮箱 dlz670330@yahoo.com.cn
产品 表面施胶剂、树脂控制剂、滤水促进剂、淀粉硬化剂、耐水滑剂、防黏剂、干强剂

**杭州纸友科技有限公司**
浙江省杭州市下沙经济技术开发区
白杨街道 3 号大街 50 号
邮编 310018
电话 0571－86911227、86912268、86840952
传真 0571－86913870
网址 www.hzzykj.cn
邮箱 zykjgs@mail.hz.zj.cn
　　zykj@hzzykj.cn
产品 湿部添加淀粉、层间或表面喷雾淀粉、聚合物表面施胶剂、彩喷纸专用淀粉

**杭州绿兴环保材料有限公司**
**杭州绿色助剂研究所**
浙江省杭州市石桥路永华街 127 号
邮编 310022
电话 0571－85818982－8206
传真 0571－85818953
网址 www.hzlvxinghuanbao.cn
邮箱 green@greenadditive.com
产品 烘缸剥离剂、柔软剂、消泡剂、固色剂、促白剂

**杭州格林费尔生活技术有限公司**
浙江省杭州市滨江区东流路 1805 号
邮编 310053
电话 0571－86697638、86696238－1660
传真 0571－86697618、86697628
网址 www.greenphile.com
邮箱 greenphilebiotech@gmail.com
产品 生物酶树脂控制剂、生物酶脱墨剂、生物酶助漂剂、生物酶腐浆控制剂

**杭州绿典化工有限公司**
浙江省杭州市萧山区新街镇双圩村
邮编 311217
电话 0571－82853800、82853881

传真 0571 - 82853883
网址 www. ldchemical. com
邮箱 ld@ ldchemical. com
产品 荧光增白剂、脱墨剂、固色剂、柔软剂

**杭州凯丽化工有限公司**
浙江省杭州市萧山区河庄镇一工段
邮编 311222
电话 0571 - 82962668、82961777
传真 0571 - 82962777、82965706
网址 www. kalichemical. com
邮箱 sales@ kailichemical. com
产品 彩色纸专用色浆、造纸调色剂、装饰纸用色浆

**浙江传化华洋化工有限公司**
浙江省杭州市萧山经济技术开发区鸿达路 125 号
邮编 311231
电话 0571 - 82696688、82695822
传真 0571 - 82696488
网址 www. transfarwhyyon. com
邮箱 whyyon@ etransfar. com
产品 荧光增白剂、染料、脱墨剂、网毯清洗剂、保洁剂、助留助滤剂

**杭州杭化播磨造纸化学品有限公司**
浙江省杭州市萧山经济技术开发区桥南区鸿达路 87 号
邮编 311231
电话 0571 - 82697060、82695381
传真 0571 - 82697129
网址 www. hh - harima. com
邮箱 info@ hh - harima. com
产品 乳液松香、增强剂、涂布加工纸用化学品系列、脱墨剂系列、表面施胶剂系列、纸张固色剂、防水剂、消泡剂

**浙江日华化学有限公司特殊精密化学品部**
浙江省杭州市萧山经济技术开发区桥南区鸿达路 289 号
邮编 311231
电话 0571 - 82697366、82697550
传真 0571 - 82697551
网址 www. nicca. cn
邮箱 m - kusakabe@ nicca. com. cn
产品 纸用固色剂、分散剂、柔软剂、膨松剂、脱墨剂、消泡剂

**杭州致远印染助剂有限公司**
浙江省杭州市萧山区临港工业园区
邮编 311234

电话 0571 - 82507795、82507790
传真 0571 - 82507790、82507796
网址 www. chinaositerchem. com
邮箱 IBD@ chinaositerchem. com
产品 荧光增白剂

**临安市神马化工有限公司**
浙江省临安市横潭路 58 - 8 号
邮箱 311300
电话 0571 - 63746418
传真 0571 - 63746428
网址 www. hzsmhg. com
邮箱 webmaster@ hzsmhg. com
产品 湿强剂、表面施胶剂、消泡剂、阳离子分散松香胶、阴离子松香施胶剂、AKD - 4 新型中性施胶剂

**临安市荣盛化工有限公司**
浙江省临安市於潜镇衡横山工业区
邮编 311311
电话 0571 - 63885968
传真 0571 - 63888819
网址 www. larshg. com
邮箱 rs968@ 163. com
产品 表面施胶剂、涂布抗水剂、干/湿强剂、中性施胶剂

**富阳宏帆化工有限公司**
浙江省杭州市富阳富春街道春华村
邮编 311400
电话 0571 - 63368915
传真 0571 - 63369917
网址 www. 3814332. 7lab. com
产品 超细轻质碳酸钙、分散剂、抗水剂、润滑增光剂、硬脂酸盐

**富阳市发泰造纸净水材料厂**
浙江省富阳市大源镇四季路 6 号
邮编 311400
电话 0571 - 63398046
传真 0571 - 63581007
网址 www. zdjbbn. b2b168. com
邮箱 zdjbbn@ 126. com
产品 新型净水助剂（蒽醌废酸、苯乙酮废酸，以及所有含铝离子废酸均可使用）、硫酸铝、聚合氯化铝

**富阳飞马化工有限公司**
浙江省富阳市富春街道春华朱山路
邮编 311400

电话 0571-63369968
传真 0571-63369522
产品 干强剂、湿强剂、脱墨剂、表面施胶剂

**杭州先进科技化工有限公司**
浙江省富阳市富春街道春华村
邮编 311401
电话 0571-23296888
传真 0571-23299777
网址 www.hzacc.com
邮箱 acc@hzacc.com
产品 纳米级轻质碳酸钙

**富阳市万通化工有限公司**
浙江省富阳市大源镇大源村
邮编 311413
电话 0571-23225198
传真 0571-23225197
网址 www.fywthg.com
邮箱 webmaster@fywthg.com
产品 松香施胶剂、表面施胶剂、消泡剂

**浙江三力星化学品有限公司**
浙江省富阳市春江工业园区蔡伦西路
邮编 311421
电话 0571-63589277
传真 0571-63589277
网址 www.sanlixing.com
邮箱 libin@sanlixing.com
产品 浆内施胶剂、助留剂、表面施胶剂、杀菌剂、清洗剂

**富阳市固能粉体材料有限公司**
浙江省富阳市春江造纸工业园区10号楼
邮编 311421
电话 0571-63587761
传真 0571-63587763
邮箱 info@llgn.com
产品 超细重质碳酸钙

**桐庐贝斯特化工有限公司**
浙江省杭州市桐庐县横村镇方埠工业园区
邮编 311502
电话 0571-64698303
传真 0571-64698302
邮箱 196317462@qq.com
产品 浆内消泡剂、纸张隔离剂

**谢非尔考克碳酸钙（杭州）有限公司**
浙江省杭州市和睦路567号
邮编 310011
电话 0571-88186166、88091424-523
传真 0571-88186166
网址 www.schaeferkalk.net.cn
产品 碳酸钙

**杭州市化工研究院有限公司**
浙江省杭州市湖墅石灰坝7号
邮编 310014
电话 0571-88314437、88319461
传真 0571-88314437
网址 www.hhs.cn
产品 增强剂、湿强剂、废纸脱墨剂、阻燃剂、中性施胶剂、印刷适性改进剂（无甲醛型）、卫生纸起皱黏合剂、烘缸剥离剂、柔软剂、固色剂、变性淀粉、松香施胶剂

**杭州颜料化工厂**
浙江省杭州市萧山区义莲镇外六工段
邮编 311225
电话 0571-82989828
传真 0571-82989920
产品 颜料、染料、中间体

## 宁波市

**宁波乐嘉化工有限公司**
浙江省宁波市中兴路717号华宏国际中心15B-1
邮编 315040
电话 0574-87849999-101
传真 0574-87858833-101
网址 www.lkchem.com
邮箱 zlhcheer@163.com
产品 醇醚溶剂、非离子表面活性剂、氯化溶剂、环氧树脂

**宁波亚中精细化工有限公司**
浙江省宁波市科技园区（梅墟工业区）光华路323号
邮编 315103
电话 0574-88482178
传真 0574-88487713
网址 www.nb-yaguang.com
邮箱 yazhong@mail.nbppt.zj.cn
产品 脱墨剂、絮凝剂、增白剂、漂白剂、胶黏物控制剂、液体无铁硫酸铝、分散剂、增强剂、烘缸剥离剂、毛毯清洗剂

**宁波天源化学有限公司**
浙江省宁波市鄞州区宁南北路 818 号
邮编 315192
电话 0574－88216239
传真 0574－88216417
网址 www. tianyuan818. com
邮箱 sale@ tianyuan818. com
产品 造纸润滑剂、耐水化剂、PAE 湿强剂、纸用上光涂料（水性油光）、流变改质剂

## 温州市

**浙江省苍南县望鑫制胶厂**
浙江省温州市苍南县灵溪镇兴城街 13 号
邮编 325800
电话 0577－64804168
传真 0577－64804168
网址 www. yp. com. cn/wangxin
邮箱 zxcvgtyu@ 126. com
产品 阴离子分散胶、阳离子分散胶、阳离子助留剂、阳离子废水处理剂

## 嘉兴市

**嘉兴瑞升化工贸易有限公司**
浙江省嘉兴市泰坤国际大厦 622 室
邮编 314010
电话 0573－82106320
传真 0573－82208763
网址 www. xsd7063. chinapaper. net
邮箱 xsd7063@ 126. com
产品 分散剂聚丙烯酰胺产品、助留剂、瓜尔胶、烟草薄片助留剂、阴离子膨润土

## 绍兴市

**浙江弘利防渗胶有限公司**
浙江省绍兴市滨海工业区
邮编 312073
电话 0575－85523026
传真 0575－85523022
网址 www. zjhlhg. com
邮箱 zjhl@ zjhlhg. com
zjhlzcl@ sina. com
产品 中性造纸施胶剂、表面施胶剂、中性施胶 AKD 乳液、助留助滤剂、阴/阳离子高分散松香胶

**绍兴市南方化工有限公司**
浙江省嵊州市罗柱岙工业园区嵊州大道 619－1 号
邮编 312000
电话 0575－83102159
传真 0575－83187126
网址 www. sousacide. com
邮箱 sousacide@ 163. com
产品 系列防腐杀菌剂

## 金华市

**兰溪市泛士达造纸化学品厂**
浙江省兰溪市婺江路 60 号 2 座 2－102
邮编 321100
电话 0579－88823238
传真 0579－88823238
网址 www. fanshida. cn. alibaba. com
产品 脱墨剂、蜡乳液、润滑增光剂、消泡剂、中性表面施胶剂、网毯清洗剂、絮凝剂

**浙江益纸淀粉有限公司**
浙江省金华市金磐开发区（新区）尖山路 1 号
邮编 321016
电话 0579－84662081、89171868
传真 0579－84669939
产品 草木浆专用增强剂、新闻纸专用增强剂、中性施胶专用剂、季铵型阳离子淀粉、阳离子助留助滤剂、喷雾淀粉

## 衢州市

**龙游富田造纸精化有限公司**
浙江省衢州市龙游县城南开发区德贤路 29 号
邮编 324400
电话 0570－7255255
传真 0570－7029436
网址 www. lyftpaper. com
邮箱 yoyosf@ mail. china. com
产品 AKD 中性施胶剂、阳离子分散松香胶、表面施胶剂、明矾、造纸复合型保留助剂、胶乳、抗水剂、杀菌剂、脱气剂、湿强剂

**浙江奥仕化学有限公司**
浙江省江山市经济开发区江东区兴工七路 2 路
邮编 324123
电话 0570－4351991、4351873
传真 0570－4351772、4351775
网址 www. chinaositerchem. com

邮箱 Ositer@ chinaositerchem. com
产品 荧光增白剂

## 丽水市

**浙江池禾化工有限公司**
浙江省丽水市遂昌县妙高镇梅溪路 90 号
邮编 323300
电话 0578 - 8170374
传真 0578 - 8170685
网址 www. chihechem. com
邮箱 scch@ mail. lsptt. zj. cn
产品 纸板增强剂、湿强剂、柔软剂、阳离子松香胶、表面施胶剂、分散剂、润滑剂、耐水剂、烘缸剥离剂

# 安　徽　省

## 合肥市

**合肥健坤化工有限公司**
安徽省合肥市黄山路 459 号华林家园 12 - 204
邮编 230022
电话 0551 - 2361108
传真 0551 - 2361108
网址 www. chempowder. com
邮箱 chempowder@ 126. com
产品 硅藻土、高岭土、碳酸钙、造纸废水处理净化剂、纳米碳酸钙

## 芜湖市

**安徽芜湖三维造纸助剂有限公司**
安徽省芜湖市长江路 223 路
邮编 241004
电话 0553 - 5842013
传真 0553 - 5843138
产品 阴离子分散松香胶、中性分散松香胶、阳离子分散松香胶、消泡剂、助留助滤剂、液体荧光增白剂

**芜湖华仁科技有限公司**
安徽省芜湖市高新技术开发区
邮编 241000
电话 0553 - 5842013
传真 0553 - 5843138
产品 施胶剂、消泡剂、助留剂、助滤剂、液体荧光增白剂

## 马鞍山市

**马鞍山市华吉实业有限公司**
安徽省马鞍山市当涂县城关东门经济开发区
邮编 243100
电话 0555 - 6717488、6730033
传真 0555 - 6711204
网址 www. anhui - huaji. com
邮箱 hjsy@ ah163. com
产品 松香胶、阳离子分散松香胶、湿强剂、干强剂、AKD 中性施胶剂、中/碱性施胶剂、表面施胶剂

## 淮北市

**安徽巨成精细化工有限公司**
安徽省淮北市濉溪开发区水杉路 33 号
邮编 235102
电话 0561 - 6063692、6063507
传真 0561 - 6063507、6065121
网址 www. cjccchem. com
邮箱 sales@ cjccchem. com
产品 分散剂、水处理絮凝剂、聚丙烯酰胺

## 滁州市

**安徽省明光市曼迪矿业科技有限公司**
安徽省明光市池河大道 98 号
邮编 239400
电话 0550 - 8153100、8582888
传真 0550 - 8156979
网址 www. medyfk. com
邮箱 mgmd@ medyfk. com
产品 膨润土系列、硅藻土系列、碳酸钙系列

## 宿州市

**安徽省宿州市金兄弟化工有限公司**
安徽省宿州市砀山西城开发区
邮编 235300
电话 0557 - 8185681
传真 0557 - 8186688
邮箱 717934375@ qq. com
产品 多元助留增强剂、分散剂、中性施胶剂、脱墨剂、增柔膨化剂、聚丙烯酰胺、荧光增白剂、丁苯乳液、苯丙乳液

## 池州市

**安徽巢东九华钙业高新材料有限责任公司**
安徽省池州市青阳县木镇河南村
邮编 242803
电话 0566－2833838
传真 0566－2833838
产品 重钙粉及其改性造粒产品

# 福　建　省

## 福州市

**威尔（福建）生物有限公司**
福建省福州市工业北路 548 号创业大厦北楼 4 层
邮编 350002
电话 0591－83774227、83770618
传真 0591－83770328
网址 www. welltouch. com. cn
邮箱 welltouch@ 163. com
产品 消泡剂、脱墨剂、稳定剂

**福清达青化工有限公司**
福建省福州市福清元华路东刘村
邮编 350300
电话 0591－85160968
传真 0591－85160887
网址 www. terceltraing. com
邮箱 tom@ howellco. com. cn
产品 微生物控制剂、白水系统污染控制剂、防腐剂、造纸涂料专业微生物、防霉剂、抗菌剂

**福建大学环境与资源学院**
福建省福州市闽侯上街大学城内
邮编 350108
电话 0591－22866078
传真 0591－22866070
网址 www. er. fzu. edu. cn
产品 水处理化学品（絮凝剂、吸附剂、除油剂、还原剂、阻垢剂、缓蚀剂）、印染助剂、水煤浆添加剂、染料分散剂、油田降黏剂、胶黏剂等

## 厦门市

**三洋化学（中国）有限公司**
福建省厦门市嘉禾路永升新城嘉园里 45 号大厦 1103 座
邮编 361024
电话 0592－5151598
传真 0592－5151858
网址 www. sunyo. ebigchina. com
产品 聚乙烯酰胺系列、助留助滤剂、消泡剂、阴离子干扰物固定剂、沉积物控制剂、杀菌剂、干强剂、还原性漂白剂、多功能水质稳定剂、清洗剂和保洁剂

## 三明市

**福建省嘉丰生物化工有限公司**
福建省永安市尼葛开发区尼葛路 2233 号
邮编 360000
电话 0598－3802233
传真 0598－3632233
产品 生物脱墨酶 JFM－958、脱墨剂 F－80、脱墨剂 F－80A

## 泉州市

**南安市应用化学研究所**
福建省南安市帽山工业区
邮编 362300
电话 0595－86353508、13905066005
产品 中性松香胶、强化松香胶、分散松香胶、助留剂、表面施胶剂

## 南平市

**福建南平市星光永昇造纸化工有限公司**
福建省南平市滨江北路 177 号
邮编 353000
电话 0599－8808838
传真 0599－8808838
网址 www. liujianhua. chinapaper. net
邮箱 jianhualiu8616@ 163. com
产品 脱墨剂、双氧水稳定剂、柔软剂、施胶剂、变性复合淀粉、助留助滤剂、泡花碱、分散松香胶

## 龙岩市

**龙岩高岭土有限公司**
福建省龙岩市登高东路 154－13 号
邮编 364000
电话 0597－2325664、2332166
传真 0597－2325664
网址 www. lka. com. cn

邮箱 lkc0915@ publi. lyptt. fj. cn
产品 高岭土原矿、水洗高岭土

**福建龙岩三虹科技有限公司**
福建省龙岩市新罗区适中工业区
邮编 364011
电话 0597－2978888
传真 0597－2972270
邮箱 fjsanhong@ 263. net
产品 硅灰石造纸专用复合材料系列、造纸用超细重钙系列、纳米碳酸钙系列、超细研磨碳酸钙

**福建漳平市振幅化工有限公司**
福建省龙岩市漳平市永福工贸小区
邮编 364401
电话 0597－7882735
传真 0597－7881088
邮箱 fjzfhg@ 126. com
产品 脱墨剂、涂布润滑剂、高效废水处理剂、无水硅酸铝、超细硅酸铝

## 江 西 省

### 南昌市

**江西省兴沪助剂有限公司**
江西省南昌市洪都中大道 158 号 B 栋 B 单元 402 室
邮编 330001
电话 0791－8518310
传真 0791－8518310
产品 湿强剂、脱墨剂、增白剂、分散剂、生活用纸调色剂、乳化剂

**南昌市龙然实业有限公司**
江西省南昌市长埈外商投资工业区物华路 229 号
邮编 330013
电话 0791－3671122、3671121
传真 0791－3671123
网址 www. longran. cn
邮箱 nclongran@ longran. cn
产品 松香胶、AKD 乳液、中/碱性施胶剂、干强剂

**江西嘉汇商贸有限公司**
江西省南昌市广州路华东工业博览城 E6 栋 9 号
江大南路 149 号 4－198
邮编 330029
电话 0791－8488808
传真 0791－8488808
网址 www. jxjhsm. com
邮箱 jiahuifanna@ 163. com
产品 分散剂、荧光增白剂、湿强剂、柔软剂、脱墨剂、施胶剂

**江西东永科技发展有限公司**
江西省南昌市高新大道中段南昌大学科技园 A708 室
邮编 330000
电话 0791－8112636
产品 变性淀粉

**江西东永实业有限公司**
江西省南昌市莲塘龚南路 3 号
邮编 330200
电话 0791－5713982、5712489
传真 0791－5734961
网址 www. dysygs. com. cn
邮箱 dysy2002@ sina. com
产品 变性淀粉

**南昌市安义县凤凰化工厂**
江西省南昌市安义县京庄苍 63 号
邮编 330500
电话 0791－3421113
传真 0791－3421113
产品 造纸助剂

**江西省高科合成化工厂**
江西省南昌市进贤县工业园区东一路
邮编 331700
电话 0791－5650033
传真 0791－5656003
产品 废纸脱墨剂、湿强纸解离剂、防腐杀菌剂

### 九江市

**瑞昌市全游离松香胶厂**
江西省瑞昌市黄金北路
邮编 332200
电话 0792－4222518
产品 全游离分散松香胶

### 萍乡市

**萍乡市碳酸钙实业有限公司**
江西省萍乡市湘东镇狮形山工业区道田村
邮编 337019
电话 0799－3375368

传真 0799－3375098、3375978
网址 www. pxtsg. com
邮箱 webmaster@ pxtsg. com
产品 轻质碳酸钙、活性碳酸钙、纳米碳酸钙

### 赣州市

**江西嘉龙造纸助剂工业有限公司**
江西省赣州市龙南县龙泉大道 71 号（县委党校院内）
邮编 341700
电话 0797－3540440
传真 0797－3540440
产品 纸张增强剂、湿强剂、脱水助滤剂、消泡剂、毛毯清洗剂、废水处理剂、脱墨剂、柔软剂、纤维分散剂

### 抚州市

**江西博大化工有限公司**
江西省抚州市东乡县（省级）经济开发区
邮编 331800
电话 0794－4380168
传真 0794－4380166
网址 www. jxbdhg. com
邮箱 bodahg2007@ 163. com
产品 变性淀粉，纸箱黏合剂，增强、助留助滤剂，新闻纸专用增强剂，表面施胶剂

**江西顺昌隆实业有限公司**
江西省抚州市东乡县大富岗工业开发区
邮编 331800
电话 0794－4332619
传真 0794－4332586
网址 www. scl－starch. com. cn
邮箱 jxsclsy@ scl－starch. com. cn
产品 浆内添加淀粉、表面施胶淀粉、涂布淀粉、喷雾淀粉、瓦楞纸板黏合剂、胶带纸瓶签黏合剂

**江西省东乡县宏达化工有限公司**
江西省抚州市东乡县圩上桥镇东乡工业区
邮编 331801
电话 0794－4330506
传真 0794－4330508
邮箱 company@ jxhongd. net
产品 阳离子淀粉、表面施胶淀粉、喷雾淀粉、涂布淀粉、浆内添加淀粉、纸箱黏合剂

**江西添光化工有限公司**
江西省抚州市抚北镇工业区
邮编 344001
电话 0794－8355555
传真 0794－8352555
网址 www. tg－chem. com
邮箱 yxb@ tg－chem. com
产品 钛白粉、硫酸、精制硫酸铝、硫酸亚铁、普钙

**江西红星变性淀粉有限公司**
江西省抚州市东乡县红星省级经济开发区
邮编 331801
电话 0794－4383169、4383013
传真 0794－4383088
产品 变性淀粉

**江西雨帆化工有限公司**
江西省抚州市东乡县
邮编 331800
电话 0794－4332239
传真 0794－4332281
网址 www. jxyufan. com
邮箱 jxyfan@ sina. com
产品 变性淀粉

## 山　东　省

### 济南市

**济南市顺康助剂有限公司**
山东省济南市英雄山路南首
邮编 250002
电话 0531－82772228
传真 0531－82776966
邮箱 jnzxdz@ 163. com
产品 分散剂、拉力剂、助留助滤剂、脱墨剂、膨化剂、蒸煮助剂、消泡剂、废水处理剂、荧光增白剂、聚丙烯酰胺、挺硬剂

**济南市化工研究所**
山东省济南市工业南路 106 号
邮编 250100
电话 0531－88195963
传真 0531－88528627
网址 www. jnhg. com
邮箱 jnhgs@ 163. com
产品 氨基树脂抗水剂、工业防腐剂、高效助燃剂、高分散游离松香乳液、松香乳液（阴离子酸性施胶用）专用乳化剂、石蜡松香乳液专用乳化剂

**济南塑邦精细化工有限公司**
山东省济南市历城区高新技术产业开发区大学科技园
邮编 250100
电话 0531－81901282、81901583
传真 0531－81901283
网址 www. sbchem. com
邮箱 sbchem@ yahoo. com
产品 荧光增白剂、有机颜料、染料中间体及有机胺催化剂

**济南金星助剂有限公司**
山东省济南市历城区荷花路西段
邮编 250108
电话 0531－86898689
传真 0531－88770218
网址 www. jnjx. com
邮箱 sdjn－gs@ 163. com
产品 防腐剂、分散剂、润滑剂、抗水剂、PAE 湿强剂

**山东达盛科技有限公司**
山东省济南市经十东路东部达盛集团工业园
邮编 250220
电话 0531－83684656、83684256
传真 0531－83682426
网址 www. sddsjt. com
邮箱 sakosako@ 163. com
sddsjt@ 163. com
产品 消泡剂、脱墨剂、润滑剂、分散剂、脱墨剂、施胶剂

## 青岛市

**青岛市海大化工有限公司**
山东省青岛市新泰安路 27 号如意大厦 2105 室
邮编 266001
电话 0532－82867216、82867217
传真 0532－82867215
网址 www. hualuqd. com
邮箱 haida@ hualuqd. com
dingdl@ public. qd. sd. cn
产品 造纸专用特种色素碳黑系列、阻燃剂、钛白粉、荧光增白剂、煅烧高岭土、防水剂

**青岛三中化成精密有限公司**
山东省青岛市城阳区钱桃树村委南 100 米路西
邮编 266109
电话 0532－87733585
传真 0532－87733631
邮箱 jly318@ hanmail. net
产品 脱墨剂、毛毯清洗剂、消泡剂、污染防治剂、凝固剂

**青岛圣博生物科技有限公司**
山东省青岛市胶州市中云工业园
邮编 266300
电话 0532－87298077
传真 0532－87298078
邮箱 hi7810@ tom. com
产品 聚合物分散剂、减水剂、灭菌剂、杀菌防腐剂、阻垢剂

**青岛如相化工有限公司**
山东省平度市平度同和工业园
邮编 266706
电话 0532－82696059
传真 0532－87360020
产品 防腐杀菌剂、工业灭藻剂、网毯清洗剂、水处理剂、消泡剂、荧光增白剂

## 淄博市

**淄博万科化工有限公司**
山东省淄博市张店区潘南西路 20 号
邮编 255047
电话 0533－3181892
传真 0533－3183893
网址 www. zbwanke. com
邮箱 wang@ zbwanke. com
产品 抗氧化剂、湿强剂 PAE、湿强废纸再生剂、助留助滤剂

**淄博振河塑胶化工有限公司**
山东省淄博市张店区昌国路良乡工业园
邮编 255071
电话 0533－2092016
传真 0533－2091839
产品 聚合氯化铝、聚丙烯酰胺、聚合硫酸铁系列净水剂、助留剂、表面施胶剂、消泡剂等造纸助剂

**淄博东方聚合物有限公司**
**(原张店东方化学厂)**
山东省淄博市张店区昌国路良乡工业园
(内环路原 309 国道) 1 号路 2 号门
邮编 255071

电话 0533－2090527、2090973
传真 0533－2090799
网址 www.eastpolymer.com
邮箱 fengxiangyuan@eastpolymer.com
产品 聚丙烯酰胺、高吸水性树脂、N－羟甲基产品丙烯酰胺

**张店东方化学股份有限公司**
山东省淄博市张店区东四路南首
邮编 255071
电话 0533－2081515、2092157
传真 0533－2081047
网址 www.orientchem.com
邮箱 zhaijun@orientchem.com
产品 助留剂、废水处理剂

**淄博爱普浆纸科技有限公司**
山东省淄博开发区高科技创业园 B 座 309 室
邮编 255086
电话 0533－6219777
传真 0533－6207207
网址 www.zbalpu.cn
邮箱 aipu@163.com
产品 脱墨剂、中性施胶剂、阴离子分散松香剂、表面处理剂、助留助滤剂、制浆造纸设备

**山东省桓台县金龙化工有限公司**
山东省淄博市桓台县新城镇工业园区
邮编 256403
电话 0533－8886555、3151273
传真 0533－8886555
网址 www.jinlongchem.net
邮箱 jinlong@jinlongchem.net
产品 水处理药剂、水质稳定剂系列、高效杀菌剂、灭藻剂

**淄博津利精细化工厂**
山东省淄博市周村区南郊镇永和村
邮编 255302
电话 0533－6061262、6063068
传真 0533－6062320
网址 www.jinlichem.com
邮箱 jinlichem@126.com
产品 造纸助剂

**淄博竹林超细化工材料厂**
山东省淄博市博山区山头南圈路 1 号
邮编 255215
电话 0533－4418510
产品 超细重钙

**山东聚鑫化工有限公司**
山东省淄博市桓台县唐山镇
邮编 256401
电话 0533－8510968
传真 0533－8519379
网址 www.juxinchem.cn
邮箱 juxin@juxinchem.cn
产品 聚丙烯酰胺干粉、胶体

**瑞丰化工公司有机化工厂**
山东省淄博市沂源县城保丰路 26 号
邮编 256100
电话 0533－3220025
产品 造纸助剂、脱墨剂

## 枣庄市

**枣庄林美发展有限公司**
山东省枣庄市峄城经济开发区福兴中路 7 号
邮编 277300
电话 0632－7789888
传真 0632－7721388
网址 www.linmeichem.com
邮箱 lm@linmeihg.com
产品 变性淀粉系列、涂布黏合剂、湿部添加剂、表面施胶剂、羧甲基纤维素钠、固体胶乳胶黏剂

**山东神州翔宇科技集团有限公司**
山东省枣庄市台儿庄区马兰屯镇淀粉工业园
邮编 277412
电话 0632－6711135
传真 0632－6711177
网址 www.xiangyudianfen.com
邮箱 xydf@xiangyudianfen.com
产品 醋酸酯淀粉、磷酸酯淀粉、氧化淀粉、阳离子淀粉、阳离子表面施胶剂

## 东营市

**东营市德胜化工有限公司**
山东省东营市东营开发区大渡河路 251 号
邮编 257091
电话 0546－8313666
传真 0546－8739138
邮箱 deshengshiye@163.com

产品 表面施胶剂、塑性颜料、湿强剂、废纸再生剂、分散剂、剥离剂、抗水剂、消泡剂

**山东东营华泰精细化工有限责任公司**
山东省东营市东营开发区东二路2号
邮编 257091
电话 0546－8351964
传真 0546－8351967
网址 www.huatai.com
邮箱 sp0546@sohu.com
产品 增白剂、废纸脱墨剂、螯合剂、中性表面施胶剂、杀菌灭藻剂、废水处理剂

**东营瑞特精细化工有限公司**
山东省东营市广饶县经济开发区兵圣路817号
邮编 257300
电话 0546－6923636、6440020
传真 0546－6923599、6445118
网址 www.right－china.com
邮箱 rightgroup@126.com
产品 废水处理剂、助留助滤剂、湿强剂、纸张增强剂、施胶剂、聚丙烯酰胺乳液

**东营市三龙精细化工有限责任公司**
山东省东营市广饶县李鹊镇高新技术园区
邮编 257333
电话 0546－6286210
传真 0546－6286268
网址 www.chinaslhg.com
邮箱 web@chinaslhg.com
产品 表面施胶剂、脱气剂、树脂控制剂、杀菌剂、助留助滤剂、AKD施胶剂、淀粉硬化及纸粉防止剂、保水剂、阳离子松香胶

**利津县冠亚化工有限责任公司**
山东省东营市利津县工业区
邮编 257440
电话 0546－5318788
网址 www.sdguanya.com.cn
产品 丙烯酰胺、造纸分散剂、助留助滤剂、水解聚丙烯酰胺、杀菌灭藻剂、缓蚀阻垢剂

## 烟台市

**烟台鸿成精细化工有限公司**
山东省烟台市福山高新产业区振华街887号
邮编 265500
电话 0535－6326779、6326087
传真 0535－6301817
网址 www.ythongcheng.com
邮箱 hc@ythongcheng.com
产品 荧光增白剂系列、施胶剂系列、消泡剂、抗水剂

**龙口市华瑞新材料科技有限公司**
山东省龙口市遇家复兴机械北临
邮编 265701
电话 0535－8529786
传真 0535－8543088
网址 www.hray－chem.com
邮箱 wn.yang@163.com
产品 微乳化合成蜡乳液、有机硅乳液消泡剂、微乳化蜡纸箱防水剂、造纸消泡剂

**龙口市联源纸张助剂有限责任公司**
山东省龙口市诸由观镇辛家
邮编 265705
电话 0535－8572299
传真 0535－8572299
网址 www.lyxez.com
邮箱 lzx@lyxez.com
产品 烷基烯酮二聚体（AKD蜡粉）、乳化剂、中性施胶剂、湿强剂

**达斯特克化工有限公司**
山东省烟台市化工路
邮编 264002
电话 0535－6530669
传真 0535－6530939
网址 www.dasteck.com
邮箱 ytd@dasteck.com
产品 造纸漂白剂

## 潍坊市

**潍坊信业化学有限公司**
山东省潍坊市潍城区309国道338公里处路北
邮编 261000
电话 0536－8399162
传真 0536－8399062
网址 www.xinyehx.com
邮箱 xinyehx@163.com
产品 无甲醛抗水剂、聚酰胺聚脲（PAPU）抗水剂、涂布用抗水剂、湿强剂、消泡剂、防腐杀菌剂、螯合剂、有机分散剂

**潍坊恒兴化工有限公司**
山东省潍坊市奎文区鸢飞路 912 号
邮编 261031
电话 0536－8665901、8671737
传真 0536－8665900
网址 www. hengxingchem. cn
邮箱 gxjchem@ 126. com
sdmzl@ 163. com
产品 中性施胶剂、润滑剂、重质液体碳酸钙、防腐杀菌剂、涂布抗水剂、消泡剂、有机分散剂

**潍坊润丰造纸助剂有限公司**
山东省潍坊市玄武东街 123 号
邮编 261031
电话 0536－8661277
传真 0536－8662837
网址 www. rfzj. com
邮箱 rfzj888@ yahoo. com. cn
产品 醚化剂、PPE、助留助滤剂、脱墨剂、制浆消泡剂、网毯清洗剂、挺度剂、涂布润滑剂、抗水剂

**潍坊千龙造纸助剂有限公司**
山东省潍坊市寒亭区益新街 342 号
邮编 261100
电话 0536－8659603
传真 0536－8659603
网址 www. wfql. com
邮箱 grgrth66@ 163. com
产品 防腐杀菌剂、剥离剂、抗水剂、增白剂、助留剂

**潍坊瑞光化工有限公司**
山东省潍坊市寒亭区东环路南首
邮编 261100
电话 0536－7262976、7252436
传真 0536－7270136
网址 www. ruiguangchem. com
邮箱 ruiguang@ ruiguangchem. com
产品 颜料分散剂、有机硅消泡剂、柔软剂、脱墨剂、涂料色浆、表面活性剂、增强剂

**潍坊金水源化工有限公司**
山东省潍坊市寒亭区河滩镇北庄（309）国道北庄处
邮编 261112
电话 0536－7580515
传真 0536－7580595
网址 www. wfjsy. com
邮箱 yuliqu@ 126. com
产品 非硅高效消泡剂、分散剂、抗水剂、脱墨剂、中碱性施胶剂、纸品柔软剂

**华普化学品（潍坊）有限公司**
山东省安丘市关王工业园区
邮编 262122
电话 0536－2261336
传真 0536－4331198
网址 www. huapuchem. com
邮箱 mail@ huapuchem. com
产品 显（助）白剂、抄纸消泡剂、玻璃纸用保湿剂、AKD 中碱性施胶剂、松香施胶剂、防腐杀菌剂

**潍坊浩鑫造纸助剂有限公司**
山东省潍坊市昌乐县城南歇头仓
邮编 262408
电话 0536－6762567
传真 0536－6762567
邮箱 jianghai@ zaozhizhuji. com
产品 纸板挺度剂、高效生物酶脱墨剂、纸张表面强度剂、阳离子淀粉、喷淋淀粉、阳离子助留增强剂

**山东省青州市万利化工有限公司**
山东省青州市开发区东方北路 2066 号（北 50 米）
山东省青州市南环路 55 号（公司）
邮编 262500
电话 0536－3529668
传真 0536－3529667
网址 www. wanlichem. com
邮箱 djx@ wanlichem. com
产品 纸品乳液、颜填料分散剂、增稠剂、杀菌剂

**山东青州友邦化工有限公司**
山东省青州市开发区东方一路东侧
邮编 262500
电话 0536－3262828
传真 0536－3262688
网址 www. henglichem. com
邮箱 hllm@ henglichem. com
产品 纸浆漂白剂、脱墨剂

**青州市晨鸣变性淀粉有限公司**
山东省青州市北西关
邮编 262500
电话 0536－3262808、3260762
传真 0536－3260762
产品 表面施胶剂、喷淋淀粉、涂布淀粉、石膏板增强剂

**潍坊兆冠化工集团公司**
山东省潍坊市临朐县经济技术开发区秦池路38号
邮编 262600
电话 0536－3212680、3121055
传真 0536－3120817
网址 www. zhaoguan. com
邮箱 mail@ zhaoguan. com
产品 二氧化氯、消毒剂、杀菌剂、保鲜剂、漂白剂、防腐剂、除臭剂、脱色剂

**山东万豪集团临朐纸业化工有限公司**
山东省潍坊市临朐县冶源工业园
邮编 262605
电话 0536－3631262
传真 0536－3631262
网址 www. wanhao. com
邮箱 wanhao@ china. com
产品 AKD中性施胶剂

**寿光蔡伦申兴精细化工有限公司**
山东省寿光市晨鸣工业区
邮编 262700
电话 0536－2156339、2156421
传真 0536－2156416
网址 www. cailunchem. com
邮箱 sales@ cailunchem. com
产品 中性施胶剂、重质碳酸钙、AKD乳液、松香胶、增白剂、消泡剂

**寿光金远东变性淀粉有限公司**
山东省寿光市学院路北首
邮编 262700
电话 0536－5185399
传真 0536－5110077
网址 www. cn－jyd. com
邮箱 jyd@ cn－jyd. com
产品 表面施胶淀粉、湿部添加剂、多元变性淀粉、漂白淀粉、阳离子淀粉

**潍坊天方圣鸿化学有限公司**
山东省寿光市晨鸣工业园（建新西街与文昌路交叉口）
邮编 262700
电话 0536－5672088
传真 0536－5672058
邮箱 tfsh@ tfshchem. com
产品 湿强剂、表面施胶剂、抗水剂、消泡剂、润滑剂、无甲醛抗水剂、柔软剂、湿强解离剂、中性施胶剂

**青州市北联淀粉有限公司**
山东省青州市海军路568号
邮编 262500
电话 0536－3260906、3263278
传真 0536－3260906
网址 www. sdbldf. com
邮箱 qzbldf@ 163. com
产品 造纸用淀粉

## 济宁市

**济宁新格瑞水处理有限公司**
山东省济宁市嘉祥工业园
邮编 272415
电话 0537－6985888、6988006
传真 0537－6988088
网址 www. jngreen. net
邮箱 jngr@ jngreen. net
xingerui@ yahoo. com. cn
产品 施胶剂、系统清洗剂、系统除垢剂、阻垢缓蚀剂、生物酶脱墨剂、聚丙烯酰胺、废水絮凝剂、杀菌消毒剂、消泡剂

**山东阳光颜料有限公司**
**（原济宁市阳光颜料助剂有限责任公司）**
山东省济宁市车站南路
邮编 272000
电话 0537－2317897、2311908
传真 0537－2311908
网址 www. sino－pigment. com
邮箱 market@ sino－pigment. com
产品 有机颜料、无机颜料、荧光颜料、高档彩色专用色浆

**济宁市华强化工有限公司**
山东省济宁市任城区开发区
济邹路南接庄镇政府西1公里
邮编 272015
电话 0537－2631588
传真 0537－2631088
网址 www. hqchem. com. cn
邮箱 sales@ hqchem. com. cn
产品 高效造纸助留剂、多功能造纸增强剂、絮凝剂

**济宁市信慧化工科技有限公司**
山东省济宁市任城经济开发区山博路
邮编 272100
电话 0537－2316691

传真 0537－2333786
网址 www. cenwise. cn
邮箱 jnxhhg@263. com
产品 松香胶、液体染体、增白剂、PAM 干强剂

**兖州天成化工有限公司**
山东省济宁市兖州市北站西路 66 号
邮编 272100
电话 0537－3482493
传真 0537－3414528
网址 www. yztchg. com
邮箱 yztchg@163. com
产品 AKD、干/湿增强剂、复合型中性胶

**兖州东升精细化工有限公司**
山东省兖州市兴隆庄镇驻地
邮编 272101
电话 0537－3873264、3873331
传真 0537－3873918
网址 www. dssun. com
产品 表面施胶剂、PP 塑性颜料、阳离子胶乳、分散剂、AKD 施胶剂、脱墨剂、净水剂、废水絮凝剂、超细重质碳酸钙、超细轻质碳酸钙、高白度高岭土、润滑剂

**济宁红日化工轻化助剂有限公司**
**（原济宁市中区轻化助剂厂）**
山东省济宁市 105 国道与 327 国道交汇处
邮编 272141
电话 0537－2113179
传真 0537－2113179
网址 www. hrqh. cn
邮箱 hrqhzjgs@163. com
产品 造纸制浆催化剂、高效消泡剂系列、柔软剂

## 泰安市

**泰安市东岳助剂厂**
山东省泰安市泰汶路 199 号
邮编 271000
电话 0538－6611988
传真 0538－6610809
网址 www. dyzjc. com
邮箱 dylh－paper@tom. com
产品 抄纸分散剂、增白剂系列、废纸脱墨剂、助留助滤剂、蒸煮助剂、聚丙烯酰胺、树脂障碍消除剂、消泡剂、废水处理剂

**泰安鑫泉精细化工有限公司**
山东省泰安市高新技术开发区北集坡
邮编 271000
电话 0538－8920760、13563803298
传真 0538－8920388
网址 www. xq1688. com
邮箱 zhanghong8513@163. com
产品 多元助留助滤增强剂、纸品挺度增强剂、瓦楞纸杯环压增强剂、烘缸剥离剂、消泡剂

**山东省新泰市兰泰化工有限公司**
山东省新泰市翟镇西 1 公里
邮编 271204
电话 0538－7500078
传真 0538－7500078
网址 www. lthuagong. com
邮箱 lthugnong@163. com
产品 硫酸铝、AKD 乳液、中碱性造纸施胶剂、分散松香胶

**山东一滕化工有限责任公司**
山东省肥城市工业二路西首
邮编 271600
电话 0538－3368999、3368666
传真 0538－3366226
网址 www. yitengchem. cn
　　　www. sdytjt. com
邮箱 yitengchem@163. com
产品 聚阴离子纤维（PAC）、羧甲基纤维素（CMC）、羟丙基甲基纤维素（HPMC）

**山东鲁岳化工有限公司**
山东省肥城市安站镇
邮编 271603
电话 0538－3680358、3680386
传真 0538－3680368
网址 www. luyue. com
邮箱 sales@luyue. com
产品 二烯丙二甲氯化铵、助留助滤剂、干/湿强剂、阴离子导电剂、阳离子熟化促进剂

**泰安市山口环保化工厂**
山东省泰安市岱岳区山口镇
邮编 271038
电话 0538－8611946
传真 0538－8611946
产品 净水剂

## 威海市

**威海凯瑞造纸技术有限公司**
山东省威海市高新技术开发区创新创业基地 318 室
邮编 264200
电话 0631－5629496
传真 0631－5629496
网址 www.whchrom.com.cn
邮箱 market@whchrom.com.cn
whchrom@163.com
产品 表面施胶剂、表面处理剂、浆料预处理剂、树脂控制剂、生物助留剂

## 日照市

**日照金马化工有限公司**
山东省日照市山东路 589 号
邮编 276825
电话 0633－3387318
传真 0633－3387358
网址 www.jinmachem.com
邮箱 info@jmchem.com
产品 羧基丁苯胶乳、苯丙乳液、分散剂、润滑剂、增稠剂

## 临沂市

**临沂爱森化工有限公司**
山东省临沂市鲁南化工城 A 区 450 号
邮编 276000
电话 0539－3120808
传真 0539－3120809
网址 www.lyaisen.cn
邮箱 guoguo19810520@sina.com
产品 聚丙烯酰胺阳离子、阴离子、非离子系列，造纸分散剂，造纸助留助滤剂

**临沂市天科工贸有限公司**
山东省临沂市中国商城会展中心化工区 A 区 22 号
邮编 276000
电话 0539－8020352
传真 0539－3120331
网址 www.cntianke.com
邮箱 yuemingqiang@hotmail.com
tiankegongmao@yahoo.cn
产品 废纸胶黏物去除剂、瓦楞纸杯环压增强剂、纸浆分散剂、助留助滤剂、干强剂、脱墨剂、絮凝剂

**临沂市成丰化工有限公司**
山东省临沂市临西十一路与双玲路交汇处
鲁南化工市场 A 区－76 号
邮编 276000
电话 0539－3120238
传真 0539－3120238
产品 荧光增白剂、蒸煮助剂、消泡剂、防腐杀菌剂、ABC 调色剂、高效分散剂、脱墨剂、湿强剂

**临沂欧贝化学有限公司**
山东省临沂市临沭县白旄镇周官庄村
邮编 276715
电话 0539－6341099
传真 0539－6090617
网址 www.oubei66.com
产品 表面施胶剂、脱墨剂、过氧化氢稳定剂、干强剂、纸力增强剂、助留剂、杀菌剂、涂布纸用料、消气剂、脱泡剂

## 德州市

**陵县佳隆化工染料厂**
山东省德州市陵县陵城镇威灵小区
邮编 253500
电话 0534－8223215
产品 造纸助剂、脱墨剂、清洗剂

## 聊城市

**聊城市凤民净水原料有限公司**
山东省聊城市东昌府区双力路 58 号
邮编 252000
电话 0635－8688000、8465670、13869598799
传真 0635－8688256
网址 www.fmjs.com.cn
邮箱 fmjs123@163.com
产品 聚丙烯酰胺及其他水处理药剂、聚丙烯酸钠、生物脱墨剂、卫生纸用分散剂、网毯清洗剂、拉力增强剂

**山东阳光化工（集团）有限公司**
**（原山东阳谷爱信聚合物有限公司）**
山东省聊城市阳谷县城西工业园区化工路
邮编 252300
电话 0635－6381010、6381105
传真 0635－6324198、6383729
网址 www.sdyghg.com

邮箱 jcf926@sohu.com
产品 聚丙烯酰胺、造纸助剂、硫酸铵、羧甲基纤维素、聚丙烯酸钾、二氯异氰尿酸钠

**山东阳谷鲁燕淀粉加工有限公司**
山东省聊城市阳谷县大布工业区
邮编 252300
电话 0635－6580666、18906350700
传真 0635－6580333
邮箱 ygluyan@126.com
产品 变性淀粉

## 滨州市

**博兴县天元化工有限公司**
山东省滨州市博兴县工业园区顺河路6号
邮编 256500
电话 0543－2303345
传真 0543－2303345
产品 造纸用中性施胶剂 AKD 蜡粉、AKD 乳液、AKD 专用乳化剂及系列产品

**山东滨州嘉源环保有限责任公司**
山东省滨州市滨城区黄山五路560号
邮编 256619
电话 0543－2118158
传真 0543－3312324
产品 二甲基二烯丙基氯化铵、有机高分子絮凝剂、阳离子絮凝剂系列、脱色剂、复合絮凝剂、反相破乳剂

## 菏泽市

**山东菏泽阿可迪化工科技有限公司**
山东省菏泽市牡丹区牡丹办事处日东高速入口东500米
邮编 274000
电话 0530－5644488
传真 0530－5644488
网址 www.sdakd.com
邮箱 gwww－lyf@163.com
产品 AKD 蜡粉、表面施胶剂、高效干强剂、湿强剂、乳液松香施胶剂

**山东润鑫精细化工有限公司**
山东省菏泽市定陶县东外环路南段路东
邮编 274100
电话 0530－2123769
传真 0530－2123768
网址 www.runxinchemical.com
邮箱 mcj@runxinchemical.com
产品 2－溴丁酸甲酯、DT 杀菌灭藻剂、*N*－4－异噻唑－3－酮

# 河　南　省

## 郑州市

**郑州市中瑞洁水化工原料有限公司**
河南省郑州市陇海路与桐柏路交叉口
邮编 450000
电话 0371－68632711
传真 0371－68633711
产品 水处理药剂、聚丙烯酰胺

**濮阳市中润聚合物有限公司郑州分公司**
河南省郑州市京广南路绿岛港湾13号楼6层102室
邮编 450000
电话 0371－67015868
传真 0371－68747998
产品 聚丙烯酰胺系列水处理剂、二氯异氰脲酸钠、聚合氯化铝、羧甲基纤维素、脱墨剂

**河南南浦化工有限公司**
河南省郑州市农业路72号国际企业中心B座404室
邮编 450002
电话 0371－65655608
传真 0371－65655609
邮箱 web@jiezhifen.com
产品 阴、阳、非和两性离子聚丙烯酰胺，无机高分子絮凝剂，XM 系列浮选剂，PFS 聚合硫酸铁（液体），PFS 聚合硫酸铁（固体），PAC 聚合氯化铝

**河南省道纯化工技术有限公司**
河南省郑州市文化路128号航天大厦15楼A8
邮编 450002
电话 0371－63563761、63563762、63563763
传真 0371－63563936
网址 www.dchg.com.cn
邮箱 dchgyx@tom.com
产品 施胶剂、氧漂稳定剂、蒸煮助剂、脱墨剂、消泡剂、氧漂激活剂、分散剂、湿强剂、杀菌剂、显白剂、乳化剂

**郑州中吉精细化工有限公司**
河南省郑州市民航路19号企业1号614室
邮编 450003
电话 0371－66560787

传真 0371 -63284918
网址 www. zjpp. com
邮箱 info@ zjpp. com
产品 乳液造纸助留增强剂、瓦楞纸环压增强剂、增光剥离剂、增柔膨化剂、纸张挺硬剂、中性施胶用分散松香胶、显白剂、阳离子淀粉、消泡剂

**郑州金源微粉材料有限公司**
河南省郑州市中原区郑上路 744 号
邮编 450042
电话 0371 -67811493
传真 0371 -67813794
网址 www. jywf. net
产品 煅烧高岭土、硅微粉、重质碳酸钙、高白滑石粉

**郑州市恒茂昌贸易有限公司**
河南省郑州市南阳路 170 号清华园商贸楼 16 楼 166 室
河南省郑州市惠济区新城街道固城村南（厂址）
邮编 450053
电话 0371 -63603392、63673216
传真 0371 -63673216
网址 www. hengmaochang. com
邮箱 zzhmc@ tom. com
产品 分散剂、助留剂、生物酶脱墨剂、湿强剂、干强剂、表面施胶剂、染料、聚丙烯酰胺

**巩义市奥林滤材有限公司**
河南省巩义市南环路
邮编 451200
电话 0371 -64355488
传真 0371 -64388685
网址 www. aolinlc. com
邮箱 aolinlc@ 163. com
产品 阻垢分散剂、杀菌灭藻剂、净水药剂系列、活性炭系列

**巩义市益民淀粉厂**
河南省巩义市八零八路
邮编 451250
电话 0371 -64371718
传真 0371 -64371792
网址 www. yimindf. cn
邮箱 webmaster@ yimindf. cn
产品 变性淀粉、磷酸酯淀粉、酸化淀粉、玉米氧化淀粉、阳离子淀粉、醋酸酯淀粉

**巩义市清滢精细化工厂**
河南省巩义市康店镇黑石关 665 仓库（康店镇工业园区）
邮编 451200
电话 0371 -64126767、64116356
传真 0371 -64126767
网址 www. hngyqy. com
邮箱 hngyqy@ 126. com
产品 防腐杀菌剂、润滑增光施胶剂、消泡剂、絮凝剂聚合氯化铝

**巩义市宇清净水材料有限公司**
河南省巩义市河洛镇工业区
邮编 451251
电话 0371 -64156198、64158648
传真 0371 -64156198
网址 www. yqjs. com
邮箱 yqjs1995@ 163. com
产品 聚合氯化铝、聚合氯化铝铁、复合铝铁、硫酸铝、铝酸钙粉、结晶氯化铝

**巩义市恒豪净化材料有限公司**
**巩义市豫泉净化材料有限公司**
河南省巩义市芝田镇羽林庄工业区
邮编 451252
电话 0371 -64108882
传真 0371 -64108883
网址 www. hnyuquan. com
邮箱 hnhenghao@ hnhenghao. com
产品 聚合氯化铝、碱式氯化铝、聚丙烯酰胺、活性炭、铝酸钙粉

**郑州华旗助剂有限公司**
河南省新密市大隗工业区黄湾寨
邮编 452370
电话 0371 -69281615
传真 0371 -69281811
邮箱 zzhqzi@ 163. com
产品 松香系列施胶剂、中性施胶剂、湿强剂、助留剂、剥离剂、乳化剂

**巩义市华麟化工有限公司**
河南省巩义市开发区永安路 12 号
邮编 451281
电话 0371 -64031888
传真 0371 -64031999
网址 www. chinesehualin. com
邮箱 lilian64032111@ 163. com
产品 水处理剂

**河南省新密市力达化工实业公司**
河南省新密市大镇观寨村 34 号
邮编 452383

电话 0371－69271070
传真 0371－69271070
邮箱 xueling2004007@ eyou. com
产品 聚合氯化铝、涂布纸品专用乳液、分散型松香胶、涂布分散剂、防水剂、消泡剂、润滑剂、高效脱色助沉剂、助留剂、增强剂、中性施胶剂、淀粉黏合剂

**河南省宏源化工有限公司**
河南省郑州市金水路28号
邮编 450053
电话 0371－63895005
传真 0371－63936703
产品 分散松香胶、低泡分散松香胶、近中性分散松香胶、马来松香、厂专用乳化剂、阴离子乳化剂、阳离子分散胶、中性施胶 AKD、合成中性施胶剂

## 洛阳市

**偃师太学染化有限公司**
河南省偃师市佃庄镇东大郊
邮编 471942
电话 0379－67436138
传真 0379－67436438
网址 www. chinataixue. com
邮箱 taixue－han@ hotmail. com
产品 造纸粉状染料、造纸液体染料、造纸专用染料

## 安阳市

**安阳荧迪化工有限责任公司**
河南省安阳市龙安区烟厂路
邮编 455004
电话 0372－3931405、3932694
传真 0372－3931405
网址 www. yingdichem. com
邮箱 yingdichem@ yingdichem. com
产品 荧光增白剂、染料中间体 DSD 酸

## 新乡市

**卫辉市通达变性淀粉有限公司**
河南省卫辉市唐庄工业开发区107国道旁（代庄村）
邮编 453100
电话 0373－4221908
传真 0373－4221908
邮箱 tongdadianfen@ sohu. com
产品 氧化淀粉、AKD 乳化剂离子型专用淀粉、涂布淀粉、多元变性淀粉、磷酸酯淀粉、接枝淀粉、氧化醋酸淀粉、阳离子淀粉

**新乡市永平助剂厂**
河南省新乡市大召营镇文营村
邮编 453700
电话 0373－5470178
传真 0373－5469308
网址 www. xxypzj. com
邮箱 ypwyy@ 126. com
产品 液体荧光增白剂、显白剂、脱墨剂

**新乡市飞马化工有限公司**
河南省新乡市大召营工业区
邮编 453700
电话 0373－5469199
传真 0373－5461595
邮箱 fm811@ feimahg. com
产品 AKD 中性施胶剂、PAE 湿强剂、助留助滤剂、蒸煮助剂

**新乡市瑞丰化工有限责任公司**
河南省新乡市新乡县大召营镇（新获路北）工业园
邮编 453700
电话 0373－5466556
传真 0373－5466000
网址 www. sinoruifeng. com
邮箱 sale@ sinoruifeng. com
产品 无碳复写纸树脂显色剂、活性白土显色剂、阳离子醚化剂、高碱性硫化烷基酚钙

**新乡市和诚化工有限公司**
河南省新乡市朗公庙镇曲水村北
邮编 453731
电话 0373－5712168
传真 0373－5712366
产品 聚丙烯酰胺、高效聚合引发剂、聚二甲基二烯丙基氯化铵

**新乡县长明冶炼有限公司**
河南省新乡市新乡县小冀镇西环路
邮编 453731
电话 0373－5592335
产品 聚丙烯酰胺、增强剂

## 焦作市

**河南佰利联化学股份有限公司**
河南省焦作市中站区
邮编 454191
电话 0391－2801454、3126553
传真 0391－2947818、3126818

网址 www. billionschem. com
邮箱 zztcwmb@ sina. com
　　sales@ billionschem. com
产品 钛白粉、硫酸铝、二氧化锆、碳酸锆

**河南省沁阳市新兴化工有限公司**
河南省沁阳市南洛公路 7 公里处/崇义工业区
邮编 454550
电话 0391 - 5056698、5051606
传真 0391 - 5055042
邮箱 yalido@ 163. com
产品 涂布淀粉、造纸淀粉、卫生纸增韧剂、助留助滤剂

**河南省武陟县智辉化工有限责任公司**
河南省焦作市武陟县城东占泗路北贾桥西
邮编 454950
电话 0391 - 7268190
传真 0391 - 7268193
网址 www. zhihuichem. com
邮箱 zhihuichem@ zhihuichem. com
　　zhihuichem@ 163. com
产品 无碳复写纸专用树脂显色剂、活性白土显色剂、微胶囊、无碳压敏染料溶剂油、微胶囊专用分散乳化剂、石蜡乳液

**温县宏泰水处理材料厂**
河南省焦作市温县岳村工业区 66 号
邮编 454800
电话 0371 - 66551628、66551601
传真 0371 - 68396167、66551938
网址 www. hnwxht. com
邮箱 wxhtscl@ 163. com
产品 聚合氯化铝、碱式氯化铝、活性炭系列、填充系列

## 濮阳市

**濮阳市中润聚合物有限公司**
河南省濮阳市东高新技术开发区前县徐岭村南
邮编 457600
电话 0393 - 5326588
传真 0393 - 2217588
产品 污泥脱水剂、分散剂、助留剂、聚丙烯酰胺、羧甲基纤维素

## 许昌市

**许昌凯特精细化工厂**
河南省许昌市经济技术开发区屯里东段
邮编 461000
电话 0374 - 8306088、8306090
传真 0374 - 8306087、8306091
网址 www. xckate. com
邮箱 kate7888@ 163. com
产品 消泡剂、脱墨剂、分散剂、增白剂、显白增强剂

**许昌市远征化工有限公司**
河南省许昌市北郊菅庄村
邮编 461000
电话 0374 - 4391909
传真 0374 - 4391909
产品 增白剂 VBL、脱墨剂、新型固体膨松剂、分散剂 PEO、光亮剂、除胶剂、挺力剂、显白剂、剥离剂、消泡剂、干/湿强剂、助留剂、聚丙烯酰胺

## 漯河市

**漯河市天马化工有限公司**
河南省漯河市人民东路 73 号
邮编 462000
电话 0395 - 6665819、2637599
传真 0395 - 2650929
网址 www. tmhg. com. cn
邮箱 tianmahg@ yahoo. com. cn
产品 AKD 中性施胶剂、阳离子分散松香胶、硅溶胶、分散剂、乳化剂

## 商丘市

**商丘市金茂工业助剂有限公司**
河南省商丘市虞城县李家工贸区
邮编 476300
电话 0370 - 4833167
传真 0370 - 4833167
产品 聚丙烯酰胺、水处理剂、造纸助剂

## 驻马店市

**西平县佳佳纸业有限公司**
河南省驻马店市西平县王店工业区
邮编 463900
电话 0396 - 6253336
传真 0396 - 6253336
产品 助留助滤剂、增强互补型造纸专用助剂、生物强力

助剂、强力渗透剂

## 济源市

**河南清水源科技股份有限公司**
河南省济源市轵城镇
邮编 454650
电话 0391－6698121、6089345
传真 0391－6086299
网址 www.qywt.com.cn
邮箱 qysales@qywt.com.cn
产品 水处理剂产品（单体）和复配剂，提供配方筛选和水处理技术服务

# 湖　北　省

## 武汉市

**武汉东化工有限公司**
湖北省武汉市汉口竹叶山东恒星集团A栋8楼5号
邮编 430012
电话 027－82944688
传真 027－82944743
网址 www.ecch.com.cn
邮箱 hdhg@ecch.com.cn
产品 木质素磺酸钙、碱木质素、木质素磺酸盐、羧甲基淀粉钠

**武汉新大地化工有限公司**
湖北省武汉市硚口区南泥湾8号
长丰科技产业园（西区）8厂区
邮编 430034
电话 027－83305573
传真 027－83305570
网址 www.newlandchem.com
邮箱 ywx@newlandchem.com
产品 防腐杀菌剂

**武汉市羽佳化工有限公司**
湖北省武汉市东湖高新开发区大学园路11号
邮编 430074
电话 027－52101188
传真 027－52101188
网址 www.yj1188.com
邮箱 yj11882005@yahoo.com.cn
产品 干强剂、水处理剂、消泡剂

**武汉市雨田高分子材料有限公司**
湖北省武汉市蔡甸区永安街万岭特1号
邮编 430105
电话 027－69305728、59843713
传真 027－69304916
产品 CMC、脱墨剂、润滑剂、抗水剂、分散剂

**武汉市新洲区耀华化工有限公司**
湖北省武汉市阳逻开发区平江东路123号
邮编 430415
电话 027－86963113
传真 027－86963113
产品 新型造纸制浆蒸煮剂、脱墨剂、固体液体消泡剂、剥离剂、助留剂

**武汉葛化集团有限公司**
湖北省武汉市洪山区葛化街化工路31号
邮编 430078
电话 027－87602513
传真 027－87600357
网址 www.whghjt.com
邮箱 whghjt@chem.com.cn
产品 烧碱、液氯

## 黄石市

**黄石龙骏化工科技有限公司**
湖北省市沈下路661号
邮编 435004
电话 0714－5379335
传真 0714－5379336
网址 www.hs－longjun.com
邮箱 webmaster@hs－longjun.com
产品 阴/阳离子松香胶专用乳化剂、松香胶、中性施胶剂、表面施胶剂、AKD熟化促进剂、助留增强剂、絮凝剂

**大冶市鑫晟精细化工有限公司**
湖北省大冶市金湖街道栖儒村
邮编 435102
电话 0714－8990989
传真 0714－8990989
邮箱 hs8483@163.com
产品 干/湿强剂、中性造纸施胶剂、印刷适性改良剂、AKD乳液、荧光增白剂、瓦楞原纸环压增强剂、纸浆消泡剂、废纸脱墨剂

## 宜昌市

**湖北宜化集团有限责任公司**
湖北省宜昌市沿江大道 52 号
邮编 443000
电话 0717 – 8868298
传真 0717 – 8868298
网址 www.hbyihua.cn
邮箱 hgb@hbyihua.cn
产品 烧碱

## 襄樊市

**襄樊惠邦化工有限公司**
湖北省襄樊市江汉路 25 号
邮编 441002
电话 0710 – 3955939
传真 0710 – 3112389
产品 分散剂、胶黏剂

**襄樊市化工设计研究所**
湖北省襄樊市江北路 60 号
邮编 441002
电话 0710 – 3963009
传真 0710 – 3220183
邮箱 xb – email@163.com
产品 造纸用增光润滑剂、分散剂、抗水剂、施胶剂、渗透剂

**湖北新四海化工有限公司**
湖北省枣阳市襄阳路 91 号
邮编 441200
电话 0710 – 6221764
传真 0710 – 6229927
网址 www.sihaichem.com
邮箱 Z6241188@163.com
sihaichem@163.com
产品 消泡剂、抗水剂、润滑剂

## 荆门市

**钟祥市金汉江纤维素有限公司**
湖北省钟祥市金汉江大道
邮编 431900
电话 0724 – 4223633、4238472、6318585
传真 0724 – 4223212
网址 www.chinajhj.com
邮箱 jhj@chinajhj.com
产品 精制棉、CMC

## 荆州市

**湖北达雅化工技术发展有限公司**
湖北省荆州市高新技术开发区北京东路 109 号
邮编 434000
电话 0716 – 8332001、4315078
传真 0716 – 8331751、4315077
网址 www.hbdaya.com
邮箱 hubeidaya@163.com
产品 涂布专用 CMC、润滑剂、纳米级微粒高效造纸助留助滤剂

**荆州市旭升化工助剂有限公司**
湖北省荆州市荆州区
邮编 434020
电话 0716 – 8480596、8677782、8416799
传真 0716 – 8416699
网址 www.jzxshg.com
邮箱 xshg2002@163.com
产品 阳离子淀粉、助留助滤剂、交联表面施胶剂、高效废纸脱墨剂、阴离子分散松香胶、中碱性施胶剂、蒸煮助剂、湿强剂

## 咸宁市

**湖北省嘉鱼县中天化工有限责任公司**
湖北省咸宁市嘉鱼县鱼岳镇徐家庄 167 号
邮编 437200
电话 0715 – 6321909
传真 0715 – 6329868
网址 www.laopeng.com.cn
邮箱 13807247197@vip.163.com
产品 蒸煮助剂、高效漂白剂、荧光增白剂、脱墨剂、湿强剂、显白剂

**湖北省赤壁市明光化工厂**
湖北省赤壁市中伙镇
邮编 437315
电话 0715 – 5600149、13707242141
产品 涂层、保温层

## 仙桃市

**仙桃市闻捷福工贸有限责任公司**
湖北省仙桃市经济开发区青鱼湖路 18 号

邮编 433000
电话 0728－3257939、3200828
传真 0728－3257939
产品 脱墨剂、蒸煮助剂

**湖北嘉韵化工科技有限公司**
**（原仙桃贝斯特化学品有限公司）**
湖北省仙桃市刘口工业园
邮编 433000
电话 0728－3255688、3601188
传真 0728－3255601
网址 www. jiayunchem. com
邮箱 666@ jiayunchem. com
999jiayun@ 163. com
产品 环氧聚酯湿强剂、蒸煮催化剂、固着剂、AKD 中性施胶剂、表面施胶剂、助留助滤剂、防腐杀菌剂、干增强剂、抗水剂、柔软剂、剥离剂

**湖北星恒兴材料科技有限公司**
湖北省仙桃市郭河工业园区
邮编 433013
电话 0728－2745177
传真 0728－2745990
邮箱 newhengxing@ 163. com
产品 阳离子中碱性施胶剂、阳离子中性表面施胶剂、新型涂料胶乳、湿强剂、干强剂

## 湖南省

### 长沙市

**湖南超牌化工有限公司**
湖南省长沙市芙蓉中路二段 198 号新世纪大厦 9003 室
邮编 410015
电话 0731－85179028、85179029
传真 0731－85179099
网址 www. hnsuper. com. cn
邮箱 fjming88@ 21cn. com
产品 超细研磨碳酸钙、超细煅烧高岭土

**长沙市力波化工有限公司**
湖南省长沙市马王堆陶瓷建材新城 D16 栋 123 号
邮编 410001
电话 0731－84786498
传真 0731－84720135
网址 www. lbsun. com
邮箱 sales@ lbsun. com
产品 分散剂、脱墨剂、光亮剂、施胶剂等造纸化学品及各种羧甲基纤维素、甲基纤维、羟丙基甲基纤维素、聚合氯化铝、聚丙烯酰胺

**湖南美莱精化有限公司**
湖南省长沙市国家高新技术开发区火炬城 M0 号
邮编 410003
电话 0731－88809919、88496308
传真 0731－88911458
网址 www. meilaichem. com
邮箱 saite2005@ sina. com
产品 蒸煮助剂

**长沙鸿鹰科技有限公司**
湖南省长沙市西湖路 34 号鸿信大厦北 B 座 906 室
邮编 410002
电话 0731－85132075
传真 0731－85132075
产品 造纸化学品

### 株洲市

**株洲升阳精细化工有限责任公司**
湖南省株洲市董家段南路南方航空摩托厂内
邮编 412300
电话 0731－22789788
传真 0731－28559469
产品 氟化钠、氟硅酸钠、白炭黑

**湖南省醴陵市华中造纸助剂工业有限公司**
湖南省醴陵市王仙科技工业园
邮编 412200
电话 0733－23518818
传真 0733－23518818
产品 分散松香胶、干强剂、脱墨剂、毛毯洗净剂、松香、乳化剂

### 湘潭市

**湖南省湘潭市弘联科技开发有限公司**
湖南省湘潭市高新区芙蓉中路 9 号
邮编 411100
电话 0731－58377118
传真 0731－58377118
产品 瓦楞原纸线用淀粉胶抗水剂、增强剂、耐水增强剂

**湘潭市森泰化工有限公司**
湖南省湘潭市岳塘区板竹路 8 号
邮编 411132

电话 0731－55543398
传真 0731－55578818
产品 羧甲基纤维素钠（CMC）、羧甲基淀粉钠（CMS）、甲基纤维素（MC）、羟丙基甲基纤维素（HPMC）、涂布黏合剂

**湘潭市麓安化工有限公司**
湖南省湘潭市先锋工业园
邮编 411100
电话 0731－58270759
传真 0731－58270759
产品 造纸化学品

## 衡阳市

**湖南耒阳市超牌化工有限公司**
湖南省耒阳市水东江振兴路
邮编 421800
电话 0734－4370523
传真 0734－4370470
邮箱 hncphg@163.com
产品 超细 GCC、高岭土

## 邵阳市

**湖南省邵阳市天成实业（集团）公司**
湖南省邵阳市桃花工业园
邮编 422000
电话 0739－5385276
传真 0739－5385277
邮箱 sytcsy@163.com
产品 蒸煮催化剂、松香胶

# 广　东　省

## 广州市

**广州纬森普化科技有限公司**
广东省广州市越秀区寺右新马路南二街 22 号
邮编 510000
电话 020－87362138
传真 020－87371198
邮箱 meilan20@yeah.net
产品 湿强剂

**广东迪美生物技术有限公司**
广东省广州市先烈中路 100 号科学院内（广东省微生物研究所）
邮编 510070
电话 020－87688093
传真 020－87688093、87685989
网址 www.gd－demay.com
邮箱 sales@gd－demay.com
产品 防腐剂、防霉剂、抗藻剂、消毒剂

**广州市中化贸易有限公司**
广东省广州市人民北路 691 号金信大厦 15 楼
邮编 510170
电话 020－81083877、81080060
传真 020－81084009
网址 www.goldchem.cn
邮箱 marketing@goldchem.cn
产品 有机硅消泡剂、防腐剂、杀菌剂、防霉剂、钛白粉、煅烧高岭土、滑石粉、光引发剂、分子式吸附剂

**广州宇洁化工有限公司**
广东省广州市海珠区宝岗大道 268 号
中新大厦 12 楼 12－13B 室
邮编 510240
电话 020－34371818、34371600
传真 020－34141884
网址 www.yujiechem.cn
产品 聚丙烯酰胺、丙烯酰胺、聚合氯化铝、脱色剂

**广州精细化学工业公司**
广东省广州市海珠区工业大道中石岗路 11 号
邮编 510288
电话 020－84352112
传真 020－84309844
网址 www.jxhg.com.cn
邮箱 jxhg@jxhg.com.cn
产品 聚丙烯酰胺、分散剂、湿强剂、助留助滤剂、水处理絮凝剂、脱水剂、表面活性剂

**广州欧普龙化工科技有限公司**
广东省广州市机场路景丽街 9 号
翠逸家园三区 303－306 室
邮编 510403
电话 020－86446416
传真 020－86446215
产品 有机硅消泡剂、蒸煮助剂、净水剂、抗水剂、绒毛浆膨松剂

**广州市黄埔天泰化轻有限公司**
广东省广州市东山区五羊新城寺右新马路 111 号
五羊新城广场 11 楼 1118 - 1120 室
邮编 510600
电话 020 - 87373533、87392012
传真 020 - 87392590
网址 www. tt020. com
邮箱 info@ tt020. com
产品 纸浆专用防霉防腐杀菌剂、荧光增白剂、钛白粉、超细滑石粉

**广州洁泉环保科技有限公司**
广东省广州市天河区中山大道中路 38 号
加悦大厦 1208 室
邮编 510600
电话 020 - 32035350、82525387
传真 020 - 32035330
网址 www. jiequanhuanbao. com
邮箱 jiequan07@ 163. com
产品 废水处理药剂、循环冷却水处理药剂、RO 膜反渗透水处理剂

**广州元源造纸化学品有限公司**
广东省广州市天河区黄埔大道西 191 号
广信大厦牡丹阁 1005 室
邮编 510620
电话 020 - 38900979
传真 020 - 38900552
邮箱 guangzhouyuanyuan@ 163. com
产品 浆内施胶剂、瓦楞纸杯环压增强剂、多元助留增强剂、表面施胶剂

**广州汇普化工新材料有限公司**
**上海和氏璧化工有限公司**
广东省广州市黄埔大道 159 号富星商贸大厦西塔 25 楼
邮编 510620
电话 020 - 22220222、87568088 - 2294
传真 020 - 87595606
网址 www. ncmchem. com
产品 聚乙烯醇、防黏硅油、高效消泡剂

**华夏化工集团**
**广州市华夏助剂化工有限公司**
广东省广州市天河北路 177 号祥龙花园祥龙阁 1703 室
邮编 510620
电话 020 - 85251113
传真 020 - 85251290
网址 www. cn - hpc. com
邮箱 gzhxadd@ cnhxg. com
产品 国外系列涂料助剂、华夏品牌助剂

**广州市君伦纸业化工有限公司**
广东省广州市天河区龙口西路 577 号
天隆花苑三楼 3130 号
邮编 510635
电话 020 - 38470568
传真 020 - 38470569
邮箱 gz - kingdom@ 163. com
产品 杀菌防腐剂、流程清洗剂、系统保洁剂、杀菌抑菌剥离剂

**广州智尚化工技术开发有限公司**
广东省广州市五山路华南理工大学科技园 2 号楼 606 室
邮编 510640
电话 020 - 22237168
传真 020 - 81408303
邮箱 keepwon128@ 163. com
产品 水处理用水溶性消泡剂、异噻唑啉酮类、季铵盐类杀菌防腐剂、缓蚀阻垢剂、造纸用杀菌防腐剂、絮凝剂、新型含氟聚有机硅养烷类油溶性流平剂

**广州慧谷化学有限公司**
广东省广州市萝岗区永和经济区新业路 62 号
邮编 511356
电话 020 - 32222928、85283301、85280932
传真 020 - 32222928 - 6026、38676620
网址 www. humanchem. com
邮箱 hg@ huamanchem. com
产品 纳米二氧化硅消光新材料、彩色喷墨打印纸涂料

**广州市华鹏高岭土厂**
广东省广州市花都区梯面镇
邮编 510870
电话 020 - 86782018
传真 020 - 86782018
产品 高岭土

**广州市慧之海（集团）科技发展有限公司**
**广州市瑞阳表面活性剂有限公司**
广东省广州市番禺区石基镇新桥村泰安路西横六街 3 号
邮编 511400
电话 020 - 84553577
传真 020 - 84553788
网址 www. surfactantchem. com
邮箱 sales@ surfactantchem. com
产品 乳化剂、消泡剂、杀菌防腐剂

**中科院广州化学研究所**
广东省广州市天河区兴科路 368 号广州化学研究所
邮编 510650
电话 020－85231815、85231295
网址 www. gic. ac. cn
产品 胶黏剂

## 深圳市

**比奥生物科技（深圳）有限公司**
广东省深圳市石岩镇水田村宝石东路 222 号永兴大厦
邮编 518000
电话 0755－29682933
传真 0755－29682750
网址 www. bioscientif. com
邮箱 qycai@ bioscientif. com
产品 生物酶废纸脱墨剂、生物酶助漂剂

**深圳三力星实业有限公司**
广东省深圳市福田区新闻路 1 号中电信息大厦东座 23 楼
邮编 518034
电话 0755－83733558
传真 0755－83733596
网址 www. sanlixing. com
邮箱 info@ sanlixing. com
产品 助留助滤剂、增强剂、表面施胶剂、染料、颜料、中性施胶剂、清洗剂、消泡/抑泡剂、脱墨剂、防腐杀菌剂、分散松香胶、纸张成形剂

**深圳市华苏科技发展有限公司**
广东省深圳市南山区南山大道南海大厦 B 栋 6G
邮编 518054
电话 0755－86250096
传真 0755－86250096
网址 www. tengtuo. com
产品 杀菌防腐剂、荧光增白剂、水处理药剂、甲基纤维素、羟乙基纤维素、聚乙烯醇、分散剂

**深圳绿微康生物工程有限公司**
广东省深圳市南山高新区中一道
生物孵化器大楼 2－112、113 室
邮编 518057
电话 0755－26031010
传真 0755－26031910
网址 www. leveking. com
产品 生物脱墨剂、胶黏物处理剂、废水处理剂

**深圳索雷亿科技有限公司**
广东省深圳市宝安区宝民一路碧涛苑 1 栋 B 座 103 室
邮编 518133
电话 0755－86251400
传真 0755－27803785
邮箱 solaye@ chinasolsye. com
产品 过氧化物引发剂系列、抗氧化剂、紫外线吸收剂、光引发剂系列、防腐剂、抗静电剂

**深圳清源净水器材有限公司**
广东省深圳市南山区南海大道水务集团南山大楼 8 楼
邮编 518052
电话 0755－26978809、26978819
传真 0755－26978825
网址 www. qingyuansz. com
邮箱 qingyuan@ qingyuansz. com
产品 聚合氯化铝废水处理剂、造纸施胶剂、杀菌灭藻剂、重金属捕集剂

## 珠海市

**珠海市骏兆丰进出口有限公司**
广东省珠海市红山路 288 号
珠海国际科技大厦 B508 室
邮编 519000
电话 0756－3331388
传真 0756－3362737
网址 www. bikin. cn
邮箱 info@ bikin. cn
产品 造纸化工涂料

**广东溢多利生物科技股份有限公司**
广东省珠海市南屏科技工业园屏北一路 8 号
邮编 519060
电话 0756－8676888
传真 0756－8673999
网址 www. yiduoli. com. cn
邮箱 vtr@ vip. 163. com
产品 生物酶

## 佛山市

**佛山市华昊华丰淀粉有限公司**
广东省佛山市文沙路晒莨地 1 号
邮编 528000
电话 0757－82827301
传真 0757－82828713
邮箱 rjc@ foshan. sti. gd. cn
产品 湿部添加剂、涂布黏合剂、表面施胶剂、阳离子淀粉、纸制品再湿胶黏剂

**佛山市南海大田化学有限公司**
广东省佛山市南海区狮山科技工业园 B 区科园路 1 号
邮编 528000
电话 0757－82262088
传真 0757－86698585
网址 www. dtdefoamer. com
邮箱 datian@ dtdefoamer. com
产品 纸浆、涂布、废水处理用消泡剂

**佛山市特森化工有限公司**
广东省佛山市同华西 2 路南华 1 街 13 号首层（同济派出所侧）
邮编 528000
电话 0757－82386663、83330428
传真 0757－83331428
网址 www. fstesen. com
产品 净水剂、聚丙烯酰胺、高效脱色剂、聚铁、硫酸铝

**佛山市南海区罗村芦塘骏能造纸材料厂**
广东省佛山市南海区罗村镇
邮编 528226
电话 0757－86414462
传真 0757－86414522
网址 www. jn668. com
邮箱 jn@ jn668. com
产品 干强剂、湿强剂、挺硬剂、助留助滤剂、涂布胶乳、中性松香胶、中碱性施胶剂、表面施胶剂、防水防潮剂、脱墨剂、消泡剂、絮凝剂

**广东奇力士石油化工有限公司**
广东省佛山市顺德区大良大门堤围路 8 号
邮编 528333
电话 0757－22329333
传真 0757－22329308
网址 www. kilix. com
邮箱 kilix@ kilix. com
产品 聚硅氯化铝、聚硅氯化铝铁、硫酸铝、聚丙烯酰胺、无铁硫酸铝、复合聚硅氯化铝、复合聚硅氯化铝铁

**佛山市高明区友本化工有限公司**
广东省佛山市高明区明城镇城十路 99 号
邮编 528518
电话 0757－88930638
传真 0757－88836686
网址 www. youben. cn
邮箱 youben@ youben. com
产品 中性施胶剂、干/湿增强剂、离缸剂、助滤助虑增强剂

## 江门市

**江门市慧信净水材料有限公司**
广东省江门市港口二路 10 号
邮编 529000
电话 0750－3167388
传真 0750－3167343
邮箱 wealthchem@ 163. com
产品 水处理剂

**赫克力士化工（江门）有限公司**
广东省江门市高新技术开发区金瓯路 345 号
邮编 529081
电话 0750－3866500、3866590
传真 0750－3866561、3866580
网址 www. herc－jm. com
邮箱 qht@ pub. jiangmen. gd. cn
kzhang@ Herc. com
产品 造纸专用 CMC

**江门市新会区辉昊化工有限公司**
广东省江门市新会区会城朝江路 6 号 103
邮编 529100
电话 0750－6116733、6807018
传真 0750－6116733
网址 www. jmhuihao. cn
邮箱 hww82830@ 126. com
产品 干强剂、分散剂、脱墨剂、助留助滤剂

**江门市大中科技企业发展有限公司**
广东省江门市礼乐文昌花园 99 座首层
邮编 529060
电话 0750－3610763、3612763
传真 0750－3612762
网址 www. bigchinatech. cn
产品 造纸化学品

**量子高科生化工程有限公司**
广东省江门市高新区金瓯路 184 号
邮编 529081
电话 0750－3795666、3869188
传真 0750－3796430
网址 www. quantum－bio. com. cn
产品 纤维素 CMC

## 茂名市

**茂名市银华高岭土实业有限公司**
广东省茂名市茂南区新坡镇黄塘工业区
邮编 525011
电话 0668－2717589
传真 0668－2717860
邮箱 welcome@ yhkaolin. com
产品 高岭土

## 肇庆市

**广东省肇庆市祥胜化工有限公司**
广东省肇庆市江滨东路 59 号 A 幢
邮编 526040
电话 0758－2138703
传真 0758－2327803
邮箱 xiangfeng@ vip. 163. com
产品 造纸湿强剂、阳离子松香胶、AKD 中/碱性施胶剂、助留剂、涂布乳液

**高要宝时化工有限公司**
广东省肇庆市高要市南岸镇上元路 37 号
邮编 526100
电话 0758－8361055
传真 0758－8361052
网址 www. synthron. net. cn
邮箱 sinoprox@ pub. zhaoqing. gd. cn
产品 EDTA、DTPA、表面施胶剂、湿强剂、网毯清洗剂、双氧水稳定剂、胶黏物控制剂、涂布分散剂、涂料润滑剂、涂料耐水剂

## 惠州市

**惠州联宏化工有限公司**
广东省惠州市大亚湾石油化学工业区 H2 地块西南角
邮编 516081
电话 0752－5599101
传真 0752－5599180
网址 www. lianhonghuagong. com
邮箱 braveheartxianen@ 126. com
产品 表面施胶剂

## 清远市

**大和（清远）石矿化工有限公司**
广东省清远市禾云镇 107 国道旁
邮编 511517
电话 0763－5672399
传真 0763－5672488
网址 www. chinamicron. com
邮箱 info－xm@ chinamicron. com
产品 滑石粉、碳酸钙

## 东莞市

**杜道亚太（中国）化工有限公司**
广东省东莞市新城市中心区第一国际百安中心 A 座 809 室
邮编 523000
电话 0769－22825567
传真 0769－23180867
网址 www. dudoasia. com
邮箱 dudoasia@ dudoasia. com
产品 消泡剂、表面控制助剂、湿润分散剂、高档氟碳助剂

**东莞天傲化工有限公司**
广东省东莞市莞城区
邮编 523000
电话 0769－22191114
传真 0769－23035975
产品 消泡剂、乳化剂、渗透剂、聚醚、柔软剂、破乳剂

**东莞市粤星纸业助染有限公司**
广东省东莞市万江石美管理区商住楼地下 8－9 号
邮编 523040
电话 0769－22272839、22279289
传真 0769－22172089
网址 www. yuexingdg. com
邮箱 yuexing@ yuexingdg. com
产品 造纸染料、分散剂、增白剂、施胶剂、湿强剂、剥离剂、柔软剂、脱墨剂、絮凝剂

**广东中成化工股份有限公司**
广东省东莞市麻涌镇第二工业区
邮编 523130
电话 0769－88825606
传真 0769－88822342
网址 www. zhongcheng. gd. cn
邮箱 zhongcheng@ china. com
产品 双氧水、保险粉、过氧碳酸钠、焦亚硫酸钠、亚硫酸盐

**东莞市汇美淀粉科技公司**
广东省东莞市麻涌镇大步工业区

邮编 523143
电话 0769－88286638
传真 0769－88287332
网址 www. huimei－starch. com
邮箱 hmdfkj@ 126. com
产品 两性淀粉、涂布胶黏淀粉、表面喷雾淀粉、湿部添加阳离子淀粉、层间喷雾淀粉、表面施胶淀粉

**东莞市中堂华兴造纸材料厂**
广东省东莞市中堂镇江南远兴工业区
邮编 523230
电话 0769－88187118、88186095
传真 0769－88186095
网址 www. dghxzz. cn. alibaba. com
产品 分散松香胶、中性施胶剂、增白剂

**东莞东美食品有限公司**
广东省东莞市高埗镇护安围工业区
邮编 523279
电话 0769－88731228、88735188
传真 0769－88874888
网址 www. dm－starch. com
邮箱 dmstarch@ 126. com
产品 表面施胶淀粉、涂布淀粉、草木浆增强淀粉、两性淀粉、层间喷雾淀粉、阳离子淀粉、生活用纸增强淀粉、表面喷雾淀粉

### 中山市

**广东金威达淀粉有限公司**
广东省中山市小榄镇联丰四村乐丰北路（联丰工业区）
邮编 528415
电话 0760－2125676
传真 0760－2125675
产品 木薯淀粉、变性淀粉、越南木薯淀粉

## 广西壮族自治区

### 南宁市

**广西欧派淀粉有限公司**
广西壮族自治区南宁市怡宾路 1 号 4 层
邮编 530000
电话 0771－5844158
传真 0771－5591182
产品 预糊化淀粉、氧化淀粉、纸管（纱管）专用胶

**南宁巨港化工产品有限公司**
广西壮族自治区南宁市白沙大道 30 号
邮编 530003
电话 0771－4918536
传真 0771－4908536
产品 杀菌剂、保洁剂、清洗剂、表面施胶剂、阳离子分散松香胶、中性施胶剂、助留助滤剂、消泡剂、湿/干强剂、粘缸剂/剥离剂、柔软剂、树脂控制剂

**广西南宁市蔗糖酯厂**
广西壮族自治区南宁市大化路 9 号
邮编 530003
电话 0771－3219794
传真 0771－3216420
邮箱 gxtz929@ sohu. com
产品 消泡剂、蒸煮助剂、湿增强剂、助留助滤剂

**广西南宁春城助剂有限公司**
广西壮族自治区南宁市五一西路 61 号
邮编 530045
电话 0771－4864243
传真 0771－4861026
邮箱 chuncheng@ gxcczj. com
产品 消泡剂、乳化剂、表面活性剂、松香高分散施胶剂

**广西武鸣县宁武镇灵泉淀粉厂**
广西壮族自治区南宁市武鸣县城
邮编 530102
电话 0771－6238349
传真 0771－6230728
产品 阳离子变性淀粉、层间喷淋淀粉、涂布胶黏剂、表面施胶剂

**广西武鸣华洪淀粉化工有限责任公司**
广西壮族自治区南宁市武鸣县陆斡工业开发区
邮编 530111
电话 0771－6223818
传真 0771－6222401
产品 表面施胶剂、涂布胶黏剂、层间喷淋淀粉、浆内添加剂、表面喷淋剂、增强剂、两性淀粉、木薯淀粉

**广西武鸣县安宁淀粉有限公司**
广西壮族自治区南宁市武鸣县罗波镇商业城
邮编 530112
电话 0771－6081368
传真 0771－6082170
网址 www. anningstarch. com. cn
邮箱 liuzuang@ 163. com

产品 木薯淀粉、层间喷淋淀粉、涂布胶黏剂、表面施胶剂、复合木薯变性淀粉、阳离子淀粉

**广西明阳生化科技股份有限公司**
广西壮族自治区南宁市江南区明阳工业开发区
邮编 530226
电话 0771－4218423
传真 0771－4218423、4218860
网址 www.mystarch.com
邮箱 mystarch@mystarch.com
info@mystarch.com
产品 涂布黏合剂、阴离子/阳离子表面施胶淀粉、新型湿部添加用两性淀粉、湿部添加增强/助留剂、新闻纸专用增强剂、层间或表面喷雾淀粉、卷烟专用聚合物

**南宁乐森松香有限公司**
广西壮族自治区南宁市园湖南路东一里5号
邮编 530022
电话 0771－5883637
传真 0771－5867346
产品 林产化工产品

## 桂林市

**广西桂林光华矿粉有限公司**
广西壮族自治区桂林市灵川县潭下镇
邮编 541208
电话 0773－6305888
传真 0773－6305598
邮箱 china－guanghua@hi2001.com
产品 重质碳酸钙、超细粉滑石粉系列

## 梧州市

**梧州荒川化学工业有限公司**
广西壮族自治区梧州市西提三路1号
邮编 543002
电话 0774－3830228、3830388
传真 0774－3830386
网址 www.wzarakawa.com.cn
邮箱 dabuhdm@263.com
wzarakawa@wzarakawa.com.cn
产品 分散松香、树胶酯

**广西永盛造纸化工有限公司**
广西壮族自治区梧州市岑溪市建设五街
邮编 543210
电话 0774－8225159
传真 0774－8225159
产品 生物酶催化剂、AKD中碱性施胶剂、聚丙烯酰胺、助留助滤剂、脱墨剂

## 北海市

**北海宏泉淀粉科技有限公司**
广西壮族自治区北海市平头岭工业开发区
邮编 536005
电话 0779－2081122
传真 0779－2081123
网址 www.hq－starch.com
邮箱 hqstarch@hq－starch.com
产品 表面施胶剂、涂布胶黏剂、层间喷涂剂、增强剂、淀粉

## 玉林市

**广西玉林松脂厂**
广西壮族自治区玉林市石岭子工业区
邮编 537000
电话 0775－3870038
产品 松香胶、马来松香

# 海 南 省

## 海口市

**海南洋浦椰岛淀粉工业有限公司**
海南省洋浦经济开发区工业十区
邮编 578101
电话 0898－28821722
传真 0898－28821979
网址 www.ydstarch.com
www.yedao.com
邮箱 ydstarch@ydstarch.com
产品 阳离子/阴离子表面施胶剂、增强剂、阳离子助留助滤剂、阳离子淀粉、层间喷淋淀粉、涂布淀粉、木薯变性淀粉

# 重 庆 市

**重庆力宏精细化工有限公司**
重庆市南岸区鸡冠石镇白沙沱正街155号
邮编 400063
电话 023－62525311、62950127
传真 023－62500141
网址 www.lihong.net

邮箱 office@ lihong. net
产品 CMC（羧甲基纤维素钠）

**中国石化集团四川维尼纶厂**
重庆市长寿区维江路 36 号
邮编 401254
电话 023 – 68974625、68974061
传真 023 – 68974094
网址 www. svwpc. com. cn
产品 PVA（聚乙烯醇树脂）

**重庆科源造纸化学品有限公司**
重庆市合川市三汇镇
邮编 401535
电话 023 – 42428586
传真 023 – 42428586
邮箱 357346496@ qq. com
产品 中性造纸施胶剂、助留助滤剂、瓦楞纸杯环压增强剂、纸张挺度增强剂、纸品拉力机、纸浆分散剂

**重庆新华化工厂**
重庆市潼南县梓潼镇民业街 298 号
邮编 402660
电话 023 – 68737926
传真 023 – 68737926、87288008
网址 www. xinhuachemical. com
邮箱 xinhua@ xinhuachemical. com
产品 高档锐钛型钛白粉

## 四　川　省

### 成都市

**成都嘉丰精化有限公司**
四川省成都市福兴街 30 号四川轻工大厦 11 楼
邮编 610016
电话 028 – 86622199
传真 028 – 86616160
网址 www. jiafengchina. net
邮箱 cdtina – zhang@ hotmail. com
产品 阳离子助留剂、着色剂、液体增白剂、阳离子分散松香胶、助留助滤剂、改性皂土、脱气剂、絮凝剂、纸张刚挺剂、表面施胶剂

**四川蓉丰化工有限责任公司**
四川省成都市二环路南三段 5 号
邮编 610041
电话 028 – 84397018
传真 028 – 84397058
网址 www. scrfhg. com
产品 分散剂、填料、钛白粉

**成都市锦都三丰化工有限公司**
四川省成都市武侯区机投镇花龙门工业园
邮编 610045
电话 028 – 87482146
传真 028 – 87482146
网址 www. jdsanfeng. com
邮箱 wangdu@ cn – sanfeng. com
产品 中性造纸施胶剂、AKD 乳液、分散松香胶、干强剂、湿强剂、助留助滤剂、增白剂、消泡剂

**成都浩信达科技有限公司**
四川省成都市一环东五段东恒国际 2 栋 1 区 1203 室
邮编 610068
电话 028 – 84400282、86786867
传真 028 – 68692192、85238290
网址 www. cdhxd. cn
邮箱 hck – cd@ 163. com
产品 脱墨剂、造纸染料、松香胶

**都江堰钙品股份有限公司**
四川省都江堰市青城工业区（灌温路 239 号）
邮编 611830
电话 028 – 87283139
传真 028 – 87283339
网址 www. djygp. com
邮箱 zwyudjyc@ yahoo. com. cn
产品 造纸专用碳酸钙

**邦贝化学公司**
四川省成都市武侯区机投镇九架车村
邮编 610041
电话 028 – 87440925、85198067
传真 028 – 85172496
产品 干强剂

### 自贡市

**自贡市中光精细化工有限公司**
四川省自贡市富顺县牛佛镇田冲头街 38 号
邮编 643208
电话 0813 – 7300161
传真 0813 – 7300164
产品 中性施胶剂

### 德阳市

**四川煤田地质局 141 队亚兴化工厂**
四川省德阳市汉江路 116 号
邮编 618000
电话 0838 - 2820554
传真 0838 - 2820554
网址 www.scmtdz.gov.cn
邮箱 sc141@126.com
产品 AKD 乳液、阳离子分散松香胶、乳化剂、中性造纸施胶剂、柔软剂、绒毛浆解键剂

### 绵阳市

**绵阳市助友化工工业有限责任公司**
四川省绵阳市三台县北泉路北塔
邮编 621100
电话 0816 - 5345170
传真 0816 - 5345170
邮箱 myzyhg@myzyhg.cn
产品 分散松香胶、绒毛浆解键剂、湿强剂、脱墨剂、聚合氯化铝

## 陕 西 省

### 西安市

**陕西华润实业有限公司**
陕西省西安市西北二路 1 号 512 室
邮编 710003
电话 029 - 87333574
传真 029 - 87335479
网址 www.sxhuarun.com
邮箱 ceo@sxhuarun.com
huarun@sxhuarun.com
产品 杀菌剂、分散剂、消泡剂、荧光增白剂、助留剂、高效废纸脱墨剂、光亮柔软剂、水处理剂

**西安道尔达化工有限公司**
陕西省西安市汉城北路 152 号雅盛 1 号 A - 18 - 4
邮编 710077
电话 029 - 62969851
传真 029 - 62969852
网址 www.kldhg.cn
邮箱 dld@kldhg.cn
产品 膨化剂、杀菌剂

**西安吉利电子化工有限公司**
陕西省西安市高新技术产业开发区高新路 3 号
邮编 710075
电话 029 - 88212585、88272803
传真 029 - 88231475
网址 www.xajili.com
邮箱 jili@tchweb.net
产品 杀菌防腐剂、沉积物分散剂、系统清洗剂、柔顺剂、蒸煮助剂、脱墨剂、高档卷烟纸包灰剂

**陕西省石油化工研究设计院**
陕西省西安市西延路 61 号
邮编 710054
电话 029 - 85542590、85542624
传真 029 - 85542625、85542591
网址 www.shaanxipci.com
邮箱 pciyingxiao@126.com
产品 杀菌防腐剂、增白剂、水处理剂

**西安市美佳化工有限公司**
陕西省西安市长安区韦兆街
邮编 710103
电话 029 - 85889228、85889310
传真 029 - 85889228
网址 www.xamjhg.com
邮箱 xamjhg@163.com
产品 助留助滤剂、表面施胶剂、分散剂、显白剂

### 咸阳市

**咸阳陶瓷研究设计院**
陕西省咸阳市渭阳西路 35 号
邮编 712000
电话 029 - 33578005、33579267、33576575
传真 029 - 33572148
网址 www.xytcy.com
产品 填料、涂料

## 甘 肃 省

### 兰州市

**兰州市兰州新化工贸易有限责任公司**
甘肃省兰州市西固东路 205 号
邮编 730060
电话 0931 - 3330626
传真 0931 - 7585188
产品 羧甲基淀粉、氧化淀粉、熟胶粉、造纸表面及浆内施胶剂

## 青　海　省

### 西宁市

**青海威思顿生物工程有限公司**
青海省西宁市生物科技产业园区纬五路 18 号
邮编 810016
电话 0971 - 5317182、8527016
传真 0971 - 5317162
网址 www. qhwsd. com
邮箱 weisidun5584@ sina. com
产品 马铃薯淀粉

## 宁夏回族自治区

### 银川市

**银川吉龙造纸助剂有限责任公司**
宁夏回族自治区银川市开发区
邮编 750002
电话 0951 - 5035454
传真 0951 - 5035454
产品 分散松香胶

### 中卫市

**宁夏丰茂造纸助剂有限责任公司**
宁夏回族自治区中卫市迎水桥工业区
邮编 751700
电话 0955 - 779378
传真 0955 - 7678490
产品 中性施胶剂、杀菌剂、助留助滤剂、超细碳酸钙

## 新疆维吾尔自治区

### 乌鲁木齐市

**乌鲁木齐智达化工有限公司**
新疆维吾尔自治区乌鲁木齐市沙依巴克区西山路 95 号附 2 - 147 号
邮编 830000
电话 0991 - 7723668
传真 0991 - 4541511
产品 AKD 中性胶、分散松香胶

### 伊犁哈萨克自治州

**伊犁市雪龙精淀粉有限责任公司**
新疆维吾尔自治区伊宁市经济技术合作区
辽宁路仁和集团 10 号
邮编 835000
电话 0999 - 8192009 - 666
传真 0999 - 8192229 - 866
邮箱 LGS8492200@ 126. com
产品 淀粉

# 制浆造纸专用计量单位与国际单位的换算

## The Conversion from the Units Specially Used in Paper Industry to International Units

| 性能 | 中国现行单位 | 国际单位（SI）单位 | 由现行单位换算为国际单位（SI）应乘系数 |
|---|---|---|---|
| 定 量<br>grammage | $g/m^2$ | $g/m^2$ 克/米$^2$ | ×1 |
| | | $kg/m^2$ 千克/米$^2$ | $\times 10^{-3}$ |
| 厚度或层积厚度<br>thickness | μm | mm 毫米 | $\times 10^{-3}$ |
| | mm | μm 微米 | $\times 10^{3}$ |
| 表观密度（紧度）<br>apparent density | $g/cm^3$ | $g/cm^3$ 克/厘米$^3$ | ×1 |
| | | $kg/m^3$ 千克/米$^3$ | $\times 10^{3}$ |
| 抗张强度<br>tensile strength | kgf/15mm | kN/m 千牛/米 | ×0.6538 |
| 抗张指数<br>tensile index | $\frac{kgf/15mm}{g/m^2}$ | N·m/g 牛·米/克 | $\times 0.6538\times 10^{3}$ |
| 能量吸收<br>tensile energy absorption | $kgf\cdot cm/cm^2$ | $J/m^2$ 焦/米$^2$ | $\times 9.807\times 10^{2}$ |
| 抗张能量吸收指数<br>tensile energy absorption index | $\frac{kgf\cdot cm/cm^2}{g/m^2}$ | mJ/g 毫焦/克 | $\times 9.807\times 10^{5}$ |
| 撕裂度<br>tearing strength | gf | mN 毫牛 | ×9.807 |
| 撕裂指数<br>tear index | $\frac{gf}{g/m^2}$ | $mN\cdot m^2/g$ 毫牛·米$^2$/克 | ×9.807 |
| 弹性模数<br>elastic modulus | $kgf/mm^2$ | $N/mm^2$ 牛/毫米$^2$ | ×9.807 |
| | $gf/mm^2$ | $N/m^2$ 牛/米$^2$ | $\times 9.807\times 10^{3}$ |
| 耐破度<br>bursting strength | $kgf/cm^2$ | kPa 千帕 | ×98.07 |
| 耐破指数<br>burst index | $\frac{kgf/cm^2}{g/m^2}$ | $kPa\cdot m^2/g$ 千帕·米$^2$/克 | ×98.07 |

续表

| 性能 | | 中国现行单位 | 国际单位（SI）单位 | 由现行单位换算为国际单位（SI）应乘系数 |
|---|---|---|---|---|
| 耐戳穿指数 puncture resistance | | kgf · cm | J 焦 | $\times 9.807\times 10^{-2}$ |
| | | J | kJ 千焦 | $\times 10^{-3}$ |
| 环压强度 ring crush | | $\frac{kgf}{0.152m}$ | kN/m 千牛/米 | ×0.0645 |
| 实验室瓦楞芯平压强度（CMT） | | $kgf/cm^2$ | kPa 千帕 | ×98.07 |
| 透气度 air permeance | 肖伯尔仪 | mL/min * | m/(Pa · s) 米/(帕 · 秒) | $\times 1.7\times 10^{-8}$ |
| | | | μm/(Pa · s) 微米/(帕 · 秒) | $\times 1.7\times 10^{-2}$ |
| | 葛尔莱仪 | $\frac{s}{100mL}$ ** | m/(Pa · s) 米/(帕 · 秒) | $\times 1.27\times 10^{-8}$ |
| | | | μm/(Pa · s) 微米/(帕 · 秒) | $\times 1.27\times 10^{-2}$ |
| 抽出物电导率 electrical conductivity of extracts | | 1/Ω · cm | μS/m 微西/米 | $\times 10^{8}$ |
| | | | mS/m 毫西/米 | $\times 10^{5}$ |
| 动力黏度 dynamic viscosity | | $(g/m^2)\cdot s$ | mPa · s 毫帕 · 秒 | ×9.807 |
| | | $(kg/m^2)\cdot s$ | Pa · s 帕 · 秒 | ×9.807 |
| 特性黏度 limiting viscosity number | | mL/g | mL/g 毫升/克 | ×1 |
| 吸水性（Cobb 法） water absorbency | | $g/m^2$ | $g/m^2$ 克/米$^2$ | ×1 |
| 湿强度 wet strength | | N<br>mN | N 牛<br>mN 毫牛 | ×9.807 |

* 中国现行单位 mL/min 是肖伯尔仪测出的透气阻力（air resistance）单位

* * 中国现行单位 s/100mL 是葛尔莱仪器测出的透气阻力（air resistance）单位，换算时应用倒数